Le **Routard**

Andalousie

Directeur de collection et auteur
Philippe GLOAGUEN

Cofondateurs
**Philippe GLOAGUEN
et Michel DUVAL**

Rédacteur en chef
Pierre JOSSE

Rédacteurs en chef adjoints
**Amanda KERAVEL
et Benoît LUCCHINI**

Directrice de la coordination
Florence CHARMETANT

Directrice administrative
Bénédicte GLOAGUEN

Direction éditoriale
Catherine JULHE

Rédaction
**Isabelle AL SUBAIHI
Mathilde de BOISGROLLIER
Thierry BROUARD
Marie BURIN des ROZIERS
Véronique de CHARDON
Gavin's CLEMENTE-RUÏZ
Fiona DEBRABANDER
Anne-Caroline DUMAS
Géraldine LEMAUF-BEAUVOIS
Olivier PAGE
Alain PALLIER
Anne POINSOT
André PONCELET**

Administration
**Carole BORDES
Solenne DESCHAMPS**

D0994856

Remarque importante aux hôteliers et restaurateurs

Les enquêteurs du *Routard* travaillent dans le plus strict anonymat. Aucune réduction, aucun avantage quelconque, aucune rétribution n'est jamais demandé en contrepartie. Face aux aigrefins, la loi autorise les hôteliers et restaurateurs à porter plainte.

Avis aux lecteurs

Le *Routard*, ce n'est pas comme le bon vin, il vieillit mal. On ne veut pas pousser à la consommation, mais évitez de partir avec une édition ancienne. Les modifications sont souvent importantes.

Les réductions accordées à nos lecteurs ne sont jamais demandées par nos rédacteurs afin de préserver leur anonymat. Les hôteliers et restaurateurs sont sollicités par une société de mailing, totalement indépendante de la rédaction, qui reste donc libre de ses choix. De même pour les autocollants et plaques émaillées.

Routard.com, le voyage à portée de clics !

✓ Rejoignez la plus grande communauté francophone de voyageurs: plus de **2 millions** de visiteurs!

✓ Échangez avec les routarnautes: forums, photos, avis sur les hôtels...

✓ Retrouvez aussi toutes les informations actualisées pour choisir et préparer vos voyages: plus de 200 fiches pays, une centaine de dossiers pratiques et un magazine en ligne pour découvrir tous les secrets de votre destination.

✓ Enfin, comparez les offres pour organiser et réserver votre voyage au meilleur prix.

Pictogrammes du *Routard*

Établissements

🏠 Hôtel, auberge, chambres d'hôtes
⊼ Camping
|●| Restaurant
🥖 Boulangerie, sandwicherie
🍦 Glacier
☕ Café, salon de thé
🍸 Café, bar
🎶 Bar musical
♫ Club, boîte de nuit
∞ Salle de spectacle
🛈 Office de tourisme
✉ Poste
🏪 Boutique, magasin, marché
@ Accès internet
✚ Hôpital, urgences

Sites

🗹 Plage
🤿 Site de plongée
🚲 Piste cyclable, parcours à vélo

Transports

✈ Aéroport
🚆 Gare ferroviaire
🚌 Gare routière, arrêt de bus
Ⓜ Station de métro
Ⓣ Station de tramway
🅿 Parking
🚕 Taxi
🚐 Taxi collectif
🚢 Bateau
⛴ Bateau fluvial

Attraits et équipements

🚶 Présente un intérêt touristique
👪 Recommandé pour les enfants
♿ Adapté aux personnes handicapées
🖥 Ordinateur à disposition
📶 Connexion wifi
◎ Inscrit au Patrimoine mondial de l'Unesco

Le *Routard* est imprimé sur un papier issu de forêts gérées.

© **HACHETTE LIVRE (Hachette Tourisme), 2014**
Tous droits de traduction, de reproduction et d'adaptation réservés pour tous pays.
© **Cartographie** Hachette Tourisme.
I.S.B.N. 978-2-01-245804-8

TABLE DES MATIÈRES

LE CENTRE DE L'ANDALOUSIE

DE CORDOUE À GRENADE PAR LA ROUTE DU CALIFAT

LA PORTE DE L'ANDALOUSIE

DE GRENADE À GUADIX

LA COSTA DE LA LUZ

LA COSTA DEL SOL ET L'ARRIÈRE-PAYS

DE MÁLAGA À GRENADE

LA COSTA DEL SOL ENTRE MÁLAGA ET ALMERÍA

LES ALPUJARRAS (SIERRA NEVADA)

À L'EST D'ALMERÍA

Recommandation à ceux qui souhaitent profiter des réductions et avantages proposés dans le *Routard* par les hôteliers et les restaurateurs : à l'hôtel, pensez à les demander au moment de la réservation ou, si vous n'avez pas réservé, **à l'arrivée.** Ils ne sont valables que pour les réservations en direct et non cumulables avec d'autres offres promotionnelles (notamment sur Internet). Au restaurant, parlez-en **au moment** de la commande et surtout **avant** que l'addition ne soit établie. Poser votre *Routard* sur la table ne suffit pas : le personnel de salle n'est pas toujours au courant et une fois le ticket de caisse imprimé, il est difficile de modifier le total. En cas de doute, montrez la notice relative à l'établissement dans le *Routard* de l'année, bien sûr, et ne manquez pas de nous faire part de toute difficulté rencontrée.

☎ **112 :** voici le numéro d'urgence commun à la France et à tous les pays de l'UE, à composer en cas d'accident, d'agression ou de détresse. Il permet de se faire localiser et aider en français, tout en améliorant les délais d'intervention des services de secours.

NOUVEAU ET IMPORTANT : DERNIÈRE MINUTE

Sauf rare exception, le *Routard* bénéficie d'une parution annuelle à date fixe. Entre deux dates, des événements fortuits (formalités, taux de change, catastrophes naturelles, conditions d'accès aux sites, fermetures inopinées, etc.) peuvent modifier vos projets de voyage. Pour éviter les déconvenues, nous vous recommandons de consulter la rubrique « Guide » par pays de notre site • *routard.com* • et plus particulièrement les dernières *Actus voyageurs.*

NOS NOUVEAUTÉS

HONG KONG, MACAO, CANTON (avril 2014)

Hong Kong : un nom légendaire signifiant « Port aux Parfums », où les aventuriers anglais faisaient transiter leurs cargaisons d'opium, avant de laisser la place à tous les businessmen de la planète... et aux amateurs de shopping. Macao s'oppose à Hong Kong, sa turbulente voisine, par le charme de ses petites rues pavées, par le cachet portugais de ses balcons, sans oublier le baroque de ses églises, témoins d'un passé d'exception. Ce sont aussi les centres commerciaux, les casinos gigantesques, comme le *Venetian,* copie conforme de son aîné du Strip de Las Vegas. Quant à Canton, c'est le berceau de la gastronomie chinoise. Ici, on grignote sans cesse, du petit déj au « thé de nuit », en dégustant ces fameuses bouchées à la vapeur, les *dim sum,* la fierté de Canton, dont le nom signifie très poétiquement « toucher le cœur ».

LA BATAILLE DE NORMANDIE (mars 2014)

En 2014, nous célébrons les 70 ans du Débarquement en Normandie. À cette occasion, le *Routard* vous invite à découvrir ou redécouvrir les lieux, sites, monuments et musées connus ou moins connus pour comprendre et revivre la plus grande bataille de tous les temps. La plupart des jeunes soldats n'avaient jamais combattu. Ils revinrent tous en héros, morts ou vivants. Si on a bien en tête l'arrivée des Alliés sur les plages normandes, il ne faut pas oublier que les Normands furent les premières victimes de cet affrontement et eurent à subir les conséquences destructrices des combats. À travers ce guide, en suivant l'avancée des troupes alliées, on découvre aussi ce que fut la vie en Normandie pendant les 3 mois de cette terrible bataille qui a failli échouer.

Quelle est la meilleure période pour y aller ?

Mai et juin sont très agréables, il fait chaud mais pas trop. En septembre-octobre, il y fait une température exquise et il y a moins de monde. En juillet-août, le thermomètre oscille entre 35 et 40 °C, c'est la foule sur la côte et l'accueil s'en ressent. Pendant la Semaine sainte et les différentes ferias, l'animation est démente, mais les hôtels sont complets et les prix prohibitifs.

La vie est-elle chère ?

Les prix sont désormais à peu près comparables à ceux pratiqués en France. Il est encore possible, cependant, de se loger ou de se restaurer à prix très raisonnables, sauf sur la côte où, l'été, les prix s'envolent. Une chambre double dans un *hostal* coûte entre 35 et 60 € en moyenne. On peut manger pour 8-10 € et faire un repas complet pour 15 €.

Comment se loger pas cher ?

Dans les campings, bien sûr, les nombreuses auberges de jeunesse et les petits *hostales*. Mais, à moins d'y aller vraiment hors saison (en hiver), réservez longtemps à l'avance pour être sûr de trouver un hébergement adapté à votre bourse.

Trouve-t-on encore des coins sauvages sur la côte ?

D'Algésiras à Almería, la côte est bétonnée et parfois très laide (Torremolinos, Fuengirola). Quelques secteurs, comme l'ouest de Tarifa, Nerja, Salobreña ou le cabo de Gata, ont été plus épargnés par la folie immobilière. Les centres historiques de Marbella et de Málaga sont également très bien conservés.

Que mange-t-on ?

Des tapas de toutes les sortes, ces petites assiettes (crudités, charcuterie, poisson, salades) que l'on déguste n'importe où, n'importe quand, à des prix modiques. Le jambon des Alpujarras est délicieux, ainsi que le fromage, par exemple de brebis ou de chèvre (Payoyo). L'huile d'olive vierge extra, fine et dorée, est sur toutes les tables. Sans oublier le gaspacho !

Comment se déplace-t-on ?

Le réseau de bus est bien développé, mais le train peut aussi être très pratique et rapide pour les liaisons entre les grandes villes (Séville-Cordoue, par exemple). Sinon, en voiture de location. Les routes sont bonnes, et les Espagnols conduisent prudemment.

Que voir en priorité ?

Séville, Cordoue et Grenade... bien sûr ! Mais aussi les petites villes charmantes de l'intérieur, Ronda (une merveille !), Baeza ou Úbeda (moins connues), Málaga, vivante et agréable. Dans la région des Alpujarras, les villages haut perchés aux maisons cubiques et blanches.

Quels sports peut-on y pratiquer ?

Tout ce qui va avec la mer dont la plongée, avec Tarifa en reine incontestée du *windsurf* et autre *kitesurf*, par exemple. Mais aussi l'équitation, le VTT ou la marche : de belles balades dans les sierras, les Alpujarras, les villages blancs ou sur le cabo de Gata.

Et les dangers de l'Andalousie ?

Le vol, la fauche, la tire : quel que soit son nom, c'est la seule chose, à part les coups de soleil, que vous aurez à redouter. En voiture, à pied ou sur la plage, faites attention à vos affaires et ne laissez rien traîner sans surveillance – ce n'est pas un mythe !

LES COUPS DE CŒUR DU ROUTARD

- À Séville, passer une nuit blanche dans le quartier de Triana, de bar flamenco en bar flamenco et de *bodega típica* en *bodega típica* .... p. 140, 148

- Toujours à Séville, se perdre dans le lacis de ruelles médiévales du quartier de Santa Cruz, entre arcades et placettes, et finir attablé devant un carafon de sangria sous les orangers .... p. 153

- À Cordoue, se laisser porter par la sobre beauté de la forêt de colonnes de la Mezquita, et virer mystique le temps de la visite .... p. 195

- Randonner dans les collines couvertes d'oliviers de las sierras Subbéticas et parcourir ses villages authentiques et riches d'histoire .... p. 210

- À Grenade, après s'être extasié devant les merveilles de l'Alhambra, admirer le coucher du soleil sur ce palais arabe qui domine le quartier de l'Albaicín .... p. 249, 258

- À Grenade encore, explorer le Sacromonte et ses habitations troglodytiques, avant d'assister le soir à une *zambra* endiablée à la mélodie arabisante .... p. 245, 259

- Découvrir l'architecture Renaissance andalouse, à l'intérieur des terres : Antequera et ses églises, Baeza et sa belle place, ainsi que les palais et les églises d'Úbeda .... p. 277, 283, 444

- Sortir des sentiers battus en explorant la sierra de Cazorla, histoire d'observer sa faune variée et de se baigner dans les sources du Guadalquivir ...... p. 284, 289

- À La Rábida, se glisser dans la peau de Christophe Colomb le temps d'un après-midi, en arpentant le pont des répliques des caravelles qui traversèrent l'Atlantique .... p. 303

- Partir à la découverte du parc national de Doñana (inscrit au Patrimoine mondial de l'Unesco), et devenir incollable sur les oiseaux de la région .... p. 304

- Suivre les petites routes de la sierra de Grazalema à la découverte des villages blancs, resplendissants sous le soleil, en particulier Grazalema et Casares .... p. 341, 398

- À Málaga, entrer dans l'intimité de Picasso en visitant sa maison natale, puis le splendide musée où sa collection personnelle est exposée. Puis finir la soirée en sirotant un petit vin de Málaga .... p. 434, 436

- Prendre un grand bol d'air frais dans les Alpujarras, voisins de la sierra Nevada : au programme, beaux villages blancs, superbes panoramas et randonnées pédestres, équestres ou cyclistes. Il y en a pour tous les goûts ! .... p. 462

- Après une balade nature au cabo de Gata, déguster, avec les doigts, des sardines grillées, en bord de mer (on garde longtemps ce souvenir olfactif sur les mains), puis se baigner dans les eaux limpides et tranquilles du cabo .... p. 490

- Et pourquoi ne pas se laisser rattraper par ses souvenirs de jeunesse devant le studio de cinéma à ciel ouvert de la région d'Almería, cher à Sergio Leone et à Clint Eastwood ? .... p. 490

- Faire une orgie de jambon, et, au moins une fois, s'offrir le luxe de déguster un *jamón ibérico de Jabugo* (*pata negra*, donc issu de porcs noirs, et de *bellota*, c'est-à-dire nourri aux glands), le prince des jambons espagnols .... p. 67

- Partir à la recherche de l'huile d'olive idéale, en s'arrêtant sur les marchés et en faisant une dégustation dans les haciendas qui en produisent localement

Nous tenons à remercier tout particulièrement Loup-Maëlle Besançon, Thierry Bessou, Gérard Bouchu, François Chauvin, Grégory Dalex, Stéphanie Déro, Fabrice Doumergue, Cédric Fischer, Carole Fouque, Michelle Georget, David Giason, Claude Hervé-Bazin, Emmanuel Juste, Dimitri Lefèvre, Sacha Lenormand, Fabrice de Lestang, Romain Meynier, Éric Milet, Pierre Mitrano, Jean-Sébastien Petitdemange, Thomas Rivallain, Dominique Roland et Solange Vivier pour leur collaboration régulière.

Laura Baron
Emmanuelle Bauquis
Jean-Jacques Bordier-Chêne
Michèle Boucher
Sophie Cachard
Clémence Crosnier
Agnès Debiage
Jérôme Denoix
Tovi et Ahmet Diler
Clélie Dudon
Sophie Duval
Alain Fisch
Bérénice Glanger
Adrien et Clément Gloaguen
Xavier Haudiquet
Bernard Hilaire

Sébastien Jauffret
Anaïs Kerdraon
Jacques Lemoine
Julie Montet
Jacques Muller
Caroline Ollion
Nicolas et Benjamin Pallier
Martine Partrat
Odile Paugam et Didier Jehanno
Émilie Pujol
Prakit Saiporn
Jean-Luc et Antigone Schilling
Paloma Telle
Bérénice Thiberge
Marion Trifot
Caroline Vallano

Direction: Nathalie Bloch-Pujo
Contrôle de gestion: Jérôme Boulingre et Virginie Laurent-Arnaud
Secrétariat: Catherine Maîtrepierre
Direction éditoriale: Catherine Julhe
Édition: Matthieu Devaux, Géraldine Péron, Olga Krokhina, Gia-Quy Tran, Julie Dupré, Barbara Janssens, Camille Loiseau, Béatrice Macé de Lépinay, Emmanuelle Michon, Marion Sergent et Clémence Toublanc
Préparation-lecture: Danielle Blondy
Cartographie: Frédéric Clémençon et Aurélie Huot
Fabrication: Nathalie Lautout et Audrey Detournay
Relations presse France: COM'PROD, Fred Papet. ☎ 01-70-69-04-69.
● info@comprod.fr ●
Direction marketing: Adrien de Bizemont, Lydie Firmin et Laure Illand
Contacts partenariats: André Magniez (EMD). ● andremagniez@gmail.com ●
Édition des partenariats: Élise Ernest
Informatique éditoriale: Lionel Barth
Couverture: Clément Gloaguen et Seenk
Maquette intérieure: le-bureau-des-affaires-graphiques.com, Thibault Reumaux et npeg.fr
Relations presse: Martine Levens (Belgique) et Maureen Browne (Suisse)
Régie publicitaire: Florence Brunel-Jars

Voici quelques idées pour se repérer. Grands avantages de l'Andalousie : on peut s'y rendre toute l'année ! Et que ce soit en voiture, en bus ou en train, les déplacements sont faciles.

Un gros week-end de 3-4 jours

Privilégier le duo Séville-Cordoue (avec déplacement en train) ou Grenade seule.

En une semaine

On se concentre sur les joyaux de la région !

– **Séville** (2-3 jours) : la cathédrale et la Giralda, l'Alcázar et ses jardins, une balade dans le barrio de Santa Cruz (le quartier le plus enchanteur de Séville), la casa Lonja (appelé aussi Archivos de Indias, les archives de la conquête des Amériques), la superbe *casa de Pilatos* et le *palacio de la Condesa de Lebrija* pour leurs patios, le *museo del Baile Flamenco* (musée du Flamenco), une balade et une soirée flamenco dans le barrio de Triana, un concert de musique arabo-andalouse (à la Casa de la Memoria de Al-Andalus par exemple).
Liaison Séville-Cordoue aussi rapide que facile en train. Si vous faites le trajet en voiture, faites donc une pause à **Carmona,** *superbe petite cité médiévale, qui aligne quelques bonnes tables en plus.*
– **Cordoue** (1,5-2 jours) : la sublime Mezquita (la mosquée-cathédrale), le quartier de la Judería (la sinagoga, la casa de Sefarad et la casa Andalusí), les bains arabes, la Torre de la Calahorra, le Museo arqueológico, l'Alcázar, le museo provincial de Bellas Artes, le palacio de Viana, un spectacle de flamenco et une tournée de bar à tapas.
Trajet Cordoue-Grenade possible sans problème en train. Suggestion si vous ralliez Grenade en voiture, par le chemin des écoliers : faites une pause à **Priego de Córdoba** *(délicieuse balade dans le village et visite des églises mudéjares), ou au magnifique village de* **Zuheros,** *et pourquoi pas à la formidable forteresse de la Motta, à* **Alcalá la Real***.*
– **Grenade** (2-3 jours) : incontournable, une journée consacrée à l'Alhambra et ses jardins (pensez bien à réserver avant le voyage !), puis une balade dans le quartier de l'Albaicín. Dans le centre, la visite de la cathédrale et surtout de la Capilla Real, sans oublier le Monasterio de San Jerónimo. Afin de reprendre de la hauteur, un petit tour dans les hauteurs du Sacromonte. Et profiter de l'animation nocturne en faisant la tournée des bars à tapas !

En 15 jours

Là, on commence à entrer dans le cœur de l'Andalousie !
– **Séville, Cordoue et Grenade** (7-9 jours) : comme ci-dessus, en prenant un peu plus le temps, et en ajoutant éventuellement à **Séville** la plaza de Toros et le superbe museo de Bellas Artes, à **Cordoue** le museo Julio Romero de

Torres et une balade le long du Guadalquivir, et à *Grenade* la baroque Cartuja et la Casa-museo Federico García Lorca.

Après, voici des modules de 3 à 5 jours, à combiner en fonction des goûts de chacun.

Depuis Séville

– *Ronda et les villages blancs* (4 jours), *à faire en voiture* : exploration des villages de la *sierra de Grazalema,* au départ d'*Arcos de la Frontera* ou de *Grazalema* par exemple, pendant 1 ou 2 jours. Puis une belle journée à *Ronda* pour ses arènes, son vieux pont et ses musées (et pourquoi pas, une balade au fond du ravin !), et enfin 1 ou 2 jours pour découvrir d'autres villages blancs : Castellar de la Frontera, Jimena de la Frontera, Gaucín, Benadalid, Júscar.
– *La Costa del Sol express* (5 jours), *à faire en voiture, prolongement naturel de la variante « Ronda et les villages blancs » : Gibraltar* (le rocher et ses singes, les souterrains, et promenade dans la ville), petit détour par les jolies ruelles blanches de *Casares,* puis *Marbella* et sa célèbre place des Orangers, une balade dans le ravissant village de *Mijas.* Pour conclure, 2 jours à Málaga pour profiter de ses nombreux musées, dont *Museo Casa natal de Picasso, Museo Picasso, Museo Carmen Thyssen,* et déguster les vins de Málaga dans les nombreuses *bodegas.*

Depuis Grenade

– *Escapade baroque et nature* (3-5 jours), *à faire de préférence en voiture : direction Jaén, pour atteindre *Baeza* et *Úbeda,* deux petites villes classées par l'Unesco pour leur patrimoine baroque : églises, palais, de riches itinéraires urbains ! C'est aussi une des grandes régions de culture de l'olivier, et donc de production d'huile. Et pour prendre l'air, grimper jusqu'au joli village de *Cazorla,* sa sierra et son parc naturel, qui offre de belles randonnées de tous niveaux.
– *Les Alpujarras* (2-5 jours) : chapelet de ravissants villages de montagne, à explorer par de belles balades à pied, à cheval... en 2 jours pour prendre le frais par les grosses chaleurs de l'été ou plus longuement pour les amateurs de randonnées.
– *Le Cabo de Gata* (3-5 jours) : beau parc naturel aux plages et criques préservées, et qui offre aussi quelques agréables itinéraires de balade. Pour quelques jours de *farniente* après une orgie culturelle !

En trois semaines

Partir des propositions ci-dessus, en prenant un peu plus de temps. En particulier pour découvrir les villages de l'arrière-pays de la Costa del Sol, comme *Istán, Ojén, Coín, Competa* ou *Frigiliana,* ou la jolie ville d'*Antequera,* ou en poussant jusqu'à Nerja ou la baroque *Lorca.*
Et en profiter pour découvrir une autre Andalousie, plus Atlantique.
– *La Costa de la Luz* (6-7 jours) : *Tarifa,* sa vieille ville et ses plages ventées, paradis des surfers ; *Vejer de la Frontera* ; *Cadiz* et sa charmante cité ancienne (la Torre Tavira, la cathédrale). À *Jerez de la Frontera,* les bodegas, et la Real Escuela andaluza del Arte ecuestre (l'école d'équitation aux superbes spectacles). Puis, la petite station de *Sanlúcar de Barrameda* (avec le Palacio ducal de Medina Sidonia), et le *parc national de Doñana.* Pour rejoindre ensuite Séville, faire un détour par le parque natural de la *Sierra de Aracena* : outre ses forêts, de belles randos, c'est aussi l'une des régions de séchage du fameux *jamón* espagnol !

SI VOUS ÊTES PLUTÔT...

– *Patrimoine arabo-andalou et mudéjar* : l'Alhambra, ses jardins et le quartier de l'Albaicín à Grenade, la Mezquita de Cordoue, Medina Azahara dans les environs de Cordoue, l'Alcázar de Séville, les églises mudéjares de Priego de Córdoba et de Baena, et le chapelet de forteresses et de villages blancs qui parsèment la région, vestiges vivants du passage des Maures, même si l'empreinte catholique est depuis passée dessus.

– *Patrimoine baroque :* les villes de Antequera, Guadix et Lorca ; la Cartuja et la basílica San Juan de Dios à Grenade, la cathédrale de Jaén.

– *Flamenco et culture gitane :* le museo del Baile Flamenco, la Casa de la Memoria de Al-Andalus et le quartier de Triana à Séville ; le quartier du Sacromonte, avec le museo-cuevas del Sacromonte et le museo ethnológico de la Mujer Gitana (s'il est ouvert !), et ses multiples *tablaos* de flamenco.

– *Maisons troglodytiques :* le quartier du Sacromonte à Grenade ; Guadix et ses alentours (Purullena et Marchal).

– *Nature et randonnées :* les Alpujarras, le parc naturel de la sierra de las Nieves, la sierra de Cazorla, la sierra de Grazalema, las sierras Subbéticas.

– *Sports nautiques et plages :* Tarifa et Caños de la Meca pour le surf et les planches, et aussi pour la plage ! Le cabo de Gata pour ses plages préservées.

– *En famille, avec des enfants :* outre ci-dessus les parcs naturels, les balades et les sports nautiques, le parc d'Isla Mágica à Séville, le parque de las Ciencias de Grenade, la Real Escuela andaluza del Arte ecuestre et le Zoobotánico à Jerez de la Frontera, les caravelles de Colomb (muelle de la Carabelas) à La Rábida.

COMMENT Y ALLER ?

EN TRAIN

Pour vous rendre en Andalousie, vous avez la possibilité de prendre le *Trenhotel Elipsos* jusqu'à Madrid-Chamartín (ou l'avion jusqu'à Madrid-Barajas), puis d'emprunter l'AVE (TGV espagnol) au départ de la gare de Madrid-Atocha, jusqu'à Cordoue, Séville et Málaga.

➤ *Madrid-Cordoue :* 2h de trajet.
➤ *Madrid-Séville :* 2h30 de trajet.
➤ *Madrid-Málaga :* env 3h de trajet.
➤ *Cordoue-Málaga :* 1h de trajet.

Comment aller à Madrid ?

➤ *Trenhotel « Francisco de Goya » :* de la gare Paris-Austerlitz, via Orléans-les Aubrais, Blois et Poitiers, en général le w-e. Ce train est équipé uniquement de voitures-lits et offre un service de bar-cafétéria et restaurant. Côté espagnol, dessert Vitoria-Gasteiz, Burgos et Valladolid. Vérifier les fréquences sur ● elipsos.fr ●

Pour préparer votre voyage

– *Billet à domicile :* commandez votre billet sur Internet ou par téléphone au ☎ 36-35 *(0,34 €/mn hors surcoût éventuel de votre opérateur),* la SNCF vous l'envoie gratuitement à domicile.
– *Service bagages à domicile :* SNCF prend en charge vos bagages où le souhaitez et vous les livre là où vous allez du lundi au samedi jusqu'à 12h. Service disponible en France continentale, en Allemagne, en Suisse (enlèvement et livraison uniquement en gare) et au Luxembourg.

Les *pass* internationaux

Avec les *Pass InterRail,* les résidents européen peuvent voyager dans 30 pays d'Europe, dont l'Espagne. Plusieurs formules et autant de tarifs, en fonction de la destination et de l'âge. À noter que le *Pass InterRail* n'est pas valable dans votre pays de résidence. Cependant l'*InterRail Global Pass* offre une réduction de 50 % de votre point de départ jusqu'au point frontière en France.
– Pour les grands voyageurs, l'*InterRail Global Pass* est valable dans l'ensemble des 30 pays européens concernés, intéressant si vous comptez parcourir plusieurs pays au cours du même périple. Il se présente sous 5 formes au choix. 2 formules flexibles : utilisable 5 j. sur une période de validité de 10 j. (181 € pour les 12-25 ans, 276 € pour les + de 25 ans), ou 10 j. sur une période de validité de 22 j. (265 € pour les 12-25 ans, 393 € pour les + de 25 ans). 3 formules « continues » : *pass* 15 j. (307 € pour les 12-25 ans, 435 € pour les + de 25 ans), *pass* 22 j. (339 € pour les 12-25 ans, 509 € pour les + de 25 ans), *pass* 1 mois (435 € pour les 12-25 ans, 658 € pour les + de 25 ans). Ces 5 formules existent aussi en version 1re classe ! Et les voyageurs de plus de 60 ans bénéficient d'une réduction de 10 % sur le tarif de l'*InterRail Global Pass* en 1re et 2de classes (tarif senior).
– Si vous ne parcourez que l'Espagne, le *One Country Pass* vous suffira. D'une période de validité de 1 mois, et utilisable, selon les formules, 3, 4, 6 ou 8 j. en discontinu : à vous de calculer avant votre départ le nombre de jours dont vous aurez

besoin pour voyager. Pour connaître les différents tarifs : • *interrailnet. eu* • Là encore, ces formules se déclinent en version 1re classe (mais ce n'est pas le même prix, bien sûr). Attention, en Norvège, pas de vente de *One Country Pass* en 1re classe. Pour voyager dans 2 pays, vous pouvez combiner 2 *One Country Pass*. Au-delà, il est préférable de prendre l'*InterRail Global Pass*.

InterRail vous offre également la possibilité d'obtenir des réductions ou avantages à travers toute l'Europe avec ses partenaires bonus (musées, chemins de fer privés, hôtels, etc.).
Ts ces prix sont applicables jusqu'au 31 déc 2013.
Pour plus de renseignements, adressez-vous à la gare ou boutique SNCF la plus proche.

Pour voyager au meilleur prix

La SNCF propose des tarifs adaptés à chacun de vos voyages.
➤ *TGV Prem's, Intercités Prem's :* des petits prix disponibles toute l'année. Tarifs non échangeables et non remboursables (offres soumises à conditions). Impossible de poser des options de réservation sur ces billets : il faut les payer immédiatement.
➤ *Les tarifs Loisirs*
Une offre pour tous ceux qui programment leurs voyages mais souhaitent avoir la liberté de décider au dernier moment et de changer d'avis (offres soumises à conditions). Tarifs échangeables et remboursables. Pour bénéficier des meilleures réductions, pensez à réserver vos billets à l'avance (les réservations sont ouvertes jusqu'à 90 jours avant le départ) ou à voyager en période de faible affluence.
➤ *Les cartes*
Et pour ceux qui voyagent régulièrement, profitez de réductions garanties tout le temps avec carte Enfant +, carte 12-17 ans, carte 18-27, carte Week-end ou carte Senior + (valables 1 an).

– *Rens et résas :* ☎ 36-35 (0,34 €/mn) ou • *voyages-sncf.com* • *elipsos. com* • *interrailnet.eu* •

– Également dans les gares, les boutiques SNCF et les agences de voyages agréées.

EN BUS

Ce système de transport est fort valable à l'intérieur de l'Europe, à condition d'avoir du temps et de ne pas être à cheval sur le confort. Il est évident que les trajets sont longs et les horaires un peu élastiques. En général, les bus affrétés par les compagnies sont assez confortables : AC, dossier inclinable (exiger des précisions avant le départ). En principe, des arrêts toutes les 3 ou 4h permettent de ne pas arriver avec une barbe de vieillard.

Prévoyez une couverture ou un duvet pour les nuits fraîches, la Thermos à remplir de liquide bouillant ou glacé entre les étapes (on n'a pas toujours soif à l'heure dite) et aussi de bons bouquins.

Organismes de bus

▲ **EUROLINES**
☎ 0892-89-90-91 (0,34 €/mn ; lun-sam 8h-21h, dim 10h-17h). • *eurolines.fr* •
– *Paris :* 55, rue Saint-Jacques, 75005. Lun-ven 9h30-18h30 ; sam 10h-13h, 14h-17h.
Vous trouverez également les services d'Eurolines sur • *routard.com* • *Eurolines propose 10 % de réduc pour les jeunes (12-25 ans) et les seniors. 2 bagages gratuits/pers en Europe et 40 kg gratuits pour le Maroc.*
– *Gare routière internationale :* 28, av. du Général-de-Gaulle, 93541 Bagnolet Cedex. Ⓜ Gallieni.
Première *low-cost* par bus en Europe, Eurolines permet de voyager vers plus de 500 destinations en Europe (dont l'Espagne) et au Maroc avec des départs quotidiens depuis 90 villes françaises. Eurolines propose également des hébergements à petits prix sur les destinations desservies.
Pass Europe : pour un prix fixe valable 15 ou 30 jours, vous voyagez autant que vous le désirez sur le réseau entre 51 villes européennes. Également un mini-*pass* pour visiter 2 capitales européennes (7 combinés possibles).

LE VOYAGE

COMME VOUS L'IMAGINEZ

Grâce à des conseillers spécialisés par région, des attentions
personnalisées, un service local de conciergerie unique
et un partenariat exclusif avec Air France KLM
permettant de gagner des miles à chaque voyage,
découvrez une autre façon de voir le monde.

VOYAGEURSDUMONDE.FR
SPÉCIALISTE DU VOYAGE INDIVIDUEL PERSONNALISÉ

– Voir aussi *Novo.Travel* plus loin, qui dessert l'Espagne en bus.

EN AVION

Les compagnies régulières

▲ AIR FRANCE

Rens et résas au ☎ 36-54 (0,34 €/mn ; tlj 6h30-22h), sur ● airfrance.fr ●, dans les agences Air France et dans ttes les agences de voyages. Fermées dim.

➢ Air France dessert plusieurs villes en Espagne : Barcelone, Madrid, Bilbao, Séville, Málaga et Valence.

Air France propose à tous des tarifs attractifs toute l'année. Vous avez la possibilité de consulter les meilleurs tarifs du moment sur Internet, directement sur la page « Meilleures offres et promotions ».

Le programme de fidélisation Air France-KLM permet de cumuler des *miles* à son rythme et de profiter d'un large choix de primes. Avec votre carte *Flying Blue,* vous êtes immédiatement identifié comme client privilégié lorsque vous voyagez avec tous les partenaires.

Air France propose également des réductions Jeunes. La carte *Flying Blue Jeune* est réservée aux jeunes âgés de 2 à 24 ans résidant en France métropolitaine, dans les départements d'outre-mer, au Maroc, en Tunisie ou en Algérie. Avec plus de 1 000 destinations et plus de 100 partenaires, *Flying Blue Jeune* offre autant d'occasions de cumuler des *miles* partout dans le monde.

▲ AIR EUROPA

– Paris : 58A, rue du Dessous-des-Berges, 75013. ☎ 01-42-65-08-00. ● aireuropa.com ● ⓜ Bibliothèque-François-Mitterrand. Bureau ouv lun-ven 9h-17h, mais vous pouvez réserver par tél 24h/24.

En France, Air Europa opère depuis Orly-Ouest et Roissy-Charles-de-Gaulle selon les destinations.

➢ Vols vers Málaga 3 fois/j. depuis Roissy-Charles-de-Gaulle (terminal 2F).

▲ IBERIA

Résas au ☎ 0825-800-965 (0,12 €/mn ; tlj 9h-20h). ● iberia.fr ●

➢ Depuis Paris, au départ d'Orly, des vols directs pour Séville ainsi que des vols via Madrid pour Grenade, Jerez et Málaga.

Les compagnies *low-cost*

Ce sont des compagnies dites « à bas prix ». Elles desservent les capitales européennes ainsi que de nombreuses villes de province. Plus vous réserverez vos billets à l'avance, plus vous aurez des chances d'avoir des tarifs avantageux, mais il ne faut pas trop espérer trouver facilement des billets à prix plancher lors des périodes les plus fréquentées (vacances scolaires, w-e...). N'hésitez pas à combiner les offres, d'autant plus que les compagnies *low-cost* permettent des vols simples. La résa se fait souvent par Internet et parfois par téléphone (pas d'agence, juste un numéro de réservation et un billet à imprimer soi-même). Des frais de dossier ainsi que des frais pour le paiement par carte bancaire peuvent vous être facturés. En outre, les pénalités en cas de changement d'horaires sont assez importantes. Afin de réduire les files d'attente dans les aéroports, certaines compagnies font même payer l'enregistrement aux comptoirs d'aéroport. Pour l'éviter, vous avez intérêt à vous enregistrer directement sur Internet où le service est gratuit. Il faut aussi rappeler que plusieurs compagnies facturent maintenant les bagages en soute ou limitent leurs poids. En cabine également le nombre de bagages est strictement limité (attention même le plus petit sac à main est compté comme un bagage à part entière). À bord, c'est service minimum et tous les services sont payants (boissons, journaux...). Ne pas oublier non plus d'ajouter le prix du bus pour se rendre à ces aéroports, souvent assez éloignés du centre-ville ou dans des aéroports secondaires quand il s'agit des capitales. Attention également au moment de la résa par Internet à décocher certaines options qui sont automatiquement cochées (assurances, etc.). Au final, même si les prix de base restent très attractifs, il convient de prendre en compte tous ces frais annexes pour calculer le plus justement son budget.

▲ AIR BERLIN

En France : ☎ *0826-967-378 (0,15 €/mn) ; en Suisse :* ☎ *0848-737-800 (0,08 Fs/mn) ; en Belgique :* ☎ *070-654-737 (0,15 €/mn) ; en Espagne :* ☎ *902-333-335 (0,09 €/mn).* • *airberlin.com* •

➢ Dessert Séville, Almería et Jerez de la Frontera depuis Bâle-Mulhouse, Sarrebruck et Zurich, et Málaga depuis Paris, Nice, Bâle-Mulhouse, Sarrebruck et Zurich.

▲ EASYJET

En France : ☎ *0820-420-315 (0,12 €/mn) ; en Suisse :* ☎ *0848-28-28-28 (0,08 Fs/mn) ; en Espagne :* ☎ *902-599-900 (0,083 €/mn).* • *easyjet.com* •

➢ Dessert Séville depuis Genève, et Málaga depuis Paris-CDG, Genève et Bâle-Mulhouse.

▲ RYANAIR

En France : ☎ *0892-562-150 (0,34 €/mn) ; en Belgique :* ☎ *0902-33-660 (1 €/mn) ; en Espagne :* ☎ *0044-871-246-00-11 (en Angleterre, réponse en espagnol ; 0,10 £/mn).* • *ryanair.com* •

➢ Dessert Séville et Málaga au départ de Paris (Beauvais), Marseille et Bruxelles (Charleroi), ainsi que Bordeaux depuis Séville ; et Almería depuis Bruxelles.

▲ TRANSAVIA

En France : ☎ *0892-058-888 (0,34 €/mn) ; en Espagne :* ☎ *902-044-350 (0,09 €/mn).* • *transavia.com* •

➢ Dessert Séville tlj en été, et 2-3 fois/sem le reste de l'année au départ de Paris-Orly-Sud ; et Séville 1 fois/sem en été depuis Nantes et Lyon.

▲ VOLOTEA

Rens : ☎ *0821-610-752 en France (0,094 € l'appel, puis 0,10 €/mn) ;* ☎ *902-75-77-17 en Espagne (0,10 € l'appel, puis 0,072 €/mn).* • *volotea.com* •

➢ Au départ de Bordeaux, vols directs vers Málaga 1-2 fois/sem en haute saison seulement.

▲ VUELING

En France : ☎ *0899-232-400 (1,34 € l'appel, puis 0,34 €/mn) ; en Belgique :* ☎ *0902-33-429 (0,75 €/mn) ; en Espagne :* ☎ *807-200-100 (0,91 €/mn).* • *vueling.com* •

➢ Une compagnie espagnole. Liaisons vers Séville depuis Paris, Málaga depuis Paris, Nantes, Toulouse et Bruxelles (ainsi que Lille, via Barcelone). Également des liaisons vers Grenade depuis Paris ou Bruxelles avec correspondance, et vers Almería depuis Bruxelles, Toulouse, Lyon et Nice avec correspondance.

EN VOITURE

Depuis Paris et le nord de la France

L'itinéraire le plus pratique est l'autoroute jusqu'à Béhobie (environ 810 km depuis Paris).

➢ *Jusqu'à la frontière espagnole :* rejoindre l'A 10/E 05 au niveau de Massy, en direction de Orléans-Nantes-Bordeaux. Puis, après Bordeaux, direction San Sebastián-Bayonne jusqu'à trouver, à hauteur de Gradignan, l'A 63/E 05/E 70 jusqu'à Béhobie. Et 2 km après le péage de Biriatou, vous voici en Espagne.

➢ *De Béhobie à Séville (environ 960 km) :* après Irún et San Sebastián, que l'on contourne par l'autoroute, la N 1 escalade les monts du Guipúzcoa pour atteindre la plaine d'Álava ; une déviation contourne Vitoria. Ensuite, on s'engage dans le défilé de Pancorbo, au-delà duquel se profile Burgos. Puis on file droit à travers la Meseta sur l'E 80/A 62 jusqu'à Valladolid (369 km), Tordesillas, et Salamanque. Là, on oblique vers le sud (la N 630/E 803) jusqu'à Plasencia, après laquelle on récupère l'autoroute A 66/E 803 : c'est la traversée de l'Estrémadure ; Caceres, Mérida, et enfin l'arrivée à Séville. De Séville, vous êtes tout proche de Cadix et Huelva : la Costa de la Luz.

➢ *De Béhobie à Cordoue (environ 880 km) ou Grenade (environ 910 km) :* même itinéraire jusqu'à Burgos, puis traversée de la Meseta en direction de Madrid (E 5/A 1), que l'on contourne, et plein sud (E 5/A 4), via Aranjuez, et (au passage en Andalousie) le Desfiladero de los Despeñaperros. Ensuite, pour Cordoue, toujours l'E 5/A 4 via Bailén et Andujar ; pour atteindre Grenade, bifurquer avant Bailén par l'E 902/A 44 en direction de Jaén. Vous n'êtes plus très loin, depuis Grenade, de Málaga et de la Costa del Sol.

COMPTOIR
D'ESPAGNE

COMPTOIR
DES VOYAGES

L'ANDALOUSIE SUR MESURE @ TOUT PRIX !

Sillonnez les routes du sud au fil des vignobles, champs d'oliviers
et villages chaulés, les hôtels auront été réservés par nos soins.
En train ou en voiture, explorez Séville, Cordoue et Grenade, les villes
abritant les trésors mauresques les plus grandioses d'Andalousie.

Paris - Lyon - Marseille - Toulouse

0892 230 450 (0,34 € la minute)

www.comptoir.fr

Depuis le centre-est ou le sud-est de la France

Le plus commode est de rejoindre par autoroute Perpignan, puis de longer la côte jusqu'à Valencia (Valence).

➤ *De Perpignan à Lorca (830 km environ) :* une fois traversée la frontière par l'A 9/E 15, suivre l'E 15/AP 7 en direction de Barcelone (que l'on contourne), puis Tarragone et Valencia. Ensuite, couper par les terres par l'A 7 puis la N 35, et enfin l'A 31, jusqu'à retrouver l'E 15/A 7 au niveau d'Elche : une fois passé Murcie, Lorca est tout proche.

➤ *De Perpignan à Grenade (1 080 km environ) :* même itinéraire jusqu'à Murcie, que l'on dépasse et contourne, toujours sur l'E 15/A 7, en direction de Lorca. Au niveau de Puerta Lumbreras, bifurquer à droite par l'A 91 puis l'A 92 en direction de Grenade.

➤ *De Perpignan à Málaga (1 190 km environ) :* même itinéraire jusqu'à Grenade, que l'on passe en restant sur l'A 92 en direction d'Antequera. Un peu avant Antequera, bifurcation plein sud sur la N 331 jusqu'à Málaga : à vous la Costa del Sol !

EN BATEAU

Depuis l'Andalousie, il est possible de se rendre au Maroc ou aux Canaries en ferry.

▲ EUROMER

– *Montpellier :* 5, quai de Sauvages, CS 10024, 34078 Cedex 3. ☎ 04-67-65-95-11 pour les résas pour le Maroc. ● euromer.net ●

Cette compagnie vous propose de prendre les billets à l'avance afin de vous éviter l'attente et les nombreuses arnaques au port. Tarifs compétitifs, nombreuses réductions, tarifs groupes, 4x4, camping-cars.

➤ *Pour le Maroc :* traversées ttes les heures, du matin au soir très tard...

– *Algésiras-Ceuta :* traversée en seulement 35 mn (voir à Algésiras la rubrique « Arriver – Quitter »). Les avantages : la liaison vers le Maroc la moins chargée (zone franche : pas de taxes), l'une des moins chères, carburant moins cher

aussi. L'embarquement y est plus facile que sur Tanger. Nombre de départs en fonction de la demande. Nouvelle route entre Ceuta et Tanger (45 mn), avec des plages de rêve. À Ceuta, ou plutôt à Fnideq, situé à 3 km de Ceuta (à faire en stop), bus pour Tanger via Tétouan (route superbe). Ne pas écouter les chauffeurs de taxi à Ceuta qui vous diront que cette ligne de bus n'existe pas.

– *Algésiras-Tanger :* nouvelle possibilité de traversée en 1h (voir à Algésiras la rubrique « Arriver – Quitter »).

Attention : prendre ses billets au port, c'est payer jusqu'à 20 % plus cher ; la ligne Algésiras-Tanger est plus chargée que celle de Algésiras-Ceuta ; certaines agences de voyages d'Algésiras, peu scrupuleuses, ajoutent une taxe au prix de la traversée sans en avertir le passager ; la douane à Tanger est très pointilleuse.

LES ORGANISMES DE VOYAGES

– Ne pas croire que les vols à tarif réduit sont tous au même prix pour une même destination à une même époque : loin de là. On a déjà vu, dans un même avion partagé par deux organismes, des passagers qui avaient payé 40 % plus cher que les autres. De plus, une agence bon marché ne l'est pas forcément toute l'année (elle peut n'être compétitive qu'à certaines dates bien précises). Donc, contactez tous les organismes et jugez vous-même.

– Les organismes cités sont classés par ordre alphabétique, pour éviter les jalousies et les grincements de dents.

EN FRANCE

▲ ALLIBERT

– *Paris :* 37, bd Beaumarchais, 75003. ☎ 01-44-59-35-35. ● allibert-trekking. com ● Ⓜ Chemin-Vert ou Bastille. Lun-ven 9h-19h, sam 10h-18h. Agences également à Chamonix, Chapareillan, Nice et Toulouse.

Né en 1975 d'une passion commune entre trois guides de montagne, Allibert

Votre voyage de A à Z !

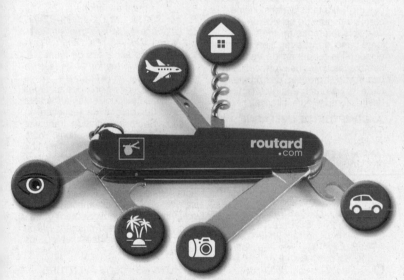

CHOISIR

Trouvez la destination de vos rêves avec nos idées week-end et nos carnets de voyage.

ORGANISER

Préparez votre voyage avec nos 220 fiches destination, nos dossiers pratiques et les conseils de nos 530 000 membres.

RÉSERVER

Réservez avec les meilleurs partenaires votre vol, votre voiture, votre hôtel, votre location…

PARTAGER

Partagez vos expériences, photos, bons plans et avis d'hôtels avec 2.4 millions d'internautes chaque mois*.

* Source Nielsen/ Mediametrie/ Netrating

propose aujourd'hui 1 100 voyages aux quatre coins du monde tout en restant une entreprise familiale. Découvrir de nouveaux itinéraires en respectant la nature et les cultures des régions traversées reste leur priorité. Pour chaque pays, différents niveaux de difficulté. Allibert est le premier tour-opérateur certifié tourisme responsable par ATR.

▲ BOURSE DES VOLS / BOURSE DES VOYAGES

☎ 01-42-61-66-61, lun-sam 9h-20h. ● bdv.fr ●

Agence de voyages en ligne, BDV. fr propose une vaste sélection de vols secs, séjours et circuits à réserver en ligne ou par téléphone. Pour bénéficier des meilleurs tarifs aériens, même à la dernière minute, le service de Bourse des Vols référence en temps réel un large panel de vols réguliers, charters et dégriffés au départ de Paris et de nombreuses villes de province. Bourse des Voyages propose des promotions toute l'année sur une large sélection de destinations (séjours, circuits...).

▲ COMPTOIR DE L'ESPAGNE

– Paris : 3, rue Saint-Victor, 75005. ☎ 0892-237-237 (0,34 €/mn). ● comptoir.fr ● Ⓜ Cardinal-Lemoine. Lun-ven 9h30-18h30, sam 10h-18h30.
– Lyon : 10, quai Tilsitt, 69002. ☎ 0892-230-465 (0,34 €/mn). Ⓜ Bellecour. Lun-sam 9h30-18h30.
– Marseille : 12, rue Breteuil, 13001. ☎ 0892-236-636 (0,34 €/mn). Ⓜ Estrangin. Lun-sam 9h30-18h30.
– Toulouse : 43, rue Peyrolières, 31000. ☎ 0892-230-450 (0,34 €/mn). Ⓜ Esquirol. Lun-sam 9h30-18h30.
Pour découvrir l'Espagne, Comptoir de l'Espagne propose des séjours à Barcelone, Madrid, Séville ou Valence ainsi que de jolis itinéraires en Andalousie ou sur la route de l'Argent entre Séville et Oviedo. Des voyages faits pour tous les férus d'histoire, d'art, de randos et de balnéaire. Quelles que soient vos envies, leur équipe de spécialistes de l'Espagne sera à votre écoute pour créer votre voyage sur mesure.
27 Comptoirs, plus de 70 destinations, des idées de voyages à l'infini. Comptoir des Voyages s'impose depuis plus de 20 ans comme une référence incontournable dans le voyage sur mesure, accessible à tous les budgets. Comptoir des Voyages est membre de l'association ATR (Agir pour un tourisme responsable) et a obtenu la certification Tourisme responsable AFAQ AFNOR.

▲ FRAM

☎ 0826-463-727. ● fram.fr ●
FRAM programme plus de 60 destinations, avec de nombreuses formules de vacances et au départ de 29 villes. Au choix : des autotours en Andalousie, des vols secs, des circuits, des weekends et courts séjours et des séjours en club Framissima.

▲ FUAJ

– Paris : antenne nationale, 27, rue Pajol, 75018. ☎ 01-44-89-87-27. Ⓜ La Chapelle, Marx-Dormoy ou Gare-du-Nord. Mar-ven 13h-17h30. Rens dans ttes les auberges de jeunesse, les points d'information et de résa en France et sur le site ● fuaj.org ●
La FUAJ (Fédération unie des auberges de jeunesse) accueille ses adhérents dans 160 auberges de jeunesse en France. Seule association française membre de l'IYHF (International Youth Hostel Federation), elle est le maillon d'un réseau de 4 000 auberges de jeunesse réparties dans 90 pays. La FUAJ organise, pour ses adhérents, des activités sportives, culturelles et éducatives ainsi que des rencontres internationales. Vous pouvez obtenir gratuitement les brochures Printemps-Été ou Hiver, la carte pliable des AJ et le Guide des AJ en France.

▲ HUWANS – CLUB AVENTURE

☎ 0826-88-20-80 (0,15 €/mn). ● clubaventure.fr ●
– Paris : 18, rue Séguier, 75006. Ⓜ Saint-Michel ou Odéon. Mar-sam 10h-19h.
– Lyon : 38, quai Arloing, 69009. Ⓜ Bellecour ou Ampère. Mar-ven 9h30-13h, 14h-18h30 ; sam 10h30-13h, 14h-18h.
Spécialiste du voyage d'aventure, ce tour-opérateur privilégie la randonnée en petits groupes, en famille ou entre amis pour parcourir le monde hors des sentiers battus. Leur site offre 1 000 voyages dans 90 pays différents, à pied, en pirogue ou à

dos de chameau. Ces voyages sont encadrés par des guides locaux et professionnels.

▲ JEUNESSE ET RECONSTRUCTION

– *Paris : 10, rue de Trévise, 75009.* ☎ *01-47-70-15-88.* ● *volontariat.org* ● Ⓜ *Cadet ou Grands-Boulevards. Lun-ven 10h-13h, 14h-18h.*

Jeunesse et Reconstruction propose des activités dont le but est l'échange culturel dans le cadre d'un engagement volontaire. Chaque année, des centaines de jeunes bénévoles âgés de 17 à 30 ans participent à des chantiers internationaux en France ou à l'étranger (Europe, Asie, Afrique et Amérique), et s'engagent dans un programme de volontariat à long terme (6 mois ou 1 an). Dans le cadre des chantiers internationaux, les volontaires se retrouvent autour d'un projet d'intérêt collectif (1 à 4 semaines) et participent à la restauration du patrimoine bâti, à la protection de l'environnement, à l'organisation logistique d'un festival ou à l'animation et l'aide à la vie quotidienne auprès d'enfants ou de personnes handicapées.

▲ MARMARA

Résas partout en France dans les agences de voyages : ☎ *0899-650-580 (1,35 € l'appel, puis 0,34 €/mn).* ● *marmara.com* ● *Et dans les agences Marmara partout en France.*

Tour-opérateur numéro 1 en France, Marmara fait voyager plus d'un million de personnes par an. Pour cela, Marmara affrète en totalité une moyenne de 27 vols par jour, toute l'année (dont 60 % au départ de la province) vers le Maroc, la Tunisie, la Grèce, la Crète, Rhodes, l'Égypte, l'Espagne, la Turquie, la Sardaigne, mais aussi vers des destinations lointaines qu'il a pour ambition de démocratiser : la République dominicaine, l'île Maurice et le Mexique.

Et pour apporter une solution à toutes les envies de vacances, Marmara étoffe chaque année sa production. Ainsi, sa brochure propose également, en plus des formules club, une gamme complète de produits : séjours prestige en hôtel 5 étoiles luxe, circuits aventures, croisières, vacances en famille, en solo, escapades thalasso & spa ou voyages culturels... Un seul point commun : l'imbattable rapport qualité-prix pour lequel Marmara s'engage pour des vacances moins chères et réussies. Nouveauté : Marmara lance les *Cosy Clubs,* une déclinaison des *clubs Marmara* avec une ambiance plus zen et les *Splashworld,* des hôtels avec parc aquatique.

▲ NOMADE AVENTURE

– *Paris : 40, rue de la Montagne-Sainte-Geneviève, 75005.* ☎ *0825-701-702 (0,15 €/mn).* ● *nomade-aventure. com* ● Ⓜ *Maubert-Mutualité. Lun-sam 9h30-18h30.*
– *Lyon : 10, quai Tilsitt, 69002.* ☎ *0825-701-702 (0,15 €/mn). Lun-sam 9h30-18h30.*
– *Marseille : 12, rue Breteuil, 13001.* ☎ *0825-701-702 (0,15 €/mn). Lun-sam 9h30-18h30.*
– *Toulouse : 43, rue Peyrolières, 31000.* ☎ *0825-701-702 (0,15 €/mn). Lun-sam 9h30-18h30.*

Nomade Aventure propose des circuits inédits partout dans le monde à réaliser en famille, entre amis, avec ou sans guide. Également hors de groupes constitués, ils organisent des séjours libres en toute autonomie et sur mesure. Spécialiste de l'aventure avec plus de 600 itinéraires (de niveau tranquille, dynamique, sportif ou sportif +) faits d'échanges et de rencontres avec des hébergements chez l'habitant, Nomade Aventure donne la priorité aux expériences authentiques à pied, à VTT, à cheval, à dos de chameau, en bateau...

▲ NOUVELLES FRONTIÈRES

Ttes les brochures Nouvelles Frontières sont disponibles dans les 300 agences expertes du réseau. Rens au ☎ *0825-000-747 (0,15 €/mn) et sur* ● *nouvelles-frontieres.fr*

Nouvelles Frontières, un savoir-faire incomparable depuis 45 ans. Des propositions de circuits, d'itinéraires à la carte, des séjours balnéaires et des escapades imaginés et construits par des spécialistes de chaque destination. Vols au départ de Paris et de province.

▲ NOVO.TRAVEL

Rens et résas : ☎ *0899-18-00-18 (1,35 € l'appel, puis 0,34 €/mn ; lun-ven 10h-12h, 14h-18h).* ● *novo.travel* ●

Spécialiste des voyages en autocar à destination de toutes les grandes cités européennes. Week-ends, séjours et circuits en bus toute l'année, grands festivals et événements européens. Formules pour tout public, individuel ou groupe, au départ de toutes les grandes villes de France.

▲ PARTIRENCORE.COM

☎ 04-38-02-16-60 *(lun-ven 9h-12h, 14h-18h ; sam 9h-12h).* ● *partirencore. com* ●

Une agence dynamique qui organise des séjours économiques en Europe et en Russie dans les grandes capitales européennes au départ de 30 villes de France. Plusieurs formules d'hébergement de la cité U aux hôtels 3 étoiles. Départs toute l'année, et pour des concerts et des festivals rock en Europe. Nouveau : départs possibles chaque semaine avec des formules bus + hôtels dans les capitales européennes.

▲ PROMOVACANCES.COM

☎ 0899-654-850 *(1,35 € l'appel, puis 0,34 €/mn ; lun-ven 8h-minuit, sam 9h-23h, dim 10h-23h) ou sur* ● *promo vacances.com* ●

Numéro 1 français de la vente de séjours sur Internet, Promovacances a fait voyager plus de 2 millions de clients en 10 ans. Le site propose plus de 10 000 voyages actualisés chaque jour sur 300 destinations : séjours, circuits, week-ends, thalasso, plongée, golf, voyages de noce, locations, vols secs... L'ambition du voyagiste : prouver chaque jour que le petit prix est compatible avec des vacances de qualité. Grâce aux avis clients publiés sur le site et aux visites virtuelles des hôtels, vous réservez vos vacances en toute tranquillité.

▲ TERRES D'AVENTURE

☎ 0825-700-825 *(0,15 €/mn)* ● *terdav. com* ●

– *Paris :* 30, rue Saint-Augustin, 75002. Ⓜ *Opéra ou Quatre-Septembre. Lun-sam 9h30-19h.*

– *Agences également à Bordeaux, Chamonix, Grenoble, Lille, Lyon, Marseille, Nantes, Rennes, Rouen, Strasbourg et Toulouse.*

Depuis 1976, Terres d'Aventure, spécialiste du voyage à pied, propose aux voyageurs passionnés de marche et de rencontres des randonnées hors des sentiers battus à la découverte des grands espaces de notre planète. Voyages à pied, à cheval, en bateau, à raquettes... Sur tous les continents, des aventures en petits groupes ou en individuel encadrés par des professionnels expérimentés. Les hébergements dépendent des sites explorés : camps d'altitude, bivouac, refuge ou petits hôtels. Les voyages sont conçus par niveaux de difficulté : de la simple balade en plaine à l'expédition sportive en passant par la course en haute montagne.

En province, certaines de leurs agences sont de véritables *Cités des Voyageurs* dédiées au voyage : librairies spécialisées, boutiques d'accessoires de voyage, expositions-ventes d'artisanat et cocktails-conférences. Consultez le programme des manifestations sur leur site internet.

▲ VOYAGES-SNCF.COM

Voyages-sncf.com, acteur majeur du tourisme français qui recense 9 millions de visiteurs par mois, propose d'acheter en ligne des billets de train, d'avion, des chambres d'hôtel, des locations de voitures, des vacances et des séjours clés en main ou Alacarte®, ainsi que des spectacles, des excursions et des visites de musées. Un large choix et des prix avantageux sont offerts toute l'année, pour tous types de voyages dans le monde entier : SNCF, 180 compagnies aériennes, 84 000 hôtels référencés et les principaux loueurs de voitures.

Le site ● *voyages-sncf.com* ● permet d'accéder tous les jours, 24h/24, à plusieurs services : envoi gratuit des billets à domicile, Alerte Résa pour être informé de l'ouverture des réservations et profiter du plus grand choix, calendrier des meilleurs prix (TTC), mais aussi des offres de dernière minute et des promotions...

Pratique : ● *voyages-sncf.mobi* ●, le site mobile pour réserver, s'informer et profiter des bons plans n'importe où et à n'importe quel moment.

Et grâce à l'ÉcoComparateur, en exclusivité sur ● *voyages-sncf.com* ●, possibilité de comparer le prix, le temps de trajet et l'indice de pollution pour un même trajet en train, en avion et en voiture.

▲ VOYAGEURS DU MONDE EN ESPAGNE ET AU PORTUGAL

● *voyageursdumonde.fr* ●
– *Paris : La Cité des Voyageurs, 55, rue Sainte-Anne, 75002.* ☎ *01-42-86-17-20.* Ⓜ *Opéra ou Pyramides. Lun-sam 9h30-19h. Avec une librairie spécialisée sur les voyages.*
– *Également des agences à Bordeaux, Grenoble, Lille, Lyon, Marseille, Montpellier, Nantes, Nice, Rennes, Rouen, Strasbourg et Toulouse. Également à Bruxelles et Genève.*
Le spécialiste du voyage en individuel sur mesure.
Parce que chaque voyageur est différent, que chacun a ses rêves et ses idées pour les réaliser, Voyageurs du Monde conçoit, depuis plus de 30 ans, des projets sur mesure. Les séjours proposés sur 120 destinations sont élaborés par leurs 180 conseillers voyageurs. Spécialistes par pays et même par région, ils vous alderont à personnaliser les voyages présentés à travers une trentaine de brochures d'un nouveau type et sur le site internet où vous pourrez également découvrir les hébergements exclusifs et consulter votre espace personnalisé. Au cours de votre séjour, vous bénéficiez des services personnalisés Voyageurs du Monde, dont la possibilité de modifier à tout moment votre voyage, l'assistance d'un concierge local, la mise en place de rencontres et de visites privées et l'accès à votre carnet de voyage via une application iPhone et Android.
Chacune des 15 Cités des Voyageurs est une invitation au voyage : accessoires de voyage, expositions-ventes d'artisanat et conférences. Voyageurs du Monde est membre de l'association ATR (Agir pour un tourisme responsable) et a obtenu sa certification Tourisme responsable AFAQ AFNOR.

Comment aller à Roissy et à Orly ?

Bon à savoir :
– le *pass Navigo* est valable pour Roissy-Rail (RER B, zones 1-5) et Orly-Rail (RER C, zones 1-4). Les w-e et j. fériés, le *pass Navigo* est dézoné, ce qui permet à ceux qui n'ont que les zones 1 à 3 d'aller tout de même jusqu'aux aéroports sans frais supplémentaires ;
– le *billet Orly-Rail* permet d'accéder sans supplément aux réseaux métro et RER.

À Roissy-Charles-de-Gaulle 1, 2 et 3

Attention : si vous partez de Roissy, pensez à vérifier de quelle aérogare votre avion décolle, car la durée du trajet peut considérablement varier en fonction de cette donnée.

En transports collectifs

🚌 *Les cars Air France :* ☎ *0892-350-820 (0,34 €/mn).* ● *lescarsairfrance.com* ● *Paiement par CB possible à bord.*
Le site internet diffuse les informations essentielles sur le réseau (lignes, horaires, tarifs...) permettant de connaître en temps réel des infos sur le trafic afin de mieux planifier son départ. Il propose également une boutique en ligne, qui permet d'acheter et d'imprimer des billets électroniques pour accéder aux bus.
➢ *Paris-Roissy :* départ pl. de l'Étoile (1, av. Carnot), avec un arrêt pl. de la Porte-Maillot (bd Gouvion-Saint-Cyr). Départs ttes les 20 mn, 5h45-23h. Durée du trajet : env 35-50 mn. Tarifs : 15,50 € l'aller simple, 26 € l'A/R ; réduc enfants 2-11 ans.
Autres départs depuis la gare Montparnasse (arrêt rue du Commandant-Mouchotte, face à l'hôtel *Pullman*), ttes les 30 mn, 6h-21h30, avec un arrêt gare de Lyon (20 bis, bd Diderot). Tarifs : 17 € l'aller simple, 26 € l'A/R ; réduc enfants 2-11 ans.
➢ *Roissy-Paris :* les cars *Air France* desservent la pl. de la Porte-Maillot, avec un arrêt bd Gouvion-Saint-Cyr, et se rendent ensuite au terminus de l'av. Carnot. Départs ttes les 20-30 mn, 5h45-23h, des terminaux 2A et 2C (porte C2), 2E et 2F (niveau « Arrivées », porte 3 de la galerie), 2B et 2D (porte B1), et du terminal 1 (porte 34, niveau « Arrivées »).

À destination de la gare de Lyon et de la gare Montparnasse, départs ttes les 30 mn, 6h-21h30, des mêmes terminaux. Durée du trajet : env 1h.

🚌 **Roissybus :** ☎ 32-46 (0,34 €/mn). ● ratp.fr ● Départs de la pl. de l'Opéra (angle rues Scribe et Auber) ttes les 15 mn (20 mn à partir de 20h), 5h45-23h. Durée du trajet : 1h. De Roissy, départs 6h-23h des terminaux 1, 2A, 2B, 2C, 2D et 2F, et à la sortie du hall d'arrivée du terminal 3. Tarif : 10 €.

🚌 **Bus RATP n° 351 :** de la pl. de la Nation, 5h35-20h20. Solution la moins chère mais la plus lente. Compter 3 tickets ou 5,70 € et 1h40 de trajet. Ou **bus n° 350,** de la gare de l'Est (1h15 de trajet). Arrivée Roissypôle-gare RER.

🚆 **RER ligne B + navette :** ☎ 32-46 (0,34 €/mn). Départs ttes les 15 mn, 4h53-0h20 depuis la gare du Nord et à partir de 5h26 depuis Châtelet. À Roissy-Charles-de-Gaulle, descendre à la station (il y en a 2) qui dessert le bon terminal. De là, prendre la navette adéquate. Compter 50 mn de la gare du Nord à l'aéroport (navette comprise), mais mieux vaut prendre de la marge. Tarif : 10,90 €.

Si vous venez du nord, de l'ouest ou du sud de la France en train, vous pouvez rejoindre les aéroports de Roissy sans passer par Paris, la gare SNCF Paris-Charles-de-Gaulle étant reliée aux réseaux TGV.

En taxi

Pensez à explorer les nouveaux services de transport de personnes qui se développent dans la capitale, et qui pourraient être adaptés à vos besoins.
– **WeCab :** ☎ 01-41-27-66-77. Une formule de taxi partagé (avoir un peu de souplesse horaire donc, max 2 arrêts), uniquement entre les aéroports parisiens et Paris/proche banlieue, tarifs forfaitaires (paiement à l'avance en ligne)... ● wecab.com ● 10 % de réduc pour nos lecteurs avec le code « routard2014 » au paiement.
– **LeCab :** ☎ 01-76-49-76-49. Tarifs forfaitaires (paiement à l'avance en ligne), pas de facturation des bagages, réservation gratuite sur Internet (y

compris smartphone), payante par téléphone, flotte de Peugeot 508, le chauffeur vient vous chercher dans l'aéroport... ● lecab.fr ●
Maintenant, à vous de voir !

En voiture

Chaque terminal a son propre parking. Compter 34 € par tranche de 24h. Également des parkings longue durée (PR et PX), plus éloignés des terminaux, qui proposent des tarifs plus avantageux (forfait 24h 25 €, forfait 7 j. 151 €). Possibilité de réserver sa place de parking via le site ● aeroportsdeparis.fr ● Stationnement au parking Vacances (longue durée) dans le P3 Résa (terminaux 1 et 3) situé à 2 mn du terminal 3 à pied, ou dans le PAB (terminal 2). Formules de stationnement 1-30 j. (120-205 €) pour le P3 Résa ; 2-5 j. (13 € par tranche de 12h) et 6-14 j. (24 € par tranche de 24h) dans le PAB. Réservation sur Internet uniquement. Les P1, PAB et PEF accueillent les deux-roues : 15 € pour 24h.

Comment se déplacer entre Roissy-Charles-de-Gaulle 1, 2 et 3 ?

Les rames du CDG-VAL font le lien entre les 3 terminaux en 8 mn. Fonctionne tlj, 24h/24. Gratuit. Accessible aux personnes à mobilité réduite. Départs ttes les 4 mn, et ttes les 20 mn minuit-4h. Desserte gratuite vers certains hôtels, parkings, gares RER et gares TGV. Infos au ☎ 39-50.

À Orly-Sud et Orly-Ouest

En transports collectifs

🚌 **Les cars Air France :** ☎ 0892-350-820 (0,34 €/mn). ● lescarsairfrance.com ● Tarifs : 11 € l'aller simple, 18 € l'A/R ; réduc 2-11 ans. Paiement par CB possible dans le bus.
➤ Paris-Orly : départs de l'Étoile, 1, av. Carnot, ttes les 30 mn, 5h-22h40. Arrêts au terminal des Invalides, rue Esnault-Pelterie (Ⓜ Invalides), gare Montparnasse (rue du Commandant-Mouchotte, face à l'hôtel Pullman ; Ⓜ Montparnasse-Bienvenüe, sortie « Gare SNCF ») et porte d'Orléans (arrêt facultatif uniquement dans le sens Orly-Paris). Compter env 1h.

➤ *Orly-Paris* : départs ttes les 20 mn, 6h-23h40, d'Orly-Sud, porte L, et d'Orly-Ouest, porte H, niveau « Arrivées ».

🚃 *RER C + navette :* ☎ 01-60-11-46-20. • *parisparletrain.fr* • Prendre le RER C jusqu'à Pont-de-Rungis (un RER ttes les 15-30 mn). Compter 25 mn depuis la gare d'Austerlitz. Ensuite, navette pdt 15-20 mn pour Orly-Sud et Orly-Ouest. Compter 6,50 €. Très recommandé les jours où l'on piétine sur l'autoroute du Sud (w-e et jours de grands départs) : on ne sera jamais en retard. Pour le retour, départs de la navette ttes les 15 mn depuis la porte G à Orly-Ouest (5h40-23h14) et la porte F à Orly-Sud (4h45-0h55).

🚌 *Bus RATP Orlybus :* ☎ 0892-68-77-14 (0,34 €/mn). • *ratp.fr* • Compter 20-30 mn pour rejoindre Orly (Ouest ou Sud) et 7,20 € l'aller simple.

➤ *Paris-Orly :* départs ttes les 15-20 mn de la pl. Denfert-Rochereau. Orlybus fonctionne tlj 5h35-23h, jusqu'à minuit ven, sam et veilles de fêtes.

➤ *Orly-Paris :* départ d'Orly-Sud, porte H, quai 4, ou d'Orly-Ouest, porte J, niveau « Arrivées ». Fonctionne tlj 6h-23h30, jusqu'à 0h20 ven, sam et veilles de fêtes.

🚃 *Orlyval :* ☎ 32-46 (0,34 €/mn). • *ratp.fr* • Compter 10,90 € l'aller simple entre Orly et Paris. La jonction se fait à Antony (ligne B du RER) sans aucune attente. Permet d'aller d'Orly à Châtelet et vice versa en 40 mn env, sans se soucier de la densité de la circulation automobile.

➤ *Paris-Orly :* départs pour Orly-Sud et Ouest ttes les 6-8 mn, 6h-22h15.

➤ *Orly-Paris :* départ d'Orly-Sud, porte K, zone livraison des bagages, ou d'Orly-Ouest, porte W, niveau 1.

En taxi

Pensez à explorer les nouveaux services de transport de personnes qui se développent dans la capitale, et pourraient être adaptés à vos besoins (voir plus haut les solutions en taxi proposées pour se rendre à Roissy).

En voiture

– *Parkings aéroports :* à proximité d'Orly-Ouest, parkings P0 et P2.

À proximité d'Orly-Sud, P1, P2 et P3 (à 50 m du terminal, accessible par tapis roulant). Compter 28,50 € pour 24h de stationnement. Les parkings P0 et P2, à proximité immédiate des terminaux, proposent des forfaits intéressants, dont le « Week-end ». Forfaits disponibles aussi pour les P4, P5 et P7 : 15,50 € pour 24h et 1 € par jour supplémentaire au-delà de 8 j. (45 j. de stationnement max). Il existe pour le P7 des forfaits Vacances 1 à 30 j. (15-130 €). Les P4, P7 (en extérieur) et P5 (couvert) sont des parkings longue durée, plus excentrés, reliés par navettes gratuites aux terminaux. *Rens :* ☎ 01-49-75-56-50. Comme à Roissy, possibilité de réserver en ligne sa place de parking (P0 et P7) sur • *aeroportsdeparis.fr* • Les frais de résa (en sus du parking) sont de 8 € pour 1 j., de 12 € pour 2-3 j. et de 20 € pour 4-10 j. de stationnement pour le P0. Les parkings P0-P2 à Orly-Ouest et P1-P3 à Orly-Sud accueillent les deux-roues : 6,20 € pour 24h.

– À proximité, *Econopark* : possibilité de laisser sa voiture à Chilly-Mazarin (13, rue Denis-Papin, ZA La Vigne-aux-Loups, 91380 ; à env 10 mn d'Orly ; proche A 6 et A 10). De 1 à 28 j., compter 30-166 €. Trajet A/R vers Orly en minibus (sans supplément). Option parking couvert possible. Réservation et paiement en ligne • *econopark.fr* • ou par tél ☎ 01-60-14-85-62.

Liaisons entre Orly et Roissy-Charles-de-Gaulle

🚌 *Les cars Air France :* ☎ 0892-350-820 (0,34 €/mn). • *lescarsairfrance.com* • Départs de Roissy-Charles-de-Gaulle depuis les terminaux 1 (porte 32), 2A et 2C, 2B et 2D, 2E et 2F (galerie de liaison entre les terminaux 2E et 2F) vers Orly 5h55-22h30. Départs d'Orly-Sud (porte K) et d'Orly-Ouest (porte H) vers Roissy-Charles-de-Gaulle 6h30 (7h le w-e)-22h30. Ttes les 30-45 mn (dans les 2 sens). Durée du trajet : env 50 mn. Tarif : 18 € ; réduc.

🚃 *RER B + Orlyval :* ☎ 32-46 (0,34 €/mn). Depuis Roissy, navette puis

RER B jusqu'à Antony et enfin Orlyval entre Antony et Orly, 6h-22h15. Tarif : 19,50 €.

EN BELGIQUE

▲ AIRSTOP

Pour ttes les adresses Airstop, un seul numéro de tél : ☎ 070-233-188. ● *airstop.be* ● *Lun-ven 9h-18h30, sam 10h-17h.*
– *Bruxelles : bd E.-Jacquemain, 76, 1000.*
– *Anvers : Jezusstraat, 16, 2000.*
– *Bruges : Dweersstraat, 2, 8000.*
– *Gand : Maria Hendrikaplein, 65, 9000.*
– *Louvain : Tiensestraat, 5, 3000.*
Airstop offre une large gamme de prestations, du vol sec au séjour tout compris à travers le monde.

▲ CONNECTIONS

Rens et résas : ☎ 070-233-313. ● *connections.be* ● *Lun-ven 9h-19h, sam 10h-17h.*
Fort d'une expérience de plus de 20 ans dans le domaine du voyage, Connections dispose d'un réseau de 30 *travel shops* dont un à Brussels Airport. Connections propose des vols dans le monde entier à des tarifs avantageux et des voyages destinés à des voyageurs désireux de découvrir la planète de façon autonome et de vivre des expériences uniques. Connections propose une gamme complète de produits : vols, hébergements, locations de voitures, autotours, vacances sportives, excursions, assurances « protections »...

▲ CONTINENTS INSOLITES

– *Bruxelles : rue César-Franck, 44A, 1050.* ☎ *02-218-24-84. Lun-ven 10h-18h, sam 10h-13h.* ● *continents-inso lites.com* ●
Continents Insolites, organisateur de voyages lointains sans intermédiaire, propose une gamme étendue de formules de voyages détaillées dans leur guide annuel gratuit sur demande.
– *Voyages découverte sur mesure :* à partir de 2 personnes. Un grand choix d'hébergements soigneusement sélectionnés : du petit hôtel simple à l'établissement luxueux et de charme.
– *Circuits découverte en minigroupes :*

de la grande expédition au circuit accessible à tous. Des circuits à dates fixes dans plus de 60 pays en petits groupes francophones de 7 à 12 personnes. Avant chaque départ, une réunion est organisée. Voyages encadrés par des guides francophones, spécialistes des régions visitées.

▲ HUWANS – CLUB AVENTURE

– *Bruxelles : Nomades Voyages, av. Baron-d'Huart, 7, 1150.* ● *huwans-clubaventure.fr* ●
Voir texte dans la partie « En France ».

▲ NOUVELLES FRONTIÈRES

● *nouvelles-frontieres.be* ●
– *Nombreuses agences dans le pays, dont Bruxelles, Charleroi, Liège, Mons, Namur, Waterloo, Wavre et au Luxembourg.*
Voir texte dans la partie « En France ».

▲ SENS INVERSE ECOTOURISME

– *Rue J.-Grafé, 5, 5000 Namur.* ☎ *081-231-929.* ● *sensinverse.com* ●
Agence de voyages écotouristique qui propose des voyages accompagnés de guides locaux passionnés et axés sur la découverte de l'environnement naturel, culturel, rural et humain de différentes régions en France comme à l'étranger, notamment en Andalousie. L'équipe est très engagée dans la protection de la nature et la sauvegarde du patrimoine et des cultures. Tous leurs voyages ont comme point commun la marche à un rythme modéré et en petit groupe.

▲ SERVICE VOYAGES ULB

● *servicevoyages.be* ● *25 agences dont 12 à Bruxelles.*
– *Bruxelles : campus ULB, av. Paul-Héger, 22, CP 166, 1000.* ☎ *02-650-40-20.*
– *Bruxelles : pl. Saint-Lambert, 1200.* ☎ *02-742-28-80.*
– *Bruxelles : chaussée d'Alsemberg, 815, 1180.* ☎ *02-332-29-60.*
Service Voyages ULB, c'est le voyage à l'université. Billets d'avion sur vols charters et sur compagnies régulières à des prix compétitifs.

▲ TAXISTOP

Pour ttes les adresses Taxistop : ☎ *070-222-292.* ● *taxistop.be* ●
– *Bruxelles : rue Thérésienne, 7A, 1000.*

– Gent : *Maria Hendrikaplein, 65, 9000.*
– Ottignies : *bd Martin, 27, 1340.*
Taxistop propose un système de covoiturage, ainsi que d'autres services comme l'échange de maisons ou le gardiennage.

▲ TERRES D'AVENTURE
– Bruxelles : *chaussée de Charleroi, 23, 1060.* ☎ *02-543-95-60.* ● *terdav.com* ● *Lun-sam 10h-19h.*
Voir texte dans la partie « En France ».

▲ VOYAGEURS DU MONDE
– Bruxelles : *chaussée de Charleroi, 23, 1060.* ☎ *02-543-95-50.*
● *voyageursdumonde.fr.com* ●
Le spécialiste du voyage en individuel sur mesure. Voir texte « Voyageurs en Espagne et au Portugal » dans la partie « En France ».

EN SUISSE

▲ HUWANS – CLUB AVENTURE
– Genève : *rue Prévost-Martin, 51.*
● *huwans-clubaventure.fr* ●
Voir texte dans la partie « En France ».

▲ STA TRAVEL
☎ *058-450-49-49.* ● *statravel.ch* ●
– Fribourg : *rue de Lausanne, 24, 1701.*
☎ *058-450-49-80.*
– Genève : *rue de Rive, 10, 1204.*
☎ *058-450-48-00.*
– Genève : *rue Vignier, 3, 1205.*
☎ *058-450-48-30.*
– Lausanne : *bd de Grancy, 20, 1006.*
☎ *058-450-48-50.*
– Lausanne : *à l'université, Anthropole, 1015.* ☎ *058-450-49-20.*
Agences spécialisées notamment dans les voyages pour jeunes et étudiants. 150 bureaux STA et plus de 700 agents du même groupe répartis dans le monde entier sont là pour donner un coup de main *(Travel Help).*
STA propose des tarifs avantageux : vols secs *(Blue Ticket),* hôtels, écoles de langues, *work & travel,* circuits d'aventure, voitures de location, etc. Délivre la carte internationale d'étudiant et la carte Jeune.

▲ TERRES D'AVENTURE
● *terdav.com* ●
– Genève : *Neos Voyages, rue des Bains, 50, 1205.* ☎ *022-320-66-35.*

– Lausanne : *Neos Voyages, rue Simplon, 11, 1006.* ☎ *021-612-66-00.*
Voir texte dans la partie « En France ».

▲ TUI – NOUVELLES FRONTIÈRES
– Genève : *rue Chantepoulet, 25, 1201.*
☎ *022-716-15-70.*
– Lausanne : *bd de Grancy, 19, 1006.*
☎ *021-616-88-91.*
Voir texte « Nouvelles Frontières » dans la partie « En France ».

AU QUÉBEC

▲ EXOTIK TOURS
Rens sur ● *exotiktours.com* ● *ou auprès de votre agence de voyages.*
Exotik Tours offre une importante programmation en été comme en hiver sur la Méditerranée et l'Europe. Ses circuits estivaux se partagent notamment entre la France, l'Autriche, la Grèce, la Turquie, l'Italie, la Croatie, le Maroc, la Tunisie, la République tchèque, la Russie, la Thaïlande, le Vietnam, la Chine... L'hiver, des séjours sont proposés dans le Bassin méditerranéen et en Asie (Thaïlande et Bali). Durant cette saison, on peut également opter pour des combinés plage + circuit. Dans la rubrique « Grands voyages », le voyagiste suggère des périples en petits groupes ou en individuel. Au choix : l'Amérique du Sud, le Pacifique sud, l'Afrique (Afrique du Sud, Kenya, Tanzanie), l'Inde et le Népal. Le voyagiste a par ailleurs créé une nouvelle division : Carte Postale Tours (circuits en autocar au Canada et aux États-Unis).

▲ EXPÉDITIONS MONDE
– Ottawa : ☎ *800-567-2216.*
– Montréal : ☎ *1866-606-1721 ou (514) 844-6364.*
● *expeditionsmonde.com* ● *pour voir les brochures en ligne.*
Expéditions Monde est à l'avant-garde du voyage d'aventure, de découverte, de trekking, de vélo, et d'alpinisme sur tous les continents. Les voyages en petits groupes facilitent les déplacements dans les régions les plus reculées et favorisent l'interaction avec les peuples locaux pour vivre une expérience authentique. Expéditions Monde offre aussi la possibilité de voyager en Europe à pied ou à vélo en liberté.

▲ INTAIR VACANCES

Intair Vacances propose un vaste choix de prestations à la carte incluant vol, hébergement et location de voitures en Europe, aux États-Unis ainsi qu'aux Antilles et au Mexique. Également au menu, des courts ou longs séjours en Espagne (Costa del Sol) et en France (hôtels et appartements sur la Côte d'Azur et en région). Et un choix d'achat-rachat en France et dans la péninsule Ibérique.

▲ TOURS CHANTECLERC
● *tourschanteclerc.com* ●

Tours Chanteclerc est un tour-opérateur qui publie différentes brochures de voyages : Europe, Amérique du Nord, Amérique du Sud, Asie et Pacifique sud, Afrique et le Bassin méditerranéen en circuits ou en séjours. Il s'adresse aux voyageurs indépendants qui réservent un billet d'avion, un hébergement (dans toute l'Europe), des excursions ou une location de voiture. Également spécialiste de Paris, le tour-opérateur offre une vaste sélection d'hôtels et d'appartements dans la Ville Lumière.

▲ TOURSMAISON

Spécialiste des vacances sur mesure, ce voyagiste sélectionne plusieurs « Évasions soleil » (plus de 600 hôtels ou appartements dans quelque 45 destinations), offre l'Europe à la carte toute l'année (plus de 17 pays) et une vaste sélection de compagnies de croisières (11 compagnies au choix). Toursmaison concocte par ailleurs des forfaits escapades à la carte aux États-Unis et au Canada. Au choix : transport aérien, hébergement (variété d'hôtels de toutes catégories ; appartements dans le sud de la France ; maisons de location et condos en Floride), locations de voitures pratiquement partout dans le monde. Des billets pour le train, les attractions, les excursions et les spectacles peuvent également être achetés avant le départ.

▲ TRANSAT DÉCOUVERTES
● *transatdecouvertes.com* ●

Ce voyagiste, propose quelque 25 destinations à la carte ou en circuits organisés. De l'Inde à la Thaïlande en passant par le Vietnam, la Chine, Bali, l'Europe centrale, la Russie, la Grèce, la Turquie, l'Italie, la Croatie, le Maroc, l'Espagne, le Portugal, la Tunisie ou l'Égypte. Également des programmes en Scandinavie, l'Italie en circuit, ou Israël en combiné avec l'Égypte.

▲ VACANCES AIR CANADA
● *vacancesaircanada.com* ●

Vacances Air Canada propose des forfaits loisirs (golf, croisières, voyages d'aventure, ski, et excursions diverses) flexibles vers les destinations les plus populaires des Antilles, de l'Amérique centrale et du Sud, de l'Asie, de l'Europe et des États-Unis. Vaste sélection de forfaits incluant vol A/R et hébergement. Également des forfaits vol + hôtel/vol + voiture.

▲ VACANCES TOURS MONT ROYAL
● *vacancestmr.com* ●

Le voyagiste propose une offre complète sur les destinations et les styles de voyages suivants : Europe, destinations soleils d'hiver et d'été, forfaits tout compris, circuits accompagnés ou en liberté. Au programme Europe, tout ce qu'il faut pour les voyageurs indépendants : locations de voitures, cartes de train, bonne sélection d'hôtels, excursions à la carte, forfaits à Paris, etc. À signaler : l'option achat/rachat de voiture (17 j. min, avec prise en France et remise en France ou ailleurs en Europe). Également : vols entre Montréal et Londres, Bruxelles, Bâle, Madrid, Málaga, Barcelone et Vienne avec *Air Transat* ; les vols à destination de Paris sont assurés par la compagnie *Corsair* au départ de Montréal, d'Halifax et de Québec.

▲ VOYAGES CAMPUS / TRAVEL CUTS
● *voyagescampus.com* ●

Voyages Campus / Travel Cuts est un réseau national d'agences de voyages spécialisées pour les étudiants et les voyageurs qui disposent de petits budgets. Le réseau existe depuis 40 ans et compte plus de 50 agences dont 6 au Québec. Voyages Campus propose des produits exclusifs comme l'assurance « Bon voyage », le programme de Vacances-Travail (SWAP), la carte d'étudiant internationale (ISIC) et plus. Ils peuvent aider à planifier un séjour autant à l'étranger qu'au Canada et même au Québec.

UNITAID

:::

UNITAID a été créé pour lutter contre le VIH/sida, le paludisme et la tuberculose, principales maladies meurtrières dans les pays en développement. UNITAID intervient dans 94 pays en facilitant l'accès aux médicaments et aux diagnostics, en en baissant les prix, dans les pays en développement. Le financement d'UNITAID provient principalement d'une contribution de solidarité sur les billets d'avion mise en place par six pays membres dont la France. En France, la taxe est de 1 € sur les vols intérieurs et de 4 € sur les vols internationaux (ce qui représente le traitement d'un enfant séropositif pour 1 an). Depuis 2006, UNITAID a réuni plus d'un milliard de dollars. Les financements d'UNITAID ont permis à près d'un million de personnes atteintes du VIH/sida de bénéficier d'un traitement, et de délivrer plus de 19 millions de traitements contre le paludisme. Moins de 5 % des fonds sont utilisés pour le fonctionnement du programme, 95 % sont utilisés directement pour les médicaments et les tests.

Pour en savoir plus : ● *unitaid.eu* ●

i ANDALOUSIE UTILE

▶ Pour la carte générale de l'Andalousie, se reporter au cahier couleur.

ABC
DE L'ANDALOUSIE

▶ *Situation :* l'Andalousie occupe toute
la partie sud de l'Espagne, ainsi que
deux enclaves en terre marocaine,
les *presidios* de Ceuta et de Melilla.
On les oublie souvent !
▶ *Principales villes :* Séville
(704 190 hab.), Málaga (568 500 hab.),
Cordoue (329 000 hab.), Grenade
(240 000 hab.), Jaén (116 700 hab.),
Almería (190 300 hab.), Cadix
(123 900 hab.) et Huelva (148 600 hab.).
▶ *Population :* 8 449 985 hab.
(estimation 2013).
▶ *Ressources :* tourisme, agriculture
et élevage.

DE L'ESPAGNE
EN GÉNÉRAL

▶ *Superficie :* 504 645 km².
▶ *Monnaie :* l'euro.
▶ *Population :* 47 265 000 hab. (esti-
mation juillet 2013).
▶ *Régime :* monarchie parlementaire.
▶ *Nature de l'État :* royaume. L'Espagne
est divisée en 17 communautés auto-
nomes et 2 villes autonomes
(Ceuta et Melilla).
▶ *Chef de l'État :* le roi Juan Carlos Iᵉʳ
de Bourbon, depuis 1975.
▶ *Chef du gouvernement :* Mariano
Rajoy (droite), depuis décembre 2011.
▶ *Indice de développement humain*
(espérance de vie, éducation, niveau
de vie) : 0,885 (23ᵉ rang mondial).

AVANT LE DÉPART

Adresses utiles

En France

𝐢 *Office Espagnol de tourisme :* pas
d'accueil du public, mais rens touristiques lun-jeu 9h-17h et veh 9h-14h
au ☎ 01-45-03-82-50, sur ● paris@
tourspain.es ● ou sur ● spain.info/
fr-fr ● Nombreuses brochures très
bien faites téléchargeables sur le site
internet.
■ *Consulat d'Espagne :* 165,
bd Malesherbes, 75017 Paris.
☎ 01-44-29-40-00. Fax : 01-40-
54-04-74. ● cog.paris@maec.es ●
cgesparis.org ● Ⓜ *Wagram ou
Malesherbes.* Lun-jeu 8h30-14h30,
ven 8h30-14h, 1ᵉʳ sam du mois (sf
j. fériés) 8h30-12h. Autres consulats
généraux à Bayonne, Bordeaux, à
Lyon-Villeurbanne, Marseille, Montpellier, Pau, Perpignan, Strasbourg
et Toulouse.
■ *Ambassade d'Espagne :* 22, av.
Marceau, 75008 Paris. ☎ 01-44-43-
18-00. Fax : 01-47-23-59-55. ● emb.
paris@maec.es ● maec.es/embajadas/
paris ● Ⓜ *Alma-Marceau.* Lun-ven
9h-13h30, 15h-18h.

En Belgique

𝐢 *Office de tourisme d'Espagne :*
rue Royale, 97, Bruxelles 1000.
☎ 02-280-19-26/29. ● spain.info/
be ● Accueil du public lun-ven 9h-14h.
Accueil tél lun-jeu jusqu'à 17h, ven
jusqu'à 15h.
■ *Consulat général d'Espagne :*
rue Ducale, 85-87, Bruxelles 1000.
☎ 02-509-87-70. Fax : 02-509-87-84.

● cog.bruselas@maec.es ● Lun-ven 8h30-14h.
■ *Ambassade d'Espagne :* rue de la Science, 19, Bruxelles 1040. ☎ 02-230-03-40. Fax : 02-230-93-80. ● emb.bruselas@maec.es ● Lun-ven 9h-13h.

En Suisse

🛈 *Office de tourisme d'Espagne :* Seefeldstrasse, 19, 8008 Zurich. ☎ 44-25-36-050. ● spain.info/ch ● Lun-ven 9h-17h. Comme en France, renseignements très complets par téléphone, ou des brochures à télécharger sur leur site internet.
■ *Consulat général d'Espagne :* Marienstrasse, 12, 3005 Berne. ☎ 031-356-22-20. Fax : 031-356-22-21. ● cog.berna@maec.es ● Mar-ven 8h30-12h30, sam 8h30-11h30.
■ *Consulat général d'Espagne :* av. Louis-Casaï, 58, case postale 59, 1216 Cointrin (Genève). ☎ 022-749-14-60. ● cog.ginebra@maec.es ● Mar-ven 8h15-13h, sam 8h15-12h.
■ *Ambassade d'Espagne :* Kalcheggweg, 24, 3000 Berne 15. ☎ 031-350-52-52. Fax : 031-350-52-55. ● emb.berna@maec.es ● Lun-ven 8h-15h30.

Au Canada

🛈 *Bureau de tourisme d'Espagne :* 2 Bloor St West, 34th floor, suite 3402, Toronto M4W 3E2 (Ontario). ☎ (416) 961-3131. ● spain.info/ca ● Ⓜ Yonge-Bloor. Lun-ven 9h-15h.
■ *Consulat général d'Espagne :* 2 Bloor St East, suite 1201, Toronto M4W 1A8 (Ontario). ☎ (416) 977-1661 ou 3923. Fax : (416) 593-4949. ● cog.toronto@maec.es ● Lun-ven 9h-12h30.
■ *Consulat général d'Espagne :* 1 Westmount Sq, suite 1456, Montréal H3Z 2P9 (Québec). ☎ (514) 935-5235. Fax : (514) 935-4655. ● cog.montreal@maec.es ● Lun-ven 9h-14h.
■ *Ambassade d'Espagne :* 74 Stanley Ave, Ottawa K1M 1P4 (Ontario). ☎ (613) 747-2252 ou 7293. Fax : (613) 744-1224. ● emb.ottawa@maec.es ● Section consulaire à la même adresse. Lun-ven 9h-13h.

Formalités

Pour les ressortissants français, belges et suisses, la carte d'identité en cours de validité ou le passeport suffisent pour entrer sur le territoire espagnol. Les ressortissants canadiens se verront demander leur passeport en cours de validité (pour les séjours touristiques de moins de 90 jours).

> Pensez à scanner passeport, carte de paiement, billets d'avion et *voucher* d'hôtel. Ensuite, adressez-les-vous par e-mail, en pièces jointes. En cas de perte ou de vol, rien de plus facile pour les récupérer dans un cybercafé. Les démarches administratives en seront bien plus rapides. Merci tonton Routard !

Assurances voyages

■ *Routard Assurance :* c/o AVI International, 106, rue La Boétie, 75008 Paris. ☎ 01-44-63-51-00. ● avi-international.com ● Ⓜ Saint-Philippe-du-Roule, Franklin-D.-Roosevelt. Depuis 1995, Routard Assurance, en collaboration avec AVI International, spécialiste de l'assurance voyage, propose aux routards un tarif à la semaine qui inclut une assurance bagages de 2 000 € et appareils photo de 300 €. Pour les longs séjours (de 2 mois à 1 an), il existe le Plan Marco Polo. Ces deux contrats sont également disponibles à un prix forfaitaire pour les familles en courts et longs séjours. Les seniors ont aussi leur contrat Routard Assistance Senior. Routard Assurance est aussi disponible en version « light » (durée adaptée aux week-ends et courts séjours en Europe). Vous trouverez un bulletin de souscription dans les dernières pages de chaque guide.
■ *AVA :* 25, rue de Maubeuge, 75009 Paris. ☎ 01-53-20-44-20.

• *ava.fr* • **Ⓜ** *Cadet.* Un autre courtier fiable pour ceux qui souhaitent s'assurer en cas de décès-invalidité-accident lors d'un voyage à l'étranger, mais surtout pour bénéficier d'une assistance rapatriement, perte de bagages et annulation. Attention, franchises pour leurs contrats d'assurance voyage.

■ *Pixel Assur :* 18, rue des Plantes, 78600 Maisons-Laffitte. ☎ 01-39-62-28-63. • *pixel-assur.com* • *RER A : Maisons-Laffitte.* Assurance de matériel photo et vidéo tous risques dans le monde entier. Devis basé sur le prix d'achat de votre matériel. Avantage : garantie à l'année.

Carte internationale d'étudiant (carte ISIC)

Elle prouve le statut d'étudiant dans le monde entier et permet de bénéficier de tous les avantages, services et réductions dans les domaines du transport, de l'hébergement, de la culture, des loisirs, du shopping... c'est la clé de la mobilité étudiante !

La carte ISIC permet aussi d'accéder à des avantages exclusifs sur le voyage (billets d'avion spécial étudiants, hôtels et auberges de jeunesse, assurances, cartes SIM internationales, location de voitures...).

Pour l'obtenir en France

– *Commandez-la en ligne :* • *isic.fr* •
– *Rendez-vous dans la boutique ISIC* (2, rue de Cicé, 75006 Paris ; ☎ 01-40-49-01-01) muni de votre certificat de scolarité, d'une photo d'identité et de 13 € (12 € + 1 € frais de traitement).
Émission immédiate sur place ou envoi à domicile le jour même de la commande en ligne.

En Belgique

La carte coûte 10 € (+ 1 € de frais d'envoi, 12 € via le site ISIC) et s'obtient sur présentation de la carte

d'identité, de la carte d'étudiant et d'une photo auprès de :

■ *Connections :* rens au ☎ 070-23-33-13. • *isic.be* •

En Suisse

La carte s'obtient dans toutes les agences *STA Travel* (☎ 058-450-40-00 ou 49-49), sur présentation de la carte d'étudiant, d'une photo et de 20 Fs. Commande de la carte en ligne sur • *isic.ch* • ou • *statravel.ch* •

Au Canada

La carte coûte 20 $Ca (+ 1,50 $Ca de frais d'envoi). Disponible dans les agences *Travel Cuts/Voyages Campus,* mais aussi dans les bureaux d'associations d'étudiants. Pour plus d'infos : • *voyagescampus.com* •

Carte d'adhésion internationale aux auberges de jeunesse (carte FUAJ)

Cette carte vous ouvre les portes des 4 000 auberges de jeunesse du réseau *HI-Hostelling International* en France et dans le monde. Vous pouvez ainsi parcourir 90 pays à des prix avantageux et bénéficier de tarifs préférentiels avec les partenaires des auberges de jeunesse *HI*. Enfin, vous intégrez une communauté mondiale de voyageurs partageant les mêmes valeurs : plaisir de la rencontre, respect des différences et échange dans un esprit convivial. Il n'y a pas de limite d'âge pour séjourner en auberge de jeunesse. Il faut simplement être adhérent.

Pour l'obtenir en France

– *En ligne,* avec un paiement sécurisé, sur le site • *hifrance.org* •
– *Dans toutes les auberges de jeunesse,* points d'informations et de

réservations en France. Liste des AJ sur ● *hifrance.org* ●
– *Par correspondance* auprès de l'antenne nationale *(27, rue Pajol, 75018 Paris ; ☎ 01-44-89-87-27)*, en envoyant une photocopie d'une pièce d'identité et un chèque à l'ordre de la FUAJ du montant correspondant à l'adhésion. Ajoutez 2 € pour les frais d'envoi. Vous recevrez votre carte sous 15 j.

Les tarifs de l'adhésion 2014

– *Carte internationale individuelle FUAJ - de 26 ans :* 7 €. Pour les personnes de 16 à 25 ans (veille des 26 ans) – Français ou étrangers résidant en France depuis plus de 12 mois – les étudiants français et les demandeurs d'emploi sur présentation d'un justificatif.
Pour les mineurs, une autorisation parentale et la carte d'identité du parent tuteur sont nécessaires pour l'inscription.
– *Carte internationale individuelle FUAJ + de 26 ans :* 11 €.
– *Carte internationale FUAJ Famille :* 20 €. Pour les familles ayant un ou plusieurs enfants de moins de 16 ans. Les enfants de plus de 16 ans devront acquérir une carte individuelle FUAJ.
– *Carte internationale FUAJ partenaire :* gratuite. Réservée aux personnes licenciées, aux adhérents d'une association ou fédération sportive partenaire de la FUAJ, sur présentation de leur licence.
Liste complète des associations et fédérations sportives sur ● *hifrance. org* ●, rubrique « Partenaires ».

En Belgique

Réservée aux personnes résidant en Belgique. La carte d'adhésion est obligatoire. Son prix varie selon l'âge : entre 3 et 15 ans, 3 € ; entre 16 et 25 ans, 9 € ; après 25 ans, 15 €.
Votre carte de membre vous permet d'obtenir de 3 à 20 € de réduction sur votre première nuit dans les réseaux LAJ, VJH et CAJL (Luxembourg), ainsi que des réductions auprès de nombreux partenaires en Belgique.

Renseignements et inscriptions

■ *À Bruxelles : LAJ, rue de la Sablonnière, 28, 1000.* ☎ *02-219-56-76.* ● *lesauberges dejeunesse.be* ●
■ *À Anvers : Vlaamse Jeugdherbergcentrale (VJH), Beatrijslaan 72, B 2050 Antwerpen.* ☎ *03-232-72-18.* ● *jeugdherbergen.be* ●

En Suisse (SJH)

Réservée aux personnes résidant en Suisse. Le prix de la carte dépend de l'âge : 22 Fs pour les - de 18 ans, 33 Fs pour les adultes et 44 Fs pour une famille avec des enfants de - de 18 ans.

Renseignements et inscriptions

■ *Schweizer Jugendherbergen (SJH) :* service des membres, Schaffhauserstr. 14, 8006 Zurich. ☎ *044-360-14-14.* ● *youthhostel.ch* ●

Au Canada

Elle coûte 35 $Ca pour une durée de 16 à 28 mois et 175 $Ca pour une carte valable à vie (tarifs hors taxes). Gratuit pour les enfants de - de 18 ans.
■ *Auberges de Jeunesse du Saint-Laurent / St Laurent Youth Hostels : 3514, av. Lacombe, Montréal (Québec) H3T 1M1.* ☎ *514-731-1015. N° gratuit (au Canada) :* ☎ *1-800-663-5777.*
■ *Canadian Hostelling Association : 205, Catherine St, bureau 400, Ottawa (Ontario) K2P 1C3.* ☎ *613-237-7884.* ● *info@hihostels.ca* ● *hihostels.ca* ●

Pour réserver votre séjour en auberge de jeunesse HI

– *En France :* ● *hifrance.org* ● Réservez vos séjours dans 120 auberges de jeunesse. Accès aux offres spéciales et dernières minutes.
– *En France et dans le monde :* ● *hihostels.ca* ● Si vous prévoyez un séjour itinérant, vous pouvez réserver plusieurs auberges en une seule fois !

ARGENT, BANQUES, CHANGE

À titre d'information, et sous réserve des fluctuations des taux, 1 € = 1,29 Fs = 1,39 $Ca.

– D'une manière générale, les *banques* sont ouvertes du lundi au vendredi de 8h30 à 14h. Pour ceux qui sont concernés (nos amis suisses et canadiens, entre autres), les commissions sont sensiblement variables d'une banque à l'autre. Pour ne pas perdre au change, s'abstenir de changer en face des sites touristiques.

– Dans la quasi-totalité des villes et des villages, on peut retirer de l'argent aux *distributeurs automatiques* (cajero automático) avec les cartes Master-Card, Visa et Maestro.

– En Espagne, l'euro (prononcer « é-ou-ro ») se décline euros au pluriel et se divise en céntimos.

Cartes de paiement

Tout d'abord, *avant votre départ, pensez à vérifier la date d'expiration de votre carte de paiement,* sait-on jamais, ça peut vous éviter des mauvaises surprises et quelques difficultés sur place...

Quelle que soit la carte que vous possédez, chaque banque gère elle-même le processus d'opposition et le numéro de téléphone correspondant ! Avant de partir, notez donc bien le numéro d'opposition propre à votre banque (il figure souvent au dos des tickets de retrait, sur votre contrat ou à côté des distributeurs de billets), ainsi que le numéro à 16 chiffres de votre carte. Bien entendu, conservez ces informations en lieu sûr et séparément de votre carte. Par ailleurs, l'assistance médicale se limite aux 90 premiers jours du voyage et l'assistance véhicule aux cartes haut de gamme (renseignez-vous auprès de votre banque).

– *Carte Visa :* assistance médicale ; numéro d'urgence (Europ Assistance) : ☎ (00-33) 1-41-85-85-85. ● visa-europe.fr ● Pour faire opposition, contactez le numéro communiqué par votre banque.

– *Carte MasterCard :* assistance médicale incluse ; numéro d'urgence : ☎ (00-33) 1-45-16-65-65. ● master cardfrance.com ● En cas de perte ou de vol, composez le numéro communiqué par votre banque pour faire opposition.

– *Carte American Express :* en cas de pépin, ☎ (00-33) 1-47-77-72-00. Numéro accessible tlj, 24h/24. ● ame ricanexpress.fr ●

– Pour toutes les cartes émises par *La Banque postale,* composer le : ☎ 0825-809-803 (0,15 €/mn) depuis la France métropolitaine ou les DOM, et depuis les TOM ou l'étranger le ☎ (00-33) 5-55-42-51-96.

– Également un numéro d'appel valable *pour faire opposition quelle que soit votre carte de paiement* : ☎ 0892-705-705 (serveur vocal à 0,34 €/mn). Ne fonctionne ni en PCV ni depuis l'étranger.

> Petite mesure de précaution : si vous retirez de l'argent dans un distributeur, utilisez de préférence ceux attenants à une agence bancaire. En cas de pépin avec votre carte (carte avalée, erreurs de numéro...), vous aurez un interlocuteur dans l'agence, pendant les heures ouvrables du moins.

Besoin d'argent liquide

En cas de besoin urgent d'argent liquide (perte ou vol de billets, chèques de voyage, carte de paiement), vous pouvez être dépanné en quelques minutes grâce au système *Western Union Money Transfer.* Pour cela, demandez à quelqu'un de vous déposer de l'argent en euros dans l'un des bureaux Western Union ; les correspondants en France de Western Union sont La Banque postale (fermée le sam ap-m, n'oubliez pas ! ☎ 0825-00-98-98 ; 0,15 €/mn) et la Société financière de paiements (SFDP : ☎ 0825-825-842 ; 0,15 €/mn). L'argent vous est transféré en moins de 15 mn. La commission, assez élevée, est payée par l'expéditeur. Possibilité d'effectuer un transfert en ligne 24h/24 par carte de paiement (Visa ou MasterCard émises en France).

En Espagne, se présenter dans une agence Western Union (☎ 90-211-41-89, 90-219-71-97 et 91-454-73-06) muni d'une pièce d'identité. ● *western union.com* ●

ACHATS

Mettez-vous à l'heure espagnole : la très grande majorité des magasins ferme pour la pause du milieu de la journée vers 14h et rouvre à 17h.

L'époque n'est plus où l'on pouvait acheter des tas de choses pour une bouchée de pain... *O tempora, o mores...* L'Espagne, grâce à son intégration dans l'Union européenne, a connu un développement économique important, et son niveau de vie se rapproche maintenant de celui de la France ou de la Belgique.

Il reste cependant des articles à des prix intéressants. Les chaussures, les articles en cuir et les vêtements des marques espagnoles (pour beaucoup, désormais internationales) offrent un bon rapport qualité-prix.

Enfin, les productions régionales méritent plus qu'un simple coup d'œil, que ce soit de l'alimentaire ou des tissages. Le jambon de Trevélez, dans les Alpujarras, par exemple, est à la fois bien meilleur et bien moins cher que le serrano vendu en France. Tous les produits de l'olive aussi : l'huile bien sûr, mais aussi les tapenades ou les objets en bois d'olivier. Pas mal de conserves alimentaires : essayez le pâté de perdrix, assez typique de la région, qui peut valoir le coup quand il est bien fait. Et il ne faut pas oublier le vin !

BUDGET

Les prix en Espagne sont désormais comparables à ceux pratiqués en France. Toutefois, la crise aidant, les tarifs semblent évoluer légèrement à la baisse. En réservant à l'avance (ou au dernier moment !), on peut vraiment faire de bonnes affaires. Pour le logement, la notion de haute, moyenne et basse saisons est importante en Andalousie, et il vous faudra en tenir compte. Elle est particulièrement marquée dans les villes et sur la Costa del Sol – où les prix montent avec la température de l'eau... Seules les régions isolées des sierras et les villes moins touristiques (comme Antequera) échappent à peu près à cette notion.

En général, la haute saison se déroule en deux temps : la période de la Semaine sainte et l'été, généralement de mi-juillet à fin août, parfois seulement en août, voire jusqu'en septembre... Tout dépend du lieu, de sa fréquentation et de l'humeur du tôlier ! S'ajoutent à cela quelques cas particuliers, comme la feria à Séville ou à Málaga. Durant ces périodes, les prix sont majorés de 50 à 100 % comparés à ceux pratiqués en hiver... Au bout du compte, vous pourriez bien payer une chambre deux fois plus cher qu'un jour de semaine en basse saison... Le printemps (hors Semaine sainte) et l'automne sont normalement des saisons moyennes. Dans les grandes villes (Séville, Cordoue ou Grenade), le cœur de l'été est parfois considéré comme basse saison car il y fait très chaud et tout le monde cherche à gagner les plages ou les hauteurs. Grenade présente la haute saison la plus étendue. Il faut bien sûr également prendre en compte les fêtes et jours fériés, qui créent des pics de demande, surtout s'ils sont agrémentés d'un pont !... Un sacré casse-tête, n'est-ce pas ?

Dans les hôtels comme les restos, il n'est pas rare que les prix soient affichés sans la taxe sur la valeur ajoutée (IVA), de 10 %. Cependant, dans la mesure du possible, nous avons choisi de vous indiquer les prix *taxe comprise.* Sachez aussi que certains établissements modestes ajoutent une commission pour tout paiement par carte bancaire (s'ils l'acceptent).

Hébergement

Promotions sur Internet

De plus en plus d'hôtels modulent les tarifs de leurs chambres sur Internet en fonction du taux d'occupation. Il y a donc les prix de base (ceux que nous indiquons) et les promos proposées sur le Net. À certaines périodes, le prix des chambres évolue en permanence, ce qui permet d'optimiser le chiffre d'affaires (comme le font les compagnies aériennes). Ces promotions sont extrêmement variables d'une semaine à l'autre, voire d'un jour à l'autre. Elles sont particulièrement intéressantes pour les hôtels de gamme supérieure (3-étoiles). Par exemple, un établissement qui annonce des prix officiels de 90 à 130 € proposera les mêmes chambres entre 60 et 80 € sur son site, à certaines périodes. Bref, lorsque vous avez choisi votre hôtel dans votre guide préféré, allez donc faire un tour sur son site pour voir ce qu'il propose. De vraies bonnes affaires en perspective !

Voici grosso modo l'échelle des prix dans chaque catégorie, sur la base d'une *chambre double* (à l'exception de la catégorie « Très bon marché »), généralement sans le petit déj (sauf indication contraire) mais *avec IVA.* Cette échelle est évidemment indicative et peut varier légèrement d'une ville ou d'une région à l'autre.
Les tarifs ayant de plus en plus tendance à varier selon les lois de l'offre et la demande, n'hésitez pas à passer par Internet pour les réservations, car les offres intéressantes n'y sont pas rares, surtout pour les établissements un peu chic.
– *Bon marché :* de 15 à 20 € par personne (en AJ) ou de 30 à 45 € pour une chambre double.
– *Prix moyens :* de 45 à 60 €.
– *Chic :* de 60 à 90 €.
– *Plus chic :* de 90 à 120 €.
– *Très chic :* plus de 120 €.

Restos

Le pain, au même titre que la carafe d'eau, est généralement facturé (sauf s'il est inclus dans le menu). Si on le refuse, il n'est évidemment pas compté (quoique...).

On peut évidemment manger à tous les prix un peu partout. Cela dit, on ne mange plus très bien pour moins de 8 €. Les restos coûtent presque aussi cher qu'en France, en particulier dans les grandes villes. La donne change sensiblement dans les petites sierras, où l'on appelle parfois « tapas » des portions dignes du nom de « raciones » ailleurs... sauf que ça change d'une ville à l'autre, quasiment ! Avec les tapas, on peut s'en sortir honorablement si on ne se laisse pas aller à trop commander.
Les fourchettes de prix indiquées ci-dessous sont calculées sur la base d'un *repas complet pour une personne, taxe (IVA) incluse.*
– *Très bon marché :* moins de 8 €.
– *Bon marché :* de 8 à 13 €.
– *Prix moyens :* de 13 à 25 €.
– *Plus chic :* autour de 25 €.
– *Très chic :* plus de 30 €.

Le midi, pour la plupart, les restos proposent des petits menus, *menú del día,* surtout dans les grandes villes touristiques. Avantage : le prix (9 à 12 € en général). Complets, avec entrée, plat et dessert – et souvent pain et boisson –, ils sont plutôt reconstituants. Cependant, ne pas s'attendre à des produits haut de gamme.

Visites, parking, etc.

Pour les visites, prévoir un budget à part, car les plus belles églises sont presque toujours payantes et relativement chères. Les musées, à contrario, sont plutôt moins chers qu'en France.

Autre poste à budgétiser si vous vous déplacez en voiture, les parkings, aux tarifs élevés en Espagne. Le prix à la journée peut grimper jusqu'à environ 20 €, en particulier dans les grandes villes (où la circulation est de toute façon galère, et où nous vous conseillons d'utiliser les transports en commun). Certains hôtels disposent de leur propre parking, souvent un peu moins onéreux, ou ont des accords (et donc des réductions) avec les parkings les plus proches : renseignez-vous lors de votre réservation ou à votre arrivée à la réception. Autant que possible, nous essayons de vous indiquer les parkings gratuits – lorsqu'ils existent encore...

CLIMAT

En Andalousie, le climat se caractérise par des hivers doux sur la côte mais plutôt froids dans les terres, des étés secs, prolongés (de mai à octobre) et très ensoleillés. Dans le Sud-Est, les pluies sont rares.

Les époques de voyage les plus favorables pour l'Andalousie et l'Espagne du Sud sont le printemps ou l'automne. On y bénéficie de températures agréables, sans la foule. Au printemps, il peut encore faire frais en soirée et la baignade s'apparente au bain glacé (température de l'eau avoisinant les 16 °C). À cette période, bien faire attention aux dates de fêtes et ferias.

DANGERS ET ENQUIQUINEMENTS

Comme toutes les régions très touristiques, l'Andalousie n'échappe pas à l'invasion de racketteurs en tout genre : pickpockets, voleurs de voitures, à la tire... Désolé de vous rappeler que, même si vous êtes en vacances, vous ne devez pas plus relâcher votre attention que chez vous. Eh oui !

Dans les hôtels, mais aussi dans les bars, les restaurants, les taxis, il existe un livre des réclamations *(el libro de quejas)* visé par les agents de la répression des fraudes de la mairie. En cas de litige, demandez ce document et le problème s'arrangera... Au resto, vérifiez toujours votre note attentivement : il arrive que des ajouts s'y glissent, ainsi que des erreurs de calcul.

Vols dans les voitures

Ils ne sont pas rares, surtout à Séville et à Cordoue. Choisissez de préférence des parkings gardés et, surtout, ne laissez rien traîner sur les sièges ou la plage arrière. Les bris de vitre, même pour voler quelques livres, sont fréquents dans les voitures immatriculées à l'étranger. On vous avertit.

Une solution : laisser ostensiblement un journal espagnol ou, encore mieux, régional. Une autre technique qui a fait ses preuves : laisser traîner toutes sortes de vieux emballages déchirés et des canettes vides à l'arrière ; ça dégoûte même

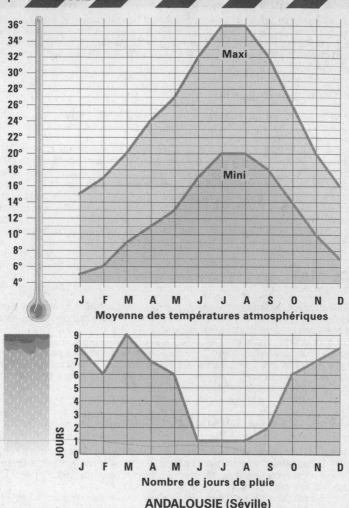

Moyenne des températures atmosphériques

Nombre de jours de pluie

ANDALOUSIE (Séville)

les voleurs ! Enfin, pour les complètement paranos, enlever la plage arrière du véhicule pour bien montrer que le coffre est vide. Ça vous économise là aussi un carreau et ça épargne du boulot au voleur. On indique un réparateur à Séville (voir « Adresses utiles »).

Dans certaines villes, les voitures-*sitters* font partie d'un programme d'insertion. Le prix est modique, souvent moins de 1 €, et toujours inscrit sur le ticket qu'ils vous délivrent. Sinon, ne pas trop se fier aux types qui sortent d'une rue et qui promettent de surveiller votre voiture : ils ne sont ni accrédités ni sérieux ni utiles. C'est une habitude assez agaçante. Libre à vous d'accepter leur tarif, que vous devez dans tous les cas négocier. De surcroît, payez-les systématiquement après, sinon ils se carapatent et laissent votre véhicule.

« Racolage » immobilier

Sur la Costa del Sol, de Marbella à Málaga, de nombreux jeunes au look sympa et au sourire *Ultra-Bright,* à pied, à scooter ou en voiture, racolent les touristes afin de les rabattre vers des promoteurs immobiliers (surtout de type *time share*). Leurs techniques sont variées et plus ou moins agressives, mais ce sont souvent des jeux truqués où les touristes « gagnent » à tous les coups. Le meilleur moyen de s'en débarrasser est de jouer la carte de l'indifférence et de ne surtout pas s'arrêter.

FÊTES ET JOURS FÉRIÉS

Outre toutes les fêtes locales qui peuvent venir égayer (ou perturber) votre séjour – impossibles à recenser toutes ! –, et pour éviter les gros désappointements, voici les principaux jours fériés de l'année en Andalousie :
– *1er janvier :* Nouvel An.
– *6 janvier :* Épiphanie.
– *28 février :* journée de l'Andalousie.
– *Jeudi saint :* en 2014, le 17 avril.
– *Vendredi saint :* en 2014, le 18 avril.
– *1er mai :* fête du Travail.
– *15 août :* Assomption de la Vierge.
– *12 octobre :* fête nationale d'Espagne.
– *1er novembre :* Toussaint.
– *6 décembre :* journée de la Constitution.
– *8 décembre :* Immaculée Conception.
– *25 décembre :* Noël.

HÉBERGEMENT

Les auberges de jeunesse

La *Red de albergues juveniles de Andalucía* compte une vingtaine d'AJ et de campings « juveniles » ouverts toute l'année (à Séville, Cordoue, Grenade, Huelva, Cadix, Málaga, Almería et Jaén). Les auberges sont généralement bien tenues et régulièrement rénovées. La carte de la FUAJ (voir la rubrique « Avant le départ » au début de ce chapitre) est obligatoire. Cela dit, on peut aussi, sans la carte, se contenter de payer un supplément de 3,50 € par nuit. On tamponnera alors une autre carte qui, au bout de six cachets (soit 21 €), équivaut à la carte FUAJ. Quant aux tarifs, ils sont différents d'une auberge à l'autre, mais aussi selon l'âge et la saison : de 10 à 24 € jusqu'à 25 ans, de 16 à 30 € pour les autres. Dans les campings « juveniles », il faut compter 7 € par personne, tente comprise. Le petit déjeuner est inclus.
L'année est saucissonnée en trois saisons : une basse, une moyenne et une haute, qui diffèrent selon l'auberge. Dans les grandes villes (Cordoue, Grenade, Séville), les AJ pratiquent un tarif de moyenne à haute saison toute l'année. Du coup, à deux, cela revient souvent aussi cher qu'une petite pension dans le centre-ville. De plus, il y a quelques inconvénients : situation parfois excentrée et lits superposés de rigueur. La plupart des AJ proposent également des repas : demi-pension ou pension complète. Ceux qui tiennent à y dormir réserveront à l'avance car, dès avril, certaines AJ sont bloquées par des groupes. Bon à savoir aussi, les possesseurs de la carte *Jeune* se voient offrir 10 % de réduction sur le couchage.

■ *Inturjoven :* résas pour l'Andalousie au ☎ 902-510-000 (Séville). ● inturjoven. com ● Ou auprès de chaque auberge, directement. Jusqu'à 6 mois à l'avance via Internet. Pour des infos sur l'ensemble des AJ d'Espagne : ● reaj.com ●

Les campings

Le camping sauvage sur les plages est interdit dans toute l'Espagne. Les campings officiels offrent un double avantage : prix acceptables (à peine plus cher qu'en France) et absence de règlement draconien, contrairement aux AJ. Les prix et les catégories des campings sont fixés par le gouvernement ; les tarifs doivent figurer bien en évidence à l'entrée. Ils varient très largement selon la saison et la durée du séjour : les réductions peuvent dépasser 50 % pour des séjours de 1 mois.

Les campings espagnols sont en général bien équipés. Hélas, leur implantation est souvent décevante, surtout autour des grandes villes et près des routes. En bord de mer, seuls font exception à la règle les campings de la Costa de la Luz. Par ailleurs, plus que pour s'y reposer, les Espagnols viennent s'y divertir : piscines, terrains de sport, supérettes, jeux pour enfants, discothèques et restaurants. Souvent, en particulier le week-end, c'est très bruyant (c'est peu de le dire !). D'autant que nombre d'entre eux ont des zones entières occupées à l'année par des caravanes, utilisées quasi comme des résidences secondaires par leurs propriétaires. Mais comme vous aurez appris à vivre la nuit, il n'y aura plus de problème !

– **Conseils :** pensez à vous équiper de sardines très robustes (certains conseillent carrément les pointes à béton). Le terrain est partout sec, parfois d'une dureté incroyable (à Séville en particulier) et souvent recouvert de graviers.

– Pour ce qui est des **tarifs,** ils sont affichés : soit à l'emplacement (comprenant une tente et une voiture), et il faudra y ajouter le prix par personne ; soit élément par élément : tente, voiture, adultes, enfants... Nous vous indiquons généralement le tarif sur la base d'une tente, une voiture et deux adultes.

– À noter aussi que la plupart des campings proposent des **bungalows** préfabriqués, de différents niveaux de confort et de prix (et d'esthétisme !). Si vous voyagez en voiture et à quatre ou six (en famille comme entre copains), la formule peut être assez intéressante financièrement.

Les hôtels

La nouvelle classification du ministère du Tourisme met les **hostales** et les **residencias** dans la catégorie bon marché. Jadis, les *fondas,* les *casas de huéspedes,* les *hospedajes* et les *pensiones* regroupaient un peu la même chose, c'est-à-dire une sorte de pension de famille. Si vous le pouvez, visitez l'établissement avant de réserver. Leur confort s'est nettement amélioré ces dernières années, mais les prix ont évidemment suivi. Si vous parlez bien l'espagnol, vous pouvez toujours tenter de négocier un peu... Mais sachez que, de toute façon, les tarifs baissent presque toujours avec la durée du séjour.

Enfin, les **hôtels,** classés de 1 à 5 étoiles. Essayez d'arriver assez tôt pour être sûr d'avoir une chambre, et demandez à la visiter avant. Les prix affichés à la réception et dans les chambres varient souvent selon les divisions de l'année touristique : haute, moyenne et basse saisons. Mais, de plus en plus, les tarifs sont calculés en fonction du taux de remplissage de l'hôtel, et varient donc d'un jour à l'autre. C'est ainsi que l'on trouve assez facilement de grosses promotions sur Internet : il n'est pas rare que le prix de la chambre soit alors divisé par deux !

Pour une chambre simple, demandez une *habitación individual* ; pour une chambre double, une *habitación doble* ; et si vous voulez un grand lit, précisez *cama de matrimonio*. Une petite particularité ibère : dans les petits établissements traditionnels (voire un peu vieillots), la *cama de matrimonio* est en général un lit plus étroit que le « 140 cm » classique : 120 ou 130 cm, c'est, visiblement, ce qui permet en Espagne de rester amoureux. D'où l'intérêt, parfois, de préférer une chambre à 2 lits... Cela dit, dans les établissements modernes ou rénovés, les lits doubles en 140 cm, voire grand format dans les lieux plus chic, sont désormais la norme.

Les offices de tourisme disposent souvent d'une liste des hôtels et *hostales* avec les prix en cours. Demandez-la.

Dernier détail, pour les affamés du matin : dans les pensions espagnoles, c'est *bed* mais rarement *breakfast...* et si on vous propose le *desayuno,* il se limite en général à deux toasts sécos avec une minidose de confiture. On vous conseille donc de repérer la veille un bar ou un café proposant des petits déjeuners ou de demander aux patrons de votre pension de vous conseiller un endroit.

Les *paradores*

Réseau important d'établissements hôteliers exceptionnels. Leur principale originalité réside dans le cadre qu'ils proposent : châteaux forts, manoirs, anciens palais, couvents, monastères plus ou moins bien restaurés et aménagés. Prestations souvent impeccables et personnel qualifié quoiqu'un peu effacé derrière la réception et pas farouchement dynamique. Certains paradors sont de construction récente, mais ils sont toujours situés dans des cadres uniques – souvent en dehors du centre, avec vue sur la vieille ville.

Les prix varient selon cinq catégories, mais sont de toute façon relativement élevés : 99 à 200 € (petit déj en sus : 16 à 20 €), selon la saison et le confort du parador (3 ou 4 étoiles). Le plus cher est celui de Grenade qui culmine à plus de 300 €, en raison de son emplacement dans l'Alhambra même. Pour ceux qui ont les moyens, c'est toujours moins cher que les *Relais & Châteaux,* auxquels on pourrait les comparer. En général, ils pratiquent aussi des prix basse saison intéressants ou des prix week-end. Nombreuses autres réductions possibles : - 30 % pour les plus de 55 ans (« Días Dorados »), forfait à 159 €/pers pour les séjours de 3 nuits avec petit déj, « carte 5 nuits » *(tarjeta 5 noches)* dans des paradors différents à 525 € – soit 105 €/double par nuit –, parfois même des promos sur Internet : « Tarif Unica », petit déj compris, les *Escapada Joven* pour les 20-35 ans (génial : 57 €/ pers avec petit déj ! »), etc. Certaines périodes de restriction s'appliquent. Tous les prix mentionnés ici sont IVA incluse.

À défaut de dormir dans les paradors, on peut toujours s'y restaurer (menus 31-37 €) ou y prendre un verre et profiter ainsi du cadre. Le petit déj est généralement excellent et gargantuesque. En été et le week-end, il est impératif de réserver. Idem pour les plus courus, comme à Grenade, pour lesquels il faut parfois s'y prendre 6 mois à l'avance.

– Site officiel des paradors : ● *parador. es* ●

■ *Iberrail France* : 14, rue Bruno-Coquatrix, 75009 Paris. ☎ 01-42-81-27-27. ● *service.paradores@iberrail. fr* ● Ⓜ *Opéra ou Madeleine*. Représentant officiel des paradors en France.
■ *Caractère* : Gentsestraat 20, 9420 Erpe-Mere. ☎ 053-63-00-77. ● *info@* caractere.be ● caractere.be ● Représentant officiel des paradors en Belgique et au Luxembourg.
■ *Sierramar MTCH AG* : Sägereisstrasse 20, CH 8152 Glattbrugg. ☎ 043-211-71-30. ● *sierra@sierramar.ch* ● sierramar.ch ● Représentant officiel des paradors en Suisse.

La location d'appartements ou de villas

■ *RAAR, Red Andaluza de Alojamientos Rurales* : Sagunto 8-10-3, 04004 Almería. ☎ 902-44-22-33 en Espagne, et depuis la France : ☎ + 34-950-28-00-93. ● *raar.es* ● Cette association de propriétaires propose quelque 450 maisons, gîtes ruraux, chambres d'hôtes, appartements troglodytiques et agrocampings (campings à la ferme) selon l'endroit où vous désirez séjourner et selon votre budget. Ils parlent le français. Envoi de brochures sur demande.
■ *Airbnb* : résas sur ● *airbnb.fr* ● *Réduc de 10 € en Andalousie avec le code « ANDALOUSIE » au moment de payer.* Des milliers de logements à tous les prix.

Pour nos lecteurs qui souhaitent réserver leur hébergement par courrier, nous précisons les codes postaux des établissements :

– soit dans le bandeau-titre de la ville concernée lorsqu'il y a un code postal unique ;

– soit dans le texte de l'hôtel, logiquement à la fin de l'adresse, lorsqu'il y a plusieurs « arrondissements » dans la même ville. Nous indiquons alors également le code postal général de la ville dans le bandeau-titre de la ville. Aucun code postal n'est indiqué dans les villes ne proposant pas d'hébergement.

HORAIRES

À l'exception de certaines stations balnéaires (forcées de s'adapter aux touristes étrangers), les **horaires des repas** sont plus tardifs que ceux pratiqués en France. Le petit déj se prend de 8h, voire 9h à 11h, le déjeuner de 13h30 ou 14h à 16h, et le dîner de 21h à 23h (il fait moins chaud). Quant aux **boîtes de nuit,** certaines ne commencent à s'animer que vers 3h... Il faut avoir une santé de fer pour vivre ici ! Les **magasins** sont généralement ouverts du lundi au samedi de 9h30 ou 10h à 13h30 ou 14h et de 16h30 ou 17h à 20h ou 20h30. Ils respectent la sacro-sainte *siesta* ! En été, certains commerces restent ouverts jusqu'à 22h ou 23h. Les grands magasins type *Corte Inglès,* en revanche, sont ouverts sans interruption le midi.

Quant aux **banques,** voir plus haut « Argent, banques, change » pour tout savoir sur leurs ouvertures.

LANGUE

L'andalou est l'un des accents les plus faciles à reconnaître parmi ceux de la péninsule, car enjoué et défiant toutes les règles du castillan académique. Comme il fait chaud et qu'il est toujours difficile de faire des efforts (surtout lorsque l'on est en vacances), l'andalou facilite (c'est un euphémisme, comprenez-le bien) la tâche des *gabachos* (notre surnom chez les

PARLER FRANÇAIS COMME UNE VACHE ESPAGNOLE

C'est vrai que les vaches, surtout espagnoles, parlent mal le français. Cette expression datant du XVIIe s vient en fait d'une altération du mot « basque ». Avec leur accent si particulier, on comprend mieux l'expression !

Ibères) causant l'espingouin. Vous pouvez donc supprimer tous les « s » finaux symbolisant le pluriel, « aspirer » le « s » devant une voyelle pour en faire une liaison, ou bien « manger » la dernière ou avant-dernière consonne, voire la dernière syllabe entière. Ou, encore mieux, faire sauter une consonne intercalaire afin de faciliter la prononciation. Exemples : *adios* se prononce *adió* ; *¡ qué calor !* devient *¡ que caló !* ; *los andaluces somos así* (les Andalous, on est comme ça !) se dit *lo handaluce somo hasí* ; et tous les participes passés terminés en *ado*, *edo* ou *ido* suppriment le « d » : ainsi *llegado* devient *llegao, bebido bebio* et *comido comio.* Ainsi, le très andalou *pescadito frito* (petits poissons frits) n'aurait pas la même saveur s'il ne se disait pas *pescaíto frito* ! Enfin, pour mettre à rude épreuve toutes vos connaissances en matière de prononciation, le

« z » l'emporte souvent sur le « s » même quand il ne faut pas : exemple *queso* (fromage) devient *quezo* et Séville reste la capitale même si on l'appelle *Zevilla* !

Important

En espagnol, le « ñ » se prononce « gne » et le « v » se prononce plus « b » que « v ». *España* se dit « Espagna », *cerveza* « cerbessa », *Sevilla* « Sebilla », *Valencia* « Balencia », etc. Attention cependant, tout excès nuit ; essayez quand même de pondérer entre le « v » et le « b ».

Vocabulaire usuel

Pour vous aider à communiquer, n'oubliez pas notre **Guide de conversation du Routard** en espagnol.

oui/non	*sí/no*

Politesse

bonjour	*buenos días (matin), buenas tardes (à partir de midi)*
merci / merci beaucoup	*gracias / muchas gracias*
s'il vous plaît	*por favor*
excusez-moi	*perdóneme, disculpe*
bonsoir / bonne nuit	*buenas noches*
au revoir / à bientôt	*adiós / hasta luego*
salut	*hola ¿ qué hay ?*

Expressions courantes

parlez-vous français ?	*¿ habla francés ?*
comment vous appelez-vous ?	*¿ cómo se llama ?*
je ne comprends pas	*no entiendo*
je ne sais pas	*no sé*
comment dit-on en espagnol ?	*¿ cómo se dice en castellano ?*
demain	*mañana*
ce matin	*esta mañana*
ce soir	*esta noche*
Ok, c'est bon, d'accord	*vale*

Vie pratique

ville	*ciudad*
centre	*centro*
bureau de poste	*correos*
office de tourisme	*oficina de turismo*
banque	*banco*

Transports

gare routière	*estación de autobuses*
gare ferroviaire	*estación de ferrocarriles*
billet	*billete*
à quelle heure le train arrive-t-il / part-il ?	*¿ a qué hora llega (sale) el tren... ?*
où faut-il changer de train ?	*¿ dónde hay que cambiar de tren ?*

Quelques abréviations courantes

calle	*c/* (rue)
avenida	*avda* (avenue)
carretera	*ctra* (route, chemin)

Argent

payer	*pagar*
prix	*precio*
combien ça coûte ?	*¿ cuánto vale ?*
guichet automatique	*cajero automático bancomat*
carte de paiement	*tarjeta de crédito*
pas cher, bon marché	*barato*
cher	*caro*

À l'hôtel et au restaurant

hôtel	*hotel*
auberge	*albergue*
pension	*hostal, fonda, pensión*
chambre	*habitación*
chambre double	*habitación doble/de dos camas*
pourriez-vous me la montrer (la chambre), s'il vous plaît ?	*¿ me la puede enseñar, por favor ?*
service compris	*servicio incluido*
petit déjeuner	*desayuno*
déjeuner	*almuerzo*
dîner	*cena*
repas	*comida*
je voudrais la note	*quisiera la cuenta*

Chiffres

1	*uno, una*	13	*trece*
2	*dos*	14	*catorce*
3	*tres*	15	*quince*
4	*cuatro*	16	*dieciseis*
5	*cinco*	17	*diecisiete*
6	*seis*	20	*veinte*
7	*siete*	50	*cincuenta*
8	*ocho*	100	*ciento, cien*
9	*nueve*	200	*doscientos*
10	*diez*	500	*quinientos*
11	*once*	1 000	*mil*
12	*doce*		

LIVRES DE ROUTE

– ***Manuscrit trouvé à Saragosse*** (1815), de Jean Potocki ; roman ; Gallimard, « L'Imaginaire », 2002. Arrivé en Andalousie pour devenir capitaine des Gardes wallonnes, un jeune étranger est entraîné dans une drôle d'aventure qui prendra l'allure d'une épreuve initiatique. Pendant les 2 mois qu'il passe dans les Alpujarras, entre la sierra Nevada et la mer, plusieurs personnes lui racontent l'histoire de leur vie, entrecoupée de narrations que leur ont faites d'autres personnes qui relatent à leur tour les récits qu'elles ont entendus. Somme alliant roman picaresque, histoire de brigands, roman noir, conte fantastique, roman libertin, conte philosophique, histoire d'amour, en un ballet parfaitement réglé. Le texte devient le miroir d'un univers à perspectives multiples, où coexistent des systèmes de valeurs, des conceptions religieuses et philosophiques, des sentiments de l'honneur apparemment incompatibles. Si le mot n'était pas galvaudé, on dirait bien de cette œuvre qu'elle est inoubliable !

– *Contes de l'Alhambra* (1831), de [...] 4 ;
traduit de l'anglais par André Bélam[...] et
un ami peintre arrivent à Grenade, ci[...]es,
desservie par de mauvaises pistes [...]ent
offrir pour quelques mois, en guise [...]né :
l'Alhambra ! Et le récit de voyage s[...]ire
d'une Espagne maure anéantie par la violence de l'histoire... Un [...] une
civilisation disparue, qui nous réconcilie avec un monde musulman médiéval dont
l'image est souvent écornée.

– *Voyage en Espagne* (1843), de Théophile Gautier ; récit de voyage ; Flammarion,
poche : « GF » n° 367, 1999. Gautier est un romantique impénitent, tout autant
fasciné par la violence des courses de taureaux que par l'élan de spiritualité qu'il
décèle dans les églises espagnoles.

– *Poésies II* (1928), de Federico García Lorca ; poèmes ; Gallimard, poche :
« Poésie/Gallimard » n° 2 ; traduit de l'espagnol par A. Belamich, P. Darman-
geat, J. Supervielle et J. Prévost. Il faut lire ce deuxième tome des *Poésies*
pour le célèbre « Romancero gitano... ». Dans la période troublée que vit
l'Espagne des années 1930, le gitan est pour García Lorca l'un des derniers témoins d'un âge d'or et d'innocence, sans morale ni contrainte. Le
poète convoque ici l'Andalousie, ses paysages, et distille ce qu'il y a de plus
authentique dans l'âme andalouse à l'aide d'une écriture d'une musicalité
extrême.

– *Pour qui sonne le glas* (1940), d'Ernest Hemingway ; roman ; Gallimard, poche :
« Folio » n° 455, 1973 ; traduit de l'anglais par D. Van Moppès. Passionnant récit
d'aventures à l'allure de tragédie antique, tout autant que méditation sur le destin
de l'homme. Le pont andalou que le héros a pour mission de faire sauter devient
le symbole de l'affrontement décisif entre fascisme et antifascisme. Une vision
plus lyrique de la guerre d'Espagne que, par exemple, celle d'un Malraux (voir
plus bas).

– *Toreros de Salón* (1963), de Camilo José Cela ; nouvelles ; Gallimard, 1994 ;
traduit de l'espagnol par A. Martin. Chez Camilo José Cela, malgré une ironie
mordante et parfois un soupçon de tendresse, on apprécie surtout la retenue et le
refus du jugement de valeur. En quelques portraits, il campe ces toreros de salon
et leurs taureaux, au ridicule plus accusé encore.

– *Ou tu porteras mon deuil* (1976), de Dominique Lapierre et Larry Collins ;
roman ; Pocket, 2009. Juillet 1936 : la guerre civile jette sur les routes des centaines de milliers de réfugiés. Sous le soleil d'Andalousie, une femme fuit serrant un
nouveau-né, son cinquième enfant : Manuel. Devenu torero, le jour de son investiture solennelle, celui-ci déclare à sa sœur : « Ce soir je serai porté en triomphe
ou tu porteras mon deuil. » Un Lapierre et Collins de bonne facture, qui raconte
méticuleusement l'irrésistible ascension d'un gosse des rues devenu héros multi-
millionnaire de l'Espagne moderne : El Cordobés (voir la rubrique « Personnages »
dans « Hommes, culture, environnement »).

– *La Peau du tambour* (1995), d'Arturo Pérez-Reverte ; roman ; Le Seuil,
« Points », 2004. Une église en ruine qui tue pour se défendre, au cœur du quartier
de Santa Cruz à Séville, tel est le mystère que doit résoudre le ténébreux Lorenzo
Quart, chargé d'enquêter sur les meurtres pour le compte du Vatican. Arturo
Pérez-Reverte, maître espagnol de l'intrigue, nous livre un récit plein de rebondis-
sements, foisonnant de personnages hauts en couleur. Et puis il y a Séville, en
toile de fond, magnifiquement présente tout au long du récit, ses *tavernas,* ses
habitants, ses vieilles pierres : l'autre guide que vous emporterez en voyage dans
cette ville andalouse !

– *Les Lions d'Al-Rassan* (1995), de Guy Gavriel Kay ; roman ; J'ai lu, 2005.
Ce récit du destin croisé de trois personnages d'exception dans une Espagne
médiévale imaginaire raconte la chute du royaume d'Al Andalus. En méta-
phore, c'est la fin de la période du califat de Cordoue et la destinée de Rodrigo

Diaz de Bivar dit « le Cid » qui se dessine sous la plume passionnée de Kay. À dévorer avec, en parallèle, un œil sur la vraie Histoire.

– **Le Baroud andalou** (2000), de Bertrand Delcour ; roman ; Hachette ; « Le Polar du Routard ». Vous ne connaissez pas encore les aventures d'Edmond Benakem, reporter au *Routard* ? Alors découvrez-les dans ces péripéties andalouses, narrées par un auteur de romans policiers.

Pour faire bonne mesure, voici trois œuvres qui ne concernent pas directement l'Andalousie mais qui, pour ceux qui désirent mieux connaître l'Espagne, sont trois ouvrages de référence à ne pas manquer !

– **La Vie de Lazarillo de Tormes** (vers 1554) ; roman ; Aubier-Flammarion (éd. bilingue), 1994. Écrite par un auteur inconnu, *La Vie de Lazarillo de Tormes* n'en demeure pas moins un véritable joyau de la littérature espagnole. Cette historiette, gorgée de truculence, d'intelligence vive et de bons mots, fut visiblement éditée vers 1554. L'histoire est simple : un garçon est confié dès son plus jeune âge à un aveugle dont il devient le serviteur. Puis, du mendiant aveugle, il passe chez un prêtre avare, chez un écuyer famélique et chez un marchand d'indulgences. Notre apprenti Peter Pan devient le larbin de tout le monde et ne veut servir personne. Malicieux, il accède à la sagesse en rivalisant de cynisme et de coups bas. Peinture sociale géniale, pamphlet d'un sombre siècle, ce semblant d'autobiographie ouvre la voie d'une tradition picaresque que Cervantès renouvellera avec le señor Quijote et son valet Sancho Pança.

– **Don Quichotte de la Manche** (1605), de Miguel de Cervantès ; roman ; Éd. du Chêne, 2009 ; illustré par Salvador Dalí. Roman picaresque qui nous fait voyager dans toute l'Espagne du Siècle d'or, *Don Quichotte* est également une parodie des romans de chevalerie à la mode à cette époque. Un classique, indispensable pour quiconque aime l'Espagne... et la littérature. Sus aux moulins à vent !

– **L'Espoir** (1937), d'André Malraux ; roman ; Gallimard, poche : « Folio » nº 16, 1972. Malraux a vécu en direct les événements de la guerre d'Espagne ; de fait, son roman est aussi une sorte de chronique où la réflexion politique prend une place centrale. Face aux franquistes, il préfère très clairement l'organisation et le pragmatisme des communistes à l'utopie anarchiste. *L'Espoir,* c'est l'espoir en l'homme.

– **Carmen** (1847), de Prosper Mérimée ; nouvelle ; Gallimard, « Folio classique », 2000. Mérimée nous conte la passion folle d'un jeune brigadier pour une enfant de Bohême, une gitane effrontée. Nous découvrons une mystérieuse Andalousie, sensuelle et dangereuse, au côté des brigands et des bohémiens. On se souvient des célèbres paroles de *L'amour est un oiseau rebelle* de l'opéra de Bizet : « Si tu ne m'aimes pas, je t'aime et si je t'aime, prends garde à toi ! »

LE PLAGIAT DE DON QUICHOTTE

À sa sortie, le roman de Cervantès connut un succès considérable. Huit ans plus tard, un auteur sans scrupules publia une suite de l'ouvrage dans laquelle dénigrait vertement Cervantès. Certains affirment que c'est son ennemi préféré, l'écrivain Lope de Vega, qui s'y colla ! Furieux, Cervantès décida d'écrire sa suite des tribulations du chevalier, en le faisant mourir à la fin. L'histoire était donc définitivement close.

MUSÉES ET SITES

L'Espagne a le mérite de pratiquer des prix plutôt raisonnables en ce qui concerne l'accès aux nourritures culturelles.

Les sites majeurs sont tous payants et chers (entre 6 et 10 €). Certains d'entre eux proposent l'entrée gratuite 1 jour par semaine (souvent le dimanche). Ce jour-là, on conseille vivement d'arriver dès l'ouverture. Les musées plus mineurs sont parfois payants mais bon marché (entre 1 et 4 €), voire totalement gratuits pour les ressortissants de l'UE (il est rarissime que l'on vous demande passeport ou carte d'identité, mais mieux vaut être prêt à présenter l'un ou l'autre). Les étudiants peuvent bénéficier de réductions, à condition de présenter l'une de leurs cartes (la carte d'étudiant française suffit souvent). En résumé, prix comparables aux prix français avec plus de musées gratuits. En revanche, les églises de renom sont payantes, ce qui est un comble !

IMPORTANT : pour les horaires, on entre là dans un domaine particulièrement délicat. Les indications sont parfois contradictoires : il y a les horaires officiels de l'office de tourisme, les horaires indiqués sur les sites eux-mêmes, les prospectus... et la réalité. Nous vous indiquons ceux effectivement relevés à un moment donné, mais les variations sont fréquentes d'une saison à l'autre et d'un interlocuteur à l'autre. À vérifier sur place, donc, et, comme nous, vous risquez de vous casser le nez de temps à autre.

De plus, les jours fériés (les fêtes de fin d'année et la Semaine sainte en particulier), les horaires sont restreints et encore plus incertains : dans les grandes villes, les offices de tourisme disposent alors en général d'une fiche récapitulant les horaires modifiés de tous les sites.

POSTE

Les timbres *(sellos)* peuvent s'acheter dans les postes *(correos)*, ouvertes en général du lundi au vendredi de 8h30 à 20h ou 20h30 (seulement jusqu'à 14h30 dans les petites villes) et le samedi de 9h30 à 13h ou 14h. On en trouve aussi dans les bureaux de tabac *(estancos)*. Tarif pour la France : 0,75 €. *Ttes les infos sur les services postaux :* ● correos.es ●

Les services postaux sont plutôt lents, et leur fiabilité n'est pas garantie à 100 %. Il n'est pas rare qu'une carte postale mette plusieurs semaines avant d'arriver à bon port.

SANTÉ

Pour un séjour temporaire en Espagne, pensez à vous procurer la carte européenne d'assurance maladie. Il vous suffit d'appeler votre centre de Sécurité sociale (ou de vous connecter au site internet de votre centre, encore plus rapide !) qui vous l'enverra sous une quinzaine de jours. Cette carte fonctionne avec tous les pays membres de l'UE (y compris les petits derniers). C'est une carte plastifiée bleue du même format que la carte Vitale. Attention, elle est valable 1 an et est gratuite et personnelle (cha-

LA GRIPPE ESPAGNOLE

Ce virus de souche H1N1 venait, en fait, de Chine et transita en Europe via les États-Unis. Cette terrible grippe fut appelée « espagnole » car elle toucha la famille royale d'Espagne. Commencée en 1918, elle fera au moins 50 millions de morts, c'est-à-dire plus que la Première Guerre mondiale. Les antibiotiques étaient découverts mais il fallut attendre Fleming en 1928 qui pensa à les utiliser. Cette pandémie sera la plus meurtrière de l'humanité, bien devant la peste.

que membre de la famille doit avoir la sienne, y compris les enfants). Attention bis, la carte n'est pas valable pour les soins délivrés dans les établissements privés.

Les moustiques

En Andalousie, pas de réel problème sanitaire, mais les moustiques sont bel et bien là, alors méfiance et sus aux suceurs !

Beaucoup, pour ne pas dire la totalité, des répulsifs antimoustiques/arthropodes vendus en grandes surfaces ou en pharmacie sont peu ou insuffisamment efficaces.

La gamme la plus complète de ces produits antimoustiques, conforme aux recommandations de l'OMS et du ministère de la Santé, est celle de *Cooper* : *Insect Écran* (adultes, enfants, imprégnation des vêtements). Attention, ces produits sont déconseillés aux jeunes enfants et aux femmes enceintes. Le paludisme ne sévissant pas en Espagne, essayez de vous en passer, ce sera encore mieux...

– Les produits et matériels utiles aux voyageurs, assez difficiles à trouver, peuvent être achetés par correspondance sur le site de santé voyages ● *astrium.com* ● ☎ 01-45-86-41-91 *(lun-ven 14h-19h)*. Infos complètes pour toutes destinations, boutique web (paiement sécurisé), expéditions Colissimo Expert ou Chronopost.

SITES INTERNET

● *routard.com* ● Rejoignez la plus grande communauté francophone de voyageurs ! Échangez avec les routarnautes : forums, photos, avis d'hôtels. Retrouvez aussi toutes les informations actualisées pour choisir et préparer vos voyages : plus de 200 fiches pays, une centaine de dossiers pratiques et un magazine en ligne pour découvrir tous les secrets de votre destination. Enfin, comparez les offres pour organiser et réserver votre voyage au meilleur prix. Routard.com, le voyage à portée de clics !

● *spain.info/fr* ● Le site officiel de l'office de tourisme.

● *andalucia.org* ● Le site officiel de l'office de tourisme d'Andalousie.

● *murciaturistica.es* ● Le site officiel de l'office de tourisme de la Murcie, pour des infos sur Lorca (avec une version française).

● *elpais.es* ● *elmundo.es* ● Les sites des quotidiens nationaux, pour lire les nouvelles fraîches du jour.

● *flamenco-world.com* ● Un site en anglais ou en espagnol sur le flamenco, avec la possibilité d'écouter quelques bandes-son.

● *costadelsol.net* ● Une mine d'informations touristiques utiles sur la Costa del Sol avec, entre autres, des indications sur les sentiers de randonnée. Dupliqué en anglais.

● *andalousie-culture-histoire.com* ● En français, divers articles sur l'art, l'architecture et la culture andalouse, avec aussi un calendrier sélectif des événements culturels.

● *flamenco-culture.com* ● Pour tout suivre de l'actualité du flamenco en France, mais aussi des reportages, des articles, des extraits sonores...

● *lacocinaandaluza.es/2011/* ● Quantité de recettes andalouses typiques, classées par provinces. Pour les gourmands, mais les gourmands hispanophones seulement...

● *saveuratapas.fr* ● En français. Parfait pour concocter de délicieuses tapas ! Ne vous fiez pas à son côté commercial, ce site héberge une grande diversité de recettes qui font la fierté de la gastronomie espagnole.

● *malagacf.com* ● En espagnol ou en anglais, site officiel du club de Málaga. Bonne façon de se rendre compte de la « futból mania » qui s'est emparée de l'Espagne.

● *sevillafc.es* ● Portail officiel du FC Séville qui remporta la coupe de l'UEFA à deux reprises (en 2006 et 2007). En espagnol, bien sûr !

● *marca.com* ● En espagnol et en anglais, le site du quotidien sportif *Marca* pour vous tenir au courant des exploits sportifs de vos hôtes espagnols.

● *picasso.fr* ● Un portail très complet et bien agencé pour découvrir la vie et l'œuvre de Picasso. Ce site permet aussi de se tenir informé de toutes les manifestations concernant l'artiste à travers le monde.

● *pacodelucia.org* ● En espagnol et en anglais, le site officiel du célèbre guitariste andalou, qui regorge d'infos sur le parcours mais aussi sur l'actualité de l'artiste – CD et dates de concert notamment.

TABAC

Depuis le 2 janvier 2011, il est strictement interdit de fumer, en Espagne, dans tous les lieux publics, y compris les cafés, les restaurants et les discothèques, et sur les lieux de travail. Cette interdiction s'applique à toutes les administrations publiques et entreprises privées, aux gares, aéroports, stations de métro,

LE TABAC EST DANGEREUX !

Rodrigo de Jerez, compagnon de Christophe Colomb, fut condamné à 10 ans de prison par l'Inquisition espagnole pour satanisme... En effet, on pensait que seul le diable pouvait sortir de la fumée par la bouche.

mais aussi aux restaurants, aux bars et aux boîtes, et aux espaces extérieurs faisant face aux écoles et hôpitaux. Petite exception à cette loi rigoureuse : les hôtels peuvent conserver 30 % de leurs chambres pour les fumeurs. Désormais, la seule possibilité pour les bars d'accueillir des fumeurs est d'aménager des salles fumeurs, bien ventilées et interdites aux mineurs. Alors que l'Espagne était l'un des pays les plus permissifs en la matière, cette nouvelle loi est l'une des plus sévères en Europe. Elle est plutôt bien acceptée, même si elle fait grincer des dents un certain nombre de propriétaires de bars et de restos, dont le chiffre d'affaires a fort logiquement diminué. Les contrevenants se voient infliger de lourdes amendes, dont le montant augmente de façon exponentielle : 30 € à la première infraction, 600 € à la deuxième et 10 000 € à la troisième !

TÉLÉCOMMUNICATIONS

Téléphone

– *Espagne* ➙ *France :* 00 + 33 + numéro du correspondant à neuf chiffres (c'est-à-dire le numéro à 10 chiffres sans le 0).
– *France, Belgique ou Suisse* ➙ *Espagne :* 00 + 34 + numéro du correspondant à neuf chiffres.
– *Espagne* ➙ *Belgique :* 00 + 32 + numéro du correspondant à huit chiffres. Service direct *(servicio directo país)* pour la Belgique : ☎ *900-99-00-32.* On obtient une opératrice de *Belgacom.*
– *Espagne* ➙ *Suisse :* 00 + 41 + numéro du correspondant à huit ou neuf chiffres.
– *Espagne* ➙ *Espagne :* pour les *appels locaux* (par exemple de Séville à Séville) et *nationaux* (par exemple de Séville à Grenade), on compose le numéro complet à neuf chiffres.
– Renseignements en Espagne : ☎ *11-888.*

Télécartes

– On trouve partout des *cabines téléphoniques* à carte *(tarjeta)* et à pièces. On peut acheter les télécartes dans les bureaux de tabac. Deux tarifs : 5 et 10 € (on trouve surtout des cartes à 5 €). À ce propos, *Correos* et *Telefónica* sont deux entités bien distinctes. Inutile, donc, de chercher un téléphone public à la poste !

Internet

Dans les grandes villes andalouses, aucun problème pour se connecter, il existe encore quelques centres Internet (prix raisonnables) et de nombreux hôtels proposent un ordinateur (payant ou gratuit) à leurs clients. En revanche, dans les villages, les connexions sont plus problématiques. Toutefois, un nombre croissant d'établissements proposent un accès wifi, la plupart du temps gratuit pour leurs clients, et le wifi est de plus en plus souvent disponible gratuitement dans les lieux publics (autour des places et rues principales).

Téléphones portables

Les portables français passent, pour peu que vous ayez un abonnement international. Toutefois, si vous appelez ou que vous recevez un appel, les coûts de communication sont bien plus importants qu'en France. Gare à la note salée en rentrant chez vous ! Si vous êtes des fans du téléphone, on conseille donc – pour ne pas perdre contact avec votre tribu – d'acheter une carte SIM locale (réseau *Telefónica,* par exemple), dans les nombreuses boutiques spécialisées, présentes dans toutes les villes. On vous octroie alors un numéro de téléphone local (sur lequel vous pouvez être appelé) pour environ 15 €. Avant de payer, mieux vaut essayer la carte SIM du vendeur dans votre téléphone – préalablement débloqué – afin de vérifier si celui-ci est bien compatible. Pour recharger votre crédit de communication, vous achèterez des cartes un peu partout : kiosques à journaux, supermarchés, tabacs, épiceries, boutiques spécialisées... C'est toujours plus pratique pour trouver son chemin vers un *B & B* paumé, réserver un hôtel, un resto ou une visite guidée, et bien moins cher que si vous appeliez avec votre carte SIM personnelle. Malin, non ?

Urgence : en cas de perte ou de vol de votre téléphone portable

Suspendre aussitôt sa ligne permet d'éviter de douloureuses surprises au retour du voyage ! Voici les numéros des quatre opérateurs français, accessibles depuis la France et l'étranger :
– **SFR :** *depuis la France,* ☎ *1023 ; depuis l'étranger,* 📱 *+ 33-6-1000-1900.*
– **Bouygues Télécom :** *depuis la France comme depuis l'étranger,* ☎ *0800-29-1000 (remplacer le « 0 » initial par « + 33 » depuis l'étranger).*
– **Orange :** *depuis la France comme depuis l'étranger,* 📱 *+ 33-6-07-62-64-64.*
– **Free :** *depuis la France,* ☎ *3244 ; depuis l'étranger,* ☎ *+ 33-1-78-56-95-60.*

Vous pouvez aussi demander la suspension de votre ligne depuis le site internet de votre opérateur.

TRANSPORTS

L'avion

La compagnie *Iberia* (voir « Comment y aller ? » en début de guide) assure de nombreuses liaisons entre les villes principales. En Andalousie, les aéroports principaux sont les suivants : Séville, Málaga et Grenade et, plus petits et généralement dévolus aux *low-cost,* Almería et Jerez. Des *low-cost* espagnoles se développent aussi à l'image de *Vueling* (voir aussi « Comment y aller ? » pour leurs coordonnées détaillées) qui dessert Séville, Málaga, Grenade ou encore Alicante, mais avec de nombreuses escales à Barcelone. Mais deux nouvelles compagnies tentent de se

Distances en km	VALENCE	TARIFA	SÉVILLE	RONDA	MARBELLA	MÁLAGA	MADRID	JEREZ DE LA Fra	JAÉN	HUELVA	GRENADE	GIBRALTAR	CORDOUE	CADIX	BARCELONE	ARCOS DE LA Fra	ALMERÍA	ALGÉRIAS
ALGÉRIAS	706	27	200	97	91	156	740	119	342	315	287	21	354	127	1 222	104	381	
ALMERÍA	430	329	422	348	290	203	660	635	207	516	152	360	332	519	809	120		381
ARCOS DE LA Fra	723	116	82	85	143	180	662	30	330	197	275	121	205	60	1 316		120	104
BARCELONE	351	1 249	1 046	1 189	1 131	997	625	1 346	804	1 140	909	1 201	908	1 316		1 316	809	1 222
BAEZA	387	416	255	328	298	233	342	508	47	349	102	368	142	418	763	489	254	389
CADIX	790	104	125	145	196	261	651	30	367	226	335	159	263		1 316	60	519	127
CARMONA	629	197	27	133	133	193	567	108	220	121	262	116	152	159	1 024	109	395	227
CORDOUE	524	370	144	257	252	187	400	226	104	260	162	386		263	908	205	332	354
GIBRALTAR	701	48	180	110	70	135	737	116	321	274	266		386	159	1 201	121	360	21
GRAZALEMA	652	146	130	32	90	137	690	55	313	224	258	161	289	120	1 135	48	380	119
GRENADE	451	314	261	226	196	131	432	305	55	350		266	162	335	909	275	152	287
HUELVA	763	298	91	240	277	313	634	196	336		350	274	260	226	1 140	197	516	315
JAÉN	435	369	242	281	251	186	335	360		336	55	321	104	367	804	330	207	342
JEREZ DE LA Fra	726	116	81	115	340	275	621		360	196	305	116	226	30	1 346	30	635	119
MADRID	352	737	510	658	639	544		621	335	634	432	737	400	651	625	662	660	740
MÁLAGA	582	183	220	102	65		544	275	186	313	131	135	187	261	997	180	203	156
MARBELLA	626	118	285	58		65	609	340	251	277	196	70	252	196	1 131	143	290	91
MOJÁCAR	369	490	408	430	372	307	742	717	289	584	234	377	400	601	727	515	82	398
RONDA	628	136	132		58	102	658	115	281	240	257	110	144	145	1 189	85	348	97
SÉVILLE	667	197		132	285	220	540	81	242	91	261	180	144	125	1 046	82	422	200
TARIFA	727		197	136	118	183	737	116	369	298	314	48	370	104	1 249	116	329	27
ÚBEDA	378	426	245	338	308	243	332	518	57	406	112	378	146	420	753	500	243	399
VALENCE		727	667	628	626	582	352	726	435	763	451	701	524	790	351	723	430	706
VEJER DE LA Fra	795	54	143	122	172	237	683	62	394	258	350	102	288	57	1 303	114	318	81

faire une place au soleil : *Iberia Express* (● iberiaexpress.com ●), qui propose des vols nationaux et internationaux, et *Helitt* (● helitt.com ●), avec uniquement une desserte en charter des grandes cités de la péninsule Ibérique.

Le train

Il n'y a pas de train direct depuis la France pour les villes d'Andalousie, mais la correspondance, depuis Barcelone ou Madrid, est facile et rapide.

Madrid, Cordoue et Séville sont accessibles par TGV (en espagnol *AVE : Alta Velocidad Española*), mais, comme en France, le tronçon de haute vitesse se limite à une partie du parcours. Sur place, tous les trains (banlieue comprise) sont maintenant climatisés (un peu trop à notre goût).

La carte *InterRail* est valable sur l'AVE, avec un supplément en classe touriste. Sur le réseau des trains de banlieue, la carte *InterRail* est globalement acceptée partout. Sur le réseau des trains grandes lignes, la carte *InterRail* et les billets BIJ sont valables (parfois avec un supplément). La réservation est obligatoire. En fait, il faut savoir que, étant donné les réductions que la *RENFE* accorde avec les cartes *InterRail*, la formule n'est pas très intéressante pour l'Espagne.

Comme le nombre de pays, le tarif d'un billet de train dépend du jour et de l'heure, de la date, de la classe de réservation... Vous trouverez aussi des réductions selon l'âge (enfants et seniors en particulier), et enfin, sachez que prendre un A/R revient quasiment toujours moins cher que de prendre l'aller puis le retour séparément.

Sur certaines lignes, les lignes AVE en particulier, prévoir une bonne marge pour vous rendre à la gare, car les bagages sont passés dans des machines de sécurité du même type que dans les aéroports : cela prend forcément un peu de temps !

– **RENFE (Red nacional de los ferrocarriles de España) :** dans la plupart des gares, en plus des guichets normaux de vente, on trouve un guichet de « Atención al cliente ». C'est le service commercial de la compagnie, auprès duquel vous pourrez obtenir toutes les informations utiles (avec ou sans couchettes, prix, départ, fréquences...). Ils sont généralement très pros et peuvent même vous sortir un listing, histoire de comparer à tête reposée. *Un numéro national :* ☎ 902-320-320. ● renfe.com ● Bon à savoir : on a également la possibilité d'utiliser le *Bono 10*, une carte de 10 trajets valable sur tous les trains régionaux. Même formule sous le nom *Bono Exprés* pour les TRD (trains régionaux) et l'*Andalucía Exprés.*

Si vous désirez réserver et retirer vos billets en France, une adresse :

■ **Iberrail France :** 14, rue Bruno-Coquatrix, 75009 Paris. ☎ 01-40-82-63-60. ● renfe@iberrail.fr ● Ⓜ *Opéra ou Madeleine. Lun-jeu 9h30-13h, 14h-* 18h30 ; ven 10h-13h, 14h-18h. Représentant officiel de la *RENFE* en France. Petit supplément pour certains billets, mais tout se fera en français !

L'autobus

Un grand nombre de petites compagnies desservent les routes secondaires. Les bus coûtent à peu près aussi cher que les trains mais sont bien plus rapides et plus fréquents. C'est de loin la meilleure formule de transport quand on n'a pas de véhicule à soi. En général, chaque compagnie dessert spécifiquement une province.

La plus importante, *Alsa* (☎ 902-42-22-42 ; ● alsa.es ●), dessert toute l'Andalousie, voire d'autres régions espagnoles, et propose quatre types de bus : *normal, eurobus, supra et supra plus.* Les trois derniers offrent plus de confort et plus de place (réduction du nombre de fauteuils), la catégorie *supra* assure un trajet direct et *supra plus* propose un service d'hôtesses à bord, le portage des bagages, et même du baby-sitting !

Vous trouverez les coordonnées des compagnies (et même leurs sites internet, très pratiques pour connaître les horaires et les prix) au fil des pages...

La voiture

ATTENTION : comme en France, sont obligatoires dans tous les véhicules (y compris étrangers) circulant en Espagne un gilet fluorescent (à conserver *dans l'habitacle,* à portée de main, et non dans le coffre), ainsi que deux triangles de signalisation (à positionner devant et derrière le véhicule, afin de vous rendre visible). Ce gilet devra être porté par tout automobiliste amené à quitter son véhicule sur le bord d'une route, sous peine d'une amende de 90 €. Ce type de gilet est désormais en vente dans la plupart des stations-service du pays. Autant les avoir, car l'amende peut s'avérer plus salée que leur achat, et surtout, cela peut sauver des vies.

TAUREAUX, BRANDY ET FIERTÉ NATIONALE !

Sur le bord des autoroutes se dressent d'énormes silhouettes noires de 13 m de hauteur, en forme de taureau. Ces anciens panneaux publicitaires métalliques représentant le brandy Osborne devaient être retirés, mais une « bronca » composée d'intellectuels, de politiques et d'artistes fit un tel tapage, déclarant qu'on tuait là un véritable symbole national, que les autorités cédèrent... Ainsi subsistent quelques dizaines de vaillants taureaux aux cornes fièrement dressées. Mais tous ont été « dégriffés », conformément à la nouvelle loi antialcool.

Pour la plupart, les stations-service acceptent les cartes de paiement traditionnelles *(MasterCard, Visa, Dinners, American Express),* mais ce n'est pas systématique.

La limitation de vitesse sur autoroute est de 120 km/h (et non 130 comme chez nous) et de 100 km/h sur les quatre-voies. Important également : les stops ne sont pas toujours matérialisés par une bande blanche au sol.

Dans l'ensemble, circulation difficile dans les villes (surtout à Grenade) : manque d'indications, sens uniques, secteurs piétons, et logique bizarre (pour nous) des Ponts et Chaussées locaux.

Aucune difficulté à louer une voiture sur place, mais attention vous ne pourrez pas passer au Maroc avec une voiture louée en Espagne ! Pour le Portugal, en revanche, pas de problème.

Les Espagnols conduisent plutôt bien et sont respectueux du code de la route. La conduite est civilisée, les klaxons et les insultes sont rares entre automobilistes. En revanche, sur autoroute, méfiez-vous des chauffards arrivant à grande vitesse qui collent les véhicules en train de doubler pour forcer le passage.

Le taux maximum autorisé d'alcoolémie est de 0,5 g/l (0,3 g/l pour les conducteurs possédant le permis depuis moins de 2 ans). Il est interdit de téléphoner au volant même avec un kit mains libres. Sinon, le port de la ceinture est obligatoire.

Quelques loueurs de voitures avec leurs numéros en France :

■ *Auto Escape :* ☎ 0892-46-46-10 *(0,34 €/mn).* ● *autoescape.com* ● *Vous trouverez également les services d'*Auto Escape *sur* ● *routard.com* ● L'agence *Auto Escape* réserve auprès des loueurs de véhicules de gros volumes d'affaires, ce qui garantit des tarifs très compétitifs. Il est recommandé de réserver à l'avance. *Auto Escape* offre 5 % de remise sur la location de voitures aux lecteurs du *Routard* pour toute réservation par Internet avec le code de réduction « GDR14 ».

■ *BSP Auto :* ☎ 01-43-46-20-74 *(tlj 9h-21h30).* ● *bsp-auto.com* ● Les prix proposés sont attractifs et comprennent le kilométrage illimité et les assurances. BSP Auto vous propose exclusivement les grandes compagnies de location sur place, vous assurant un très bon niveau de services. Les plus : vous ne payez votre location que 5 jours avant le départ, et les lecteurs de ce guide bénéficient d'une réduction spéciale avec le code « routard ».

■ Et aussi : *Hertz,* ☎ 0825-861-861 (0,35 €/mn). ● hertz.com ● *Europcar,* ☎ 0825-358-358 (0,15 €/mn). ● *europcar.fr* ● *Avis,* ☎ 0821-230-760 (0,08 €/mn). ● *avis.fr* ●

Attention

On vous le rappelle, beaucoup de vols dans les voitures, donc choisissez de préférence des parkings gardés et, surtout, ne laissez rien traîner sur les sièges ou la plage arrière (voir plus haut la rubrique « Dangers et enquiquinements »).

État des routes

Le réseau est bon, voire bien souvent excellent, d'innombrables autoroutes *(autopistas)* ayant été construites ces dernières années grâce aux subventions européennes. À noter tout de même que les jours de pluie (oui, ça arrive), il convient de redoubler de prudence, même sur les autoroutes, l'écoulement des eaux s'effectuant parfois assez mal. Conséquence : de gros risques d'aquaplaning. Et il arrive parfois que, dans les sierras, on s'embarque sur de petites routes qui ne semblent pas avoir été conçues pour l'automobile...

Pour le Sud et l'Andalousie, il n'y a aucun secteur payant (excepté les tronçons Cadix-Séville et Málaga-Marbella) et les routes sont impeccables. Les nombreuses *autovías,* qui correspondent à nos voies express (quatre voies avec un terre-plein central), sont elles aussi gratuites.

TRAVAIL BÉNÉVOLE

■ *Concordia :* 64, rue Pouchet, 75017 Paris. ☎ 01-45-23-00-23. ● info@concordia.fr ● concordia-association. org ● ⓜ Brochant ou Guy-Môquet. *Envoi gratuit de brochures sur demande par tél ou e-mail.* Logé, nourri. Chantiers très variés : restauration du patrimoine, valorisation de l'environnement, travail d'animation... Places limitées. Également des stages de formation à l'animation et des activités en France. Sachez toutefois que les frais d'inscription coûtent entre 126 et 180 € selon la destination et que le voyage, l'assurance et les formalités d'entrée sont à la charge du participant.

URGENCES

Numéros utiles

– *Urgences générales :* ☎ 112.
– *Policía nacional :* ☎ 091.
– *Policía urbana :* ☎ 092.
– *Pompiers :* ☎ 080.
– *Samu :* ☎ 061.
– Pour tous les accidents de la circulation survenus sur l'ensemble du territoire espagnol (hors Catalogne), appeler le *Central de tráfico* à Madrid : ☎ 91-742-12-13.

– L'Andalousie dépend du *consulat général de Madrid* (c/ Marques de la Ensenada, 10 ; ☎ 91-700-78-00 ; fax : 91-700-78-01 ; ● consulfrance-madrid.org ●). Vous pouvez néanmoins également contacter le *consulat général de Séville* (pl. de Santa Cruz, 1 ; ☎ 954-29-32-00 ; 🖩 630-935-201 ; permanence j. fériés et w-e).

Avoir un passeport européen, ça peut être utile !

L'Union européenne a organisé une assistance consulaire mutuelle pour les ressortissants de l'UE en cas de problème en voyage. Vous pouvez y faire appel lorsque la France (c'est rare) ou la Belgique (c'est plus fréquent) ne disposent pas d'une représentation dans le pays où vous vous trouvez. Concrètement, elle vous permet de demander assistance à l'ambassade ou au consulat (pas à un consulat honoraire) de n'importe quel État membre de l'UE. Leurs services vous indiqueront s'ils peuvent directement vous aider ou vous préciseront ce qu'il faut faire.

Leur assistance est, bien entendu, limitée aux situations d'urgence : décès, accidents ayant entraîné des blessures ou des lésions, maladie grave, rapatriement pour raison médicale, arrestation ou détention. En cas de perte ou de vol de votre passeport, ils pourront également vous procurer un document provisoire de voyage.

Cette entraide consulaire entre les 27 États membres de l'UE ne peut, bien entendu, vous garantir un accueil dans votre langue. En général, une langue européenne courante sera pratiquée.

> ☎ *112 :* voici le numéro d'urgence commun à la France et à tous les pays de l'UE, à composer en cas d'accident, d'agression ou de détresse. Il permet de se faire localiser et aider en français, tout en améliorant les délais d'intervention des services de secours.

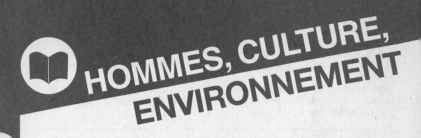

> « À l'instar de la vache,
> l'Espagnol va au taureau
> dès les premiers beaux jours.
> C'est la corrida. »
>
> **Pierre Desproges**
>
> « Heureusement, pas tous. »
>
> **La rédaction du Routard**

Comment expliquer l'exode de tant d'Européens, à chaque renaissance printanière, vers cette contrée gâtée du continent ? Avouez-le, vous avez vous aussi rêvé de la Costa del Sol et de ses villages blancs, de sa terre rouge et de ses cieux désespérément bleus. D'ailleurs, vous avez acheté (ou emprunté) ce guide ! Mais en Andalousie, il n'y a pas que le soleil, même si, sans lui, les belles Andalouses aux seins brunis (chères à San Antonio et à bien d'autres) ne seraient pas ce qu'elles sont... Malheureusement, l'Andalousie a saboté une grande partie de sa côte, et l'on ne peut que conseiller de fuir au plus vite vers l'intérieur, où survivent les images de toujours.

Comme la France avec la Provence, le Portugal avec l'Algarve ou l'Italie avec la Sicile, l'Espagne se mue ici en une terre chaleureuse et nonchalante. En un mot, hospitalière. Cette hospitalité est la racine profonde de la terre andalouse. Elle a donné son lait à un peuple homogène malgré ses origines multiples (maures, juives, catholiques, gitanes). Mais, dans tout cela, nous demanderez-vous à juste titre, où se cache cette

BÂTIR DES CHÂTEAUX EN ESPAGNE

Cette formule exprime des rêves irréalisables, ou le fait d'avoir des projets impossibles. En fait, à l'époque des Maures, la noblesse n'avait pas le droit de construire de châteaux en Espagne. Il ne fallait pas que l'ennemi puisse ensuite utiliser ces places fortes et s'y installer. Ces châteaux n'existaient donc pas.

mystérieuse âme andalouse ? À vous de la trouver, entre les croûtons d'un divin gaspacho, dans les claquements de talons d'un flamenco, dans l'attitude virile d'un torero ou, tout simplement, dans le pot de fleurs d'un patio.

Voilà, l'Andalousie c'est tout cela à la fois et bien d'autres détails subtils : l'ombre des rues et l'ardeur des regards (attention aux coups de soleil), la quiétude de la *siesta* et le déchaînement des ferias, la ferveur des processions et le goût acidulé des olives. Pour calmer ce bel appétit de vivre tout en se rafraîchissant les idées, une bonne solution : tapas, manzanilla et *siesta*...

PLANS ET CARTES EN COULEURS

DISTANCES PAR LA ROUTE

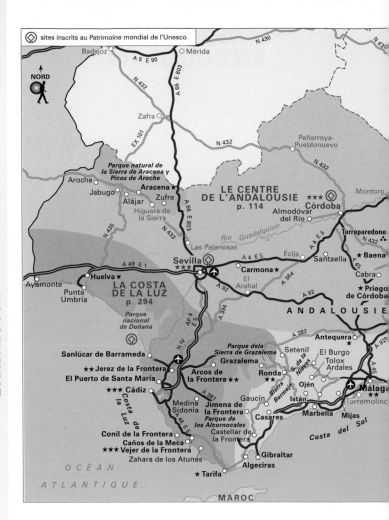

2

L'ANDALOUSIE

sites inscrits au Patrimoine mondial de l'Unesco

NORD

Badajoz
Mérida
N 430
N 430

A 5 E 90

N 432

A 66 E 803

Zafra

EX 101

Peñarroya-
Pueblonuevo

N 432

N 432

Parque natural de
la Sierra de Aracena y
Picos de Aroche

Aroche
Aracena ★
LE CENTRE
DE L'ANDALOUSIE ★★★
p. 114
Montoro

Jabugo
Córdoba

Alájar
Zufre
Almodóvar
del Río

Higuera de
la Sierra
Torreparedone

N 435
N 433
Rio Guadalquivir
N 432

Las Pajanosas
A 4 E 5
Écija
Santaella
★ Baena

Sevilla
★★★
Carmona ★
Cabra

Ayamonte
Huelva ★
LA COSTA
DE LA LUZ
p. 294
El
Arahal
A 364
★ Priego
de Córdoba

Punta
Umbría
A 92
ANDALOUSIE

Parque
nacional
de Doñana

A 382
Antequera
★
A 921

Sanlúcar de Barrameda
Parque de la
Sierra de Grazalema
Setenil
El Burgo
Tolox
Ardales

Grazalema
Ronda
★★
Ojén
Málaga
★★

★★ Jerez de la Frontera
Arcos de
la Frontera ★★
Istán
Torremolinos

El Puerto de Santa María
Gaucín
Marbella
Mijas

★★★ Cádiz
Medina
Sidonia
Jimena de
la Frontera
Casares

Parque de
los Alcornocales
Costa del Sol

Conil de la Frontera
Castellar de
la Frontera

Caños de la Meca
★★★ Vejer de la Frontera
Zahara de los Atunes
Gibraltar

OCÉAN
Algeciras

ATLANTIQUE
★ Tarifa

MAROC

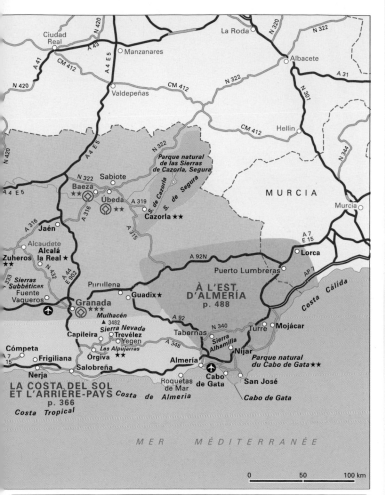

L'ANDALOUSIE

SÉVILLE – PLAN I

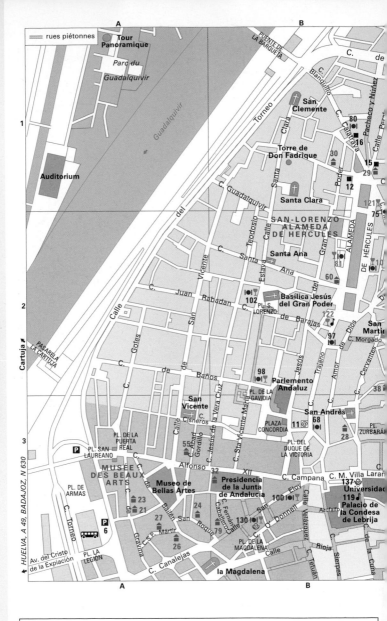

Adresses utiles

- ⏸ **6** Parking Plaza de Armas
- @ **11** Internet
- **12** Commissariat de police
- **15** Bici4city
- **16** Bicicletas José Gómez del Moral

🏠 **Où dormir ?**

- **20** Oasis Backpacker's
- **21** Hostal El Giraldilla
- **23** Hostal Romero
- **24** Hotel Zaida
- **25** Pensión Macarena
- **26** Hotel Londres
- **27** Hostal París
- **28** Hotel Sevilla
- **29** Patio de la Alameda
- **30** Patio de la Cartuja
- **31** Hotel Las Casas del Rey de Baeza
- **32** Palace Sevilla
- **35** The Garden Hostel

- **38** La Casa del Pozo Santo
- **55** Hostal Museo
- **59** Hotel San Gil
- **60** Casa Sacristía de Santa Ana
- **78** La Casa del Maestro
- **79** Un Patio al Sur

|◉| **Où manger ?**
Où manger des tapas ?

- **68** Lizarrán Tapas
- **69** Taberna Coloniales
- **70** Cantina

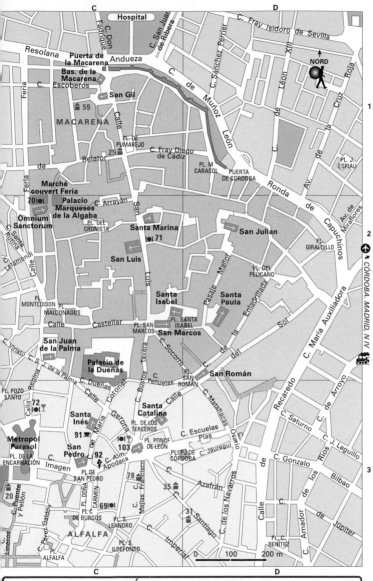

SÉVILLE – PLAN I

71 El Contenedor Cultural
72 La Traviesa
75 La Mata 24
80 Sidonia
97 La Dalia
98 Dos de Mayo
100 El Patio San Eloy –
    Taberna Sevillana
101 Al Aljibe
102 Eslava
103 El Rinconcillo
130 La Alacena de San Eloy

🍴 Où manger de bons
   gâteaux et des glace ?
   Où prendre un petit déj ?

91 Convento Santa Inés
92 Heladería Rayas

🍷🎵 Où boire un verre ?
   Où sortir ? Où écouter
   un concert ? Où voir
   et écouter du flamenco ?

81 Casa Paco

101 Bulebar Café
119 Casa de la Memoria
    de Al-Andalus
121 Café Central
122 Naima Café-Jazz

🛍 Achats

130 La Alacena
    de San Eloy
137 Galería
    Gastronómica

SÉVILLE – PLAN II

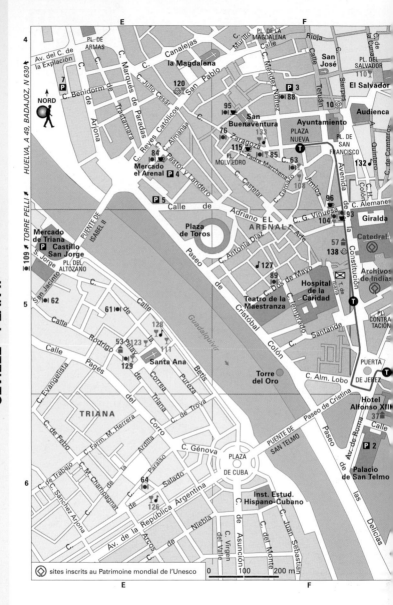

⊘ sites inscrits au Patrimoine mondial de l'Unesco

0   100   200 m

E

F

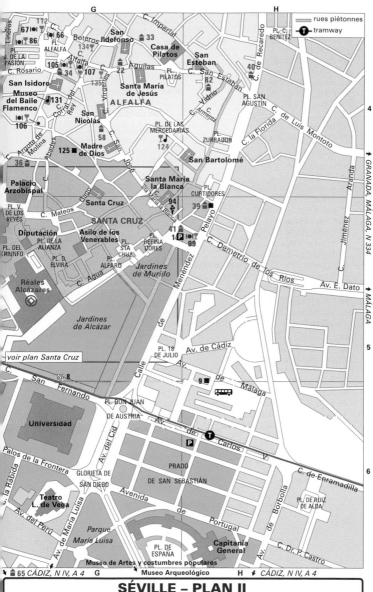

SÉVILLE – PLAN II

SÉVILLE – REPORTS DU PLAN II

SÉVILLE – REPORTS DU PLAN II

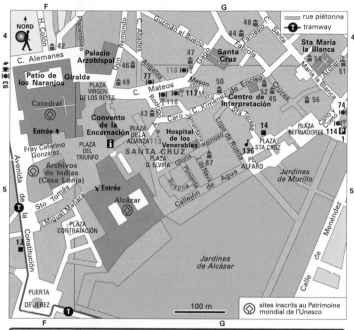

SÉVILLE – quartier de Santa Cruz

■ **Adresses utiles**

- **ℹ** Office de tourisme
- **🅿 1** Parking Cano y Cueto
- **13** Banques et distributeurs
- **14** Consulat général de France

🛏 **Où dormir ?**

- **42** EME Catedral Hotel
- **43** Hotel Casa 1800
- **44** Pensión Córdoba
- **45** Hotel Patio de las Cruces
- **46** Hotel YH Giralda
- **47** Hotel Goya
- **48** Hotel Amadeus
- **49** Hostal Doña María
- **50** Pensión Vergara
- **51** Pensión Doña Trinidad
- **52** Hotel Alcántara
- **54** Hotel Las Casas de la Judería
- **56** Un Patio En Santa Cruz

87 Hostería del Laurel

🍽 **Où manger ? Où manger des tapas ?**

- **74** La Freiduría de la Puerta de la Carne
- **77** Osteria l'Oca Giuliva
- **114** Vinería San Telmo
- **116** Bodega Santa Cruz
- **117** La Goleta – El Varo Peregil

🍽 🍰 **Où manger de bons gâteaux ? Où prendre un petit déj ?**

93 Horno de San Buenaventura

🍷 🎵 **Où boire un verre ? Où voir et écouter du flamenco ?**

- **113** Cafetería Alianza
- **116** Bodega Santa Cruz
- **118** Taberna La Fresquita
- **136** Los Gallos

CORDOUE

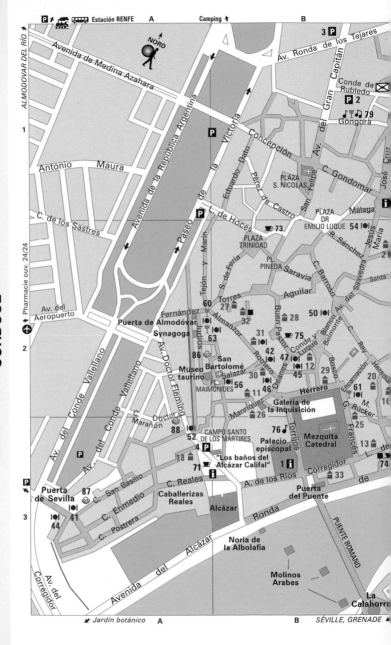

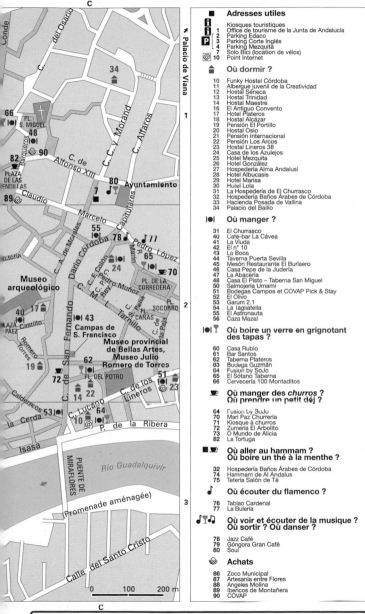

CORDOUE

■ **Adresses utiles**

- Kiosques touristiques
- 1 Office de tourisme de la Junta de Andalucía
- 2 Parking Edaco
- 3 Parking Corte Inglés
- 4 Parking Mezquita
- 7 Solo Bici (location de vélos)
- @ 10 Point Internet

🛏 **Où dormir ?**

- 10 Funky Hostel Córdoba
- 11 Albergue juvenil de la Creatividad
- 12 Hostal Séneca
- 13 Hostal Trinidad
- 14 Hostal Maestre
- 16 El Antiguo Convento
- 17 Hotel Plateros
- 18 Hostal Alcázar
- 19 Pensión El Portillo
- 20 Hostal Osio
- 21 Pensión Internacional
- 22 Pensión Los Arcos
- 23 Hostal Lineros 38
- 24 Casa de los Azulejos
- 25 Hotel Mezquita
- 26 Hotel González
- 27 Hospedería Alma Andalusí
- 28 Hotel Albucasis
- 29 Hotel Marisa
- 30 Hotel Lola
- 31 La Hospedería de El Churrasco
- 32 Hospedería Baños Árabes de Córdoba
- 33 Hacienda Posada de Vallina
- 34 Palacio del Bailío

|●| **Où manger ?**

- 31 El Churrasco
- 40 Café-bar La Cávea
- 41 La Viuda
- 42 El nº 10
- 43 La Boca
- 44 Taverna Puerta Sevilla
- 45 Mesón Restaurante El Burlaero
- 46 Casa Pepe de la Judería
- 47 La Abacería
- 48 Casa El Pisto – Taberna San Miguel
- 50 Salmojería Umami
- 51 Bodegas Campos et COVAP Pick & Stay
- 52 El Olivo
- 53 Garum 2.1
- 54 La Tagliatella
- 55 El Astronauta
- 56 Caza Mazal

|●|🍷 **Où boire un verre en grignotant des tapas ?**

- 60 Casa Rubio
- 61 Bar Santos
- 62 Taberna Plateros
- 63 Bodega Guzmán
- 64 Fusion by SoJo
- 65 El Sótano Taberna
- 66 Cervecería 100 Montaditos

🍷 **Où manger des *churros* ?**
Où prendre un petit déj ?

- 64 Fusion by SoJo
- 70 Mari Paz Churrería
- 71 Kiosque à churros
- 72 Zumería El Arbolito
- 73 O Mundo de Alicia
- 82 La Tortuga

■🟥 **Où aller au hammam ?**
Où boire un thé à la menthe ?

- 32 Hospedería Baños Árabes de Córdoba
- 74 Hammam de Al Andalus
- 75 Tetería Salón de Té

🎵 **Où écouter du flamenco ?**

- 76 Tablao Cardenal
- 77 La Bulería

🎵🎶 **Où voir et écouter de la musique ?**
Où sortir ? Où danser ?

- 78 Jazz Café
- 79 Góngora Gran Café
- 80 Soul

🛍 **Achats**

- 86 Zoco Municipal
- 87 Artesanía entre Flores
- 88 Angeles Molina
- 89 Ibericos de Montañera
- 90 COVAP

CORDOUE

GRENADE – L'ALBAICÍN (ZOOM)

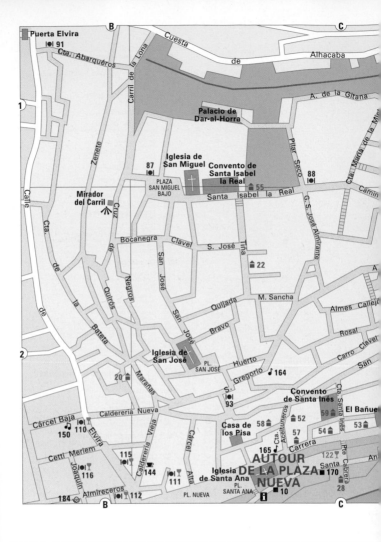

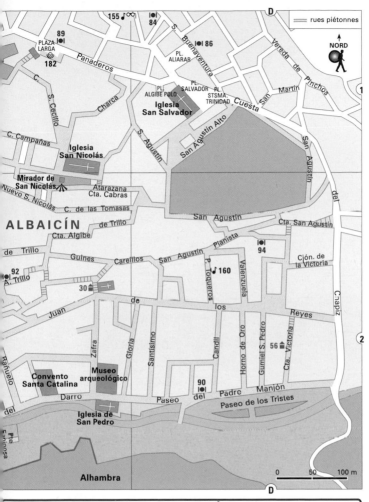

GRENADE – L'ALBAICÍN (ZOOM)

GRENADE – CENTRE

MOTRIL, Sierra Nevada, Alhambra (accès routier)

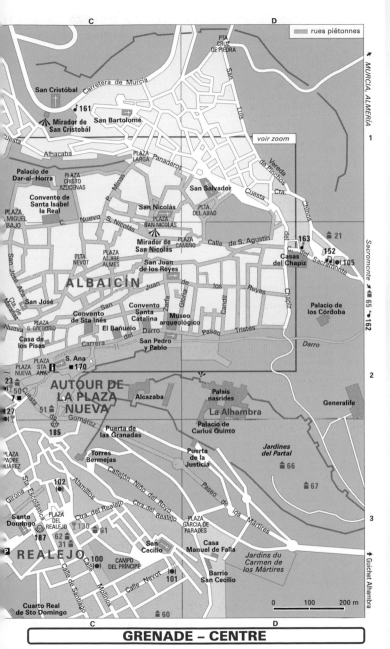

rues piétonnes

PTA
CRUZ
DE PIEDRA

MURCIA, ALMERÍA

San Cristóbal
Carretera de Murcia
♪ 161
San Bartolomé
Mirador de
San Cristóbal

Cuesta

voir zoom

Alhacaba

PLAZA
LARGA
Panaderos

Vereda
de Pinchos

Cta.

Chiros

Sacromonte

Palacio de
Dar-al-Horra

PLAZA
CRISTO
AZUCENAS

San Salvador

Cuesta

Convento de
Santa Isabel
la Real

San Nicolás

PLTA.
DEL ABAD

PLAZA
MIGUEL
BAJO

C.
Nuevo
S. Nicolás

PLAZA
SAN NICOLÁS

Calle de S. Agustín

163

21

del

152

PLTA.
NEVOT

Mirador de
San Nicolás

PLAZA
CAMINO

Casas
del Chapiz

105

65

162

ALBAICÍN

San Juan
de los Reyes

Sacromonte

PLAZA
ALJIBE
ALMES

San José

PLAZA
G. GREGORIO

Convento
de Sta Inés

Convento
Santa
Catalina

San

Juan

de

Zafra

los

Gloria

Reyes

Candil

Tristes

Palacio de
los Córdoba

Nuevo

Cta. de
Marañas

Museo
arqueológico

Darro

Casa de
los Pisas

El Bañuelo

del

Paseo

Darro

Carrera

San Pedro
y Pablo

S. Ana

170

PLAZA
STA.
ANA

PLAZA
NUEVA

23

50

7

AUTOUR DE
LA PLAZA
NUEVA

Alcazaba

Palais
nasrides

27

51

Cuesta

de

Gomérez

185

Puerta de
las Granadas

La Alhambra

Palacio de
Carlos Quinto

Generalife

PLAZA
PADRE
SUÁREZ

Torres
Bermejas

Puerta
de la
Justicia

Jardines
del Partal

Girone

102

Callejón Niño del Royo

Paseo

de

los

Mártires

66

Escolástica

Alamillos

Santo
Domingo

PLAZA
DEL
REALEJO

130

61

Ctra. del Realejo

Ctra. del Realejo

67

PLAZA
GARCÍA DE
PARADES

187

62

31

REALEJO

P

100

San
Cecilio

Casa
Manuel de Falla

Jardines du
Carmen de
los Mártires

Calle de Santiago

Calle

Molinos

Calle Nevot

101

CAMPO
DEL PRÍNCIPE

Barrio
San Cecilio

Guichet Alhambra

Cuarto Real
de Sto Domingo

60

0   100   200 m

GRENADE – CENTRE

GRENADE – REPORTS DU PLAN

BOISSONS

– La boisson la plus répandue est la **bière** (*cerveza* ; se prononce « cèrbèssa »), toujours servie très fraîche (une bénédiction en été). Le panaché se dit *una clara.* Si on demande une *cerveza,* on aura une bouteille. Une bière pression se dit *una caña.* Quelques précisions : un *quinto* = 20 cl ; un *tercio* = 33 cl ; tout cela en bouteille. En pression, une *caña* = 25 cl ; un *tubo* = 33 cl ; une *tanque* ou *jarra* = 50 cl.
– Autre boisson très appréciée en Espagne, non alcoolisée celle-là, la **horchata,** que tout le monde traduit par « orgeat ». Or, tandis que l'orgeat est une boisson à base d'amandes, la véritable *horchata* (d'origine valencienne) est fabriquée avec le suc des tubercules et des tiges de la *chufa* (en français, le souchet jaune), une sorte de papyrus qui pousse dans les marais de Guadalquivir. Bon et rafraîchissant, avec une texture qui rappelle celle du lait (en plus farineux quand même). La recette semble héritée des Arabes. Il existe aussi des *horchatas* d'amandes, d'orge – et même de riz au Mexique.
– Enfin, on trouve un peu partout dans le pays le **granizado de limón** (jus de citron, sucre et glace pilée), *de café* (le çitron est alors remplacé par du café) *ou de divers fruits* (orange, pêche, etc.). Rafraîchissant et requinquant par ces chaleurs.
– *Le café* est de tous les petits déjeuners. Les Espagnols l'apprécient particulièrement au lait *(café con leche)* – lait chaud ou lait froid, à vous de choisir. Si vous le voulez noir, demandez un *café solo* – ou un *cortado* si vous le préférez juste avec une touche de *leche.* Un allongé se dit *café largo,* mais les Espagnols ne l'aiment guère, ce traître à son espèce... Et puis, bien sûr, comme partout, il y a le café soluble, un *Nescafé* dit-on dans tous les cas de figure... Et puis : *café helado* (glacé) ou *café con hielo* (servi chaud mais avec un verre rempli de glaçons).
– Autre incontournable espagnol depuis la découverte des Amériques, le **chocolat** ne ressemble pas au nôtre. Ici, ce n'est pas un breuvage clairet à l'eau, mais une boisson riche, épaissie à la fécule, dense en arômes, faite tout exprès pour y tremper les fameux *churros,* ces beignets allongés du petit déj. Un régal quand c'est bien fait, mais point trop n'en faut ! À noter, pour la petite histoire, que les Espagnols ont dû obtenir une dérogation de l'UE pour continuer à épaissir leur chocolat, avec de la fécule de maïs, par exemple...

Les vins andalous

N'oubliez pas que l'Andalousie est une grande productrice de vins, que vous pourrez goûter dans tous les bars à tapas. Quand on pense vins andalous, fatalement le mot « *jerez* » est lâché. Immanquablement, on évoquera ce breuvage séculaire qui doit sa notoriété aux Anglais. À l'époque où ces derniers s'approprient le vin de Jerez, le nom de la ville s'écrivait « Xerez » et se prononçait « sherez » d'où... sherry, car les Anglais voyaient dans le « z » de Xerez une indication de pluriel, prononcée « i »... C'est ainsi que, pour la plupart, les grandes maisons de jerez ont aujourd'hui des noms britanniques.
Outre le jerez produit évidemment dans la région de Jerez de la Frontera, le vin de Málaga est également parvenu à se tailler une certaine notoriété. Moins connu, le vignoble de Montilla-Moriles, situé aux alentours de Lucena, au sud de Cordoue, produit également des blancs intéressants.
Voici quelques indications sur les principaux vins que vous rencontrerez, région par région.
– **Les vins de Jerez :** nous nous étendons assez largement sur les vins de cette région dans la rubrique consacrée à cette ville. À Jerez, vous ne manquerez pas la visite des chais, très impressionnants. C'est ici que la famille Domecq est installée. De réputation internationale, ce sont des viticulteurs et des éleveurs de taureaux qui ont su donner ses lettres de noblesse au jerez. Quant au *manzanilla,* il s'agit d'un vin sec élevé dans la région portuaire de Sanlúcar de Barrameda, d'où ses

quelques notes marines qui se combinent à celles de la camomille (dont le nom espagnol est justement *manzanilla*). Idéal pour l'apéritif ou pour accompagner les tapas et les plateaux de fruits de mer.

– *Le vin de Málaga :* « un vin de dames » ! Ainsi avait-on l'habitude de qualifier le vin de Málaga. Il est vrai que les vieilles Anglaises l'appréciaient particulièrement. Le vignoble ne couvre que 500 ha, ce qui en fait la plus modeste des appellations andalouses. Deux cépages sont utilisés : le *moscatel* (muscat) et le *pedro ximénez.* Comme le jerez, le *málaga* vieillit traditionnellement (de 6 mois à 5 ans) grâce au système de la *solera.* La *solera* consiste à faire passer en cascade le vin plus jeune dans une barrique contenant du vin plus vieux, ce qui permet aux deux vins de se mêler et d'abolir la notion de millésime – et ainsi de suite d'un tonneau à un autre. Résultat, de très beaux vins liquoreux d'environ 16°, fortement sucrés, mais au goût presque démagogique tellement il est rond et aimable.

– *Les vins de Montilla-Moriles :* appellation de la région de Cordoue, non loin de Lucena ; les vignes s'étendent entre des plantations d'oliviers. La bourgade de Montilla produit une bonne partie de ses vins blancs, assez voisins de ceux de Jerez. Ainsi, on trouve des *fino, oloroso, amontillado* et *creams.* Ce dernier donne des vins doux, riches en arômes. La *solera* est en principe la technique utilisée pour obtenir du *manzanilla* et du *fino* (à la place des barriques, on emploie des jarres), mais en pratique il est employé pour tous les types de vin. La plupart de ces vins sont servis chambrés, mais on rafraîchit l'*amontillado,* et il est permis de frapper le *fino* et le *manzanilla.*

– *Autres curiosités :* le vin rouge mélangé à la limonade (*casera*) ou *el tinto de verano.* Pour la plupart, les vins produits en Andalousie sont des blancs. Si vous préférez le rouge, précisez *vino tinto.* Les jeunes Espagnols s'abreuvent allègrement de *calimocho,* une boisson qui n'est ni plus ni moins que du vin rouge mélangé à du... Coca-Cola : dur, dur ! Enfin, le *vermuth al grifo,* littéralement vermouth au robinet, que l'on sert dans les bars traditionnels. Il s'agit de vin cuit (en général d'Andalousie, mais pas nécessairement) macéré avec des herbes et livré dans de petits fûts avec de l'eau gazeuse. On le tire un peu comme de la bière à la pression. C'est léger, rafraîchissant, mousseux et ça n'a rien à voir avec les vermouths en bouteille. À consommer avec beaucoup de tapas, car ça monte vite à la tête.

CORRIDA

Retour aux sources

La corrida comme on la connaît n'existe pas depuis si longtemps. Cela ressemblait probablement plutôt à des *capeas* en plein centre du village. Pendant le Moyen Âge, il était pourtant interdit de tuer le taureau à pied. Il fallait monter à cheval. C'est ainsi d'ailleurs que Charles Ier s'est saisi d'intérêt pour la tauromachie, étant le premier à la transformer en sport équestre destiné au spectacle. Les règles actuelles ont été fixées au XIXe s. On commença également à construire des arènes à cette époque, vu le chaos qu'engendraient les corridas organisées sur les places publiques. Au début, c'étaient les picadors qui avaient le plus d'importance, puis, petit à petit, le matador à pied grignota du terrain, réclamant bientôt ses habits de lumière.

Alors, rite barbare ou art sublime ?

Lors de toute tentative de réponse à cette question, il faut se souvenir que le taureau est un mammifère, donc un animal équipé d'un système nerveux développé du même type que celui de l'homme... Comment croire un instant qu'un animal capable de déceler une mouche sur sa croupe et de la chasser d'un coup de queue ne ressente rien lorsqu'on lui enfonce 5 cm de métal dans l'échine, qui plus est à plusieurs reprises ? La souffrance d'un animal peut-elle être érigée en spectacle ?

À cette problématique philosophique s'ajoutent des pratiques contestables (et illégales pour la plupart) utilisées lors de la préparation des animaux avant même les corridas. Taureaux mutilés par la pratique de l'*afeitado* : on repousse la partie innervée (et donc vivante) des cornes vers la racine, à vif, afin de rendre les cornes moins dangereuses pour les toreros, et on maquille cette mutilation en reconstituant la pointe avec de la résine ; outre l'aspect douloureux de l'opération, l'*afeitado* prive l'animal d'une partie de ses repères spatio-temporels. Taureaux drogués aux tranquillisants ou malades, et qui s'effondrent dès leur entrée dans l'arène. On est bien loin du fantasme du « combat à armes égales » dont se réclament les pro-corridas...

Ce qu'il faut savoir

Les courses, *corridas de toros,* ont lieu pendant les jours de feria et lors d'autres fêtes, ainsi que tous les dimanches en saison dans les grandes villes. Pour la plupart, ce sont des *novilladas* où les taureaux *(novillos)* ont moins de 4 ans, où les *novilleros* n'ont pas reçu la consécration de l'*alternative* (investiture solennelle), où il n'y a pas souvent de picadors. Les *novilleros* désireux de faire carrière y donnent souvent le meilleur d'eux-mêmes. Les *capeas* (de plus en plus rares) des villages, improvisées sur la place publique, sont très « sport ».
La plaza de Toros peut contenir jusqu'à 25 000 spectateurs. Le prix des places est fonction du rang et de la situation : à l'ombre *(sombra)* ou au soleil *(sol).* Les places du 1er rang *(barreras)* ainsi que les loges du 1er étage *(palcos)* sont les plus appréciées. Mais des gradins *(gradas)* on a une très bonne vue d'ensemble. Sachez qu'une bonne place coûte cher : au moins autant qu'un gros concert de rock.

Les différentes phases de la corrida

Après le signal de l'entrée, donné par le président de la corrida, commence le *paseo* ou entrée des *cuadrillas* dans l'arène. Les *espadas,* ou matadors, suivent deux *alguaciles* (représentants de l'ordre sur la piste, chargés de faire respecter le règlement) à cheval. Derrière eux viennent les *peones,* puis les picadors à cheval, les *monosabios* (ou serviteurs de la plaza) et enfin les attelages de mules pour l'enlèvement des taureaux tués. Les matadors, vêtus de costumes brodés, saluent la présidence, tandis qu'un *alguazil* demande la permission d'ouvrir le toril. Les matadors troquent alors leurs manteaux contre les *capas* roses doublées d'un tissu jaune, ou bleues doublées d'un tissu rose.
Le taureau sort du toril, portant la *divisa,* flot de rubans dont les couleurs indiquent le parc d'élevage *(ganadería)* et son propriétaire. Dans les premiers instants, on va observer son poids, sa forme, sa puissance. Car ces taureaux ne sont pas de vulgaires bovins : ils sont issus d'une sélection génétique en fonction de leur constitution, mais aussi de leur agressivité et de leur bravoure (d'où le nom de *Toros Bravos*). Selon la légende, ils descendraient même de l'*auroch* gaulois, qui pouvait mesurer jusqu'à 2 m de hauteur. Savoir reconnaître un bon *toro* est une condition sine qua non pour être un véritable *aficionado.* Pendant une corrida, six taureaux sont mis à mort par trois matadors, mais chaque mise à mort s'opère elle-même en trois phases : les ***tercios.***

Le premier tercio (tercio de vara)

Le but de ce *tercio* est, pour le torero, de détecter les failles et les forces de la bête, afin de mettre au point sa stratégie. Le matador torée avec la cape en de nombreuses figures *(pases).* Parmi elles, citons les *largas,* passes faites avec l'extrémité de la cape en donnant au taureau une longue sortie (les *largas* sont à mi-chemin entre la course de taureaux et le jeu de la cape), et la *véronique,* passe que le torero exécute en se plaçant en face du taureau avec la cape.

Ensuite vient la *suerte de varas* (phase des piques). Les *picadores* entrent sur leurs chevaux, exhortent le taureau à se lancer vers eux. Lorsque celui-ci encorne le cheval (bien protégé de nos jours, heureusement), il s'embroche simultanément sur la pique, sorte de longue lance. La violence avec laquelle il répétera son attaque, malgré la douleur, permet d'évaluer son « courage ».

Tout le travail que réalisera le matador n'aura un véritable sens que si le taureau s'est réellement révélé sous les piques. Un taureau ne pourra obtenir la grâce que s'il a pris les trois piques réglementaires. Le coup de pique doit être donné en haut du garrot, dans le *morrillo,* de manière à lui faire baisser la tête, le rendant moins dangereux. Les matadors sont chargés de faire le *quite,* qui a pour but de laisser un peu de répit au taureau après la phase des piques.

Le deuxième tercio : les banderilles

Ici, le matador (ou, le plus souvent, ses subalternes) va affronter la bête à corps découvert, avec seulement dans les mains deux bâtons, les deux banderilles ornées de papier aux couleurs vives et au bout desquelles il y a un crochet. Il existe de nombreuses manières d'exécuter cette phase, tout étant fonction du taureau et de la position dans laquelle il se trouve. Les différentes figures ont pour noms : *suerte de banderillas al quiebro, de frente* (de face), *al relance, a toro corrido, al siesgo* (de biais), *a la media vuelta* (au demi-tour), *al cuarteo* (en décrivant un quart de cercle), etc.

Le troisième tercio : la faena (le travail)

Il s'agit ici de soumettre le taureau, tout en mettant en évidence son courage et sa force. C'est le moment le plus difficile à vivre pour l'ami des bêtes, surtout si le *toro* n'est pas bien *bravo...*

Le toreo de muleta : la muleta (étoffe rouge repliée sur un bâton) doit aider le torero à tuer le taureau. Les *pases de muletas* sont nombreuses : *redondos* (en rond), *altos* (hautes), *de frente* (de face), *molinetes* (moulinets), *afarolados* (en flamme), *por la espalda* (dans le dos), etc.

La mise à mort : selon la façon dont l'épée est enfoncée dans le taureau, l'estocade porte un nom différent : il y a l'estocade profonde, courte, contraire (l'épée reste sur le côté gauche du taureau), etc. Quand le matador appelle le taureau et attend sans bouger sa charge, c'est la *suerte de recibir.* En revanche, si le taureau reste immobile et que le matador s'élance sur lui, la figure s'appelle *volapié.* Enfin, si chacun des « participants » s'avance en même temps, on parle d'une estocade *a un tiempo.*

Descabello (la manière de mettre à mort) : on exécute cette *suerte* quand le taureau est blessé à mort mais ne tombe pas. On s'efforce alors de faire baisser la tête de l'animal pour laisser à découvert l'endroit où doit être donné le coup d'épée, ou *descabello.* La pointe de l'épée est lancée dans les premières vertèbres cervicales, tuant instantanément le taureau.

El arrastre

C'est la fin de la corrida. Des chevaux de trait traînent le cadavre du taureau hors de l'arène. Si le public est satisfait du travail du matador, il le manifeste à l'aide d'un mouchoir blanc. Si, au contraire, il est mécontent, il y aura la *bronca* (chahut, cris, etc.) ; à Séville, le mépris à l'égard du matador se traduira par un silence.

Lexique de la corrida

– *Aficionados :* passionnés de corrida.
– *Barrera :* barrière pleine, protégeant le public de la piste.
– *Bronca* (faire la) : manifestation du public en colère. Sifflets, cris, jets de coussins.
– *Cogida :* blessure que le taureau assène au torero.
– *Derechazo :* nom d'une passe de muleta de la main droite.

– *Descabello* : épée avec laquelle on donne le coup de grâce quand le torero a loupé son coup avec la première épée.

– *Estocada* : mise à mort.

– *Feria* : fête de 2 semaines pendant laquelle se déroulent les corridas. Les ferias ont lieu à tour de rôle selon les villes.

– *Montera* : couvre-chef que porte le matador.

– *Muleta* : c'est la cape rouge utilisée par le matador dans le dernier *tercio*. On utilise la rose et jaune pour les deux premiers *tercios*.

– *Pase de muerte* : passe d'avant la mise à mort. Olé !

– *Plaza de toros* : arènes.

– *Temple* : c'est le rythme, la cadence entre les mouvements de la bête et ceux du matador.

– *Tercio* : c'est chacune des trois phases de la corrida.

– *Recibir* : au moment de la mise à mort, c'est une phase où le matador attend que le taureau charge.

– *Volapié* : au moment de la mise à mort, une autre façon d'agir. Il s'agit là d'aller vers le taureau, entre ses cornes, et de s'esquiver à l'ultime seconde.

CUISINE

Pas toujours évident de s'y retrouver pour un non-initié affamé. Perdu dans la jungle des *bodegas, tascas, tabernas, bares de tapas, marisquerías, mesones* et *restaurantes,* sans compter les horaires des repas (on mange souvent 2h plus tard qu'en France, le midi comme le soir !) et cette grande variété de préparations... Il faut se laisser tenter, oser plonger dans la foule à la recherche du comptoir et de ses gros jambons, choisir un plat sans forcément comprendre ce qu'il y a dedans... C'est en goûtant qu'on devient connaisseur !

En Espagne, il y a moins de « restos » tels qu'on les connaît chez nous. En revanche, la plupart des bars et cafés andalous offrent de quoi se restaurer à bon prix : *tapillas* ou *tapitas* (miniltapas) souvent gratuites avec une consommation, *pinchos* généralement payants, *tostas* (tartines), *tapas* et *raciones* (assiettes de tapas) – qui peuvent n'être que *media raciones*. Il y a aussi le *bocadillo* (sandwich) et le *sánd-*

wich (toast ou croque-monsieur). On peut, selon l'importance de son appétit ou tout simplement pour goûter des spécialités, commander *una tapa* (une petite portion), *una media ración* (une petite assiette) ou *una ración* (une assiette entière). La clientèle reste souvent debout au comptoir dans les bars, mais nombreux sont les établissements à combiner le bar à tapas avec quelques tonneaux ou tables hautes façon *taberna* et une salle de resto plus chic séparée. Comme ça, il y en a pour tous les goûts et tous les budgets.

Au petit déjeuner, les Andalous n'enduisent pas leurs *tostadas* (pain grillé) de beurre, mais d'huile d'olive (avec ou sans tomates en dés ou en purée), de pâté ou de *sobrasada* (sorte de pâte de chorizo).

Sachez aussi que la plupart des établissements proposent, à midi (enfin, plutôt vers 14h !), le *menú del día*, c'est-à-dire le menu du jour. Il est composé d'une entrée, d'une salade, d'un plat de résistance au choix et d'un dessert (la boisson est parfois comprise, en prime). Généralement ces menus sont copieux et d'un rapport qualité-prix honnête, sans plus.

Parmi les bars, plusieurs variétés :
– **Tasca :** bar à tapas, où l'on mange souvent accoudé au comptoir.
– **Cervecería :** « brasserie », au sens littéral, donc bar à bières.
– **Bodega :** « cave à vins », en pratique une sorte de bar à vins.
– **Taberna :** taverne.
Mais tous ces noms désignent un peu la même chose : un bar où l'on consomme bières, vins et tapas...
Parmi les « restaurants », on distingue également :
– **Mesón :** restaurant assez bon marché et préparant une cuisine familiale typique. Une sorte de cantine, quoi !
– **Comedor :** salle à manger dans un établissement hôtelier ou dans un bar.
– **Marisquería :** restaurant de poisson et fruits de mer (*mariscos* = fruits de mer).
– **Restaurante :** c'est ce qui se rapproche le plus du restaurant classique, c'est-à-dire un lieu où l'on s'assied pour manger, même si, en pratique, on trouve souvent un comptoir à tapas dans la salle d'à côté...
– **Les restaurants des paradors :** considérés à juste titre comme des établissements de luxe pour l'hôtellerie, les paradors se font les chantres de la cuisine régionale – à considérer pour un dîner un peu spécial. Service de qualité, nappes en tissu et, surtout, cuisine superbe la plupart du temps. Tous les paradors proposent un menu (dans les 31-37 €).
– **Freiduría :** comme son nom l'indique, on y trouve toutes sortes de fritures, surtout du poisson.

Spécialités culinaires nationales

– **Paella :** fond de riz cuit dans l'huile en même temps que poulet, porc maigre avec jambon, langoustines, petits pois, ail, oignons, épices, safran. La paella est d'origine valencienne. Elle est née au XIXe s dans la région de l'Albufera, une grande lagune aux portes de Valence. Les pêcheurs ajoutèrent au riz les ingrédients trouvés sur place : anguilles, lapin, haricots verts, petits pois, artichauts des *huertas* (jardins potagers), etc. Le safran, extrait des stigmates séchés des crocus mauves, donne à la paella sa couleur jaune. Traditionnellement, on la prépare en plein air ; une grande poêle *(paellera)* est posée sur un trépied sous lequel on dispose des sarments de vigne. Quand le feu prend consistance, le riz s'ouvre à la cuisson, s'imprégnant des saveurs des aliments et produisant le délicieux *soccarat,* croûte brune et croustillante, qui se forme autour du plat. Quand elle n'est pas chère et rapidement servie, c'est en fait un « riz accommodé » *(arroz)* qui n'a que peu de choses à voir avec la vraie paella, laquelle peut nécessiter jusqu'à deux bonnes heures de préparation (contre généralement 30-40 mn) !
– **Tortilla :** omelette servie froide ou chaude, le plus souvent avec pommes de terre *(patatas),* voire aux fines herbes, aux queues d'écrevisses (rare), au chorizo ou encore oignons, tomates, lardons, petits pois, etc.
– **Cocido** *(pot-au-feu) :* plat de résistance servi partout, avec des variantes.
– Côté douceurs, les **churros,** ces bâtons de pâte à crêpe frits, les **porras** (gros *churros*) et les **buñuelos** (beignets) sont probablement les meilleures pâtisseries de la péninsule. Trempés (sans honte) dans le traditionnel chocolat chaud bien épais, c'est le petit Jésus en culotte de velours ! Autres délices, le plus souvent à base de lait et d'œufs : la **leche frita,** sorte de béchamel sucrée et épaisse, refroidie puis coupée en gros carrés frits dans l'huile et ensuite saupoudrés de sucre ; les **natillas,** crème anglaise épaisse et parfumée à la cannelle ou au citron ; l'**arroz con leche** (riz au lait) ; les **torrijas,** l'équivalent de notre pain perdu...

Spécialités andalouses

Jadis, on disait la cuisine andalouse riche... et grasse. Aujourd'hui, il ne s'agit plus seulement de se nourrir, mais plutôt de déguster de savoureux mets. Aussi la cuisine andalouse est-elle plutôt riche et bonne que riche et grasse. Elle s'est élevée au rang d'art culinaire. Dans les bars à tapas, il vous suffira d'observer le nombre de plats pour vous rendre compte de la diversité de cette cuisine qui, si elle est toujours préparée avec de l'huile d'olive, tend à perdre une partie de sa lourdeur.

Entrées

– **Gaspacho :** la spécialité des spécialités andalouses. Il s'agit d'une soupe froide de légumes crus (tomates, poivrons, oignons, concombres, ail, huile d'olive, vinaigre et pain dur). Généralement un délice, surtout bien frais. On sert souvent le gaspacho accompagné de petits dés de tomate, concombre, poivron, lamelles d'oignon et croûtons. Pour ne rien faire comme tout le monde, certains villages servent leur gaspacho chaud...

– **Salmorejo :** c'est une spécialité de Cordoue, déclinée désormais dans toute l'Andalousie. Un gaspacho plus épais (plus de pain et d'huile d'olive) et moins froid, souvent accompagné de menus morceaux d'œufs durs et de copeaux de jambon (une version connue sous le nom de *porra*).

– **Ajo blanco** (ail blanc) **:** soupe froide, cousine du gaspacho, mais sans tomate, avec – comme son nom l'indique – ail, amandes mondées, huile d'olive, vinaigre et mie de pain. Parfois servie avec des raisins blancs, du melon ou des quartiers de pomme.

– **Les jambons :** une des grandes spécialités d'Andalousie, même si on les trouve dans toute l'Espagne. Voir plus bas.

– **Chorizo :** Il y a de tout. On est parfois déçu. Goûter avant, car le vrai et bon est finalement assez rare.

– **Tortilla del Sacromonte :** du nom d'un quartier de Grenade ; c'est une omelette à la cervelle et aux... testicules de mouton et/ou de veau !

– **Espinacas** (épinards) **:** servis en cassolette, très cuisinés, c'est un délice, un régal, une merveille (biffer les mots inutiles). On en trouve beaucoup dans la région de Jaén, Úbeda...

– **Habas :** ce sont de grosses fèves, ou petites quand on dit *habitas*, souvent cuisinées avec du jambon à Grenade et dans les Alpujarras.

– **Ensaladas :** salades variées. Celle aux pommes de terre *(patatas)* est la plupart du temps bon marché et bien faite.

– **Sardines à l'huile :** fraîches et servies sous forme de tapas.

– **Anchois marinés** (boquerones) **:** on aime ou on n'aime pas. Nous, on adore !

– **Almojabanas :** beignets fourrés au fromage blanc, servis en général avec un coulis de miel.

Poissons

On goûtera le thon frais à la tomate (atún, en saison), les seiches aux fèves *(sepia con habas)*, l'espadon *(emperador)*, les anchois frais *(boquerones)* et le loup en croûte de sel *(lubina a la sal)*. La daurade (dorada) se prépare également ainsi. Le poisson est cuit sur une grosse couche de sel. Ça lui conserve tous ses arômes. Curieusement, il n'est pas trop salé.

– **Calamar a la plancha** (grillé) **:** pas spécifique à la région, mais c'est ici qu'il est le meilleur.

– **Poisson au vin :** assez proche de ce que l'on fait en France. Vin blanc, épices, tomates, oignons. Simple et bon.

– **Fritures :** là, on met un peu de tout. On coupe le poisson en dés et on le fait frire. Si le poisson ou les calamars sont frais, cette recette joue gagnant. Dans certains ports, de petites échoppes sont spécialisées dans le poisson frit et frais *(pescadito frito)*. On vous l'emballe dans un papier et vous grignotez ça dans la rue. Pas cher, mais il faut se laver les mains après !

Jambons

L'Andalousie est connue pour ses jambons de montagne, qui ont transpiré en été et séché à l'air libre en hiver, selon une méthode ancestrale rythmée par les saisons.

Il en existe deux principales sortes : d'abord, le *jamón* dit *serrano*, du mot *sierra* (montagne), issu de l'extrémité postérieure du porc blanc domestique (pattes blanches) venant de toute l'Espagne, exposé pendant 1 an à l'air vif des Alpujarras (au sud de Grenade, entre la sierra Nevada et la mer). On le trouve partout, c'est le moins cher. Parmi les plus célèbres, le jambon de la vallée du Guadalquivir (entre Cordoue et Huesca). Dans la région de Trevélez, qui vient d'obtenir le droit à l'appellation contrôlée, il est séché pendant 2 ans. C'est d'ailleurs un des meilleurs d'Espagne. Son goût est très distinct et plutôt « doux », presque sucré de par sa faible concentration en sel. Merveilleux de finesse.

Le *serrano* ne peut toutefois rivaliser avec le *jamón ibérico*, provenant de porcs méditerranéens de race ibérique et de couleur noire, d'où le nom de *pata negra* (pattes noires). Élevés en liberté et nourris aux glands *(de bellota)* ou avec un mélange de glands et d'herbes *(de recebo)*, ils ne sont pas tués avant d'atteindre 14 mois d'âge, tandis que le porc industriel passe à l'abattoir dès le 6e mois. La grande vedette dans cette catégorie, c'est le *jamón ibérico de Jabugo* d'appellation contrôlée, issu de « pattes noires » élevés dans les forêts de chênes de la *sierra alta* de Huelva. On atteint ici le sublime ! Jabugo est en fait un village au cœur du *parc de Aracena y Picos de Aroche*, à 112 km de Huelva. Son nom est devenu synonyme d'excellence pour tous produits dérivés du porc *(chacinas)*, et cela dans le monde entier. Les jambons sont classés de 1 à 5 J *(jota*, en référence à Jabugo). Ceux portant le label JJJJJ *(cinco jotas)*, les meilleurs, seraient issus de porcs n'ayant jamais rien mangé d'autre que des glands. Évidemment très, très cher.

N'oubliez pas un détail important : de ces porcs divers sortent également différents *lomo*, chorizo, etc., en somme, toute la variété de la charcuterie espagnole, de qualité aussi variable que celle des *jamones*.

Viandes

– **Rabo de toro :** queue de taureau en sauce. Assez fin mais pas hyper copieux (il y a beaucoup d'os). On en trouve partout.
– **Riñones al jerez :** rognons au jerez. Simple et excellent. Le jerez donne un goût subtil aux rognons qu'on fait griller. À goûter absolument.
– **Morcilla :** boudin noir. Plutôt bien fait, mais souvent plus gras que le français.
– **Cordero lechal :** c'est de l'agneau de lait. On n'en trouve pas partout.
– **Choto al ajillo :** chevreau préparé avec une sauce à l'ail, spécialité de la région de l'Axarquía (entre Málaga et Nerja) et des sierras à l'est de Grenade.

Fromages

On en mange plutôt en dehors des repas, sous forme de tapas. Certains vieux fromages, vieilles tommes surtout, sont divins. À goûter absolument. On trouve de bons fromages de chèvre (dit *Payoyo*) et de brebis (notamment à Ronda et Grazalema).

Desserts

L'Andalousie se révèle riche en pâtisseries et confiseries. La plus régionale s'appelle le *tocino del cielo* (une crème caramel « inventée » au XIIe s par des nonnes, à Jerez de la Frontera) qu'on trouve aujourd'hui dans toute l'Espagne. Celle qui nous a le plus séduits est le *turrón*, à base d'œufs, de fruits et d'une sorte de pâte d'amandes. Rappelle le nougat. Mais on en trouve surtout du côté d'Alicante. Des gâteaux au saindoux et aux cheveux d'ange, des pains d'épice, des tourtes aux œufs durs et, bien sûr, des beignets de toutes sortes vous seront proposés tout au long de votre séjour, ainsi que d'autres desserts détaillés plus haut parmi les spécialités nationales. Malheureusement, dans la plupart des restos touristiques, c'est riz au lait ou flan au caramel obligatoire.

Petit lexique culinaire

agneau	*cordero*
porc	*cerdo*
bœuf	*vaca, buey*
jambon	*jamón*
poulet	*pollo*
veau	*ternera*
filet de porc	*solomillo*
côte de bœuf	*chuleton de buey*
côtelette	*chuleta*
rôti	*asado*
grillé	*a la plancha*
frit	*frito*
entrecôte, longe	*lomo*
poisson	*pescado*
fruits de mer	*mariscos*
hors-d'œuvre	*entremés*
œufs	*huevos*
omelette	*tortilla*
salade	*ensalada*
légumes	*verduras*
dessert	*postre*
fromage	*queso*
glace	*helado*
vin rouge (hic !)	*vino tinto*
vin blanc (re-hlc !)	*vino blanco*
eau plate / gazeuse	*agua sin gas / con gas*
bière, panaché	*cerveza, clara*
café noir	*café solo*
café crème	*cortado*
café au lait	*café con leche*
verre (pour l'eau)	*vaso*
verre (pour le vin)	*copa*
sel	*sal*
poivre	*pimienta*
moutarde	*mostaza*
huile	*aceite*
vinaigre	*vinagre*
beurre	*mantequilla*
pain	*pan*
bouteille	*botella*

ÉCONOMIE

Le poids du passé

Le sud de l'Espagne est-il encore, à l'instar du Mezzogiorno italien, une région à la traîne, souffrant de mal-développement, vivant aux crochets de la capitale et de Bruxelles ? Ou bien est-ce, comme le pensaient, au milieu des années 2000, certains journalistes, la Californie de l'Europe ? La réalité se situait bien sûr entre les deux. Jusqu'à ce que l'explosion de la bulle immobilière en 2008 (un secteur sur lequel l'Andalousie avait – tourisme oblige – beaucoup misé) change singulièrement la donne.

Les statistiques ne sont pas très flatteuses – et c'est un euphémisme – pour la plus grande région du pays. Si l'on fait abstraction du cas très exceptionnel de l'enclave de Ceuta, l'Andalousie est, en effet, championne d'Espagne du chômage (34 %

en Andalousie contre 27,16 % en Espagne mi-2013). Et même dans l'euphorie du boom économique de l'Espagne au début du XXIe s, le chômage n'est jamais, en Andalousie, descendu en dessous des 12 %. Ces indicateurs témoignent simplement des maux dont pâtit cette région, à savoir la sous-industrialisation et la trop grande place dévolue à l'immobilier touristique (surtout depuis les années 1980) et à l'agriculture, où coexistent archaïsme et modernité. C'est que la révolution industrielle du XIXe s n'a pas eu lieu en terre andalouse, où s'est installé, en

DES BANQUEROUTES SURPRENANTES

Au XVIe s, grâce à l'afflux d'or et d'argent, l'Espagne est le pays le plus riche du monde. Mais Philippe II, fils de Charles Quint, dépense sans compter : construction de palais et, surtout, des guerres sans fin contre les Ottomans, les Français, les Flamands... Son « Invincible Armada » sera défaite par les Anglais. De nombreux navires transportant les trésors sud-américains seront interceptés par les corsaires. Et par trois fois, malgré ses revenus insensés, le roi ne pourra payer ses dettes.

revanche, dès le Moyen Âge, un système agraire très inégalitaire, fondé sur les latifundia, grands domaines agricoles exploités d'une manière extensive. Aujourd'hui encore, quelque 2 500 familles, représentant moins de 2 % de la population rurale, possèdent 60 % des terres cultivables et touchent de juteuses subventions au titre de la PAC. À l'autre extrémité de l'échelle sociale se trouvent les ouvriers agricoles, *peones* ou *jornaleros*, qui aimeraient bien être employés en permanence. Cela n'a jamais été le cas, et ça l'est encore moins de nos jours avec la mécanisation des travaux des champs (même pour la récolte des olives) et le recours massif à la main-d'œuvre immigrée (et souvent clandestine), sous-payée. En réaction à cette répartition « féodale » des terres et à la hausse inexorable du chômage dans les zones rurales, les ouvriers agricoles de Marinaleda, dans la province de Séville, ont fondé un modèle d'autogestion qui perdure depuis plus de 35 ans, au grand dam des gros propriétaires terriens et des gouvernements successifs.

L'exemple commence à faire tache d'huile : en 2012, à Somonte (50 km de Cordoue), des ouvriers agricoles, aidés par un syndicat et par de simples citoyens, se sont approprié 400 ha de terres inoccupées et ont formé une coopérative égalitaire. Le but, créer de l'emploi et ramener de la vie dans les campagnes, tout en rompant avec le culte du rendement maximal au profit de cultures vivrières, sans OGM ni pesticides. Pour l'heure, les autorités n'osent pas chasser les « squatteurs », conscientes de n'avoir aucune solution alternative à leur proposer.

MARINALEDA, UNE UTOPIE QUI FONCTIONNE

Le village de Marinaleda, dans la province de Séville, est organisé depuis 1978 sous la forme d'une communauté autogérée : toutes les décisions sont prises en commun par les 2 800 habitants. Ils gagnent un salaire identique (47 € par jour) quel que soit leur travail, bénéficient d'un logement presque gratuit (15 € par mois !), d'infrastructures publiques de premier choix, et possèdent leurs propres usines de transformation et leur circuit de distribution. Résultat : le chômage y est proche de 0 % et tout le monde a un niveau de vie décent. Comme quoi une utopie peut devenir réalité !

Une région tournée vers l'avenir

Voilà, succinctement, pour le côté face. Côté pile, nous retrouvons... l'agriculture, au succès de laquelle il faut associer les régions de Murcie et d'Almería, très dynamiques de ce point de vue. C'est que l'Espagne, en grande partie grâce à sa moitié sud, est un grand pays exportateur de produits agricoles et agroalimentaires : elle est au premier rang mondial pour les oranges et l'huile d'olive, au troisième rang pour le vin, et exporte en quantité fruits et légumes dans toute l'Europe. L'essentiel de la production provient des zones irriguées, *huertas* anciennes héritées de la conquête arabe, comme dans la plaine de Murcie, ou des (hideuses) *huertas* modernes, comme la déferlante de serres en plastique qui s'étendent d'Almería à Motril et jusqu'au cabo de Gata. Un formidable moteur économique, mais qui n'est pas sans revers : la signature, début 2012, d'un accord de libre-échange entre l'Union européenne et le Maroc risque – en raison de coûts salariaux moindres de l'autre côté du détroit de Gibraltar – de mettre à mal la production andalouse d'huile d'olive (80 % du volume produit dans le pays et 200 000 producteurs quand même).

L'industrie est parvenue malgré tout à s'implanter dans la région au cours des dernières décennies, les hautes technologies n'étant pas en reste. La construction aéronautique est ainsi présente à Séville et à Cadix, la production d'énergie éolienne très développée autour de Tarifa, et les villes de Málaga et de Séville sont en passe de devenir deux puissants technopôles grâce à leurs parcs technologiques, respectivement le *Parque tecnológico de Andalucía* et *Cartuja 93.*

Les grandes gagnantes des mutations économiques contemporaines sont en fait les grandes villes, et notamment la plus grande cité de cette Espagne du Sud, qui est aussi la quatrième ville du pays : Séville. En plein boom, elle bénéficie d'infrastructures dignes de son statut de métropole européenne : notamment son nouvel aéroport, sa liaison en AVE (TGV) avec Madrid, son tram et son métro !

Problème : la très grave crise économique qui frappe l'ensemble du pays a été très cruelle dans la région. C'est en Andalousie que le nombre de chômeurs a le plus augmenté depuis début 2008 : avec plus d'un Andalou sur trois privé d'emploi, la consommation ralentit et nombre d'entreprises sont en faillite, en particulier dans le secteur de la construction. En Andalousie les immeubles dont personne ne croit plus qu'ils seront un jour terminés font désormais partie du paysage. Sachant que les taxes liées à l'immobilier représentaient près de 15 % du budget des municipalités et des régions, il n'est pas difficile de comprendre que les communes qui, par le passé, ont largement eu recours à l'emprunt n'échappent pas à ce mouvement descendant. Ainsi Jerez de la Frontera qui, autrefois célèbre pour son vin, l'est aujourd'hui pour sa dramatique situation financière : 660 millions de dettes et des employés municipaux qui ne touchent plus de salaires depuis le début de l'année 2012... Cette situation est représentative de celle de l'Andalousie : une communauté endettée à hauteur de 15,5 milliards d'euros, et par conséquent obligée d'emprunter au gouvernement fédéral pour honorer ses échéances... une aide qui n'interviendra évidemment pas sans conditions !

Le puits sans fond de la crise

Le boom de l'économie du début des années 2000 s'est largement nourri d'une bulle immobilière, alimentée par des taux de crédit bas (mais variables) et un endettement massif des Espagnols. Au plus fort du mouvement, le secteur du bâtiment employa 12 % de la main-d'œuvre du pays et représenta jusqu'à 16 % de son PIB ! Frappée de plein fouet par l'éclatement de cette bulle et par la crise financière internationale, l'Espagne plonge depuis 2008. Acculés en raison de la hausse des taux de leurs emprunts immobiliers, les Espagnols ont freiné sur les dépenses, entraînant une chute de la consommation et, logiquement, de la production industrielle. Le taux de chômage a bondi, passant de 8 % environ début 2008 à plus de 23 % mi-2012 et 27 % en 2013 – le taux le plus élevé des pays de l'OCDE... Si l'on tient compte du travail au noir, bête noire de l'économie espagnole (environ un cinquième de la richesse produite), le taux serait en fait plus proche de 20 %. Mais le chômage atteint près d'un jeune sur deux, un record absolu !

Depuis 2011, le climat social, de morose, est devenu délétère. Le SMIC espagnol reste bloqué autour de 750 €/mois : pas de quoi vivre, pas de quoi payer un loyer ou rembourser un emprunt. Les salariés tournent en rond entre chômage, emplois mal payés et précarisation – statut qui concerne les trois quarts des moins de 25 ans. On surnommait ces derniers la génération des *mileuristas* (« ceux qui gagnent 1 000 €/mois »). En 2012, ils sont devenus les *nimis,* pour « ni mismo », même pas 1 000 € par mois... Situation qui touche aussi bien les diplômés que les moins qualifiés. Après avoir favorisé aux heures heureuses l'entrée en masse de main-d'œuvre étrangère – exploitée sans vergogne dans l'agriculture, le bâtiment et l'hôtellerie –, le pays se retourne aujourd'hui contre ses immigrés. Certains bureaux d'aides sociales ferment carrément la porte à ceux que certains Espagnols appellent les « *moros* »...

Perspectives

Le gouvernement Zapatero a longtemps cherché à préserver les plus précarisés par la crise, mais a changé son fusil d'épaule en 2010 pour éviter le naufrage, après le manque d'effets des plans de relance de 2008 et 2009 : augmentation de deux points de la TVA, baisse des salaires dans la fonction publique, réduction des dépenses publiques d'investissement, retraite à 67 ans... Pour rassurer les marchés après l'appel de la France et de l'Allemagne, l'Espagne, par le biais de ses députés, est le premier pays de l'UE, en septembre 2011, à inscrire dans sa Constitution une « règle d'or » de stabilité budgétaire. Le Parti populaire conservateur a décidé, dès son accession au pouvoir en décembre 2011, de mesures drastiques et sans précédents dans l'histoire du pays pour tenter d'infléchir des courbes qui grimpent de façon vertigineuse : la dette publique est ainsi passée de 40,1 % du PIB en 2008 à 90,5 % en 2013. Le nouveau chef du gouvernement, Mariano Rajoy, a décidé d'amputer les dépenses publiques de 35 millions d'euros dont 10 dans les domaines de l'éducation et de la santé... Non sans protestation d'une bonne partie de la population. Ce n'est pas un hasard si, dès mai 2011, les manifestants qui squattent en masse la Puerta del Sol, à Madrid, les fameux *Indignados,* appellent à un monde différent. Si le mouvement perd en visibilité, il n'en reste pas moins actif. D'autant que la politique d'austérité du gouvernement tarde à donner des résultats. En 2013, la situation de l'Espagne s'est aggravée quasiment de jour en jour au premier semestre, avant une timide baisse du chômage à partir de la mi-2013 et une légère reprise de l'activité industrielle. On s'attend à une récession de 1,5 % pour la 2e année consécutive. Le roi a bien demandé « un coup de main » aux patrons des plus grands groupes du pays et a promis de réduire son train de vie... mais il faudra beaucoup plus que cela pour sortir l'Espagne de l'ornière !

ENVIRONNEMENT

Bien sûr, il y a d'abord le problème de la côte, pas mal défigurée par une urbanisation à outrance peu soucieuse de la préservation des paysages et des équilibres naturels. En la matière, le comble de l'horreur est atteint à Torremolinos, sur la Costa del Sol. C'est un peu le Hong Kong espagnol, les immeubles n'étant pas en front de mer ont vue sur... ceux qui le sont. Mais ce type d'urbanisme touristique est surtout le fait des années 1960-1970. Depuis, la région se tourne vers un tourisme plutôt haut de gamme en privilégiant les petits bâtiments collectifs et l'habitat individuel au sein d'*urbanizaciones,* lotissements plus ou moins luxueux où des communautés d'Européens du Nord vivent parfois en vase clos. En parallèle se développent les *gated communities* à l'américaine : hauts grillages, gardien à l'entrée, rondes nocturnes et terrain de golf pour occuper les résidents. Et puis il reste encore des portions de côtes préservées, comme le cabo de Gata, à l'est d'Almería. Des formations volcaniques y composent des paysages étonnants et certaines plages sont indemnes de toutes constructions. Cela dit, même là, les menaces persistent : la junta de Andalucía a même proposé d'élargir les zones constructibles à l'intérieur du parc, pourtant classé « Réserve de la biosphère »... Et un gigantesque projet immobilier – contre lequel se mobilise largement la population – menace la sauvage plage de Valdevaqueros à Tarifa.

L'autre casse-tête environnemental auquel est soumise cette région d'Espagne, c'est celui de l'eau. Hormis la sierra de Grazalema, très arrosée, la pluviométrie est déficitaire, surtout dans la région d'Almería où le climat est carrément subdésertique. Or les besoins sont énormes, notamment pour les golfs qui fleurissent un peu partout, et surtout pour l'agriculture où les anciennes et les nouvelles *huertas* sont très gourmandes en eau. On estime que les *invernaderos* – les serres sous plastique – consomment annuellement 5 500 m³ par hectare cultivé. Les solutions adoptées sont diverses, mais toutes ont un impact à plus ou moins long terme sur l'environnement : la création de retenues dans les montagnes, la désalinisation de l'eau de mer, le pompage des nappes phréatiques (dont le niveau a pu descendre de 200 m dans le bassin du Ségura) et, désormais, des nappes très profondes (avec des sondages jusqu'à 2 000 m !) ; enfin, remède le plus spectaculaire, la dérivation d'une partie du débit d'un fleuve bien alimenté vers un fleuve déficitaire. Cette opération de grande envergure, nommée *trasvase*, a été réalisée entre, d'une part, le Tage et le Ségura, et, d'autre part, le Júcar et le Ségura.

Le scandale des « champs » de fraises

Depuis que notre belle société de consommation a pris l'habitude de proposer dans ses supermarchés n'importe quels fruits et légumes frais en toute saison, l'Andalousie s'est spécialisée dans le maraîchage intensif sous serres, notamment dans les régions d'Almería (voir ci-dessus et « Le scandale des *invernaderos* » dans le chapitre sur cette ville) et de Huelva. Depuis les années 1980, cette dernière se consacre en effet à la culture intensive de la fraise – vous savez, celle toute rouge et à l'odeur alléchante mais sans aucun goût que l'on trouve dans nos supermarchés, voire sur nos marchés, en hiver et au printemps. En 2011, dans cette région, 6 000 hectares étaient ainsi réservés à la culture de ce petit fruit fragile pour une production s'élevant entre 240 000 et 270 000 tonnes, 85 % de celle-ci étant destinés à l'exportation (dont 30 % en France). Ce qui fait de l'Espagne le 1er pays exportateur de fraises au monde (et le 2e producteur après les États-Unis)... Est-il besoin de vous dire que cette exploitation intensive n'est pas sans poser de vrais problèmes, aussi bien environnementaux que de santé publique ou sociaux ? Tout d'abord, précisons que cette production nécessite une main-d'œuvre saisonnière considérable (de 50 000 à 80 000 personnes selon les estimations), dont la grande majorité est constituée de travailleurs migrants, des femmes essentiellement, que l'on fait venir pour la saison avant de les renvoyer chez elles (en 2011, il s'agissait principalement de Marocaines, de Bulgares et de Roumaines), soit une main-d'œuvre fragile et peu consciente de ses droits, ce dont certains employeurs (pas tous, il ne faut pas généraliser) profitent sans vergogne – pour plus d'infos à ce sujet, vous pouvez lire le rapport publié en 2011 par la FIDH (Fédération internationale des ligues des Droits de l'homme) sur les conditions de travail dans les plantations de fraises à Huelva : ● fidh.org/IMG/pdf/rapport_fraises_fr.pdf ● La question environnementale, maintenant. À l'origine, la région était constituée d'une des plus grandes pinèdes du littoral atlantique européen. Une partie de cette forêt constitue un parc naturel : c'est le parc de Doñana, qui est donc protégé. En théorie, le reste de la région l'est aussi, mais régulièrement des arbres sont incendiés et sur ces plaies ouvertes poussent les fraises. Après avoir gagné le terrain sur la forêt, l'avoir aplani et utilisé les terres enlevées pour la construction, les entrepreneurs préparent les plastiques pour la fraise. Ils s'emparent en fait de la forêt de type méditerranéen, la convertissent en terrain agricole et, après 3 ans, selon la politique du fait accompli, ils en obtiennent l'autorisation d'exploitation. Dans cette région, rien qu'entre 1980 et 1990, 3 000 ha de forêts ont ainsi été détruits et remplacés par les tunnels de plastique. Les responsables ont rarement été condamnés et, de toute manière, dans le business de la fraise, les amendes font partie des coûts d'investissement. Sans compter des richesses qui leur permettent d'influencer efficacement le pouvoir économique et politique. Il va sans dire également qu'une telle production nécessite un emploi massif d'engrais, de fongicides et d'insecticides (sans parler des besoins en eau), il n'est donc pas surprenant que plusieurs analyses aient révélé la présence de ce type de substances peu saines dans les barquettes de fraises importées de la région de Huelva.

Par ailleurs, les tunnels de plastique qui permettent aux fraises de pousser doivent régulièrement être remplacés. Ces plastiques imprégnés de pesticides sont alors entreposés dans des décharges à ciel ouvert et, du coup, ont un point commun avec la forêt : eux aussi brûlent, comme par accident. Les fumées de combustion génèrent une contamination par la dioxine et les métaux lourds. De plus, dans la région, les feux de plastique ne sont pas la seule cause de pollution. Dans la zone de Huelva, les champs s'arrêtent à la porte des usines. En dehors de la fraise, l'autre activité économique de la région est concentrée dans l'une des zones industrielles les plus denses d'Europe, bâtie dans les années 1960 dans le delta du río Tinto et du río Odiel, sous le gouvernement de Franco. Cette zone industrielle est directement bordée par les cultures maraîchères. À quelques kilomètres des usines, parmi les centaines de producteurs alignés le long de la nationale A 494, se trouve un pôle industriel comprenant une raffinerie, une centrale thermique, des fabriques de cellulose ou encore d'engrais. On comprend qu'aucun producteur de fraises de la région n'ait tenté d'obtenir le label bio.

Évidemment, le bruit causé par les différentes enquêtes et reportages réalisés dans les années 2000 sur ce sujet ont attiré l'attention générale et créé des remous dans cette filière qui a depuis, à grands renforts de communication, tenté de redorer l'image de la fraise de Huelva... Pour info, quand même, en 2009, 80 % de la production d'une soixantaine d'entreprises andalouses venait en fait du Maroc. Eh oui, dans ce domaine aussi la délocalisation existe et on est en train de rejouer le même scénario dans un pays où la législation est beaucoup plus floue et la main-d'œuvre bien moins onéreuse (38 € la journée à Huelva contre 5 € au Maroc)...

L'arrière-pays se met aux énergies renouvelables

Face à la pression populaire – et surtout aux directives de Bruxelles –, l'Espagne s'efforce depuis quelques années de réduire ses émissions de gaz à effet de serre. L'Andalousie n'est pas en reste et devrait porter sa production d'énergie renouvelable à plus de 18 % fin 2013 (contre 10 % en 2010). Un objectif réalisable en partie grâce au développement de la biomasse (qui permet de transformer en énergie les matières organiques ou animales en les faisant brûler) dont la région produit 42 % des ressources de toute l'Espagne. Et d'où vient ce filon nous direz-vous ? Tout simplement des résidus de la culture de l'olive dont l'Andalousie n'est pas moins que le plus gros producteur mondial.

Puis l'ensoleillement andalou permet de développer l'énergie thermosolaire. La plate-forme d'Almería est l'un des centres de recherche les plus reconnus d'Europe. La haute Tour solaire de Sanlúcar la Mayor, construite fin 2006 près de Séville, donne le vertige (115 m de hauteur !). Les immenses miroirs qui l'entourent, ainsi que la seconde entrée en fonction en 2009, réfléchissent les rayons du soleil vers son sommet, générant ainsi de l'électricité. À terme, l'ensemble du site devrait disposer d'une puissance de 300 MW, de quoi approvisionner en électricité près de 180 000 familles.

FLAMENCO

Expression pure et puissante de ce que l'âme andalouse possède de noble et de tragique, voici le flamenco, art bouleversant, qui sort du ventre et prend au ventre, quelque chose d'indiciblement fort comme jailli du tréfonds de l'être, de la souffrance, du bonheur et de la mort. Cette énergie toute particulière qui passe de l'artiste au public, et du public à l'artiste, dans une communion pleine d'extase, s'appelle le *duende.* Or, il est bien rare que le *duende* naisse dans les *tablaos,* ces salles de spectacle où les artistes donnent un flamenco trop souvent folklorisé, bien que cela soit fait avec beaucoup de puissance et de savoir-faire. Les *tablaos* sont très bien pour une première approche, et le silence des étrangers, finalement assez gênant devant la passion des danseurs, vous donnera certainement envie d'aller creuser un peu plus loin. Jetez un coup d'œil aux programmes culturels des revues et journaux locaux, qui répertorient les soirées flamenco ayant lieu dans les *tavernas,* les bars, les *peñas flamencas* (sous réserve que cela soit ouvert aux non-membres), ou parfois même dans les *tablaos.* Renseignez-vous également sur les multiples festivals et cycles de flamenco dans les villes et les villages. Parmi ceux-ci, citons seulement :

– *La Biennale du flamenco de Séville :* ☎ 954-59-08-67. ● bienal-flamenco. org ● *Pour l'achat des billets, téléphoner au numéro ci-dessus (avec une CB) ou passer par le site internet. Ventes anticipées à partir du mois de juin. Compter 10-30 € le billet selon le lieu. Possibilité également de les acheter sur place au* **Teatro Lope de Vega** *(avda María Luisa, s/n ; en face du parc María Luisa ; lun-ven 11h-14h, 18h-21h – également ouv w-e et j. précédant le début du festival).* Le festival existe depuis 1980 et a lieu tous les 2 ans. Il dure environ 40 jours, de mi-septembre à mi-octobre, le prochain ayant lieu en 2014. Les soirées sont disséminées à travers la ville, dans les plus grandes salles de spectacle comme dans les plus petites *peñas.*

– **Festival international de musique et de danse de Grenade :** ☎ 958-22-18-44. ● granadafestival.org ● *Rens et programmes sur Internet.* Là encore, dès la mise en vente des places, en avril, les événements les plus prestigieux sont pris d'assaut ! Ce festival d'opéra, de danse et de musique classique de grand renom, fondé il y a plus d'un demi-siècle, a lieu de fin juin à début (ou mi-) juillet. Il propose, entre autres, une animation nommée **Trasnoche Flamenco,** des soirées flamenco à partir de minuit, dans le quartier de l'Albaicín et du Sacromonte.

Retour aux sources

Vers la fin des années 1980, le flamenco s'est mis à résonner partout. À toutes les sauces, dans les night-clubs, sur la FM – et jusqu'aux robes vivement colorées et froufroutantes des danseuses de flamenco copiées par le prêt-à-porter. Et voici qu'un gitan nommé Camarón de la Isla

FLAMENCO, L'ORIGINE

Le mot vient bizarrement de « flamand ». La danse gitane subit l'influence des domestiques, originaires des Flandres, qui entouraient Charles Quint quand il vint s'installer à Grenade.

est consacré star parce qu'il chante le flamenco et enflamme des foules de jeunes. Que se passe-t-il ? Et d'où vient cette musique ?

Ce n'est pas un hasard si Camarón est fils et petit-fils de gitans. Car ce sont les gitans andalous qui ont créé le genre musical flamenco : ils sont, pour ainsi dire, nés avec le *cante flamenco* et le chantent donc mieux que personne. Des générations d'apprentissage en ont fait les détenteurs de la sensibilité flamenca. Et pourquoi spécialement les gitans andalous, nous direz-vous ? Parce que en Andalousie se sont installés les gitans qui ont le plus voyagé ; et, durant leur périple

– qui leur fit, au départ de l'Inde, traverser le Proche-Orient, puis l'Afrique du Nord pour les uns, l'Europe pour les autres, toujours chassés –, ce peuple farouche puisa dans tous les chants sacrés ou populaires qu'il put entendre et les chanta à son tour pour supporter sa peine. Alors, riches de cette connaissance unique, ils créèrent le *cante jondo,* la forme la plus puissante du flamenco. Un cri, une déchirure. Voir, à ce sujet, le très beau film de Tony Gatlif, *Latcho Drom,* qui parle de cette épopée musicale.

C'est donc en Andalousie qu'est né le flamenco. Dès le début du XIXᵉ s, il apparut dans les tavernes, notamment celles de Triana à Séville. Ce chant libre était la fierté, l'expression des pauvres. Une langue à part entière.

La première évocation historique du flamenco remonte à 1750, dans un ouvrage intitulé *Le Livre des gitans de Triana,* de Jerónimo de Alba Diéguez. On y évoque une danse (la *danza del Cascabel Gordo*) interprétée par 12 vierges gitanes. Vers 1850, les cabarets connurent en Espagne une vogue subite. De Séville à Madrid, le flamenco fit rugir sa belle voix. À cette même époque, des marins ramenèrent de Cuba, de Porto Rico et d'Argentine des musiques nouvelles : *milongas, colombianas, guajiras.* Le flamenco, affamé comme les gorges qui le modulaient, se nourrit aussitôt de ces rythmes lointains. À la fin du XIXᵉ s, le flamenco passa du bar au théâtre. Lentement, il gagna ses lettres de noblesse et imposa sa violence triste, son ardente mélancolie. Vicente Blasco Ibáñez écrivait à l'époque : « Nous sommes un peuple triste, nous avons ça dans le sang. Nous ne savons pas chanter sans menacer ou sans pleurer, et plus nos chansons se mêlent de soupirs, de hoquets douloureux et de râles d'agonie, plus elles sont belles. » La réhabilitation et, en quelque sorte, la popularisation passèrent par le biais des élites en pleine ferveur romantique, qui trouvèrent dans ce chant une mélancolie, un spleen opportun. Parmi eux figurait Lorca, promoteur du *Concurso de Cante Jondo* à Grenade en 1922. Le flamenco s'y teinta de touches d'amour, acquit ses premières lettres de patriotisme et de culture ou patrimoine andalous. En quelques mots comme en mille, il gagna en visibilité et en honorabilité.

Depuis ce temps, le flamenco a emprunté mille chemins. Du style le plus épuré (un chanteur pose simplement sa voix sur le rythme d'un marteau frappant une enclume, évoquant le travail d'un maréchal-ferrant) aux arrangements symphoniques des chansons de Camarón, le flamenco se décline sur toutes les gammes de la sensibilité gitane.

Le flamenco possède en gros quatre styles de base ou *palos* (correspondant à des rythmes distincts), fleurissant dans les provinces de Cadix, Séville, Málaga et Grenade ; vous apprendrez à reconnaître les *soleares,* les *siguiriyas,* les *tangos* et les *fandangos.* Ces styles se divisent ensuite en mille ramifications et essences rythmiques parallèles : *bulerías, malagueñas* (de Málaga), *cartageneras* (de Carthagène), *granaínas* (de Grenade), *rondeñas* (de Ronda), *alegrías, cantiñas, rumbas, tientos...*

La **zambra,** quant à elle, vient de Grenade. Le mot *zambra* était utilisé par les Castillans pour désigner les fêtes maures, avant de devenir le nom d'une danse gitane très ancienne, typique du Sacromonte (le quartier gitan de Grenade). Elle se compose en trois temps, l'*alboreá,* le *cachuca* et le *mosca,* qui symbolisent les différentes étapes de la célébration du mariage gitan. La *zambra* que l'on peut aujourd'hui voir dans les cabarets troglodytiques du Sacromonte a largement perdu de sa spontanéité, même si elle est souvent interprétée par des membres de vieilles familles locales, au sein desquelles cette tradition s'est transmise de génération en génération.

Les artistes

Si le flamenco se distingue par la diversité de ses styles, il n'en compte pas moins quelques grandes voix qui font l'unanimité. Nous citerons en tête de liste : Enrique Morente et Camarón de la Isla.

Enrique Morente, né en 1942, est connu pour ses adaptations de García Lorca, de saint Jean de la Croix et de poésies diverses. Doué à l'extrême, il est considéré comme le plus grand *cantaor* de flamenco vivant.

Le deuxième est sans doute le plus étonnant. Né José Monge Cruz (en 1950), *Camarón de la Isla* débuta sa carrière en chantant dans les bars de Cadix et de Málaga. Sa rencontre avec le guitariste *Paco de Lucía* bouleversa l'éthique même du flamenco. Nos deux compères se mirent ensemble à explorer de nouveaux horizons. Ils introduisirent des arrangements pop, greffèrent des batteries, des basses, des guitares électriques. Admiré par Mick Jagger, Miles Davis ou Peter Gabriel, Camarón restera l'ultime prince gitan, le fils très inspiré d'un art qu'il voulut à la fois évolutif et sans trahison. Sa mort, à l'âge de 41 ans, le 2 juillet 1992, nous a privés d'un des fleurons les plus extraordinaires du flamenco chanté.

Citons aussi le duo *Lole y Manuel,* même s'il s'est séparé en 1993. Lole Montoya a grandi à Casablanca ; Manuel Molina, lui, est originaire de Séville. La voix gitane, cristalline, épurée de Lole... et les arpèges de Manuel ont donné un cocktail détonant, populaire et noble. Ils furent les premiers à innover en composant de nouveaux textes, de nouvelles musiques. Jusqu'ici, le flamenco était resté fidèle à sa tradition. Mais le flamenco a aussi vu naître de grands danseurs et chorégraphes comme Antonio Gades (1936-2004) qui a contribué à la popularisation du flamenco sur la scène internationale et qui fut le premier directeur du *Ballet Nacional de España.* Mais aussi, aujourd'hui, Joaquín Cortés, magnifique danseur et excellent chorégraphe, né à Cordoue en 1969 d'une famille gitane ; sa beauté physique et son charisme sur scène font de lui l'un des danseurs les plus connus du flamenco actuel. Il a fondé sa propre compagnie, après avoir été premier danseur au *Ballet Nacional de España,* « Joaquín Cortés Flamenco Ballet ».

Parmi les brillants interprètes du flamenco, il faudrait également citer Terremoto de Jerez (Fernando Fernández Monge), décédé en 1981, dont la voix profonde évoquait le tremblement de terre de son surnom... Et puis aussi son fils Fernando Terremoto, Diego « El Cabrillero », Luis de Córdoba, El Indio Gitano, la Niña de Los Peines, El Pele, Susi, Fernanda et Bernarda de Utrera, la Perla de Cádiz. Parmi les guitaristes, on citera Paco de Lucía, Manolo Sanlúcar, Sabicas, Enrique de Melchor, Rafael Montoya, Ramón de Algeciras, Tomatito ou les frères Carmona Habichuela.

CD

Difficile en France de trouver de bons enregistrements de l'essence même du flamenco. Alors, pourquoi ne pas profiter du voyage pour faire un tour chez un disquaire ? Leurs catalogues réunissent de nombreuses (et bonnes) prises de son dans les *ventas,* dans des festivals, donc du live, où (évidemment) le *duende* étincelle comme un joyau. Par chance, en cas d'oubli, les plates-formes de téléchargement sur Internet offrent aussi de bonnes alternatives.

GÉOGRAPHIE

Sur une carte de l'Europe, la péninsule Ibérique est comme une figure de proue qui s'avance loin vers l'ouest et le sud, la prédisposant ainsi à nouer des relations avec l'Afrique, et au-delà de l'Atlantique, avec les Amériques. L'Andalousie est la région d'Espagne qui a été le plus marquée par cette ouverture sur le reste du monde ; le détroit de Gibraltar ne fait que 14 km de large et la façade atlantique a constitué une parfaite base de lancement des navires pour les « Indes occidentales », le port fluvial de Séville puis le port maritime de Cadix monopolisant pendant longtemps les contacts avec les colonies d'outre-mer. L'Afrique est aussi évoquée par les paysages, particulièrement au sud-est où, d'Alicante à Almería, règnent un climat subdésertique et de vastes étendues steppiques piquetées de palmiers. Et que dire des Alpujarras et de leurs sommets enneigés, sur le versant sud de la sierra Nevada, où des villages blancs aux toits plats couverts de sable gris, séparés par de profonds ravins et entourés de champs en terrasses, rappellent furieusement l'Atlas marocain ? Mais la géographie de l'Andalousie ne peut se réduire à ces images « africanisantes » car, à l'instar du pays, elle demeure une région diverse, où déserts et vertes prairies, montagnes et plaines se côtoient.

> ## VITE, UNE BOUSSOLE !
>
> *Avez-vous remarqué que sur la plupart des cartes et plans (même actuels) de Séville (et Cordoue), l'est est positionné en haut de la carte, alors que les conventions géographiques veulent que l'on y place le nord, comme l'indique l'aiguille de la boussole ? Les Sévillans ont, en effet, conservé cette tradition de cartographier Séville en présentant l'est (l'orient) en haut de la carte (en direction de Jérusalem où est mort le Christ). Bizarrement, on dit toujours « orienter une carte » même quand elle est dirigée vers le nord.*

L'organisation générale est assez simple. Il s'agit d'un vaste amphithéâtre orienté vers le sud-ouest et dont les gradins seraient constitués :

– au nord, par la sierra Morena, montagne peu élevée et dépeuplée que l'on franchit, venant de Madrid, au col de Despeñaperros (mot à mot, « précipite-chiens », allusion à une bataille meurtrière que se livrèrent là chrétiens et musulmans au XIIIe s.) ;

– au sud, par les chaînes Bétiques qui s'étendent sur 800 km du détroit de Gibraltar au cap de la Nao, en passant par la serranía de Ronda, très verte et couverte de chênes-lièges, et la sierra Nevada, qui abrite le point culminant de l'Espagne continentale au Mulhacén (3 481 m, à 20 km de la mer !) ;

– à l'ouest, par les sierras de Ségura et de Cazorla, très sauvages.

Et la scène de l'amphithéâtre ? C'est la vallée du Guadalquivir, qui s'élargit au fur et à mesure que l'on se dirige vers l'ouest et l'océan, à proximité duquel s'étendent de vastes zones marécageuses, les *marismas*. C'est aussi là que se situe l'axe majeur de communication du sud de l'Espagne.

En termes politiques, la plus grande *comunidad* autonome d'Espagne se divise en huit provinces : Huelva, Séville, Cadix, Cordoue, Jaén, Málaga, Grenade et Almería.

Quant à la région du Levante (à laquelle appartient Lorca et la Murcie), elle est tout aussi concernée par cette juxtaposition de hautes et de basses terres, car la montagne n'est jamais très loin de la mer.

GITANS D'ESPAGNE

> « J'appelle Gitan ce que l'Andalousie
> a de plus aristocratique et de plus représentatif. »
>
> Federico García Lorca

L'imagerie populaire les représente errant le long de vieux chemins, la peau bistrée, un anneau d'or à l'oreille. Les femmes, drapées dans de longs châles, portent des enfants blonds et des animaux barbares. Le luth à long manche égrène leur tristesse et une dague d'argent, lavée du sang de leurs crimes vagabonds, lance un éclat cruel qui force la méfiance.

Ces baladins ont, depuis toujours, fait courir d'étranges frissons chez les Blancs sédentaires. On les désigne de mille noms : tziganes, bohémiens, caraques, romanichels, manouches... Chassés, raillés mais redoutés, les gitans transportent, au creux de leurs roulottes, l'essence même du voyage, des horizons franchis. Maîtres de la fête, de l'oisiveté vécue comme un art de vivre, ils ont affûté nos envies, nos frustrations occidentales. Leur mobilité, leur virtuosité dans le travestissement s'opposent férocement à nos mythes chrétiens de transparence et de constance morales.

D'OÙ VIENS-TU, GITAN ?

Ces familles nomades arrivèrent en Europe dès le XVe s. Venus d'Hindoustan et chassés par les Mongols, ils débarquèrent en Bohême (Bohémiens), en Allemagne (Zigeuner, d'où Tziganes). « Gitan » a pour origine « égyptien » puisque pendant longtemps on les crut originaires de la Petite Egypte (Grèce actuelle).

Nos communions solitaires s'effraient des leurs : sensuelles et collectives. Le gitan nous terrifie par sa force d'être multiple, soudé, indivisible. Chez lui, la famille est synonyme d'identité. Des parents aux enfants, cette noble transmission d'amour et de liberté nous semble presque hérétique. La loi du sang (un gitan n'est gitan qu'à l'intérieur d'un clan), leur pérennité, leur habileté à se fondre dans le canevas de nos traditions ont fini par les imposer dans une transcendance hors la loi de ceux que nous sommes. Le proverbe dit bien : « Sous la cape du gitan, toute l'Espagne peut tenir. »

L'origine

Il semblerait qu'on puisse classer aujourd'hui la langue gitane (ou romani) parmi les langues néo-indiennes et affirmer précisément que les gitans sont originaires du nord de l'Inde.

Ils auraient quitté ce pays entre le VIIIe et le Xe s à la suite des invasions arabes, puis lors d'une seconde vague, au XIIIe s, lors des razzias mongoles. Cela peut surprendre, car on les a longtemps crus fils de Petite Égypte, une région de Grèce (le mot « gitan » vient de l'espagnol *Egipcio* : les premières familles qui débarquèrent en Catalogne au XVe s s'étaient attribué le titre de « ducs de la Petite Égypte »). Une hypothèse plus hardie les a même prétendus rescapés de Babylone. Mais les historiens s'accordent à dire que les Roms (c'est ainsi qu'ils se désignent entre eux – *rom* signifiant « homme » dans leur langue) auraient quitté l'Inde en deux groupes distincts : l'un progressant à l'intérieur des terres et l'autre cheminant le long des côtes. Ainsi, ils traversèrent le Baloutchistan, la Perse, le désert d'Arabie, le désert de Syrie, l'Égypte... Les premiers à gagner l'Europe se seraient installés à Corfou au début du XIVe s. De là, ils se dispersèrent par petits groupes à travers le continent, parvenant vers 1425 dans la péninsule Ibérique.

En Espagne, l'arrivée de ces nomades fit grand bruit. Leurs costumes intriguaient (ils étaient drapés de grandes couvertures bariolées et les femmes portaient un turban oriental monté sur une armature d'osier). En France, l'Église les jugea rapidement et leurs penchants pour la « magie » les voua définitivement à l'enfer. En Espagne, il semble que ce soit le contraire. Un comte gitan, Thomas d'Égypte, bénéficia même de l'appui du roi Alphonse et de la reine Blanche de Navarre lors de démêlés politiques. L'Andalousie tomba un moment sous le charme. Ces bons rapports entre les gitans et la noblesse espagnole se dégradèrent peu à peu, pour se détériorer vraiment au XVIIe s. Plus tard, le magnétisme des gitanes, la science équestre des hommes, leurs danses et leur musique devaient littéralement fasciner les Occidentaux.

L'intégration

Ce XVe s en Espagne, où débarquent les gitans, est une rude époque de transformations et de bouleversements. L'année 1478 voit naître la nouvelle Inquisition ;

1492 marque la prise de Grenade, l'expulsion des juifs et la découverte des Amériques... rien que ça ! Aussi, rapidement, la cordialité du peuple va se transformer en suspicion. C'est dans cette frénésie de changement et d'intolérance rampante qu'en 1499 est votée la première loi espagnole contre les gitans. Les Rois Catholiques leur adressent une sommation : ou vous travaillez, ou vous disparaissez. Isabelle et Ferdinand II jugent immoral ce peuple qui vit de mendicité. De plus, on assiste en Espagne à la disparition des pèlerinages religieux. Et, bientôt, les gitans ne peuvent plus rejoindre les rangs des fidèles pour errer selon leur bon vouloir. En peu de temps, de pèlerins improvisés, ils redeviennent vagabonds.

À cette époque, l'Inquisition lève son glaive sanglant. L'archevêché de Tarragone, tout comme les Français, condamne les gitans. En 1539, Charles Quint renforce cette antipathie en signant une nouvelle loi anti-gitans. Tout Rom menant une vie de vagabondage et de mendicité est passible d'une peine de galère de 6 ans. En 1544, on décide que tout gitan surpris en flagrant délit de vol aura les oreilles tranchées. La folie xénophobe est lancée ! Des lois visant les gitans pleuvent sans cesse. En 1594, un projet est proposé pour se débarrasser d'eux définitivement. On les accuse de tous les maux : fainéants, voleurs d'enfants, fornicateurs, pilleurs d'églises, jeteurs de sort... Aussi décide-t-on de séparer les hommes des femmes pour qu'ils ne puissent plus se reproduire ! Fort heureusement, ce projet grotesque est vite abandonné (songez seulement qu'il sera repris, trois siècles et demi plus tard, par les nazis qui pratiqueront la stérilisation systématique des tziganes).

En juillet 1611, le Conseil d'État vote l'expulsion des gitans. On tente çà et là d'interdire leurs danses, leurs costumes. Mais ce projet se révèle aussi irréaliste qu'irréalisable. L'Espagne décide en dernier lieu de lentement digérer les gitans en les neutralisant par assimilation.

Quand l'histoire bégaie

En 1748, le droit d'asile n'est plus reconnu au peuple gitan. Dès 1749, l'évêque d'Oviedo (très inspiré visiblement) met au point une véritable campagne d'anéantissement. Ce bon évêque propose une solution radicale : le bagne à perpétuité pour tous les Roms ! On se saisit des enfants dès l'âge de 12 ans, des femmes, des hommes, et on les soumet à des travaux obligatoires. Le projet est accepté. En l'espace d'une nuit, plus de 10 000 gitans sont arrêtés et condamnés aux travaux forcés. Mais, bientôt, le pays furieux va réclamer ses artisans. Bien des gitans s'étaient intégrés et assuraient des tâches et des postes essentiels. Ferdinand VI sent confusément que cette rafle nationale est une bévue... et dans la consternation générale, on finit par relâcher les gitans « honnêtes ».

Le « problème » gitan n'est pas réglé pour autant. On lance mille hypothèses, on esquisse mille projets... pour beaucoup complètement farfelus.

Le 19 septembre 1783, l'Espagne vote un décret et adopte un changement radical dans sa politique envers les gitans. On exige de ces errants qu'ils envoient leurs enfants à l'école afin d'en faire de bons citoyens tout en refrénant leur nomadisme atavique. Ainsi l'Espagne commence-t-elle peu à peu à digérer ses gitans.

Le 8 avril est Journée internationale des Roms depuis 1971. L'Espagne a choisi ce jour symbolique pour accueillir à Cordoue en 2010 le 2e Sommet européen sur l'intégration des Roms. Cette rencontre a rassemblé 400 participants : fonctionnaires européens, responsables gouvernementaux et associations. La Commission a établi un bilan sur la situation de ces communautés dans l'UE au cours des années 2008-2009. Les débats portaient sur la santé, l'emploi, le logement et la scolarité des enfants rom. 107 millions d'euros ont été débloqués en faveur de ces peuples. Malgré ces tentatives, une réelle stratégie européenne sur l'intégration des Roms tarde à s'élaborer, et de nombreuses questions restent ouvertes comme l'accès à la citoyenneté, à l'identité ou à la protection judiciaire. L'Espagne, qui s'est appropriée la richesse culturelle des gitans, pourra-t-elle jouer un rôle moteur dans ces débats ?

Dans ces incessants va-et-vient de l'histoire d'Espagne, le peuple gitan, souvent malmené, a fini par s'ancrer tant bien que mal. Aujourd'hui, les Roms font toujours l'objet d'une surveillance particulière de la garde civile. Toutefois, le « problème » gitan contemporain varie selon les provinces du pays. Sédentaires à plus de 88 % depuis le XVIIIe s, les gitans se sont surtout intégrés en Andalousie où leur communauté compte 300 000 individus. Certains occupent des fonctions et des postes importants. Juan de Dios Ramírez Heredia, président de la Unión Romaní, est le premier gitan élu au Parlement européen en 1986. Militant socialiste (PSOE et PSE), premier député tzigane d'Espagne, il défend avec énergie les droits des Roms. Souvent, grâce à la tauromachie et au flamenco, ils imposent la fougue et la virtuosité de leur sang. Hélas, beaucoup des leurs survivent entassés dans des banlieues, des bidonvilles, où ils sont particulièrement exposés aux problèmes que posent la drogue et le chômage. Contraints aux tâches ardues et aux basses besognes (cireurs de chaussures, vendeurs à la sauvette), les gitans ont dû, tout en sacrifiant les saveurs de leur langue, se fondre dans une peau d'emprunt qui les conduit à la caricature. Car en fait, s'ils volent, c'est qu'ils n'ont pas de quoi se nourrir. Et s'ils mentent, c'est qu'ils se protègent. Lequel du gitan ou du *payo* (« étranger ») est le plus redoutable ? Manuel Martín, de l'Association nationale de la présence gitane, répondait : « Que peut espérer un *payo* d'un gitan ? En principe, peu de choses. Pourquoi ? Qu'a fait le *payo* tout au long de cinq siècles pour le gitan ? Lui qui eut sur lui droit de vie et de mort, lui qui infligeait le supplice, lui qui lui fit payer durement sa condition de gitan. Le "problème gitan" a été créé par les *payos*... et c'est donc à eux de le résoudre. »

Aux yeux des Espagnols de « pure souche », le tzigane est tour à tour un être admiré et méprisé. Le qualificatif *gitano* est à la fois un compliment et une insulte... Aujourd'hui, ils représenteraient environ 1,85 % de la population espagnole – la proportion la plus élevée dans toute l'Europe occidentale.

HISTOIRE

Quelques dates

– *Néolithique :* des peuplades d'Ibères, sans doute venues d'Afrique, s'établissent dans le sud et dans l'est de l'Espagne.
– *202 av. J.-C. :* occupation romaine.
– *484 apr. J.-C. :* le royaume des Wisigoths s'étend sur toute l'Espagne.
– *711 :* premières invasions des Maures venus d'Afrique du Nord.
– *756 :* le calife de Damas s'établit à Cordoue et sera l'artisan du rayonnement de la civilisation arabe en Espagne.
– *1035-1492 :* les États chrétiens reprennent progressivement possession des territoires perdus ; c'est la « reconquête » sur l'Islam.
– *1469 :* mariage de Ferdinand II d'Aragon et d'Isabelle de Castille, les fameux « Rois Catholiques ». Réunion des deux royaumes longtemps rivaux.
– *1478-1479 :* mise en place de l'Inquisition par Tomás de Torquemada ; elle subsistera même après sa disparition dans les pays voisins, jusqu'à une époque encore récente mais sous une forme plus politique.
– *1492 :* chute du royaume de Grenade le 2 janvier. Découverte de l'Amérique par Christophe Colomb pour le compte des Rois Catholiques. Expulsion des juifs « pour protéger l'unité religieuse de l'Espagne » (200 000 environ partent pour l'Afrique du Nord, l'Italie et l'Empire ottoman).
– *1512 :* la Navarre est absorbée par la Castille.
– *1516-1556 :* règne de l'empereur Charles Quint (Charles Ier pour les Espagnols), petit-fils d'Isabelle la Catholique. Domination d'un immense empire, tant en Europe qu'en Amérique, « où jamais le soleil ne se couche ».
– *1588 :* désastre de l'Invincible Armada, ruine de la marine espagnole.

– **1656 :** Vélasquez peint les *Ménines* et la famille de Philippe IV.

– **1700 :** avènement au trône d'Espagne de Philippe V, petit-fils de Louis XIV, à l'origine de la guerre de la Succession d'Espagne (1701-1714), qui se termine, à la signature du traité d'Utrecht, par la perte des Pays-Bas et du royaume de Naples.

– **1808 :** Napoléon nomme son frère Joseph roi d'Espagne, surnommé « Pepe Botella ». Madrid, occupée par les troupes françaises, se soulève. Début de la guerre d'indépendance.

– **1813 :** victoire de l'armée anglo-portugaise de Wellington, jointe aux Espagnols. Ferdinand VII retrouve le trône d'Espagne.

– **1814-1833 :** morcellement de l'Empire espagnol d'Amérique en États indépendants.

– **1898 :** intervention américaine à Cuba et perte de Porto Rico et des Philippines.

– **1902-1931 :** règne d'Alphonse XIII, marqué par un renouveau économique et un régime dictatorial (entre 1923 et 1930) sous l'autorité de José Antonio Primo de Rivera.

– **1931 :** aux élections municipales, la gauche l'emporte dans les grandes villes et réclame la république. Abdication du roi.

– **1935 :** constitution du *Frente Popular*, groupant syndicats et partis de gauche.

– **1936 :** les élections de février sont un succès pour le *Frente Popular*. Très vite se dessine une réaction ; lors de l'assassinat du chef de l'opposition monar-chiste José Calvo Sotelo, l'armée du Maroc donne le signal du soulèvement qui, dirigé par le général Francisco Franco, s'étend très rapidement. C'est le début de la guerre civile, qui durera 3 ans. L'Espagne devient un terrain d'affrontement indirect des grandes puissances, qui offrent une aide importante à l'une et l'autre partie.

– **1939 :** Barcelone est prise par les nationalistes. Le gouvernement républicain, qui s'y était replié, se réfugie en France. Le 28 février, chute de Madrid, dernier point de la résistance républicaine.

– **1969 :** le général Franco désigne officiellement son successeur en la personne du prince Juan Carlos, petit-fils d'Alphonse XIII.

– **1975 :** mort de Franco, le 20 novembre. Le 22 novembre, Juan Carlos devient roi d'Espagne.

– **1977 :** reconnaissance officielle du Parti communiste espagnol.

– **1978 :** la nouvelle Constitution d'un État espagnol, « social et démocratique », entre en vigueur.

– **1982 :** victoire du PSOE (socialiste), Felipe González devient Premier ministre.

– **1986 :** entrée de l'Espagne dans la Communauté économique européenne.

– **1992 :** Exposition universelle à Séville (d'avril à octobre) ; Jeux olympiques à Barcelone (juillet).

– **1996 :** après 13 années de pouvoir, défaite du socialiste Felipe González face à José María Aznar, du Parti populaire (droite).

– **Octobre 1997 :** mariage de l'infante d'Espagne avec un handballeur. Tout fout l'camp !

– **Septembre 1998 :** les partis nationalistes basques signent la déclaration de « L'Izarra », qui s'inspire du processus de paix nord-irlandais.

– **Octobre 1999 :** visite officielle de Jacques Chirac à Madrid. Plusieurs gestes symboliques marquent cette visite d'État, la première depuis... 1913. Les vieilles querelles napoléoniennes sont enfin digérées. « Il n'y a plus de Pyrénées », titre le quotidien catalan *La Vanguardia*.

– **17 mars 2003 :** dans un sommet organisé aux Açores, José María Aznar parade dans le camp des va-t'en-guerre en Irak, aux côtés de George W. Bush et de Tony Blair, et entraîne le pays dans le conflit, malgré une très forte opposition populaire.

– **11 mars 2004 :** à la veille des élections législatives, un terrible attentat fait 192 morts et plus de 2 000 blessés dans des trains de banlieue de Madrid. Le PP désigne immédiatement l'ETA alors que l'enquête démontre très vite la culpabilité des islamistes. Suite à un spectaculaire revirement de l'opinion, le PSOE gagne les élections et José Luis Zapatero, qui s'était engagé à sortir du conflit irakien, devient Premier ministre.

– **Fin mai 2004 :** il n'y a plus de soldats espagnols en Irak. Mariage du prince Felipe de Bourbon (fils de Juan Carlos Ier et futur roi d'Espagne) et de Letizia Ortiz, une charmante journaliste.

– **2005 :** le mariage homosexuel et l'adoption d'enfants par des couples de même sexe sont légalisés. L'Espagne fête les 400 ans de la publication de *Don Quichotte,* le roman de Cervantès.

– **2006 :** le gouvernement entre en négociations avec l'ETA ; une trêve, fragile mais bien réelle, est décidée. Dans le même temps, débat houleux sur le nouveau statut d'autonomie de la Catalogne, qui divise et mine une Espagne soucieuse de son unité. Commémoration des 70 ans de la guerre civile espagnole, alors que, peu à peu, le pays commence à regarder en face cette histoire encore très douloureuse et envisage de dédommager les victimes.

– **2007 :** rupture de la trêve avec l'ETA avec l'attentat à l'aéroport de Barajas (Madrid) en janvier. Commémoration des 30 ans du retour à la démocratie. Le 15 juin 1977, les Espagnols purent enfin aller aux urnes après 41 longues années de silence électoral.

– **2008 :** par décision de justice, un hôtel illégal du parc naturel du cabo de Gata sera détruit. Espérons que cela serve d'exemple pour la préservation du littoral. En mars, Zapatero remporte les élections législatives et constitue un gouvernement majoritairement féminin. Suite des victoires : l'Espagne remporte la 13e édition du championnat d'Europe de football (Euro 2008) en juin. Et, comme on dit en espagnol : « No hay 2 sin 3 » ; à 22 ans, Rafael Nadal devient le n° 1 mondial en tennis. Cependant, le pays tout entier s'enfonce dans la crise : immobilière d'abord, économique ensuite...

– **2009 :** comme partout, le fait majeur, c'est la crise ! En moins d'un an, l'Espagne double son taux de chômage... Tous les secteurs sont touchés et le gouvernement peine à lutter. D'autant que le monde politique est déchiré par un retentissant scandale d'écoutes téléphoniques illégales.

– **2010 :** l'Espagne se retrouve classée parmi les pays à risque par les agences de notation anglo-saxonnes. Et comme d'habitude, l'opium des peuples vient consoler les hommes. La Coupe du monde de football fait décoller les achats d'écrans plasma, à juste titre puisque l'Espagne remporte le trophée pour la première fois de son histoire !

– **2011 :** toujours en pleine crise, l'Espagne voit proliférer à la fin du printemps les mouvements spontanés appelant à l'émergence d'une autre société. Mais c'est la droite qui sort gagnante de toutes les élections : le Parti populaire rafle 11 des 17 communautés autonomes (l'Andalousie, grâce à l'émergence de l'extrême gauche, reste gouvernée par les socialistes), les trois-quarts des villes, le Parlement national et le Sénat. Fin juillet, Zapatero annonce des élections anticipées dès novembre pour élire un nouveau gouvernement. Rayon de soleil sportif, l'Espagne confirme sa suprématie sur le basket en Europe. Octobre est plus sombre : les agences de notation américaines abaissent la note de l'Espagne. Le 20 décembre, suite à la victoire du Parti populaire aux élections, Mariano Rajoy devient le nouveau chef du gouvernement. Il présente un premier plan d'austérité 10 jours plus tard.

– **2012 :** la crise s'aggrave, le taux de chômage continue sa triste ascension pour frôler les 25 %. Février et juin voient de nouvelles dégradations de la note économique du pays. Plus d'un an après le début du mouvement, les indignés redescendent dans les rues espagnoles. Le mouvement tend à se généraliser à Madrid, Séville... Le 29 mars, une grève générale est déclarée pour protester contre les mesures drastiques d'économie. Le 1er juillet, la Roja remporte l'Euro 2012 de football et réalise ainsi un triplé historique Euro-Coupe du monde-Euro. Mais si le pays fête ses champions, il continue à s'enfoncer dans la récession (-1,4 %). En juillet toujours, l'Europe débloque 100 milliards d'euros pour tenter de sauver les caisses d'épargne espagnoles. La Catalogne et la communauté de Valence, à deux doigts de la banqueroute, appellent à l'aide le gouvernement, l'Andalousie réclame elle aussi un coup de pouce. En août, Mariano Rajoy n'exclut plus de demander de l'aide à la BCE pour réaliser son plan de rigueur de plus de 100 milliards d'euros d'économie d'ici 2014, tandis que le chômage atteint le taux record de 24,63 % des actifs. L'hiver ayant été le plus sec depuis 70 ans, l'année 2012 voit beaucoup de feux de forêts se déclarer. À la fin août, l'un d'entre eux oblige à l'évacuation d'environ 4 000 personnes entre Ojen et Marbella.

– *L'année 2013 en bref :* la crise, encore et toujours. La BCE, consciente des efforts accomplis par l'Espagne, lui accorde jusqu'à 2016 pour repasser sous les 3 % de déficit public. Mais les chiffres du chômage ont de quoi inquiéter : 27,16 % en début d'année, soit plus de 6,2 millions de sans-emploi. Les expulsions de logements se multiplient (environ 45 par jour !) et conduisent le parlement d'Andalousie à prendre une décision qui n'a pas fini de provoquer des remous en Espagne et ailleurs : l'interdiction pure et simple de l'éviction pour les ménages endettés, et la réquisition des logements vacants (estimés à près d'un million dans toute la province !) sous peine d'amendes. Une décision que les banques et gros propriétaires considèrent comme une atteinte à la propriété privée, mais qui est pourtant validée par le Conseil constitutionnel.

Des origines aux Wisigoths

Si les preuves les plus anciennes de la présence de l'homme dans la péninsule Ibérique remontent à 500 000 ans environ, c'est au Paléolithique, avec les peintures rupestres des grottes d'Altamira en Cantabrie (et quelques autres) que l'homme affirme vraiment son empreinte sur la péninsule. Ces œuvres splendides et enlevées nous montrent qu'il n'avait rien à envier à son collègue Cro-Magnon de l'autre côté des Pyrénées...

D'après les mythes de l'Antiquité, les Ibères sont un peuple venu d'Afrique (vers 1000 av. J.-C.) auquel se mêlent progressivement des tribus celtes à l'intérieur des terres – c'est ainsi que l'on parle des Celtibériens, ou Celtibères. De son côté, la zone littorale subit très tôt l'influence des Grecs, et surtout des Phéniciens, qui établissent des comptoirs dès le VIIe s. av. J.-C. Héritier des Phéniciens, un Carthaginois, Hamilcar Barca, fonde plus tard Barcelone au nez et à la barbe de Rome, qui pensait pourtant avoir cloué le bec à sa rivale à l'issue de la première guerre punique (241 av. J.-C.). À partir de ce moment-là, l'Espagne devient tour à tour un foyer de rébellion (Carthaginois menaçant Rome, Pompée défiant César) et le lieu de naissance de personnages importants dans l'histoire romaine : Trajan, Hadrien, Sénèque – le précepteur de Néron... Ses gisements de métaux assurent une certaine prospérité économique à la péninsule Ibérique, qui connaît une paix relative par rapport au reste de l'Empire romain. De ce fait, le christianisme y apparaît à la fin du Ier s apr. J.-C., pour se retrouver plus qu'ancré dans les mentalités dès le IVe s.

Mais, comme dans tout le reste de l'Europe, la paix ne résiste pas aux poussées des invasions barbares et, en 409, les Vandales déferlent... Puis c'est le tour des Alains et des Suèves qui, eux, prennent racine jusqu'à ce que les Wisigoths – chassés d'Aquitaine par Clovis en 507 – se replient sur le Languedoc et le nord de l'Espagne.

La perdida de España

Des luttes internes et des persécutions (notamment contre les juifs) vont progressivement affaiblir le royaume. Recarède, lors du concile de Tolède en 589, puis Récesswinthe ordonnent le baptême des juifs et l'éducation de leurs enfants chez les chrétiens, de même qu'ils rendent la Pâque et la circoncision hors la loi. On va même jusqu'à la confiscation de leurs biens. Il n'est pas étonnant alors que certains d'entre eux, en voyant arriver quelques drôles de musulmans sur les côtes sud, glissent des planches savonneuses sous les pieds des Wisigoths. Par ailleurs, parmi les indigènes (les Wisigoths, pardi !), il y a un clan qui en veut terriblement à Rodéric (plus connu sous le nom de Rodrigue) d'avoir été élu roi en 710 à la place de son champion Akhila. Ce clan, par l'intermédiaire de Julien, comte de Ceuta, un vassal de Byzance, demande un soutien à son nouveau et puissant voisin d'outre-Méditerranée, le gouverneur Musa ibn Nusayr. Celui-ci, en butte à des révoltes berbères, décide de faire d'une pierre trois coups : se débarrasser des remuants Berbères, se faire un allié au nord et, pourquoi pas, conquérir de nouvelles terres. Ainsi, en 711, Musa confie à un chef berbère, Tariq ibn Zyad, la mission de répandre l'islam en Espagne. Tariq lève à cette fin un corps expéditionnaire de 7 000 Berbères qui embarque sur la flottille du comte Julien. C'est le début de la fin pour l'impopulaire royaume wisigoth qui va s'écrouler rapidement. Aussitôt les Berbères débarqués à Gibraltar (Djebel Tariq, la montagne de Tariq), Rodrigue apprend la nouvelle de l'invasion alors qu'il combat les Basques à Pampelune. Il se précipite immédiatement vers le sud... pour se faire mettre en déroute ! Sur sa lancée, Tariq s'empare sans coup férir de Cordoue. Face à ce succès inattendu, Musa débarque à son tour avec 18 000 fantassins arabes et deux motivations : d'une part transformer ce qui n'était qu'une simple expédition en une campagne d'annexion, d'autre part imposer, avec son armée plus nombreuse, son autorité sur Tariq, l'empêchant de se tailler un vaste royaume berbère personnel. Les deux armées se dirigent fissa vers Tolède, la capitale wisigothe, dont elles obtiennent rapidement la reddition. Bien entendu, Akhila n'obtiendra jamais la couronne convoitée... La foudroyante avancée musulmane se poursuit, en grande partie grâce à des accords ponctuels signés entre les Arabes et les chefs locaux qui, en échange d'une grande autonomie et d'une confortable liberté d'action, reconnaissent la souveraineté de Musa.

De la lointaine Damas, le calife omeyyade s'inquiète de cette expansion. Comme tout chef militaire, Musa doit aller rendre compte auprès de son état-major. Avant de partir vers Damas, en 714, il aurait prononcé une parole sentencieuse : « Al'bi baq » ! Manque de chance, le calife le retient et c'est son fils qui prend la suite jusqu'à son assassinat en 716. Ses successeurs s'emparent de Saragosse, Lérida, Soria, Oviedo, Gijón et poussent jusqu'en Gaule où ils ne parviennent pas à s'implanter. La dernière tentative prend fin à Poitiers, en 732, quand un certain Charles Martel leur offre une belle déconfiture.

Revenons à la péninsule Ibérique : en moins de 5 ans, les Arabo-Berbères, qui représentent seulement 3 % de la population, assujettissent 10 millions d'autochtones, sans compter le Portugal. Grosso modo, les deux tiers de la péninsule Ibérique sont dans l'escarcelle des musulmans et deviennent un émirat du Maghreb, baptisé Al-Andalus, dépendant de l'immense Empire arabe et de son calife. Longtemps, cette perte de l'Espagne *(la perdida de España)* a été occultée dans l'historiographie hispanique, et l'idée que trois cultures (chrétienne, musulmane et juive) pussent coexister ne s'est pas imposée d'elle-même. Des générations d'étudiants (notamment au XIXe s) ont avalé l'interprétation théologique du châtiment divin... car Dieu aurait été offensé par les nombreux forfaits de la clique wisigothe. Les lambeaux survivants du royaume wisigoth, relégués sur les contreforts des Pyrénées méridionales et la côte du golfe de Biscaye, forment le royaume chrétien des Asturies. C'est de là que, dès le siècle suivant, va partir la Reconquista – sublimée par la « découverte » au IXe s à Compostelle du prétendu tombeau de saint Jacques (bientôt surnommé le « Matamore »). Un coup de pioche qui tombait à pic !

Le califat de Cordoue

Croire que la vie s'écoule langoureusement au pays de la Grande Rivière – en arabe l'« Oued el-Kebir » (Guadalquivir) –, c'est se mettre le doigt dans l'œil.

Déjà, en ce qui concerne la cuisine interne des musulmans, la sauce tourne un peu au vinaigre entre les Arabes et les Berbères, premiers arrivés et partisans du kharidjisme, qui affirme que tous les croyants sont égaux devant Allah et jouissent des mêmes droits, dont celui de se faire élire calife. Et puis, en 750, une nouvelle tombe sur les téléscripteurs de l'époque : révolution de palais à Damas. Aidé par des Arabes non musulmans et des chi'ites, Abu al-Abbas « détrône » Marwan II. Les Abbassides remplacent les Omeyyades. Tout le monde déménage à Bagdad. Qu'est-ce que ça change pour l'Andalousie, nous direz-vous ? Eh bien, où vont donc aller les Omeyyades sachant que la dynastie des Idrissides vient de s'installer au Maroc et celle des Aghlabides en Tunisie, hein ? Gagné ! Direction Al-Andalus. En 756, le petit-fils de Marwan II, Abd al-Rahman Ier, « l'émigré », se fait proclamer émir de Cordoue. Bon an, mal an, ici avec quelques révoltes de mozarabes (les chrétiens vivant sous la domination musulmane), là avec une arabisation progressive de toutes les structures de « l'État », l'hégémonie des Omeyyades se maintient pendant 170 ans. Loin des yeux, loin du cœur : ils finissent même par en oublier Bagdad. Abd al-Rahman III coupe les ponts et se nomme (enfin !) « calife à la place du calife ». Se trouvant trop à l'étroit dans l'Alcázar, il fait construire, selon la mode du moment (furieusement syrienne), une nouvelle ville, Medinat al-Zahara. Ce qui le fait tenir de 912 à 961, c'est sa poigne de fer. Ce ne sera pas le cas de ses successeurs. Reste que, sous le règne d'Hisam II, le maire du palais, Muhamad ibn abu Amir, plus connu sous le nom d'al-Mansur (« le Conquérant ») ou Almanzor, conforte l'autorité du califat de Cordoue et taille des croupières aux royaumes chrétiens du Nord.

Reyes de taifas, Almoravides, Almohades et chrétiens

Dès 1008, à la mort du fils préféré d'Almanzor, le bateau Al-Andalus prend l'eau de tous les côtés. Les *Andalusís* prennent en haine les Berbères. Califat et commandement militaire se séparent, et les soutiens locaux des Omeyyades font sécession. Les *reyes de taifas* (les « rois de partis »), de petits roitelets gouvernant une paire de villages, font leur apparition. Ils récupèrent le pouvoir déliquescent du calife et s'arrangent pour le garder en ayant recours aux services de mercenaires et à un savant clientélisme. Au final, les dissensions ethniques (Berbères, Arabes du Nord et du Sud), l'éclatement des fonctions militaires et religieuses et la géographie tourmentée de la péninsule ne jouent pas du tout en faveur de l'union contre les chrétiens qui, au nord, commencent à reprendre du poil de la bête. Mieux encore, certains, grâce à leur domination numérique, ont réussi à imposer le paiement de tributs (les *parias*) aux *reyes de taifas*. La mécanique est bien huilée : les musulmans, passés maîtres en razzias, effectuent des raids punitifs. Et les chrétiens en font des prétextes à intervention. Si une *taifa* prend trop de liberté, ils n'hésitent pas à se payer sur la bête en demandant à une autre *taifa* plus puissante de taper sur leurs frères de sang... Chacun se sert des alliances des autres.

C'est dans ce contexte que se distingue, au XIe s, Rodrigo Díaz de Vivar, plus communément appelé le Cid. Le Cid (mot qui provient probablement de l'arabe *Sidi*, « seigneur ») est l'un de ces grands princes territoriaux qui perçoivent la poudre d'or des parias. Cependant, en 1081, le Cid est condamné à l'exil par le roi Alphonse VI de Castille, jaloux de son prestige. Il propose donc ses services et ceux de ses hommes à qui veut bien l'entendre : musulmans ou chrétiens de la région de Valence. Une petite précision d'importance : le leader loué dans *El Cantar de mío Cid* reste et demeure un mercenaire. Il compte donc dans ses rangs des musulmans et des chrétiens enrôlés pour la cause chrétienne. Avec les parias, un tel afflux de liquidités permet aux chrétiens de garnir leurs caisses...

La situation devient tellement confuse que, en 1086, les *taifas* tirent le signal d'alarme auprès des Almoravides qui, au Maghreb, contrôlent les routes de l'or. Appelé à la rescousse, le grand frère almoravide est rapidement excédé par la zizanie qui règne entre les roitelets. Il finit par imposer son pouvoir de 1090 à 1145, et cela en douceur puisque les Almoravides, en la personne de l'émir Yusuf ibn Tashufin, annexent, en quelque sorte, Al-Andalus à leur émirat berbère. Mais, comme on pouvait s'y attendre, Berbères et Arabes se livrent une bataille de chiffonniers. D'autant que les Almoravides, puritains sur les côtés et guerriers sur le dessus, n'excitent pas les zygomatiques des Andalusís, habitués à une grande tolérance religieuse héritée des Omeyyades.

Pendant ce temps-là, lentement mais sûrement, les chrétiens affûtent leurs couteaux, préparent leurs plans d'attaque et remplissent toujours leurs caisses de l'or des Arabes.

Dans le contexte « plus je vis avec toi, moins je te supporte » débarquent les Almohades, qui, en 1125, viennent d'infliger une déculottée aux Almoravides en Afrique. Ceux-ci se révèlent encore plus intégristes que les précédents. Le moment pour les chrétiens de porter l'estocade approche à grands pas.

L'Espagne des trois cultures

Comment chrétiens, musulmans et juifs, plus tous les « sous-produits » des trois croyances (convertis, mudéjars, mozarabes, morisques) ont-ils pu cohabiter pendant près de six siècles ? Ont-ils vécu les uns avec les autres ou les uns à côté des autres ? Quelles étaient les relations entre ces croyances qui ont une histoire religieuse commune mais qui ont du mal à se l'avouer ?

Croire que ces différentes confessions vivaient en totale fusion est une idée fausse. Chacun restait dans son quartier. La juiverie ou l'*aljama* pour les fils d'Israël. L'alcazar, le quartier commerçant, ses souks et caravansérails, l'*alcaicería* pour l'échange des matériaux coûteux pour les arabo-musulmans. Leur médina était protégée par de hauts murs et c'est seulement dans les *arrabales* (les faubourgs organisés autour d'une mosquée) que pouvaient se rencontrer les pratiquants des trois confessions. Cependant, musulmans, juifs et chrétiens œuvraient ensemble. Jamais l'astronomie, la philosophie et la médecine n'ont fait autant de progrès. L'apport des juifs aux chrétiens n'est évidemment pas négligeable. Le commerce, la finance étaient dans leurs mains (seuls les juifs pratiquaient l'usure, le prêt étant interdit par les religions catholique et musulmane), de même qu'ils excellaient dans la médecine (car ils pouvaient légalement procéder aux dissections humaines), dans les sciences et l'imprimerie. C'est à deux juifs qu'Alphonse X le Sage commandita la rédaction des Tables alphonsines, qui devaient servir de base de travail à toute l'astronomie européenne. Côté musulman, il semble que les mudéjars (les musulmans vivant sous domination chrétienne pendant la Reconquista) étaient plus ruraux que les juifs. Brillants en matière d'irrigation notamment, ils réalisèrent un travail exemplaire dans les *huertas* de nombreuses villes. Aujourd'hui encore, en sillonnant la campagne andalouse, on peut tomber sur les restes d'une noria ou d'une citerne (*aljibe*).

Le culturel ne fut pas en reste : les palais se parèrent d'un raffinement tout oriental, les émirs et califes développèrent les arts et s'entourèrent de tout ce que l'Occident comptait de grands hommes. Les harems se développèrent, l'esclavage aussi. L'artisanat connut son heure de gloire : tisserands, ciseleurs d'or, céramistes participèrent à l'édification du royaume d'Al-Andalus. Enfin, le Livre réunit les trois confessions. Chrétiens et juifs partageaient déjà l'héritage commun de l'Ancien Testament, mais les uns possédaient les Écritures tandis que les autres détenaient la langue d'accès aux textes sacrés. Vers le milieu du XIIe s, les communautés mozarabe et juive de Tolède se retroussèrent les manches pour traduire une foultitude de textes anciens. C'est ainsi que les chrétiens purent découvrir les écrits d'Aristote.

La Reconquista

Il ne faut pas se leurrer, Charles Martel a peut-être arrêté les musulmans, mais cet événement n'est pas pour autant le début d'une « reconquête ». Après 732, Cordoue ne tremble pas vraiment devant les Francs, mais perd peu à peu pied du fait de ses luttes intestines, de sa difficulté à organiser les immenses territoires conquis et des affres de la famine, qui sévit de 750 à 755. On peut difficilement résumer la reconquête en quelques paragraphes.

LA SAINTE (?) INQUISITION

Cette redoutable machine à tuer n'est pas une invention espagnole. Face à la montée des hérésies qui refusaient l'autorité papale, Grégoire IX utilisa, dès 1183, les dominicains pour tenir ces tribunaux religieux. Il s'agissait de torturer pour faire avouer et de condamner au bûcher. Les victimes comptaient plutôt parmi les femmes (les moines étaient plutôt misogynes) et les riches (l'Église récupérait ainsi leurs biens !).

Plusieurs raisons permettent aux chrétiens de « récupérer » leurs terres. Tout d'abord, quelques souverains des petits royaumes espagnols s'arrangent pour marier leurs filles à de puissants seigneurs francs. Ensuite, le clergé français noue de fertiles relations avec son voisin espagnol. De nombreux moines bénédictins vont, par exemple, former le personnel religieux des abbayes. Puis le pape Alexandre II, très contrarié par la mise à sac de Saint-Jacques-de-Compostelle par les Arabes en 997, appelle à une croisade contre l'infidèle. Le premier verrou du maillage musulman saute le 25 mai 1085 : Fernando Ier, premier roi de Castille, s'empare de Tolède. La nouvelle se répand comme une traînée de poudre dans le monde chrétien. Les comtes de Barcelone et de Cerdagne se mettent également à l'ouvrage et s'allient avec l'Aragon. Saragosse, après 6 mois de siège, tombe le 2 décembre 1118. Des ordres militaro-religieux voient le jour, dont les membres (les templiers, les santiaguistes, les calatravans) manient aussi bien le sabre que le goupillon. Une des clés de la reconquête repose dans les mains de ces moines soldats. En effet, quand ils ne bataillent pas, ils repeuplent les territoires conquis en allant parfois jusqu'à offrir à des repris de justice des lopins de terre. Malgré quelques soubresauts, notamment la déculottée mémorable d'Alarcos en 1195, le ton est donné, et les souverains espagnols reçoivent même l'aide des croisés. La victoire de Las Navas de Tolosa en 1212 frappe les Almohades à mort et marque le tournant de la reconquête. Désormais, la chrétienté est maîtresse du jeu : la Castille s'empare de Cordoue en 1236 et de Séville en 1248, tandis que l'Aragon reprend les Baléares (1229-1235), puis Valence (1238). Désormais, les musulmans sont confinés dans le royaume de Grenade : ils y resteront encore deux siècles et demi, l'émir se reconnaissant vassal des chrétiens (voir à « Grenade ») et y élèveront un des joyaux de l'art musulman : les palais nasrides de l'Alhambra.

La chute de Grenade

Il faut attendre le mariage entre Isabelle de Castille et Ferdinand II d'Aragon (1469) pour que les deux royaumes oublient leurs rivalités et posent les fondements d'une Espagne unifiée. En trois siècles, ils se sont agrandis et ont affermi leur autorité sur la plus grande partie de la péninsule, l'Aragon se taillant même un véritable empire maritime en Méditerranée après la reconquête des Baléares.

Dans ce tableau, un élément, même réduit à une peau de chagrin, fait tache : les possessions musulmanes du sultan Muley Hacén. Acculé par de soudaines attaques, le sultan envoie des émissaires auprès de ses homologues de Tlemcen, de Fès, d'Égypte, mais pas un ne lève le petit doigt pour lui venir en aide. En fait, le monde arabe ne croit déjà plus trop en l'avenir d'Al-Andalus. Isabelle et Ferdinand raflent Gibraltar, ce qui prive les musulmans d'une base arrière. L'un des fils de Muley Hacén, Boabdil, est un véritable expert en zizanie. À deux reprises, il tombe entre les mains des chrétiens, mais ces derniers, sachant à quel point il peut leur être utile en attisant les querelles intestines, le renvoient dans ses foyers !

En août 1491, Isabelle fait édifier près de Grenade le camp de Santa Fé (la Sainte Foi). Le 2 janvier 1492, le royaume nasride de Grenade, retranché dans les murailles de la ville, à l'agonie, se rend. Le 17 avril, les Rois Catholiques et Boabdil, devenu sultan, signent les « capitulations de Santa Fé », touche finale à la Reconquista. Pendant des siècles, l'imaginaire arabe va pleurer ce jour fatidique où l'histoire de l'Andalousie rejoint celle du royaume d'Espagne.

Naissance d'un empire

Dans l'euphorie de la Reconquista, les Rois Catholiques prennent deux décisions de poids. Ils décrètent d'abord le 31 mars 1492 l'expulsion de tous les juifs du royaume au nom de l'unité religieuse : ceux qui refusent l'exil ou la conversion au catholicisme sont pourchassés par un tribunal qui fait trembler l'Europe, la Sainte Inquisition. Au fur et à mesure que les grandes villes espagnoles ont été libérées de l'occupation arabe, les persécutions ont fait leur entrée en scène. En 1391, après une première tuerie à Séville, les « baptêmes sanglants » se sont multipliés dans toute l'Espagne, obligeant les juifs à se convertir ou à mourir. C'est pour surveiller de près ces nouveaux « chrétiens » qu'a été créée l'Inquisition, dont le chef, Torquemada, se montre dès 1485 d'une rare cruauté. Si le pape Sixte IV et les Rois Catholiques eux-mêmes se disent choqués par ses méthodes, ils n'en décrètent pas moins l'expulsion des juifs, endossant officiellement un antisémitisme populaire qui exalte *la limpieza de la sangre* (« la pureté du sang », eh oui, déjà...).

Le 17 avril 1492, en annexe aux « capitulations », les Rois Catholiques appuient un drôle de projet présenté par un Génois, Cristóbal Colón, qui veut traverser l'Atlantique pour ouvrir vers l'ouest la route de la Soie – fermée vers l'est par les Turcs après la prise de Constantinople en 1453. C'est l'acte de naissance d'un immense empire colonial, officialisé par le traité de Tordesillas qui décide le 7 juin 1494 du partage du Nouveau Monde entre l'Espagne et le Portugal.

LE LADINO ET LE SECRET

C'était la langue des juifs en Espagne, avant qu'ils ne soient chassés par les Rois Catholiques en 1492. Le ladino est encore parlé dans les pays où la diaspora s'est réfugiée : Grèce, Turquie et Italie (sauf en Espagne, bien sûr). Les parents l'utilisent parfois quand ils ne veulent pas être compris des enfants. C'est la langue du secret.

Au-delà des mers

La terreur qu'inspire l'Inquisition est telle que les idées de la Renaissance n'ont que peu d'écho en Espagne. Cela dit, la littérature se nourrit de la poétique des Lumières ; *Lazarillo de Tormes* et *Don Quichotte* sont des fruits de la Renaissance. De même, la *Gramática castellana,* première grammaire espagnole (1492), révèle les richesses du castillan, face au latin des scolastiques médiévaux. Puis, la découverte de nouvelles contrées et leur exploration retiennent l'attention du pays, qui voit là une possibilité de s'enrichir rapidement et à bon compte. Apparaît une nouvelle race d'aventuriers rudes et sans scrupules : les conquistadors, qui s'enrôlent avec pour seul but la chasse aux trésors. Plus ils en rapporteront à la cour espagnole, plus leur part sera importante. Les plus avides essaient même d'échapper à la tutelle de l'Espagne en se taillant leur propre « royaume » dans le vaste Nouveau Monde et n'hésitent pas à détourner des convois avant de disparaître dans la nature. De là à la piraterie, il n'y a qu'un pas, qui est allègrement franchi par certains dès la fin du XVIe s...

L'administration de ces nouveaux territoires se pose rapidement comme un souci majeur pour la couronne espagnole, sans parler des problèmes suscités par la surexploitation des Indiens. Bartolomé de Las Casas publie en 1516 un rapport d'enquête concluant à la nécessité d'intensifier la traite des Noirs afin de sauvegarder les populations indigènes ! Devenu moine dominicain en 1523, il se fait par la suite le champion de la cause indienne. Mais la course à l'Eldorado a déjà apporté son lot de malheurs, et la cupidité des conquistadors ne connaît plus de bornes depuis qu'ils ont eu un aperçu de la richesse des Empires aztèque et inca. Malgré les *Novas Leyes* promulguées en 1542 par Charles Quint, qui s'est prononcé en faveur des Indiens, Las Casas fait publier 10 ans plus tard son pénible constat : *Très brève relation de la destruction des Indes...* Le mot « Amérique », du nom du navigateur italien Amerigo Vespucci, qui apparaît pour la première fois sur une carte en 1507 à Saint-Dié, n'est pas encore très utilisé. Un hommage à celui qui, dans l'une de ses lettres, affirme avoir été le premier à mettre pied sur le continent – Colomb ayant toujours cru débarquer sur des îles.

Charles Quint

Le 14 mai 1516, Charles Ier (déjà maître des Pays-Bas et de la Franche-Comté par son arrière-grand-père Charles le Téméraire) accède au trône après avoir destitué sa mère Jeanne la Folle, unique héritière des Rois Catholiques. L'union des deux royaumes de Castille et d'Aragon – qui n'était encore qu'une alliance maritale – devient une réalité politique. Puis, à la mort de son grand-père paternel, l'empereur Maximilien d'Autriche, en janvier 1519, Charles Ier hérite de toutes ses possessions personnelles (Alsace, Rhénanie, Autriche et Tyrol). Quand il est élu à la tête du Saint Empire romain germanique 6 mois plus tard, il prend le nom de Charles V (en espagnol, *Carlos Quinto,* francisé en Charles Quint). Il a alors en main une puissance jamais égalée par un souverain occidental, et son grand projet est d'instaurer pour l'empire une monarchie héréditaire.

Quasiment encerclée, la France voit cette ambition d'un sale œil, et François Ier – qui s'était porté candidat au titre d'empereur contre Charles Quint – ne manque pas une occasion de lui mettre des bâtons dans les roues. Mais un petit moine a déjà porté au Saint Empire romain germanique un coup dont il ne se remettra jamais : les idées de Luther font voler en éclats tout principe d'autorité, qu'il vienne de l'Église ou de l'empereur...

Grandeur et déclin

Charles Quint, découragé, abdique en 1556 pour se retirer au couvent de Yuste, dans une Espagne qu'il lègue à son fils Philippe II en même temps que les colonies et les Pays-Bas. Il laisse à son frère Ferdinand ses autres possessions de l'empire. La péninsule Ibérique connaît alors un grand essor culturel (c'est le Siècle d'or espagnol, l'arrivée du Greco à Tolède), économique et militaire. Le Portugal est annexé en 1580, après la mort de son roi Sébastien à la bataille d'Alcazarquivir (1578), et l'afflux de richesses venant des deux empires coloniaux s'accroît

LA MALÉDICTION DES HABSBOURGS

À cause de multiples mariages consanguins, la famille impériale qui régna longtemps sur l'Autriche et l'Espagne porta des signes de dégénérescence et présenta des malformations, qui empoisonnèrent le sang d'une bonne partie des familles régnantes européennes. Le prognathisme (menton en avant) de Charles Quint en est un bon exemple.

encore. L'Espagne se fait parallèlement l'apôtre de la Contre-Réforme et la protectrice de la foi catholique (Thérèse d'Ávila rédige la règle des carmélites en 1568). Mais elle connaît aussi des déboires cuisants : les Pays-Bas – où la Réforme a reçu une vive adhésion – se révoltent face aux persécutions et à la maladresse politique de Philippe II, qui ne comprend rien à la mentalité de ses sujets du Nord. C'est le début d'une longue période de guerres qui ensanglantera la région et causera bien des tracas à Sa Majesté.

Voilà que l'Espagne se met en tête de punir Elizabeth Ire d'Angleterre après l'exécution de Marie Stuart, reine catholique d'Écosse et, aux yeux des Espagnols, héritière légitime du trône. Le 18 juin 1588, la couronne espagnole envoie vers les côtes britanniques une formidable flotte composée de 130 navires embarquant près de 30 000 hommes, dont 19 000 soldats – que les Anglais nommeront ironiquement l'Invincible Armada. Le but est de débarquer les troupes dans le Kent, où doivent les rejoindre des soldats massés en Hollande. Mais la suprématie tactique des Anglais et la puissance de leur artillerie leur font gagner une bataille décisive à Gravelines qui disperse une partie de l'Armada. Son commandant, un piètre marin, décide de rentrer au bercail en contournant l'Écosse par le nord. Les tempêtes que rencontre la flotte font le reste et seule une poignée de navires s'en sort : la suprématie maritime espagnole s'effondre...

Pendant les années qui suivent, l'Espagne perd pied en Europe : les Anglais, sous le commandement de Drake, prennent Cadix en 1595, et les Français récupèrent la Picardie. Puis, appelées en renfort par l'empereur romain germanique pour écraser la révolte des princes protestants allemands (1618-1648), les troupes espagnoles essaient en vain de museler les volontés séparatistes des Pays-Bas. Peine perdue, en 1648, le traité de Westphalie met fin à la période de troubles que connaît l'Europe et modifie les cartes du jeu politique sur le continent : il reconnaît notamment le nouvel État, ainsi que l'indépendance du Portugal, qui récupère ses colonies. Ensuite, sous Louis XIV, la France reprend l'Artois, le Roussillon, les Flandres et la Franche-Comté. Quant à l'Angleterre, en 1704, elle s'installe purement et simplement à Gibraltar, qu'elle ne lâchera plus jamais, gardant ainsi une base stratégique entre Atlantique et Méditerranée.

Après la guerre de Succession et les traités d'Utrecht (1713) et de Rastatt (1714), l'Espagne perd les Pays-Bas du Sud (l'actuelle Belgique), ses possessions en Italie du Nord, Naples, la Sardaigne et la Sicile : elle est effacée de l'avant-scène européenne. De plus, un Bourbon, Philippe V, s'installe sur le trône d'Espagne. Enfin, malgré la défaite franco-espagnole de Trafalgar (1805), Napoléon parvient, en 1808, à imposer son frère Joseph sur le trône espagnol au détriment de Charles IV et de son fils Ferdinand VII...

Métropole et colonies : nouvelles réalités

Dès mai de la même année, l'insurrection gronde. Grâce à l'aide des Anglais, Ferdinand VII retrouve son trône en 1813, avec une Constitution plutôt libérale pour l'Espagne. Mais une politique maladroite, à laquelle se joint l'impact des idées révolutionnaires (droit des peuples à disposer d'eux-mêmes) inspirées par la Révolution française, déclenche le morcellement de l'empire colonial espagnol. Celui-ci est facilité par les problèmes de la métropole et par le congrès de Vienne de 1815, qui abolit la traite des Noirs et vise l'esclavage en général. D'abord l'Argentine (1816), le Chili (1818), le Mexique et le Pérou (1821), puis la Colombie (1822) et la Bolivie (1825), enfin l'Équateur et le Venezuela (1830) proclament leur indépendance. Privée des ressources de ses ex-colonies, épuisée par les tentatives faites pour les conserver et mal préparée à la révolution industrielle qui s'annonce, l'Espagne, déjà très appauvrie économiquement, sombre dans un chaos politique qui facilite – malgré une première tentative républicaine de janvier 1873 à décembre 1874 – la mise en place de gouvernements de dictature.

À ce sujet, on pourrait s'étonner de l'évolution de la métropole et de ses ex-colonies, surtout si l'on essaie de faire un parallèle avec ce qui s'est passé pour les colonies anglaises, seul le sort des Indiens restant comparable... La grande différence réside dans le fait que les colons d'Amérique du Nord ont réellement voulu vivre dans le Nouveau Monde et le structurer comme une nouvelle patrie, avec son économie propre. En revanche, les colons espagnols

OÙ EST PASSÉ LE POGNON ?

Les conquistadors espagnols rapportèrent d'Amérique des trésors considérables à leur mère-patrie. À part à Séville et dans quelques cathédrales, on se demande pourquoi ces richesses ont laissé si peu de traces. Eh bien, ces grands navigateurs étaient des parvenus ; ils dépensèrent leur fortune en soieries et en épices, les produits de luxe de l'époque. Le grand bénéficiaire fut donc la Chine, et non pas l'Espagne.

et portugais n'ont fait que piller et vider l'Amérique du Sud et l'Amérique centrale de leurs ressources, leurs exigences se limitant à s'enrichir au plus vite pour aller profiter de leur nouvelle condition en Europe. L'indépendance des anciennes colonies espagnoles laisse ces dernières très appauvries et peu préparées à l'exploitation de leurs propres ressources. Quant aux métropoles, la perte sèche des revenus qui assuraient leur train de vie les met devant un gros problème de restructuration économique.

L'avènement de Franco

Le règne d'Alphonse XIII, à partir de 1902, n'améliore pas la situation et, après de nombreux remaniements ministériels, le général Miguel Primo de Rivera prend l'initiative d'un coup d'État en 1923. Tous les ingrédients d'une solide dictature sont réunis : Parlement dissous, plus de Constitution, parti unique... Mais des conflits sociaux obligent Primo de Rivera à démissionner en 1930, et la monarchie elle-même se voit contestée. Des élections suivent, donnant à plusieurs reprises la majorité aux républicains et aux socialistes. Dès avril 1931, quelques grandes villes se proclament en républiques alors qu'Alphonse XIII n'a pas encore abdiqué. Entre-temps, un fort sentiment anticlérical se fait jour parmi la population, entraînant parfois des excès de violence. De nouvelles élections en février 1936, voient la victoire écrasante du *Frente Popular,* l'union des partis de gauche. Cette fois, la république est proclamée. Une nouvelle vague de violence et l'assassinat du député monarchiste Calvo Sotelo (le 13 juillet 1936) servent de prétexte au déclenchement de la guerre civile.

La guerre civile

Parti le 17 juillet 1936 des garnisons stationnées au Maroc (Ceuta et Melilla, aujourd'hui encore contrôlées par l'Espagne) et dirigé par le général Franco, le mouvement insurrectionnel se répand comme une traînée de poudre dans l'ouest et le nord de l'Espagne. C'est une guerre sauvage où les atrocités succèdent aux atrocités (exécution de Federico García Lorca, anéantissement de la ville de Guernica, populations civiles directement prises pour cibles), inaugurant des schémas qui vont bientôt se répéter partout pendant la Seconde Guerre mondiale. Si les grandes nations – sauf l'URSS – ne s'engagent pas franchement aux côtés des républicains, les troupes nationalistes du général Franco bénéficient largement du soutien de Hitler et de Mussolini. D'ailleurs sous couvert de l'aider, ils effectuent plusieurs raids aériens, comme celui sur la route entre Málaga et Almería, ou encore sur un petit village basque... Guernica.

Le 26 janvier 1939, Barcelone – où s'est réfugié le gouvernement républicain – tombe aux mains du Caudillo Franco, suivie de Madrid le 28 mars. Aussitôt, un nombre considérable de gens passent les Pyrénées, fuyant un régime indésirable et la répression qui ne va pas manquer de suivre... Saignée à blanc (en 3 ans, la guerre civile a fait un million de morts !), privée de son élite intellectuelle, l'Espagne s'enfonce peu à peu dans cette torpeur caractéristique des pays dont la population est muselée par une dictature, avec son lot d'attentats, une économie paralysée et une vie culturelle réduite à néant...

L'ESCADRILLE ESPAÑA

Les forces antifranquistes n'ayant pas d'aviation, Malraux s'engagea vite dans la guerre d'Espagne. En quelques semaines, il récupéra 25 avions, pour créer l'escadrille España, aidé par un inconnu, un certain Jean Moulin. Ne sachant pas piloter, Malraux savait cependant commander et, surtout, convaincre. Il participa directement à 65 opérations aériennes. Respect.

La mort de Franco : une nouvelle Espagne

Le général Franco meurt le 20 novembre 1975, presque 40 ans après le soulèvement militaire de 1936. Sa disparition était à la fois crainte et espérée : les plus pessimistes allaient jusqu'à annoncer une nouvelle guerre civile... C'était ne pas prendre en compte l'habileté du roi Juan Carlos, successeur désigné par Franco en 1969, qui effectue la transition d'une main de maître : d'abord en prêtant serment devant les Cortes (le parlement espagnol) dès le 22 novembre, ensuite en faisant appel à un homme nouveau, Adolfo Suarez, comme Premier ministre. Et Suarez réussit à faire approuver à une forte majorité, par référendum, un projet libéral de réforme des institutions. En 1977, le Parti communiste espagnol est reconnu légal, toujours grâce à l'autorité et à la souplesse de Juan Carlos.

Aux élections de juin 1977, le premier vainqueur est l'UCD (Union du centre démocratique), qui soutient l'action du gouvernement, suivi du parti socialiste et du PC. La droite franquiste ne vient qu'après. Quant aux partis autonomistes, ils connaissent un net succès.

La démocratisation ne concerne pas seulement la politique, mais s'exerce dans tous les domaines. Par le pacte de la Moncloa, qui tend à bloquer le pouvoir d'achat pour limiter l'inflation, les quatre principaux partis politiques font preuve d'un grand sens civique.

Progressivement, tous les monuments (ou presque) à la gloire de Franco qui jalonnent l'Espagne sont déboulonnés. Les nouvelles autorités débaptisent des milliers de rues, ponts, hôpitaux, etc. Madrid ne compte plus qu'une seule et modeste statue du « Caudillo », au ministère du Travail, sans nom...

La Constitution

En 1978, un projet de Constitution d'un État espagnol « social et démocratique », concocté par une commission représentative du résultat des élections, est soumis au peuple espagnol par référendum. Un total de 88 % des voix exprimées l'approuvent, quoique le taux d'abstention soit assez élevé (32 %, dont 56 % au Pays basque). La Constitution entre en vigueur le 29 décembre 1978, inaugurant la monarchie parlementaire. Les élections de 1982 consacrent la victoire du parti socialiste et de son leader, Felipe González, réélu en 1986 et 1989. Puis, en 1996, c'est le parti de droite, le PP, avec José María Aznar à sa tête, qui prend le pouvoir, avant le retour en mars 2004 d'un gouvernement socialiste. L'alternance est désormais bien ancrée dans la politique espagnole.

Juan Carlos

S'il existe un homme aimé de tous les Espagnols, c'est bien Juan Carlos. Ce roi sympathique est aperçu de temps à autre par les Madrilènes, se promenant à moto ou au volant de sa Mercedes sur les larges avenues de la capitale. Juan Carlos jouit d'une grande popularité. Et pourtant, l'héritage du petit-fils d'Alphonse XIII n'était pas facile à assumer. Élevé à l'étranger, le roi fut mis sur le trône par Franco lui-même. À la mort du dictateur, il fit preuve d'un grand courage, d'une volonté de fer et de beaucoup de diplomatie en soutenant le Premier ministre, Adolfo Suárez, dans sa tâche de démocra-

FRANCO EST NUL !

Pour sa succession, le dictateur se méfiait de Juan de Bourbon, le roi en titre, à cause de ses idées démocratiques. Il préféra donc son fils, Juan Carlos, et son éducation fut assurée par des professeurs bien franquistes. L'élève cacha bien son jeu et lui succéda donc à sa mort. En instaurant la démocratie, le jeune roi tourna définitivement la page noire du franquisme.

tisation et de libéralisation. Il comprit rapidement l'intérêt que son pays pourrait avoir à s'ouvrir sur l'Europe, puis à s'y intégrer. L'Espagne a trouvé en lui un vrai chef de file.

Mais c'est lors de la tentative de putsch du 23 février 1981 qu'il entra vraiment dans le cœur du peuple. Durant toute une nuit restée historique, Juan Carlos réussit à dissuader un à un les militaires de participer à l'aventure putschiste. En dénonçant le complot, il témoigna d'un sang-froid et d'un courage que les Espagnols ne sont pas près d'oublier et qui a légitimé définitivement la monarchie dans le pays. Depuis, le roi est un peu la vedette permanente, et sa photo paraît régulièrement dans les journaux. Les vieux nationalistes ont peu à peu appris à le respecter, les jeunes l'apprécient pour sa décontraction et son ouverture d'esprit, et les adolescentes l'adorent (à moins qu'elles ne préfèrent son fiston, Felipe).

Mais depuis quelques années, sa popularité s'effrite quelque peu... et la presse espagnole s'en donne à cœur joie. L'achat d'un fastueux palais à Barcelone au milieu des années 2000 ? passe encore ! Mais ce qui fait couler beaucoup d'encre fin 2011, c'est le détournement entre 2004 et 2006 de 6 millions d'euros de fonds publics au profit de l'institut Noos, spécialisé dans l'organisation d'événements sportifs et présidé alors par le bel Inaki Urdangarin, gendre du roi. Il est d'ailleurs banni de toutes les apparitions officielles de la famille royale depuis. Aujourd'hui, cette affaire reste en suspens : le gendre reste sur le banc des accusés tandis que sa femme, Cristina, fille de Juan Carlos, a été innocentée de toutes accusations de complicité. Dernier accroc en date à la popularité de Juan Carlos, en avril 2012 : un accident lors d'une chasse à l'éléphant au Botswana... d'un coût de 30 000 euros... À l'heure où l'Espagne enchaîne les plans d'austérité, et où les fonctionnaires voient leurs salaires réduits de 7,5 %, les fastes de la Couronne passent mal, malgré les regrets que Juan Carlos a très vite exprimés. Peut-être que l'annonce, en juillet, de la réduction d'environ 7 % du budget alloué à la famille royale, permettra au roi de regagner en popularité ?

La fin du XXe s et le début du XXIe s

En 20 ans, depuis la mort du Caudillo, l'Espagne a rattrapé, en puissance économique et en démocratie, ses partenaires européens. Non seulement elle a su dompter ses vieux démons, mais encore a-t-elle vite retrouvé un visage souriant, ouvert et dynamique. L'Espagne est désormais un pays avec lequel il faut compter en Europe, un pays qui ne se contente plus de suivre les « grands frères » français et allemand. Ainsi Aznar n'hésite pas, en 2002 et 2003, à soutenir clairement les positions américaines en Irak, contre l'avis d'une majorité écrasante de la population espagnole. Une vraie preuve d'indépendance, chèrement payée toutefois avec l'attentat du 11 mars 2004, à Madrid.

Avec sa capitale, l'Espagne tout entière a été secouée par cette barbarie terroriste. Respectant sa promesse électorale, José Luis Zapatero, le Premier ministre suivant, retire les troupes espagnoles d'Irak dès mai 2004. Mais, à l'instar de ses homologues européens, l'Espagne subit aussi le retour de bâton du capitalisme forcené. Après 2008, le pays plonge dans la crise financière : confrontée à l'éclatement de la bulle immobilière qui a nourri

LES BÉBÉS VOLÉS DU FRANQUISME

Jusqu'en 1987 (donc 12 ans après la mort de Franco !), 300 000 enfants furent enlevés à des familles républicaines et vendues à des mères... bien pensantes. Pour le prix d'un appartement ! Dans les maternités, on persuadait l'accouchée que l'enfant était mort-né. Certaines religieuses et médecins participaient à ce trafic inqualifiable et lucratif.

son économie durant de longues années, l'Espagne voit le chômage exploser et la production plonger. Et ce n'est pas un hasard si, en mai 2011, les manifestants qui squattent en masse la Puerta del Sol, à Madrid, appellent à un monde différent, plus humain. Zapatero lance un plan de rigueur pour juguler le déficit public, et son successeur au poste de Premier ministre, Mariano Rajoy, lui emboîte le pas, avec face à lui des défis de taille : réduire le chômage, assainir les finances de l'État et relancer une économie moribonde. Mais le peuple peine à garder confiance dans ses dirigeants, d'autant qu'en janvier 2013, on découvre que Mariano Rajoy, le Premier ministre, aurait bénéficié de compléments de salaires illégaux sous le gouvernement d'Aznar... Aujourd'hui encore, malgré une timide baisse du chômage à la mi-2013 et une légère reprise de l'activité industrielle, la crise persiste et les Espagnols sont loin d'apercevoir le bout du tunnel... À quand le changement de société tant attendu par les *indignados* ?

IMMIGRATION CLANDESTINE

Andalousie : la porte d'entrée si convoitée de l'Europe

Les chemins de l'immigration clandestine qui débouchent en Andalousie sont bien connus. Les ressortissants des pays de la ceinture saharienne rejoignent ainsi Maghnia en Algérie, puis Oujda, Fès, Rabat et Tanger au Maroc. Beaucoup proviennent d'Afrique subsaharienne : Nigeria, Mali, Sénégal, Guinée-Bissau...
Au début des années 1990, la médina de Tanger était le haut lieu du trafic. Il suffisait de s'adresser à certains cafés pour organiser le voyage. Les autorités tant espagnoles que marocaines fermaient peu ou prou les yeux. Il faut dire que les chantiers de construction des sites des J.O. et de l'Expo universelle de Séville faisaient une grosse consommation de main-d'œuvre bon marché. Avec la complicité des autorités, ils embarquaient (selon les témoignages recueillis par notre confrère Maurice Lemoine du *Monde diplomatique*) sur le ferry Ceuta-Algésiras, « en toute simplicité ». Le passage est devenu aujourd'hui bien plus difficile, et prend un visage affligeant. De nombreuses ONG dénoncent les conditions précaires des sans-papiers, rejetés aux portes du désert marocain par des barrières technologiques de plus en plus efficaces. Ayant tout à jouer et surtout rien à perdre, ils s'accrochent parfois aux essieux des camions embarqués sur les bacs ou se dissimulent dans les containers (on retrouve des évocations de ces pratiques dans le film *Loin,* d'André Téchiné).
La plupart, cependant, continuent de tenter l'aventure par voie de mer. Certains passeurs affrètent des barques à fond plat (les tristement célèbres

pateras), indécelables par les radars des garde-côtes, et y entassent hommes, femmes et enfants. Longtemps, les passages se sont surtout faits sur l'axe Tanger-Tarifa, Ceuta-Algésiras et Nador-Almería pour les plus courageux. La confluence de l'océan Atlantique et de la mer Méditerranée rend très difficile la navigation pour ces barcasses de fortune : la *guardia civil* ne compte plus celles qui touchent le fond, la Méditerranée prélevant son tribut. En majorité, les passages s'effectuent de nuit, les mois d'été. Parfois, certains mafieux qui organisent le trajet poussent le cynisme jusqu'à redébarquer les clandestins sur les côtes du Maroc... Une véritable manne pour les passeurs peu scrupuleux qui alimentent l'économie souterraine.

Renforcement de la vigilance espagnole oblige, avec en plus, depuis 2007, le soutien logistique de *Frontex* (une agence européenne de protection des frontières créée en 2004), les candidats à l'émigration étaient un peu moins nombreux à tenter l'incroyable traversée entre les côtes d'Afrique de l'Ouest (mauritaniennes en particulier) et les Canaries : moins de 13 000 arrivées en 2007 (après un record de plus de 30 000 en 2006). Mais cette route vers le « paradis européen » a repris de plus belle en 2008, et s'effectue toujours dans les mêmes conditions effroyables : 5 jours minimum de navigation depuis la Mauritanie, sur des bateaux en piteux état, et arrivée aux Canaries dans un état sanitaire déplorable (déshydratation, hypothermie, brûlures, etc.), lorsque la mer et ses dangers ne coupent pas brutalement le chemin de l'exil. L'Espagne réclame une aide plus conséquente des membres de l'Union européenne en général, et de *Frontex* en particulier, avec des moyens en hommes et en matériel autrement plus importants que ceux actuellement mis à sa disposition. Car cette route étant aussi la moins coûteuse, le filon ne risque pas de se tarir tout de suite pour les passeurs et divers profiteurs de la détresse humaine...

La troisième et dernière voie d'immigration ressemble très fortement au *mur de la honte.* La petite enclave de Ceuta (un territoire espagnol en terre marocaine) partage 8 km de frontière avec le royaume chérifien. Pour les séparer, un gigantesque mur de 3 m de haut équipé de caméras thermiques et de détecteurs sensoriels. Du haut de ses points d'observation, la *guardia civil,* à l'aide de jumelles à vision nocturne, repère ceux qui viennent se brûler les ailes sur les barbelés de Schengen. Tant à Ceuta qu'à Melilla, l'autre enclave espagnole au Maroc, ils sont parfois plusieurs centaines à s'élancer en même temps, avec des échelles de fortune, pour tenter de déjouer l'attention des gardes-frontière. Fin septembre 2005, la mort de plusieurs d'entre eux, tués par balle, a enfin attiré l'attention de l'opinion publique et des autorités. « Quand la répression, financée par l'Union européenne se durcit, les immigrés subsahariens risquent le tout pour le tout », constate Hicham Rachidi de l'Association des amis des familles et victimes des immigrés clandestins (AFVIC). Parmi ceux qui réussissent à passer, ceux qui ont conservé leurs papiers sont immédiatement reconduits à la frontière. Les autres sont placés dans le camp de Calamocarro, en attendant que l'on sache quoi faire d'eux. Construit pour accueillir 500 personnes, on s'y entasse aujourd'hui à plus de 2 000. Certains de leurs occupants, Maghrébins, Africains francophones et anglophones, n'hésitent pas à attenter à leur propre santé afin qu'une ONG fasse accepter par les autorités un traitement urgent en Europe. Une solution, si l'on peut dire, à double tranchant, car de plus en plus d'hôpitaux espagnols refusent les patients sans papiers et insolvables... Les autres font une demande d'asile, en attendant que l'on statue (sans grand espoir) sur leur sort. La plupart, cependant, restent coincés du côté marocain, s'accrochant à l'espoir d'un hypothétique passage, leurs maigres économies envolées ou dérobées, incapables désormais de rebrousser chemin (les filières sont unidirectionnelles). Et comment revenir les bras vides après des années d'errance et d'espoir ? En attendant une vraie implication de l'Occident dans la lutte contre la pauvreté en Afrique, source primaire du mal, le gouvernement socialiste espagnol a surélevé les clôtures.

MÉDIAS

Votre TV en français : TV5MONDE partout avec vous

TV5MONDE est reçue partout dans le monde par câble, satellite et sur IPTV. Dépaysement assuré au pays de la francophonie avec du cinéma, du divertissement, du sport, des informations internationales et du documentaire.

En voyage et au retour, restez connecté ! Le site internet • tv5monde.com • et son application iPhone, sa déclinaison mobile (• m.tv5monde.com •), offrent de nombreux services pratiques pour préparer son séjour, le vivre intensément et le prolonger à travers des blogs et des visites multimédia.

Demandez à votre hôtel le canal de diffusion de TV5MONDE et n'hésitez pas à faire part de vos remarques sur le site • tv5monde.com/contact •

Presse

L'Espagnol lit peu, mais lit proche. Les deux grands quotidiens nationaux *El Mundo* (1,2 à 1,3 million de lecteurs), de sensibilité libérale droitière, et *El País* (2 millions), plus socialisant, n'atteignent ces chiffres de diffusion que grâce à leurs éditions régionales (15 pour le premier, 7 seulement pour le second). Dans tous les cas, ils sont désormais dépassés par certains gratuits, au premier titre desquels *20 Minutos* (2,4 millions de lecteurs).

Dans les hôtels, les restaurants et les campings, les quotidiens régionaux se taillent la part du lion et, le plus souvent, on ne trouve qu'eux. Mais ils sont bien différents des grands titres de la presse régionale française. Les régionaux espagnols dépassent rarement les 200 000 exemplaires et ne s'intéressent guère qu'à l'actualité d'une ou de deux provinces. D'où une foultitude de titres (près de 10 pour la seule Andalousie). Pour la plupart, ils traitent avec soin des nouvelles internationales (surtout européennes, en fait) et nationales, mais y ajoutent d'innombrables pages locales où fleurissent les faits divers. Pour le voyageur, ce peut être une aubaine : le moindre événement, le moindre concert, la moindre foire artisanale ou marché sympa est signalé. Ajoutons les annonces publicitaires, les agendas culturels souvent très détaillés (cinés, théâtres, spectacles...), les pages TV, etc. Bref, une mine d'infos que cette presse locale, même si, il faut bien le dire, elle est encore plus conservatrice que la presse régionale française.

En Andalousie, il existe une multitude de journaux locaux, comme le *Diario de Almería* qui ne traite que de la province d'Almería, le *Diario de Cadiz* pour la province du même nom, ou *Sur* qui recense tous les événements ayant lieu sur la Costa del Sol entre Málaga et Gibraltar. Les tirages sont loin d'être ridicules : *Ideal*, qui diffuse sur la région Jaén-Granada-Almería, tire chaque jour à environ 40 000 exemplaires. Pour bien préciser l'importance de cette info locale, il suffit de dire que *Marca*, le grand quotidien sportif, imprime chaque jour 10 éditions régionales. Forcément, les équipes de foot ne sont pas les mêmes à Vigo ou à Séville, tout le monde sait ça !

Côté magazines, la presse people caracole en tête derrière le vétéran ¡ Hola ! et ses 730 000 exemplaires. Les concurrents sont nombreux : *Semana, Diez Minutos* et le petit dernier ¿ Qué me dices ? La presse people espagnole fouille nettement moins dans les poubelles que ses homologues européens. Certes, on y parle des top models et de Caroline de Monaco, mais ce qui plaît aux Espagnols, ce sont les infos (pas les ragots) sur les toreros, les grands chanteurs de flamenco et les rejetons de la noblesse (la famille royale d'Espagne en particulier). Bref, la tendance serait plus *Point de vue* que *Gala*. Et quand la fille de la duchesse d'Albe épouse le fils d'un grand torero remarié avec une chanteuse de flamenco, c'est du délire ! En fait, c'est un bon moyen d'entrer dans la société espagnole par la petite porte.

Télévision

Une surprise : les petits tirages de la presse TV. *Teleprograma,* le leader, plafonne à 250 000 exemplaires. Les Espagnols regarderaient-ils peu la TV ? Certes non, ils sont même les champions cathodiques d'Europe. Dans les bars, les restos, les campings, il y a toujours une TV allumée, le volume à fond de préférence. C'est l'une des plaies des campings espagnols. Mais la TV espagnole est simple : sports, séries, jeux, journaux télévisés, corridas et quelques films. Dans l'intervalle, des débats pour passer le temps.

Aux cinq chaînes principales, TVE 1, TVE 2 et Antena 3 (chaînes d'État, la dernière avec des décrochages régionaux), Tele 5 (chaîne des *reality shows,* des jeux et des potins) et Canal Plus, s'ajoutent quelques chaînes locales comme Canal Sur en Andalousie. Les horaires des programmes se trouvent dans le journal local, donc pas besoin de journal spécialisé. Sachez que les journaux télévisés suivent l'heure des repas (15h et 21h sur TVE 1 ou Antena 3, 22h sur TVE 2).

Ce qui plaît le plus aux Espagnols à part le foot, les corridas et le cyclisme, ce sont les émissions people (décidément, c'est leur truc), comme *Gente* sur TVE 1 ou *Rumores* sur Antena 3 sans compter celles en boucle de Tele 5. Soyez certain que le patron du petit bistrot dans lequel vous dînez tranquillou va zapper d'un match de foot à une course cycliste, même de seconde catégorie, avant de vous infliger les liaisons de la chanteuse Isabel Pantoja avec le maire de Marbella et la fin de la superbe corrida de Valence. Vous n'aurez plus qu'à vous réfugier dans votre hôtel pour visionner un bon reportage sur des sujets de société (les journalistes espagnols excellent dans cet exercice) ou des chaînes codées ou câblées.

Radio

De ce côté-là, c'est un peu la pagaille. Des centaines de miniradios inondent la bande FM. Pour écouter de la musique locale (surtout en Andalousie), c'est l'aubaine, sauf en voiture car le *cantaor* au *duende* fabuleux se trouve soudain remplacé par un débat sur la culture des olives au détour d'une colline. Une valeur sûre, la radio nationale avec Radio Clásica (pour la musique... classique !) ou Radio 3 (du rock au hip-hop en passant par les musiques du monde).

PATRIMOINE ANDALOU
:::

Architecture

Aux origines

Si les Carthaginois et leurs puissants ennemis romains n'ont laissé que peu de traces architecturales en terre ibérique en général, on en trouve cependant quelques vestiges en Andalousie, comme le site de **Baelo Claudia** (proche de Tarifa) et, surtout, pour les romains, l'architecture intérieure des maisons organisées autour d'un **patio** (voir plus bas). Les envahisseurs Wisigoths contribuent, eux, à enrichir le patrimoine espagnol plus largement, du moins dans sa partie nord et centrale. Débarqués au VIe s, ces Ariens (une secte chrétienne) bâtissent des églises massives, trapues, aux murs parfois cyclopéens, inspirées des traditions romaine et byzantine. On en rencontre encore, souvent perdues en pleine campagne, en particulier en Catalogne et en Aragon. Croix de Malte, pampres et animaux y ornent autel et chapiteaux.

L'architecture romane

Des éléments wisigoths typiques, comme les fenêtres en forme de serrure, se transmettent au préroman, qui s'épanouit à partir du IXe s entre Catalogne, Asturies et Galice. Dans les replis montagneux du nord, de miniroyaumes chrétiens, derniers remparts contre l'avancée musulmane, se forment puis se renforcent tandis que Compostelle prend de l'importance. Le style roman s'impose peu à peu au gré des pérégrinations des pèlerins.

L'époque maure

À **Cordoue, plus grande cité d'Europe occidentale au Xᵉ s,** une réalisation incarne le développement et la puissance rayonnante du califat d'Al-Andalus : la grande mosquée (la **Mezquita**), la plus vaste du monde après celle du Caire. Ses 800 colonnes forment une merveilleuse forêt aux arcades se multipliant comme autant de frondes de palmiers. Dans ce monde sûr de lui, qui prend le meilleur des autres cultures sans craindre leurs influences, les artisans de toutes les minorités participent à la construction. Ce sont ainsi des Byzantins qui réalisent l'exceptionnelle mosaïque or et bleu cobalt du grand mihrab. À **Medina Azahara** (tout proche de Cordoue), Abd el-Rahman fait ériger un palais à la mesure de sa gloire – une cité planifiée en fait, l'une des toutes premières de l'Histoire. Entourée de jardins, elle naît de cette volonté si musulmane de redessiner sur terre un coin de paradis terrestre. Ce mot même de « paradis », d'origine persane *(pairidaeza),* désigne d'ailleurs à l'origine un « jardin clos »... Les fontaines aux doux gargouillements s'ornent souvent de bronzes zoomorphes. L'islam andalou est ainsi fait qu'il tolère, dans une certaine mesure, les représentations animales, et même humaines. On les retrouve sur des coffrets de bois ou d'ivoire, de la vaisselle, des céramiques et certaines fresques. Jusqu'à cette splendide famille de lions en pierre soutenant la vasque d'une cour de **l'Alhambra, à Grenade.** L'art médiéval maure y explose une dernière fois de génie : les palais des rois nasrides et leur écrin de jardins, dessinés au XIVᵉ s, sont une vraie poésie de marbre, de pierre et de stucs.

Le mudéjar

Désunis, les royaumes musulmans succombent peu à peu à la reconquête espagnole, entre le XIᵉ s et le milieu du XIIIᵉ s. Les rois chrétiens ne se montrent pas forcément hostiles au monde qu'ils découvrent, et créent sans le vouloir un nouveau style architectural, le mudéjar. S'inspirant de la tolérance qui prévalait dans la Cordoue omeyyade, Alphonse X el Sabio (le Sage !) s'entoure de lettrés espagnols et arabes, de mathématiciens et d'astronomes juifs. **Les Rois Catholiques raffolaient du raffinement dont bénéficiaient les califes et sultans,** et souhaitaient avoir le même décor pour leurs propres palais. Au siècle suivant (1362), Pierre Iᵉʳ le Cruel ordonne à Séville la construction du palais de **l'Alcázar,** dans un style directement inspiré de l'ornementation maure : arabesques, voûtes en stalactites, arcs en fer à cheval, faïences, broderies de pierre et de stucs, plafonds à caissons marquetés. Le mudéjar, mêlant au gothique occidental le savoir-faire des artisans de Grenade, atteint son apothéose.

MUDÉJAR ?

Ce mot vient de l'arabe et signifie « domestiqué ». Il s'agit de ces musulmans qui durent rapidement se convertir face à la victoire des Rois Catholiques (1492). Ces derniers n'avaient pas la réputation d'être particulièrement tolérants. Bien moins, en tout cas, que les musulmans éclairés dont ils prirent la place.

Reconquête par la pierre

La **reconquête** achevée marque le début d'une période toute de gloire, tournée vers la soumission des Amériques et le triomphe sans partage du catholicisme d'État. Églises, chapelles et monastères de style gothique (bientôt flamboyant, et plus souvent isabellin, du nom de la reine Isabelle la Catholique) se multiplient, souvent en lieu et place des anciennes mosquées. La taille dit tout : la **cathédrale** *de Séville,* dominée par la tour de la Giralda (ex-minaret...), culminant à 97,50 m, est alors la plus grande du monde. À Cordoue, la grande Mezquita aux 800 colonnes menace d'être rasée. La municipalité s'y oppose, mais ne peut empêcher l'Église d'éventrer l'édifice et de faire élever, en son centre, une anachronique et colossale cathédrale.

Le plateresque

Le XVIe s subit tardivement l'influence de la Renaissance italienne, mais elle ne s'épanouit pas en Espagne aussi aisément que dans le reste de l'Europe. C'est ainsi qu'un style remodelé, adapté, qui voit le jour : le *plateresque* – son nom vient de la manière dont on ciselait l'argent *(plata),* très minutieusement, comme le faisaient les orfèvres. Le souci du détail et la richesse ornementale qui le caractérisent le rendent parfois lourd à digérer. Les portes et les fenêtres des églises sont le théâtre majeur de son expression. *Diego de Siloé,* l'architecte de Burgos, en est l'un des représentants les plus fameux. Les éléments principaux du plateresque sont décoratifs et non structurels : colonnes en forme de candélabres ornementées de motifs en arabesques et surmontées de chapiteaux corinthiens, intégration de motifs floraux et de sculptures, usage ornemental de blasons héraldiques et d'enroulements, influences mudéjares et gothiques persistantes. On utilise aussi les *azulejos,* ces fameux carreaux de faïence peints, souvent bleus.

Dans la seconde moitié du XVIe s, on assiste à un retour à une certaine austérité, sous la conduite de l'architecte Juan de Herrera, proche de Charles Quint. Dans ce style *herreriano,* les volumes se font immenses, les plans rigoristes, les lignes droites ; l'ornementation est réduite à sa plus simple expression. Ainsi au palais royal d'Aranjuez, à l'Alcázar de Tolède ou encore à l'Escurial, son principal chef-d'œuvre.

La réaction churrigueresque

Au début du XVIIe s, le *herreriano* a vécu. Les Espagnols, aux goûts foncièrement exubérants, s'accommodent mal des architectures ternes. *Le règne du baroque, venu d'Italie, s'affirme.* D'abord plutôt sages, les façades et les autels explosent au XVIIIe s en formes rococo, sous l'égide de *José Benito Churriguera* (1665-1725), sculpteur de formation. On parle ainsi de style churrigueresque. Stucs et sculptures polychromes, angelots potelés et dorés, guirlandes, moulures végétales et balustrades entrent en fanfare dans les églises. Vous avez dit surchargé ? Il n'est qu'à voir le retable de l'église San Esteban de Salamanque, l'un des premiers chefs-d'œuvre (1693) du maître, pour s'en convaincre. Salamanque est sans conteste la ville d'Espagne la plus riche en monuments churrigueresques, avec sa plaza Mayor réputée comme étant l'une des plus belles du pays. Le churrigueresque s'est aussi particulièrement bien exporté dans les colonies américaines – et surtout au Mexique.

Le modernisme

Au XIXe s finissant et à l'aube du XXe s, le style néoclassique n'a guère laissé de chefs-d'œuvre en Espagne, mais c'est probablement en Andalousie qu'on en trouve le plus de déclinaisons, en néomudéjar, néogothique ou néobaroque, essentiellement sur des bâtiments d'intérêt public : poste, arènes, etc. Pendant ce temps, l'architecture catalane s'éveille sur une nouvelle période faste : celle du modernisme, cousin de l'Art nouveau. Mais c'est une autre région d'Espagne !

Petit lexique

– *Abbassides :* nom donné aux califes arabes issus de la dynastie d'Abu Abbas al-Saffah.
– *Alcaicería :* souk où l'on trouvait des objets de luxe. Il était en général fermé.
– *Alcazaba :* cité ceinte de hauts remparts. À ne pas confondre avec l'alcázar.

– *Alcázar :* palais habité par les rois et gouverneurs.
– *Almohades :* nom des Berbères qui dominèrent une bonne partie de l'Espagne et tout le Maghreb du milieu du XII⁰ s jusqu'au milieu du XIIIᵉ s.
– *Art du califat de Cordoue :* on le retrouve dans l'art de la *mezquita* (mosquée). L'influence syrienne y fut très grande.
– *Azulejos :* carreaux de faïence qui couvrent le bas des murs et qui forment de fantastiques combinaisons géométriques. Les dominantes de couleurs sont le bleu, le vert, l'ocre et l'argenté. Les formes s'entrelacent à l'infini et composent souvent de belles étoiles.
– *Mauresque :* nom donné à l'art musulman utilisé en Espagne de manière générale.
– *Mihrab :* niche vers laquelle on se tourne pendant la prière dans une mosquée. Elle est en général voûtée et ornée de motifs délicats et de textes sacrés calligraphiés.
– *Morisques :* musulmans qui restèrent en Espagne après la Reconquista. La répression qu'ils subirent les poussa à se réfugier dans les Alpujarras, avant d'être chassés du pays en 1609.
– *Mozarabe (art) :* art chrétien influencé par l'art musulman pendant l'occupation arabe, à partir du Xᵉ s. C'est l'exact parallèle de l'art mudéjar.
– *Mozarabes :* nom donné aux chrétiens pendant l'occupation musulmane..
– *Omeyyades (ou Umayyades) :* dynastie qui domina l'Espagne du VIIIᵉ s au milieu du XIᵉ s. Fondée par Mu'awiyya, calife au VIIᵉ s. Réputée pour sa tolérance vis-à-vis de la représentation des animaux et des êtres humains.

Patios

Bien avant les Arabes, ce sont les Romains qui instituèrent l'ordonnancement de l'habitat autour du patio, petite cour centrale non couverte. Cette organisation fut développée par les Arabes. Le patio possède de multiples avantages. Il permet d'avoir le sentiment d'être chez soi tout en étant à l'extérieur, il protège des regards curieux ainsi que du soleil. La chaleur y est moins forte et la lumière moins crue. C'est un lieu de réunion, de rencontre de toute la famille. Une multitude de géraniums furieusement rouges et autres plantes en pots en tapisse souvent les murs, tandis qu'une fontaine centrale fait bruire un filet d'eau rafraîchissant.
Les **patios de Cordoue** sont sans doute les plus beaux d'Andalousie : petits pavés mal ajustés au sol, beaux panneaux d'azulejos sur la partie basse des murs, grille en fer forgé élégamment travaillée à l'entrée. Chaque année, un concours est d'ailleurs organisé pour célébrer les plus beaux !

PERSONNAGES

La période romaine

Très tôt, l'Andalousie a produit son contingent de grands hommes : le philosophe **Sénèque** (4 av. J.-C.-65 apr. J.-C.) et le poète **Lucain** (39-65), tous deux nés à Cordoue, et les deux grands empereurs **Trajan** (53-117) et **Hadrien** (76-138), tous deux nés à Itálica (jouxtant l'actuelle Séville).

L'âge d'or d'Al-Andalus

La civilisation d'Al-Andalus a donné naissance aux médecins et aux philosophes les plus brillants que le Moyen Âge a connus. Ces derniers ont exercé une influence déterminante tant sur le monde arabe que sur l'Occident chrétien, permettant la diffusion de la pensée grecque (principalement celle d'Aristote) et préparant l'avènement de la Renaissance.

– **Avenzoar** *(1091-1162) :* de son nom arabe Abu Merwan ibn Zuhr, c'est l'un des plus grands médecins du Moyen Âge, précurseur de la médecine expérimentale. Il se différencie en testant sur l'animal avant d'appliquer à l'homme, pratiquant par exemple la trachéotomie sur une chèvre. La liste de ses découvertes est immense ; on retiendra la mise au point de l'alimentation artificielle par sonde œsophagienne ainsi que des avancées capitales sur les maladies du cerveau.

– **Averroès** *(1126-1198) :* de son nom arabe Abú al-Walid ibn Ruchd, c'est l'esprit le plus brillant de son temps, à la fois philosophe, médecin (disciple d'Avenzoar), mathématicien, astronome et homme de loi. Né à Cordoue, il occupe de hautes fonctions, notamment grand cadi de cette ville en 1171 et premier médecin à la cour du calife Abú Yaqub Yusuf en 1182. Appelé à Marrakech par al-Mansur pour y réformer l'administration de la justice, il retourne à Cordoue pour y professer sa vision de la philosophie... qui lui vaut ses pires ennuis. Averroès voit ses livres brûlés et doit vivre dans la clandestinité et la pauvreté jusqu'à ce qu'il soit rappelé à Marrakech, où il meurt réhabilité en 1198. Qu'avait-il donc écrit pour s'attirer de telles foudres ? Eh bien, que les vérités métaphysiques pouvaient s'exprimer de deux manières différentes, et pas forcément contradictoires : par la philosophie et par la religion. Il revient au sens originel de l'enseignement d'Aristote et cherche à concilier la philosophie aristotélicienne et la foi musulmane. Sa doctrine, traduite en latin et en hébreu, soulève des débats passionnés dans le monde chrétien où elle est condamnée par l'Église dès 1240. Contribuant à la diffusion des cultures grecque et arabe dans le monde occidental, il a une influence majeure sur les penseurs du Moyen Âge. Le cinéaste égyptien Youssef Chahine lui a consacré un beau film : *Le Destin.*

– **Maïmonide** *(1135-1204) :* né à Cordoue, médecin, théologien et philosophe juif, de son nom hébreu Moshe Ben Maimon (connu par les Arabes comme Mussa ibn Maimún), c'est un pur produit d'Al-Andalus. La répression religieuse exercée par les Almohades à leur arrivée au pouvoir oblige sa famille à simuler sa conversion à l'islam puis à fuir en Palestine. À 30 ans, pour assurer la subsistance de sa mère, Moshe commence à prodiguer des soins et acquiert une telle réputation que le sultan Saladin en fait son médecin personnel ! Il rédige 18 traités sur des sujets variés comme l'asthme, la vie conjugale, les hémorroïdes, la conservation de la santé, les plantes médicinales (en herboristerie et phytothérapie, on n'a guère fait mieux depuis !). En tant que théologien, on lui doit une immense compilation du Talmud et, en tant que philosophe, un *Guide des égarés* où il essaie de mettre en accord l'enseignement de la Torah avec la philosophie d'Aristote (se posant en cela en digne collègue d'Averroès !). C'est sans doute la plus haute figure juive du Moyen Âge, et toute conception rationaliste du judaïsme, jusqu'à ce jour, se réclame de Maïmonide.

– **Ibn al-Arabi** *(1165-1240) :* né à Murcie, il fait ses études à Séville. Il écrit plusieurs livres témoignant de sa conception mystique de la vie humaine, assimilée à un voyage vers Dieu et en Dieu, qui a une influence considérable sur le soufisme. Lorsqu'il meurt à Damas, sa réputation a déjà gagné tout l'Orient.

Les grandes découvertes

– **Alvar Núñez dit Cabeza de Vaca** *(vers 1490-1558) :* né à Jerez de la Frontera, il part en 1528 conquérir la Floride. Il est l'un des rares survivants du voyage et met 9 ans pour rejoindre Mexico puis l'Espagne, où il se fait nommer gouverneur du Paraguay. Il repart en 1540 avec 700 hommes, navigue jusqu'au sud du Brésil et continue par voie terrestre, explorant le bassin de l'Iguaça et opérant de nombreuses reconnaissances, notamment dans la direction du Pérou. Mais pendant l'absence de ses troupes envoyées combattre les indigènes, il est emprisonné par des Espagnols révoltés, renvoyé en Espagne et condamné à l'exil. Acquitté en appel, il termine gentiment sa carrière en tant que président du bureau de commerce des Indes à Séville.

– **Bartolomé de Las Casas** (1474-1566) : son père Francisco avait accompagné Christophe Colomb dans son deuxième voyage et avait reçu à Haïti une concession que Bartolomé va administrer. En 1510, ordonné prêtre, il accompagne les conquistadors en tant qu'aumônier mais, en 1515, il part pour l'Espagne afin de rapporter au roi les cruautés des colonisateurs et leurs impacts sur la population des nouvelles colonies. Il imagine quelques mesures judicieuses mais, hélas, propose – il s'en repentira plus tard – de généraliser la substitution d'esclaves noirs aux indigènes amérindiens. En 1520, il se fait attribuer une province (l'actuel Venezuela) pour y mettre en pratique ses idées humanistes, mais les excès de ses prédécesseurs et de certains de ses propres compagnons ne lui permettent pas d'éviter escarmouches et massacres. Il décide alors de s'appuyer sur un ordre puissant, les dominicains de l'Observance, et parvient en 1543 à faire promulguer les *Nuevas Leyes para la gobernación de las Indias y buen tratamiento y conservación de los Indios*. Nommé évêque du Chiapas, il y est très mal accueilli par les colons, tente de faire respecter les nouvelles lois, mais l'hostilité de ses diocésains ne lui permettant même pas d'acheter la moindre nourriture, il rentre définitivement en Espagne en 1547. Jusqu'à sa mort, il est un zélé défenseur des peuples indigènes, dénonçant les abus et les injustices de la colonisation et s'attirant la sympathie de Philippe II. Il écrit de très nombreux ouvrages, dont une *Brevíssima relación de la destrucción de las Indias*, immédiatement traduit en une demi-douzaine de langues. Seule (grosse) tache sur son œuvre de philanthrope : la question des Noirs qui lie son nom au développement de l'esclavage en Amérique, et ce, pour 4 siècles.

Arts et lettres

Séville voit naître deux des plus grands peintres du Siècle d'or espagnol : **Diego Rodrígues de Silva y Velázquez** (1599-1660) et **Bartolomé Esteban Murillo** (1618-1682). Málaga n'est pas en reste, qui donne naissance en 1881 au fils d'un prof de dessin promis à un grand avenir : un certain Pablo Blasco... connu sous le nom de **Pablo Picasso** !

Côté musique, on retiendra surtout **Manuel de Falla,** né à Cadix en 1876, l'auteur des fameuses *Nuits dans les jardins d'Espagne* et de *L'Amour sorcier.*

La littérature est représentée par **Federico García Lorca** (1800 1936), l'auteur du *Romancero gitano* dont la vie est évoquée dans l'introduction à la ville de Grenade, et par deux auteurs contemporains à découvrir, **Agustín Gomez-Arcos,** né à Almería en 1939, émigré en France en 1966 et auteur de huit romans écrits en français parmi lesquels *Ana non* qui obtient le

QUAND LA CARAVANE PASSE...

Le « chien andalou » était le surnom donné par Buñuel et Salvador Dalí à leur ami le poète Federico García Lorca quand ils logeaient ensemble à la Residencia de Estudiantes de Madrid. C'est également le nom du court-métrage muet surréaliste que les deux compères tournèrent en 1929.

prix du livre Inter en 1977 et le prix Roland-Dorgelès en 1978, et **Antonio Muñoz Molina,** né à Úbeda dans la province de Jaén en 1956, dont huit romans ont été traduits dans notre langue.

Diego de Siloé (1495-1563) est l'un des architectes et sculpteurs les plus talentueux de son époque. Passant du gothique castillan à la maîtrise de l'art italien de la Renaissance, il poursuit sa formation en Italie, où il collabore aux sculptures de l'église San Giovanni à Carbonara, puis retourne en 1519 à Burgos, dont il est originaire. Il y réalise le *Christ à la colonne* dans la sacristie de la cathédrale Santa María et participe au décor de la monumentale chapelle du Connétable, avant de poursuivre la construction du fastueux monastère de San Jerónimo. Son ambition de bâtir comme les Romains trouve matière à s'exercer dans la conception originale de la cathédrale de Grenade. L'influence de son style marque également les cathédrales de Málaga, de Séville (1536) et de Guadix (1549).

Cinéma

– **Antonio Banderas** *(né en 1960) :* originaire de Málaga, où il a appris le métier d'acteur à l'école d'art dramatique, ce sex-symbol fut l'un des acteurs fétiches d'Almodóvar, avec lequel il a tourné *Le Labyrinthe des passions, Matador, Femmes au bord de la crise de nerfs, Attache-moi...* Mais après son mariage avec Melanie Griffith, il a privilégié sa carrière américaine, bien plus lucrative. Après avoir tourné dans *Philadelphia, Evita,* sans oublier quelques navets avec sa belle, Banderas a incarné Zorro dans une superproduction hollywoodienne *(Le Masque de Zorro),* avant de récidiver dans la suite, *La Légende de Zorro.* Il n'a toutefois pas totalement délaissé le cinéma d'auteur puisqu'en 2011 on le retrouve sous la direction d'Almodóvar, pour jouer le rôle principal dans l'étrange *La piel que habito.*

– **Luis Buñuel** *(1900-1983) :* cinéaste espagnol naturalisé mexicain. En 1925, il fuit la dictature de Primo de Rivera pour la France où il fait ses premières armes comme assistant du réalisateur Jean Epstein. Avec quelques copains, dont Dalí, qu'il fréquentait déjà sur les bancs de la fac de Madrid, il réalise en 1928 *Un chien andalou,* manifeste surréaliste qui fait scandale. Après un exil aux États-Unis, il tourne au Mexique quelques productions commerciales et l'un de ses plus beaux films, *Los Olvidados,* sans toutefois s'éloigner de son précepte surréaliste et de son sens moral, puis retourne à ses premières amours, la France, où il réalise quelques-uns de ses chefs-d'œuvre : *Belle de jour* (1966) et *Tristana* (1970), avec Catherine Deneuve, *Le Charme discret de la bourgeoisie* (1972) et *Cet obscur objet du désir* (1977), avec la belle Carole Bouquet qui fait alors ses débuts au cinéma.

Flamenco

– **Camarón de la Isla** *(1950-1992) :* un véritable phénomène du flamenco chanté. La passion mystique que Jorge Monje Cruz (c'est son vrai nom) a déchaînée est extraordinaire. Dans les petits villages d'Andalousie, les grands-mères lui amenaient même les enfants pour qu'il les touche afin de leur porter chance... c'est dire ! Sa collaboration avec Paco de Lucía a évidemment marqué sa carrière. Malheureusement, la Grande Faucheuse est venue le cueillir prématurément, laissant orphelins de nombreux Espagnols.

– **Lola Flores** *(1923-1995) :* native de Jerez de la Frontera, Lola Flores est la Dalida du flamenco. Celle qu'on surnommait la Faraona laisse un souvenir ému aux aficionados. Sa fille, Lolita, a bien tenté de reprendre le flambeau, mais dans un style nettement plus commercial.

– **Paco de Lucía** *(né en 1947) :* avec Camarón de la Isla, il a débarrassé le flamenco de son folklore régional en l'associant à des notes jazzy. L'autre originalité de ce guitariste, originaire de Cadix, est d'être soliste alors que la tradition veut que le guitariste ne soit qu'un accompagnateur du flamenco, soit chanté, soit dansé.

POPULATION

Terre d'ombre et de lumière, de plateaux arides, de vallées fertiles, l'Andalousie fut aussi le berceau d'une culture contrastée. Et, de même qu'une harmonie naît de ces paysages variés, une symbiose exceptionnelle naquit de la cohabitation des peuples juif, arabe et chrétien. C'était avant l'Inquisition. L'islam rayonna près de 800 ans sur l'Espagne entière, les arts et les sciences imprimèrent leur prestige aux Madrilènes mêmes. La Reconquista, lentement puis violemment, anéantit cet équilibre prospère, et l'Andalousie déclina à force de persécutions, de massacres et d'exils.

S'il faut évoquer un peu leur histoire avant de parler des Andalous, c'est que ceux-ci ont gardé de cet héritage riche et douloureux une dimension caractéristique. Ce sont d'abord les villes qu'ils habitent, aux monuments extraordinaires, où le style mudéjar brille incroyablement. La Giralda de Séville, la Mezquita de Cordoue et l'Alhambra de Grenade en sont autant de témoignages grandioses. Les habitations portent aussi la marque de l'Afrique du Nord : villes « blanches » aux maisons chaulées, avec en plus cet art du patio doux et fleuri

BON SANG, MAIS C'EST BIEN SÛR !

Les grandes familles espagnoles se targuaient d'avoir la peau claire, et les veines bleues apparentes, par opposition aux occupants maures (pas très catholiques) et aux juifs... Les gens bien nés n'allaient jamais au soleil (la mode du bronzage fut créée par Coco Chanel à partir de 1920). Par extension, le sang bleu, directement dérivé de l'espagnol « sangre azul », est devenu synonyme de noblesse. L'expression a ensuite traversé les Pyrénées.

qu'on ne trouve nulle part ailleurs, oasis de fraîcheur et de paix. Les Andalous, peuple pudique, aiment ces jardins secrets. Un amour de la qualité qu'on retrouve dans les productions régionales, telles celles du jerez de la province de Cadix, vin mondialement réputé, et des taureaux et chevaux de la campagne sévillane.

La philosophie des Andalous est un idéal de bonheur : « Une vie de vin, de femmes et de chants. » Le côté un rien macho mis à part, comment ne pas leur donner raison ? En comparaison, la Castille attache bien plus d'importance au travail, à la religion, aux valeurs militaires et à la politique. En Andalousie, on reporte volontiers le travail au lendemain et on vénère bien plus un poète qu'un curé... Les Andalous ont un comportement difficilement compatible avec l'austérité du Nord : ils prennent leur temps, vivent leurs amours en machos et laissent toute liberté aux enfants.

Quand il n'est pas rêveur et silencieux, l'Andalou fait la fête. Alors éclate son tempérament passionné. Il faut voir les processions de la Semaine sainte à Séville pour saisir un peu de cette ferveur festive qui donne à l'événement un ton presque païen. Les ferias sont aussi l'occasion de se réunir et de s'animer. La fête est partout présente, la jeunesse andalouse brûle de plaisir, gonfle les *bodegas.* Optimiste, dynamique et ouverte, l'Andalousie est portée par le chant flamenco, expression peut-être la plus achevée de ce que l'âme contient de douleur, d'amour et d'espérance. Le cœur de l'Andalou.

RELIGIONS ET CROYANCES

À ce propos, les clichés ont la vie dure : l'Espagne apparaît à beaucoup comme un pays très catholique, fortement empreint de religiosité, où toutes les femmes s'appelleraient María Dolores et les hommes Jesús ou José. Qu'en est-il réellement ?

Certes, d'après de récents sondages, 73 % (94 % officiellement) des Espagnols se reconnaissent de confession

L'AURÉOLE DES SAINTS

Partout dans la chrétienté, l'auréole est le symbole des saints. Au départ, on apposait un disque métallique, juste pour protéger la tête des statues de la chute de pierres ou de la tombée des eaux qui suintent des plafonds. Peu à peu, les fidèles ont cru que cette protection était l'attribut de la sainteté...

catholique, ce qui laisse peu de place pour les autres confessions religieuses. Mais ce chiffre, qui donne l'image d'un catholicisme triomphant, cache une baisse prononcée de la fréquentation des églises, notamment lors de la messe dominicale, et surtout chez les jeunes. D'ailleurs, 22 % des Espagnols s'affirment agnostiques ou athées. Se déclarer catholique ne signifie d'ailleurs pas forcément avoir la foi, mais plutôt être de culture catholique et se conformer à certains rites. Et dans ce domaine, on peut affirmer que le pays demeure très traditionaliste. Le baptême, la communion, le mariage à l'église sont autant d'événements sociaux incontournables dans la vie de tout Espagnol qui se respecte. Leur fonction consiste plus à étaler ses richesses et à impressionner sa famille et ses voisins qu'à manifester sa foi. Il suffit pour s'en convaincre de jeter un œil sur les accoutrements des communiants : costume de capitaine de frégate le plus cher possible pour lui, robe de mariée couverte de fanfreluches pour elle ; c'est clairement l'ostentation méditerranéenne (que l'on retrouve aussi en Italie, par exemple).

En fait, la religion reste souvent le meilleur prétexte pour faire la fête : aux nombreux jours fériés à caractère religieux s'ajoutent les différentes fêtes des villes et des villages données en l'honneur du saint patron local, tandis que la Semaine sainte et ses processions mettent les cités andalouses dans un état proche de l'hystérie collective. Une hystérie à travers laquelle se mêlent joie de vivre l'instant et authentique ferveur religieuse.

Et les non-catholiques dans tout ça ? Eh bien, comptez un peu moins d'un million de musulmans dans tout le pays, issus pour la plupart de l'immigration, bien que se développe un îlot de nouveaux convertis à Grenade. Les quelques protestants et mormons égarés (environ 310 000) sont également pour moitié des immigrés, mais en provenance de l'Europe du Nord. Les juifs seraient environ 50 000. Quant aux sectes, elles paraissent peu implantées et souvent liées aux mouvements d'extrême droite.

SAVOIR-VIVRE ET COUTUMES

Quelques particularités

– Sachez qu'au restaurant le service, tout comme l'IVA, sont inclus dans l'addition. Le **pourboire,** quant à lui, n'a rien d'obligatoire, mais il est courtois de laisser quelque chose (jusqu'à 10 % de l'addition).

– Il est un rituel que l'on retrouve dans toute la péninsule Ibérique, celle du **paseo** (littéralement la « promenade »). Vers 19h-20h, avant le dîner, les Espagnols ont

ON SE DIT TU ?

Le tutoiement est bien plus utilisé en espagnol qu'en français. Un désir d'amitié et de sympathie qui surprend quand un chauffeur de taxi vous tutoie, par exemple. Il s'agit aussi d'un rejet du formalisme. On vouvoie plutôt les supérieurs hiérarchiques ou les personnes âgées. Mais pas toujours !

l'habitude de déambuler dans les rues de la ville, le long des promenades de bord de mer par exemple, en famille ou entre amis. L'élégance est de mise, pour tous. C'est un moment très convivial, souvent ponctué de retrouvailles : on croise un voisin, on dit bonjour à une cousine, « Et comment va Isabel ? », puis on finit par s'asseoir sur un banc et on regarde les autres passer... Un spectacle à ne pas manquer.

– **Le tutoiement** est presque toujours spontané, sauf si l'on s'adresse à une personnalité ou à une personne vraiment âgée.

– Il y a peu de **w-c publics,** mais on peut plus facilement qu'en France utiliser les toilettes des cafés et restaurants.

Fêtes à toutes les sauces

Toutes les excuses sont bonnes en Espagne pour organiser une fête. Bien sûr, tous les saints y passent, mais aussi les escargots, les ânes, les récoltes, les taureaux ! Il y en a pour tous les goûts et pour toutes les folies. Si vous êtes là au bon moment, ne manquez pas la feria de Séville, la fête des Patios de Cordoue, la Semaine sainte à Almonte ou ailleurs (mais très people à Marbella), le pèlerinage de la Vierge du Rocío... On a compté plus de 25 000 fêtes par an, soit une fête toutes les 20 mn ! Et pour la plupart concentrées en été : il y a de quoi s'amuser !

L'origine de ces fêtes est avant tout religieuse. Le christianisme naissant a récupéré toutes les fêtes païennes pour se faire accepter et, contrairement au protestantisme de l'Europe du Nord, est resté attaché à toutes les commémorations et à tous les vieux rites. Le poète romain Juvénal n'a-t-il pas résumé les attentes du peuple en cette formule lapidaire : « Du pain et les jeux du cirque » ? N'empêche que les vieilles fêtes religieuses ont considérablement dévié, au point de provoquer les critiques de l'Église.

Pour le sociologue Gil Calvo, la base réelle de la fête, c'est qu'il n'y a pas assez de travail pour tout le monde ; les Espagnols compenseraient donc ce manque d'activité par la fête. Fait paradoxal, la chape de plomb franquiste une fois levée n'a pas eu d'effet sur la ferveur festive. Les Espagnols l'affirment eux-mêmes : au-delà de la religion, c'est leur identité qu'ils célèbrent. Comme le souligne Philippe Noury, du *Monde* : « Pas touche à des choses aussi sérieuses ! Devant les assauts de l'Europe puritaine, l'Espagne dressera encore longtemps son mur de fêtes et de beauté. »

Vie nocturne

Ici, on ne dort pas ! Pour ceux qui sont venus chercher le soleil en Espagne, une surprise de taille les attend : ils y bronzeront aussi aux lumières de la nuit. Certains finissent même par dormir éveillés. La vie nocturne espagnole est certainement, il faut le dire, l'une des plus développées d'Europe, voire du monde. Après 23h, à la sortie des restos, la rue appartient aux noctambules qui tournent de bar en bar, puis de boîte en boîte – qui fourmillent dans les quartiers les plus animés.

SEMAINE SAINTE

Pendant la Semaine sainte, qui s'étale **du dimanche des Rameaux à Pâques** (la date de Pâques varie entre le 22 mars et le 25 avril ; en 2014, dimanche 20 avril), les grandes villes andalouses sont envahies par les touristes, eux-mêmes noyés dans la foule espagnole. La tradition veut que les grands moments de la passion du Christ y soient donnés en spectacle, dans une ambiance où pénitence et dévotion se le disputent au plaisir de la mise en scène. On ne sait plus très bien si l'on est venu pour se repentir ou si seul nous a attirés là le plaisir d'admirer les costumes insolites des pénitents et de voir défiler les *pasos* surchargés au son des fanfares jouant des marches de circonstance.

La Semaine sainte est-elle une fête de la piété ou permet-elle seulement aux Espagnols de faire la fête ? Les mécréants y verront une parade digne d'un carnaval, occasion rêvée d'aller au spectacle, tandis que ceux qui sont pénétrés de sentiments religieux ou mystiques seront d'abord sensibles à ce qui semble être une communion fervente et qui l'est peut-être bien.

Le rituel

Voici comment se passent les choses : chaque paroisse, association ou corps social constitué peut former une confrérie, en espagnol *cofradía,* ou une fraternité, en espagnol *hermandad,* qui prépare, pendant toute une année, costumes et accessoires. Ces confréries adoptent toujours des noms ruisselants de bondieu-serie tels que la *Confrérie de Notre Père Jésus en son entrée triomphale à Jéru-salem et de Très Sainte Marie de la Colombe* ou (tenez-vous bien !) la *Fraternité pontificale, royale et illustre et l'Archiconfrérie des Nazaréens du Saint-Sacrement et de la Conception pure de la Sainte Vierge Marie, du Saint Christ des Trois Chu-tes, de Notre-Dame de l'Espérance et saint Jean l'Évangéliste !* La majeure partie a été créée au XXᵉ s, mais d'autres se prévalent d'une longue histoire, comme à Grenade la *Vraie Confrérie pontificale et la Fraternité de Notre-Dame de la Solitude et de la Descente du Seigneur,* établie en 1561.

Au jour J, qui varie d'une confrérie à l'autre, la confrérie part de son église et se dirige en procession vers le centre de la ville, rejoignant souvent d'autres confréries en un cortège qui peut devenir interminable. Dans chaque confrérie, les pénitents *(nazarenos),* encagoulés *(encapuchados),* porteurs de cierges, suivent une imposante croix de bois, les plus jeunes ouvrant la marche. Ils avancent au son de marches jouées par des percussions, des cuivres et souvent des vents, puisées dans un répertoire spécifique alliant mélancolie déchirante et rythme martelé, au son desquelles progressent, lentement, lourdement, les *pasos.* Ces larges plates-formes de bois brut, décorées de façon baroque et généreusement fleuries, sont en général au nombre de deux par confrérie, une consacrée au Christ souffrant et l'autre à la Vierge en larmes. Certaines datent du XVIIᵉ, voire du XVIᵉ s. Pesant jusqu'à 6 t à Málaga, elles sont portées à dos d'homme par plusieurs dizaines de malabars (près de 200 pour les plus lourdes !), souvent cachés en des-sous et guidés, dans l'entrelacs des ruelles de la vieille ville, par un contremaître *(capataz)* qui leur donne les indications nécessaires pour frôler les façades, éviter les indescriptibles nœuds des câbles électriques et téléphoniques... et prendre les pauses permettant de récupérer leur fatigue. Le *capataz* utilise à cette fin un langage immuable et imagé, comme par exemple ¡ *Al cielo con Ella !* (Au ciel avec Elle !) pour élever le *paso* ou ¡ *Vamos valientes !* (Allons-y les braves !) pour faire le premier pas en avant, ordres auxquels les braves en question doivent répondre comme un seul homme : si le mouvement d'ensemble est parfait, la foule applaudit en connaisseuse. Impressionnant d'accompagner ce cortège, impressionnant vraiment ! Et, si vous avez le moindre sens mystique, souvent très émouvant.

Côté pratique

Nous conseillons à nos lecteurs de voyager d'une ville à l'autre tout au long de cette Semaine sainte, car l'ambiance est très différente, surtout entre petites bour-gades et grandes villes. Dans les premières, la procession n'a lieu que le Jeudi et le Vendredi saints, alors que chaque jour connaît son lot de cortèges dans les secondes : Séville (avec la particularité des nombreuses processions nocturnes de la *Madrugá,* la nuit du Jeudi saint au Vendredi saint ; voir à cette ville), Gre-nade (l'une des rares villes avec Séville où une procession a lieu le Samedi saint), Málaga (qui donne volontiers dans la démesure) ou Cordoue (où l'on observe peut-être plus de gravité qu'ailleurs). Si vous préférez une ville moyenne, nous vous suggérons plus particulièrement Jaén ou Lorca (avec leur folklore spécifique), Ronda ou Úbeda. Mais les festivités des petites villes sont très attachantes par leur simplicité. N'attendez surtout pas le dimanche de Pâques, car les célébrations y sont, en général, mineures.

Le routard qui fait confiance à sa bonne étoile devra nécessairement, à un moment ou à un autre de la Semaine, croiser l'une ou l'autre de ces processions, qui regroupe donc souvent plusieurs confréries. Dans les grandes villes, le routard méthodique pourra se procurer les itinéraires détaillés soit sur une plaquette dis-ponible à son hôtel ou à l'office de tourisme, soit sur Internet. Y sont indiqués l'heure de sortie de la procession *(salida),* l'heure de passage à la tribune officielle *(tribuna),* l'heure de retour dans l'église de départ *(entrada),* ainsi que l'itinéraire détaillé. Oiseau de nuit ou belle de jour, vous trouverez toujours un horaire adapté à votre rythme, car les sorties se font en général de 11h à 23h et les retours de 15h à 4h, sauf pendant la *Madrugá* où des confréries peuvent défiler de minuit à midi ! Il est, en général, possible de voir les *pasos* de près dans les églises des confréries, le matin des Jeudi et Vendredi saints. Une autre solution est de suivre le cortège jusqu'à son entrée dans l'église.

Quelques conseils

– Si vous circulez en voiture durant la Semaine sainte, sachez que les centres-ville sont très souvent fermés à la circulation. Il peut alors devenir impossible de rejoindre son hôtel pendant plusieurs heures et les supplications auprès de la maréchaussée n'y changeront rien...

– Couper l'itinéraire officiel dans le voisinage de la tribune officielle ne va pas de soi, car les forces de l'ordre veillent : dans ce cas, si vous avez besoin d'aller dans un endroit précis, un grand détour peut s'imposer.

– Portez des chaussures et des vêtements qui ne craignent rien, car vous risquez de recevoir des gouttes de cire s'écoulant des cierges (surtout lorsqu'un enfant de la ville demande à un *nazareno* un peu de la cire de son cierge, car chaque gamin essaie de confectionner une boule de cire plus grosse et plus colorée que celles de ses copains !).

– Si vous êtes pris dans une *bulla* (comprenez une foule compacte dans un espace restreint), pas de panique, elles se dissolvent toujours spontanément.

– Enfin, pensez que c'est une fête religieuse et que tout feu d'artifice est proscrit, et qu'il serait indécent d'être ivre.

SITES INSCRITS AU PATRIMOINE MONDIAL DE L'UNESCO

Organisation des Nations Unies pour l'éducation, la science et la culture

En coopération avec le centre du patrimoine mondial de l'UNESCO

Pour figurer sur la liste du Patrimoine mondial, les sites doivent avoir une valeur universelle exceptionnelle et satisfaire à au moins un des 10 critères de sélection. La protection, la gestion, l'authenticité et l'intégrité des biens sont également des considérations importantes.

Le patrimoine est l'héritage du passé dont nous profitons aujourd'hui et que nous transmettons aux générations à venir. Nos patrimoines naturel et culturel sont deux sources irremplaçables de vie et d'inspiration. Ces sites appartiennent à tous les peuples du monde, sans tenir compte du territoire sur lequel ils sont situés.

Pour plus d'informations : ● *whc.unesco.org* ●

En Andalousie, les sites inscrits sont l'Alhambra, le jardin du Generalife et l'Albaicín, à Grenade (1984 et 1994) ; le centre historique de Cordoue (1984 et 1994) ; le parc national de Doñana (1984 et 2005) ; la cathédrale, l'Alcázar et l'Archivo de Indias à Séville (1987) ; les ensembles monumentaux Renaissance de Úbeda et Baeza (2003) ; un grand nombre de grottes, au titre de « l'art rupestre du bassin méditerranéen de la péninsule Ibérique » (1998).

SPORTS ET LOISIRS

À essayer...

L'Andalousie, avec ses reliefs variés, propose un éventail très large de paysages et donc tout autant de choix pour les activités sportives.

– Pour les *randonneurs* et *VTTistes* de tout poil qui souhaitent un contact privilégié avec Dame Nature, de nombreux chemins sillonnent ces paysages de rêve.

Nous vous signalons d'ailleurs une sélection d'organismes qui proposent des excursions, ainsi que les loueurs de vélos que nous avons trouvés compétents et de bon conseil.

– Les zones en altitude sont aussi propices à de nombreuses activités plus spécifiques comme l'*escalade,* le *parapente* ou le *canyoning* (descente à pied du cours d'une rivière avec des passages en rappel : à faire !).

– L'Andalousie est par ailleurs un haut lieu de la culture hippique comme de la tauromachie (voir « Corrida » plus haut). Et si l'on n'a pas encore vu de taureaux faire des tours de manège, il serait cependant dommage de se priver de *randonnées équestres.* Il y a peu de chances pour que vous montiez des pur-sang andalous, réservés pour les grandes occasions (et les riches propriétaires). Nous vous indiquons, en revanche, les bons plans pour faire un p'tit tour de dada. De plus, plusieurs entreprises de tourisme rural et équestre se sont aussi regroupées pour offrir des prestations répondant à des critères de qualité et offrant un grand choix d'activités à consulter sur leur site ● andalouciaacaballo.org

– Enfin, les amoureux de la grande bleue trouveront aisément de nombreux spots pour pratiquer *kitesurf, windsurf* (la reine du genre restant Tarifa), *plongée sous-marine* ou *voile.*

À voir

Incontournable, le *fútbol.* Introduit par les Anglais à la fin du XIXe s, c'est vite devenu une deuxième religion en Espagne. Il faut voir avec quelle ferveur les *socios* supportent leur club, qu'il joue en *liga* (l'équivalent de notre Ligue 1) ou en Ligue 4. Cette démesure s'explique notamment par le fort sentiment d'attachement régional des Espagnols. Le *FC Barcelona* pour la Catalogne ou l'*Athletic de Bilbao* pour le Pays basque possèdent, par exemple, des publics parmi les plus « chauds » de la péninsule Ibérique, et le deuxième nommé ne fait jouer que des Basques depuis plus d'un siècle. Ceux-ci ont longtemps incarné l'opposition à l'hégémonisme centralisateur dont le symbole était le *Real Madrid,* utilisé comme un instrument de propagande par la dictature franquiste. Le football était alors l'un des rares espaces de liberté, avant de devenir le moteur d'une ouverture sur l'Europe et sur le monde. Plusieurs vagues d'arrivée de grands joueurs étrangers ont donc coïncidé avec des phases importantes de la vie politique de l'Espagne. Tout d'abord, dans les années 1950, Di Stefano l'Argentin, Puskas le Hongrois ou Kopa le Français sont arrivés au Real lorsque la dictature essayait de redorer son blason aux yeux du monde extérieur. Plus tard, lors de l'instauration de la démocratie dans les années 1970, c'est notamment Cruyff qui a signé au FC Barcelone et a ouvert la voie à Maradona quelques saisons après. Désormais le nouvel enfant prodige du Barça s'appelle Lionel Messi.

Et si aujourd'hui l'Espagne est l'un des pays les plus modernes, ouverts et innovants de l'UE, le football ibérique domine aussi la scène continentale. C'est ce que confirment notamment les victoires du Real Madrid (en 1998, 2000 et 2002) et du FC Barcelone (en 2006 et 2009) en Ligue des champions ou la présence des plus grands joueurs du monde dans la *liga.* Pourtant, ce sentiment d'attachement aux clubs et donc aux régions a jusqu'ici toujours nui aux résultats de la *selección,* l'équipe nationale. Contrairement à la France, où le sentiment d'attachement national est beaucoup plus fort, elle souffre depuis toujours des luttes intestines entre les joueurs qui la composent. L'Espagne a cependant gagné TROIS fois l'Euro : en 1964, en 2008 et en 2012 ; et enfin, en 2010, la Coupe du monde, pour la première fois de son histoire. Liesse générale dans tout le pays !

Dans ce contexte particulier, les clubs d'Andalousie n'ont pas toujours été les mieux lotis. Certes, le *FC Séville* est un grand club, mais son palmarès est bien maigre à côté du *Real Madrid* ou du *FC Barcelone* : seulement un championnat remporté pour le premier nommé contre 19 et 17 pour les deux monstres sacrés ! On peut aussi citer le *Málaga,* le *Bétis Séville* et *Almería* qui jouent régulièrement en *liga.*

TAPAS

Bienvenue dans notre chapitre préféré ! La **tournée des bars à tapas** est un art (de vivre) espagnol auquel on se doit de rendre hommage... Vous serez vite converti.

Un peu d'histoire

D'où vient la tradition des tapas ? Sachez que dans les couloirs de la rédaction du *Routard,* une querelle fait rage. D'aucuns affirment que l'origine des tapas est d'émanation royale. En effet, pour lutter contre l'alcoolisme, un roi – dont on a oublié le nom – aurait obligé les débits de boissons à poser une assiette avec un en-cas sur le verre de vin. Les autres, eux, soutiennent que les tapas auraient été créées dans un but uniquement utilitariste : pour éviter que les mouches ne tombent dans le verre de vin. Comme ça faisait un peu tristoune, une soucoupe vide, on ajouta une olive pour faire joli. Dans une théorie comme dans l'autre, *tapar* signifiant « boucher », l'en-cas prit rapidement le nom de *tapas.*

En Andalousie, tous les bars populaires proposent des tapas mais ne l'affichent pas forcément. Demandez : *¿ De tapeo, qué hay ?* Avant, le prix des tapas était toujours compris dans la boisson. C'est encore souvent le cas dans les campagnes et les petites villes, plus rarement dans les grandes, sauf à Grenade, où cette habitude reste bien vivace.

Ir de tapeo

Si c'est la première fois que vous débarquez en Andalousie, vous vous demanderez probablement pourquoi le soir, quel que soit le jour, les bars sont bondés. Tout simplement parce que les Espagnols ont l'habitude de téléphoner à leurs potes pour « aller de tapas en tapas » *(ir de tapeo).* Ils se donnent tous rendez-vous dans leur bar favori et parcourent les *mesones,* les *tabernas taurinas,* les *peñas flamencas* au gré de leurs envies et des spécialités des maisons. Ici *morcilla,* là *tortilla,* ailleurs *pescadito frito.* On mange debout en s'essuyant le coin du bec avec les serviettes en papier à cigarette ; c'est souvent plus économique et moins formel qu'un restaurant où l'on doit s'asseoir et attendre les plats, faire risette au serveur, se faire servir du vin. Pour les néophytes, il ne faut pas avoir peur d'insister auprès des serveurs. Ils sont souvent débordés et il leur arrive d'oublier carrément la commande. Animation garantie, sauf à l'heure de la sieste (entre 15h et 19h environ), où tous les bars sont fermés.

Rappelons que ces infernales gourmandises appelées *tapas* ont vite dépassé le stade des simples amuse-gueules pour devenir de véritables échantillons de dégustation. Certains bars à tapas fonctionnent comme nos traiteurs, avec un choix étonnant de spécialités maison, plats du jour, etc. Goûter en priorité au chorizo (rien à voir avec celui vendu dans nos contrées), aux calamars, à la *tortilla* (omelette), à la morue *(bacalao)* et aux poissons marinés (dont les anchois), à la salade de poulpes, aux *revueltos* (sorte d'œufs brouillés). L'avantage : quand on ne connaît pas le nom d'un plat, on peut se contenter de le montrer du doigt !

– **Les prix** sont habituellement indiqués au-dessus du comptoir, ça permet de ne pas dépasser son budget. Quand ils ne le sont pas, un mot, un seul : *¿ cuánto ?* Quant à l'addition, on l'inscrit encore souvent à la craie grasse sur le bar. En général, **trois ou quatre tapas constituent un repas (léger).** Les prix pratiqués sont sensiblement les mêmes partout, allant d'un bon 1,50 € pour les classiques anchois, tortilla, *albóndigas* (boulettes de viande), etc., à 8-12 € (voire plus) pour une assiette *(ración)* de jambon, de fromage, ou d'un mets un peu cuisiné.

VENTAS

Un peu d'histoire

Je suis un routard bien connu. Je prends souvent ma vessie pour une lanterne. J'ai un don d'ubiquité chronique et une forte propension à vouloir détrousser tous les vilains. Au nom de la Santa Hermandad, je file des bourre-pif à ceux qui manquent de respect aux femmes. Je suis espagnol de la meilleure race mais pas macho. Je suis amoureux d'une chimère nommée Dulcinea del Toboso, je suis... don Quichotte, pardi ! Eh oui, on va lever un voile ! Don Quichotte ne descendait pas dans les paradors. Le « chevalier à la triste figure » étant un peu « fauché comme les blés », notre cavalier se reposait dans les *ventas* (et y laissait souvent une ardoise). La *venta* est une maison située en pleine campagne au bord du *camino real* (équivalent des voies romaines en France) où les voyageurs de passage s'arrêtaient pour déjeuner ou dormir. Le coucher allait obligatoirement avec le couvert ou inversement. Les *ventas* sont encore présentes dans toute l'Andalousie et font partie d'une tradition oubliée. Pourquoi ? D'une part parce que le chemin de fer du XIXe s a quelque peu relégué aux oubliettes les voyageurs et autres postiers. D'autre part, parce que la *venta,* par définition, est un peu excentrée, dans une contrée aride ou hostile. C'est pour cette même raison que les *ventas* ont souvent servi de repaires de bandits, de *pistoleros* et autres *bandoleros* qui se carapataient par la porte de derrière dès qu'apparaissait la maréchaussée. Oui, oui, les *ventas* andalouses, du XVe à la fin du XVIIIe s, c'était un peu le western. On y vendait toutes sortes de marchandises (d'où leur nom), parfois tombées du cul de la carriole. Aujourd'hui, ces consommateurs un peu spéciaux ont disparu, de même que les femmes de petite vertu. Il reste les gitans et les contrebandiers.

Les historiens ont pu aisément retracer les réseaux de diffusion de la contrebande. Au XIXe s, Gibraltar fournissait l'Andalousie en produits illicites. Tissus de soie, tabac brun de Virginie arrivaient jusque dans les sierras de Grazalema, Ubrique, Ronda, Gaucín, Castellar. Ce qui explique, au passage, pourquoi, même dans n'importe quel trou perdu d'Andalousie, on peut trouver, dans le moindre bar, des *farias,* les cigares du pauvre. Le deal et la distribution s'effectuaient dans les *ventas* perdues dans la campagne, ce qui limitait le risque de se faire choper par les autorités.

Qu'y trouve-t-on ?

Dernière raison qui explique que les *ventas* ont perdu du poil de la bête : la *venta* est par définition artisanale. Donc il n'y a ni menu ni horaire. Mais toutes ont leur spécialité. Pain de paysan au levain, *rabo de toro,* du *cortijo* du bout du champ, *morcilla* artisanale, *jabugo casero, manteca colorada* (prononcer « manteca colorá »). En période de chasse, c'est LE lieu pour se régaler de gibier. *Guiso* de lapin, lièvre mariné, perdrix dorée au *fino,* au cognac et au *ginebra, caldereta* de mouton... Pour choisir votre *venta* : prenez la route et le village le plus reculé, si possible, à plus de 20 km d'une station balnéaire colonisée par le tourisme de masse. S'il y a un cheval attaché aux alentours à un arbre, pilez sur la pédale de frein ! Attention, la *venta,* c'est aussi un labo social. On vient y chercher son journal, acheter un litre d'huile d'olive ou de moteur, s'envoyer son *manzanilla.* On y mange avec des couverts de cantine sur de vulgaires tables de bois mal dégrossi. Évitez donc d'y chercher le charme à tout prix. Dernière précision, beaucoup sont malheureusement fermées le soir. Mais...

« Après la panse, la danse »

Dans les petits villages, même quand il n'y a pas de gitans, sous la pergola, quand tombe le soir et que les bougies jouent de leurs ombres dansantes sur les visages burinés, il y a toujours une guitare pour venir chanter le sort des *venteros* et de leurs clients. Les plus grands ont commencé dans une *venta* en seconde voix d'un autre plus grand. C'était Terremoto et Untel, la Perla et Untel... Même Camarón affectionnait les *ventas*. D'ailleurs, une légende court sur le *ventorrillo del Chato* à San Fernando. Selon Paco de Lucía, Camarón était persuadé qu'un tunnel partait du *ventorrillo* et débouchait sur les côtes marocaines. Qui sait ?

L'abréviation « c/ », que vous retrouverez tout au long de ce guide, signifie tout simplement *calle*, c'est-à-dire « rue ».

LE CENTRE DE L'ANDALOUSIE

SÉVILLE (SEVILLA)   (41000)   704 190 hab.

> ▶ Pour les plans de Séville, se reporter au cahier couleur.

Le cœur de l'Andalousie, la quatrième ville d'Espagne et la capitale de la communauté autonome. Du départ de Christophe Colomb en 1492 à l'Exposition universelle de 1992, Séville a fait sa place dans l'histoire. Elle compte de nombreux joyaux architecturaux, comme la Giralda ou l'Alcázar, et c'est certainement la ville espagnole qui a su le plus intelligemment concilier le sens de son histoire et l'appel de la modernité pour devenir une cité internationale. Le quartier de Santa Cruz, avec ses ruelles pavées et ses patios généreusement fleuris, connaît une effervescence surréaliste les soirs de week-end. On passe de bars à tapas en bars à vins, on fait connaissance, on partage la bonne humeur d'une Espagne qui n'en finit pas de fêter sa liberté. Car Séville, c'est avant tout les Sévillans... et les Sévillanes.

Cité phare de l'histoire espagnole, où les cultures chrétienne et musulmane ont vécu une « émulante » cohabitation, la ville étale fièrement ses monuments le long du Guadalquivir. Bien sûr, il faut les visiter, mais il faut aussi flâner dans les quartiers populaires, arpenter les ruelles pavées bordées de bâtisses colorées aux toits d'herbes folles qui fleurissent au printemps, pousser les portes des patios couverts d'azulejos, s'enfoncer dans les jardins luxuriants qui parsèment la ville, aller à la rencontre des habitants, qui se révèlent étonnamment cordiaux. Séville, un choc architectural bien sûr, un coup de cœur avant tout. On comprend qu'elle ait inspiré tant d'artistes.

SÉVILLANS CÉLÈBRES

Prosper Mérimée aurait rencontré, dans une fabrique de cigares du quartier de Triana, une femme qui lui inspira le personnage de **Carmen,** l'héroïne de son roman écrit en 1845. Le musicien Georges Bizet en tira un opéra en 1875, qui fit le tour du monde. Femme sensuelle et impétueuse, Carmen incarne la liberté d'aimer et la passion espagnole. Autre figure tutélaire de Séville, **Miguel de Mañara,** qui aurait, selon certains, inspiré le personnage de don Juan à Molière, mais aussi de don Giovanni à Mozart, sans oublier Alexandre Dumas, José Zorrilla et bien d'autres encore, qui lui rendirent hommage.

Dans la catégorie artistes, **Velázquez,** le peintre officiel du roi Philippe IV, est né ici en 1599. L'une de ses œuvres les plus connues est le surprenant portrait des *Meninas* (littéralement les « dames de compagnie ») où, au travers de deux miroirs, le peintre joue sur une mise en abîme de son propre tableau qui permet au spectateur de s'inclure comme un personnage de plus. Sans oublier **Murillo,** l'autre grand artiste espagnol du XVIIᵉ s, ou **Fray Bartolomé de Las Casas,** le premier prêtre à avoir été ordonné au Nouveau Monde, ou encore le poète **Antonio Machado.** Mais aussi **Beaumarchais,** dont le fameux *Figaro* n'est autre que le « barbier de Séville »... Enfin, plus proche de nous, l'ex-Premier ministre **Felipe González.**

UN PEU D'HISTOIRE

Inlassablement convoitée, la cité fut tour à tour aux mains des Phéniciens, des Grecs, des Carthaginois, des Romains, avant que les Maures ne s'y installent au VIIIᵉ s. Ils feront de la ville, au cours du XIIᵉ s, l'un des joyaux architecturaux européens. L'implantation chrétienne, puis la découverte des Amériques lui donnent un nouvel essor puisque nombre de familles sévillanes s'enrichissent, notamment grâce aux mines d'or sud-américaines. Elles affichent leur opulence en faisant bâtir de superbes églises, des bâtiments impressionnants et des palais somptueux, pour le plus grand plaisir des voyageurs d'aujourd'hui. Pureté de l'art mauresque et du style

ORANGE PRESSÉE

Ce sont les marchands arabes qui introduisirent l'orange en Espagne vers l'an 1000, ainsi que l'alambic pour la distiller en huile de néroli (huile essentielle de parfumerie). Ces orangers amers (bigaradiers en français) sont couramment nommés en espagnol naranjos de Sevilla. Le fruit, trop amer pour être mangé cru, sert donc à fabriquer la marmelade anglaise et entre dans la composition du Cointreau ou du Grand Marnier. Plus simplement, les orangers de Séville, qui embaument délicieusement la ville au printemps, servent de base à l'eau de fleur d'oranger.

mudéjar – mélange de gothique et d'art musulman –, fraîcheur de l'azulejo, mariage harmonieux de la pierre et du végétal (les jardins), maîtrise de la lumière et de la chaleur (les patios), le charme de Séville est comme les bons vins, il se bonifie avec le temps.

Après cette glorieuse époque vint le déclin, dû, entre autres fléaux, à l'épidémie de peste de 1649 qui emporta une grande partie de la population. 1936 fut une autre date notable dans l'histoire de la ville, qui vit l'armée attaquer les quartiers populaires pour prendre possession de la ville. Mais, aujourd'hui, Séville relève la tête, et de quelle manière ! Le flamenco ne s'y est jamais aussi bien porté, et la mode andalouse continue d'embraser l'Europe plusieurs années après que Séville fut élue pour accueillir l'Exposition universelle de 1992.

LES SAISONS TOURISTIQUES

Séville, ville de l'intérieur, n'a pas le même rythme que le reste de l'Andalousie. Attention, les prix sont très fluctuants d'une période à l'autre et, histoire de pimenter un peu les choses, le calendrier fixant les « haute » et « basse » saisons peut varier d'un établissement à l'autre. Même pendant les saisons où les prix sont bas, certains hôtels augmentent les prix le week-end.

– **La très haute saison** *(temporada super alta) :* avant Pâques, c'est la période de la Semaine sainte, suivie, après Pâques (courant avril ou début mai en fonction du calendrier religieux), de la feria de Séville. Cette courte période du début du printemps est en fait la « super » haute saison. Les prix des hôtels doublent et les chambres sont « super » difficiles à trouver.

– *La haute saison* (temporada alta) *:* la dernière quinzaine de mars, en avril et mai (sauf Semaine sainte et feria), en septembre et octobre.

– *La moyenne saison* (temporada media) *:* début mars, juin, novembre et décembre. Juillet et août entrent parfois dans cette catégorie.

Les hôtels fusionnent quelquefois la saison haute et la moyenne pour n'en faire qu'une. Tout au long de cette période, les prix ne varient alors qu'en fonction de l'affluence.

– *La basse saison* (temporada baja) *:* janvier et février. Juillet et août entrent souvent dans cette catégorie. Là, pour le coup, les tarifs peuvent faire un sacré plongeon. Mais gare aux week-ends ! Attention aux fêtes de fin d'année où la ville est quasi morte, et les rares restos ouverts sont à réserver à l'avance et pratiquent des prix défiant toute concurrence.

Arriver – Quitter

En avion

✈ *Aeropuerto de San Pablo* (hors plan couleur I par D2) *:* ☎ 954-44-92-90. • aena.es • À 12 km de Séville. Suivre l'autoroute A 4/E 5. Pour y aller en bus, voir ci-dessous.

🛈 *Office de tourisme :* dans le hall des arrivées, après la sortie des bagages. ☎ 954-78-20-35. Lun-ven 9h-19h30, w-e 9h30-15h. Pas mal d'info, doc et cartes. Bon accueil.

■ *Iberia :* à l'aéroport, ☎ 902-40-05-00. Assure plusieurs liaisons directes et quotidiennes entre Séville et Barcelone, Madrid.

■ *Air France :* à l'aéroport, ☎ 902-20-70-90. Vols directs de et vers Toulouse.

■ *Brussels Airlines :* à l'aéroport, ☎ 807-22-00-03. Vols directs de et vers Bruxelles.

■ *Ryanair :* à l'aéroport, ☎ 954-44-92-32 ou 00-44-871-246-0011 (résas). Vols de et vers Bruxelles-Charleroi, Marseille, Paris-Beauvais, Barcelone.

■ *Transavia :* à l'aéroport, ☎ 902-04-43-50. Vols de et vers Paris-Orly, Nantes et Lyon.

■ *Vueling :* à l'aéroport, ☎ 807-200-100. Vols de et vers Paris-Orly, Bilbao.

■ *Location de voitures :* plusieurs agences à l'aéroport, ttes situées dans le hall d'arrivée sur la droite après la sortie des bagages. *Avis* (☎ 954-44-91-21), *Europcar* (☎ 954-25-42-98),

Hertz (☎ 954-51-47-20), *Atesa* (☎ 954-51-47-35) et *Sixt* (☎ 954-51-02-31). Également *Gold Car,* un peu en dehors de l'aéroport (☎ 965-23-31-76 ; navette gratuite entre leurs bureaux).

➢ *Bus entre l'aéroport et Séville :* en sortant de l'aérogare, sur la gauche quand on est devant les taxis, bus EA de la compagnie *Tussam* (☎ 955-47-90-00 ; • tussam.es •). Départ ttes les 30 mn env 5h20-1h15 de l'aéroport vers Séville (4h30-0h30 dans l'autre sens). Prix : 4 € (6 € A/R si effectué le même j.). Le bus marque un arrêt à la gare ferroviaire de Santa Justa, au Prado San Sebastián (plan couleur II, H6 ; gare routière et station de tramway pour Santa Cruz), puis le long du paseo de Cristóbal Colón. Terminus Plaza de Armas (plan couleur I, A3), où se trouve la 2de gare routière. Même trajet dans l'autre sens. Compter env 30 mn de l'aéroport à Prado San Sebastián, 45 mn jusqu'au terminus. Se procurer la fiche horaire dans un office de tourisme.

➢ *Taxis entre l'aéroport et Séville :* la course revient à env 23 € en sem 6h-22h (bagages inclus) ; la nuit, les w-e et j. fériés, compter 25 €. Dans les 2 sens, le prix est fixe. Voilà pourquoi le chauffeur n'enclenche pas son compteur.

– UN CONSEIL, tout de même : mettez-vous bien d'accord sur le tarif avant de monter dans le taxi. Si vous rejoignez d'abord la ville en bus, possibilité ensuite de trouver des taxis à Puerta Jerez ou à la gare de Santa Justa. Cela revient bien moins cher.

En train

🚂 **Gare ferroviaire de Santa Justa** (hors plan couleur I par D2) : avda Kansas City, s/n, à l'est de la ville. Pour rejoindre le centre, bus C1-C2 (passent par les boulevards extérieurs et Triana) ou n° 32 (terminus pl. del Duque ; plan couleur I, B3). Infos et résas : ☎ 902-320-320 ou 902-24-34-02 (liaisons internationales). ● renfe.com ● Infos et billetterie RENFE à la gare (tlj 5h45-0h45), ou dans le centre, c/ Zaragoza, 29 (plan couleur II, F4), proche de la pl. Nueva (lun-ven 9h30-14h, 17h30-20h ; sam 10h-13h30).

🛈 Petit **office de tourisme** : à l'arrivée, face aux quais. ☎ 954-78-20-02. Lun-ven 9h-19h30, w-e 9h30-15h. Bonne documentation : plan gratuit de la ville, horaires des bus pour l'aéroport, listes des musées, etc.

■ **Consignes automatiques :** au sous-sol. Tlj 6h-0h30. Selon taille du bagage, 3,10-5,20 € pour 24h (prévoir de la monnaie).

■ **Location de voitures :** agences Avis (☎ 954-53-78-61), Europcar (☎ 902-50-48-80) et Budget (☎ 902-11-02-83) dans l'enceinte de la gare, à côté de l'office de tourisme. À l'extérieur de la gare, tout de suite à gauche, on trouve **Automotive, Hertz** (☎ 954-53-83-31) et Sixt (☎ 902-49-16-16).

■ **Location de vélos : Bici Bike,** au sous-sol de la gare, à côté de la consigne à bagages. ☎ 955-51-41-10. ● bicibike.es ● Tlj 9h-14h, 16h30-20h. Compter 15 €/j., puis 7 €/j. supplémentaire. Résas possibles sur le site. Un excellent moyen pour visiter la ville, d'autant qu'il existe pas mal de pistes cyclables tout autour des remparts.

➢ Le train Media Distancia (abrégé MD) assure des liaisons fréquentes, quotidiennes et bon marché (10-16 €) avec **Cadix** (1h45), **Jerez de la Frontera** (1h10 ; 3 départs/j. slt), **Huelva** (1h30) et **Cordoue** (1h20).
➢ L'autre raison qui vous fera préférer le train est la ligne grande vitesse (AVE)

qui relie Séville et **Madrid** en 2h30 (1-2 trains/h, tlj 6h15-21h15 dans les 2 sens ; à partir de 7h15 mer et le w-e), mais qui se paie (env 75 €). Bon à savoir, l'AVE filant vers Madrid s'arrête pour souffler à **Cordoue** (40 mn de trajet), mais mieux vaut alors emprunter son petit frère, l'Alta Velocidad ou l'AVANT, quasiment aussi rapide mais moins cher (dans les 20 € au lieu de 30 € !). Le MD ne vous coûtera que 13 €, mais compter 1h20 de trajet.
➢ **De/vers Barcelone :** l'AVE relie les 2 villes 7 fois/j. Il ne met que 5h30 mais coûte près de 144 €. Le moins cher reste l'ALARIS (63 €) : départ tlj vers 9h de Séville (8h30 de Barcelone) mais 11h10 de trajet. Maintenant, c'est vous qui voyez...
➢ Également quelques trains entre Séville et **Almería** (env 40 € pour 5h30 de trajet), **Grenade** (29 €, trajet 3h, 4 départs/j., 6h50-18h), **Málaga** (23 €, trajet 2h40 ; ou env 42 €, trajet 2h avec l'AVANT), **Jaén** (27 €, trajet 3h ; ou 34 € pour un trajet en 2h30 avec l'AVANT) ; et 4 train/j. pour **Valence** (env 93 €, trajet 4-4h30 avec l'AVE ; ou 58 € pour 7h30 de voyage avec l'ALARIS).
➢ Pour **Osuna,** env 10 trains/j. (1h de trajet ; env 11 €).
➢ Pour des destinations plus proches telles **Virgen del Rocío** (trajet 7 mn, env 2 €), **Dos Hermanas** (trajet 15 mn, env 2,50 €), **Utrera** (trajet env 25 mn ; env 5 €), **Las Cabezas de San Juan** (trajet env 40 mn ; env 6 €) ou **Lebrija** (trajet env 50 mn ; env 7 €), prendre le MD à destination de Cadix. Nombreuses liaisons quotidiennes.

En bus

Il y a **deux gares routières.** Toutes deux se trouvant le long du boulevard circulaire qui englobe le centre, il est possible d'attraper un bus urbain bien nommé circulaire (C3-C4) pour s'y rendre ou pour se rapprocher de son hôtel. On peut aussi prendre un taxi, ou encore affronter l'asphalte à pied – si vous avez le pied leste et le sac léger.

🚌 **Plaza de Armas** (plan couleur I, A3) : infos au ☎ 902-45-05-50. Horaires sur ● autobusesplazadearmas.es ●

Consigne 3,50 €/j. Horaires consultables au bureau d'accueil et sur une borne automatique, dans le hall. Pour acheter un billet, aller directement au guichet de la compagnie concernée. Destinations :
➤ *Madrid* (10 bus/j. ; env 21,50 € pour 6h15 de trajet) avec la compagnie *Socibus* (☎ *902-22-92-92 ; ● socibus.es ●*).
➤ *Grenade* (9 bus/j. ; env 22 € et 3h-3h30 de trajet), *Cordoue* (7 bus/j. ; env 12 € pour 2h15 de trajet, et 21 € A/R), *Málaga* (6 bus/j. ; env 18 € et 2h45), *Jaén* (2 bus/j. ; env 22 € et 4h), *Almería* (3 bus/j. ; 36 € et 6-8h), *Cáceres* (5 bus/j. ; env 20 € pour 4h de trajet), *Barcelone* (2 bus/j. en fin de journée ; 86-100 € ; 15h30-16h30 de trajet), *Valence* (3 bus/j. ; env 60-65 € ; 10-12h de trajet) avec la compagnie *Alsa* (☎ *902-42-22-42 ; ● alsa.es ●*).
➤ Nombreux bus tlj pour *Huelva* (env 8,30 € ; en 1h15) et 1 bus/j. pour *Lisbonne* (env 40 € ; 6h15 slt) avec *Damas* (☎ *959-25-69-00 ; ● damas-sa.es ●*).
➤ Pour aller à *Santiponce,* où se trouvent les ruines d'Itálica et le monastère San Isidoro del Campo, prendre le bus M172 de la compagnie *Damas.* Départs ttes les 30 mn ou ttes les heures en sem 6h30-minuit, w-e 7h30-2h30 (un peu moins de 1,50 €).
➤ Autres liaisons régionales : *Ayamonte, Badajoz, El Rocío, Isla Cristina, La Antilla, Faro, Tavira, Lagos.*
➤ *Liaisons internationales* avec les principales villes du Sud de la France et toute l'Europe (notamment 2 bus/j. pour *Lisbonne*) avec *Eurolines* (☎ *954-90-51-02 ; ● eurolines.es ●*).

🚌 *Prado San Sebastián (plan couleur II, H6) :* infos au ☎ *954-41-71-11.* De là, tramway pour la plaza Nueva, tout près de Santa Cruz. Liaisons avec :
➤ *Ronda* (7 bus/j. 7h-18h ; env 12 € ; trajet 2h30), *Chipiona* (15 bus/j. 7h-21h, moitié moins le w-e ; env 9 € ; en 1h30-2h15), *Sanlúcar de Barrameda* (15 bus/j. ; env 8,50 € ; en 2h ; même ligne que Chipiona), *Arcos de la Frontera* (2 bus/j. le mat et le soir ; env 8,50 € ; en 2h) et *Marbella* (3 bus/j. à 10h, 15h30 et 18h ; env 19 € ; en 3h30)

avec *Los Amarillos* (☎ *902-21-03-17 ; ● losamarillos.es ●*).
➤ *Algésiras* (4 bus/j. ; env 20 € ; trajet 3h), *Cadix* (8 bus/j. ; env 13 € ; en 1h45), *Jerez de la Frontera* (7 bus/j. ; env 8,50 € ; en 1h30) et *Tarifa* (4 bus/j. ; env 19 € ; en 3h) avec la compagnie *Comes* (☎ *956-29-11-68 ; ● tgcomes.es ●*). Notez que cette compagnie dessert également les localités secondaires de *Barbate, Chiclana de la Frontera, Conil de la Frontera, La Línea, Puerto de Santa María, Rota, Vejer de la Frontera* et *Zahara de los Atunes.*
➤ *Carmona,* avec les bus *Casal* (☎ *954-99-92-90 ; ● autocarescasal. com ●*). Départs tlj, ttes les 1 à 2h (7h-23h ; dernier retour de Carmona à 21h) ; env 45 mn de trajet. Beaucoup moins fréquents le w-e, notamment les dim et j. fériés (env 2,50 €).
➤ *Écija,* avec la compagnie *Linesur* (☎ *954-98-82-22 ; ● linesur.com ●*). 9 bus/j. (6 le w-e) ; env 8 € pour 1h15 de trajet.

Topographie de la ville

Le vieux centre-ville, dit *Casco Antiguo,* s'étale de part et d'autre du Guadalquivir. Rive gauche, où se trouvent la plupart des monuments, on navigue entre les petites rues sinueuses et pavées, qui, avec les nombreux sens interdits et les zones piétonnes, ont vite fait de transformer la conduite en casse-tête chinois. En voiture, mieux vaut se cantonner au périphérique (calle del Torneo, Ronda de Capuchinos, avenida Menéndez Pelayo, paseo Cristóbal Colón...), et s'y garer. Sinon, bien se renseigner par quels accès entrer vers le centre, car une seule erreur en début de parcours et on finit par tourner en rond, et en rond...
– *Barrio de Santa Cruz (plan couleur II, G4-5 et plan couleur Santa Cruz) :* le centre historique de la ville s'étend à l'est de la cathédrale, et pas trop loin de la gare routière Prado San Sebastián. Le quartier est composé de ruelles, de balcons richement fleuris, de façades ouvragées, de patios

endormis... C'est la *Judería,* l'ancien quartier juif. Beaucoup d'*hostales,* mais la proximité avec la cathédrale fait parfois injustement grimper les enchères. Côtés positifs : c'est magnifique et idéalement situé près de l'Alcázar. Côtés négatifs : les hordes touristiques et les restos bondés de groupes. Accès en voiture assez compliqué (et donc à éviter).

– *El Arenal et plaza Nueva* (plan couleur II, F4-5) : un périmètre qui s'étale entre le paseo Cristóbal Colón, la calle Reyes Católicos et l'avenida de la Constitución. La plaza Nueva constitue le centre névralgique. Un peu le quartier chic de Séville, où l'on vient déguster des tapas dans de vieux bars de terroir ou des restos design qui revisitent les classiques, le tout en sirotant du bon rioja. Pas mal d'hôtels de bon confort. Et beaucoup de commerces, notamment dans la calle Sierpes, une longue rue piétonne sympathique. Côté fleuve, vers El Arenal, l'ambiance reste affairée mais se fait plus populaire. Parking et accès en voiture relativement aisé.

– *Casa de Pilatos et plaza Alfalfa* (plan couleur II, G-H4) : le charme de Santa Cruz se prolonge dans les ruelles labyrinthiques (et piétonnes pour certaines) qui débouchent au nord plaza San Pedro, à l'ouest plaza El Salvador et à l'est sur la grande artère de Recaredo, englobant la *casa de Pilatos* et la plaza Alfalfa. Les nombreux bars, avec leurs grappes de Sévillans hilares, invitent à sortir le nez du guide pour suivre la vague festive. De jour, on flâne entre les églises, les placettes, les balcons fleuris, jusqu'à la plaza Salvador, une des favorites pour *ir de tapeo.* Pas l'endroit idéal pour les automobilistes.

– *Museo de Bellas Artes* (plan couleur I, A3) : secteur à la fois tranquille et central, proche des commerces, de la station de bus plaza de Armas, non loin de la passerelle qui mène à la Cartuja. Bref, une excellente zone pour trouver un hôtel. D'ailleurs, l'endroit ne manque pas d'adresses charmantes et assez bon marché, réparties le long d'artères pavées aux façades colorées. Longé par le périph et doté de plusieurs parkings, il conviendra aux routards motorisés, mais gare aux sens interdits.

– *Alameda de Hércules* (plan couleur I, B-C1-2) : en fait le **quartier de San Lorenzo,** qui fut autrefois la frontière nord de la ville, symbolisé par l'Alameda. Très pratique, la calle Feria, où l'on trouve de tout pour se ravitailler, ainsi que les rues descendant vers la plaza del Duque de la Victoria (plan couleur I, B3) – bar à tapas, épiciers, marché, cybercafés, théâtres, cinéma d'art et d'essai... Étrangement, peu d'hébergements bon marché, mais des bars à foison et des petits restos très sympas.

– *Quartier de la Macarena* (plan couleur I, C1-2) : quartier populaire au nord-est de la Alameda de Hércules. Il vit encore au rythme de ses habitants, loin de l'agitation du centre. Pas de grands monuments certes, mais la promenade par la calle San Luis et la calle Feria est vraiment plaisante et permet de découvrir quelques belles églises dans une atmosphère un rien libertaire.

– *Quartier sud et plaza de España* (plan couleur II, G5-6) : ne pas manquer d'aller flâner à travers le luxuriant parc María Luisa. Traversé par plusieurs artères principales, donc aucun mal pour circuler.

– *Les rives du Guadalquivir* : elles délimitent la vieille ville. Aménagées, elles constituent une promenade dominicale agréable, à une quinzaine de minutes de marche du centre. Beaucoup de joggeurs également. Assez sympa.

– *Triana* (plan couleur II, E5) : rive droite, face au centre, de l'autre côté du fleuve. Quartier à la fois mythique, tendance et populaire où rayonnait, il y a peu, la communauté gitane. Une balade pleine de charme et de couleurs, la plupart des maisons du vieux *barrio* étant recouvertes de céramiques. Restos et lieux nocturnes plus ou moins branchés s'alignent calle Betis (le nom romain du fleuve), au bord du Guadalquivir. On y vient aussi pour écouter du flamenco. Excellent point de vue pour admirer Séville. En s'enfonçant un peu, les ruelles typiques cèdent vite la place à de petits immeubles lépreux. Il est parfois difficile de s'y garer, mais il existe un parking plaza del Altozano, sous le marché.

SÉVILLE ET SES ENVIRONS

Transports urbains

Les quartiers les plus intéressants se découvrent impérativement à pied. Quand vous êtes fatigué ou en soirée, prenez un taxi, ce n'est pas si cher comparé à Paris, par exemple.

Calèches

Sympathique mais vraiment touristique. À vous de voir... Sachez qu'on trouve des calèches dans tous les sites touristiques de la ville, mais c'est surtout devant la Giralda que les chevaux se rassemblent. Compter normalement 50 € (tarif officiel) pour 40 mn à 1h de balade selon un parcours précis en temps normal, car, bien entendu, les prix sont multipliés par trois durant la feria. S'il n'y a pas foule, n'hésitez pas à négocier. Très chic, si vous souhaitez que la calèche vienne vous chercher à votre hôtel, il vous en coûtera environ 70 €.

Bus municipaux

Ils irriguent surtout les quartiers excentrés et parcourent le périphérique, faisant ici et là quelques timides incartades dans le centre – plaza de la Encarnación, Alameda de Hércules, plaza Nueva et avenida de la Constitución. Peu utiles pour ceux qui séjournent dans la vieille ville. Toutefois, il existe un petit bus électrique, le C5, qui fait une boucle dans la vieille ville, intéressant si vous fatiguez (ttes les 30 mn 10h-21h ; ttes les heures dim). Sinon, les bus circulaires sont aussi bien pratiques. Le circulaire intérieur est le C3-C4 (selon sens de rotation), sachant que le C3 passe aussi par Triana, et le circulaire extérieur est le C1-C2 (selon sens). Ils permettent de faire le tour de la ville et de se rendre, par exemple, de la Cartuja (sur le site de l'Expo) au parc María Luisa (par le C1-C2), ou encore de Triana jusqu'aux abords de Santa Cruz en passant par l'église de la Macarena (par le C3-C4). Le C1-C2 dessert par ailleurs la gare ferroviaire. Le C1-C2 fonctionne 24h/24 (sf dim, il s'arrête à 3h30) ; le C3-C4 de 6h (7h dim) à 23h30. Passages ttes les 5-10 mn.

– Plan de circulation : vous en trouverez aux guichets *Tussam* sur le prado San Sebastián (à côté de l'entrée du métro *Prado*) ou à l'office de tourisme.

– Billet : il s'achète à l'unité dans les bus ou aux terminus. Il coûte 1,40 € (1,60 € pendant la feria) et n'autorise pas les correspondances. On peut également acheter des cartes *multiviaje,* vendues aux terminus et dans tous les bureaux de tabac *(estancos)* ou les kiosques à journaux, mais pas dans les bus. Rechargeables, ces cartes coûtent 1,50 €, auxquels il faut ajouter un crédit minimum de 7 €. Avec ces cartes, le tarif du trajet devient beaucoup plus intéressant : 0,69 €/trajet si l'on opte pour la carte sans correspondances, et 0,76 €/trajet pour celle avec. On peut se faire rembourser la carte à la fin du séjour, mais pas le crédit qui reste dessus, celui-ci est définitivement perdu. Du coup, si vous êtes plutôt du genre marcheur et que vous logez dans le centre, il n'est pas forcément utile d'investir 7 € dans une carte, pas sûr que vous fassiez 10 trajets en bus au cours de votre séjour... Attention aussi, n'achetez pas ces cartes durant la Semaine sainte ou la feria, le prix du trajet est alors le même que pour un billet à l'unité. On peut enfin opter pour l'une des deux « cartes touristiques », offrant des trajets illimités pour 1 ou 3 jours (compter respectivement 5 et 10 €, plus 1,50 € pour l'achat de la carte). Elles s'achètent à la gare routière Prado de San Sebastián, à l'aéroport, à la gare ferroviaire ou bien encore aux kiosques *Tussam*. Pas de réduction pour les enfants ; en revanche, ceux-ci peuvent emprunter gratuitement les transports jusqu'à 3 ans.

– ***Infos :*** ☎ 955-47-90-00. ● tussam. es ●

Tramway

Le tram traverse le centre historique entre San Bernardo (à 200 m l'ouest du prado San Sebastián) et la plaza Nueva, par la calle San Fernando et l'avenida de la Constitución. Entre ces deux terminus, il y a 3 arrêts, Prado de San Sebastián, Puerta de Jerez et Archivo de Indias. Très pratique, il circule tlj 6h (7h dim)-23h30, avec un passage ttes les 7-10 mn env. Les billets et les cartes sont les mêmes que pour le bus (voir ci-dessus) ; on trouve en outre un distributeur à chaque arrêt.

Métro

Tout beau et très moderne, le métro est en service depuis le printemps 2009. La ligne 1 (3 autres sont en construction) comprend 22 stations, dont 15 souterraines, et parcourt les 18 km qui séparent la Ciudad Expo, à l'ouest de la ville, d'Olivar de Quintos (Dos Hermanas) dans la banlieue sud-est. Tout comme le bus, il n'est pas utile aux visiteurs qui se cantonnent généralement au centre-ville. En revanche, il peut résoudre en partie les problèmes de stationnement, car on trouve d'immenses parkings bon marché à différentes stations, et ce à seulement 10 mn en métro du centre (lire plus bas « Parkings en ville »).
Son parcours est découpé en 3 zones faisant varier le prix du ticket de 1,35 à 1,80 € selon que l'on se déplace d'une zone à l'autre (2,70-3,60 € le billet A/R). Tout comme pour le bus, une carte valable 1 jour est proposée pour 4,50 €, ainsi qu'une carte rechargeable à partir de 10 € (ramenant le prix du trajet de 0,82 à 1,37 € en fonction du parcours, mais sans changement de monture possible). Les billets sont en vente dans les distributeurs ou aux guichets avant l'accès au quai.
Il fonctionne lun-jeu 6h30-23h, ven jusqu'à 2h, sam 7h30-2h et dim 7h30-23h (horaires élargis pdt la Semaine sainte). Sa fréquence de passage est de 4 mn aux heures de pointe. Vous trouverez le plan dans les stations.
– *Infos :* ☎ 902-36-49-85. ● metro-sevilla.es ●

Sevici

Un système de vélos en libre-service sur abonnement, comparable au *Vélib'* parisien ou au *Vélo'v* de Lyon. Interdit dans les ruelles piétonnes du vieux quartier de Santa Cruz, le vélo peut s'avérer un bon moyen de locomotion sur les grands axes, pour partir à la découverte de certains quartiers quelque peu excentrés, ou encore pour vous rapprocher le soir de votre hôtel, d'autant que la ville est quasiment plate et parcourue de nombreuses pistes cyclables, matérialisées en vert. Il suffit d'insérer sa carte de paiement dans une borne et de valider une caution de 150 €, puis de choisir le type d'abonnement (min 7 jours à 11,30 €). Sachant que les 30 premières mn sont gratuites. Ensuite, 1 € pour la 1re heure puis 2 €/h pour les heures suivantes. Valable uniquement si on reste au moins 1 semaine et si l'on repose le vélo toutes les 30 mn à un point de parking. Car si vous voulez pédaler de longues heures, agrippé à votre monture, une location classique sera plus avantageuse (lire plus bas « Adresses utiles »). À vous de voir... Nombreux points de stationnement (plus de 400), soit un tous les 300 m (petit plan disponible dans les offices de tourisme).
– *Pour plus d'infos :* ☎ 902-01-10-32. ● sevici.es ●

Taxis

Les taxis fonctionnent avec 2 tarifs différents. Le tarif 1 (0,70 €/km) s'applique lun-ven 6h-22h. La nuit, les w-e et j. fériés, on passe au tarif 2 (0,90 €/km). Le coût minimal est d'env 4 € en tarif 1 et 5 € en tarif 2. Prévoir plus ou moins 5-7 € pour rejoindre Santa Cruz à partir du quartier de la Macarena au nord ou bien Triana-plaza del Duque. Quant à vous rendre à l'aéroport, la course, forfaitaire, revient à 23 € maximum (bagages inclus). Bien vous le faire préciser au départ, car comme c'est un forfait, ils ne mettent pas le compteur (voir aussi « Arriver – Quitter » plus haut) ; et si l'on vous demande plus, ne vous laissez pas faire ! Plusieurs stations de taxis sont indiquées sur le plan de ville distribué par l'office de tourisme de Séville. En général, les taxis sont nombreux et donc faciles à héler dans la rue. Parfois, à plusieurs, ils peuvent être plus avantageux que le bus.
– *Radio Taxi Giralda,* ☎ 954-67-55-55 ; *Cooperativa Radio Taxi,* ☎ 954-58-00-00 ; *Tele Taxi,* ☎ 954-62-22-22.

Parkings en ville

Très difficile de se garer en centre-ville, et on ne rigole pas avec les interdictions de stationner ! Les voitures sont embarquées par la *grua,* la fourrière, sans compassion aucune : env 90 € l'amende, il y a de quoi pleurer ! Le mieux est d'aller déposer vos affaires à l'hôtel, puis de garer votre voiture dans un lieu gardé. Compter 16-22 € les 24h, la plupart coûtant env 18 €. Certains parkings proposent des tarifs dégressifs, si on reste plusieurs jours de suite, et certains hôtels disposent de réduc : n'hésitez pas à les demander. Ils n'acceptent pas les cartes de paiement, prévoir du liquide... L'office de tourisme délivre une carte sur laquelle sont indiqués les parkings.

🅿 Dans le quartier de Santa Cruz, garez-vous plutôt au parking *Cano y Cueto (plan couleur II, G-H5 et plan couleur Santa Cruz, G5, 1),* sur la rue du même nom, le plus proche tout en restant accessible (351 places), ou au parking *Roma (plan couleur II, F6, 2),* avda de Roma, non loin de la puerta de Jerez (330 places).

🅿 Parmi les parkings du centre, essayez celui de *Plaza Nueva (plan couleur II, F4, 3),* c/ Albareda (328 places), ou celui de *El Arenal (plan couleur II, E4, 4),* c/ Pastor y Landero (240 places). Le mieux étant encore celui du *Paseo de Colón (plan couleur II, E4, 5),* le long du Guadalquivir, grand et le moins cher (259 places).

🅿 Dans le quartier des Beaux-Arts, parking sous le centre commercial de la *Plaza de Armas,* l'un des plus chers mais aussi l'un des plus grands *(plan couleur I, A3, 6),* c/ Marqués de Paradas (700 places). Celui de *Benidorm (plan couleur II, E4, 7),* c/ Benidorm, est accessible de la c/ Arjona en venant de la pl. de Armas (dans l'autre sens c'est impossible, une séparation entre les 2 voies empêche de tourner à gauche).

– La solution la plus économique consiste à garer son véhicule dans l'un des immenses parkings aux abords des *stations de métro* Ciudad Expo (Mairena del Aljarafe), San Juan Alto, San Juan Bajo (San Juan de Alfarache), Condequinto y Olivar de Quintos (Dos Hermanas). Il ne vous en coûtera qu'env 10 € les 24h et un ticket de métro.

Bovis et gorrillas

Quand vous vous garez dans la rue, vous constaterez rapidement qu'il arrive que des agents de la ville (les *bovis,* en pantalon rouge et chemise blanche) vous demandent un droit de parking contre un ticket à moins de 1 €. C'est tout à fait légal et plus sympathique que les horodateurs.

En revanche, moins agréable, des types connus sous le nom de *gorrillas* (les casquettes) font le même boulot, mais tout à fait officieusement et normalement illégalement. Ils vous proposent de garder votre voiture en votre absence. En fait, ils ne surveillent rien du tout. En outre, si vous refusez de leur donner un petit quelque chose, il y a des risques que vous retrouviez une belle et harmonieuse rayure sur la portière, une antenne en tire-bouchon ou un rétro ayant effectué un salto avant. Bref, une forme de racket déguisé. Proposez-leur de payer à votre retour et ne donnez pas plus de 1 €.

Adresses utiles

Infos touristiques

🅸 *Office de tourisme de Séville (consorcio de turismo de Sevilla ; plan couleur Santa Cruz, G5) :* pl. del Triunfo, 1 ; à l'entrée du patio de Banderas. ☎ *955-471-216.* ● *turismo.sevilla. org* ● *Tlj 9h (9h30 w-e)-19h.* Infos hébergement, plan des bus urbains *Tussam,* ainsi que les horaires des bus et trains pour quitter Séville ou explorer les alentours. Liste de guides officiels si vous souhaitez faire une visite guidée de la ville. Plan détaillé de la ville, très bien fait et gratuit. Personnel parlant le français. Demandez *El Giraldillo,* un mensuel gratuit et précieux donnant les infos, en espagnol, sur les spectacles, expos, corridas, musées, flamenco, etc. Moins complets mais également gratuits, *The Tourist* et *Yuzin.*

■ *Sevilla Walking Tours :* ☎ 902-15-82-26. ▯ 616-50-11-00. ● *sevillawalkingtours.com* ● *Visites lun-sam avec des horaires variables ; selon la balade choisie, prévoir 7-15 €, entrées dans les sites ou monuments non comprises.* Organisent des visites de 2h en anglais, dans la ville historique avec un guide qui vous conte et raconte des anecdotes. Au programme aussi, l'Alcázar ou la Catedral. Les points de rencontre sont plaza Nueva pour les balades et plaza del Triunfo pour la Catedral et l'Alcázar.

– D'autres organismes proposent des visites guidées (certaines en français) de la ville ou des monuments, liste complète à l'office de tourisme.

– Plusieurs agences proposent également des *visites guidées de la ville à vélo.* Voir par exemple avec *Bici Bike* (coordonnées plus haut dans « Arriver-Quitter – En train – Location de vélos »). Compter 20 € la visite de 3h (min 2 pers). Plusieurs circuits possibles.

Service

✉ *Poste* (correos ; *plan couleur II, F5) :* avda de la Constitución, 32. Lun-ven 8h30-20h30, sam 9h30-13h30. Représente également *Western Union* en cas de besoin urgent d'argent liquide. Distributeur de billets.

Télécommunications

@ *Accès Internet gratuit* (plan couleur II, F4, *10) :* en bas de l'immeuble Laredo, pl. San Francisco, 19. Lun-ven 10h-14h, 17h-20h. Une dizaine de postes.

@ *Internet* (plan couleur I, B3, *11) :* c/ Trajano, face à Lizarrán Tapas (enseigne « Telefono público »). ☎ 954-56-34-17. Lun-sam 10h-14h30, 15h30-22h ; dim 10h-12h, 15h30-22h. Petit cyber d'une dizaine de postes où l'on peut aussi téléphoner (cabines).

@ *Ciber Alcázar* (plan couleur II, G5-6, *8) :* c/ San Fernando, 35. ☎ 955-11-80-25. Face à l'université. Tlj 10h (12h w-e)-22h. Bon marché. En plus des accès à Internet, on peut aussi ici imprimer, faire des copies de CD et DVD, envoyer des fax ou téléphoner.

Banques, change

■ Nombreuses *banques* sur l'avenida de la Constitución (*plan couleur Santa Cruz, F5, 13*). Elles font toutes le change et ce ne sont pas les *distributeurs* automatiques de billets qui manquent. Aucun problème, donc. D'autres succursales autour de la mairie (*ayuntamiento ; plan couleur II, F4*).

Représentations diplomatiques

■ *Consulat général de France* (*plan couleur Santa Cruz, G5, 14) :* pl. Santa Cruz, 1. ☎ 954-29-32-00. ● *ecrire@consulfrance-seville.org* ● *consulfrance-seville.org* ● *Lun-ven 9h-13h ; sam en cas d'urgence. En cas d'urgence, hors horaires d'ouverture :* ▯ 630-93-52-01.

■ *Consulat honoraire de Belgique* (*plan couleur Santa Cruz, G4) :* Fabiola, 10. ☎ 639-54-80-37. *Ouv lun, mer et ven 10h-13h.*

Garages

■ *Garage Citroën :* avda Dr Fredriani. ☎ 954-91-52-80.

■ *Garage Renault :* Bellavista Automoción, polígono industrial Pineda, zona 3. ☎ 954-69-32-85.

■ *Garage Peugeot :* polígono industrial de Calonge, c/ Aviación, 69. ☎ 954-35-04-50. À côté du centre commercial Vilaser. Lun-ven 9h-14h, 16h30-19h30 ; sam 9h-13h.

En cas de bris de glace

■ *Auto Cristal Sevilla :* c/ Almadén de la Plata, 14. ☎ 954-35-79-98 ou 902-39-42-72. Lun-ven 9h-14h, 16h-20h ; sam 9h-14h.

Santé, urgences

– En cas de gros pépin, les hôpitaux publics offrent des services gratuits pour les premiers soins aux membres de l'UE munis de la Carte européenne d'assurance maladie.

■ *Urgences (police, pompiers et ambulances) :* ☎ 112.

✚ *Hospital univ. Virgen de la Macarena* (plan couleur I, C1) : avda

SÉVILLE ET SES ENVIRONS

Dr Fedriani, 3, angle c/ San Juan de Ribera. ☎ 955-08-80-00.

■ **Médecin parlant le français** *(plan couleur I, C2) :* Dr Mina Rhouch-Vautherin, au CIMEE (Centro International para Migrantes y Extranjeros), c/ Castellar, 42.* ☎ 954-22-15-20.

■ **Commissariat de police** *(plan couleur I, B1, 12) :* angle c/ Lumbreras et c/ Alameda de Hércules.* ☎ 954-28-95-57. *Plaintes par tél :* ☎ 902-10-21-12.

■ **Objets perdus ou trouvés** *(plan couleur II, H5-6, 9) :* c/ Manuel Vázquez Sagastizábal, 3.* ☎ 954-42-04-03. *À côté de la gare routière Prado de San Sebastián. Lun-ven 9h30-13h30.*

■ **Pharmacies :** *on en trouve partout, bien sûr. En général, ouv lun-ven 9h30-20h30 (fermées plus ou moins entre 13h-14h et 16h-17h selon les pharmacies) ; sam mat env 9h30-13h30. Système de roulement la nuit : sur la vitrine de chaque pharmacie figure la liste de celles qui sont de garde.*

Location de vélos et scooters

■ **Bicicletas José Gómez del Moral** *(plan couleur I, B1, 16) :* c/ Calatrava, 14.* ☎ 954-37-89-77. *Lun-ven 9h30-13h30, 17h-20h30 ; sam 9h30-13h30. Un vendeur de vélos, qui loue aussi de bons VTT à la journée pour seulement 9 € ! Caution de 50 €.*

■ **Bici4city** *(plan couleur II, F5) :* c/ General Castaños, 33* ☎ 954-22-98-83. ● bici4city.com ● *À 200 m de la pl. de Toros. Mars-oct : tlj 10h-14h, 16h-20h (17h-21h juil-août). Nov-fév : lun-sam 10h-19h. Une autre adresse (plan couleur I, B1, 15) :* c/ Peral, 6.* ☎ 954-38-93-83. *Lun-ven 10h-14h, 17h-20h30 ; sam 10h30-13h30. Une façon sympa de découvrir Séville en vélo équipé d'un audioguide format MP3 (plusieurs langues dont le français). 4 itinéraires sont proposés : Séville incontournable, la Séville mudéjare, la Séville arabe, Triana. On peut louer seulement le vélo (3 €/h et 15 €/j., 25 €/2 j., dégressif ensuite) ou bien encore seulement l'audio pour faire la visite à pied (5 €). Loue des sièges enfants ainsi que des casques. Prévoir une caution et sa pièce d'identité.*

– *Pour louer une petite reine, voir aussi plus haut* **Bici Bike** *à la gare de Santa Justa.*

■ **Location de cyclomoteurs :** *Vespasur SA (plan couleur I, D3),* c/ Padre Mendez Casariego, 19.* ☎ 954-41-75-00. ● vespasur.es ● *Tlj 9h-14h, 16h30-20h. Loc de cyclomoteurs 49 cc 10 €/j., 125 cc 35 €/j. ; tarif dégressif dès le 2e j. pour les 125 cc. Caution de 250 €.*

Divers

– **Renseignements téléphoniques :** ☎ 118-18.

■ **Journaux français :** *tentez votre chance aux kiosques de la c/ Sierpes ou autour de la pl. Nueva (plan couleur I, F4). En dernier recours, à la gare Santa Justa.*

■ **Laverie Roma** *(plan couleur II, F4) :* c/ Castelar, 2.* ☎ 954-21-05-35. *Lun-ven 9h30-14h, 17h-20h30 ; sam 9h-14h. En fait, un pressing qui peut prendre du linge au poids.*

■ **Laverie La Segunda Vera** *(plan couleur II, H5, 39) :* c/ Menéndez Pelayo, 11.* ☎ 954-53-63-76. *Lun-ven 9h30-14h, 17h30-20h ; sam 10h-13h30. Machines en self-service.*

Où dormir ?

Le logement à Séville n'est pas généralement problématique si l'on s'y prend tôt le matin. Cependant, trouver à se loger pendant la Semaine sainte et la feria sans avoir réservé plusieurs mois à l'avance tient de la gageure ! Les prix varient selon les saisons (voir plus haut « Les saisons touristiques »), avec l'envolée de la *temporada super alta*, où il faudra s'attendre à payer le double (parfois même le triple) des tarifs indiqués ci-dessous. Lorsqu'il n'y a qu'un prix, c'est que l'établissement pratique le même toute l'année, hors *Semana santa* et feria.

Vous aurez la plupart du temps le choix entre des chambres sur la rue (plus claires mais qui peuvent aussi être plus bruyantes) ou sur le patio, généralement plus sombres (voire sans fenêtre, avec seulement une porte vitrée). Dans ce second cas, le calme n'est pas garanti pour autant à 100 %. N'oubliez pas non plus que les Espagnols vivent jusque tard dans la nuit, pensez donc aux boules *Quies*.

On vous rappelle que le petit déj est très rarement compris dans le prix de la chambre et qu'il est aussi rarement servi dans les hôtels (sauf dans ceux d'un certain standing).

Auberges de jeunesse

À Triana

â **Triana Backpackers** *(plan couleur II, E5, 53)* : Rodrigo de Triana, 69, 41010. ☎ 954-45-99-60. • sevilla triana@gmail.com • trianabackpac kers.com • Nuitée 15-25 € (dortoirs 4-10 pers), doubles 38-50 €, petit déj inclus. ☐ ☎ Non loin de la calle Betis si festive, une adresse discrète, dans une ancienne demeure traditionnelle, toute restaurée, joliment décorée, organisée autour d'un patio très lumineux. On se croirait plus dans un riad que dans une AJ ! Salles de bains nickel et modernes, avec douche à l'italienne, en nombre suffisant. Chambres pas bien grandes, mais avec AC. Les doubles sont coquettes. Cuisine à dispo. Mais on vient surtout pour la terrasse, les hamacs et le vrai jacuzzi. Vue extra sur les toits et soirées à thème régulières. Service laverie (8 € la machine). Location de vélos. Un vrai coup de cœur.

À proximité de la plaza Alfalfa

â **Traveler's Inn** *(plan couleur II, G4, 34)* : c/ Augusto Plasencia, 41004. ☎ 954-21-67-24. • reservations@ sevillabackpackers.es • travelersinnse ville.com • Nuitée 12-22 € selon dortoir (4-8 pers) et période, doubles 30-54 €, petit déj inclus. ☐ ☎ Installée dans une demeure traditionnelle à deux pas de la plaza Alfalfa, cette petite auberge de jeunesse tranquille exhale de ses vieux murs une douceur de vivre toute sévillane. Autour du patio aux fauteuils colorés grimpent les escaliers tapissés d'azulejos, desservant sur 2 étages une petite dizaine de dortoirs dont certains, plus chers, disposent d'une salle de bains privée. Une seule double sinon, qui partage la salle d'eau. Terrasse à mi-hauteur, doublée d'une seconde,

plus vaste, sur le toit, d'où l'on aperçoit la Giralda. Grande cuisine, laverie. Une AJ conviviale mais sans ramdam.

â **Oasis Backpacker's** *(plan couleur I, C3, 20)* : pl. de la Encarnación, 29 ½, 41004. ☎ 954-29-37-77. • sevilla@ hostelsoasis.com • hostelsoasis.com • Entrée discrète par la c/ Compañia, 1 (interphone). Nuitée 14-28 €/pers (dortoirs 4-10 lits), doubles 60-88 € (!) selon période, petit déj inclus. ☐ ☎ Une AJ sympa et moderne (avec ascenseur) proposant des dortoirs impeccables de 4 à 10 personnes, la plupart avec salle de bains intégrée, et quelques chambres doubles confortables. Bonne ambiance internationale dans le petit patio-salon central avec verrière, jouxtant un bar-*lounge* branchouille où une boisson de bienvenue est offerte. Cuisine bien équipée au dernier étage, attenante à une terrasse avec petite piscine et solarium, ouverte sur la Giralda. L'ensemble est propre, calme, très central et fort sympathique. Laverie sur place et plein d'infos au tableau. Une enseigne connue des routards venant de Grenade et de Lisbonne.

â **The Garden Hostel** *(plan couleur I, C3, 35)* : c/ Santiago, 41003. ☎ 954-22-38-66. • reservas@thegarden backpacker.com • thegardenback packer.com • Nuitée 10-18 € (dortoirs 4-12 lits), doubles avec sdb partagée 50-60 € selon saison. ☐ ☎ Petite AJ pétillante, dispersant sa poignée de chambres et dortoirs sur un étage, autour d'un large patio. Cuisine bien sûr, petit salon confortable et, surtout, grand et sympathique jardin à l'arrière, en écho à la tout aussi sympathique terrasse sur le toit, jonchée de transats et hamacs. Comme souvent, ça cause surtout *english*.

â **Samay Hostels** *(plan couleur II, H5, 39)* : avda Menéndez Pelayo, 13, 41004. ☎ 955-10-01-60. • sevilla@ samayhostels.com • samayho stels.com • Selon saison, nuitée 13-22 €/pers en sem, 18-24 €/pers le w-e en dortoir 4-10 lits, 28-30 €/ pers en chambre double, petit déj en sus. ☐ ☎ À proximité du centre, mais sur une avenue passante et bruyante, belle AJ récente pétaradante de couleurs, avec de vastes chambres doubles et des dortoirs de

4 à 10 lits impeccables. Tous ont la clim, une salle de bains privée et des draps fournis. C'est tellement nickel que l'ambiance AJ est un peu aseptisée. Mais il suffit de quelques bonnes rencontres et la grande terrasse sur le toit devient un lieu bien agréable ; on peut même y prendre une douche pour se rafraîchir. Café offert, cuisine propre et bien équipée, laverie et accueil serviable 24h/24. Accès par carte magnétique. Préférer quand même le côté cour si vous n'avez pas de boules *Quies*. Loueur de vélos juste à côté.

Dans le quartier du musée des Beaux-Arts

🛏 *Palace Sevilla* (plan couleur I, B3, **32**) : c/ Almirante Ulloa, 1, 41001. ☎ 954-29-37-77. • palace@ hostelsoasis.com • hostelsoasis. com • Nuitée 15-28 €/pers (dortoirs 4-14 lits), doubles 45-72 € selon période. 💻 📶 Ambiance *fluent english* et sourire *bright* dans cette énorme AJ installée dans un bâtiment ancien tartiné en rouge corrida. Grande cuisine, bar et petite piscine perchée sur le toit, entre lesquels naviguent jusqu'à 200 résidents débarqués des quatre coins du monde. Pas une adresse pour les couche-tôt, y a même un DJ, aux platines dès 17h.

Un peu plus loin

🛏 *Albergue juvenil Sevilla* (hors plan couleur II par G6, **65**) : c/ Isaac Peral, 2, 41012. ☎ 955-05-65-00 ou 902-51-00-00 (résas). • sevilla.itj@jun tadeandalucia.es • inturjoven.com • ♿ Dans une rue donnant sur l'avda de la Palmera. Pour s'y rendre, bus nº 34 depuis la puerta de Jerez (plan couleur II, F5) ; descendre à la hauteur de la c/ Sor Gregoria de Santa Teresa. Parking 7 €/j. Réception 24h/24. Carte des AJ obligatoire. Nuitée 16-31 € (selon âge et saison), petit déj inclus. Repas-buffet 8 €. ½ pens obligatoire pdt la Semaine sainte et les w-e de ponts. 💻 📶 Compte tenu de son éloignement (à 15 mn au sud du centre-ville) et de son prix, cette AJ n'a pas grand intérêt mais peut dépanner quand tout est complet, car elle dis-

pose de près de 300 places en chambres de 2 à 4 lits.

Location d'appartements

Un bon plan en famille ou entre amis, pour profiter d'espaces communs et économiser sur les restos en se préparant son casse-croûte a casa. Pas vraiment moins cher qu'un hôtel cependant.

Vers la Alameda de Hércules

🛏 *Patio de la Cartuja* (plan couleur I, B1, **30**) : c/ Lumbreras, 8-10, 41002. ☎ 954-90-02-00. • reservas@patio delacartuja.com • patiodelacartuja. com • Apparts 90-120 € pour 2 selon saison ; 15-30 €/pers supplémentaire (max 4 pers). Accorde jusqu'à 30 % de remise en fonction de l'affluence, n'hésitez pas à demander ! Petit déj-buffet max 8 €. Parking privé env 14 €. Belle bâtisse du XVIIIᵉ s restaurée avec goût. Les appartements s'organisent sur 2 niveaux le long d'un vaste patio très fleuri de forme triangulaire (sacrée perspective !). Ils sont tous équipés d'un coin cuisine, salon avec canapé convertible, AC, TV. Petit déj-buffet dans la jolie cafétéria à l'entrée. Solarium sur le toit. Accueil cordial.

🛏 *La Casa del Pozo Santo* (plan couleur I, B2, **38**) : ☎ 954-21-69-12. 📱 629-51-12-11. • info@casadelpozo santo.com • casadelpozosanto.com • ♿ Apparts 2-4 pers avec 1 chambre 95-125 €, et 3-6 pers avec 2 chambres 140-195 €. Réduc sur leur site. 📶 Une dizaine de petits appartements dans une demeure sévillane du XVIIIᵉ s, très bien restaurée et idéalement placée dans un quartier aussi tranquille que charmant, et central. Chaque appartement possède un équipement complet (AC, cuisine moderne équipée, lave-vaisselle, lave-linge, micro-ondes...). Ascenseur pour accéder aux étages. Quelques appartements donnent sur le toit-terrasse.

À Santa Cruz

🛏 *Appartements Sevilla Puerta Catedral* (plan couleur II, F5, **57**) : réception avda de la Constitución,

22, 41004. 📱 629-51-12-11 ou 607-46-34-38. ● info@puertacatedral.com ● puertacatedral.com ● Studios 85-120 € ; apparts 3-4 pers 135-230 €, 6 pers 245-320 €. Régulièrement des promos sur leur site. 💻 📶 Appartements luxueux de 60 à 100 m² au mobilier contemporain, joliment situés dans un bâtiment historique face à la cathédrale et dotés de terrasses privées ou communes. Studios de 30 m² tout aussi confortables (avec kitchenette) dans une rue perpendiculaire, avec belle terrasse commune sur le toit. C'est un peu cher, mais très confortable et on ne peut plus central. D'autres appartements et studios sont proposés à proximité de la plaza de la Encarnación pour un tarif plus abordable mais à la déco moins raffinée. Si l'idée vous séduit, faites votre choix sur leur site internet qui présente sans esbroufe ces chic nids douillets.

Bon marché (30-50 €)

Les *hostales* de Séville se ressemblent presque tous et ont le charme propre à l'Andalousie : patios pleins de fraîcheur, balcons fleuris, atmosphère familiale, mais chambres généralement assez petites, voire minuscules. Bien que le confort y soit rudimentaire, la propreté est généralement correcte. En hiver, il y a rarement du chauffage *(calefacción)* dans les chambres, alors n'hésitez pas à demander des couvertures supplémentaires. Dans Santa Cruz, les bonnes petites adresses ont malheureusement tendance à se transformer en usines à touristes et elles ont une fâcheuse propension à la négligence... Il arrive que l'*hostal* exige le paiement à l'arrivée, et non à l'issue du séjour et n'accepte pas les paiements par carte bancaire.

Notre classement tient compte du charme des lieux et de la qualité de l'accueil, mais ce dernier reste aléatoire : le fiston qui ouvre la porte pendant la sieste des parents n'est pas forcément aussi aimable que ces derniers, qui, eux, vivent grâce au tourisme... Dans tous les cas, demander à voir plusieurs chambres pour faire votre choix.

Dans le quartier du musée des Beaux-Arts

🏠 **Hostal El Giraldilla** (plan couleur I, A3, **21**) : c/ de Gravina, 23, 41001. ☎ 954-22-42-75. ● reserva@pensiongiraldilla.com ● pensiongiraldilla.com ● Doubles avec sdb et TV 38-45 € selon confort et saison (99 € pdt les fêtes). Familiales 35-55 €. AC en sus (5 €). Majoration de 7 % si paiement par CB. 💻 📶 Réduc de 5 % sur les doubles sur présentation de ce guide, sf pdt la Semaine sainte et la feria (demander la réduc dès le check-in). Voilà une bonne petite adresse familiale, proposant des chambres rénovées, certes simples, assez petites et sombres, mais agréables. Elles donnent soit sur le patio constitué d'une verrière en forme de pyramide, soit sur la rue calme. Azulejos et plantes vertes pour le plaisir des yeux. L'ensemble reste assez sombre malgré tout. Les proprios, charmants, font tout leur possible pour assurer un bon accueil.

🏠 **Hostal Romero** (plan couleur I, A3, **23**) : c/ de Gravina, 21, 41001. ☎ 954-21-13-53. ● info@pensionromerosevilla.es ● pensionromerosevilla.es ● Selon saison, doubles 30-35 € avec lavabo, 35-45 € avec sdb (+ 40 % pdt la feria et la Semaine sainte). 📶 Une petite adresse style pension de famille à l'ancienne comme on les aime, tenue par un gentil couple un peu âgé. Notez, au milieu de l'adorable patio couvert, la corbeille au bout de la ficelle pour se passer la clé de la chambre ! Les chambres (une douzaine) sont petites, notamment sous les toits, mais elles sont propres et équipées de douches (dont certaines rêvent d'un coup de peinture) et de la clim. Évitez quand même celles côté rue et au rez-de-chaussée.

🏠 **Hostal Paris** (plan couleur I, A3, **27**) : c/ San Pedro Mártir, 14, 41001. ☎ 954-22-98-61. ● info@hostales-sp.com ● hostalparissevilla.com ● 🛁 Doubles avec sdb, AC et TV 39-54 € selon saison. 💻 📶 Fonctionnelles, récemment rafraîchies dans des tons clairs, les chambres sont identiquement équipées mais de taille variable. Évitez celles donnant sur l'accueil, sombres et bruyantes. Le tout s'articule autour d'un patio moderne et lumineux, mais l'ensemble n'a pas grand charme... Notez que la direction possède également dans le quartier les *hostales Paco's*, *Roma* et *Gravina*.

🛏 **Hostal Museo** *(plan couleur I, A3, 55)* : c/ Abad Gordillo, 17, 41001. ☎ 954-91-55-26. ● info@hostal museo.com ● hostalmuseo.com ● *Comme son nom l'indique, tt près du musée des Beaux-Arts. Doubles 45-52 € selon saison, ttes avec douche ou bains.* 🖳 📶 Voici un sympathique petit hôtel rénové de façon assez moderne. Un lieu reposant qui propose des chambres toutes pimpantes autour de l'agréable puits de lumière du hall d'entrée. AC, TV et téléphone. Parking possible plaza de Armas ou au magasin *El Corte Inglés*. Accueil très affable, en espagnol exclusivement, mais faites-vous bien confirmer par écrit votre réservation : quelques flottements de ce côté-là.

🛏 **Hotel Londres** *(plan couleur I, A3, 26)* : c/ San Pedro Mártir, 1, 41001. ☎ 954-50-27-45. ● recepcion@lon dreshotel.com ● londreshotel.com ● *Doubles avec sdb 45-55 € selon saison, petit déj en sus.* 🖳 📶 Façade rose et ocre, grille noire en fer forgé et joli hall égayé d'azulejos jaune et bleu donnent à l'endroit un certain cachet. Chambres dotées d'un mobilier de qualité, avec AC, chauffage, TV et téléphone. Elles donnent sur la rue, sur l'arrière ou sur une courette intérieure (peu ventilée). Le tout, très bien rénové, est plutôt bien entretenu. Accueil courtois.

Dans le quartier de la Macarena

🛏 **Pensión Macarena** *(plan couleur I, C1, 25)* : c/ San Luis, 91, 41003. ☎ 954-37-01-41. ● hostalmacarena@ gmail.com ● *Sur la jolie placette de Pumarejo, dans un quartier à l'architecture intéressante. Doubles avec sdb commune 30 €, avec sdb privée, TV et AC 40 € (80 et 90 € pdt les fêtes).* 📶 Le petit patio tout jaune tapissé d'azulejos distribue des chambres pas hyper lumineuses, mais fraîches, rénovées et bien entretenues. Éviter celles donnant sur la place, à moins, malgré le bruit, de tenir absolument à un balcon, en optant pour l'une des piaules qui en sont dotées, au premier. Pas de petit déj, on peut le prendre dans le petit bar voisin, avec les habitués de ce quartier populaire. Accueil familial gentil.

Dans le quartier de Santa Cruz (cathédrale et Alcázar)

🛏 **Pensión Vergara** *(plan couleur Santa Cruz, G5, 50)* : c/ Ximénez de Enciso, 11, 41004. ☎ 954-21-56-68. ● pensionvergara@pensionvergara. com ● pensionvergara.com ● *Au 1er étage, en haut d'un petit escalier assez raide. Résa impérative. Doubles avec sdb commune 34-48 € (env 60 € pdt les fêtes), familiales 55-71 €.* Nichée dans un immeuble du XVe s, au-dessus d'une boutique de souvenirs, en voilà une drôle de bonne adresse, une auberge d'atmosphère simple et conviviale, répartie sur 2 étages, un rien foutraque et débordant de plantes, de couleurs, de linge qui sèche ici et là. Les chambres sont petites mais bien tenues et l'accueil familial est vraiment sympa. Le tout pour un tarif ras du plancher en plein cœur du centre touristique. Ne pas oublier ses boules *Quies* !

À proximité de la casa de Pilatos et de la plaza Alfalfa

🛏 **Hostal Puerta Carmona** *(plan couleur II, H4, 40)* : pl. San Agustín, 5, 41003. ☎ 954-98-83-10. ● hostal puertacarmona@yahoo.es ● hos talpuertacarmona.es ● ♿ *Doubles 45-55 € selon saison, triples 55-65 € (parfait pour une petite famille), ttes avec sdb.* 📶 *Réduc de 10 % sur les doubles sur présentation de ce guide.* Un hôtel récent ayant récupéré la façade d'une maison ancienne, ladite façade donnant sur une jolie placette avec des orangers, mais très bruyante dans la journée. Intérieur en revanche très moderne et fonctionnel, avec des passerelles encadrées de miroirs qui apportent beaucoup de luminosité aux parties communes. Dans les chambres, c'est basique mais honnête, avec AC froid/chaud, TV et téléphone. Certaines s'ouvrent sur un balcon, à éviter cependant, à moins d'être imperméable au bruit. Accueil radieux. Un bon rapport qualité-prix.

Prix moyens (50-80 €)

Dans cette catégorie, patios recouverts de marbre et installations hôtelières modernes créent une ambiance plus distinguée, mais ôtent un peu de l'authenticité des *hostales* bon marché. Proposent assez souvent des réductions dans les parkings à proximité. Ne pas hésiter à les demander.

Dans le quartier du musée des Beaux-Arts

🛎 *Hotel Zaida* (plan couleur I, A3, **24**) : c/ San Roque, 26, 41001. ☎ 954-21-11-38 et 954-21-36-12. ● info@hotelzaida.com ● hotelzaida.com ● Doubles avec sdb, AC et TV 45-70 € sans le petit déj ; également des quadruples. Parking Benidorm (avec réduc). 🖥 📶 Belle demeure de style mudéjar du XVIIIe s, dans une rue calme. La réception est située dans un spacieux patio aux colonnes en marbre, avec des fauteuils en osier. Azulejos le long de l'escalier et sol en damier à l'étage. Les chambres, aux teintes chaudes, sont vastes et fonctionnelles. Comme d'hab', préférer celles à l'étage, certaines avec balcon, d'autres sur le patio sans fenêtre. Demander à visiter avant ! Très bon accueil.

🛎 *Hotel Sevilla* (plan couleur I, B3, **28**) : c/ Daoiz, 5, 41003. ☎ 954 38 41 61. ● info@hotelsevillaweb.es ● hotel sevillaweb.es ● Doubles 69-79 €. Petit déj env 6 €. 🖥 📶 Un hôtel d'une trentaine de chambres, calme, charmant et entièrement rénové, dressé sur la jolie place San Andrés, bordée d'orangers et squattée par les terrasses de cafés. Le hall d'entrée ouvre sur un patio verdoyant, de beaux azulejos rouges et de confortables canapés. Chambres contemporaines, dans les tons rouge et gris, avec têtes de lit originales et fleuries, et petits tableaux dans le même esprit. AC, TV et salle de bains, dont certaines pas bien grandes, mais toutes en tadelakt et très soignées. Au 3e étage (ascenseur), 2 chambres s'ouvrent chacune sur une grande terrasse privée, avec transats. D'autres donnent sur un balcon. Accueil sympathique. Café sur la place pour prendre le petit déj.

Dans le quartier de Santa Cruz (cathédrale et Alcázar)

🛎 *Pensión Doña Trinidad* (plan couleur Santa Cruz, G4-5, **51**) : c/ Archeros, 7, 41004. ☎ 954-54-19-06. ● info@donatrinidad.com ● donatrinidad.com ● 🛗 Doubles avec sdb et AC 48-60 € selon saison, triples 65-80 €. 📶 Au fond d'une paisible ruelle, en bordure du centre-ville, belle pension familiale toute neuve et toute colorée de jaune. Chambres agréables et fraîches, aux salles de bains irréprochables. Préférez celles au 2e étage sous la lumineuse verrière du patio. Belle terrasse-solarium sur le toit, d'où faire un clin d'œil à la flèche de la Giralda. Une bonne petite adresse solaire au rapport qualité-prix excellent.

🛎 *Hotel Patio de las Cruces* (plan couleur Santa Cruz, G5, **45**) : c/ Cruces, 10, 41004. ☎ 954-22-60-41. ● info@hotelpatiodelascruces.com ● hotelpatiodelascruces.com ● 🛗 Doubles avec sdb 40-48 € selon saison. Charmant petit hôtel de 27 chambres, posté sur une placette paisible à deux pas de l'Alcázar et de la cathédrale. Disposées autour de 2 patios, les chambres, récemment rénovées dans les tons pourpres, ont toutes AC, TV et literie neuve. Préférez celles au 2e étage et donnant sur la petite place. Bon accueil et bon rapport qualité-prix.

🛎 *Pensión Córdoba* (plan couleur Santa Cruz, G4, **44**) : c/ Farnesio, 12, 41004. ☎ 954-22-74-98. ● reservas@pensioncordoba.com ● pensioncordoba.com ● 🛗 Dans Santa Cruz, en face du 10, c/ Fabiola. Selon saison, doubles avec lavabo 50-65 €, ou avec douche, AC et TV 60-75 €. On vient plutôt pour ces dernières. 🖥 📶 Petit établissement très bien tenu et situé dans une ravissante ruelle. Les chambres, sur 3 étages (sans ascenseur), sont toutes blanches, sans aucune déco, mais équipées d'une bonne literie et de salles de bains nickel. Elles s'ordonnent autour d'un patio fleuri décoré d'azulejos clinquants.

🛎 *Hotel la Puerta de Sevilla* (plan couleur II, G5, **41**) : c/ Puerta de la Carne, 2. 41004. ☎ 954-98-72-70. ● info@hotelpuertadesevilla.com ● hotelpuertadesevilla.com ● Doubles avec sdb 70-110 € selon saison. On est accueilli par le glouglou d'une fontaine dans le hall habillé de marbre de ce petit hôtel élégant. Dans les étages, les chambres, très confortables, affichent tissus fleuris, rayures aux murs, teintes pastel et volets intérieurs en bois. Certaines avec un balcon, toutes avec une salle de bains, certes petite, mais impeccable. Beau point de vue du toit-terrasse.

🛏 **Hostería del Laurel** (plan couleur Santa Cruz, G5, **87**) : pl. de los Venerables, 5, 41004. ☎ 954-22-02-95. ● host-laurel@hosteriadellaurel.com ● hosteriadellaurel.com ● Doubles 60-80 € selon saison, petit déj inclus. 📶 Située sur une placette, une pension qui offre le gîte mais aussi le couvert. Préférer les chambres sur l'arrière du bâtiment pour éviter le bruit. Celles-ci sont plutôt grandes, boisées côté mobilier, carrelées côté sol, peintes aux couleurs du soleil et, pour ne rien gâcher, joliment décorées et bien équipées (clim, douches hydromassantes). Bon accueil, un plan sans accroc.

🛏 **Hotel YH Giralda** (plan couleur Santa Cruz, G4-5, **46**) : c/ Abades, 30, 41004. ☎ 954-22-83-24. ● yhgiralda@yh-hoteles.com ● yh-hoteles.com ● Doubles avec sdb, AC, tél, TV et prise internet 50-90 € selon saison ; quelques triples et quadruples. 📶 Dans une petite venelle calme à deux pas de la cathédrale, ce petit palais du XVIIIe s loge un hôtel tout confort valorisant les atouts architecturaux du bâtiment, à commencer par les vénérables plafonds de bois. On choisit les chambres sur le patio pour le calme ou celles sur la rue pour la lumière. Pas de parking à proximité et l'accès est assez difficile (on est au cœur de la vieille ville !). Accueil jeune et sympathique.

🛏 **Hotel Goya** (plan couleur Santa Cruz, G4, **47**) : c/ Mateos Gago, 31, 41004. ☎ 954-21-11-70. ● hotelgoya@hotelgoyasevilla.com ● hotelgoyasevilla.com ● En plein Santa Cruz. Doubles 50-85 € selon saison. Pas de petit déj. 📶 Idéalement placé plein centre, récemment rénové, l'hôtel propose des chambres sans vrai caractère mais très clean, modernes et fonctionnelles,

avec TV satellite, AC... Seulement 2 chambres côté rue, plus bruyantes ; les autres donnent sur l'intérieur et sont de fait très calmes.

Et encore, à deux pas de la casa de Pilatos...

🛏 **Hostal Atenas** (plan couleur II, G4, **33**) : c/ Caballerizas, 1, 41003. ☎ 954-21-80-47. ● atenas@hostal-atenas.com ● hostal-atenas.com ● Doubles avec sdb 40-85 €. 📶 On entre par une longue allée de céramiques et d'azulejos couverte de plantes vertes. Le charme ne s'arrête pas à la grille de fer forgé, qu'on vous ouvre avec le sourire ; les chambres, simples (clim réversible tout de même), claires et très bien tenues, grimpent autour de 2 patios, découverts au-delà du 1er étage. Joli coup d'œil sur le clocher de l'église voisine depuis les nos 203 et 204. Un ensemble charmant d'un bon rapport qualité-prix, malgré une insonorisation des chambres pas terrible.

🛏 **Casa del Buen Viaje** (plan couleur II, H4, **82**) : c/ Cristo del Buen Viaje, 12, 41003. ☎ 954-21-33-90. ● casamargot@yahoo.fr ● casadelbuenviaje.com ● Doubles 65-70 € selon saison, avec petit déj copieux. Tarifs dégressifs à partir de 4 nuits. Dans une ruelle calme au cœur de la Judería, Margot, une Française, et son mari El Pilipi, guitariste de flamenco, ont aménagé 6 chambres d'hôtes, réparties autour du patio de leur maison traditionnelle respirant des siècles d'histoire sévillane. Celles du rez-de-chaussée sont un peu sombres mais charmantes ; à l'étage, 2 autres se partagent une salle de bains et peuvent convenir à une famille. L'ensemble baigne dans une atmosphère bohème de très bon goût, distillée par les souvenirs et meubles de famille qui garnissent les lieux. Adorable terrasse sur le toit. Pour les amateurs, El Pilipi peut donner des cours de guitare flamenco.

Chic (75-100 €)

Dans le quartier de Santa Cruz (cathédrale et Alcázar)

🛏 **Hotel Alcántara** (plan couleur Santa Cruz, G5, **52**) : c/ Ximénez de

Enciso, 28, 41004. ☎ 954-50-05-95. ● info@hotelalcantara.net ● hotelal cantara.net ● & *Doubles avec sdb 65-99 € selon confort et saison.* 🛜 Ce petit hôtel contemporain de 21 chambres, sobre et élégant, est idéalement placé en plein cœur de Santa Cruz. Ses chambres aux tons clairs, équipées de tout le confort moderne, sont tout de même un peu étroites, à moins d'opter pour celles à 2 lits, évidemment un peu plus chères. Patio agréable pour les petits déj. Location de vélos. En prime, un très bon accueil, à la fois pro et chaleureux.

🏠 *Un Patio En Santa Cruz (plan couleur Santa Cruz, G5, 56) :* c/ Doncellas, 15, 41004. ☎ 954-53-94-13. ● hotel@patiosantacruz.com ● patio santacruz.com ● *Doubles 85-120 € selon confort et saison.* 🖥 🛜 *Café offert sur présentation de ce guide.* L'hôtel est entièrement blanc, assez design, rehaussé de quelques tableaux, de fleurs et de plantes vertes. Les chambres sont à l'avenant, légèrement branchées, avec double vitrage, AC (froid et chaud), TV satellite, téléphone et coffre, mais toutes ne possèdent pas de véritable fenêtre. Préférez celles qui donnent sur l'extérieur (les n°s 4, 5, 8 et 9), la déco y est plus colorée. Au 3e étage, les 12A et 12 donnent sur la terrasse, à laquelle on accède par l'ascenseur (ouf ! pour les bagages). Cette adresse conviendra bien à ceux qui sont lassés des azulejos et apprécient le moderne, le spacieux, le lumineux. En revanche, passez votre chemin si votre chambre est au rez-de-chaussée (sombre et mal aéré). Accueil très chaleureux et en français. Même propriétaire que *Un Patio al Sur* (voir plus loin).

Vers la plaza Alfalfa

🏠 *Hotel Abanico (plan couleur II, G4, 22) :* c/ Águilas, 17, 41003. ☎ 954-21-32-07. ● info@hotelabanico.com ● hotelabanico.com ● *Doubles 70-90 € selon saison, petit déj inclus.* 🛜 La ruelle est tristoune mais, une fois passé la porte, elle cède la place à un vaste patio lumineux et fleuri, où courent de fines arcades couleur mimosa. Autour s'organisent des chambres au parquet sombre, classiques mais tout confort,

en partie couvertes d'azulejos pour la touche locale, et dotées de belles salles d'eau modernes.

Dans le quartier du musée des Beaux-Arts

🏠 *Un Patio al Sur (plan couleur I, B3, 79) :* c/ Fernán Caballero, 7, 41001. ☎ 954-22-10-35. ● hotel@patioalsur. es ● patioalsur.es ● *Doubles 75-95 € selon confort et saison ; pas de petit déj mais café et thé à dispo.* 🛜 *Réduc de 10 % sur les doubles en basse saison sur présentation de ce guide.* Perpendiculaire à la très vivante calle San Eloy, cet hôtel moderne un rien design dévoile derrière sa façade fleurie un vaste patio à colonnades à la luminosité éclatante, d'où s'échappe un escalier en marbre blancs. Les chambres, aux étages, spacieuses et léchées, très blanches elles aussi, assument un style épuré mâtiné d'un brin de romantisme. On aime, ou pas, mais le confort est au rendez-vous (TV écran large, clim, belles salles de bains carrelées) et la superbe terrasse sur le toit mettra tout le monde d'accord. Fleurie de géraniums, elle offre une belle vue dégagée sur ce sympathique quartier résidentiel. Certaines chambres s'ouvrent sur un balcon, d'autres sur le calme patio. Évitez en revanche celles du rez-de-chaussée, petites et sombres.

Dans le quartier de l'Alameda de Hércules et de la Macarena

🏠 *Casa Sacristía de Santa Ana (plan couleur I, B2, 60) :* c/ Alameda de Hércules, 22, 41002. ☎ 954-91-57-22. ● info@hotelsacristia.com ● hotel sacristia.com ● & *Doubles avec TV 50-70 € en hiver, puis 89-149 € (320 € pdt les fêtes). Petit déj 12 €.* 🖥 🛜 Le hall d'entrée de cet hôtel plein de charme donne le ton avec ses murs en tadelakt beige, ses tomettes rouges anciennes et sa petite fontaine qui rythme le silence. Les chambres, à la déco léchée comme une robe de mariée, sont grandes et donnent soit sur la petite rue, soit sur la promenade Hércules. Belles salles de bains avec baignoire ou douche à l'italienne. Joli petit salon avec café et thé à volonté tout l'après-midi et ordinateur à disposition.

🛏 *Patio de la Alameda (plan couleur I, B1, 29) :* Alameda de Hércules, 56, 41002. ☎ 954-90-49-99. ● reservas@ patiodelaalameda.com ● patiodelaala meda.com ● Doubles 85-122 € selon saison (hors fêtes). Petit déj en sus servi dans le café voisin (très sympa). Parking privé 18 €. 🛜 Chambres modernes et confortables dans une demeure du XVIe s. L'ensemble s'articule autour de 3 patios fleuris et bien isolés du bruit extérieur (bon double vitrage), mais qui amplifient le son provenant des autres chambres. Préférez celles en étage pour bénéficier de la luminosité.

🛏 *Hotel San Gil (plan couleur I, C1, 59) :* c/ Parras, 28, 41002. ☎ 954-90-68-11. ● sangil.reservas@fp-hoteles.com ● hotelsangil.com ● Doubles 60-150 € selon saison, petit déj compris ; super promos sur Internet à partir de 50 € si l'hôtel n'est pas complet. 🖥 🛜 Un bel hôtel avec une élégante réception toute d'azulejos revêtue. La partie ancienne sur rue a conservé ses loggias et ses balcons en fer forgé, tandis qu'à l'intérieur 3 ailes modernes en marbre blanc encadrent un vaste et joli jardin. Les chambres – pas très grandes – sont meublées classiques et confortables, dans les tons clairs. Évitez celles du rez-de-chaussée, dont l'intérieur est visible du patio ! La piscine sur le toit est un bon argument qui compense l'éloignement du centre touristique, même si l'hôtel est situé dans un quartier resté très authentique. Le resto, en revanche, est décevant.

Plus chic (min 100 €)

Dans cette catégorie, le calendrier des tarifs est particulièrement complexe, et les différences de prix entre la basse et la haute saison sont importantes. Il est donc prudent de se renseigner au préalable pour profiter des réductions proposées sur les sites internet ou pour éviter les mauvaises surprises, en particulier pendant la Semaine sainte et la feria ! L'accueil est souvent assez guindé : visiblement, le sourire n'est pas obligatoirement compris !

Dans le centre et le quartier de Santa Cruz

🛏 *Hotel Amadeus (plan couleur Santa Cruz, G4, 48) :* c/ Farnesio, 6, 41004. ☎ 954-50-14-43. ● reservas@hotela madeussevilla.com ● hotelamadeusse villa.com ● ♿ Doubles env 114-135 € selon confort (standard ou supérieur), suites 188-220 €. Petit déj 9-10 €. Réduc intéressante sur le site. Parking payant proche (20 €/j.). 🖥 🛜 Déroulé à même les pavés d'une étroite venelle, un tapis rouge mène jusqu'à ce petit hôtel de charme installé dans une demeure de caractère du XVIIIe s. Le patron, mélomane cultivé et affable, a entièrement dédié son hôtel à la musique classique jusque dans les moindres détails (remarquez les porte-clés des chambres). On peut écouter de la musique dans les 14 chambres (chauffage, TV, AC), qui portent cha-cune le nom d'un compositeur, et sont toutes meublées avec goût et élé-gance. Certaines disposent même d'un piano. Expositions et concerts y sont organisés de temps en temps. Salons cosy, et agréable petite terrasse sur le toit avec vue extra sur les environs. Un endroit où l'on se sent vraiment bien. Voir aussi les chambres récemment ouvertes dans un bâtiment annexe, *La Música de Sevilla,* en particulier celle prolongée d'une terrasse fleurie priva-tive sur le toit... waouh ! Seule ombre au tableau, l'hôtel est mal insonorisé, un comble pour les mélomanes !

🛏 *Hotel Las Casas del Rey de Baeza (plan couleur I, D3, 31) :* pl. Jesús de la Redención, 2, 41004. ☎ 954-56-14-96. ● reydebaeza@hospes.es ● hospes.com ● ♿ Au niveau c/ San-tiago, 31. Doubles standard 120-300 € selon saison. Petit déj 18 €. Parking 17 €. 🖥 🛜 À deux pas de la *casa de Pilatos,* un hôtel de charme composé de ravissants patios, dans des tons bleus délavés. Tomettes anciennes, galets, rouleaux de raphia en guise de volets : l'atmosphère maison de cam-pagne invite à la détente et à la médi-tation. Les grandes chambres (avec AC et TV), décorées dans un style contemporain et chaleureux sans être pour autant minimaliste, sont toutes différentes. Belles salles de bains dans le même esprit. Charmante piscine de poche sur le toit, avec vue sur les toits touffus alentour. Accueil prévenant et souriant, confort irréprochable. Resto délicieux et spa.

🛏 **La Casa del Maestro** (plan couleur I, C3, 78) : c/ Niño Ricardo, 5. 41003. ☎ 954-50-00-07. • reservas@lacasadelmaestro.com • lacasadelmaestro.com • Doubles 110-162 € selon saison et confort, hors feria et Semaine sainte, petit déj inclus. 💻 C'est dans une petite ruelle tranquille que se trouve la maison de famille du guitariste Niño Ricardo, très jolie demeure du XIXᵉ s avec verrière dans la cage d'escalier, transformée en hôtel par le petit-fils de l'artiste. Dès l'entrée, les murs du hall tapissés de tableaux figurant des notes de musique rappellent où l'on est. Les 11 chambres, délicieusement aménagées et très colorées, portent les noms des œuvres composées par le guitariste. Notre préférée ? Espeleta, dont la fenêtre ouvre directement sur le superbe toit-terrasse (sans accès direct), très confortablement aménagé. Magnifique salon-bibliothèque avec sa mezzanine qui sert d'espace internet.

🛏 **Hotel Los Seises** (plan couleur II, G4, 36) : c/ Segovias, 6, 41004. ☎ 954-22-94-95. • losseises@husa. es • hotellosseises.com • Au cœur de Santa Cruz, à deux pas de la Giralda. Doubles 82-142 € (promos permanentes sur Internet). Petit déj 14 €. Parking 22 €/j. Un hôtel assez exceptionnel, puisque les architectes sont parvenus à utiliser les structures d'une ancienne demeure du XVIIᵉ s pour en faire un hôtel moderne de haut standing. Belles chambres contemporaines, très confortables évidemment. La salle de resto, intégrant des vestiges de fouilles (colonnes, soubassement), est aussi particulièrement réussie. Sur le toit, d'où l'on embrasse une vue exceptionnelle sur la Giralda et les toits du quartier, une petite piscine et un bar.

🛏 **Hostal Doña María** (plan couleur Santa Cruz, G5, 49) : Don Remondo, 19, 41004. ☎ 954-22-49-90 ou 902-50-05-24 (central de résa). • reservas@hdmaria.com • hdmaria. com • Tt près de la cathédrale, dans une ruelle tranquille, vraiment bien situé. Selon saison, doubles standard 125-275 €. Petit déj 14 €. Surveiller les offres sur leur site. Parking privé (slt 6 places) 15 €. 💻 📶 Bel hôtel classique et chic où les chambres, personnalisées, sont dotées de meubles baroques espagnols anciens et décorées de très beaux tissus. Sur le toit, une terrasse, avec petite piscine, bar et une vue imprenable sur la Giralda. L'ensemble a beaucoup d'élégance et respire le confort. Demandez à choisir votre chambre, car elles ne sont pas toutes du même niveau. Entretien un poil laxiste, ce qui est dommage dans cette gamme de prix !

🛏 **Hotel Petit Palace Santa Cruz** (plan couleur II, G4, 58) : c/ Muñoz y Pabón, 18, 41004. ☎ 954-22-10-32. • sac@hthoteles.com • hthoteles. com • ♿ Au nord du quartier de Santa Cruz, proche de la pl. Alfalfa. Doubles 90-120 € selon saison et promo. Petit déj 16 €. Parking c/ Cano y Cueto (15 €/j.). 💻 📶 Derrière la façade assez banale de cette ancienne école se cache un hôtel résolument moderne et branché à la décoration très high-tech. Le ton est donné dès l'entrée avec un patio surprenant, dans les tons blanc, gris et noir, doté de fauteuils aux formes qui décoiffent. Les chambres design sont équipées XXIᵉ s (ordinateur, TV satellite écran plat, vélo d'appartement dans certaines...), mais les tons brun et beige leur confèrent une certaine chaleur. Salles de bains tout aussi futuristes bien entendu (hydromassage). Seul le second patio, plus classique, rappelle que nous sommes en Espagne. Ne pas manquer la colonne romaine du Iᵉʳ s, à côté de la salle de petit déj.

🛏 **Hotel Casa 1800** (plan couleur Santa Cruz, G5, 43) : c/ Rodrigo Caro, 6, 41004. ☎ 954-56-18-00. • info@hotelcasa1800.com • hotelcasa1800sevilla.com • ♿ Double min 147 €. Parking à proximité. 💻 📶 Superbe hôtel de charme installé dans un ancien palais du XIXᵉ s très bien restauré, au cœur du quartier de Santa Cruz. Les chambres standard sont déjà très luxueuses, avec tout le confort lié à ce genre d'hôtel, et pour un prix finalement pas excessif pour la qualité. On a bien aimé celles au rez-de-chaussée, avec petite terrasse

SÉVILLE ET SES ENVIRONS

privée. Le tout, évidemment, décoré avec beaucoup de goût. Superbe terrasse panoramique sur le toit. Accueil vraiment à la hauteur.

🛏 *Hotel Las Casas de la Judería (plan couleur Santa Cruz, G4, 54)* : pl. Santa María la Blanca, 5, 41004. ☎ 954-41-51-50. ● juderia@casasypalacios.com ● casasypalacios.com ● 🍴 *Double standard min 150 € (souvent beaucoup plus, regarder les offres sur Internet).* 🖥 🛜 *Cet hôtel de charme est le résultat de la restauration de tout un pâté de maisons seigneuriales du quartier juif. Magnifiquement situé et superbement réalisé, c'est une belle réussite. Tout le luxe habituel à ce genre d'établissement, y compris un spa... De la piscine sur le toit, vue magnifique sur la cathédrale ! On passe par les anciennes venelles pour accéder aux chambres, et on traverse des patios adorables. Accueil évidemment en accord avec la qualité du lieu. Pour fêter un événement particulier !*

🛏 *EME Catedral Hotel (plan couleur Santa Cruz, F4, 42)* : c/ Alemanes, 27, 41004. ☎ 954-56-00-00. ● info@emecatedralhotel.com ● emecatedralhotel.com ● 🍴 *Double min 160 € (promos régulières sur leur site).* 🖥 🛜 *Quelques anciennes maisons sévillanes ont été restaurées de fond en comble et réunies pour créer ce lieu unique à Séville, face à la cathédrale. Le concept ? Réunir en un seul et même lieu tout ce que pourrait rechercher, pour se divertir, une catégorie sociale « urbaine hype branchée » au portefeuille dodu. Un hôtel super design ; un resto gastronomique ; un salon au chic anglais cosy ; un bar design déjanté ; un resto japonais ; des chambres contemporaines avec une déco dépouillée, zen, très actuelle ; un bar à tapas branché ; un spa luxueux... ; un personnel parlant parfaitement le français et l'anglais. Et pour finir, d'immenses terrasses (piscine sur l'une d'elles) sur les toits, avec bars à cocktails où l'on peut boire des mojitos et grignoter toute la journée et jusque tard dans la nuit, tout en admirant la cathédrale. Sympa d'y boire un verre, au moins pour la vue.*

Spécial coup de folie !

🛏 *Hotel Alfonso XIII (plan couleur II, F6, 37)* : c/ San Fernando, 2, 41004. ☎ 954-91-70-00. ● hotel-alfonsoxiii-sevilla.com ● 🍴 *Le très grand luxe a un prix : doubles standard 250-350 € selon période, suite min 1 000 € ! Petit déj 25 €. Parking payant (quelle idée !). Piscine.* 🛜 *(... payant).* ¡ Olé ! *Cette merveille, construite pour l'Exposition internationale de 1929, est considérée comme le plus bel hôtel d'Andalousie. L'Alfonso XIII, c'est presque un monument, avec son impressionnante façade d'inspiration mudéjare, son immense patio couvert d'azulejos, ses galeries gigantesques et, bien sûr, ses chambres luxueuses, décorées dans un style andalou, mais finalement pas si grandes. Piscine et centre de remise en forme. Ceux d'entre vous un peu moins en fonds (!) qui voudraient tout de même profiter du cadre – enchanteur il est vrai –, pourront toujours aller y boire un verre et goûter pourquoi pas l'Alfonso XIII (calva, Dubonnet, brandy et champagne). Ou y manger : la cuisine, raffinée, n'est pas donnée mais reste abordable (plats env 20 €). Pour info, le bar est ouvert de 11h à 2h.*

Où camper dans les environs ?

⛺ *Villsom :* 41700 *Dos Hermanas.* ☎ et fax : 954-72-08-28. ● camping villsom@hotmail.com ● *À 9 km au sud de la ville, sur la route de Cadix (N IV) ; en arrivant à Dos Hermanas, prendre la SE-3205, après la sortie 555 (env 500 m) aller en direction de Isla Menor, puis c'est tt de suite à droite. Si vous avez emprunté l'A 4 depuis Séville, il vous faudra prendre la sortie n° 553 direction Dos Hermanas. En bus, ligne M 132 Séville-Dos Hermanas (compagnie Los Amarillos), à côté de la pl. de España (au niveau du Bar Citroën) ; dites au chauffeur que vous allez au camping Villsom, il vous arrêtera tt à côté (env 30 mn de trajet). Dans l'autre sens, pour vous rendre à Séville, on vous donnera les horaires du bus (env 12/j., moitié moins le w-e), qui* se prend à 400 m de l'autre côté de la route. Ouv tte l'année, sf fin déc-début janv. Y arriver tôt en saison, sinon c'est complet. Env 22 € pour 2 pers avec tente et voiture. 🖥 📶 Installé dans une banlieue sans grâce, un grand camping (210 emplacements) assez sonore (la route est proche), mais agréablement ombragé, bien surveillé et bien tenu. Le sol, en terre battue rouge style Roland-Garros, est un peu dur. Piscine gratuite, plutôt belle et surveillée. Épicerie (assez chère, allez plutôt à l'hypermarché à 5 mn de l'autre côté de la route), minigolf, bar, machines à laver et à sécher. Accueil en français.

Où manger ?
Où manger des tapas ?

Beaucoup de restos dans la ville, mais nous conseillons plutôt de faire, comme les Sévillans, la tournée des bars à tapas. Dans le genre, on trouve de tout. D'abord, les bars les plus traditionnels, où fritures, poissons marinés et autres *montaditos* (petits sandwichs) s'avalent debout au comptoir, et assument leur vocation première, éponger la *cerveza*. Mais aussi de vrais petits restos, où l'on vient plus manger que lever le coude. Ce genre de lieux proposant des tapas réinventées, fraîches, innovantes, voire gastronomiques, se multiplient. On peut souvent – pas toujours – y manger assis et, l'avantage par rapport à un resto « à la française », c'est qu'au lieu de tester un plat on en goûte trois (ou plus, ou moins, tout dépend du budget et de l'appétit). De toute façon, rares sont les restos qui ne proposent pas leurs plats aussi en portion tapas, et vice versa. Nous vous conseillons donc de suivre la bonne vieille tradition des tournées, de manière à tester plusieurs adresses au cours de votre itinéraire de visite. Vous verrez, ça repose et c'est fou comme vos journées passeront vite ! Et puis on peut contenter son estomac rien qu'en enchaînant deux ou trois bars à tapas. En prime, ambiance chaleureuse et animation garantie, sauf à l'heure de la sieste (entre 15h et 19h, voire 20h), où la plupart des bars sont fermés.

Sinon, dans le centre vers Alfalfa et le quartier de Santa Cruz, et au nord vers Alameda de Hércules, de nombreux restos « classiques » déploient leurs terrasses sur les placettes ensoleillées. Pour la plupart, ils servent un menu attractif en ce qui concerne le prix mais, sur le plan culinaire, c'est en général zéro pointé, comme au niveau de l'accueil. Autant le savoir.

TAPAS

Dans les adresses ci-dessous, on peut opter pour une *media ración* si le ventre crie trop famine. Les tapas y sont même parfois proposées en version plat.

Dans le quartier de Santa Cruz

🍽 🍷 *La Cava del Europa* (plan couleur II, H5, 99) : c/ Puerta de la Carne, 6. ☎ 954-53-16-52. ● neusbragat@ telefonica.net ● Tlj 12h-minuit. Tapas 2,90-5 €, raciones 6,60-16 € ; vins au verre 2,50-3,90 €. Carte en français. Café offert sur présentation de ce guide. Une petite salle discrète et moderne et quelques tables en terrasse pour une adresse d'exception ! Ici, c'est tapas gastronomiques, à peine plus chères qu'une assiette avec 4 bouts de *jamón*. Minicôte de bœuf argentine et miniburger de veau, sans oublier les fameuses *croquetas de jamón* et *wantun de sanfaina*, « prix de l'innovation et meilleures tapas de la ville » 4 années consécutives. Difficile de décrire de si exquises compositions ! C'est fin, inventif, surprenant, savoureux... on en salive encore ! Goûter au *gaspacho de fresas*, salé-sucré délicieux. Et pour conclure, des verrines à se damner... Au fourneau, la talentueuse chef en perpétuelle création fait goûter à ses serveurs le fruit de son imagination du jour. Pour accompagner ces petites merveilles, impressionnant choix de vins au verre. Un vrai coup de cœur. La même maison tient le *Bar Europa* (plan couleur II, G4, 86), c/ Siete Revueltos, dans le quartier de la pl. Alfalfa. Tlj jusqu'à minuit. Tapas 2,50-5 €. Carte différente, mais jolies créations là aussi, à déguster dans le bar rétro ou sur la grande terrasse inondée de soleil, plaza Jesus de la Pasión.

|●| ☂ *Bar Estrella (plan couleur II, G4, 106) :* c/ Estrella, 3. ☎ 954-21-93-25. Tlj sf dim 12h-17h, 20h-minuit. Tapas 2,50-4 €, raciones 10,50-18 €. Dans une petite rue discrète mais proche de tous les sites touristiques. 2 salles entièrement recouvertes d'azulejos (et agrémentées de photos anciennes de Séville) et une liste de tapas longue comme le bras sont les atouts de cette adresse au succès jamais démenti. Les Sévillans sont nombreux à y avoir leurs habitudes à l'heure du déjeuner, car on peut manger à sa faim et assis (!). Les plats sont servis en tapas, demi-portions et portions : anchois marinés, jambon, tortilla, etc. Le choix, large, reste plutôt classique, voire rustique, parfois un peu grassouillet. Si vous êtes amateur, tentez donc les pieds de porc, la spécialité de la maison.

|●| ☂ *Bodega Santa Cruz (plan couleur Santa Cruz, G5, 116) :* c/ Rodrigo Caro, 1. ☎ 954-21-16-94. Tlj jusqu'à minuit. Tapas et montaditos 2-3 €. Plus connue sous le nom de *Las Columnas*, en raison des colonnes qui se trouvent juste devant, voilà l'une des rares *bodegas* encore authentiques du quartier, où les habitués, collés au comptoir, ne lâchent pas un pouce de terrain aux touristes. Rentrez le ventre, mettez-vous de profil et jouez des coudes ! Le week-end, l'animation délirante rend l'accès au bar plutôt périlleux. Pour les courageux qui y seront parvenus, goûtez, parmi le large choix griffonné à l'ardoise, les *tortillitas de bacalao* ou le *montadito pringá*, délicieux petit sandwich chaud garni avec les viandes du pot-au-feu hachées menu. Et puis faites comme tout le monde : essayez de ressortir avec votre verre et votre sandwich, et allez déguster tout ça adossé aux voitures dans la rue, à moins de réussir à squatter l'une des tables qui jonchent le trottoir... Voir les serveurs s'agitant en tous sens, propulsant leur pourliche avec dextérité dans la coupe derrière le comptoir ou engueulant presque les clients est un spectacle à lui tout seul. Pas de problème de langue pour l'addition, tout ce que vous prenez est noté à la craie sur le comptoir en bois.

|●| ☂ *La Goleta – El Varo Peregil (plan couleur Santa Cruz, G5, 117) :* c/ Mateos Gago, 20. ☎ 954-21-89-66. Tlj midi et soir. Montaditos env 2 €. Finalement, dans ce quartier hyper touristique de Santa Cruz, pas besoin de chercher midi à 14h sauf, bien sûr, à l'heure du déjeuner. Avec la *Bodega Santa Cruz* (voir plus haut), voici encore un endroit fréquentable. Attention, c'est minuscule et on ne peut pas s'asseoir, à moins d'obtenir l'une des trois tables jetées sur la rue. Il faudra donc manger son excellent *montadito* (petit sandwich), servi chaud, à même le trottoir, en l'accompagnant d'une *cerveza* ou d'un *vino de naranja,* autre spécialité de la maison. Sympa, pas cher et ambiance assurée.

|●| ☂ *Vinería San Telmo (plan couleur Santa Cruz, G5, 114) :* paseo Catalina Riberia, 4. ☎ 954-41-06-00. ● info@ vineriasantelmo.com ● ♿ Tlj 13h-16h30, 20h-minuit. Fermé à Noël et le 31 déc. Tapas 2,50-4,50 €, media raciones 7,50-13 € et raciones 12,50-20 €. Menu dégustation tapas env 23 €. ⚏ Ce bar à vins sert une cuisine créative basquo-andalouse, délicieuse, et volontiers portée sur le canard. Le menu tapas est un vrai festival, au final assez copieux. Grande terrasse, qui malheureusement donne sur l'entrée d'un parking, ce qui ne l'empêche pas d'être prise d'assaut les soirées de week-ends. Alors un conseil, si vous voulez goûter à la bonne cuisine de cette *vinería,* il est prudent de réserver. Quelques tables à l'intérieur également.

|●| *La Freiduría de la Puerta de la Carne (plan couleur Santa Cruz, G5, 74) :* c/ Santa María la Blanca, 36 (angle c/ de Cano y Cueto). ☎ 954-41-11-59. Tlj 7h-13h30, 16h30-23h30 (voire plus). Raciones 3-7 €. Une authentique friture où l'on vous propose, frites à mesure, toutes sortes de croquettes, ailes de poulet, pattes de calamars, lamelles de seiche, etc. Le tout bien doré, bien croustillant et emballé dans un beau cornet en papier ! Deux pas à faire et vous prenez place sur la terrasse du *3 de Oro*, pour accompagner le tout d'une petite bière bien fraîche ou d'un petit blanc bien sec. Une formule sympathique pour une grignote apéritive, avant d'aller dîner ailleurs.

À proximité de la plaza Alfalfa

|●| Taberna Coloniales (plan couleur I, C3, **69**) : pl. Cristo de Burgos, 19. ☎ 954-50-11-37. ● info@tabernacoloniales.es ● Tlj 13h30-16h30, 20h30-minuit ; le w-e, tapas en continu jusqu'à 20h. Tapas env 3-5 € ; compter 12-16 € pour 2 copieuses media raciones. Long comptoir où il faut jouer des coudes pour accéder aux salades en vitrine. Au fond du bar, petite salle plus intime avec de jolis azulejos bleus. Quant aux tables en terrasse, nous vous conseillons de vous y prendre assez tôt, car elles sont vite prises d'assaut. Faut dire que le place est délicieuse, avec ses superbes magnolias aux troncs énormes, très étonnants. Seul inconvénient, le crissement de pneus des voitures qui tournent juste devant ! Sinon, on a bien aimé le thon de Barbate, les œufs de caille (huevos de cordoniz) et le secreto ibérico, un filet bien juteux. Petite carte des vins.

|●| ♟ Bar Alfalfa (plan couleur II, G4, **107**) : angle c/ Alfalfa et c/ Candilejo. ☎ 954-22-23-44. Tlj 9h-minuit. Tapas 2,50-3 €, media raciones et raciones 8-14 €. Une minuscule bodega tranquille et pleine de charme : un décor authentique, des bouteilles de vin dans des casiers qui montent jusqu'au plafond pendant que les jambons, eux, en descendent. On s'y arrête pour faire une pause dans la journée, boire un petit verre de vin ou de manzanilla tout en grignotant des tapas délicieuses ou une bruschetta à l'italienne. Une bonne occasion de goûter le salmorejo (épais gaspacho, spécialité de Cordoue), excellent. Et on y passe un peu plus de temps le soir, car l'ambiance y est du tonnerre ! Bonne musique et bon accueil.

|●| ♟ La Bodega de Alfalfa (plan couleur II, G4, **105**) : c/ Alfalfa, 4. ☎ 954-22-73-62. Angle c/ Candilejo. Tlj sf dim juil-août 12h-minuit, cuisine fermée 16h-20h. Tapas 2-3 €, media raciones 5-8 €. Apéro maison offert sur présentation de ce guide. Une bodega au décor des plus typique, avec jambons qui pendent, rangées de bouteilles de pif et carreaux colorés. Bonne ambiance, comme on aime, le soir. Cuisine classique. Serveurs sympathiques qui ont des années de métier. Carte traduite en français.

|●| ♟ El Rinconcillo (plan couleur I, C3, **103**) : c/ Gerona, 32. ☎ 954-22-31-83. Derrière l'église Santa Catalina ; angle d'Alhóndiga. Ouv tte la journée, à partir de 13h30, sans interruption. Tapas 2-3 €, raciones 6-18 €. Superbe bar fondé en 1670 au décor pittoresque incroyable : jambons pendus au plafond de bois, murs jaunis couverts de bouteilles, azulejos, vieux pavés disjoints, comptoir usé par des siècles de coudes et, derrière le bar, plafond peint et meuble-vitrine façon cabinet d'apothicaire, héritages d'une ancienne boutique d'alimentation contiguë. Goûtez, par exemple, aux espinacas con garbanzos (épinards aux pois chiches), très bien préparés. Ambiance du tonnerre, le soir, quand les rares touristes se mêlent aux fidèles. Tout ce petit monde debout au comptoir ou appuyé sur des tonneaux (les tables sont réservées au resto). Ne ratez pas le petit bonhomme assurant le service, la craie à l'oreille, et gribouillant ses additions sur le comptoir en bois. C'est un vrai spectacle ! Ce bar vaut le détour, qu'on se le dise. Sur la belle placette voisine, presque en face, un autre vieux bar sympa, Los Claveles, avec une terrasse au soleil.

|●| ♟ La Traviesa (plan couleur I, C3, **72**) : c/ Regina, 6. Tlj 8h-minuit. Tapas 3-5 €, plats 6-15 € ; vins au verre 1,50-3 €. Petit bar à la déco gentiment branchée, prolongé de quelques tables sur la place piétonne. Délicieuses tapas, doux mélange de saveurs arabo-andalouses. Une halte agréable dans ce quartier qui monte.

|●| Casa Antonio Los Caracoles (plan couleur II, G4, **66**) : c/ Pérez Galdós, 13. ☎ 954-21-31-72. À deux pas de la pl. Alfalfa. Tlj sf lun 12h30-16h30, 20h-minuit. Menu 8 € (café et bière ou vin de la casa inclus) ; tapas 2,30-2,65 €, media raciones 5,50-17,50 €. Vaut surtout pour ses tables une petite place à l'écart du bruit des voitures, car la grande salle intérieure n'a aucun intérêt et la cuisine, correcte, ne vous laissera pas pour autant un souvenir impérissable. Beaucoup de fritures et de coquillages. Quant aux escargots, il en existe 2 espèces : les petits *cabrillas,* dit « de terre », cuits dans un bouillon pimenté (seulement au printemps), et les *caracoles* de mer, qui ressemblent à nos bulots mais tout blancs.

Dans le quartier El Arenal

IOI Y *Hijos de Morales (plan couleur II, F5, 104) :* c/ García Vinuesa, 11, angle c/ Cristóbal de Castillejo. ☎ 954-22-12-42. Non loin de la cathédrale, en allant vers le fleuve. Tlj sf dim 12h-16h, 20h-minuit. Tapas 2-2,50 €, raciones 6-10 €. Le bistrot à vins le plus vieillot de la ville : près de 150 ans d'existence, et pas un coup de peinture depuis 50 ans ! On ne touche même pas à la poussière, c'est sacré... Installez-vous de préférence à l'arrière (entrée par la c/ Cristóbal de Castillejo), dans l'ancienne cave, laissée pratiquement dans son jus : immenses cuves à vin en forme de jarre, vieux tonneaux. Le *vino* est *bueno* et, vu l'atmosphère générale, on se sent prêt à tous les essayer ! Il faut commander au bar, puis aller chercher sa portion quand on vous l'annonce dans le brouhaha. Ensuite, c'est simple, les serveurs additionnent vos consos sur le zinc, donc pas de problème de langue pour régler ! Un total coup de cœur !

IOI Y *Enrique Becerra (plan couleur II, F4, 63) :* c/ Gamazo, 2. ☎ 954-21-30-49. ● *restaurante@enriquebecerra. com* ● Tlj sf dim 13h-16h30, 20h-minuit. Tapas 3-4 €, plats 16-25 €. Atmosphère sympa dans ce repaire d'hommes d'affaires, d'artistes et d'intellectuels, entre les *jamónes,* les murs ornés de céramiques et les hautes tablettes pour s'accouder. Arturo Pérez-Reverte évoque l'endroit dans pas mal de ses romans. Surtout, les tapas sont succulentes ; essayez la *vieira gratinada* (coquille Saint-Jacques gratinée), les *albondigas de cordero con hierbabuena* (boulettes d'agneau à la menthe) ou bien sûr, très prisé ici, les crestechs à base de porc ibérique. Pour faire glisser, la cave ravira les œnologues et les adeptes de xérès. Quelques tables, mais réservées pour la partie resto, plus chère. Les tapas, c'est debout !

IOI Y *La Casa Cuesta (plan couleur II, F4, 85) :* c/ Zaragoza, 50. ☎ 955-65-82-45. Tlj sf dim. Tapas 2,50-3 €, media

raciones 7-12,50 €. Bonnes tapas dans un décor typique, avec grand bar en bois et marbre, et vieilles affiches de Séville aux murs. Bonne ambiance à l'heure de l'apéro. Quelques tables hautes à l'intérieur, mais la clientèle déborde vite sur la rue.

Dans le quartier du musée des Beaux-Arts

IOI Y *El Patio San Eloy – Taberna Sevillana (plan couleur I, B3, 100) :* c/ San Eloy, 9. ☎ 954-22-11-48. Tlj 11h30-16h30, 19h-23h30. Sandwichs 2-3 €. *Taberna* où l'ambiance est vraiment chaude aux heures de pointe. On boit beaucoup bien sûr, sous la ribambelle de jambons qui sèchent au-dessus du bar, tout en mangeant de petits sandwichs de toutes sortes (saumon, roquefort) ou des *empanadas,* empilés tout prêts dans une vitrine derrière le bar. Allez vous installer sur les gradins du fond couverts de faïence : on se croirait plus dans un ancien hammam que dans un bar ! Parfait pour s'en boucher un coin pas cher avant d'aller s'encanailler. Salles plus intimes mais moins jolies à l'étage. Quelques succursales ont essaimé ailleurs en ville.

IOI Y *La Alacena de San Eloy (plan couleur I, B3, 130) :* c/ San Eloy, 31. ☎ 954-21-55-80. Tlj sf dim 12h-16h30, 20h-23h30. Tapas env 2,50 €, raciones min 7,50 € ; menu env 9 €. À deux pas du *Patio San Eloy,* mais dans un tout autre style, aussi bien dans la déco que dans l'assiette. Ici, c'est le moderne et l'original qui priment. Déco sobre avec une touche orange pour la couleur, et dans l'assiette une recherche de mélanges originaux (sucré-salé, poisson-pâté...) qui se laissent manger avec plaisir, bien que certains soient un peu gras. Service jeune et dynamique, voire expéditif. Les amateurs d'intimité apprécieront la petite salle au fond à l'abri des bouteilles. Pour changer, vous pouvez aussi essayer le cidre maison. Attenante, pour ceux qui ont de la place dans leurs bagages, belle boutique à la même enseigne dédiée aux jambons (tlj sf dim 9h30-14h30, 17h30-21h ; à partir de 20 €/ kg ; compter 65 €/kg pour la pata negra paleta). Les plus ambitieux prendront des jambons entiers (plus intéressants au niveau prix), les plus modestes (ou les plus chargés) se contenteront des tranches à la coupe. Également des vins, des fromages, de la *bacalao*...

Dans le quartier de San Lorenzo

I●I ♈ **Dos de Mayo** *(plan couleur I, B2, 98)* **:** pl. de la Gavidia, 6. ☎ 954-90-86-47. ● hostelse@gmail.com ● ♿ Tlj 13h-23h (fermé dim en juil-août). *Tapas env 2 €, raciones 8-11 €. Apéritif maison offert sur présentation de ce guide.* À l'angle d'une place tranquille et arborée se trouve l'un de nos restos à tapas favoris ! Grand choix, grosses assiettes et petits prix, que demander de mieux ? Le cadre est rétro, avec vieilles tomettes, rangées de boutanches, fresques viticoles et, bien sûr, les inévitables jambons. Quelques tables au fond, vite prises d'assaut aux heures de pointe ; heureusement, il y a la terrasse sur la rue et la grande place. La commande se passe au bar, face aux vitres réfrigérées exposant une grande variété de fruits de mer, de poissons et de gambas bien fraîches, ainsi que de belles brochettes... Très animé le dimanche midi, et le soir à partir de 21h.

I●I ♈ **Eslava** *(plan couleur I, B2, 102)* **:** c/ Eslava, 5. ☎ 954-90-65-68. Sur la pl. San Lorenzo, à gauche de l'église du même nom. Tlj sf dim soir et lun 12h30-16h30, 20h-minuit. *Excellentes tapas dans les 3 €, plats 10-22 € ; menú del día 11 €.* Un petit bar étroit dans les tons bleu ciel qui ne désemplit pas à l'heure sacrée de l'apéro-tapas. D'ailleurs, le plus difficile sera de se frayer un chemin et de commander. Mais si vous êtes un *aficionado* du genre, concentrez-vous et, tel le taureau désespéré à l'idée de ne pas boire rouge, prenez votre courage à deux mains, car l'ambiance y est vraiment sévillane et chaleureuse, et la cuisine fameuse. Quelques tables sur la rue. Salle de resto plus chère à côté.

I●I **Lizarrán Tapas** *(plan couleur I, B3, 68)* **:** c/ Javier Lasso de la Vega, 14. ☎ 954-90-91-99. Près de la pl. del Duque, à l'angle avec Trajano. Tlj midi-minuit. *Tapas-pintxos 1,40-1,80 €, salades et raciones min 4,90 € ; menu du jour (2 raciones et une bière) 8,50 €.*

Malgré ses fausses briques façon café new-yorkais, le décor, moderne, reste assez banal, mais la formule de ce bar basque est vraiment sympa. On se sert soi-même en *pintxos* (des tapas allongées sur des tranches de pain) dans les vitrines au bar, ou directement sur les plateaux lorsque, au son de la cloche, les serveurs surgissent de la cuisine chargés de la dernière fournée chaude (*chichas* dégoulinantes, fritures de poisson...). Attention, il faut garder les pics pour le calcul de l'addition. Facile et animé, avec des tables pour ceux qui ont envie de se poser. Pas les meilleures tapas de la ville, mais il y a du choix, et on s'y sent bien.

Dans le quartier de Alameda de Hércules

I●I **Cantina** *(plan couleur I, C2, 70)* **:** c/ Feria. Dans le marché, entrer par le côté droit quand on est face au marché, stand 112. Tlj sf dim 7h-16h30. *Tapas 2-2,50 €, raciones 4-7,50 € ; plats de fritures variés 12 €.* Poisson, fruits de mers... dans cette cantine située au cœur de l'un des marchés couverts de Séville on cuisine le frais, directement de l'étal à l'assiette. Seulement quelques tables, vite prises d'assaut pour cette pause idéale, insolite et authentique qui s'impose à l'heure où le marché décline, vers 13-14h. N'arrivez pas trop tard, car ces petits jeunes ont un succès fou.

I●I **Sidonia** *(plan couleur I, B1, 80)* **:** c/ Calatrava, 16. ☎ 954-90-35-32. Tlj sf mar et le midi mer, 12h-16h, 20h-minuit. *Tapas 3-4 € ; vins au verre 2,50-5 €. Service 1 €/pers.* Pas une assiette de la même couleur, des tables hautes, des tables basses, des carreaux qui jonglent de motifs en motifs, grignotent le sol et grimpent à l'assaut des murs... Elle a du peps, cette petite adresse, de la vie et de l'envie. Même les tapas ne tiennent pas en place, sautent au wok – slurp ! –, roulent dans un nem à la vietnamienne, se tassent façon gnocchi et bousculent les conventions, associant par exemple saumon et gorgonzola. C'est fin, c'est frais, c'est parfumé, et ça s'arrose d'un bon choix de vins au verre, en toute simplicité. De quoi repartir avec le sourire.

SÉVILLE ET SES ENVIRONS

lOl *Al Aljibe* (*plan couleur I, B2, 101*) : pl. de la Alameda de Hércules, 76. ☎ 954-90-05-91. ● info@alaljibe. com ● Tlj 13h-16h, 20h30-minuit. Tapas 3-4 €, media raciones 8-10 € ; menú del día env 10 €. Dans une belle demeure andalouse, un peu en retrait de la place centrale. On déguste les tapas au rez-de-chaussée dans une jolie cour pavée de céramique aux accents arabes, sous de longues treilles de jasmin. Dans l'assiette, on craque pour le risotto au provolone et sa roquette, les moules à la vinaigrette de poivron jaune, concombre et menthe, et burger ibérique avec de la crème de whisky et plein d'autres trouvailles à déguster. À l'intérieur, plusieurs étages, mais la terrasse sur les toits remporte tous nos suffrages. En revanche, làhaut pas de tapas, que des plats, tout aussi délicieux ! Service aux petits soins. Une de nos adresses préférées dans le coin.

lOl *La Dalia* (*plan couleur I, B2, 97*) : c/ Trajano, 44. ☎ 955-32-18-63. ● info@ladaliasevilla.com ● Tlj sf dim soir et lun 13h30-16h, 21h-minuit. Résa conseillée. Tapas 3-4 €, plats 7-15 € ; verre de vin env 2,50 €. Dans une belle salle à la déco minimaliste, blanc et noir. Cuisine andalouse et méditerranéenne, revisitée juste ce qu'il faut à travers ses tapas généreuses et originales. Churros d'aubergines au miel, tataki de thon, guacamole, soja et wasabi... Les saveurs s'additionnent sans se télescoper. Une belle découverte !

Dans le quartier de Triana

lOl *La Antigua Abacería* (*plan couleur II, E5, 61*) : c/ de la Pureza, 12. ☎ 954-33-03-49. Tlj 12h30-16h30, 20h-1h ou 2h. En plein Triana, voici une sympathique petite bodega avec des étagères pleines de bouteilles de vin, de fromages, de charcutailles, de bonnes conserves, et quelques tables au milieu des tonneaux. Bonne ambiance, style bar à vins et bandes de copains. On y déguste des tapas plutôt raffinées, quelques pâtés, du poisson, en les accompagnant d'un bon rioja ou d'un gouleyant ribera del duero servi dans un verre digne de ce nom. Service souriant. Ensuite,

on est fin prêt pour faire la fête à Triana...

lOl ⬝ *Bodega Siglo XVIII* (*plan couleur II, E5, 129*) : c/ Pelay Correa, 32. ☎ 954-27-41-13. ● info@sigloxviii. com ● Non loin de la pl. Santa Ana. Tlj sf dim soir et lun 13h-16h, 20h-minuit. Patio ouv slt le soir en fin de sem. Tapas min 2,50 €, raciones 12-23 €. Un superbe endroit pour siroter un verre de vin soigneusement choisi en dégustant quelques tapas, comme les délicieuses tortillas. Ici, les produits sont de qualité, tout comme le lieu chargé d'histoire et plein de caractère, avec ses azulejos bleus, ses belles photos noir et blanc de corridas, et les objets du patrimoine andalou qui décorent la salle. Splendide patio aussi, encadré de colonnes et d'arcs comme dans la cour d'une mosquée. Un de nos coups de cœur dans le quartier.

RESTOS

Même si elles se prêtent plus à un repas « classique », ces adresses proposent aussi, pour la plupart, des tapas. On vous l'a dit, dur dur d'y échapper...

Assez bon marché (max 15 €)

À proximité de la plaza Alfalfa

lOl *Bar-restaurante Habanita* (*plan couleur II, G4, 67*) : c/ Golfo, 3. 📱 606-71-64-56. ● habanita@andalunet. com ● Dans une impasse qui donne sur la c/ Pérez Galdós, à la hauteur du n° 26. Tlj sf dim soir 12h30-16h30, 20h-minuit. Media raciones env 5-8 € ; cocktails 4,50-6 € ; menú del día 8 €. Cette petite adresse cachée dans une cour bien au calme propose une cuisine sans prétention faisant modestement le tour des saveurs du monde, avec notamment quelques plats cubains pour justifier le nom du resto. Pas mal de choix végétariens également. Ambiance baba assez agréable. À défaut d'y manger, venez y siroter un mojito (fantastique) ou une piña colada.

Dans le quartier de la plaza Nueva

lOl *Burguett* (*plan couleur II, F4, 88*) : c/ Albareda, 24. ☎ 954-56-42-44.

• info@burguett.com • Mar-sam
13h-16h30, 21h-minuit ; dim 13h-
16h. Burgers 9-10 €. Évacuez toutes
vos idées sur le hamburger. Voici du
hamburger version tapas gastronomique, avec produits savamment
sélectionnés, et associations de
saveurs qui termineront de vous
rassurer. Si, si, c'est possible !
Cette adresse au cadre design et
soigné (on adore le plafond brut du
rez-de-chaussée !) fait aussi dans
la bouchée savoureuse : ballotins
de chèvre au bacon, maki au bœuf
nigiri, rouleaux de printemps à la
joue de bœuf, sucettes de poulet au
sésame... Bref, un régal !

Dans le quartier de Triana

I●I **Restaurante Los Cuevas** (plan
couleur II, E6, **64**) : c/ Virgen de las
Huertas, 1 (angle c/ Paraíso). ☎ 954-
27-80-42. • restaurante@loscuevas.
com • ♿ Tlj sf lun 12h30-17h, 21h-
2h env. Congés : août. Tapas au
bar 2,50-9 €, plats au resto 8-18 €.
Digestif offert sur présentation de
ce guide. Une de ces adresses
authentiques, dans son jus, loin
des concessions pour touristes, où
les gens du quartier, de tous âges,
viennent faire un bon repas en
famille ou entre amis : archi-bondé
le dimanche. Ceux qui se moquent
des régimes peuvent choisir la cola
de toro, le chorizo del pueblo et les
aubergines frites, particulièrement
réussis. Excellent rapport qualité-
prix-fraîcheur. Faites-vous montrer
par le patron volubile la chemise
contenant les coins de nappes en
papier griffonnés par les visiteurs et
qui fait office de livre d'or. Ne pas
faire le détour pour l'adresse, mais
si vous êtes dans le coin, n'hésitez
pas !

I●I **Taberna Miami** (plan couleur II, E5,
62) : San Jacinto, 21. ☎ 954-34-08-
43. Près du marché. Tlj sf mar 11h-17h,
20h-minuit. Tapas 2 €, repas 12-15 €.
Non, ce n'est pas l'adresse des flam-
beurs de Miami, plutôt une taverne
bien trianera assez folklo, où l'on sert
une cuisine classique et très copieuse
à des prix sages. Grande salle au fond
et service efficace. Terrasse sur la rue
piétonne.

De prix moyens
à plus chic (15-35 €)

Dans le quartier de Santa Cruz

I●I **Osteria l'Oca Giuliva** (plan couleur Santa Cruz, G5, **77**) : c/ Mateos
Gago, 9. ☎ 954-21-40-30. • info@
ocagiuliva.es • Tlj 13h30-16h, 20h30-
minuit. Repas 15-25 €, menú del día
env 12 €. Apéritif maison ou limoncello
offert sur présentation de ce guide.
Voilà bien un restaurant à recommam-
der, et qui ne déçoit pas, dans ce quartier très touristique. Pas très andalou,
mais dans un décor de très bon goût,
à dominantes actuelles blanc et gris
sable, l'endroit ne désemplit pas, il est
donc préférable de ne pas venir trop
tard. Tenu par des Italiens, il propose
d'excellentes pâtes maison et toutes
sortes de salades et pizzas délicieuses.
En prime, un très bon accueil malgré
l'affluence.

Dans le quartier de la plaza Nueva
et de l'Arenal

I●I **Taberna del Alabardero** (plan couleur II, F4, **76**) : c/ Zaragoza, 20. ☎ 954-
50-27-21. • rest.alabardero@esh.es •
Tlj midi et soir jusqu'à 23h30. Menu
« bistro » le midi (13h-16h30) en sem
13 €. Le soir (dès 20h) 35 €. C'est le
rosto de l'école hôtelière, installé dans
un patio cossu aux couleurs élégamment fanées. La plupart des employés
sont donc là pour apprendre et, si le
service est parfois un peu guindé, on
y déguste une cuisine réalisée par les
chefs de demain... En optant pour le
menu « bistro » (bien le préciser au
serveur), proposé uniquement le midi
en semaine, le rapport qualité-prix-
service est assez exceptionnel. Le soir,
en revanche, ça douille.

I●I **La Bulla** (plan couleur II, F5, **89**) :
c/ Dos de Mayo, 28. ☎ 954-21-
92-62. • info@barlabulla.com • Tlj
12h30-16h, 20h-minuit. Tapas min
6 €, plats 15-25 €. Devanture blanc et
bleu, assez classique pour ce repaire
gastro à prix abordables. Grande
cuisine ouverte, ambiance bar à vins
et à tapas dans l'air du temps, et
grands tableaux noirs pour faire son
choix. Déco faite de bric et de broc et
d'objets originaux, mention spéciale

pour les luminaires. Dans l'assiette, tout aussi innovante, une cuisine gentiment décalée, raffinée et joliment présentée. Les classiques sont aussi au programme (*salmorejo*, assiettes de charcuterie), parfait pour un repas en joyeuse compagnie.

|●| Zelai *(plan couleur II, F4, 88) :* c/ Albareda, 22. ☎ 954-22-99-92. ● info@restaurantezelai.com ● *Tlj sf dim soir et lun, midi et soir. Congés : 2 sem en août. Plats 16-22 €.* Un resto gastronomique sans les prix astronomiques, une équipe de jeunes chefs passionnés, un cadre épuré aux lignes futuristes, l'idéal pour découvrir une cuisine andalouse renouvelée, où s'invitent des goûts du monde entier. Tacos de foie gras à la pêche et au pain d'épice, *tataki* de thon rouge, pommes de terre à l'aïoli et au safran. À déguster autour du comptoir, à table, ou encore, plus intime, dans le jardin à l'arrière.

|●| Marisquería El Pesquero *(plan couleur II, E4, 84) :* dans le mercado El Arenal, c/ Pastor y Landero. ☎ 954-22-08-81. *Tlj sf dim soir et lun 13h-17h, 20h30-minuit. Compter 20-30 €.* Fruits de mer facturés au poids, à croquer et suçoter accoudé au comptoir, ou attablé autour de nappes blanches dressées au milieu des étals du petit marché couvert. *Berberechos* (coques), cigales de mer ou langoustines, toujours frais, sont distribués par des serveurs en tenue de marin. Également des fritures, des calamars *a la plancha,* et même quelques viandes. Attention, l'addition grimpe-trop-vite, surtout si on se lâche sur les gambas. Pour le dessert, direction, dans la même allée, le café végétarien **Veganitessen** et ses bonnes grosses pâtisseries maison (☎ 955-32-31-46 ; mar-sam 10h30-15h).

Dans le quartier de l'Alameda de Hércules et de la Macarena

|●| La Mata 24 *(plan couleur I, B1-2, 75) :* c/ Mata, 24. ☎ 954-37-05-86. ● lamata24@gmail.com ● *Mar-sam midi et soir, dim slt midi. Résa conseillée. Tapas 3,50-4,50 €, repas 15-25 € ; vin au verre 2,50 €.* 📶 Terrasse très agréable et salle à la déco

moderne, plutôt zen. Dans l'assiette, une cuisine assez créative dont le ton est donné dès l'amuse-bouche, à des prix raisonnables. Excellents desserts maison. Peu de tables. Carte des vins bien détaillée, avec un descriptif intéressant de ce que l'on boit.

|●| El Contenedor Cultural *(plan couleur I, C2, 71) :* c/ San Luis, 50 (face à l'église). ☎ 954-91-63-33. ● restaurantecontenedor@gmail. com ● *Tlj sf lun midi 13h30-16h, 20h30-23h30. Fermé de fin juin à mi-sept. Résa conseillée. Plats 10-21 €, repas env 30 €.* Un restaurant alternatif tenu par 3 frères, l'un aux fourneaux et les deux autres en salle. La carte est établie au jour le jour en fonction des produits du marché du matin, qui laisse ensuite carte blanche à l'imagination du chef. Dans l'assiette, cela donne une cuisine délicieuse, un tantinet créative, comme ce riz à l'encre de seiche et calamar, un vrai régal. On s'installe au bar ou dans la grande salle en L, sur des tables individuelles ou sur des bancs autour d'une grande table d'hôtes, avec un œil sur la cuisine ouverte. Un petit coin canapé pour se détendre en prenant son café. Une excellente adresse un rien libertaire, à l'image du quartier, et où il est prudent de réserver.

Dans le quartier de Triana

|●| Casa Cuesta *(hors plan couleur II par E5, 109) :* c/ Castilla, 1. ☎ 954-33-33-35. *Dans une rue parallèle à la rive. Tlj sf mar 13h-23h30. Tapas 2,20-3,20 €, plats 6-19 €, repas 30 €.* Institution depuis plus d'un siècle, l'endroit a une certaine classe : salle haute de plafond aux beaux volumes, grandes affiches anciennes aux murs, magnifique bar d'époque et tables imitant du papier journal... À la carte, quelques tapas, mais surtout des petits plats mijotés *(castillar de cerdo asado con especias, espinacas con garbanzos)* bien préparés. Pour faire un vrai repas, c'est un peu cher et cela se passe derrière, dans une salle plus intime élégamment décorée. Service souriant et efficace. Une valeur sûre.

Où manger de bons gâteaux et des glaces ?
Où prendre un petit déj ?

Dans le quartier de Santa Cruz et vers la plaza Nueva

Iel ≥ Horno de San Buenaventura (plan couleur II, F5 et hors plan couleur Santa Cruz par F4, 93) : angle avda de la Constitución et c/ Vinuesa. ☎ 954-22-18-19. Face à la cathédrale. Tlj 7h-22h30. Petit déj 4-6 €. Grande cafétéria au cadre rétro qui fait bar, salon de thé, épicerie, pâtisserie et traiteur. Pas notre adresse préférée, mais elle a le mérite d'être ouverte toute la journée. Grande salle archi-propre et clinquante au rez-de-chaussée. Pour s'asseoir plus au calme, il faut grimper dans la salle du 1er étage. On y trouve presque tout : petit déj, tapas, plats cuisinés, gâteaux, glaces et sandwichs. Qualité sans surprise et plutôt bon marché (les familles s'y réunissent volontiers). Plusieurs succursales ailleurs en ville, notamment plaza Alfalfa (plan couleur II, G4) et c/ Carlos Canal, vers la plaza Nueva (plan couleur II, F4, 95).

ᵠ Heladería Vilar (plan couleur II, G5, 94) : c/ Santa María la Blanca, 21. Congés : 15 j. en fév. Tlj 12h-minuit (ferme plus tard le w-e). À partir de 2 € la boule. Des glaces géniales, toutes naturelles, aux parfums soit très classiques, soit plus gourmands (KitKat, crème brûlée, etc). Et Cécilia, la femme d'Antonio, le glacier, est toujours là pour vous expliquer (en français) et vous faire goûter avant de faire le choix crucial ! Pas de place assise mais un parc juste à côté, les Jardines de Murillo.

≥ Yogurtlandia (plan couleur II, F4, 96) : c/ Jimios, 25. Tlj jusqu'à 20h-21h. Pots 2-4 € selon format. Une idée qui peut sembler originale aux franchouilles que nous sommes, que ce « bar à yaourts » que l'on mange glacés (c'est en fait une franchise qui a essaimé dans le pays). Grande variété de parfums originaux, tels que piña colada, raisin, papaye, tiramisù... et l'on choisit également la taille en fonction de sa gourmandise. Très rafraîchissant. 2e adresse plaza Alfalfa (plan couleur II, G4).

≥ La Société (plan couleur II, F4, 115) : c/ Zaragoza, 34. Lun-sam 9h-21h, dim 9h-15h. Petite boulangerie proposant une large variété de petits pains spéciaux, viennoiseries, friands fourrés, pâtisseries... C'est bon, pas cher et, pour une fois, pas trop gras. De quoi grignoter en marchant.

≥ Bonnes pâtisseries maison également chez **Veganitessen**, dans le mercado El Arenal (plan couleur II, E4, 84 ; voir plus haut « Où manger ? Marisquería El Pesquero ».

Vers la plaza Alfalfa

≥ Convento Santa Inés (plan couleur I, C3, 91) : c/ María Coronel, 5. ☎ 954-22-31-45. Au fond de la cour, sous les arcades. Sonner pour prévenir de sa présence. Tlj sf dim et fêtes religieuses 9h-13h, 16h-18h30. Env 2,50-11 € la douzaine de gâteaux. Les nonnes font passer leurs petits paquets de gâteaux sur un plateau tournant et l'on utilise le même moyen pour payer. Tout est prévu pour qu'il n'y ait aucun contact visuel et tactile avec les clients... Ce qui n'empêche pas un accueil attentionné. En tout cas, les sœurs savent préparer les gâteaux, notamment les tortas de chocolate... On se régale, un vrai péché !

ᵠ Heladería Rayas (plan couleur I, C3, 92) : pl. San Pedro. Lun-ven 15h-minuit, w-e 13h-minuit. Env 2,50 €. Pour les amateurs, très bonnes glaces et grand choix de parfums.

Où boire un verre ?
Où sortir ? Où écouter un concert ?

Les bars à tapas accaparent facilement jusqu'à des heures assez tardives, mais la nuit ne s'arrête pas là ! Les Sévillans sortent le soir dès leur plus jeune âge, et ce, jusque fort tard dans la nuit. On appelle ça la *marcha*. Vieille tradition ici, puisque Séville est la ville dans laquelle l'animation nocturne est la plus vivante d'Europe depuis le XVIᵉ s. Attention, en été, quand les étudiants désertent la cité, l'ambiance se fait un peu la malle, elle aussi. Voici quelques points névralgiques...

Dans le quartier de Santa Cruz (cathédrale et Alcázar)

Plutôt en journée

Ⴟ Cafetería Alianza (*plan couleur Santa Cruz, G5, 113*) **:** *c/ Rodrigo Caro, 9.* ☎ *954-21-76-35. Tlj.* À l'intérieur, un vrai vieux café comme on les aime, aux murs tapissés de photos noir et blanc. Mais on vient surtout ici pour se poser en terrasse, et boire un verre à l'ombre des orangers de cette adorable place.

Plutôt le soir

Ⴟ I●I Taberna La Fresquita (*plan couleur Santa Cruz, G5, 118*) **:** *c/ Mateos Gago, 29.* ☎ *954-22-60-10. Enseigne discrète, se fier au nᵒ. Tlj sf dim soir.* Ce minuscule troquet vaut le détour à plus d'un titre. Tout d'abord pour sa kitschissime collection de bondieuseries sur les murs. C'est simple, il y en a tellement qu'on ne sait plus à quel saint se vouer ! La petite salle, vite remplie par les habitués qui se serrent au bar, laisse peu de place aux nouveaux arrivants qui doivent pousser du coude ou empiéter sur le trottoir, tout aussi réduit... Autant dire que les 3 tabourets trouvent vite preneurs ! Mais cette « foire d'empoigne » se passe en totale cordialité, quand cela ne tourne pas à la franche rigolade ! En saison, ne ratez pas les *caracoles*, vraiment fameux. Sinon, excellents *espinacas* et *carne con tomate*. Dans le même genre, et dans la même rue, détour obligatoire à l'heure de la *caña* par la **Bodega Santa Cruz** (*plan couleur Santa Cruz, G5, 116*) **:** *lire plus haut « Où manger ? Tapas ».* Ambiance rugissante, comptoir pris d'assaut et, parfois, un air de flamenco improvisé sur le trottoir.

Autour des plazas Alfalfa et El Salvador

Plutôt en journée

Ⴟ Taberna Aguilas (*plan couleur II, G4, 135*) **:** *c/ Águilas, 8. Tlj 12h-minuit.* Un petit bistrot d'angle, ouvert sur la rue. La déco est rétro à souhait, avec son joli escalier en colimaçon et en fer forgé. L'ambiance est plus calme qu'ailleurs, ce qui peut s'avérer une bonne nouvelle lorsque le voyageur harassé se trouve en quête de tranquillité... Il y trouvera surtout un accueil chaleureux, attentionné et généreux. Juste pour boire un verre, car la nourriture est, en revanche, très moyenne.

Plutôt le soir

Autour de la plaza El Salvador, une des plus jolies de Séville, le soir et surtout le week-end, le quartier se transforme en gigantesque rassemblement de jeunes (et moins jeunes), attirés par toute une guirlande de bars.

Ⴟ La Antigua Bodeguita (*plan couleur II, F4, 110*) **:** *pl. El Salvador, 6, en face de l'église du même nom.* ☎ *954-56-18-33. Tlj sf dim 12h30-minuit. Tapas 2,50-3 €.* Les 2 salles accolées sont si petites que les clients s'installent dehors, sous les arcades donnant sur cette immense place. Grosse ambiance le soir.

Ⴟ Bar Garlochi (*plan couleur II, G4, 134*) **:** *c/ Boteros, 26.* 🗎 *663-62-39-04. Tlj 21h-5h.* Un bar à la déco vraiment originale, dans un style purement baroque, un peu déjanté, avec une collection de statues religieuses du Christ et de la Vierge, de peintures mystiques et de fleurs fanées qui semblent être là depuis des lustres. On se croirait chez un antiquaire ou carrément dans une église. Clientèle plutôt calme de branchés sympas qui viennent ici pour communier autour du *sangre de Cristo* ou de l'*agua de Sevilla* : cognac, Cointreau et whisky, jus d'ananas, champagne et crème Chantilly. Lieu étonnant, à voir.

Ⴟ Bonne ambiance également – et bonnes tapas – dans le **Bar Alfalfa** (*plan couleur II, G4, 107*), petite *bodega* où se pressent les habitués (*lire plus haut « Où manger ? Tapas »*).

🍸 Dans la *calle Pérez Galdós (plan couleur II, G4, 112)*, une poignée de bars alignés à touche-touche aimantent la jeunesse noctambule. On vous conseille notamment *La Rebotica (c/ P. Galdós)*, qui sert des *mojitos* costauds dans de grands verres en plastique, le *Blues (au n° 26)* ou encore, plus énervé, son voisin le *Ruko'n Roll* et sa large gamme de *shots* pas chers qui mélangent les alcools pour créer des minicocktails aux couleurs des drapeaux du monde entier. Le *shot* France est assez indigeste : vodka, liqueur de pêche, de pomme, grenadine et *blue tropic*... Pas de quoi pousser un cocorico ! Heureusement, la *Bodega Espuela* (pizzeria), située au milieu de la rue, ferme tard et aide bien à éponger.

Dans les quartiers de la plaza Nueva et El Arenal

Plutôt le soir

🍸 *Cervecería Internacional (plan couleur II, F4, 108)* : c/ Gamazo, 3. ☎ 954-21-17-17. *Juste en face de Enrique Becerra. Tlj sf dim 12h-16h, 20h-minuit.* Bienvenue au royaume de la bière. Plus de 280 marques sont exposées aux murs, tous pays confondus... Impressionnant ! Leur dégustation peut s'accompagner de tapas bon marché.

🍸🎵 *Bestiario (plan couleur II, F4, 133)* : c/ Zaragoza, 33. ☎ 954-21-34-75. ● maripaz@bestiario.net ● *Tlj 14h30-4h.* Entre le bar élégant et la discothèque branchée, cet étrange lieu en plein quartier chic, fréquenté par de beaux jeunes hommes en costume et de belles jeunes femmes en tailleur de marque, détonne vraiment ! Ces belles personnes s'y retrouvent à toute heure pour se lâcher et danser sur un tempo techno étourdissant. À 18h un samedi, on se croirait à 4h du mat dans la dernière boîte à la mode ! Table de roulette tenue par une pom-pom girl à l'entrée et barmaids survoltées derrière le bar à l'éclairage rose bonbon. Ça décoiffe !

🍸 Dans le même coin et un tout autre genre, on pourra aussi s'accouder au comptoir de *Hijos de Morales (plan couleur II, F5, 104)*, autour d'un bon verre du vin. Un vrai troquet de quartier, comme sorti d'une carte postale *(lire plus haut « Où manger ? Tapas »)*.

Dans le quartier de l'Alameda de Hércules

Ne quittez pas la ville avant d'avoir traîné un soir dans le quartier : on se croirait à Barcelone ! Quelques cafés ensoleillés et bien agréables, ouverts toute la journée, étendent leurs terrasses sur cette grande esplanade piétonne. Mais pour la vraie *fiesta,* ne pas se pointer avant minuit, au risque de se trouver seul avec les chats pour faire la causette. Voici quelques adresses, bien que la mode de l'Alameda soit plutôt au *botellón,* cette habitude interdite par les autorités, et qui consiste à réunir sa bande de potes sur une place avec des bouteilles et des gobelets : gare aux vols planés d'objets non identifiés... Outre cet aspect « beuverie », l'Alameda est une place superbe, encadrée de colonnes avec jeux d'eau, le tout au cœur d'un quartier culturellement riche, avec un cinéma d'art et d'essai, un théâtre, des cafés-concerts, etc.

Plutôt le soir

🍸🍴 *Casa Paco (plan couleur I, B2, 81)* : c/ Alameda de Hércules, 23. ☎ 954-90-01-48. *Tlj 13h-minuit. Tapas 2,50-4 €, plats 7-12 €.* Façade vert pâle, charmante avec ses 3 petits balcons à la Romeo y Julieta, grand bar en azulejos jaune et bleu et grande terrasse. L'atmosphère, un rien bohème, s'anime à mesure que la nuit avance, l'adresse est prisée par les jeunes Erasmus. Bonnes tapas, simples mais fraîches. Essayer, par exemple, le saumon mariné.

🍸 *Café Central (plan couleur I, B1, 121)* : Alameda de Hércules, 64. ☎ 954-37-09-99. *Tlj 12h-2h30.* Une colonie de jeunes debout, bière à la main, un joyeux brouhaha de conversations ? Vous distinguez tout de même, derrière la foule en folie, une enseigne : le *Café Central,* c'est bien ici, vous ne risquez pas de vous tromper. Lieu de nuit ultra-populaire et vraiment bon enfant. Tables en terrasse.

Bulebar Café (plan couleur I, B2 101) : Alameda de Hércules 99. 670-02-89-03. • alto@gmail.com • Tlj 15h-1h (0h w-e). Un café où la bohème sévillane se retrouve sur une jolie petite terrasse verdoyante, un peu en retrait de la promenade. Plus tranquillou que le Café Central. Dommage que le service soit aussi moins jovial.

Naima Café-Jazz (plan couleur I, B2, 122) : c/ Trajano, 47. ☎ 954-38-24-85. • naimacafejazz@telefonica.net • Tlj 15h-3h. On se presse autour des musiciens assurant le concert du soir dans ce minuscule bar tapissé de photos de jazzmen célèbres. Bonne programmation et atmosphère conviviale, une vraie petite cave à jazz.

Difficile de ne pas trouver un bar à son goût autour de l'Alameda de Hércules, où l'atmosphère diffère selon les jours. En voici quelques-uns, en vrac : le **Corral de Esquinel,** au n° 39, bar d'ambiance ; le très flashy **República,** aux néons fluo et à la déco psychédélique (au n° 28) ; ou encore l'incontournable **Mercado Provenzal** (au n° 94), où l'on ne trouve pas de lavande (peut-être un peu d'herbes... de Provence ?), mais où l'on vous promet la cerveza « la moins chère d'Espagne ». Et, effectivement, avec une caña à moins de 50 cts et des montaditos à moins d'1 €, il y a foule. Et la tournée n'est pas finie, des bars, il y en a encore tout un tas d'autres... Amis du soir, la nuit est à vous...

Dans le quartier de Triana

De l'autre côté du fleuve, Triana a au moins deux visages. Celui, branché et parfois même un peu snob, de la calle Betis, quoiqu'elle demeure une des favorites de la jeunesse sévillane. Et l'autre, plus populaire, fier de ses racines trianeras, et plus traditionnel, entretenant une vie nocturne axée sur le flamenco et les sevillanas, mais nous en traiterons dans les parties « Où danser ? » et « Où voir et écouter du flamenco ? ».

Plutôt en journée

Bar Santa Ana (plan couleur II, E5, 123) : c/ de la Pureza, 82. ☎ 954-27-21-02. • barsantaana@gmail.com •

7h) 8h30-0h30 (17h dim). Si vous voulez du típico de chez típico à Triana, venez donc faire un tour dans ce bar constellé d'antiques bondieuseries et de photos de corrida autour d'une tête de taureau. Pour ceux qui voudraient se reposer les gambettes, terrasse sur la rue piétonne le long de l'église. Les tapas ne sont pas ce qu'ils font de mieux (c'est gras !) mais on y vient pour l'atmosphère plutôt nostalgique... De plus, la place et l'église du même nom sont joliment éclairées la nuit.

La Zapata (plan couleur II, E5, 111) : c/ Betis, 39. Tlj en continu jusqu'à minuit, voire plus. Il serait juste banal, ce troquet de quartier, s'il n'avait cette terrasse, nonchalamment dispersée sur le quai, en surplomb du Guadalquivir. De quoi se poser à tout heure, le regard perdu entre la promenade au bord de l'eau et la rive d'en face.

Plutôt le soir

Tout au long de la **calle Betis** qui suit le Guadal' (c'est le p'tit nom du fleuve), nombreux **bars** modernes et branchés. Mais pas forcément passionnants car on trouve ce genre de bars dans toutes les capitales d'Europe. Pas toujours évident de se faufiler entre l'encadrement de la porte et la carrure du videur, sauf dans les bars flamenco. Prévoir de quoi se faire une beauté et éviter les baskets, c'est la meilleure des clefs.

Où danser ?

> « Près des remparts de Séville,
> chez mon ami Lillas Pastia,
> j'irai danser la séguedille
> et boire du manzanilla. »

Séville a dû bien changer depuis que Carmen ne danse plus chez Lillas, mais elle n'a pas perdu ses traditions. Le flamenco y est bien présent, mais plus vivante encore est la **sevillana,** ce dérivé de la séguedille, danse très populaire au XVIIe s.

On la danse le soir dans les **boîtes du corso de Salado** (plan couleur II, E6), à Triana, accompagné par de petits groupes de musiciens locaux parfois excellents. Là, on s'aperçoit que la *sevillana* – et à plus forte raison le flamenco – ne s'improvise pas. Les couples virevoltent avec grâce (ou pas...). Outre la technique, la *sevillana* demande un talent inné pour être bien dansée. Allez donc y faire un tour, un vendredi ou un samedi soir (lire aussi plus bas « Les bars de flamenco – Triana »).

♫ Autrement, pour les discothèques branchées, vous avez le choix entre la VIP *Antique* *(située dans l'ancien pavillon du Comité international olympique de l'Expo 92, sur l'île de la Cartuja, à côté d'Isla Mágica, dur, dur de passer le videur ; ☎ 954-46-22-07 ; ● antique theatro.com ●)*, le *Babilonia* *(de l'autre côté du pont de los Remedios)*, avec une ambiance ethnique hype entre Marrakech et Goa, mais ne rentre pas qui veut, l'*Itaca* *(dans le centre, c/ Amor de Dios, 31 ; ☎ 954-90-77-33)*, la meilleure boîte gay-lesbienne de Séville, le *Kudeta* *(dans l'ancienne gare de Séville transformée en centre commercial, pl. de Armas ; ☎ 954-08-90-95)*, avec un resto asiatique et un bar au rez-de-chaussée, et la disco à l'étage (ambiance techno), ou encore le *Boss* *(c/ Betis, 67 ; ☎ 954-99-01-04 ; ● salaboss.es ●)*, à Triana, très bien en *after*. Ouvertes généralement du mercredi au samedi, de minuit à 7h du mat, elles sont gratuites certains jours ; sinon, compter 8-12 €.

Où voir et écouter du flamenco ?

Berceau contesté du flamenco (Jerez le lui dispute !), Séville offre une kyrielle d'endroits où assister à un spectacle. On peut évidemment aller dans les *tablaos,* ces salles de spectacle dédiées au flamenco, mais où les artistes sont aussi bons que l'ambiance est (souvent) factice. On vous conseille plutôt de feuilleter *El Giraldillo,* qui vous donnera tous les renseignements sur les bars qui programment du flamenco. Ou de consulter le site ● anda lucia.org/flamenco ● ou celui du guide *Flama* ● guiaflama.com ● Sinon, vous pouvez toujours vous faire tout petit

pour essayer de vous infiltrer dans une *peña flamenca,* ces clubs réservés aux aficionados...

Les *tablaos*

Les *tablaos flamencos* sont souvent présentés comme des pièges à touristes et, certes, la réaction du public étranger manque de ce petit plus qui donne la chair de poule ; mais les artistes qui s'y produisent sont de niveau national, voire international, et livrent de beaux spectacles. En fait, le principe général consiste à applaudir à la fin de la danse ou du morceau, ou à suivre les initiés qui ponctuent plutôt les morceaux de bravoure par des ¡ olé ! que par des applaudissements à tout bout de champ. Question de vibrations...

♪ *Casa de la Memoria de Al-Andalus (plan couleur I, B3, 119) :* c/ Cuna, 6. ☎ 954-56-06-70. ● fla mencoreservas@casadelamemo ria.es ● casadelamemoria.es ● *Dans le centre. Spectacles flamenco ts les soirs à 19h30 et 21h. Passer dans la journée (10h-19h) pour réserver dès que vous connaissez votre date, car l'endroit jouit d'une grande notoriété (si vous êtes de passage, vous pouvez essayer de réserver pour le soir même, vous serez sans doute sur liste d'attente, mais il y a souvent des désistements). Entrée : 16 € ; étudiants : 14 € ; réduc enfants.* Le spectacle, différent chaque soir, est de très bonne qualité puisqu'il est assuré par les meilleurs élèves de l'École nationale de flamenco de Séville. Et chaque artiste – guitariste, chanteur, danseur – y va de son solo. Également une expo, sur les *Cafés Cantantes,* bars où se produisaient autrefois les artistes de flamenco. Elle est visible en journée, ou juste avant la représentation de 19h *(ouv 10h-19h ; entrée : 3 €).*

♪ *Los Gallos (plan couleur Santa Cruz, G5, 136) :* pl. Santa Cruz, 1. ☎ 954-21-69-81. ● info@tablaolosgallos.com ● tablaolosgallos.com ● *Fermé de janv à mi-fév. 2 spectacles par soir, à 20h15 et 22h30, de 2h chacun. Résa nécessaire : tlj sur place dès 16h30. Entrée : 35 €, 1 conso comprise.* Une des grandes qualités de ce *tablao* est son côté intime et sa petite scène qui permet de voir les artistes de près. Éviter les places à l'arrière de la salle à côté du bar où les serveurs ne font aucun effort pour atténuer les bruits de leur activité. Sinon, groupes de musiciens et danseuses de bonne qualité, qui donnent toute leur énergie.

♪ **Auditorio Álvarez Quintero** (plan couleur II, F4, **132**) : Álvarez Quintero, 48. ☎ 954-29-39-49. ● info@ alvarezquintero.com ● alvarezquintero.com ● Spectacle à 21h ; durée 1h env. Résa nécessaire sur place ou par Internet. Entrée : 18 € ; réduc. À deux pas de la cathédrale, dans la demeure du XIXᵉ s d'un architecte sévillan, un lieu dédié depuis longtemps à la culture et depuis peu aux spectacles de flamenco. La salle est aménagée dans une cour décorée d'azulejos et couverte d'un auvent. D'une capacité de 90 personnes au maximum, on est proche des danseurs, chanteurs et musiciens qui interprètent les différents *palos* du flamenco. Spectacle de qualité qui a l'avantage de ne pas être trop long, ni trop cher ni trop touristique !

♪ **Museo del Baile Flamenco** (musée du Flamenco ; plan couleur II, G4, **131**) : c/ Manuel Rojas Marcos, 3. ☎ 954-34-03-11. ● museoflamenco.com ● ♿ Spectacle tlj à 19h ; durée 1h env ; prix 20 € ; billet groupé avec la visite du musée 24 € (réduc). Une solide programmation est proposée dans ce beau musée moderne (lire la rubrique « À voir »). Belle salle avec colonnes et arcs en briquettes, mais des spectacles dont la qualité n'est pas toujours bonne. Le show est assuré par un guitariste, un chanteur et deux danseuses, avec un solo pour chacun. Petit bar pour siroter une sangria avant le début du spectacle.

♪ **El Arenal** (plan couleur II, F5, **127**) : c/ Rodo, 7. ☎ 954-21-64-92. ● info@ tablaoelarenal.com ● tablaoelarenal. com ● Spectacles à 20h et 22h, de 1h30 chacun. Resto ouv dès 19h. Fermé 24 déc. Résa nécessaire sur place ou sur Internet. Entrée : 37 €, 1 conso comprise ; 60 € avec tapas et conso, 72 € avec dîner à la carte. L'une des salles à l'ancienne les plus touristiques, où l'on peut aussi dîner. Un bon

show, mais, certains soirs, les groupes de touristes venus nombreux tuent un peu le *duende* !

Les bars de flamenco

À Triana

La plupart des bars où l'on peut voir du flamenco, programmé ou spontané, se trouvent à Triana. Berceau de nombreux grands artistes de flamenco, le quartier ne s'est jamais départi de son addiction au *cante jondo*. Déambulez l'oreille dressée, et vous trouverez certainement votre bonheur.

🍷 ♪ **Casa Anselma** (hors plan couleur II par E5) : angle c/ Antillano Camps et c/ Pagés del Corro, 49. ☎ 954-33-40-03. Tlj sf dim à partir de minuit (si, si, vous avez bien lu), mais si vous espérez une place assise, ou même entrer dans la salle, arrivez avt pour faire la queue, car certains soirs, c'est plein à craquer. Vous ne pouvez pas le rater : c'est la superbe maison recouverte d'azulejos anciens. Mme Anselma est une célébrité dans tout Séville et tient sa *casa* de main de maîtresse-femme. Même si les touristes affluent, le lieu vaut encore le détour pour son ambiance assez chaleureuse quand des chansons sont reprises en chœur par la salle ou que le rythme des guitares fait claquer les mains des spectateurs. Les murs sont entièrement recouverts de petits objets liés à la corrida, miroirs, portraits...

🍷 ♪ **La Madrugá** (plan couleur II, E6, **126**) : c/ Salado, 11. ☎ 657-97-06-10. ou 687-50-02-05. ● madrugasevilla@ hotmail.com ● madrugasevilla.es ● Tlj sf lun 23h-4h. Fermé l'été. Entrée libre ; bière env 3 €. Petite salle du quartier de Triana qui ne paie pas de mine (on ne s'est pas pris la tête pour la déco), mais qui accueille chaque soir 3 sessions de 30 mn de flamenco à partir de minuit et demi. La musique bascule parfois vers la rumba ou la salsa. C'est sans fioritures et tout dépend, bien sûr, du groupe qui s'y produit. Mais l'ambiance est souvent excellente et parfois un client ou un habitué se lance dans une impro ! Clientèle assez jeune et décontractée, qui vient pour discuter, écouter la musique... Et ce, jusqu'à la *madrugá*, c'est-à-dire « l'aube ».

🍷 🎵 Lo Nuestro (plan couleur II, E5, **128**) : c/ Betis, 31A. Pas de tél ! Tlj 23h-6h. Attention, il arrive que le bar soit fermé sans explication... C'est pourtant un des hauts lieux de la calle Betis pour écouter du flamenco ou de la rumba et danser des sevillanas. Souvent plein à craquer. Et même si on ne danse pas, on observe les petites mimines des Sévillanes qui tournicotent joliment au-dessus de la foule compacte. Idéal aussi pour faire quelques rencontres. Plus animé en fin de semaine.

🍷 🎵 Rejoneo (plan couleur II, E5, **128**) : c/ Betis, 31B, juste à gauche de Lo Nuestro. Tlj 23h-6h. Mêmes bizarreries concernant les ouvertures, donc rien de sûr... Avec un peu de chance, si l'un est fermé, l'autre sera ouvert. Ici aussi, en principe, on écoute du flamenco en fin de semaine. Enfin, ça se joue entre les deux !

Dans le centre

🍷 🎵 La Carbonería (plan couleur II, G4, **124**) : c/ Levies, 18. ☎ 954-56-37-55. Tlj 22h-2h (3h w-e). Spectacle tlj vers 22h30-23h. Entrée gratuite ; bière ou tequila max 6 €... le litre ! Derrière une jolie porte en bois, une ancienne fabrique de charbon transformée en bar et composée d'une grande salle aux murs chaulés avec une petite cheminée et un piano, un peu désaccordé, mais si l'envie vous prend... Au mur, une immense affiche du festival de flamenco de Mont-de-Marsan de juillet 1995. Au fond, sous le toit de tôle de l'immense patio, on peut assister à un spectacle de flamenco tout en buvant un verre et en grignotant des tapas, accoudé au bar ou assis sur les gradins. Fréquenté à la fois par les étudiants espagnols ou étrangers, les touristes – nombreux en début de soirée – et les familles sévillanes, selon les heures et les saisons. Plus on avance dans la nuit, plus l'animation s'intensifie. Parfois, un petit morceau improvisé s'élève d'une table et capte l'attention de la salle...

Mais aussi

– Tous les 2 ans, un **festival de flamenco** se tient dans les lieux les plus importants de la ville. Le prochain aura lieu à l'automne 2014. Rens : ☎ 954-59-28-70. ● labienal.com ●

– Signalons également un autre festival de flamenco, chaque été dans les villages autour de Séville. Rens auprès de l'office de tourisme de la province : ☎ 954-50-10-01. ● turismosevilla. org ●

Où aller au hammam ?

■ **Baños árabes** (plan couleur II, G4, **125**) : c/ Aire, 15. ☎ 955-01-00-24 à 26. ● recepcion@airedesevilla.com ● airedesevilla.com ● À 50 m de la iglesia de Santa Cruz. Tlj 10h-minuit. Résa conseillée pour une session de 1h30 à chaque heure paire. Bain 26 €, 37 € avec un massage de 15 mn, plus cher pour la chocothérapie, la fangothérapie et les traitements spéciaux. Mineurs non admis. Installé dans un splendide palais du XVIIe s, il ne s'agit pas d'un hammam populaire, mais plutôt sélect. 3 bains de 16 à 40 °C, jacuzzi. Un tas de soins sur demande. On peut ensuite prendre un thé, dans un joli patio garni de coussins et décoré de dizaines de bougies. Penser à prendre son maillot de bain.

Où se rafraîchir ?

■ **Aquopolis :** avda del Deporte, s/n, 41020. ☎ 954-40-66-22. ● aquopolis. sevilla@grpr.com ● aquopolis.com ● À l'est de la ville. Bus n° 22 au départ de la gare routière de Prado de San Sebastián. Juin et sept, tlj 12h-19h ; juil-août, 12h-20h. Entrée : 22 € ; moins de 1,40 m : 16 €. Réduc en achetant les places sur Internet. Parking, vestiaires et bouées de sécurité payants ! C'est le parc aquatique de Séville : toboggans de toutes tailles, tunnels, vagues... Pour se mettre un peu au frais. Plusieurs restos-snacks dans l'enceinte du parc.

Achats

Les marchés

– **Mercado de Feria** (plan couleur I, C2) : c/ Feria, près de l'Alameda de

Hércules. Ts les mat. Une quinzaine d'échoppes toutes carrelées nichent sous les arcades de ce joli marché alimentaire couvert, crépi de blanc. Ambiance sympathique autour des stands où l'on vend le poisson à la criée, tous les matins sauf le lundi. S'y trouve aussi un bon petit resto, *Cantina* (lire plus haut « Où manger ? »). Le jeudi se tient dans la rue Feria la bien nommée brocante **El jueves,** et ce depuis plusieurs centaines d'années, rien que ça. Venir tôt si vous voulez faire des affaires. Antiquités, vieilles affiches de la feria, vinyles des années 1960 et toutes sortes de babioles.

– **Mercado de Triana** *(plan couleur II, E5)* : *pl. del Altozano, à Triana. Ouv le mat, jusqu'au déj, tlj sf dim. Parking juste en dessous.* Marché couvert récent, installé dans une sorte de sous-sol climatisé en brique (entrée par un escalier à côté de la *Capillita del Carmen*). Les étals spécialisés (olives, huiles d'olive, fromage, *jamón*, fruits et légumes, poissons, et même escargots...) aux enseignes en céramique s'organisent autour d'une sorte de puits vitré donnant sur quelques vestiges du castillo San Jorge. Franchement, on n'y vient pas exprès (peu d'animation assez curieusement) mais, en passant dans le quartier, pourquoi pas y faire halte pour acheter quelques produits, avant de s'installer tranquillement sur les bancs de pierre de la calle Betis. On pourra aussi déguster quelques tapas directement dans les halles, en s'attablant à l'épicerie fine un rien chic du **stand n° 40** (tapas 2,50-5 €).

– Aux rayons des halles, n'oublions pas non plus celles du **Mercado El Arenal** *(plan couleur II, E4)* : *c/ Pastor y Landero.* Quelques échoppes alimentaires, deux troquets pour boire un jus ou une mousse dans le marché, et un resto de fruits de mer, *La Marisquería El Pesquero* (lire plus haut « Où manger ? »).

– **Mercadillo de Pintura** *(plan couleur I, A3)* : *pl. del Museo. Dim mat (jusqu'à 14h30).* Sur une charmante placette autour du musée des Beaux-Arts, des artistes (essentiellement amateurs) vendent leurs tableaux, esquisses, aquarelles... Atmosphère paisible et bien agréable après la visite du musée.

– **Plaza del Cabildo** *(plan couleur Santa Cruz, G5)* : *face à la cathédrale, le dim mat.* Pour les philatélistes et les collectionneurs de pièces de monnaie et de cartes postales.

Artisanat

Céramiques et céramiques ! C'est le maître mot de l'artisanat sévillan. Même sans acheter, un vrai plaisir pour les yeux, et encore une occasion de se balader. La *calle García de Vinuesa (plan couleur II, F5)* en propose de belles, ainsi que la *calle Antillano Campos (hors plan couleur II par E5)*, dans le quartier de Triana, Mecque de la céramique sévillane. Sinon, on en trouve aussi *calle Sierpes (plan couleur I, B3 et plan couleur II, F4)*. Très bonne qualité, mais vraiment très cher...

Épiceries fines

⊛ ❢ **Flores** *(plan couleur II, E4, **120**)* : *c/ San Pablo, 24.* ☎ 954-21-61-60. *Tlj 8h30-minuit (10h-17h30 dim). Tapas 3-6 €.* Du vin, des jambons, mais aussi du miel et plein d'autres bons produits *hechos en España.* On peut (presque) tout goûter, s'attabler en terrasse et siroter un verre de vin, ou juste acheter de jolis cadeaux à rapporter.

⊛ **Galería Gastronómica** *(plan couleur I, B3, **137**)* : *c/ Cuna, 4. Lun-sam 10h-14h30, 17h30-21h (fermé sam ap-m).* Grande épicerie où piocher fromages et charcuterie à la coupe, jambons *pata negra* (18 € les 250 g), vins, huile, conserves... et même de la morue séchée. Prix très corrects.

⊛ Pour les amateurs de gastronomie espagnole, une autre bonne adresse, la boutique attenante au resto *La Alacena de San Eloy (plan couleur I, B3, **130**)* : *lire plus haut « Où manger ? Tapas ».*

Boutiques

⊛ **Poster Felix** *(plan couleur II, F5, **138**)* : *avda Constitución, 26.* ☎ 954-21-80-26. *Lun-ven 10h-15h, 17h-20h30.* Belles cartes et affiches de ferias, saisons de corrida, spectacles de flamenco... éditées tout au long du XXe s. Beaucoup de couleurs, de prestance dans les traits, de quoi rapporter dans la valise un petit bout d'Andalousie à accrocher aux murs... Les anciennes affiches des saisons de corrida sont aussi en vente aux arènes. ⊛ Enfin, on pourra faire du lèche-vitrine dans le **centre commercial Plaza de Armas** (plan couleur I, A3). Rien de fabuleux côté boutiques, mais le lieu, une ancienne gare en brique bâtie au début du XXe s et coiffée d'une verrière, vaut le coup d'œil.

La Semaine sainte

Pendant la Semaine sainte, Séville, plus que toute autre ville espagnole, est envahie par les touristes, eux-mêmes noyés dans la foule locale. Relisez à ce sujet ce que nous écrivons dans « Hommes, culture, environnement ».

À Séville, ce sont plus de 60 confréries qui, tout au long de la semaine, animent la ville par leurs défilés. Le feuillet d'itinéraire indique l'heure de sortie de la procession (salida), l'heure de passage à la tribune (tribuna) de la place San Francisco, transformée pour l'occasion en grande scène comme s'il s'agissait d'un vaste théâtre religieux, l'heure de retour dans l'église de départ (entrada), ainsi que l'itinéraire détaillé qui, depuis 1604, traverse

PAS DE LARSEN
C'est depuis une décision du Vatican en 2001 que saint Isidore, évêque de Séville au VIIe s, est devenu le patron des informaticiens (avec Bill Gates, bien entendu) et d'Internet. On l'a choisi en raison de la structure de son œuvre principale, les Étymologies, tableau en 20 livres du monde sacré et profane, qui rappelle l'organisation de certaines bases de données. Sa fête : le 4 avril.

obligatoirement la cathédrale. La nuit du jeudi au vendredi est l'occasion de La Madrugá – moment inoubliable – au cours de laquelle les six confréries les plus importantes défilent tout au long de la nuit. Nuit de culte, nuit de vie, nuit de piété, nuit de spectacle, nuit d'émotion. Bars et restaurants restent ouverts pour vous permettre de tenir le coup, vous qui irez de procession en procession jusqu'aux petites heures de l'aube. Ne manquez sous aucun prétexte la procession des gitans, pendant laquelle des chanteurs scandent des saetas, incantations poignantes et déchirantes, à vous retrouver à genoux, tout mécréant que vous soyez ! Quant à celle, éblouissante, de la basílica de la Macarena, dont la renommée de sa Vierge dépasse largement les frontières de la ville, ne pas manquer de la voir défiler à l'aube du Vendredi saint accompagnée de plus de 2 000 pénitents ! Sachez aussi que, à Séville plus qu'ailleurs, trouver au dernier moment une bonne place pour assister à une procession est une vraie gageure. Si vous n'êtes pas trop ric-rac côté portefeuille, vous pouvez prendre une place assise dans l'une des rangées installées le long du parcours officiel, mais vous devrez réserver la semaine entière et il vous en coûtera minimum 60 € par personne (selon la position sur le parcours). Surtout, il vous faudra réserver votre place dès le mois de février, si tant est qu'il en reste une de libre, la plupart étant occupées d'une année sur l'autre par les mêmes Sévillans. Si – ô miracle ! – vous réussissez à dégotter une de ces places, vous voilà béni. C'est la meilleure solution pour attendre confortablement le défilé, patienter pendant les longues pauses qui permettent aux costaleros de reprendre leur souffle et charger votre appareil photo de ces scènes au mysticisme coloré.

La feria

Elle a lieu tous les ans, 1 ou 2 semaines après la Semaine sainte, soit à la fin du mois d'avril en général (parfois début mai), et elle se déroule dans un terrain spécialement aménagé entre les avenues Ramón de Carranza et García Morato dans le quartier de los Remedios, sur la rive droite.

SÉVILLE ET SES ENVIRONS

La feria ressuscite la grandeur passée d'une aristocratie attachée aux traditions. Au départ, il s'agissait d'une vaste foire agricole organisée pour stimuler l'économie locale. Néanmoins, au fil des années, elle devint de plus en plus festive et, aujourd'hui, c'est un étonnant rassemblement de couleurs, de danses et de joie simple, aux racines paysannes. Attention, ne pas confondre avec l'ouverture de la saison de tauromachie, qui débute elle dès le dimanche de Pâques.

L'HABIT DE LUMIÈRE

La tenue du torero n'a pratiquement pas évolué depuis 1830, date à laquelle le style et les éléments en sont fixés par Francisco Montes, le premier torero à codifier la corrida. Chaque costume est unique, taillé sur mesure et pèse près de 10 kg en raison de ses nombreuses broderies. Il faut environ 1 mois et demi de travail pour le réaliser. Il est complété par une cape, une muleta*, et une épée.*

Le lieu où se déroule la feria est ouvert à tous et accessible par le portique du Real, situé au bout de la calle Asunción. Plus de 1 000 *casetas* (sorte de loges-tentes publiques ou privées) sont disséminées autour d'un périmètre dont les rues portent les noms de fameux toreros. Les grandes familles et la bourgeoisie se ruinent dans l'entretien de ces loges de bois où, durant 6 jours, on danse des *sevillanas* au son des guitares, des tambourins et des castagnettes. Ces familles reçoivent leurs amis et connaissances (souvent leurs clients, car l'environnement festif est aussi une excellente occasion de conclure une affaire...) pour une dégustation de *manzanilla,* un moment de *tapeo* très convivial, voire un déjeuner ou un dîner. À moins d'être invité, vous n'aurez pas accès à ces lieux privés ; toutefois, vous pourrez toujours admirer l'arrivée des belles Andalouses vêtues de leur splendide robe à volants *(flamencas),* avec leurs cavaliers sanglés dans leur gilet court, dans des calèches magnifiquement attelées. L'ambiance monte à partir de 16h (grosso modo après le déjeuner) et les *paseos* à cheval continuent jusqu'à 20h.

En revanche, plusieurs *casetas* appartenant à des clubs sportifs, des institutions religieuses, des associations de quartier, des partis politiques, etc., ont un bar ouvert à tous où l'on peut déguster sa *caña* de *fino* ou de *solera* jusqu'à plus d'heure. Les consommations dans les *casetas* sont payantes. Il y a de petits kiosques un peu partout, où l'on achète des bons que l'on échange ensuite dans les divers comptoirs. Une tenue correcte est souhaitée, d'autant plus que vous remarquerez l'effort vestimentaire des Sévillans lors de leur fête annuelle.

– Pendant la feria, les magasins ferment pour la plupart dès 14h.

– Pour les dates, renseignez-vous auprès de l'office national de tourisme espagnol (voir la rubrique « Avant le départ » en début de guide) ; elles varient, en effet, de quelques jours chaque année (6-11 mai 2014 ; 21-26 avril 2015). Plan officiel de la feria à demander auprès des offices de tourisme sur place (pour connaître l'emplacement des loges).

– **Courses de taureaux** *(corridas) :* pour les petites corridas comme pour les grandes, acheter ses places directement aux arènes *(plaza de Toros ; billetterie ouv tlj 10h-14h, 17h-20h ; compter 25-155 € selon l'emplacement).* Sinon, on peut réserver par Internet (● *lamaestranza.es* ●), ou encore se rendre calle Tetuán à *La Teatral,* mais c'est plus cher. L'office de tourisme délivre le programme de l'année.

À voir

Au-delà des sites que nous vous détaillons ci-dessous, Séville recèle mille et une merveilles à découvrir au hasard de ses pérégrinations. Pas une rue ou presque, pas une église qui ne mérite qu'on s'y attarde. Alors, surtout, baladez-vous, poussez les portes, et n'hésitez pas à entrer dans les patios s'ils sont ouverts...

SÉVILLE ET SES ENVIRONS

Les horaires que nous vous indiquons sont donnés à titre indicatif. Mais ils peuvent changer. Et ils varient d'une saison à l'autre. L'office de tourisme édite une fiche d'actualisation des horaires de visite, prenez-la en passant, histoire d'être sûr des horaires du moment. Attention, le lundi est un jour de fermeture fréquent et les horaires sont souvent réduits le dimanche. Dans le mensuel gratuit *El Giraldillo*, distribué dans les lieux touristiques, vous trouverez également des informations sur l'actualité culturelle, un bon complément à votre guide préféré !

– **Séville gratuit :** notez que certains sites sont gratuits tous les jours pour les ressortissants européens munis de leur passeport et les étudiants pourvus de leur carte internationale (musée des Beaux-Arts, musée des Arts et Coutumes populaires, Musée archéologique), et d'autres seulement certains jours (le mercredi après-midi pour la casa de Pilatos, le lundi en fin d'après-midi pour la cathédrale et l'Alcázar, etc.). Enfin, les personnes de moins de 26 ans et celles de plus de 65 ans bénéficient de réductions souvent conséquentes, et ce pour la plupart des sites.

– **Sevilla Card :** cette carte à puce ne s'avérera intéressante que si vous voulez tout voir en très peu de temps. Bref, si vous disposez d'une furieuse curiosité. Calculez bien votre coup et votre coût (en additionnant les tarifs des musées, notamment), mais à notre avis, vu son prix exorbitant, seules les cartes de 3 et 5 jours peuvent éventuellement se révéler rentables. Elles sont en vente sur le site internet dédié, en français (● *sevillacard.es* ●), à la billetterie de la cathédrale ou à la boutique de souvenirs **Iconos** *(avda de la Constitución, 21 ; tlj 10h-19h)*, et comprennent l'entrée à la plupart des musées, monuments et sites (Alcázar, cathédrale, casa de Pilatos...), l'accès à un bus touristique, ainsi que des tours sur le Guadalquivir, l'entrée à *Isla Mágica,* des réductions sur les locations de voitures, certains *tablaos,* boutiques, restaurants, etc. À vous de voir : 33 € pour 1 j. (sachant que celle-ci n'offre l'entrée gratuite que dans 2 musées au choix), 53 € pour 2 j., 71 € pour 3 j. et 77 € pour 5 j. (réduc si vous l'achetez en ligne). Notez que c'est l'heure de sa première activation qui déterminera la fin de sa validité (soit 24, 48, 72 ou 120h plus tard). La carte est nominative, ne donne droit qu'à une seule visite par site et n'inclut pas forcément les expos temporaires.

Dans le quartier historique de Santa Cruz

⊚ ✘✘✘ *La catedral (plan couleur Santa Cruz, F-G4-5) : pl. Virgen de los Reyes (entrée par la pl. del Triunfo).* ☎ *954-21-49-71.* ● *catedraldesevilla.es* ● ✗ *Lun 11h-15h30 (9h30-15h30 en juil-août), mar-sam 11h-17h (juil-août 9h30-16h), dim et j. fériés 14h30-18h. Fermé 1er et 6 janv, 2 et 4 avr, 10 juin, 15 août, 8 et 25 déc. Entrée (couplée avec la Giralda, même quand celle-ci est fermée pour maintenance ou travaux ; et l'église San Salvador) bien chère : 8 € ; 3 € pour les moins de 26 ans et les plus de 65 ans ; gratuit moins de 16 ans, chômeurs et handicapés. Visite gratuite lun 16h30-18h (pré-réservation obligatoire par mail sur ● reservas@ catedralsevilla.es ●). Audioguide 3 €, pas fantastique. Prévoir min 20 mn d'attente en saison. Essayer d'y aller vers 14h, il y a nettement moins de monde, ou alors pdt les offices, mais il faudra être très discret (visite restreinte). Un conseil pour éviter d'être dans le flot touristique : si vous venez à l'ouverture, commencez par la Giralda. Plan disponible à l'entrée.*

Beaucoup de monde bien sûr, ce qui atténue nettement la mystique des lieux. Comme beaucoup d'autres édifices catholiques de la région, celui-ci fut bâti sur l'emplacement d'une mosquée, en l'occurrence celle des Almohades, édifiée au XIIe s ; de cette époque ne subsistent que la Giralda et quelques murs. Le retentissement de la conquête de Séville par Ferdinand III de Castille en 1248 fut tel que, au XVe s, la grande mosquée fut transformée en gigantesque cathédrale, symbole de la victoire chrétienne sur l'islam, troisième du monde par sa taille et la plus large de toutes les cathédrales gothiques. Les chanoines qui en conçurent le projet avaient déclaré à propos de sa taille : « Une église si grande que ceux qui la verront penseront que nous étions fous ! » C'est dire...

On commence la visite par un musée d'œuvres pieuses de la cathédrale, puis l'on pénètre dans la cathédrale à proprement parler par la **puerta de San Cristóbal.** Maintenant qu'on est à l'intérieur, on se sent un peu perdu ! Dieu que c'est grand : 130 m de long, 76 m de large et des voûtes qui culminent à 56 m de hauteur ! Savoir que ces chiffres sont approximatifs : ils changent à chaque fois que la cathédrale est à nouveau mesurée. On ne va pas vous faire une liste détaillée des choses à voir, un guide entier n'y suffirait pas, mais voici quelques éléments à ne pas rater.

– Passé les premiers cris d'admiration étouffés, rendez-vous directement au **mausoleo de Colón** (monument funéraire de Christophe Colomb), dont les restes furent rapatriés de La Havane à la fin du XIXe s. Son tombeau est porté par quatre chevaliers au visage d'albâtre, représentant les quatre grands royaumes d'Espagne : à l'avant gauche, León tient une croix symbolisant la victoire du christianisme sur l'islam (la grenade dans laquelle elle est

ALORS, GÉNOIS OU CATALAN ?

En 2003 fut menée une série de tests sur la dépouille de Séville, avec l'aide du FBI (!), pour comparer son ADN avec ceux du fils et du frère de Colomb, dont les tombes sont connues. Le résultat révéla que l'homme contenu dans ce tombeau serait bien ce cher Christophe (ici, on dit Cristóbal !). Nouvelle enquête des généticiens : son lieu de naissance...

plantée) ; celui de droite, la Castille, porte une rame, emblème de la découverte de l'Amérique ; à l'arrière, Aragon est symbolisé par des chauves-souris ; le dernier, Navarre, avec chaînes et fleurs de lys.

Christophe Colomb est peut-être le seul défunt à posséder deux tombeaux : un à Séville et l'autre à Saint-Domingue, première terre américaine qu'il découvrit. Il transita de Saint-Domingue à Cuba avant d'être ramené à Séville. Mais Saint-Domingue soutient que les restes embarqués n'étaient pas ceux de l'illustre personnage et que, par conséquent, il y est toujours.

– **La sacristía de los Cálices,** à gauche du tombeau quand on regarde celui-ci, renferme une œuvre de Goya représentant sainte Rufine et sainte Juste, potières martyres du IIIe s, qui, selon la légende, descendirent du ciel lors d'un tremblement de terre au XVIIe s pour soutenir la Giralda et l'empêcher de s'écrouler.

– À côté, dans la **sacristía Mayor,** de style plateresque (époque Renaissance), aux beaux stucs ouvragés, se trouve le Trésor, avec notamment l'ostensoir en argent de Juan de Arfe, pièce d'orfèvrerie massive de style Renaissance, pesant plus de 300 kg, les clés de la ville de Séville du XIIIe s, et un magnifique triptyque du reliquaire d'Alfonso X du XIIIe s. Également un polychrome, la *Virgen de las Batallas,* de l'école de Reims du XIIIe s ; à ne pas rater non plus, la *Santa Teresa* de Zurbarán.

– Passer ensuite dans la **sala Capitular,** salle ovoïde à la perspective étonnante, achevée en 1592 et dont la coupole est ornée de huit saints, peints par Murillo. Voir *La Inmaculada,* l'un de ses chefs-d'œuvre, au-dessus du siège de l'archevêque.

– Une fois sorti, dirigez-vous vers le centre de la cathédrale. Derrière les superbes grilles plateresques de la **capilla Mayor,** le maître-autel est sans doute l'œuvre la plus marquante de la cathédrale (mais en réfection actuellement) : 220 m² de figurines sculptées ! En tout, 1 500 figures ciselées dans le bois de cèdre, puis dorées – 1 200 kg d'or fin furent utilisés pour recouvrir cette œuvre magistrale. C'est le plus grand retable au monde, d'une richesse époustouflante, réalisé dans un style gothique fleuri. Commencé par le sculpteur flamand Pieter Dancart en 1482 et terminé par d'autres en 1564, il illustre 45 scènes de la vie du Christ et de la Vierge. Au centre, tableau de la *Nativité.* À noter que l'artiste a réalisé ses personnages en se servant de la perspective pour que les scènes soient lisibles pour tout le monde, si hautes soient-elles. Les figurines de la partie haute sont donc en fait beaucoup plus grandes (2 m) que celles du bas.

– Retournez-vous et en face de la capilla Mayor, jetez donc un œil aux belles *stalles* gothiques du chœur et à l'immense *orgue* en acajou de Cuba du XVIIIᵉ s. Autrefois, il fallait 20 hommes pour activer sa soufflerie ! Aujourd'hui, c'est électrique. Entre les deux, n'oubliez pas de lever la tête pour admirer les voûtes sculptées ; elles ne sont d'ailleurs bien visibles que depuis cet endroit de la cathédrale. Des miroirs-loupes placés judicieusement permettent aussi d'en admirer les détails.

– *La capilla Real*, de style Renaissance (XVIᵉ s), est fermée au public. Elle abrite le *tombeau de Ferdinand III le Saint*, patron de la ville, et celui d'*Alphonse X le Sage*, roi de Castille et de León. C'est également ici que se trouve la patronne de Séville, *Notre-Dame des Rois (la Virgen de los Reyes).* Au-dessus de la grille qui ferme la chapelle, un Maure (notez le croissant de lune sur sa tête) remet les clés de la ville à Fernando III à cheval. De chaque côté, des prisonniers enchaînés rappellent la reddition de la ville en 1248.

– *Le patio de los Naranjos* (cour des Orangers) : on remarque encore, dans ce joli patio accolé à la cathédrale qui servait aux ablutions des musulmans, les canaux d'irrigation creusés par les Arabes (attention, on se prend si facilement les pieds dedans que le passage du Samu local est devenu coutumier). Au-dessus de la porte d'entrée (*Puerta del Perdón*, côté rue), admirez cette splendide scène des *Marchands chassés du Temple*. Sur les lourdes portes d'entrée, des inscriptions coufiques et, au centre, une fontaine d'époque romaine.

⚘⚘⚘ *La Giralda* (plan couleur Santa Cruz, F-G5) : accès par l'intérieur de la cathédrale, angle nord-est. ♿ Mêmes horaires que la cathédrale. Billet combiné : 8 €.

C'est la grande tour (97,50 m) superbement sculptée qui domine la cathédrale. C'était autrefois le minaret de la Grande Mosquée et un des bâtiments les plus hauts du monde. L'observateur sera frappé par l'élégance et la légèreté que les arabesques et les aérations confèrent à cette tour, malgré sa large section carrée. Un clocher baroque la surmonte, ajouté par les catholiques, afin de rappeler qu'il s'agissait de la maison de Dieu et non plus de celle d'Allah. On voit bien la parenté qui existe entre ce monument et la Koutoubia de Marrakech, ou la tour Hassan de Rabat ; les trois constructions datent de la fin du XIIᵉ s, époque almohade.

La large rampe, conçue sans escaliers par l'architecte arabo-andalou, permettait au muezzin d'aller à cheval jusqu'au sommet du minaret ! Vous, en revanche, serez prié de laisser votre destrier à l'entrée et de faire le chemin à pied. Ça tourne, ça monte, mais en fin de compte ce n'est pas si difficile et le plus éprouvant, c'est la queue leu leu qui empêche de grimper à son rythme. Tout de même l'équivalent de 35 (petits) étages, rien que ça ! Entre deux, pour reprendre son souffle, des vitrines présentent l'histoire des lieux à travers différents objets, et plusieurs niches ouvrent sur la vue. Enfin, voilà le sommet et son superbe panorama sur Séville, dont les environs se diluent dans l'intense lumière. Vue intéressante également sur les fines arches de la cathédrale qui semblent se multiplier à l'infini. De là-haut, on saisit mieux la configuration de ce vaste édifice. Entre deux groupes de touristes, n'oubliez pas de lever la tête pour admirer les cloches (sans jeu de mots).

Sachez d'ailleurs que le nom *Giralda* est une altération de *Giraldilla*, nom de l'allégorie du *Triomphe de la foi* qu'on a placée au sommet de la tour. Cette pièce tourne au moindre souffle de vent, c'est pourquoi les Sévillans utilisent le mot *giralda* pour désigner une girouette, au lieu de dire *veleta*.

➢ Tout le *quartier situé en face de la cathédrale* (plan couleur II, F5), de l'autre côté de l'avenida de la Constitución, se révèle moins touristique, plus populaire que Santa Cruz. S'il n'a pas le charme des maisons blanches et des placettes endormies, on y trouve une atmosphère peut-être plus vraie. Baladez-vous autour des rues García de Vinuesa, Gamazo, Arfe...

⊚ ♞ *Archivos de Indias* (Casa Lonja ; plan couleur Santa Cruz, F5) : avda de la Constitución, s/n. ☎ 954-50-05-28. Entre la cathédrale et l'Alcázar, mais entrée *par l'avda. Lun-sam 9h30-16h45, dim et j. fériés 10h-13h45. Visites guidées tlj 12h et 13h. GRATUIT.* Édifice du XVIe s récemment restauré abritant les « archives des Indes », nommées ainsi puisque les grands navigateurs qui découvrirent les Amériques cherchaient en réalité à atteindre les Indes. Depuis, la navigation s'est quelque peu améliorée ! En haut de l'escalier monumental en marbre, très impressionnant, des portraits de gouverneurs et des milliers de documents et d'archives, parmi les plus riches du monde dans le genre. En fait, relativement peu de choses à voir, outre quelques vues anciennes de Séville, des plans, carnets de voyage, documents sur les coutumes indigènes... Et quelques autographes de célèbres navigateurs : Magellan, Pizarro, Amerigo Vespucci... Vidéo de 15 mn sur le travail de conservation des archives (sous-titrée en anglais). Expos temporaires également.

⊙ 🎋🎋🎋 **Reales Alcázares** *(Alcázar ; plan couleur Santa Cruz, G5) : entrée par la pl. del Triunfo.* ☎ *954-50-23-24.* ● *patronato-alcazarsevilla.es* ● ⅃ *Tlj 9h30-19h (17h oct-mars) ; ATTENTION, les horaires changent régulièrement ! Fermé 1er et 6 janv et le 25 déc. Entrée : 8,75 € ; 2,05 € pour les moins de 26 ans et les plus de 65 ans ; gratuit moins de 16 ans et handicapés. Visite gratuite lun 15h-19h (17h en hiver). CB refusées. Audioguide intéressant à louer à l'entrée (4,10 €). N'hésitez pas à faire la visite aux heures chaudes pour profiter de la fraîcheur des salles et des jardins. Gardez votre ticket : entrée gratuite à l'Antiquarium, sous le Metropol Parasol (voir plus loin). Cafêt (pas extra mais ça dépanne) à l'intérieur.*

Classé au Patrimoine de l'humanité depuis 1987, l'Alcázar se compose d'un ensemble de palais et de patios, construits, décorés, rénovés par différents monarques au fil du temps. Il fut la résidence de nombreux représentants royaux, dont Isabelle la Catholique et Charles Quint. Depuis 1931, l'Alcázar n'appartient plus à la couronne d'Espagne, mais c'est toujours ici que séjourne la famille royale lorsqu'elle est de passage à Séville. Le site est si grand que, même si les visiteurs s'y pressent, on ne s'y sent jamais entassés.

L'histoire de l'Alcázar commence au Xe s, quand le calife omeyyade Abderraman III ordonna la construction d'une forteresse à l'emplacement de l'actuel palais (les murailles qui subsistent autour du *patio de Banderas* en sont les seuls vestiges). Deux siècles plus tard, le règne des Almohades nous lègue le magnifique *patio de Yeso,* qui fut une des sources d'inspiration pour la construction de l'Alhambra de Grenade. Et l'inspiration se fit en sens inverse. Car lorsque le roi catholique Pierre Ier (dit *le Cruel* par les uns, *le Justicier* par les autres) décida de faire de Séville sa capitale, son goût pour les arts et les coutumes musulmans l'amena tout naturellement à faire appel à son allié Mohammed V de Grenade pour la construction de son palais. En 1364, les meilleurs artisans mauresques de Tolède et de Grenade affluèrent à la capitale catholique et entamèrent la réalisation de ce chef-d'œuvre absolu de l'architecture mudéjare. Au fil des siècles, tous les illustres occupants de l'Alcázar ajoutèrent leur pierre à l'édifice, ce qui explique que se mélangent allègrement le mudéjar, le gothique, le baroque et tous les styles intermédiaires. Parmi les nombreuses histoires que pourraient vous conter les murs, en voici une : c'est ici que Christophe Colomb et Magellan vinrent chercher des subventions pour leurs expéditions.

– On pénètre dans l'enceinte de l'Alcázar par le *patio del León* (audioguide no 0), réalisé au XVe s, au-dessus de ce qui fut la cour d'une caserne militaire de l'époque almohade. À gauche du patio, la **salle de Justice** *(no 1),* aux stucs mudéjars, surmontée d'un magnifique plafond en bois sculpté, le plus ancien du palais. Pierre le Cruel fit exécuter son demi-frère ici même. Faut dire qu'il faisait la bête à deux dos avec sa femme ! Qui était française, soit dit en passant. La salle s'ouvre sur la dentelle de plâtre du *patio del Yeso (no 2),* avec son bassin entouré de myrtes et reconstruit au XIXe s.

Autour du patio de la Montería

Le style mudéjar, mélange d'art chrétien et d'art musulman, est à l'honneur dans ce vaste patio. Piliers octogonaux, belles arches polylobées sous la corniche et colonnettes de marbre. « Et le seul vainqueur est Allah », annoncent les inscriptions sur la façade du palais de don Pedro.

– **El cuarto del Almirante** *(la salle des Amiraux ; n° 3)* **:** à droite dans le patio. Date du début du XVIe s. On peut y voir des tableaux des XIXe et XXe s. Notez le détonnant tableau sur l'inauguration de l'Exposition internationale ibéro-américaine de 1929. Petite collection d'éventails anciens dans la pièce attenante.

– **La salle des Audiences** *(n° 4)* **:** dans le prolongement de la précédente. Les murs sont tapissés des armoiries des amiraux de Castille qui participèrent à la découverte des Amériques. Frise platéresque tout autour. Beau plafond à caissons dorés. On va ici surtout s'intéresser au tableau de la *Vierge des navigateurs*. Sous son large manteau, celle-ci protège Christophe Colomb, Ferdinand II, Charles Quint, Amerigo Vespucci... ainsi que quelques Indiens ramenés de là-bas. Œuvre du début du XVIe s réalisée par Alejo Fernández, c'est le tout premier tableau traitant de la conquête des terres nouvelles.

– **El cuarto Real Alto :** situé au 1er étage. La visite *(payante : env 4,35 €)* ne peut se faire qu'avec un guide, sur réservation ; les groupes étant limités à 15 personnes, mieux vaut s'y prendre à l'avance. La famille royale loge ici quand elle séjourne à Séville (mais aucune chance de les croiser lors de la visite...).

Palacio Mudéjar (ou Don Pedro)

– **Vestíbulo** *(n° 6)* **:** c'est là qu'étaient reçus les visiteurs de marque. On leur ôtait leurs armes. De ce lieu, il leur était impossible de voir l'intérieur du palais. Ainsi la vie privée était-elle préservée des regards extérieurs, tout en permettant une réception personnalisée de l'hôte. On ne vous décrit pas la richesse des entrelacs géométriques, polychromes, d'une extraordinaire variété. Remarquable porte marquetée qui mène au *patio de las Doncellas*.

– **El patio de las Doncellas** *(n° 7)* **:** l'âme du palais, son poumon et son cœur à la fois. Il possède les plus beaux azulejos et des panneaux de stucs finement ouvragés dans la pure tradition d'Afrique du Nord. Dans certains patios, les frises sont en fait des versets du Coran qui s'intègrent merveilleusement à l'art décoratif. C'est ici que les grandes réceptions avaient lieu, et notamment les rencontres entre princes et califes, sultans et rois. Les styles mudéjar et platéresque y sont combinés fort harmonieusement. Au-dessus des portes, les armoiries de Castille et León. À la base des arcs, remarquer une main qui tient la végétation, pur style mudéjar. Bassin central et sol en marbre blanc, réfléchissant abondamment la lumière. Les galeries supérieures furent ajoutées à la Renaissance par Charles Quint.

– **El salón de Embajadores** *(n° 8)* **:** nous sommes dans le cœur politique du palais et l'un des joyaux de l'Alcázar. Arabesques de stucs polychromes, linteaux finement ciselés, extraordinaire coupole de forme hémisphérique décorée de stalactites. Les portes en bois sculpté datent de 1366 : on peut lire les noms des artistes tolédans. À l'époque où Edison n'avait pas encore éclairé le monde de ses lumières, les architectes usaient d'ingénieux artifices pour dompter les sources lumineuses. Ainsi, vous remarquerez dans les niches du plafond de minuscules miroirs d'acier. La lumière qui entre par les arches est d'abord réfléchie par le marbre clair du sol, puis va frapper ces petits miroirs qui illuminent à leur tour la pièce. Si l'on n'était pas attentif, toutes ces beautés relégueraient presque à l'arrière-plan la richesse infinie des azulejos. Il n'y a pas un motif identique. La salle du trône est la plus décorée. Triples arcs outrepassés de chaque côté de la salle. Balcons soutenus par des dragons de bois. Notez les portraits peints des rois d'Espagne sous la coupole.

– Les autres salles sont plus belles les unes que les autres et tout n'y est qu'azulejos, *yeserías* (plâtres) polychromes, plafonds *artesonados* (à caissons), portes finement travaillées. Parmi les plus magnifiques, le **salón del Techo** de Felipe II *(n° 9),* auquel on accède par l'arc des paons magnifiquement ouvragé, ou **las habitaciones de los Infantes,** notamment pour leurs plafonds.

– *El patio de las Muñecas (le patio des Poupées ; n° 10) :* cour attribuée à Pierre le Cruel et consacrée à la vie familiale. Son nom proviendrait des petits visages que l'on devine (il faut bien chercher) à l'intersection des arches et qui ressemblent (vaguement) à ceux de poupées. Stucs extrêmement raffinés. Petit patio entouré de galeries superposées. À l'origine, le patio était découvert et n'avait qu'un seul niveau. Certains plâtres ont été copiés sur ceux de l'Alhambra de Grenade. Superbe.

– *Cuarto del Principe (salle du Prince ; n° 11) :* décoration mudéjare caractéristique. Plafond à caissons sculptés de style Renaissance avec des étoiles à 12 branches.

– *Salón del Techo de Carlos V (n° 13) :* Charles Quint s'y maria en 1526 avec sa cousine Isabelle du Portugal. Ici encore, des plafonds à caissons, mais cette fois-ci ornés de bustes.

On passe ensuite, au niveau supérieur, dans ce qu'il est convenu d'appeler *el Palacio gótico*, mais son intérêt est moindre. En revanche, il permet d'accéder aux superbes jardins.

À l'étage

– *Capilla Palacio Carlos V (chapelle de Charles Quint) :* Admirables motifs d'azulejos dans les tons vert-bleu et jaune, du XVIe s. Tableaux religieux.

– *Sala de fiestas et sala de Tapices :* dans la première, plafond gothique avec ses clefs de voûte et des azulejos du Portugal. Dans la seconde, remarquables et immenses tapisseries contant la conquête du Maghreb. L'une d'elles, tissée avec de la soie de Grenade, illustre la bataille de Tunis. Noter aussi la carte du sud de l'Europe et du Maghreb. Étonnant de voir comment on imaginait les contours des pays aux siècles précédents. Remarquez qu'elle a été dessinée selon une optique inhabituelle puisque le nord est en bas, ce qui a été le cas très longtemps !

Jardins de l'Alcázar

Mêmes horaires et billet que l'Alcázar.

Seuls les Arabes ont su allier avec autant de génie la végétation et l'eau. Les allées sont recouvertes de briques plates. Certaines d'entre elles sont percées de trous d'où s'échappent des filets d'eau. Les jardins étaient jadis alimentés par un aqueduc, l'eau jaillissant d'une gouttière jusque dans le *bassin de Mercure,* qui faisait alors office de citerne. Il domine toujours le site.

Balade très agréable aux heures les plus chaudes de la journée, tout empreinte de tranquillité et de fraîcheur. On déambule au gré de son inspiration au milieu des allées, des fontaines, des orangers et des palmiers, guidé par

UN GRAND PLAISANTIN

Le roi Pierre le Cruel organisait souvent de vastes fêtes dans ces jardins. Il aimait à y réunir les femmes. Il faisait alors ouvrir largement les vannes, et les filets d'eau venaient jaillir sous leurs robes. Très rigolo ! Une autre tradition consistait à boire l'eau des bassins dans lesquels les femmes se baignaient. On raconte qu'un jour un des invités de la cour refusa de boire cette eau. Le roi s'en étonna. Le courtisan lui répondit que « s'il ne buvait pas la sauce, c'était de crainte de la trouver trop à son goût et de convoiter alors la perdrix ! »... De l'art de dire élégamment des choses crues.

les parfums des fleurs. Au centre des jardins, le *pavillon de Charles Quint,* de style mauresque, précède un labyrinthe dessiné par de hautes haies, charmant et moins complexe qu'il n'y paraît. Cela dit, n'y laissez pas vos jeunes enfants au risque de mettre un petit bout de temps à les récupérer...

En allant vers la partie gauche, on déambule sur la *galerie du grotesque,* une ancienne muraille qui se termine en cul-de-sac mais surplombe agréablement le bassin de Mercure et le *jardin del Chorrón,* où l'on peut prendre un rafraîchissement ou une glace. Notez la jolie *puerta del palacio de los duques de Arcos* en quittant ce jardin.

Ne manquez pas les bains de Doña María de Padilla, cachés sous l'Alcázar, la maîtresse de Pierre Ier au XVIe s. Superbe enfilade de pierre et d'eau !

La sortie de l'Alcázar se fait par le *patio de las Banderas,* une place à l'architecture harmonieuse bordée d'immeubles à deux étages et plantée d'orangers entourant une fontaine. C'est de cette place que vous ferez la plus belle photo de la *Giralda*. À droite de la sortie, dans le coin, un passage voûté mène par la *calle Judería* vers le quartier de Santa Cruz.

🦉🦉🦉 *Barrio de Santa Cruz* (plan couleur II, G4-5 et plan couleur Santa Cruz, G4-5) : probablement le quartier le plus enchanteur de Séville sur le plan historique et architectural, même s'il est évidemment très touristique. Bâti sur les fondations de l'ancien quartier juif coincé entre l'Alcázar et la cathédrale, son nom vient de la croix en fer forgé datant de 1692 qui trône sur la place Santa Cruz. On peut commencer par le *patio de las Banderas,* en sortant de l'Alcázar, et se rendre sur la magni-

PLACE NETTE

Les merveilleuses placettes qui ponctuent le quartier de Santa Cruz sont, pour la plupart, l'œuvre de... Napoléon. Au début du XIXe s, alors qu'il avait placé son frère sur le trône d'Espagne, l'empereur fit détruire de nombreuses maisons pour assainir ce quartier alors insalubre. Jusque-là, Santa Cruz n'était qu'un entrelacs de venelles, semblables à celles dans lesquelles on se perd aujourd'hui encore dans la partie nord du quartier.

fique *plaza de Doña Elvira*. Ensuite, le mieux est de se perdre joyeusement au hasard de ces belles ruelles tortueuses. Placettes bordées d'orangers, églises, superbes demeures aux couleurs chaudes, maisons blanchies à la chaux avec leurs fenêtres protégées par des grilles en fer forgé d'où dégoulinent plantes et fleurs, patios délicieux... L'Andalousie des cartes postales ! Balade merveilleuse à la nuit tombée. Dans l'après-midi, tout est calme. Profitez-en pour pousser les portes et admirer les patios. Dans la *calle Guzmán el Bueno* notamment, au n° 4, un superbe exemple de cet art qui marie lumière et végétation au cœur des demeures.

🦉 *Hospital de los Venerables – Centro Velázquez* (plan couleur Santa Cruz, G5) : pl. de los Venerables, 8. ☎ 954-56-26-96. ● focus.abengoa.es ● Tlj 10h-14h, 16h-20h. Entrée : 5,50 €, audioguide inclus ; réduc. Gratuit dim 16h-19h30. Visite guidée du centre Velázquez ttes les heures 10h-12h puis 16h-18h (réserver avt). Cet ancien hospice fut fondé en 1699 pour accueillir les prêtres indigents à la retraite – les vénérables donc. Passé le beau patio couvert d'azulejos, on pénètre dans une petite église baroque à nef unique, entièrement recouverte de fresques peintes par les Valdès père et fils. Surtout, les Vénérables ont le bon goût d'abriter en leurs murs le *Centro Velázquez,* petit espace neutre où découvrir, parmi d'autres tableaux peints par ses contemporains, trois œuvres du grand peintre du Siècle d'or espagnol, né à Séville. On s'arrêtera surtout devant le portrait de *Sainte Rufine*, la sainte sévillane, que Velázquez représente enfant, dans un style presque naturaliste. Elle tient à la main une écuelle, symbolisant son métier de potière. À l'étage enfin – admirez en passant la coupole de l'escalier –, des expos temporaires.

🦉 *Centro de Interpretación Judería de Sevilla* (plan couleur Santa Cruz, G5) : c/ Ximenez de Enciso, 22A. ☎ 954-04-70-89. ● juderiadesevilla.es ● Lun-sam 10h-15h30, 17h-20h ; dim 11h-19h. Entrée : 6,50 € ; réduc (pas inclus dans la Sevilla Card). Introduction à la visite assurée en principe par un guide francophone. Sinon, fascicule en français. Minuscule musée consacré à l'histoire du quartier juif de Séville. Créé en 1248 à Santa Cruz suite à la conquête de la ville par le roi chrétien Ferdinand III, il fut liquidé moins d'un siècle et demi plus tard, victime du fanatisme religieux. On accusait alors les juifs d'avoir ruiné le royaume et provoqué une épidémie de peste... Pas d'objets dans ce centre d'interprétation, seulement une salle qui se visite comme on lit un livre. De fait, ça fait alors cher l'entrée, même si on en apprend beaucoup sur les différentes synagogues devenues églises, les remparts disparus qui fermaient autrefois ce quartier soumis à un couvre-feu, les activités de la communauté qui bénéficiait d'une certaine autonomie, judiciaire notamment, et même de quelques privilèges

ELLE N'EN FAISAIT QU'À SA TÊTE

Tombée amoureuse d'un catholique, Susona Ben Susón, fille d'un juif converti, dénonça les conspirations que menait son père, et celui-ci fut alors brûlé vif par l'Inquisition. Rejetée par les siens comme par les catholiques, elle vécut ensuite recluse jusqu'à la fin de ses jours. Elle ordonna qu'à sa mort on exposât sa tête sur la façade de sa maison en guise de punition... La tête resta en place paraît-il deux siècles, avant qu'on ne la remplaçât au XVIIe s par une plus hygiénique faïence figurant une tête de mort. Une mosaïque est toujours visible au nº 10A de la calle Susona.

qui s'amenuisèrent cependant bien vite, jusqu'au terrible pogrom (1 500 morts !) de 1391. Alors sonna le glas du ghetto, les juifs fuirent Séville ou se convertirent, et déménagèrent. De cette plongée dans l'histoire du quartier on peut ressortir équipé d'une carte du Santa Cruz d'antan, et marcher sur les traces du passé – et de ses légendes – dans la ville d'aujourd'hui.

Au nord de Santa Cruz

🏃🏃🏃 ***Casa de Pilatos*** (plan couleur II, G-H4) **:** pl. de Pilatos, 1. ☎ 954-22-52-98. ● fundacionmedinaceli.org ● ♿ *(rdc slt). Rdc tlj 9h-19h (18h nov-mars)* ; *1er étage (moins intéressant) tlj 10h-19h (10h-14h, 16h-17h30 nov-mars). Entrée : 6 € pour le rdc slt ; avec audioguide, 8 € l'ensemble ; gratuit mer ap-m 15h-19h pour les ressortissants de l'UE (se munir d'une pièce d'identité). Visites guidées en espagnol et en anglais pour le 1er étage.*

Superbe palais construit aux XVe et XVIe s, peut-être la demeure seigneuriale la plus éblouissante de Séville. Son nom viendrait de Pilate (Ponce pour les intimes), dont la maison à Jérusalem aurait une certaine ressemblance avec celle-ci. Admirable expression de l'art mudéjar où, au-delà de l'aspect purement esthétique, on perçoit un art de vivre d'un raffinement extraordinaire. Alexandre Dumas ne s'y trompa pas : « Je n'ai vu nulle part d'aussi belles faïences tapissant les murailles que dans cette maison de Pilate. » Dans le patio principal, sous les arcades finement ouvragées, superbes panneaux d'azulejos tous différents et, à chaque angle, des statues grecques et romaines. Dans les corniches, bustes d'empereurs romains rapportés d'Italie. Les salles autour du patio présentent toutes un intérêt et leurs portes d'accès sont de remarquables exemples de marqueterie. Dans celle de droite, les murs d'azulejos sont d'une richesse folle avec des motifs moulés en plâtre et un plafond à caissons en bois sculpté. Cette pièce s'ouvre sur un *jardin* touffu, creusé d'un bassin cerné de roses.

En continuant dans la maison, on pénètre dans le *salon de détente des juges,* nommé ainsi en référence aux hommes qui jugèrent le Christ, ça n'a donc rien à voir avec un club pour magistrats lassés de condamner leurs semblables. Ce salon est lui aussi tapissé de stucs et d'azulejos impressionnants, marqués des armoiries des familles *Enríquez* et *Ribera,* propriétaires des lieux dès le XVe s. Au fond, la *capilla de la Flagelación* (!), considérée comme la partie la plus ancienne du palais. En poursuivant, autre salle dotée d'une minuscule fontaine centrale et d'un plafond en marqueterie remarquable. La toute petite salle, juste après, abrite un étonnant tableau attribué à Ribero (XVIIᵉ s) représentant une surprenante « femme à barbe » donnant le sein !

On rejoint ensuite un *second jardin* plein de senteurs, autour duquel dorment quelques statues romaines. Beau contraste entre le vert des arbustes, le sang des murs et l'ocre du clocher voisin.

Le 1ᵉʳ étage : visite obligatoirement guidée. Gravir le majestueux escalier entièrement tapissé de mosaïques, en admirant la stupéfiante coupole de bois en nid-d'abeilles. L'étage fut la partie la plus récemment habitée. Il présente une succession de vastes salons encore richement meublés, souvent décorés de tableaux et de tapisseries. Visite un peu pauvre, mais si vous décidez tout de même d'y participer, remarquez la longue table de la *salle à manger,* et imaginez le duc et la duchesse se faisant face lors de dîners intimes ! Une des salles de la demeure servit d'hôpital pendant la guerre civile. Dans certaines pièces, de beaux plafonds à caissons, ou encore, dans le salon des femmes, un joli plafond peint par un artiste flamand.

🕴🕴 *Museo del Baile Flamenco* (musée du Flamenco ; plan couleur II, G4) : c/ Manuel Rojas Marcos, 3. ☎ 954-34-03-11. ● museoflamenco.com ● Tte l'année, tlj 10h-19h. Entrée : 10 € (inclus dans la Sevilla Card) ; réduc, notamment 10 % sur présentation de ce guide. Spectacle dans le patio tlj à 19h (durée : env 1h). Résa possible sur Internet. Prix : 20 € (24 € pour le musée et le spectacle). Inauguré en 2005, ce musée installé dans un ancien lycée du XVIIIᵉ s vaut le détour, malgré son prix d'entrée élevé, particulièrement dissuasif... dommage. Créé notamment sous l'impulsion de Cristina Hoyos, danseuse et chorégraphe internationale, il présente une muséographie totalement en phase avec son sujet, la danse du flamenco, en utilisant à cette fin toute la technologie moderne. Le fonds est très riche, peut-être trop pour une première approche. Si l'on est néophyte, mieux vaut sans doute voir un spectacle de flamenco avant, pour faire résonner la visite avec l'expérience ressentie.

Prenez l'ascenseur rouge jusqu'au 1ᵉʳ étage où un jeu d'images et de sons évoque d'abord les origines mystérieuses du flamenco, avec un petit parfum de contes et légendes... Le mot « *gitano* » viendrait-il de *egyptanos* suite au passage des gitans en Petite Égypte, l'actuelle Grèce ? Et le mot « *flamenco* », date-t-il du règne du Roi-Soleil quand ces mêmes *gitanos* bataillaient pour lui au pays des Flamands ? Nul ne le sait avec certitude. Dans la salle suivante, un grand écran présente les sept principaux *palos* (rythmes) du flamenco, complété par quelques bornes interactives, détaillant, à l'aide de vidéos et de textes en français, les différentes techniques. Plongé dans la pénombre, cerné par l'image et le son, on commence à sentir la flamme qui anime cet art si particulier. Passé le rideau, on se glisse sous les douches sonores (avec option en français) pour suivre l'évolution des lieux de représentation, du *patio de vecinos* (littéralement « patio des voisins ») au *tablao* d'aujourd'hui. Au fond de la salle, diffusé sur un grand écran, un spectacle complet de Cristina Hoyos, dont l'image est cependant assez floue. Vient ensuite la salle des objets et des costumes, offerts par quelques étoiles nationales. Là aussi, des sons traduits en français. Enfin, projection sur trois murs d'un spectacle spécialement filmé pour l'occasion. Dommage, là encore, que l'image soit de mauvaise qualité... La visite s'achève par une expo des superbes photos noir et blanc signées Colita, puis, au sous-sol et au dernier étage, par des expos temporaires. Le musée propose par ailleurs des cours de danse, chant, guitare, *compás* (rythme) pour tous niveaux (renseignement sur leur site internet) dans un studio au revêtement spécial (il n'y en a que deux de ce type en Europe).

🕴🕴 *Plaza del Salvador* (plan couleur II, F4) : hyper animée le week-end (plus calme en août). Beaucoup de monde aux terrasses des cafés (voir « Où boire un verre ? »), devant la façade baroque de l'église, bâtie sur le site où se dressait jadis la grande mosquée de Séville, rasée au XVIIᵉ s. À l'intérieur, somptueux retables baroques (ouv lun-sam 11h-17h30, dim 13h-19h ; en juil-août, lun-sam 10h-17h, dim 15h-19h. Entrée : 3 € ; billet combiné avec la cathédrale 8 €). Le quartier, très commerçant, est piéton. Non loin, la *calle Sierpes,* longue rue piétonne elle aussi, centre commercial le plus animé de la ville, très vivant en fin d'après-midi. Belle façade d'azulejos au n° 39.

🏃 En descendant la calle Sierpes, on débouche sur la **plaza San Francisco,** où se dresse l'étonnant **hôtel de ville** *(Ayuntamiento ; plan couleur II, F4).* Côté plaza San Francisco, la façade plateresque du XVIe s affiche un incroyable décor sculpté de médaillons, motifs floraux, figures grotesques... À l'inverse, côté plaza Nueva, la façade transformée au XIXe s tranche avec le faste de la précédente par sa sobriété toute néoclassique. Plaza San Francisco toujours, coup d'œil à l'élégant immeuble en brique rouge *Robles Laredo,* orné de faïences bleu et ocre et de fenêtres de bois en encorbellement.

Le quartier de l'Arenal, le long du fleuve

À partir de la Torre del Oro, une longue promenade s'étire le long du Guadalquivir, sur le **paseo de Cristóbal Colón,** avec, en toile de fond, les façades colorées du quartier de Triana. Le long du canal, on jogge, on pédale, et dessus on pagaie, on pêche aussi. Une balade agréable en fin d'après-midi.

🏃 **Torre del Oro** *(Musée maritime ; plan couleur II, F5) :* paseo Cristóbal Colón, le long du fleuve. ☎ 954-22-24-19. Lun-ven 9h-18h45, w-e 10h30-18h45. Fermé j. fériés. Entrée : 3 €, audioguide inclus ; réduc ; gratuit lun mais audioguide 2 €. C'est non point, comme son nom inclinerait à le croire, un hôtel des Monnaies ou une tour renfermant un trésor, mais le môle d'ancrage d'une énorme chaîne que l'on tendait en travers du *río* pour en barrer l'amont aux éventuelles incursions des navires chrétiens. Son nom vient des azulejos dorés qui le couvraient autrefois. Petit *Musée maritime* à l'intérieur : gravures, demi-coques, quelques instruments de marine, cartes... De la terrasse au sommet de la tour, point de vue sur les alentours. Ne vaut pas plus que son prix d'entrée.

🏃🏃 **Hospital de la Caridad** *(hôpital de la Charité ; plan couleur II, F5) :* c/ Temprado, 3. ☎ 954-22-32-32. ● santa-caridad.es ● Lun-sam 9h-13h, 15h30-19h ; dim et j. fériés 9h-12h30. Fermé en cas de célébration de culte. Entrée : 5 €, audioguide inclus.
Seule partie ouverte au public, l'église baroque de cet ancien hospice est surtout intéressante pour les peintures qui l'ornent. De l'extérieur, on aura déjà noté son beau clocher multicolore. Dans la cour-patio, plusieurs allégories religieuses en azulejos, dont les thèmes sont très parlants (la passion du Christ, la Tentation...). La décoration de l'église est due à *don Miguel de Mañara,* personnage du XVIIe s à la vie dissolue, qui ressentit le besoin de racheter tous ses péchés. Grâce à ses dons, on bâtit donc cet hôpital pour les pauvres, ainsi que cette église, au seuil de laquelle il se fit enterrer. La légende voudrait que ce soit ce personnage qui inspirât à Molière son *Don Juan.*
Reste que don Miguel demanda aux peintres Valdés Leal et Murillo de traiter les sujets qui lui tenaient à cœur : le premier peignit ainsi la Mort et la Vanité avec un réalisme cru et implacable (toiles qui encadrent la nef, à l'entrée). Voir la Mort apportant un cercueil sous son bras et éteignant la dernière lueur de vie. L'autre toile présente un seigneur vaniteux, rongé par les vers. Dans un tout autre registre, Murillo peignit *La Multiplication des pains* et *Le Miracle de Moïse faisant jaillir une source.* Là, c'est le bonheur qui resplendit, la douceur. On devine, grâce à ces quatre toiles, les contradictions et les remords qui devaient ronger le malheureux don Miguel. La visite se termine par les jardins. En face de l'hospice enfin, coup d'œil, dans le petit square, à la statue de Don Miguel.

🏃🏃 **Plaza de Toros** *(plan couleur II, E-F5) :* il s'agit des célèbres arènes de Séville ; entrée par le paseo de Cristóbal Colón, 12. ☎ 954-22-45-77. ● plazadetoros delamaestranza.com ● Tlj 9h30-19h (20h mai-oct) ; dim de corrida et pdt la feria

9h30-15h. Les j. de spectacles, fermé 2h avt. Si vous souhaitez acheter des places pour une corrida, compter 25-155 € selon l'emplacement. Visite guidée obligatoire, en espagnol et en anglais slt, ttes les 20 mn : 7 € ; réduc. Durée : 40 mn env.

Elles sont altières, ces arènes, vues de l'extérieur, avec leurs murs chaulés de blanc rehaussé d'encadrements ocre. Cet ocre du sable (couleur *albero*) qui, associé au rouge du sang *(almagra)*, forme les couleurs dominantes d'une *plaza de toros* qui peut accueillir jusqu'à 14 000 spectateurs.

Hélas, la visite est courte et frustrante, voire expéditive et banale, entre autres parce qu'il est interdit de fouler le sable de la piste sur laquelle « les plus grands » ont toréé depuis le début de sa construction, en 1761.

Dans le petit musée, situé dans les caves voûtées sous les gradins, gravures (copies) ayant appartenu à la reine Victoire Eugénie. Informations sur le *juego de cabezas y lanzas* en vogue jusqu'à la fin du XVᵉ s et considéré comme l'ancêtre de la corrida. Portraits de toreros, costumes. Trois pièces à noter : la tête naturalisée de la mère du taureau qui tua Manolete en août 1947 à Linares, *Cape rose*

> ## IL LUI MANQUAIT UNE CALCULETTE !
>
> *La forme légèrement ovale de cette plaza de Toros provient d'une erreur de l'architecte qui s'est un peu planté dans ses calculs. Le plan originel s'étant perdu au cours du siècle et demi qu'a duré sa construction, on peut lui accorder des excuses...*

peinte par Picasso, et enfin un dessin de Cocteau. Bon, visite probablement passionnante pour les aficionados, mais les banderilles resteront en travers de la gorge des autres, sans aucun doute.

Il y a une quarantaine de corridas par an à Séville, entre Pâques et octobre, en général le dimanche. On peut réserver sur place.

Dans le centre

🎥🎥🎥 **Museo de Bellas Artes** *(plan couleur I, A3)* ; pl. del Museo, 9. ☎ 954-78-65-02 et 954-78-64-82. ● *museodebellasartesdesevilla.os* ● ♿ *Mar-sam 10h-20h30 (9h-15h30 de juin à mi-sept) ; dim et j. fériés 10h-17h. Fermé 1ᵉʳ janv, 1ᵉʳ mai, 24, 25 et 31 déc. GRATUIT pour les citoyens de l'UE et les étudiants munis de leur carte internationale ; 1,50 € pour les autres. Clim, consigne et librairie.* 📶

Installé dans un ancien couvent du XVIIᵉ s composé de trois patios et d'un cloître, et dont la décoration intérieure vaut à elle seule le détour. Dans les 14 salles, *2 000 tableaux* sont exposés, dont près de la moitié en alternance. Les collections proviennent essentiellement des couvents et des monastères, ce qui explique que la grande majorité des œuvres présentées soient à caractère religieux. On trouve regroupés ici l'art médiéval espagnol, l'époque maniériste, le baroque européen, la peinture sévillane des XVIIIᵉ et XIXᵉ s, le romantisme et une approche du début du XXᵉ s.

La *partie médiévale* (salle I) dévoile de petites merveilles, dont un magnifique retable de la passion du Christ. La salle suivante présente une étonnante *Vierge à l'Enfant* avec un *Calvaire* (encore !) de Lucas Cranach figurant le Christ en croix et les deux larrons. Superbe cloître très apaisant. Dans l'ancienne église devenue le grand atelier, on peut remarquer au passage les belles fresques des voûtes et de la coupole (ça vaut le détour !). Également de grands tableaux d'autel de **Roelas** et une quinzaine d'œuvres superbes de **Murillo,** comme cette *Immaculée Conception* colossale, *sainte Justine* et *sainte Rufine portant la Giralda* ou encore la *Vierge à la serviette* ou ce *saint José et son fils.*

À l'étage, *baroque sévillan* (salle VI) avec d'intéressantes natures mortes, on y sent l'influence flamande. Une série de huit saintes, peintes par *un élève de Zurbarán,* aux regards poignants. Dans la salle VIII, plusieurs travaux de l'excellent

Juan de Valdés Leal dont quelques très belles toiles dédiées à saint Ignace, également un saint Jérôme et un saint François. *La salle X, consacrée à Zurbarán, dévoile quelques chefs-d'œuvre,* ce qui ne doit pas vous empêcher de lever les yeux pour admirer son magnifique plafond sculpté. Notamment, ce *saint Hugues au réfectoire* et ce christ, noir et blanc, dont le visage – difficile à découvrir – est magnifique (*Cristo crusificado,* 1635-1640). Dans la salle XI, huit peintures de *Domingo Martínez,* intéressantes à titre documentaire, relatent les défilés de chars qui se sont déroulés lors de l'avènement de Fernando VI ; on y trouve également un *Goya.* Dans la section consacrée au XXe s, voir les travaux de Gonzalo Bilbao et de Villegas Cordero.

– Sur la place devant le musée, le dimanche matin, *petit marché de l'art.* Bon, c'est assez amateur en général, mais sympathique. Et tous les jeudis soir, l'été, on peut danser le tango sur la place, les amateurs peuvent se lancer.

🎭 *Palacio de la Condesa de Lebrija* (plan couleur I, B3) *:* c/ Cuna, 8. ☎ 954-22-78-02. ● palaciodelebrija.com ● *Sept-juin, lun-ven 10h30-19h30 ; sam 10h-14h, 16h-18h ; dim 10h-14h. Juil-août, lun-ven 9h-15h, sam 10h-14h ; fermé dim et j. fériés. Entrée : 5 € pour le rdc (gratuit mar 10h30-12h30 ; 9h-12h juil-août), 8 € pour l'ensemble avec visite guidée du 1er étage en anglais et en espagnol ttes les 45 mn ; durée : 30 mn (inclus dans la Sevilla Card).*
Vous êtes ici dans un palais construit au XVIe s. Mais les aménagements apportés par sa dernière propriétaire – la comtesse de Lebrija au début du XXe s – lui ont conféré un *style mudéjar-Renaissance parfaitement réussi.* Cette grande voyageuse et collectionneuse a fait de sa demeure un véritable musée : elle n'hésitait d'ailleurs pas à en déplacer les murs lorsqu'il fallait y installer certaines pièces.
Au rez-de-chaussée, vaste patio entouré de très beaux arcs sculptés. Tous les sols sont recouverts de *magnifiques mosaïques romaines provenant d'Itálica.* De fait, la comtesse a conçu les pièces au format des mosaïques. Rien que cela ! Tout autour s'ouvrent les pièces de réception, avec des vitrines présentant des collections archéologiques de la comtesse, ainsi que d'autres mosaïques d'Itálica. Remarquer *la salle à manger d'été* avec de beaux azulejos bleus et des plafonds à caissons décorés représentant les différentes villes d'Espagne. Dans une des vitrines de la bibliothèque, photo de la comtesse.
Au 1er étage, changement de style ; collection d'œuvres d'art, de meubles (nombreux et beaux cabinets anciens), de tableaux et de porcelaine, *de style Empire et du XIXe s.* Dans une des vitrines du salon espagnol, amusante collection de *porcelaines françaises représentant Napoléon et ses généraux.* Sur le côté, petit salon maure, souvenir des voyages de la comtesse au Maroc. Passant dans la pièce suivante, le salon baroque, ne manquez pas d'admirer les portes, sur lesquelles des visages sont sculptés. Le salon abrite un Zurbarán. *Bibliothèque magnifique* en acajou de Cuba, abritant plus de 6 000 ouvrages. Ensuite, retable de style baroque en acajou et *salon Canton* dans lequel la famille continue de se réunir lorsqu'elle est de passage à Séville. Pour finir, la *salle à manger* avec une superbe collection de porcelaine anglaise bleue et une décoration pour le moins originale. Il est possible de la louer pour organiser des dîners... alors, qu'attendez-vous ?

🚶 *Metropol Parasol* (plan couleur I, C3) *:* pl. de la Encarnación. ☎ 650-92-12-15. ● metropolsevilla.com ● *Terrasse panoramique ouv tlj 10h30-minuit (1h ven-sam). Entrée : 1,35 €. Et l'Antiquarium, au sous-sol, mar-sam 10h-20h, dim 10h-14h. Entrée : 2 €. Si vous visitez l'Alcázar dans la journée, l'Antiquarium est inclus dans le prix.* Parasol haut de 28 m, cet édifice moderne recouvre la plaza et protège les Sévillans du soleil sur 11 000 m². Rebaptisée *las Setas* (les champignons) par les habitants à cause de sa forme, cette construction en bois est architecturalement parlant étonnante. Son toit ondulé fait penser à un nid d'abeilles et son rez-de-chaussée à une ruche, dans laquelle nichent des boutiques chic. Une plate-forme panoramique occupe le sommet de la structure, doublée d'un resto de 300 m².

Enfin, au sous-sol, se trouve un musée archéologique, l'*Antiquarium,* sans grande explication hélas. On peut se contenter de jeter un œil à travers les vitres.

Au nord de la ville

🏃 ***Basílica de la Macarena*** *(plan couleur I, C1) :* c/ Bécquer, 1. ☎ 954-90-18-00. *Tlj 9h (9h30 dim)-14h, 17h-21h. Fermé les j. précédant la Semaine sainte. GRA-TUIT.* Cette basilique est célèbre pour sa statue baroque de la Vierge de la Macarena (œuvre anonyme du XVIIe s), objet d'une gigantesque vénération qui amène souvent à la confondre avec la patronne de Séville. Sa sortie, le Jeudi saint à minuit, constitue l'un des temps forts de la *Semana santa.* Le petit musée attenant *(tlj 9h-13h30, 17h-20h30 ; entrée : 5 €, 6 € avec audioguide ; réduc)* rassemble les ornements de la Macarena : bijoux, vêtements brodés... En face de l'église se dresse la *puerta de la Macarena,* reconstruite au XVIIIe s à partir de vestiges musulmans. Le long du boulevard, quelques centaines de mètres de remparts crénelés tiennent encore debout. À l'arrière de la basilique, c/ Parras, au n° 32, on peut admirer le chariot en argent ciselé qui sert à transporter la Vierge de la Macarena lors de la procession du Jeudi saint.

➢ Au sud de la basilique s'étend le quartier populaire de la Macarena, paisible et parsemé de belles églises. Promenade agréable, loin de l'agitation des quartiers plus centraux et plus touristiques. Quelques étapes en route :

🏃 ***Palacio Marqueses de la Algaba*** *(plan couleur I, C2) :* pl. Calderón de la Barca. ☎ 955-47-20-97. *Lun-ven 10h-14h, 17h-20h ; sam 10h-14h ; fermé dim. GRATUIT.* Derrière une belle et orgueilleuse façade mudéjare se dresse ce grand palais médiéval du XVe s, entièrement remodelé un siècle plus tard, au début de la Renaissance. Récemment rénové, il s'ouvre sur un grand patio encadré de hautes arcades de brique avec, au centre, une mignonne fontaine aux carreaux colorés. À l'étage, petit expo gratuite vite traversée, autour de quelques éléments décoratifs emblématiques du style mudéjar : chapiteaux, bois sculpté ou peint, poteries, plâtreries, azulejos. Un palais à visiter en passant, pourquoi pas avant (ou après) d'avoir fait un petit tour dans le ***marché couvert Feria,*** installé au pied de l'édifice (lire également plus haut « Achats »).

🏃 ***Iglesia de San Luis de los Franceses y Capella*** *(plan couleur I, C2) :* c/ San Luis, s/n. ☎ 954-55-02-07. ***Fermé pour restauration*** *(pas de date de réouverture prévue).* Pour l'instant, on ne peut voir que la façade de cette église baroque coincée entre deux immeubles. Et quelle façade ! Il faut prendre du recul pour pouvoir détailler cet incroyable décor de brique et de pierre sculpté de myriades de petits angelots, médaillons, colonnes torsadées, motifs floraux... et surmonté de deux tours octogonales.

🏃 Un peu plus loin dans la calle San Luis, on tombe sur la charmante ***iglesia de San Marcos*** qui marie une tour de style mudéjar à un portail gothique en pierre. À l'intérieur, sur la droite, très belle sculpture d'un christ gisant, *Santissimo cristo de caritas.* Le reste de l'église a moins d'intérêt. Profitez-en pour faire une pause autour de la fontaine de la jolie *plaza de Santa Isabel.* Un petit air libertaire pas désagréable du tout flotte sur ce quartier où fleurissent les graffs, les associations culturelles et les écoles de flamenco. Une curiosité, le ***Corral de Artesanos*** *(c/ Castellar, 52A).* Dans la grande cour planquée derrière cette immense bâtisse en partie délabrée, se sont installés, dans des box, une douzaine d'artistes et d'artisans, qui travaillent un peu tous les matériaux, et ce quand ça leur chante. Pas d'horaires, pas de programme, ça peut être mort comme animé, tout dépend de l'heure à laquelle vous vous pointez. Pas vraiment ce qu'on peut appeler un site touristique, tout dépendra de votre envie de parler, et de la disponibilité de l'artisan...Toujours plus loin, au bout de la calle Castellar, coup d'œil à la mignonne placette de l'église ***San Juan de la Palma*** *(plan couleur I, C2).*

Quartier de San Lorenzo

Rendez-vous sur la jolie plaza San Lorenzo, pour son ambiance familiale très plaisante, son café populaire, et ses deux églises, dont l'une est particulièrement chère au cœur des Sévillans.

🍴 *Basílica de Nuestro Padre Jesús del Gran Poder* (plan couleur I, B2) **:** pl. de San Lorenzo. ☎ 954-91-56-86. Sam-jeu 8h-13h30, 18h-21h ; ven 7h30-22h. Cette église récente abrite une sculpture baroque (1620) du Christ portant sa croix au visage marqué d'une grande lassitude. Il est l'objet d'une grande dévotion des Sévillans, qui en passant par l'arrière peuvent lui toucher le talon (une ouverture est spécialement prévue). La statue possède la particularité d'avoir des bras articulés, ce qui lui permet d'adopter deux attitudes différentes (pour les saints Thomas, allez voir les photos dans la sacristie qui abrite une boutique de souvenirs). Lors de sa sortie durant la Semaine sainte, ses pénitents défilent sans musique et sans lumière dans leur tunique noire. Remarquez aussi à l'intérieur sur les murs de la basilique le chemin de croix très sobre de facture contemporaine, très beau. À voir encore, un *petit musée* qui expose des objets et des vêtements liturgiques (ven-dim 10h30-13h30 ; entrée : 3 €).

🍴 Tant que vous êtes là, allez voir juste à côté, dans un tout autre style, la *iglesia San Lorenzo* du XVIIe s avec sa chaleureuse façade ocre et brun. À l'intérieur, trois nefs. Style baroque et azulejos. Et si la fatigue vous prend, posez-vous à la terrasse du café *El Sardinero,* lovée sous les platanes de la charmante place San Lorenzo. N'hésitez pas ensuite à flâner dans le coin, entre la calle San Vicente et la Alameda de Hércules *(plan couleur I, B2).* Douce atmosphère de quartier, à découvrir le long des ruelles pavées, bordées de façades colorées, et ponctuées de placettes où l'on trouvera toujours – sauf durant la sacro-sainte sieste – un troquet ouvert...

Au sud de la ville

🍴🍴 *Plaza de España et parque María Luisa* (plan couleur II, G-H6) **:** tlj 8h-22h (minuit en été). La *plaza de España,* grandiose, aérée, forme un demi-cercle de 200 m de diamètre dans lequel s'élèvent les installations bâties pour l'Exposition hispano-américaine de 1929. Elle était destinée à héberger des spectacles athlétiques, au temps des manifestations de masse. Gracieux, élégants, les pavillons ont été construits avec des matériaux nobles : brique, azulejos, pierre. Tout fut conçu pour durer, on croirait le palais d'un roi. Remarquez notamment les 48 bancs d'azulejos de Triana représentant les différentes provinces espagnoles (par ordre alphabétique de gauche à droite), les quatre élégants ponts enjambant les bassins (ponts symbolisant les quatre royaumes de la couronne d'Espagne : *Castilla, Aragón, León* et *Navarra*), etc. Aujourd'hui, les parcs, les bassins et les arcades des pavillons accueillent tous les week-ends des milliers de Sévillans qui viennent s'y balader. On peut d'ailleurs louer des barques, pour une petite promenade, à rame (5 €, 35 mn, max 4 pers) ou à moteur (11 €, 15 mn, max 12 pers) sur le bassin entourant la place. Une scène de *L'Attaque des clones,* deuxième épisode de *Star Wars,* a été tournée ici, et l'endroit avait déjà servi de décor pour des scènes du *Lawrence d'Arabie* de David Lean (comme bien d'autres lieux de la ville, d'ailleurs !).

La plaza de España s'ouvre sur le *parque María Luisa,* grands jardins luxuriants aménagés eux aussi à l'occasion de l'Exposition de 1929 et dessinés par le Français Forestier. Une oasis de verdure où batifolent les oiseaux, semée de fontaines dissimulées au creux des clairières, de mares que sautent de mignonnes passerelles. Allez vous promener l'été, à l'ombre de ses orangers, palmiers et eucalyptus. Ne pas manquer non plus, le long du *paseo de las Delicias,* ces extraordinaires pavillons de l'Exposition. Cachées derrière les palmiers, les somptueuses demeures de grandes familles sévillanes sont encore visibles. Une bien belle balade, en vérité. N'oubliez pas de saluer les trois charmantes Sévillanes de pierre qui se prélassent autour d'un arbre. Et si vous avez des enfants, pourquoi ne pas louer des rosalies (vous savez, ces voitures à pédales pour quatre) ?

■ **Cyclotour :** avda Hernán Cortés. ☎ 954-68-96-66. 🖪 605-90-20-34. ● cyclotour.es ● Tlj de 10h au cou- cher du soleil. Env 12 € pour 4 ou 10 € pour 2, pour 30 mn.

🏃 **Museo arqueológico** (Musée archéologique ; hors plan couleur II par G6) : pl. de América, dans le parc María Luisa. ☎ 955-12-06-32. Mar-sam 10h-20h30 (9h-15h30 de juin à mi-sept) ; dim et j. fériés 10h-17h. Fermé lun sf si le mar est férié. Fermé 1er janv, 1er mai et 25 déc. GRATUIT pour les ressortissants de l'UE et étudiants munis de leur carte internationale ; 1,50 € pour les autres. Accès par le paseo de las Delicias qui longe le Guadalquivir ou en traversant le parc à pied. Bâtiments construits pour l'Exposition de 1929. Nombreuses œuvres de l'époque romaine et beaucoup d'objets en or d'inspiration orientale. On suit chronologiquement le parcours des différents peuples ayant sévi dans la région. À noter surtout, les mosaïques des IIe et IIIe s, provenant pour certaines du site d'Itálica, dans les environs de Séville. Et puis le torse supposé de Claudio, très expressif, remontant au Ier s de notre ère.

🏃 **Museo de Artes y Costumbres populares** (musée des Arts et Costumes populaires ; hors plan couleur II par G6) : pl. de América, 3, dans le pabellón Mudéjar, face au Musée archéologique. ☎ 955-54-29-51. Mêmes horaires, tarifs et réduc que son vis-à-vis. Superbe édifice avec ses deux grandes tours ajourées en brique à colonnettes de marbre. À l'intérieur, le musée flotte un peu dans des habits trop grands : costumes (très belles dentelles), instruments de musique, objets religieux, intéressant mobilier... Bon, l'ensemble se révèle tout de même un peu ennuyeux et semble avoir été posé là pour occuper l'espace.

🏃 **Universidad de Sevilla** (faculté de droit et de lettres ; plan couleur II, G6) : entrée en face de la c/ San Fernando, 31. Non loin de l'hôtel Alfonso XIII. Fermé dim. Ancienne fabrique de tabac, construite au XVIIIe s dans un beau style sobre et classique. Il s'agit de la deuxième plus grande construction d'Espagne après l'Escorial, où travaillaient plusieurs milliers de cigarières (dont la célèbre Carmen). Toujours fréquentée assidûment par les étudiants (tout comme les bars du quartier !), c'est également le siège du rectorat. Tant qu'à passer dans le coin, coup d'œil au superbe **Hotel Alfonso XIII** (voir plus haut « Où dormir ? »).

Barrio de Triana
(le quartier de Triana ; plan couleur II, E5)

🏃🏃 Passé le pont de Triana (ou puente de Isabel II), au bout duquel s'élèvent la petite chapelle del Carmen (1926) et le Castillo San Jorge, vous voilà plaza del Altozano. D'ici partent plusieurs rues intéressantes. Architecturalement, il n'y a pas de quoi se pâmer, même si l'on remarque, en passant, quelques belles façades. Triana, c'est surtout une multitude de petits instants qu'on saisit au passage et qui, petit à petit, permettent de comprendre ce qui rend ce barrio de Séville si emblématique. Évitez l'heure de la siesta (16h-17h) : c'est mort, comme un peu partout dès que la chaleur monte.

Triana était un quartier d'ouvriers, mais aussi de céramistes : la céramique est fabriquée ici depuis l'époque romaine. C'était d'ailleurs le métier qu'exerçaient les deux saintes martyrisées, Justa et Rufina, toutes deux trianeras. Le long des calles Antillano Campos et Alfarería, les ateliers se succèdent, ainsi que les maisons couvertes de céramiques. En fin d'après-midi, après la sieste, l'animation se concentre sur la calle San Jacinto, artère piétonne et commerçante sans grâce alignant les terrasses de troquets populaires, bondées de familles, d'employés du coin. Autrefois habitait ici une importante communauté gitane, jusqu'à sa délocalisation en 1950. Mais le flamenco a subsisté. Sur la *plaza del Altozano* veille une gitane dansante : « *Triana al Arte Flamenco* », dit l'inscription. Et Triana appartient encore au flamenco corps et âme. Il n'y a qu'à flâner *calle Rodrigo,* où s'alignent les écoles de danse et traînent les *bailaores* en herbe, tandis que des fenêtres s'échappent le grattement des guitares et le claquement des *zapateos* (voir aussi « Où voir et écouter du flamenco ? »). Passez par la jolie *calle Pelay Correa* et la sympathique place de l'église *Santa Ana,* avant de remonter vers la célèbre *calle Betis,* avec vue imprenable sur Séville et le Guadalquivir. Vous trouverez là la meilleure terrasse de tout Séville : le muret qui court le long de cette longue rive branchée. La brise du fleuve, une petite friture de poisson : le bonheur est juste de l'autre côté du pont (de Triana) !

🏃 *Castillo San Jorge (plan couleur II, E5) : pl. del Altozano. ☎ 954-33-22-40. Lun-ven 9h-13h30, 15h-20h ; w-e et j. fériés 10h-14h (dernière entrée 30 mn avt). GRATUIT (audioguide compris).* Le Castillo, dont ne subsistent aujourd'hui que les fondations, fut, de 1481 à 1785, le siège de l'Inquisition espagnole. C'est dans ses caves que l'on torturait, au nom de Dieu. On descend au sous-sol, où une frise chronologique retrace d'abord l'histoire du quartier de Triana et celle du château, depuis sa construction sous les Almohades. Puis vient le vif du sujet, l'Inquisition, racontée le long de passerelles circulant à l'intérieur des vestiges, et ponctuées de panneaux explicatifs en anglais et espagnol, soutenus parfois par des graphiques et vidéos. Un grand panneau rend notamment hommage à certains personnages historiques victimes de cette tyrannie religieuse. L'expo s'achève sur la Déclaration des droits de l'homme, aujourd'hui encore constamment bafoués.

En dehors du centre : isla de la Cartuja

C'est sur l'île de la Cartuja qu'eut lieu en 1992 l'Exposition universelle. Organisée l'année des 500 ans de la découverte des Amériques par Christophe Colomb, elle avait pour thème l'ère des découvertes et connut un immense succès. Séville en profita pour se doter d'un nouvel aéroport, d'une nouvelle gare (Santa Justa) et de plusieurs ponts : entre autres, le pont de la Barqueta qui enjambe le fleuve au nord de la Cartuja, et celui de l'Almillo. Quant à l'île, elle s'est à cette occasion transformée en un étonnant concentré d'architecture contemporaine, devenu depuis un vaste parc technologique, siège de nombreuses entreprises et des départements scientifiques de l'université de Séville.

🏃🏃 *Monasterio de la Cartuja – Centro andaluz de Arte contemporáneo (hors plan couleur I par A2) : avda Américo Vespucio, 2. ☎ 955-03-70-70. Sur la rive droite du Guadalquivir.* On peut parfaitement y accéder à pied en empruntant la *pasarela de la Cartuja, à l'extrémité de la c/ de Baños (plan couleur I, A2). Mar-sam 11h-21h (9h-15h30 de juin à mi-sept) ; dim 11h-15h. Entrée : 1,80 € ; pour les ressortissants de l'UE, gratuit mar et ven 19h-21h et sam 11h-21h. Petite cafétéria (plats env 8 €). Brochure distribuée à l'entrée, avec un plan.*
Monument insolite, la Cartuja (« chartreuse » en français) fut fondée à la fin du XIVe s, suite à une apparition de la Vierge en 1248 (coucou !). Elle connut ensuite une histoire mouvementée. Christophe Colomb y séjourna de son vivant pour préparer son deuxième voyage aux Amériques (enfin, aux Z'Indes), puis après sa mort, son corps reposa presque 30 ans (1509-1536) dans la *capilla Santa Ana*. Quelques siècles plus tard, en 1810, la Cartuja fut envahie par les troupes napoléoniennes qui délogèrent les chartreux, avant d'être transformée en fabrique de céramique en 1841. Témoins de cette époque, les hautes cheminées de brique dressées autour de l'église, qui s'intègrent curieusement très bien à l'ensemble, lui conférant même un supplément d'harmonie.

Magnifiquement restaurée en 1986, la Cartuja abrite aujourd'hui le **Centro andaluz de Arte contemporáneo,** qui présente des expos temporaires exigeantes d'artistes contemporains de renommée internationale. Un superbe écrin, puisque les œuvres sont réparties entre un bel espace moderne tout blanc et les anciens bâtiments de la chartreuse. Dans ceux-ci, on remarquera plus particulièrement le parvis de l'église, l'église elle-même, avec sa rosace d'azulejos et son très beau porche du XIVe s qui a conservé sa polychromie, le cloître mudéjar, la salle capitulaire et ses gisants, l'extraordinaire plafond en bois sculpté de motifs géométriques du réfectoire et la chapelle Sainte-Anne. Au passage, sachez qu'est enterré ici Diego Colón, le fils de Christophe. Ce n'est donc pas lui qui a pris la place de son père dans le tombeau de la cathédrale, contrairement à ce qu'affirment certains. Hormis les expos d'art contemporain, l'ensemble est extrêmement dépouillé, puisque la plupart des meubles et œuvres d'art du monastère se trouvent aujourd'hui dans différents musées. La balade est en tout cas très agréable, d'autant qu'il peut vous arriver de la faire seul, même en pleine saison. En sortant, ne manquez pas d'aller flâner dans les vastes parcs entourant le site.

🏃 👫 **Isla Mágica :** *Pabellón de España.* ☎ *902-16-17-16.* ● *islamagica.es* ● *Accessible par les bus circulaires C1-C2. Ouv avr-début nov. En avr, w-e 11h-22h ; en mai, mêmes horaires mais aussi ouv mer-jeu 11h-19h ; de juin à mi-sept, tlj sf lun (ouv lun en août et début sept) 11h-23h (minuit sam ; jusqu'à la dernière sem de juin, fermeture à 19h en sem et 22h le w-e) ; puis slt w-e et j. fériés 11h-21h jusqu'à début nov, pour Halloween. Tarifs : 29 € adulte, 21 € enfant. Dès 16h (17h en été), c'est moins cher : 20 € adulte, 15 € enfant ! Plan parfaitement détaillé distribué à l'entrée, dans le* Guía del Explorador. On reste donc dans l'idée de l'Expo de 1992, puisque la thématique de ce parc d'attractions de 35 ha tourne autour de la découverte de l'Amérique, déclinée sur sept thèmes où le visiteur, devenu un authentique explorateur, revit l'esprit colonial : Séville-Port des Indes ; le monde Maya ; Puerta de América ; l'Amazonie ; le Repaire des Pirates ; la Fontaine de Jouvence (pour les tout-petits) ; l'Eldorado. Une huitième zone thématique, Metrópolis de España, joue elle la carte futuriste. Attractions à sensation, balades en bateau plus ou moins mouvementées, spectacles, cinéma, boutiques, restos, décors, pirates... bref, tout y est, dans une ambiance « Devinez qui, des parents ou des enfants, s'éclatent le plus ? ».

DANS LES ENVIRONS DE SÉVILLE

À Santiponce

Deux sites intéressants – et gratuits – à découvrir dans ce mignon village tout blanc, situé à 10 km à peine au nord de Séville par la route de Mérida (A 66-E 803). En bus, prendre le M172 à la gare routière Plaza de Armas (voir plus haut « Arriver – Quitter »).

🏃 **Monasterio de San Isidoro del Campo :** *avda Isidoro del Campo, 18 (au centre du village). ☎ 955-99-69-20. Ouv mer-jeu 10h-14h ; ven-sam 10h-14h, 17h30-20h30 (16h-19h oct-mars) ; dim 10h-15h. Fermé lun-mar. GRATUIT. Feuillets explicatifs en anglais et en espagnol.* Composé de deux églises accolées l'une à l'autre, ce monastère fortifié, fondé en 1301, présente un étonnant style hybride, alliance de mudéjar et de gothique languedocien (belles voûtes en croisée d'ogives). Occupé successivement par des moines cisterciens puis par des hiéronymites (l'ordre de saint Jérôme), il fut transformé au XIXe s en prison pour femmes et en brasserie et fabrique de tabac, avant que les hiéronymites ne réinvestissent les lieux, pour finalement les quitter définitivement en 1978. Patiemment restauré, le monastère se distingue par ses belles fresques murales ornant le cloître et surtout la salle capitulaire, où deux périodes historiques cohabitent. La frise du bas, contant la vie de saint Jérôme, date de l'époque médiévale, alors que les motifs floraux de la partie supérieure ne furent ajoutés qu'au XVIIe s. À voir également, dans l'église, un impressionnant retable du XVIIe s, œuvre de Juan Martínez Montañés. Au centre, saint Jérôme évidemment. Enfin, dans une petite pièce au fond du cloître, beau plafond à caissons peint.

🍴🍴 🚶‍♂️ *Itálica :* avda de Extremadura, 2 (à la sortie du village). ☎ 955-12-38-47. ♿. *Avr-mai, mar-sam 9h-20h, dim et j. fériés 10h-17h ; de juin à mi-sept, mar-sam 9h-15h30, dim et j. fériés 10h-17h ; de mi-sept à mars, mar-sam 9h-18h30, dim et j. fériés 10h-17h. GRATUIT pour les membres de l'UE ; 1,50 € pour les autres. On vous conseille vivement de faire la balade tôt le mat et surtout d'éviter les heures chaudes, car il y a très peu d'ombre. Plan explicatif en français.*

De l'antique *Hispalis,* on ne sait pratiquement rien. Plusieurs passages de populations successifs semblent avoir marqué ce site superbe avant sa réelle fondation par les Romains qui y posèrent leurs valises. Ainsi Scipion l'Africain fonda-t-il, en l'an 206 av. J.-C., la partie appelée « vieille ville », pour accueillir ses blessés. Puis Trajan y naquit, mais c'est Hadrien, bien qu'originaire de Rome, qui fit construire « la nouvelle ville ». Cette dernière est la partie la plus intéressante. Depuis la découverte du site en 1781, les fouilles n'ont pratiquement pas cessé.

Entre les larges dalles des rues qui desservent les différents quartiers, on peut apercevoir le système d'égouts, étonnamment sophistiqué pour l'époque. Parmi les principaux édifices, vous ne pouvez manquer l'*amphithéâtre,* assez spectaculaire, un des plus grands de l'Empire romain. Surdimensionné par rapport à la taille de la ville, il pouvait accueillir 25 000 spectateurs. Les gradins tiennent encore solidement debout, entourant la piste creusée d'une profonde fosse où l'on gardait les animaux. On peut faire le tour des arènes par un corridor intérieur. À voir également, la *maison du Planétarium,* pour ses exceptionnelles mosaïques en forme de médaillons. Elles représentent les sept jours de la semaine, symbolisés par les divinités planétaires (Mars, Mercure, Jupiter, Vénus, et Saturne ; ainsi que la Lune pour lundi et le Soleil – *sunday* – pour dimanche). Parmi les autres mosaïques du site, voir celle dite *de Neptune,* qui tapissait un frigidarium (piscine d'eau froide). Poissons, hippocampes, crustacés, crocodiles et petits humanoïdes au sexe proéminent entourent le dieu Neptune, seul personnage à être représenté en couleurs. On passera aussi par la *casa de los Pájaros,* dont les murs ont été en partie remontés, et par les vestiges des immenses thermes. Indépendamment de son intérêt archéologique évident, *Itálica* peut être le prétexte d'une balade très sympa dans un site agréable et très bien entretenu. À l'entrée, dans le bâtiment ancien à droite, un film explicatif sur l'histoire d'Itálica, intéressant, mais... en espagnol uniquement !

🍽 Pour casser la croûte entre les deux visites, on pourra s'attabler sur la terrasse ombragée de la **Gran Venta Itálica,** située juste en face du site archéologique, de l'autre côté de la route (plats autour de 7-10 € ; menú del día 8,50 €). Autre option, la **Bodeguita Reyes,** sur l'avenue principale, pile poil entre le monastère et Itálica. Une minuscule taverne de village bien dans son jus, avec ses 3 tables coincées entre les fûts de bière et ses murs couverts de photos souvenirs. Au menu, du basique, du solide, du gras : œuf mayo, *churrasco* de porc, *chipirónes a la plancha* et des *montaditos* pour les petits joueurs. Grande terrasse au bord de l'avenue (avda Extremadura, 34 ; ☎ 955-99-83-68 ; plats 5-10 €).

ARACENA
(21200)   6 720 hab.

Joli village blanc un peu ensommeillé, dominé par les ruines d'un château almohade, Aracena, « capitale » de la *sierra* éponyme, se visite surtout pour sa superbe grotte. Ses attraits ne s'arrêtent pourtant pas là : vous êtes ici sur les terres de Sa Majesté le porc ibérique avec, à proximité, le village de Jabugo, illustrissime producteur de *jamón*. Le cochon est certes roi, mais depuis quelques années, sa reine est la chèvre (drôle de couple !). Son lait sert à fabriquer un fromage classé parmi les meilleurs d'Espagne (l'*aracena*, tout simplement). Belles excursions en prévision dans le parc naturel d'Aracena y Picos de Aroche, à travers les forêts de chênes-lièges, d'oliviers et de châtaigniers.

Arriver – Quitter

En voiture

➤ À 88 km au nord-ouest de *Séville.* Emprunter l'A 66 ou la N 630 sur 33 km, puis, un peu avant Las Nieves, la N 433 (Séville-Lisbonne) sur 55 km. La 2e portion de route traverse d'agréables paysages verdoyants et des champs d'oliviers.

➤ À 100 km au nord de *Huelva.* Emprunter l'A 49/E 1 sur 10 km en direction de Séville, puis la N 435 en direction de Trigueros puis Valverde sur 54 km, ensuite l'A 461 via *Minas de Riotinto* pendant 17 km. Finalement, suivre l'A 479 sur 23 km jusqu'à Aracena. En passant, allez donc jeter un œil à la plus grande mine à ciel ouvert d'Europe à *Corta Atalaya* – billets et départ des visites guidées au *museo Minero* de Minas de Riotinto (8 €/pers ; 9 € avec la visite du muséo ; tlj sf dim 10h30-15h et 16h-19h, jusqu'à 20h en été). Ou encore, continuer sur la N 435 sur 44 km jusqu'à Jabugo puis prendre la N 433 direction Séville jusqu'à Aracena, à 16 km.

En bus

➤ *Gare routière d'Aracena :* avda de Sevilla, prolongement de la c/ José Andrés Vasquez s/n, qui démarre au niveau de l'Antiguo Ayuntamiento (à côté du Convento Santa Catalina) et se prolonge vers le sud-est du village. Passé le parc Arias Montano, la station se trouve à gauche, avt le croisement avec la route de Séville. À 10 mn à pied de la pl. Marqués de Aracena, à peine plus depuis les grottes. Guichet des bus *Damas* (☎ 902-11-44-92 ; ● damas-sa.es ●).

➤ *Séville :* depuis Séville, départ pl. de Armas en direction de Rosal de la Frontera. Dans les 2 sens, tlj, 1 bus le mat et 1 dans l'ap-m (horaires varia-

bles) ; depuis Séville slt, 1 bus de plus le ven à 19h. Trajet : env 1h20. Le trajet se fait via *Higuera de la Sierra* avant d'arriver à Aracena, puis continue vers *Fuenteheridos, Jabugo, Cortegana* et *Aroche* avant de terminer à *Rosal de la Frontera,* non loin de la frontière portugaise (correspondances pour Lisbonne).

➤ *Huelva :* depuis Aracena, 2 départs/j., lun-ven à 7h et 7h45, sam à 7h45, dim et j. fériés à 18h.

Adresses utiles

🛈 *Centro de visitantes Cabildo Viejo :* pl. Alta, s/n. ☎ 959-12-88-25. Tt en haut de la colline autour de laquelle est construit le village, sur une très jolie place à deux pas du castillo et en face de l'église Nuestra Señora del Mayor Dolor (XIIIe s) ; attention, ça grimpe ! Tlj sf lun : sept-juin, 10h-14h, 16h-18h ; juil-août, 10h-14h, 18h-20h. Infos et brochures bien faites sur les sentiers dans la Sierra de Aracena y Picos de Aroche. Bon accueil.

🛈 *Office de tourisme municipal :* c/ Pozo de la Nieve, s/n. 🖥 663-93-78-77, ● aracena.es ● À la billetterie de la Gruta de las Maravillas, sur la pl. San Pedro, derrière l'avda de Huelva. Tlj en saison 10h-14h, 16h-18h. Carte du village (bien utile), infos hébergements et transports. Service d'audioguide pour visiter la ville. Sur place un centre d'interprétation (même horaires) : une expo et un film (en espagnol) donnent un aperçu de toutes les activités et sites de la région.

Où dormir ? Où manger ? Où boire un verre ?

On ne vous conseille pas forcément de passer la nuit à Aracena.

SÉVILLE ET SES ENVIRONS

Si vous avez besoin d'y faire étape (après tout, la route relie le Portugal à l'Espagne), l'office de tourisme tient à votre disposition la liste des hébergements.

⌂ |●| *Hotel Rural-Finca Valbono :* ctra Aracena-Carboneras, km 1. ☎ 959-12-77-11. ● reservas@finca valbono.com ● fincavalbono.com ● À 1 km du centre par la HU 8126 que l'on prend sur la N 433 env 700 m sur la droite après l'entrée vers le centre d'Aracena. Ensuite c'est indiqué sur la gauche. Double 105 €, petit bungalow 2-3 pers 120 €. Repas complet 25-30 €. ☏ Un véritable havre de paix en pleine nature. 6 chambres doubles avec fenêtre ou petit balcon (pour les nos 3 et 4) et vue sur la campagne, dans la grande maison. Toutes de bon confort (TV, frigo et AC), et décorées simplement, avec goût. Disséminés dans le parc, une vingtaine de bungalows très bien équipés : cheminée et bois pour les soirées fraîches, kitchenette et terrasse. Certains ont 2 chambres pour les familles. Au resto (ouvert midi et soir), une très bonne cuisine traditionnelle revisitée par le chef, uniquement à base de produits de saison.

|●| *José Vicente Restaurante :* avda de Andalucía, 53. ☎ 959-12-84-55. ● restaurantejosevincente@hotmail. com ● Fermé mar et 15 juin-10 juil. Menus 20-30 €, carte 25-35 €. CB refusées. Sur présentation de ce guide, un seul apéritif maison offert. Des portions généreuses et des mets tout simplement succulents, à base de produits de terroir et de saison (champignons, escargots...). C'est surtout l'endroit rêvé pour goûter à ce porc ibérique dont on vous parle tant. Renseignez-vous sur les morceaux disponibles car le chef travaille aussi la viande fraîche. Goûter ce gras suave, savoureux, fondant et croustillant est une réelle expérience (pas très digeste, on vous prévient !). Salle sans cachet mais climatisée (pas de terrasse). Probablement le meilleur établissement de la ville.

|●| Nombreux *restos* à prix moyens sur la place San Pedro, à 50 m en contrebas des grottes, comme *Casas Restaurant* (☎ 959-12-80-44. ● contacto@restaurantecasas.es ● Tlj. Menus 20-40 €), en bas de Pozo de la Nieve, reconnaissable à ses assiettes en façade, qui offre une bonne cuisine locale.

🍸 *Café Manzano :* pl. del Marqués de Aracena, 22. ☎ 959-12-81-23. ● susidego@hotmail.com ● Fermé mar et 15 j. fin sept. Assiette tapas combinées 9 €. Pour boire un verre sur la vaste terrasse avec quelques tapas, ou un café accompagné d'un savoureux gâteau maison. Sur la place la plus animée et la plus jolie du village. Service très accueillant.

Achats

⊛ *Cosierra Artesanía :* avda de Huelva, 3. ☎ 959-12-83-81. Non loin de la grotte. Une boucherie-charcuterie tout ce qu'il y a de plus habituelle, sauf que vous n'êtes pas n'importe où ! Au pays du jamón ibérico de bellota, une adresse pour s'en payer une tranche (voire la jambe entière). Si vous n'avez pas visité le musée, le boucher se fera un plaisir de vous expliquer les variétés (mais en espagnol). Intéressant surtout si vous êtes en fin de voyage et n'avez pas encore rempli vos paniers.

À voir. À faire à Aracena et dans les environs

🏃🏻 *Gruta de las Maravillas :* accès clairement indiqué à l'entrée du village. ▤ 663-93-78-76. ● aracena.es ● Entrée : 8,50 € ; réduc. Visite guidée (45 mn) tlj, env ttes les heures en sem, ttes les 30 mn le w-e, 10h-13h30, 15h-18h. Il existe un billet jumelé avec le musée du Jambon : 10,50 €. Claustrophobes, s'abstenir. Les 1 200 m de galeries naturelles, creusées dans la colline autour de laquelle Aracena s'est enroulée, sont superbes, il est vrai ; on emprunte d'étroits boyaux pour se retrouver dans de vastes poches où stalactites et stalagmites paraissent féeriques. Pour qui n'a jamais vu ce genre de curiosité, c'est impressionnant. On peut regretter que les visites ne se fassent que lorsque le nombre de visiteurs a atteint un quota de 25 et que les commentaires ne soient qu'en espagnol (fascicule en français à l'entrée pas toujours disponible !). Mieux vaut venir le matin ou avant 16h30. La voix monocorde et lénifiante du guide, le flash aveuglant du photographe qui vous attend au détour d'une grotte, tout cela ôte au site beaucoup de son romantisme et, finalement, les visiteurs ont raisonnablement l'impression d'être pris pour un troupeau de beaufs « cabuesque ». Pour la petite histoire, c'est quand même là qu'ont été tournées certaines scènes des *Mines du roi Salomon* et de *Voyage au centre de la Terre.*

🍖 **Museo del Jamón** (*musée du Jambon*) **:** *Gran Vía, s/n.* ☎ *663-93-78-70. Entrée : 3,50 € ; réduc. Visites libres 11h-13h45, 15h30-18h30. Visites guidées (en espagnol ou en anglais et parfois en français), tlj à 11h, 13h15, 16h et 18h.*
Ce centre d'interprétation du porc ibérique est entièrement consacré au célébrissime jambon « de Huelva ». Si, comme beaucoup, vous avez du mal à vous y retrouver dans toutes ces appellations, souvent erronées, parfois falsifiées, courez donc ici ! Tout est clairement et gentiment expliqué.
Pour faire simple, le « jambon ibérique » est une indication générale, celle qui est la plus souvent employée, celle qu'il faut retenir en premier lieu. « Bellota » désigne une sous-catégorie de porcs ibériques, exclusivement nourris aux glands ; le top, qu'il faut exiger, sachant qu'il existe aussi l'*iberico de Recebo,* nourri partiellement aux glands avec un complément de céréales, et un *iberico de Cebo,* entièrement nourri aux céréales. Évidemment, le gras, le goût (et donc le coût !) ne sont pas les mêmes. Néanmoins, ces jambons restent de grande qualité et sont protégés eux aussi par la DO (*denominación de origen,* équivalent de notre AOC). Quant au terme de « Jabugo » il désigne simplement l'un des villages de la zone de production, sachant que les professionnels préfèrent désormais faire référence à la province de Huelva. Il n'en demeure pas moins que tout un chacun continue à parler de « pata negra »... Or, la charte de l'appellation reconnaît en tout cinq races, dont quatre à pattes blanches ! Le consortium réfute donc catégoriquement cette mention. D'après lui, que le cochon ait les pattes blanches ou noires ne change pas grand-chose à l'affaire. Qu'on se le dise !
En outre, vous apprendrez toutes sortes de choses sur l'alimentation, la fabrication, l'affinage, etc. En ressortant par la boutique, vous pourrez admirer au passage ces magnifiques jambons, de forme oblongue (en forme de violon !).

➤ **Parque de la sierra de Aracena y Picos de Aroche :** *occupant 187 000 ha au nord de Huelva, à la frontière du Portugal et de la province de Badajoz, ce parc englobe les villages d'Aracena et de Jabugo. De Séville, accès en voiture par la N 433 (env 1h de voiture jusqu'à Higuera de la Sierra) et de Huelva par la N 435 (1h30 jusqu'à Santa Ana la Real).* Un grand nombre de sentiers pour tous les niveaux, certains démarrant juste à la sortie des villages qui jalonnent la route entre Aracena et Aroche. Ces villages sont relativement bien desservis par les bus locaux, mais pour les zones les plus éloignées, voiture reste indispensable. Des panoramas surprenants de vallées et de forêts, parsemés de pittoresques villages blancs. Le paysage le plus caractéristique étant la *dehesa,* ces forêts de chênes sous lesquels nos futurs jambons trouvent les *bellotas* (glands) qui parfument leur viande. Parmi les bourgs qui valent un petit détour, celui de **Zufre,** en nid d'aigle sur une colline, **Almonaster la Real,** sa mosquée maure du Xᵉ s et la très belle route qui y conduit, celui d'**Aroche,** connu pour ses menhirs et ses influences portugaises, ou **Castaño del Robledo** et ses maisons du XVIᵉ s... ou encore **Alajar** et ses ex-hippies qui ont posé leurs valises il y a un moment.

🍖 **Jabugo :** *à 20 km d'Aracena par la N 433.* Le village n'a aucun intérêt, mais ici la star, c'est *Don Jamón*... Il est cependant impossible de visiter des séchoirs à jambon pour des raisons d'hygiène.

CARMONA
(41410)   25 500 hab.

Perchée à 430 m d'altitude, au-dessus des plaines vallonnées de *la Campiña,* à l'est de Séville, Carmona dissimule derrière ses remparts une charmante petite cité médiévale. Peuplée depuis 5 000 ans, la ville a vu passer du monde... Il en résulte une quantité assez étonnante d'églises et de monuments, réunissant tous les styles possibles en Andalousie, allant de la simplicité romaine au délire baroque en passant par la subtile beauté orientale. Outre ces atouts, la ville peut s'avérer une base intéressante pour rayonner dans la région, en particulier au moment de la feria de Séville : les prix restent ici nettement plus raisonnables.

SÉVILLE ET SES ENVIRONS

Arriver – Quitter

En voiture

➢ À 38 km à l'est de *Séville.* Prendre la N IV/E 5 en direction de l'aéroport et Carmona puis l'A 467. Une fois à Carmona, mieux vaut laisser votre véhicule à l'extérieur des fortifications et vous balader à pied dans les ruelles étroites, tortueuses et paisibles. La voiture vous sera en revanche utile pour faire un tour à la nécropole romaine, à la sortie de la ville.

En bus

Pas de véritable gare routière à Carmona, les bus passent le long de la route de Cordoue, à 300 m en contrebas de la puerta de Sevilla. L'arrêt pour Cordoue se trouve juste à côté de la porte, ceux pour Séville devant une petite esplanade sur le paseo del Estatuto.
➢ *Ligne Carmona-Cordoue :* la compagnie *Alsa/Alsina Graells* (☎ 902-42-22-42 ; ● alsa.es ●) relie Carmona à *Ecija* (45 mn) et *Cordoue* (1h45) dans les 2 sens. De Carmona vers Ecija puis Cordoue, 4 départs/j. vers 9h, 9h40, 15h50 et 22h30 ; de Cordoue vers Carmona, 2 départs/j. vers 8h35 et 18h45, arrivée à Carmona vers 10h et 20h.
➢ *Séville :* avec la compagnie *Casal* (☎ 954-99-92-90 ; ● autocarescasal. com ●). De Séville (départ du Prado San Sebastián) 20 bus/j. en sem 7h-23h, 10 bus le sam 7h45-23h et 7 bus le dim 9h-21h30. De Carmona, 24 départs/j. en sem 6h15-21h, 10 bus

le sam 6h30-21h et 7 bus le dim 6h30-20h30. Env 30 mn de trajet.

Adresse utile

🄸 *Centro de recepción turística :* alcázar de la puerta de Sevilla ; sous l'arche de l'entrée principale de la ville ancienne. ☎ 954-19-09-55. ● turismo.carmona.org ● Bien indiqué dès l'entrée en ville. Lun-sam 10h-18h (10h-15h, 16h30-18h juil-août) ; dim et j. fériés 10h-15h. Bonne documentation sur la ville et plan. Très bon accueil, en français certains jours. Et audioguide pour visiter la ville.

Où dormir ?

Carmona vit au rythme de deux saisons touristiques seulement. La haute, correspondant à la Semaine sainte et à la feria de Séville – proximité oblige –, est une courte période au début du printemps où les prix augmentent de 30 à 50 %. Le reste de l'année, c'est la basse saison. À noter que les hôtels de charme aménagés dans de belles et vénérables demeures andalouses (voire des *palacios* !) ont fleuri dans la cité.

De prix moyens à chic (45-85 €)

🛏 *Hostal Comercio :* c/ Torre del Oro, 56. ☎ 954-14-00-18. ● hostal comercio@hotmail.com ● À l'intérieur des remparts : en entrant par la puerta de Sevilla, juste sur la gauche le long des remparts. Double avec sdb env 50 € (jusqu'à 70 € pdt la feria). Petit déj 3,50 €. CB refusées. 🛜 Maison typiquement andalouse, avec un patio très agréable et une terrasse face aux remparts et à l'église San Pedro. Chambres toutes simples mais d'honnête confort. Accueil jovial mais parfois à la tête du client : dommage !

🛏 *Hotel San Pedro :* c/ San Pedro, 3. ☎ 954-14-16-06. Dans la rue principale qui mène à la vieille ville, à 200 m de la puerta de Sevilla. Doubles avec AC, TV et sdb 45-60 € selon saison, avec ou sans petit déj. Chambres d'un bon confort à la déco passe-partout, donnant sur la rue ou sur l'arrière. Très bien entretenu mais pas le grand charme pour ce bâtiment récent. Accueil disponible.

🛏 *Posada San Fernando :* pl. San Fernando, 6. ☎ 954-14-14-08. • info@posadasanfernando.com • posadasanfernando.com • 🍴 Sur la place principale de la ville intra-muros. Double 55 €. Pas de petit déj. 🛜 Un petit hôtel de charme, où la vingtaine de chambres, organisées autour de 2 patios, occupent une maison qui a traversé les âges : certaines parties datent du XIVᵉ s. La décoration intérieure, tout comme le confort, joue cependant nettement sur l'accord contemporain, tout en conservant les belles poutres apparentes et la patine des boiseries et des pierres dorées.

🛏 *Hotel El Rincón de las Descalzas :* c/ Descalzas, 1. ☎ 954-19-11-72. 📱 605-68-50-65. • info@elrincondelasdescalzas.com • elrincondelasdescalzas.com • 🍴 Dans une ruelle discrète dans le haut de la vieille ville, fléché depuis la pl. San Fernando (ouf !). Doubles 70-80 €, petit déj en sus. Quelques (rares) places de parking. 🛜 (gratuit). Cocktail de bienvenue offert sur présentation de ce guide. Un autre établissement au charme certain, à la déco d'un classicisme bourgeois version campagnard : meubles en bois massif chantournés, rideaux épais et couvre-lits moelleux, un vrai nid douillet ! Confort honnête pour le prix. Patio rempli de plantes vertes, comme il se doit.

Très chic (min 100 €)

🛏 *Parador Alcázar del Rey Don Pedro :* tt en haut de la ville ancienne, dans l'Alcázar. ☎ 954-14-10-10. • carmona@parador.es • parador.es • 🍴 Doubles 162-184 € selon confort et saison. Petit déj 17 €. Surveillez les nombreuses promos sur Internet. Parking ombragé juste devant. Installé dans une forteresse musulmane transformée en résidence par Pierre le Cruel au XIVᵉ s, le parador surplombe toute la plaine sur des kilomètres. Piscine, jardins et restaurant. Plutôt austère mais superbe. Belles et vastes chambres à la déco classique mâtinée d'une touche de modernité et d'un confort cossu. Les plus chères ont un balcon, voire un jacuzzi. Vous pouvez aussi vous contenter de prendre un verre dans le charmant patio glougloutant ou sur la terrasse.

Où manger ?

Bon marché (max 12 €)

🍴🍷 *Bar Mingalario :* c/ Salvador, 7. ☎ 954-14-22-13. Au pied de l'église du Salvador. Tlj. Repas 10-12 €. Un bar à tapas à la fois typique, avec son comptoir et ses tonneaux où l'on se presse autour des bonnes *raciones* (ne pas manquer les escargots en saison), et tranquille si l'on opte pour la petite salle. Caché du soleil dans sa ruelle, donc bien frais, et pratiquant des petits prix.

🍴 *Bar Goya :* c/ Prim, 2. ☎ 954-14-30-60. • goyatapas@hotmail.com • À l'angle de la c/ Prim et de la pl. San Fernando. Fermé mar soir et mer, et 1ʳᵉ quinzaine d'août. Tapas 2 €, menu midi env 11 €. Un apéritif maison offert sur présentation de ce guide. Que ce soit attablé entre les murs carrelés et étincelants de la salle ou dans la rue piétonne, voilà une adresse honnête et agréable. Rien de gastronomique, des spécialités bien tournées et copieusement servies. Et un service aussi affable qu'efficace.

🍴 *Bar El Tablao :* pl. San Fernando. Tlj sf sam soir et dim, à partir de 8h.

C'est là que tout le vieux village vient prendre son petit déj ou s'enfiler le casse-croûte de 11h : café, jus d'orange fraîchement pressé, tartines à l'huile, à la tomate ou au pâté... allez, y a aussi de la confiture pour ceux qui préfèrent ! Et même quelques tables sur la place pour profiter de l'animation.

De prix moyens à chic (12-50 €)

|●| *Taberna El Zahori :* costanilla del Pozo Nuevo, s/n. ☎ 954-19-01-05. Fermé dim soir et lun. Tapas et raciones 4-12 €. Encore une adresse à l'entrée discrète. Dans la petite salle du bar (moins cher que le resto, comme souvent), quasi enterrée, tout Carmona vient déjeuner sur le coup de 14h ou grignoter des tapas dans la soirée. Portions copieuses dès les tapas, d'ailleurs, et spécialités vraiment régionales : délicieux *rabo de toro,* et aubergines grillées au sucre de canne fondantes. Tout est fraîchement préparé, quasi sous vos yeux dans la cuisine en contrebas. Service énergique.

|●| 🍷 *Casa Curro Montoya :* c/ Santa María de Gracia, 13. ☎ 954-19-60-27. 📱 657-90-36-29. ♿ Dans le prolongement de la c/ Martín Lopez (une des principales rues piétonnes), en direction de la puerta de Córdoba, juste à côté du couvent de Santa Clara. Tlj 13h30-18h, 21h-0h30. Tapas min 2 €. Menus 15-20 €, à la carte 25-35 €. Sur présentation de ce guide, un chupito de liqueur ou un biscuit de Carmona offert. Il y a bien une salle de resto à l'étage, mais c'est définitivement le bar que l'on préfère. Toutes sortes de tapas

et de *raciones* sortent de la cuisine et défilent sous les yeux éberlués des gourmands. La tentation est grande et vu les prix, on se dit que ce n'est pas grand péché que d'y succomber. Car le chef s'éclate dans sa cuisine et compose toutes sortes de petits plats que l'on partage, au gré de ses envies et de son appétit.

Où boire un verre ?

La vieille cité se blottit bien tôt entre ses remparts... voici quand même deux adresses animées un peu tard !

🍷 *Bodega l'Antiqua :* pl. del Palenque, 6. 📱 616-50-89-27. Face à la puerta de Sevilla. Tlj à partir de midi. Long comptoir en bois, tonneaux et petites tables, une déco tout à fait typique pour ce genre d'établissement. Beau choix de vins au verre, vermouth, quelques *raciones* de *jamón* ou de fromage pour faire glisser : un rendez-vous convivial des gens du cru, jusque tard le soir, quand toute la vieille ville dort déjà... Accueil chaleureux.

🍷 *Casa Puerta de Córdoba :* c/ Dolores Quintanilla, 1. 📱 954-19-12-77. Entre la pl. San Fernando et la puerta de Córdoba. Tlj jusque très tard... Une fois passé la petite porte discrète et une première salle très néon-café où sont servies des tapas... voici une enfilade de salles cossues à la déco imposante, aménagées sous les très hauts plafonds de cet ancien palais du XVIIIe s. Et, tout au bout, un beau bar avec ses fauteuils club, et son atmosphère tamisée et musique en sourdine... Certains soirs un vrai piano-bar ! Un lieu improbable.

À voir. À faire

➤ Sillonner les **ruelles de la vieille ville** qui convergent vers la place centrale, plaza San Fernando, est un véritable plaisir (pensez à récupérer le petit plan, fort bien fait, à l'office de tourisme, ou leur audioguide). Quelques palmiers et de vénérables demeures à arcades, à doubles arcades parfois, ornées de balcons, d'azulejos, aux façades de brique ou de pierre, ocre ou saumonées. Un fort bel ensemble d'une grande cohérence. Les ruelles adjacentes abritent de vieux palais aux façades travaillées. La calle Martín Lopez mène à la **iglesia prioral Santa María de la Asunción** (lun-ven 9h-14h, 17h-19h ; sam 9h-14h ; dim 9h-11h30 ; entrée : 3 €), massive et austère. À l'intérieur, retable plateresque typique et petit musée d'Art sacré. Un peu plus loin, derrière, le couvent Santa Clara *(ven-lun 11h-13h30, 16h-18h ; entrée : 2 €)* et la **puerta de Córdoba.**

⚲ Alcázar de la puerta de Sevilla : *entrée par l'office de tourisme et mêmes horaires que celui-ci. Entrée : 2 €, audioguide inclus ; réduc ; gratuit lun. Brochure en français.* Agréable balade sur les ruines restaurées de l'ancien *alcázar,* porte monumentale de la ville. Toutes les époques s'y retrouvent : romaine, carthaginoise, almohade et médiévale ! Escaliers, terrasses, tourelles. Chouette point de vue sur la ville et la plaine.

⚲ Iglesia San Pedro : *c/ San Pedro. Juste à l'extérieur des remparts.* Surtout notable pour sa tour construite d'après celle de Séville (Giralda). Intérieur baroque qui ne se visite malheureusement plus.

⚲ Museo de la Ciudad : *Casa Palacio del Marqués de las Torres, c/ San Ildefonso, 1.* ☎ *954-14-01-28.* ● ● *museociudad.carmona.org* ● *À côté de l'église Santa María.* **Fermé pour rénovation, se renseigner lors de votre passage.** *À noter que pdt la restauration, certaines pièces sont exposées dans le couvent Santa Clara (mar-ven 11h-14h, 17h-19h).* Dans une demeure construite entre le XVIe et le XVIIIe s, le musée retrace l'histoire de Carmona et des multiples cultures qui l'ont traversée, au travers de pièces archéologiques. La muséographie est claire, aérée, très agréable, bien que rien ne soit traduit en français. Voir notamment les collections romaine et tartessienne.

⚲ Necrópolis y Anfiteatro Romano (nécropole romaine) : *avda de Jorge Bonsor, 9 ; à l'entrée de la ville, bien indiqué.* ☎ *600-14-36-32. Mar-ven 9h-15h30, sam 10h-15h30, dim et j. fériés 10h-17h. GRATUIT pour les membres de l'UE ; sinon 1,50 €.* Protégée par un long mur blanc, une vaste nécropole romaine où l'on trouve plus de 900 tombes datant du IIe s av. J.-C. au IVe s de notre ère. Voir aussi, juste en face de l'entrée, les vestiges du grand amphithéâtre, dont on ne devine plus que la forme.

CORDOUE (CÓRDOBA) (14000) 329 000 hab.

▶ Pour le plan de Cordoue, se reporter au cahier couleur.

Cordoue, ville de tolérance, de fusion des cultures, d'harmonie réussie entre les peuples et les religions : musulmans, juifs et catholiques y vécurent longtemps dans un accord presque parfait. Cette tolérance amena une telle expansion que Cordoue, avec un million d'habitants (!), devint la plus grande ville d'Europe au Xe s. Les grands esprits du Moyen Âge y affluaient, attirés par le rayonnement des arts et des sciences. Certains y sont même nés, comme Averroès et Maïmonide... Que penseraient ces deux vénérables philosophes, près d'un millénaire plus tard, s'ils pouvaient voir le centre historique exploré par des touristes du monde entier ? Ils seraient sans doute fiers et intrigués devant ces nuées de curieux qui arpentent les ruelles étroites et biscornues de la *Judería,* le vieux quartier juif, avant de rester bouche bée devant les 854 colonnes de la Grande Mosquée, la *Mezquita,* joyau architectural d'une incomparable pureté... C'est surtout ça le centre de Cordoue, cette richesse historique et architecturale qui lui valut en 1994 d'être inscrit par l'Unesco au Patrimoine culturel de l'humanité. Et qui lui vaut aujourd'hui d'être une destination touristique de premier choix, où l'on entend à nouveau toutes les langues du monde – le français en tête – résonner entre ses murs !

Dès la nuit tombée, quand les groupes sont rentrés à l'hôtel et que les boutiques de souvenirs ont fermé, Cordoue reprend alors ses airs d'éternité. Les vénérables monuments de la ville s'illuminent, les habitants sortent faire leur jogging vespéral le long des berges du Guadalquivir (le « grand fleuve » en arabe), et le voyageur curieux peut enfin flâner à la fraîche avant de repartir, le lendemain, en quête de patios toujours plus exubérants de fleurs et de céramiques. À tel point qu'il existe un concours du plus beau patio cordouan, et que cette tradition figure depuis 2012 sur la liste du Patrimoine immatériel de l'humanité de l'Unesco !

UN PEU D'HISTOIRE

On se demande pourquoi les Carthaginois, puis les Romains, fondèrent une ville en un lieu si vulnérable sur le plan militaire. Peut-être furent-ils enchantés par la beauté et la fertilité des terres environnantes ? Quand les Maures s'emparèrent de la cité, sans doute furent-ils séduits à leur tour, puisqu'ils en firent la capitale d'un vaste empire musulman. Les émirs tentèrent d'étendre leur territoire vers le nord et furent arrêtés par Charles Martel, en 732. À l'époque, Cordoue rivalise par son faste avec Constantinople et compte plus de 300 mosquées.

Pendant près de trois siècles, une grande harmonie règne entre les cultures musulmane, juive et catholique. Le raffinement oriental laisse son empreinte sur chaque maison. Les califes et les émirs, amoureux d'art et de savoir, évitent les ségrégations religieuses. Les artistes et penseurs de l'Europe entière affluent à Cordoue, la tolérance étant déjà denrée rare à l'époque. Philosophes, historiens, scientifiques de différentes obédiences partagent leur savoir. Ciseleurs d'or, tisserands, céramistes et musiciens sont reçus et choyés par des souverains qui apprécient les belles choses. Pourtant, cette tolérance, que l'histoire retient, ne va pas sans une grande rigueur des lois qui régissent la ville et qui retiennent moins l'attention aujourd'hui : les habitants sont soumis à une taxe s'ils veulent conserver leur autonomie civile et pratiquer leur religion. L'esclavage est autorisé. Il faut aussi offrir une part de sa récolte aux émirs ou les couvrir de dons pour qu'ils ne se fâchent pas. C'est que ces derniers sont irascibles... et rusés : sachant diviser pour mieux régner, ils ont l'art de semer la discorde entre les différentes communautés. Tolérance, donc, mais sous bonne garde.

La ville connaît son apogée tout au long du Xe s. Cordoue est alors la « cité phare » de l'Europe. Mais des querelles intestines qui opposent différents émirs surviennent et marquent le début d'une certaine décadence. En 1212, l'écrasement des troupes almohades par celles des rois de Castille,

QUAND LA TATANE SE TANNE

Le mot « cordonnier » vient du nom de la ville de Cordoue, où se tannaient peaux et cuirs. « Cordouanier » : artisan travaillant le cuir à Cordoue.

d'Aragon et de Navarre porte un coup fatal à l'islam. Les musulmans repassent alors le détroit de Gibraltar, tentent timidement de revenir mais sont refoulés. Les siècles qui suivent n'auront pas le prestige des califats. Les catholiques font subir aux musulmans plus d'humiliations que les musulmans ne leur en avaient imposées. Cordoue délaisse son agriculture, abandonnant les ingénieux systèmes d'irrigation mis au point par les Maures.

Aujourd'hui, c'est pourtant l'agriculture qui reprend le dessus, et les vastes étendues cultivées qui ondulent tout autour de la ville se parent de chaudes couleurs.

PRÉCAUTIONS ANTIVOL

Comme à Séville, nombreux vols à la tire, « visites » des voitures à l'immatriculation étrangère, même dans les parkings gardés. Soyez très vigilant, gardez un œil sur votre sac et veillez à ne rien laisser d'attirant dans la voiture. Il paraît que les petits voleurs surveillent les touristes qui cachent leurs affaires dans le coffre... On ne sait plus quoi vous conseiller...

Arriver – Quitter

En train

🚆 **Gare RENFE** *(gare centrale ; hors plan couleur par A1) : pl. de las Tres Culturas.* ☎ *902-24-02-02.* ● *renfe. com* ● *Au nord de la ville. Récente. Essentiellement pour les longs trajets.*

ℹ **Office de tourisme :** *sur place, face aux quais, sur la passerelle.* ☎ *902-20-17-74. En principe, tlj 9h-14h, 16h30-19h ; 17h-20h l'été (ces horaires sont donnés à titre indicatif, car en réalité ils changent à chaque saison).*
– Consignes : 8h-22h en sem, 9h30-22h30 le w-e. Prévoir 3-6 € selon taille et durée.
– Location de véhicules : Avis (☎ *957-40-14-45) et Atesa* (☎ *957-47-59-79) sur place.*

➤ Le train *AVANT* ou *Alta Velocidad* (un rapide, comme son nom l'indique) relie Cordoue à **Séville** en 45 mn dans les 2 sens. Lun-ven 7 départs 6h50-21h25 ; w-e 5 départs/j. : 1er à 7h55 pour Cordoue, 9h20 pour Séville ; dernier à 21h35. Prix : env 21 €.
➤ Le train grande vitesse *AVE* (ligne Séville-Madrid) relie Cordoue à **Séville** aussi vite mais pour beaucoup plus cher (env 36 €) et à **Madrid** en un peu moins de 2h (env 72 €). Service de restauration. Départs dans les 2 sens env ttes les heures 8h35-23h20 de Cordoue pour Séville, retour 6h15-21h15 ; env 7h-22h50 de Cordoue pour Madrid, retour 6h30-21h30 ; un peu moins le dim. Ces 2 *express* Séville-Cordoue permettent de faire l'A/R dans la journée au cas où vous n'auriez pas trouvé une chambre libre à Cordoue. Pensez-y.
➤ Env 6 *Andalucía Express*/j. entre Cordoue et **Séville** dans les 2 sens 7h15-20h15 (1h15 de trajet pour 13 €) et 4 entre Cordoue et **Jaén** 8h-21h10 au départ de Cordoue (env 14 €), 8h-16h20 dans l'autre sens (trajet : 1h30).
➤ **Madrid :** 4 *Altaria* 11h30-20h30 (trajet : 2h10) et aussi 15 *AVE*/j. (voir plus haut).

➤ **Jerez de la Frontera :** plusieurs *express* (trajet : 2h30) et l'*Altaria,* plus rapide et plus cher (1h50).
➤ **Cadix :** 9 départs/j. 8h44-20h52 ; retour de Cadix 6h35-17h35. Compter 2h30.
➤ **Barcelone :** 3-4 directs/j. (mat et ap-m) en *AVE* ; env 5h de trajet. Sinon, plusieurs liaisons avec changement à Madrid.
➤ **Grenade :** 2 trains/j. *Altaria* dans les 2 sens, à 11h10 et 19h10 de Cordoue, 9h10 et 18h05 de Grenade. Trajet : 2h30.
➤ **Huelva :** 4 trains/j. dans les 2 sens 8h45-19h52, mais seul le dernier est direct, les autres ont un changement à Séville. Trajet : 2h-2h30.

En bus

🚌 **Gare routière** *(hors plan couleur par A1) : pl. de las Tres Culturas.* ☎ *957-40-40-40.* ● *estacionauto busescordoba.com* ● *Derrière la gare RENFE. Rens tlj 9h-15h, 16h-20h ou aux bornes automatiques. Plusieurs compagnies, dont Alsa* (☎ *957-27-81-00 ;* ● *alsa.es* ●). Consignes automatiques 5h30-1h ; 4 € (prévoir la monnaie exacte ; ne conviennent pas pour les grosses valises).
– Location de véhicules : Hertz (☎ *957-40-20-61) et Europcar* (☎ *957-40-34-80) sur place.*

Les fréquences suivantes sont valables dans les 2 sens :
➤ **Grenade :** env 8 bus/j. 6h-19h30 ; un peu moins le w-e (trajet : 2h30-2h45).
➤ **Almería :** 1 bus/j., à 8h30. Trajet : 5h30.
➤ Plusieurs liaisons avec **Écija** (6 bus/j. 8h35-20h ; trajet : 45 mn), **Carmona** (2 bus/j., à 8h35 et 18h45 ; trajet : 1h20) et 7 bus pour **Séville** (5h15-20h ; trajet : 1h45-2h).
➤ **Algésiras :** 1 bus vers 8h30 (trajet : 6h).
➤ **Málaga :** 4 bus/j. 8h30-17h (trajet : 3h), dont 1 fait halte à **Antequera** (en 2h15) ; 1 bus/j. à 8h30 poursuit jusqu'à **Marbella** (en 4h30).

➤ *Cadix :* obligation de changer à Séville.

Adresses utiles

Infos touristiques

🛈 *Kiosques touristiques :* plusieurs en ville. Un à la gare ferroviaire (voir plus haut) ; un autre face à l'Alcázar (Campo Santos de los Mártires ; plan couleur A-B3 ; ouv slt en saison : tlj 9h-14h, 16h30-19h) ; un autre pl. de las Tendillas (plan couleur B1 ; ouv en saison tlj 9h-14h, 17h-19h). Nº central d'infos touristiques : ☎ 902-20-17-74. ● turismo decordoba.org ● Bonne documentation et vente de billets pour Medina Azahara. Propose une intéressante visite nocturne de la Mezquita (horaires différents chaque mois ; mars-oct, tlj sf dim ; en hiver, ven-sam slt ; compter 18 €).

🛈 *Office de tourisme de la Junta de Andalucía* (plan couleur B3, 1) : c/ Torrijos, 10. ☎ 957-35-51-79. ● andalucia. org ● En face de la Mezquita, dans l'ancienne église de l'hôpital (beaux porche et retable). En principe, lun-ven 9h-19h30, w-e 9h30-15h. Doit normalement déménager prochainement dans le sublime bâtiment en bois au pied du pont romain. Infos sur toute l'Andalousie et sur Cordoue. Souvent débordé.

Poste et télécommunications

✉ *Poste* (plan couleur B1) : c/ Cruz Conde, 15. Lun-ven 8h30-20h30, sam 9h30-13h.

@ *Point Internet* (plan couleur C3, 10) : c/ Lucano, 12. Tlj 8h-minuit. Petite salle attenante au bar de l'AJ *Funky Hostel* (voir « Où dormir ? »). 3 postes rapides à pièces. Aucun autre cybercafé dans le centre, mais connexion wifi partout (gratuit en général) !

Services et urgences

✚ *Hôpital Reina Sofía :* avda Menéndez Pidal. ☎ 957-01-00-01 ou 02. À l'ouest du centre.

■ *Urgences (police, pompiers, ambulances) :* ☎ 112.

■ *Commissariat* (plan couleur A2) : avda Dr Fleming, 2, à l'angle de Conde Vallellano. ☎ 957-59-45-00.

■ *Objets trouvés :* au commissariat. ☎ 957-59-45-24. Lun-ven 9h-14h.

■ *Pharmacies :* avda Gran Vía Parque (hors plan couleur par A2). Prendre l'avda del Aeropuerto, puis l'avda Gran Vía Parque à droite à la hauteur du stade. L'intérêt de cette pharmacie est qu'elle est ouverte 24h/24 ! Sinon, c/ Lucano, 19 (plan couleur C3). Lun-ven 8h-22h, sam 9h-14h30. Mais il y a en d'autres en ville.

Langue

■ *Academia Hispánica* (plan couleur B2) : c/ Rodríguez Sánchez, 15. ☎ 957-48-80-02. ● academiahispanica.com ● Pour ceux qui souhaiteraient apprendre la langue de Cervantès ou se perfectionner, cette école internationale de langue propose différents types de cours et de stages. Elle peut également s'occuper de vous trouver un hébergement. Excellent accueil.

Garages

■ *Renault :* avda Virgen de las Angustias, 30. ☎ 957-28-12-03.

■ *Citroën :* polígono Las Quemadas, Parc. 20. ☎ 957-32-63-63.

■ *Peugeot :* avda de Cádiz, 68. ☎ 957-29-21-22.

Transports

■ *Taxis :* ☎ 957-76-44-44.

– *Bus :* les bus nos 3, 4 et 16 partent de la gare pour aller à la Mezquita (arrêt San Fernando) en passant par Las Tendillas. Dans l'autre sens, départ des nos 3 et 16 en face de l'Alcázar et du nº 4 pl. Diego León, à l'angle de Las Tendillas. Service 6h30-23h, ttes les 15 mn env. Aux principaux arrêts, des panneaux électroniques affichent le temps d'attente. Ticket : 1,20 €.

🅿 *Parkings :* dans la vieille ville, presque entièrement piétonne ou en accès restreint (contrôlé par des caméras), trouver un stationnement relève du miracle. Et la fourrière est très réactive ! Plutôt que de galérer des heures dans des ruelles étroites, si votre hôtel ne dispose pas d'un parking ou que celui-ci est difficile d'accès, garez votre véhicule dans l'un des endroits ci-dessous puis ralliez l'hôtel à pied (depuis le *Parking Mezquita*), en taxi (compter 5 € depuis les parkings hors du centre) ou en bus. Ça vous évitera de devenir chèvre... et de rayer les ailes de votre carrosse ! De toute façon, le centre historique se découvre à pied.

– **Horodateurs :** stationnement de rue payant lun-ven 9h-14h et 17h-21h, sam 9h-14h. Compter 1,70 €/2h. Essayer sur l'avda Conde Vallellano (*plan couleur A3*), à la puerta de Sevilla (*gardiennage officieux*).

– **Parkings surveillés :** env 12-13 €/24h. Attention, CB souvent refusées. Le garage souterrain le plus proche du centre est le *Parking Mezquita* (*plan couleur A3, 4*), juste avant les *Baños del Alcázar*, accessible par le quai (avda del Alcázar). Si c'est plein, un parking de 8 étages, *Edaco* (*plan couleur B1, 2*), c/ Conde de Rubledo (perpendiculaire à l'avda Gran Capitán), un autre au *Corte Inglés* de l'avda Ronda de los Tejares (*plan couleur B1, 3*), un autre avda del Aeropuerto (*hors plan couleur par A2*). Le parking du quartier historique (*casco histórico*) possède également un accès pour les caravanes (*hors plan couleur par A3*). Autres endroits, pas trop loin du centre : le long du paseo de la Victoria (grand parking sur plusieurs niveaux ; *plan couleur A1*) et de República Argentina, également avda de la Libertad, face à la gare ferroviaire (*hors plan couleur par A1*), ou de l'autre côté du fleuve, le long de l'avda de Confederación.

– La solution la *plus économique* est de stationner sur l'avda de la República Argentina ou sur le paseo de la Victoria, si vous trouvez une place (elles sont rares !). Il ne vous en coûtera que 1 €/j., et la nuit, c'est gratuit (mais non surveillé).

■ *Solo Bici* (location de vélos ; *plan couleur C1, 7*) : c/ María Cristina, 5. ☎ 957-48-57-66. ● solobici.net ● Mar-ven 10h-14h, 18h-21h ; w-e 10h-15h. Env 6 € pour 3h, 10 € pour 5h et 15 €/j. Il faut avoir 18 ans. Caution de 50 € et pièce d'identité demandées.

Où dormir ?

Cordoue reste une ville chère pour se loger. La basse saison dure normalement de novembre à mi-mars, la moyenne saison, de mi-mars à fin octobre, et la haute saison correspond à la *Semana santa*, la *feria de Mayo*, les ponts et les jours de fêtes locales. Juillet et août sont aussi parfois inclus dans la saison basse, cela dépend des établissements. Comme le flot de visiteurs se tarit peu pendant les grosses chaleurs ou en hiver, beaucoup d'hébergements pratiquent les mêmes prix toute l'année, en dehors des fêtes. On vous conseille vraiment les hôtels du vieux quartier, pleins de charme, avec leurs belles grilles en fer forgé qui gardent les merveilleux patios fleuris, toujours très soignés. Les hôtels proches de la gare sont fonctionnels et sans âme mais moins chers. Si vous arrivez par le train, faites donc l'effort de téléphoner aux hôtels du centre pour voir s'il y a de la place, vous ne le regretterez pas.

Auberges de jeunesse

⌂ *Funky Hostel Córdoba* (*plan couleur C3, 10*) : c/ Lucano, 12, 14003. ☎ 957-49-29-66. ● funkycordoba@ funkyhostels.es ● funkyhostels.es ● Entrée par le bar. Nuitée 10-15 €/pers en dortoir, double 40 €. Petit déj 2-2,50 €. ▭ ≋ À proximité de la Mezquita et à deux pas de la plaza del Potro, cette auberge de jeunesse a tout pour ravir un routard ! Les dortoirs de 4 à 8 lits avec salle de bains, tout peinturlurés, sont corrects. Les doubles valent en qualité celles d'un hôtel de catégorie moyenne. Au 3e étage, agréable terrasse avec cuisine attenante et belle vue dégagée sur la Mezquita. Laverie. Et cerise sur le gâteau, l'accueil très chaleureux, aussi cool que l'ambiance générale. Il faut dire que les parties communes favorisent les rencontres, notamment au bar ou dans le salon maure où l'on peut fumer le narghilé.

⌂ *Albergue juvenil de la Creatividad* (*plan couleur B2, 11*) : pl. Juda

CORDOUE

Levi, 14003. ☎ 955-35-50-40 *ou 902-51-00-00 (résas).* ● *cordoba.itj@juntadeandalucia.es* ● *inturjoven.com* ● ♿ *À 2 mn à pied de la mosquée. Ouvtte l'année, 24h/24. Selon saison et j. de la sem, nuitée moins de 26 ans 16-27 €, plus de 26 ans 18-30 € (2 € de plus sans la carte FUAJ), petit déj inclus. Buffet-repas (sur résa) env 8 €. Consigne 2 €.* 💻 📶 *(gratuit dans le lobby, payant dans les chambres).* Pour une fois, une AJ officielle située au cœur de la ville, en pleine *Judería* ! Une soixantaine de chambres de 1 à 6 lits, certaines modernes, d'autres carrément monacales, avec sanitaires, AC froid/chaud et casiers. Réparties dans un labyrinthe de couloirs et de passerelles entre des bâtiments récents (dont un avec une aile usée) et des cellules voûtées dans l'ancien couvent, mieux vaut en voir plusieurs avant de se décider ! Propres, fonctionnelles, dotées d'une literie correcte, certaines sont néanmoins assez bruyantes. Grande cour intérieure ensoleillée avec palmier, oliviers et orangers. Mixité autorisée. Laverie, location de vélos. Pas de cuisine commune mais restauration sur place. Personnel aimable, parlant parfois le français ou l'anglais.

Très bon marché (20-35 €)

🛏 **Hostal Séneca** *(plan couleur B2, 12) :* c/ *Conde y Luque, 7, 14003.* ☎ *957-49-15-44.* ● *seneca@sensesandcolours.com* ● *sensesandcolours.com* ● *Dortoirs 4-6 lits env 12-14 €/ pers, doubles avec lavabo ou sdb 30-35 €. Petit déj 6 €.* 💻 📶 Une vraie bonne affaire que cet *hostal* bâti autour d'un patio fleuri dans une fort ancienne demeure de la *Judería.* Chambres doubles de tailles variables, avec salle de bains privée ou à partager. On pourrait presque classer cet établissement parmi les auberges de jeunesse, pour ses dortoirs et son atmosphère relax, entretenue par une proprio souriante. Belle terrasse sur le toit avec vue sur la Mezquita. Sert également des repas (env 12 €).

🛏 **Hostal Trinidad** *(plan couleur B3, 13) :* c/ *Corregidor de la Cerda, 58, 14003.* ☎ *957-48-79-05.* ● *juansalvador2711@yahoo.com* ● *Accueil au 1er étage. Doubles env 20-30 €.* Petite pension centrale et familiale. À des tarifs pareils, voilà une excellente option pour les petits budgets. 5 chambres pas bien grandes mais propres, avec douche commune minuscule, autour d'une courette fermée. Accueil très aimable. Pas le grand luxe, mais vu le prix il serait injuste de rouspéter !

De bon marché à prix moyens (30-60 €)

🛏 **Hostal Maestre** *(plan couleur C2, 14) :* c/ *Romero Barros, 16, 14003.* ☎ *957-47-24-10* et *957-47-53-95.* ● *hotelmaestre@hotelmaestre.com* ● *hotelmaestre.com* ● *Doubles 38-54 € selon saison. Apparts 2 pers avec cuisine 40-70 €, 4 pers 48-90 € selon saison. Petit déj-buffet 5 €. Parking privé 10 €/j. Garage gratuit tte l'année, sf avr-mai, sur présentation de ce guide.* 💻 📶 Ne pas confondre avec l'hôtel du même nom, situé à deux pas aux n°s 4-6, très bien aussi mais un poil plus cher ; les patrons sont les mêmes (ainsi que le numéro de téléphone). Entièrement refait, l'*hostal* reste très abordable, et tant pis si certaines literies commencent à accuser les années. Intérieur élégant, carrelé de blanc et de céramiques. Petits patios agrémentés de plantes vertes et d'assiettes sur les murs. Essayez d'avoir les n°s 12, 13 ou 14, donnant sur une petite terrasse. Pour quelques euros de plus, une dizaine de beaux appartements récents, à deux pas, sur la plaza del Potro, avec cuisine équipée, salon et mobilier au goût du jour (les familiaux sont vraiment vastes) ! Les autres apparts, proposés dans l'hôtel voisin, sont plus sombres. Peu importe votre choix, ce *Maestre* est l'un des meilleurs rapports qualité-prix de la ville. De plus, l'accueil y est excellent !

🛏 **El Antiguo Convento** *(plan couleur B2, 16) :* c/ *Rey Heredia, 26, 14003.* ☎ *957-47-41-82.* ● *elantiguoconvento@gmail.com* ● *hostalelantiguoconvento.com* ● *Une rue tte calme entre le Museo arqueológico et la Mezquita. Doubles 38-48 € selon saison. Petit déj 4,50 €. Parking*

10 €/nuit. ▭ ⧖ Dans cet ancien couvent de sœurs clarisses rénové avec goût, la quinzaine de chambres, toutes différentes, affichent une décoration sobre et quasi monacale de lazures et de tons cassés, avec un caractère résolument contemporain. Certaines salles de bains sont riquiqui, mais le tout reste d'un bon confort. Agréables toit-terrasse et patio qui invitent aux papotages autour de tasses de thé ou de café (à volonté !). Pas mal d'œuvres modernes et aussi des références à l'enfance de Corto Maltese à Cordoue, une petite touche de charme supplémentaire. Très bon accueil.

🛏 *Hostal Osio* (plan couleur B2, **20**) : c/ Osio, 6, 14003. ☎ 957-48-51-65. ● info@hostalosio.com ● hostalosio. com ● ♿ À 50 m de la Mezquita, très central, dans une ruelle qui donne sur c/ Rey Heredia. Résa conseillée. Doubles 40-60 € selon saison. Parking 10 €/j. ▭ ⧖ Un charmant petit hôtel, calme, tenu avec soin par une Cordouane très accueillante et qui parle le français. Disposées sur 2 niveaux autour de 2 patios intérieurs très fleuris, les 12 chambres aux murs blancs, joliment décorées, ont toutes douche, w-c (attention, ne pas jeter le papier toilette dedans !) et AC. Certaines donnent sur la rue. On peut même apporter de quoi prendre son petit déj dans le patio, d'autant que le café est fourni.

🛏 *Hotel Plateros* (plan couleur C2, **17**) : pl. Séneca, 4, 14003. ☎ 957-49-67-85. ● reservasplateros@hotmail. com ● hotelplateros.com ● ♿ Fermé 24, 25 et 31 déc. Doubles avec sdb 34-44 € selon saison. Petit déj 2-4 €. Parking au pont de Miraflores 10 €/j. ▭ ⧖ Très bien situé, dans un quartier calme, à un jet de pierre de tous les sites, juste derrière le Musée archéologique. Ce petit hôtel d'une douzaine de chambres offre un excellent point de chute. L'ensemble est plutôt sobre, mais les chambres, assez vastes, ont été entièrement rénovées et le confort est très satisfaisant pour le prix : TV, clim, chauffage individuel, sèche-cheveux, bons matelas... Éviter les nos 11 et 12, à côté des cuisines ; les plus charmantes sont celles avec le petit balcon ! Petit déj sur demande au resto ou mieux en terrasse, très

agréable sur la charmante placette. Bon accueil.

🛏 *Hostal Alcázar* (plan couleur A3, **18**) : c/ San Basilio, 1 et 2, 14004. ☎ 957-20-25-61. ● hostalalcazar@ hotmail.com ● hostalalcazar.com ● Selon saison, doubles sans sdb 30 € et avec 36-50 € ; apparts 60-72 € pour 3-4 pers (sans cuisine). Petit déj 4 €. Parking 5 €/j. ⧖ Réduc de 10 % sur les doubles, en basse et moyenne saisons, sur présentation de ce guide. Dans une rue piétonne à deux pas de l'Alcázar, ce modeste hôtel est divisé en 2 parties. D'un côté de la rue, la vieille pension, avec son patio andalou très kitsch décoré d'une incroyable collection d'assiettes peintes, qui abrite de petites chambres un peu fatiguées (les moins onéreuses). Et en face, la partie récente, moins sonore, qui abrite des appartements (bien pour les familles) et des chambres avec douche, w-c et AC. Une pension à l'ancienne plutôt correcte et centrale.

🛏 *Pensión El Portillo* (plan couleur C2, **19**) : c/ Cabezas, 2, 14003. ☎ 957-47-20-91. ● reserva@pensio nelportillo.com ● pensionelportillo. com ● Pas d'accès en voiture. On peut toutefois déposer ses bagages à l'entrée de la rue en passant par la c/ San Fernando. Doubles 30-45 € selon saison, avec douche et w-c ; triples et familiales 40-55 €. ⧖ Réduc de 10 % sur les doubles, nov-fév hors fêtes et ponts et en réservant directement avec la pension, sur présentation de ce guide. Au rez-de-chaussée, où vivent les proprios, vaste hall recouvert de faïences de style mudéjar, et, à l'étage, chambres correctes malgré des salles de bains étriquées et une literie légèrement fatiguée. Préférer celles sur la rue piétonne, car celles sur le patio intérieur, dont les fenêtres donnent sur le couloir, sont sombres et manquent d'intimité. L'ensemble est calme, bien tenu et l'accueil familial affable.

🛏 *Pensión Internacional* (plan couleur B2, **21**) : c/ Juan de Mena, 14, 14003. ☎ 957-47-83-49. ● pensionin ternacional@gmail.com ● pens019inter nacional.com ● Selon saison, doubles 35-40 € sans sdb, 40-50 € avec sanitaires privés ; également des triples et quadruples. CB refusées. Parking proche (c/ Sevilla, ou parking Edaco). Petite pension dans une étroite ruelle piétonne, à deux pas de la plaza de las Tendillas. Chambres correctes, certaines aveugles, d'autres avec frigo et TV, calmes et sans charme particulier, distribuées autour d'un patio. Petite terrasse sur le toit. Bon accueil. Mais cela reste une adresse de secours.

🛏 *Pensión Los Arcos (plan couleur C2, 22)* : c/ Romero Barros, 14, 14003. ☎ 957-48-56-43. • info losarcos@gmail.com • pensionlosarcos.com • Doubles avec ou sans sdb 40-50 € selon saison. Réduc de 10 % sur les doubles en basse saison. Parking au pont de Miraflores 10 €/j. 🖥 Une belle entrée donnant sur un patio qui croule sous les plantes vertes : la première impression est engageante ! En y regardant de près, le confort reste basique et la literie accuse le poids des ans (et des clients !). Certaines chambres (nos 7, 8, 16 et 17) donnent sur le patio, d'autres sur une ruelle peu passante. Dans tous les cas, évitez celles du rez-de-chaussée ou à côté de la sonnette ! Quant aux salles de bains partagées, l'une est au 2e étage, l'autre à côté de la réception ; pas pratique si on est au 1er ! Le soir, de la terrasse, superbe vue sur la Mezquita. Accueil perfectible.

De prix moyens à chic (45-85 €)

🛏 *Hostal Lineros 38 (plan couleur C2, 23)* : c/ Lineros, 36-38. ☎ 957-48-25-17. • hostallineros.38@gmail.com • hostallineros38.es • ♿ Selon saison, doubles standard 39-60 €, deluxe env 60-85 €, suites 90-115 €. Parking 10 €/j. 🖥 Café ou digestif offert sur présentation de ce guide. Légèrement à l'écart du centre, dans une maison du XVIIIe s à l'architecture mudéjare ponctuée de multiples patios, chambres de charme, toutes différentes, au style très oriental aussi, avec des salles de bains design. Si vous pouvez vous le permettre, préférez les deluxe, plus spacieuses. Toutes ont une TV écran plat, une belle tête de lit en bois sculpté, certaines ont même un lit à baldaquin et les

suites ont un jacuzzi ! Agréable patio fleuri plein de recoins pour se détendre sous ses arcades (thé et café à dispo). Un lieu original, situé au calme, doublé d'un accueil d'une grande gentillesse (parfois francophone). Éviter cependant les chambres du rez-de-chaussée, plus bruyantes et parfois sans fenêtre. Pas de petit déj, mais on peut le prendre facilement plaza del Potro. En face, un atelier de calligraphie à la façade délirante ouvre ses portes aux beaux jours.

🛏 ▮●▮ *Casa de los Azulejos (plan couleur C2, 24)* : c/ Fernando Colón, 5, 14002. ☎ 957-47-00-00. • info@casadelosazulejos.com • casadelosazulejos.com • ♿ Fermé à Noël. Doubles 55-75 € selon confort et saison, avec petit déj. Familiales dès 98 €. Parking possible à l'hôtel Alfaros à proximité (env 18 €). 🖥 Dans une maison du XVIIe s restaurée, 7 chambres de charme (dont 1 sur rue) et 1 suite autour d'un magnifique patio débordant de plantes. Azulejos, couleurs chaudes et ameublement cuir et fer forgé rappellent le continent sud-américain. On a un faible pour la chambre Ceiba, traversante sur rue et patio, particulièrement lumineuse. Resto mexicano-andalou sur place. Petite bibliothèque. Une belle adresse.

🛏 *Hotel Mezquita (plan couleur B2-3, 25)* : pl. Santa Catalina, 1, 14003. ☎ 957-47-55-85. • reception@hotelmezquita.com • hotelmezquita.com • Face à l'une des portes de la Mezquita. Doubles très confortables avec TV, tél et AC 47-79 € selon saison. Petit déj env 6 €. Parking à l'hôtel Conquistador à côté (env 13 €/j.). 🖥 (réception). Magnifiques horloges et meubles anciens un peu partout, copies de tableaux dans toutes les parties communes. Autour de plusieurs petits patios, un ensemble élégant bien qu'assez chargé mais idéalement situé : en résumé, prix raisonnables (en tout cas hors saison) pour un tel confort. Excellente literie et propreté étincelante. Mention spéciale à la chambre no 10, La Capilla, mais d'autres sont vraiment petites, en voir plusieurs.

🛏 *Hotel González (plan couleur B2-3, 26)* : c/ Manríquez, 3, 14003. ☎ 957-47-98-19. • reception@hotelgonzalez.com •

hotelgonzalez.com ● Face à l'auberge de jeunesse de la pl. Juda Levi. Doubles avec sdb, AC, TV et tél 45-75 € selon saison (plus de 100 € en très hte saison). Petit déj 4-5 € dans la cafét d'en face. ☎ (parties communes). Une adresse de caractère dans un hôtel particulier du XVIe s entièrement restauré. La situation hypercentrale est un atout, tout comme le lumineux patio intérieur. En revanche, les chambres les moins chères, au fond du patio, petites, ont une déco banale. Préférer celles sur rue, meublées d'ancien, plus vastes et mieux insonorisées (la rue est très passante). Très bon accueil de jour, parfois en français.

🛏 **Hospedería Alma Andalusí** (plan couleur B2, **27**) : c/ Fernández Ruano, 5, 14003. ☎ 957-76-08-88. ● info@almaandalusi.com ● almaandalusi.com ● Doubles 50-65 € selon j. de la sem. Pas de petit déj. 🖥 ☎ Ce petit hôtel intime, niché dans les ruelles de la Judería, a pris le parti d'une déco contemporaine tous azimuts : tons orange, noir et blanc dans les chambres, mobilier design jusque dans le patio. Certes, les 9 chambres sont franchement exiguës, tout comme leurs salles de bains. Du coup, on n'y passera pas la journée, mais le rapport qualité-prix est intéressant pour le quartier, et l'endroit aussi calme de jour que de nuit (aucune voiture ne passe dans cette rue).

🛏 **Hotel Albucasis** (plan couleur B2, **28**) : c/ Buen Pastor, 11, 14006. ☎ 957-47-86-25. ● hotelalbucasis@hotmail.com ● hotelalbucasis.com ● ♿ Congés : janv. Doubles avec sdb 50-99 € selon saison. Petit déj 7 €. Parking 14 €/j. ☎ Hôtel récent et confortable (AC, chauffage) mais sans charme particulier, dans une jolie ruelle paisible. Toutes les chambres donnent sur un patio calme et un brin austère. De celles des étages supérieurs, on peut même apercevoir la tour de la Mezquita. Prix un peu surévalués, mais l'accueil est très gentil, alors...

🛏 **Hotel Marisa** (plan couleur B2, **29**) : c/ Cardenal Herrero, 6, 14003. ☎ 957-47-31-42. ● hotelmarisacor@terra.es ● hotelmarisa.es ● ♿ En face de la Mezquita. Doubles avec sdb 60-87 € selon confort et saison. Petit déj 6 €.

Parking 15 €. ☎ Réduc de 10 % sur les doubles sur présentation de ce guide. Résider face à la Mezquita n'a pas que des avantages, l'endroit est bruyant dès l'aube et insupportable en journée pour qui désire faire une sieste. Quant aux chambres, elles sont distribuées autour d'un patio et restent plutôt quelconques. Cela dit, elles sont propres, avec AC, chauffage, téléphone. Accueil pro.

De plus chic à très chic (85-150 €)

🛏 **Hotel Lola** (plan couleur B2, **30**) : c/ Romero, 3, 14001. ☎ 957-20-03-05. ● hotel@hotelconencantolola.com ● hotellola.es ● ♿ Dans la Judería, à deux pas de la Mezquita. Doubles 89-129 € selon saison, petit déj inclus. ½ pens possible au resto Casa Pepe de la Judería (même maison) : 30 €/pers (hors boisson). Parking public proche. ☎ Réduc de 10 % sur les doubles sur présentation de ce guide. À chaque chambre son petit nom, sa touche décorative et sa couleur, dans un hôtel familial particulièrement soigné, cossu et décoré d'antiquités. Tout confort, avec chauffage, TV et AC, mais chambres de tailles inégales. Demander la Lola pour sa petite terrasse avec vue sur la tour de la Mezquita. Si elle n'est pas dispo, ne pleurez pas, une superbe terrasse commune surplombe la Judería. Accueil très souriant. Un hôtel de charme qui nous a conquis !

🛏 **Hospedería Baños Árabes de Córdoba** (bains arabes ; plan couleur B2, **32**) : c/ Almanzor, 18, 14003. ☎ 955-29-58-55. ● info@banosarabes.com ● banosarabesdecordoba.com ● Doubles 140-160 €, petit déj et circuit thermal inclus. ☎ Le charme du hammam et de l'hôtellerie de luxe réunis ! Au rez-de-chaussée, une belle installation de bains, les froids, les chauds, tout ce qu'il faut, et les petits salons de massage et autre gommage, plutôt charmant et intime par la taille. Et à l'étage, 7 chambrettes et suites confortables à la décoration minimaliste, à mi-chemin entre classicisme patiné et sobriété contemporaine. Qui plus est, elles bénéficient d'un accès direct, et surtout libre, au hammam. Le tout très bien tenu, et tout récent bien qu'aménagé en partie dans d'anciennes demeures cordobanes traditionnelles.

🛏 *Hacienda Posada de Vallina (plan couleur B3, 33)* : c/ Corregidor Luis de la Cerda, 83, 14003. ☎ 957-49-87-50. ● reservas@hhposadadevallina.es ● hhposadadevallina.es ● Doubles env 110-130 €, mais grosses variations selon remplissage (80-190 € !). 🖥 ☎ Encore un bel établissement au charme évident, entre la Mezquita et le Guadalquivir, rien que ça ! Très beau bâtiment, dont les parties les plus anciennes dateraient du VIIIe s... largement remodelées depuis, autour de plusieurs patios. Dans les chambres, d'un confort standard de bon aloi, le mobilier en bois massif, imitation de meubles anciens, respecte l'esprit des lieux. Accueil aimable.

Spécial coup de folie !

🛏 *Palacio del Bailío (plan couleur C1, 34)* : c/ Ramírez de las Casas Deza, 10-12, 14001. ☎ 957-49-89-93. ● hospes.palaciodelbailio@hospes.es ● hospes.com ● Doubles standard 190-260 € selon saison ; suites de 423 € à plus de 600 € (!). Petit déj 24 €. Parking 26 €/j. Voici une adresse tout à fait exceptionnelle tant pour son histoire que pour sa décoration. La sobriété des aménagements contemporains et le dépouillement de la décoration mettent ici parfaitement en valeur le patrimoine architectural d'origine de cet ancien palais, construit au XVIe s puis réaménagé par la suite. Tout a été choisi et pensé avec goût et intelligence. Les matériaux bruts utilisés, les luminaires étonnants, les couleurs s'harmonisent avec les éléments d'époque (fresques, colonnes). Sans oublier le patio principal doté d'une magnifique fresque du XVIIe s, et aménagé sur d'anciens bains romains recouverts d'une dalle transparente. Et, bien entendu, beau jardin avec piscine, spa, plusieurs restos de qualité et tous les services afférents à ce type d'établissement. Accueil à la fois pro et souriant. À défaut d'y loger, tâchez au moins d'y jeter un œil, l'endroit est étonnant.

🛏 *La Hospedería de El Churrasco (plan couleur B2, 31)* : c/ Romero, 38, 14003. ☎ 957-29-48-08. ● hosperia@elchurrasco.com ● elchurrasco.com ● 🛏 Doubles 156-221 € selon confort et saison, petit déj compris. Garage 21 €. 🖥 (dans chaque chambre). ☎ Même maison que le resto (voir plus bas). À peine 9 chambres, toutes différentes mais au décor très chargé dans le style Empire, dispersées autour de plusieurs petits patios très calmes. Écran plasma géant et baignoire balnéo dans la plupart des chambres. L'ensemble est très confortable et tout à fait cossu, tenu de manière très pro.

Où camper dans les environs ?

⛺ *Camping El Brillante (hors plan par B1)* : avda El Brillante, 50, 14012 Cordoue. ☎ 957-40-38-36. ● elbrillante@campings.net ● campingelbrillante.com ● 🛏 À 1,5 km au nord de la ville, direction Villaviciosa. Bus no 10 ou 11 (ttes les 20 mn jusqu'à 23h), devant la pl. de Colón (arrêt face au camping). En voiture, emprunter le viaduc El Nogal qui passe au-dessus de la voie ferrée ; ensuite, suivre l'avda El Brillante : c'est indiqué sur la droite. Ouv toute l'année. Pour 2 pers avec tente et voiture 24-26 € selon saison et parcelle (piscine incluse, ouv slt en été). CB refusées. Chiens admis. Entièrement clos de murs et ombragé par des eucalyptus. Sanitaires corrects. Convient surtout aux mobile homes, car l'alignement des emplacements pour les tentes, sous une treille, est assez triste. Laverie, épicerie, resto. Mais son principal avantage, c'est sa proximité avec la ville. Pas de réservation possible, il faut arriver tôt pour espérer trouver une place en haute saison.

⛺ *Camping Los Villares (hors plan par B1)* : parc de Los Villares, 14811 Cordoue. ☎ 957-33-01-45. 🛏 À env 9 km au nord de Cordoue. Pas de bus. En voiture, prendre l'avda El Brillante, puis suivre les panneaux « Parque forestal Los Villares ». Env 13,50 € pour 2 pers avec tente et voiture. CB refusées.

CORDOUE

Animaux non admis. Au cœur d'un parc naturel. Atouts : sauvage, beaucoup d'espace et de verdure, l'ombre de la forêt de pins et des sentiers de balades. Petites ombres au tableau : le sol un peu dur, les infrastructures limitées et la proximité avec le poste de coordination des opérations d'incendie d'Andalousie. En plein été, les petits avions et autres hélicos bourdonnent sec ! Laverie et jeux d'enfants. Resto sur place *(sur résa, env 10 €).* Accueil assez bourru.

X *La Campiña :* 14547 *Santaella.* ☎ 957-31-53-03. ● info@campingla campina.es ● campinglacampina.es ● *À 32 km de Cordoue. De Cordoue, prendre la N IV direction Séville, sortie nº 424 (Aldea Quintana) ; aller jusqu'à Aldea Quintana, poursuivre jusqu'à Victoria et prendre ensuite la direction La Guijarrosa ; c'est à 2 km après le village. Si l'on vient de Séville, prendre la sortie 441 direction Santaella, puis à gauche vers La Guijarrosa, ensuite c'est indiqué. Arrêt de bus à proximité (7 bus/j. avec Carrera pour la gare routière de Cordoue lun-ven 7h10-18h10, 6 bus dans l'autre sens 9h-21h, 3 slt le sam et aucun le dim ; 2,50 € et 40 mn de trajet). Ouv tte l'année (déc-janv sur résa). Env 23 € pour 2 pers avec tente et voiture. Selon saison, bungalows 2-4 pers 55-75 €, 4-6 pers 60-95 €.* ☐ 🛜 Accueil chaleureux de Mathilde. Calme et champêtre, en plein milieu d'une oliveraie, et très bien tenu. Piscine, ping-pong, jeux d'enfants, salon TV, laverie, petite épicerie et bar-resto (bonne cuisine et pain maison). Nombreux sentiers de randonnée et sorties à cheval possibles. Une ou deux fois par semaine, visite guidée possible d'un moulin à huile d'olive, d'une *bodega* ou d'une fabrique de céramique.

Où manger ?

Beaucoup d'attrape-touristes dans le centre. Regardez-y à deux fois. Pour s'éloigner un tout petit peu des chemins battus et rebattus, allez donc manger un morceau sur la plaza de la Corredera, où l'on trouve de nombreux bars à tapas avec de grandes terrasses. L'endroit fait un peu caisse de résonance tant il y a de monde dès que le soleil pointe son nez, mais c'est franchement plus animé et plus mélangé que les abords de la Mezquita. Si vous voulez vraiment vous la jouer habitant de Cordoue au quotidien, rendez-vous plaza de Las Tendillas et dans les rues commerçantes adjacentes. À Cordoue, le gaspacho se décline en *salmorejo.* Plus épais, crémeux et servi moins froid, il est désormais toujours accompagné de menus morceaux d'œuf dur et de copeaux de jambon (les puristes appellent cette version la *porra).*

Bon marché (max 15 €)

|●| *La Viuda (plan couleur A3, 41) :* c/ San Basilio, 52. ☎ 957-29-69-05. ● reservas@puertasevilla.com ● ✗. *Tlj 13h-16h30, 20h-23h30. Tapas et raciones 4-15 €, menu midi en sem 10 €, plats 8-17 €. Apéro maison ou digestif offert sur présentation de ce guide.* Une petite auberge agréable dans un joli quartier souvent oublié des touristes, la puerta de Sevilla, après les jardins de l'Alcázar et les anciennes écuries. L'occasion de faire la différence entre le gaspacho (à la tomate) et l'*ajoblanco* (aux amandes) et de goûter aux *rabo de toro, tortillas, revueltos* ou autres fritures. Si vous êtes fauché, l'*albóndigón del convento* est une boulette de viande nappée de *salmorejo* qui nourrit bien son homme (et sa femme) à moindres frais. Bon choix de vins au verre, le resto fait partie de la route des Vins ! Également de la musique chaque jeudi à 22h (piano, jazz ou flamenco).

|●| *Café-bar La Cávea (plan couleur C2, 40) :* pl. de Jerónima Páez. ☎ 957-48-45-32. ● lacavea@hot mail.es ● *Tlj sf dim soir et lun, dès 8h en continu... jusque tard ! Plats et raciones 6-12 €.* À l'écart de la grosse animation, une adorable petite place bien ombragée par de hauts pins, et juste en face du Musée archéologique ! C'est ici que vous croiserez les gens qui travaillent dans le quartier au petit déj ou à l'apéro, mais c'est plus international au déjeuner ! Nombreuses

tapas et *raciones* variées et de qualité, servies copieusement (une salade suffit largement pour 2 !) et à prix très doux. Bons vins.

IOI COVAP Pick & Stay *(plan couleur C2, 51)* : *c/ Lineros, 28.* ☎ 957-49-75-00. ● *pick.stay@bodegascampos.com* ● Raciones *7-12 €, plats 12-20 €.* La *Bodegas Campos* voisine a eu la bonne idée de s'associer avec la *COVAP*, cette coopérative-boutique de produits typiques espagnols. Ça donne un petit bistrot tendance et design, où l'on mange juché sur un tabouret après avoir reluqué la matière première dans les vitrines. Les assiettes de charcuterie (au poids, 6-20 € les... 120 g, gaffe !) à partager sous d'élégants tableaux contemporains vous raviront. Côté plats, si l'envie de prolonger la soirée vous titillait, on trouve du traditionnel juste revisité : salades de ventrèche de thon aux piments, risotto à la queue de taureau...

IOI La Tagliatella *(plan couleur B2, 54)* : *c/ Jesús María, 6.* ☎ 957-48-88-89. ● *cliente@latagliatella.es* ● *Dim-jeu 13h30-16h, 20h-23h30 (ven-sam 20h30-minuit). Repas 9-16 €.* Ce restaurant appartient à une chaîne, mais la cuisine y est très bonne et copieuse. En entrant, la déco évoque plus une brasserie-choucroute qu'une *trattoria*. Mais finalement, la carte propose une bonne cuisine italienne ! Grand choix de pâtes fraîches maison et de sauces, de belles salades et quelques pizzas. Le must, c'est que tous les produits sont d'une grande fraîcheur et les plats servis très copieusement. De surcroît, l'accueil est très courtois.

IOI El nº 10 *(plan couleur B2, 42)* : *c/ Romero, 10.* ☎ 957-42-14-83. ● *comercial@cabezasromero.com* ● *Tlj midi et soir. Raciones 6-16 €, menu midi en sem 15 €.* Cette taverne appartient au même groupe que *Casa Pepe* et *Casa Rubio.* Promis-juré, on n'a pas d'action dans l'entreprise, mais il faut bien admettre qu'ils ont compris la définition d'un bon rapport qualité-prix ! À l'intérieur, 2 petites salles joliment décorées avec bar typique, barriques, etc. Dehors, quelques tables posées de guingois sur une placette ombragée, face à l'entrée de la fac de philo. Et dans l'assiette, une

cuisine cordouane classique et soignée, y compris le menu du jour, très bien troussé. Le tout arrosé d'une lichette de bon vin régional que les serveurs vont tirer au tonneau. Un service qui s'avère efficace, en chemise blanche et nœud pap', mais souriant et décontracté.

IOI Mesón Restaurante El Burlaero *(plan couleur B2, 45)* : *c/ de la Hoguera, 5.* ☎ 957-47-27-19. ● *burlaero@restauranteelburlaero.com* ● *Dans une ruelle étroite, accessible par les c/ Deanes ou Céspedes, derrière la Mezquita. Tlj 12h-16h, 20h-minuit. Menus 10-20 €, plats 8-22 €.* 🛜 *Apéritif maison offert sur présentation de ce guide.* L'adresse vaut surtout pour ses tables sur une placette ensoleillée et calme, et c'est là son grand plus car la cuisine, bien qu'honorable, ne laisse pas un souvenir impérissable, pas plus que le service assez bourru. On peut aussi prendre des tapas avec un petit verre de vin au comptoir, entouré par les nombreuses photos de corrida. Attention quand même à ne pas vous faire refiler le digestif le plus cher, l'air de rien...

Prix moyens (15-25 €)

IOI Salmojería Umami *(plan couleur B2, 50)* : *c/ Blanco Belmonte, 6.* ☎ 957-48-23-47. *Fermé lun soir et mar. Raciones 2,90-7 € ; vin au verre 2 €.* Une grande salle blanc et bleu, tout en longueur, un bar au fond pour patienter. Ou pour trépigner ! Car voici l'une de nos belles surprises gastronomiques à Cordoue. Le chef s'amuse à décliner la spécialité andalouse, le *salmorejo*, soupe épaisse de tomate, en la détournant, en l'améliorant, en flirtant avec des saveurs proches de l'« umami », la fameuse dernière saveur, qui n'est ni sucrée, acide, amère ou salée, mais un peu tout ça à la fois. Une pointe de cumin, d'avocats, de truffes, de saumon, de miel... Idem pour les desserts, où le chocolat se réveille sous le fouet subtil de l'huile d'olive. Magique ! 3 à 5 portions par personne environ suffisent. Copieux, bon, voire très bon, et qualité-prix plus que correct.

❚◎❚ La Abacería (plan couleur B2, **47**) : c/ Deanes, 1. ☎ 957-48-70-50. ● gru pomandoble@gmail.com ● Tlj 13h-2h. Menu midi 10 €, menu tapas (2 pers min) 9 € et tapas à l'unité 2,60-5 €. Sans doute l'un des restos à tapas les plus créatifs du centre historique. On ne viendra pas ici dans l'idée de vider un verre rapido en ingurgitant négligemment une ou deux tapas, mais plutôt pour s'attabler et prendre le temps de déguster les bonnes surprises de la maison : croquettes de fromage bleu à la compote, *mogote ibérico*, sucettes au fromage et boudin noir... Toutes les tapas sont accompagnées de petites émulsions de derrière les fagots. Le menu, quant à lui, n'offre rien de bien original : mieux vaut picorer à la carte ! Pas de terrasse, mais une salle agréable avec des volumes à l'ancienne, un peu de brique par-ci, un bas-relief par-là, et rehaussée de touches de couleurs plus modernes. On y est accueilli avec beaucoup d'égards par un personnel aux petits soins.

❚◎❚ Garum 2.1 (plan couleur C3, **53**) : c/ San Fernando, 120-122. ☎ 957-48-76-73. ● gruponandoble@gmail.com ●Tlj 12h-17h, 20h-2h ; sam, ouv en continu. Résa conseillée le soir. Menus tapas 9-10 € (2 pers min) ; tapas 3-5 € et raciones 6,20-12 €. Même maison que *La Abacería*. Là encore, on tape plus dans la catégorie des restos à tapas « bistronomiques » que dans le simple bar à tapas de base. Et ici, l'inventivité est encore poussée un cran au-dessus ! D'ailleurs, ce resto collectionne les prix et nominations pour l'originalité de ses créations. Juste pour exciter vos papilles, citons la queue de taureau au chocolat, présentée à la manière des *churros*, le divin *salmojero amontillado*, les *manitas de cerdo crujientes* (pieds de cochon en feuilleté), le foie grillé au crumble d'amandes... Également quelques plats du jour plus consistants et tout aussi délicieux. Une chance que les gentils serveurs soient de bon conseil lorsque les choix s'avèrent cornéliens ! On mange sur des tables hautes disposées dans une petite salle élégante et vite remplie, avec son mur de vieille pierre intégré au décor moderne dans les tons acajou et blanc. Une excellente surprise.

❚◎❚ La Boca (plan couleur C2, **43**) : c/ San Fernando, 39. ☎ 957-47-61-40. ● labocarestaurante@hotmail.com ● 🎖 Tlj sf lun soir et mar, de 12h à... la fermeture (sic !). Menu du jour env 11 €, plats 11-17 €. 🛜 Apéritif maison ou digestif offert sur présentation de ce guide. Grand resto, avec différentes ambiances. À l'intérieur, grande salle en longueur à la déco très moderne avec son bar mauve, une autre juste devant la cuisine ouverte avec ses tables en bois très conviviales, et enfin le petit patio, notre coin préféré ! Cuisine créative, comme l'annonce justement la carte, tournée vers l'international. Nouilles thaïes au porc ibérique et aux légumes, morue confite et pommes de terre violettes à l'aneth, et côté fast-*good* (humour !), kebab d'agneau de lait. Entre autres !

❚◎❚ Casa El Pisto – Taberna San Miguel (plan couleur C1, **48**) : pl. San Miguel, 1. ☎ 957-47-83-28. ● elpisto1880@hotmail.com ● 🎖 Tlj sf dim 12h-16h, 20h30-minuit. Congés : août. Tapas 2,70 €, media ración 8 €, raciones jusqu'à 14 € ; carte 25-30 €. Un des restos les plus typiques de Cordoue. Maison fondée en 1880. Derrière le long bar, plusieurs petites salles aux atmosphères différentes, c'est toute l'Andalousie traditionnelle que l'on retrouve ici : lanternes, azulejos anciens, tonneaux, miroirs, photos de toreros, et même des proverbes inscrits sur des carreaux de faïence d'une des salles. Quelques tables en saison sur la placette à l'ombre de l'église San Miguel. Pour adoucir l'addition, rester au bar à aligner les tapas !

❚◎❚ El Astronauta (plan couleur C2, **55**) : c/ Diario de Córdoba, 18. ☎ 957-49-11-23. ● hola@elastronauta.es ● Tlj sf dim 13h30-16h, 20h30-minuit. Repas 15-25 €. 🛜 Tout discret et tout en profondeur, ce resto, qui fait bar entre les horaires d'ouverture de la cuisine, propose une carte un peu décalée, qui marie élégamment (et savoureusement !) produits traditionnels et inventivité. Servi copieusement qui plus est, et parfois en français. Une adresse qui se démarque de ses voisines jusque dans son décor design.

❚◎❚ El Olivo (plan couleur A3, **52**) : avda Dr Fleming, 25.

☎ 957-20-12-63. ● taberna-elolivo@ hotmail.com ● ✵ Tlj jusqu'à minuit. Raciones env 6,50-16 €, menu env 25 €. ☞ Digestif offert sur présentation de ce guide. Un resto jouissant d'une solide réputation (méritée), dont la spécialité est le poisson et les fruits de mer, sélectionnés chaque jour au marché et exposés à l'entrée. Langoustines (cigalas), couteaux, gambas blancas, mais aussi merluza del Cantábrico, lenguado ou salmonete de roca, le choix est vaste et la cuisson a la plancha excellente. Les amateurs de viande ne seront pas en reste avec les riñones de cordero ou le salmorejo Cordobés cuit à la braise. En entrée, le gaspacho fait lui aussi l'unanimité ! Terrasse avec une belle perspective sur les fortifications illuminées le soir. Pour les fraîches soirées, belle salle à la déco très andalouse au sous-sol. Petit noyau dans cette bonne olive : le service manque décidément de chaleur.

|●| **Casa Mazal** (plan couleur B2, **56**) : c/ Tomás Conde, 3. ☎ 957-94-18-88. ● info@casamazal.com ● Tlj midi et soir. Carte 20-25 €. Le credo, ici, est de redécouvrir (et de faire redécouvrir) la cuisine juive séfarade et arabo-andalouse, à travers une carte assez courte, régulièrement renouvelée au fil des saisons. L'idée est intéressante dans cette ville des 3 cultures. Les différentes petites salles s'avèrent intimes et agréables, mais tous les plats n'affichent pas la même réussite.

De plus chic à très chic (min 25 €)

|●| **Casa Pepe de la Judería** (plan couleur B2, **46**) : c/ Romero, 1. ☎ 957-20-07-44. ● casapepe@casapepejuderia.com ● Dim-jeu 13h-16h, 19h30-23h30 ; ven-sam 12h30-minuit. Menu 25 € (midi slt, et hors avr, mai, août et déc) ; repas env 30-50 € dans la salle du 1er étage et dans le patio ; plats 12-27 €. Réduc de 5 % sur présentation de ce guide. Plantée au cœur du quartier historique (et touristique), cette casa reste une adresse incontournable pour les Cordouans comme pour les touristes. S'installer au bar pour manger sur le pouce diverses tapas : bei-

gnets d'aubergines au miel, chorizo frit, anchois marinés ou encore esturgeons fumés avec mazamorra, plat maure à base de purée froide de maïs, œufs, huile d'olive et ail. Miam ! Mais le lieu est surtout réputé pour sa table, dans l'une des nombreuses petites salles cosy, sur 2 niveaux, autour du patio central. Goûtez au rabo de toro. Bon accueil, mais le service est parfois distrait.

|●| **El Churrasco** (plan couleur B2, **31**) : c/ Romero, 16. ☎ 957-29-08-19. ● elchurrasco@elchurrasco.com ● ✵ Tlj 13h-16h, 20h30-minuit. Fermé certains j. fériés. Congés : août. Résa impérative. Media raciones 4-12,50 €, menu du jour env 32 €, plats 12-34 €. Jetez un coup d'œil sur le présentoir de viande et de poisson. Ici, qualité et fraîcheur vont de pair. On dîne dans un patio andalou verdoyant et très agréable décoré d'assiettes et de quelques antiquités, ou à l'étage, entouré de tableaux baroques, dans une salle aux allures chic. Plats traditionnels andalous soignés, raffinés et copieux. Toutefois très fréquenté par les touristes, et parfois le service s'en ressent !

|●| **Taverna Puerta Sevilla** (plan couleur A3, **44**) : c/ Postrera, 51. ☎ 957-29-73-80. ● reservas@puertasevilla. com ● Tlj 13h-16h30, 20h-23h30. Menu midi en sem 19,50 €, plats 18-24 €. Apéro maison ou digestif offert sur présentation de ce guide. Dans le quartier où fleurissent les plus beaux patios, à l'écart de l'animation touristique, un rendez-vous de gourmets en quête de la bonne adresse... Une taverne élégante et chic dans un bâtiment de plus de 200 ans, au pied de la porte de Séville. Le patron est le frère de celui de La Viuda, situé dans une rue adjacente. On se régale sur une terrasse ensoleillée, dans un magnifique patio, ou dans l'un des intimes petits salons. Dans l'assiette, composée avec soin, une cuisine andalouse, revisitée, et quelques spécialités, comme un divin salmorejo et un savoureux solomillo Ibérico al Pedro Ximénez. Quant au breuvage, demandez conseil, l'établissement fait partie de la ruta del Vino !

|●| **Bodegas Campos** (plan couleur C2, **51**) : c/ de los Lineros, 32.

☎ 957-49-75-00. ● restaurante@ bodegascampos.com ● Tlj sf dim soir 13h30-16h, 20h30-23h30. Congés : Noël-Jour de l'an. Résa conseillée. Raciones 8,50-21 €, repas min 30 € (pas de menu). Adresse très chic et sélecte pour déguster des mets andalous raffinés cuisinés dans la plus pure tradition. Une institution ! Plusieurs salles élégantes et des salons particuliers sont répartis autour des anciennes caves à vins. Remarquer à l'entrée les énormes tonneaux signés des grands de ce monde et de nombreuses photos de célébrités. Même la reine Sophie vient y dîner, c'est dire ! Si votre budget est plus modique, installez-vous dans la jolie salle du bar, plus abordable.

Où boire un verre en grignotant des tapas ?

|●| ▼ *Fusion by SoJo (plan couleur C3, 64) :* c/ Enrique Romero de Torres, s/n. ☎ 957-49-66-41. ● fusion bysojo@yahoo.es ● Tlj 9h-4h. Tapas 1-3 €, raciones 8-16 €. Ambiance La Havane, presque au bord du Guadalquivir, pour cette adresse très tendance où vrouvroutent à fond les ventilos au-dessus du bar en marbre. En terrasse, sous les parasols immaculés, on se prélasse dans de grands fauteuils en rotin en sirotant des cocktails, sans oublier de croquer dans les excellents pinchos maison. Également quelques plats originaux, comme le salmorejo à la fraise et aux pistaches ! Un endroit relaxant qu'on peut apprécier à toute heure, du petit déj à tard dans la nuit.

|●| ▼ *Casa Rubio (plan couleur A2, 60) :* c/ Puerta de Almodóvar, 5. ☎ 957-42-08-53. ● comercial@cabe zasromero.com ● ♿ Tlj midi et soir. Tapas 2-3,50 €, raciones 5-22 €, menu du jour 14,50 €. Réduc de 5 % sur le prix à la carte sur présentation de ce guide. Bar à vins et à tapas appartenant au même propriétaire que la Casa Pepe de la Judería (voir « Où manger ? »), avec une terrasse sympa sur la rue piétonne. Tapas qui peuvent allègrement remplacer un repas. Les beignets de morue et croquettes maison sont très honnêtes. Les tortillas

ne sont pas mal non plus, et le rabo de toro tient tout à fait la route... Pour les journées plus grises ou fraîches, grande salle à l'intérieur et à l'étage, mais également un minuscule patio à l'abri du vent.

|●| ▼ *Bar Santos (plan couleur B2, 61) :* c/ Magistral González Francés, 3. ☎ 957-48-89-75. ● info@taberna barsantos.com ● Dans la rue longeant le côté est de la Mezquita. Tlj sf jeu 10h-minuit. Tapas 1,80-5 €, sandwichs env 3 €. Bar minuscule, sans grand caractère, dans lequel vous n'auriez jamais eu l'idée de mettre les pieds si on ne vous l'avait pas conseillé (si, si, avouez-le). Intérieur populaire, aux murs ornés de photos jaunissantes de toreros. L'endroit est réputé pour ses grosses parts de tortillas españolas. On pourra également opter pour le fameux chorizo frit, à déguster, comme il se doit, au comptoir, accompagné d'une cerveza. C'est gras et bon à la fois. Simple mais mille fois mieux que bien des attrape-touristes du secteur...

|●| ▼ *Bodega Guzmán (plan couleur A-B2, 63) :* c/ Judíos, 7. ☎ 957-29-09-60. Tlj sf jeu 11h30-16h, 20h-23h30. Tapas env 2 €. Bien planquée au fond d'un porche, voici une authentique bodega spécialisée dans le vin blanc. On adore ! Une belle tête de taureau vous accueille au-dessus du bar. Quelques tapas à grignoter sur le pouce, pour ne pas rester à jeun, entouré des habitués du lieu (jusque sous le porche aux heures d'affluence !) qui font aussi partie du décor, au même titre que la vieille télé allumée et les quelques souvenirs épars de corridas (dont un habit de lumière). Ici, pas de concession touristique à part le menu qui est traduit !

|●| ▼ *El Sótano Taberna (plan couleur C2, 65) :* pl. de la Corredera, 1. ☎ 957-94-10-99. Tlj sf mar 9h-2h (avec une pause 16h-19h30 en été). 🛜 Sur cette place atypique où rouge et vert dominent et qui n'est pas sans rappeler la plaza Mayor de Madrid (toutes proportions gardées !), cette adresse légèrement à l'écart se dissocie naturellement des autres. Petit bar et salle orange pour les jours de pluie, tables sous les voûtes pour les autres. Ambiance totalement décontractée, accueil extra et bonne sangria !

|●| ⏲ *Taberna Plateros* (plan couleur C2, **62**) : c/ San Francisco, 6. ☎ 957-47-00-42. Tlj sf dim. Raciones (et media) 4-14 €. Presque cachée dans cette ruelle, une vraie taverne andalouse à l'ancienne, où les tonneaux de vermouth, derrière le bar, font concurrence aux vitrines de tapas. Pendant que les *socios* tapent le carton ou jouent aux échecs, il fait bon s'attabler dans le petit patio tout simple autour des copieuses *raciones* traditionnelles. Une adresse accueillante et sans chichis.

|●| ⏲ *Cervecería 100 Montaditos* (plan couleur C1, **66**) : pl. de San Miguel, 3. ☎ 957-48-57-91. Mar, sam et dim 12h-2h non-stop ; lun et mer-ven, 12h-16h, 19h-minuit. Bocadillos 1-2 € ; cañas 1 € ! Une adresse étudiante pour boire un verre à prix cassé. Certes, c'est une chaîne que l'on retrouve dans toute la péninsule, mais les fauchés y trouveront un large choix de petits sandwichs pas chers et plutôt décents. Bout de terrasse devant l'église, à ne pas confondre avec celle du voisin ! Attention à passer les commandes à l'intérieur, sinon vous pouvez attendre longtemps, surtout aux heures « chaudes ». De toute façon, on paie au bar.

Où manger des *churros* ? ## Où prendre un petit déj ?

☛ *Mari Paz Churrería* (plan couleur C2, **70**) : pl. de la Corredera, 5. 🖷 625-49-91-22. ♨ Tlj sf mar 8h-18h (plus tard l'été). Petit déj env 4 €. 🛜 Grande terrasse qui continue sous les arcades de cette place très populaire. C'est ici que l'on vient déguster, notamment le dimanche matin en famille, de bons *churros* croustillants avec du chocolat chaud bien épais. Également des *jeringos*, plus gros. Mais attention, pas après 12h ! Une adresse qui ne cesse de plaire aux routards !

☛ *Kiosque à churros* (plan couleur A-B3, **71**) : juste en face de l'entrée des Baños del Alcázar califal. Churro 0,55 €, qui dit mieux ? Et 1 € le chocolat chaud bien épais à emporter, aussi bon que dans un « vrai » café. À déguster sur un banc dans le petit espace vert juste derrière, ou dans le square de l'Alcázar.

|●| ⏲ *Fusion by SoJo* (plan couleur C3, **64**) : voir plus haut « Où boire un verre en grignotant des tapas ? ». Brunch 12-14 €, servi tlj 9h-14h. Un endroit idéal pour bien démarrer la journée. Bons gâteaux, œufs variés, etc.

☛ *O Mundo de Alicia* (plan couleur B2, **73**) : pl. de la Trinidad, 4. ☎ 957-84-18-74. ● teteriaomundo@hotmail.com ● Tlj 8h-1h (3h ven-sam). Petit déj env 4 €. 🛜 Un café *arty* dont on a adoré le cadre tout en couleurs, garni de banquettes moelleuses et de tables rondes couvertes de mosaïques. Petite terrasse sur cette charmante place fréquentée par les étudiants en arts qui sortent de l'école voisine. Les petits déj sont extra, avec un choix de différents pains pour les tartines, des muffins à tomber, des salades de fruits, sans oublier les délicieuses pâtisseries du jour. Très bons thés et cafés pour couronner le tout. Organise des expos, lectures et soirées culturelles.

☛ *Zumería El Arbolito* (plan couleur C2, **72**) : c/ San Fernando, 84. ☎ 957-94-10-85. ● elarbolito84@yahoo.com ● Tlj sf mar, 10h30-20h. 🛜 Un minuscule bar à jus : ils sont pressés à la demande, avec les fruits (ou légumes !) de votre choix. Aussi de bonnes tartes ou salades de fruits, pour commencer la journée par un plein de vitamines, version bio qui plus est. Si les petites tables du trottoir sont occupées, il suffit de s'accouder au comptoir et de papoter avec le chaleureux proprio.

☛ *La Tortuga* (plan couleur C1, **82**) : pl. de Bañuelos, 1. ☎ 957-48-19-56. ● info@latortugacordoba.com ● Tlj 8h-minuit (2h ven-sam). Salle tout en longueur, très classe, aux teintes gris souris et blanc. Tablées à l'intérieur, terrasse sur une placette, pour une pâtisserie arabe, une petite galette à l'huile délicieusement parfumée à la fleur d'oranger, ou des tartines grillées, tout simplement. Bons cafés. Service sympa.

Où aller au hammam ?
Où boire un thé à la menthe ?

■ ⚘ **Hammam de Al Andalus** (bains arabes ; plan couleur B3, **74**) : c/ Corregidor Luis de la Cerda, 51. ☎ 957-48-47-46. ● hammamalandalus.com ● ♿ Tlj 10h-minuit. Résa impérative sur place ou par Internet : en sem, 1 j. avt, le w-e, jusqu'à 2 sem avt ! Bain seul 24 €, bain + massage 15 mn 36 € ; réduc étudiants. Durée : env 1h30, quelle que soit la formule. Apporter son maillot de bain (si vous ne l'avez pas prévu, on vous en fournira un, car les bains sont mixtes). Serviettes fournies. L'endroit est splendide, de style mauresque avec arcades et azulejos, le tout éclairé à la bougie. Magique et dépaysant au possible ! Il y a un vestiaire et des douches où l'on passe avant de s'immerger dans les bassins. Le premier bassin, minuscule, contient de l'eau froide (8 °C). Le deuxième, le plus grand, est à 36 °C et les tables de massage sont disposées autour. Le troisième bassin est à 40 °C. On va de l'un à l'autre puis l'on finit par un massage, après un petit passage au bain de vapeur. Thé à volonté autour du bassin tiède. Bien agréable, même si le concept s'éloigne fort de la tradition nord-africaine.

⚘ **Tetería Salón de Té** (plan couleur B2, **75**) : c/ Buen Pastor, 13. ☎ 957-48-79-84. ● salandalus@hotmail.com ● Dans le quartier de la Judería. Tlj 12h-22h (23h en été). Théières 3,30-6,50 € selon taille ; pâtisseries 1,80-3 €. Danses orientales certains sam en saison vers 18h. 📶 Grand choix d'infusions et de thés – menthe fraîche, orange, coco, amande (notre préféré) – dans un joli petit patio couvert, au son de musique arabe. Un sol de galets, avec un puits au centre, des tables basses couvertes de mosaïques, et de petits salons attenants, le tout décoré de plantes artificielles. Tous les ingrédients sont exposés, les pignons, les noix... Propose également des assiettes de pâtisseries orientales et de fruits secs. On peut y fumer le narghilé, histoire de coller au cliché du pacha vautré sur son coussin. Service très relax, comme l'atmosphère.

■ Voir aussi le joli hammam de l'**Hospedería Baños Árabes de Córdoba** (plan couleur B2, **32**) plus haut, dans « Où dormir ? ». Tlj 10h-minuit (2h ven-sam). Accès aux bains 15 € (durée illimitée) ; 25 € avec massage de 15 mn.

Où voir et écouter du flamenco ?

♪ **Tablao Cardenal** (plan couleur B3, **76**) : c/ Torrijos, 10. ☎ 957-48-33-20. ● tablaocardenal.es ● ♿ En face de la Mezquita. Congés : 1 sem en janv, 4 j. pdt la Semaine sainte et la feria, puis à Noël et au Nouvel An. Résa conseillée. Spectacle tlj sf dim vers 22h30 (durée : env 2h), 20-25 € selon saison (avec 1 conso) ; moitié prix pour les moins de 12 ans. Photos possibles. Spectacle de grande qualité avec des artistes de renom international. L'été, on est attablé dans le patio, l'hiver dans la salle à l'étage. Alors, oui, c'est touristique, mais quel spectacle ! Qualité de la musique, des danseurs et des chanteurs. Une belle intensité. Le patron, francophone, est un grand aficionado du flamenco et gère son affaire avec toute la passion que cet art lui inspiro. Renseignez-vous sur les artistes à l'affiche, car il y a souvent du beau monde qui passe par là...

♪ **La Bulería** (plan couleur C2, **77**) : c/ Pedro López, 3. ☎ 957-48-38-39. Spectacle ts les soirs vers 22h30 (durée : 1h30). Entrée : 12 € avec 1 boisson. Raciones 7-9 €. La bulería est l'un des genres de flamenco (palos), au rythme très vif (ici exécuté généralement à la guitare). Dommage que la sono ne soit pas réglée avec plus de finesse et que la vente de CD et DVD vienne parasiter le spectacle. Car les artistes qui s'y produisent ne sont pas mauvais du tout. On aimerait pouvoir en dire autant de la nourriture et de la sangria !

♪ **Rutas Flamencas por las Tabernas de Córdoba :** janv-avr, concerts de flamenco dans diverses tavernes et bodegas de la ville. Voir plus bas « Fêtes et manifestations ».

CORDOUE

Où écouter de la musique ? Où sortir ? Où danser ?

Peu d'animation nocturne dans le centre ancien. Les fêtards de Córdoba se retrouvent plutôt dans le nord de la ville, autour de l'avenida de la Libertad, dans le prolongement du paseo de la Victoria *(hors plan couleur par B1)* ou sur l'avenida del Brillante (au bout de Gran Capitán). Voici néanmoins quelques belles adresses proches du centre historique.

♪ *Jazz Café (plan couleur C2, 78) :* c/ Espartería (Rodriguez Marin). ☎ 957-48-14-73. ● jazzcafecordoba@ hotmail.com ● *Juste derrière la pl. de la Corredera. Lun-jeu 9h30-12h, 19h-3h ou 4h ; ven-dim, ouvre à 17h.* ⏺ Dans un joli bar rénové avec un vieux zinc et une petite scène. En principe, sessions de jazz le mardi (impros) et le mercredi (concerts) à partir de 22h. Joli décor, bonne atmosphère et boissons à prix abordables.

♪ ⏺ *Góngora Gran Café (plan couleur B1, 79) :* c/ Góngora, 10. ☎ 662-35-23-89. ● gongoragrancafe. com ● *À proximité de la pl. de las Tendillas. Tlj dès 22h. Concert ven vers 23h30 et spectacles comiques mer. Entrée gratuite sf certains spectacles (env 5-15 €).* La boîte de nuit à la mode où il faut aller ! Autant le dire, la déco est sublime ! Entièrement recouvert de boiseries, le lieu rappelle la cale d'un bateau version chic pour les nostalgiques du *Siglo de oro* espagnol des grands conquistadors. Vaste salle avec de somptueux lustres dont l'éclairage est finement étudié, grande scène pour les concerts et stand-up... et une jeunesse cordouane apprêtée et de plus en plus survoltée à mesure que l'heure avance. Fait aussi bar élégant en journée. Nombreuses soirées musicales thématiques annoncées sur les *flyers* au bar.

♪ ⏺ *Soul (plan couleur C1, 80) :* c/ de Alfonso XIII, 3. ☎ 957-49-15-80. *Derrière la mairie* (ayuntamiento). *Lun-ven 9h-14h, 16h-3h ; w-e 16h-4h.* ⏺ Un bar jeune à la déco minimaliste. Un rien

branché mais pas trop. On y écluse des verres en papotant ou en écoutant une bonne musique de fond. Du live de temps à autre.

⏺ Enfin, n'oubliez pas les grandes **terrasses de la plaza de la Corredera** *(plan couleur C2).* Cette ancienne arène, très animée dès l'heure de l'apéro, est bondée en fin de semaine.

Achats

Cordoue ne brille pas vraiment pour la qualité de ses boutiques. Dans les quartiers piétons, tout autour de la Mezquita, se concentrent d'innombrables boutiques de pseudo-artisanat. Rares sont celles qui sortent du lot. Nous avons retenu malgré tout deux petits patios agréables où des artisans, réunis en association, proposent leurs fabrications. Attention, leurs pièces sont uniques et le prix s'en ressent.

🌱 *Zoco Municipal (plan couleur A2, 86) :* Judíos, s/n. ☎ 957-20-40-33. ● artesaniadecordoba.com ● *À côté de la synagogue (2ᵈᵉ entrée par la c/ Averroes). Lun-ven 10h-14h, 17h-20h ; w-e 11h-14h.* Autour d'un superbe patio très fleuri avec une jolie fontaine, quelques artisans ont installé leur atelier dans des bâtiments historiques, et proposent des céramiques, de l'orfèvrerie, du cuir ou des sculptures en papier mâché. Vaut un coup d'œil, au moins pour le somptueux patio.

🌱 *Artesanía entre Flores (plan couleur A3, 87) :* c/ San Basilio, 50. *Tlj 10h-14h, 16h-20h (en principe).* Encore un beau patio ! Celui-ci, très photogénique, est blanchi à la chaux et recouvert de pots de géraniums bleus. L'Association des amis des patios cordouans y prépare des parfums artisanaux, taille du cuir, élabore des bijoux fantaisie ou y fabrique divers objets plus colorés les uns que les autres.

🌱 *Angeles Molina (plan couleur A3, 88) :* Doctor Marañón, 1. *Tlj sf sam ap-m et dim 10h-14h, 17h-20h.* Belle boutique-traiteur idéale pour les souvenirs « de bouche » ! Un grand choix d'huiles d'olive, jambons, fromages et condiments espagnols de belles qualités. C'est là que les gens du quartier viennent se fournir... c'est un gage de qualité.

🍴 2 autres boutiques vraiment bien et pas mal situées : ***Ibericos de Montañera** (plan couleur C1, 89), pl. Tendillas. Tlj 10h-14h, 17h-21h. Et **COVAP** (plan couleur C1, 90), c/ Barqueros. Tlj sf sam ap-m 10h-14h, 17h30-21h. Une autre adresse c/ Lineros, 28 (plan couleur C2).* Toutes les deux proposent également d'excellents produits,

emballés sous vide, parfait pour le retour.

– Le quartier commerçant se situe dans une zone plus vivante, plus moderne, entre la plaza de las Tendillas et l'avenida Ronda de los Tejares. C'est l'un des parcours favoris des habitants lors de leur *paseo* de fin d'après-midi. Vous constaterez qu'on y trouve les mêmes magasins de chaîne que partout ailleurs.

À voir

◎ On vous rappelle que le centre historique de la ville est inscrit sur la liste du Patrimoine mondial de l'Unesco. Certains sites, comme la Mezquita et l'Alcázar, sont gratuits tôt le matin. Attention, cela peut changer très vite ! Alors, vérifiez à l'office de tourisme. Et, comme partout, les horaires indiqués ci-dessous le sont à titre indicatif. On peut les vérifier sur ● *turismodecordoba.org ●*, mais rien ne vaut une info récupérée à la source. Soyez particulièrement vigilant les jours fériés. On peut en effet, ces jours-là, assister à une totale cacophonie, avec, pour la Mezquita, pas moins de trois horaires différents, selon que l'on s'adresse à l'un des offices de tourisme de la ville, à celui de la région (pourtant situé à 30 m !) ou au guichet de la Mezquita... Vous comprenez notre embarras !

🏛️🏛️🏛️ *La Mezquita (mosquée-cathédrale ; plan couleur B2-3) :* ☎ 957-47-05-12. ♿ *Tlj 10h-19h (18h nov-fév) ; dim, horaires réduits : 8h30-10h30, 14h-18h ou 19h (mars-oct). Dernière entrée 30 mn avt fermeture. Entrée : 8 € ; réduc enfants. Audioguide (intéressant) 3,50 €, dispo 10h-16h30 (dim 13h30-16h30) ; vous avez ensuite jusqu'à 18h30 pour le rapporter. Info importante : entrée gratuite tlj (sf dim ou lors de messes privées) 8h30-9h15 (pile !), pas d'audioguide donc (loc pas ouv), et pas de groupes non plus... Il vous faudra en revanche sortir avt 10h et l'arrivée des visiteurs payants. Pdt les cérémonies, rester discret : normalement, il s'agit d'un horaire réservé au culte. Dernière info : on trouve des w-c à l'intérieur de la Mezquita, à l'angle sud-ouest (à droite du mihrab). Couvre-chef interdit pour la visite, sf pour les femmes, qui peuvent se couvrir d'un foulard ; en revanche, les épaules doivent être couvertes.*

En préambule, il faut savoir que visiter la Mezquita tôt le matin (enfin, avant 9h15) est un vrai régal. Outre le fait que ce soit gratuit (ce qui ne gâte rien), il y a peu de monde et c'est une garantie de sérénité, juste bercée par les éventuels chants de la messe. Un moment d'harmonie dans un lieu magique.

Seule grande mosquée conservée en Espagne, une des plus grandes du monde, la Mezquita est considérée comme le monument islamique le plus important d'Occident. Avec sa forêt de colonnes parmi les plus belles de toute l'histoire de l'architecture, elle incarne sans aucun doute l'un des plus purs exemples d'art religieux. Déambulant dans la Mezquita, on s'imprègne à la fois de l'histoire de Cordoue et de celle de toute l'Andalousie.

Quelques éléments d'histoire. Après que son clan a été décimé en Syrie en 750, Abd al-Rahman arrive à Cordoue, alors chef-lieu d'Al-Andalus et simple province du califat de Damas. Pour établir son règne, Abd al-Rahman Ier décide d'élever la ville au rang d'émirat en 756 et fait ériger une grande mosquée, symbole de l'indépendance de l'Islam occidental, à l'endroit même où se dressait la basilique wisigothe Saint-Vincent, démolie pour l'occasion. La basilique avait jusqu'alors servi de lieu de culte aux chrétiens comme aux musulmans, mais le califat l'avait petit à petit rachetée, au fur et à mesure qu'augmentait le nombre des croyants. Certains supputent qu'en dessous se trouveraient les vestiges d'un temple romain.

CORDOUE

Il est même question d'un temple celtique, dédié au dieu Lug, ou d'un temple juif élevé par le roi Salomon... Quoi qu'il en soit, bouclez vos ceintures, car vous entrez là dans l'une des plus belles machines à voyager dans le temps.

La cour des Orangers

C'est l'accès principal à la Mezquita. Comme dans toute mosquée, elle était le lieu des ablutions rituelles, étape obligatoire pour se purifier avant d'entrer dans la salle de prières. Il faut s'imaginer que la cour initiale n'était pas séparée de la salle de prière comme elle l'est aujourd'hui. 19 arcades, en somme toute la façade ou presque, permettaient une circulation fluide des croyants entre patio et mosquée. À la place des orangers, qu'Isabelle la Catholique, gourmande de marmelade d'oranges amères, aurait fait planter au XVe s, se seraient dressés des palmiers. L'eau pour les ablutions était à l'origine extraite d'un puits creusé dans la cour. Mais on n'en voit plus trace aujourd'hui, pas plus que des bassins d'Al-Hakam II, vers lesquels étaient canalisées les sources de la sierra. Il n'y a que le réservoir (600 000 l !) de l'époque d'Al-Mansur qui ait à peu près survécu à la morsure du temps. Des cinq fontaines, les trois grillagées sont de style mudéjar (XVe s) et les deux dernières baroques (XVIIIe s), donc bien plus tardives. On aperçoit encore les canaux d'irrigation entre les arbres, creusés à l'époque chrétienne et largement inspirés des techniques arabes. Tout autour de la cour sont exposées les poutres des anciens plafonds en bois ouvragés de la mosquée, que les catholiques firent déposer pour les remplacer par des motifs gothiques lors de la construction de la cathédrale.

– **Le minaret,** dans la cour des Orangers, est en fait la dernière de deux moutures arabes, transformée au XVIe s et renforcée solidement par les chrétiens au XVIIe s pour rehausser le clocher. Le premier minaret mesurait 23 m (sous Hisham Ier). Le second, sous Abd al-Rahman III, atteignait 47 m ; il en subsiste des éléments, intégrés dans la tour actuelle de style Renaissance et surmontée par San Rafael, le patron de la ville.

La salle de prière

Entamée par Abd al-Rahman Ier (dit l'Immigré) en 785-786, la mosquée fut agrandie en trois temps, par Abd al-Rahman II tout d'abord (IXe s), puis par al-Hakam II (Xe s) et enfin par al-Mansur (al-Mansur-bi-Allah, le victorieux de Dieu) en l'an 987. La partie initiale d'Abd al-Rahman Ier donne directement sur le patio des Orangers. C'est donc son sol que l'on foule en premier. Elle s'étale jusqu'au niveau de la cathédrale.

On pénètre dans la forêt de colonnes. Avant la reconquête, la mosquée en comportait plus de 1 000. Aujourd'hui, il en subsiste 854. Véritable trait de génie du constructeur, la surélévation de la voûte par une hauteur d'arcades doublant la première lui fut certainement inspirée par le dessin des aqueducs antiques, qui sont l'une des gloires de la péninsule. L'élégance et la finesse des arches superposées sont étonnantes. Les colonnes de marbre montrent d'incroyables couleurs et sont quasiment toutes d'origines et d'aspects différents, de même que les chapiteaux. On reconnaît facilement ceux qui proviennent de la basilique Saint-Vincent, d'un style très épuré. Notez que certaines colonnes sont plus longues que d'autres ; ainsi, il a fallu les enfoncer plus profondément dans le sol. L'une d'elles provient même d'Égypte. Quelques colonnes sont penchées, souvenir du grand tremblement de terre de Lisbonne qui se fit sentir jusqu'ici. De la basilique subsistent également les vestiges d'une mosaïque wisigothe (à droite en entrant). Il faut errer au milieu des colonnes, laisser jouer son regard avec les perspectives et les alignements, s'étonner de la multitude des sources lumineuses et s'abandonner à cette sensation d'infini qui habite encore l'édifice.

La chapelle principale

En suivant l'ordre chronologique des extensions de la mosquée cordouane, la prochaine étape n'est autre que... la chapelle principale, que certains nomment la *cathédrale* (mais en fait, la cathédrale, c'est *toute* la mosquée). Elle s'élève donc dans l'extension d'Abd al-Rahman II.

Cette cathédrale (qui fait l'objet d'une restauration) fut entamée en 1523, mais il fallut 243 ans pour la mener à bien. Malgré tous les remords, on peut saluer l'intelligence du travail de l'architecte, qui parvint à conserver la nef axiale de la mosquée, sans que la chapelle, pourtant au centre et en forme de croix latine, ne cache jamais le mihrab. Noter aussi

UNE HÉRÉSIE !

Presque 300 ans après la reconquête de Cordoue, Charles Quint donna son accord pour détruire la partie centrale de la mosquée afin d'ériger cette chapelle, à l'intérieur. Quand il vint ensuite à Cordoue, il regretta amèrement cette décision : « Si j'avais su ce que vous aviez là, dit-il aux chanoines, je n'aurais pas permis que l'on y touche, car vous avez fait ce qui peut se faire n'importe où et vous avez détruit ce qui était unique au monde ! »

que, en s'approchant de la cathédrale, les arcs sont surmontés d'une frise afin d'assurer le passage en douceur d'une architecture à l'autre. Elle présente un florilège de styles : gothique tardif, Renaissance, baroque... Ainsi, le maître-autel, les colonnes et le transept sont gothiques, la nef est baroque et la coupole principale Renaissance. Voir aussi les belles stalles baroques sculptées en acajou de Cuba, les deux orgues des XVIIe et XVIIIe s, qui fonctionnent encore. Les chaires aux sculptures représentant le tétramorphe méritent également votre attention. Ce sont les symboles des évangélistes : la première chaire accueille à ses pieds le taureau (pour Luc) et l'aigle (pour Jean), et l'autre chaire présente un lion (symbolisant Marc), et seul Matthieu conserve son visage d'homme. Noter les styles aussi pompeux que différents des plafonds.

La maqsura et le mihrab

On atteint ici le sommet du « baroque » arabe, œuvre d'al-Hakam II : moulures, mosaïques byzantines, arabesques et inscriptions coufiques se mêlent dans une étroite harmonie. Cœur de la mosquée, la *maqsura* est l'espace situé devant le mihrab, lieu le plus sacré de l'édifice puisqu'il indique la direction de La Mecque. Seuls le calife et sa cour y avaient accès. L'imam y donnait le signal de la fin de la prière. On ne peut le voir que de l'extérieur. Dommage, car sa coupole, exécutée dans un unique bloc de marbre, est d'une richesse époustouflante. Elle est de style byzantin et fut offerte au milieu du Xe s à l'émir en signe d'amitié. Elle se compose de milliers de petits carreaux d'or, de cristal et de céramique. Tout autour du mihrab court une frise or et bleu qui donne les 99 noms d'Allah. Au-dessus, on devine les fenêtres par lesquelles on autorisait les femmes à voir ce qui se passait à l'intérieur de la mosquée. De chaque côté du mihrab, un arbre de vie en albâtre doré, symbole de l'éternité (pas de début ni de fin). La chaîne qui pend de la coupole retenait une lampe à huile, probablement volée par les Berbères (les Almohades) au XIe s.

– *Le petit musée de vestiges wisigoths :* sur la droite du mihrab, dans la partie ouest de la Mezquita. Plusieurs vitrines réunissent des vestiges attestant la présence d'un lieu de culte wisigoth précédant l'édification de la Mezquita.

– *La partie la plus récente de la mosquée* (fin du Xe s) : tout au long du règne des califes omeyyades, les extensions de la mosquée se firent toujours vers le sud, mais à l'heure d'al-Mansur (le vizir qui réussit à devenir calife à la place du calife Hisham II), la proximité du fleuve le força à opter pour l'ajout de huit nefs vers l'est. Cette partie se différencie par ses colonnes toutes identiques, en marbre noir. Les arches, quant à elles, sont en pierres recouvertes de peinture rouge pour imiter la brique, afin de s'harmoniser avec la partie la plus ancienne. À noter que chaque colonne porte la signature en arabe du sculpteur qui l'a façonnée. Une vitrine regroupe les empreintes des signatures, en moulage de plâtre, de tous les artistes.

CORDOUE

La chapelle sacrée

À gauche du mihrab *(ouv lun-ven 10h15-12h30 sf juil-août).* Une chapelle baroque, accueillant la sépulture du cardinal Salazar en marbre noir et blanc (baroque), entouré d'angelots et de pleureuses, et quelques tableaux. Le trésor, juste à côté, abrite un christ en ivoire du XVIIe s, admirable de finesse (regardez les dents et la barbe !), ainsi qu'un ostensoir gothique en or et argent, élaboré par l'orfèvre allemand Enrique de Arfe au début du XVIe s.

Sur tout le pourtour de la salle de prière de la mosquée, on trouve de nombreuses chapelles funéraires. N'hésitez pas à les observer, certaines s'ornent d'un décor admirable. Ne pas manquer la paroisse du tabernacle, construite pour les habitants de la Judería au XVIe s dans le style de la mosquée, avec arches et colonnes. La chapelle d'angle est entièrement recouverte de fresques représentant les martyrs de Cordoue.

L'extérieur de la Mezquita

Le pourtour de la Mezquita est déjà à lui seul une œuvre d'art. La façade est une véritable merveille : portes et fenêtres aveugles sont ornées d'arches ciselées avec une incroyable finesse. La lumière (qui manque un peu à l'intérieur) permet de bien observer tous les détails.

🦋🦋🦋 *La Judería (plan couleur A-B2) :* ancien ghetto juif, ce quartier, le plus ancien de la ville, entoure la mosquée. La communauté juive de Cordoue était la plus importante du monde ibérique au XIe s et elle contribua beaucoup à la prospérité de la ville. Il faut se perdre dans ses venelles biscornues : là, Cordoue respire déjà l'Orient. La synagogue et la *casa de Sefarad* sont les seuls lieux ouverts au public qui rappellent l'histoire de ce quartier.

– *La sinagoga (plan couleur A2) :* c/ Judíos, 20. ☎ 957-20-29-28. ♿ Mar-dim 9h30-14h, 15h30-17h30. GRATUIT pour les ressortissants de l'UE *(prévoir un document d'identité, même s'il est rarement demandé) ;* sinon 0,30 €. Il s'agit d'une minuscule synagogue ayant appartenu à un particulier et datant du début du XIVe s. C'est la seule (avec celle de Tolède) qui subsiste de cette période, avant l'expulsion des juifs en 1492. Partie supérieure décorée de stucs mêlant inscriptions hébraïques et motifs géométriques. Le 1er étage était réservé aux femmes, comme dans la plupart des synagogues.

– *La casa de Sefarad (plan couleur A2) :* c/ Judíos, angle Averroes. ☎ 957-42-14-04. ● casadesefarad.es ● À deux pas de la synagogue. Lun-sam et j. fériés 11h-18h, dim 11h-14h. Entrée : 4 € ; réduc. Visites guidées (en français sur demande) à 12h et 17h, et parfois à d'autres moments. *On vous conseille vraiment d'essayer de participer à une visite guidée, manière de véritablement éclairer les objets présentés. Parfois concert à 20h (musique séfarade, arabo-andalouse, fado...), se renseigner ; prix : 15 €, réduc ; durée : 1h.* Dans une petite maison qui faisait autrefois partie de la grande synagogue de Cordoue au XIVe s, ce petit musée tenu par des passionnés restitue la mémoire de la communauté juive séfarade espagnole. Objets quotidiens et religieux, quelques costumes et instruments de musique et des panneaux d'explications sur la tradition juive séfarade. Au rez-de-chaussée, salle consacrée aux femmes d'Al-Andalus, juives, chrétiennes ou musulmanes, ayant marqué la période. Autres salles sur les fêtes juives et la vie domestique. Au 1er étage, outre la bibliothèque de recherche, une salle est dédiée à l'Inquisition (remarquer les actes de dénonciation, les *cédula,* qui rappellent certains souvenirs...), une autre présente le personnage de Maïmonide, le grand philosophe juif, évoquant son travail, ses voyages. Et enfin, une pièce expose divers objets cultuels juifs, mains de lecture, parchemins, etc. À la sortie, petite boutique avec de jolis objets artisanaux.

– *La casa Andalusí (plan couleur A2) :* c/ Judíos, 12. ☎ 957-29-06-42. Non loin de la synagogue. Tlj 10h30-19h. Entrée : 2,50 € ; réduc. Une maison du XIIe s joliment restaurée dont on visite le sous-sol (mosaïques de l'époque romaine et puits), le patio rafraîchissant avec son bassin de pétales de fleurs et le salon accueillant avec ses poufs et ses beaux livres à consulter. Tapis, vaisselle, mobilier et une pièce-boutique consacrée à la fabrication du papier, Cordoue ayant été la première ville d'Europe à en produire au Xe s. Atmosphère bien reconstituée, le tout sur fond musical relaxant.

🎭 *La chapelle San Bartolomé (plan couleur B2) :* pl. del Cardenal Salazar. *Juste derrière le Museo taurino et le Zoco municipal. Tlj sf lun mat et dim ap-m 10h30-13h30, 15h30-18h30 (17h30-20h30 de mi-juin à mi-sept). Entrée : 1,50 €.* Ouverte à nouveau au public, cette toute petite chapelle (XIV-XVe s) est la propriété de la faculté de philosophie et mérite vraiment une visite. Un des meilleurs exemples de l'architecture mudéjare de Cordoue avec la chapelle royale de la Mezquita. Un gigantesque palmier vous accueille. Le hall de la chapelle est un petit patio entouré d'arc sur un seul côté. À l'intérieur, une seule nef à voûte en croisée d'ogives, superbe dallage de briques vernies et stuc peint et doré avec des inscriptions arabes du XVe s. Admirez la beauté et l'état de conservation des murs couverts de carreaux de faïence et quelques restes de peintures murales, ainsi que le retable baroque.

➢ En ressortant, pousser jusqu'à la *puerta de Almodóvar.* En franchissant celle-ci, belle vue sur les remparts. Puis redescendre la rue Judíos et emprunter la petite rue, sur la droite, pour se retrouver face à un *bronze de Moïse Maïmonide,* savant juif andalou, qui marqua de son intelligence l'âge d'or d'Al-Andalus.

➢ *Calle de las Flores :* non loin de la cathédrale, elle donne dans la c/ Velázquez Bosco. Cette ruelle, aussi adorable que minuscule, ornée de pots débordant de fleurs et de plantes, aboutit à une place charmante. Demandez, tout le monde connaît cette venelle, image de carte postale. De la place, on a vue sur la tour de la cathédrale.

➢ Dans le même genre, la *calle Pedro Jiménez* est célèbre pour être la plus petite de la ville. Connue sous le nom de *calle del Pañuelo* (rue du Mouchoir), en raison de sa taille.

➢ À l'angle des calles Cardenal Herrero (flanc nord de la Mezquita) et Magistral González Francés, en haut d'une double volée d'escaliers, trône la *Virgen de los Faroles (Vierge des Lampes).* Il s'agit d'une copie d'une toile réalisée par le frère du peintre Julio Romero de Torres. Les deux femmes au pied de la Vierge représentent l'Amour profane et l'Amour sacré.

🎭 *Casa Museo Arte sobre Piel (plan couleur B2) :* pl. de Agrupación de Cofradías, 2. ☎ 957-05-01-31. ● *artesobrepiel.com* ● *Sur une placette juste derrière la mosquée. Mar-sam 11h-14h, 16h30-20h ; dim 11h-14h. GRATUIT.* Dans cinq petites salles, présentation des œuvres de l'artiste Ramón García Romero réalisées selon les techniques omeyas de travail sur cuir tanné

RÉJOUIS-MOI !

L'origine du mot « godemichet » proviendrait du latin gaude mihi, *« réjouis-moi » mais aussi, selon certains dictionnaires, de l'espagnol* guadameci, *ce fameux cuir bien tanné, dont on recouvrait l'objet destiné à satisfaire certains plaisirs intimes. Vous ne verrez plus le cuir de Cordoue sous le même angle !*

(*guadameci*) utilisées à Cordoue au Xe s pendant le califat. Cette technique, perdue durant cinq siècles, fut retrouvée par l'artiste lui-même. Il l'utilise maintenant en y ajoutant sa créativité personnelle. Le cuir, après avoir été tanné, est travaillé, incisé, modelé puis décoré et polychromé sur un fond argenté. Les œuvres, très chargées dans l'ensemble, représentent plutôt des décors végétaux et géométriques. Visite intéressante (explications en français dans chaque salle !) et accueil très sympa.

🎭 *Museo taurino (plan couleur A2) :* plazuela de Maimónides. ☎ 957-20-10-56. *À 150 m à l'ouest de la mosquée. Attention, ce musée est fermé pour restauration jusqu'à nouvel ordre.* Un jour, on pourra visiter à nouveau cette maison du XVIᵉ s, égayée par un joli patio, et présentant un tas d'objets, affiches, peintures, habits de lumière, documents liés à la tauromachie et la copie du mausolée de Manolete, célèbre torero *corneado* en 1947.

🏛🏛 *Alcázar de los Reyes Cristianos (plan couleur A-B3) :* entrée par la c/ Caballerizas Reales. ☎ 957-42-01-51. ● alcazardelosreyescristianos.cordoba.es ● *Mar-ven 8h30-19h30, sam 8h30-16h30, dim et j. fériés 8h30-14h30 ; l'été, lun-ven 9h-11h, fermé le w-e. Parfois des nocturnes dans les jardins, jusqu'à minuit. Entrée : 4,50 € ; réduc. Un bon plan : l'entrée est gratuite lun-ven 8h30-10h30, et ensuite on reste tant qu'on veut ! Billet combiné avec les bains califaux et le museo Julio Romero de Torres : 7,20 €.*
Forteresse datant du XIVᵉ s et dominant le Guadalquivir. Ancien palais des Rois Catholiques, il fut le siège de l'Inquisition pendant plus de 300 ans. Rien à voir avec celui de Séville. Celui-ci est beaucoup plus modeste, en tout cas pour ce qu'on en voit aujourd'hui.
Après la statue d'Alfonso X un livre à la main (d'où son surnom, le Sage), on entre à gauche pour visiter quelques pièces exposant des vestiges archéologiques. À voir surtout, les admirables mosaïques romaines du temps de l'empereur Auguste, découvertes sous la grande plaza de la Corredera au moment de sa restauration et réunies dans la chapelle. L'une d'elles alterne d'intéressants motifs géométriques que l'on a pu retrouver également dans d'autres cités, comme Avignon. Les plus belles sont celles qui représentent Éros et Psyché enlacés, et le cyclope Polyphème (celui qui eut l'œil crevé par Ulysse !) en compagnie de la nymphe Galatée. Voir encore, dans un couloir, le sarcophage romain du IIIᵉ s, d'un étonnant réalisme. Descendre enfin aux *baños arabes,* bains voûtés qui ont conservé toute leur rusticité. Noter les trous de lumière en étoile au plafond (bouchés aujourd'hui). Mais le plus intéressant est sans doute la vue sur le patio fleuri, les fouilles et celle sur le Guadalquivir, que l'on surplombe du haut de la tour des remparts. Panorama sur le pont romain (celui de gauche), long de 240 m, dont la construction est attribuée à l'empereur Auguste. C'est grâce à ce pont que la ville put se développer. Il était défendu par l'imposante tour carrée et crénelée que l'on observe sur l'autre rive, construite par les Maures, et appelée tour de la Calahorra (voir plus bas).
🏛🏛 En redescendant, on parvient aux *jardins de l'Alcázar.* Moins grands, moins marqués par l'empreinte arabe que ceux de Séville, ils sont caractérisés par leurs allées de cyprès taillés (quelques sculptures modernes) et leurs bassins en enfilade. Mais quelle beauté ! Très reposants et magnifiquement organisés. Une belle surprise bien cachée derrière l'impressionnante bâtisse. En sortant, possible de poursuivre la visite avec les *écuries royales* juste à côté.

🏛 *Caballerizas Reales (plan couleur A3) :* c/ Caballerizas Reales, 1. 🖥 671-94-95-14. ● caballerizasreales.com ● *Mar-sam 11h-13h30, 17h-20h (hiver 16h-19h) ; dim 10h-13h30. GRATUIT (visite du manège et des écuries). Spectacles équestres payants (résa préférable) mar-sam à 20h et dim à 12h. Durée : 1h. Compter 15 € ; réduc.* Construites en 1570 sur ordre de Philippe II, féru d'équitation, elles valent surtout pour leurs voûtes gigantesques et majestueuses, avec des colonnes de grès qui séparent les box. C'est aussi là qu'aurait vu le jour le fameux pur-sang andalou, d'origine arabe, dont on voit parfois des spécimens s'entraîner dans la cour.

🏛 *Baños del Alcázar califal (plan couleur A-B3) :* Campo Santo de los Mártires. 🖥 608-15-88-93. ♿ *Face à l'Alcázar de los Reyes Cristianos. Mêmes horaires et j. d'ouverture que ce dernier. Entrée : 2,50 € ; réduc ; gratuit lun-ven 8h30-10h30 sf j. fériés. Billet combiné avec l'Alcázar et le museo Julio Romero de Torres : 7,20 €.* Réalisés sous le califat d'Alhakem II au Xᵉ s, ces bains maures, les plus importants de la ville, furent ensevelis lors de la construction de l'Alcázar. Cette revanche des chrétiens sur les musulmans est restée oubliée jusqu'en 1903, date où ils furent découverts par hasard. Après des fouilles, puis une restauration minutieuse, on découvre une multitude de salles aux murs en pierre de taille dont les voûtes, où apparaissent les lucarnes caractéristiques en forme d'étoiles, reposent sur des colonnes de marbre. On passe de la salle des bains froids, destinée aux ablutions et à la purification du corps et de l'esprit, à celle des bains tièdes, dédiée aux massages et à la relaxation, avant d'accéder à la plus vaste : la salle des bains chauds (on peut encore voir le four et détailler le système d'aération). Une visite souterraine relaxante, guidée par d'excellents panneaux explicatifs (aussi en anglais) sur l'origine et l'utilisation de ces bains il y a 10 siècles.

➤ **Petite balade dans le quartier :** en sortant de l'Alcázar, tourner à gauche et jeter un œil aux anciennes écuries royales du XVIᵉ s, les **Caballerizas Reales,** qui ont donné leur nom à la rue. On peut prolonger la balade dans ce joli quartier, classé par l'Unesco comme le reste du centre historique, jusqu'à la **puerta de Sevilla,** ses remparts et sa statue du poète cordouan Aben Hazam (IX-Xᵉ s). Quelques adresses dans le coin pour se restaurer (voir « Où manger ? »). Depuis la puerta de Sevilla, en longeant le fleuve vers l'aval, on atteint le jardin botanique.

🏃🌿 **Jardín botánico de Córdoba** (hors plan couleur par A3) **:** avda de Linneo, s/n. ☎ 957-20-00-18. ● jardinbotanicodecordoba.com ● ♿ Entrée face au zoo (pas de bus, mais c'est à 15 mn de marche de la Mezquita). Jardins ouv tlj sf lun : de mi-avr à mi-juin, mar-sam 10h-20h, dim 10h-15h ; de mi-juin à mi-sept, mar-sam 9h-14h, dim 10h-15h ; de mi-sept à mi-avr, mar-sam 10h-17h30, dim 10h-15h. Fermé certains j. fériés. Musées sur les mêmes périodes, mar-ven et dim 10h-14h, sam 10h-14h, 18h-20h (16h-17h30 en hiver) ; tlj 10h-14h en été. Entrée : 3 € (musées inclus) et slt 2 € le dim ; réduc. Dernière entrée 1h avt fermeture. Cafétéria sur place.

Cet agréable jardin se compose de plusieurs espaces thématiques, répartis autour d'un grand axe longitudinal : arboretum, petite roseraie, plantes d'Afrique, jardin olfactif, ainsi que des espèces aromatiques, médicinales, horticoles et fruitières... À noter, un intéressant espace non-voyants dans lequel les plantes ont été sélectionnées pour leur toucher et leur odeur.

Au nord du jardin, ne pas manquer le **Musée paléobotanique,** dans l'ancien molino de la Alegría. À l'extérieur, d'impressionnantes empreintes de végétaux fossilisés et des troncs datés au carbone 14 d'environ 290 millions d'années ! À l'intérieur, une belle collection présente l'évolution de la flore sur une période de plus de 400 millions d'années. Mais rassurez-vous, l'ensemble n'a rien de vieillot ! Au **Musée ethnobotanique** (visite guidée slt, 4 le mat, 2 l'ap-m), mission est donnée de conserver les différents savoirs sur les espèces végétales, notamment à l'heure de l'industrialisation massive, pour assurer leur survie, la biodiversité, et garder en mémoire l'apport des cultures végétales d'Amérique. Belle collection d'orchidées et de cactées.

L'entrée donne aussi accès au **molino de Martos** (hors plan couleur par C3 ; Ronda de los Martires ; ☎ 957-75-20-18 ; sur rdv slt, pas d'horaires fixes), l'un des huit anciens moulins de Cordoue, à l'est sur le Guadalquivir, 200 m après le pont de Miraflores. Un peu excentré. Il ne reste que peu de choses dans ses deux salles visitables, surtout depuis la crue de 2013 ! La première, d'époque musulmane, est dédiée à la fabrication de la farine. La seconde, ajoutée au XVIᵉ s, servait au traitement des tissus.

🏃 **Puerta del Puente** (plan couleur B3) **:** pl. del Triunfo. ☎ 902-20-17-74. Tlj 10h (11h w-e)-14h, 16h-19h30. Montée : 1 €. C'était l'une des deux portes de l'ancienne ville fortifiée, mais son aspect actuel d'arc de triomphe date du XVIᵉ s. Possibilité d'accéder à la plate-forme supérieure pour jouir de la vue panoramique.

🏃 **Puente Romano** (plan couleur B3) **:** superbe pont romain, piéton et habilement restauré. On a refait les belles et puissantes piles du pont, dont les pointes (brisecourant) prouvent le fort débit qui devait être celui du Guadalquivir aux siècles passés. Quant au tablier, moderne et élégant, il offre une promenade pleine de sérénité pour gagner l'autre rive du fleuve, qui aboutit à la *torre de la Calahorra*. Au milieu du pont, statue de San Rafael, le saint de la ville de Cordoue.

🎎 *Torre de la Calahorra – Museo vivo de Al-Andalus* (plan couleur B3) : *de l'autre côté du pont romain.* ☎ 957-29-39-29. ● *torrecalahorra.com.* ● *Tlj : mai-sept 10h-14h, 16h30-20h30 ; oct-avr 10h-18h. Entrée : 4,50 € ; réduc ; audioguide en français inclus.*

Dans cette grosse tour mauresque restaurée est installé un musée consacré à l'islam, composé surtout de superbes maquettes représentant la vie à l'époque du califat. Grincement de dents : on doit l'initiative de cette fondation à Roger Garaudy, décédé en 2012, qui, rappelons-le, était un négationniste, condamné par la justice française pour avoir nié à plusieurs reprises l'existence des chambres à gaz, et converti à l'islam. Il est l'auteur des textes que vous entendrez. Pour certains, c'est une bonne raison pour ne pas y aller, et on peut le comprendre. Pour d'autres, ça n'a rien à voir et il ne faut pas tout mélanger. À chacun de décider ! Mais sachez que le sujet traité ici n'a, évidemment, rien à voir avec les positions révoltantes du personnage. Voilà, c'est dit.

Lors de votre visite des huit salles, ne cherchez pas l'histoire du califat de Cordoue ; les textes exposent la conception religieuse de l'islam à l'origine : tolérance, égalité des sexes, Dieu comme seul maître... Les grands personnages de l'époque s'expriment : Averroès, Maïmonide, Alfonso X et El Arabi. Propos philosophiques sur l'équilibre du monde, le rapport à Dieu, la place du pouvoir... des principes qui existaient à l'âge d'or de Cordoue. Ils sont dits avec beaucoup de lyrisme et, selon la sensibilité propre à chacun, peuvent émouvoir... ou bien agacer. Deux salles présentent la *maquette de la Mezquita de Cordoue* (dans son état initial au XIII⁰ s) et celle de *l'Alhambra*. Une vraie réussite. L'éclairage est savamment distillé et les commentaires intelligents. Grâce à quelques dioramas, une autre salle évoque l'atmosphère populaire des siècles passés. Enfin, depuis la terrasse de la tour, on embrasse une vue remarquable sur le pont et la Mezquita.

➢ *Balade sur les quais du Guadalquivir* (plan couleur B-C3) : après la visite de la *torre,* on peut descendre sur les rives du fleuve et emprunter la jolie promenade aménagée. Joggeurs et grappes de jeunes s'y retrouvent. On voit également quelques îlots au milieu des lauriers-roses, qui abritent de vieux moulins arabes, notamment la noria de la Albolafia, restaurée, qui servait à irriguer les jardins de l'Alcázar.

– Avant d'entamer la visite des autres musées, passez donc voir l'adorable *compás de San Francisco* à la hauteur du n° 63 de la calle Fernando (plan couleur C2). Un *compás* étant une sorte de courette-jardin, préambule à un monastère. Avec ses bancs, son sol pavé de cailloux et ses orangers, c'est un endroit idéal pour faire une pause.

🎎 *Museo provincial de Bellas Artes* (plan couleur C2) : pl. del Potro. ☎ 957-10-36-59. ● *museosdeandalucia.es/cultura/museobellasartescordoba* ● ⚐ Mar-sam 10h-20h30, dim 10h-17h. GRATUIT pour les ressortissants de l'UE ; sinon 1,50 €.

Ce musée et le suivant sont situés dans un beau patio ombragé par des orangers et pavé de minuscules cailloux qui décrivent d'élégantes arabesques. Une plaque en façade rappelle que, dans *Don Quijote,* Cervantès fait dormir ses héros dans

CORDOUE

la *Posada del Potro* en face du musée, une sympathique maison des XVᵉ-XVIᵉ s (qui accueille des expos temporaires). Il faut dire qu'il avait des liens forts avec l'Andalousie : il passa une partie de son enfance à Cordoue, et fut même un temps collecteur d'impôts à Séville, avant d'en connaître les geôles.

Dans une belle bâtisse qui fut un hôpital des Rois Catholiques au XVIᵉ s, le musée expose quelques toiles de peintres baroques espagnols, dont certains de l'école de Zurbarán. Le rez-de-chaussée est consacré aux XVIIIᵉ et XIXᵉ s, avec plusieurs toiles intéressantes d'artistes de Cordoue, ainsi qu'au XXᵉ s avec une salle principalement consacrée aux sculptures de Mateo Inurria Lainosa. On notera dans la salle IV quelques toiles de Julio Romero de Torres (voir son musée plus bas), dont on découvre les talents impressionnistes. Dans la salle V, de belles toiles de Rafael Romero de Torres (le frère de Julio), dont la très pathétique *Últimos sacramentos*. Dans la chapelle, peinture baroque, dont quelques œuvres de Valdés Leal et une touchante *Descanso en la huida a Egipto* de José Ribera y Taller. À l'étage, jolie collection de dessins et d'estampes, et très intéressants tableaux religieux des XVᵉ et XVIᵉ s, dont plusieurs *Christ à la colonne* qui mêlent conception médiévale de la peinture (dans les proportions des personnages) et influences Renaissance nouvelle (dans le décor et la perspective utilisée).

🎎 *Museo Julio Romero de Torres* *(plan couleur C2)* : *même adresse que le museo provincial de Bellas Artes.* ☎ 957-47-03-56. ● *museojulioromero.cordoba. es* ● *De mi-juin à mi-sept, mar-sam 8h30-14h30 ; de mi-sept à mi-juin, mar-ven 8h30-19h30, sam 9h30-16h30 et dim et j. fériés 9h30-14h30. Entrée : 4,50 € ; réduc ; gratuit lun-ven 8h30-10h30. Billet combiné avec l'Alcázar et les bains califaux : 7,20 €.*

Ce peintre cordouan, du début du XXᵉ s, est né dans cette belle maison du XVIᵉ s, aujourd'hui transformée en musée. Il peignit essentiellement des femmes, aux regards sombres et envoûtants, souvent tristes, parfois vides, toujours plus ou moins à connotations érotiques, ce qui ne manqua pas de choquer à l'époque. Ses personnages prennent la pose, mais on sent toujours une histoire chargée derrière leurs regards. L'artiste est habile à saisir la courbure d'une hanche, le gonflement d'une poitrine, le mouvement d'un chignon ou la délicatesse d'une nuque. Terriblement sensuel ! En revanche, vous remarquerez que bon nombre de ses modèles portaient aussi des bas... qui plissent ! Moins glamour ! Vous trouverez des cartes postales des œuvres de cette grande star de Cordoue à chaque coin de rue.

Au rez-de-chaussée, souvenirs personnels du peintre, ainsi que des photos de la maison lorsqu'il y vivait. Quelques affiches commandées par l'*Union española de Explosivos,* dans les années 1920. Il fallait bien faire bouillir la marmite. Au 1ᵉʳ étage, voir les superbes *Naranjas y limones, Nieta de la Trini,* les regards froids de *Ángeles y fuensanta.* Plus lugubre est *Salomé,* plus tragique *Mira qué bonita era,* tandis que les yeux des femmes de *Poema de Córdoba* ne peuvent laisser indifférent. Troublantes et vibrantes, sans aucun doute, sont *Cante Hondo,* toile qui semble relater les différentes phases d'une tragique passion, et la superbe *La Chiquita piconera,* son œuvre la plus connue. Également quelques sujets religieux mais toujours traités dans le même style. Certaines œuvres confinent au surréalisme dans la composition de la toile ; le décor fait parfois basculer le spectateur dans un monde imaginaire. Un bien joli musée qui mérite une visite.

🚶 *Plaza del Potro* *(plan couleur C2)* : étroite et toute mignonne, c'était la place principale de la ville à l'époque médiévale après la reconquête. On y vendait du bétail et des chevaux, comme le rappelle le petit poulain *(el potro)* qui coiffe la fontaine. L'hôpital dont on peut encore admirer la façade contribua à la rétrécir considérablement. Ici encore, un *triunfo a San Rafael* protège la place.

🚶 *Plaza de la Corredera* *(plan couleur C2)* : grande place avec arcades, populaire et très animée le soir. Ce fut dans un premier temps une simple esplanade entourée de commerces et de petits édifices. Elle servit de cadre à des autodafés pendant l'Inquisition. De cette époque subsiste la maison du maire du XVIᵉ s, avec au centre l'écusson du roi Philippe II, et dont le rez-de-chaussée servait de prison (le marché municipal s'y tient maintenant tous les matins). C'est au XVIIᵉ s qu'elle prit sa physionomie actuelle et devint la place principale de Cordoue. Entourée d'immeubles de trois étages, c'est la seule place de style castillan en Andalousie. De ses 360 fenêtres, on pouvait observer les corridas qui s'y déroulaient, d'où son nom actuel. Lorsqu'elle fut restaurée, on découvrit dans le sous-sol des mosaïques romaines, aujourd'hui exposées à l'Alcázar. Dommage que des lampadaires modernes, scandaleusement laids, la défigurent quelque peu.

🔾 *Plaza de las Tendillas* (plan couleur C1) : la place principale de la ville depuis le début du XXᵉ s. Juste retour des choses puisque à cet emplacement se tenait autrefois le forum romain. Elle est dominée par la statue équestre du *Gran Capitán* qui participa à la reconquête de Grenade. Mais notre préférence va au *Phénix* qui semble s'envoler de l'immeuble du même nom sur l'un des côtés de la place. Son horloge donne l'heure à coup de riffs de guitare flamenca. ¡ *Olé !* Très animée le soir. Elle est entourée de rues piétonnes à vocation commerçante.

🔾🔾 Derrière la mairie (ayuntamiento ; plan couleur C1-2, c/ Claudio Marcello), **colonnes de style corinthien** et **vestiges d'un temple du Iᵉʳ s** rappellent l'origine romaine de la ville quand le Guadalquivir s'appelait encore Betis. Dans un tout autre style, profitez-en pour aller jeter un coup d'œil aux beaux plafonds en bois ouvragés de l'*église San Pablo,* juste en face de la mairie (calle Capitulares).

🔾🔾 *Museo arqueológico* (plan couleur C2) : pl. Jerónimo Páez, 7. ☎ 957-35-55-17. ● museosdeandalucia.es/cultura/museos/MAECO ● Mar-sam 10h-20h30 (été 9h-15h30), dim 10h-17h. GRATUIT pour les ressortissants de l'UE ; sinon 1,50 €. Abrité dans un bâtiment ultramoderne, aux lignes droites métalliques où s'imbriquent parfaitement des éléments en bois, un superbe musée à la présentation attractive et intelligente. Riche collection allant de la préhistoire au Moyen Âge. Parmi les pièces importantes, de superbes mosaïques, très variées en styles, statues, sarcophages, chapiteaux et aütres vestiges romains de grande valeur. Également nombre de très beaux objets datant de la période musulmane, avec toute une série de margelles de puits mudéjars. Quelques vitrines de verreries et de bijoux superbement ajourés viennent compléter l'ensemble. D'autres sections consacrées à la vie quotidienne, aux croyances religieuses ou aux loisirs. Au sous-sol, les vestiges du théâtre romain de Cordoue et les gradins tombés à terre, avec l'explication numérique de leur chute. Lumineux !

🔾🔾 *Museo de la Inquisición* (plan couleur B2) : c/ Manriquez, 1. ☎ 957-47-45-08. ● galeriadelatortura.com ● Tlj 10h-20h30. Entrée : 3 € ; réduc. La galerie de l'Inquisition rassemble une collection très complète et bien conservée des instruments de torture utilisés du XIIIᵉ au XIXᵉ s. Tout ce que l'esprit humain a pu inventer en matière de cruauté y est exposé, depuis les gibets jusqu'au fauteuil à pointes, en passant par les tables d'écartèlement, les chaises de putréfaction et les aplatisseurs de tête ! Les passionnés ne manqueront pas les ceintures de chasteté ; quant aux bricoleurs, ils ne trouveront le rayon « pinces et tenailles » qu'en fin de parcours ! Tout cela est exposé dans un éclairage feutré et baigné de chants grégoriens. Plutôt déconseillé aux jeunes enfants, bien sûr.

Au nord de la ville

🔾🔾 *Palacio de Viana* (hors plan couleur par C1) : pl. Don Gome, 2. ☎ 957-49-67-41. ● palaciodeviana.org ● Remonter la c/ Alfaros, puis tourner à droite dans Juan Rufo ; compter 15 mn de marche depuis le centre. Juil-août, mar-dim 9h-15h ; le reste de l'année, mar-ven 10h-19h, w-e et j. fériés 10h-15h. Entrée : 8 € (patios seuls : 5 €). Cher, mais splendide. La visite se déroule en deux parties : on peut tout d'abord se balader à travers les 13 superbes patios qui entourent la demeure, avant de participer à la visite guidée (en espagnol seulement, 45 mn environ) du palais (tickets séparés ou pour l'ensemble). Patios à arcades, d'autres avec des bassins, fontaines, jardins, parterres fleuris, cours avec orangers et belles glycines... Quelques-uns ne correspondent pas à l'image type du patio.

Le palais proprement dit date du XIVe s mais fut plusieurs fois transformé, notamment au XVIIe s. Avant de commencer, une remarque : les pièces étant tellement riches, les guides (certains vraiment blasés !) les traversent à une telle allure qu'il est difficile de profiter des joyaux qu'on a sous les yeux. Frustrant. Heureusement, la brochure aide un peu. Pour la plupart, les pièces visitées ont une décoration des XVIIe et XVIIIe s d'une extrême richesse. On sent que ce sont des gens de goût qui ont fait vivre cette maison. Leur ouverture aux différents styles de l'époque était grande, car on y trouve de tout, mais rien que du beau. Outre l'aménagement intérieur du palais, on verra aussi de nombreuses toiles (certaines de l'école de Murillo), une collection de céramiques, une galerie de cuirs superbement travaillés (du XIVe au XIXe s), des tapisseries réalisées à partir de dessins de Goya, de jolies vitrines de porcelaines du XVIIIe s (dont une belle collection d'assiettes de Sèvres représentant chacune un fruit différent) et de beaux plafonds en bois richement sculptés. La « chambre française » abrite un portrait du général Franco, qui y séjourna et considérait la France du général de Gaulle comme l'exemple à suivre (on ignore ce qu'il faut en penser !). Bref, la visite reste intéressante si vous avez du temps et de l'argent à y consacrer.

➤ Pour en savoir plus sur la ville, nous vous conseillons les intéressantes visites guidées organisées par les kiosques touristiques de la ville, par exemple celle des *patios de Córdoba* (tlj à 17h ; parcours de 2h ; env 12 € ; réduc) ou la *visite nocturne de la Mezquita* (2 visites/j. en saison, slt ven-sam en hiver, horaires différents chaque mois ; 18 € ; réduc).

Fêtes et manifestations

– Rutas Flamencas por las Tabernas de Córdoba : janv-avr. Concerts de flamenco organisés par l'Association des artistes flamencos de Cordoue dans diverses tavernes et *bodegas* de la ville, sans danseurs. Renseignez-vous auprès de vos hôtes, dans la presse locale ou sur ● andalucia.org ● Cela permet, primo, de découvrir un flamenco peut-être plus « authentique », et secundo, de boire une bière et de manger un morceau dans un nouvel endroit à chaque date.

FLAMENCO ? NON, FLAMENQUÍN !

Autre spécialité de Cordoue, le flamenquín, sorte de quenelle composée d'une tranche de jambon serrano enroulée dans de l'échine de porc, panée dans de la chapelure puis frite. On le sert généralement accompagné de pommes de terre et de mayonnaise. Le porc peut être remplacé par du jambon blanc, du fromage ou du chorizo. Quelques pas de danse pour digérer ?

– Fête des Croix (Las Cruces) **:** fin avr-début mai. On célèbre le printemps. Les dates précises varient un peu.

– Fête des Patios : 1re quinzaine de mai ou dès fin avr selon années. Infos sur ● patiosdecordoba.net ● La ville est en folie tous les soirs. Les patios se mettent sur leur trente et un, s'habillant de mille fleurs. Un jury passe dans chacun d'eux pour les admirer et les classer. Attention à ne pas garer votre voiture dans le centre à cette période !

– Cata del Vino : pdt 4 j. en mai. En général avda de América, à l'angle d'Acera Guerrita. Dégustation de vins, avec tous les producteurs.

– Feria : fin mai, pdt 1 sem. Pour les corridas, achat des billets directement aux arènes (avda Gran Vía Parque ; ☎ 957-45-60-81). Toujours beaucoup d'animation pour la feria. Attention, les musées et certaines boutiques ferment en début d'après-midi pendant toute la semaine de la feria.

– **La Noche blanca del Flamenco :** *autour du 20 juin, le 1er sam de l'été.* C'est un peu l'équivalent de la fête de la Musique à la sauce flamenco. Lancée il y a quelques années, cette Nuit blanche mobilise 200 000 personnes ! Concerts sur les places principales ; les plus importants sont plaza de las Tendillas, plaza de la Correda et sur República Argentina. Mais aussi dans les tavernes, restos, bars... Programme à l'office de tourisme.

– **Festival international de guitare :** *début juil, pdt 15 j. Infos sur ● guitarra cordoba.org ●* La guitare dans tous ses états, flamenco, rock, blues, etc. ! Certains concerts, le soir, ont lieu dans les jardins de l'Alcázar, notamment pour les concerts d'artistes internationaux.

DANS LES ENVIRONS DE CORDOUE

CORDOUE

🏃🏃 **Medina Azahara** *(hors plan couleur par A1) : à env 8 km à l'ouest de Cordoue.* 📞 *600-14-30-72 (coût d'un fixe). Pour s'y rendre, prendre l'avda Medina Azahara depuis l'avda de la República Argentina ; tt droit sur 5 km puis à droite ; c'est encore à 3 km ; bien fléché. Parking gratuit.*

Pour les routards non motorisés, le plus simple est de réserver une place pour le bus spécial à env 7 € (livret touristique en français et navette compris) dans l'un des kiosques touristiques ; réduc. De mai à mi-sept, départs mar-sam à 10h30 et 17h, dim et j. fériés à 9h30 et 10h15 ; de mi-sept à fin avr, mar-ven, dim et j. fériés à 9h30 et 10h15, sam à 9h30, 10h30 et 15h. Départ tt en bas du paseo de la Victoria (près de la puerta de Almodóvar, avec un arrêt au milieu du paseo de la Victoria en face du Mausoleo romano). Jusqu'à la réouverture du point d'intérêt majeur du site (voir ci-dessous), le prix du bus et le temps que prend l'excursion (compter 4h) nous semble un peu disproportionné pour ce qu'il y a à voir. En bus normal, moins cher mais compliqué : ligne n° 0-1 sur l'avda de la República Argentina, un peu avt l'angle avec l'avda Medina Azahara ; ttes les 45 mn env ; on vous dépose au bord de la route ; ensuite, 3 km à pied sur un chemin escarpé.

Site ouv avr-mai mar-sam 9h-20h, juin-sept 9h-13h30, oct-mars 9h-18h30 ; dim et j. fériés 9h-17h tte l'année ; fermé lun et 1er mai. GRATUIT pour les ressortissants de l'UE, sinon 1,50 €. Navette ttes les 15 mn entre le parking et l'entrée : 2,10 €/pers ; réduc (gratuit si on vient avec le bus spécial ; montrer son billet au chauffeur). ATTENTION : le site est toujours en cours de restauration (notamment le salon d'Abd al-Rahman III) et les jardins sont ouv en partie slt.

Il s'agit des ruines d'une véritable ville, la « ville de la fleur », fondée au Xe s par Abd al-Rahman III pour son califat. Elle était reliée à Cordoue par d'importantes voies de communication. Sa vie fut éphémère puisque, moins d'un siècle après sa construction, elle périclita lors de l'invasion des Berbères d'Afrique du Nord. Il n'est pas vraiment évident de « lire » ce site composé essentiellement de ruines, à part une petite partie, mais un plan d'ensemble, à l'entrée, permet de mieux comprendre sa disposition originelle.

La ville fut organisée en trois terrasses : la première, tout en haut, accueillait la résidence des dignitaires et celle du calife ; l'intermédiaire abritait les jardins, les potagers et les administrations ; les habitations, les casernes et la mosquée se situaient tout en bas, sur la terrasse inférieure. Malheureusement, les limites de chacune de ces terrasses ne sont pas très visibles.

Parmi les principaux points d'intérêt, voir le **dar Al-Wuzara** *(maison des Vizirs)* en descendant à gauche, où se tenaient les conseils et les audiences civiles et où gouvernait le vizir (et sa vizirette, justement nommée al-Zahra, « la fleur »). Quelques chapiteaux ciselés subsistent, tranchant par leur style avec la simplicité des arches outrepassées. Peu de choses à voir dans ce qui fut la zone résidentielle, récemment ouverte à la visite : c'est là que résidaient la garnison du calife et ses serviteurs. On notera toutefois la grande porte bien restaurée de la maison de *Ya'Far,* laissant imaginer l'ampleur de la résidence du Premier ministre. Passons au **salon d'Abd al-Rahman III,** l'édifice le mieux reconstitué, accessible par un petit chemin à gauche en contrebas et qui finira bien par rouvrir un jour (les travaux devaient s'achever en 2011, c'est dire s'il y a du retard dans l'air !). Il s'agit d'un superbe salon, composé d'une remarquable série d'arcades outrepassées, supportées par des colonnes de marbre, alternant le rose et le noir, et d'arches alternant le rouge et le blanc, agrémentées de riches et fins motifs floraux. Les murs sont recouverts de feuillages ciselés en stuc, décoration originale, mais aussi de motifs épigraphiques laïques qui racontent la construction de l'édifice par ses architectes. C'est ici que se déroulaient les audiences politiques. Nous sommes dans le cœur de la demeure du calife. Beaucoup d'arbres de vie un peu partout, très stylisés. Il faut, bien entendu, imaginer cet ensemble avec des tapis, coussins, danseuses et musique. La grande mosquée, un peu à l'écart, n'offre que des ruines.

Peu avant l'entrée du site, un chemin sur la droite vous mènera en 20 mn à pied au *monastère San Jerónimo de Valparaíso.* Il ne se visite pas, mais sa façade faite de plusieurs niveaux d'arcades, les terrasses d'orangers en contrebas et la montagne couverte d'oliviers qui le surplombe constituent un magnifique paysage, surtout au printemps. La famille du gardien, qui vit dans une maison à côté, a bien de la chance...

🏃 **Castillo de Almodóvar del Río :** *à env 25 km à l'ouest de Cordoue, dans le village d'**Almodóvar del Río.*** ● *castillodealmodovar.com* ● *Visite lun-ven 11h-14h30, 16h-19h (20h en été) ; w-e et j. fériés 11h-19h (20h en été). Fermé 1er janv et à Noël ; slt le mat les 24 déc et 5 janv. Entrée : 6,50 € ; réduc ; gratuit moins de 5 ans. C'est le gardien (Alfonso) qui dirige la visite (*☎ *957-63-40-55 ;* 🖥 *670-33-84-30). Pour une visite théâtralisée (sur résa) :* 🖥 *607-33-85-31. Boutique et taberna sur place (en saison).* En arrivant près du village, on voit d'emblée cette pittoresque forteresse édifiée par les Arabes au XIIᵉ s, qui trône au sommet de la colline. Son principal intérêt, outre son état de conservation remarquable, c'est la vue sur la région du haut des cinq tours crénelées. Ça fait un peu cher la photo ! Autre chose à savoir, le château appartient aujourd'hui à l'Opus Dei. Si vous passez par là, c'est une halte possible, mais ne faites pas le détour exprès.

🏃 **La Rambla :** *à 30 km au sud de Cordoue, sur la route de Málaga. Usines et magasins ouv au public vers 18h.* Vous trouverez là de belles céramiques et terres cuites.

DE CORDOUE À GRENADE PAR LA ROUTE DU CALIFAT

Entre Cordoue et Grenade via le chemin le plus direct (200 km par la N 432), la *ruta del Califato* fut longtemps une route commerciale et stratégique importante. Elle était protégée et défendue par d'innombrables forteresses et châteaux musulmans, puis chrétiens, perchés sur les sommets. Aujourd'hui, la plupart sont en ruine, mais certains ont été restaurés ou même reconstruits, comme la somptueuse forteresse de la Mota, à Alcalá la Real. Les paysages traversés sont grandioses : grands versants, vertes prairies, mais aussi et surtout, des oliviers à perte de vue. Appelée aussi la *route de l'Olive,* c'est ici que l'on trouve l'une des rares AOC d'huile d'olive, dont la petite ville de Baena est la capitale. À quelques kilomètres, le village perché de Zuheros, d'une beauté époustouflante, et le joli bourg de Priego de Córdoba méritent amplement le détour.

Ceux qui ont du temps profiteront, outre les villes décrites plus bas, des jolis villages anciens disséminés dans le parc naturel de la sierras Subbétique, comme la charmante cité de *Cabra,* pleine de maisons baroques (et qui dispute à Baena son titre de capitale de l'huile d'olive) ou le pittoresque village de *Carcabuey*, également riche en monuments. Tous les ans, le 18 juin, des gitans venus de tout le pays se réunissent sur une colline des environs, c'est la *romería de Los Gitanos,* fête inoubliable.

BAENA   (14850)   22 000 hab.

Sur la N 432, à 90 km de Cordoue et à 110 km de Grenade. Baena se divise en deux quartiers faciles à distinguer : la vieille ville arabe (« Almedina »), avec ses maisons blanches alignées le long de ruelles étroites, occupe une colline escarpée qui domine la vallée du río Guadajoz. Quant à la ville moderne, sans charme, elle s'étend dans la plaine, au pied de l'ancienne. Réputée pour son huile d'olive savoureuse, Baena vous donnera l'occasion de rendre visite aux producteurs et de vous livrer à une petite dégustation de ce nectar savoureux, défini comme « l'*Yquem* des huiles d'olive » par le chef étoilé Joël Robuchon.

Arriver – Quitter

En bus

🚌 **Station de bus :** *à env 500 m au nord-ouest du centre-ville.*

➤ **Cordoue :** env 10 bus/j. en sem 6h45-19h15 depuis Baena, 5 bus le sam et slt 3 bus le dim (1 le mat, 2 en fin d'ap-m), avec la compagnie *Carrera* (☎ 957-50-03-02 ; • autocarescarrera. es •).

➤ **Grenade :** 6-7 bus/j. 9h30-20h30 depuis Baena, 8h30-20h30 depuis Grenade ; avec *Alsina Graells* (• alsa.es •). Trajet : 1h30-1h45.

Adresse utile

🛈 **Office de tourisme :** *c/ Virrey del Pino, 5.* ☎ 957-67-17-57. • baena cultura.es • *Entre les jardins municipaux et la pl. de España. Lun-ven 10h30-13h30 ; sam 10h30-13h30, 17h-19h.* Riche doc sur Baena et les autres villes de la région ; liste des coopératives oléicoles visitables. Accueil serviable et agréable.

Où dormir ? Où manger ? Où boire un verre ?

🛏 **Albergue Ruta del Califato :** c/ Coro, 7. ☎ 957-67-00-75. 📱 650-92-30-41. • info@alberguebaena. com • alberguebaena.com • ⚒ *Dans une ruelle au sommet de la ville haute. En dortoir, moins de 26 ans, 10-15 €/ pers, sinon 20 €/pers ; double 40 € ; petit déj inclus. Parking tt proche 5 €/j.* 🖥 📶 *Réduc de 10 % sur les doubles sur présentation de ce guide.* Tranquille auberge rurale récente, avec une superbe vue sur la campagne environnante. Chambres modestes mais très correctes pour le prix, et dortoirs pour 2 à 6 personnes avec salle de bains privative. À éviter toutefois en hiver, car il y fait assez froid et humide. Le petit déj se prend au bistrot, en contrebas de la réception. Bon accueil.

🍽 🍷 **Mesón Casa del Monte :** pl. de la Constitución, 12. ☎ 957-66-51-69. 📱 659-29-12-97. • jlcasadelmonte@ hotmail.es • *Dans la ville haute, sur la place de la mairie. Tlj sf lun 11h-minuit. Congés : fin janv. Plats 7-18 €, menu (midi en sem) 9 €, carte 25-30 €.*

Parking sous la place. Apéritif maison offert sur présentation de ce guide. Pour une pause déjeuner sympa sous les arcades de l'une des plus jolies places de la ville, ce resto traditionnel propose une cuisine de qualité à base de bons produits locaux. *Habas con jamón,* copieux *solomillo* et nombreux plats andalous classiques mais bien préparés et cuits... à l'huile d'olive, bien sûr ! Service impeccable. L'endroit est tout aussi indiqué pour boire une *copa* en terrasse, près des jets d'eau de la place. Aucun touriste à l'horizon !

À voir

🕯 *L'Almedina :* c'est le quartier ancien, qui doit tout simplement son nom au mot arabe médina (« ville »). Mais on l'appelle aussi le *Barrio alto,* puisque du haut de sa colline, il surplombe la vallée couverte d'oliviers. Plein de beaux panoramas à glaner en parcourant ses ruelles tortueuses parsemées de maisons blanches comme neige. Le *castillo* que l'on voit en cours de reconstruction date de la période chrétienne (XIVe-XVe s). Mais comme d'hab', il fut bâti sur les ruines d'un fort arabe, dont il reste à peine un pan de mur à l'intérieur de l'église *Santa María la Mayor.* Une partie des remparts subsiste également.

🕯 *Museo arqueológico :* c/ Santo Domingo de Henares, 5. ☎ 957-67-17-57. *À 100 m de la pl. de la Constitución. Mar-dim 10h30-13h30, ven-sam également 17h-19h (18h-20h en été). Entrée : 2 € ; réduc.* Abrité dans un édifice de 1795 qui fut notamment utilisé comme prison pendant la guerre civile, ce musée couvre l'histoire de la région depuis la préhistoire jusqu'à la période musulmane. Parmi les objets dignes d'intérêt, voir la collection de statues ibériques (lions, idoles, ex-voto) et les vestiges romains exhumés à Torreparedones. On remarquera surtout la tête de l'empereur Claude (un Lyonnais de naissance !) et les bustes de marbre qui ornaient le forum (ils ont été remplacés *in situ* par des copies).

🕯🚶 *Museo del Olivar y el Aceite :* c/ Cañada, 7-9. ☎ 957-69-16-41. ● *museoaceite.com* ● *Dans la ville basse, à proximité de l'office de tourisme. Mar-dim 10h30-13h30, et aussi ven-sam 17h-19h (18h-20h en été). Entrée : 2 € ; réduc.* Passionnant petit musée sur deux niveaux retraçant l'évolution des techniques de fabrication de l'huile d'olive depuis des millénaires. Tous les systèmes de pressage sont passés en revue, du foulage aux pieds jusqu'aux machines à thermofiltres rotatifs et aux presses hydrauliques. Les panneaux explicatifs (aussi en anglais) sont très clairs et des expériences éducatives et sensorielles sont proposées. Expo intéressante à l'étage montrant l'utilisation riche et variée de cet or liquide, des produits pharmaceutiques à la cosmétique, sans oublier l'ameublement à base de bois d'olivier.

🕯 *Nuñez de Prado :* avda de Cervantes, 15. ☎ 957-67-01-41. ● *nunezdeprado@ hotmail.com* ● *Face aux jardins municipaux. Lun-ven 9h-13h, 16h-18h (en été slt 9h-14h) ; fermé w-e. Visite gratuite, dégustation d'huile payante.* La visite peut se faire seul et sans explication, mais il arrive souvent que le proprio vous guide en personne, dans un français irréprochable. La famille Nuñez de Prado presse l'olive dans son moulin de *Santa Lucia* depuis 1795. Ses installations sont les plus anciennes d'Espagne en fonctionnement. Son huile d'olive réunit toutes les caractéristiques d'un grand cru oléicole, l'une des six AOC entre la Catalogne et l'Andalousie. Récoltées à la main avec des précautions drastiques afin qu'elles parviennent au moulin dans un état impeccable, les olives sont pressées le jour même sous les rouleaux de granit. Tout d'abord, la fleur d'olive, nectar des nectars, est obtenue de façon naturelle par décantation. Elle provient d'un simple écoulement à froid recueilli à travers un filtre (à partir de 5 € à la boutique). Pour obtenir un litre de cette quintessence, il ne faut pas moins de 11 kg d'olives ! La pâte restante est écrasée entre des scourtins pour obtenir l'huile vierge extra. Après une période de repos et de maturation dans un puits carrelé de faïence, l'huile est mise en bouteilles manuellement, sans filtrage. Le jus pur est parfumé, goûtez-le au naturel sur une tartine de pain, un délice !

DANS LES ENVIRONS DE BAENA

🎥🏃 ***Parque arqueológico de Torreparedones :*** *à env 22 km au nord de Baena, route de Fuentidueña (A-3125).* ☎ *607-16-37-87.* ● *baenacultura.es* ● *Mar-dim 10h-15h (9h-14h en été). Entrée : 2 € ; réduc.*

Cette cité romaine, oubliée pendant des siècles sous une couche de terre et d'oliviers, vient de réapparaître aux yeux du monde et ouvre ses portes aux visiteurs depuis 2011. N'y allons pas par quatre chemins : il s'agit là, potentiellement, de l'un des plus importants sites antiques de toute la péninsule Ibérique. Quand on pense que seuls 5 à 6 % ont été mis au jour ! On comprend pourquoi les archéologues du monde entier y affluent, excités comme des puces par les découvertes qui restent à faire sur les 10,5 ha que couvre le site. Peuplée dès 2000 av. J.-C., cette colline culminant à 580 m surplombe toute la campagne environnante : grâce à sa situation stratégique, elle abritera un oppidum (ville fortifiée) au VIe s av. J.-C. avant d'être investie par les Romains, qui l'auraient baptisée *Ituci Virtus Iulia* (ce nom est évoqué dans les écrits de Pline l'Ancien).

Près du centre d'accueil (petite expo), la nécropole a conservé plusieurs de ses profonds tombeaux. Puis on grimpe vers la ville romaine, qui converge comme de coutume en direction du forum. Vraiment bien conservé pour son âge (et la remarque vaut pour l'ensemble du site !), il porte gravé sur son sol le nom du généreux mécène qui finança le pavement de la place. Le forum est encadré de portiques à colonnes et flanqué d'un marché *(macellum)* dont on distingue encore les bassins à poissons. Eh oui ! La fraîcheur, c'était important aussi pour nos amis romains ! Tout en haut, le petit fort chrétien qui coiffe la colline était le seul monument visible avant la redécouverte du site. Il avait pour fonction de défendre la frontière avec le royaume nasride. Enfin, aux portes sud, un petit temple aux murs bien préservés, dans lequel de nombreux ex-voto ont été trouvés, démontre la présence d'un sanctuaire primitif dédié à une déesse de la fertilité. Bref, voilà un site déjà très intéressant pour les amateurs, et qui le sera encore plus une fois que le reste de la pelote aura été déroulé. Il n'y a plus qu'à espérer que les crédits suivront !

PARQUE NATURAL DE LAS SIERRAS SUBBÉTICAS

Ce parc naturel de 32 000 ha fait partie des cordillères Bétiques, une chaîne qui s'étend d'est en ouest à travers toute l'Andalousie. Son point culminant (et par la même occasion, celui de la province de Cordoue) est le pic de la Tiñosa (1 570 m), dans la sierra de la Horconera. Zuheros est l'une des portes d'entrée possibles, mais on y accède aussi depuis Priego de Córdoba ou depuis l'A 45 entre Málaga et Córdoba.

C'est une région encore sauvage que randonneurs, cyclistes et simples amateurs de nature vont adorer. Elle réunit tous les charmes de la campagne andalouse : des paysages de moyenne montagne et de collines recouvertes de chênes verts et d'oliviers, de beaux villages perchés sur des pitons rocheux, et la possibilité de faire de l'escalade, du parapente ou de pratiquer des sports nautiques (voile, canoë) sur le *lac artificiel d'Iznájar.* Mais l'activité principale est la randonnée. En sillonnant le parc, on observe de belles formations karstiques creusées de grottes (la plus

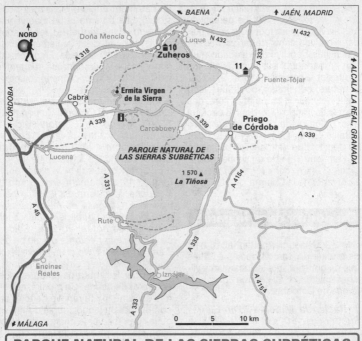

PARQUE NATURAL DE LAS SIERRAS SUBBÉTICAS

DE CORDOUE À GRENADE

■ Adresse utile	🛏 Où dormir ?
🛈 Centro de visitantes de Santa Rita	10 Hacienda Minerva
	11 Casa Olea

connue étant la *Cueva de los Murciélagos,* voir plus loin), des paysages accidentés irrigués par de petits affluents du río Genil, au sud, ou du río Guadajoz, au nord. Côté faune, on y trouve la plus grande population de faucons pèlerins d'Andalousie. Ce rapace, le plus rapide du monde en vol piqué (record homologué à... 389 km/h !), est d'ailleurs l'emblème du parc. Avec de la chance se montrent aussi aigles royaux, milans, autours et vautours fauves.

Enfin, le plaisir de la visite ne serait pas complet sans un détour par ces charmants villages situés juste en lisière de parc : outre *Zuheros,* qui est l'un des plus jolis bleds de la région et le point de départ de jolis sentiers, citons *Cabra* pour son riche patrimoine (églises et demeures seigneuriales) et *Carcabuey,* pour sa situation éminemment pittoresque dominée par les vestiges du château arabe, qui abrite aujourd'hui un ermitage.

Adresse et info utiles

🛈 *Centro de visitantes* (plan Sierras Subbéticas) : à *Santa Rita,* sur la route 339 entre Priego et Cabra. ☎ 957-33-40-34. ● *ecoturismo@ egmasa.es* ● *Horaires compliqués :* en gros, tlj sf lun 10h-14h, et aussi ven-dim 18h-20h mai-juin et fin sept

(16h-18h30 oct-avr). De juil à mi-sept, ouv slt jeu-dim 8h-14h. Le personnel, très serviable, fera tout pour vous guider dans vos choix de randonnées et d'activités sportives. Projection d'un film en espagnol sur la géologie, les grottes et le patrimoine local. Expo sur la nature, consignes, boutique. Vend des livrets sur la faune et la flore, des cartes de rando (2 € pour 6 circuits) ainsi qu'un guide officiel du parc très détaillé (25 €). Ce centre est le point de départ d'un petit sentier botanique (2,4 km, env 1h) et d'un sentier géologique (3,3 km, compter 1-2h) menant au mirador de la Cabrera.

Où dormir dans le parc ?

Ces 2 adresses permettent aussi bien de profiter du parc et de ses activités que de pousser vers les charmants villages environnants, comme Zuheros et Priego de Córdoba.

🛏 **Hacienda Minerva** *(plan Sierras Subbéticas, 10) : ctra CO-6203, à 2 km de Zuheros (bien indiqué).* ☎ 957-09-09-51. ● *info@hacienda minerva.com* ● *haciendaminerva. com* ● *Résa indispensable. Double 80 €, junior suite 120 €, suite 200 € ; petit déj inclus.* 🛜 Une vraie adresse de charme que cette exploitation du XIXᵉ s brillamment rénovée. On dirait un véritable hameau perdu en pleine oliveraie, avec ses ruelles pavées, ses arcades chaulées et ses multiples patios plantés d'orangers, de palmiers, et égayés de fontaines ou de vieux pressoirs. Vue fantastique depuis la piscine *(ouv en été)* accrochée à flanc de colline. La plupart des chambres ont une cheminée, en plus de tout le confort moderne, et les suites se prolongent d'un ou deux salons. Elles dégagent un certain cachet, sans toutefois tomber dans une rusticité convenue. Les installations communes comprennent une belle bibliothèque, un hammam ancien (massages possibles), une taverne et un magnifique *comedor* dans lequel les repas sont servis aux hôtes (et seulement eux !) midi et soir. Loc de vélos. En prime, un super accueil, personnalisé et attentif. L'expression « luxe, calme et volupté » n'est ici pas usurpée !

🛏 **Casa Olea** *(plan Sierras Subbéticas, 11) : ctra El Cañuelo-Zamoranos, 14800 Priego de Córdola.* ☎ 696-74-82-09. ● *tim@casaolea.com* ● *casaolea.com* ● *De Priego, prendre la direction Baena, traverser le village d'El Cañuelo et suivre la route pour Luque. Au croisement en T, prendre à gauche, la maison est juste un peu plus loin. Congés : de mi-janv à mi-fév. Double avec petit déj 105 €. Dîner (slt pour les hôtes) 20-25 €. Séjour de 2 nuits min ; enfants de moins de 7 ans refusés.* 🛜 Voici un merveilleux endroit perdu en pleine cambrousse, idéal pour les routards amoureux de nature et de calme. Le moulin, autrefois en ruine, a été rénové de fond en comble par un jeune couple d'Anglais qui a su préserver le charme des lieux avec classe. Murs enduits de chaux, matériaux nobles travaillés par des artisans locaux (tomettes, fer forgé), et quelques pierres de l'ancien moulin qui apparaissent de-ci de-là. Seulement 6 chambres, spacieuses et douillettes, dotées de tout le confort (AC, chauffage au sol) et avec vue sur la campagne environnante. L'écologie étant une priorité de la maison, l'eau chaude marche au solaire, le chauffage fonctionne à la biomasse et tous les produits de toilette sont bio. L'eau cristalline de la piscine, légèrement saumâtre, vient d'un puits local. Elle est ouverte à l'année, mais pas chauffée ! Coin avec transats et hamacs pour se prélasser. Loc de vélos, salon TV. En prime, un excellent accueil et plein de belles randos à faire depuis la maison. D'ailleurs, les proprios donnent des plans des sentiers qu'ils ont eux-mêmes testés.

À faire dans le parc

➤ L'activité principale reste donc la **randonnée,** grâce à huit circuits plus ou moins bien balisés *(cartes en vente au Centro de visitantes ; lire plus haut).* Outre le petit sentier botanique et le sentier géologique, qui font une boucle à partir du centre de Santa Rita, l'un des plus beaux parcours est celui qui mène à l'*Ermita Virgen de la Sierra,* à l'est de Cabra. Pas très dur car la dénivelée reste modeste, mais long (23 km, soit env 8h de marche A/R) et peu ombragé. De là-haut, panorama époustouflant sur toute la région.

➢ Le nord du parc est traversé par la *via verde,* aménagée sur le tracé de l'ancien train de l'huile et qui relie les villages de Luque, Zuheros, Cabra et Lucena, en passant par quatre viaducs, un tunnel de 139 m et plusieurs de ces gares autrefois abandonnées, qui ont retrouvé une seconde jeunesse en accueillant de petites expos ou des restos. Cette voie est si bien aménagée qu'on peut même s'y promener avec une poussette ou en fauteuil roulant ! ● viasverdes.com ●

DES PISTES RECYCLABLES

Le réseau des vías vertes *fut créé en 1993 par l'État espagnol pour transformer de petites voies de chemin de fer désaffectées en chemins de randonnée et pistes cyclables. Le pays totalise environ 2 000 km de ces voies, qui traversent généralement des paysages remarquables. Ainsi, la* via verde *de la subbética serpente sur 58 km en reprenant le tracé du* tren *del* aceite, *un train qui acheminait l'huile d'olive depuis cette région reculée vers le port de Málaga, jusqu'à la fermeture de la ligne en 1985.*

ZUHEROS *(14870 ; 800 hab.)*

À 10 km de Baena par l'A 3128, ce petit village escarpé posé à 620 m d'altitude, dégringolant de calmes ruelles blanches, est une merveille de poésie à ne pas manquer. Ce site spectaculaire agrippé aux contreforts du *parque natural de las sierras Subbéticas* offre une vue époustouflante sur la vallée. Sur la placette centrale, face à l'ancienne mosquée devenue *iglesia de los Remedios,* le château Sujayra, en équilibre précaire sur son piton rocheux, vous assurera l'une des plus belles photos de votre séjour. Si, comme nous, vous êtes envoûté par ce lieu hors du temps, ce village à l'allure cubiste recèle un bon hôtel-resto dans le centre, et une hacienda de toute beauté à quelques kilomètres de là.

Adresse utile

🛈 *Office de tourisme :* c/ Mirador, 2. ☎ 957-69-45-45. ● zuheros. es ● Face au château, dans le petit Musée archéologique. Mar-ven 10h-14h, 17h-19h (16h-18h nov-mars) ; w-e et j. fériés, 11h-12h30, 17h-18h30 (16h-17h30 en hiver). Quelques infos sur le parc naturel de las sierras Subbéticas et la *via verde,* qui passe en contrebas du village. Si c'est fermé, l'hôtel *Zuhayra* (voir ci-dessous) possède aussi des cartes, de la doc et de bons conseils. Mais pour les randonnées sérieuses dans le parc, mieux vaut se renseigner au centre de visiteurs de Santa Rita (voir plus haut).

Où dormir ? Où manger ?
Où boire un verre ?

🛏 |●| *Hotel Zuhayra :* c/ Mirador, 10. ☎ 957-69-46-93. ● hotelzuhayra@zer cahoteles.com ● zercahoteles.com ● Doubles 52-70 € selon saison, petit déj inclus. Menus 12-25 €, raciones 5-15 € ; ½ pens possible. 🛜 Réduc de 10 % sur les doubles sur présentation de ce guide (si résa directe auprès de l'établissement !). Une bonne surprise que cet unique hôtel du village. Toutes les chambres, à l'exception de 3 au 1er étage, donnent sur la vallée et offrent une vue exceptionnelle. Spacieuses, confortables, avec salle de bains moderne, téléphone, AC, TV... et pas mal de charme. Une jolie petite terrasse fleurie pour le petit déj', un salon agréable avec cheminée et TV sur écran géant, un accueil attentif... Tout y est ! Quant au resto, il ne déçoit pas non plus et propose un vaste choix de produits régionaux, comme l'assiette de charcuterie et de fromages locaux généreusement servie. De quoi passer du bon temps. S'il fait beau, il est possible de dîner dans un patio typiquement andalou.

Los Palancos : *pl. de la Paz, s/n.* ☎ *669-80-90-18. Tlj 9h-23h.* Au pied du château, sur la place-mirador surplombant la vallée d'oliviers d'un côté et le parc national de l'autre, difficile de passer devant ce bar-resto sans s'arrêter sur sa terrasse pour y boire un verre et laisser filer le temps, bercé par la douceur du lieu. Dommage que ni l'assiette ni le service ne soient à la hauteur ! La *cerveza,* elle, est bien fraîche, alors...

À voir

Castillo Sujayra : *pl. de la Paz.* ☎ *957-69-45-45. Mar-ven 10h-14h, 17h-19h (16h-18h en hiver) ; w-e et j. fériés 11h-12h30, 17h-18h30 (16h-17h30 en hiver). Entrée : 2 € (incluant le petit Musée archéologique en face où l'on retire son ticket).* Une prouesse architecturale édifiée au IXe s par les musulmans, qui l'appelaient *Sujayra,* origine du nom du village. Il fut reconquis par Fernando III et remodelé dans un style Renaissance au XVe s. Vaut surtout pour son aspect extérieur sidérant. Quant au *Museo arqueológico* voisin, il aura bien du mal à vous passionner : quelques ossements et tessons de poterie seulement.

Cueva de los Murciélagos *(grotte des Chauves-Souris) :* c/ Nueva, 1. ☎ 957-69-45-45. ● *cuevadelosmurcielagos.com* ● *Mar-ven à 12h30 et 17h30 (16h30 oct-mars et sur résa slt) ; w-e et j. fériés à 11h, 12h30, 14h, 17h et 18h30 (16h et 17h30 oct-mars). Résa sur Internet, par tél ou au Musée archéologique face au château. Entrée : 6 € (7,50 € avec le castillo et le Musée archéologique) ; réduc.* Peu de pipistrelles dans cette grotte mal nommée où l'on a retrouvé des traces neandertaliennes (35 000 ans déjà !). Longue de 2 km, dont seulement 800 m sont visitables, à 80 m de profondeur, accessibles par un chemin escarpé de 700 marches humides... Si la visite n'a rien d'exceptionnel, malgré quelques peintures rupestres et un éclairage bien pensé, on a plaisir à s'y rafraîchir les jours de grosse chaleur : température constante de 9 °C.

PRIEGO DE CÓRDOBA (14800 ; 23 000 hab.)

À 90 km au sud de Cordoue et 30 km à l'est d'Alcalá la Real par la A 339. Mais la route qu'on préfère, c'est celle du nord, depuis Baena, la A 333 : ses sinuosités, au cœur de la Subbétique, changent un peu des amples paysages d'oliveraies de la région. Et à l'arrivée, lorsque le balcon de l'Adarve, véritable fortification naturelle, pointe sa proue éclatante de blancheur, le voyageur ne regrette pas d'avoir emprunté le chemin buissonnier ! En effet, le centre ancien de cette charmante petite ville bénéficie d'un site assez exceptionnel (et d'ailleurs occupé régulièrement par toutes les civilisations qui sont passées dans le coin depuis le VIIIe ou le IXe s), suspendu au faîte d'une falaise au-dessus des rangées d'oliviers. Car à Priego aussi l'huile a mérité une dénomination d'origine contrôlée. Ça vaut bien une demi-journée de balade !

Arriver – Quitter

La **gare ferroviaire** la plus proche est celle de Jaén, à 70 km, mais la mieux desservie est celle de Cordoue (90 km, AVE depuis Madrid, Séville...).

Estación de autobuses : *dans la plaine, à env 1 km de la pl. de la Constitución.* ☎ *957-70-18-75.*

➤ Liaisons avec *Cordoue* (dans les 2 sens env 10 bus/j. en sem ; 4-5 le w-e, certaines via *Baena* ; trajet env 2h30) ; *Álcala la Real* (4-5 bus/j. en sem dans les 2 sens, 2-3 le w-e ; trajet env 30 mn). Pour *Grenade,* avec *Alsa* (☎ *902-42-22-42),* 4 bus/j. dans les 2 sens en sem, 2-3 le w-e ; trajet env 1h30. Pour *Séville,* changement de monture à Cabra, et pour *Málaga,* à Lucena (un peu longuet, tout ça...).

Adresse et infos utiles

🛈 *Oficina de Turismo : pl. de la Constitución, 3 (en fait sur le flanc de la mairie – ayuntamiento). ☎ 957-70-06-25. • turismodepriego.com • En plein centre, bien fléché. Lun-sam 10h-14h, 16h30-19h ; dim 10h-14h.* Extrêmement dynamique, plein de doc en français (et même des conseils) et une excellente carte de la ville. Liste complète des *casas rurales* dans la *sierra* environnante. Toutes infos aussi sur l'huile d'olive de la région et où la déguster.

➤ *Circulation et parking :* un peu compliqué, vue la topographie accidentée de la ville ancienne. La c/ Cava, la seule à grimper vers la ville ancienne depuis le bas de la falaise (suivre fléchage « Oficina de Turismo »), conduit à la plaza de la Constitución avant de redescendre gentiment vers la plaine... donc, à partir du moment où, en voiture, vous êtes sur la c/ Cava, la première place est la bonne ! Autrement, vous n'avez plus qu'à refaire un tour, comme au manège !

Où manger ?
Où boire un verre ?

Petite particularité : on appelle ici « tapas » des portions bien proches des *raciones* des grandes villes !

🍴 *La Pianola – Casa Pepe : c/ Obispo Caballero, 6. ☎ 957-70-04-09. À 3 mn à pied de l'office de tourisme. Tlj sf lun. Tapas et* combinados 5-12 €. Que ce soit dans la toute petite salle dans son jus ou en terrasse dans la ruelle, calé dans des sièges en plastique, ni les papilles ni les budgets ne regrettent la pause. Une cuisine locale fraîche, simple et copieuse (super brochettes, croquettes, poivrons farcis...), servie avec diligence sous l'œil attentif de Pepe. Grande gentillesse de l'accueil, et il n'est pas rare que le digestif soit offert à la cantonade !

🍴 *Mesón Zahori : c/ Real, 2. ☎ 957-54-72-92. • info@hotelzahori.es • À l'entrée du quartier de la Villa, sur la place de l'iglesia de la Asunción. Tlj sf mer. Tapas 5-15 €.* À l'ombre de l'église (et des parasols), à deux pas des glouglous d'une belle fontaine, c'est vraiment un plaisir de siroter un verre ici. Et le dimanche, à la sortie de la messe, c'est un défilé des plus beaux atours de la ville ! Les plats sont tout à fait corrects, bien typiques du coin (encore des brochettes, par exemple), et les petites salles autour du patio offre un abri coquet en cas de vent mauvais.

🍴 🍷 La petite c/ Antonio de la Barrera (piétonne, juste derrière l'office de tourisme) aligne 3-4 bars à tapas animés aussi bien au déjeuner qu'en soirée, à prix très raisonnables.

À voir. À faire

➤ *Barrio de la Villa :* une véritable carte postale que ce minuscule quartier, aux origines lointaines clairement musulmanes, typiquement andalou. Tout au long des étroites ruelles pavées de galets, de petites maisons d'un étage aux murs blanc de blanc soulignés de linteaux et de portes colorés, d'azulejos commémoratifs ou religieux pimpants, illuminés par un foisonnement de plantes et de fleurs. Et vos pas vous mèneront immanquablement jusqu'au balcón del Adarve, clos de balustrades en fer forgé : c'est le sommet de cette falaise naturelle qui rendait imprenable la cité, aujourd'hui promenade paisible. Bancs en corbeille appréciés des papys du quartier et vue superbe sur toute la campagne environnante.

🎒 *Iglesia de la Aurora : carrera de Álvarez, à deux pas du barrio de la Villa. Mar-dim 9h45-12h45. Entrée : 1,50 €.* Cette étroite église, baroque au possible et construite en lieu et place d'une ancienne mosquée, vaut la visite car c'est un vrai spécimen du genre : blanche et gris bleuté, sa voûte est constellée d'angelots. Le retable, majestueux en diable, abrite, dans une niche très profonde, une Vierge d'une étonnante impassibilité. Certes chargé, mais d'une grande cohérence ! En sortant, jetez donc un œil aux belles façades nobles de la calle República de Argentina.

🏃 *Iglesia de la Asunción :* pl. Santa Ana (entrée par le flanc). Au débouché de l'esplanade arborée de l'Abad Palómino, à l'entrée du barrio de la Villa. Mar-dim 10h30-13h30. Entrée : 3 €. D'architecture gotico-mudéjare, elle aligne sagement ses trois nefs. Commencée début XVIe s, on y trouve aussi une belle expression du baroque espagnol du XVIIIe s, en particulier sous la haute coupole du sanctuaire. Le retable, lui, date de la fin du XVIe s, et s'avère moins spectaculaire que celui de la iglesia de la Aurora.

🏃 Voisins du barrio de la Villa et de la iglesia de la Asunción, le *Castillo* aux massives murailles médiévales et, en contrebas, les *Carnicerías Reales* (boucheries royales !), un étonnant édifice bâti à flanc de falaise et coiffé d'un joli patio Renaissance (bel escalier de pierre en colimaçon). *Pour ces 2 sites : mar-dim 11h30-13h30 (et sam 16h30-18h30 au Castillo, et 17h-19h pour les Carnicerías) ; 1 billet unique d'entrée : 2 €.* Et le long de la *calle del Rio,* encore de belles demeures nobles, avant de déboucher sur les très agréables jardins de la *Fuente del Rey* et de la *Fuente de la Salud,* aux innombrables jets d'eau. Ah ! cette fraîcheur l'été !

ALCALÁ LA REAL (23680) 22 800 hab.

À 120 km de Cordoue et 50 km de Grenade, toujours sur la N 432. Impossible de passer devant cette petite ville sans être ébloui par la majestueuse forteresse perchée sur sa hauteur. On l'aperçoit à des kilomètres à la ronde. Une pause s'impose ! Ce lieu au passé tourmenté, restauré à grands frais, ravira les plus blasés des routards ! La ville elle-même n'ayant qu'un intérêt relatif, il n'est pas indispensable d'y passer la nuit.

Où manger ?

I●I *Rincón de Pepe :* c/ Fernando el Católico, 17. 📱 699-24-96-59. ● rin condepepe79@live.com ● À env 200 m au sud du Paseo de los Alamos, la grande place-jardin principale. Tlj midi et soir. Raciones 7-14 €, bocadillos 2-5 €. Ce petit bar-resto de pays constitue une pause idéale à toute heure : tapas de qualité, brochettes, planches de charcuterie, de fromage ou de poisson mariné... et même des « pains ronds remplis » (en bon français... des bagels !). L'ambiance et le service chaleureux sont toujours au rendez-vous, que ce soit dans la vibrante salle couverte de boiseries modernes ou en terrasse sur la rue.

I●I 🍷 Au beau milieu du *paseo de los Alamos,* un gros *kiosque-cafétéria* fréquenté par toutes les générations à toute heure, pour boire *una caña* bien fraîche en début de soirée, un petit noir en fin de matinée ou s'attabler devant des *raciones* copieuses en soirée. Une vraie tranche de vie locale.

À voir

🎥🎥 *Fortaleza de la Mota* (forteresse de la Mota) : ☎ 953-10-27-17. ● castillo sybatallas.com ● Tlj 10h30-19h30 (10h-17h30 oct-mars). Entrée (Museo palacio

abacial, *dans le centre-ville, inclus, tlj 10h-17h) : 6 € ; réduc. Audioguide intéressant, en français, inclus. Projection vidéo de 20 mn dans l'église à 12h, 13h30,
16h et 18h (11h30, 13h30 et 16h en hiver).*

Le site d'Alcalá la Real semble avoir été occupé dès le Vᵉ millénaire av. J.-C.
Après avoir été placée sous domination wisigothe, la cité fut intégrée aux territoires musulmans d'Al-Andalus. Abd al-Rahman II organisa au IXᵉ s tout le réseau
de tours de guet autour de la ville. L'objectif initial était de protéger Alcalá des
attaques venues du nord. Après l'effondrement du califat de Cordoue et la désin-
tégration d'Al-Andalus, Alcalá fut absorbée par le royaume de Grenade. Avec la
conquête définitive des royaumes de Jaén, Cordoue et Séville par Ferdinand III de
Castille entre 1224 et 1248, la ville devint un point stratégique de contrôle de la
frontière pour les Nasrides. Alphonse XI de Castille finit par la prendre définitivement le 5 août 1341. Il fonda une très importante abbaye, placée sous patronage
royal, et qui allait devenir l'une des principales institutions ecclésiastiques andalouses, indépendantes de tout pouvoir épiscopal. Alcalá la Real connut dès lors
un développement spectaculaire, lié au renforcement de son rôle de forteresse-
frontière avec le royaume nasride, jusqu'à la chute de ce dernier au XVᵉ s. Mais
la ville se trouvait quasiment dépeuplée quand Napoléon la fit incendier en 1812.

Au cours de la visite, vous assisterez à la projection d'un passionnant film (en
espagnol, mais avec des sous-titres en anglais sur le mur de gauche) retraçant
l'historique de la forteresse, dans l'enceinte même de la somptueuse église abba-
tiale. On remarquera les tombes ouvertes romaines, musulmanes et chrétiennes
creusées sous la nef. Passé les ruines du village et le quartier militaire, l'imposant
Alcázar et ses fameuses tours recèlent de nombreuses surprises, comme des
projections de scènes de combat sur des plaques de verre suspendues. Ne pas
manquer de monter au sommet de la *torre del Homenaje* pour un panorama des
environs à 360° (à couper le souffle !). La visite de la *bodega* derrière l'Alcázar et
celle de la prison méritent aussi votre attention. Et enfin, les chemins de ronde
permettent de faire le tour complet de la forteresse pour profiter du paysage
exceptionnel. Une plongée au cœur de l'histoire avec des moyens high-tech, à ne
pas manquer.

GRENADE (GRANADA)   (18000)   240 000 hab.

▶ Pour les plans de Grenade, se reporter au cahier couleur.

« Un doigt de la treille, un rai de soleil désignent le lieu où est mon cœur »,
écrivait Federico García Lorca en évoquant Grenade. Il est vrai que, en terre
andalouse, peu d'endroits offrent un tel ravissement. Séduisante, dynamique,
coquette dans son cannage de clairs-obscurs, Grenade reste l'une de nos
villes préférées d'Andalousie. Un site grandiose : la ville est construite au pied
de l'imposante barrière montagneuse de la sierra Nevada. Au premier plan
se détache l'Alhambra, chef-d'œuvre de l'architecture arabe. C'est là que se
réfugièrent les derniers musulmans, alors que les Rois Catholiques gagnaient
sans cesse du terrain. Grenade a bien plus de charme que Cordoue, même
si c'est surtout sur ses collines, là où se trouve l'Alhambra, et dans les vieux
quartiers de l'Albaicín et de Sacromonte, pleins de ruelles tortueuses et pentues bordées de vieilles maisons blanches, qu'il faut aller chercher sa beauté.
Mais Grenade est aussi une grande ville qui bouge, à l'université prestigieuse
fondée au XVIᵉ s par Charles Quint (pas moins de 80 000 étudiants, dont
nombre d'Erasmus !), avec des avenues modernes et encombrées (mettez
votre voiture au parking !), des rues piétonnes étroites, des quartiers vivants,

des nuits fiévreuses... Si vous avez le temps, allez passer aussi une journée dans la sierra Nevada, dont les sommets enneigés donnent à l'Alhambra une magnifique toile de fond (« Les deux rivières de Grenade descendent de la neige au blé », disait le poète), ou encore mieux dans les Alpujarras. Enfin, sachez que Grenade, située à 680 m d'altitude, n'atteint pas en été les pics de chaleur de Séville ou de Cordoue, ce qui, croyez-nous, est bien appréciable !

LE NOM DE GRENADE

Chateaubriand séjourna à Grenade en avril 1807. Il s'en inspira pour écrire son récit *Les Aventures du dernier Abencérage,* qui relate une histoire d'amour impossible entre un noble maure et une princesse chrétienne. Dans cet écrit romantique, il note que « les maisons placées sur la pente des coteaux dans l'enfoncement de la vallée donnent à la ville l'air et la forme d'une grenade entrouverte, d'où lui est venu son nom ».

LA NOSTALGIE DU PARADIS PERDU

Pendant longtemps, dans le monde arabe, on disait de quelqu'un de mélancolique ou de dépressif : « Il songe à Grenade. » Grenade et Al-Andalus apparaissent dans certaines prières de l'islam. Chateaubriand écrit : « Le paradis de Grenade vivait toujours dans leur mémoire ; les mères en redisaient le nom aux enfants qui suçaient encore la mamelle. Elles les berçaient avec les romances des Zégris et des Abencérages. Tous les 5 jours, on priait dans la mosquée, en se tournant vers Grenade. » Encore aujourd'hui, la fin de Al-Andalus et la chute de Grenade, en 1492, représentent, pour nombre d'Arabes, la perte d'un paradis.

UN PEU D'HISTOIRE

Le 2 janvier 1492, à 15h, Boabdil, dernier roi maure de la dynastie des Abencérages, remet les clés de l'Alhambra aux Rois Catholiques. Cela met un terme définitif à 777 ans de présence musulmane en Espagne. L'épopée arabe d'Al-Andalus s'achève à Grenade tandis que Christophe Colomb découvre les Amériques.
Pour Grenade, tout a commencé en 1236. Suite à la reconquête de Cordoue par les chrétiens, les Maures s'y réfugient. Naît alors la dynastie des Nasrides qui, ayant accepté de devenir vassale du roi de Castille, conservera le contrôle de l'émirat de Grenade pendant 250 ans, jusqu'à la fin du XVe s. En échange, les Nasrides devaient verser un tribut annuel aux Rois Catholiques. Ils devaient même épauler ces derniers dans les guerres contre leurs frères musulmans, participant notamment, du côté des chrétiens, au siège de Séville en 1248 !
Mais cette belle entente finit par s'effriter lorsque, en 1476, Moulay Hassan refuse de payer sa dîme au pouvoir espagnol. Profitant de conflits internes chez les Nasrides, les Rois Catholiques décident alors de reprendre Grenade, cette fois pour de bon, en multipliant les offensives contre l'émirat. Les dissensions au sein des familles de l'émirat accélèrent le processus. Ronda puis Málaga tombent. Quelques années plus tard, privée de toute ressource, c'est Grenade qui capitule.

LE PRIX DE LA FOI...

Charles Quint décrète en 1526 que les moriscos (musulmans repentis) doivent adopter la langue, les coutumes et les vêtements des chrétiens. Puis il suspend la mise en vigueur de cette loi en échange d'un tribut versé par la communauté maure pendant 40 ans. Tribut qui lui permettra de financer la construction de son palais à Grenade.

Malgré la promesse d'Isabelle la Catholique de respecter la liberté de culte et de préserver les mosquées, peu à peu, les musulmans sont victimes de persécutions et de violences. C'est maintenant à leur tour de se convertir. Les mosquées sont saccagées, les palais idem, sauf l'Alhambra, dont la splendeur transcende les religions. De la tolérance promise, on passe à la vengeance sauvage. Le petit peuple arabe et juif se fait plus petit encore.

En 1568, Philippe II, le fils de Charles Quint, applique le décret relatif aux *moriscos* sans ménagement et ajoute des mesures visant à priver la communauté de ses droits fonciers et commerciaux. Une révolte éclate à Grenade et dans les Alpujarras, donnant lieu à une véritable guerre civile et se terminant par l'expulsion du royaume de tous les *moriscos* qui y avaient participé.

GRENADE LITTÉRAIRE

Originaire de Fuente Vaqueros, près de Grenade, Federico García Lorca (1898-1936) publie à 20 ans ses premiers poèmes. Très influencé par la vie à la campagne, il sut en exprimer de manière fine et précise toute la force et la noblesse. Il se sent proche de l'âme gitane, et la tauromachie l'inspire. C'est *Romancero gitano* qui le fera connaître en 1928. Puis il y aura *Poeta en Nueva York*, qu'il publiera à l'issue d'un voyage aux États-Unis. Il revient à Grenade en 1936, en pleine terreur phalangiste. On l'arrête comme sympathisant républicain. Il est très rapidement et sommairement exécuté à Víznar la même année.

Washington Irving (1783-1859), quant à lui, considéré comme le véritable fondateur de la littérature américaine et natif de la Grosse Pomme, fait plusieurs périples à travers l'Europe avant de décider, vers 1815, de s'installer pour de bon sur le vieux continent et tombe finalement sous le charme de l'Espagne. Ses pérégrinations ibériques, en tant qu'ambassadeur, le mènent en Andalousie, plus précisément à Grenade, dans l'enceinte même de l'Alhambra. Il y occupera une chambre plusieurs mois durant, récoltant légendes et récits, publiés en 1832 sous le titre de *Contes de l'Alhambra*. Le livre est sur tous les étalages de la ville, dans toutes les langues, mais que cela ne vous rebute pas. La première partie évoque le voyage d'Irving à travers une Espagne encore mythique : les *bandoleros*, les *arrieros* (muletiers) traversant en chantonnant la sierra, le cliquetis des castagnettes qui naît spontanément parmi les villageois... Puis il vous entraîne à travers l'Alhambra, la vallée du Darro, le quartier de l'Albaicín, ensorcelant petit à petit chaque endroit au travers de ses observations de voyageur, des légendes glanées auprès des Grenadins et des récits palpitants de son compagnon Mateo, autoproclamé « fils de l'Alhambra ».

Arriver – Quitter

En avion

✈ **Aéroport Grenade-Jaén** (aeropuerto Federico García Lorca ; hors plan couleur par A1) **:** ctra de Málaga, s/n. ☎ 958-24-52-00 et 23. ● aena.es ● À env 17 km à l'ouest de la ville par l'A 329 en direction de Málaga. Dans l'autre sens, prendre l'A 92 puis l'A 329 vers Grenade (bien indiqué). Petit aéroport, mais kiosque d'infos touristiques, loueurs de voitures, etc. Plusieurs vols/j. pour Madrid, Barcelone, Tenerife, Paris-Orly.

➢ **Bus de/vers l'aéroport :** avec la compagnie *J. González* (☎ 958-49-01-64 ; ☐ 687-43-95-47 ; ● *autocares josegonzalez.com* ●). Bus vers Grenade à chaque arrivée d'avion. Dans le sens inverse, départs à 5h20, 7h10, 8h15, 10h puis ttes les heures (sf à 14h) jusqu'à 20h du palacio de Congresos *(hors plan couleur par B3, angle paseo del Violón et callejón del Angel),* mais le bus s'arrête aussi Gran Vía de Colón (à côté de la cathédrale), avda de la Constitución (au niveau des Jardines del Triunfo puis à proximité de la gare RENFE), à la gare routière et avda Andalucia (à l'angle de la faculté des beaux-arts). Prix : 3 € pour 40-45 mn de trajet. Se procurer la fiche horaire dans un office de tourisme.

➢ *Taxis entre l'aéroport et Grenade :* la course jusqu'au centre de Grenade revient à env 25 € en sem 6h-22h (bagages inclus) ; la nuit, les w-e et j. fériés, compter 28 €. Jusqu'à l'Alhambra ou l'Albaicín, 28 € en journée. Dans les 2 sens, le prix est théoriquement forfaitaire, mais mettez-vous tout de même bien d'accord sur le tarif avant de monter dans le taxi. On peut aussi rejoindre la ville en bus, puis prendre un taxi à la gare : cela revient bien moins cher.

En train

🚅 *Gare ferroviaire (plan couleur A1) :* avda Andaluces. ☎ 902-24-02-02 (n° national). ● renfe.com ● Au nordouest du centre. Pour y aller, bus n°ˢ 4, 6, 9 et 11 depuis la Gran Vía de Colón. Pour aller de la gare au centre, remonter à pied la rue de la gare (avda Andaluces, très courte) jusqu'à l'avda de la Constitución, où les mêmes bus que ci-dessus conduisent à la Gran Vía de Colón. Également un arrêt du bus desservant l'aéroport. Consigne à 100 m en face de la gare (iLocker, tlj 8h30-20h30 ; 5 €/bagage). 📶
Attention, les horaires changent parfois sans crier « gare » !

➢ *De/vers Séville et Almería :* une ligne relie ces 2 villes entre elles, via Grenade, 4 fois/j. De Grenade à Séville 8h48-20h52 ; compter 3h de trajet. Pour Almería, 10h-21h13 ; trajet env 2h30.

➢ *De/vers Madrid :* 2 départs/j., vers 9h et 18h. Env 4h30 de trajet.

➢ *De/vers Valence et Barcelone :* trains à 8h55 (lun, jeu et sam slt) et 21h30 (tlj). Pour Valence, 7h30 de trajet et pour Barcelone, env 12h.

➢ *De/vers Baeza :* mêmes trains que pour Valence et Barcelone, ainsi qu'une liaison à 15h15. Env 2h30 de trajet.

➢ *De/vers Córdoba :* 2 trains rapides/j., à 9h10 et à 18h05. Trajet env 2h20.

➢ *De/vers Algésiras (via Ronda) :* par l'*Andalucía Express,* 3 trains/j. 6h50, 13h45 et 16h35 ; trajet : 4h15.

➢ *De/vers Cadix :* 2 trains/j. (vers 11h20 et 17h) avec changement à Séville ; trajet env 4h30. Tous passent par *Jerez de la Frontera.*

➢ *De/vers Málaga (avec changement à Bobadilla) :* 3 trains/j., à 6h50, 13h45 et 16h35. Trajet : env 3h mais autant d'attente à Bobadilla pour le train de 13h45.

En bus

🚌 *Gare routière (hors plan couleur par B1) :* ctra de Jaén. À 2 km au nordouest du centre. Pour y aller, bus n° 3 ou 33 de la Gran Vía de Colón. Desservie également par le bus de/vers l'aéroport. Pour votre gouverne : il n'y a pas d'office de tourisme officiel à la gare. Celui que vous trouverez là-bas est une agence privée, qui vend des services et les plans.

■ La plupart des destinations sont assurées par la compagnie *Alsa* (☎ 902-42-22-42 ; ● alsa.es ●). La fiche horaire de toutes les liaisons est consultable dans les offices de tourisme. 4 types de bus : *normal, eurobus, supra* et *supra +.* Les 3 derniers offrent plus de confort et plus de place (réduction du nombre de fauteuils), la catégorie *supra* assure un trajet direct et *supra +* propose un service d'hôtesses à bord, portage des bagages, et même du baby-sitting !

➢ *De/vers Madrid (Estación Sur ou intercambiador avda de America) :* 13-16 bus/j. 7h-20h. Nombreux sont ceux qui poursuivent jusqu'à Avda America. Env 5h de trajet pour Estación Sur, 5h30 jusqu'à avda de America. Et 3 bus tlj sf sam *supra +* ou *supra economy* (à 9h, 15h et 20h30 ; env 33 €). Également 1 bus direct pour l'*aéroport de Madrid* (T-4) tlj sf dim à 2h (arrivée à 7h30).

➢ *De/vers Málaga :* env 1 bus/h 7h-21h puis un dernier à 21h30. Trajet : 1h45-2h. Pour info, les bus de 7h et 13h poussent jusqu'à l'aéroport de Málaga (assez bien desservi par les compagnies aériennes *low-cost*) ; trajet : env 2h15.

➢ *De/vers Cordoue :* 8 bus/j. 8h30-20h, dont 1 *supra economy* (le plus rapide aussi) à 10h30. Trajet : min 2h30.

➢ *De/vers Jaén :* env 1 bus/h 7h-20h (trajet : 1h10-1h30).

➤ *De/vers Séville (plaza de Armas) :* 9 bus/j. 7h-20h30, plus 1 départ vers 3h du mat (trajet : 3-3h30).

➤ *De/vers Almería :* env 8 bus/j., dont 5 directs, 6h45-20h30 (trajet : 2h15-3h).

➤ *De/vers Cadix :* 4 liaisons/j., 1 de nuit vers 3h, puis 3 10h-18h30 (trajet : env 5h30).

➤ *De/vers Baeza et Úbeda (via Jaén en général) :* min 7 bus/j. entre ces 2 villes et Grenade (trajet env 2h30 pour Baeza, 2h45 pour Úbeda).

➤ *De/vers Algésiras :* 5 bus/j. 9h-21h (trajet : 4h).

➤ *De/vers Guadix :* env 1 bus/h, 6h30-20h15 (moins fréquent le w-e). Trajet : 1h.

➤ *De/vers Valence via Alicante :* 5 bus/j. dans les 2 sens. Départs de Grenade à 3h30, 10h, 11h30, 15h30 et 23h30 ; selon les bus, trajet Grenade-Alicante en 5h-6h30, Grenade-Valence en 7h45-9h30.

➤ *De/vers Barcelone :* 4 bus/j. à 3h30, 10h, 15h30 et 18h30 (trajet : 13-15h).

➤ *De/vers Denia :* 3 bus/j. à 3h30, 10h et 15h30 (trajet : 7-8h). De Denia, slt 2 bus à 9h45 et 20h15.

■ *Compañía Bonal :* ☎ 958-46-50-22.

➤ *De/vers la sierra Nevada :* en hiver, 3 liaisons/j. en sem (à 8h, 10h, 17h à l'aller ; à 9h, 16h, 18h30 au retour), 4 le w-e (liaison supplémentaire à 15h à l'aller et 13h au retour). En été, 1 départ de Grenade vers 9h, retour à 17h. Trajet : 1h pour 5 € l'aller.

En voiture

On le dit, on le répète et on le répétera encore : la voiture est à bannir à Grenade. Une grosse partie du centre-ville est en accès restreint : taxis, bus, véhicules municipaux et résidents sont les seuls autorisés à y circuler, ainsi que les clients des hôtels, après avoir dûment réservé et communiqué leur numéro d'immatriculation. Cela permet aux piétons de passer une visite tranquille, mais apportera aux automobilistes fraîchement débarqués leur lot de maux de tête... Franchement, le plus simple est de stationner dans l'un des parkings situés aux abords du centre-ville, puis de gagner l'hôtel en bus, en taxi ou à pied. Du parking de la gare routière, les bus n°s 3 et 33 vous amènent dans le centre. Le parking du « Palacio de Exposiciones y Congresos » a, lui, le mérite d'être à portée de marche de l'office de tourisme.

Topographie de la ville et transports

Grenade est une ville assez étendue, mais on s'y repère facilement. La *plaza Isabel la Católica (plan couleur B2-3)* constitue l'un des principaux centres névralgiques, car deux artères principales s'y croisent : la *Gran Vía de Colón,* qui traverse le centre et remonte jusqu'au quartier de la gare routière (au nord) ; et la *calle Reyes Católicos,* qui débouche à l'ouest (via la puerta Real et la calle Recogidas) sur le périph *Camino de Ronda,* et à l'est sur la plaza Nueva, qui est un peu la porte d'entrée du centre historique. Mais attention, ces grands axes sont en accès limité, réservés aux clients des hôtels (qui transmettront votre numéro de plaque minéralogique aux services de police). Vous pouvez donc les emprunter, mais à l'unique condition d'avoir une réservation préalable. De plus, certains tronçons sont totalement interdits aux voitures (et prenez garde à ne pas suivre un automobiliste ignorant ou récalcitrant !). Tout est filmé et vous risquez de recevoir une contravention, voire de perdre quelques points ! Il semblerait que les étrangers soient pour l'instant traités avec un peu plus de mansuétude (surtout avec un véhicule de location), mais ce n'est pas la peine de tenter le diable... Bref, on vous conseille vivement de garer votre voiture dans l'un des nombreux parkings bien desservis par les transports urbains.

– Très bon *réseau de bus urbains (Rober,* ☎ 900-710-900 ; ● *trans portesrober.com* ● *pour infos),* assez facile, même pour le routard fraîchement débarqué. Le trajet coûte 1,20 € (on paie dans le bus), mais on peut acheter (toujours dans le bus) une carte en plastique valable pour 7, 14 ou 28 voyages, à 5, 10 et 20 €, ce qui réduit de moitié le coût unitaire du billet (également abonnement mensuel à 41 €). Ces billets multivoyages, sauf l'abonnement mensuel, sont utilisables par plusieurs voyageurs en même temps : compostez votre coupon autant de fois qu'il y a de passagers (intéressant pour les familles). Pour info, même si vous voyagez en famille, 14 voyages devraient suffire, le centre-ville n'est pas si grand.

– Il existe aussi un nouveau *tramway* (inauguration fin 2013-début 2014), mais son unique ligne ne dessert pas le centre et ne sera donc guère utile au visiteur de passage. À moins de garer son véhicule dans un parking-relais, puis de combiner le tram avec un bus...

– Tout le *quartier des rues semi-piétonnes* (certains véhicules sont autorisés à circuler) autour de la cathédrale se trouve à 5 mn à pied de la plaza Isabel la Católica. On trouve en son centre la *plaza Bib-Rambla* et, à deux pas, la *plaza Trinidad*. Beaucoup d'hôtels dans cette zone. L'office de tourisme donne un excellent plan.

– *L'Alhambra* est perchée sur une colline à l'est du centre-ville. On y accède à pied en 25 mn environ, mais ça grimpe sec. Des minibus (n° 30) y montent depuis la Gran Vía de Colón ou depuis la calle Pavaneras à l'angle de la plaza Isabel la Católica. Très pratiques, très fréquents (toutes les 5-10 mn 7h20-22h) et pas chers (1,20 €).

– Le vieux quartier de l'*Albaicín (zoom couleur)*, lui, se situe au nord-est du centre, en face de l'Alhambra. De là, on a une vue superbe à la fois sur le palais et la ville. C'est dans ce quartier que se retrouve le charme de Grenade. Depuis la plaza Nueva, bus n° 31.

– Le dernier quartier, *Sacromonte*, se trouve derrière l'Albaicín, sur la même colline *(hors plan couleur par D2)*. On peut s'y rendre par les bus n°s 31 et 35 (départ de la plaza Nueva), qui mènent à l'entrée du *camino del Sacromonte*, au niveau de la casa del Chapiz ; mais il reste un bout de chemin à pied. Y grimper à pied peut s'avérer assez pénible, surtout un jour de cagnard, mais le retour, en descente, est beaucoup

plus rapide (10-15 mn jusqu'à la plaza Nueva) !

Parkings

On vous le répète : oubliez la vilaine voiture polluante au parking et sillonnez la ville sur vos lestes gambettes écologiques. C'est assez cher (compter 15-25 €/j.) mais, croyez-nous, vous ne le regretterez pas !

🅿 L'un des parkings les plus centraux est le *parking San Agustín (plan couleur B2)*, sur la plaza du même nom, à deux pas de la Gran Vía de Colón et de la cathédrale, mais c'est le plus cher et il n'est pas facile à atteindre. Mieux vaut opter pour le *parking Puerta Real (plan couleur B3)*, plaza del Campillo, facilement accessible car situé sur un grand axe. De l'autre côté de la plaza del Campillo, une option moins chère, le *parking Ganivet (plan couleur B3)*, dans la rue éponyme. En descendant la c/ del Darro, le nouveau *Geysepark (paseo del Violón, hors plan couleur par B3)* est économique et dispose d'un grand nombre de places. Tout au bout de la Gran Vía de Colón, non loin de la gare ferroviaire, le *parking Triunfo (plan couleur B1)*, avda de la Constitución, peut également être utile, notamment si vous logez du côté de la plaza Trinidad et du monastère San Jerónimo. Nombre d'hôtels du coin proposent d'ailleurs des réducs dans ce parking. Enfin, pour ceux qui souhaitent se rendre à l'Alhambra en voiture, il y a naturellement un parking à côté du fameux site, le *parking de l'Alhambra (hors plan couleur par D3)*, accessible par le périph en suivant les panneaux « Alhambra ». Attention, les caisses automatiques de ce parking n'acceptent que les petites coupures et la carte *Visa*.

Bon à savoir pour ne pas payer le parking la nuit : en zone bleue, autour du centre interdit à la circulation, le stationnement est payant de 9h à 20h30, mais gratuit la nuit et ainsi que de 14h à 16h dans certains quartiers. Pensez à alimenter l'horodateur (0,80 €/h) car les gendarmettes passent toutes les 30 mn environ et vous laissent un billet doux de 40 € !

Adresses utiles

Infos touristiques

🛈 @ *Office de tourisme de la ville de Grenade* (plan couleur B3) : pl. del Carmen, s/n (dans l'ayuntamiento, la mairie). ☎ 958-24-82-80. ● grana datur.com ● Lun-sam 10h-19h, dim et j. fériés 10h-14h. On y trouve toutes les infos sur la ville : plans, audioguides et *passes*, horaires des musées, actualités culturelles, visites guidées, etc. Accès Internet gratuit (15 mn max).

🛈 *Office de tourisme de la province de Grenade* (Turismo de Granada ; plan couleur B3) : pl. Mariana Pineda, 10. ☎ 958-24-71-28 et 46. ● turgranada.es ● Dans le centre, proche du parking Puerta Real. Lun-ven 9h-20h (19h en hiver), sam 10h-19h, dim et j. fériés 10h-15h. Accueil très sympa. On y parle le français. C'est ici que vous trouverez les meilleures infos sur Grenade et sa province. Plans gratuits de la ville et des lignes de bus, horaires des transports (trains, bus), brochures diverses, y compris sur les proches environs, histoire de faire des excursions dans la région. Ce bureau devrait déménager courant 2014, dans un ancien collège à proximité de la cathédrale.

🛈 *Office de tourisme d'Andalousie* (Junta de Andalucía ; zoom couleur C2) : c/ Santa Ana, 4. ☎ 958-57-52-02. ● andalucia.org ● À côté de l'église Santa Ana, face à la pl. Nueva. Lun-ven 9h-19h30, w-e 9h30-15h. Pas de possibilité de se garer à proximité. Plutôt pour des infos sur l'Andalousie en général, mais ils ont beaucoup de doc aussi sur la ville (liste des musées avec horaires et prix, horaires des bus et des trains, très bons plans détaillés...). Très efficaces, certaines hôtesses parlent le français.

◼ *Tienda-Librería de la Alhambra* (plan couleur B2, 9) : c/ Reyes Católicos, 40. ☎ 958-22-78-46. ● info@ alhambratienda.es ● alhambratienda. es ● Tlj 9h30-20h30. À deux pas de la plaza Nueva, la boutique officielle de l'Alhambra. Bien sûr, tous les objets dérivés, mais surtout la possibilité d'acheter ses entrées pour l'Alham-

bra (pas pour le jour même, cependant), ou de retirer les places achetées sur Internet ou par téléphone. Très pratique, ça permet d'éviter la file d'attente le lendemain matin, par exemple !

Représentations diplomatiques

◼ *Agence consulaire de France* (plan couleur A2-3, 1) : c/ Carlos Pareja, 5. ☎ 958-26-14-47. ● consulfrance_gre nade@yahoo.es ● Lun-ven 9h-14h, 17h30-21h30. Nº d'urgence : 📱 606-34-41-31. Mme la consule honoraire s'occupe aussi de *La Maison de France* ● lamaisondefrance.org ●, une société privée qui donne des cours d'espagnol, organise des échanges linguistiques et autres manifestations culturelles entre la région de Grenade et la France (même adresse que l'agence consulaire). Libre accès à Internet.

◼ *Consulat de Belgique* (hors plan couleur par A3) : c/ Neptuno, 6, 1°A. ☎ 958-25-16-31.

Poste et télécommunications

✉ *Poste* (Correos ; plan couleur B3) : puerta Real. Lun-ven 8h30-20h30, sam 9h30-14h. Guichet Western Union à l'intérieur.

@ *Internet :* les cybercafés disparaissent peu à peu sous l'effet du tout-puissant wifi (gratuit sur les principaux axes et les places du centre-ville). En voici néanmoins quelques-uns qui s'accrochent :

– *Azahara* (plan couleur B2, 2) : c/ Colcha, 4. Tlj 9h30-23h30.

– *Mona Lisa* (plan couleur A2, 3) : c/ Buensuceso, 22. Tlj 11h-22h (23h en été).

– Et enfin, accès gratuit à l'*office de tourisme municipal* de la plaza del Carmen (limité à 15 mn) et à la *Maison de France* (voir plus haut).

Change et retrait

◼ On trouve les *grandes banques* (Caixa, Banco Central, Banco Bilbao, Banco Santander... ; lun-ven 8h30-14h) partout dans le centre, notamment autour de la plaza Isabel la Católica *(plan couleur B2-3)* et sur la Gran Vía de Colón *(plan couleur B2)*. Elles font toutes le change et possèdent un ou plusieurs distributeurs.

– Pour trouver un guichet *Western Union,* c'est à la poste qu'il faut aller (voir ci-avant).

Santé, urgences

■ *Croix-Rouge :* c/ Escoriaza, 8. ☎ 958-22-14-20.

✚ *Hospital Virgen de las Nieves (hors plan couleur par A1) :* avda Fuerzas Armadas. ☎ 958-02-00-00.

■ *Commissariat de police (plan couleur B3, 5) :* pl. de los Campos. ☎ 958-80-80-00 ou 092 (nº national). Tlj 24h/24. Pour tout problème.

■ *Objets trouvés (plan couleur B3) :* à la mairie (ayuntamiento), pl. del Carmen. ☎ 958-24-81-03. Lun-ven 8h30-13h30. Pour les objets trouvés dans le bus, s'adresser au bureau de *Transportes Rober :* edificio Montes Orientales, Acera del Darro, 30 ; ☎ 958-22-04-50 ; lun-ven 8h-15h.

Location de voitures

■ *Avis/Budget :* avda Andaluces, s/n (à la gare ferroviaire). ☎ 958-25-23-58. À l'aéroport : ☎ 958-44-64-55.

■ *Europcar :* avda Andaluces, s/n (à la gare ferroviaire). ☎ 958-29-50-65. À l'aéroport : ☎ 958-24-52-75.

■ *Hertz :* Fuente Nueva, s/n, edificio Center Hotel. ☎ 958-20-44-54.

Moins chers toutefois sont les loueurs locaux, comme :

■ *Goldcar Spain :* à l'aéroport : ☎ 965-23-31-75. ● goldcar.es ●

Divers

■ *Lavanderia TLavo (hors plan couleur par B1, 6) :* c/ Real de Cartuja, 67. ☎ 958-80-44-09. Lun-sam 10h-15h, 17h-20h. 🛜 Hors plan, mais se rejoint aisément à pied. Laverie en self-service. Coût d'une machine (lavage et séchage) : env 9 €.

■ *Laverie Duquesa (plan couleur A2, 8) :* c/ Duquesa, 24. Lun-ven 9h30-14h, 17h-21h, plus sam mat. Ce n'est pas un self-service, on lave pour vous. Machine à partir de 5 €.

■ *Ecoway (plan couleur C2, 7) :* pl. Cuchilleros, 6. ☎ 958-05-06-91. 📱 672-22-88-90. ● ecowayrental.com ● À proximité de la pl. Nueva. Loc de vélos classiques ou électriques 4 €/h, 18 €/j. Roulez écologique et économique, mais pour aller dans l'Albaicín, à l'Alhambra ou à Sacromonte, il y a de sacrées montées !

■ *Segway (zoom couleur C2, 10) :* c/ Santa Ana, 2. ☎ 958-16-36-84. ● playsegway.com ● Résa conseillée, par tél ou sur leur site. Organise des balades thématiques guidées en Segway (ces espèces de trottinettes électriques !) à travers toute la ville. Après une petite initiation au maniement de l'engin, roulez jeunesse ! Pratique dans cette ville tout en collines, où les grimpettes peuvent prendre du temps. La plupart des itinéraires partent de la plaza Santa Ana *(ttes les 2h 10h-20h ; 10h-18h en hiver),* durent 1h30-2h et coûtent env 40 €/personne ; 5 € de réduc si on se présente sans résa, mais dans ce cas, aucune certitude d'avoir de la place !

Où dormir ?

Les *backpackers* ont de la chance : il existe à Grenade plein de super AJ privées, installées dans des maisons anciennes du vieux quartier de l'Albaicín ou autour de la très vivante plaza Trinidad. L'ambiance y est extra et on y croise des routards du monde entier. Pour plus de confort, il suffit de choisir parmi la pléthore de pensions, *hostales* et hôtels de qualité que recèle la ville. Bonne nouvelle : ici, la concurrence tire les prix vers le bas, ce qui permet de se loger très correctement sans se ruiner. La haute saison se situe autour d'avril, mai, septembre et octobre (avec la fameuse super haute saison de la Semaine sainte !), mais même en plein hiver, la réservation s'avère indispensable le week-end. Certains hôtels possèdent un parking privé, d'autres proposent des réducs dans certains parkings publics. Dans les deux cas, ce n'est jamais offert par la maison, toujours assez cher et quasiment indispensable vu la configuration de la ville. La connexion wifi est toujours gratuite, sauf exception (dans ce cas, nous l'indiquons).

AUBERGES DE JEUNESSE

🏠 **Oasis Backpackers' Hostel** (zoom couleur B2, **20**) : placeta Correo Viejo, 3, 18010. ☎ 958-21-58-48. ● reservation@oasisgranada.com ● hostelsoasis.com ● Un peu perdu dans le dédale de ruelles de l'Albaicín mais pas très loin de la pl. Nueva. Nuitée 12-24 €/pers en dortoir avec sdb, petit déj en sus. Dîner 5 €. 🖥 🛜 Gérée par un Argentin, voilà une chouette AJ privée d'environ 90 lits, conviviale et très bien tenue ! Ceux qui ont apprécié sa petite sœur à Séville ne seront pas déçus. Elle s'organise sur plusieurs niveaux autour d'un puits de lumière, avec des balcons intérieurs en bois garnis de plantes grimpantes. Dortoirs de 6 à 10 lits (avec sanitaires, frigo et casiers individuels). Évitez la chambre la moins chère, juste à côté du salon ! Une bonne idée : le staff propose chaque soir une tournée des bars à tapas du quartier, histoire de favoriser les rencontres. De plus, boisson de bienvenue à prendre au bar, cuisine équipée, barbecue et terrasse sur le toit. Waouh !

🏠 **Rambutan Backpacker's Guesthouse** (plan couleur D2, **21**) : Verea Enmedio Baja, 28, 18010. ☎ 958-22-07-66. ● rambutangranada@hotmail.com ● rambutangranada.com ● De la pl. Nueva, bus n° 31 ou 32 vers l'Albaicín ; descendre au début du camino del Sacromonte et le remonter sur env 200 m ; au n° 19, prendre l'escalier sur la gauche puis la c/ de la Chumberas sur la droite. Grimper ensuite la petite cuesta Juanillo Gallino, l'AJ est plus haut sur la gauche. Congés : 23-26 déc. Nuitée 15 €/pers, avec petit déj. 🖥 🛜 Ici, on viendra autant pour la vue étonnante sur l'Alhambra juste en face que pour l'ambiance baba très très cool. La promiscuité aidant, les amitiés se nouent facilement sur la terrasse recouverte de coussins ou dans le salon décoré de fresques murales. À part ça, l'auberge est plutôt sommaire, proposant 3 dortoirs de 4 ou 5 lits, une chambre double et un ballon d'eau chaude qui se vide vite. Cuisine, baby-foot, livres et jeux à dispo, instruments de musique et vélos. Une bonne adresse bohème pour les routards à l'ancienne.

🏠 **Makuto Backpacker's Guesthouse** (zoom couleur C2, **22**) : c/ Tiña, 18, 18010. ☎ 958-80-58-76. ● info@makutoguesthouse.com ● makuto.net ● En plein Albaicín, dans une ruelle pentue en contrebas du monastère Santa Isabel la Real. Selon saison, nuitée en dortoir 15-20 €/pers, doubles 52-70 €, petit déj inclus. 🛜 Dortoirs de 4-8 lits (dont un réservé aux filles), avec ou sans salle de bains, dans une vieille maison typiquement biscornue. Également plusieurs chambres agréables, dont une suite, donnant sur l'Alhambra. Ça manque un peu d'intimité, mais l'ambiance est très très relax, notamment dans le « coin hamacs » surmonté d'une plate-forme pour prendre le soleil. On peut même fumer une chicha tranquille sous une tente marocaine ! Petit salon TV avec DVD, cuisines, laverie, casiers et local de sécurité. Digicode à l'entrée des chambres. Organise de nombreuses activités. Accueil, là aussi, très chaleureux !

🏠 **Funky Backpacker's Hostel** (plan couleur A2, **23**) : c/ Conde de las Infantas, 15-17, 18001. ☎ 958-80-00-58. ● funkygranada@funkyhostels.es ● funkyhostels.es ● Nuitée 12-22 €/pers selon saison, en chambre double ou dortoir 4-6 pers, petit déj (assez complet) inclus. Parking 10 €/j. 🖥 🛜 À proximité de la plaza Trinidad, cette AJ privée propose des chambres doubles avec AC et frigo (et même une avec terrasse privée), organisées sur 3 niveaux autour d'un relaxant patio. Les dortoirs sont mixtes, à l'exception d'un réservé aux filles. Le tout est équipé de sanitaires très propres, d'une laverie et de cuisines communes. On aime bien la terrasse chauffée sur le toit et son petit salon attenant plein d'instruments de musique. Organise chaque jour des excursions avec des guides de la ville, des virées dans les bars à tapas ou des soirées paella préparée collectivement. La patronne, Carmen, ancienne prof de français, est d'excellent conseil et renseigne ses hôtes aussi bien qu'un office de tourisme !

◆ **Barbieri Granada Hostel** *(plan couleur A2, 37) :* c/ Fábrica Vieja, 8, 18002. ☎ 958-27-50-13. ● granada@ barbierihostel.com ● barbierihostel. com ● *Nuitée en dortoir 10-15 €/pers selon saison. Doubles sans ou avec sdb 26-45 €, petit déj inclus. Parking public 10 €.* 🖵 🛜 Située dans une ruelle piétonne à deux pas de l'animation, cette petite AJ privée est le dernier rejeton d'une minichaîne originaire de Madrid. En tout, 28 lits répartis entre des chambres doubles et des dortoirs de 4 lits. Chambres bien arrangées et colorées, certaines avec balcon ou salle de bains à l'intérieur. À chaque étage, les vastes salles de bains communes sont nickel et ne se partagent pas à plus de 3 chambres. Bons équipements collectifs : clim partout, cuisine, petite terrasse sur le toit, laverie, salon TV. Accueil extra. Encore un excellent rapport qualité-prix.

◆ **Funky Meridiano** *(plan couleur A2, 38) :* c/ Angulo, 9, 18002. ☎ 958-25-05-44. ● meridiano@funkyhostels. es ● funkymeridiano.com ● *Nuitée en dortoir 10-12 €/pers ; doubles avec lavabo 25-35 €, avec sdb 35-42 €. Pas de petit déj. Parking 10 €.* 🖵 🛜 À mi-chemin entre l'*hostal* et l'AJ privée, ce petit établissement coloré propose des dortoirs de 2 à 4 lits et des chambres doubles d'un confort correct. C'est simple mais très bien situé, tenu avec soin et assez calme. Cuisine à dispo, thé et café gratuits, AC et terrasse sur le toit (barbecue possible !). Organise également des visites guidées des *cuevas* ou de l'Albaicín. Accueil très gentil.

◆ **Albergue Inturjoven Granada** *(hors plan couleur par A1, 24) :* avda Ramón y Cajal, 2, 18003. ☎ 955-03-58-86 (central) ou 958-00-29-00. ● granada. it@juntadeandalucia.es ● inturjoven. com ● ♿ *Un peu excentrée, mais proche de la gare ferroviaire, et finalement à 10-15 mn à pied de la pl. Trinidad. Selon saison, nuitée en dortoir 16-27 € jusqu'à 25 ans, 18-31 € pour les autres, petit déj inclus. Repas 8 €. Carte FUAJ obligatoire. Parking gratuit dans cette zone.* 🖵 🛜 *(gratuit dans le hall, payant dans les chambres).* Un

bâtiment moderne vraiment moche, qui a au moins l'avantage d'être fonctionnel et très bien tenu. La plupart des chambres et dortoirs disposent de leur propre salle d'eau attenante. Laverie, et pas mal d'autres services. Niveau ambiance, c'est zéro, mais ça peut dépanner si les AJ privées n'ont plus de place.

APPARTEMENTS

Vous trouverez sur ● *vivegranada. com* ● une liste d'appartements en location, une solution intéressante si vous voyagez en famille, avec un groupe d'amis ou pour des séjours un peu prolongés.

◆ **Apartamentos Santa Ana** *(zoom couleur C2, 28) :* c/ Puente Cabrera, 9, 18009. ☎ 958-22-81-30. 🖵 647-77-41-73 *(n° spécial en français).* ● reser vas@apartamentos-santaana.com ● apartamentos-santaana.com ● *Pas d'accès en voiture. Parking Puerta Real ou Ganivet. Résa impérative. Apparts 57-75 € pour 2 pers, 80-130 € pour 4 et 120-170 € pour 6 selon saison ; min 2 nuits. Souvent des promos sur leur site.* 🛜 Agréablement situé derrière la carrera del Darro, dans le prolongement de la plaza Nueva. Propose des appartements modernes, vastes, clairs et confortables, avec cuisine équipée. L'un d'entre eux, au dernier étage, dispose d'une grande terrasse panoramique, avec vue sur le Darro. Bon accueil, et plus encore pour nos lecteurs. Si c'est complet, ils possèdent aussi des appartements confortables à quelques pas, dans la calle San Juan de los Reyes, dans le bas de l'Albaicín.

◆ **Abadia Aparts** *(plan couleur B1, 29) :* c/ Real de la Cartuja, 8, 18012. ☎ 958-27-19-79. ● abadiaaparts@ gmail.com ● abadiaaparts.com ● *Apparts 2 pers 49-79 €/j., 4 pers 79-144 €/j. selon saison.* 🛜 Mêmes propriétaires que l'*Abadia Hotel*, à environ 800 m de là. Presque aux frontières de l'Albaicín, un bel édifice du XVIIe s, rénové de fond en comble et réaménagé en appartements de 1 ou 2 chambres doubles, plutôt vastes, et tout confort côté équipement (cuisine, salle de bains et mobilier : tout est neuf !). Autour du beau patio à galerie de bois, les briquettes et les poutres anciennes ont été conservées, ce qui donne bien du cachet à l'ensemble. Tout le linge de maison est fourni, le ménage régulièrement fait : comme à l'hôtel, mais avec la liberté qu'offre un appartement !

🏠 *Granada Inside (plan couleur C3, 31) :* c/ Molinos, 18, 18009. ☎ 958-22-42-77. ● info@granadainside. com ● granadainside.com ● Apparts 2 pers 49-180 € selon confort et saison, ménage final compris (selon taille jusqu'à 6-7 pers). Séjour d'1 nuit possible en sem. Parking proche. 🛜 Sympathique agence qui loue des appartements à la décoration contemporaine, situés dans différents quartiers de Grenade et aussi dans la sierra Nevada. Les plus charmants sont peut-être ceux de *Horno de Oro,* dans l'Albaicín : grands volumes, beaux parquets et bon confort. Mais on a bien aimé aussi ceux de la *Casa Alberca,* une ancienne *corrala* du XVIᵉ s située dans le Realejo : spacieux, aménagés avec goût et très bien équipés (cuisine complète, salon, AC, wifi, parfois machine à laver). La plupart des appartements possèdent 2 chambres et un ou plusieurs canapés-lits dans le salon : les familles ou les groupes d'amis n'y seront pas à l'étroit ! D'ailleurs, mieux vaut être au moins 3 ou 4 en haute saison, car les apparts sont alors loués à prix fixe, quel que soit le nombre de personnes.

🏠 *Apartamentos Turísticos Alhambra (zoom couleur C2, 30) :* placeta de las Escuelas, 2, 18010. ☎ 958-04-98-07. 📱 635-57-46-02. ● info@aparta mentosalhambra.es ● apartamentosal hambra.es ● En plein Albaicín. Apparts 2 pers min 60 €, jusqu'à 190 € selon confort et saison. Sur présentation de ce guide, réduc de 10 % pour tte résa directe (hors fêtes). 🛜 Derrière la façade très sobre et autour d'un charmant patio, un édifice étonnant, qui intègre les vestiges d'une majestueuse tour médiévale du XIᵉ s (superbe vue sur l'Alhambra depuis son faîte). La réhabilitation, intelligente, mêle les briques mudéjares (d'époque, elles aussi) aux parois de verre nettement plus récentes, qui laissent le regard courir sur les vieilles pierres. À peine 7 appartements, de tailles diverses (comme

les tarifs, qui augmentent au gré des étages !), mais pas immenses : une chambre double, une cuisine-salon, et un canapé-couchage (bien pour 1 ou 2 enfants, ou 1 adulte). Équipement et décoration soignés, agréables parties communes, et des petits plus qui font la différence, comme le café, le thé ou les confitures à disposition. En été, on peut utiliser la piscine du *carmen* voisin. Accueil attentionné en français, mais tarifs un peu surestimés (ah ! le charme de l'Albaicín !). Pour info, la maison dispose aussi d'appartements plus vastes (jusqu'à 5-6 personnes) et tout confort à quelques mètres.

PENSIONES, HOSTALES ET HOTELES

Dans le centro (quartier de la cathédrale et de l'université)

Les ruelles autour de la cathédrale sont pour la plupart piétonnes. Très joli, assez calme, mais pour les automobilistes, un peu casse-bonbons. Passez à votre hôtel déposer vos bagages, ils vous donneront les indications pour le parking le plus proche (parfois avec réduc).

Bon marché (30-45 €)

Nombreux *hostales* et pensions abordables et d'un confort très honnête autour de la plaza Trinidad *(plan couleur A-B2).* Le quartier est assez commerçant et moins bruyant et festif que celui de la plaza Nueva, à quelques encâblures à peine. Un bon choix pour rayonner dans la ville.

🏠 *Hostal Rodri (plan couleur A2, 34) :* c/ Laurel de las Tablas, 9, 18002. ☎ 958-28-80-43. ● info@hostal rodri.com ● hostalrodri.com ● Doubles 40-45 € selon saison. Parking 12 €. 🛜 À deux pas de l'agréable plaza Trinidad, dans une ruelle calme, cet hôtel entièrement restauré nous a charmés par ses chambres colorées et confortables, la plupart avec balcon ou petite terrasse, ses lits en fer forgé aux matelas moelleux, ses belles et grandes salles de bains clinquantes et ses prix raisonnables. Petits salons cosy (l'un avec grand écran et Chesterfield), escalier en marbre. Un lieu nettement moins kitsch que l'entrée ne le laisse craindre, et rendu chaleureux par un jeune couple adorable et plein d'attention pour ses hôtes. L'un de nos meilleurs rapports qualité-prix dans cette catégorie.

■ *Pensión Mesones (plan couleur B2, 35) :* c/ Los Mesones, 44, 18001. ☎ 958-26-32-44. ● mesones44@hotmail.com ● hostalmesones.es ● *Doubles avec ou sans sdb 30-55 €, petit déj compris. Apparts 3-4 pers 55-160 € selon saison. Parking public La Paz à 50 m.* ☏ On aime bien cette pension familiale, accueillante et rutilante de propreté. Nombreux bibelots, céramiques et gravures de la ville au XIXᵉ s égaient joliment les parties communes. Puis on découvre les chambres, pas bien grandes mais très coquettes, avec TV, AC et dessus-de-lit assortis aux rideaux. Vraiment bien pour le prix et plébiscité par nos lecteurs.

■ *Hospedaje Almohada (plan couleur B2, 36) :* c/ Postigo de Zárate, 4, 18001. ☎ 958-20-74-46. ▯ 627-47-25-53. ● hospedajealmohada@yahoo.es ● laalmohada.com ● *Résa conseillée. Double avec lavabo (sanitaires communs à chaque étage) 36 €, triple 51 € ; 15 €/pers en dortoir. CB refusées.* ☏ Petite pension centrale cachée au fond d'une impasse. Charmant ensemble autour d'un puits de lumière, aux murs blanchis à la chaux égayés de plantes vertes et de touches de couleur (Mercédès, la patronne, fait dans l'artisanat et son mari dans la peinture). Chambres agréables et hyper propres, avec un petit air rustique charmant, mais vérifier quand même la literie. 3 salles de bains impeccables, une par étage. Vraie cuisine à dispo, salon cosy, bonne ambiance un poil bohème et accueil attentionné. Une adresse pas comme les autres !

■ *Hostal Londres (plan couleur B2, 32) :* Gran Vía de Colón, 29, 18001. ☎ 958-27-80-34. ● reservas@pensionlondres.com ● pensionlondres.com ● *Doubles sans ou avec sdb 30-38 €. Pas de petit déj.* Un simple appartement transformé en pension, qui offre

de petites chambres pimpantes, avec salle de bains privée ou à partager. C'est calme, propre et hyper bien situé. Certes, la déco reste simple, l'AC et la TV sont un peu vieillissants, mais pour le prix il n'y a pas de quoi crier au scandale ! D'autant qu'en cadeau bonus, l'*hostal* possède une terrasse d'où l'on peut admirer le coucher de soleil sur les toits de la ville et sur un bout de l'Alhambra. Accueil un peu bourru, mais finalement plein de bons conseils.

■ *Hostal Zacatín (plan couleur B2, 39) :* c/ Ermita, 11, 18001. ☎ 958-22-11-55. ● hostalzacatin@hotmail.com ● hostalzacatin.es ● *Résa conseillée. Doubles sans ou avec sdb 28-35 €, familiales à pers 50-65 €.* ☏ *Réduc de 10 % sur les doubles nov-fév sur présentation de ce guide.* Entrer par l'Alcaicería, joli souk arabe aujourd'hui récupéré par les boutiques à touristes, ou directement par la plaza Bib-Rambla. Lieu un peu bruyant le matin. Chambres vraiment basiques et sans fioritures, mais propres. Également des triples et une familiale. Les nᵒˢ 17 et 18 ont un balcon donnant sur l'Alcaicería. Attention, certaines sans chauffage sont frisquettes en hiver. Accueil attentionné.

■ *Pensión Zurita (plan couleur A2, 40) :* pl. Trinidad, 7, 18002. ☎ 958-27-50-20. ● pensionzurita@gmail.com ● pensiongranada.com ● *Doubles sans ou avec sdb 30-42 €. Parking 12 €.* ☏ Toujours dans le même coin. C'est autour d'un timide patio fleuri et couvert que s'ordonnent les chambres, étroites pour certaines (en visiter plusieurs). Certaines d'entre elles, équipées de double vitrage, donnent sur la place. Déco assez kitsch dans les parties communes (fleurs en plastique et puzzles accrochés aux murs), mais chambres plaisantes et d'excellente tenue, y compris les salles de bains communes. Bref, encore un rapport qualité-prix remarquable. Très gentil accueil.

■ *Pensión San Joaquín (plan couleur B1, 41) :* c/ Mano de Hierro, 14-16, 18001. ☎ 958-28-28-79. ● info@pensionsanjoaquin.com ● pension sanjoaquin.com ● *Dans une ruelle calme, à deux pas du monasterio San Jerónimo. Doubles sans ou avec sdb*

30-40 €. 🛜 Le vieux comptoir en bois de la réception annonce la couleur : vieillot, certes, mais bien tenu ! Toute la pension est à cette image : chambres simples au confort rustique, de tailles variables mais toutes climatisées et chauffées, et organisées sur 2 niveaux (ascenseur) autour de 2 vastes patios frais et lumineux, où il fait bon bouquiner sur une chaise en osier entre les nombreuses et luxuriantes plantes vertes. Une adresse dans son jus, loin du foisonnement des touristes, à l'accueil discret et efficace.

De prix moyens à chic (45-100 €)

🏨 **Hostal Lima** (plan couleur A2, **42**) : c/ Laurel de las Tablas, 17, 18002. ☎ 958-29-50-29. ● info@hostallima granada.eu ● hostallimagranada.eu ● ♿ Doubles et suites avec sdb entre 50-75 € selon saison. Petit déj 7 €. Parking 14 €. 🖥 🛜 Réduc de 10 % en basse saison sur présentation de ce guide. Incontestablement le meilleur rapport qualité-prix de ce quartier agréable, bénéficiant de l'accueil chaleureux et volubile de Carmen, la joyeuse proprio. Différentes catégories de chambres (réparties dans 2 bâtiments historiques, Lima I au n° 17 et Lima II au n° 13). Les moins chères sont charmantes, de tailles variées, gaies et confortables (TV, AC). Les suites, dans le bâtiment voisin, sont immenses, rénovées et relookées. Et les salles de bains sont partout étincelantes et d'un design dernier cri ! Évidemment, tout le monde n'est pas obligé de partager le goût de l'adorable patronne pour ce genre de déco très chargée, romanorococo chic, voire franchement médiévale, avec armure et tout, dans la salle de petit déjeuner ! Afrodisias et Venus y Marte sont de vrais petits nids d'amour pour couple en voyage de noces. Une adresse très appréciée de nos lecteurs, à raison.

🏨 **Hotel Los Tilos** (plan couleur B3, **44**) : pl. Bib-Rambla, 4, 18001. ☎ 958-26-67-12 et 51. ● reservas@hotellos tilos.com ● hotellostilos.com ● Accès difficile en voiture. Se garer au parking Puerta Real. Réception au 1er étage.

Doubles 50-80 € selon saison, petit déj inclus. 🛜 Un hôtel à la situation privilégiée, sur l'une des places les plus animées de la ville. Entrée rutilante, avec escalier de marbre et dorures. Sur les 24 chambres, toutes d'excellent confort, 8 donnent sur la place (les plus chères, mais pas les plus calmes malgré le double vitrage) et 4 offrent une superbe vue sur l'Alhambra et la sierra Nevada. Tâchez d'avoir l'une d'elles ! Belle terrasse sur le toit, mais pas pour le petit déj-buffet, servi dans une salle toute en longueur.

🏨 **Abadía Hotel** (plan couleur B1, **45**) : c/ Triana Baja, 7, 18001. ☎ 958-27-19-79. ● abadiahotel@gmail.com ● aba diahotel.com ● ♿ À mi-chemin entre la gare ferroviaire et la cathédrale, dans une ruelle fort calme. Doubles 39-85 € selon saison et j. de la sem. Parking 14 €, juste en face. 🖥 🛜 Réduc de 5 % sur les doubles sur présentation de ce guide. Dans une ancienne ferme arabe, un hôtel s'articulant autour d'une courette intérieure fleurie. Belles chambres confortables et parfumées, avec plafond en bois et, par endroits, de la brique apparente (certaines sont un peu sombres, cependant). Salles de bains carrelées et colorées. Joli petit salon à l'entrée. Pas de petit déj sur place, mais on trouve de nombreux bars tout autour qui proposent des desayunos à prix modiques. Dispose aussi de quelques appartements, à 800 m (voir plus haut), dans une belle maison ancienne, en bordure de l'Albaicín. Très bon accueil, parfois en français.

Très chic (env 100 €)

🏨 **Hotel Reina Cristina** (plan couleur A2, **47**) : c/ Tablas, 4, 18002. ☎ 958-25-32-11. ● clientes@hotel reinacristina.com ● hotelreinacristina. com ● ♿ Double 139 €, petit déjbuffet inclus (mais peut descendre jusqu'à 55-65 € hors saison). Parking privé 18 €. 🛜 Un 3-étoiles central et plein de classe. Le hall, un patio clinquant orné d'une fontaine et surplombé d'un puits de lumière, est au diapason des chambres. Rien à redire, elles sont luxueuses (tableaux originaux, minibar, salon avec 2e TV à écran plat dans certaines) et très bien finies. Assez standardisé cependant, peu de cachet dans tout ça. Accueil agréable. Fait aussi resto (*El Rincón de Lorca*) et cafétéria.

■ *Gar Anat* (*plan couleur B3, 48*) : placeta de Los Peregrinos, 1, 18009. ☎ 958-22-55-28. ● *info@hoteldepere grinos.com* ● *hoteldeperegrinos.com* ● *Doubles 85-200 € selon confort, saison et fréquentation* (*promos sur Internet*). *Petit déj 8 €.* ☎ Sur une placette bordée d'une petite rue accessible aux voitures (et donc bruyante), une adresse élégante sise dans une belle bâtisse où traditionnel et contemporain se mêlent gentiment. À chaque chambre sa personnalité, mais toutes jouissent d'un bon confort et d'une déco plutôt claire, zen, épurée, même si quelques standard sont assez petites. Bien qu'organisées autour d'un patio, toutes donnent aussi sur l'extérieur (sur une ruelle très étroite pour certaines d'entre elles, certes). Bon accueil.

Dans l'Albaicín et autour de la plaza Nueva

Bon marché (30-40 €)

■ *Hostal Venecia* (*plan couleur C2, 50*) : cuesta de Gomérez, 2, 18009. ☎ 958-22-39-87. 🖥 656-90-30-57. ● *veneciahostal@yahoo.es* ● *venecia hostal.es* ● *Au 2ᵉ étage. Nuitée 19-20 €/ pers en dortoir ; doubles sans ou avec sdb 30-38 €. Parking 10 €.* ☎ *Réduc de 10 % sur les doubles, hors ponts et j. fériés, sur présentation de ce guide.* Une dizaine de chambres, pour 1 à 5 personnes, donnant sur un couloir tout coloré et parfumé, où flottent quelques notes de musique. Très central et bien tenu. Loue également des apparts pour 4 personnes (*compter 64 €*), situés près de la plaza Nueva. Accueil charmant.

■ *Pensión Navarro Ramos* (*plan couleur C2, 51*) : cuesta de Gomérez, 21, 18009. ☎ 958-25-05-55. 🖥 678-04-10-00. ● *info@pensionnavarroramos. com* ● *pensionnavarroramos.com* ● *Réception au 1ᵉʳ étage. Doubles sans ou avec douche 30-37 €.* ☎ Là encore, chambres simples mais très correctes

pour le prix, et d'une grande propreté. Celles sur la rue ont un balcon, mais sont plus bruyantes. Pas de petit déj, mais il suffit de descendre sur la plaza Nueva. Accueil gentil de la patronne.

De plus chic à très chic (min 80 €)

Le long du Darro, au pied de l'Albaicín, quelques superbes demeures des XVIᵉ et XVIIᵉ s converties en structures hôtelières pleines de charme. Bien sûr ce n'est pas à portée de bourse du premier routard venu, d'autant que les prix affichés ne comprennent pas toujours la taxe de 10 % (nous l'avons incluse dans le tarif, comme vous le savez). Mais des offres promotionnelles fréquentes permettent d'y dormir à moindres frais. Voici nos préférées :

■ *Casa del Capitel Nazarí* (*zoom couleur C2, 52*) : cuesta Aceituneros, 6, 18010. ☎ 958-21-52-60. ● *info@hotel casacapitel.com* ● *hotelcasacapitel. com* ● *Dans une ruelle en escaliers au début de la carrera del Darro. Doubles env 70-125 € selon période et j. de la sem. Petit déj 10 €.* ☎ Un hôtel de charme dans un joli palais Renaissance. Celui-ci n'a pas le même standing que ses voisins et n'offre pas le même luxe, mais il s'avère nettement plus abordable et d'un confort tout à fait satisfaisant. Les chambres, disposées tout autour du patio, ont été sobrement décorées, afin de préserver au maximum l'âme du lieu. On craque pour les galeries suspendues, la terrasse avec vue sur l'Alhambra, les colonnes et leurs chapiteaux sculptés (dont un en albâtre), les plafonds à caissons... Un bel endroit assorti d'un bel accueil. Et c'est aussi ici que les hôtes du *Palacio María Pineda*, mitoyen, prennent leur petit déjeuner.

■ *Zaguán del Darro* (*zoom couleur C2, 53*) : carrera del Darro, 23, 18010. ☎ 958-21-57-30. ● *info@hotel zaguan.com* ● *hotelzaguan.com* ● *Au bord du Darro, non loin de la pl. Nueva. Doubles 50-120 € selon confort et saison. Promos régulières sur leur site.* ☎ Réception au 1ᵉʳ étage, dans le chaleureux patio surélevé de ce petit palais du XVIe s. Dans le genre, ce n'est pas le plus bel hôtel, mais il est quand même bien agréable et dégage un charme certain. Surtout, un peu moins cher que ses prestigieux voisins et de taille modeste, il conserve un accueil presque intime. Chambres à la déco rustique, les plus chères donnant sur le Darro, avec un balcon et une belle vue en contre-plongée sur l'Alhambra. Le nec plus ultra : la suite équipée d'un jacuzzi ! Petit déj possible à la cafétéria du rez-de-chaussée (mais ce n'est pas la même maison).

🛏 *Hotel Palacio de Santa Inés* (zoom couleur C2, 59) : cuesta de Santa Inés, 9, 18010. ☎ 958-22-23-62. • reservas@palaciosantaines.es • palaciosantaines.es • ♿ Doubles 55-150 € selon saison et catégorie, petit déj-buffet inclus ou non selon saison. Parking proche. 📶 Bel hôtel de 35 chambres installé dans un palais du XVIe s composé de 2 bâtiments adjacents. On entre par le superbe patio décoré d'une fontaine en pierre et de fresques Renaissance d'origine. Un coup d'œil en l'air permet d'admirer la galerie à balustrade de bois sculpté et le superbe plafond à caissons. Le dernier étage, orné d'une corniche ciselée, abrite des duplex idéaux pour les familles. Parmi les chambres, 12 donnent sur l'Alhambra et si certaines sont un peu sombres, toutes disposent d'un bon confort : AC, minibar, café ou thé servi en fin d'après-midi. Œuvres d'art dans les couloirs, mobilier ancien parfois peint, parfois brut. Le petit déj est servi dans une salle décorée d'azulejos. Et pour couronner le tout, un accueil charmant et très serviable.

🛏 *El Ladrón de Agua* (zoom couleur C2, 54) : carrera del Darro, 13, 18010. ☎ 958-21-50-40. • info@ladrondeagua.com • ladrondeagua.com • Doubles 95-189 € selon vue et saison, suites 189-250 €. Petit déj 12 €. 5 % de réduc si vous réservez par Internet, voire 30 % à certaines périodes. 📶 De plus en plus cher, certes, mais, comme dirait l'autre, le charme, ça n'a pas de prix ! Et puis ils font souvent des promos. Ce luxueux hôtel allie murs et mobiliers vénérables et touches de design contemporain : un cachet tout particulier par rapport

à ses voisins. Le bâtiment s'articule autour d'un patio couvert lumineux, avec parois en verre, fauteuils blancs et sol en marbre... En permanence, une expo temporaire de photos ou de peintures égaie les couloirs ; le hall ressemble, lui, à une salle de musée d'art moderne. Les chambres spacieuses sont du même acabit, aménagées avec de beaux meubles anciens, certaines équipées de jacuzzi. En revanche, les standard (sans vue) ne valent guère la dépense : tant qu'à faire, choisissez une chambre supérieure. Petit déj dans une cave. Accueil souriant.

🛏 *Hotel Santa Isabel la Real* (zoom couleur C1-2, 55) : c/ Santa Isabel la Real, 17-19, 18010. ☎ 958-29-46-58. • info@santaisabellareal. com • hotelsantaisabellareal.com • Bus nos 31 et 32 juste devant. Entre le monastère éponyme et un agréable petit parc avec un mirador sur l'Alhambra. Doubles 105-185 € selon catégorie en hte saison, 85-165 € en basse saison, petit déj-buffet inclus. Parking 14 €. 📶 Située sur les hauteurs de l'Albaicín, cette demeure du XVIe s, entourée de monuments prestigieux et d'agréables placettes, a tout d'une retraite luxueuse pour qui recherche le calme et le repos. Les chambres, distribuées autour d'un patio mélangeant colonnes de pierre et vieilles poutres, sont spacieuses, décorées de meubles anciens et offrent pour la majorité une superbe vue sur la vieille ville et la sierra Nevada. Depuis le lit de la suite, du sommet de la tour, on voit même l'Alhambra ! Les 2 chambres standard au rez-de-chaussée sont évidemment moins convaincantes. Accueil aimable. L'hôtel propose aussi, à 300 m, une maisonnette typique de l'Albaicín aménagée de 2 chambres, idéale pour une famille ou un petit groupe de 4 personnes, avec cuisine, salle à manger, jolie cour-jardin, le tout sous le nom de Casita del Corralón (89 € pour 2 pers, 119 € pour 4 ; petit déj inclus, servi à l'hôtel).

🛏 *Casa Morisca* (zoom couleur D2, 56) : cuesta de la Victoria, 9, 18010. ☎ 958-22-11-00. • info@hotelcasamorisca.com • hotelcasamorisca.com • Presque au bout du paseo de los Tristes. Doubles 127-167 € selon *vue en hte saison, suite Mirador jusqu'à 220 €. Petit déj 10 €. Surveillez les promos. Parking gratuit devant (rare !).* 🛜 Quel que soit votre choix, vous apprécierez cette belle demeure de la fin du XVe s, où glougloute une adorable fontaine dans le patio couvert. Grande classe et rusticité de bon aloi, voilà comment caractériser cet établissement aux chambres de style mudéjar, rehaussé par endroits de moucharabiehs en pierre. Pour le grand jeu, optez donc pour la suite avec vue sur l'Alhambra, ou celle décorée de vieilles fresques. Les moins chères donnent sur le patio. Quoi qu'il en soit, toutes les chambres, de bon confort, affichent leur propre caractère, car impossible de repousser les vieux murs ! Agréables parties communes aussi, et bien bon accueil.

🛏 ***Hotel-Museo Palacio Mariana Pineda*** *(zoom couleur C2, 57) :* carrera del Darro, 9, 18010. ☎ 958-21-61-58. ● *info@palaciomarianapineda. com* ● *palaciomarianapineda.es* ● *À deux pas de la pl. Nueva. Doubles 129-139 € selon confort en hte saison. Petit déj 11 €. Parking Puerta Real env 20 €.* 🛜 Une superbe demeure nobiliaire du XVIIe s, longtemps propriété de la famille de la fameuse héroïne. La pièce maîtresse du lieu, le superbe patio, s'enorgueillit d'une fine colonnette en pierre due en partie à Diego de Siloé et d'une majestueuse fontaine blasonnée. Et en sous-sol, l'antique *bodega* voûtée, où pierres et briques se disputent la vedette. Tout autour, les 5 chambres, vastes, confortables et à la rusticité touchante, donnant sur la carrera del Darro (pas toujours calme en soirée !). Les amateurs de quiétude opteront pour la seule qui donne sur le patio, un peu plus sombre mais flanquée d'un étonnant micro-balcon intérieur aux balustres de pierre sculptée. Même maison que la *Casa del Capital Nazari*, où se prend d'ailleurs le petit déj (un passage intérieur y mène). Pour info, l'endroit se visite aussi : n'hésitez pas à en pousser la porte aux heures ouvrables !

🛏 ***Hotel Casa 1800*** *(zoom couleur C2, 58) :* c/ Benalúa, 11, 18010. ☎ 958-21-07-00. ● *info@hotelcasa1800granada. com* ● *hotelcasa1800granada.com* ●

À deux pas de la pl. Nueva. Réserver le plus tôt possible par tél ou par Internet pour bénéficier des meilleurs tarifs. Doubles 130-250 € selon saison et confort, suites 190-380 €, petit déj inclus. Parking Puerta Real env 20 €. 🛜 Une très belle maison du XVIIe s, agencée autour d'un vaste patio agréablement aménagé, où l'ancien pavement le dispute en cachet à l'ocre des briques et aux boiseries sombres des couloirs. Du charme à revendre ! Déco dans l'air du temps, très soignée (meubles en vieux bois, beaux tapis) et grand confort dans les chambres. Certaines ont une vue, mais la plupart n'en ont pas (tarifs bien sûr différents). Accueil courtois et souriant, parfois en français.

Dans le quartier du Realejo

Plus résidentiel et plutôt chic (surtout au-delà de la plaza del Realejo), c'est un quartier apprécié des artistes et des nouveaux cols blancs.

Bon marché (30-50 €)

🛏 ***Pensión Suecia*** *(plan couleur C3, 60) :* c/ Molinos, huerta de Los Angeles, 8, 18009. ☎ 958-22-50-44. ● *pensionsuecia@hotmail.es* ● *pen sionsuecia.com* ● *À 5 mn à pied de la pl. del Realejo, une ruelle qui s'ouvre sous un haut portique blanc et jaune d'or. À 50 m d'un arrêt du bus nº 30 en direction de l'Alhambra. Selon saison, doubles sans sdb env 30 €, avec sdb env 35-45 €. Petit déj 3,50 €. Quelques places de parking dans la ruelle.* 🛜 Un peu excentrée, mais cette très belle maison bourgeoise aux couleurs blanc et jaune, agrémentée d'une tourelle qui évoque le baroque sévillan, est plantée dans une ancienne *huerta*, sorte de campagne urbaine au calme absolu qui fait presque oublier la ville ! Une dizaine de doubles et quelques triples, proprettes (les salles de bains ne sont pas en reste !) mais à la déco un peu surannée, se partagent les parties communes, le jardinet et, mieux encore, la grande terrasse à l'étage avec vue sur la sierra Nevada. Accueil vraiment chaleureux.

De prix moyens à chic (40-80 €)

🛏 **Hostal La Ninfa** (plan couleur C3, **61**) : pl. Campo del Príncipe, s/n, 18009. ☎ 958-22-79-85. ● info@hostallaninfa.net ● hostallaninfa.net ● 🍴 Angle c/ Cocheras de San Cecilio. Doubles 45-55 € avec grand lit, 55-70 € avec lits jumeaux. Petit déj (assez complet) 5 €. 📶 Sur présentation de ce guide, réduc de 10 % sur les doubles en basse saison (juin-août et nov-mars sf période de fêtes). Immanquable, c'est le bâtiment tout blanc constellé d'étoiles colorées en céramique ! L'intérieur est du même tonneau, avec des objets en céramique un peu partout et, surtout, sur 3 étages (ascenseur), de petites chambres pimpantes, confortables et très bien arrangées (beau petit mobilier en bois et salle de bains couverte de… céramique). Un de nos préférés d'autant que le quartier, tranquille en journée, s'anime le soir. Charmante salle de petit déj au rez-de-chaussée. Les proprios possèdent aussi un resto-pizzeria (ouv tlj midi et soir), sur le même Campo del Príncipe (au n° 14), à la déco dans la même veine (réduc pour les résidents de l'hôtel) !

🛏 **Hotel Molinos** (plan couleur C3, **62**) : c/ Molinos, 12, 18009. ☎ 958-22-73-67. ● reservas@hotelmolinos.es ● hotelmolinos.es ● Doubles 49-85 € selon saison et j. de la sem. Petit déj 3,50 €. Parking 15 €. 📶 Petite structure hôtelière de 4 étages qui a reçu le prix de l'hôtel le plus étroit du monde par le Guinness Book ! Design très contemporain de la réception aux chambres. On devrait même dire « chambrettes », puisqu'elles sont assez riquiqui. Les moins petites donnent sur la rue, avec double vitrage. Rien à redire sur le style ou le confort : murs violets, équipements dernier cri… C'est du joli travail ! Bon accueil efficace.

Dans le quartier de Sacromonte

🛏 **Cuevas El Abanico** (hors plan couleur par D2, **65**) : c/ Verea de Enmedio, 89, 18010. ☎ 958-22-61-99.

📱 608-84-84-97. ● cuevas@el-abanico.com ● cuevaselabanico.es ● Emprunter l'escalier qui monte au museo-cuevas del Sacromonte puis prendre à gauche après Venta El Gallo. Résa conseillée. Apparts 2-3 pers 70-90 €, 4-5 pers 110-130 € la nuit ; également des tarifs à la sem. Parking gratuit (non surveillé). 📶 Surplombant le camino del Sacromonte, il s'agit de grottes creusées dans le flanc de la colline, abritant des appartements nickel (avec cuisinette et coin salon), aux murs chaulés et à la déco simple mais ravissante. Une bonne affaire pour le prix ! Ces « troglos » sont sains, pas humides du tout et restent à une température constante de 17 °C toute l'année. Un chauffage d'appoint est prévu, et même une cheminée dans la grotte pour 4 personnes. 2 terrasses fleuries exposées plein sud donnent sur la superbe vallée du Darro. Excellent accueil. Un lieu calme et magique ; un vrai coup de cœur ! Attention cependant, ce n'est pas un hôtel, on séjourne au minimum 2 nuits (mais possibilité pour une nuit seulement si disponibilité) et quand on part, l'appartement doit être nettoyé.

Dans l'Alhambra même

Il existe plusieurs possibilités de logement dans ou en bordure de l'Alhambra, mais on ne vous les conseille pas vraiment car, pour les prestations offertes, c'est vraiment cher ! Cela dit, pour avoir la conscience tranquille, on vous donne quand même 2 adresses, histoire de contenter ceux qui seraient prêts à payer le prix fort pour dormir tout près des mythiques jardins et palais de la cité grenadine…

De plus chic à très chic (plus de 100 €)

🛏 **Hotel América** (plan couleur D3, **66**) : Real de la Alhambra, 53, 18009. ☎ 958-22-74-71. ● reservas@hotelamericagranada.com ● hotelamericagranada.com ● 🍴 Résas de 15 j. à 1 mois avt. Congés : déc-fév. Doubles standard 90-130 €, supérieures 130-160 €. Petit déj 9 €. 📶 Une situation exceptionnelle, puisqu'il est installé à l'intérieur des remparts de l'Alhambra. Hélas, l'attrait du lieu n'excède guère sa situation géographique et son architecture : si l'hôtel distille, il est vrai, un certain charme suranné, avec son mini-patio verdoyant, ses vieux tableaux et objets décoratifs et ses couloirs tarabiscotés, les chambres, rustiques, n'ont rien de bouleversant, mis à part la vue sur l'Albaicín pour certaines. Et le service est un brin désinvolte pour les tarifs !

🛏 *Parador nacional San Francisco (plan couleur D3, 67) : Real de la Alhambra, 18009.* ☎ 958-22-14-40. ● granada@parador.es ● parador.es ● ♿ *Résas plusieurs mois à l'avance : à peine 40 chambres on vient même du Japon pour s'y marier ! Double min 336 €. Petit déj 20 €.* 📶 Le parador le plus cher d'Espagne, installé dans un ancien palais maure converti, un temps, en monastère franciscain. Organisées autour de 2 vastes patios, toutes les chambres marient harmonieusement au charme des vieilles pierres un élégant mobilier contemporain en bois clair (mais pas design !) et un confort high-tech. À défaut d'y dormir, il est tout de même très agréable d'y prendre un verre, dans le patio ombragé, histoire de prolonger la magie de la promenade dans les jardins de l'Alhambra, ou, à flanc de colline en contrebas, dans la cafétéria (assez onéreuse : menus 25-40 €) avec vue sur les jardins du Generalife et l'Albaicín. Car, quoi qu'on en pense, le cadre reste enchanteur. Si vous y séjournez, profitez-en pour jeter un œil aux intéressants cartels qui narrent l'histoire du lieu.

Où camper à Grenade et dans les environs ?

🍴🛏 *Camping-motel Sierra Nevada : avda Juan Pablo II, 23 (ancienne avda Madrid), 18014 Granada.* ☎ 958-15-00-62. ● campingmotel@terra.es ● campingsierranevada.com ● *Le plus proche du centre (à 3 km), à 200 m de la gare routière (sur le même trottoir) en direction du centre. Des-*

servi par les bus n° 3 ou 33 depuis la cathédrale ou l'avda de la Constitución, en face de la gare RENFE, ttes les 10-15 mn 6h30-23h. En voiture, depuis l'A 44, sortie 123, puis suivre les panneaux « estación de autobuses ». Camping ouv mars-oct, chambres toute l'année. Env 26 € pour 2 avec tente et voiture ; doubles 35-60 € selon saison. 📶 Grand camping de ville. Ne pas s'attendre à une vue panoramique sur les champs, la ville a grignoté tous les abords ! Assez bien ombragé et, évidemment, plus calme lorsque l'on s'éloigne de l'avenue principale. Les parcelles, délimitées par de petites haies, offrent un lit de verdure en début de saison. Sanitaires propres et en grand nombre. Arriver tôt, car souvent complet en été, voire surchargé, et prévoir une moustiquaire. En face de la réception (proche de l'avenue), dans un bâtiment en béton de style typiquement motel années 1970, quelques chambres fonctionnelles avec salle de bains. En été, 2 grandes piscines payantes (gratos pour les hôtes du motel), dont une pour les bambins. Cafétéria, resto, tennis et petite aire de jeux. Hypermarché à proximité.

🍴 *Camping Reina Isabel : c/ Laurel de la Reina, 15, 18140 La Zubia.* ☎ 958-59-00-41. ● info@reinaisabelcamping.com ● campingreinaisabel.es ● ♿ *À env 9 km du centre de Grenade. Prendre la Ronda Sur (ou circumvalación) direction Alhambra, sortie n° 2 La Zubia, puis tt de suite à droite, ensuite c'est indiqué. Un bus passe devant le camping et relie ttes les 30 mn La Zubia au centre de Grenade (sur le paseo del Salón). Résa indispensable en hte saison. Env 25 € pour 2 avec tente et voiture ; bungalows 2-6 pers 65-95 € (bonne réduc en sem).* 📶 *Réduc de 10 % sur les bungalows sur présentation de ce guide.* Petit camping situé en zone semi-urbaine, pourtant verdoyant et nickel. Pas mal d'arbres pour se protéger du soleil. Bungalows en bois évoquant des chalets de montagne jusque dans leur déco intérieure, un peu chers mais tout confort. Piscine, supérette, resto. Bon accueil. Pour l'anecdote, c'est d'ici que la reine Isabel aurait aperçu pour la première fois Grenade avant sa reddition.

⚠ ***Camping Granada :*** *c/ Cerro de la Cruz, s/n, 18210* **Peligros.** ☎ *958-34-05-48.* ● *camping.granada@gmail.com* ● *campinggranada.es* ● *À env 8 km du centre de Grenade. En bus, de la pl. del Triunfo, au centre, liaison ttes les 30 mn 7h-15h, ttes les heures 15h-22h ; descendre au village de Peligros, puis 1 km à pied sur un chemin escarpé. En voiture, prendre l'A 44-E 902 vers Jaén et Madrid, sortie n° 121 ; le camping est indiqué au 1er rond-point, puis prendre à gauche au rond-point planté de palmiers, le chemin grimpe ensuite sur la droite. Ouv fin mars-fin sept. Env 25 € pour 2 avec tente et voiture. CB refusées.* Un camping adorable, aménagé en terrasses face à la plaine, dans une oliveraie, avec les montagnes en toile de fond. On y aperçoit même l'Alhambra, tout au loin. Plutôt calme, c'est sans doute le camping le moins fréquenté du coin. Sanitaires récents impeccables, piscine (payante), épicerie, laverie automatique, jeux pour enfants et resto 20h-22h. Emplacements agréables, ombragés et bien délimités. Accueil chaleureux.

⚠ ***Camping Suspiro del Moro :*** *Puerto Suspiro del Moro, 18630* **Otura.** ☎ *958-55-54-11.* ● *campingsuspiro delmoro@yahoo.es* ● *campingsuspiro delmoro.com* ● *À 12 km de Grenade ; prendre l'A 44 vers le sud, sortie 139 « Otura, La Malahá » ; au 1er rond-point à la sortie de l'autoroute, direction « Suspiro del Moro » puis tt de suite à gauche (à 20 m) sur l'A 4050 qui longe l'autoroute vers le sud, c'est à 1 km sur la droite. Accès en bus n° 360, départ du Palais des congrès, ttes les heures 7h-22h (9 ou 10h-22h le dim). Ouv tte l'année. En hte saison : env 23 € pour 2 avec tente et voiture ; bungalows 2-8 pers 65-110 €. Piscine ouv l'été slt.* 🖥 📶 Un petit camping à taille humaine, bien ombragé. Assez calme si l'on évite les parcelles proches de l'autoroute, dont on entend la rumeur sourdre au loin. Pour les tentes, sol caillouteux : prévoir un marteau solide et des sardines en titane ! Ambiance familiale, d'autant que la grande piscine (et la pataugeoire) est gratuite. Sanitaires correctement tenus et en nombre suffisant. Les petits bungalows

sont un peu serrés. Tous les services habituels : supérette, resto et bar, belle aire de jeux pour enfants. Pas mal, tout de même, pour rayonner dans la région. Très bon accueil.

⚠ ***Las Lomas :*** *ctra Güéjar Sierra, km 6.* ☎ *958-48-47-42.* ● *laslomas@cam pings.net* ● *campinglaslomas.com* ● ♿ *À 18 km de Grenade ; depuis la Ronda sur, sortie 5B direction « Sierra Nevada » par l'A 395, puis sortie « Güéjar Sierra » et continuer sur 9 km. Liaison en bus avec Empresa Liñán, env 30 mn de trajet ; départ du paseo de los Basilios (l'autre rive du rio Genil) ttes les 1h30 env, 7h20-22h30 en sem (dernier à 22h le sam et dim 4 slt 9h15-20h30). Ouv tte l'année. En été, arriver tôt car vite complet. Selon saison, 20-27 € pour 2 avec tente et voiture ; bungalows 2 pers 50-85 € en hte saison, selon confort (90 € pour 5 pers).* À l'entrée d'un joli village à flanc de montagne, blanchi à la chaux et d'une tranquillité remarquable. Un camping agréable, dans un très joli site. Pour les amoureux de la nature, ou ceux qui rayonnent tranquillou dans la région, en particulier dans la sierra Nevada. Les parcelles sont bien délimitées et ombragées. Les bungalows, honnêtes, manquent un peu d'espace vital. Piscine gratuite en été et aire de détente bien peignée avec mirador pour contempler le lac de retenue turquoise en contrebas. Sanitaires bien tenus. Resto très correct en salle ou en terrasse avec une vue sublime sur la vallée et... le lac, encore ; un bon *menú del día* et grillades le soir. Supérette, laverie, jeux pour enfants, minigolf, jacuzzi, sauna et des salles de bains chauffées pour bébés ! A l'avantage d'être frais la nuit, car situé à 1 000 m d'altitude. Accueil chaleureux et parfois en français.

Où manger ?

Comme ailleurs en Espagne, on peut bien manger à Grenade, mais il faut savoir où aller car, sans un peu de discernement, on tombe vite sur du réchauffé préparé à l'emporte-pièce, au mépris des capacités gustatives de tout voyageur un peu éduqué à l'art de la table !

Certaines recettes grenadines trouvent leurs origines dans les cuisines arabe et juive. Avant tout, il faudra goûter les excellentes fèves au jambon (habas con jamón). On y retrouve la force du jambon de Trevélez, préparé dans la sierra, et la consistance rassérénante des fèves. Ce mets typique est servi dans la plupart des restos. Essayez aussi (histoire de !) la tortilla Sacromonte, omelette à la cervelle et aux testicules de mouton ou de veau, ainsi que les viandes (poulet, chevreau...) al ajillo (à l'ail). De succulents poivrons farcis (parfois au cabillaud) sont également servis dans les bars à tapas, en plus, bien sûr, de tout l'éventail habituel de charcuteries, fromages, poissons et fruits de mer. On finira par les exquis beignets de Grenade et les pâtisseries « conventuelles » dégoulinantes de miel et d'amandes, parmi lesquelles le fameux pionono, à base de crème et de biscuit. Bon, allez, à vos fourchettes !

Dans le centro et autour de la plaza Nueva

De très bon marché à bon marché (max 10 €)

|●| Listo (plan couleur B2, 83) : c/ Trinidad, 5. ▯ 649-39-08-53. Tlj sf dim 10h-21h30. Snacks variés max 3,50 €. Stratégiquement située à deux pas de la vivante plaza Trinidad, voilà une sandwicherie de qualité, tenue par des Français. Tout est préparé maison : plats du jour, croques, parts de pizza, wraps, salades, tartes sucrées, etc. Frais, délicieux et très économique. L'endroit est tout petit : il suffit d'aller déguster son butin sur la place voisine !

|●| Fresc Co (plan couleur B2, 80) : Gran Vía de Colón, 28. ☎ 958-29-39-02. ● fresccogranada@hotmail.com ● ♿ Tlj 12h30-0h30. Formule tlj midi et soir 9 €. Réduc de 1 € sur le buffet sur présentation de ce guide. Pour les affamés sans le sou, une cantine moderne proposant un riche buffet à volonté de crudités et de plats froids,

saupoudré de quelques plats chauds simples genre pizzas et poulet (ou poisson)-frites. On n'y fait pas le repas du siècle, mais pour le prix, on n'est pas volé, d'autant que la formule inclut une boisson, une glace et le café. Une quarantaine de Fresc Co un peu partout en Espagne.

|●| La Bodega de Antonio (plan couleur A2-3, 81) : c/ Jardines, 4. ☎ 958-25-22-75. Tlj sf mer 13h-16h, 20h-23h30. Fermé en août. Menú del día 8 €, paella 6,50 €. Resto typique à la déco chargée. Atmosphère rugissante à 14h, où l'on se presse pour le copieux menú del día ou, plus simplement, pour la grosse portion de paella. Sinon, raciones ou media raciones de bacalao (cabillaud) con tomate, atún en escabeche, surtido ibérico, croquetas caseras de roquefort, etc. Spécialité de vins albariño et ribeiro. Simple mais sympa le midi comme en soirée, lorsque les grandes tablées espagnoles savourent la paella.

Prix moyens (10-25 €)

|●| Mesón La Pataleta (plan couleur A2, 82) : pl. Gran Capitán, 1. ☎ 958-28-12-96. ● info@lapataleta. com ● Tlj 13h-16h30, 20h-minuit. Menú del día 10 €, raciones 7,50-12,50 €, carte env 20-25 €. Apéro maison ou café offert sur présentation de ce guide. Bien connu des Grenadins mais moins des touristes qui hésitent à descendre dans ce sous-sol, ce resto traditionnel aligne une enfilade de petites salles, aux tables joliment dressées dans un décor bric et bois rustique de village andalou, avec fenêtres en fer forgé, fresque en faïence, et vieux objets hétéroclites. Côté bar, quelques gros tonneaux pour s'accouder, des raciones généreuses, des tapillas variées et rebondies, et des platillos du jour savoureux (sorte de media raciones de petits plats bien cuisinés). Dans l'assiette, plats copieux et bien présentés donnant la part belle aux fruits de mer (livrés chaque jour) et aux viandes de petits producteurs des Alpujarras cuisinées avec brio dans un four artisanal. Bel accueil, beau service, bonne cuisine, le trio gagnant, quoi !

Plus chic (25-30 €)

I●I *Chikito* (plan couleur B3, 85) : pl. del Campillo, 9. ☎ 958-22-33-64. ● chikito@restaurantechikito.com ● Tlj sf mer 12h30-16h30, 19h30-23h30. En salle ou en terrasse, menu env 23 € (½ bouteille de vin incluse) ; plats 16-22 € ; grand choix de tapas au bar. Le lieu vaut autant pour son histoire que pour sa cuisine. En effet, c'est ici que se réunissait la *tertulia* (sorte de club de discussion) *El Rinconcillo,* dont Federico García Lorca était membre. Goûtez le *rabo de toro* (queue de taureau), l'une de leurs spécialités. Agréable terrasse sur la *plaza.* Sinon, une incursion au bar (aux murs couverts de photos de célébrités, c'est la fierté du patron) permet de marcher dans les pas du poète à moindres frais, et sans déception.

Dans le quartier de l'Albaicín

De bon marché à prix moyens (8-25 €)

I●I *Restaurante Páprika* (zoom couleur B1, 91) : cuesta de Abarqueros, 3. ☎ 958-80-47-85. ● info@paprika-granada.com ● Menus 7-18 €. ☞ Café ou digestif offert sur présentation de ce guide. Au pied de l'Albaicín, dans une rue piétonne en pente douce, un vrai havre de tranquillité. Sur les 3-4 tables en terrasse ou dans la salle à la déco ethnique, on déguste des plats et salades végétariens (et même sans gluten pour certains), tendance fusion orientale et asiatique, à base de produits locaux, aussi bio que possible. Belle sélection de tisanes et vins bio également.

I●I *El Horno de Paquito* (zoom couleur D1, 86) : c/ San Buenaventura, 18. ☎ 958-20-58-12. En fait, sur la pl. del Aliatar. Tlj sf mar. Menu midi 10 €, plats 9-15 €. On viendra avant tout ici pour profiter de la grande terrasse sur la placette (la salle est sans intérêt) et s'offrir une portion de *caracoles* ou de fèves au jambon... 2-3 assiettes et l'affaire est dans le sac, d'autant que les *tapillas* qui accompagnent les boissons

sont sympas aussi. Idéal pour affronter les ruelles escarpées de l'Albaicín. Aux beaux jours, très animé en soirée, lorsque la placette bruisse des conversations des jeunes Grenadins mêlés aux touristes.

I●I *Café Bar Lara* (zoom couleur C1, 87) : pl. San Miguel Bajo, 4. ☎ 958-20-94-66. ● barlara.albayzin@gmail.com ● Tlj sf mer. Menú del día 6 € (midi slt), repas 10-15 €. Café ou digestif offert sur présentation de ce guide. Sur cette agréable place presque ignorée – à tort bien sûr ! – des visiteurs, un resto de poche. La minuscule salle, au comptoir forcément chaleureux par temps de pluie, se prolonge heureusement d'une vaste terrasse ombragée dès que le soleil paraît. À la carte, assez courte également, de bons plats andalous et grenadins, parfois un poil réimaginés, élaborés uniquement à base de produits régionaux et frais, issus de l'agriculture biologique autant que possible. Le résultat est vraiment convaincant, d'autant que les assiettes s'avèrent généreusement servies. Délicieux desserts et bons petits vins soigneusement choisis. Accueil très avenant et dynamique.

I●I *Taberna del Beso* (zoom couleur C2, 93) : cuesta de las Arremangadas, 6. ☎ 858-99-22-47. ● tabernadelbeso@gmail.com ● ☝ Ouv 10h-minuit en saison, pause 16h-19h en hiver. Plats 10-18 €. ☞ Dans un palais du XVIe s offert autrefois au comte de Cabral en échange de ses bons et loyaux services. Le très sympathique proprio, Hassan, a mis 10 ans à rénover l'édifice. L'entrée se fait par un bar aux couleurs chaudes, où l'on peut déguster de savoureuses tapas au comptoir. Pour un repas plus consistant, goûtez à l'excellente cuisine méditerranéenne de la maison, avec chaque jour des suggestions originales. À l'étage, 2 salons maures garnis de banquettes, dont l'un possède en outre un magnifique piano (concerts payants de temps en temps : flamenco, musiques du monde...). Et quand il fait beau, direction le patio, superbe avec sa balustrade sculptée supportée par de fines colonnes. Une adresse extra dans ce quartier pourtant hautement touristique !

|●| *La Entraiya – Casa Rafa* (zoom couleur D1, 84) : c/ Pages, 15. ☎ 958-28-53-11. Dans le prolongement de la c/ Buenaventura. Tlj sf lun-mar, midi et soir. Menu midi 10 €, plats 9-22 €. L'une des cantines favorites des habitants du quartier. Le genre d'endroit discret et inconnu des touristes, à tel point que vous ne l'auriez sans doute pas trouvé tout seul ! On s'y rassasie d'une cuisine simple et soignée, à l'image de l'excellent *salmorejo* ou des bons poissons grillés. Choix entre la partie bar, vibrante et meublée de tables hautes, ou la salle tranquille sur l'arrière, avec ses poutres et briques vernissées. Service efficace et discret.

|●| *Manchachica Chaouen* (zoom couleur C1, 88) : camino nuevo de San Nicolás, 1. ☎ 958-20-26-23. À 50 m d'un arrêt du microbus 32. Tlj 12h-22h. Congés : 10 j. ts les 3 mois. Tajine et couscous 9-12 €, repas 15-20 €. Apéritif maison offert sur présentation de ce guide. Ce minuscule resto marocain, au cœur de l'Albaicín, propose à toute heure de savoureux couscous et tajines, mijotés avec amour et patience, et des desserts maison sucrés à souhait. Pratique, le poulet grillé à emporter.

|●| *Bar Aixa* (zoom couleur C1, 89) : pl. Larga, 5. ☎ 958-27-50-42. Entre l'église San Nicolás (le plus beau panorama sur l'Alhambra) et la placeta de Fátima. Tlj 6h30-minuit (14h mar). Petit déj env 4,50 € ; menu 9 € ; menu « routard » avec paella ou poisson 25 € pour 2 pers ; plats 8-19 €. Animé et particulièrement folklo à l'heure du petit déj. Très agréable aussi de dîner sur la placette (le midi, elle est occupée par le marché). On y mange de bonnes fritures de poisson, gambas, *migas con tropezones* (mie de pain avec des morceaux frits de peau de cochon), un excellent gaspacho et une très bonne paella. Accueil un peu blasé, quand même...

De prix moyens à très chic (plus de 25 €)

|●| *Ruta del Azafrán* (zoom couleur D2, 90) : paseo de los Tristes, 1. ☎ 958-22-68-82. ● info@rutadelazafran.es ● ♿ Tlj 13h-23h (minuit ven-sam). Menu midi 15 € (lun-ven 13h-16h slt), autres menus 25-40 € ; plats env 14-19 €. Ajouter 10 % en terrasse. Loin du cadre andalou typique, une belle salle design, où touches de bois et couleurs acidulées réchauffent les lignes droites du mobilier. Surtout, de la salle comme de la terrasse au bord du Darro, on jouit d'une vue sans équivalent sur l'Alhambra. Quand le palais s'illumine le soir, c'est magique ! Côté cuisine, c'est bien aussi, avec de belles spécialités grenadines inspirées des « trois cultures du livre » (juive, arabe et chrétienne), nuancées par la créativité du chef. Au programme : amande, safran, morue, bar, thon, canard, mouton, aubergine ou orange, tout y passe. Bref, une cuisine inventive et gastronomique, à la fois légère et copieuse. Une salade, complétée d'un dessert, suffira à combler les petits appétits (et les bourses légères). Belle cave et service discret et souriant pour parfaire encore l'endroit.

|●| *El Trillo Restaurante* (zoom couleur C2, 92) : callejón del Aljibe de Trillo, 3. ☎ 958-22-51-82. Dans un dédale de ruelles ; heureusement, c'est fléché ! Tlj 19h-23h30, et aussi jeu-dim 13h30-16h. Menus 25-40 €, plats 12-20 €. ☏ Cette jolie maison, à l'écart du circuit touristique, offre un asile de calme et de verdure au cœur de l'Albaicín. Idéal donc pour un dîner en amoureux. Du jardin, on ne jouit d'aucune vue particulière, mais on profite du temps qui passe, tout simplement. En cuisine, une jeune chef basque revisite avec brio le terroir andalou. Pour elle, excellence et simplicité vont forcément de pair et elle le prouve à chaque plat : (succulentes) croquettes, *piquillos* farcis aux *chipirones*, petits artichauts frits, etc., sans oublier la spécialité maison : la morue *al pil-pil* (à l'ail et à l'huile d'olive). Service distingué et charmant.

|●| *Mirador de Morayma* (zoom couleur D2, 94) : c/ Pianista García Carrillo, 2. ☎ 958-22-82-90. ● mirador@miradordemorayma.com ● ♿ Tlj (sf dim juil-août) 13h30-15h30, 20h30-23h30. Plats env 11-29 €, repas 30-40 €. Apéritif maison offert sur présentation de ce guide. L'une des adresses les mieux situées et l'occasion de goûter au jambon ibérique et au

fromage des Alpujarras... Un *carmen* d'autrefois accroché sur les hauteurs de l'Albaicín, avec une vue superbe (là encore) de la terrasse sur l'Alhambra. Bons plats régionaux traditionnels. Les prix sont toutefois un poil surestimés : on paie sans doute le décor (même si toutes les tables ne bénéficient pas de la vue !).

Dans le quartier du Realejo

Prix moyens (13-25 €)

I●I *Queseria-Bar Patio Rossini (plan couleur C3, 100) : Campo del Prín-cipe, 15.* ☎ 958-22-82-27. *Enseigne discrète. Tlj sf mer 20h30-1h. Congés : 2de quinzaine de fév et 2de quinzaine de nov. Tablas 10-12 €.* Ici, on enfile des *tablas,* c'est-à-dire des planches de charcuterie (l'occasion de goûter au jambon de Trevélez ou au *lomo* de Jaén), de fromages (aux noix, à l'ananas), de pâtés (dont un de perdrix, fait maison) et d'*ahumados* (poissons fumés). C'est simple et convivial, à la bonne franquette ; très authentique surtout. Accueil chaleureux et généreux. Il y a beaucoup d'autres restos et bars avec terrasse sur la place, mais celui-ci est de loin notre préféré.

I●I *El Tragaluz (plan couleur C3, 101) : c/ Nevot, 26.* ☎ 858-98-23-03. ● *eltragaluzdelrealejo@hotmail.com* ● *À deux pas du Campo Príncipe, dans une ruelle qui grimpe vers l'Alhambra. Tlj sf lun 12h-16h, 20h-minuit. Plats 15-20 €.* Discret, et ce serait dommage de le louper, ce petit resto. De prime abord, on a presque l'impression de pénétrer chez des particuliers. Impression renforcée par les plats copieusement servis, mitonnés comme à la maison à base de produits du jour et de saison. Du coup, pas de carte fixe, c'est l'ardoise qui présente les variations autour de la cuisine méditerranéenne, avec un goût prononcé pour la cuisine cantabrique, les succulents tagines marocains, les *arroz* ou risotto crémeux, et des incartades vers la Grèce. Desserts tout aussi extra.

I●I *La Albahaca (plan couleur B3, 103) : c/ Varela, 17.* ☎ 958-22-49-23. *Tlj sf lun et dim soir. Menu 12 € servi* midi et soir en sem (sf ven soir et fêtes) ; plats 9-14 €. Petit resto niché dans la zone piétonne entre le Centro et le Realejo. Recommandable notamment pour ses poissons (truite sauce orange, saumon sauce noisette...) et ses grillades. Quelques plats sont vraiment bien troussés, d'autres un peu moins. Le menu de base est, en tout cas, d'un rapport qualité-prix très intéressant pour le quartier. On apprécie aussi la petite salle aux tons chaleureux, avec belles nappes en tissu et murs vert pastel décorés de natures mortes. Gentil service.

Très chic (env 40 €)

I●I *Damasqueros Restaurante (plan couleur C3, 102) : c/ Damasqueros, 3.* ☎ *958-21-05-50.* ● *restaurante@ damasqueros.com* ● *Attention, ne pas confondre avec le Bar Damasqueros, à deux pas, à l'angle de c/ Damasqueros et c/ Cuesta del Realejo. Fermé dim soir et lun. Menu dégustation 40 €, plats 13-24 €.* Derrière la sobre façade et au bout d'un long couloir, voici l'un des talentueux représentants de la nouvelle gastronomie andalouse, et même grenadine. Cela se décline dès le bar aux boiseries modernes, où déguster quelques tapas permet de s'offrir un moment aux saveurs étonnantes à coût encore raisonnable. Côté resto, c'est le grand jeu, avec une carte très variée et imaginative, dans un cadre moderne intimiste, un service aux petits oignons et une carte des vins impressionnante. La jeune chef, qui a traîné sa toque chez les plus grands (en particulier au Pays basque), remporte d'ailleurs régulièrement le concours de tapas de la ville.

Dans le quartier de Sacromonte

I●I *Pibe (plan couleur D2, 105) : camino del Sacromonte, 41.* 🖀 620-18-26-63. *Tlj. Tablas et raciones 7-12 €.* 🛜 À quelques pas des *tablaos de flamenco,* une petite adresse sympathique face à l'Alhambra, avec juste un brin de terrasse en bord de route, bien agréable pour un apéro-grignotage d'avant-spectacle, et une enfilade de minuscules salles troglodytiques. Accueil jovial et prix sages !

Où boire un verre ? Où *tapear* (manger des tapas) ?

Dans presque tous les bars à tapas de Grenade, une *tapita*, ou *tapilla* (une petite tapa, quoi !), est systématiquement offerte avec la bière ou le verre de vin commandé. Le nom a beau être un diminutif de *tapa*, cela reste copieux dans la soucoupe ! Ce peut être un bout de fromage, deux ou trois escargots, quelques copeaux de jambon, de petits poulpes frits ou n'importe quoi d'autre. Maintenant, si vous voulez une *tapa* particulière (à fortiori *una ración*), il faut la commander et la payer, évidemment. On trouve d'excellentes tapas dans le centre, mais les meilleures, les plus copieuses, se trouvent dans les faubourgs ouvriers de Zaidín et La Chana (au sud de la ville). Question horaires, la plupart de ces bars sont ouverts du matin (parfois 12h ou 13h) jusqu'à minuit ou 1h (au moins), avec souvent une pause en fin d'après-midi.

Dans le centro et autour de la plaza Nueva

|●| ♟ Deux bons plans spécial fauchés, d'ailleurs très connus des Erasmus de Grenade. À deux pas de la plaza Nueva, autour de la c/ Elvira – l'une des « rues de la soif » de la ville, **La Bella y la Bestia** (*c/ Carcel Baja, 14, à l'angle avec la c/ Elvira ; zoom couleur B2, 110 ; tlj ; d'autres adresses en ville, notamment c/ del Darro, 37*) et la **Cervecería Minotauro** (*c/ Imprenta, 6 ; zoom couleur C2, 111 ; tlj*) servent avec chaque verre commandé un vrai *mini-combinado* bien roboratif (petit sandwich, frites et/ou pâtes, etc.). En gros, pour le prix de 2 verres (pas plus chers qu'ailleurs, qui plus est), les petits porte-monnaie se paient un repas. Ambiance évidemment jeune et festive, mais en revanche on reste très loin des finesses de la gastronomie andalouse !

|●| ♟ **Los Diamantes** (*plan couleur B3, 125*) : c/ Navas, 26. ☎ 958-22-70-70. Raciones 10-18 €. Dans cette rue piétonne qui aligne les terrasses, une perle rare que ce minuscule bar à tapas très populaire, qui ne paie pas vraiment pas de mine. Spécialité de *mariscos* (fruits de mer) et poisson frit, servis en *media raciones* ou *raciones* entières. Les travailleurs du coin viennent s'y rassasier midi et soir, serrés comme des sardines en boîte, dans un brouhaha vivant et sympathique. À peine de quoi s'asseoir. Autres adresses : **Los Diamantes II** (*c/ Rosario, 12 ; plan couleur B3, 126*) et **Los Diamantes** (*pl. Nueva, 13 ; plan couleur C2, 123*). Même concept (en un peu plus neuf et plus grand pour le dernier), même carte et quasi mêmes prix.

|●| ♟ **Bodega Castañeda** (*zoom couleur B-C2, 112*) : c/ Almireceros, 1-3. ☎ 958-22-97-06. Juste derrière la pl. Nueva. Tlj 12h30-1h, 20h-2h (1h en sem). Tapas min 2,90 €, raciones et tablas combinadas 7,50-13 €. L'un des comptoirs les plus populaires et savoureux du coin, avec ses saucissons, chorizos, jambons de Trévélez et de *bellota* (cochons nourris aux glands), fromages *manchegos*. Tout ce qu'il faut pour apaiser rapidement les faims les plus gaillardes dans une bonne ambiance, sans trop se ruiner. À accompagner d'un *vino calicasa* (vins mélangés) si le courage vous en dit. Attention, peu de places assises, mais terrasse dans la ruelle. Dur dur d'accéder au bar quand vient l'heure de pointe ! Accueil parfois rude.

– Derrière, 2 petites rues piétonnes abritent quelques **bars** avec terrasse, archibondés aux heures de pointe.

|●| ♟ **Mundo Manila** (*plan couleur B3, 108*) : pl. de las Descalzas, 3. ☎ 958-21-03-12. ● mundomanila@virgilio. it ● Lun-jeu 9h30-1h, ven 9h30-2h, sam 11h-2h. Plats env 7-12 €. Un lieu d'échange dynamique et coloré, où il se passe toujours quelque chose : concerts, débats, happenings variés... La jeunesse altermondialiste de Grenade s'y retrouve dans une ambiance *peace and love* pour descendre une bière artisanale, un jus de fruits naturel ou un thé glacé maison. Côté assiette,

très vaste choix de snacks et plats végétariens et bio : *falafels, woks,* burgers végétaux, etc. Tout est étonnamment bon et servi par un staff à la fois ultra-relax et efficace. Comme quoi... une autre alimentation est bel et bien possible !

|●| ⟁ Shambhala Bar Café *(plan couleur A2,* **109**) *:* c/ Fábrica Vieja, 6. ☎ 958-96-06-41. *Lun-jeu 10h-16h, 19h30-1h ; ven 10h-2h, sam 13h-2h, dim 19h30-1h. Plats et raciones 4-8 €, menu 7,50 €.* ☏ Ce petit bistrot offre en journée un havre de paix appréciable pour se reposer les gambettes. Dans la minuscule salle à la déco ethnique, avec juste 3 tables et 2 petits comptoirs, ou en terrasse dans la rue piétonne, une clientèle bigarrée vient grignoter de bonnes tapas préparées à la commande et des petits plats simples et pas chers (tortillas, lasagnes, risotto...). Bonne musique, expo-vente d'art et d'artisanat. Encore un super endroit à la mode, particulièrement apprécié des étudiants et de la communauté LGBT.

|●| ⟁ Bar Reca *(plan couleur A-B2,* **113**) *:* pl. Trinidad. 🖂 636-89-11-89. *Mar-sam 10h30-1h. Raciones env 10-15 €, bocadillos 4-5 €.* Un microbar à tapas tenu par les patrons du resto *El Trillo,* une de nos bonnes adresses dans l'Albaicín. Vous pouvez, selon l'heure et votre appétit, vous contenter des copieuses tapas offertes par la maison avec votre verre ou opter pour quelque chose de plus consistant. Quelques sièges dedans et quelques guéridons dehors ; il vous faudra patienter et sans doute pousser du coude.

|●| ⟁ Oryza *(hors plan couleur par B3,* **114**) *:* c/ Nueva de la Virgen, 12. ☎ 958-25-34-79. ● *restauranteoryza@ msn.com* ● ♿ *Tlj sf dim, congés 15 j. en août. Repas env 15-20 € côté bar à tapas, 35-40 € côté resto. Le mar midi, riz du jour en promo.* ☏ *Café offert sur présentation de ce guide.* Pimpante façade rouge, mobilier design côté bar et salle, ou petite terrasse sous les orangers, ce petit resto a plus d'un tour dans son sac de riz. Car l'*oryza,* nom scientifique du riz, est ici à l'honneur à travers de succulentes préparations, crémeuses à souhait (et le mardi, la promo au déjeuner sur le riz du jour vaut vraiment la peine !). À l'instar de la décoration, la cuisine s'affiche avant-gardiste et gastronomique, et l'inventivité a un prix ! Moins onéreuses que le resto, les savoureuses et étonnantes tapas permettent de picorer à un prix plus raisonnable. Une belle adresse quoi qu'il en soit, généreuse dans les *tapillas* offertes.

|●| ⟁ Casa de Todos *(zoom couleur B-C2,* **115**) *:* c/ Elvira. ☎ 958-22-80-62. *À deux pas de la pl. Nueva. Tlj sf mer, du mat au soir, jusqu'à 1h. Bocadillos 2-4 €, assiettes 6-9 €.* Ici, « todos » désigne les *bocadillos* (sandwichs), des dizaines, froids ou chauds, moyens ou grands. Bon *queso,* classique *lomo,* et délicieuses *habas con jamón :* c'est copieux (voire un peu étouffe-chrétien), vraiment pas cher, et tout se passe au bar. Une institution ! Pour s'asseoir, direction les bancs de la plaza Nueva.

|●| ⟁ La Mancha *(zoom couleur B2,* **116**) *:* c/ Joaquín Costa, 10. ☎ 958-22-89-68. *Non loin de la* Bodega Castañeda *et de la* Casa de Todos. *Tlj jusqu'à 2h le w-e, 1h en sem. Tapas et bocadillos 2-4 €, raciones 6-15 €.* Portes en bois sculpté, tonneaux patinés par le temps, jambons exquis. Ici, pas de *tapilla* offerte avec le verre (une exception à Grenade !), mais des dizaines de tapas et de *raciones,* à tous les formats, à commander et particulièrement bonnes. Pas de tables non plus, on reste debout. Vraiment l'authentique bar andalou !

|●| ⟁ La Bodeguilla de al Lado *(plan couleur B2,* **117**) *:* c/ Tendillas de Santa Paula, 4. ☎ 958-80-54-19. ● *labode guilladealladogranada@hotmail.com* ● *Mar-sam 13h-15h30, 20h30-minuit. Congés : de mi-juil à mi-sept. Repas 15-20 €. CB refusées.* C'est le hasard (comme chacun sait, il fait parfois bien les choses) qui nous a conduits dans ce petit bar à vins tout discret, à deux pas de la plaza Universidad. Pas de carte, on déguste, assis sur l'un des rares tabourets, les bons produits exposés derrière le comptoir : artichauts (à prendre avec la *remolacha,* betterave rouge !), *lomo,* vieux *queso,* anchois, *salmorejo...* La chaleureuse patronne n'est pas avare d'explications sur ce qu'elle vend. Le tout dans un cadre rustique au son d'une bonne musique espagnole. Vraiment une chouette découverte !

I●I ⍩ Casa Enrique *(plan couleur B3, 118) :* Acera del Darro, 8. ☎ 958-25-50-08. *Près de la puerta Real. Entrée à côté de la banque* Sabadell. *Fermé dim.* Raciones 6-18 €. *CB refusées. Apéritif maison offert sur présentation de ce guide.* Vieux bar populaire à l'ambiance hors du temps, étriqué et superbe, connu pour son *vino costa*, petit blanc doux qui passe fort bien avec les délicieuses *raciones* de jambon ou de fromage, toujours de bons produits bien choisis. Une anomalie dans ce quartier où se côtoient boutiques de luxe et sièges de banque. Quelques tables sur le trottoir à partir de 22h, mais c'est plus cher. Une bonne adresse, et si l'accueil vous semble un peu froid, il n'est en fait que réservé...

I●I ⍩ Chikito *(plan couleur B3, 85) : voir « Où manger ? Dans le centro et autour de la plaza Nueva. Plus chic ».* Recommandé aussi pour ses tapas.

I●I ⍩ El Mentidero *(plan couleur B3, 119) :* c/ Piedra Santa, 15. ☎ 958-22-31-81. ● elmenditero@gmail.com ● *Lun-sam 13h30-16h30, 20h30 (20h sam)-minuit.* Raciones 6-18 €. ☞ *Apéritif offert sur présentation de ce guide.* Un bar à tapas version moderne, avec tables hautes et murs ornés d'art contemporain. On y sert de succulentes rations *(habitas con jamón, piquillos rellenos, rollitos de salmón y atún, verduritas a la brasa...)* ainsi que de très bons vins au verre (essayez le *Montelaguna*, un peu cher mais excellent). On y trouve plus facilement de la place que dans les bars à tapas de la c/ Navas. Accueil particulièrement chaleureux pour nos lecteurs.

I●I ⍩ Bodega Puerta de la Alpujarra *(plan couleur A2, 120) :* Carril del Picón, 26. ☏ 625-56-21-92. ⚒ *Lun-ven 8h-minuit, w-e 12h-minuit, voire plus.* Media tablas et tablas 4,50-17 €. ☞ À quelques encâblures de la plaza Trinidad, cette *bodega* ignorée des touristes offre de copieuses *tapillas* à chaque verre et propose de grosses *tablas* (servies sur des planches, donc) de jambon, saucisson, chorizo, *queso*

de cabra ou de *oveja,* si vous n'êtes pas rassasié ! À déguster sur des chaises hautes autour de tonneaux de vin au milieu des bouteilles millésimées ou sur la petite terrasse, parmi une clientèle locale très hétéroclite. Et si, comme nous, vous craquez pour l'un de ces excellents produits, la *bodega* les vend au poids et sous vide, à l'entrée, pour un prix très attrayant. De quoi rapporter d'excellents souvenirs culinaires d'Andalousie !

I●I ⍩ La plaza Romanilla *(plan couleur B2, 121) :* à quelques pas de la cathédrale, cette placette attire, le soir venu, moult amateurs de tapas. Faut dire qu'elle est entourée de resto-bars modernes et tous dotés de terrasses. Agréable, mais difficile de vous conseiller un établissement en particulier...

⍩ La Taberna de Tiacheta *(zoom couleur C2, 122) :* puente de Cabrera, 2. *Ouv en saison, de 12h à tard.* En plein centre, et pourtant à l'écart de l'affluence touristique, un petit bar en terrasse (pas de salle), dans une ruelle en escaliers, de l'autre côté du petit pont qui traverse le Darro. On aime s'y retrouver, non pour ses tapas, mais simplement pour « apéroter » *una cerveza fresca* ou un *mojito* à l'issue d'une journée de visite de la ville. Quelques musiciens passent jouer quelques bons airs latinos et le temps passe agréablement avant de partir *tapear por la noche* ! Une petite bulle de bien-être sans chichis.

Dans le quartier du Realejo

I●I ⍩ Casa de Vinos La Brujidera *(plan couleur C2-3, 127) :* Monjas del Carmen, 2. ☎ 958-22-25-95. *De la pl. Isabel la Católica, prendre la c/ Pavaneras puis, au niveau de la statue de Yehuda ibn Tibon (patron des traducteurs), la c/ Colcha à gauche ; ensuite, c'est presque tt de suite à droite sur une placette.* Tlj 14h30-16h, 20h30-1h (2h w-e). Raciones 5-15 €. *CB refusées.* Petit bar tout en bois, connu pour son grand choix de bouteilles de toute la péninsule (pas moins de 48 vins servis au verre). Idéal pour accompagner la bonne charcuterie de montagne, les pâtés et les fromages. Atmosphère sagement jazzy ou latino.

Serveurs sympathiques et clientèle espagnole. Bien, quoi !

|●| ♟ *La Tana (plan couleur B3, 128) :* c/ Rosario (angle placeta del Agua). ☎ 958-22-52-48. *À deux pas de* Los Diamantes II. *Tlj midi et soir.* Adorable taverne de poche à la jolie déco ancienne, lambrissée et patinée à souhait. Quelques *raciones* ou tapas pour rester digne, mais c'est surtout l'extraordinaire choix de vins et de cépages qui attirera ici les amateurs avertis de bons crus. Le patron connaît sa cave sur le bout des doigts, et propose chaque jour des vins au verre différents, d'Andalousie bien sûr mais aussi de toute la péninsule Ibérique. Un peu touristique, mais cela n'enlève rien à la qualité des dives bouteilles.

|●| *La Oliva (plan couleur B3, 183) :* c/ Rosario, 9. *Voir plus bas, rubrique « Achats ». Repas à 20h. Résa la veille obligatoire (places limitées). Menu env 39 €.* Ce magasin de produits du terroir propose également de fantastiques séances de dégustation des meilleurs produits régionaux. À l'heure dite, les convives prennent place autour de la tablée commune et laissent le maître des lieux les guider à travers les délicieux méandres de la cuisine andalouse. Au menu : un test de différentes huiles d'olive et une dizaine de petits plats accompagnés de 4 vins. Faites confiance à Francisco pour vous régaler et vous raconter (en bon français) l'histoire de chaque plat !

♟ *Loop Bar and Records (plan couleur B3, 129) :* c/ San Matias, 8. 📱 695-10-41-39. ● *loopbar-records@hotmail. com* ● *Tlj 16h-2h (3h w-e).* Petit bar tenu par deux fans de musique. Et quand c'est plein, tout le monde finit sur le trottoir. Programmation éclectique (musique indé, nouvelle scène espagnole, électro, etc.) à écouter en buvant un *calimocho* ou un *mojito de la casa* accompagné d'une copieuse et délicieuse *tapita* fusion. Les murs sont tapissés de disques vinyles diffusés à la demande et en vente au bar.

♟ *Casa López Correa (plan couleur C3, 130) :* c/ Molinos, 5. ☎ 958-22-37-75. *Lun-jeu 13h-1h, ven-sam 14h-2h, dim 14h-minuit.* Un bar de quartier tenu par des Anglais, où autochtones et gens de passage fra-

ternisent facilement autour du comptoir ou dans le salon maure. Bonne petite sélection de vins et de cocktails. Comme ailleurs, on peut y manger, mais entre nous, la cuisine n'est vraiment pas terrible. Quelques tapas seront amplement suffisantes pour éponger les consos ! Service aussi sympa que l'ambiance.

Spécial douceurs

À Grenade comme ailleurs en Espagne, nombreux sont ceux qui succombent, vers 18h, au *chocolate con churros,* un peu comme nous avec nos croissants le matin. Dans le centre, autour de la cathédrale, pas mal de petits cafés en servent d'excellents. Le dimanche, c'est également vers 11h, en guise de brunch, que les familles espagnoles s'offrent ce plaisir, notamment sur la plaza Bib-Rambla, où la marée de consommateurs de *churros* en terrasse est assez impressionnante.

☞ *Gran Café Bib-Rambla (plan couleur B3, 140) :* pl. Bib-Rambla, 3. ☎ 958-25-68-20. ● *centenario@gru pobibrambla.com* ● *Tlj 8h-22h (minuit en été).* Le plus vieux café de Grenade (fondé en 1907), et l'un des endroits inévitables pour siroter un authentique chocolat chaud (bien épais !), accompagné, donc, de *churros.* Sinon, *batidos* (milk-shakes), cafés alcoolisés ou glaces artisanales. On peut aussi y prendre son petit déj. Moins intéressant pour les repas.

☞ *López Mezquita Café Pastelería (plan couleur B2, 141) :* c/ de los Reyes Católicos, 39-41. ☎ 958-22-12-05. *Lun-sam 9h-14h30, 16h30-20h30 ; dim 10h30-14h30. Congés : août.* Cette pâtisserie de renom offre un beau choix de feuilletés au saumon, au fromage, à la viande ou au chorizo. Pâtisseries aussi, bien sûr, pas données mais vraiment bonnes. De plus, le bar à l'arrière permet de siroter, ici encore, un délicieux *chocolate con churros.*

☞ *Mundo Manila (plan couleur B3, 108) :* pl. de las Descalzas, 3. *Voir plus haut, « Où boire un verre ? Où tapear ? ».* Bons petits déj à base de produits bio : crêpes, grand choix de *tostadas,* thés et cafés équitables, jus de fruits pressés... Pour un plein de vitamines et de bonne humeur !

🍵 Dans la **Calderería Nueva** *(plan couleur et zoom couleur B2)*, ruelle arabisante très animée, un chapelet de *teterías* (salons de thé arabes) superbement décorées proposent aussi des pâtisseries et toutes sortes de thés. On peut citer le *Dar Ziryab* ou la **Tetería Nazarí,** mais, à notre avis, ils se valent un peu tous ; entrez plutôt dans celui qui vous fait de l'œil. Nous, on a un faible pour la pâtisserie **Natura Morisca** *(zoom couleur C2, 144)*, dans la *Calderería Vieja*, une mini-échoppe sans enseigne qui nous a bien régalé les papilles. Mais on ne peut pas s'y asseoir.

🍦 **La Veneziana, Los Italianos** *(plan couleur B2, 142)* : Gran Vía de Colón, 4. De mi-mars à mi-oct, tlj 9h-minuit. Pour les amateurs, un choix de glaces assez complet (marron glacé, jerez, etc.), faites avec de vrais fruits, et des spécialités maison, telle la *copa Venezia*. Qualité irréprochable mais souvent bondé (canicule andalouse oblige !). Existe depuis 1936.

🍦 **Rey Fernando** *(plan couleur B3, 143)* : Reyes Católicos, 28. ☎ 958-22-49-49. Tlj tte l'année. Excellentes glaces artisanales, avec quelques parfums très réussis comme le *turrón*, et même des basses calories ! Des pâtisseries également.

Où sortir ?

À Grenade, on peut résumer le déroulement de la nuit en trois mots : « *tapas-cervezas-discotecas* ». Ce qui veut dire : de 21h à minuit, on descend des tapas, de minuit à 2h ou 3h, on va dans les bars, et de 3h à... (?) on sort en boîte, le tout crescendo !

La vie nocturne ne se concentre pas dans un seul quartier, même si le bas de l'Albaicín tient la corde, à savoir les alentours de la plaza Nueva, la carrera del Darro *(zoom couleur C2)*, le paseo de Los Tristes puis, plus loin, le camino del Sacromonte *(zoom couleur D2)*, connu aussi pour ses caves et ses spectacles de flamenco. Les étudiants se retrouvent aussi dans le quartier de l'université *(plan couleur A2)* alors que les trentenaires (et même au-delà) plébiscitent plutôt le Realejo, après la calle San Matias et jusqu'à la plaza del Realejo *(plan couleur B-C3)*.

Pour les spectacles et les concerts du moment, jetez un œil au *Pocket Guía*, un livret mensuel en vente dans les kiosques (1 €) ou disponible... gratuitement (s'il en reste) à l'office de tourisme. Gratuits aussi dans les bars et restos, le *Yuzin* et le *Go* référencient toute l'actu culturelle du moment.

🎵 **Booga Club** *(plan couleur B1, 153)* : c/ Santa Bárbara, 3. ● info@boogaclub. com ● Lun-jeu minuit-6h, ven-dim 22h-7h. Fermé juil-août. Entrée : de gratuite à env 10 € selon soirée. CB refusées. Ambiance très bon enfant, surtout en fin de semaine, lorsqu'on y joue du jazz live (souvent des artistes renommés). *Jam session* gratuite chaque dimanche. Vers 2h, le lieu se transforme en discothèque et on danse au rythme de la musique noire.

🎵 **Granada 10** *(zoom couleur B2, 150)* : Cárcel Baja, 10. ☎ 958-22-40-01. ● granada10.com ● Tlj minuit-6h (au moins). Entrée : env 10 € (avec 1 boisson) ; gratuit dim-mar. C'est l'un des rendez-vous nocturnes, un endroit assez fou puisqu'il s'agit d'un vieux cinéma d'allure baroque (canapés et sièges à dorures, tables basses...). Inutile d'y aller avant 3h ; à Grenade, comme on l'a dit, on attend le cœur de la nuit pour faire la fête. Public un peu chicos (ni sandales ni baskets). Concerts certains soirs.

🎵 **Aliatar Café** *(plan couleur B3, 151)* : c/ Recogidas, 2. ☎ 958-26-19-84. Tlj 15h30-4h. Entrée gratuite. Les *Multicines* et *Kinépolis*, installés aux abords de la ville, n'ont pas laissé beaucoup de chance aux vieux cinémas du centre qui peu à peu se transforment en magasins de vêtements et en discothèques. C'est le cas ici, l'un au rez-de-chaussée, l'autre à l'étage ! Le patron, après la réussite du *Granada 10* (voir ci-dessus), n'a pas hésité à l'issue de sa *dernière séance* à faire de ce lieu un night (and day)-club pour une clientèle plus chic encore ! Le décor est ultra-tendance, la salle immense, et l'éclairage bien pensé. Dans ce lieu magnifique qui marche très fort, les quadras et quinquas viennent se trémousser sur les derniers tubes.

🎵 *El Camborio* (plan couleur D2, 152) : *camino del Sacromonte, 47.* ☎ 958-22-12-15. *À côté du resto* Pibe. *Jeu-sam minuit-7h. Entrée avec conso env 7 €.* Ici se jouent les fins de nuit, dans un dédale de caves où tout se danse, de la *sevillana* à la salsa en passant par la techno. Beaucoup d'étudiants, notamment des Erasmus. En haut, terrasse superbe avec barbecue et une vue à tomber sur l'Alhambra. Inoubliable.

🎵 *La Tertulia* (plan couleur A2, 154) : *c/ Pintor López Mezquita.* ● *tertulia granada.com* ● *Spectacles à 22h quasi ts les soirs (entrée 5 € avec 1 conso), cours de tango ts les mar à 20h et milonga à 23h.* Programmation de flamenco fusion, tango, rock, plutôt variée et toujours de bonne qualité pour cette maison qui a fêté ses 20 ans en 2010. Ambiance bon enfant qui plus est !

🎵 ∞ *La Higuera* (zoom couleur C-D1, 155) : *c/ Horno del Hoyo, 17.* ▯ *616-11-70-20. Remonter la c/ Pages jusqu'à la pl. Fatima ; le bar est caché dans un recoin. Bus n° 31 tt près. Tlj sf mer ; horaires irréguliers.* Lieu de vie et de rencontres un peu anar, paumé dans la partie nord de l'Albaicín. Dans une ambiance détendue à souhait, on vient pour descendre quelques verres, mais aussi et surtout pour socialiser et profiter de la riche programmation de l'établissement : soirées théâtre, poésie, jam session le dimanche à 18h... L'été, concerts dans le patio sous pergola. Staff sympa mais toujours débordé, même quand il y a peu de monde !

Où voir du flamenco et de la *zambra* ?

Comme les autres grandes cités andalouses, Grenade propose ses spectacles de flamenco. Mais la spécialité ici, c'est la *zambra,* un genre de flamenco (voir la rubrique « Flamenco » dans « Hommes, culture, environnement ») qui se donne dans les petites caves *(cuevas)* du Sacromonte. Sinon, on peut assister à du flamenco traditionnel dans un *tablao* (petite salle de spectacle, avec scène), ou encore dans une salle de concert plus ou moins dédiée à cet art. Des différents types de lieux, c'est souvent ce dernier qui est le moins cher et le moins touristique, mais, nous, c'est comme ça, on a un faible pour le flamenco dans les *cuevas* (la *zambra,* donc), où les artistes claquent et piétinent à 1 m des spectateurs !

Quelle que soit la formule choisie, c'est surtout dans le quartier du Sacromonte que se trouvent les adresses, toutes alignées sur le même camino del Sacromonte. Prendre le minibus n° 35 (mais retour à pied ou en taxi). C'est souvent plein, donc il vaut mieux réserver, surtout si la durée de votre séjour ne vous permet aucun flottement. Les billets s'achètent sur place, mais aussi dans la plupart des hôtels et kiosques de la ville. Il faut savoir que, même si les *cuevas* et *tablaos* sont axés sur le tourisme, ils appartiennent à d'authentiques familles du Sacromonte, souvent respectées pour leur art. En se joignant à un groupe, les spectacles tournent autour de 25-30 €, transport depuis la ville et (une) consommation compris. En revanche, si vous pouvez vous permettre de ne pas trouver de place un soir, on vous conseille d'y aller seul et sans résa, les prix sont alors parfois un peu plus doux et cela vous laissera la liberté de choisir le lieu qui vous chatouille bien les oreilles !

🎵 *Peña de la Platería* (zoom couleur D2, 160) : *placeta Toqueros, 7.* ☎ 958-21-06-50. ● *laplateria.org.es* ● *Jeu soir (sf août-sept !), jueves flamencos, spectacle de flamenco ouv à ts à 22h30, pour 8 € avec 1 conso ; repas en plus 18 €. Réservez si vous voulez être assis devant, sinon il suffit de venir tôt.* C'est une *peña de flamenco,* donc un « club » dont les membres sont de véritables aficionados. Elle existe depuis 1949 et ce fut la toute première de Grenade. On ne peut pas se tromper en assistant à un spectacle ici, d'autant que de nombreux grands sont passés par là.

🎵 *Le Chien Andalou* (zoom couleur C2, 165) : *carrera del Darro, 7.*

☏ 685-23-61-84. ● lechienandalou.com ● Lun-jeu 19h-3h, ven-dim 16h-4h. Passer la veille ou en fin d'ap-m pour réserver. Spectacle 6 € ts les soirs à 22h. 🛜 Dans une toute petite cave voûtée, des concerts de flamenco bon marché et joyeux, parfaits pour ceux qui veulent voir un spectacle « à la cool ». Ambiance décontractée où bières et tapas circulent abondamment. Les soirées peuvent devenir très chaudes, olé !

♪ **Tablao Flamenco Albayzín** (plan couleur C1, **161**) : ctra de Murcia, s/n. ☎ 958-80-46-46. ● tablao-albayzin@hotmail.com ● flamencoalbayzin.com ● En bordure du quartier de l'Albaicín, sur la petite place du mirador de San Cristóbal. Spectacle à 21h30. Résa indispensable. Prix : 29 € avec 1 conso, le transport en bus et même une petite visite de l'Albaicín, ou 25 € pour le spectacle seul. 2e conso offerte sur présentation de ce guide. 3 salles avec scène, l'exemple même du tablao. Vaut le coup, même si c'est touristique.

♪ **Zambra de María La Canastera** (hors plan couleur par D2, **162**) : camino del Sacromonte, 89. ☎ 958-12-11-83. ☐ 666-64-78-95. ● info@marialacanastera.com ● marialacanastera.com ● Près du chemin qui monte au museo-cuevas, dans le quartier de Sacromonte. Congés : 24-31 déc. Tlj à 22h (mais mieux vaut téléphoner). Prix : 26 € (20 € sans transport ni visite). Petit musée le jour (tlj 12h-14h, 18h-20h ; 2,50 €) où habitait María, la célèbre danseuse, et cave à l'ambiance torride la nuit ! En 50 ans, elle a vu passer bien des célébrités, notamment Hemingway, Henry Fonda, Anthony Quinn et Ingrid Bergman (en photo aux murs).

♪ **Cuevas Los Tarantos** (plan couleur D2, **163**) : camino del Sacromonte, 9. ☎ 958-22-45-25. ● cuevaslostarantos@hotmail.com ● cuevaslostarantos.com ● ♿ Spectacles à 21h30 et 22h45 ; 30 € avec 1 boisson (24 € sans le transport) ; ou 58 € avec repas et transport. Réduc de 10 % sur le tarif sans transport sur présentation de ce guide. On y assiste (ou, devrait-on dire, participe !) à des spectacles, parfois débridés, de zambra, dans 2 salles blanches voûtées, tout en longueur et garnies de cuivres. Tou-

ristique en diable, on trouve des flyers dans tous les hôtels de la ville !

♪ **Venta El Gallo** (hors plan couleur par D2, **162**) : Barranco de los Negros, 5. ☎ 958-22-84-76. ☐ 658-83-74-23. ● ventaelgallo.com ● Au-dessus de María La Canastera, par un petit chemin qui monte. Même patron que Los Tarantos. Spectacles à 21h15 et 22h30 ; 25 € avec 1 conso (30 € avec transport et visite), ou forfait tt compris avec repas 62 €. Décor de tablao. Bon, on préfère quand même les autres. C'est aussi un des lieux où se passent les Trasnoches flamenco lors du Festival international de musique et de danse de Grenade (voir plus bas).

– Juste avant Venta El Gallo, on a envie aussi de signaler le **bar Los Faroles**. Pénétrer dans la cave d'Antonio, c'est plonger dans l'âme gitane de Sacromonte. Entre 12h et 13h, il ouvre la porte de son petit museo del Prado del Sacromonte, chargé de souvenirs touchants. Au coucher du soleil, un verre de sangria à la rose à la main, de la musique flamenco dans les oreilles, on peut s'installer sur la terrasse jusqu'à 2h pour savourer ce moment rare. Une belle émotion qui risquerait bien de toucher les plus blasés.

♪ **La Chumbera** (hors plan couleur par D2, **162**) : camino del Sacromonte, 147. ☎ 958-55-89-02. ☐ 630-82-84-20. ● info@lachumbera.com ● lachumbera.com ● Env 100 m après le Venta El Gallo (repérer la grille verte et la plaque « Ayuntamiento de Granada »). Spectacle à 21h, slt sam sept-déc et avr-fin juin. Attention, les billets s'achètent au Teatro Isabel la Católica, Acera del Casino (près de la puerta Real), ou sur place, 1h avt le spectacle, s'il reste des sièges. Entrée : 7 €. Ici, on est dans une salle de spectacle de 350 places, qui appartient à la ville avec, ô surprise, l'Alhambra en toile de fond, derrière une immense baie vitrée ! On est moins près des artistes, mais quel décor ! De plus, les spectacles (en général de flamenco) sont souvent excellents.

♪ **Museo-cuevas del Sacromonte** (hors plan couleur par D2, **162**) : Barranco de los Negros, s/n. ☎ 958-21-51-20. ● sacromontegranada.com ●

Par le chemin qui passe devant le Venta El Gallo, en haut de la colline. Juil-août slt, voir le programme sur leur site. Prix : 12-15 €. Spectacles de flamenco en plein air, parmi les meilleurs de Grenade. Là encore, mieux vaut réserver. Pour plus d'infos sur cet endroit, se reporter à la rubrique « À voir ».

♪ **Taller de Arte Vimaambi** *(zoom couleur C2, 164) : cuesta de San Gregorio, 38. ☎ 958-22-73-34. ● info@vimaambi.com ● vimaambi.com ● Mersam dès 19h (ou 22h en été : vérifier).* Petite salle conviviale gérée par une association d'artistes grenadins proposant des soirées cinéma le mardi (avec une intégrale Luis Buñuel), poésie le mercredi, concert de musiques du monde le jeudi et spectacles de flamenco originaux et de qualité, tous les vendredis et samedis soir (à 21h et 22h30 ; 15 € avec conso). Plus culturel que touristique !

♪ **Peña de la Bulería** *(hors plan couleur par D2, 162) : camino del Sacromonte, 51. La 1re en arrivant à Sacromonte, avt la petite place. Mer-sam à partir de minuit.* Petit bar où le patron chante pour qui veut l'écouter ou l'accompagner à la guitare ! Parfois, il ne se passe rien, mais parfois on a droit à un petit spectacle improvisé (et gratuit) de derrière les fagots, qui fait guincher tous ceux qui, au cœur de la nuit, ont échoué ici !

Où prendre un cours de flamenco ?

Pour apprendre à danser le flamenco (et à parler l'espagnol au passage), cette adresse propose depuis pas mal d'années des cours pour étrangers.

■ **Escuela Carmen de las Cuevas** *(plan couleur D1) : cuesta de los Chinos, 15. ☎ 958-22-10-62. ● info@carmencuevas.com ● carmencuevas.com ● Dans le quartier de Sacromonte.* Un centre de cours de langue, d'art et d'histoire, de littérature et de culture espagnole en général, mais aussi une école de flamenco. À vos castagnettes !

Où se délasser ?

■ **Hammam** *(plan et zoom couleur C2, 170) : c/ Santa Ana, 16. ☎ 958-22-99-78. ● granadareservas@hammamalandalus.com ● hammamalandalus.com ● Tlj 10h-minuit. Résa obligatoire. Compter 24 € pour 1h30, 36 € avec massage de 15 mn ; réduc étudiants et retraités.* Un lieu réellement magique pour découvrir le monde mystérieux des bains arabes. Le hammam recrée cet espace de la vie quotidienne *nazarí* et offre un moment de détente avec ses multiples piscines à différentes températures et son espace pour prendre le thé. Maillot de bain obligatoire, serviette prêtée.
– Une autre adresse si celle-ci est complète, mais moins centrale :
■ **Aljibe – Baños árabes** *(bains arabes ; plan couleur A2, 171) : San Miguel Alta, 41. ☎ 958-52-28-67. ● reservas@aljibesanmiguel.es ● aljibesanmiguel.es ● Tlj 10h-22h. Résa obligatoire (acompte demandé). Bain 23 € (1h30), 32 € avec massage de 15 mn.* Là encore, succession de bassins dans des installations qui se veulent fidèles à l'esprit hammam. Jeux de lumière, petites bougies, musique arabe douceâtre et thé à la menthe en libre-service. Maillot de bain obligatoire (loc possible), serviettes fournies.

Achats

Marchés

En général, tous les jours sauf le dimanche de 9h à 15h.

⊛ **Mercado Central San Agustín** *(plan couleur B2, 180) : dans la rue éponyme.* Un grand marché couvert avec des étals de légumes, fruits, charcuterie... Ambiance chaleureuse.
⊛ **Pescadería** *(plan couleur B2, 181) : sur la jolie placette de la Pescadería.* Marché aux fruits, légumes, poissons...
⊛ **Plaza Larga** *(zoom couleur C1, 182) : mar-sam, sur la place du même nom, dans le haut de l'Albaícin.* Fruits et légumes, fleurs, vêtements et babioles.

GRENADE ET SES ENVIRONS

Produits typiques

⚜ **La Oliva** (plan couleur B3, **183**) : c/ Rosario, 9. ☎ 958-22-57-54. 🖷 650-18-23-58. ● academiadeltapeo@gmail.com ● Tlj sf sam ap-m et dim 11h-14h30, 19h-22h ; mais horaires pas toujours respectés. L'endroit idéal pour qui cherche d'authentiques produits du terroir ! Outre presque tous les vins de la province, on y trouve d'exquis fromages de montagne (essayez l'añejo, michèvre, mi-vache, à déguster avec de l'huile d'olive aromatisée au basilic), du superbe jambon de Bubión (village des Alpujarras) et on en passe. De toute façon, vous ne risquez rien, car ici on peut goûter avant d'acheter ! Le volubile et passionné Francisco organise même, sur réservation uniquement, des séances de dégustation (voir plus haut, dans « Où boire un verre ? Où tapear ? »), et n'est pas avare en tuyaux sur les produits de la région.

⚜ **Mantequería Castellano** (zoom couleur B2, **184**) : c/ Almireceros, 6. ☎ 958-22-48-40. Tlj sf sam ap-m et dim 9h30-14h, 17h-20h30. Une petite épicerie-charcuterie de quartier bien pratique pour qui veut faire vite fait le plein de bons produits. Pas besoin de courir, c'est en plein centre ! Grand choix de jambons : ibérico de bellota, serrano et de Trevélez... Le tout mis sous vide ! Et ici aussi on peut goûter avant d'acheter !

⚜ Du côté de la cathédrale, on trouve de petites échoppes spécialisées dans les épices et les légumes secs. Comme, par exemple, **Medievo** (pasaje Diego de Siloé, s/n). Un vrai bon plan

pour le safran, vendu à un prix défiant toute concurrence.

Musique, instruments

⚜ **Casa Ferrer** (plan couleur C3, **185**) : c/ Cuesta de Gomérez, 26. Dans la rue qui mène à l'Alhambra. Tlj sf sam ap-m et dim 10h-13h30, 17h-20h. Le fabricant le plus ancien d'Andalousie. Pour la petite histoire, c'est Benito Ferrer, le fondateur de la boutique, qui offrit à Andrés Segovia (grand guitariste espagnol) sa première guitare ! Guitares classiques et de flamenco (professionnelles ou non), bandurrias (sorte de mandolines), castagnettes... Presque en face, au n° 29, il y a aussi la boutique de Francisco Manuel Diaz, qui a tout appris de Benito.

⚜ **Taller Gil de Avalle** (plan couleur C3, **187**) : pl. Realejo, 15. ☎ 958-22-16-10. ● gildeavalle.com ● Tlj sf sam ap-m et dim 10h30-13h30, 17h-20h. Un luthier très sympathique (d'ailleurs c'est bien connu, les luthiers sont sympas !) chez qui l'on peut non seulement acheter de superbes guitares, mais aussi apprendre à en jouer... ou même, pour ceux qui ont du temps devant eux (1 mois), à en fabriquer ! Également des cours de flamenco.

⚜ **Gran Vía Discos** (plan couleur B2, **186**) : Gran Vía de Colón, 21. ☎ 958-80-43-24. Tlj sf dim 10h-21h. Un disquaire dont la notoriété a largement dépassé les murailles de Grenade. Passionné de flamenco et de musique traditionnelle andalouse, il sera de bon conseil (il parle d'ailleurs très bien le français). Une adresse incontournable, que vous soyez profane ou à la recherche d'un introuvable.

À voir

– **Bon à savoir :** la ville de Grenade propose un billet touristique forfaitaire, le bonoturístico 3 ou 5 jours. Le bonoturístico 3 jours coûte 33,50 €, inclut l'accès aux principaux monuments et musées de Grenade (l'Alhambra, la Cartuja, la cathédrale, la Capilla Real, le monastère San Jerónimo, le Museo arqueológico, le Parque de las Ciencias et le Museo Memoria de Andalucía Caja Granada), et vous permet d'effectuer 5 trajets en bus urbains et de bénéficier de réductions pour certaines visites guidées de la ville. Le bonoturístico 5 jours coûte 37,50 € et offre en plus 9 trajets en bus urbains et un forfait de 24h pour le bus touristique rouge qui fait le tour des monuments toutes les 30 mn. Les bonoturístico sont en vente au guichet du Parque de las Ciencias ou à l'office de tourisme municipal de la plaza del Carmen. Vous pouvez aussi l'acheter à l'avance sur ● turgranada.es ●, mais il vous faudra aller le faire imprimer à l'office de tourisme (pl. del Carmen ; plan couleur B3), ou bien – soit directement, soit par téléphone – à la banque Caja Granada (pl. Isabel la Católica, 6 ; ☎ 902-10-00-95 depuis l'Espagne ; ☎ 00-34-958-21-00-51 depuis l'étranger ; ● cajagranada.es ● ; lun-ven 8h-15h). Si vous comptez louer un audioguide, vous pouvez aussi acheter le bonoturístico au kiosque This. is : Granada (sur la pl. Nueva ; ☎ 958-21-02-39 ; tlj 9h30-14h30, 16h-20h).

Attention, le bono ne dispense pas de réserver la visite de l'Alhambra, mais il permet de réserver son billet dans des délais plus courts que ceux qui sont habituellement nécessaires, car, sur les 6 600 entrées quotidiennes auxquelles on limite l'accès au site, un certain nombre sont réservées aux détenteurs du bono (ce qui garantit quand même au plus tôt une entrée pour le lendemain ou le surlendemain en dehors de quelques périodes critiques). En ce qui concerne l'économie faite, elle est de 20 % si l'on visite tous les musées et monuments précités, mais à moins de faire la totale, il s'avère difficile à rentabiliser.

Remarque : les horaires des musées ci-dessous sont susceptibles de changer lors de certaines fêtes (Semana santa, Corpus Christi, etc.). Bref, vérifiez-les à l'office de tourisme si c'est durant l'une de ces périodes que vous voyagez.

Petite mise en garde : vous serez peut-être « importuné » devant les monuments ou musées de la ville par les gitanes qui veulent vous « offrir » un œillet « porte-bonheur » ou une simple tige de buis... (moyennant 1 à 5 € !). Pas d'inquiétude, vous n'avez qu'à refuser... poliment d'abord, plus fermement ensuite (si le premier refus n'a pas abouti).

L'ALHAMBRA (plan couleur C-D2-3, plan de l'Alhambra et plan des palais nasrides)

ATTENTION, IL EST CONSEILLÉ DE RÉSERVER LE PLUS TÔT POSSIBLE (voir plus loin) !

◈ ✹✹✹ Bâtie sur un promontoire surplombant Grenade, cette énorme forteresse attire chaque année deux à trois millions de visiteurs, générant des dizaines de millions d'euros par an pour la ville. Et pour cause : c'est le monument le plus visité d'Espagne.

L'Alhambra, « la Rouge » en arabe, doit son nom à la coloration que prend sa pierre quand le soleil couchant l'embrase. Plus qu'un simple palais, l'Alhambra est une véritable cité, cernée de hauts murs (2 200 m de remparts). On y trouve des palais (les palais nasrides et de Charles Quint), des bains, une mosquée, une forteresse (l'Alcazaba) et surtout, liant harmonieusement le tout, de merveilleux jardins (ceux du Generalife notamment), ainsi qu'une forêt d'arbres feuillus qui coiffe de vert les versants du mont.

Beaucoup de monde donc, tous les jours, toute l'année. On peut aussi faire la visite de nuit (enfin, le soir à 22h), mais, même si l'ambiance a un côté magique, on n'accède pas à tout le site, et c'est plutôt à privilégier pour une 2e visite du site que pour une découverte. Sachez aussi qu'une partie de l'Alhambra est **accessible gratuitement** (l'esplanade de los Aljibes, le palais de Charles Quint, le museo de la Alhambra et le museo de Bellas Artes), en passant par la puerta de la Justicia (plan Alhambra, 2).

Comment y aller ?

➢ **À pied :** finalement pas si dur (en tout cas le matin à la fraîche !), au départ de la plaza Nueva. Il n'y a que 800 m mais la dénivelée en décourage beaucoup. Environ 25 mn de bonne grimpette par la calle Cuesta de Gomérez ; c'est toujours tout droit. Pour redescendre, on peut prendre le chemin qui longe l'autre côté des remparts, passe entre les palais nasrides et le Generalife et plonge sur l'Albaicín (camino del Rey Chico).

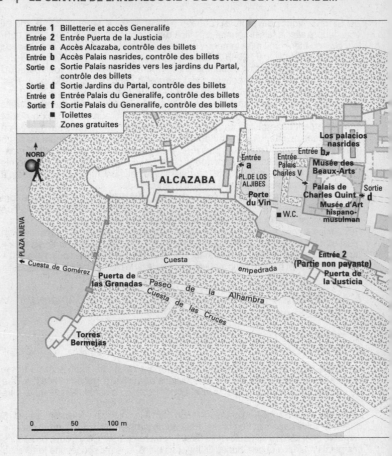

Entrée **1** Billetterie et accès Generalife
Entrée **2** Entrée Puerta de la Justicia
Entrée **a** Accès Alcazaba, contrôle des billets
Entrée **b** Accès Palais nasrides, contrôle des billets
Sortie **c** Sortie Palais nasrides vers les jardins du Partal,
contrôle des billets
Sortie **d** Sortie Jardins du Partal, contrôle des billets
Entrée **e** Entrée Palais du Generalife, contrôle des billets
Sortie **f** Sortie Palais du Generalife, contrôle des billets
■ Toilettes
Zones gratuites

GRENADE ET SES ENVIRONS

➤ **En minibus :** ligne nº 30 depuis la Gran Vía Colón ou de la c/ Panaveras au niveau de la plaza Isabel la Católica (ttes les 5-10 mn 7h20-22h). Billet à 1,20 €, comme tous les bus urbains de la ville.

➤ **En voiture :** simple aussi, car il y a un immense parking à côté de l'Alhambra (1,40 €/h, max 18,45 €/j.), mais il faut faire tout un détour par la sortie de la ville, en prenant la route de la sierra Nevada *(hors plan couleur par B3)*. Cela dit, c'est très bien indiqué et, en 10-15 mn, on y est !

➤ **En taxi :** compter env 5 € depuis le centre, ce qui vaut le coup quand on est 3 ou 4 à bord. Pour le retour, les taxis se trouvent près de la puerta de la Justicia *(plan Alhambra)*.

Horaires et tarifs

♿ *Tlj 8h30-20h (18h de mi-oct à fév). Les guichets du pavillon d'entrée (plan Alhambra,* **1***), à côté du parking, ferment 1h plus tôt. Nocturne mar-sam 22h-23h30 mars-oct, slt ven-sam 20h-21h30 nov-fév. Fermé 1ᵉʳ janv et 25 déc. Palais de*

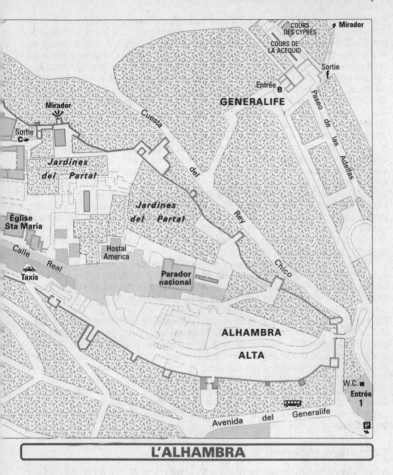

L'ALHAMBRA

Charles Quint, museo de la Alhambra et museo de Bellas Artes (accès gratuit) fermés lun (et mar mat pour le museo de Bellas Artes). Entrée : 13 € ; réduc pour les étudiants, les 12-15 ans, handicapés et plus de 65 ans ressortissants de l'UE ; gratuit jusqu'à 11 ans (inclus ; mais résa nécessaire quand même). Pour les jardins seuls en journée : 7 € (trop cher !). Visites nocturnes : 8 € pour les palais nasrides ou pour les jardins du Generalife. Audioguide 6 € (version française disponible).
– Pour être sûr d'avoir des infos à jour, rendez-vous sur le site ● *alhambra-patro nato.es* ●
– Il existe un kiosque d'infos touristiques près du palais de Charles Quint. Mêmes horaires que le site.

Mode d'emploi : billets et visite

C'est ici que ça se corse ! En effet, afin d'éviter la surfréquentation du site, il a été décidé de limiter son accès à 6 600 visiteurs par jour (moitié le matin, moitié l'après-midi). De ces 6 600 entrées disponibles, 2 000 environ le sont sans réservation. La vente de billets sans réservation s'arrête donc dès que ces 2 000 entrées sont vendues, et cela peut être à n'importe quel moment de la journée. Bref, on vous conseille de réserver au moins 2 semaines à l'avance en haute saison (voir plus bas), voire 2 mois lors de la semaine de Pâques, qui est une période très chargée. Sans cela, il vous faudra faire la queue devant les guichets : ceux-ci ouvrent à 8h mais il n'est pas rare qu'il y ait du monde dès 6h30-7h ! Donc, pour être sûr d'avoir une place, il faudra se lever tôt. Savoir aussi que le billet est valable pour le matin (8h30-14h) ou l'après-midi (14h-20h en été) et que, à l'intérieur de ces tranches horaires, il sera précisé *à quelle heure vous devrez vous rendre aux palais nasrides pour les visiter* (toujours pour éviter que ça se bouscule à l'intérieur). Donc, plus tôt vous serez devant les guichets, plus de chances vous aurez de pouvoir choisir le moment de votre visite... Bon à savoir, une personne peut acheter au guichet autant de billets qu'elle le veut.

La mise en place de bornes informatiques, où l'on peut facilement retirer ses places réservées, mais aussi acheter des tickets au dernier moment (avec une simple carte de paiement), a beaucoup désengorgé la foule qui se pressait aux caisses. Encore faut-il savoir que ces billets (30 % de l'offre quotidienne, pourtant !) partent en quelques minutes en saison, résultat, l'offre se limite souvent à la visite des seuls jardins. Frustrant donc !

– Rappel : vous pouvez également retirer votre entrée (réservée auparavant sur Internet ou par téléphone), ou carrément acheter lesdistes entrées en plein centre-ville à la *Tienda-Librería de la Alhambra* (plan couleur B2, *9* ; c/ Reyes Católicos, 40 ; voir plus haut « Adresses utiles »). Attention, ils ne vendent pas de billet pour le jour même.

Dernière chose : si vous avez réservé mais pas imprimé votre billet, il vous faudra arriver 1h (au pire 45 mn) avant l'heure indiquée sur le billet (qui, on vous le rappelle, correspond à *l'horaire impératif* de la visite des palais nasrides). En effet, les caisses se situent assez loin de l'entrée, mais surtout, on vous fera patienter avant que vous puissiez, enfin, accéder au palais. En revanche, si vous avez déjà imprimé votre billet ou que vous possédez le *bonoturístico,* pas besoin de faire la queue : vous pouvez vous rendre directement à la puerta de la Justicia (si vous arrivez à pied du centre, celle-ci se trouve avant la billetterie – mais n'est indiquée qu'en descendant de celle-ci !) ou à l'entrée principale (si vous arrivez en minibus).

Comment réserver son billet ?

– *Par téléphone :* en composant, entre 8h et minuit, le ☎ 902-88-80-01, depuis l'Espagne ou le ☎ 00-34-958-92-60-31 depuis l'étranger. Le règlement se fait par carte de paiement. Prévoir 1,30 € de frais de réservation par place, et on ne peut réserver que 10 places par carte bancaire. Notez aussi qu'on ne peut réserver que 3 mois maximum à l'avance.

– *Sur Internet :* ● alhambra-tickets.es ● ticketmaster.es ● et ● servicaixa.com ● Mêmes frais et même délai d'anticipation que par téléphone. Si vous vous y prenez un peu tard et qu'il n'y a plus de places disponibles, n'hésitez pas à vous reconnecter régulièrement : il arrive que des places se libèrent, par exemple lorsque des groupes annulent !

La visite

L'Alhambra est non seulement superbe, mais également d'un intérêt historique considérable, puisque c'est le seul palais arabe construit au Moyen Âge qui soit encore intact. Au lieu de le saccager, les catholiques l'ont restauré.

À l'origine, les populations arabes vivaient sur la colline voisine, l'Albaicín (une sorte de médina). Le premier roi de la dynastie nasride décida d'émigrer sur celle-ci et fit construire (vers 1238) un palais qui ne cessa de s'agrandir jusqu'au XIVᵉ s. Toutes les constructions principales datent donc du Moyen Âge, à part la *casa Real* édifiée par Charles Quint : il n'avait pas son pareil pour briser l'harmonieuse composition d'un site.

Passé les guichets du pavillon d'entrée *(plan Alhambra, 1)*, vous avez le choix de prendre le chemin du Generalife à droite ou, à gauche, celui qui mène à la plaza de los Aljibes (autour de laquelle s'articulent l'Alcazaba, la puerta de la Justicia, le palais de Charles Quint et les palais nasrides). Cela dépendra en fait de l'heure à laquelle votre visite des palais nasrides sera programmée.

La visite totale du site dure entre 3h30 et 4h30 selon votre rythme, dont 45 mn-1h pour les palais. On ne peut visiter qu'une seule fois chaque bâtiment. On vous conseille donc de garder les jardins pour la fin et de commencer par l'Alcazaba, le palais de Charles Quint et les musées en attendant la visite des palais nasrides si celle-ci est prévue dans l'heure qui suit votre entrée.

Dernier détail : comme il n'y a pas grand-chose d'intéressant côté restauration, l'idéal est d'emporter son pique-nique et d'aller le déguster dans les jardins (plein de jolis coins pour s'asseoir).

La puerta de la Justicia

La puerta de la Justicia, en contrebas de la plaza de los Aljibes, est quasiment la seule entrée d'origine qui ait subsisté jusqu'à nos jours. Elle faisait partie des remparts qui englobaient la *Médina Al-Hamrá*, en fait la ville fortifiée de l'Alhambra, habitée de tous les artisans du sultanat, des familles des soldats et des aristocrates.

LA CLÉ DU MYSTÈRE

Vous remarquerez la main sculptée sur la première arche de la puerta de la Justicia (symbole musulman). En dessous, on peut voir une clé (peut-être un blason nasride). La légende veut que le jour où la main atteindra la clé, Grenade reviendra à ses anciens propriétaires musulmans. Nous, on se demande ce qu'une Vierge gothique vient faire au milieu !

Le palais de Charles Quint

Construit au XVIᵉ s, son architecture massive et austère surprend quelque peu dans ce site si raffiné. Les bâtiments carrés et brutaux d'aspect extérieur entourent cependant une vaste cour circulaire de 30 m de diamètre pleine d'élégance et comportant deux niveaux de galeries, la première dorique et la seconde ionique. De là, on peut accéder à la chapelle octogonale.

Ce palais chrétien, édifié par Charles Quint pour Isabelle la Catholique qui avait froid à Grenade, est resté inachevé et n'a jamais été habité (les toits ont été ajoutés au XIXᵉ s). Il abrite le musée des Beaux-Arts et le musée de l'Alhambra.

– *Museo de Bellas Artes (musée des Beaux-Arts) :* à l'étage du palais. ☎ 600-14-32-37. Mar-sam 10h-20h30 (9h-15h30 en été) ; dim et j. fériés 10h-17h. GRATUIT pour les ressortissants de l'UE ; sinon 1,50 €. Le bâtiment abrite une très belle collection de peintures et sculptures, du XVIᵉ s surtout, réalisées par des artistes grenadins. On peut par exemple citer le rare et magnifique petit triptyque en émail aux couleurs chatoyantes et une belle *Descente de croix* de Francisco Chacón du XVᵉ s. Quelques toiles de Juan S. Cotán aussi, dont on dit qu'il a inspiré Zurbarán. Amusant, un tableau flamand montrant la fuite en Égypte... dans la Hollande du XVIIᵉ s ! Puis de nombreuses sculptures d'Alonso Cano, artiste du XVIIᵉ s, et un christ pathétique de José de Mora. À voir encore, des œuvres de Pedro A. Bocanegra, très touchantes, dans la lignée d'Alonso Cano. Scènes sculptées de *Jésus portant la croix* et de la *Nativité*. Enfin, mobilier et tableaux du XIXᵉ s et quelques œuvres contemporaines. En bref, un excellent musée qui a choisi de montrer peu d'œuvres mais d'une grande qualité.

– *Museo de la Alhambra :* au rdc du palais. Mer-sam 8h30-20h (18h en hiver), mar et dim 8h30-14h30. GRATUIT. Ne manquez pas cet agréable petit musée qui renferme quantité de trésors ! Sept salles thématiques, dont celle *des Sciences, de la Foi et de l'Économie* présentent des pièces de monnaie du Ier s, une horloge solaire du Xe s et des Coran du XIIe au XIVe s. Belle collection d'amphores almohades, superbes céramiques, bois sculptés, dont une monumentale porte marquetée, plateau d'échecs nasride, siège pliant marqueté du XIVe s (le plus vieil exemplaire connu), marbres polychromes et azulejos du IXe au XIVe s...

L'Alcazaba

Avant de pénétrer dans la forteresse, on traverse la plaza de los Aljibes. Celle-ci tire son nom des réservoirs qui avaient été creusés par les Arabes pour approvisionner en eau potable une armée de plusieurs dizaines de milliers d'hommes. L'Alcazaba est la partie la plus ancienne (XIe s), la moins spectaculaire aussi, bien qu'elle offre un panorama exceptionnel sur la ville, depuis la *torre de la Vela,* dite aussi « tour de la Cloche », de 27 m de haut, probablement érigée par Mohammed ben Nasr al-Ahmar, le fondateur de la dynastie nasride. En 1522, un tremblement de terre lui fit perdre quelques mètres et ses créneaux. L'Alcazaba, dressée sur la colline telle une vigie, était la forteresse de la cité. On y aperçoit les remparts qui grimpent sur la colline. De la tour de veille, on prévenait de tous les dangers et on rythmait l'irrigation de la vallée. Dans la partie centrale de l'Alcazaba, ruines des anciennes casernes.

Los palacios nazaríes (palais nasrides)

À la fois forteresse et résidence des émirs, construite entre 1238 et 1391. Le clou de la visite. Il faut savoir que le palais a été remanié plusieurs fois et entretenu par les générations successives, si bien qu'il est difficile de dater avec précision telle ou telle pièce, telle ou telle arabesque. Mais l'important est que l'unité architecturale ait été conservée. Il s'agit de trois ensembles de salles, le *Mexuar,* le *Comares* et le *patio de los Leones,* composés de patios, salons, corridors, alcôves... Toute une ambiance dont on s'imprègne au fil de la visite.

El Mexuar (salle du Conseil)

C'est la partie la plus ancienne des palais, mais également celle qui a subi le plus de transformations. Dans cette salle, finalement assez petite mais d'une rare élégance, siégeait le tribunal royal. On étudiait donc ici, dans le carré central délimité par les colonnes aux chapiteaux polychromes, les grandes affaires judiciaires. Remarquables arabesques et superbes revêtements d'azulejos mauresques (ou *alicatados* – marqueterie de pierre) datant du XVIe s. La simplicité des colonnes tranche avec la richesse des chapiteaux. Remarquer également ce qui devait être une mezzanine, et dont il subsiste une balustrade. C'était le chœur d'une chapelle installée à l'occasion d'une visite du roi Philippe IV ; le plancher s'étant écroulé, il ne reste plus que la balustrade. Vous observerez que le mihrab de l'oratoire du Mexuar est orienté sud-est pour se tourner vers La Mecque (très endommagé par une explosion en 1590). Excellente vue sur l'Albaicín. On poursuit par l'élégant patio du Mexuar, aux murs foisonnants de motifs délicats.
– **El cuarto Dorado** *(Chambre dorée) :* superbe, avec ses murs couverts d'ornementations et d'inscriptions. Plafond mudéjar ouvragé et doré, présentant des motifs gothiques. C'est probablement ici que les visiteurs attendaient l'autorisation d'entrer dans le *patio de los Arrayanes* du temps des Nasrides.

El Comares

Centre de l'activité diplomatique et politique de l'Alhambra, la partie publique des palais nasrides.
– **El patio de los Arrayanes** *(cour des Myrtes)* **ou patio de la Alberca :** une des réalisations les plus admirables. Passage obligé sous les invités en grande pompe le long du bassin, avant d'accéder à la sala de la Barca. L'harmonieux équilibre entre la lumière, l'eau et l'espace donne au visiteur une impression de pureté remarquable émanant du vaste bassin rectangulaire, parfaitement calme. Le soleil réfléchi

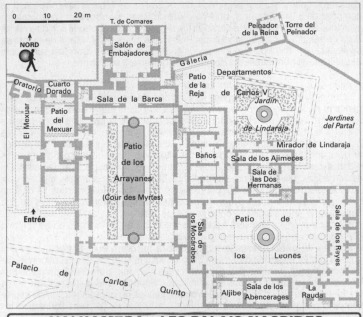

0   10   20 m

NORD

T. de Comares

Salón de Embajadores

Peinador de la Reina   Torre del Peinador

Galería

Departamentos

Patio de la Reja

de   Carlos V

Oratorio

Cuarto Dorado

Sala de la Barca

Jardín

de Lindaraja

Jardines del Partal

El Mexuar

Patio del Mexuar

Patio de los Arrayanes (Cour des Myrtes)

Baños

Mirador de Lindaraja

Sala de los Ajimeces

Sala de las Dos Hermanas

Entrée

Sala de los Mocárabes

Patio   de

Sala de los Reyes

los   Leones

Palacio   de

Carlos   Quinto

Aljibe

Sala de los Abencerages

La Rauda

L'ALHAMBRA – LES PALAIS NASRIDES

par l'eau du bassin ondoie en arabesques lumineuses sur les murs du patio, animant celles ciselées dans le plâtre. C'est dans ce genre de réalisation que l'on perçoit à quel point les Arabes maîtrisaient le jeu des volumes et de l'espace. Les larges arcades aérées confèrent à l'ensemble un aspect paisible et voluptueux. Au 1er étage de la galerie sud, les fenêtres à jalousies sont celles du sérail, qui n'était pas placé là par hasard. En effet, le harem du sultan était preuve de son pouvoir et ses femmes pouvaient faire fléchir les plus récalcitrants... Regardez juste au-dessus : horreur ! La corniche du palais de Charles Quint vient briser toute cette belle harmonie. On se gratte la tête en se demandant à quoi lui et son architecte (Pedro Machuca) pouvaient bien penser.

– *La sala de la Barca :* tout en longueur, c'est l'antichambre coincée entre le patio de los Arrayanes et le salon des Ambassadeurs. Ultime salle d'attente avant de rencontrer le sultan. Le nom proviendrait peut-être du plafond de cèdre finement travaillé, à la forme rappelant un peu une barque retournée. Ou encore de la formule que l'on voit partout dans la salle : *baraka* (bénédiction).

– *El salón Comares ou salón de Embajadores (salon des Ambassadeurs) :* destiné aux réceptions des rois arabes et des émissaires étrangers, ce salon, installé au rez-de-chaussée dans la tour de Comares, symbolise la magnificence et le pouvoir des Nasrides. Pour recevoir ses sujets et ses invités, le sultan s'asseyait dos aux vitraux multicolores qui ornaient alors les fenêtres de l'alcôve centrale, face à l'entrée, et de ce fait à contre-jour. Quoi de plus intimidant qu'une silhouette sombre dont les traits demeurent indéchiffrables ?

Là encore, on retrouve toutes les splendeurs de l'art nasride : arabesques, stalactites, balcons ajourés, azulejos fantastiques. Aux arabesques orientales se mêlent des versets du Coran. Équilibre parfait des formes et des proportions.

Vous remarquerez surtout le plafond, chef-d'œuvre de l'ébénisterie nasride. Il se compose de 8 017 pièces en bois de cèdre du Liban, symbolisant l'eschatologie islamique (les sept cieux et le paradis). On dit que le sultan Boabdil aurait remis ici, dans ce salon, les clés de la ville aux Rois Catholiques. Au 4e étage de la tour se seraient situés les appartements privés du roi. Ses fenêtres, donnant sur la cour des Myrtes, lui permettaient d'observer tranquillement ses invités.

El patio de los Leones (cour des Lions)

« La main du temps s'étant posée ici avec plus de légèreté, les vestiges de l'élégance et de la splendeur mauresques y éclatent dans leur fraîcheur quasi originale », écrit Washington Irving lorsqu'il découvre pour la première fois les palais nasrides en 1829. Deux siècles plus tard, rien n'a changé. C'est la partie privée du palais, la plus cachée aussi, réservée au sultan et à ses femmes. On avance ici dans une forêt de colonnes de marbre élancées, surplombées par d'élégantes arcades dont les stucs, d'une finesse remarquable, ont l'aspect de dentelles. On se demande d'ailleurs comment l'ensemble, à l'apparence si fragile, a pu résister aux tremblements de terre qui ont plusieurs fois secoué les environs : à chaque extrémité des colonnes, vous apercevrez des joints de plomb, auxquels on doit cette surprenante solidité et cette souplesse à la fois. Les arabesques des chapiteaux et des arcs paraissent à première vue tous identiques, mais en les scrutant plus longuement, on découvre leur incroyable diversité.

Au centre, **le patio même, avec la célèbre fontaine aux 12 lions,** crachant chacun leur jet d'eau. Ils dateraient du Xe ou XIe s et sont assez exceptionnels car les musulmans n'aimaient pas représenter des animaux. Nombre d'interprétations symboliques circulent sur ces fameux lions... Pour certains, cette fontaine serait la « fontaine de vie » d'où partent les quatre fleuves du paradis musulman (représentés ici par quatre rigoles). Pour d'autres, les 12 statues de pierre figureraient les 12 signes du zodiaque ou les 12 mois de l'année : symboles astrologiques, donc. Une autre hypothèse soutient qu'ils représenteraient les 12 tribus d'Israël, car les lions proviendraient du palais d'un riche vizir juif, nommé Yusuf ibn Nagrela, tombé en disgrâce.

Le patio représente le paradis musulman. Les colonnes se dressent tels les palmiers d'une oasis, au centre de laquelle jaillit la source, alimentant quatre rigoles qui symbolisent les rivières du paradis, coulant vers les quatre points cardinaux. Les lions soutiennent un bassin circulaire, symbolisant l'océan qui reçoit la pluie. Une inscription arabe sur le bord de la vasque dit ceci : « Qu'est-elle sinon un nuage qui verse ses bénéfices sur les Lions ? La main du calife, comme elle, déverse ses bienfaits sur les lions de la guerre. »

Plusieurs salles s'articulent autour du patio. Nous commencerons par celle située à droite de l'accès depuis la cour des Myrtes :

– La sala de los Abencerages (salle des Abencérages) : remarquable *muquarnas* (plafond ou voûte à stalactites) en forme d'étoile, impossible à reproduire paraît-il, et sur lequel de nombreux mathématiciens se sont cassé la tête. À propos de tête, c'est ici que celles de 36 chevaliers abencérages tombèrent sur ordre du sultan, l'un d'entre ces malheureux ayant séduit sa femme. En sortant de la salle, on distingue deux couloirs. L'un, à gauche, conduit à l'entrée d'origine, aujourd'hui condamnée.

L'autre, à droite, mène à l'escalier qui monte au sérail, au-dessus d'une citerne.

– **Le sérail** (qui ne peut être visité), au 1er étage, s'étend jusqu'à la cour des Myrtes. Les femmes pouvaient donc passer de la partie privée à la partie publique sans être vues. Elles avaient d'ici également accès au hammam, coincé entre la cour des Lions et la cour des Myrtes.

– **La sala de los Reyes** (salle des Rois) : en face de l'entrée. Longue salle divisée en plusieurs parties, dont tous les plafonds sont couverts de stalactites. Voûtes à arches presque brisées, ce qui est assez rare. Noter aussi, dans toutes les niches du fond, les plafonds ornés et recouverts de cuir d'agneau, peints par des artistes errants (fin XIVe ou début XVe s), représentant les rois de la dynastie nasride et des scènes chevaleresques.

– **La sala de las Dos Hermanas** (salle des Deux-Sœurs) : située à gauche de l'entrée, c'était la salle officielle des épouses du roi. Il avait généralement quatre épouses. La préférée (la sultane) n'était ni la plus intelligente, ni la plus belle, ni la plus jeune, mais celle qui donnait le premier fils. Au centre, deux grandes dalles en marbre, auxquelles on attribue le nom de la salle (deux sœurs). On notera ici surtout les **magnifiques alicatados,** considérés comme les plus beaux de l'Alhambra. C'est sur l'un des piliers de marbre de cette salle qu'Aben Hamet, le héros des *Aventures du dernier Abencérage* (le récit de Chateaubriand), inscrit au clair de lune le nom de sa douce Blanca.

Les appartements de Charles Quint et la cour de Lindaraja

À l'arrière de la sala de las Dos Hermanas, on accède au **mirador de Lindaraja,** qui donne aujourd'hui (depuis la construction de galeries par les chrétiens) sur un jardin (le *patio de Lindaraja*). Voir les sublimes inscriptions arabes en mosaïque de céramique, noir sur blanc.

On traverse ensuite les appartements de Charles Quint, datant de 1526, où il ne résida que très peu de temps lors de son voyage de noces. Vous y trouverez un écriteau rappelant que Washington Irving (lui aussi !) logea ici. C'est sa passion pour l'Alhambra qui initia la remise en état du site, plus ou moins laissé en ruine à l'époque, devenu squat de gitans et de romantiques. Plusieurs galeries articulées autour du **patio de Lindaraja,** l'une permettant d'entrevoir l'intérieur des bains royaux, que l'on ne peut pas visiter autrement, une autre offrant une vue extra sur l'Albaicín. Vous passerez également par la **sala de los Secretos,** une galerie de brique qui, faute de secret, abritait le bois de chauffage pour les bains.

La sortie se fait vers les **jardines del Partal,** élégamment organisés en allées et qui concluent en douceur la visite des palais nasrides. De là un chemin, bucolique à souhait, ponctué de tours de garde, mène au Generalife.

Iglesia Santa María de Alhambra

Mar-sam 10h-13h, 16h-18h ; dim le mat slt. Derrière le palais de Charles Quint. Façade simple mais élégante, datant de la fin du XVIe s. Nef entourée de six chapelles, retable de 1671 conçu par Juan López de Almagro. Cette église, bâtie sur les ruines d'une mosquée prestigieuse, fut la revanche des chrétiens sur les musulmans. À proximité, on pourra visiter les anciens bains à vapeur servant aux ablutions.

Le Generalife *(plan couleur D2-3)*

Rien de plus joli et agréable que le chemin, bordé de cyprès et de végétation exubérante, qui conduit au Generalife. La richesse des senteurs et des parfums symbolise plus que tout le **raffinement des princes nasrides** qui avaient fait de ce palais leur résidence d'été. Ils pouvaient s'isoler, tout en restant proches de l'activité politique et de l'Alhambra. Les bâtiments, d'architecture assez simple, ont été joliment restaurés. Jardins magnifiques. C'était déjà l'avis de Théophile Gautier en 1840 : « Le véritable charme du Generalife, ce sont les jardins et ses eaux. » Fidèles à leurs habitudes, les Arabes ont réuni dans la plus parfaite harmonie les végétaux et l'eau. Celle-ci jaillit d'un rocher en hauteur. Autrefois, cette source si précieuse était contrôlée par une clé. Cela dit, ce que vous en voyez aujourd'hui n'a plus rien à voir avec la version médiévale. Le jardin a subi de multiples transformations par toutes les familles nobles qui ont habité les lieux. En 1921, il fut vendu à la ville pour une peseta ! Les pavillons sont disséminés au milieu des bassins et des jets d'eau. Tout au bout, un kiosque avec une vue admirable sur Grenade et l'Alhambra en contrebas. Plus haut, des jardins suspendus, accessibles par l'escalier d'eau où une fine rigole descend le long des rampes, rappellent ceux qui ont fait la réputation de Babylone.

À voir encore à Grenade

⊙ ✴✴✴ *L'Albaicín (zoom couleur) :* notre quartier préféré à Grenade. Il commence le long du Darro et s'achève en haut de la colline qui se dresse face à l'Alhambra. En y montant à pied (attention, ça peut grimper sec !), on voit progressivement la ville d'en haut, pour finalement atteindre le *mirador de San Nicolás (zoom couleur C1-2),* qui offre un magnifique point de vue. On peut aussi y aller en minibus n° 31 (voire le 35 pour le haut du quartier), à prendre plaza Nueva. Il existe un plan très bien fait, disponible à l'office de tourisme.

C'est un quartier de style arabe, qui a sauvegardé l'aspect de médina qu'il avait il y a plusieurs siècles. Du XIe au XIVe s, c'était une ville riche, comptant à son apogée pas moins de 26 mosquées et 600 000 habitants, ce qui était bien inhabituel en Europe. Au milieu du XIIIe s, le quartier se gonfla de l'exode des musulmans fuyant Cordoue reconquise par les Rois Catholiques. C'est également là que, après la reconquête de Grenade, les Maures se réfugièrent. Ils furent en partie massacrés dans la nuit de Noël 1568, puis finalement chassés en 1609. Au hasard de ses ruelles étroites, de ses passages, de ses escaliers, de ses culs-de-sac, de ses placettes pavées, il a conservé le charme de ses patios fleuris et de ses demeures anciennes appelées *cármenes.* Un petit Montmartre maure en somme ! L'Unesco l'a d'ailleurs classé au Patrimoine de l'humanité en décembre 1994.

Vous indiquer un itinéraire ressemblerait à une mauvaise blague dans ce dédale de ruelles. On peut visiter l'Albaicín en 2h ou y passer la journée. À notre avis, il faut choisir la deuxième solution ! On a plutôt envie de vous proposer de mettre votre guide préféré au fond de votre sac et de vous égarer joyeusement dans ce labyrinthe magnifique. Une promenade qui comptera sûrement parmi vos meilleurs souvenirs de Grenade. Conseil : évitez les sandalettes (à fortiori les talons !), à

CARMEN ET *CÁRMENES*

Vous avez sans doute remarqué que, dans le quartier de l'Albaicín, les maisons s'appellent des cármenes. *Le mot viendrait de l'arabe* karm, *qui désignait un jardin clos, comprenant un potager et quelques pieds de vigne. Ces maisons traditionnelles renferment toujours, bien à l'abri derrière leurs longs murs blancs, ces édens secrets qui contribuèrent assurément à la réputation de Grenade.*

cause des ruelles revêtues de petits galets pointus. Ça forme de jolis motifs mais, sans semelles dignes de ce nom, ça transforme vite la promenade en torture !

Cela dit, le mieux est de commencer par la plaza Nueva et de longer la rivière. À la hauteur de la *calle Bañuelo,* la 4e rue à gauche *(zoom couleur C2),* se trouvent les bains maures (voir « Bañuelo » plus bas). Puis continuer jusqu'au *paseo de Los Tristes* et, au bout à gauche, commencer la grimpette par la *cuesta del Chapiz.* Une certaine logique devrait vous faire passer par la *plaza San Salvador (zoom couleur D1).* Sur celle-ci, l'église du même nom fut construite sur une ancienne mosquée, comme souvent dans la région. Toute proche, la *plaza Aliatar* avec ses quelques terrasses, puis la jolie et vivante *plaza Larga (zoom couleur C1).*

Un peu à l'écart, l'église *San Bartolomé (plan couleur C1),* du XVIe s, est l'une des seules à ne pas avoir été crépie et peinte en blanc, laissée dans sa version originale en brique ocre. Du *mirador de la plaza San Nicolás (zoom couleur C1-2),* lieu de rendez-vous de la jeunesse en fin de journée, on a la vue la plus photographiée sur l'Alhambra, Grenade et la sierra Nevada... Un peu en contrebas, *camino nuevo de San Nicolás,* un joli musée consacré au peintre belge Max Moreau *(mar-sam 10h30-13h30, 16h30-18h30 ; GRATUIT, il suffit de sonner).* Outre quelques toiles, on découvre avec joie la personnalité burlesque et fantaisiste de cet artiste attachant et touche-à-tout. De la terrasse, vue imprenable sur l'Alhambra.

De *San Miguel Bajo (zoom couleur C1-2),* on peut descendre jusqu'à la *caldererıa Nueva (zoom couleur B-C2),* où se trouvent toutes les *teterías* (salons de thé arabes).

Autre solution : grimper jusqu'à San Salvador avec les minibus et se laisser ensuite porter par la descente.

– *El mirador del Carril :* y aller au crépuscule. Cette placette *(zoom couleur B2)* domine la ville à l'ouest.

🕺🏻 *Le quartier du Sacromonte (hors plan couleur par D2) : quartier des gitans, à l'est de l'Albaicín. Pour s'y rendre, le bus n° 35 (8h-22h, passage ttes les 20-30 mn) relie directement la pl. Nueva au Sacromonte. On peut aussi y aller à pied, en empruntant le même itinéraire que pour l'Albaicín le long du Darro puis, après le paseo de Los Tristes, la cuesta del Chapiz sur la gauche. Au niveau de la casa del Chapiz, la route sur la droite mène au Sacromonte. C'est indiqué.* Après 5 mn de marche, on entre dans un environnement fort différent, plus aride ; les cactus et les agaves percent entre la rocaille, et les habitations, les *cuevas,* sont creusées dans la colline crayeuse. Il s'agit de *maisons troglodytiques* autrefois occupées par les gitans, qui constituaient les principaux habitants du lieu. Aujourd'hui, un certain nombre d'entre elles sont toujours habitées, voire visitables pour quelques-unes, comme celle du peintre et danseur Curro Albayzin *(face à la Zambra de María La Canastera ; tlj 12h-14h30 ; 1 €),* où sont venus Bill Clinton et Nelson Mandela. Mais, tout aussi intéressant, elles abritent surtout des boîtes de flamenco et de *zambra* (voir plus haut « Où voir du flamenco et de la *zambra* ? »).

🕺🏻 *Museo-cuevas del Sacromonte (hors plan couleur par D2) : Barranco de los Negros, s/n.* ☎ *958-21-51-20.* ● *sacromontegranada.com* ● *Bus n° 35 depuis la pl. Nueva (env ttes les 20-30 mn, on vous le rappelle). En haut de la colline (ça grimpe dur !) qui surplombe le Venta El Gallo et la Zambra de María La Canastera (se reporter à « Où voir du flamenco et de la zambra ? »). C'est fléché. Tlj 10h-20h (18h en hiver). Entrée : 5 €. Demandez le cahier avec les excellentes traductions en français des panneaux, à rendre à la fin. Bar.*

Le Museo-cuevas est un éco-ethnomusée couvrant un peu tous les aspects du Sacromonte. Autour d'un jardin botanique abritant la flore de la région (avec panneaux explicatifs), un ensemble de *cuevas* réaménagées présente le milieu physique et l'histoire du Sacromonte, ce quartier gitan resté à la marge, car isolé sur sa colline, hors des remparts. L'histoire du flamenco est également présente (on peut même en entendre les différents types grâce à des enregistrements) tandis que d'autres grottes abritent des ateliers reconstitués (tissage, vannerie, forge...). Ici, on a le droit de toucher, c'est même recommandé ! Expo aussi sur l'habitat troglodytique en Espagne et, d'une façon générale, dans le monde (avec un intéressant film en espagnol sous-titré en anglais).

Surtout, ne manquez pas le très beau point de vue sur l'Alhambra ! Et sachez que, en juillet-août, le lieu propose d'authentiques *spectacles de flamenco* certains soirs à 22h et du *ciné en plein air* (documentaires et films en rapport avec les gitans et le flamenco) ; programmation à vérifier sur leur site internet ou sur place.

🕺 *Museo etnológico de la Mujer Gitana : camino del Sacromonte, 107.* ☎ *958-16-12-78.* 📱 *625-45-39-93. Env 100 m après la Zambra de María La Canastera, même entrée que La Chumbera (repérer la grille verte et la plaque « Ayuntamiento de Granada »). Théoriquement lun-ven 10h-14h, ou sur résa (mieux vaut passer un coup de fil avt d'y aller, c'est très souvent fermé). GRATUIT.* Géré par l'association de gitans Romi, ce musée propose une vision globale de la culture gitane, et particulièrement de l'apport des femmes dans son histoire, à travers des caves troglodytiques assez similaires à celles du museo-cuevas del Sacromonte situé juste au-dessus. Ces salles thématiques présentent le déplacement de ce peuple nomade depuis l'Inde, son histoire, la tragédie de l'holocauste et la persécution sous Franco. Des maquettes, vêtements et objets en tout genre parlent du quotidien du peuple gitan. Intéressante salle ésotérique avec boule de cristal, amulettes et pendules, horoscope gitan. Au passage, on aura appris que Charlie Chaplin aurait du sang gitan par sa mère !

⚑ La Abadía del Sacromonte : *env 1 km après le Museo-cuevas, par le camino del Sacromonte (bus n° 35).* ☎ 958-22-14-45. *Tlj sf lun 10h (11h dim)-13h, 16h-18h. Slt en visites guidées et en espagnol, ttes les 45 mn. Entrée : 4 €.* C'est ici, au sommet du mont, dans des fours à chaux, que furent découvertes à la fin du XVIe s des reliques (un os de pouce et des cendres) de San Cecilio, l'évangélisateur de Grenade. Il n'en fallut pas plus pour attiser la ferveur populaire et l'endroit devint vite un lieu de pèlerinage, y gagnant le nom de « Sacro Monte ». Aujourd'hui, une abbaye et une collégiale, datant du XVIIe s, coiffent les fours à chaux en question, ou plutôt les *santas cuevas,* car on aménagea bien vite les fours en caves avec chapelles ! La visite du site est guidée et permet de voir, outre les *santas cuevas,* le petit musée tout récent qui aborde toute l'histoire de l'abbaye (objets sacerdotaux, etc.). Il renferme aussi un plan de Grenade de 1610 et d'étranges livres de plomb, ainsi qu'une collection de peintures baroques des XVIIe et XVIIIe s. Puis on visite l'église, avec le Christ des gitans. C'est là, dans le retable, que se trouvent les reliques de San Cecilio. On ne les sort que le 1er dimanche de février pour sa fête. Le Christ des gitans, lui, reste dans l'église car il est vêtu d'un authentique pagne en toile durcie, trop fragile pour les parades. À la place, on promène une copie (aussi lourde que l'original !).

⚑⚑ La catedral *(plan couleur B2) :* en plein centre-ville. ☎ 958-22-29-59. *Entrée par la Gran Vía de Colón, à droite du n° 3, par une grille en fer forgé. Lun-sam 10h45-13h15, 16h-19h45 (19h en hiver) ; dim 16h-19h45 (19h en hiver). Entrée : 4 € ; gratuit moins de 10 ans.* Commencée au XVIe s en style gothique et achevée en style Renaissance et même baroque. Ensemble à cinq nefs aux proportions colossales, dégageant une certaine froideur. La *capilla Mayor* (le chœur), haute de 45 m, est assez vertigineuse : statues d'apôtres sur les colonnes, peintures d'Alonso Cano dans les galeries. Magnifiques orgues du XVIIe s. Au bas du bras gauche de la nef, dans la salle capitulaire, collections d'orfèvrerie religieuse, quelques tapisseries flamandes et sculptures, le tout dans un meuble-vitrine impressionnant. Buste de San Pablo superbe, par Alonso Cano. Intéressera surtout les spécialistes. Si vous manquez de temps, visitez plutôt la capilla Real.

⚑⚑ Capilla Real : *accès par la c/ Oficios, perpendiculaire à la c/ Gran Vía de Colón.* ☎ 958-22-92-39. ● ● *capillarealgranada.com* ● ♿ *Tlj 10h30 (11h dim et j. fériés)-13h15, 16h-19h30 (15h30-18h15 en hiver). Entrée : 4 € ; réduc ; gratuit moins de 10 ans. Petit feuillet en français en vente à l'entrée.*
Accès par une allée latérale, à l'extérieur de la cathédrale, à gauche en venant de l'arrière de la Gran Vía de Colón. La chapelle royale, de style gothique, est protégée par une superbe grille en fer forgé de style isabellin. Elle fut édifiée pour recevoir les dépouilles des Rois Catholiques (Isabelle de Castille et Ferdinand d'Aragon). À côté de ces étonnants cénotaphes en marbre de Carrare ont été placés ceux de Jeanne la Folle – fille d'Isabelle et de Ferdinand et mère de Charles Quint – et de Philippe le Beau, son époux. Votre œil observateur aura immédiatement noté que les cénotaphes de droite (Isabelle et Ferdinand) sont un peu plus bas que ceux de gauche, plus tardifs et de style purement maniériste. Dans la crypte, sous les cénotaphes, les sarcophages des rois. Il paraît que les troupes napoléoniennes auraient tout saccagé là-dedans et qu'ils seraient vides.
Notez le très beau retable du maître-autel, illustrant, dans sa partie inférieure, la reddition de Grenade et la conversion massive des Maures. Le reste est digne d'un

livre de catéchisme (le titre de chaque partie est donné en espagnol, sur un cartel à droite), à ceci près que son style est particulièrement réaliste... on ne vous en dit pas plus, cherchez notamment l'illustration du martyre de saint Jean Baptiste ! Sur le côté droit, la *sacristie* et son ensemble d'œuvres flamandes (la collection privée de la reine Isabelle) constitué de nombreux chefs-d'œuvre, petits tableaux du XVe s qui sont autant de merveilles : triptyque de Thierry Bouts, admirable de finesse, aux couleurs chaudes. Que dire des tableaux de Hans Memling (*La Descente de la croix, Les Saintes Femmes, La Vierge et le Christ de pitié*) et de celui de Rogier Van der Weyden, le grand maître flamand ? Vraiment étonnant de beauté et d'émotion. Il y a même un Botticelli (à vous de le trouver) et un diable truculent dans un coin. Plus anecdotique, dans la vitrine centrale, l'épée de Ferdinand ainsi que la couronne et le sceptre de la reine.

🎗 En face de la capilla Real, belle entrée. C'est celle de la *medersa,* ancienne université arabe, édifiée sous Yusuf Ier. Si c'est ouvert, voir la très jolie salle de style mudéjar au fond du petit patio.

🎗 Tout à côté de la cathédrale, allez jeter un coup d'œil à l'*Alcaicería (plan couleur B2-3).* Ancien souk arabe où l'on vendait, au Moyen Âge, les tissus de soie. Même si l'architecture est très belle, les boutiques de souvenirs ont totalement investi le quartier, masquant les façades. Le moment idéal pour en découvrir l'architecture est à la nuit tombée, vers 22h ou 23h, lorsque les boutiques ont fermé leurs portes : mis en valeur par un éclairage approprié, le vieux souk retrouve toute sa magie. L'Alcaicería accueille aussi un centre d'art contemporain, le *centro José Guerrero (c/ Oficios, 8 ; mar-dim mat 10h30-14h, 16h-21h ; GRATUIT).* Les expos y sont d'excellente qualité.

🎗 *Plaza Bib-Rambla (plan couleur B2-3) :* juste à côté. Très touristique, mais bien pour prendre un verre, surtout le matin assez tôt, pour voir l'animation monter en puissance. Plusieurs terrasses agréables, dont celle du *Gran Café Bib-Rambla* (voir plus haut « Spécial douceurs »).

🎗 Traverser ensuite la calle de los Reyes Católicos, pour visiter le *corral del Carbón (plan couleur B3 ; tlj 9h-19h en sem, 10h-14h w-e ; GRATUIT).* Ancien caravansérail-marché construit au XIVe s, on y hébergeait les voyageurs. Entièrement rénové en 2005, il abrite aujourd'hui une poignée d'agences et boutiques. Mais cette « galerie marchande » peine à démarrer. On y organise des concerts, voire des représentations théâtrales, en été.

🎗🎗 *Monasterio de San Jerónimo (plan couleur A1-2) :* c/ Rector López Argüeta, 9. ☎ 958-27-93-37. *Accès aussi par la c/ Compas de San Jerónimo. Lun-ven 10h-13h30, 16h-19h30 ; w-e et j. fériés 10h-14h30, 16h-19h30. Entrée : 4 €. Brochure en français à prix modique.*
Vous êtes dans le monastère des sœurs de Saint-Jérôme, qui, au nombre de 12, coulent ici une vie contemplative. Fondé à la fin du XVe s, abandonné au milieu du XIXe s, le monastère a repris sa vie religieuse depuis 1977. L'église, le réfectoire, les chapelles et toutes les autres pièces s'organisent autour d'un grand cloître planté d'orangers composé d'une galerie à arcades sur deux niveaux. On en visite uniquement le rez-de-chaussée, au pourtour dallé de pierres simples et de pierres tombales où reposent les moines. En cheminant sous les arcades, on découvre plusieurs portails Renaissance ou plateresques.
Mais le clou de la visite reste l'*église*, qui mélange les styles gothique élisabéthain et Renaissance à partir du transept. Très chargé et léger à la fois. Pas un seul centimètre carré n'a échappé au coup de pinceau de l'artiste. Plafond à caissons où trônent moult bustes de personnages, angelots, chérubins, monstres. La merveille étant l'incroyable *retable.* Œuvre admirable de la fin du XVIe s, qu'on doit à un groupe d'artistes espagnols. Là encore, une véritable B.D. qui nous raconte, en vrac, le Saint Sacrement, la naissance du Christ, l'Adoration... Noter comme les multiples niveaux, les différents étages sont soutenus par des colonnes doriques,

puis ioniques et enfin corinthiennes. Tout en haut, au centre, Dieu le Père, et, en dessous, son fils en croix. À 18h (19h en été), on peut – silencieusement – assister aux vêpres chantées.

🎥🎥 Les amateurs d'églises feront un détour par la **basílica San Juan de Dios**, dans la rue du même nom *(plan couleur A-B1 ;* ☎ *958-27-57-00 ; tlj 10h-13h, 16h-19h ; dim et j. fériés 16h-19h slt ; entrée : 3 €).* Encore un bel exemple de baroque grenadin exubérant du XVIIIe s qui, comme le *Sagrario* de la Cartuja (voir plus loin), n'a pas un espace de mur qui ne soit revêtu de fresques dorées, de stucs ou de sculptures ! Passé la porte d'entrée de l'imposant édifice, on est si ébloui par tant d'or et de couleurs qu'il en devient difficile de fixer son attention sur un point précis (colonnes richement travaillées, retables de style churrigueresque, chœur doré...) ! Il s'agit, en fait, de la chapelle de l'ancien *hospital* bâti par Jean de Dieu, initiateur des *Frères de la Charité* dédiés aux malades, appelé de nos jours l'*ordre hospitalier de Saint-Jean-de-Dieu.* Mort en 1550, ses restes sont conservés dans une urne d'argent, dans l'alcôve.

🎥 Sur la rive gauche du río Darro, en face de l'Albaicín, s'étend un **vieux quartier** populaire, peut-être moins typique que l'Albaicín, mais que les amateurs de vieilles ruelles biscornues et de pierres sans âge apprécieront.

🎥 **Bañuelo** *(bains arabes ; zoom couleur C2) :* carrera del Darro. ☎ *958-22-97-38. Mar-sam 9h-14h30 (10h-14h en hiver). Fermé j. fériés. GRATUIT.* Récemment restaurés. Après avoir traversé la courette abondamment fleurie, plusieurs salles voûtées s'enchaînent. La plus vaste possède de belles arcades et une voûte percée d'étoiles pour accueillir la lumière. Chaque petit chapiteau est sculpté différemment, car issu de différents monuments antérieurs. Il devait faire bon se baigner et prendre les eaux dans cet espace de paix et de sérénité. L'ensemble fut édifié au XIe s.

🎥 **Museo arqueológico** *(zoom couleur C2) :* carrera del Darro, 43. ☎ *958-57-54-08.* ● *juntadeandalucia.es/cultura/museos* ● *À l'angle de Zafra, le long du río Darro. Mar 14h30-20h, mer-sam 9h-20h30, dim 9h30-14h30. GRATUIT pour les ressortissants de l'UE ; sinon 1,50 €.* **Fermé pour travaux pour une durée indéterminée.** Dans une superbe maison Renaissance : la *casa de Castril.* Autour d'un charmant patio, vestiges des différentes époques (Paléolithique, Néolithique, Antiquité, âge du bronze, etc.) retrouvés en Andalousie. Quelques jolies urnes funéraires et statues romaines. Également des objets provenant de la nécropole d'Almuñécar. Expos temporaires.

🎥🎥 **Cartuja** *(chartreuse ; hors plan couleur par B1) :* paseo de la Cartuja. ☎ *958-16-19-32. Sur une colline au nord du centre. Pour s'y rendre, bus n° 8 dans le centre de Grenade. Tlj 10h-13h, 16h-20h (15h-18h en hiver). Entrée : 4 € ; réduc. Parking gratuit dans la cour. Brochure disponible en français, peu chère.*

Les amateurs de baroque ne devront en aucun cas manquer cette visite. Après la paix et la sérénité qui se dégagent de l'Alhambra, on ne pourra que sourire face à l'« hyperbaroquisme » de ce complexe de bâtiments.

Une fois franchi la sobre entrée de la chartreuse, on accède à un patio planté d'orangers, dont les salles qui l'encadrent renferment d'étonnantes œuvres de Sánchez Cotán. Ce moine peintre entra dans l'ordre des Chartreux et intégra la chartreuse de Grenade au début du XVIIe s. Les nombreuses toiles exposées ici ont été peintes pour la décoration de ces salles. On constate un ténébrisme exacerbé dans plusieurs de ces œuvres. Celle du réfectoire, sur la vie et le martyre de saint Bruno, est d'une dureté troublante. La simplicité apparente de ces compositions les rend d'autant plus violentes. Les frères durent avoir l'estomac tout retourné face à de telles atrocités (têtes coupées, hache en travers du crâne, prêtres éventrés...). Les salles suivantes présentent des toiles du même registre. L'*église* dévoile déjà le délire baroque, avec ses angelots qui se multiplient et ses stucs tarabiscotés. Appréciez la belle porte incrustée de marbre, dorures, nacre et argent. Dans la nef, tableaux de Bocanegra et Sánchez Cotán. Sous un baldaquin du XVIIIᵉ s trône une *Ascension.*

Derrière celle-ci, ne loupez pas le *Sagrario,* petite chapelle du Saint-Sacrement, du XVIIIᵉ s, d'un style baroque exubérant (utilisation de plusieurs marbres colorés, surabondance de dorures, reliefs démentiels...), où le regard ne trouve aucun repos. Là, on atteint franchement au délire ! Essayez toutefois d'arrêter un œil sur les statues des saints placées aux quatre coins. Les tissus qui les couvrent sont en bois sculpté et peint, y compris les franges, ce qui paraît invraisemblable. Au centre de la chapelle, l'énorme tabernacle en marbre de différentes couleurs semble s'élever sans fin vers l'extravagante coupole en trompe l'œil. Dire que c'est chargé est un euphémisme.

À côté, sur la gauche, la *sacristie,* de style churrigueresque. Les murs sont littéralement recouverts de marbre et d'ornementations en stuc d'une complexité extrême. Remarquez les meubles disposés dans les embrasures : ils sont en ébène incrustée d'écailles de tortue, et le moine qui les a réalisés a mis 34 ans pour achever son œuvre. C'est ce qu'on appelle un travail de bénédictin, non ?

🏃 *Huerta de San Vicente – Casa-museo Federico García Lorca :* c/ Virgen Blanca ; au milieu du parc Federico García Lorca, à l'ouest de la ville. ☎ 958-25-84-66. ● *huertadesanvicente.com* ● À 15 mn à pied de la pl. de Isabel la Católica, ou bus nº 6 de la Gran Vía (arrêt Calle Neptuno). Ouv mar-dim : de mi-juin à mi-sept 9h15-14h15 ; d'avr à mi-juin et fin sept 9h15-13h30, 17h-19h30 ; oct-mars 9h15-14h15, 16h-18h. Visite guidée ttes les 45 mn (durée 30 mn, en espagnol ou en anglais, parfois en français s'il y a assez de monde). Entrée : 3 € ; gratuit mer (sf j. fériés). Les aficionados du poète et les admirateurs de grands hommes ne manqueront pas cette visite. Achetée en 1925 par le papa de Federico, comme maison d'été (rebaptisée *Vicenta* en hommage à sa mère), cette *huerta* était alors entourée de 2 ha de plantations et de vergers... en pleine campagne. Ce qui donne une idée de l'expansion qu'a connue la ville depuis ! Pendant les 10 étés suivants, il y écrivit nombre de ses œuvres (*Bodas de sangre,* entre autres). Aujourd'hui meublée comme à l'époque, sur les directives de sa sœur cadette Isabel, la *casa* est une plongée émouvante dans l'intimité de l'homme et de l'artiste, qui passa ici, en 1936, les jours précédant son exécution. À noter que le parc tout autour est très agréable et offre au regard une superbe roseraie lors des floraisons de mai.

🏃 *Casa-museo Manuel de Falla* (plan couleur D3) : Antequeruela Alta, 11. ☎ 958-22-21-88. ● *museomanueldefalla.com* ● Sur les hauteurs, accessible à pied ou avec le bus nº 30 pour l'Alhambra. Mar-ven 9h30-18h30 (parfois avec pause sieste) ; w-e 9h-14h30. Fermé lun et j. fériés, ainsi que l'ap-m en été. Entrée : 3 € ; réduc. Le célèbre compositeur classique (1876-1946), natif de Cadix, s'installa dans cette petite maison grenadine de 1922 à 1939, date à laquelle il s'exila en Argentine pour fuir le franquisme. La visite est brève (environ 15 mn) et son principal intérêt réside dans la découverte d'un intérieur d'époque assez bien retranscrit : mobilier et confort très basiques, instruments de musique (beau piano Pleyel) et moult objets personnels rapportés de voyage ou offerts par ses amis parmi lesquels on comptait García Lorca ou Pablo Picasso, qu'il avait rencontré lors d'un séjour à Paris (quelques dessins de lui). Aux murs également, une esquisse de Goya et une toile de Murillo.

🏃🏃 *Jardins du Carmen de los Mártires* (plan couleur D3) : paseo de los Mártires, s/n. Lun-ven 10h-14h, 18h-20h (16h-18h en hiver), sam et j. fériés 10h-20h (18h en hiver). Entrée libre. Étalés en contrebas de l'Alhambra, ces jardins ont été aménagés sur d'anciens cachots creusés à même la roche, où les Maures enfermaient les prisonniers chrétiens affectés aux chantiers de construction califaux. Dès la reconquête, Isabelle la Catholique ordonna l'érection d'un ermitage en hommage à ces martyrs, après quoi un couvent de carmélites vit le jour au XVIᵉ s. Il n'en reste plus rien, car l'ensemble fut racheté par des propriétaires privés avant d'être détruit en 1842 et réaménagé selon les goûts du XIXᵉ s (la mode était alors à l'orientalisme !). C'est de cette époque que date la petite résidence d'été que l'on voit près de l'entrée. Juste derrière, un magnifique patio nasride à la végétation luxuriante, avec une petite grotte. Puis un enchaînement de terrasses plantées d'arbres fruitiers, jardins à la française, à l'anglaise, petit bois où se promènent des paons et bassins où barbotent des cygnes noirs... Le tout entrecoupé de patios, fontaines et statues. Bref, voilà une balade bien rafraîchissante après la visite de l'Alhambra, avec en prime de belles vues à glaner sur la ville. L'endroit idéal pour s'offrir un pique-nique d'esthète !

%% ⅍ *Parque de las Ciencias (hors plan couleur par B3) :* avda de la Ciencia, s/n. ☎ 958-13-19-00. ● parqueciencias.com ● Au sud-ouest de la ville. Bus nᵒˢ 1 et 5 depuis le centre. Tlj sf lun 10h-19h (15h dim et j. fériés) ; horaires restreints pour certaines expos. Fermé 1ᵉʳ janv, 1ᵉʳ mai et 25 déc. Tour de l'observation : mar-sam 11h-14h, 17h-18h30 ; dim 11h-14h. Serre aux papillons : mar-sam 11h-18h30, dim 11h-15h. Planétarium, 1 séance/h env. Entrée : 6,50 € ; planétarium : 2,50 € ; réduc. Cafétéria.

Certes, peu d'entre vous viendront à Grenade pour voir un parc scientifique. Et pourtant, celui-ci vaut le détour ! D'abord pour ses amusantes (et didactiques) installations interactives visant à montrer et à expliquer toutes sortes de phénomènes et principes de physique, d'astronomie ou de géologie, ainsi qu'un passionnant voyage dans le corps humain.

Ensuite, on y voit plein d'autres choses, comme de belles expos temporaires, un *mariposario* (une serre tropicale à papillons), des démonstrations de rapaces en vol (si les conditions météo le permettent), un pendule de Foucault de 12 m, des jeux d'eau, de vieux instruments de mesure, d'anciens téléphones, d'antiques presses d'imprimerie... Il y en a pour tous les goûts et tous les âges, avec en plus des animateurs disponibles pour donner des explications ou guider vos manipulations. Le tout dans des bâtiments modernes et des jardins de plusieurs hectares disposés autour d'une tour de 50 m, dont on peut faire l'ascension pour une vue panoramique sur la ville.

À ne pas rater non plus, la superbe expo *Al-Andalus y la ciencia,* qui porte sur l'état, très avancé à l'époque, de la science arabe (astronomie, médecine, hydraulique) entre le VIIIᵉ et le XVᵉ s, et la manière dont elle s'est propagée dans l'Europe médiévale par la péninsule Ibérique.

Bref, une grande variété de sujets, de quoi vraiment intéresser un peu tout le monde.

**%% ** *Museo Memoria de Andalucia Caja Granada (hors plan couleur par B3) :* avda de la Ciencia, 2. ☎ 958-22-22-57. ● memoriadeandalucia.com ● Juste en face du Parque de las Ciencias ; au rond-point, le 1ᵉʳ grand cube en béton abrite les bureaux de la banque Caja Granada ; c'est le 2ᵈ bâtiment un peu plus loin, en béton lui aussi, mais plus élégant avec sa grande tour. Mar-mer 10h-14h ; jeu-sam 10h-14h, 16h-19h ; dim 11h-15h. Entrée : 5 € ; réduc. Textes et films sous-titrés ou doublés en anglais. Cet étonnant bâtiment contemporain abrite le centre culturel de la Caja Granada, soit une médiathèque, un théâtre, un resto tout en haut de la tour et le *Memoria de Andalucia,* un musée consacré à l'Andalousie. À l'étage, les expos temporaires *(ouv à 12h).* Au centre du bâtiment, le patio et sa rampe-escalier d'une blancheur éblouissante (qui n'est pas sans rappeler le musée Guggenheim à New York), hélas pas toujours ouvert. Au rez-de-chaussée et au sous-sol, l'expo permanente consacrée à la culture andalouse s'articule autour de quatre espaces différents : le premier sur le territoire, le paysage et l'histoire, le deuxième sur les villes andalouses, le troisième sur les modes de vie et le dernier sur l'art et la culture. À chaque fois, une frise chronologique reprend les principaux événements historiques et, à l'entrée et la sortie de chaque salle, une borne interactive offre un petit survol virtuel de l'Andalousie, son environnement, son histoire. Bref, c'est l'endroit idéal pour découvrir l'Andalousie sous toutes ses coutures ; c'est bien fait, ludique, interactif et très tourné vers les nouvelles technologies (un peu trop peut-être... il ne reste plus qu'à croiser les doigts pour que tout fonctionne encore dans quelques années).

– Si vous restez plusieurs jours, sachez qu'il existe quantité d'autres musées, maisons et monastères : la **Casa de los Pisa** *(zoom couleur C2)*, abritant de très beaux objets d'art religieux *(tlj sf dim et lun ap-m 10h-14h, 17h-19h30 ; entrée : 3 €)* ; la **Casa de los Tiros,** sorte de musée des Arts, Traditions et Costumes populaires *(ouv en été mar-sam 9h-15h30, dim 10h-17h ; GRATUIT pour les membres de l'UE, sinon 1,50 €),* ou encore la **Fondación Rodríguez Acosta...** Les amateurs de promenades thématiques auront le choix entre la route secrète et souterraine de la ville, la route des Patios, des Jardins ou des Couvents, ainsi qu'une visite guidée du centre historique tous les jours à 10h30 (11h en hiver), au départ du kiosque « meeting point » de la plaza Bib-Rambla. Renseignements et parcours auprès de l'office de tourisme.

Festival

– **Festival international de musique et de danse de Grenade :** *fin juin-début juil.* ☎ *958-22-18-44.* ● *granadafestival.org* ● Ce festival de haute volée propose une animation nommée *Trasnoche flamenco,* des soirées flamenco à partir de minuit, dans le quartier de l'Albaicín et du Sacromonte. Infos et programmes à l'office de tourisme (billetterie au Corral del Carbón). S'y prendre à l'avance, car lorsque les réservations s'ouvrent sur Internet, en avril, les spectacles les plus prestigieux se remplissent très vite. Le festival propose cependant tout autant, voire surtout, de la musique classique et des musiques du monde, ainsi que des ballets, dans les plus beaux lieux de Grenade (en plein air au Generalife, par exemple...).

DANS LES ENVIRONS DE GRENADE

🏃 **Museo-casa natal de Federico García Lorca :** à **Fuente Vaqueros.** À env 20 km à l'ouest de Grenade. ☎ *958-51-64-53.* ● *patronatogarcialorca.org* ● En voiture, prendre l'autoroute de Málaga et sortir tt de suite après l'aéroport. Visites mar-sam et dim mat à 10h, 11h, 12h, 13h et (en juil-août slt) 14h, puis (sf juil-août) à 17h et 18h (16h et 17h en hiver). Mieux vaut toutefois appeler pour vérifier. Entrée : 1,80 €. On pourra donc y voir la jolie maison natale du poète, transformée en petit musée. Salle à manger, salle de piano (avec dessins de Lorca), cuisine puis, à l'étage, des manuscrits et la chambre des parents où naquit le fils prodige. Expos temporaires au grenier. Dans le patio, sculpture-portrait de Federico. La visite se termine par une vidéo montrant les quelques rares images filmées de l'artiste.

■ **Centro Ecuestre Los Alayos :** c/ Pago de la Laguna, s/n, à **Dilar.** 🖳 665-82-27-09. ● *losalayos.com* ● Sortie 139 sur l'A 44 direction Motril ; à Dilar, à côté de l'école García Lorca ; à env 20 mn au sud de Grenade en voiture ou 40 mn en bus (arrêt pour Dilar sur Paseo del Salón ; descendre au terminus). Un beau et sympathique centre équestre dirigé de main de maître par Fernando qui parle l'anglais. Cours d'équitation, balades à la demi-journée ou à la journée, etc.

LA SIERRA NEVADA

(18196)

La sierra Nevada est un grand parc national se composant d'une large cordillère située au sud-est de Grenade, culminant à 3 481 m. Contrairement à ce que croient les touristes, pour la plupart, il n'y a pratiquement pas de villages dans la sierra, mais uniquement une grosse station de ski, belle comme une station de ski. Si vous avez du temps, vous pouvez parfaitement y passer une petite journée, mais, très franchement, il vaut mieux pousser jusqu'aux Alpujarras. Sinon, il s'agit d'une agréable balade dans les montagnes, mais on n'y séjourne pas vraiment.

Arriver – Quitter

En bus

➢ La compagnie *Alsa* assure en hiver 3 liaisons/j. (4 le w-e) entre Grenade et la sierra Nevada ; départ de la gare routière de Grenade à 8h, 10h et 17h (plus 15h le w-e), retour à 9h, 16h et 18h30 (plus 13h le w-e). En été, 1 départ de Grenade vers 9h, retour à 17h. Trajet : 1h. Prix : 5 €. On peut donc parfaitement partir le matin et revenir en fin d'après-midi.

En voiture

➢ Une autoroute, un peu ravageuse pour le paysage, tracée pour les championnats du monde de ski de 1996, permet de rejoindre assez rapidement la sierra au départ de Grenade.

Où dormir ? Où manger ?

Plusieurs dizaines d'hôtels sans intérêt dans la station. Plein de restos en tout genre. On vous laisse choisir. La station s'est en effet énormément développée à la suite des championnats du monde de 1996. Bien sûr, l'été, l'ambiance n'est pas au beau fixe.

🏠 I●I *Albergue juvenil Sierra Nevada :* c/ Peñones, 22. ☎ 955-03-58-86. ● sierranevada.itj@juntadeandalucia.es ● inturjoven.com ● Tt en haut de la station. Ouv tte l'année, 24h/24. Selon saison, nuitée moins de 26 ans 16-22 €, sinon 18-26 €, petit déj inclus. Repas 8 €. 🖥 Bâtiment blanc dominant toute la vallée. Propre et moderne. 140 lits en chambres de 2 à 4 personnes, avec sanitaires privés. Billards à l'étage, loc de skis. Menu bon marché le soir en saison.

À voir. À faire

🎿🏃 Possibilité de grimper jusqu'au *pic de Veleta* (3 398 m). La zone étant protégée, on ne peut pas, en voiture, aller plus loin que l'*albergue universitario,* située un peu au-delà de la station de ski, d'où il faut bien compter 2h de marche jusqu'au pic. En revanche, l'été, un minibus peut vous hisser de l'*albergue* jusqu'à *posiciones de Veleta* (3 100 m), qui n'est plus qu'à 1h de marche du sommet. Plusieurs départs par jour *(infos au 📱 630-95-97-39).* De là, les plus courageux pousseront jusqu'au *Mulhacén,* le point culminant de la péninsule Ibérique (3 481 m), à 5-7h de marche encore du pic de Veleta (pour rappel, la montée est plus facile et plus rapide depuis Capileira, dans les Alpujarras).

Sinon, comme dans de nombreuses stations de sports d'hiver, d'autres activités que le ski prennent le relais en été : VTT, randonnées balisées, équitation, etc. *(rens auprès de la Cetursa, au ☎ 902-70-80-90. ● sierranevada.es ●).*

L'hiver, toute cette partie-là est complètement enneigée et les balades ne présentent d'intérêt qu'à ski *(domaine ouv déc-fin avr).*

LA PORTE DE L'ANDALOUSIE

Le chemin des écoliers peut mener le voyageur curieux jusqu'au nord-est de Cordoue et Grenade, aux confins de l'Andalousie et de la Castille. Quelques belles perles sur le chemin (certaines inscrites au Patrimoine mondial de l'Unesco) lui feront apprécier le détour... à moins de succomber à une overdose d'olives. Avec pas moins de 65 millions d'oliviers, la région de Jaén serait la plus dense du monde en la matière. Pas un champ, pas la moindre colline n'a échappé à l'oléiculture qui tapisse le paysage d'un curieux tableau pointilliste monochrome.

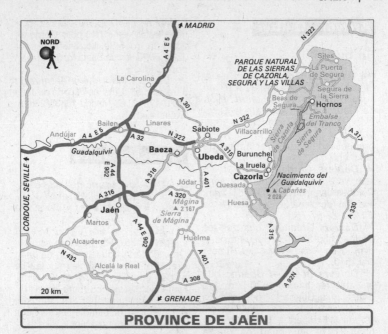

PROVINCE DE JAÉN

JAÉN
(23000) 116 700 hab.

Située à 107 km de Cordoue et à 93 km de Grenade, Jaén, capitale de la province du même nom, n'a pas vraiment le charme de ses voisines Baeza et Úbeda. Sur un très haut piton rocheux et escarpé se dresse une forteresse du XIIIᵉ s, d'où la vue sur la région, couverte d'oliveraies, est étonnante. L'autre « clou » de Jaén, c'est son musée d'Art naïf, un vrai bijou. La vieille ville, toute petite, mérite une rapide balade. Quelques églises intéressantes, une poignée de vieux palais et des rues agréables. On jettera aussi un œil à la cathédrale. Mais bon, on ne séjourne ici en général qu'une nuit d'étape, et encore.

LA LÉGENDE DE JAÉN

On raconte qu'autrefois un énorme reptile hantait les abords de la fontaine de Jaén, effrayant tous ceux qui s'en approchaient... Ne sachant plus à quel saint se vouer, les habitants finirent par confier à un prisonnier la tâche d'occire la bête, moyennant sa libération s'il y parvenait. Celui-ci se mit donc en train : ayant appâté le lézard hors de son repaire, il le fit courir derrière lui en lui jetant des bouts de pain... avant de lui balancer au nez un sac en peau de mouton bourré d'explosifs. N'y voyant que du feu, le monstre n'en fit qu'une bouchée et... éclata en mille morceaux ! La ville était libérée, et le prisonnier aussi.

Arriver – Quitter

En bus

🚌 *Gare routière :* pl. Coca de la Piñera. ☎ 953-223-23-23. À 10 mn à pied du vieux centre, entre l'avda de Madrid et le paseo de la Estación. Consigne automatique (3 €, prévoir la monnaie) et cafét. Nombreuses compagnies et autant de guichets.

➢ *De/vers Cordoue :* 7 bus/j. en sem vers Cordoue (6 dans le sens Cordoue-Jaén) 6h15-17h30 ; 5 le sam, 4 le dim (dernier à 20h30, avec *Ureña* (☎ 953-22-01-71).

➢ *De/vers Grenade :* bus ttes les heures 7h30-21h30 (un peu moins le dim), avec *Alsa* (● alsa.es ●). Trajet : env 1h10.

➢ *De/vers Baeza et Úbeda :* bus env ttes les heures 8h30-23h vers Baeza puis Úbeda (1er départ à 9h le w-e) ; vers Jaén, 7h30-23h45 depuis Úbeda (1er départ à 10h15 le w-e), 6h55-21h10 au départ de Baeza (1er départ à 8h15 le w-e), avec *Alsa*. Trajet : 45 mn-1h pour Baeza, 1h-1h15 pour Úbeda.

➢ *De/vers Cazorla :* 3 bus/j. vers Cazorla 11h45-18h30, 4 bus dans le sens Cazorla-Jaén 7h-17h30 (slt 3 bus le dim, 1er départ à 8h) avec *Alsa*. Trajet : 2-3h selon le bus.

➢ *Alcalá la Real :* 3 bus/j. lun-ven, 1 bus le w-e, avec *Romero* (☎ 953-24-30-90).

➢ *De/vers Séville :* slt 1 bus/j. le mat avec *Ureña ;* mieux vaut passer par Cordoue.

➢ *De/vers Madrid :* 5-7 bus/j. dans les 2 sens avec *Samar* (☎ 953-25-70-06). Trajet : 4-5h.

En train

🚆 *Gare ferroviaire :* tt au nord de la ville, au bout du paseo de la Estación (accès en 5-10 mn par le tram depuis la pl. de la Constitución). ☎ 902-320-320 (n° national). ● renfe.com ●

➢ *Ligne Jaén-Cadix :* dessert aussi Cordoue, Séville, Jerez de la Frontera et Puerto de Santa María ; 3 trains/j. (1 train supplémentaire le mat pour Cordoue), bien répartis dans la journée. Trajet : env 1h40 pour Cordoue, 2h30-3h pour Séville, 3h30-4h pour Jerez et Puerto de Santa Maria, et 4-5h pour Cadix.

➢ *De/vers Madrid (via Aranjuez) :* 4 trains/j. (slt 3 le w-e). Départs de Jaén 6h20-17h18, de Madrid 13h35-23h25. Trajet : 4-4h15.

Adresses utiles

ℹ *Office de tourisme :* c/ Maestra, 8. ☎ 953-31-32-81 et 953-19-04-55. ● andalucia.org ● Dans une rue qui part du parvis de la cathédrale. Lun-ven 9h-19h30, w-e et j. fériés 9h30-15h. Très bon accueil. On y parle le français. Plan de Jaén gratuit et infos aussi bien sur la ville et ses environs (sierra de Cazorla, route de l'Olivier ou route des Châteaux) que sur toute l'Andalousie, car l'endroit rassemble les services municipaux et régionaux.

@ *Internet :* plus vraiment de cyber-café, mais quelques épiceries du centre-ville proposent encore 1 ou 2 postes pour dépanner. Sinon, wifi disponible partout.

ℹ *Seturja :* pl. Santa María. ☎ 953-23-68-98. ● bonoturistico.com ● 🎫 Sur la place de la cathédrale. Organise des visites guidées de la ville et de ses principaux monuments (surtout le w-e), et vend le *bonoturístico* Jaén-Úbeda-Baeza, un *pass* intéressant si vous comptez visiter ces 3 cités. Env 30 €/pers, valable plusieurs j., il comprend un accès gratuit aux principaux monuments de ces 3 cités, ainsi que des visites guidées (là encore, en général slt le w-e).

🅿 *Parkings :* plusieurs en bordure du centre, notamment à la hauteur de la pl. de Toros, en suivant l'avda de Granada ; plus central : au parque de la Victoria, ou celui de la pl. de la Constitución (entrée par la c/ de Madrid), mais c'est aussi le plus cher. Autrement, un grand parking au terminus du tt récent tram, en « banlieue » de Jaén, au niveau de la sortie « Vaciacostales » de l'A 316 (le centre n'est plus alors qu'à env 12 mn de trajet en tram).

Où dormir ?

Auberge de jeunesse

🏠 **Albergue Juvenil & Spa Inturjoven :** c/ Borja, s/n, 23004. ☎ 953-31-35-40. ● jaen.itj@juntadeandalucia.es ● inturjoven.com ● ♿ Quasi à l'angle de la c/ Millán de Priego, à l'extrémité nord de la vieille ville, à côté du théâtre Infanta Leonor. Selon saison, nuitée 16-26 € jusqu'à 25 ans, sinon 22-32 €, petit déj inclus. Repas 8 €. Parking (5 €/j.). 💻 📶 Une AJ toute neuve, dans un grand bâtiment hyper fonctionnel. Quelques chambres doubles, et dortoirs de 3-4 lits, tous avec salle de bains attenante. Pratique pour les familles, des appartements pour 4 personnes avec salon, TV et salle à manger. Au rez-de-chaussée, grandes salles communes, et une petite cafét avec une agréable terrasse extérieure. Le plus étonnant, dans cette auberge, reste son spa : plein de soins proposés, depuis les massages jusqu'aux soins esthétiques. D'où la grande piscine à l'entrée de l'auberge, hélas réservée aux soins... Grrrr !

Bon marché (env 40 €)

🏠 **Hostal Estación Ferrocarril :** pl. Jaén por la Paz, s/n, 23007. ☎ 953-27-46-14. ● info@hostalestacionjaen.es ● hostalestacionferrocarril.com ● ♿ Sur le flanc gauche de la gare. Double 45 €. Petit déj inclus, comme le parking. 📶 Une très bonne affaire que ce 2-étoiles aux chambres coquettes et colorées, avec salle de bains nickel. Une partie de l'hôtel donne sur les quais de la gare mais, rassurez-vous, il n'y a pas de trains entre 23h et 7h (puis, ensuite, à peine un par heure). Petit déj à la cafét d'à côté (le buffet de la gare, quoi !). Super accueil.

De prix moyens à chic (55-90 €)

🏠 **Hotel Europa :** pl. de Belén, 1, 23003. ☎ 953-22-27-00. ● pemana1@ofijaen.com ● hoteleuropajaen.es ● ♿ À 10 mn à pied de la cathédrale et 5 mn de la station de bus. Doubles avec sdb env 55-85 € selon saison, petit déj inclus. Garage 13 €. 💻 📶 Cet hôtel récent dont la façade arbore le nom en tout sens propose de vastes chambres tout confort (salle de bains de belle taille également), à la déco dynamisée par une pointe de design et des couleurs vives. Certaines se prolongent même d'une terrasse avec transats et douche extérieure ! Une bonne option centrale, et accueil énergique.

Très chic (min 130 €)

🏠 🍽 **Parador de Jaén – Castillo de Santa Catalina :** le château au sommet de la colline, 23001. ☎ 953-23-00-00. ● jaen@parador.es ● parador.es ● Doubles 132-212 € selon confort et saison. Petit déj 18 € (excellent). Menu 34 €. Parking gratuit. Difficile à rater puisqu'il est adossé au château qui domine la ville. Ce parador est en fait assez récent. Qu'importe : l'atmosphère médiévale est fort bien restituée, avec des armures et tapisseries dans les parties communes. Chambres tout confort et meublées d'ancien. Depuis le balcon ouvert à tous vents, la vue sur la vallée est époustouflante ! Resto proposant des plats régionaux savoureux (pipirrana jiennense, bacalao asado), à côté d'un salon au haut plafond ogival. Piscine donnant sur la vallée. Bon accueil. Une adresse assez unique !

Où manger ?
Où boire un verre ?

Bon marché

🍽 ☕ 🍸 **Colombiana 50 Café :** pl. La Parra. ☎ 953-24-00-43. ● losmejorescafesdejaen@gmail.com ● ♿ Tlj 8h-21h. Env 3-5 € le snack. CB refusées. À l'angle d'une rue piétonne, charmante petite salle toute de boiseries anciennes, prolongée d'une poignée de tables sur le trottoir. On y boit du café jamaïcain, colombien ou éthiopien (dans de petites tasses et sans lait, pour préserver tout l'arôme) accompagné, pourquoi pas, d'une coupe de chocolat liégeois ou viennois, d'une crêpe, d'une gaufre ou d'une part de gâteau. Également des burgers pour les gros creux. Les gourmands ont trouvé leur QG !

|●| 🍸 *La Manchega :* c/ Bernardo López, 8. ☎ 953-23-21-92. Tlj sf mar 10h-16h, 20h-minuit. Congés : août. Menu 9 €. La plus vieille taverne de la ville. Grosses tables en bois patiné et déco éminemment rustique (dans la salle au sous-sol subsiste même un vieux puits) ! Cuisine roborative et bon marché, à choisir sur la carte ou directement dans la vitrine du comptoir.

|●| 🍸 En contrebas de la cathédrale et de la c/ Maestra, les minuscules calles Cerón et Arco del Consuelo alignent quelques *bars à tapas* très animés le week-end dès 21h.

🍸 🎵 *El Bodegón :* Joaquín Tenorio, 4. ☎ 953-19-00-29. En fait, sur la pl. del Posito. Tlj 9h-2h. Si vous êtes un soir à Jaén, on vous conseille de venir écluser un godet dans cette cave rugissante et rock'n'roll, pleine de bons vivants sympas qui viennent papoter avec leurs potes après le boulot... *Raciones* très basiques, servies sur du papier sulfurisé en guise d'assiette,

plus pour éponger les petits verres que pour le plaisir du palais. Musique live de temps à autre.

Prix moyens

|●| 🍸 *Taberna del Volapié :* pl. de la Constitución, 3. ☎ 953-04-82-38. Tlj 9h-2h. Raciones et cartuchos 4-10 €. Que ce soit pour un verre en terrasse, servi avec de généreuses tapas, ou dans la bruyante salle ornée de photos de corrida, on aime bien ce bar à tapas issu d'une petite chaîne andalouse qui a essaimé jusqu'à Madrid. Spécialités de *cartuchos* de fruits de mer (cornets de friture) et de délicieuses tartines au pâté artisanal. Bonnes trouvailles à piocher dans la carte des vins.

|●| 🍸 🎵 *Café El Posito :* pl. del Posito, 10. 📱 667-64-27-47. En contrebas de la c/ Bernabé Soriano. Tlj 11h-2h. Plats du jour et raciones 7-12 €. Sur cette agréable placette en pente, une adresse idéale aux beaux jours pour descendre une ou deux *cervezas* avec quelques tapas de circonstance (tortilla, *habitas con jamón, paté de perdiz*). Parfois de la musique live.

À voir

Pour une visite rapide de la vieille ville, le plan distribué par l'office de tourisme est suffisant.

🕯🕯 *Catedral :* c/ Campanas. ☎ 953-23-42-33. Lun-sam 10h-14h, 16h-20h (19h sam) ; dim 10h-12h, 16h-19h. Entrée : 5 €, audioguide inclus ; réduc. Façade à l'allure de retable baroque. Date du XVIIᵉ s. On trouve son intérieur lourd et pompeux. À noter toutefois, les deux rangées de stalles du chœur, très ouvragées (les sculptures des stalles hautes illustrent la vie du Christ, dans l'ordre chronologique et dans le sens des aiguilles d'une montre !), et, derrière l'autel, un tabernacle porté par une volée d'anges. Enfin, tout au fond à droite juste après la sacristie se trouve l'escalier qui descend au *musée* : riche collection pour le coup, bien mise en valeur qui plus est, et qui justifierait presque le prix du billet. Beaucoup d'objets relatifs à la dévotion mariale, beaux manuscrits enluminés, et d'étonnantes sculptures, comme cette très belle Cène en bois maniériste du XVIᵉ s, ou une magnifique descente de croix en albâtre du XVIᵉ, entre Renaissance et maniérisme : à peine 48 cm de haut, et une foule de détails !

🕯🕯 *Palacio de Villardompardo :* pl. Santa Luisa de Marillac, s/n. ☎ 953-24-80-68. Mar-sam et j. fériés 9h-14h, 16h-20h ; dim 9h-14h. Fermé lun. GRATUIT (montrer une pièce d'identité à l'entrée). Consigne pour les gros sacs. *Attention, musées et palais rouvrent courant 2014, après rénovation ; se renseigner.* Au-dessus d'anciens bains arabes fut édifié un palais assez austère, abritant aujourd'hui un *musée d'Art et des Costumes populaires,* et surtout un *musée d'Art naïf.*

Voir d'abord les *bains,* au sous-sol, un vaste dédale voûté et entièrement restauré, où l'on repère aisément les différents bassins. La lumière entrait par des trous percés en forme d'étoile dans les coupoles. Le *musée d'Art populaire,* lui, occupe diverses salles sur les trois niveaux et présente toutes sortes de vieux objets, outils agricoles, vieux chariots, métiers à tisser, jouets anciens, costumes traditionnels et dénoyauteurs d'olives (la reine de la région), ainsi que d'intéressantes reconstitutions de chambres du XIXe s, l'une chez des bourgeois, l'autre chez de petits paysans : les différences sont frappantes !

Mais le clou reste le *musée d'Art naïf,* qui expose des artistes du monde entier. À l'origine de cette initiative, le legs d'un peintre originaire de la ville. Aujourd'hui, le musée a acquis une renommée internationale. Un vrai voyage autour du monde, coloré et vivant, autour de thèmes aussi variés que la corrida, la *Semana santa,* la campagne et les fêtes sud-américaines. On vous le recommande vivement !

🏃 *Museo de Jaén :* *paseo de la Estación, 27. ☎ 953-10-13-66. À 15 mn à pied de la pl. de la Constitución. Mar-sam 10h-20h30, dim et j. fériés 10h-17h. GRATUIT.* Si tout le 1er étage est consacré aux beaux-arts (peu de pièces majeures), c'est surtout la section archéologique qui a retenu notre attention. Car la collection sur la préhistoire est assez riche (petites maquettes bien claires et quelques idoles en pierre), tout comme celle portant sur la période ibère (entre autres, reconstitution de la tombe de Toya, massifs coffres en pierre – ça ne devait pas être aisé à trimballer ! –, etc.) et en complétant par un coup d'œil à l'époque romaine, la période hispano-wisigothique et la section hispano-musulmane, on comprend bien mieux l'histoire et l'évolution de la région ! Cela dit, la présentation ringarde nous fait attendre avec impatience l'ouverture du nouveau musée provincial, 200 m plus haut...

🏃 *Castillo de Santa Catalina :* *sur le piton rocheux qui domine la ville ; pas d'accès en bus. ☎ 953-12-07-33 ou 953-19-04-55. Ouv 10h-14h, 15h30-19h30 (17h-21h en été). Partiellement ouv car en restauration. GRATUIT pdt les travaux.* À côté du parador, il conserve des vestiges de la forteresse du XIIIe s que fit construire Fernando III, après sa conquête de Jaén, sur les restes d'un premier château arabe. Il fut agrandi par les rois suivants et encore remanié sous l'occupation française, au XIXe s. Bref, il n'est pas exclusivement médiéval ! Intérêt toutefois limité, d'autant que les travaux stagnent et qu'on ne peut visiter qu'une infime partie de la cour et du chemin de ronde.

SUR LA ROUTE DE JAÉN À BAEZA

🏃 *Hacienda La Laguna :* *entre Jaén et Baeza par l'A 316, juste avt Puente del Obispo (si vous venez de Baeza, l'embranchement est à 9 km). Ne pas confondre avec l'usine, proche du carrefour. Suivre fléchage « Hacienda La Laguna », sur la gauche depuis Jaén et continuer sur 2,2 km.* Cette ancienne hacienda du XVIIe s, à sa grande époque spécialisée dans la culture des oliviers, s'est recyclée en *école hôtelière-musée* et vaut l'arrêt pour ces deux activités.

🛏 *Hotel-spa La Laguna :* ☎ 953-77-10-05. ● *reservas@ehlaguna.com ●* ehlaguna.com ● 🚹 *Doubles 50-82 € selon saison, avec petit déj.* 🛜 *Réduc de 10 % sur les chambres sur présentation de ce guide.* Petit complexe hôtelier de 28 chambres réparties autour d'un patio. Pas un charme fou, mais aménagement de bon confort (AC, minibar, douches dernier cri) et spa à disposition. Également une piscine et une ferme avec chèvres, ânes, cochons et autruches : pas mal pour faire une pause avec les enfants. Bref, un bon endroit pour se ressourcer, du moins si la puissante odeur d'olive qui flotte alentour ne vous dérange pas !

🍴 *Restaurante La Capilla :* ☎ 953-77-10-05. *Lun-ven (sf j. fériés et vac scol) 13h30-15h30 slt. Menu dégustation 33 €, plats 15-18 €.* C'est le resto de l'école hôtelière installée dans l'hacienda.

Cuisine gastronomique de terroir raffinée et goûteuse. L'endroit rêvé pour essayer le typique *bacalao a la baezana* (délicieux filet de morue à la tomate), le pâté de perdrix maison ou la glace... à l'huile d'olive ! On déjeune dans une rotonde sous une coupole (une ancienne chapelle, d'où le nom du resto). Service sympa, dans les règles de l'art, par les étudiants de l'école,

et bonne cave à vins. Dans les mêmes locaux que l'école hôtelière, également **La Campana** *(ts les soirs 20h-22h30, et ven-dim 13h30-16h en période scol, ts les midis hors période scol ; menu dégustation 32 €, plats 13-19 €)* : un poil moins charmant que son voisin, mais tout aussi savoureux pour ce qui est des spécialités du terroir.

🎭🍴 ***Museo de la Cultura del olivo :*** *Hacienda La Laguna.* ☎ 953-76-51-42. ● *museodelaculturadelolivo.com* ● *Tlj 10h30-13h30, 17h30-20h (16h30-19h en mi-saison et 16h-18h30 en hiver). Entrée : 3,60 € ; réduc (dont bonoturístico). Visite guidée le sam à 17h (3 € en plus de l'entrée). Boutique très bien fournie.* Tout sur la culture de l'olivier, son importance dans la région, le processus de production de l'huile, ses vertus, etc. À l'entrée, film de 8 mn (sous-titré en français). Jardin planté de 33 sortes d'oliviers méditerranéens (un échantillonnage car, rien qu'en Espagne, il en existe 267 sortes !), pressoirs du XIXe s, salle de décantage... Cette exposition complète et très claire nous apprend des tas de choses : par exemple, avant la mécanisation, il fallait quatre hommes et une journée pour récolter les olives... d'un seul olivier, sachant que 100 kg d'olives produisent 22 kg d'huile. De nos jours, on utilise des machines vibrantes pour secouer le tronc ! Le parcours s'achève dans la cave, qui abrite 10 citernes en pierre de 100 000 l, utilisées jusque dans les années 1980. Noter les gros robinets à la base de chaque cuve et le trou pour la vidange.

BAEZA (23440) 17 000 hab.

◈ **À 48 km au nord-est de Jaén, au cœur du « royaume » des oliviers (première source d'activité de la région), Baeza est une petite ville riche en monuments, aux rues dallées et étroites. D'origine lointaine, cette ville fut successivement ibérique, romaine, wisigothe et musulmane. Elle atteint son apogée au XVIe s sous l'impulsion de proches de Charles Quint, originaires de Baeza. Leurs familles fortunées vont s'évertuer pendant des décennies à donner à la cité une parure Renaissance dont il reste aujourd'hui de nombreux bâtiments, d'ailleurs inscrits au Patrimoine mondial de l'Unesco.**
En arrivant, rassurez-vous, l'odeur persistante qui flotte dans l'air en mars et avril n'est pas celle de cuissots de lapin aux pruneaux qu'on ferait cuire par milliers, elle provient juste des nombreuses fabriques d'huile d'olive qui avoisinent la ville. De même, ne soyez pas surpris de croiser dans les rues de nombreux jeunes en uniforme, la ville abrite l'*academia de la Guardia Civil*.

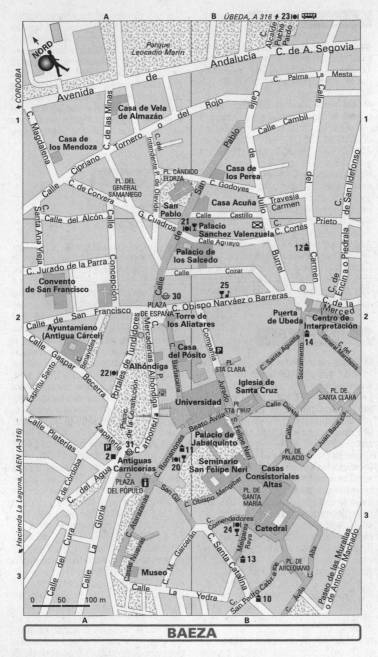

BAEZA

NORD

CORDOBA

Parque
Leocadio Marin

C. de A. Segovia

Avenida de Andalucía

C. Palma La Mesta

Calle del Rojo

Casa de Vela
de Almazán

Casa de
los Mendoza

C. de las Minas

Tornero

C. del
Intendente P. de Olivide

Cipriano

C. de Corvera

Calle

Santa Ana Vieja

C. Magdalena

Calle del Alcón

C. Jurado de la Parra

Concepción

Convento
de San Francisco

PL. DEL
GENERAL
SAMANIEGO

G. Cuadros

San
Pablo

21

Palacio
Sanchez Valenzuela

Palacio de
los Salcedo

PL. CÁNDIDO
ELORZA

Calle Castillo

C. Godoyes

Casa de
los Perea

Casa Acuña

Travesía
Carmen

C. Cortés

Calle Aguayo

Calle Cozar

25

Calle Pablo de

Calle Cambil

de San Ildefonso

C. de San Ildefonso

Prieto

Julio

Burrel

Carmen

12

C. de Encina o Piedrala

C. Obispo Narváez o Barreras

Calle de San Francisco

Ayuntamieno
(Antigua Cárcel)

Calle Gaspar Becerra

Espíritu Santo

Benavides

C. Batalladores

30

PLAZA
DE ESPAÑA

Torre de
los Aliatares

C. Mercaderías

C. de Tundidores

Portales

Paseo de la Constitución

Alhóndiga

Casa
del Pósito

Compañía

Barbacana

P

PL.
STA CLARA

Puerta
de Úbeda

Centro de
Interpretación

14

C. de la
Merced

C. Santa Agustín

Sacramento

General Marchesis

C. del

PL. DE
SANTA CLARA

22

Alhóndiga

Universidad

Jurado

Iglesia de
Santa Cruz

Calle Platerías

Zapatería

31

C

2

Antiguas
Carnicerías

PLAZA
DEL PÓPULO

i

Beato Avila PL.
STA CRUZ

Calle Diente

Palacio de
Jabalquinto

11

20

Seminario
San Felipe Neri

Calle Felipe Neri

PL. DE
SANTA CLARA

C. S. Juan Bautista

PL. DE
PALACIO

Casas
Consistoriales
Altas

P. de Córdoba

C. del Agua

La Gloria

C. Romanones

San Gil

C. Obispo Mengibar

C. Atarazanas

Casas Nuevas

Museo

Calle La Yedra

C. M. Carcerán

C. Santa Catalina

San Pedro Cabreros

24

13

PL. DE
SANTA
MARÍA

Comendadores

Melgares
Raya

Catedral

10

PL. DE
ARCEDIANO

C. Ávila

Paseo de las Murallas
o de Antonio Machado

C. Atia

Hacienda La Laguna, JAEN (A-316)

0   50   100 m

LA PORTE DE L'ANDALOUSIE

Arriver – Quitter

🚌 **Gare routière** (hors plan par B1) : avda Puche Pardo, au nord du centre. ☎ 953-74-04-68. Surtout desservie par la compagnie *Alsa* (☎ 902-42-22-42 ; ● alsa.es ●).

➢ **De/vers Jaén et Úbeda :** Baeza est sur la ligne Jaén-Úbeda, desservie par *Alsa* env ttes les heures depuis Jaén 8h30-23h (1er départ à 9h le w-e), 7h30-23h45 depuis Úbeda (1er départ à 10h15 le w-e) ; au départ de Baeza, 6h55-21h10 vers Jaén et 8h20-23h45 vers Úbeda. Trajet : 45 mn-1h vers Jaén, env 15 mn vers Úbeda.

➢ **De/vers Grenade :** 10 bus/j. en sem, 8 le w-e, départs 8h-18h45 de Baeza, 8h-21h45 de Grenade, avec *Alsa*. Trajet : env 2h.

➢ **De/vers Cazorla :** 3 bus/j. vers Cazorla, en début et fin d'ap-m depuis Baeza. Dans le sens Cazorla-Baeza, 4 bus/j. en sem (3 bus le w-e), avec 1 seul départ le mat. Trajet : 1h15-1h45.

Adresses utiles

🄸 **Office de tourisme** (plan A3) : pl. del Pópulo, s/n. ☎ 953-77-99-82. ● andalucia.org ● Lun-ven 9h-19h30, w-e et j. fériés 9h30-15h. Plan gratuit très bien fait, horaires des bus et liste des hôtels et *casas rurales*.

◼ **Pópulo** (plan A3, 2) : pl. de los Leones, 1. ☎ 953-74-43-70. ● populo.es ● Organise des visites guidées de la ville (horaires en fonction des saisons), et vend le *bonoturístico, un pass* Baeza-Úbeda (env 20 €) ou Baeza-Úbeda-Jaén (env 30 €), qui donne accès aux principaux monuments et sites de ces villes, soit gratuitement soit avec une réduc. Intéressant, car certains (en particulier la *Torreón Puerta de Úbeda*) ne sont visibles que lors de ces visites.

✉ **Poste** (plan B2) : c/ Julio Burell, 19. Lun-ven 8h30-14h30, sam 9h30-13h.

@ **Cyber Wuay** (plan A2) : paseo Portales Alhóndiga, 11. Sur la place centrale. Tlj 17h-22h, et aussi w-e 11h30-14h.

🄿 **Parkings :** tt autour du Paseo de la Constitución (plan A2-3), places pas chères (1 €/2h) mais peu nombreuses. Autrement, parking souterrain c/ Compañia Jurado (plan B2 ; accessible par la c/ Obispo Narváez) : tlj 7h30-23h30 ; 10 €/j. Pour info, le centre historique est totalement piéton et l'accès contrôlé par des caméras. Des exceptions sont en revanche tolérées : vous pourrez donc aller déposer vos bagages à l'hôtel lun-ven 8h-15h, ou à n'importe quel moment si vous avez une réservation. Mais il vous faudra ensuite aller stationner ailleurs.

Où dormir ?

De bon marché à prix moyens (40-70 €)

🛏 **Aznaitin** (plan B3, 10) : c/ Cabreros, 2. ☎ 953-74-07-88. ● contacto@hostalaznaitin.com ● hostalaznaitin.com ● ♿ Double 43 € en sem, 53 € le w-e, petit déj inclus. Parking à 50 m. 📶 Dans le vieux Baeza, cet *hostal* tout neuf, mais au bâtiment complètement intégré dans son environnement, mise sur les petits prix et sur la déco. Une vraie réussite : chaque chambre, décorée (sobrement) autour d'un thème lié à l'histoire de la ville, joue sur le contraste bois sombre, murs clairs et grandes affiches colorées. Certaines ne sont pas bien grandes, mais le confort est partout au rendez-vous, et les salles de bains bien équipées. Agréable petite piscine et salon-bibliothèque. Quant au petit déj, servi sous forme de buffet, il se prend dans une salle claire dans le même esprit moderne. Accueil très souriant. On applaudit des quatre mains !

🛏 **La Casa del Seise** (plan A3, 11) : c/ Conde Romanones, 9. ☎ 953-74-08-23. 🖷 666-32-78-62. ● info@lacasadelseise.com ● lacasadelseise.com ● Accueil à la boutique mitoyenne si besoin (attention, fermée entre 13h et 16h-17h). Appart 2 pers dès 50 € en sem, 55-70 € ven et sam ; appart 4 pers 90 € en sem et 120 € le w-e ; un peu plus cher lors des ponts et j. fériés. 📶 À peine 3 appartements, dont le plus grand, avec mezzanine, peut accueillir jusqu'à 6 personnes. Si vous n'êtes que 2, vous aurez le choix entre un studio ou un petit 2-pièces, avec une vraie chambre. Certes, l'ameublement et la décoration ne sont pas du dernier cri, mais la literie est bonne, les coins cuisine vraiment bien équipés, et les salles de bains tout à fait correctes. Pratique en famille ou pour rayonner quelques jours dans le coin.

De chic à très chic (60-120 €)

🛏 *Hotel Fuentenueva* (plan B2, **12**) : c/ del Carmen, 15. ☎ 953-74-31-00. ● reservas@fuentenueva.com ● fuentenueva.com ● *Doubles 78-88 € selon j. de la sem, suite 120 €, avec petit déj. Pas de parking.* 🖳 ☎ On aime beaucoup cette demeure ancienne à la déco design, égayée d'œuvres contemporaines. Tout y est très soigné, des superbes chambres (parquetées, avec de la pierre de pays apparente aux murs et une excellente literie) aux espaces communs, qui baignent dans une atmosphère très *chill out*. Certaines chambres sont aménagés dans un esprit loft, avec mezzanine. Petit salon-bibliothèque. L'été, on peut même se baigner dans le petit bassin du patio... Excellent accueil.

🛏 *Hotel Puerta de la Luna* (plan B3, **13**) : c/ Canónigo Melgares Raya, s/n. ☎ 953-74-70-19. ● informacionyreservas@hotelpuertadelaluna.com ● hotelpuertadelaluna.com ● 🛗 *Doubles 66-120 € selon saison, j. de la sem et confort. Petit déj 14 €. Parking payant (16 €).* 🖳 ☎ *Audioguide sur le centre historique ou apéritif maison offert sur présentation de ce guide.* Du cachet, et même un vrai charme, pour cet hôtel installé dans un superbe palais du XVIe s. Beaucoup de recherche dans la décoration des chambres, de facture assez classique mais d'une vraie délicatesse, un confort au diapason des tarifs, de superbes parties communes (ce patio à la pierre dorée, avec ses arcades et sa piscine !), un service d'une grande attention : vous aviez demandé la lune, la voici !

🛏 *La Casona del Arco* (plan B2, **14**) : c/ Sacramento, 3. ☎ 953-74-72-08. ● hotel@lacasonadelarco.com ●

lacasonadelarco.com ● 🛗 *Doubles 57-107 € selon j. de la sem, saison et confort, petit déj inclus.* 🖳 ☎ Encore un hôtel tout plein de charme ! Style plutôt classique, mais vraiment la classe : patio où glouglloute une petite fontaine (ne pas marcher dessus !), piscine bordée de transats en bois, petite salle avec tables d'échecs, chambres impeccables avec mobilier d'époque, salles de bains garnies d'azulejos et, pour certaines, un balconnet. De quoi faire un beau séjour, d'autant que l'accueil est très plaisant !

Où manger ? Où boire un verre ?

De bon marché à prix moyens (10-25 €)

🍴 🍷 *La Peña Flamenca* (plan A3, **20**) : c/ Conde Romanones, 11. ☎ 953-74-18-99. *Tlj. Raciones 6-15 €.* D'abord un bar bien traditionnel, comme de juste, puis une salle un peu tristoune mais aux tables bien dressées, et tout au bout, au pied des murailles, une sorte de grande cour rustique à peine aménagée de tables, bien agréable. Dans l'assiette, les tapas sont copieuses et déclinent des recettes traditionnelles et familiales. Une adresse sans chichis, qui est aussi un rendez-vous incontournable du flamenco à Baeza (programmation régulière d'excellente qualité).

🍴 🍷 *Casino – Palacio Sánchez Valenzuela* (plan A-B1-2, **21**) : c/ San Pablo, 34. ☎ 953-74-82-18. *Tlj. Menu le midi 12 €.* Étonnamment se cache derrière l'imposante façade de ce superbe palais Renaissance une adresse on ne peut plus populaire, relativement décalée. Sous les vénérables arches, la salle et le comptoir ont des allures de cafét', tout comme les tables en alu du vaste et superbe patio. Comme la qualité de la cuisine s'avère assez commune, on vient plutôt y boire un verre, qu'il s'agisse d'un rafraîchissement dans l'après-midi ou d'un *tinto* le soir, parfois en musique d'ailleurs (spectacles réguliers). Accueil à l'aune

LA PORTE DE L'ANDALOUSIE

du reste : sans façon et chaleureusement décontracté.

I●I Y ▮ Torre Al-Bayyassa (plan B3, 24) : c/ Comendadores, 6. ☎ 953-74-72-43. Tlj 13h-16h, 20h30 à tard. Menu midi en sem 9 €, raciones 9-17 €. Un bel endroit que l'on recommande surtout pour son cadre, idéal pour prendre un verre et grignoter quelques tapas après la visite de la vieille ville. L'entrée se fait par un ravissant bar aux murs de pierre. Tout au bout, une petite courette pavée et dotée d'un puits, et le clocher de la cathédrale qui fait de l'œil en arrière-plan. La cuisine est aussi basique que bon marché : c'est honnête, mais ne pas s'attendre à de grandes saillies gustatives. Accueil bien sympa.

De plus chic à très chic (plus de 25 €)

I●I Taberna El Pájaro (plan A2, 22) : portales Tundidores, 5. ☎ 953-74-43-48. ● reservas@tabernaelpajaro. com ● ♿ Tlj sf lun 12h-17h, 20h30-minuit. Congés : 2de quinzaine de juil. Raciones 10-25 €, carte env 25 €. Taverne typique sous les arcades de la plaza de la Constitución. Un lieu où l'on mange très bien, où l'on est chaleureusement accueilli, et qui est toujours aussi populaire auprès de la clientèle locale. Goûtez aux croquetas caseras, aux alcachofas fritas (artichauts frits), au lomo orza con huevos, ou encore au bacalao El Pájaro (assez salé quand même), vous vous en lécherez les doigts ! Bon choix de poissons et fruits de mer frais aussi, exposés à l'entrée.

I●I Juanito (hors plan par B1, 23) : avda Puche Pardo, 57. ☎ 953-74-00-40. ● juanito@juanitobaeza.com ● À la sortie de la ville sur la route d'Úbeda, à 20 mn à pied du centre. Fermé dim soir, lun soir. Congés : 20 j. début juil. Menu 35 €, carte 35-40 €. CB refusées. L'un des grands classiques du coin. À l'entrée, photos de nombreuses célébrités (vedettes, toreros), avec lesquelles l'ancien patron, Juanito, aimait poser. Juanito n'étant plus là, c'est sa femme et son fils qui ont repris. Bonne cuisine andalouse avec, en vedettes, des spécialités comme les alcachofas de Luisa (préparation à base d'artichaut), les patatas a lo pobre con lomo de orza, le pâté de perdrix bien sûr et, en dessert, les cañas borrachas. Déco, en revanche, sans grande originalité.

Où sortir ?

Y ♪ Café Teatro Central (plan B2, 25) : c/ Obispo Narváez, 19. ☎ 953-74-43-55. ● cafeteatrocentral.com ● ♿ À deux pas de la pl. de la Constitución. Tlj 16h-3h. Congés : 1re quinzaine de juil. CB refusées. 🛜 Déco amusante entremêlant pub, baroque et indéfinissable, avec un bouddha dans une niche, un bel escalier en bois, une armure, un billard... le tout avec une lumière tamisée. Également un étonnant patio-jardin avec fontaine, où un ascenseur fleuri descend au milieu des cages à z'oiseaux... Rafael, le patron, est le DJ de service et, en grand nostalgique, passe surtout des tubes des années 1970 et 1980. Karaoké le mercredi et concert le jeudi (jazz, country, rock, salsa et autres...).

Où acheter de l'huile d'olive exquise et des produits du terroir ?

⊛ Casa Cantos (plan A2, 30) : c/ San Pablo, 10. Fermé dim ap-m. Une épicerie datant de 1927, débordant de bons produits du terroir. De l'huile d'olive exquise de la région, évidement, mais également du pâté de perdrix, et des jambons et saucissons de la sierra de Cazorla, pour ne citer que cela. Moins touristique que l'adresse suivante.

⊛ Casa del Aceite (plan A3, 31) : paseo de la Constitución, 9. ☎ 953-74-80-81. ● casadelaceite.com ● À 50 m de l'office de tourisme. Tlj sf dim ap-m. Sur présentation de ce guide et pour un montant d'achat supérieur à 20 €, une mignonnette d'huile offerte. Ce magasin vend un grand choix d'huiles d'olive produites dans la région (et Dieu sait s'il y a beaucoup d'étiquettes !), et plein de produits dérivés de l'olive et de l'olivier, mais aussi du pâté de perdrix, entre autres.

À voir

🐾🐾 *Plaza de los Leones ou plaza del Pópulo* (plan A3) : toute petite, elle est flanquée de deux intéressants monuments Renaissance, de l'époque glorieuse de Baeza. L'actuel office de tourisme est installé dans la *casa del Pópulo*, bâtisse de 1530 remarquable pour sa façade plateresque. Dans le prolongement de celle-ci, la *puerta de Jaén*, crénelée et armoriée, sous laquelle passa Charles Quint pour se rendre à son mariage à Séville. De l'autre côté, la *Antigua Carnicería*, les anciennes boucheries (aujourd'hui palais de justice), datant du XVIe s. Et au milieu de la place, la *fuente de los Leones*, fontaine dont les éléments proviennent des ruines romaines de Cástulo, près de Linares.

🐾🐾 *Catedral* (plan B3) : pl. Santa María. Lun-sam 10h-14h, 17h-19h (16h-18h en hiver) ; dim 10h-18h. Entrée : 4 €, audioguide inclus. Construite, comme beaucoup de ses copines dans la région, sur l'ancienne *mezquita*. L'extérieur, bien que très chaotique et sans homogénéité, ne manque pas de puissance. Deux portes particulièrement belles, la *puerta de la Luna*, de style mauresque, et la *puerta del Perdón*, de style gothique. À l'intérieur, c'est bien le style Renaissance qui l'emporte, avec des chapelles richement décorées, comme celles d'*El Sagrario* et de *La Dorada*, d'inspiration italienne. Joli cloître également. Juste avant la sortie sur la droite, un petit escalier discret mène en haut de la tour. Dehors, en face, remarquer sur les murs de l'ancien séminaire San Felipe Neri (qui abrite aujourd'hui la *universidad internacional Antonio Machado*) les inscriptions que les étudiants fraîchement diplômés traçaient avec du sang de taureau. Petite *fontaine* Renaissance au centre de la place.

🐾 *Palacio de Jabalquinto* (plan B3) : pl. Santa Cruz. Lun-ven 9h-14h. Abrite aujourd'hui une partie de l'université Antonio Machado. Superbe façade aux huit blasons de style isabellin très pur, avec d'élégantes fenêtres gothiques superbement ouvragées. Un très beau mélange de styles gothique flamboyant et plateresque. On peut entrer dans le patio et admirer, en prime, l'incroyable escalier baroque superbement restauré. De l'autre côté de la grande cour, c'est la façade arrière de l'*antiguo seminario San Felipe Neri* (malheureusement, l'agréable café avec ses tables en fer forgé posées sur le gravier est réservé aux étudiants ! Chanceux, ces étudiants...).

🐾 En face se trouve la *iglesia de Santa Cruz* (plan B2) : *tlj sf sam et dim ap-m, 11h-13h, 16h-18h.* Édifice roman du XIIIe s, à l'intérieur simple mais mignon et dont le chœur est décoré de fresques du XVe s, hélas très détériorées.

🐾 *Torreón Puerta de Úbeda* (plan B2) : vestige des anciennes fortifications de la ville, cette massive tour du XIIe s, initialement édifiée par les Almohades, abrite aujourd'hui un petit *Centro de interpretación* autour de la Baeza médiévale ; accessible seulement via les visites guidées organisées par *Pópulo* (voir « Adresses utiles ») et lors de quelques fêtes.

🐾 *Museo de Baeza* (plan A3) : c/ Casas Nuevas, s/n. ☎ 953-74-15-82. ● baeza. net ● Mar-sam 10h-14h, 17h-20h (16h-18h30 oct-mai) ; dim 10h-14h. Fermé lun et la plupart des j. fériés. Entrée : 2 € ; réduc. Certes, c'est la « rue des Maisons-Neuves », mais cette nouveauté date du XVIe s... Cette belle demeure, dont les proprios furent expulsés pour s'être, les vilains, opposés à Charles Quint, abrita à partir de 1542 la toute première université de la ville. C'est aujourd'hui un modeste musée, sur un niveau, aux collections archéologiques bien choisies mais très limitées : mobilier et toiles baroques et Renaissance, et vestiges depuis la préhistoire jusqu'à l'époque chrétienne. Vaut surtout pour le petit film qui explique très clairement l'évolution de l'architecture et de l'urbanisme de la vieille cité (seuls les hispanophones pourront en profiter !).

🏃 Après avoir exploré les alentours de la cathédrale, la balade peut se poursuivre agréablement vers la *c/ de San Pablo* (*plan A2-B1*), rue piétonne et commerçante, et ses imposants palais gothiques du XVe et XVIe s (mais la façade du *palacio de los Salcedo,* aujourd'hui un hôtel, est plateresque). L'occasion aussi de croiser l'ombre bienveillante et toute de bronze du poète Antonio Machado, qui enseigna une grosse poignée d'années à Baeza, juste devant le *palacio de los Sánchez de Valenzuela* (tout à fait gothique pour sa part, voir aussi « Où manger ? Où boire un verre ? »).

ÚBEDA (23400) 35 800 hab.

◎ **Bâtie à 757 m d'altitude, Úbeda surplombe depuis des siècles, telle une sentinelle, un vaste paysage de collines couvertes de plantations d'oliviers. Comme Baeza, elle conserve un patrimoine médiéval et Renaissance qui constituera pour les férus d'histoire un complément agréable à la visite des grandes cités andalouses. Il ne faut pas quitter la ville sans avoir fait une balade sur les remparts et, pour les amateurs de céramiques, aller jusqu'à la calle Valencia qui part de la plaza Olleros (attention, les noms de rue sont rarement indiqués).**

UN PEU D'HISTOIRE

D'abord arabe, puis reconquise en 1234 par Ferdinand III, Úbeda est une ville de caractère, rude et noble, ayant maintenu en son centre un ensemble harmonieux. En se promenant dans ses rues pavées, on comprend vite qu'elle connut ses jours de gloire au XVIe s, époque à laquelle furent construits un grand nombre d'églises ambitieuses et d'élégants palais. La ville est d'ailleurs inscrite depuis 2003 au Patrimoine mondial de l'humanité par l'Unesco.

Arriver – Quitter

🚌 *Gare routière (hors plan par A1):* c/ San José. ☎ 953-75-21-57. Avec la compagnie *Alsa* (☎ 902-42-22-42 ; ● alsa.es ●).
➢ *De/vers Baeza et Jaén :* env 1 bus/h, 6h45-20h (w-e 1er bus à 8h). Trajet : 40 mn pour Baeza, 1h10 pour Jaén.
➢ *De/vers Grenade :* env 10 bus/j., le dernier vers 18h30. Trajet : 2h30-3h.
➢ *De/vers Cazorla :* env 5 bus/j. (4 le w-e), le dernier vers 19h30. Trajet : 1h.

Adresses utiles

ℹ *Office de tourisme (plan A2):* c/ Baja del Marqués, 4. ☎ 953-77-92-04. ● ubeda.es ● Lun-ven 9h-19h30, w-e et j. fériés 9h30-15h. Plan gratuit de la ville, liste des monuments ouverts au public, horaires des transports, hébergements, etc.
■ *Artificis (plan B2, 1):* c/ Baja del Salvador, 2. ☎ 953-75-81-50. ● artificis.com ● Tlj 10h-14h, 16h30-19h30 (17h-20h en été). Cet organisme privé dynamique s'occupe de la gestion du patrimoine culturel d'Úbeda et propose de nombreuses excursions thématiques dans la ville et alentour. Visite guidée possible en français à partir de 4 personnes (compter 10-12 €/pers ; réduc). Diffuse également le *bonoturístico* Úbeda – Baeza – Jaén. Vente de produits locaux et de brochures touristiques en français.
✉ *Poste (plan A1):* c/ Trinidad, presque à l'angle de Corredera de San Fernando. Lun-ven 8h30-14h30, sam 9h30-13h.
🅿 *Parkings :* le plus central est celui de la pl. Andalucía (plan A1). Ouv

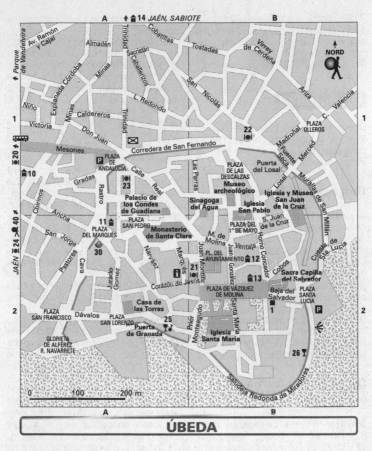

ÚBEDA

- **Adresses utiles**
  - ℹ️ Office de tourisme
  - 1 Artificis

- 🛏️ **Où dormir ?**
  - 10 Hostal Victoria
  - 11 Palacio de la Rambla
  - 12 Hotel Nueve Leyendas
  - 13 Parador nacional
  - 14 La Casería de Tito et Mesón Viejo

- |●| **Où manger ?**
  - 20 Taberna Zoraida

- 21 Restaurante El Seco
- 22 Cantina La Estación
- 23 La Imprenta
- 24 Museo Agricola

- 🍷♪ **Où boire un verre ? Où sortir ?**
  - 25 Musicology
  - 26 La Copla et Suspiro

- ⚜️ **Où acheter de l'artisanat régional ?**
  - 30 Artesur

- 🎭 **À voir**
  - 40 El Antiguo hospital de Santiago

7h30-23h30. Compter 1,20 €/h ou 14 €/j. Également des places gratuites près du mirador, à l'est de la ville *(plan B2).*

■ **Taxis :** ☎ 953-79-20-00.

Où dormir ?

Úbeda s'avère une ville chère pour se loger, du coup les petits budgets se contenteront d'y passer la journée et iront dormir ailleurs !

Bon marché (env 40 €)

🛏 **Hostal Victoria** *(plan A1, 10) : c/ Alaminos, 5.* ☎ *953-75-29-52 et 953-79-17-18.* ● *hostalvictoriaubeda@ hotmail.com* ● *Réception au 2e étage. Doubles avec sdb 38-40 € selon saison. Parking 7 €.* 🛜 Juste en périphérie du centre ancien, une quinzaine de chambres confortables et bien tenues avec AC et TV. Toutes n'ont pas la même taille, certaines disposent même d'une baignoire. Bref, prenez le temps d'en visiter plusieurs avec la proprio des lieux. Très bien pour le prix.

De plus chic à très chic (min 90 €)

🛏 **Hotel Nueve Leyendas** *(plan B2, 12) : pl. de López Almagro, 3.* ☎ *953-79-22-97.* ● *hotel@hotelnueve leyendas.com* ● *hotelnueveleyendas. com* ● *Doubles 95-105 € avec petit déj.* 🛜 Hôtel de charme situé en plein cœur du centre ancien, dans un édifice en brique de la fin du XVIIIe s qui abrita autrefois un collège de jésuites. Seulement 9 chambres personnalisées, chacune inspirée d'une légende locale (d'où le nom de l'établissement), à la déco raffinée et d'un grand confort. Dotées de mobilier peint et de parquet récent, elles intègrent autant que possible des éléments décoratifs d'origine (pierre, faïences). Il faut ajouter à cela l'accueil très chaleureux du couple de proprios, qui prend un plaisir manifeste à combler sa clientèle d'attentions... parfois c'en est même trop ! Seul (gros) bémol : l'insonorisation

entre les chambres est vraiment à améliorer.

🛏 **Palacio de la Rambla** *(plan A2, 11) : pl. del Marqués, 1.* ☎ *953-75-01-96.* ● *hotel@palaciodelarambla. com* ● *palaciodelarambla.com* ● *Congés : janv et 3 sem de mi-juil à début août. Double 132 €, suite 154 €, copieux petit déj compris. Parking 10 €.* 🖵 🛜 Si l'envie de séjourner dans un authentique palais Renaissance vous tente, vous serez comblé. L'espace s'agence notamment autour d'un magnifique patio verdoyant entouré d'élégantes arcades. La demeure appartient toujours à la marquise de la Rambla qui a conservé son mobilier de famille dispatché dans de très vastes chambres décorées à l'ancienne. Dommage que la châtelaine semble aussi s'évertuer à maintenir des prix du rang de ses illustres prédécesseurs. On viendra plutôt pour l'atmosphère délicieusement surannée, d'autant que l'accueil est chaleureux.

🛏 **Parador nacional** *(plan B2, 13) : pl. de Vásquez de Molina.* ☎ *953-75-03-45.* ● *ubeda@parador.es* ● *parador. es* ● *Doubles 156-216 € selon saison et vue. Petit déj 18 €.* 🖵 🛜 Au cœur de la vieille ville, dont il constitue d'ailleurs l'un des monuments. Calme et sérénité sont les maîtres mots de cet établissement de charme et de luxe, sis dans un palais du XVIe s. Les chambres, vastes et bien arrangées, à l'ancienne, s'organisent autour d'un élégant patio. Certaines donnent sur un jardin où glougloute une fontaine, d'autres sur le place et l'église. Un parador dans la plus pure tradition du genre.

Où dormir dans les environs proches ?

Chic (70-90 €)

🛏 **La Casería de Tito** *(hors plan par A1, 14) : pl. de la Ermita, 1, caserío de San Bartolomé.* ☎ *953-77-67-71.*

• *info@lacaseriadetito.com* • *lacase riadetito.com* • *À 6-7 km d'Úbeda. Quitter le centre par la N 322 direction Valencia et sortir 5 km plus loin, à San Bartolomé. Congés : vac scol de Noël. Doubles 74-90 € selon saison. Petit déj 8-9 €. Dîner min 20 €, sur résa et slt pour les hôtes. Parking payant. Sur présentation de ce guide, apéro maison offert au resto ou 10 % de réduc sur la double si séjour de plus de 3 nuits.* Dans un hameau, en face d'une petite église en ruine, vous découvrirez une belle villa dotée de 7 chambres charmantes et très soignées, autour d'une courette verte de lierre. Très bon confort et, surtout, accueil chaleureux de Tito, qui arbore de sacrées moustaches ! Coin salon (avec jeux et vinyles) où converser avec les autres hôtes, petit déj pris à côté de la piscine en été... Pas à dire, on est dans un lieu qui sort des sentiers battus !

🏠 **Mesón Viejo** *(hors plan par A1, 14) : pl. Alonso de Vandelvira, 6, à* **Sabiote** *(23410).* ☎ *953-75-11-03.* 📱 *655-87-78-84.* • *mesonviejo@gmail. com* • *mesonviejo.blogspot.fr* • *À env 8 km d'Úbeda ; sortir de la ville en direction de Valencia et au rond-point de la station-service, suivre Sabiote (indiqué). Maison entière 65 € pour 2, 95 € pour 4 ; draps et serviettes fournis. Réduc de 10 % sur les achats effectués au magasin* Artesur. Sur l'une des plus jolies places du village, à la frontière du vieux quartier de l'Albaicín, cette petite maison du XVIᵉ s tout en pierre est nichée bien au calme et reste fraîche toute l'année. La jolie déco à l'ancienne a été réalisée par le proprio, qui n'est autre que Victor, du magasin *Artesur* (voir plus bas, la rubrique « Où acheter de l'artisanat régional ? ») : têtes de lits et balustrades en fer forgé, lampes fabriquées à la main... Beaucoup de charme et un confort très correct : cuisine équipée, machine à laver, salon TV avec poêle. Derrière, petit patio avec barbecue et terrasse donnant sur les collines d'oliviers. Idéal pour les familles (2 chambres) qui souhaitent rayonner dans la région. D'ailleurs, profitez-en pour visiter la charmante petite ville de Sabiote et sa forteresse (lire plus bas, dans « À voir »).

Où manger ?

Assez bon marché (max 12 €)

🍴 **Taberna Zoraida** *(hors plan par A1, 20) : c/ Cronista Pasquau.* ☎ *953-75-67-19. À 100 m de l'antiguo hospital. Raciones 7-12 €.* L'un des bars à tapas les plus fréquentés de la ville moderne. Beaucoup d'animation et un va-et-vient incessant le long de son grand comptoir. Les portions sont évidemment très copieuses (redoutables *patata al pobre*) et les touristes aux abonnés absents. Quelques tables dans la rue également. Si c'est plein, tentez un autre établissement dans la zone.

Prix moyens (12-25 €)

🍴 **Cantina La Estación** *(plan B1, 22) : cuesta Rodadera, 1.* 📱 *687-77-72-30 ou 28.* • *che2che@hotmail.es* • *Tlj sf mar soir et mer. Congés : 15-30 sept. Raciones env 12 €, menu 30 €, carte env 25 €.* 📶 *Sur présentation de ce guide, apéro maison ou dégustation d'huiles de la région offert(e).* Bienvenue dans cet estaminet à l'écart des foules, mais plein comme un œuf ! On s'installe où l'on peut, au bar ou dans l'une des salles à la déco ferroviaire. Puis on bâfre et on picole. Essayez la *presa ibérica* aux champignons, la morue confite à l'huile d'olive ou la *milhoja* (millefeuille) de foie. Très bonnes suggestions de vins au tableau noir aussi. L'endroit est tenu par un jeune couple (c'est madame qui cuisine) originaire d'un village des environs où passe le chemin de fer, d'où le nom du resto... Une adresse plébiscitée par nos lecteurs.

🍴 **Restaurante El Seco** *(plan B2, 21) : c/ Corazón de Jesús, 8.* ☎ *953-79-14-52.* • *info@restauranteelseco.com* • 🚲 *Tt près de l'office de tourisme. Ouv tlj le midi ; le soir slt ven-sam. Menú del día 15 €, carte 20-30 €. CB refusées. Apéritif maison offert sur présentation de ce guide.* Plaisant petit resto tout propret, aux murs jaunes et aux tables bien dressées. Service particulièrement attentif et pro, cuisine simple avec quelques spécialités locales, comme les haricots à la perdrix et le potage *carmelitano*. Une des bonnes adresses d'Úbeda.

|●| Museo Agricola *(hors plan par A1-2, 24)* **:** *c/ San Cristóbal, 17.* ☎ *953-79-04-73.* ● *laposadadeu beda@hotmail.com* ● *À 5 mn de la pl. del Marqués, dans le prolongement de la c/ San Jorge. Tlj midi et soir. Menus 20-25 €, plats 9-22 €.* 📶 Alors, musée ou resto ? Les deux mon capitaine, et même plus puisque l'endroit fait aussi hôtel et bar d'habitués. On mange dans un patio flanqué d'une étable où les familles du coin viennent s'exploser la panse dans la joie et l'allégresse. Bref, une bonne grosse auberge à l'ancienne dont le moindre mur est couvert d'un bric-à-brac inouï : outils agricoles, chaudrons, roues de chariots... Cette rusticité, on la retrouve dans l'assiette, avec de copieuses spécialités du terroir (cochon de lait, cuisse de chevreau...) mitonnées en toute simplicité, mais pas forcément dénuées de finesse. Tout est délicieux et présenté avec soin. Si vous optez pour le menu complet (à fortiori le week-end), on vous conseille d'avoir un appétit d'ogre ou carrément de jeûner pendant 2 jours avant de venir ! Car les plats défilent les uns après les autres, apportés avec un rictus canaille par des serveurs tout droit sortis des *Tontons flingueurs*.

Plus chic (env 30 €)

|●| La Imprenta *(plan A1, 23)* **:** *pl. del Doctor Quesada, 1.* ☎ *953-75-55- 00. Tlj sf mar. Plats 10-20 €.* Fine fleur de la gastronomie d'Úbeda, le resto occupe le site d'une ancienne imprimerie. On en retrouve encore quelques détails, comme ces gros caractères en guise de déco, ces anciennes colonnes métalliques et le goût prononcé du patron pour les affiches Belle Époque. Côté bar, des tapas que l'on déguste sur des tables hautes face à de grandes baies vitrées. Côté resto, éclairages design aux tons vert olive, boiseries élégantes et surtout cuisine inventive : aubergines frites au miel de canne, porc confit à la cardamome et

à la cannelle, ou encore loup de mer aux langoustines sauce au vin blanc. Un régal !

Où boire un verre ?
Où sortir ?

La jeunesse d'Úbeda se retrouve principalement dans la ville moderne. Peu d'animation dans le centre ancien, à part les adresses suivantes :

🍸 ♪ **Musicology** *(plan A2, 25)* **:** *puerta de Granada, 1. Tlj 16h-4h.* Grand bar à la mode situé dans une vieille bâtisse. Rythmes pop, rock, latino, soirées magie et sets de DJ le week-end. Aux beaux jours, tout le monde se rue sur le patio à ciel ouvert avec ses colonnes Renaissance. Et sous le ciel étoilé, il s'en passe, des choses...

🍸 **La Copla** et **Suspiro** *(plan B2, 26)* **:** *Redonda de Miradores, 20 et 22. Tlj 16h-1h (3h ven-sam).* Ces 2 bars voisins, installés au pied des remparts, sont très animés dès l'heure de l'apéro et jusque tard en soirée. Ils étalent leurs terrasses respectives face à la vue panoramique sur la vallée, avec la sierra de Cazorla en toile de fond. Splendide ! Beaucoup de jeunes, dans une déco très *hype* et une ambiance franchement relax (surtout à *La Copla*).

Où acheter
de l'artisanat régional ?

🐚 **Artesur** *(plan A2, 30)* **:** *pl. del Marqués, 2.* ☎ *953-75-11-03. Tlj 10h30- 14h, 17h30-20h30.* Sur présentation de ce guide, un objet d'artisanat offert pour tt achat de plus de 20 €. Si l'envie vous prend de rapporter un peu de ferronnerie, une lanterne en verre teint, un bel objet en bois ou en céramique, ou encore une casserole en cuivre de Cordoue, voici le magasin qu'il vous faut. Les lampes sont faites sur place (on peut visiter l'atelier à l'étage), le reste est fabriqué artisanalement dans la région. Demandez à visiter le sous-sol : une cave du XIIe-XIIIe s a été récemment découverte. De là partait un tunnel passant sous les murailles de la ville, bien pratique pour fuir les envahisseurs ! On remarque, sur les jarres, de curieuses inscriptions mystiques mêlant les symboles des 3 religions du Livre. Super accueil de Victor, qui tient également une *casa rural* (voir plus haut « Où dormir dans les environs proches » ?).

À voir. À faire

La liste qui suit n'est pas exhaustive, Úbeda comptant un grand nombre de bâtiments historiques. Votre flânerie vous conduira naturellement devant églises ou palais méritant une halte. Souvent, les édifices sont fermés, visibles uniquement de l'extérieur.

🏃🏃 *Plaza de Vázquez de Molina (plan B2) :* vaste place entourée des plus célèbres monuments de la ville, ensemble architectural imposant d'une étonnante homogénéité. C'est le cœur de la vieille ville, départ quasi obligé de la visite.

🏃🏃 *Sacra Capilla del Salvador (chapelle sacrée de l'église del Salvador ; plan B2) :* sur la pl. de Vázquez de Molina, dans l'iglesia del Salvador. Lun-sam 9h30-14h, 16h30-19h30 ; dim 11h30-14h, 16h30-19h30 (17h-20h en hiver). Entrée : 5 € ; réduc. On doit ce chef-d'œuvre à Diego de Siloé, architecte et sculpteur de la Renaissance. La façade et le porche de l'église, pourtant généreusement sculptés, paraissent presque sobres par rapport au chœur et, surtout, au retable, délirant festival de dorures et de sculptures en pierre polychrome. Le tableau central dépeint la Transfiguration : le Christ, entre Moïse et Élie, devant trois apôtres (Pierre, Jacques et Jean) stupéfaits. Pour protéger cette profusion ornementale, une élégante grille Renaissance du XVIe s, œuvre de Villalpando. Dans le même registre, ignorant toute sobriété, une sacristie bien gardée par une porte remarquable, décorée de nymphettes aux seins nus... ce qui est pour le moins inhabituel.

🏃 *Iglesia Santa María (plan B2) :* également sur la place, en face de la mairie. Belle église du XIIIe s, construite sur les vestiges d'une ancienne mosquée. Chaque siècle laissa sa marque : le cloître gothique fut bâti au XVe s, les grilles plateresques datent du XVIe s ; au XVIIe s, on refit la façade, au XVIIIe s, les voûtes intérieures, au XIXe s, le clocher, et au XXe s, on installa l'électricité !

🏃🏃 *Sinagoga del Agua (plan B1-2) :* c/ Roque Rojas. ● sinagogadelagua.com ● Tlj 10h30-14h, 17h30-20h30 (16h30-19h30 oct-mars). Entrée : 4 € ; réduc. Sur visite guidée slt, ttes les 45 mn. Pour une visite en français, demande 1 ou 2 j. à l'avance auprès d'Artificis (voir « Adresses utiles »). Découverte en 2007 et ouverte à la grande surprise des habitants de la ville en 2010, elle fut longtemps habitée par des particuliers. Sa remise en état (ou plutôt les vestiges qu'il en reste) permet aujourd'hui d'apprécier une des rares synagogues d'Europe qui accueillent en un même site lieu de culte et bains rituels. Sa fondation remonterait au Xe s et son emplacement, bien en dessous du niveau de la rue, laisse à penser que le culte judaïque se devait d'être discret.

🏃 *Museo de San Juan de la Cruz (plan B1-2) :* c/ Carmen, 13. ☎ 953-75-06-15. Tlj sf lun 11h-13h, 17h-19h. Entrée : 2 €. Tout ce que vous avez toujours voulu savoir sur saint Jean de la Croix. Il arriva ici le 28 septembre 1591 pour, avait-il dit, guérir d'une fièvre légère mais, finalement, y mourut 2 mois et demi plus tard. On peut voir la sacristie, une basilique construite en son honneur et plusieurs cellules, dont celle d'où il monta au Ciel. Plus curieux, la visite se termine par une salle dédiée à la représentation du saint dans l'art contemporain ! Ce qui nous conduit à évoquer la fresque du chœur de l'église attenante, une curieuse œuvre naïve et vaguement cubiste des années 1950.

🏃 *Museo arqueológico (plan B1) :* c/ Cervantes, 6. ☎ 953-10-86-23. De mi-oct à mi-juin, mar-sam 10h-20h30 ; dim 10h-17h. De mi-juin à mi-oct, mar-sam 9h-15h30 ;

dim 10h-17h. GRATUIT pour les ressortissants de l'UE ; sinon 1,50 €. Beau petit musée d'archéologie, présentant des objets de la préhistoire à l'ère musulmane. Idoles ibériques (dont une en os), stèles funéraires romaines, maquette en pierre d'un château médiéval, etc. Vaut le coup d'œil si vous n'êtes pas pressé.

🏃 *Palacio de los Condes de Guadiana (plan A1-2) :* à l'angle des c/ Real et Juan Pasquau-Lopez. Construit en pleine Renaissance (XVIe et XVIIe s), il possède trois étages et des chambranles de fenêtre sculptés de visages humains. Le dernier niveau se termine par une élégante loggia. Ce palais est en train d'être réaménagé en hôtel 5 étoiles, rien que ça !

🏃 *Iglesia San Pablo (plan B1-2) :* pl. del 1° de Mayo. Tlj sf lun et dim soir 11h-13h, 17h-19h. Très belle église qui marie allègrement les styles. Néanmoins, il s'en dégage une harmonie et un esthétisme surprenants, alliant sobriété et élégance (sauf pour les chars de procession, excessivement chargés !).

🏃 *Antiguo hospital de Santiago (hors plan par A1, 40) :* c/ Obispo Cobos. ☎ 953-75-08-42. Mar-dim 11h30-14h, 18h-21h30. GRATUIT. Un des bâtiments les plus imposants de la ville, lui aussi édifié au XVIe s. Mérite un coup d'œil pour sa cage d'escalier au plafond peint et pour sa petite chapelle. C'est avant tout aujourd'hui un centre culturel où se tient tous les ans au mois de mai un festival international de musique classique.

➢ *Les remparts :* très agréable balade à faire dans un joli quartier aux rues pavées qui montent et descendent, bordées de maisons aux murs chaulés. Dans la calle Valencia *(plan B1),* nombreux potiers. La plus belle vue sur la région (les monts couverts d'oliveraies et, au loin, la sierra) se découvre depuis les remparts, à l'est et au sud de Úbeda.

Festival

– *Festival international de musique classique « Ciudad de Úbeda » :* pdt 3 sem au mois de mai. Infos sur ● ubeda.es ● À cette occasion l'auditorium de l'*antiguo hospital de Santiago* accueille des formations andalouses comme internationales. Quelques concerts de guitare classique également.

DANS LES ENVIRONS D'UBEDA

🏃🏃 *Sabiote :* à 8 km au nord-est d'Úbeda. Cet adorable bourg perché à 840 m d'altitude formait, avec Baeza et Úbeda, la troisième pointe du triangle de la Renaissance andalouse. Le *castillo,* rénové au XVIe s sur les restes d'une forteresse du XIIIe s, vaut le coup d'œil pour son allure et ses dimensions impressionnantes. Saccagé par les troupes napoléoniennes et longtemps laissé à l'abandon, il est aujourd'hui en restauration et ne se visite pour l'instant que de l'extérieur. Faire également la balade le long des remparts (superbes paysages) et dans les ruelles atemporelles de l'*Albaicín,* quartier médiéval très bien préservé aux maisons anciennes d'un blanc éclatant.

CAZORLA ET SA SIERRA (23470)

Blotti au pied d'une verdoyante chaîne de montagnes (la sierra de Cazorla), on est ici à 885 m d'altitude, à des années-lumière de l'agitation balnéaire

de la Costa del Sol. Cazorla est un bourg tranquille où domine la blancheur des maisons. Ses vieilles ruelles pentues, en labyrinthe serré, ont un certain cachet et les habitants y sont particulièrement spontanés et chaleureux. Tout en haut, du *château de la Yedra,* on surplombe les splendides ruines plateresques de l'*église Santa María,* les toits anarchiquement enchevêtrés du village, et un superbe paysage de montagnes et de plantations d'oliviers. C'est le point de départ idéal pour visiter la *sierra de Cazorla, Segura y Las Villas,* le plus grand parc naturel d'Espagne.

À noter aussi que, fin juillet, Cazorla accueille durant 3 jours un festival international de blues de qualité. ● *bluescazorla.com* ●

Arriver – Quitter

Les liaisons sont assurées par la compagnie *Alsa* (☎ *902-42-22-42 ;* ● *alsa.es* ●). Arrêt dans la rue principale sous l'office de tourisme.

➤ *De/vers Úbeda :* 5 bus/j. en sem, 4 bus sam et dim. Trajet env 1h.

➤ *De/vers Baeza et Jaén :* env 4 bus/j. (3 bus le dim), bien répartis (mais slt 3 bus/j. dans le sens Jaén-Cazorla). Trajet : env 1h15-1h45 pour Baeza, 2-3h pour Jaén.

➤ *De/vers Grenade :* 3 bus/j. en sem (à 7h, 12h et 17h30 depuis Cazorla) et 2 bus le w-e. Slt 2 bus/j. mat et ap-m dans le sens Grenade-Cazorla. Trajet : env 4h.

Adresses utiles

🖼 *Office de tourisme :* dans les ruines de l'iglesia Santa María. ☎ 953-71-01-02. ● cazorla.es ● Tlj 10h-13h, 16h-19h (20h avr-mai). On peut s'y procurer une carte du parc de la sierra de Cazorla (en vente à 1 €), ainsi que des dépliants détaillant les différentes balades (à pied, vélo, cheval) et activités sportives qui s'y pratiquent. Très utile pour visiter les environs !

🖼 *Fundación Gypaetus :* pl. Santa María, à l'opposé de l'église. ☎ 953-72-09-23. ● gypaetus.org ● Tlj 10h30-13h30, 17h30-20h30. Bureau d'une association de protection de la faune, dédiée en particulier à ce formidable rapace en voie d'extinction qu'est le gypaète barbu, l'animal emblématique du parc. Intéressant à faire en été : la visite guidée du centre de soins (situé dans le parc) où sont gardés plusieurs couples reproducteurs ainsi que des oisillons. C'est bien le plus sûr moyen d'observer ces magnifiques oiseaux ! Réservation auprès du bureau (prix : 5 €).

Où dormir ?

Campings

🏕 🏠 *Camping-Cortijo San Isicio :* camino San Isicio, s/n, apartado 33. ☎ 953-72-12-80. ● campingcortijo@hotmail.com ● campingcortijo.com ● À 15 mn à pied du centre. Congés : nov-fév. Env 16 € pour 2 avec tente et voiture. Loc de tentes 4 pers 10 €/j. Et 2 casas rurales 2-4 pers 55-80 €/nuit. Piscine mignonne. 🖥 🛜 Sans aucun doute le plus agréable camping de la région, aménagé en terrasses dans un environnement calme et bucolique. Beaucoup d'ombre et d'herbe grasse pour planter ses sardines. Il est tenu avec soin par un couple de Néerlandais fort sympathique qui a planté oliviers, figuiers, amandiers... et qui pourra vous conseiller sur les randos à faire dans le coin, plans à l'appui ! Cuisine commune, barbecue... Les 2 casas, très bien équipées et à la déco moderne, valent aussi vraiment le coup.

🏕 Nombreux autres *campings* dans le parc de la sierra, le long du Guadalquivir et du lac de barrage (embalse) del Tranco, à une distance de 20 à 50 km de Cazorla. Sortir en direction de la sierra, dépasser Burunchel et suivre la route A 319 vers le nord.

Bon marché (30-45 €)

🏠 *Albergue juvenil :* pl. Mauricio Martinez, 6. ☎ 955-03-58-86. ● cazorla.itj@juntadeandalucia.es ●

LA PORTE DE L'ANDALOUSIE

inturjoven.com ● ♿ *Sur les hauteurs, dans une rue en pente du vieux centre. Congés : vac scol de Noël. 129 lits en chambres 2-7 lits, sdb à l'étage : selon saison, 16-22 € pour les moins de 26 ans, 18-26 € pour les autres, petit déj inclus. Repas 8 €.* 📶 *Une AJ située dans l'ancien couvent de San Juan. Chambres récentes mais très standard et, pour tout dire, assez tristes. Cela dit, espaces communs nickel, terrasse sur le toit et même une piscine en été ! Propose toutes sortes d'activités sportives dans le parc naturel (2 à 6 personnes minimum selon l'activité ; on peut former un petit groupe avec d'autres clients).*

🏠 ***Casa rural Calabaza y Nueces :*** *c/ de los Collazos, 19.* 📱 *686-02-16-75.* ● *calabazaynueces@gmail.com* ● *calabazaynueces.com* ● ♿ *Dans une ruelle en surplomb de la pl. Santa María ; accès en 5 mn par l'escalier qui débute au coin de la place. Double avec sdb env 40 € ; casa del Sur 55-60 €. Séjour de 2 nuits min en saison. Parking possible dans la rue.* 📶 *Perdue dans les ruelles du haut du village, cette ravissante maison ancienne comporte 5 jolies chambres, dont une familiale pour 4 avec terrasse privée. Beaux matériaux (vieilles pierres, tomettes) dans le salon avec cheminée et la cuisine réservée aux hôtes. Également une adorable maisonnette indépendante, la* casa del Sur, *prévue pour 2 mais qui peut convenir à une petite famille. On s'y endort en profitant, depuis son lit, de la vision magique du château tout illuminé ! Même vue épatante depuis la terrasse commune, qui domine tout le village. On a adoré cette adresse toute simple pour son côté authentique, son atmosphère reposante et son esprit convivial entretenu par la dynamique Maite. Une hôtesse généreuse en bons conseils !*

🏠 ❙●❙ ***Pensión Taxi :*** *travesía San Antón, 7.* ☎ *953-72-05-25.* ● *pension-taxi@hotmail.com* ● *Sur la pl. de la Constitución, prendre, à gauche de la cafétéria* Paco's, *la ruelle qui monte ; c'est là. Doubles avec sdb 36-40 € selon saison. Repas sur demande 10 €. CB refusées.* À deux pas de l'animation, et pourtant très calme, ce petit immeuble envahi de plantes grim-

pantes abrite une pension familiale. Les chambres sont simples mais propres, avec TV. Demandez la n° 6, si elle est libre, pour sa vue et sa petite terrasse ensoleillée.

Prix moyens (50-60 €)

🏠 ❙●❙ ***La Finca Mercedés :*** *ctra de la Sierra, km 1, 23476* ***La Iruela.*** ☎ *953-72-10-87.* ● *info@lafincamercedes.com* ● *lafincamercedes.com* ● *À La Iruela, un peu après Cazorla en direction du parc. Doubles 46-50 € selon saison. Petit déj 4 €. Menu 14 €, carte env 20 €. Parking devant l'auberge.* 📶 *Apéro maison ou digestif offert sur présentation de ce guide.* Auberge surplombant la vallée, notre adresse préférée dans cette catégorie. Elle abrite des chambres fort bien tenues et confortables (sanitaires, TV et AC), certaines avec balcon et vue spectaculaire sur la campagne vallonnée et couverte d'oliveraies ! Tâchez d'avoir une de celles-là ! Jardin, piscine. Au resto, cuisine régionale très bien faite, avec des produits du potager. Goûtez au *rín-rán*, la spécialité (miam !). Salle à manger ornée de trophées de chasse. Accueil familial excellent très apprécié de nos lecteurs.

Plus chic (70-100 €)

🏠 ***Molino La Farraga :*** *camino de la Hoz, s/n (paseo del Solar).* ☎ *953-72-12-49.* ● *reservas@molinolafarraga.com* ● *molinolafarraga.com* ● *Non loin du château de la Yedra, à 5 mn à pied de la pl. Santa María. Doubles 70-100 €, petit déj inclus. Dîner sur commande 10 €. Parking pas très loin.* 📶 *Apéritif maison offert sur présentation de ce guide.* Dans un ancien moulin restauré et décoré avec goût, 8 chambres impeccables et personnalisées, superbes en somme. La n° 4 possède même une cheminée et la n° 8 sa propre terrasse. De plus, magnifique jardin en terrasses (près de 3 ha !), avec ruisseau qui glougloute, piscine, bassin à poissons, salle de yoga et, cerise sur le gâteau, une vue enchanteresse, en contre-plongée, sur les promontoires rocheux alentour ! Petit déj et dîner servis dans une salle du XIXe s.

Où dormir dans le parc ?

Le parc regorge de structures d'hébergement variées et pour tous les budgets, essentiellement dans la vallée du Guadalquivir, mais aussi dans le beau village de Segura de la Sierra, dominé par son château maure. Voici déjà 2 adresses appréciées des randonneurs.

🛏 *La Hortizuela : ctra del Tranco, km 18,5. ☎ 953-71-30-13. ● info@hotellahortizuela.com ● hotel lahortizuela.com ● Dans le parc naturel, à env 38 km de Cazorla en direction de Hornos. Peu après le centre d'interprétation, sur l'A 316 (bien indiqué). Congés : janv-fév. Doubles 45-55 € avec petit déj, selon saison ; ½ pens sur demande.* Pour les amoureux de la nature, une vaste maison forestière toute blanche, abritant une petite trentaine de chambres simples, pas du dernier cri mais très bien tenues, agencées autour d'un patio fleuri où trône une fontaine. On viendra surtout pour le cadre naturel, silencieux et bucolique, au pied d'une petite colline où nichent des aigles. En été, le petit déj se prend en terrasse. Également une piscine, là encore avec vue superbe. Gentil accueil. Idéal pour se ressourcer !

🛏 *Hotel rural La Calerilla : ctra de la Sierra, km 24,5, à Burunchel (23479). ☎ 953-72-73-26. ● lacale rilla@turismoencazorla.com ● hotel rurallacalerilla.es ● Sur la route du parc au départ de Cazorla, 2 km après Burunchel. Congés : déc-fév. Doubles 68-82 € selon saison ; ½ pens possible.* 📶 Accroché à flanc de colline et surplombant la vallée, un établissement de charme au prix attractif. À l'abri de la toiture en grosses tuiles rouges et de la façade en pierre de taille se cachent des chambres coquettes et confortables. On a surtout un petit faible pour sa salle de petit déj avec vue panoramique. Belle piscine avec coin sieste sous pergola et quelques hamacs. Un peu de douceur dans ce monde de brutes, quoi !

Où manger ?

Bon marché (7-13 €)

|●| *Bar La Montería : pl. de la Corredera, 20. ☎ 953-72-05-42. Sur l'une des plus jolies places de la ville. Tlj sf mar. Raciones et plats 8-15 €.* Petite salle tout en longueur, au comptoir verni surmonté de trophées de chasse. Accueil un peu rude, mais on y mange de bonnes portions de produits de la région (fromages et charcuterie), et s'il ne fait pas trop chaud, des plats consistants comme la perdrix à l'escabèche ou le gibier en sauce.

|●| *Mesón Rincón de Victor : pl. Santa María, 13. ☎ 953-72-01-20. ● lola_ gg@hotmail.es ● Tlj sf mar. Menu midi 13 €, raciones 6-10 €. Sur présentation de ce guide, apéritif maison ou digestif offert.* Viande de cerf, tripes, perdrix, boudin noir et autres abats, chez Victor, les végétariens n'ont qu'à bien se tenir. Allez ! Il y a bien une ou deux petites salades à la carte, car il serait dommage de ne pas profiter de cette terrasse sur la place la plus animée de la vieille ville, à deux pas du château. Bon à savoir, c'est aussi l'un des rendez-vous des aficionados du festival de blues de Cazorla.

Prix moyens (13-25 €)

|●| *Leandro : à 100 m de la pl. Santa María, en direction du château. ☎ 953-72-06-32. Tlj midi et soir sf mer. Menu du jour 15 €, plats 8-20 €.* Spécialisé dans les viandes grillées et le gibier (cerf, sanglier... tout dépend de la saison), ce beau resto au cadre soigné est une véritable aubaine pour qui veut manger bon, local, copieux et à prix modérés. Outre les viandes, on peut goûter à l'excellente truite de la région, qui a sauté direct de la rivière à l'assiette (!). Agréable terrasse face à l'église. Service très attentif.

À voir

🔫 **Castillo de la Yedra y museo de Artes y Costumbres populares :** *camino de la Hoz, s/n.* ☎ *953-71-16-38. Mar-sam 10h-20h30 (10h-15h30 en été) ; dim 10h-17h. GRATUIT pour les membres de l'UE, sinon 1,50 €.* C'est la jolie forteresse à flanc de colline dominant le bourg. On peut s'y rendre en voiture, mais allez-y plutôt à pied, la balade est courte et superbe. Dans l'une des tours, vous verrez des collections de vieux outils agricoles, des maquettes de moulins à huile d'olive et une cuisine typique de la région. Dans l'impressionnant donjon (40 m de haut !), salle d'armes avec des arbalètes et une curieuse hache. Tout en haut, dans la salle noble, mobilier ancien et tapisseries flamandes du XVIe s. Beau panorama sur le village.

🔫 **Le tunnel du río Cerezuelo :** *visites régulières organisées par l'office de tourisme, où l'on prend son billet (2 €). Départ de la visite guidée en espagnol (15-20 mn) à l'église Santa María.* Autrefois, près de 20 moulins tournaient le long de ce torrent, un petit affluent du Guadalquivir. On descend dans un tunnel vrombissant qui permet au río de passer sous l'église. À défaut d'avoir un grand intérêt culturel, une visite rafraîchissante !

À faire dans le parc naturel

🔫🔫 **Parque natural Sierras de Cazorla, Segura y Las Villas :** avec ses 210 000 ha, c'est le plus vaste des parcs naturels espagnols. Le Guadalquivir y prend sa source pour aller irriguer toute l'Andalousie. La température est moins accablante qu'ailleurs en été, d'où un pic de fréquentation touristique entre mi-juillet et mi-septembre. En mai, juin et octobre, le randonneur amoureux de la nature s'y ressource en toute quiétude en profitant de ses richesses naturelles. Ce relief encaissé (le sommet d'Empanadas culmine à 2 107 m) avait d'ailleurs séduit dès la préhistoire le routard néandertalien. On y a retrouvé des peintures rupestres, puis des mosaïques romaines datant du IIIe s. Aujourd'hui, au milieu de paysages bucoliques et agrestes, vous parcourrez de beaux villages et dégusterez une cuisine à base de gibier. En effet, le parc regorge de grands mammifères (sangliers, daims, bouquetins, mouflons), mais on y compte aussi le plus grand nombre d'aigles royaux et de lynx en Espagne, ainsi que des grands-ducs, vautours fauves, et enfin le fameux gypaète barbu, en cours de réintroduction.

🏛 **Centro de visitantes Torre del Vinagre** (centre d'interprétation) **:** *dans le parc, sur l'A 319, à env 35 km de Cazorla en direction de Hornos.* ☎ *953-71-30-17.* ● *sierrasdecazorlase guraylasvillas.es* ● *Tlj sf lun 10h-14h, 16h-19h (17h-20h juil-août).* Pour quelques infos (pas toujours précises) sur le parc. Projection d'un film et expo sur la faune, un peu gâchée par une lugubre collection de trophées de chasse... Il faut savoir que Franco prenait ses quartiers ici lorsqu'il venait chasser dans la région. Cafét et boutique de souvenirs. On y trouve aussi un modeste jardin botanique.

LE CALVAIRE DU GYPAÈTE BARBU

Animal emblématique de la sierra de Cazorla, ce grand vautour d'environ 2,5 m d'envergure avait disparu de la région en 1986. Sur la vingtaine de spécimens réintroduits en 2006, seule une dizaine ont survécu. La plupart ont été tués par des appâts empoisonnés : ces rapaces attaquent parfois les troupeaux et sont donc (discrètement) tués par des bergers. L'électrocution par lignes à haute tension est la deuxième cause de mortalité.

LA PORTE DE L'ANDALOUSIE

➤ Plusieurs *sentiers* bien balisés à l'intérieur du parc. L'office de tourisme de Cazorla vend (pour 1 €) une carte basique avec, au dos, la description de 13 randonnées pédestres allant de 1,7 à 36 km. Mais on vous conseille plutôt d'acheter l'un des livrets détaillés du *Centro de visitantes* (l'un à 7 €, le plus gros à 18 €). On peut aussi sillonner le parc en voiture (une bonne route asphaltée, l'A 319, le traverse, et il y a quelques routes secondaires), à cheval ou à vélo. Demander les dépliants à l'office de tourisme.

➤ Voici une *idée d'excursion de 1 jour* à faire en voiture. Sortir de Cazorla en direction de la sierra et dépasser Burunchel. Un peu plus loin, deux belvédères proposent chacun un beau point de vue, l'un vers le nord (plantations d'oliviers à perte de vue), l'autre vers le sud (vallée du jeune Guadalquivir). Continuer et, à la bifurcation (panneau indiquant « *Centro de defensa forestal* »), prendre la route à droite sur quelques kilomètres, jusqu'au site de la *Cerrada de Utrero.* Ne manquez pas cette étonnante balade facile et aménagée d'environ 30 mn (un peu moins de 2 km) qui permet d'admirer une gorge taillée par le fleuve naissant ; après les pluies, les parois ruissellent de cascades. Superbe ! De là, on peut poursuivre sur cette même route jusqu'au lieu-dit *Nacimiento del Guadalquivir,* belle vasque mythique dans laquelle se jettent des cascatelles (parfois à sec selon la saison). On croyait y voir une vraie source, mais le fleuve naît en réalité d'une multitude de ruisseaux qui déboulent des versants alentour. Retour vers l'A 319, qui longe un joli lac de barrage cerné de collines et de forêts. Si vous êtes arrivé jusque-là, poussez carrément jusqu'à *Hornos,* un hameau perché telle une forteresse sur un nid d'aigle, et qui offre évidemment de beaux points de vue sur toute la région. Puis retour vers Cazorla (environ 1h30, voire plus en fin de semaine).

– Le parc se prête à de nombreuses *activités sportives* : descente du Guadalquivir en rafting ou en kayak, canyoning, escalade, *via ferrata,* observation de la faune... Renseignez-vous à l'office de tourisme (liste d'une vingtaine d'agences) ou encore à l'auberge de jeunesse, qui propose des tarifs nettement inférieurs aux agences.

– *Baignades :* dans le lac de barrage *(Embalse de Tranco)* et dans le Guadalquivir. Interdiction, en revanche, de se baigner dans les zones de pêche et les endroits où l'eau est dite potable.

➤ *Balades à cheval : Bujarkay* (avda del Campo s/n, à *Arroyo Frío* ; 📱 609-70-41-37), *Cuadras Al-Hassan* (ctra Nacimiento del Guadalquivir, km 2, à *Vadillo-Castril* ; 📱 630-61-43-20) ou *Picadero La Vega* (A-319, km 21, à *Burunchel* ; 📱 686-95-67-76). Parcours de 1 à 8h.

➤ Pour ceux qui ne sont pas véhiculés, possibilité d'*excursions en 4x4* avec *Turisnat* : c/ paseo del Santo Cristo, 19. ☎ 953-72-13-51. ● *turisnat.es* ● Résa indispensable. Compter 30-40 €/pers la ½ journée selon itinéraire, 45-50 € la journée complète. Sorties axées sur la patrimoine naturel et historique.

DE GRENADE À GUADIX

Belle autoroute (A 92) assez montagneuse, qui traverse de beaux paysages changeants.
➤ *Bus :* avec *Alsa* (☎ 902-42-22-42 ; ● *alsa.es* ●), 12-13 bus/j. (9-10 bus sam, 7-8 bus dim), 6h30-20h15 dans le sens Grenade-Guadix, 6h45-22h35 dans l'autre sens. Trajet : 1-1h30.

GUADIX

(18500) 19 000 hab.

À environ 60 km à l'est de Grenade, entourée de pointes de calcaire et bordée au sud par les cimes enneigées de la sierra Nevada, cette petite ville possède un charme certain. Comme ses voisines plus au nord, Baeza et Úbeda, le vieux centre, au bord de la plaza de la Constitución, présente les vestiges d'une longue histoire. Au gré de ses ruelles à l'animation débonnaire surgissent la cathédrale, de vastes églises baroques et quelques palais. Au sud de la ville, sur les hauteurs, le quartier troglodytique *(Las Cuevas)*, intéressant quoique très touristique.

Spécialité culinaire de la région : la *cuña de San Antón*, plat roboratif et un peu lourd. Il s'agit de pieds de porc en sauce (carottes, dattes, fruits secs et vin de la région).

LAS CUEVAS : LES TROGLODYTES DE GUADIX

Le principal attrait de Guadix réside dans ses surprenants monticules calcaires, criblés de cavernes creusées par l'homme : des habitats troglodytiques, en fait. On dit que les Maures expulsés de Grenade après la Reconquista (XVIe s) vinrent s'établir dans cette région où ils firent construire ces demeures précaires dans le style de l'Afrique du Nord. Pour bien voir ces habitations creusées dans la roche ocre et souvent blanchies à la chaux, il faut se promener au hasard des ruelles. Au sommet de ces « maisons » se dressent des râteaux TV sortis de nulle part, et qui nous empêchent de nous croire à Hobbitebourg. Tiens, il y a même une caverne qui sert de *discoteca* !

Adresses utiles

🛈 **Office de tourisme** *(plan B1)* : pl. de la Constitución, 15-18. ☎ 958-66-28-04. En plein centre ancien. Lun-ven 9h-14h, 16h-18h (17h-19h en été). Documentation complète et toutes les infos sur les itinéraires de visite et les hébergements du coin. Très compétent. Au sous-sol, voir les vestiges de la première colonie romaine à s'être installée ici.

✉ **Poste** *(plan B1)* : pl. de la Constitución. Lun-ven 8h30-14h30, sam 9h30-13h.

Où dormir ?

De bon marché à prix moyens

🏠 **Cuevas de María** *(plan A3, 10)* : c/ Ermita Nueva, 52. ☎ 958-66-07-16. ● cuevasdemaria@gmail.com ● cue vasdemaria.es ● Dans le quartier des grottes, face à l'église. Double 55 €. L'occasion d'approcher ces fameuses grottes-appartements de plus près : c'est dans l'une d'entre elles que l'accorte María et sa famille accueillent leurs hôtes. Confort rustique mais salle de bains à fait correcte, et évidemment le tout reste très frais même au cœur de l'été ! Nos grottes préférées sont celles qui donnent directement sur la place de l'église, mais María en « gère » d'autres un peu plus à l'écart. Selon leur taille et le nombre de chambres, peuvent accueillir jusqu'à 6 personnes, avec coin cuisine.

Un peu plus chic

🏠 **Abentofail Hotel** *(plan B2, 11)* : c/ Abentofail, s/n. ☎ 958-66-92-81. ● info@hotelabentofail.com ● hote labentofail.com ● En plein centre. Doubles 65-75 € selon confort, petit déj inclus. 🛜 Un établissement récent et tout confort, aménagé dans une

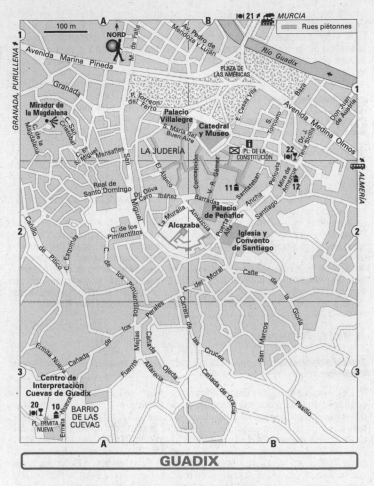

GUADIX

■	**Adresse utile**	**12** Hotel-restaurante Comercio
🛈	Office de tourisme	
		|◉| ▼ **Où manger ?**
		Où boire un verre ?
🛏	**Où dormir ?**	**20** Mesón Virgen de Gracia
	10 Cuevas de María	**21** Tarajal
	11 Abentofail Hotel	**22** Bodega La Calatrava

ancienne demeure de style mudéjar.
Brique apparente, charpente en bois,
patio avec fontaine et vaste hauteur
sous plafond, le tout rehaussé par un
mobilier contemporain sobre et de
bonne qualité. Chaque chambre se
différencie par son style (les *superior*

sont vraiment grandes). Un vrai coup
de cœur pour le charme et l'accueil !
🛏 *Hotel-restaurante Comercio*
(plan B2, 12) : c/ Mira de Amezcua, 3.
☎ 958-66-05-00. ● hotelcomercio@
hotelcomercio.com ● hotelcomercio.
com ● ♿ *En pleine ville moderne, à*

5 mn à pied de la cathédrale. Doubles avec sdb 45-65 €, petit déj en sus. 🖳 📶 Hôtel 4 étoiles cossu et très bien tenu. Cela dit, la déco assez pompeuse accuse un côté nouveau riche. Excellent accueil.

Où manger ?
Où boire un verre ?

|●| 🍷 **Mesón Virgen de Gracia** *(plan A3, 20) : c/ Tejar de Cucala.* ☎ 958-66-95-30. *Dans le quartier des grottes, à 100 m de la pl. Ermita Nueva. Tlj sf lun.* Raciones 8-12 €. Petit troquet dans son jus, où les *raciones* de spécialités locales sont copieusement servies. Petite salle aux boiseries tout aussi typiques, et quelques guéridons dans une courette.

|●| **Tarajal** *(hors plan par B1, 21) : avda Buenos Aires, 39.* 🖳 692-95-32-72. ● *mjg1986@hotmail.es* ● *Sur l'avda qui mène à la gare, à 10 mn à pied de la* pl. de la Constitución. *Tlj sf lun. Tapas 3-4 €,* raciones 9-15 €. Certes, la déco néon-mélamine, vraiment digne d'une cafétéria de seconde zone, n'inspire pas trop... mais il faut oser s'attabler ou s'accouder au bar et piocher dans la carte de tapas, vraiment créative et originale, aussi bien dans les ingrédients, avec une inspiration parfois asiatique, que dans les présentations très soignées. En plus, c'est copieux : 2-3 tapas satisferont largement les gourmands ! À l'arrière, grande salle de resto plus cossue – mais pas forcément plus gaie. Inattendu en tout cas, et service d'une grande gentillesse.

|●| 🍷 **Bodega La Calatrava** *(plan B1, 22) : c/ Tribuna, 10.* 🖳 609-91-23-45. *Tlj sf dim. Tapas 2-3 €, menu env 8 €.* Un petit bistrot typique, un peu crado dans les coins et à l'accueil bourru. Bien toutefois pour une pause dans la fraîche salle voûtée (pas de terrasse), un verre à la main, en picorant les bonnes tapas maison. Également des plats du jour consistants, mais généralement sans finesse.

À voir. À faire

Agréable balade dans la ville ancienne, de ruelles en escaliers et de raidillons en tourelles.

🚶 Commencez donc du côté du *Torreón del Ferro*, vestige des fortifications. Un petit arrêt au **palacio de los Marqueses de Villalegre** (il abrite le conservatoire municipal, ce qui permet de jeter un œil au beau patio de brique en musique !), puis on longe le *palacio episcopal*. Remarquez le petit pont qui le relie à la **cathédrale et son musée d'Art sacré** *(plan B1 ; lun-sam 10h30-14h, 17h-19h en été – 16h30-18h30 hors saison ; dim 18h-21h en été, 16h-18h sinon ; 5 € avec audioguide, réduc)*, où se côtoient styles gothique et Renaissance. À l'intérieur, stalles copieusement travaillées et chaires en marbre. L'ensemble est globalement tourdingue. Face à la cathédrale, en passant sous un porche, on accède à la jolie **plaza de la Constitución** *(plan B1)*, entourée d'arcades. En grimpant encore de ruelle en ruelle surgit le **palacio de Peñaflor** *(plan B2)*, imposant palais en brique du XVIᵉ s. En contrebas, par une volée d'escaliers, l'étonnante et massive **iglesia y convento de Santiago** *(plan B2)*, à la façade typiquement plateresque, œuvre en partie de Diego de Siloé. À l'intérieur, vous remarquerez les hautes grilles en fer forgé qui séparent toujours les nonnes de tout contact rapproché avec le monde extérieur...

🚶 **Alcazaba** *(plan A-B2) : en hauteur, sur le chemin du quartier des grottes, juste au-dessus du palacio de Peñaflor ; fermé au public.* On aime plutôt bien cette forteresse brute de décoffrage, avec ses créneaux, ses tours carrées, construite par les Arabes au IXᵉ s sur une colline artificielle. Dommage qu'aucune date de réouverture ne soit annoncée !

🚶🚶 **Le quartier des grottes** *(barrio de las cuevas ; plan A3) : au-dessus du vieux centre. Bien fléché par la c/ San Miguel, ou accessible avec le petit train touristique* *qui part de la place de la cathédrale.* Les grottes sont généralement habitées par des gitans. Balades agréables dans ce coin calme et populaire, quasi un village organisé autour de la petite église Ermita Nueva. Certaines grottes se visitent : demandez à l'office de tourisme.

🔧 *Centro de Interpretación Cuevas de Guadix (plan A3) :* *dans le quartier des grottes, sur la place de l'église.* ☎ *958-66-55-69.* ● *cuevamuseoguadix@gmail. com* ● *Lun-ven 10h-14h, 17h-19h (16h-18h en hiver) ; w-e et j. fériés 10h-14h. Entrée : 2,60 € ; réduc. Feuillet en français.* Huit pièces souterraines ont été arrangées dans l'esprit des troglodytes (blanchies à la chaux), mais avec les moyens technologiques modernes : écrans tactiles, hologrammes replaçant les habitants dans leur cadre de vie... Même les odeurs de cuisine ont été recréées ! Mobilier, outils et divers ustensiles. La visite se finit par une expo sur la construction de ce type d'habitat. Un moment bien agréable : la température à l'intérieur des grottes est constamment de 20 °C, été comme hiver.

➢ Possibilité de faire le tour des principaux centres d'intérêt de Guadix en petit train ou en calèche. Pour le train, s'adresser à *Visita Guadix :* 📱 *670-95-70-26.* ● *visitaguadix.com* ● *Départs ttes les 30 mn 10h30-14h de la cathédrale. Durée : env 1h. Prix : 5 €/pers.* Passe par le *barrio de las cuevas,* le mirador, etc. Pour les balades en calèche, contacter *Cabacci :* 📱 *622-22-66-72.* ● *centroequestreca bacci.com* ● *Circuits de 15 mn (5 €/pers) à 1h (15 €/pers).* Départs de la cathédrale également.

DANS LES ENVIRONS DE GUADIX

🔧 *Purullena :* à 6 km à l'ouest de Guadix, petit village sans grand charme à priori, si ce n'est son paysage d'aiguilles calcaires érodées par le temps et son quartier troglodytique. Si l'on préfère les grottes de Guadix, mieux mises en valeur, possibilité ici d'en visiter une, sur la route principale : *Cueva la Inmaculada (*☎ *958-69-01-81 ;* ● *cuevainmaculada.com* ● *; tlj 8h30-21h, 8h-19h en hiver ; 2,50 €, réduc, fascicule en français) :* deux grottes en une, l'une ancienne, l'autre plus récente, ce qui permet de comprendre l'évolution du confort de ces habitations, mais aussi la permanence de certaines pratiques (le mode de ventilation, par exemple). Et tout en haut, un petit musée. Comme l'autre spécialité du village est la poterie, petite boutique à la sortie.

🔧 Si vous êtes en voiture, faites aussi un détour jusqu'à *Marchal,* minuscule bourg à une poignée de kilomètres : toujours ces étonnants paysages calcaires creusés de grottes (quelques panneaux le long d'une promenade expliquent le phénomène géologique). Point de touristes ici, et pourtant le lieu est assez spectaculaire, comme figé dans une époque encore quasi exclusivement agricole, tout de blancheur chaulé et curieusement dominé par une sorte de palais rose (qui ne se visite pas).

DE GRENADE À GUADIX

LA COSTA DE LA LUZ

La Côte de la Lumière s'étend du golfe de Cadix au détroit de Gibraltar. La mer y est moins douce, le climat moins clément que du côté méditerranéen. Voici le sauvage littoral atlantique, moins urbanisé, plus naturel, avec des vents qui ravissent les amateurs de planche à voile !

SUR LA ROUTE DU PORTUGAL

La frontière portugaise se situe à seulement 40 km de Huelva. C'est le río Guadiana qui, de tout temps, a séparé les deux rivaux ibériques.

Ayamonte, une bourgade plaisante, affiche un port actif, un quartier commerçant autour du paseo Ribera et des rues pentues qui s'étalent à flanc de colline. Beaucoup d'émigrés revenus d'Amérique latine s'y sont installés à la fin du XIXe s, ce qui confère aux maisons colorées un petit air colonial.

Où dormir ? Où manger ?

⚐ *Camping Giralda :* ctra Provincial, 4, km 117, Isla Cristina-La Antilla, km 1,5. ☎ 959-34-33-18. ● recepcion@campinggi ralda.com ● campinggiralda.com ● À 1,5 km de l'arrêt du bus Socibus Madrid-Séville-Huelva-Ayamonte. En bord de route, de plage et de rivière (donc moustiques). En hte saison, env 27 € pour 2 avec tente et voiture ; bungalows 2-4 pers 66-119 € (moins 20 % en basse saison puis 30-50 % selon durée du séjour). À l'ombre de grands pins, ce camping est assez bien tenu. Éviter les emplacements proches de la route. 2 piscines circulaires et belle plage à proximité.

🏠 |●| *Parador Ayamonte :* El Castillito, avda de la Constitución, s/n, 21400 **Ayamonte.** ☎ 959-32-07-00. ● aya monte@parador.es ● parador.es ● À Ayamonte, sur la droite au 4e rond-point en arrivant en ville, bien fléché. Doubles 108-142 € selon saison. Petit déj 14 €. Repas env 30 €. 🛜 Dans un grand bâtiment moderne assez bien conçu, pas spécialement esthétique, mais qui a l'avantage d'être bas donc discret. À vrai dire, on vient surtout pour la superbe vue sur le pont qui enjambe le río Guadiana, frontière naturelle entre l'Espagne et le Portugal. S'il est évidemment confortable, il manque en revanche singulièrement

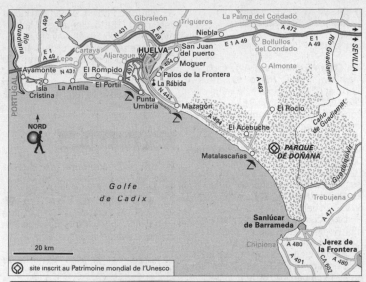

HUELVA ET SES ENVIRONS

site inscrit au Patrimoine mondial de l'Unesco

de cachet. Piscine et salon de thé. Le resto propose une cuisine de qualité : raie au paprika, baudroie au safran... Essayez de réserver une table avec vue !

|●| Casa Barberi : pl. de la Coronación, 13, 21400 **Ayamonte.** ☎ 959-47-02-89. ● casabarberi@hotmail.com ● Tlj. Menu midi 9 €, repas 20-30 €.

Digestif offert sur présentation de ce guide. Sur le *paseo maritimo,* devant le port, sur une placette bordée de bancs d'azulejos et flanquée aux quatre coins de Manneken Pis (!), ce resto familial au décor rustique régale depuis près d'un siècle ses convives avec la meilleure paella de la région et de délicieuses portions de morue. Tables en terrasse.

HUELVA (21000) 148 600 hab.

L'approche de cette grande ville n'est pas des plus attrayante (grande zone industrielle au sud), mais une fois au cœur de Huelva, le centre historique dévoile un ensemble de rues et ruelles piétonnes animées et colorées où il fait bon flâner.

Sur le plan culturel, la ville vit surtout sur son passé colombien qui, dans la terminologie des panneaux de l'Équipement, revient sous le terme de « Lugares Colombinos ». En effet, c'est du petit port de Palos de la Frontera que partit Christophe Colomb en 1492 à la découverte de... la Chine.

En dehors de cet aspect historique, on trouve de superbes plages dans ses environs immédiats, bien souvent désertes. L'autre raison pour y faire une halte, c'est le parc naturel de Doñana, dont on vous parle plus loin (voir « Dans les environs de Huelva »).

Arriver – Quitter

En bus

🚌 **Gare routière** (plan A2) : avda de Alemania ou c/ Dr Rubio. ☎ 959-25-69-00 et 62-24. Guichets de vente ouv 6h-21h. Consignes (env 3 €/j.).

Bon réseau, avec de nombreuses destinations desservies par la compagnie Damas (● damas-sa.es ●) qui couvre le sud-ouest de l'Espagne. À noter que Damas assure aussi une liaison avec Faro, puis Lisbonne au Portugal. Voici les principales destinations :

➤ **Punta Umbría :** tlj ttes les 45 mn 6h15-22h dans les 2 sens.
➤ **Les plages d'El Rompido :** au départ d'El Rompido, ttes les heures, 7h10-20h10 en sem, à partir de 9h le w-e.
➤ **Séville :** en sem, 1er départ à 6h, puis en moyenne ttes les heures jusqu'à 21h ; à partir de 8h le w-e. Depuis Séville, ttes les 30 mn 7h30-15h (12h le w-e), ttes les heures ensuite jusqu'à 21h30 (21h le w-e). Trajet : 1h15.
➤ **Niebla :** plusieurs départs/j., horaires très variables, se renseigner sur place.
➤ **Palos de la Frontera :** en gros, bus ttes les 30 mn en sem 7h-21h, un peu moins le w-e. Même topo depuis Palos de la Frontera, 7h-21h15 en sem, 8h15-20h30 le w-e.
➤ **Pour Madrid, Cadiz et Málaga :** les trajets se font via Séville.

En train

🚆 **Gare RENFE** (plan A2) : avda de Italia, s/n. ☎ 959-24-66-66 et 902-320-320. ● renfe.com ● Guichets ouv 7h-21h30. Consigne sur le quai (3 €/j.). Attention, aucune liaison en train avec le Portugal. Tous les départs depuis Huelva se font via Séville. C'est un moyen de transport valable pour les grandes villes uniquement.
➤ **Séville :** par l'Andalucía Exprés, 3 liaisons/j. À 7h05, 14h25 et 19h de Huelva ; à env 8h45, 16h50 et 20h40 de Séville. Bon à savoir, la résa de ce train est ouverte 15 j. à l'avance. Trajet : 1h35.
➤ **Cadix, Málaga, Cordoue, Jaén et Almería :** correspondance à Séville, plus ou moins longue.

➤ **Madrid :** 1 train/j. Départ de Huelva vers 7h50 (16h15 dim) et de Madrid-Atocha à 18h05. Trajet : env 4h.
➤ **Aracena :** de la gare de Jabugo-Galaroza, 2 trains/j. lun-sam vers 7h30 et 16h45, dim 1 seul train vers 16h45. De Huelva, 2 trains lun-ven vers 14h et 19h (dim 9h45 et 19h), le sam 1 seul train vers 9h45.

Adresses utiles

🛈 **Office de tourisme de Huelva** (plan A2, **1**) : pl. Alcalde Coto Mora, 2. ☎ 959-65-02-00 ou 959-25-74-03. ● turismohuelva.org ● Lun-ven 9h-19h30, w-e et j. fériés 10h-14h. Pas mal d'infos sur la ville et également la province. Accueil efficace, en français et en anglais.
✉ **Poste centrale** (plan A2) : avda de Italia, 10. Jusqu'à 20h30 en sem et 13h le sam.
@ **Locoturio Pablo Rada** (plan B1, **2**) : avda Pablo Rada, 7. ☎ 959-25-10-35. Tlj 10h-22h30. Bon marché.
➕ **Hospital Juan Ramón Jiménez** (hors plan par B1, **4**) : ronda Norte, s/n. ☎ 959-01-60-00. Au nord de la ville, à env 4 km.
■ **Police nationale et locale** (plan A1, **3**) : paseo de la Glorieta. ☎ 959-54-19-50.
■ **Location de voitures :** dans la gare RENFE (plan A2). 2 compagnies : Europcar, ☎ 959-28-53-35 et National Atesa, ☎ 959-28-17-12.
■ **Taxis :** ☎ 959-26-13-13 ou 959-25-00-22.

Où dormir ?

Le moins que l'on puisse dire, c'est que le couchage bon marché n'est ni folichon ni très développé. La haute saison correspond ici à juillet et août, lorsque les boîtes de nuit et les plages sont saturées...

Bon marché (15-30 €)

⛺ **Albergue juvenil Huelva** (hors plan par B1, **10**) : avda Marchena Colombo, 14, 21004. ☎ 959-65-00-10.

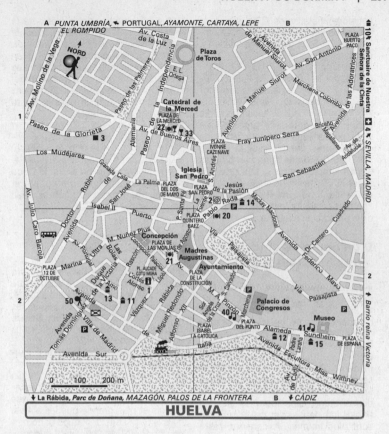

HUELVA

■	Adresses utiles	|◉|	Où manger ?

■ Adresses utiles

- **ℹ 1** Office de tourisme de Huelva
- **@ 2** Locoturio Pablo Rada
- **3** Police nationale et locale
- **✚ 4** Hospital Juan Ramón Jiménez

⌂ Où dormir ?

- **10** Albergue juvenil Huelva
- **11** Pensión Calvo
- **12** Hotel Familia Conde
- **13** Hotel Costa de la Luz
- **14** Hotel Monte Conquero
- **15** Hotel NH Luz Huelva

|◉| Où manger ?

- **20** Restaurants de l'avenida Pablo Rada
- **21** Burger Fernando

🍷 Où boire un verre ? Où sortir ?

- **22** El Burger de la Merced
- **33** El Saxo

♫ Où danser ?

- **40** Disco Bagoa
- **41** Disco Consorcio

🍴 À voir

- **50** Mercado del Carmen

● huelva.itj@juntadeandalucia.es ● inturjoven.com ● ♿ Un peu excentrée au nord de la ville. Le bus n° 6, de la gare routière, vous dépose en bas de la rue, 1ʳᵉ à droite. Congés : vac de

Noël. Selon saison, nuitée 15-21 € pour les moins de 26 ans, 21-27 € pour les autres, petit déj compris. 🛜 (payant). Joli patio rose saumon, malheureusement un peu défiguré par des armatures métalliques. C'est sûrement la solution la plus économique. Chambres de 2 à 5 lits avec bains. Salle TV, consigne et laverie.

🛏 **Pensión Calvo** (plan A2, **11**) : c/ Rascón, 31, 21001. ☎ 959-24-90-16. Au 2ᵉ étage. ● pensioncalvo@hot mail.com ● pensioncalvo.es ● Double 24 € (singles 12-18 €). Vieil immeuble patiné, mais intérieur propre. Une dame accueillante tient cette vingtaine de chambres donnant sur la rue ou sur l'arrière. Toutes sont très propres et très simples, mais à des prix très sages ! Douche et w-c sur le palier, pas de ventilo ni de clim. Pas de petit déj non plus, mais il n'est pas compliqué de le prendre à l'extérieur.

D'un peu plus chic à très chic (45-125 €)

🛏 **Hotel Familia Conde** (plan B2, **12**) : avda Alameda Sundheim, 14, 21003. ☎ 959-28-24-00. ● reservas@hotelfa miliaconde.com ● hotelfamiliaconde. com ● Doubles 59-62 € selon saison. Petit déj 9 €. Parking. 🛜 (gratuit). Hôtel bien situé, tout confort et à la déco moderne. Dans l'ensemble, chambres sans charme, mais bien entretenues avec salles de bains correctes. Au dernier étage, elles sont plus grandes et plus lumineuses ; et celles sur cour sont plus calmes. Ascenseur, resto attenant. Très bon accueil.

🛏 **Hotel Monte Conquero** (plan B1, **14**) : Pablo Rada, 10, 21004. ☎ 959-28-55-00. ● monteconquero@hote lesmonte.com ● hotelesmonte.com ● Au cœur du secteur où sortent les étudiants. Chambres standardisées 50-100 € (souvent des promos). Petit déj env 11 €. Garage 10,50 €/j. 🛜 Cet hôtel moderne accueille une clientèle d'affaires en semaine. Il se distingue par son service irréprochable et son garage ouvert 24h/24 ; bref, une bonne adresse très centrale. On aime ou pas la déco, mais les chambres sont très confortables. L'atrium intérieur avec son ascenseur vitré et ses plantes vertes donne un peu de style à l'ensemble.

🛏 **Hotel NH Luz Huelva** (plan B2, **15**) : Alameda Sundheim, 26, 21003. ☎ 959-25-00-11. ● nhluzdehuelva@nh-hotels.

com ● nh-hoteles.com ● Hôtel de la chaîne 4 étoiles NH Hoteles. Double env 125 € ; réduc si résa sur Internet. Parking. 🛜 Peu de charme, mais bien situé et fonctionnel, avec des chambres tout confort, évidemment. Avantage, elles sont grandes, dotées d'une belle salle de bains et d'un balcon. Resto chic au rez-de-chaussée.

🛏 **Hotel Costa de la Luz** (plan A2, **13**) : José María Amo, 8, 21001. ☎ 959-25-32-14. ● hotelhuelva@costadelaluz.e. telefonica.net ● hotelcostaluzhuelva. com ● Doubles 45-60 €. 🖥 🛜 Déco démodée, mais ensemble correct et surtout très propre. Chambres avec douche, w-c, TV et AC.

Où manger ?

🍽 **Restaurants de l'avenida Pablo Rada** (plan B1-2, **20**) : c'est ici que l'on trouve la plupart des bars à tapas, des snacks, et autres cafés fréquentés par les locaux : **Ziaro, Jaléo, Berlin, Tapeito, El Rincón.** Tous se valent plus ou moins et sont en enfilade côté pair... ambiance assurée dès la fin de la journée sur les terrasses, où le plus difficile consiste à trouver une place. On a bien aimé l'ambiance de **Cervecerías Bouilla,** seul à avoir une terrasse d'angle et plus grande que les autres, mais les prix sont identiques partout.

🍽 Pour ceux qui souhaitent grignoter en marchant, **Burger Fernando** (plan A2, **21**), pl. de las Monjas. Burger maison à 2 €, que l'on peut aussi manger sur un banc en admirant cette jolie place avec son kiosque à musique et où l'animation bat son plein à partir de 17h.

Où boire un verre ? Où sortir ?

Pour la plupart, les jeunes se donnent rendez-vous sur Pablo Rada. Ils achètent une bouteille de whisky ou autre alcool fort qu'ils mélangent avec une bouteille de coca ou de jus d'orange et de la glace, qu'ils sirotent en se passant le breuvage. La maréchaussée surveille du coin de l'œil sa jeunesse qui s'amuse...

♟ |●| La solution est de prendre son verre dans un bar sur la plaza de la Merced et d'aller poser son séant sous les palmiers. Si la faim vous tenaille, direction *El Burger de la Merced (plan A1, 22)*, un *chiringuito* urbain au centre de la place, pour les fringales nocturnes.

♟ *El Saxo (plan A1, 33) :* pl. de la Merced. Tlj. Déco genre repaire de chasseurs de caribous en pattes d'éph'. À l'intérieur, bois peint il y a longtemps, mais tout cela a un certain charme. 2 tables sur le trottoir.

Où danser ?

♫ *Disco Bagoa (plan B2, 40) :* avda Martín Alonso Pinzón, 24. Entre la pl. de la Constitución et la pl. del Punto. Ouv dès minuit, mais évitez d'y aller avt 2h-2h30. Entrée : 7-8 €, 1 conso comprise. Entrée sous un passage couvert, façade gris, noir et orange. 2 salles, l'une au rez-de-chaussée, l'autre au sous-sol. La première avec 2 bars où se trémousse une clientèle de 25-30 ans au son de la variété espagnole. La seconde est plus agressive pour les tympans et les yeux : musique techno assourdissante. Service d'ordre musclé mais sympathique.

♫ *Disco Consorcio (plan B2, 41) :* Alameda Sundheim, 9. ☎ 959-28-24-69. À côté du musée de Huelva. Jeu-sam 1h-7h. Entrée : 10 €, 1 boisson incluse. Grande boîte rénovée. Musique variée, rock, house, techno. Soirées à thème certains soirs.

À voir. À faire

On aura vite fait le tour des curiosités de la ville.

🚶 *Catedral de la Merced (cathédrale ; plan A1) :* sur la place du même nom. Ancienne église conventuelle de style Renaissance, elle est devenue cathédrale en 1953. Elle se distingue par une belle façade rose et blanc qui forme un décor plaisant aux curieux sur les palmiers de la place. La statue de la patronne de la ville, la Virgen de Cinta, se trouve à l'intérieur.

🚶 *Iglesia San Pedro (plan B1) :* ouv slt pdt les offices (à 19h30 en sem ; à 10h30, 11h30, 12h30 et 19h30 dim). Le plus ancien des édifices religieux de la ville, bâti sur une éminence aux XVe et XVIe s, là où se trouvaient une forteresse et une mosquée arabe. Remaniée au XVIIIe s, après le tremblement de terre de Lisbonne, elle est couverte de carreaux de faïence. Joli clocher et à l'intérieur un tabernacle d'argent en provenance du Mexique.

🚶🚶 *Barrio Reina Victoria (hors plan par B2) :* en bordure de la pl. España. Une curiosité urbanistique. Une cité de maisonnettes ouvrières pimpantes et fleuries dans le style anglais, construites par la compagnie minière du río Tinto.

🚶 *Museo de Huelva (Musée provincial ; plan B2) :* c/ Alameda Sundheim, 13. ☎ 959-65-04-24. Mar 15h-20h, mer-sam 9h-20h, dim et j. fériés 9h-15h. Fermé lun. GRATUIT pour les ressortissants de l'UE ; sinon 1,50 €. Jolie façade Art déco. Composé d'une intéressante section archéologique sur le passé de la cité, malheureusement mal présentée. On aurait aimé en savoir un peu plus sur l'ancienne cité de Tartessos, l'une des principales de l'Antiquité. Expos temporaires.

🚶 *Mercado del Carmen (plan A2, 50) :* le marché couvert de 1868 a été démoli et réinstallé dans un bâtiment tout neuf et moderne à l'angle des avdas de Italia et Tomás Domínguez. Très animé dès le matin. C'est l'occasion de parcourir les étals de poisson, de viande et de faire provision de fruits.

Fête

– *Fête de Christophe Colomb :* en août. Cette fête de tradition andalouse ne manque pas de baraques, de danses sévillanes, de démonstrations équestres et de courses de taureaux pour donner lumière et couleur à l'ensemble.

LA COSTA DE LA LUZ

DANS LES ENVIRONS DE HUELVA

DE HUELVA À PUNTA UMBRÍA

Punta Umbría, ville balnéaire à taille humaine, est séparée du port et de la zone industrielle de Huelva par une longue pointe de terre, *el Espigón*, gagnée sur les méandres des *ríos* Odiel et Tinto. Recroquevillée également sur une pointe (plus courte toutefois), Punta Umbría faisait partie au Moyen Âge du système de défense du port. D'où les quelques tours qui subsistent ici et là parmi les constructions pré- et postfranquistes.

Au début du XXe s, Punta Umbría était principalement habitée par des pêcheurs. Son intérêt aujourd'hui réside dans ses superbes plages aussi longues que sablonneuses et qui sont les plus proches de Huelva. Difficile d'ailleurs de s'y loger à l'improviste en plein été !

➤ *Bus Huelva-Punta Umbría :* env 20 bus/j. (voir « Huelva. Arriver – Quitter »).

➤ *En bateau :* La Canoa de Punta Umbría (☎ 605-80-00-23). Lun-ven, env 5 bateaux/j. depuis Huelva pour Punta Umbría. À Huelva, embarcadère située avda de Mexico, près de la Comandancia de Marina. À Punta Umbría, embarquement sur le *muelle* de la Canoa.

Adresses utiles à Punta Umbría

🛈 *Office de tourisme :* avda Ciudad de Huelva, 1. ☎ 959-49-51-60. ● pun taumbria.es ● Dans une construction sur pilotis et sous les pins, sur l'avda qui mène au centre-ville. En principe, lun-ven 10h-14h, 17h-20h (18h-21h en été) ; w-e 10h-13h (fermé dim en hiver).

🚌 *Gare routière :* derrière l'office de tourisme. Desservie par *Damas*. Les billets s'achètent auprès du chauffeur.

■ *Escuela Nautica Norax :* playa La Canaleta. ☎ 619-19-95-25. Bateau, planche à voile, plongée et scooter des mers.

Où dormir ? Où manger entre Huelva et Punta Umbría ?

⛺ *Camping Playa La Bota :* ctra Huelva-Punta Umbría, km 11, apartado 580, 21080. ☎ 959-31-45-37. ● info@campingplayalabota.es ● cam pingplayalabota.es ● En venant de Huelva, sortie El Portil, puis bien fléché. Réception ouv 8h30-23h30. Selon saison, 26-29 € pour 2 avec tente et voiture. 📶 Grand camping de plus de 1 000 places, situé sur une belle colline couverte d'une végétation abondante. Contrairement à ce que l'on pourrait craindre, ça ne fait pas trop usine. Les emplacements sont harmonieusement insérés dans la verdure et les dunes, et il y a même une zone protégée. L'équipe, un brin écolo, prend garde à l'eau qui s'écoule un peu trop. Il faut dire que c'est une denrée rare dans la région... 3 blocs sanitaires propres, bien intégrés dans le site. Douche gratuite, mais n'en abusez pas. Location de bungalows. Pub, resto (en été seulement), *supermercado* et tout le tra-lala. Sûrement la meilleure adresse pour profiter des plages superbes de la région (en accès direct depuis le camping), quoique les campeurs munis de petites tentes soient relégués dans les dunes.

🛏 *Albergue juvenil Punta Umbría :* avda del Océano, 13, 21100 **Punta Umbría.** ☎ 959-03-58-86 et ☎ 902-510-000 (résas). ● puntaumbria.itj@ juntadeandalucia.es ● inturjoven.com ● En arrivant à Punta Umbría, prendre sur la droite en direction des plages ; bâtiment à arcades. Réception ouv 24h/24. Oct-mai, 13-15 € (hébergement seul ; ½ pens ou pens complète possibles) ; juin et sept 17,50-21 € ; juil-août, plein pot : 21-32 € ; entre les deux, prix intermédiaires. Belle auberge de jeunesse située au bord de la plage de sable, face à la mer, avec de l'espace et de la lumière. Demander les chambres à l'étage donnant sur une petite galerie avec arcades et balcons en bois vert. Chambres doubles, triples ou quadruples avec bains à partager. Plusieurs activités possibles, grand terrain de basket notamment. Les plus fainéants n'auront qu'à se laisser glisser de leur lit pour se retrouver sur la plage.

🍺 *Bar La Pequeña Alhambra :* c/ Ancha, à l'angle de la pl. 26 de Abril 1963, à **Punta Umbría**. Comme son nom l'indique, c'est une « petite Alhambra ». Il faut toutefois pas mal d'imagination, car, même si la façade en faux stuc rappelle les motifs de Grenade, il semble que l'édifice se soit fait emboutir par un gros bloc de béton blanc et bleu. Jolis azulejos à l'intérieur, tables-plateaux, lumières tamisées et petites stalles intimes. Agréable pour un thé, ou un narghilé. Il y a même du thé aphrodisiaque.

🍽 *El Bosque :* ctra El Rompido-El Portil, ☎ 959-50-40-99, 🖷 685-80-87-19. De Punta Umbría, longer la côte vers El Rompido ; c'est après El Portil, sous la pinède en bord de mer, avec vue sur la lagune. Tlj midi et soir. Plat de coquillages ou de poisson, ou ración de pescadito frito (chocos, acedias...) env 11 €. Grand *chiringuito* campé sur la pointe de la Culata, sous les pins, tenu par une famille où tout le monde est mis à contribution. Envahi par les familles le week-end. Excellentes *coquinas* à la marinière. Et tout cela est d'une grande fraîcheur...

Très chic (min 30 €)

🍽 *El Paraíso :* sur la route de Huelva à *Punta Umbría*. ☎ 959-31-27-56. ● info@restauranteelparaiso.com ● ♿ En venant de Huelva, sortie El Portil, sur la gauche après le camping. Le resto se trouve face à un gros pylône électrique, au sommet occupé par un nid de cigogne. Tlj 12h30-17h, 20h-minuit. Carte env 38 €. Ce resto, au décor moderne et rustique à la fois, jouit dans la région d'une belle réputation. La table n° 117 est celle du roi et de la reine d'Espagne, rien que ça ! Superbe carte de poisson. Quelques poissons en sauce, ce qui change des éternels *a la braza* et *al ajillo*. Pour ne rien gâcher, les desserts sont maison. Belle carte des vins.

Les plages

⛱ *Playa de los Enebrales :* bien signalée sur la droite au rond-point, en arrivant à *Punta Umbría*. Belle plage séparée de la route par une grande pinède où pullulent les lapins. Il s'agit d'une zone protégée. Un petit chemin qui borde la route permet de faire un jogging ou une belle virée à vélo. Longue de 3 à 4 km, la plage est en escaliers. Le vent, parfois vigoureux, vient chatouiller les aiguilles de la pinède qui se prolonge par des touffes chevelues d'herbe. La rive même se trouvant à 4 ou 5 m en contrebas, on n'entend que de très loin les rouleaux qui viennent y mourir. Bien équipée, on y trouve des parasols, des douches, et des gardiens-surveillants. Une zone naturiste officieuse se trouve sur la gauche de la plage. Pas de douches, mais sur une plage sauvage et aussi belle, faudrait tout de même pas trop en demander...

⛱ *Playa El Espigón :* il est nécessaire de bifurquer dès Corrales pour y accéder. Moins sympa que la playa de los Enebrales, mais peut-être un peu plus tranquille et surtout la plus proche de Huelva.

NIEBLA

À 29 km à l'ouest de Huelva en direction de Séville, cette cité dont les origines remonteraient au VIIIe s av. J.-C. (comme Rome !) peut s'enorgueillir d'une ceinture de murailles qui totalise 50 tours défensives et cinq portes d'accès. Construites en pisé avec la terre extraite du río Tinto par les Almohades au XIIe s,

elles prennent une belle couleur ambrée au coucher du soleil et les tours crénelées sont habitées par une colonie de cigognes.

➤ **Bus Huelva-Niebla :** horaires très variables, à vérifier sur place.

🚹 **Office de tourisme :** à l'entrée-
billetterie du château, à l'angle des
c/ Campo Castillo et Alcalde Orta Boza.

☎ 959-36-22-70. Tlj 10h-15h, 17h-21h
sf sam ap-m juil-août.

À voir

🏃🏃 **Castillo de los Guzmánes :** en plein centre. Tlj 10h-15h, 17h-21h (22h en été)
sf sam ap-m juil-août. Entrée : 4 € ; réduc. Les possessions des Guzmán s'éten-
daient, du XIIIᵉ au XVIᵉ s, sur des territoires immenses allant jusqu'au Portugal.
Pendant l'invasion napoléonienne de l'Espagne, ce castillo servit de logement aux
troupes françaises sous les ordres du maréchal Soult. Outre ses murs imposants,
ses cours intérieures chauffées par le soleil ardent du Sud, ses parties souterraines
abritent un musée consacré à l'Inquisition espagnole. Âmes sensibles, préparez-
vous à descendre aux enfers, devant une collection d'abominables instruments
de torture : la roue, la *jaulas colgantes* (cage suspendue), la *cuna de judas* (empa-
lement), *el cepo* (pilori), *el violon de las Comadres*... Des noms poétiques pour
désigner des méthodes inhumaines ! Sans oublier le supplice de l'eau et de la scie.
L'imagination sadique et cruelle des inquisiteurs, qui pratiquaient – rappelons-le –
leurs méfaits au nom de Dieu et de l'Église, était donc sans limites...

🏃 **Vestigios de la iglesia de San Martín :** autrefois mosquée, et aussi synagogue ; présente la curiosité d'avoir été coupée en deux par le percement d'une
rue au début du XXᵉ s et d'offrir donc une abside ouverte à tous les vents.

🏃 **Iglesia de Santa María :** slt visite guidée, résas par tél à l'office de tourisme.
Cette église, quant à elle, est une mosquée transformée, comme souvent, qui
mêle assez harmonieusement des colonnades antiques, des éléments arabes
(comme un patio aux orangers et le bas du minaret – actuellement un clocher) et
des éléments gothiques.

– Non loin de là, un **pont romain,** que l'on peut voir du château, enjambe toujours
le río Tinto.

LA RÁBIDA

🏃🏃🏃 **Monasterio Santa María de la Rábida :** ☎ 959-35-04-11. ● monasteriode
larabida.com ● Tlj sf lun 10h-13h, 16h-19h (18h15 en hiver et 16h45-20h en août).
Visite guidée ttes les 45 mn. Entrée : 3 € (avec audioguide 1h). Billet familial : 7 €.
C'est dans ce monastère que
Christophe Colomb trouva son
fidèle allié qui, jusque dans
les pires moments de doute,
lui assura un soutien indéfec-
tible, le père franciscain Diego de
Marchena.
Le monastère, qui n'héberge plus
que cinq moines, peut se résumer
en un mot : simplicité. Campé sur
une petite colline parmi les pins
qui surplombent le río Tinto, il est
ramassé sur lui-même et invite
à la méditation, malgré la peine
que l'on a à respirer un air vicié

UN DIVIN FRANCISCAIN !

*Diego de Marchena était plus qu'un
religieux, quasi un père pour Colomb :
il recueillit et éleva Fernando, le fils de
Colomb, et présenta Colomb à Antonio
Marchena, un autre franciscain lui aussi
passionné de cosmographie. Une fois à
Séville, Antonio Marchena fit intervenir
son réseau de connaissances pour permettre à Colomb de monter son projet
et l'introduisit auprès de la reine Isabel
la Católica.*

provenant de la grande zone portuaire et industrielle toute proche. Le monastère s'organise autour deux jolis patios, dont l'un mauresque, en brique. Aux murs, fresques très modernes, presque surréalistes, de Daniel Vasquez Díaz illustrant la saga Colomb.

– *Au rez-de-chaussée :* salle Vasquez Díaz, cloître des Fleurs ou de l'Hôtellerie orné de nombreuses peintures originales relatant l'aventure de Colomb. Temple conventuel (voir les cartes des voyages de Colomb), chapelle Santa María de la Rábida, cloître mudéjar et réfectoire des moines. La petite salle de Conférences, appelée « Crèche d'Amérique », est probablement la pièce où se déroulèrent les conversations secrètes entre Colomb et le frère Juan Perez.

– *Au 1er étage :* la pièce la plus importante et la plus belle est la ***salle du Chapître*** qui domine le site du couvent, avec une vue à l'ouest (aujourd'hui sur les usines...). Là se tenaient les réunions de Colomb avec les moines et les capitaines. Le père Juan Perez, soutien de Colomb, y réunissait les sceptiques pour qui « Colomb n'avait encore rien prouvé », en vue de les convaincre de s'engager dans l'aventure. Dans la *galerie des Caravelles,* maquettes de caravelles et différents portraits de Colomb (coupe à la Jeanne d'Arc et dais rouge d'« amiral de la mer océane »). On peine à savoir à quoi il ressemblait vraiment, car il n'a jamais été peint de son vivant ! Voir aussi la cellule du père Marchena, qui a soutenu avec force Colomb. « J'ai peiné 7 ans en Castille... je n'ai reçu l'aide, après celle du Dieu éternel, que de frère Antonio de Marchena », écrivit Colomb. Ne pas manquer la *salle des Drapeaux* qui présente une collection de 24 drapeaux des nations d'Amérique et de boîtes contenant de la terre de chacun de ces pays.

Dans la ***salle des Documents,*** on découvre la signature de Colomb et des fac-similés de différentes archives, telles que les fameuses capitulations de Santa Fé. À cet acte juridique correspondent deux volets. D'une part, la reddition du royaume nasride de Grenade, et d'autre part, les modalités du contrat liant Fernando et Isabel au Génois. Les capitulations colombiennes furent le résultat d'âpres négociations, car, en demandant le titre d'« amiral de la mer océane », Colomb, un peu arriviste, se plaçait au même rang que l'oncle du roi, à égalité avec l'amiral de Castille ! Audacieux et ambitieux, Colomb demanda aussi le titre de vice-roi et gouverneur de toutes les terres découvertes (empiétement direct sur la souveraineté des Rois Catholiques), un dixième de l'or, des perles, des épices et toute autre denrée précieuse acquise pendant le voyage, de même que son intégration à la noblesse castillane... On connaît la suite. Pour l'or, il attendra longtemps, mais il devint très vite un peu mégalo sur les bords. Au départ, les Rois Catholiques le congédièrent, pensant que Cristóbal Colón ne s'était pas servi avec le dos de la cuillère. Puis, pour une raison difficilement explicable, ils se rétractèrent et concédèrent au découvreur, le 30 avril 1492, ce qu'il demandait.

🚶 👫 *El muelle de las carabelas (caravelles de Colomb) :* ☎ 959-53-04-97. En été, mar-ven 10h-20h, w-e et j. fériés 11h-20h. En hiver, mar-dim 10h-19h. Entrée : 3,60 € ; réduc.

Intéressant surtout pour les enfants, qui peuvent déambuler dans les répliques des trois navires, en fait, quasiment des coques de noix... On a du mal à imaginer que 90 hommes d'équipage et 30 fonctionnaires ont vécu dans un espace aussi réduit pendant 2 mois et 10 jours. Film de 20 mn qui peut constituer une bonne amorce pour les enfants, pas forcément réceptifs au charme franciscain du monastère de la Rábida.

Également une petite exposition très bien faite décrivant le contexte historique de la découverte des Amériques par Colomb et ses successeurs. Documents d'époque, fac-similé du traité de Tordesillas où le pape partagea le Nouveau Monde entre Portugais et Espagnols. Vie quotidienne à bord des caravelles : costumes de marins et instruments de navigation, armes et outils. Le monde indigène à l'arrivée des Espagnols illustré par le *codex* maya, un almanach divinatoire qui couvre des thèmes comme la chasse, l'agriculture et les rituels religieux (il n'y en a que trois autres dans le monde, les autres furent détruits par les moines qui y voyaient l'œuvre du diable). Enfin, les apports de l'Amérique à l'Europe : le maïs, la patate, la tomate, la coca, le tabac, la cacahuète, les piments, etc., et pour finir une évocation de l'action pro-indigène du dominicain Bartolomé de Las Casas qui, lors de la fameuse *controverse de Valladolid,* réussit à convaincre le légat du pape que les Indiens avaient une âme et qu'ils ne pouvaient être traités en esclaves. Résultat, l'Église suggéra de les remplacer par les Noirs d'Afrique... On sait ce qu'il en advint.

Sur le quai, petite reconstitution de village indien avec échoppes et taverne. Sur l'esplanade (parking) au niveau de l'entrée du site, le forum ibéro-américain propose parfois des concerts *(rens : ☎ 959-53-02-54).*

PALOS DE LA FRONTERA

Où manger dans les environs ?

|●| *El Lobito :* c/ La Rábida, 31, à *Moguer.* ☎ 959-37-06-60. À 7 km au nord de Palos de la Frontera. Ouv slt le soir. Repas 15-30 €. Dans ce gros village tout blanc, assez charmant, avec en son centre un imposant couvent de San Francisco, une taverne populaire qui a dû être un relais de poste (grandes portes et cour intérieure). Salle sombre aux hauts murs, couverts de suie, de graisse et de graffitis. Gigantesque cheminée dans laquelle une armée de marmitons fait griller saucisses, pièces de viande et poissons. Salades et petits vins du pays à prix dérisoires.

À voir

🕍 *Iglesia San Jorge :* ouv lors des offices. Consacrée à San Jorge Martir. Au soleil couchant, son style gothico-mudéjar ne laisse pas indifférent. C'est dans cette petite église que Colomb reçut la bénédiction pour son entreprise. Sur le toit et le clocher, des cigognes ont élu domicile, on peut apercevoir les nids.

– Mais on vient surtout à Palos parce que c'est la patrie des frères Pinzón. Au passage, ça nous permet d'en remettre une louche sur l'histoire colombine. Pourquoi Colomb s'est-il lancé à la découverte de l'Amérique depuis le minuscule port de Palos ? En effet, partir de Cadix aurait été plus simple et aurait facilité l'avitaillement des caravelles. Sauf que Palos était l'un des seuls ports possédés par la Couronne. Par ailleurs, vu que Torquemada sévissait, de nombreux juifs se pressaient vers les autres ports pour fuir la péninsule. Mais la principale raison est que les frères Pinzón étaient *paleños.* En raison d'un acte de piraterie, Martín Alonso et Vicente Yáñez Pinzón étaient sous le coup d'une sanction royale. Ils écopèrent donc de la découverte de l'Amérique...

LE PARC NATIONAL DE DOÑANA

◈ À environ 50 km de Huelva en allant, géographiquement parlant, vers Cadix. Déjà mentionnée par les Romains, la région de Doñana s'étendait il y a trois siècles sur grosso modo 300 000 ha. Situés à l'ouest de l'embouchure du Guadalquivir et au sud-ouest de Séville, plusieurs espaces naturels s'imbriquent les uns dans les autres. Ils ont été classés depuis 1969 par l'Unesco « Réserve de la biosphère et Patrimoine de l'humanité » pour leur richesse en bêtes à plumes : échassiers, longs becs, petits becs, cigognes, colverts, cols de cygne...

Le cœur du domaine protégé comprend une belle zone littorale où les dunes se déplacent au gré des humeurs du vent. C'est le parc national. Pour y entrer, il faut obligatoirement être accompagné d'un guide. De part et d'autre du parc national,

54 250 ha de parc naturel et, tout autour, une vaste zone qui constitue un grand anneau où tout le monde s'est plus ou moins mis d'accord pour conserver le paysage à l'état sauvage, c'est le « pré-parc ». Ce sont les parties les plus faciles d'accès, idéales pour de grandes balades. Important : à noter que l'accès au parc est limité (voire interdit) durant les 6 jours de pèlerinage du Rocio à la Pentecôte.

Pinèdes, salines, plaines marécageuses, dunes de sable blanc et fin, romarin, thym, chênes-lièges, composent un paysage encore préservé. Bref, les quelques couples d'aigles impériaux et de lynx, symboles de Doñana, attendent de serres et de crocs fermes tous les passereaux et autres grandes z'oreilles qui trouvent ce « petit coin » de verdure ad hoc pour se reproduire sous les bons auspices de Dame Nature.

Si les plages qui bordent le parc de la Doñana sont encore peu fréquentées, la zone commence à faire l'objet d'une exploitation touristique intensive. On s'en aperçoit aux abords de la station balnéaire-champignon de *Matalascañas* qui peut accueillir près de 100 000 estivants. Si l'architecture – pas déplaisante – de cette cité sortie du néant en un rien de temps a tiré parti d'un point de vue esthétique des erreurs urbanistiques de la Costa del Sol, elle n'en présente pas moins les caractéristiques d'une erreur de planification du point de vue écologique : il suffit d'évaluer les besoins en eau d'une telle population au cœur de la fournaise de l'été andalou pour se rendre compte à quel point sont compromis les fragiles équilibres du réseau hydrographique du parc de Doñana tout proche. Néanmoins, les amateurs de vie nocturne et d'activités sportives le long de l'immense plage trouveront à Matalascañas de quoi combler leurs appétits. Un tuyau pour ceux qui apprécient une baignade tranquille : rejoindre la limite de la ville à l'est et s'éloigner de la foule en marchant le long du rivage vers les plages (sur 30 km) incluses dans la zone du parc, elles sont autorisées à la randonnée et très vite il n'y aura plus que vous, le sable blond, les oiseaux marins et les rouleaux des vagues de l'Atlantique...

Adresses et infos utiles

🛈 *Centro de visitantes El Acebuche :* ctra Rocio-Matalascañas. ☎ 959-43-96-29 ou 959-43-04-32. À 4 km de Matalascañas en allant vers El Rocio, sur la gauche. C'est l'entrée sud du parc. Tlj 8h-15h, 16h-19h (21h en été). C'est le principal centre d'accueil des visiteurs et lieu de départ de beaucoup de circuits. On vous y expliquera les circuits, les guides, les excursions ornithologiques, etc. Réserver pour l'été. Attention, beaucoup de moustiques dans le parc, prendre ses précautions.

■ Il existe d'autres points d'entrée et centres des visiteurs dans le parc. Un à Rocio au *palacio del Acebrón,* un à La Rocina et un à Sanlúcar de Barrameda (voir ces localités pour les infos pratiques) ; un autre, à l'est, le centre *José Antonio Valverde* (tlj 10h-18h, 20h en été), le long du Caño de Guadiamar, et un dernier au centre, tout au nord du parc, *Los Centenales* à Hino-

jos. Expo didactique multimédia sur la pinède et son biotope.

■ *Visites en véhicules tout-terrain :* à *El Acebuche.* ☎ 959-43-04-32. ● donanavisitas.es ● Tlj 8h-19h (21h en été). Visites 2 fois/j. (à 8h30 et 15h ou 8h30 et 17h en été), sf dim juin-sept. Résa obligatoire. Env 29 €/pers pour une balade de 4h. S'y prendre à l'avance. Circuits en véhicules pouvant contenir une vingtaine de personnes.

■ *Balades/visites à cheval : club hípico El Pasodoble,* sector G, parcela 90, *Matalascañas.* ☎ 959-47-08-74. 📠 636-30-04-57. ● info@huelvaholidays.com ● Compter 26 € pour une balade de 2h. Promenades sur la partie plage du parc ou alors dans le parc mais avec pique-nique.

Où dormir dans le coin ?

⚠ *Camping Doñana :* sur la route N 442, Huelva-Matalascañas, km 34, 21130 *Mazagón.* ☎ 959-53-62-81. ● info@campingdonana.com ●

campingdonana.com ● À l'entrée du parc de Doñana, sur la droite de la route, env 10 km après Mazagón. Un 3-étoiles : 14-38 € pour 2 avec tente et voiture selon saison ; bungalows 2-8 pers 43-165 € selon taille et saison. Fait un peu usine à campeurs, mais c'est bien tenu et ombragé. Terrain plat, piscine, tennis, épicerie-supermarché, bar, resto. On notera les vestiges d'une tour (torre del Oro) sur la plage.

🛏 *Pensión Alvarez Quintero :* c/ Hernando de Soto, 174, 21130 **Mazagón.** ☎ 959-37-61-69. En venant de Huelva, entrer dans Mazagón, puis tt droit vers la mer, c'est à 400 m à gauche après l'hôtel Apartamento Pinzon. *Doubles 32-43 €, pas de petit déj.* À 50 m de la plage, dans une petite rue calme. Chambres modestes mais propres, avec AC. Un bon plan économique

doublé d'un accueil tout ce qu'il y a de plus aimable. Demander les chambres avec salle de bains.

🛏 *Parador Cristóbal Colón :* ctra San Juan del Puerto-Matalascañas, km 31, playa de Mazagón, 21130 **Mazagón.** ☎ 959-53-63-00. ● mazagon@parador.es ● parador.es ● Env 6 km, sur la droite après Mazagón en venant de Huelva. *Doubles 160-185 € selon saison. Petit déj (copieux) 13 €.* Parking. Situé en bordure du parc de Doñana, ce parador se niche au milieu d'un vaste jardin avec piscine. Chambres spacieuses avec terrasse sur la mer, comme il se doit dans ce genre d'installation, plus escalier privé débouchant directement sur la plage. Jacuzzi, salle de sport, piscine, tennis et location de vélos. Calme garanti. En revanche, au resto, le rapport qualité-prix n'est pas terrible !

La plage

🔱 **Belles dunes et large plage :** à Cuesta de Maneli, sur la route qui mène de Huelva au parc par la côte, à env 10 km de Mazagón. Depuis le parking, une passerelle en bois traverse de grandes dunes couvertes de pins, sur plus de 1 km avant d'arriver sur une immense plage restée encore assez sauvage (sans constructions). Quelques séances officieuses de fesses à l'air peuvent s'y pratiquer.

EL ROCIO (21750)

Au nord du parc, au milieu d'étendues uniformément plates, composées de marécages, El Rocio est un étonnant village qui prend des airs de Far West mexicain avec ses rues sablonneuses et les façades des « ermitages » des confréries andalouses aux allures de saloon, devant lesquelles on peut attacher son cheval à une barre métallique. Il faut savoir que si cette bourgade de moins de 800 habitants semble faire la sieste toute l'année, elle draine à la Pentecôte près d'un million (oui, vous avez bien lu) de pèlerins venus célébrer la *Paloma Blanca,* la Vierge locale, lors de la *Romería del Rocio.* Ce jour-là, si vous parvenez à rejoindre le lieu, vous pourrez voir défiler des attelages de chariots de gitans ornés de guirlandes de fleurs. Ce pèlerinage est considéré par les Espagnols comme le plus important du pays. N'espérez pas y trouver un logement pour ce week-end de Pentecôte, tout est réservé plusieurs années à l'avance. Vous pouvez éventuellement vous rabattre sur les campings provisoires installés pour la circonstance par la municipalité, mais, là aussi, il vaut mieux réserver son petit carré de sable plusieurs mois à l'avance. Si vous vouliez refaire votre garde-robe de cow-boy, c'est le moment : vous n'aurez que l'embarras du choix en robes, santiags et autres chapeaux de cow-boys.

Où dormir ? Où manger ?

🛏 ▮●▮ *Hotel y restaurante Toruño :* pl. Acebuchal, 22. ☎ 959-44-23-23.

● info@toruno.es ● toruno.es ● *Doubles 80-120 € selon saison, petit déj inclus. Repas 25-30 €.* 📶 Grande et belle maison blanche coiffée d'une sorte de tour, regardant un paysage de lagunes et de marais. Un îlot de charme et de calme dans cette ville étrange et hors du temps. Un endroit où venir en amoureux oublier les tracas du monde, à condition d'avoir une chambre avec vue. Au dehors, devant l'entrée de l'hôtel, un vénérable olivier *(acebuche)* planté dans le sable, depuis 1 000 ans dit-on, dispense de l'ombre. Bar-resto dans une autre belle maison blanche à gauche de l'hôtel, avec jambons suspendus et salle au fond ouvrant sur un paysage de lagunes. Savoureuse cuisine avec

quelques spécialités comme l'*esparrago ecologico* ou l'*arroz marismeño*. De toute manière, une bonne adresse.

🛏 |●| **Restaurante-pensión Cristina :** *El Real, 58.* ☎ *959-442-413. En fait, pl. Acebuchal, au cœur de la ville. Doubles 30-50 €, avec douche et w-c. Repas 10-15 €.* Petite terrasse dans le sable de la place, grande salle colorée et animée, bon service et cuisine très correcte, à prix raisonnables. Quelques jolies chambres simples et calmes sur l'arrière.

À voir. À faire

– **Parc de Doñana, centre d'accueil Palacio del Acebrón :** *arroyo de la Rocina.* 📠 *671-59-31-38.* ● *en.donana-cvacebron.cma@juntadeandalucia.es* ● *Tlj 9h-15h, 16h-19h.* Dans une magnifique demeure blanche, l'expo s'attache à décrire l'aspect humain du parc avec l'évocation d'un personnage important, le garde, et ses missions.

– **Centre d'accueil la Rocina :** *ctra El Rocio-Matalescas, 2.* ☎ *959-43-95-69.* ● *en.donana-cvrocina.cma@juntadeandalucia.es* ● *Tlj 9h-15h, 16h-19h (ouv slt le mat en été).* Le point d'entrée nord du parc. Tous les renseignements sur les différentes possibilités d'excursions.

SANLÚCAR DE BARRAMEDA   (11540)   61 900 hab.

Dans la province de Cadix, face à l'océan, à environ 100 km au sud de Séville et à 22 km à l'ouest de Jerez de la Frontera, Sanlúcar de Barrameda est à la fois un port et une petite station balnéaire à taille humaine, à l'embouchure du fleuve Guadalquivir. La partie la plus intéressante est le vieux centre (partie haute de la ville) où se trouve le palais de los Guzmán (de Medina Sidonia) qui, à lui tout seul, mérite le détour.

UN PEU D'HISTOIRE

C'est de Sanlúcar que, le 30 mai 1498, Christophe Colomb appareilla pour son troisième voyage vers l'Amérique. C'est d'ici aussi que partit Fernand de Magellan en septembre 1519, effectuant le premier tour du globe de l'histoire. Sanlúcar est aussi la capitale incontestée du *manzanilla*, ce vin de Jerez à la robe très claire, sec au palais et au bouquet très particulier, un peu salé, provoqué par la proximité des vignobles avec la mer. On peut y visiter les chais de la maison *Antonio Barbadillo*.

Adresse utile

🏢 **Office de tourisme :** *calzada Duquesa Isabel, s/n.* ☎ *956-36-61-10.* ● *sanlucardebarrameda.es* ● *Avril-sept, lun-ven et dim 10h-14h ; sam 10h-12h45, 17h-19h. Oct-mars, lun-ven 10h-14h.*

Où dormir ? Où manger ?

🛏 **Hostal Blanca Paloma :** *San Roque, 15.* ☎ *956-36-36-44.* ● *hostalblancapaloma@msn.com* ● *Double 31 €, triple 46 €.* Sur la place principale de la vieille ville, une adresse bon marché au confort basique, mais chambres immaculées avec lavabo et sanitaires, tout aussi impeccables, sur le palier. 2 chambres donnent sur une place. Certaines n'ont pas de fenêtre. Rien à redire à ce prix-là. Pas de petit déj, mais bar juste à côté.

🏠 🚊 *Hospedería Duques de Medina Sidonia :* pl. Condes de Niebla, 1, dans le palacio de Medina Sidonia. ☎ 956-36-01-61. ● hospederia@fcmedina sidonia.com ● fcmedinasidonia.com ● ruralduquesmedinasidonia.com ● 🍴 Au sommet du vieux village de Sanlúcar, adossé à l'église Nuestra Señora de la O. Caféteria Guzman El Bueno, avec pâtisseries maison, lun-jeu 8h30-22h ; 8h30-2h du mat ven et w-e en été. Mêmes horaires l'hiver en sem, mais fermeture à 21h et ouv sam 15h30-2h. Doubles 75-85 €, avec petit déj ; appart 110-120 €. Parking gratuit. 🖥 🛜 10 % de réduc sur les doubles déc-fév, sur présentation de ce guide. 9 chambres d'hôtes dans ce palais ancestral. Chambres toutes récentes, richement décorées et calmes, certaines avec terrasse entre des murs anciens, avec salle de loisirs et possibilité de profiter d'un patio intérieur fleuri, vraiment très agréable pour boire un verre et grignoter de bonnes tapas ou de bonnes pâtisseries. Prix très honnêtes pour le confort proposé. Salle du petit déj avec photos très anciennes, certaines datant des années 1850. Idéal pour faire une retraite ou écrire un livre. Internet haut débit dans certaines chambres. Les hôtes peuvent évidemment profiter du palais et en visiter les salles.

🏠 *Posada de Palacio :* c/ Caballeros, 9-11. ☎ 956-36-48-40. ● reser vas@posadadepalacio.com ● posada depalacio.com ● En face du palacio de los Infantes de Orléans (la mairie). Fermé début janv-début fév. Doubles min 65 € pour les chambres les plus modestes sur la terrasse du haut (sans clim), puis 88-110 € ; également des quadruples ; petit déj compris. Parking. 🛜 (gratuit). En plein quartier historique, une demeure aristocratique datant du XVIIIe s, avec du mobilier bien choisi et une décoration raffinée. Chambres un peu austères mais élégantes. Porte d'entrée massive avec clous et heurtoir, qui s'ouvre sur un charmant patio avec puits, bar et terrasse avec parasols et meubles en teck.

🍽 *Espejo :* c/ Caballeros, 9-11. ☎ 956-36-48-40. ● reservas@posada depalacio.com ● Ouv 8h-11h pour les petits déj, 13h30-16h30 pour les tapas et 21h-minuit pour le resto. Repas env 35 € avec boissons. C'est le resto-bar de la Posada de Palacio. Petite salle de resto assez design, puis une autre plus chic et plus cosy et charmante cour fleurie avec quelques tables. Délicieuse cuisine créative avec une carte originale et présentation des plats soignée. Les moins argentés se contenteront des tapas originales et très bonnes.

🍽 *Mirador de Doñana :* Bajo de Guía. ☎ 956-36-42-05. ● info@miradordo nana.com ● Ouv 12h-18h, 20h-minuit. Repas env 25 €. En bordure de la plage, en face du Guadalquivir, une des meilleures adresses du coin pour les produits de la mer. Préférez la salle à l'étage avec ses fenêtres grandes ouvertes sur le fleuve et la vue. Déco maritime un peu bateau (normal !). Chaises hautes et coussins mandarine. On vient ici pour les coquillages, le poisson et les crustacés. Essayez une soupe de poisson aux clovisses, le bar sauce langoustine ou le colin au fenouil. Desserts décevants.

🍸 Pour boire un verre, les terrasses des plazas San Roque et Cabildo sont très animées à partir de 17-18h, c'est le centre névralgique de la ville.

À voir. À faire

🚶 *Palacio ducal de Medina Sidonia :* pl. Condes de Niebla, 1. ☎ 956-36-01-61. ● fcmedinasidonia.com ● Visites guidées en espagnol : sam 12h-13h, dim 11h30-12h30 et 12h30-13h30, sur résa par tél ; 5 € pour le palais, 2 € pour les jardins ; réduc. Pour les groupes, visites lun. Archives ouv lun-ven 9h-15h. Ce palais est le plus impressionnant monument de la ville. Construit entre les XIIIe et XVIIIe s, doté de très beaux jardins, il était encore récemment habité. Sa dernière propriétaire, Doña Isabel Álvarez de Toledo, duchesse de Medina Sidonia, descendait d'une des plus vieilles dynasties d'Espagne.

Emprisonnée pour avoir pris la défense des villageois de Palomares (victimes de contamination lors du crash de deux avions américains armés de bombes nucléaires), puis exilée en France, elle y écrivit des livres (*La Grève, La Base*). Revenue en Espagne après la mort de Franco, elle se consacra à la *Fondation Medina-Sidonia,* dont l'objectif était le maintien du prestigieux patrimoine familial légué par son père.

CHAPEAU À LA DUCHESSE ROUGE !

Parmi les aïeux de Doña Isabel, décédée en février 2008, l'un était Guzmán El Bueno, noble hidalgo andalou et héros de la Reconquista. Un autre dirigea l'Invicible Armada contre les Anglais. Un autre encore fut l'ami d'Hernán Cortés, conquistador du Mexique. Éprise de justice et de liberté, cette femme de caractère, surnommée la Duchesse rouge, fut une farouche antifranquiste.

Au sein de ce palais, tout est restauré, tout est maintenu avec le plus grand soin. Dans le *salon des Colonnes,* une des plus belles pièces, les colonnes de marbre portent des chapiteaux en bois de style aztèque du XVIe s, inspirées du palais de Moctezuma, à Mexico. Le palais abrite aussi les plus grandes archives privées d'Espagne (et du monde, selon certains experts), soit 6 314 liasses (environ 2 millions de documents) que la duchesse a classées et répertoriées seule.

Pour en savoir plus sur la *Duchesse rouge* et ses révélations qui remettent en cause la thèse de la découverte de l'Amérique par Christophe Colomb, on vous recommande l'excellent reportage de notre collègue Olivier Page, mis en ligne sur ● *routard.com* ●

🏃 **Palacio de Orléans Borbón :** *à l'angle de c/ Caballeros, face à la* Posada de Palacio. *Visite libre 8h-14h30 et visites guidées (et gratuites) mar-dim 10h45-13h30.* En fait, l'actuel hôtel de ville *(ayuntamineto),* cet ancien palais du XIXe s, de style néomudéjar, fut la résidence d'été des ducs de Montpensier.

➢ **Visites en bateau du parc de Doñana :** *départ du* Centro de visitantes de Doñana « Fabrica de Hielo », *avda Bajo de Guía, s/n. Résas :* ☎ 956-36-38-13. ● *visitasdonana.com* ● Centro de visitantes *tlj 9h-19h (20h avr-oct). 2 excursions/j. mai-oct à 10h et 16h, avec le Real Fernando, 1 excursion/j. le reste de l'année ; itinéraire Sanlúcar-Guadalquivir-Doñana env 3h30 de bateau et d'excursion à pied. Résa recommandée. Prix : 16,35 € ; réduc.* Tous les renseignements indispensables pour visiter le parc national. Location de jumelles à bord. On peut également faire uniquement la traversée entre Sanlúcar et Doñana, pour 6 € aller-retour, avec les bateaux *Los Cristobal,* juste pour passer un moment sur la plage. Infos et résas : voir ci-dessus.

JEREZ DE LA FRONTERA   (11400)   187 000 hab.

On vient surtout à Jerez pour visiter les *bodegas* et goûter ses vins trop méconnus (le xérès) en France, mais aussi pour assister aux spectacles équestres, parmi les plus beaux d'Europe (avec Vienne et Saumur) et aux soirées flamenco (c'est un berceau du flamenco andalou). Si l'extérieur de la ville est vaste et moderne, l'intérieur, labyrinthique héritage de l'époque arabo-andalouse, peut être un casse-tête pour les automobilistes, mais reste un grand plaisir pour les marcheurs qui aiment découvrir une ville à un rythme lent.

	Adresses utiles	11	Hostal Las Palomas	18	Hotel Doña Blanca
ℹ	Office de tourisme	12	Hotel-pensión San Andrés I et II	19	Hotel Casa Grande
@ 1	Onda Telecom Informática	13	Nuevo Hotel	**|●|**	**Où manger ?**
@ 2	Ciber Jerez	14	Hotel El Coloso		
@ 3	Dynos Informatica	16	Hotel Trujillo	30	La Carbona
🛏	**Où dormir ?**	17	Hostal Serit	31	La Cruz Blanca
10	Albergue juvenil Jerez			32	Sabores

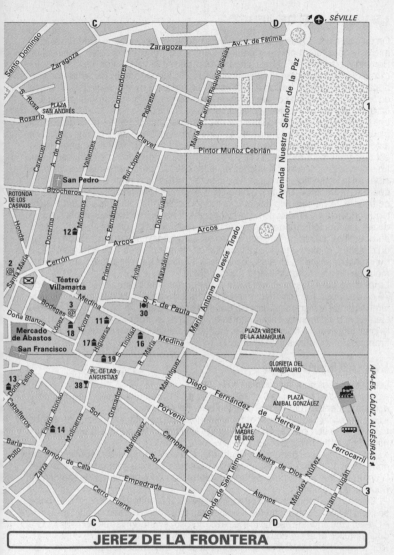

JEREZ DE LA FRONTERA

Où boire un verre ?	♪ ♫ Où écouter de la musique ? Où danser ?	51 La Taberna Flamenca
38 Bar 27		À voir
39 Café Copas El 7	42 Tablao del Bereber	60 Real Escuela andaluza del Arte ecuestre
40 Cervecería Gorila	♪ Où voir et écouter du flamenco ?	et Museo del Enganche
41 Bar El Gallo Azul	50 El Lagá de Tío Parilla	61 Palacio del Tiempo
		63 Zoobotánico

LE VIGNOBLE DE JEREZ

On dit que c'est le plus ancien du monde encore en exploitation. De fait, les premières vignes furent plantées par les Phéniciens, 1 000 ans av. J.-C. Ensuite, les
Romains intensifièrent cette culture et baptisèrent la ville Ceret. Les conditions
climatiques sont, il est vrai, exceptionnelles : 295 jours de soleil par an et une production de plus d'un million d'hectolitres. La terre, de marne crayeuse, émergée
au tertiaire, boit la pluie d'hiver comme une éponge, mais, l'été, elle durcit en une
croûte claire qui réverbère le soleil et conserve l'humidité.
Les grappes sont encore foulées par des hommes chaussés de bottes de cuir qui
piétinent les montagnes de raisin. Ensuite, les vins fermentent en fûts de chêne
américain pour atteindre de 11,5 à 13,5° d'alcool. Particularité étonnante : le vin est
volontairement exposé à l'air après 1 an de fermentation. Les tonneaux, aux
trois quarts pleins, sont débouchés dans les caves, contrairement à tous les principes de la vinification. En fait, la flore (levure) forme à la surface du vin une couche
épaisse, protectrice. Le vin s'oxyde sans se piquer. En fonction de la qualité de
cette flore, le vin sera *fino* (fin) ou *oloroso* (odoriférant). Pour finir, une autre technique originale est employée : la *solera*. Ainsi est appelée la barrique la plus proche
du sol (les fûts forment des pyramides). C'est de ce fût qu'on tire le jerez à mettre
en bouteilles. Le vin du tonneau supérieur sera transvasé pour moitié dans celui
du dessous, et ainsi de suite. La barrique du sommet restée vide sera remplie par
du vin nouveau *(crianza)*. Ainsi, le vin vieux « éduque » le vin jeune. Par ce savant
mélange de générations, le jerez n'a pas d'âge !
La plus célèbre des maisons reste *Domecq* (origine béarnaise !), qui possède
70 ha de caves. Certains fûts entreposés ont plus de 300 ans. 16 membres de la
famille gèrent le vignoble Domecq. Sur 403 descendants, la sélection est sévère !
L'entreprise a cependant été rachetée en 2005 par le groupe Pernod-Ricard. Mais
le jerez fait vivre les trois quarts des habitants de la ville. Une dernière chose : les
Français ont toujours snobé le jerez... à tort.

Les différents vins

Les blancs secs sont la spécialité de la région.
– *L'amontillado :* titre entre 8 et 16°, et plus de 21° quand il vieillit. Très bien pour
accompagner les fruits de mer et le jambon. Bel arôme.
– *Le manzanilla :* ambré, léger et fin, se déguste en apéritif. La couleur de sa robe
varie entre le vert pâle et le doré. Dégage un parfum de pomme mûre, d'où son
nom. Titre entre 18 et 20°.
– *Le fino :* très sec, parfumé et fleuri. Moins alcoolisé que les précédents. Titre
entre 15 et 17°. Se boit frais, en apéritif ou pour accompagner des fruits de mer.
D'une robe très claire, presque transparente. Son côté très sec peut être gênant
pour les non-initiés.
– *L'oloroso :* bien pour l'apéritif ou en fin de repas, titre entre 18 et 20°. Un peu moins
sec que le *fino*. Couleur ambrée. Légèrement oxydé grâce à son contact avec l'air.
– *Cream :* mélange de *pedro jimenez* et d'*oloroso,* avant la mise en bouteilles. Jolie
couleur tuilée et assez doux. Pas le grand raffinement, mais agréable.
– En rouge, le *moscatel,* bien sûr, obtenu avec du muscat et le *pedro jimenez,* très
sucré, quasiment couleur pruneau. Son côté trop sucré tue un peu les arômes.

Arriver – Quitter

En train

🚂 *Gare RENFE (plan D3) :*
pl. Estación. ☎ *956-34-23-19.*
Infos et résas : ☎ *902-320-320.*
● renfe.com ●

➤ Liaisons avec *Séville, Cadix*
(nombreuses et rapides), *Madrid,*
Barcelone...

En bus

🚌 *Gare routière (plan D3) :* pl. Estación. ☎ 956-33-96-66. Tlj 6h15-minuit.

Toutes les compagnies sont réunies au même endroit, juste devant la gare.

■ *Comes :* ☎ 902-199-208. ● tgcomes. es ● Cette compagnie semble mieux organisée que les autres. Pour Séville : 6 bus/j. 8h30-23h30. Pour Cadix : 3-4 bus/j. 7h-15h45. Pour Ronda : 2 bus/j. en sem à 9h45 et 14h45, 1 seul à 11h45 le w-e. Pour El Puerto de Santa María : env 10 bus/j. 7h-23h15.

■ *Secorbus :* ☎ 902-22-92-92. ● socibus.es ● De/vers Madrid : 5 bus/j. (env 4 bus le sam).

■ *Linesur :* ☎ 954-98-82-22. ● linesur. com ● De/vers Sanlúcar de Barrameda : lun-ven, 1 bus/h en moyenne 7h-22h ; w-e et j. fériés 7 bus/j. 8h-22h. Pour Algésiras et Séville : 8 bus/j. lun-ven.

■ *Los Amarillos* (Grupo Samar) : ☎ 956-32-93-47. ● samar.es ● Pour Arcos de la Frontera : 8 bus/j. (2 bus le sam, 1 le dim). Pour Cadix : 1 bus/j. en sem vers 17h.

En avion

✈ *Aéroport* (hors plan par D1) : à 7 km de la ville, sur la N 4. ☎ 902-40-47-04 (infos) et 956-15-00-00 (Iberia). ● aena. es ●

➢ Bus de/vers l'aéroport : 9 bus/j. lun-ven et 4 bus/j. w-e et j. fériés. Certains passent par Sanlúcar (1 bus/j. lun-ven), El Puerto de Santa María (2 bus/j. lun-ven, 1 bus/j. w-e) et poussent jusqu'à Cadix (4 bus/j. tlj). Également des taxis. La plupart des grandes compagnies de location de voitures ont un bureau à l'aéroport.

🖪 *Office de tourisme de la Province de Cadix :* dans le hall d'arrivée. ☎ 956-18-68-08. ● cadizturismo.com ● ➢ Deux compagnies assurent les liaisons avec *Madrid* et *Barcelone.*

En voiture

Par l'autoroute, depuis Séville, il est bon de savoir que le péage coûte environ 3 à 5,50 €.

Adresses utiles

🖪 *Office de tourisme* (plan B2) : pl. del Arenal, Edificio Los Arcos.

☎ 956-34-17-11 ou 956-33-88-74. ● turismojerez.com ● Lun-ven 9h-15h, 17h-19h (8h30-15h, 16h-18h30 en hiver) ; w-e 9h-14h30 (15h en hiver). Le personnel est charmant, généreux en documentation et parle souvent le français. Informations détaillées sur les activités équestres dans la région (randonnées, centres d'hébergement) et sur les bodegas...

✉ *Poste centrale* (Correos ; plan C2) : c/ Cerrón, 2. ☎ 956-32-67-33.

■ *Banques :* nombreuses sur la c/ Larga (plan B2). La plupart possèdent un distributeur.

🚌 *Autobus urbains* (plan B2-3) : pl. de Arenal, s/n. ☎ 956-14-36-08.

■ *Teltaxi :* ☎ 956-34-48-60.

@ *Onda Telecom Informática* (plan B1, 1) : Porvera, 18. ☎ 956-33-97-97. Lun-sam 10h-14h, 17h-22h ; dim 17h-22h.

@ *Ciber Jerez* (plan C2, 2) : c/ Santa María, 3. ☎ 956-33-40-16. Au 1er étage. Lun-sam 10h-14h30, 17h30-23h (dim 17h-21h).

@ *Dynos Informatica* (plan C2, 3) : c/ Bodegas, 6. ☎ 956-34-58-18. Lun-ven 9h30-14h, 17h-21h ; sam 9h30-13h30. Fermé dim.

Où dormir ?

Attention, il existe deux « supersaisons » au milieu de la haute saison, qui s'étend, elle, généralement, entre mars et septembre. Elles sont dues, en mai, à la feria et au Grand Prix de moto, et, en août, aux célébrations du 15 du mois ; les prix doublent, voire plus.

Auberge de jeunesse (max 30 €)

🛏 *Albergue juvenil Jerez* (hors plan par B3, 10) : avda Blas Infante, 30, 11408. ☎ 955-03-58-86. ● jerez. itj@juntadeandalucia.es ● inturjoven. com ● Le bus n° 1 y mène en 10 mn. Liaison avec la gare RENFE grâce aux bus nos 8 et 9. Oct-mai, nuitée 15-21 €, juin-sept 21-27 € selon âge (moins ou plus de 25 ans). 🛜 Grand bâtiment moderne, un peu loin du centre, malheureusement. Chambres de 2 ou 4 lits, avec bains communs. Jolie piscine (ouv l'été slt).

Bon marché (30-45 €)

🛏 *Hostal Las Palomas* (plan C2, **11**) : c/ Higueras, 17, 11402. ☎ 956-34-37-73. ● pensionlaspalomas@gmail.com ● hostal-las-palomas.com ● Petites doubles avec lavabo 27-35 € (douche dans le couloir), 30-40 € avec sdb ; env 20 € de plus en super hte saison. 🌐 Café offert sur présentation de ce guide. 25 chambres simples mais impeccables. Calme et convivial, cet hôtel est un bon compromis dans cette gamme de prix et très central. Patio coloré en marron et jaune agrémenté d'azulejos et de plantes vertes. Accueil souriant.

🛏 *Hotel-pensión San Andrés I et II* (plan C2, **12**) : c/ Morenos, 12-14, 11402. ☎ 956-34-09-83. ● hotelsanandres@telefonica.net ● hotel-sanandres.com ● Doubles 32-45 € selon confort et saison. 🌐 Une bonne adresse dans sa catégorie que cette petite pension au patio abondamment fleuri. Très simple mais charmant. Les chambres, modestes, sont aussi bien entretenues que les plantes. Au n° 14, le même jovial propriétaire tient une autre pension plus classique, un peu plus chère, mais où toutes les chambres disposent de bains.

De prix moyens à chic (45-90 €)

🛏 *Hotel El Coloso* (plan C3, **14**) : c/ Pedro Alonso, 13, 11402. ☎ 956-34-90-08. ● reservas@elcolosohotel.com ● elcolosohotel.com ● Double avec sdb 50 € en hte saison, hors feria et Grand Prix ; pas de petit déj. 🖥 🌐 Un hôtel modeste, familial et bien tenu dans une rue calme. Chambres avec TV. Propose aussi des appartements. Accueil jovial de l'adorable monsieur, en espagnol uniquement.

🛏 *Nuevo Hotel* (plan C3, **13**) : c/ Caballeros, 23, 11403. ☎ 956-33-16-00. ● nuevohotel1927@teleline.es ●

nuevohotel.com ● Doubles 42-50 € selon saison, sans petit déj. Parking. 🖥 Hôtel bien tenu et chambres spacieuses, dans une vieille maison familiale. Les chambres ont pour la plupart AC et TV, mais éviter celles du 1er étage (plus sombres) et celles sur rue (plus bruyantes). La n° 208 est très belle : azulejos, colonnades et faux stucs, elle offre un balcon sur chacune des deux rues.

🛏 *Hotel Trujillo* (plan C2, **16**) : c/ Medina, 36, 11402. ☎ 956-34-24-38. ● info@hoteltrujillo.com ● hoteltrujillo.com ● Doubles 48-75 €, hors feria et Grand Prix. Très bon accueil : c'est sans doute le facteur humain qui prévaut dans cet hôtel central et bien tenu, organisé autour d'un petit patio intérieur. Chambres avec ou sans AC, avec ou sans fenêtre, le tout très simple, mais propre.

🛏 *Hostal Serit* (plan C2, **17**) : c/ Higueras, 7, 11402. ☎ 956-34-07-00. ● info@hotelserit.com ● hotelserit.com ● 🖐 Dans une petite rue pavée. Doubles 60-90 € selon saison, jusqu'à 160 € en « supersaison » (!). Petit déj-buffet 7 €. Parking 8 €. 🖥 Réception pimpante et 35 chambres doubles sans charme particulier, toutes avec bains et TV. Très propre et service au top.

🛏 *Hotel Doña Blanca* (plan C2, **18**) : c/ Bodegas, 11, 11402. ☎ 956-34-87-61. ou 04-03. ● info@hoteldonablanca.com ● hoteldonablanca.com ● Doubles 49-90 € selon saison. Petit déj (en sus) moyen. Parking payant. 🌐 (gratuit). Un hôtel plutôt traditionnel, mi-affaires mi-tourisme, au cœur de la ville. Chambres climatisées et confortables, certaines avec balcon. Rien d'exceptionnel, mais permet de rayonner facilement dans la ville. Accueil pro.

Plus chic (min 85 €)

🛏 *Hotel Casa Grande* (plan C3, **19**) : pl. de Las Angustias, 3, 11402. ☎ 956-34-50-70. ● hotel@casagrande.com.es ● casagrande.com.es ● Doubles standard 85-105 € selon saison (jusqu'à 190 € lors des événements exceptionnels) ; suites un peu plus chères. Petit déj 10 €

(5 € pour les enfants) avec fruits frais. Parking 5,40 €. 🖥 📶 Sur une place ombragée du centre, une ancienne demeure bourgeoise des années 1920, transformée en hôtel de charme. Grand patio au rez-de-chaussée et petit salon bibliothèque. Une quinzaine de chambres décorées avec sobriété et goût, toutes avec salle de bains et AC. On a bien aimé, au 1er étage, la n° 4 avec son balcon sur la place. Terrasse sur le toit, accessible à tous, aménagée de chaises de jardin et parasols. L'une des deux *junior suites* donne d'ailleurs sur ce toit-terrasse. Beaucoup d'allure et très bon accueil de la propriétaire francophone et polyglotte ; qui, de plus, a des tas de tuyaux sur la ville.

Où manger ?

Curieusement, il y a peu de restaurants et de bars dans le centre historique *(casco historico)*. La plupart des adresses se trouvent plutôt dans les rues piétonnes autour de ce *casco historico*, mais ce n'est jamais bien loin.

De prix moyens à plus chic

🍴 *Sabores (plan B1, 32) :* c/ Chancillería, 21. ☎ 956-30-10-38. ● info@ hotelchancilleria.com ● *Tlj midi et soir sf lun midi. Tapas 2,50-5 €, plats 14-19 €, repas env 25 €. Carte de thé très élaborée. Apéritif maison offert sur présentation de ce guide.* C'est le restaurant de l'hôtel *Chancilleria.* Une petite salle à la déco sobre et actuelle ; mais surtout une adorable jardin de curé et sa terrasse couverte. Plats et tapas délicieux et une cuisine un tantinet créative. Lieu tout à fait paisible pour déjeuner à l'ombre au moment où la ville s'engourdit !

🍴 *La Carbona (plan C2, 30) :* c/ San Francisco de Paula, 2. ☎ 956-34-74-75. ● lacarbonajerez@gmail.com ● *Tlj sf mar 13h-16h, 20h-minuit. Congés : juil. Menu 30 €, carte 25-30 €. CB refusées.* Dans une immense salle aux murs et voûtes chaulés (une ancienne *bodega*). Le contraste avec les poutres inclinées rappelle les haciendas de western.

Clientèle essentiellement familiale et espagnole. Spécialité : les plats préparés au vin de Jerez. Un des meilleurs restaurant du centre.

🍴 *La Cruz Blanca (plan B2, 31) :* c/ Consistorio, 16 (à l'angle de la pl. de la Yerba). ☎ 956-32-45-35. ● info@lacruzblanca.com ● *Tlj sf dim soir 13h-16h30, 19h-minuit. Tapas 2-3 €, repas complet 30 €. CB refusées.* Grande terrasse sous les arbres de cette charmante petite place, et salle à l'intérieur pour les jours de pluie. Très bonne cuisine locale avec des suggestions différentes chaque jour et des produits très frais. Accueil sympathique.

Où boire un verre ?

🍷 Entre la plaza de Arenal *(plan B2)* et la c/ Tornería *(plan B1)*, le long de la c/ Larga, nombreux *bars-cafés* avec terrasse sur la rue semi-piétonne.

🍷 *Cervecería Gorila (plan B2, 40) :* pl. Plateros. *Bière min 1,50 € ; raciones de charcuterie ou de fromage 5 € ; plats 4-7 €.* Impressionnante carte de bières de toutes provenances en fût et en bouteilles. Mezzanine avec collection de verres et photos anciennes. Tapas et sandwichs pour calmer les petites faims. Accueil aimable.

🍷 *Bar El Gallo Azul (plan B2, 41) :* pl. del Gallo Azul, à l'angle avec c/ Larga. Bar à tapas en rotonde, derrière des colonnes néogrecques. Des tonneaux sur lesquels on dépose tapas (soignées !) et verres remplis de jerez. Grande terrasse devant à l'ombre des parasols.

🍷 *Bar 27 (plan C3, 38) :* pl. de las Angustias, à l'angle de c/ Molineros, à l'opposé de l'Hotel Casa Grande. Minuscule bar avec 2-3 tables en terrasse fréquenté par des habitués.

🍷 *Café Copas El 7 (plan B3, 39) :* c/ San Pablo, 7. Un petit bar hors du circuit classique, juste derrière l'église San Miguel. Très agréable, avec sa terrasse sur la rue piétonne, pour boire un petit verre du fameux vin de xérès. En revanche, pas de tapas à grignoter, donc attention à ne pas abuser.

LA COSTA DE LA LUZ

Où écouter de la musique ? Où danser ?

♪ ♫ **Tablao del Bereber** (plan A2, **42**) : c/ Cabezas, 10, près de l'église San Lucas. Tlj à partir de 22h. S'anime réellement après minuit, surtout en fin de semaine, dès le jeudi. Un bar-discothèque pour se retrouver la nuit tombée dans un palais digne des *Mille et Une Nuits*, près de la plaza San Mateo. Décor de charme et de caractère : cour pavée avec fines colonnades arabo-andalouses, fresques d'inspiration romaine et statues en trompe l'œil. Sièges dignes de sénateurs romains autour de plateaux de cuivre marocains. Concerts jazzy tous les jeudis soir. Soirées flamenco mais chères (min 70 €).

Où voir et écouter du flamenco ?

Jerez est la ville d'Espagne qui a donné depuis le XIXe s les meilleurs chanteurs, danseurs et guitaristes de flamenco. Leurs noms prestigieux servent d'identité à une route du Flamenco qui permet aux promeneurs de découvrir la ville à pied à travers un itinéraire balisé par plusieurs panneaux explicatifs.

Fin février-début mars se déroule le célèbre Festival international du flamenco de Jerez et c'est une bonne période pour y séjourner. Les habitants de Jerez sont très attachés au flamenco. Programme des spectacles à l'office de tourisme. Difficile d'éviter les endroits par trop touristiques. Voici quelques adresses de qualité :

♪ **El Lagá de Tío Parilla** (plan A2, **50**) : pl. del Mercado, s/n. ☎ 956-33-83-34. ▯ 608-54-94-21. ● lagatioparilla@hot mail.com ● Dans un quartier gitan. Tlj sf dim. Spectacle à 22h30. Entrée : 18 €, boisson incluse. Bar et resto. Ce resto-cabaret traditionnel organise parmi les meilleurs spectacles de flamenco de la ville.

♪ **La Taberna Flamenca** (plan A1, **51**) : Angostillo de Santiago, 3. ☎ 956-32-36-93. ▯ 649-38-39-78. ● info@ latabernaflamenca.com ● lataber naflamenca.com ● Près de l'église Saint-Jacques. Spectacle ts les soirs à 22h30 (sf dim et lun de nov à mi-mai), plus mar, mer et sam à 14h30 mai-oct. Compter 40 € le spectacle, repas inclus.

♪ **Camino del Rocío** (hors plan par B1) : c/ Velasquez, 20, urbanización Divina Pastora. Ne pas arriver avt 23h. Pour voir danser et danser vous-même la sevillana.

– **Viernes Flamencos** (Vendredis du flamenco) : en août, les ven en 2014. Festival authentique très suivi par les aficionados.

À voir

🍖 **Les bodegas :** l'un des principaux attraits de la ville. Plusieurs bodegas proposent des visites guidées payantes, variant de 4 à 9 €, dégustation généralement comprise. Attention, pour la plupart d'entre elles, résa obligatoire. Pas de visite le week-end. Certaines sont fermées en août. La meilleure période pour les visiter reste septembre, à l'époque des vendanges. Outre cette liste d'adresses, il existe encore une

« A SPANISH DRINK »

Ce sont bizarrement les Anglais qui ont fait le succès du jerez. Ils absorbent à eux seuls 43 % des exportations. D'ailleurs, ils n'ont jamais pu prononcer ce mot et l'ont déformé en « sherry ». Encore aujourd'hui, les plus grandes maisons de jerez s'appellent Williams and Humbert, John Harvey and Sons, Osborne... des familles d'origine britannique.

bonne douzaine de caves à visiter à Jerez. Se renseigner à l'office de tourisme.

– **Bodega Williams and Humbert :** ctra N IV 641, 75. ☎ 956-35-34-06. ● williams@williams-humbert.com ● williams-humbert.com ● Visite 9h-14h30 (sur résa la veille, min 10 pers). Spectacle équestre dans la cave mer-ven à 12h ; durée : 45 mn ; min 20 pers.

– **Bodega Maestro Sierra :** pl. de Silos, 5. ☎ 956-34-24-33. ● info@maestrosierra.com ● maestrosierra.com ●

– **Bodega Harvey's :** c/ Pintor Muños Cebrián, s/n. ☎ 956-15-15-16 ou 52. ● eugeniaherrera@beamglobal.com ● bodegasharveys.com ● Visites à 10h, 11h, 12h et 13h (plus 17h et 19h mai-juin et sept-oct). Sam slt à 12h. Visite incluant la dégustation 8 €. Un verre de Bristol Cream en prime. La visite inclut le musée.

– **Bodega Sandeman :** c/ Pizarro, 10. ☎ 956-31-29-95. ● visitors.jerez@sandeman.eu ● Lun-ven 10h30-14h. Visite en plusieurs langues (sf le français !).

Les caves du plus emblématique des sherries.

– **Bodega Gonzalez Byass :** c/ Manuel María Gonzalez, 12. ☎ 902-44-00-77. ● reservas@gonzalezbyass.es ● gonzalezbyass.es ● Visites tlj sf dim. Entrée chère : 11 €, mais les caves sont splendides. Ce sont les caves de la célèbre marque Tío Pepe. Pas de visites en français.

– **Bodega Fundador Pedro Domecq :** c/ San Idefonso, 3. ☎ 956-15-15-00. ● visitas@bodegasfundadorpedrodomecq.com ● bodegasfundadorpedrodomecq.com ● Lun-ven ttes les heures 10h-13h (slt à 12h sam), et visite avec dégustation de tapas les mar, jeu et sam à 14h ; visites supplémentaires avr-oct lun-sam 17h-19h (entrée par la Puerta de Rota) ; et des visites nocturnes de mi-juil à mi-sept, lun-ven à 21h (avec dégustation de tapas ; entrée par la Puerta de Rota). Bon accueil, et parfois un guide qui parle le français.

🎭 🚶 ♟️ **Real Escuela andaluza del Arte ecuestre** (École royale andalouse d'art équestre ; hors plan par B1, 60) : avda Duque de Abrantes, s/n. ☎ 956-31-96-35 (infos) et ☎ 956-31-80-08 (résas). ● realescuela.org ● Au cœur de la ville, à env 15 mn à pied du vieux centre. Parking gratuit à droite de l'entrée. Résa conseillée sur leur site en hte saison.

Une école d'équitation style Vienne ou Saumur. La classe ! Jerez est en effet le fief du cheval andalou. Dès le XVᵉ s, les moines chartreux y faisaient l'élevage des chevaux en les sélectionnant par croisements pour leurs qualités. L'École royale andalouse d'art équestre a été fondée en mai 1973 par Don Álvaro Domecq Romero. Le roi Juan Carlos en accepta la présidence d'honneur en 1987 et lui conféra son titre de « royale ». D'architecture typiquement andalouse, son manège est d'environ 1 600 places et les écuries peuvent accueillir 60 chevaux. C'est à Jerez que se déroule, chaque année, début mai, pendant une semaine, la feria del Caballo, une gigantesque manifestation avec attelages superbes, courses et défilés... et belles Andalouses en robes à volants.

– Ce qu'il faut voir : « Cómo bailan los caballos andaluces ». Le jeu (se faire confirmer en réservant), en principe tte l'année (sf j. fériés), à 12h pétantes ; les mar et jeu (2 mars-28 déc), et aussi le ven en août et sept. Également 1 sam par mois, à 12h, voir dates sur le site. Résa min 2 mois à l'avance (on vous conseille de le faire sur le site internet) ; sinon, vous risquez de faire la queue pour apprendre que c'est complet. Prix : 21-27 € selon emplacement ; réduc ; prix majorés le sam de la feria de Jerez. Un véritable show. Ce ballet équestre fut présenté pour la première fois en 1973. La bande sonore est composée par Manolo Carrasco et interprétée par l'Orchestre royal philharmonique de Londres. Très intéressant. Prendre la « tribune générale », moins chère. Attention, beaucoup plus cher pendant la feria de mai, et photos et vidéo interdites.

– À ceux qui ne viendraient pas le bon jour, on peut aussi faire les visites thématiques (deux types différents) et assister aux entraînements. Visite courte : mar (de mars à mi-sept) et jeu tte l'année 10h-14h ; mais également ven (août-sept) et sam (quand il y a un spectacle) ; guichet ouv 9h30-13h. Prix : 6,50 €. Visite longue incluant aussi le museo del Enganche et l'entraînement : lun, mar (slt en janv-fév), mer et ven (sf août-sept) 10h-14h (guichet fermé à 13h) : 11 € ; réduc. Et sinon, sont comprises dans le tarif une projection, la visite des jardins, des écuries, des selleries, de la bourrellerie, d'une partie du palais ainsi que celle des musées de l'Art équestre et de l'Attelage. Les chevaux sont de pure race *Cartujaño*. L'école compte 20 cavaliers et 3 amazones (c'est comme ça qu'on les appelle). Le palais dans les jardins fut édifié par Garnier, celui de l'Opéra de Paris.

– **Museo del Arte ecuestre** (musée de l'Art équestre) : lun-ven 10h-14h.
– **Museo del Collegamento** (musée de l'Attelage) : lun-sam 10h-14h.

🏃 🏃 **Museo del Enganche** (musée des Carrosses ; hors plan par B1, **60**) : avda Duque de Abrantes, s/n. ☎ 956-31-96-35. Tlj sf dim, lun-sam 10h-15h. Entrée : 4,50 € ; réduc ; ou inclus dans la visite thématique longue de l'école équestre : 11 €. Qui dit chevaux dit attelages. Juste à côté de l'école équestre (et gérée par ladite école), un musée moderne qui présente, à l'aide d'équipements multimédias, une large collection de tout ce qu'on peut faire tirer par des chevaux et comment leur faire faire le boulot. Quelques très belles pièces.

🏃 🏃 **Les haras de la Cartuja Hierro del Bocado** : ctra Medina-El Portal, km 6,5, à 500 m de la Cartuja. ☎ 956-16-28-09. ● yeguadacartuja.com ● Tte l'année, sam à 11h, spectacle équestre de 2-3h. On peut réserver directement sur le site. Entrée : 15,50-21,50 € selon emplacement ; réduc. Pour les aficionados, la manade de la *Cartuja* est la plus grande réserve de chevaux de pure race espagnole.

🏃🏃 **Palacio del Tiempo** (museos de la Atalaya ; hors plan par A1, **61**) : c/ Cervantes, 3. ☎ 902-18-21-00. Mars-oct, mar-sam 10h-15h, 17h-20h ; dim 10h-15h. Le reste de l'année, mar-dim 10h-15h. Fermé en janv, et 24, 25 et 31 déc. Entrée : 9 € pour la totale ; 6 € pour le palacio del Tiempo ; 5 € pour le Misterio de Jerez (début de l'animation à 10h, 12h et 18h). Visite guidée en français, si vous le souhaitez. Deux parties : d'abord une sorte de spectacle multimédia, le mystère du Jerez (sponsorisé par les grandes marques locales), qui se veut didactique et qui décrit de façon grandiloquente l'environnement naturel, et même mythologique du jerez pour illustrer le génie des hommes qui ont réussi à élever ce nectar hérité des dieux. Plus classique, au fond d'un beau jardin, dans un palais du XIXe s, l'attachant musée regroupant plus de 300 horloges européennes de très belle facture. À l'heure pile, vous pourrez entendre sonner ces horloges en concert. Effets spéciaux à l'aide d'hologrammes.

🏃 **Alcázar de Jerez** (plan B3) : c/ Alameda Vieja, s/n. ☎ 956-14-99-55. Tlj lun-ven 9h30-15h (18h mars-juin ; 20h de juil à mi-sept) ; w-e 9h30-15h tte l'année. Entrée : 5 € ; réduc. Si le terme « alcázar » évoque Séville, celui de Jerez, bien plus modeste, abrite quelques salles voûtées, des bains arabes, un ancien moulin à huile et un jardin fleuri, et une maquette de la ville au XIIe s. Pour la visite complète (ou 2 € si vous ne voulez visiter que celle-ci), la *cámara oscura* (chambre noire) ajoute de l'intérêt à la visite. Cependant, moins intéressante que celle de la *torre* de Cadix, car la ville offre tout simplement moins de monuments à voir.

🏃 **Catedral** (plan B2-3) : pl. de la Encarnación. Mar-sam 11h-13h, 18h-20h et selon horaires des messes (à 12h30 dim). Située sur une plate-forme à l'emplacement d'une ancienne mosquée, remplacée elle-même par une église gothico-mudéjare. La cathédrale mélange une série de styles différents, du gothique au néoclassique. Elle ne manque cependant pas d'allure, en particulier à la nuit tombée : le clocher (sans doute à la base un minaret) répond alors à son dôme de brique pour former, avec l'Alcázar en toile de fond, un bel ensemble illuminé. L'intérieur est assez surchargé, mais on y trouve une *Vierge à l'Enfant* de Zurbarán, tout de même.

🏃 **Iglesia San Miguel** (plan B3) : c/ San Miguel. Lun-ven 10h-13h et tlj aux heures des offices (à 20h et également 9h et 12h le dim). Étonnante façade classique, très chargée, dans le style isabellin. On peut ne pas aimer cette construction très gothique sur les flancs, qui date du XVIᵉ s. La porte gauche de l'église est joliment ouvragée dans le style baroque. À l'intérieur, lourdes colonnes et voûte gothique. Retable avec scènes sculptées de Martinez Montañéz et José de Arce. Chargé et élégant à la fois.

🍴 **Cabildo municipal** (plan B2) : *sur la pl. de la Ascunción.* Bâtiment Renaissance de 1575, avec un portail flanqué d'un Hercule et d'un Jules César bien charnus, et renforcés par les vertus cardinales (courage, justice, tempérance et prudence, si vous avez oublié). Sur la même place, la *iglesia San Dioniso,* à laquelle s'adosse une ancienne tour de guet.

🍴🍴 **Estación de ferrocarril** (gare de chemin de fer ; plan D3) : à notre avis, incontestablement le plus beau bâtiment de la ville ; pourtant, les guides n'en parlent jamais. Imaginez une superbe construction dans le style Art déco de l'Expo de 1929 et décorée d'azulejos.

🚶 **Centro andaluz de Flamenco** (plan A1) : *palacio Pemartin, pl. de San Juan, 1.* ☎ 956-90-21-34. ● centroandaluzdeflamenco.es ● *Lun-ven 9h-14h (et mer 16h30-19h). GRATUIT.* Intéressant déjà pour le palais Pemartin du XVIIIᵉ s. Le patio principal, avec ses voûtes sculptées et ses azulejos, est superbe. Vous trouverez ici le plus grand centre de documentation et d'archives concernant le flamenco et la « flamencologie » : archives, livres, documents sonores, peintures, sculptures, programmation et festivals... Une phono-vidéothèque permet de visionner cet art en mouvement.

🚶🚶 **Zoobotánico** (hors plan par A1, 63) : *c/ Madreselva, s/n.* ☎ *956-14-97-85. Résas :* ☎ *956-14-97-90/91.* ● zoobotanicojerez.com ● *Oct-avr 10h-18h, mai-sept 10h-19h. Fermé lun sf j. fériés, vac scol, Semaine sainte et 15 juin-15 sept. Entrée : 9,30 € ; réduc.* Au nord-ouest de la ville, dans un parc bien ombragé, un vrai poumon pour la ville. C'est le plus grand zoo d'Espagne, pas moins de 1 300 animaux. Sa vedette est un tigre blanc. Utile si on a un enfant à distraire lors d'un après-midi un peu chaud.

🍴 **Les marchés aux puces** : *dim mat, pl. del Mercado (plan A2) et pl. Santa Isabel (plan A1).*

🍴 **El Zoco de Artesania de Jerez** (plan B2) : *pl. de Peones.* ☎ *956-14-98-67. Lun-ven 10h30-14h, 18h-20h ; sam 11h-14h. Bar à tapas La Modina ouv en juil.* Une quinzaine de boutiques d'artisanat local (de la sculpture au miel en passant par le flamenco) rassemblées dans ce lieu. Agréable pour se promener et éventuellement rapporter quelques souvenirs.

🍴 Le dimanche à 12h, sur la plaza del Banco *(plan B2),* dans le centre, à côté de l'office de tourisme, interprétations de paso-doble, valses, marches... offertes gratuitement par la **banda municipal de Jerez.** Bravo !

Fêtes

– **La fête de San Antón** : *généralement le dernier dim de janv ; se faire confirmer.* Fête étonnante, puisque chacun vient y faire bénir ses animaux domestiques. Tout le monde y amène ce qu'il peut ! Les grands-mères avec leur hamster, leur perruche ou autre gros matou y jouent des coudes avec les exploitants de la région qui amènent leurs chevaux ou leurs vaches. On voit aussi quelques spécimens plus exotiques : serpents, mygales ou wombats à narines poilues, ce qui ne semble pas effrayer les prêtres.

– **La Semaine sainte** de Jerez est assez peu connue, mais elle y gagne en authenticité.

– **La feria del Caballo** : *début mai.* Vous verrez parader les plus beaux spécimens de chevaux andalous. Concours d'attelage, costumes traditionnels. S'y prendre à l'avance pour réserver des places aux arènes. À la différence de Séville, les *casetas* de la feria sont d'accès libre. On peut circuler de l'une à l'autre, boire un *fino* et grignoter des tapas. Beaucoup d'ambiance, les femmes revêtent leurs plus belles robes à volants et les hidalgos caracolent, bottes cirées, taille cambrée, le chapeau plat crânement posé sur un œil de velours.

– *Las fiestas de Otoño : en sept.* Fête des Vendanges. Très haute en couleur.

DANS LES ENVIRONS DE JEREZ DE LA FRONTERA

🕺🏻 *La Cartuja :* une belle chartreuse située à 7 km de Jerez, sur la route de Cadix, puis suivre Medina Sidonia, et on l'aperçoit sur la droite. ☎ 956-15-64-65. Tlj pour le jardin extérieur et le patio, 7h-18h. Pour l'intérieur, lors des offices : mar-sam 8h15 et dim 17h30 (réservé aux sœurs le lun). Autrefois réservée aux hommes, la visite est enfin mixte. L'église est toujours en restauration, mais vous pouvez profiter des agréables jardins et du patio central pour admirer la façade richement ornée, splendide exemple du gothique flamboyant du XVᵉ s. C'est aussi ici (voir plus haut) que s'est fait le croisement des chevaux napolitains, andalous et allemands au XVIᵉ s. Cette nouvelle race, toujours représentée, s'appelle « Cartujaño ».

EL PUERTO DE SANTA MARÍA   (11500)   77 700 hab.

Agréable petite ville portuaire située au débouché d'une rivière (le río Guadalete) qui se jette dans la baie de Cadix, donc un bel abri pour les bateaux. À moins de 20 mn en voiture de Cadix, cette ville est facilement accessible par la mer (navettes régulières Cadix-El Puerto de Santa María). On appréciera surtout ses petites rues animées, sa promenade le long du río Guadalete, ses nombreux palais de l'âge d'or (certains rénovés, d'autres encore usés par les siècles). Si les pierres et les murs de ces étonnantes demeures d'El Puerto de Santa María pouvaient parler, elles raconteraient une des plus belles épopées humaines de l'histoire d'Espagne, mais aussi sa folie, son extravagance, sa beauté et sa dureté.

UN PEU D'HISTOIRE

Avant que cette ville devienne un port important vers l'Amérique du Sud, c'est ici que Christophe Colomb noua des relations afin de financer son premier voyage vers les Indes en 1492. Il sollicita l'aide du duc de Medinacelli (qui y possédait un palais), une des plus grandes fortunes d'Espagne au XVᵉ s (avec les Medina-Sidonia, que Colomb avait aussi démarchés mais en vain). Au Puerto de Santa María, à défaut de trouver de l'argent, Colomb rencontra notamment le capitaine de la *Santa María,* le futur vaisseau amiral de l'expédition.

Arriver – Quitter

En bus

🚌 *Gare routière :* départs depuis la pl. de Toros ou à la gare RENFE. Les billets s'achètent auprès du chauffeur.

➤ Nombreuses liaisons/j. avec *Cadix,* avec *Los Amarillos* (● samar. es ●).

En train

🚆 *Gare RENFE :* pl. de la Estación. ☎ 902-320-320. ● renfe.com ●

➤ Plusieurs trains/j. pour **Jerez, Cadix** et **Séville**.

En bateau

➤ **De/vers Cadix :** embarcadères sur le río Guadalete, dans le centre-ville. Voir aussi, à Cadix, « Arriver – Quitter. En bateau ». En catamaran (infos : ☎ 902-45-05-50) plus rapide : lun-ven, env 20 départs/j. 7h10-20h45 (1h du mat le ven). Retours de Cadix 7h45-22h (1h35 le ven). Le w-e, slt 12 départs/j. 10h-20h45 (1h du mat le sam). Retour de Cadix 10h55-21h25 (1h35 le sam). Billet : 2,60 €, durée : 30 mn.

Adresse utile

🛈 **Office de tourisme :** Palacio de Aranlbar, pl. del Castillo, 9. ☎ 956-48-37-15. • turismoelpuerto.com • Tlj (sf dim ap-m nov-avr) 10h-14h, 18h-20h (17h30-19h30 en hiver). Accueil avenant, en anglais éventuellement.

Où dormir ?

Camping

⚊ **Camping Playa las Dunas :** paseo marítimo de la Puntilla, s/n. ☎ 956-87-22-10. • info@lasdunascamping.com • lasdunascamping.com • Ã 20 mn à pied env du centre (bus urbains réguliers). Env 21 € pour 2 avec tente et voiture en hte saison. 🛜 Plus de 1 200 places, une grosse partie bien à l'ombre d'une grande pinède de 70 ha. Également des bungalows. Une grande piscine (payante, ouv slt juil-août). La plage juste en face n'est pas la plus belle de la baie ; à un bon quart d'heure à pied, les playas Santa Catalina puis Fuenterrabia sont mieux.

De bon marché à prix moyens (max 50 €)

🏠 **El Baobab Hotel :** c/ Pagador, 37. ☎ 956-54-21-23. • info@casabaobab.es • casabaobab.es • ♿ Réception 9h-14h, 16h-21h. Nuitée 18-23 € en dortoirs 4-6 pers, doubles 45-55 €. 🖵 🛜 Petite auberge de jeunesse dans une belle maison ancienne du centre, presque en face des arènes. 4 dortoirs de 4 ou 6 personnes dont 2 non mixtes. Quelques doubles et singles. Salon et cuisine à disposition des hôtes. Accueil souriant et bonne ambiance.

🏠 **Hostal Loreto :** c/ Ganado, 17. ☎ 956-54-24-10. • info@pensionloreto.com • pensionloreto.com • Entre la pl. la Herrería et Pedro Muñoz Seca. Doubles sans ou avec sdb 36-48 € selon saison et confort ; également des triples et des familiales (4 pers). En sem, réduc au-delà d'une nuit. 🛜 (gratuit dans les parties communes). Ancien palais du XVIIIe s aménagé en hôtel. Les toreros y logeaient avant de se rendre à la plaza de Toros pour combattre. Central et bien tenu, organisé autour d'un patio andalou rempli de plantes vertes et de peintures, affiches et photos de corridas.

🏠 **Hostal Manolo :** c/ Jesus de los Milagros, 18. ☎ 956-85-75-25. 🖪 622-64-45-65 • taranqui@hotmail.com • hostal-manolo.com • Doubles 39-49 € selon saison et confort. 🖵 🛜 Bon petit hôtel propre et bien tenu. Joli patio intérieur avec ses azulejos et ses plantes bien soignées. Chambres modestes mais très correctes, et surtout très central.

🏠 **Pensión Guadalete :** c/ Maestro Domingo Veneroni, 1. ☎ 956-87-09-02. Dans une ruelle perpendiculaire à l'avda de la Bajamar, juste entre les 2 embarcadères. Doubles 30-45 € selon confort et saison. Au 1er étage d'un vieux palais aux murs jaunes. Douche et w-c, ventilo, confort modeste, mais prix doux.

De prix moyens à plus chic (45-70 €)

🏠 **Chaikana :** c/ Javier de Burgos, 17. ☎ 956-54-29-02. • hostalchaikana@hostalchaikana.com • hostalchaikana.com • 3 saisons, 3 tarifs : doubles 48-70 € avec TV et AC, mais sans petit déj. Parking à 200 m. Situé dans le centre-ville dans une rue assez calme, perpendiculaire à la Ribera del Marisco,

le long du río Guadalete (et du port).
Sans personnalité, déco démodée sans
charme, mais chambres très propres.

🏠 **Hotel Los Jándalos :** *avda de
la Bajamar, s/n.* ☎ *956-87-32-11.*
● *reservas@hotelsantamaria.es* ●
santamaria.jandalos.com ● *Doubles
78-130 € selon saison. Petit déj env 8 €.*
📶 *(gratuit).* Un hôtel de chaîne installé
dans un vieux palais restauré, à deux
pas des embarcadères. Les chambres,
très confortables, possèdent tous les
avantages des hôtels modernes. Elles
sont décorées dans un mélange de
styles espagnol et british, pas toujours
très heureux, mais très coloré. On aime.
Ou pas ! Bon accueil.

Où manger ?

Bon marché

🍽️ Plusieurs **petits bars** (qui font aussi
tapas) au centre, dans la c/ Misericordia, piétonne, donc agréable. Également au croisement de l'avenida
Aramburu de Mora et de la plaza de las
Galeras.

🍽️ **Restaurante La Herrería :** *pl. de la
Herrería, 2.* ☎ *956-54-30-04.* ● *laher
reria@gmail.com* ● *À 200 m au nord
de la pl. de las Galeras. Plats copieux
5-8 €.* 📶 *Apéro maison offert sur présentation de ce guide.* Une adresse
populaire d'habitués, propre, pas
chère, qui sert de la cuisine locale.
Spécialités de poisson (la mer n'est
pas bien loin). Terrasse au calme sur la
place. Carte traduite en français.

De prix moyens à chic

🍽️ **Romerijo :** *Ribera del Marisco, 1.*
☎ *956-54-16-62. Sur la promenade
le long del río Guadalete. Tlj 10h-23h.
Parilladas de crustacés au poids
(env 18 €/100 g). Romerijo,* c'est
LA promenade dominicale par excellence, même si c'est un peu l'usine !
Cette vénérable maison (une institution incontournable) emploie quelque
125 personnes, depuis le pêcheur
jusqu'au chef de pub, et affiche plus
de 60 ans d'existence. On y achète au
poids ses fruits de mer selon le cours

du marché à d'affables serveuses et
serveurs, qui éboullantent les crustacés devant vous et les emballent dans
du papier sulfurisé estampillé *Romerijo.*
À déguster sous les grandes bâches de
la terrasse, ou à emporter.

🍽️ **Casa Flores :** *Ribera del Río, 9.*
☎ *956-54-35-12. Un peu plus loin
que le* Romerijo. *Double entrée,
l'autre sur la berge du fleuve. Tlj 13h-
17h, 20h-minuit. Repas min 30 €.* Une
adresse chic et feutrée, fréquentée par
le gratin local. Dotée d'une belle verrière Art nouveau dans l'entrée et d'une
succession de petites salles sur le
thème marin, avec boiseries et azulejos
aux murs. Spécialités de crustacés, on
s'en doutait un peu, homards, gambas,
langoustines, sans oublier le poisson
comme la daurade ou la *lubina* (loup
de mer) et la *urta,* tous habitués des
filets des pêcheurs locaux. En saison,
la perdrix à la portugaise (aux palour-
des) a ses amateurs. On peut aussi se
contenter de *raciones* plus économiques, à consommer au bar. Très bonne
cuisine et excellent accueil.

Où boire un verre ?
Où danser ?

🍷 **El Bodégon :** *c/ Pagador, 36. Tt
près des arènes et du Baobab Hotel.
Tlj 9h-minuit. Tapas 2-4 € (7 € pour
le* jamón *de bellota).* Cette grande
bodega est installée dans un ancien
chai resté un peu dans son jus. Quelques tonneaux (pleins), outils et photos
de corridas, aux murs, font le petit
plus déco. Bonne ambiance en fin de
journée.

🍷 🎵 **Cafes y copas La Pontana :** *près
de l'embarcadère du bateau* El Vapor
*(muelle El Vapor), pl. du Parque Cal-
derón. Ouv de 16h à l'aube.* Sorte de
barge flottante aménagée en bar, amar-
rée au quai du río Guadalete. Concerts
ou soirées à thème selon les jours.
Terrasse extérieure sur le toit, agréable
les nuits d'été. À côté, un autre bar de
nuit : *La Cristalera,* entièrement vitré, ce
qui permet de voir l'ambiance à l'intérieur avant de se lancer.

🎵 **Discoteca Gold :** *c/ Micaela Aramburu de Mora, 24. Tlj 22h-6h (7h ven et*

sam). Impossible de ne pas remarquer ce grand bâtiment à arcades, aux pierres patinées, restauré récemment, qui servait autrefois de marché aux poissons *(Lonja).* Cette immense discothèque est devenue LA disco branchée de Puerto de Santa María, mais aussi de la baie de Cadix et des environs.

À voir. À faire

Castillo de San Marcos : *pl. de Alfonso X.* ☎ *956-85-17-51. Ouv mar 11h30-13h30 ; lun et mer-sam 10h-14h, 18h-20h. Entrée : 6 € ; réduc ; gratuit le mar.* Construit au XIIIᵉ s, le château a subi de nombreuses modifications au fil des âges. Des remparts intacts avec des créneaux et de belles frises. Plusieurs tours sur lesquelles viennent nidifier des cigognes. Exposition archéologique qui s'étend du Néolithique à nos jours. Expositions de peinture.

Les vieux palais : ne se visitent pas, mais on peut les admirer de la rue. Demander plus de détails à l'office de tourisme. Certains sont flanqués de plaques explicatives, et on peut les repérer sur le plan de l'office du tourisme. *Palacio de Villareal de Purullena, palacio Valdivieso, palacio de Juan Bizarrón, palacio Aranibar,* et aussi *palacio de Imbluzqueta* (aujourd'hui la mairie).

Bodega Osborne : deux adresses pour la célèbre marque à la silhouette de taureau (● osborne.es ●).

– Bodega Osborne de Mora : *c/ Los Moros, 7.* ☎ *956-86-91-00. Lun-ven, visite en anglais à 10h30 (sam à 11h), en espagnol à 11h, 12h (sam à 12h). Sur résa. Prix : 7,50 € ; env 30 mn.* Pas loin de la plaza de Toros et dédiée aux *vinos.*

– Bodega Osborne El Tiro : *ctra Nacional IV, km 651.* ☎ *956-85-42-28. Y aller en voiture. Visite lun-ven à 10h30, 12h et 13h30 en espagnol ; à 11h30 en anglais (des visites en plus juil-août, rens sur place).* Dédiée au brandy.

Plaza de Toros : *pl. Elias Ahuja.* ☎ *956-54-15-78.* Actuellement fermée à la visite pour restauration, pour un temps indéterminé. Arènes construites à la fin du XIXᵉ s. Avec plus de 15 000 places, c'est l'une des plus grandes d'Espagne.

Fuente de las Galeras Reales : *sur la promenade face à l'embarcadère du vaporcito.* Construite à l'âge d'or du commerce vers l'Amérique du Sud, cette fontaine approvisionnait en eau les navires en partance pour un long voyage sur l'Atlantique.

Voir aussi : la **Fundación Rafael Alberti** : *c/ Santo Domingo, 25.* ☎ *956-85-07-11.* ● *rafaelalberti.es* ● *Ouv mar-dim 11h-14h30. Entrée : 4 € ; réduc.* La **Fundación Pedro Munoz Seca** : *Edificio San Luis, 1ᵉʳ étage.* ● *fundacionpedromunozseca.org* ● *Lun-ven 11h-14h. GRATUIT.* Le **Museo municipal** : *c/ Pagador, 1.* ☎ *956-54-27-05. Ouv mar-ven 10h-14h. GRATUIT.*

Les plages : éviter la plage la plus proche du centre-ville, Puntilla, sur la baie de Cadix, avec superbe vue sur le port industriel de Cadix. À environ 30 mn du centre-ville à pied, les *playas Santa Catalina* puis *Fuenterrabia* sur l'Atlantique, sont plus agréables.

CADIX (CÁDIZ) (11000) 136 200 hab.

Une ville très étendue composée de deux parties, comme Saint-Malo : une grande ville moderne sur la terre ferme accessible par une route unique qui emprunte une sorte d'isthme étroit entre l'océan et une baie intérieure. La ville intra-muros est la partie la plus intéressante, qui s'avance comme un ultime fer de lance dans l'Atlantique (1 800 m sur 1 200 m). C'est une cité bâtie sur le roc, ceinte par d'épaisses murailles pointant le doigt vers le Nouveau Monde, le « cap Canaveral » des caravelles et des galions de l'âge d'or de l'Espagne. Comment rester insensible devant la présence de ces grands fantômes, tel Christophe Colomb, qui naguère s'embarqua d'ici pour aller vers l'Inconnu ? Comment ne pas aimer Cadix, refuge et havre de tant de navigateurs et aventuriers, symbole de tristesse pour les marins quand ils la quittent et de joie quand ils la retrouvent après d'interminables péripéties ? On aime Cadix non seulement pour ce qu'elle est, mais aussi pour ce qu'elle a été et représente dans l'histoire de l'Espagne. Est-ce un hasard si, par mimétisme et malgré les distances, elle est la ville espagnole qui ressemble le plus à La Havane ? Monuments patinés par le temps et les embruns océaniques, ruelles débouchant dans le bleu de la mer, places battues par les vents du large, kiosques à musique au charme désuet et palmiers touffus cousins de ceux des Amériques, demeures cossues refermées sur leurs mystères et leur passé prestigieux...

UN PEU D'HISTOIRE

Au bord de l'océan, la *Tacita de Plata* (« petite tasse d'argent », son surnom) recèle son lot de conflits, de mouvances et d'histoires. La légende raconte que Cadix fut fondée par Hercule il y a près de 3 000 ans. À l'époque, la ville s'appelait *Gadir.* Citée par Pline, elle serait un débris de l'Atlantide engloutie... selon une autre légende. Ce qui est plus certain, c'est que les Phéniciens fondèrent la ville (vers l'an 1100 av. J.-C.) dans ce lieu occupé primitivement par les Tartésiens. Cadix peut donc revendiquer son titre de plus ancienne ville d'Occident. Vers 501 avant notre ère débarquèrent les Carthaginois. Puis les Romains en 206 av. J.-C. Elle devient Gadès, que les Romains renomment *Julia Augusta Gaditana,* d'où le nom de *Gaditans* donné encore aujourd'hui aux habitants de Cadix. Jules César y séjourna de 69 à 61 av. J.-C. Vinrent ensuite les Wisigoths et les musulmans. En 1262, Alphonse X reprit Cadix des mains de ceux qui y avaient prospéré durant 500 ans.

La clé de l'Amérique espagnole et du Nouveau Monde

La ville joua, deux siècles plus tard, un rôle important dans la conquête des Amériques. Pour son troisième voyage au Nouveau Monde (1493-1496), Christophe Colomb part de Cadix. C'est le prélude à une époque de prospérité qui fait de Cadix (et du Puerto de Santa María, tout proche) un

CRISTÓBAL LE JARDINIER

Plusieurs plantes exotiques du parc Genovès furent rapportées directement d'Amérique, par Christophe Colomb. Toujours vivantes depuis plus de 500 ans. Il avait la main verte.

grand port sur la carte d'Europe, qui ouvrait les voies de l'Amérique, mais aussi un lieu stratégique sans cesse convoité par les Anglais.

L'âge d'or, le déclin, le renouveau

En 1717, la *Casa de Contratación* (sorte de ministère des Finances des explorations maritimes) et le Consulat des Indes, qui étaient installés à Séville depuis la découverte de l'Amérique par Colomb, quittent cette ville pour s'installer à Cadix. La ville devient alors le centre du commerce outre-mer et le principal lieu d'échange maritime de l'Espagne avec ses possessions d'Amérique centrale et

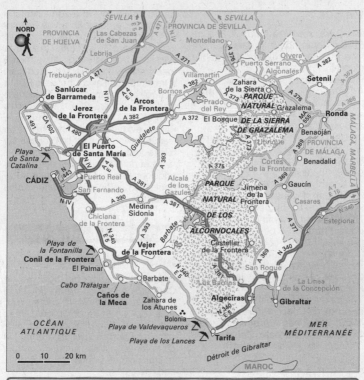

LA PROVINCE DE CADIX

du Sud. Le XVIIIᵉ siècle est l'âge d'or de Cadix. Son commerce avec le Nouveau Monde est florissant et sa réputation franchit bien des frontières. Napoléon décide de s'en emparer, mais n'y est jamais parvenu. C'est pour cette raison que le parlement s'y est installé, car c'était la seule ville d'Espagne qui n'était pas tombée aux mains de Napoléon. Cadix devient alors la capitale de l'Espagne envahie. Bien plus tard, durant la guerre civile, la ville résiste vaillamment aux franquistes et consolide sa réputation libérale.

C'est aujourd'hui, après une longue période de déclin durant le XIXᵉ s, une ville renaissante qui tente avec les moyens du bord de retrouver sa splendeur déchue. Sur le plan économique, c'est avant tout un grand port qui assure le commerce avec l'Afrique...

Arriver – Quitter

En train

🚃 **Gare RENFE** (plan D3) **:** pl. de Sevilla et avda del Puerto. ☎ 956-25-43-01 et 902-320-320. ● renfe.com ● Consignes.

➤ Trains **de/vers Jerez de la Frontera et Séville** : env 10 trains/j. Pour **Madrid,** 3 trains/j., et **Barcelone** 1 train/j. tôt le mat.

➤ **De/vers Málaga et Grenade,** changement à Séville.

➤ **De/vers l'aéroport de Jerez :** une ligne doit ouvrir prochainement entre Cadix et l'aéroport de Jerez, via Jerez-Ville.

En bus

🚌 **Gare routière** (plan D2) : pl. Sevilla. Toute nouvelle gare routière face à la gare ferroviaire, très facile d'accès.

Plusieurs compagnies de bus, dont : • tgcomes.es • pour les transports nationaux, • losamarillos.es • et • cmtbc.es • pour les transports autour de Cadix.

➤ Liaisons avec **l'aéroport de Jerez, via Jerez de la Frontera** : 6 bus/j. 8h-19h30, et 8 départs dans l'autre sens 7h30-20h45.

➤ Liaisons avec **Arcos** (4 bus/j. 9h-18h, et 1 départ le w-e), **Tarifa** (6 bus/j. 7h-20h15), **Jerez** (1 bus/j. à 7h30), **Medina Sidonia** (7 bus/j.), **Vejer de la Frontera** (8 bus/j.), **Algésiras** (9 bus/j.), **Murcie** (2 bus/j.), **Almería** (1 départ vers 15h), **Séville** (10 bus/j. 7h-21h), **Málaga** (4 bus/j.), **Grenade et Cordoue** plusieurs bus/j. via Séville et **Ronda** (2 bus/j.).

➤ Liaisons vers les petites villes de la **province de Cadix : Puerto de Santa María, Sanlúcar, Chipiona, Arcos, Conil, Canos, Barbate, Zahara** et les différents villages de la province.

En bateau

➤ **De/vers El Puerto de Santa María** (plan D2, 5) : embarcadère sur le port en face de la gare. En catamaran, plus rapide (infos : ☎ 902-45-05-50) : lun-ven, env 20 départs/j. 7h45-22h (1h35 ven) ; 17 retours 7h10-20h45 (1h du mat ven). Le w-e, slt 12 départs/j. 10h55-21h25 (1h35 sam) vers El Puerto et 10h-20h45 (1h sam) vers Cadix. Billet : 2,60 €. Durée : 30 mn.

➤ **Albarco :** rens et résas : ☎ 956-10-03-24. 📱 617-37-88-94. • albarco. com • Organise des tours de la baie de Cadix. Différents itinéraires de balades allant de 90 mn à une journée et plus.

🚢 **Gare maritime Trasmediter-ránea** (plan D2, 3) : ☎ 902-45-46-45 (appel gratuit). • trasmediterranea.es • Tlj 9h-14h, 17h-19h.

➤ **Pour les Canaries :** les fréquences et les horaires peuvent varier selon les saisons. Vérifier sur leur site web. En général, 1 départ/sem, le mar à 5h de

Cadix, arrivée le mer à 23h à Arrecife (Lanzarote), le jeu à 8h à Las Palmas et à 18h à Santa Cruz de Tenerife, et enfin le ven à 8h à Santa Cruz de la Palma. Le voyage retour fait le même trajet dans l'autre sens, avec un départ le ven à 16h de Santa Cruz de la Palma et arrêt aux mêmes endroits jusqu'à Cadix. Compter 120 € l'aller, repas compris, de Cadix à Santa Cruz de la Palma, évidemment moins cher si on s'arrête avant. On peut se procurer les billets aux guichets de Trasmediterránea et dans les agences de voyages traditionnelles. Les prix sont plus abordables lorsqu'on occupe une cabine quadruple.

Adresses et infos utiles

Infos touristiques

ℹ️ **Office municipal de tourisme de Cadix** (plan D2, 1) : paseo de Canalejas, s/n. ☎ 956-24-10-01. • cadiz. es • Lun-ven 8h30-18h30 (9h-19h en été), w-e 9h-17h. Un espace, accueillant et facile d'accès quand on arrive dans la vieille ville. Accueil courtois en français, de bonnes infos et de la documentation.

ℹ️ **Office de tourisme d'Andalousie** (Junta de Andalucía ; plan C2, 2) : c/ Nueva. ☎ 956-20-31-91. • andalucia.org • Lun-ven 9h-19h30, w-e 9h30-15h. Concerne toute la région de l'Andalousie, même s'il y a quelques infos sur la ville.

– Également • guiadecadiz.com • Site d'info sur la province de Cadix.

Poste et télécommunications

✉️ **Poste** (Correos ; plan C2) : pl. de las Flores (de son vrai nom pl. Topete). ☎ 956-21-05-11.

@ **Salon Columela Juegos** (plan C2, 6) : c/ Columela, 2. À 50 m de la pl. de las Flores. Tlj 9h-22h30. Salle de jeux abritant des ordinateurs fonctionnant avec des pièces. 2 autres salles (c/ Zurbaran, 3 et c/ Velazquez, s/n).

@ **Novap** (plan D3, 7) : cuestas de las Calesas, 43. En face de la gare ferroviaire. Tlj 11h-23h.

Banques

■ **Banques :** nombreuses sur la c/ Nueva (plan C2) à partir de la pl. San Juan de Dios, ainsi que sur la c/ San Francisco (plan C2).

Santé, urgences

■ **Farmacia** (plan C1, 4) : sur la pl. de la Mina, à l'angle de San José et Enrique de las Marinas. Lun-ven 9h-13h30, 17h30-21h ; sam 9h30-13h30.
■ **Croix-Rouge** (hors plan par D3) : Santa María de la Soledad, 10. ☎ 956-07-30-00.
■ **Ambulances :** ☎ 956-22-22-22 (Croix-Rouge) et ☎ 956-47-01-90.
■ **Police nationale** (hors plan par D3) : avda Andalucía, 28. ☎ 956-29-75-00.
■ **Police locale** (hors plan par D3) : pl. de Madrid, dans la nouvelle ville. ☎ 092.

Transports

■ **Taxis :** ☎ 956-21-21-21. ☎ 956-26-68-68. ☎ 956-34-48-60. ☎ 956-65-55-12.
■ **Location de voitures :** Europcar (plan D3), pl. Sevilla ; sur la gauche de la gare en sortant. ☎ 956-28-05-07. 650-45-31-24. ● europcar.es ● Lun-ven 9h-13h, 16h-19h ; sam 9h-13h.

Où dormir ?

ATTENTION, les pensions qui suivent ne prennent aucune réservation par téléphone et encore moins par courrier. Il faut y passer avec son bagage et y aller au petit bonheur la chance. Toutes les adresses sont situées dans la vieille ville, autour de la plaza San Juan de Dios (plan C2-3).

Bon marché (max 40 €)

Les pensions relativement bon marché sont presque toutes situées à proximité de la gare, plutôt pratique quand on arrive chargé.

■ **Casa Caracol** (plan D3, 16) : c/ Suárez Salazar, 4, 11006. ☎ 956-26-11-66. ● casacaracol1@gmail.com ● hostelcasacaracol.com ● Nuitée 17-20 € (selon saison) en dortoir de 4-7 pers. Doubles 40-60 € selon saison. Petit déj inclus. Pour les plus fauchés, hamacs sur le toit-terrasse pour 10 €.

NORD

*Baie
de Cadix*

A

B

1

*Parque
Genovés*

Paseo de Carlos III

Ulla

Gravina

Adolfo de Castro

Calderón

Enrique de las Marinas

Doctor

Gómez

S. Rosalía

C. de los Coches

Hércules

Veedor

Calle

de

Cervantes

PLAZA
SAN
ANTONIO

Avenida

Benito

Pérez Galdós

Ceballos

Vea Murgia

Benjumeda

Zorrilla

PLAZA
FALLA

**Teatro
de Falla**

**Castillo
Sta Catalina**

Doctor Marañón

San Rafael

Arias

Sacramento

Santa Inés

**Oratorio
S. Neri**

Rosario Cepeda

Solano

**Museo de
Las Cortes
de Cádiz**

33

|●|37

Diego

Jesús

Nazareno

Hospital

de

Mujeres

**Torre
Tavira**

Avenida

Duque

Calle de la Rosa

Torre

San José

Sagasta

**Hospital
de Mujeres**

↗

*Playa
La Caleta*

de

Nájera

J. C. Mutis

Patrocinio

PLAZA
DEL TÍO
DE LA TIZA

María de Arteaga

Londres

2

30
|●|

|●| **32**

Corralón de los Carros

Cubiles

Cardoso

**Mercado
central**

Portlier

Félix

V. de la Palma

**LA
VIÑA**

|●|
31

P. de Capuchino

Cruz

Desamparados

**Castillo
San Sebastián**

Pericón de Cádiz

34
|●|

San

Lubet

Campo del Sur

Campo

del

Sur

OCÉAN ATLANTIQUE

3

0   100   200 m

A

B

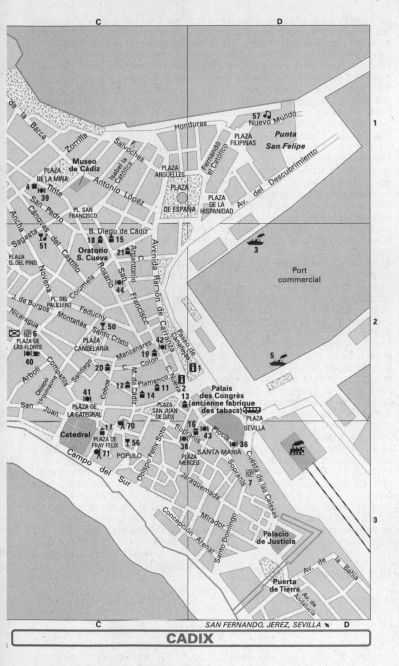

☐ 📶 Petite auberge de jeunesse privée mixte, dont le proprio est Nico, un jeune Britannique polyglotte (espagnol, français et portugais) très chaleureux. Située au cœur de la vieille ville et à proximité de toutes animations. En tout, 26 lits, 5 hamacs et 2 matelas... placards qui ferment à clé, ventilo et salles de bains communes impec' (notre préférée ? celle sur la terrasse) ! Grande cuisine commune avec coin repas et thé et café gratuits au rez-de-chaussée. Sur la terrasse du toit, coin salon. Déco colorée et sympa, avec par-ci par-là les œuvres artistiques de copains ou de Nico. Agrandissement en cours avec la maison d'à côté. Une excellente adresse qui n'a rien à envier aux pensions de la même catégorie qui suivent. Excellent accueil de Nico, de surcroît !

🛏 *Pensión Las Cuatro Naciones* (plan C-D2, **13**) : c/ Plocia, 3 IZ, 11005. ☎ 956-25-55-39. En plein centre. Au 1er étage. Congés : 1er-15 oct. Passer le mat pour réserver. Doubles 37-40 € selon saison. 8 chambres (dont 2 avec salle de bains) peu spacieuses, très simples mais propres et correctes pour le prix. Douches et w-c sur le palier, refaits récemment. Pas de ventilo. Pour quelques jours, pas plus. On paie à l'avance. Accueil nonchalant.

🛏 *Pensión Marqués* (plan C2, **14**) : c/ Marqués de Cádiz, 1, 11005. ☎ 956-28-58-54. ● info@hospederiamarques. es ● hospederiamarques.es ● Selon saison, doubles avec lavabo 40-50 €, avec sdb 45-70 €. ☐ 📶 Pour les premières, c'est un peu cher mais correct. Les secondes sont à éviter, car la différence de prix ne vaut pas la peine. Propre. En somme, on arrive, on dort, on se lave et on s'en va. En dépannage. L'accueil est jovial.

Prix moyens (40-80 €)

🛏 *Los Piratas* (plan C3, **17**) : c/ Callejón de los Piratas, 4, 11005. ☎ 956-26-11-66. ● casacaracol1@gmail. com ● hostel-casacaracol.com ● Congés : oct-mars. Appart 2 pers env 60 €. 📶 Trois petits pas derrière la cathédrale, un grand appartement

disposant de 5 chambres (3 doubles et 2 avec lits superposés) et 2 salles de bains impeccables. Vaste cuisine commune avec grande table et canapé. Toit-terrasse privé, immense avec coin d'ombre et vue sur la ville. C'est aussi Nico, de la *Casa Caracol*, qui a transformé cet appartement en chambres d'hôtes, et c'est une bonne alternative pour ceux qui souhaitent être plus au calme.

🛏 *Hostal Fantoni* (plan C2, **11**) : c/ Flamenco, 5, 11005. ☎ 956-28-27-04. ● info@hostalfantoni.es ● hostalfantoni. es ● À 100 m du port. Congés : de mi-déc à fév. Doubles 45-80 € selon saison. ☐ 📶 Une petite pension familiale, des fleurs, des plantes, une petite terrasse ensoleillée. Chambres propres et bien tenues, surtout celles du 2e étage, rénovées, avec salle de bains et AC. Bon accueil.

🛏 *Hostal Bahia* (plan C-D2, **13**) : Plocia, 5, 11005. ☎ 956-25-90-61. ● reservas@hostalbahiacadiz. com ● hostalbahiacadiz.com ● Doubles 58-79 € selon confort et saison. 📶 Petit hôtel central de 3 étages totalement rénové avec des chambres qui donnent sur la ruelle ou sur une place piétonne. Petits balcons, douche et w-c, AC. Bon accueil.

🛏 *Hostal Colón* (plan C2, **12**) : c/ Marqués de Cádiz, 6, 11005. ☎ 956-28-53-51. ● hostalcoloncadiz@gmail. com ● hostalcolon.es ● Dans un dédale de ruelles derrière l'Archivo municipal. Doubles ou triples avec lavabo (bains à l'extérieur) 45-75 € selon saison. 📶 Petite pension très propre. 9 chambres spacieuses. Préférez celle du 3e étage avec une terrasse. Accueil Dr Jekill ou Mr Hyde, ça dépend du perroquet. Boulangerie en face.

🛏 *Hostal Canalejas* (plan C2, **19**) : Cristóbal Colón, 5, 11002. ☎ 956-26-41-13. ● hostalcanalejas.com ● Doubles avec sdb 57-80 € selon saison, sans petit déj. ☐ 📶 Très central, un immeuble ancien avec un patio intérieur et des chambres impeccables (AC). Plus on monte dans les étages, plus elles sont claires.

🛏 *Hostal San Francisco* (plan C2, **15**) : c/ San Francisco, 12, 11004. ☎ 956-22-18-42. ● amaparhostales.com ● 🍴 Doubles avec sdb 57-80 € selon saison. 1 chambre sans sdb un peu moins chère. ⌨ 🛜 Propre, avec son hall carrelé et ses ferronneries. Mieux vaut choisir des chambres du 3e étage, plus lumineuses et moins bruyantes, car l'hôtel est sur une rue très commerçante. Location de vélos.

De plus chic à très chic (80-145 €)

🏠 *Hotel Patagonia Sur* (plan C2, **20**) : c/ Cobos, 11, 11005. ☎ 856-17-46-47. ● info@hotelpatagoniasur.es ● hotel patagoniasur.es ● *En plein cœur de la vieille ville. Doubles 75-133 € selon saison. Petit déj 6-8 €. 2 doubles avec terrasse au dernier étage un peu plus chères, 90-155 €.* ⌨ 🛜 *Sur présentation de ce guide, petit déj offert ou 5 % de réduc sur les doubles si résa directe.* Hôtel tout récent, au confort très moderne, coincé entre les antiques maisons de cette rue étroite et semi-piétonne du vieux centre. Préférez les chambres du 2e étage, plus lumineuses. Toutes sont très bien équipées, propres et décorées avec des matériaux actuels de belle qualité. Certaines sur la rue sont plus petites ; les plus belles, mais aussi les plus chères, sont évidemment les *Atico* nos 51 et 52 au dernier étage, avec leur jolie terrasse privée. Petit déj-buffet très bon et copieux. Accueil courtois.

🏠 *Hotel Argantonio* (plan C2, **21**) : c/ Argantonio, 3, 11004. ☎ 956-21-16-40. ● reservas@hotelargantonio.es ● hotelargantonio.es ● *Doubles 95-119 € selon saison, hors festival et Semaine sainte, petit déj compris.* ⌨ 🛜 *(gratuit).* Blotti dans une ruelle calme (ni voitures ni bars !), cet hôtel particulier de la fin du XIXe s a été récemment transformé, avec beaucoup de goût, en véritable petit hôtel de charme de 15 chambres. Joli patio avec sa fontaine qui bat la mesure ! Tous les sols anciens ont été conservés et restaurés, à commencer par celui du patio et ceux des parties communes. Dans les salles de bains, les vieux lavabos ont également été restaurés et des douches à l'italienne réinventées, pour les moderniser. Les chambres dégagent toutes, sans exception, un réel charme. Sans oublier

la petite salle de petit déj au rez-de-chaussée, tout aussi jolie ! Accueil en accord avec le lieu.

🏠 *Hospedería Las Cortés de Cádiz* (plan C2, **18**) : c/ San Francisco, 9, 11004. ☎ 956-22-04-89. ● contacto@ hotellascortes.com ● hotellascortes. com ● 🛗 *Doubles 80-180 € selon saison, sem ou w-e.* 🛜 Un hôtel en plein quartier commerçant (avec garage). Patio monumental, fauteuils d'osier, rambardes à moulures, couleurs vives. Belles chambres toutes équipées avec AC. Salles de bains un peu petites. Préférez les chambres au 3e étage, moins bruyantes. Personnel stylé. Salle de fitness, sauna et jacuzzi. Petite tour au sommet pour observer les toits de la ville. À côté, le bar à tapas-cafétéria sert de salle de petit déj.

Où manger ?

Dans le quartier de Viña

Un de nos quartiers préférés, celui où se concentrent toutes les *peñas* (*flamencas* ou non), les cercles, où se réunissent les aficionados d'une passion commune. Les enfants chahutent le soir sur la rue Virgen de la Palma et les plus grands dragouillent, sous le regard bienveillant d'une pâle Vierge décorée comme un arbre de Noël. Les « anciens » sirotent leur énième *fino*, et il n'est pas rare d'entendre quelqu'un pousser une complainte qui sera reprise en *siguirya* ou en *bolero*. C'est un quartier parfois un peu crapouilleux, certes, mais où peu de touristes pointent le bout de leurs tongs. Petite précaution : en Andalousie, on dit souvent qu'il n'y a que les Anglais et les chiens pour traverser la place du village à 14h. Ce n'est pas loin d'être vrai à Viña. Un quartier à fréquenter le soir, sans modération.

Bon marché (max 13 €)

🍴 *Taberna Casa Manteca* (plan A2, **30**) : c/ corralón de los Carros, 66. ☎ 956-21-36-03. ● tomasmanteca@ hotmail.com ● *Tlj sf lun en hiver. Tapas min 1,80 €. CB refusées. Digestif offert* *sur présentation de ce guide.* José Ruiz Manteca fut l'un de ces toreros qui, croisant la corne d'un taureau de trop près, décidèrent un jour de raccrocher la *muleta.* À présent, il cultive ses souvenirs dans cette *taberna* traditionnelle. Avec ses azulejos, ses photos de célébrités, ses gros tonneaux, on tombe rapidement sous le charme. Si José Ruiz n'est pas là, ce sera peut-être l'un de ses fils, Tomás, ou son serveur à l'accent belge qui vous serviront un *manzanilla* ou un *fino* accompagné d'une *tapita.* Ou peut-être tomberez-vous sur l'une des figures du coin du chant flamenco, Piti de Cádiz. De nombreuses figures *gaditanas,* avocats, médecins, juristes, viennent également dans ce repaire d'habitués, qui dispose également d'une terrasse. Parfois des soirées flamenco y sont organisées et se prolongent tard dans la nuit.

|●| Mesón Ca' Felipe *(plan B2, 31) :* Virgen de la Palma, 4. ☎ 956-22-21-25. Fermé lun. Congés : oct. Compter 8 € pour une tortilla de camarones et une caña *(bière).* Même style que la *Casa Manteca,* mais moins réputé.

|●| Bar La Palma *(plan B2, 32) :* Virgen de la Palma, 7. Tlj sf lun. Grosso modo, les mêmes prix que précédemment. Excellents jambons. Une adresse bien authentique et chaleureuse où l'on pose le coude sur le bar, puis on commence à discutailler avec ses voisins sur les grands cadres remplis de photos-souvenirs de corridas.

Plus chic (25-30 €)

|●| El Faro de Cádiz *(plan A2, 34) :* c/ San Félix, 15. ☎ 902-21-10-68. ● info@elfarodecadiz.com ● 💥 Service tlj 13h-16h, 20h30-23h30. Menu min 38 €. Demander la carte du jour, seulement en espagnol ; de très bons plats, et souvent moins chers. Ce resto reste une référence sur la place *gaditana.* Il est donc plus sûr de réserver. L'intérieur ressemble fortement à un club anglais, avec sa vaisselle vieillotte, ses verres fumés et ses serveuses habillées en garçon, la serviette calée au millimètre près sur l'avant-bras. Un bon point, on ne pousse pas à la conso puisque l'on sert des vins au verre. Service un peu ampoulé.

Autour de la plaza San Francisco

Bon marché (max 13 €)

|●| Freiduría Europa *(plan B2, 33) :* Hospital de Mujeres, 21. ☎ 956-22-73-05. Tlj sf dim. Menus 13,50-19 €. L'endroit pour les grosses faims. C'est une sorte de fast-food-rôtisserie, avec toujours un demi-poulet rôti que l'on agrémente d'un *surtido de pescadito frito* en entrée ou d'*empanadas* (chaussons fourrés à la viande). À emporter à priori, mais il y a tout de même 2, 3 tables pour se poser à l'intérieur, à moins que l'on préfère s'accouder au bar. Un peu « grassouille » mais très reconstituant.

|●| El Fogón de Mariana *(plan B2, 37) :* Sacramento, 39. ☎ 956-22-06-00. À l'angle de Rosario Cepeda. Ouv 12h-17h, 20h-minuit (2h ven et sam). Fermé mer. Formule 3 tapas + boisson 5 €. Petits menus 6-12 € ; menu 24 €. Un petit bar comme on les aime. Des jambons accrochés au plafond, *embutidos* à volonté. Et aussi de petits *montaditos* à prix raisonnables.

|●| El Templete *(plan C1, 39) :* pl. de la Mina, 1. ☎ 956-21-35-00. Tlj. Menus 7-9 € le midi. Bar en longueur, avec dans le fond une salle garnie de tables en bois. Possibilité de manger en terrasse des tapas variées. Bien pour ses tables sur la place et ses menus du midi.

Entre les plazas de las Flores et de España

Bon marché (max 13 €)

|●| Freiduría de las Flores *(plan C2, 40) :* pl. Topete, 4. ☎ 956-22-61-12 ou 956-28-93-78. ● freiduria.las.flores@gmail.com ● Tlj jusqu'à 1h. Poisson frit, mollusques et autres crevettes au kilo ou en portion (3-8 €), à manger dehors sur la terrasse de préférence, vu la déco, mais elle est vite prise d'assaut. Alors, on s'en met plein les doigts, les fesses calées éventuellement sur l'un des bancs de la magnifique « place des Fleurs ».

I●I *La Galeona* (plan C2, **44**) : c/ San Francisco, 21. Resto-traiteur dans une rue piétonne très agréable. La *galeona*, c'est le galion espagnol, symbole des explorations et de l'histoire maritime de l'Espagne au Nouveau Monde. *Media raciones* et *raciones* à prix sages, vins, charcuterie, fromage. Plutôt le midi, le soir un peu tristounet. Éviter la paella, sans intérêt (d'ailleurs, ce n'est pas sa région d'origine !).

I●I *La Catedral* (plan C2, **41**) : pl. de la Catedral, 9. ☎ 956-25-21-84. ♿ Plats 6-15 €. Repas copieux à prix doux. Cette grande terrasse a l'avantage d'être face à l'entrée de la cathédrale, agréable pour grignoter et boire un verre tout en laissant traîner ses yeux.

Près du port

Bon marché (max 13 €)

I●I *Bar La Rambla* (plan C-D3, **38**) : c/ Sopranis, 11. ☎ 956-26-03-58. Salle carrelée où se serrent à midi les employés du coin. Longue liste de tapas (plus de 75) au tableau lumineux dans le fond. Ne ratez pas les piments du patron ou les *sepia a la plancha* dans leur encre. Une curiosité : les *ortiguillas*, des anémones de mer que l'on fait frire. Paella pas terrible en revanche. Service souriant et addition modérée.

I●I *Marisquería Joselito* (plan C2, **42**) : c/ San Francisco, 38 bis, paseo de Canalejas ; et une 2e enseigne sur le port, 10 m derrière. ☎ 956-26-65-48. À deux pas de l'office de tourisme. Tlj sf les dim d'été. Tapas min 2-4 €/pièce, plats 8-10 €, menus 16-24 €. CB refusées. Spécialités de fruits de mer et de poisson. Les *calamares* et les *boquerones* sont excellents. Bien vérifier son addition, cependant...

Prix moyens (13-25 €)

I●I *El Aljibe Gaditano* (plan D3, **36**) : c/ Plocia, 25. ☎ 956-26-66-56. ● elaljibegaditano@gmail.com ● Fermé Noël et Jour de l'an. Tapas min 2,20 €, menu 18 €, repas 20-30 €. Digestif offert sur présentation de ce guide. Un resto-

bar à tapas, à la déco qui renouvelle le genre de façon inventive. Chaque *ración* est une véritable composition gastronomique en soi, comme ces *choquitos en su tinta con arroz* ou *crema de camarones*. À ce niveau de qualité, les tapas reçoivent leurs lettres de noblesse culinaire. Parfois en perte de vitesse en haute saison. Déco plaisante mais sans ostentation.

I●I *Atxuri* (plan D3, **43**) : c/ Plocia, 7. ☎ 956-25-36-13. ● info@atxuri.es ● ♿ Tlj sf soir dim-mer, 13h30-16h30, 21h-23h30. Son nom vient d'un quartier de Bilbao. Une partie bar pour déguster des tapas et une salle de resto tout autour pour profiter, assis, d'une cuisine inventive et pas trop chère, aux accents basques.

Où tremper un *churro* dans un chocolat ?

☛ *Cafetería la Marina* (plan C2, **40**) : pl. de Las Flores, juste à côté de la poste. Une petite halte pour les gourmands. *Churros* à petits prix à tremper, si on aime, dans de délicieux chocolats chauds. Quelques tables à l'ombre sur la place.

Où boire un verre ? Où sortir ?

Autour de la plaza San Francisco

Comme souvent en Espagne, les jeunes s'achètent des bouteilles dans les débits de boissons et vont siroter le tout avec quelques copains sur la plaza San Francisco : c'est le *botellón*. Les étudiants plus en fonds, eux, se replient sur les nombreux *bars de copas* du centre historique.

♟ *Taberna La Manzanilla* (plan C2, **50**) : c/ Feduchy, 19. ☎ 956-28-54-01. Lun-ven 10h-15h, 18h30-22h30 ; w-e 10h-15h. Fermé dim avr-juin. Verre de jerez min 1,50 €. Difficile de trouver plus local et plus authentique. On y sert (évidemment) toutes sortes de jerez.

Nombreux *olorosos, amontadilladas, finas* et *viejas.* On peut même y acheter du vinaigre de Sanlúcar de Barrameda ou faire réparer son tonneau, mais bon, faut l'apporter !

♪ *Woodstock Bar* (plan C2, **51**) : à l'angle de Sagasta et de Canovas del Castillo. ☎ 956-21-21-63. *Ouv jusqu'à 4h. Pinte env 3 €.* Mais aussi 48 saveurs de tisanes et infusions et plus de 65 sortes de bières de tous les pays. Ou encore des chocolats chauds aux arômes variés. Solide bar irlandais à la clientèle étudiante et jeune, dans une atmosphère chaleureuse et festive.

Autour de la plaza de la Catedral

On aime bien aussi le quartier El Pópulo, à deux pas de la cathédrale derrière la plaza San Juan de Dios. Il regorge de bars à tapas en tout genre, bon marché et très conviviaux le soir pour boire un verre et manger des tapas. Ambiance jeune assurée.

♪ *La Favorita* (plan C3, **56**) : c/ Mesón, 8, barrio del Populo. ☎ 625-13-17-54. *Tlj sf dim 20h-22h. Congés : nov. CB refusées.* 🛜 *Digestif offert sur présentation de ce guide.* Un *bar de tapas y de copas* dans une salle colorée avec un comptoir rond décoré de mosaïques. Quelques tables sur la rue piétonne. Petits plats à petits prix pour petites faims.

La punta San Felipe

♫ Plusieurs *boîtes* (plan D1, **57**) alignées sous les arcades de béton, face aux containers du port. Un site bien choisi car la musique ne gêne personne dans ce quartier. Parmi

d'autres, ***King's & Queen's, Kim, Aqui te Quiero, Le Chic, Supersonic*** ou encore ***Imagina,*** la plus grosse tout au bout devant la mer.

Où voir et écouter du flamenco ?

Attention, aucune de ces adresses ne fonctionne tous les soirs : se renseigner avant d'y aller, les programmations changent tout le temps, certains spectacles sont à 22h.

♪ *La Cava, Taverna Flamenca* (plan C1) : c/ Antonio López, 16. ☎ 956-21-18-66. ● flamencolacava@flamencolacava.com ● flamencolacava.com ● *Ouv mar, jeu et ven d'avr à mi-oct ; mar, jeu et sam de mi-oct à fin nov ; jeu et sam fév-mars ; fermé déc-janv. Spectacle à 21h30 (22h en été).* Assez touristique, et cher.

♪ *Peña La Perla de Cádiz* (plan D3) : c/ Carlos Ollero. ☎ 956-25-91-01. ● flamencolaperla@hotmail.com ● laperladecadiz.es ● Artistes locaux.

♪ *Peña Juanito Villar* (plan D2) : puerta de la Caleta, paseo Fernando Quinones, s/n. ☎ 956-22-52-90. ● pflamencajuanitovillar.blogspot.fr ●

♪ *Peña Enrique El Mellizo* (plan D1) : paseo de San Felipe. ☎ 956-22-19-85. ● enriqueelmellizo.com ●

♪ *Centro municipal de Arte flamenco la Merced* (plan C-D3) : pl. de la Merced, 8. ☎ 956-28-51-89. *Billetterie ouv lun-sam 10h-14h, 18h-21h. Les spectacles débutent en général à 21h.* La programmation est affichée sur le mur à droite de l'entrée. Ce grand hangar du bario Santa María a été restauré pour accueillir toutes les versions du flamenco en un seul lieu.

À voir

Si vous avez peu de temps, vous vous contenterez d'une balade dans les vieux quartiers de la ville, la partie la plus intéressante de Cadix. Quelques immeubles anciens ont pas mal de cachet.

🎫🎫 *Torre Tavira* (cámara oscura ; plan B2) : c/ Marqués del Real Tesoro, 10 (angle avec Sacramento). ☎ 956-21-29-10. ● torretavira.com ● *Tlj 10h-20h (18h oct-avr). Fermé 1er janv et 25 déc. Entrée : 5 € ; réduc. Accès limité à 18-20 pers et visite ttes les 30 mn. Dernière séance de la chambre noire 30 mn avt la fermeture. Visites guidées en français à disposition.* Cette haute tour baroque (l'une des plus vieilles de Cadix) abrite une ingénieuse chambre noire, au dernier étage. Un effet d'optique permet une vue complète et panoramique de la ville, projetée sur un écran parabolique blanc. Un guide

commente l'histoire de Cadix au travers de ses monuments. S'il y a trop de monde, rabattez-vous sur la terrasse tout en haut, d'où la vue est absolument superbe. Également des expos artistiques dans d'autres salles, ainsi que des projections vidéo (reportages sur la région), des infos sur les chambres noires et sur l'histoire commerciale de Cadix durant les XIXe et XXe s. Une belle initiative culturelle, entre patrimoine et modernité. Certainement la visite la plus intéressante de la ville.

🦴 *Catedral (plan C2-3) :* pl. de la Catedral. ☎ 956-28-61-54. *Lun-sam 10h-18h30, dim 13h30-18h30. Entrée : 5 €. Plutôt cher, étant donné les travaux permanents qui ne permettent pas de voir réellement l'intérieur. On peut tenter d'entrer lors des offices, messe dim à 12h et vêpres jeu à 18h30.* Chaque jour rongée un peu plus par le sel, l'humidité et le temps, mais en phase terminale de restauration. Commencée en 1723, elle fut achevée en 1853. Surmonté par un immense dôme doré, l'édifice mélange sans grand bonheur des éléments Renaissance, baroques et néoclassiques. Large façade pompeuse, imposante. À l'intérieur, on notera un *Christ* de Juan de Arce et une *Vierge endormie* de Zurbarán. Dans la crypte reposent les restes du célèbre compositeur Manuel de Falla (1946).
On peut accéder à la *tour-belvédère du Poniente* – mirador Torre de Poniente (● torredeponiente.com ● ; *tlj 10h-18h – 20h de mi-juin à mi-sept ; entrée : 5 €, réduc ; départ ttes les 30 mn)* et suivre un guide dont le commentaire retrace l'histoire de Cadix au moment de sa plus grande prospérité.
– À 50 m sur la droite de l'édifice (quand on lui tourne le dos), petit *Museo catedralicio (mar-sam 10h-13h, 17h-20h ; dim 10h-13h ; entrée : 5 €)* composé de trois maisons. Musée d'objets religieux agrémenté d'un joli patio mudéjar.

🦴 Entre la cathédrale et la plaza San Juan de Dios s'étend un *vieux quartier* authentique et populaire aux maisons fleuries, aux patios décorés... El Pópulo. En empruntant la calle San Martín, on note une belle façade baroque avec balcon.

🦴 *Casa del Almirante (plan C2-3, 70) :* sur la place du même nom. Un joli petit palais baroque, un peu royal peut-être, mais qui, à l'époque, avec son portail de marbre de Gênes, a dû valoir une belle dose de fierté à son proprio... dont tout le monde a oublié le nom par ailleurs.

🦴 *Oratorio de la Santa Cueva (plan C2) :* c/ Rosario, juste à gauche du n° 10 D. ☎ 956-22-22-62. *Mar-ven 10h-13h, 16h30-19h30 (11h-14h et 17h30-20h30 en été) ; w-e 10h-13h (11h-14h en été). Fermé lun sf en été. Entrée : 3 €.* C'est au sous-sol qu'on trouve cette chapelle du XVIIIe s. On y découvre notamment des œuvres de Goya et de Cavallini réalisées sous le dôme de la coupole. Entre autres, une *Cène* et une *Multiplication des pains*.

🦴 *Oratorio de San Felipe Neri (plan B2) :* c/ Santa Inés, 9. ☎ 956-21-16-12. *Tlj 10h30-13h30 (21h dim en été). Entrée : 3 €.* Ce monument national et historique (inauguré en 1719) renferme une *Immaculée Conception* de Murillo. Pour les amateurs de grand art. C'est là que la Constitution du pays fut signée.

🦴 *Museo de Cádiz (plan C1) :* pl. de la Mina. ☎ 956-20-33-77. *Mar 14h30-20h30 ; mer-sam 9h-20h30 ; dim 9h-14h30. Fermé lun sf j. fériés (9h-14h30). GRATUIT pour les ressortissants de l'UE ; 1,50 € pour les autres.* Ce petit musée très moderne et bien éclairé présente au rez-de-chaussée des pièces d'archéologie et des statues issues des époques phénicienne, carthaginoise et romaine (colossale statue de Trajan). Cadix s'appelait alors *Gadir.* Les coquins repéreront les petites amulettes phalliques liées aux rites de fertilité. À l'étage, salles consacrées à la peinture espagnole du XVIe au XXe s. On y voit entre autres des œuvres de Murillo, Zurbarán (le retable de la Cartuja de Jerez), Van Eyck (un portrait de femme, mais c'est une copie) et Rubens (une petite *Sainte Famille*). On s'arrêtera sur une vision gratinée des enfers du Hollandais Pickenooy avec des diables grimaçants entraînant les damnés vers les flammes éternelles. Au 2e étage, une salle consacrée à l'art contemporain. Une dernière salle expose des scènes de marionnettes.

🦋 ***Castillo San Sebastián et castillo Santa Catalina*** *(plan A1-2) :* Antonio Burgos, de part et d'autre de la pl. Caleta. Tlj 10h-20h45 (19h45 nov-fév). L'accès de ces redoutes est libre. Régulièrement des comédiens y assurent une animation en restituant par des saynètes des épisodes de l'histoire de Cadix. Il faut un bon niveau d'espagnol pour les suivre.

🦋 ***Hospital de Mujeres*** *(hôpital des Femmes ; plan B2) :* dans la rue homonyme. ☎ 956-22-36-47. Lun-sam 10h-13h30. Env 1 € pour voir la jolie petite chapelle baroque. Également appelé *hospital de la Misericordia,* il est encore en activité. On peut aussi en visiter le patio.

🦋 ***Plaza de la Mina*** *(plan C1) :* une autre belle place de Cadix. Au n° 3, immeuble où vécut le musicien Manuel de Falla en 1876.

🦋 ***Plaza de la Candelaria*** *(plan C2) :* jolie place typiquement gaditane. Au n° 15, à l'angle avec la calle Montanes, un immeuble cossu aux balcons de fer (grilles métalliques aux fenêtres) où vécut pendant 4 ans le père de l'indépendance du Chili, « El Libertador Bernardo O'Higgins ».

🦋 ***Cadiz Virtual :*** puerta de Tierra (murailles). ☎ 956-27-20-62. ● gacei.com ● Tlj 10h-20h (18h de mi-sept à mi-juin). Entrée : projection 4 € ou 6 € avec le musée ; réduc enfants. Projection en 3D sur l'histoire du port de Cadix, et visite de la tour et de son petit musée en plus.

🦋 ***Yacimiento arqueológico Casa del Obispo*** *(site archéologique Maison de l'évêque ; plan C3, 71) :* pl. de Fray Felix, 5. ☎ 956-26-47-34. ● lacasadelobispo. com ● 15 juin-15 sept, tlj 10h-20h ; le reste de l'année, tlj 10h-18h. Entrée : 5 € ; réduc. C'est l'histoire enfouie de Cadix que l'on découvre à travers un parcours archéologique qui emprunte des passerelles en plexi transparent enjambant les vestiges émouvants d'un monument funéraire phénicien et d'un temple romain.

Les plages

⛱ La ***playa La Caleta,*** l'unique plage de la vieille ville, se situe à l'extrémité sud-ouest de la cité, longeant l'avenida Duque de Nájera. C'est là qu'ont été tournées certaines scènes d'un James Bond, *Die Another Day* !

⛱ L'autre plage fréquentable est la ***playa de la Victoria*** *(hors plan par D3).* On y accède par l'avenida de Andalucía ou par le bus n° 1. Dans la ville moderne, bordée d'immeubles immondes.

JAMES BOND À CADIX

En 2002, on apprit avec joie que des scènes de Meurs un autre jour allaient se tourner à Cadix. On y verrait Halle Berry se baigner devant une maison traditionnelle. Quel honneur ! Quelle promotion pour la ville ! Et quelle déception quand on s'aperçut que les scènes étaient censées, selon le scénario, se dérouler à La Havane.

Fêtes

– **Le carnaval de Cadix :** *généralement la 2e sem de fév, à peu près 40 j. avt la Semaine sainte.* Il est célèbre dans toute l'Espagne. Des joutes musicales animent la grisaille de l'hiver : guitares, mandolines, tambours, sifflets... Toute la population se costume et défile dans les rues. On danse, on chante, on rit tout au long de la nuit. Cela se termine souvent devant un lever de soleil en dégustant des *churros. ¡ Un momento inolvidable !*
– **Fête internationale de Danse folklorique :** *début juil, pdt 3 j.* Superbe.

AUTOUR DE CADIX

La province de Cadix commence par les vagues du bord de mer, se poursuit sur les collines vertes semées de villages et de petites villes blanches, nids d'aigle surveillant la plaine de loin, et se perd entre les monts de la sierra de Grazalema. Au cœur de ces étendues verdoyantes au printemps, plus jaunies en été, il faut savoir découvrir les élevages de *toros* et les grands *cortijos,* vastes domaines exploités par les grandes familles espagnoles. Une fois l'œil exercé, vous pourrez reconnaître la marque des *toros* sur les portails des *ganaderías.*

MEDINA SIDONIA (11170 ; 11 683 hab.)

Perché sur une colline dominant la campagne au sud d'Arcos, où l'on trouve quelques fameux élevages de taureaux de combat, le beau village tout blanc de Medina Sidonia, déjà habité au temps des Phéniciens, fut le siège d'un concile sous les Wisigoths et prospéra à l'époque arabe, d'où son titre de Medina. Son nom fut accolé à celui de Guzmán pour former un duché parmi les plus puissants d'Espagne, et une famille prestigieuse (voir « Sanlúcar de Barrameda »).
On peut y découvrir un **site archéologique** assez étonnant, composé d'un réseau d'égouts romains des plus ingénieux. Et sur la place qui domine la ville (où se trouve l'office de tourisme), sous les ruines de l'ancien Alcázar, visiter l'**église de Santa María la Coronada,** de style gothique avec tour-clocher baroque (entrée payante). L'église eut le grand privilège de servir de siège épiscopal à l'évêque de Cadix, lorsque la ville fut détruite et pillée en 1473 par les Portugais (alliés aux Anglais). À l'intérieur, au maître-autel, un magnifique retable plateresque dédié à la Vierge. Et, sur un côté, deux bancs d'Inquisition de sinistre mémoire.

Où dormir ?

🛏 **Apartamentos-casa rural Los Balcones :** *c/ La Loba, 26.* ☎ 956-42-30-33. 🖥 652-04-85-16. • info@ losbalcones.net • losbalcones. net • 🍴 *Réception ouv 9h-14h (et 17h30-21h le mar)* ; en fin de sem, slt le mat. Au cœur du petit bourg, apparts 2-4 pers, avec kitchenette et salon, 60-70 € selon saison ; doubles 40-50 €. 🖥 📶 *Sur présentation de ce guide, 10 % de réduc sur les doubles ou massage relaxant de 15 mn offert selon disponibilité.* Une maison de la fin du XIXe s à la façade blanche, aux fenêtres protégées par des grilles (comme la plupart des maisons nobles du village). Elle abrite 7 appartements décorés avec goût, disposés autour d'une verrière couvrant le patio intérieur, sorte de puits de lumière andalou. Superbe terrasse-solarium à partager, donnant sur les toits. Accueil courtois.

Où boire un verre, tant qu'on est là et qu'on a soif ?

🍸 Plusieurs bars avec de grandes terrasses sympas, sur la place, face à l'église, d'où le regard porte jusqu'à

Cadix par beau temps. Pour les gourmands en manque, deux excellentes pâtisseries, avec de délicieux gâteaux et spécialités du coin. Pour boire un verre et grignoter quelques tapas, c'est ici qu'il faut venir. Et si par hasard vous passez un dimanche... c'est le seul endroit du village un peu animé.

ARCOS DE LA FRONTERA   (11630)   27 000 hab.

À 33 km à l'est de Jerez de la Frontera. Superbe village andalou perché sur un promontoire rocheux, surplombant le río Guadalete. Une vraie halte plaisir. Presque toutes nos adresses se concentrent dans la partie haute du village, la plus ancienne et la plus belle. Attention, circulation quasi impossible vu l'étroitesse des rues. Laisser la voiture au bas

À LA *FRONTERA* DE L'HISTOIRE...

Plusieurs villes de la région ont un nom qui se termine par « la Frontera » ; en effet, c'était la ligne de démarcation, souvent garnie de forteresses, entre les territoires occupés par les Arabes et ceux contrôlés par les catholiques.

de la colline. Les véhicules qui traversent tant bien que mal le village gâchent un peu la quiétude qui devrait y régner. Dommage que le haut du village ne leur soit pas interdit.

Arriver – Quitter

🚌 *Gare routière :* c/ de los Alcades. À l'entrée de la ville. Bus Comes (☎ 956-70-20-15) et bus Los Amarillos (☎ 956-70-49-77, ● samar.es ●). Ces 2 compagnies desservent *Jerez, Cadix, Séville, Marbella, Málaga* et d'autres villes dans les environs.

Adresses utiles

🛈 *Office de tourisme :* c/ Cuesta Bellen. ☎ 956-70-22-64. ● arcosdela frontera.es ● En montant vers·le haut du village sur la droite. Lun-sam 9h30-14h, 15h-19h30 (16h-19h en hiver) ; dim et j. fériés 10h-14h. Accueillant et bien documenté. Plan de la ville nécessaire pour s'y retrouver, existe en français (payant), avec un petit itinéraire des points d'intérêt. Infos sur les promenades à cheval. Visites guidées de la ville, du lundi au samedi, à 11h (4 €) ; infos et départ à l'office de tourisme.
@ *Accès Internet :* à l'intérieur de l'office de tourisme.

@ *Ciber Locutorio El Barrio :* pl. de las Aguas, 5. ☎ 956-70-45-69. Lun-sam 9h30-14h, 17h30-22h ; dim et fêtes 10h-14h.

Où dormir ?

Attention, il est préférable de garer sa voiture à l'entrée du village en venant de Jerez.

Bon marché (30-45 €)

🏠 *Hostal San Marcos :* c/ Marqués de Torresoto, 6. ☎ 956-10-54-29. 📱 664-11-80-52. Dans une ruelle du vieux centre. Doubles ou triples avec ou sans sdb 35-45 € en hte saison. 📶 Apéritif maison offert sur présentation de ce guide. Pension très simple : 4 chambres seulement, hyper propres mais au confort et au charme limités. La plus spacieuse, la « Piano », dispose d'un... piano. Évitez celle qui donne sur le couloir. Bar-resto au rez-de-chaussée pour le petit déj, mais qui sert un peu de Q.G. aux soiffards du quartier. Terrasse tout en haut. Accueil très irrégulier.

▲ *Hostal Mesón El Patio :* callejón de las Monjas, 4. ☎ 956-70-23-02. 🖥 605-83-99-95. ● *padua@mesonelpatio.com* ● mesonelpatio.com ● *Dans une ruelle de la vieille ville qui longe l'église Santa María, juste avt l'arc-boutant qui enjambe la ruelle. Doubles 27-39 €, petit déj 2 € ; appart 4 pers 66 €.* 🖥 🛜 *(gratuit). Réduc de 5 % sur les menus sur présentation de ce guide.* Pension de 7 chambrettes, propres, avec ou sans bains. La n° 4, toute petite, s'agrandit d'une charmante terrasse donnant sur les toits moussus et la campagne. De l'appartement, vue exceptionnelle également. Les peintures dans les chambres sont œuvres du propriétaire. Petite salle de resto au rez-de-chaussée pour le petit déj.

De prix moyens à un peu plus chic (45-100 €)

▲ *La Casa Grande :* c/ Maldonado, 10. ☎ 956-70-39-30. ● *info@lacasagrande.net* ● lacasagrande.net ● *Résa conseillée. Doubles 74-90 € selon saison. Petit déj 9,20 €.* 🖥 🛜 *Apéro maison offert sur présentation de ce guide.* 7 chambres dans cette grande maison noble du XVIIIe s, aménagée de façon à restituer toute la majesté des demeures de l'époque : colonnes de pierre, sols en faïences anciennes restaurées, tapis artisanaux, poutres massives, meubles anciens. Chambres pleines de charme et d'un excellent confort. On aime bien les 2 chambres avec terrasse auxquelles on accède par le sous-sol. Salon accueillant avec bibliothèque (il y a même d'antiques *Guides du routard* !). Au sommet, terrasse avec vue époustouflante sur les environs. On peut y observer le vol des oiseaux d'en haut, ce qui est plutôt inhabituel. Sens de l'hospitalité très aigu. Bar à tapas, dans un cadre charmant, mais uniquement pour les clients de l'hôtel. À lire, la mise en poésie du lieu par un ami de la propriétaire. Incontestablement notre meilleure adresse à Arcos.

▲ *Hotel Marqués de Torresoto :* c/ Marqués de Torresoto, 4. ☎ 956-70-07-17. ● *recepcion@torresoto.es* ● *hotelmarquesdetorresoto.com* ● *Doubles 48-58 € selon saison, +5 pdt la Semaine sainte, la feria et le Championnat de motocyclisme.* 🛜 *Réduc de 10 % sur les doubles sur présentation de ce guide.* Dans l'ancienne demeure du XVIIe s du marquis de Torresoto, un genre petit luxe abordable. Élégant patio à arcades et chambres très soignées, à la taille et au confort parfaits, donnant sur le patio justement, ou sur la rue. Éviter les chambres au rez-de-chaussée, moins lumineuses, d'autant que les tables du resto (peu convaincant par ailleurs) sont installées dans le patio.

▲ *Hotel El Convento :* c/ Maldonado, 2. ☎ 956-70-23-33. ● *reservas@hotelelconvento.es* ● *hotelelconvento.es* ● *Après la pl. del Cabildo. Congés : nov-fév. Doubles 80-95 € selon saison et chambre (balcon ou terrasse avec vue sur la vallée). Petit déj à la carte, compter 7 €.* 🖥 🛜 *Petit déj offert sur présentation de ce guide.* Petit hôtel de 13 chambres seulement, propre et de bon confort : AC, TV câblée, téléphone. Décoration d'inspiration légèrement mauresque et terrasse sur le toit. Accueil familial et cordial. Dans le même genre, le propriétaire possède aussi l'hôtel *Los Olivos* à l'entrée de la ville, à côté de la poste, chambres un peu moins chères.

Très chic (min 140 €)

▲ *Parador Casa del Corregidor :* pl. del Cabildo. ☎ 956-70-05-00. ● *arcos@parador.es* ● *parador.es* ● ♿ *En voiture, demander à la réception une autorisation pour se garer sur la pl. del Cabildo. Doubles avec sdb et AC 155-168 € ; ajouter 30 € pour la vue. Petit déj 16 €.* 🖥 🛜 *(gratuit).* Un 3-étoiles superbe, qui en mérite bien 5 ! Certaines chambres ont un balcon surplombant la falaise, mais, malheureusement, on ne peut pas les réserver par téléphone. Premier arrivé, premier servi ! Les autres donnent sur la charmante place. Petit patio arabe agréable dans les tons rose saumon, portes en fer forgé, bar avec azulejos et coin lecture. On peut aussi y boire un verre. Vue plongeante sur la vallée du río Guadalete. Accueil en accord avec le lieu.

CADIX ET SES ENVIRONS

Où dormir plus chic dans les environs ?

🛏 **Hacienda El Santiscal :** avda El Santiscal, 173, à **Lago de Arcos** (11630). ☎ 956-70-83-13, 🖷 616-30-93-10. ● haciendasantiscal@santiscal.com ● santiscal.com ● À 4 km d'Arcos, dans la plaine : prendre l'A 382 direction Antequera puis, à la sortie du village, sur la gauche en direction d'El Bosque ; le pont franchi, suivre le fléchage « Santiscal ». Doubles 95-120 €, suites 150-190 €. Petit déj 7,50-12 €. Menú del día 18 €, carte 25-30 €. Parking gratuit. Piscine. 🖳 🛜 Sur présentation de ce guide, apéritif maison offert ou réduc de 10 % sur les doubles en basse saison. Hacienda du XVe s aux murs jaune et blanc, située au bord d'un lac. Patio ombragé et fleuri recouvert d'un vélum l'été. Chambres de grand confort, climatisées, toutes différentes, meublées à l'ancienne, les plus belles avec vue sur le jardin. Salle à manger-véranda ouverte sur les alentours et cuisine soignée.

🛏 **Cortijo Mesa de la Plata :** ctra Arcos-El Bosque, km 4,5. ☎ 956-70-48-48. ● info@cortijomesadelaplata.com ● cortijomesadelaplata.com ● À 15 mn du centre d'Arcos, sur la droite de la route nationale en direction d'El Bosque, un peu après le lac. Autre solution, prendre la route Arcos-Algar, puis tourner à gauche. Congés : 15 j. en janv. Double 80 € (attention, le prix double pdt les mondiaux de motocyclisme), petit déj inclus. Parking. 🖳 🛜 10 % de réduc sur les doubles, sur présentation de ce guide. Cet hôtel style hacienda s'organise autour d'une grande cour intérieure et d'une annexe près du parking. Chambres de caractère, propres et bien équipées (AC, douche, w-c), donnant sur le patio ou sur le jardin. Piscine entourée de très vieux oliviers. Vue au loin sur Arcos. Fait aussi resto, mais salle à manger peu intime très fréquentée par les groupes.

Où manger ?

🍽 **Bar típico Alcaraván :** c/ Nueva, 1. ☎ 956-70-33-97. C'est la rue qui part de la pl. del Cabildo, sur la gauche de la place en regardant le clocher de l'église. Fermé lun. Congés : 15 j. en sept. Mardim 12h-16h30, 19h-2h. Repas 10-15 €. Dans une cave voûtée en forme de T, sous l'ancien château. Quelques tables basses. Bonnes tapas chaudes, salchichas piquentes, riñones al jerez, queso de cabra, pimientos rellenos... et bonne sangria ou choix de vin au verre. Malheureusement, les tapas ne sont généralement pas servies le week-end, et il faut alors prendre des media raciones ou raciones. Bien se faire préciser les prix. Une bonne adresse.

🍽 **Mesón Los Murales :** pl. Boticas, 1. 🖷 685-80-96-61. Derrière l'église. Fermé jeu. Congés : janv. Menu min 9 €. CB refusées. Parfois un peu trop de monde sur cette grande terrasse, où les conducteurs de 4x4 gâchent un peu le plaisir. Car, en effet, la terrasse est appréciable sur cette charmante placette. L'accueil, pas désagréable et la cuisine, bonne et reconstituante.

🍽 **La Mesa del Corregidor :** c'est le resto du parador Casa del Corregidor (voir « Où dormir ? Très chic »). Tlj dès 7h30, déj 13h30-16h et dîner 20h30-23h. Menus 28-35 €. Très bonne cuisine dans ce resto aussi classe que l'hôtel. Serveuses en costume traditionnel et terrasse avec la vue splendide sur la vallée.

🍽 Avis aux gourmands, on achète de bons gâteaux à la **mercedarías Descalzas** (pl. de Boticas, 2). Située dans le couvent, il faut sonner à l'entrée. Tlj 8h30-14h30, 17h-19h. Pas mal de choix.

À voir

À l'inventaire, peu de monuments ou de lieux à visiter. Reste la situation privilégiée de la ville haute et le plaisir d'en arpenter les rues, à la découverte des maisons-palais.

🔭 **Plaza del Cabildo :** tt en haut de la ville haute. Une vue magnifique sur la plaine en contrebas. Sur la place, le parador et la basílica Santa María de la Asunción *(lun-ven sf j. fériés 10h-13h, 15h30-18h30 – 16h-19h en été ; sam 10h-14h ; entrée : 2 €, réduc)* de style plateresque. Clocher carré, agrémenté de balcons et d'éléments baroques. À l'intérieur, retable Renaissance, belles voûtes et lourdes colonnes affinées de cannelures et nervures, chapelle et chœur dégoulinant de dorures. Énorme peinture représentant saint Christophe.

🍴 *Ciudad vieja (la vieille ville) :* découvrez à pied les petites venelles autour de la plaza del Cabildo et en vous enfonçant plus encore dans les ruelles. Vous y trouverez des maisons médiévales avec des patios mystérieux, des arches superbes... et une vie douce et agréable.

LA SIERRA DE GRAZALEMA

À cheval sur les provinces de Málaga et de Cadix, le parc naturel de la sierra de Grazalema, qui totalise plus de 50 000 ha, a été classé en 1977 par l'Unesco au titre de Réserve de la biosphère. Sa flore est constituée de chênes-lièges et d'une espèce unique de pin : le *pinsapo,* un fossile vivant unique en Europe. L'*Abies pinsapo boiss* (son vrai nom au registre d'état civil des botanistes) se développe à plus de 1 000 m d'altitude et descend tout droit de l'ère tertiaire. De forme pyramidale, il peut atteindre 20 m de haut et a besoin de beaucoup d'eau, ce qui est le cas ici puisque la pluviométrie de la sierra est abondante et donne au paysage une coloration verdoyante, peu habituelle en Andalousie. Côté faune, vous aurez peut-être la chance d'apercevoir un aigle impérial ou un vautour-griffon.

Comment y aller ?

➤ *Liaisons en bus slt :* depuis Arcos de la Frontera, la compagnie *Los Amarillos* (☎ 956-70-49-77 ; ● losamarillos. es ●) assure 8 trajets/j. (5-6/j. le w-e) vers El Bosque et 1-2/j. entre Ronda et Grazalema. Avec *Comes* (☎ 956-70-20-15 ; ● tgcomes.es ●), de Ronda à Zahara de la Sierra (1 bus/j. à 13h en sem slt).

Adresse utile

🛈 *Centro de visitantes :* c/ Federico García Lorca, à *El Bosque.* ☎ 956-70-97-03. *À l'ouest de la sierra, soit à 18 km de Grazalema. Juin-août, tlj 10h-14h. Hors saison, tlj sf dim et lun ap-m 10h-14h, 16h-18h.* Toutes les infos et les itinéraires de randonnées. Guide audiovisuel sur tous les aspects du parc. Pour randonner sur l'un des 4 sentiers situés dans la réserve (Garganta Verde, Llanos del Rabel, Pinsapar et El Torreón), vous devez solliciter un permis au centre de visiteurs du parc 1 mois à l'avance. Autrement, vous disposez de 26 autres sentiers libres, hors zone protégée... le choix ne manque pas ! Zahara est le point d'accès le plus proche pour les sentiers de Garganta Verde et de Llanos del Rabel.

ZAHARA DE LA SIERRA

Entre Séville et Ronda (à 30 km au nord), un des plus beaux sites de la sierra de Grazalema. Nid d'aigle sur un escarpement dominé par une tour du XVe s construite sur les restes d'une ancienne forteresse maure, surplombant un paysage de collines verdoyantes, Zahara reflète ses maisons blanches dans les eaux turquoise d'un lac de barrage. Lors de la Reconquista, après avoir été plusieurs fois pris et repris, Zahara fut l'un des derniers bastions musulmans à tomber, en 1481.

– **La fête principale de Zahara** a lieu lors de la Fête-Dieu (donc 40 jours après Pâques, si votre catéchisme vous échappe), avec une procession solennelle. Toutes les rues sont décorées avec des herbes provenant du fleuve.

Adresse utile

Office de tourisme : pl. del Rey, 3. ☎ 956-12-31-14. ● zaharacatur.com ● Sur la place principale. Tlj 9h-14h, 16h-19h. Petit office privé (c'est également une agence multisports). Zahara est d'ailleurs aussi une base de départ de randonnées pédestres dans le parc. Itinéraires et produits locaux en vente.

Où dormir ? Où manger ?

Hotel Arco de la Villa : c/ Nazari, s/n. ☎ 956-12-32-30. ● arco-de-la-villa@tugasa.com ● tugasa.com ● Tt au bout du village. Doubles 65-72 €. Carte env 20 €. Parking sur le toit. Un hôtel de la chaîne locale Tugasa. Déco proprette et chambres simplement fonc-

tionnelles qui mériteraient un petit coup de neuf. En fait, on paie surtout la vue (dans le genre époustouflante). Parce que toutes les chambres ouvrent leurs fenêtres côté lac (dommage d'ailleurs qu'il n'y ait pas de balcon). Resto, en dépannage, avec quelques soupes et plats locaux.

Quelques **petits restos touristiques** le long de calle San Juan, la rue principale. Le plus animé est **Los Naranjos** (au n° 15, ☎ 956-12-33-14 ; repas env 15 €), avec sa terrasse côté rue sous les orangers et sa salle intérieure avec vue sur le lac. Carte de type cantoche et quelques tapas bien tournées. Le seul à avoir une cuisine qui tourne et des habitués. Fait aussi pension un peu plus loin (Hostal Marqués de Zahara), mais les doubles, un brin moins chères que celles d'Arco de la Villa, ne jouissent ni de la même vue ni du même confort.

GRAZALEMA (11610 ; 2 200 hab.)

On accède à ce gros village perché à 900 m d'altitude par de belles routes serpentant à travers des paysages verdoyants plantés de chênes-lièges et parsemés de champs où les vaches paissent tranquillement. Grazalema se hisse sur le flanc d'une sorte d'amphithéâtre rocheux, dévoilant un amoncellement de maisons blanches coiffées de tuiles latines.
Joli centre préservé avec des rues pavées, des maisons dont les façades offrent des fenêtres protégées par de grosses grilles en fer forgé. Une curiosité : le long des rues vous verrez fleurir au printemps un arbre étonnant, appelé ici árbol del amor (l'arbre de Judée en français), qui se pare de gros bouquets de petites fleurs mauves.
Pour ne pas repartir les mains vides, la manufacture de lainages traditionnels vend couvertures, écharpes et chapeaux de très belle qualité à prix corrects. À moins que vous ne leur préfériez un fromage de la sierra (brebis ou chèvre) de l'autre usine du coin. Grazalema est aussi le village le plus proche d'El Bosque (25 km), entrée de la Réserve de la biosphère, et le point d'accès le plus simple pour les sentiers de Pinsapar et d'El Torreón (permis obligatoire pour les deux). Ce dernier offre le point de vue le plus haut du parc (1 654 m).

Arriver – Quitter

➤ **Bus Los Amarillos :** ☎ 952-46-80-11 et 902-21-03-17 (n° national). ● losamarillos.es ● samar.es ● Départs

et arrivées des bus sur la pl. del Pueblo, au centre du village. Liaisons avec **Ronda** : 2 bus/j. vers Grazalema, départs de Ronda vers 12h30 et 18h15 ; dans l'autre sens, vers Ronda, à 8h15 et à 16h15.

LA SIERRA DE GRAZALEMA

Adresses utiles

⬛ *Office de tourisme :* pl. Asomaderos, 3.
☎ 956-13-20-52. ● centrodeinformacion
grazalema.info ● Tlj 10h-13h, 15h30-19h.
Un office de tourisme privé qui fait aussi
boutique de produits locaux (beaux objets
en cuir, surtout). Petit guide du parc naturel
en français (payant). On peut aussi s'y procurer le permis pour les 4 sentiers de randonnée. Pour info, celui du Pinsapar est le
plus long (compter 4h30) tandis que celui
de la Garganta Verde (un peu moins de 2h)
est le plus dur à monter.

⬛ *Horizon :* c/ Corrales Terceros, 29.
☎ 956-13-23-63. ● horizonaventura.
com ● Une agence spécialisée dans les
sports de plein air : VTT, kayak, canyoning, spéléo, parapente ou escalade.
Ils peuvent également vous obtenir les
permis pour randonner dans le parc.

Où dormir ?

Camping

⛺ *Camping Tajo Rodillo :* ctra El Bosque ; à 200 m au-dessus du village.
☎ 956-13-24-18. ● parque@cam
pingtajorodillo.com ● campingtajoro
dillo.com ● Ouv mars-fin oct. Env 23 €
pour 2 avec tente et voiture. Bungalows
en bois bien équipés (AC, TV, micro-
ondes) min 75 € pour 2, 95 € pour 4.
Un 2-étoiles tranquille et récent, mais
à la tenue plutôt approximative. Emplacements en terrasses, bien ombragés
dans l'ensemble. Piscine, barbecue,
snack et resto.

Prix moyens (45-60 €)

🏠 *Alojamiento rural La Mejorana :*
Santa Clara, 6. ☎ 956-13-23-27.
● info@lamejorana.net ● lamejorana.
net ● Remonter (à pied de préférence !) sur env 300 m la c/ Dr Mateos
Gago, et au niveau du commissariat
de police (guardia civil), prendre
une ruelle sur la droite, c'est 20 m
plus loin (panneau). Double avec sdb
58 €, petit déj-buffet inclus ; réduc
à partir de 6 nuits. 🖵 📶 Une excellente adresse à tous points de vue :
une vieille maison de caractère et de
charme, et un accueil très souriant.
Chambres adorables. Nos préférées

pour les amoureux : la « Mejorana » (la plus belle vue mais un peu plus petite que les autres) et la « Yerba Buena ». La « Lavanda » et la « Albahaca » disposent d'un petit salon en dénivelée. Jardinet délicieux sur la terrasse extérieure et sur la piscine. Salle TV très coquette avec cheminée.

🛏 **Hostal Casa de Las Piedras :** c/ Las Piedras, 32. ☎ 956-13-20-14. ● reservas@casadelaspiedras.net ● casadelaspiedras.es ● Dans une rue en pente qui part de la pl. de España, à gauche de la Unicaja. Doubles avec sdb commune et droit d'usage de la cuisine 40 €, avec sdb privée 48 € ; apparts 2-4 pers 55-80 €. Petit déj-buffet env 6 €. 🖥 📶 Sur présentation de ce guide, réduc de 10 % sur les doubles si séjour de 2 nuits min. Autour de 2 jolis patios, chambres de taille correcte, très bien tenues dans un style rustique et sobre, avec couvre-lits sortis de la manufacture locale. Belle salle TV et lecture avec cheminée. Ambiance familiale et plein d'infos sur les randos des environs. Bon resto aussi (voir « Où manger ? »).

🛏 **Hotel Peñón Grande :** pl. Pequeña, 7. ☎ 956-13-24-34. Double 58 €. Petit hôtel villageois très bien tenu, à côté de la mairie, offrant des chambres fort bien aménagées et à prix raisonnables pour la qualité proposée. Très bon accueil.

Où manger ?

|●| **Cafetería Rumores :** pl. de España, 2. Sur la place principale, en face de la mairie. ● rodrigofvalle@gmail.com ● Tlj, midi slt. Tapas env 2 €, menu 9 €, carte env 12 €. Café offert sur présentation de ce guide. La cafét du village a plus d'une ressource à son actif : jolie carte de tapas bien goûteuses, menu d'un excellent rapport qualité-prix et du bon café. Sans compter l'accueil, et la terrasse à côté de la fontaine pour suivre toutes les rumeurs du coin.

|●| **Mesón El Simancón :** pl. de los Asomaderos, 54. ☎ 956-13-24-21. Tlj sf mar. Congés : 1 sem en fév et 1 sem en juin. Menu 13 €, carte env 15 €. Digestif offert sur présentation de ce guide. Auberge franchement rustique : cheminée, tables avec bougies, cornes et tête de cerf aux murs... Savoureuse cuisine locale et service charmant.

|●| **Cádiz el Chico :** pl. de España, 8. ☎ 956-13-20-67. ● restaurantecadizelchico@hotmail.com ● 🧒 Tlj sf lun. Menu en sem 12 €, carte 25-30 €. Une taverne rustico-chic qui cultive la cuisine traditionnelle de la sierra. Charcuteries, truite et gibier en vedette. Pour un dîner un peu classieux.

|●| **Casa de Las Piedras :** resto de l'hôtel, voir « Où dormir ? » ci-dessus. Tlj sf lun. Congés : 15 j. début juil. Menu 12,50 €, carte env 20-25 €. Resto façon auberge de campagne pour une cuisine dans la tradition mais avec des idées d'aujourd'hui.

Où prendre un thé ?
Où boire un verre ?

☕ **La Tetería Azul :** pl. de España, 3 ; en face du resto Cádiz el Chico. ☎ 956-13-24-61. ● altoborgocarmona@hotmail.com ● Tlj sf mer. Café offert sur présentation de ce guide. Pour le thé moruno ou marocain, le pakistanais aux épices ou tout simplement le five-o'clock accompagné d'une tarte, à la caroube par exemple. Mais aussi des tapas, pour varier les plaisirs...

🍸 **Bar Zulema 2 :** c/ Agua. Petit bar à tapas populaire, simple et bon, où se retrouvent les gens du quartier dans une ambiance villageoise chaleureuse.

BENAOJÁN (29370)

Un village, niché sous le promontoire rocheux de la sierra de Juan Diego, sans charme particulier mais qui peut constituer une bonne retraite pour rayonner dans la région. En particulier, ne manquez pas d'aller musarder vers le nord (via la MA 8403), jusqu'au **défilé de Mures** (870 m d'altitude). On dirait qu'un géant s'est amusé à découper la roche à coups de burin et de marteau, et qu'il a quitté précipitamment son chantier. Des blocs gigantesques gisent au pied d'un piton rocheux. Question conduite, c'est un peu olé olé, car, en certains endroits, deux voitures ne passent pas de front.

Où dormir ? Où manger ?

🏠 |●| **Molino del Santo :** bajada de la Estación, s/n. ☎ 952-16-71-51. ● info@molinodelsanto.com ● moli nodelsanto.com ● En bas du village. Congés : déc-fév. Doubles avec sdb 99-175 €, petit déj inclus ; réduc à discuter pour 1 sem complète. Menu 25 €, carte 35 €. Parking (gratuit). 🖥 🛜 Réduc de 5 % sur les dou-

bles sur présentation de ce guide. Au bord du río Guadiaro et près de la gare, cet hôtel est tranquillement aménagé dans un ancien moulin et abrite une vingtaine de chambres bien équipées (AC, minibar, bouilloire), meublées à la campagnarde. La plupart ont un petit balcon ou une terrasse. Jardin fleuri et piscine en haricot sous les saules pleureurs. Cuisine locale et produits bio au resto.

À voir dans les environs

🥾🥾 **Cueva de la Pileta :** à 4,5 km au sud-ouest de Benaoján par la route de Cortes de la Frontera (c'est fléché). ☎ 952-16-73-43. ● cuevadelapileta.org ● Visite guidée (1h) tlj 10h-13h, 16h-17h (18h avr-oct). Nombre de visiteurs limité, résa conseillée. Entrée : 8 € ; réduc ; gratuit moins de 5 ans. Fabuleux : des peintures rupestres de plus de 25 000 ans d'âge ! Nombreux bisons, mais aussi des taureaux, des chèvres et des poissons. On s'éclaire

BINGO POUR LE GUANO !

La cueva de la Pileta et ses peintures rupestres ont été découvertes par le plus grand des hasards dans les années 1970. Un paysan des environs se glissa dans une étroite faille de la montagne, intrigué par les chauvessouris qui s'en échappaient en nombre. Il ne cherchait pas de trésor, mais les excréments de ces chiroptères, le fameux guano. Un excellent engrais...

dans les cavernes avec des lanternes distribuées à l'entrée. Presque 2,5 km de galeries, mais, rassurez-vous, la visite guidée se concentre sur la galerie principale (longue de 500 m) et les représentations majeures. Prévoir une petite laine (il y fait 15 °C max).

VEJER DE LA FRONTERA   (11150)   12 700 hab.

À 50 km au nord-ouest de Tarifa. Un village andalou superbe, perché sur une colline, à une dizaine de kilomètres de la mer. Avec ses maisons blanches, son labyrinthe de ruelles tortueuses et escarpées ainsi que son atmosphère arabo-andalouse très chaleureuse, Vejer est le modèle du village blanc tel qu'on l'imagine. Retiré dans les terres, entouré d'une campagne de champs et de prés (très verts au printemps), Vejer parvient à garder ses distances par rapport aux diables sans âme du tourisme balnéaire.
Les Romains avaient su tirer parti de la position stratégique du site et y fondèrent la ville. Par la suite, les Arabes lui donnèrent une configuration qui n'a guère changé depuis.

Arriver – Quitter

🚌 **Gare routière :** *plazuela, s/n. À l'entrée nord du village, à côté de l'office de tourisme. Bus* Comes *(☎ 956-45-10-50 ; ● tgcomes.es ●) pour* **La Linea, Jerez, Cadix, Algésiras, Séville, Málaga, Huelva, Rota** *et* **Almería.** *Bus également pour* **Barbate, Chiclana, Conil, Puerto Real, San Fernando, Zahara** *et* **La Muela** *(☎ 902-19-92-08 ou 956-45-16-80). En juillet-août, quelques bus également pour* **Canos** *et* **El Palmar.**

Adresses et infos utiles

🅸 **Office de tourisme :** *avda de los Remedios, 2. ☎ 956-45-17-36. ● turismovejer.es ● À l'entrée du village, près de la gare routière. Lun-ven 10h-14h, 16h-18h (17h-20h en été) ; sam 10h-14h. Bien documenté et accueillant. Propose des visites guidées de la ville (5 €/pers, min 4 pers, dégressif si on est plus).*

✉️ **Poste :** *avda Rey Juan Carlos I, s/n. ☎ 956-45-02-38.*

🅿 **Parkings :** *après avoir déposé son bagage à l'hôtel, garer sa voiture dans un des parkings autour de la vieille ville (gratuits). Ensuite tout peut se faire à pied, d'autant que la plupart des rues sont piétonnes.*

– **Marché :** *lun-sam dans le centre, derrière la plazuela.*

Où dormir ?

La plupart de nos adresses sont dans la partie haute, la plus ancienne et la plus agréable.

Camping

⚔ **Camping Vejer :** *ctra N 340, km 39,50. ☎ 956-45-00-98. ● info@ campingvejer.es ● campingvejer.es ● En direction d'Algésiras, à 4 km de la ville. Selon saison, 12,60-16,50 € adulte et 8-10,50 € moins de 12 ans. Piscine. À l'ombre des pins, chaque empla-*

cement est judicieusement bordé d'arbustes. Tenu par David, un sympathique Anglais.

Prix moyens (40-50 €)

🛏 **Hostal La Posada :** *c/ Los Remedios, 21. ☎ 956-45-01-11 et 956-45-02-58. ● hostal-laposada.com ● Proche de la gare routière. Doubles avec sdb 35-50 € selon saison. Bonnes chambres récentes et propres, la plupart avec vue superbe sur la vallée (n° 1, 2 ou 3). Fonctionnel, très propre, confortable : rien à redire ; et en plus l'accueil reste courtois.*

D'un peu plus chic à très chic (60-135 €)

🛏 **El Cobijo :** *c/ La Vina, 7. ☎ 956-45-50-23. 🖀 647-65-86-90. ● info@ elcobijo.com ● elcobijo.com ● Prendre l'escalier à la hauteur de la station de taxis sur l'avda de los Remedios. Congés : janv. Doubles (peu grandes mais fonctionnelles) 70-85 € selon saison, suites 85-110 €, petit déj compris. Un petit* B & B *(une* casa rural*) situé tout en hauteur autour d'un patio dans une maison traditionnelle de style arabo-andalou. 3 chambres sur 6 sont équipées d'un coin cuisine. Elles portent toutes un nom de village. Les plus chères bénéficient de leur terrasse privative et d'une vue splendide sur les toits blancs amoncelés de la ville. L'eau est chauffée par des panneaux solaires. Petit déj copieux ; le pain est fait maison et le jus d'orange fraîchement pressé. Très bon accueil de Merche et Juan, le sympathique propriétaire francophone.*

🛏 **La Botica de Vejer :** *Canalejas, 13. ☎ 956-45-02-25. 🖀 617-47-76-36. ● info@laboticadevejer.com ● laboticadevejer.com ● Doubles 62-92 € selon saison, petit déj inclus. 🖳 🛜 Réduc de 10 % sur les doubles en basse saison, sur présentation de ce guide. En plein centre historique, une belle maison ancienne aux murs blancs, entièrement réaménagée, abritant 12 chambres absolument charmantes, impeccables* et confortables, organisées autour d'un patio intérieur. Celles des étages élevés sont les plus claires. Nos préférées : les nos 10 et 12, pour la vue. Terrasse avec panneaux solaires dominant la mer des toits. Bon accueil par une gentille dame très attentionnée.

La Casa del Califa : pl. de España, 16. ☎ 956-44-77-30. ● reservas@lacasadelcalifa.com ● grupocalifa.com ● Congés : 10 déc-janv. Doubles tt confort 78-95 € selon taille et saison, petit déj-buffet compris. Réduc sur Internet ou si l'hôtel n'est pas complet. ▭ 🛜 Un petit palais maure reconstitué avec une décoration arabe du sol au plafond, alcôves troglodytiques pour boire un verre et terrasse avec très belle vue pour faire bronzette ou prendre le petit déj. En revanche, préférez les chambres en étage, au-dessus de la réception, car les nos 1 à 4, au niveau du resto (voir « Où manger ? »), ne sont pas lumineuses. Une adresse de qualité.

Nº 1 Triperia : pl. de España, 16. ☎ 956-44-77-30. ● reservas@lacasadelcalifa.com ● triperia.grupocalifa.com ● Congés : janv. Doubles 91-146 € selon saison, petit déj compris. Même propriétaire que la Casa del Califa, c'est en fait une sorte d'annexe dans l'esprit maison d'hôtes, dans une petite maison indépendante juste à côté, un peu moins chère. Déco tout aussi jolie, avec de très belles chambres qui portent des noms de fruits. Notre préférée est la Naranja, avec sa terrasse directement sur la petite piscine.

Hotel Convento de San Francisco : sur la plazuela. ☎ 956-45-10-01. ● convento-san-francisco@tugasa.com ● tugasa.com ● Dans le centre. Résa conseillée. Double env 79 € avec petit déj ; 15 % de plus pdt la Semaine sainte et à Noël. L'un des fleurons de la chaîne Tugasa. Au cœur du vieux village, un ancien couvent franciscain aménagé en hôtel, au style monacal préservé. Demandez les chambres nº 24, 25 ou 26, qui ont conservé leurs vieilles voûtes. Lits en bois brut, armoires massives. Rien de bien folichon dans la déco. Avec tout ça, confort normal (douche, w-c, téléphone, TV...). Bon accueil. Resto dans la même bâtisse (compter 30 €), mais la grande

salle monacale est un peu déprimante. Petit déj riquiqui.

Hotel Sindhura : Patría, s/n (La Muela). ☎ 956-44-85-68. ● reservas@hotelsindhura.com ● hotelsindhura.com ● 🛇 Congés : 15 déc-15 fév. Doubles 60-130 € selon saison, avec ou sans terrasse, petit déj inclus. Repas 25-30 €, ½ pens 20-25 €/pers selon saison. ▭ 🛜 (gratuit). Un hôtel récent à quelques pas de Vejer, au lieu-dit Patría. Un peu isolé à flanc de colline, dans un environnement agricole, mais bien au calme. Dans un style arabo-andalou avec des patios fleuris, décor moderne, mais très raffiné. Piscine. Au resto, une délicieuse cuisine faite de l'alliance entre l'Andalousie et l'Inde, où la propriétaire a grandi.

Où manger ?
Où boire un verre ?

Bon marché (max 13 €)

Cafetería-restaurante La Posada : avda de los Remedios, 19. ☎ 956-45-01-11. Menu avec poisson ou plat en sauce 10 €. Resto de l'Hostal la Posada, voisin, qui a l'avantage d'offrir des plats bon marché. Cadre moyen.

Petits bar-restos sur la plaza de España.

Bars avec musique le soir, autour de l'église et des remparts. Bonne ambiance pour boire un verre le soir, comme La Bodeguita, la Ventana, ou le Janis Joplin (mais ouvre plus tard).

Prix moyens (13-25 €)

La Brasa de Sancho : c/ Sancho IV El Bravo, 1. ☎ 956-45-51-89. ● damianvejer@gmail.com ● 🛇 Dans une rue piétonne qui surplombe la pl. de España. Fermé mer sf juil-août. Ouv 12h-23h30. Congés : nov-avr. Carte env 15-20 €. 🛜 Magnet offert sur présentation de ce guide. C'est Damian, Français d'origine ardéchoise et amateur de motos, qui tient cette rôtisserie : les viandes et le poisson, de très bonne qualité, sont cuits au

LA COSTA DE LA LUZ

charbon de bois, servis avec pommes de terre et salades. Sa femme, Andalouse de Vejer, apporte la petite touche locale en cuisine, car elle partage les fourneaux avec son mari. Quelques tables juste devant à l'extérieur ainsi qu'une terrasse en hauteur cédée par la mairie de l'autre côté de la rue. Belle vue sur la place d'Espagne.

|●| *La Casa del Califa :* *pl. de España, 16. ☎ 956-44-77-30. Résa conseillée. Repas env 25 €. Voir aussi « Où dormir ? ».* Un dédale d'escaliers mène à cette superbe réalisation en contrebas de l'hôtel. Un grand jardin-patio, éclairé à la bougie le soir. Décor

nord-africain et plats de la même inspiration, avec brochettes, couscous, pastilla et desserts délicieusement sucrés. Plats excellents et copieux. Bons vins maghrébins et service prévenant.

|●| *Garimba Sur :* *pl. de España, 32. À l'opposé de la* Casa del Califa. *☎ 956-45-53-02 ▤ 696-48-07-14. ● guarnio@teleline.es ● Congés : nov-mars. Menu 15 €, repas env 20 €. CB refusées.* Au menu, des tapas élaborées, délicieuses, et de très bons produits locaux. On peut se contenter d'un verre accompagné de tapas sur la terrasse.

À voir

🦌 Tout d'abord, promenez-vous au gré de votre intuition dans le labyrinthe des ruelles escarpées, suivez la lumière et les odeurs, poussez les portes pour découvrir les patios, et montez doucement vers la *iglesia Divino Salvador,* mariage des styles mudéjar et gothique. De belles arches subsistent. Un peu partout, les vestiges d'une forteresse mauresque : créneaux et pans de muraille.

🦌 Puis redescendez vers la *plaza de España,* lieu de repos et de rencontre pour les vieux du village. Belle fontaine et bancs avec carreaux de faïence. Sur la place, petits cafés sympas, notamment au n° 27, à côté d'une tour et des remparts. Les vieux y jouent aux dominos.

🦌 Après avoir vidé un verre, on peut aller se promener sous les palmiers de la *corredera* qui borde le village et offre un panorama sur les collines environnantes, puis le parc naturel, puis plus loin encore, la mer et par temps très clair, encore plus loin... les côtes marocaines.

Fête

– *Fête du Village et de l'Olive :* *le 11 août.* Très sympa.

CONIL DE LA FRONTERA   (11140)

À 15 km de Vejer et à 38 km au sud de Cadix, sur une côte plate et peu boisée, un port de pêche reconverti dans le tourisme familial, mais qui a su préserver tout son charme. Le vent atlantique et l'espace évitent l'entassement des vacanciers sur les belles plages, longues de 14 km entre mer et pinèdes. Le centre de Conil, village à taille humaine, a conservé quelques bouts de muraille médiévale et une tour gothique attribuée aux Guzmán (ils sont partout ceux-là !).

Adresse et info utiles

🏠 *Office de tourisme :* Carretera, 1. ☎ 956-44-05-01. ● turismo.conil.org ● Sur la droite, dans la grand-rue qui descend vers la puerta de la Villa. Lun-ven 9h-14h, 18h-21h ; w-e 10h30-14h, 18h-21h. Également un petit point d'info pl. Catalina, à côté de la torre Guzmán, ouv juin-sept.

– La **station de bus** se trouve un poil plus haut.

Où dormir ? Où manger ?

⊼ **Camping Los Eucaliptos :** *ctra del Pradillo, km 0,2.* ☎ *956-44-12-72,* ▤ *656-39-31-94.* • *eucaliptos@hotmail.es* • *campingloseucaliptos.com* • ⚒ *Ouv avr-sept. 20-27 € selon saison pour 2 avec tente et voiture ; bungalow (max 5 pers) 80 € pour 2 en hte saison, 7 j. min. CB refusées.* 🛜 Aux portes de Conil, à moins de 1 km de la plage, un camping ombragé avec grande piscine, bar-resto et supermarché. Cher, mais super équipé et très bien situé.

🛏 **Hostal Lojo :** *c/ Canarias, 2.* ☎ *956-44-15-31..* • *hostalconil@yahoo.es* • *Doubles 35-65 € selon saison ; quelques triples.* 🛜 *(gratuit).* Au cœur du village, derrière l'office de tourisme, donc assez loin de la plage, hôtel agréable et tranquille. Les chambres, impeccables mais pas très grandes, s'organisent autour d'un patio intérieur très coloré, avec une déco soignée.

🛏 |●| **Hostal-restaurante La Posada de Conil :** *c/ Quevedo, s/n.* ☎ *956-44-41-71.* ▤ *649-21-35-08.* • *info@laposadadeconil.com* • *laposadadeconil.com* • ⚒ *Congés : janv-fév. Selon saison, doubles 28-80 €. Petit déj anda-* lou 2 €. Resto (tlj sf lun) de poisson ; tapas min 1,80 €, menu 10 €. Piscine. 🖥 🛜 Apéritif maison offert sur présentation de ce guide. Près de la puerta de la Villa, dans une impasse à 5 mn à pied de la plage, 14 chambres lumineuses avec balcon ou terrasse, dont 2 en surplomb du jardin de citronniers. Terrasse commune avec fauteuils en osier et vue sur l'océan. On vient ici surtout pour le cadre. Accueil chaleureux.

🛏 **Almadraba Conil :** *c/ Señores Curas, 4.* ☎ *956-45-60-37.* • *reserva@hotelalmadrabaconil.com* • *hotelalmadrabaconil.com* • *Congés : nov-janv. Doubles avec sdb et AC 67-119 € selon saison, petit déj inclus.* Derrière la place Catalina, à 150 m du paseo Maritimo, bel hôtel avec patio andalou à colonnades. Chambres au mobilier élégant, déco de très bon goût, en rapport avec l'*almadraba,* cette pêche au thon traditionnelle pratiquée sur le rivage atlantique. Terrasse sur le toit avec solarium et vue sur tout le village et la mer. Un petit parfum de luxe à prix presque sages et un très bon rapport qualité-prix.

|●| 🍴 De nombreux petits **bars à tapas** très sympas et animés, avda de la Playa, en remontant vers la puerta de la Villa et surtout dans les petites rues piétonnes entre la calle Ancha et la plaza de España.

AU SUD DE CONIL

⌓ **Playa El Palmar :** *à 10 km au sud de Conil, en allant vers Zahora et Los Caños de la Meca.* Grande plage sauvage bordée de petits restos de poisson tout à fait abordables tout le long. Spot de surf très couru.

■ **Surfparaiso :** *La Chanca, 11159 El Palmar.* ▤ *618-43-12-80.* 2 jeunes Français se sont installés là, louent du matériel de surf et proposent aussi du kayak de mer. Petit snack avec jus de fruits.

🦶 **Cabo Trafalgar :** c'est là, au large, le 21 octobre 1805 très exactement, que l'Angleterre assura pour un bon siècle sa suprématie sur les mers du monde. Près du phare, la mer se couvre de voiles multicolores, celles des fondus de kitesurf.

Petit rappel des faits
En 1805, la flotte franco-espagnole de Cadix, commandée par l'amiral Villeneuve, reçoit de Napoléon l'ordre de faire la jonction avec celle basée à Carthagène puis de faire mouvement pour soutenir Masséna en Italie. Nelson l'intercepte au large du cap Trafalgar. Villeneuve fait alors retraite vers Cadix. Ses unités s'étirent en une ligne irrégulière de près de 8 km de long. L'amiral anglais applique alors un plan prémédité : sa flotte est divisée en deux colonnes qui frappent le centre de la ligne de bataille franco-espagnole, la scindant en deux. En 5h de combat, 18 bâtiments

sont pris par les Anglais ; les autres prennent la fuite, mais seuls 11 d'entre eux peuvent rejoindre Cadix. Les Anglais ne perdent aucun bâtiment, mais lors du duel entre son navire amiral, le *Victory,* et le *Redoutable* français, Nelson est mortellement touché par un sniper. Villeneuve, accablé par la défaite, se suicide quelques semaines plus tard. La mort de Lord Nelson n'aura pas d'influence sur la suite de la guerre en mer, car la défaite française met définitivement un terme

> ## UNE DRÔLE DE MISE EN BIÈRE...
>
> *En cas de décès en mer, les morts sont traditionnellement immergés dans l'océan... Pour le vice-amiral Nelson, mort pendant la bataille de Trafalgar en 1805, il n'en était pas question ! Son corps fut placé dans un tonneau de brandy pour être ramené à Portsmouth dans un état de conservation... acceptable (!).*

aux ambitions maritimes de Napoléon et le force à renoncer à débarquer en Angleterre. Pour les Espagnols, la destruction de leur flotte aura des conséquences plus graves : le commerce avec les Amériques est compromis et les colonies profiteront de cette faiblesse pour s'émanciper de la couronne espagnole...

CAÑOS DE LA MECA   (11159)

Beaucoup moins de charme que Tarifa, mais sûrement plus brute, plus libertaire, voire moins frime. Mais aussi beaucoup moins de charme que Conil. En fait, pour tout vous dire, on y va pour sa superbe pinède protégée, ses grottes naturelles dans la falaise d'où surgissent des chutes d'eau, ses spots de planche et de kitesurf et pas grand-chose de plus. Plus au sud, la route traverse un parc naturel avant de rejoindre le port de pêche de Barbate.

Où dormir ?

Campings

⊠ *Camping Camaleón Caños :* avda Trafalgar, 121. ☎ 956-43-71-54. ● *c_camaleon1982@yahoo. es* ● *campingcamaleon.com* ● *Dans Caños même, à droite de la route qui longe la plage juste après l'*hostal Miramar *en venant de Barbate. Mêmes prix tte l'année :* env 28 € (tt de même !) *pour 2 avec tente et voiture. Ambiance* roots, *en témoignent les jeunes sympas à l'accueil. Pas très grand, au milieu d'une pinède, donc beaucoup d'ombre, des tentes plantées n'importe comment, des pieds qui dépassent des hamacs... C'est les vacances, quoi ! Gare aux nuits animées sur fond musical.*

⊠ *Camping Pinar San José :* ctra de Vejer-Los Caños, km 10,2, 11159. ☎ 956-43-70-30. ● *info@campingpinarsanjose.com* ● *campingpinarsanjose.com* ● ♿ *Sur la gauche en arrivant à Los Caños, de Conil ou Vejer. Ouv tte l'année. Selon saison,* 18-31 € *pour 2 avec tente et voiture, bungalow 2 pers* 50-109 €. ▱ 🖥 *Un peu moins cher que le* Camaleón Caños. *Camping récent tout moderne, au milieu des pins, donc pas mal d'ombre. De plus, l'une des plus belles plages de la côte se trouve à 300 m de l'autre côté de la route. Très bien équipé, un resto, 2 piscines et un petit supermarché.*

De prix moyens à chic (min 45 €)

🛏 *Casas Karen :* camino del Monte, 6, 11159. ☎ 956-43-70-67.

▤ 649-78-08-34. ● info@casaskaren.
com ● casaskaren.com ● Doubles
selon confort 45-115 € hors saison,
85-222 € en hte saison. Dégressif selon
durée du séjour. Parking. ⏦ Réduc
de 10 % sur les doubles en basse et
moyenne saisons sur présentation de
ce guide. À 10 mn à pied de la plage,
dans un jardin au pied d'une colline
boisée, des maisonnettes traditionnelles de chaume et de bois (chozita),
mais aussi d'autres en dur, dispersées
autour d'un corps de ferme restauré.
Accueil polyglotte (français, espagnol, anglais) de Karen, une femme
joviale originaire des Flandres et installée à Caños depuis longtemps. Les
intérieurs sont très bien aménagés et
confortables malgré une apparence de
fragilité rustique : c'est le charme de
cet endroit. Pas d'AC mais la technique
de construction des chaumières assure
une certaine fraîcheur en été. Les hôtes
y restent habituellement plusieurs nuits,
ou une semaine (formule plus adaptée
à la maison et au site). Tranquillité assurée. Massages holistiques (si, si !).

Plus cher (min 70 €)

🛏 **Madreselva :** avda Trafalgar, 102,
Caños de la Meca-Barbate, 11160.

☎ 956-43-72-55. ▤ 649-78-08-34. ●
● madreselva@grupocalifa.com ●
madreselvahotel.com ● Selon saison, doubles 84-110 € avec petit
déj. Promos sur Internet. Parking
privé. ⏦ Petit hôtel de construction
récente. Disposées autour d'un patio
andalou, une vingtaine de chambres,
tout confort, joliment aménagées, avec
terrasse privative pour chacune, le tout
à 30 m de la plage. Petit bar-cafétéria
pour le petit déj, qui dans la journée
sert tapas (2-4 €), boissons, café, thé
et cocktails. Petite piscine. Accueil
adorable.

Où manger ?

🍴 **Venta Curro :** Zahora, s/n, Caños
de la Meca-Barbate. ☎ 956-43-70-
64. Aller jusqu'au camping Caños de
Meca ; contourner le camping par la
gauche, puis par la droite, comme si
on allait vers la mer. Tlj sf mar. Congés :
nov-fév. Repas 12 € ; bon poisson a la
plancha ou frit max 10 €. CB refusées.
Une venta traditionnelle refaite à neuf
en pierre et tuile. Son intérêt ? Rendez-
vous des familles sévillanes en week-
end à la mer, bon rapport qualité-prix et
le service est rapide.

Plage libre

⛰ En descendant de la pinède, prendre sur la gauche en arrivant face au rivage.
Continuer jusqu'au bout de la route et se garer dans l'un des parkings, payants.
Puis contourner sur la droite le petit mur d'une propriété qui descend vers la
mer : la **plage nudiste** de Caños est là. Si la marée rend impossible la descente,
contourner la propriété en remontant la rue vers la pinède. Lorsqu'il n'y a plus de
bitume, ôter les tongs et suivre le littoral qui tombe en à-pic sur le rivage. De petits
sentiers descendent entre les criques et les promontoires que dessine la falaise.
Sans mauvais jeu de mots, n'allez pas poser vos fesses n'importe où. Plus vous
quittez la zone sableuse, moins tranquille est la sieste « à oualpé ». Quelques
mâles esseulés viennent draguer avec insistance.
Quoi qu'il en soit, cette plage peut faire l'objet d'une visite à part entière. De
nombreux hippies ont planté leur tente entre deux promontoires. Poussez votre
curiosité plus loin et vous verrez qu'ici et là de petites rigoles débouchent de la
falaise. Les Arabes, remarquant cette eau douce qui arrivait d'une nappe phréa-
tique située quelque part sous la pinède, y ont vu un signe de Dieu. Du coup, pour
remercier Allah et en hommage à La Mecque, ils ont appelé l'endroit Caños de la
Meca (caños signifiant « petit canal », ou « rigoles »).
Un peu plus loin, noter les gros blocs de roche qui jonchent le rivage dans un
joli chaos. Ils se sont tous détachés sous l'action conjuguée de l'eau, du sel
et du vent. Pour les curieux, il s'agit de dunes fossiles quaternaires. Le sable

s'est à la fois lentement tassé et plus ou moins compacté (ce qui explique d'ailleurs pourquoi des morceaux se détachent de la falaise). Pour s'en convaincre, on peut encore voir sur la partie inférieure de la falaise des incrustations de coquillages. Autres témoins, les pins *doncel* de la pinède de Barbate qui s'épanouissent au-dessus. Ce sont des pins pionniers qui ne se développent que sur des terrains très sableux. Sans eux, il y a fort à parier que le paysage serait long et rectiligne.

DANS LES ENVIRONS DE CAÑOS DE LA MECA

BARBATE (11160)

À 12 km de Caños. Comme sa voisine Zahara de los Atunes, c'est un centre de pêche qui a toujours vécu de la présence au large du rivage des bancs de thons en route pour leur migration bisannuelle. Pour l'anecdote, on apprendra que c'est à Barbate que Franco venait passer ses vacances. Immense plage de sable fin à perte de vue et l'Atlantique... normal que Barbate ait eu du succès. À part ça, le village en lui-même n'a pas un grand charme et ressemble à ces sites de bord de mer, qui finissent par perdre leur âme !

EN VOIE D'EXTINCTION

D'avril à mai, chaque année, les thons descendent du nord de l'Atlantique jusqu'en Méditerranée pour pondre dans les eaux chaudes. Puis ils repartent fin juin et remontent vers leur point de départ. Barbate reste un lieu de passage obligé et régulier pour ces grands migrateurs. La plupart sont des thons rouges, très recherchés par les Japonais pour la qualité de leur chair. Un thon rouge pèse en moyenne 300 kg ! Les Espagnols les pêchent, puis les vendent sur place à des bateaux-usines japonais qui les découpent en tranches, les conditionnent, les congèlent avant de les envoyer par avions-cargo jusqu'à... Tokyo.

La pêche au thon rouge

La technique de pêche pratiquée depuis les temps immémoriaux s'appelle la *almadraba* (« madrague » en français) et consiste en un réseau de filets tendus sur plusieurs kilomètres de façon à entraîner ces naïfs de grands thons vers une sorte de nasse dont ils ne peuvent s'échapper !

Où dormir ? Où manger ?
Où acheter du thon ?

À Barbate

Restaurante La Esquina del Tofe : *Paseo marítimo.* ☎ *956-45-43-16. Sur la promenade maritime longeant la plage. Tlj 10h-1h en été (fermé mer en hiver). Tapa de atun (thon rouge) min 1,50 €, ración 13 €. CB refusées.* Excellentes tapas de thon rouge, parmi les meilleures de la ville. Il y a aussi les *chocos de garbanzos.* Mais, de toute façon, si on veut absolument manger du thon rouge, c'est ici, à Barbate, qu'il faut le faire.

La Taberna de El Campero : *c/ María Luisa, 6.* ☎ *956-43-90-36.* ● *taberna@restauranteelcampero. es* ● *Dans une des rues principales du village. Tapas dès 2-3 €, raciones 12-18 €.* Ce néo-bistrot tout blanc et bleu est la bonne table du coin, chic et branchée. Décor marin revisité avec goût et cuisine assortie, raffinée, légère et pleine de saveurs : tapas fusion, thon rouge sous toutes ses formes (excellent *tataki*) et *mariscos* en veux-tu en voilà. Belle sélection de vins de la région pour accompagner tout ça. La partie bar est très bien pour picorer et boire un coup mais le must, ce sont les quelques tables sous la tonnelle de vigne *(parra)*, à réserver à l'avance car très prisées (on n'y sert pas de tapas en revanche, seulement des *raciones* ou *media raciones*).

இ Et pour les *aficionados* de thon, possibilité d'en acheter sous toutes ses formes (séché, à l'huile, au naturel...) auprès de la conserverie **La Chanca,** qui a aussi aménagé un petit Museo del Atun (☎ 956-43-58-13, ● *museo delatun.com* ●).

Entre Barbate et Caños de la Meca

🛏 ▐●▌ *Hotel rural Palomar de la Breña :* Pago de la Porquera, 1. ☎ 956-43-50-03. ● info@palomar delabrena.com ● palomardelabrena. com ● À 5 km des plages de Caños de la Meca et Trafalgar, et à 7 km de Barbate. Congés : nov. Selon saison, doubles 66-98 €, petit déj inclus. Bar et petit resto (fermé lun) ; menus 18-25 €. ☞ *Un apéritif maison offert sur présentation de ce guide.* Nichée dans un vallon du parc naturel de la Breña, entre pinède et campagne, cette ancienne hacienda du XVIIIe s (on se croirait au Mexique !) apparaît comme un îlot de blancheur dans une vallée de verdure. Elle propose 17 chambres prolongées d'une terrasse et réparties de part et d'autre de la cour. Grande piscine, TV et ventilo. Bon niveau d'équipement et déco assurée par des œuvres contemporaines originales. Une curiosité : la propriété possède le plus grand pigeonnier du monde (selon le *Guinness des records*) : 7 700 nids sur 400 m² ; plus de 10 000 pigeons habitaient là. Rassurez-vous, ils n'y sont plus !

ZAHARA DE LOS ATUNES

À 10 km au sud de Barbate, une petite cité de pêcheurs qui garde en témoignage du passé d'un château du XVe s des ducs de Medina Sidonia, et le souvenir d'un séjour forcé de Cervantès, accusé d'espionnage. Elle vit surtout à notre époque des revenus du tourisme et les Espagnols viennent pour profiter de la magnifique plage de sable fin.

Où dormir ?

🛏 *Hostal La Muralla :* pl. de las Flores, 10. ☎ 956-44-96-98. ● lamu rallazahara.com ● Doubles avec AC et TV 40-80 € selon saison, sans le petit déj. ☞ Petit hôtel récent d'une dizaine de chambres, petites, mais très bien aménagées et entretenues. Nos préférées : les n°s 205 et 207, avec petit balcon sur la rue et vue sur les ruines du château. Resto sympa au rez-de-chaussée pour le petit déj ou pour boire un verre en terrasse sur la place. Bon accueil.

🛏 *Hotel Almadraba :* c/ María Luisa, 15. ☎ 956-43-93-32. ● info@ hotelesalmadraba.es ● Dans une des rues principales, sur la gauche après le pont. Doubles 45-75 € selon saison. Petites chambres simples et fraîches. Petit déj en plus à prendre dans le resto-bar du rez-de-chaussée, toujours très animé. Accueil sans relief.

🛏 *Hotel Pozo del Duque :* avda Bahia de la Plata, 32. ☎ 956-43-94-00. ● info@pozodelduque. com ● pozodelduque.com ● Doubles avec AC et TV 63-163 € selon saison, confort et vue, petit déj inclus ; ½ pens 15-19 €. Piscine. Garage. ☞ Grand hôtel chic et grande bâtisse blanche dont la partie arrière donne directement sur la superbe plage. L'aile ancienne est flanquée de deux tourelles sur le devant et deux plus grosses au milieu, on dirait un peu un château Disney ! C'est là que l'on trouve les chambres les moins chères, avec un balcon ou une petite terrasse pour certaines, et vue côté rue ou mer. Dans la partie moderne, les chambres sont plus grandes et donnent toutes sur la mer. Mais dans les deux ailes, elles sont très confortables avec des salles de bains impeccables. Resto au rez-de-chaussée. Excellent accueil.

TARIFA

TARIFA
(11380) · 17 770 hab.

Ville située à la pointe sud de l'Espagne, c'est ici que se croisent l'océan et la mer. La Méditerranée plus chaude, plus dense, plus salée, s'engouffre en dessous, alors que l'Atlantique, plus froid et moins salé, pénètre dans le détroit de Gibraltar en surface. Tarifa se serre au pied de hautes collines pelées, où sont plantées des lignes d'éoliennes qui cisaillent de leurs grands bras l'air et le paysage. Le panorama, en direction d'Algésiras (à 22 km), est tout simplement splendide : face à vous, les côtes du Maroc et de l'enclave espagnole de Ceuta se dessinent nettement, tandis que glissent sur les eaux des dizaines de cargos et de tankers. Le soir, les lumières africaines semblent à portée de main.

Situation oblige, Tarifa est une petite ville ceinte de murailles, dont la topographie rappelle nettement l'Afrique du Nord. Les maisons sont blanches comme celles d'une casbah et le *mercado central* est lui aussi inspiré du style mauresque.

De fait, Tarifa est la première bourgade véritablement sympathique de toute cette côte. La partie moderne qui encercle la vieille ville a su ne pas l'écraser. On a respecté une hauteur raisonnable pour les immeubles et la même tonalité de couleur. On le signale, c'est rare ! Alors, bien sûr, il y a du monde, mais rien à voir avec Marbella ou Torremolinos. La cité s'est mise au rythme du tourisme sans trop y perdre son âme. L'ambiance est un peu bobo, un peu hippy-chic et à fond fashion baby-doll et bibi la frime en pavane. Et surtout une des villes les plus relax de la côte : c'est un peu l'été 300 jours par an. La vieille ville, adorable et piétonne, est un lacis de ruelles, passages, placettes... où l'on se perd avec un délectable plaisir.

Mais il n'y a pas que Tarifa intra-muros. La commune s'étend des confins d'Algésiras à Zahara de los Atunes (à 35 km). Cette dernière (littéralement, l'« éclat des thons », sic !) est appelée ainsi parce qu'elle se situe sur le parcours migratoire des thons.

Mais revenons à LA raison pour laquelle on vient tous à Tarifa. C'est la capitale européenne du vent. Un zef régulier (orienté sud-ouest/nord-est), qui atteint en pointe jusqu'à 120 km/h, en a fait La Mecque des véliplanchistes et des kitesurfers. On comprend le pourquoi du comment car, à Tarifa, les plages sont longues, superbes et désertiques. Quant au vent, il est non seulement fort, mais aussi régulier, sans pour autant créer trop de clapot. Ce savoureux cocktail permet aux pros de « jiber » à donf ! De nombreux centres de glisse ont élu domicile le long de la côte. On peut y louer du matériel, prendre des cours, se perfectionner... ou simplement regarder.

Certains campent face à la plage, avec femme et enfants, dans de vieux camping-cars bricolés dont ils ne redécollent plus. La glisse est leur religion, le vent leur seul horizon. La popularité des lieux attire aussi un nombre croissant de novices, dont beaucoup d'Anglais et, à la nuit tombée, en saison, Tarifa se mue en une grande discothèque à ciel ouvert, vibrant au son de la *lounge music* et de la pop électro. Glisse et fête ont toujours fait bon ménage.

UN PEU D'HISTOIRE

D'abord occupé par les Romains, Tarifa a toujours été un port de pêche fort actif. En 711, les troupes musulmanes de Tarik, qui débarquent à peine d'Afrique, l'assiègent et s'emparent du lieu. La ville est alors rebaptisée Yebel Tarik.

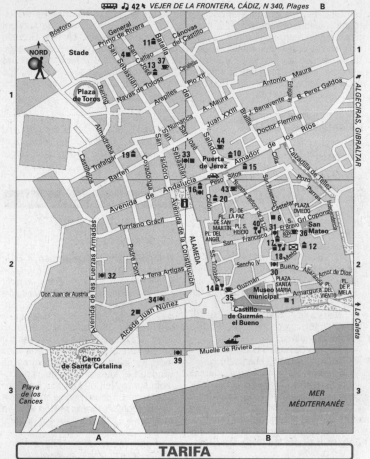

TARIFA

■	**Adresses utiles**		30	El Pasillo
🛈	Oficina de turismo		31	El Francés
@	Pandora		32	Pizzeria La Tabla
⚓	Estación marítima		33	Ecocenter
1	Police municipale		34	Mesón El Picoteo
2	Croix-Rouge			et Italia Nº 1
4	Supermarché Eroski		39	Cervecería Varadero
6	FIRMM			

🛏	**Où dormir ?**		🍴 🍴	**Où prendre le petit déj ?**
10	Casa de huéspedes Eusebio			**Où manger une pâtisserie ?**
11	Hostal Facundo I et II		35	Bamboo
12	Pensión Correo		36	Pastelería Bernal
13	Hostal Alborada		37	Las Delicias
14	Hostal Alameda		43	Pastelería La Tarifeña
15	Hostal El Asturiano		44	Café Azul
16	Hostal Villanueva			
17	La Casa Amarilla		🍷 🎵	**Où boire un verre ?**
18	Posada La Sacristía			**Où sortir ?**
19	South Apartments Tarifa		14	La Ruina et Soul Café
20	Hostal Africa		18	La Sacristía
			40	La Tribu et Misiana
🍴	**Où manger ?**		42	Guateque
16	Restaurante Villanueva			

En 1292, les chrétiens (menés par Sancho IV) reprennent la cité, mais les musulmans reviennent rapidement à l'assaut. Un événement dramatique survient alors, qui va marquer l'histoire de Tarifa. Le fils du gouverneur chrétien Guzmán el Bueno, âgé de 9 ans, est fait prisonnier par les Maures, qui exigent, en échange de sa vie, que leur soit livrée la place forte. La réponse de Guzmán ne se fait pas attendre. Il lance lui-même sa dague du haut du château et son fils est égorgé sous ses yeux. Cet acte de foi (fort discutable) a fait de Guzmán el Bueno la figure emblématique de la cité.

Arriver – Quitter

En bus

Gare routière Transportes Comes (hors plan par A1) : Batalla del Salado, s/n. ☎ 956-68-40-38 ou 902-19-92-08. ● tgcomes.es ● À 700 m du centre-ville, à l'entrée nord, juste à côté de la station Repsol. Guichet ouv en sem 7h30-9h30, 10h-12h, 14h30-17h45 ; dim et j. fériés 14h30-19h30. Fermé sam : on prend alors son billet dans le bus.

➤ **De/vers Algésiras :** 10 bus/j. en sem ; 8 le sam et 7 le dim (45 mn).
➤ **De/vers Cadix :** 6 bus/j. (1h30-1h45), avec Comes ou Portillo selon les horaires.
➤ **De/vers Séville :** 4 bus/j. (3h30).
➤ **De/vers Jerez :** 2 bus/j. (2h).
➤ **De/vers Málaga :** 3 bus/j. depuis Tarifa, 2 depuis Málaga (2h15). À noter que les bus de cette ligne s'arrêtent à toutes les plages situées sur la route entre Tarifa et Málaga (et vice versa).
➤ 1 bus assure aussi la liaison **Tarifa-Zahara-Barbate** tlj 1 fois/j.

En bateau, pour le Maroc

Estación marítima (plan B2) : sur le port (guichets ouv tlj). Et guichet de la compagnie maritime **FRS** en face du port, c/ Alcalde Juan Núñez. ☎ 956-68-18-30. Lun-sam 8h-13h, 18h-21h. À Tanger : ☎ (212) 39-94-26-12. ● frs.es ● Env 5-8 liaisons/j. avec Tanger dans les 2 sens (35 mn). N'oubliez pas votre passeport. Pour 1 passager compter env 42 €, voiture env 110 €. Les voitures de location ne sont pas autorisées à traverser. Également la compagnie **Comarit** (au port, ☎ 956-68-27-68 ; ● comarit.com ●). 8 départs/j. de/vers Tanger en hte saison. Compter 44 € l'aller par passager, 80 € l'A/R et 108 € de plus pour la voiture. Propose aussi des A/R dans la journée à 60 € avec guide, visite et un repas (la carte d'identité est alors suffisante).

Adresses et infos utiles

Infos touristiques et services

Oficina de turismo (plan A-B2) : paseo de la Alameda. ☎ 956-68-09-93. ● aytotarifa.com ● Dans le petit parc tt en longueur qui borde la vieille ville. Lun-ven 10h-14h (9h30-13h30 en hiver), 16h-20h (18h en hiver) ; w-e et j. fériés 10h-14h (9h30-13h30 en hiver). De bonnes infos dispensées par un personnel disponible. Peut vous indiquer la quinzaine de centres de windsurf et kitesurf (liste aussi disponible sur le Net) ou l'un des 5 centres de plongée. Accueil parfois en français. – Pour toutes les **infos météo et wind sports** : ● windtarifa.com ● windguru.com ●

Poste (Correos ; plan B2) : c/ Coronel Moscardó (angle c/ Melo), dans la vieille ville. Lun-ven 8h30-14h30, sam 9h30-13h.

@ Pandora (plan B2) : c/ Sancho el Bravo, 5. Tlj 10h-14h30, 16h-21h30. Une douzaine de postes installés dans une ancienne librairie. Accès rapide mais accueil nul.

■ **Supermarchés : Eroski** (plan A1, 4), c/ San José, juste derrière la pensión Facundo. Lun-sam 9h-21h. **Mercadona,** à l'entrée de la ville, à env 2 km du centre. Lun-sam 9h30-21h.

Santé, urgences

■ **Croix-Rouge** (plan A2, 2) : c/ Alcalde Juan Nuñez. ☎ 956-68-20-20 et 902-22-22-93. ● cruzroja.es ●

■ *Police municipale* (plan B2, *1*) *:* pl. de Santa María, 3. ☎ 956-68-21-74.
■ *Urgences :* ☎ 112.
■ *Secours maritime :* ☎ 900-202-202 (appel gratuit). Ainsi que ☎ 956-68-47-40 ou 956-68-10-10.

Transports locaux

⛵ *Taxis* (plan B1) *:* avda de Andalucía. ☎ 956-68-42-41. À la hauteur de la porte de Jerez.
■ *Location de vélos : Tarifa Bike,* à 6,4 km de la sortie nord de la ville, sur la route des plages (N 340, km 77), juste derrière une pharmacie. ☎ 956-68-13-73. 📱 696-97-36-56. ● tarifabike.com ● Tlj 10h-19h. VTT 19-24 €/j. ou 14-19 € les 4h ; tarifs dégressifs selon durée. Stefan, un Allemand fana de sports *outdoor,* loue des VTT bien équipés (casque, matos, et même itinéraire des sentiers). Attention, rien n'indique le lieu depuis la route.
– *Ecocenter* (plan A-B1, *33*) *:* ● tarifae cocenter.com ● Voir plus loin dans « Où manger ? ».

Où dormir ?

Pas vraiment d'hôtels bon marché à Tarifa en haute saison. D'ailleurs, les tarifs varient considérablement selon la période de l'année. C'est le mois d'août qui remporte la palme de la popularité : prix boostés et réservation plus que conseillée. Voir aussi plus bas les appartements.

De bon marché à prix moyens (30-60 €)

🏠 *Hostal Africa* (plan B2, *20*) *:* c/ María Antonia Toledo, 12. ☎ 956-68-02-20. ● hostalafrica@gmail. com ● hostalafrica.com ● Congés : déc-janv. Selon saison, doubles avec sdb 35-65 €. 🛜 Belle demeure anda-louse rénovée : patio fleuri et azulejos, comme sur les cartes postales. À côté du marché, donc on ne peut plus cen-tral et dans une ruelle calme. 13 cham-bres simples, petiotes quoique lumi-neuses (pas d'AC, mais certaines ont un balcon pour prendre l'air), tenues

par un proprio plutôt accommodant qui a même prévu 2 pièces pour ran-ger planches de surf et vélos. N'oubliez pas de monter sur la terrasse pour les vues de l'Afrique !
🏠 *Pensión Correo* (plan B2, *12*) *:* c/ Coronel Moscardó, 8. ☎ 956-68-02-06. ● welcome@pensioncorreo.com ● pensioncorreo.com ● Face à la poste, ça coule de source. Selon saison, doubles 30-65 € sans douche, 40-80 € avec. Pas de petit déj. 🖥 🛜 (gratuit). Sur présentation de ce guide, réduc de 10 % sur les doubles en moyenne et basse saisons, si résa directe auprès de l'hôtel. Petite pension charmante où l'on note enfin un véritable effort de décoration. Murs jaune ocre et petites coquetteries rappelant le Mexique. Chambres sobres et plutôt agréables, quoiqu'un peu sombres au rez-de-chaussée. Les nos 7 et 8 sont les meil-leures, car donnant sur une terrasse. Fréquentée par les routards. Accueil très sympa.
🏠 *Hostal Villanueva* (plan B2, *16*) *:* avda de Andalucía, 11. ☎ 956-68-41-49. ● hostalvillanueva@hotmail.com ● À l'entrée de la vieille ville, à côté de l'arrêt des taxis. Doubles avec sdb et TV 30-70 € selon saison. 🛜 Terrasse au dernier étage avec vue sur les toits. Toutes les chambres, rénovées affichent une propreté irréprochable. Préférer celles côté mer, plus calmes et avec une belle vue sur la ville. La patronne (et cuisinière) est adorable, et des lecteurs nous ont signalé qu'elle avait vraiment le cœur sur la main en cas de pépin ; c'est suffisamment rare pour qu'on lui tire notre chapeau. Resto familial pas mal (voir « Où manger ? »).
🏠 *Hostal Facundo I et II* (plan A1, *11*) *:* c/ Batalla del Salado, 47. ☎ 956-68-42-98. ● h.facundo@terra.es ● pensionfacundo.com ● Face à face, à 5 mn à pied de la vieille ville. Dortoirs 12-25 €, doubles avec sdb 36-86 € selon saison, sans sdb min 33 €. Petit déj 4 €. 🖥 🛜 Sur présentation de ce guide, réduc de 10 % sur le prix des doubles en basse et moyenne sai-sons. Les chambres sont dénuées de charme, mais propres et bien tenues. Préférer celles donnant sur le patio à celles sur rue, bruyantes. Le point fort de cet établissement réside

TARIFA

essentiellement dans la cuisine mise à disposition (sauf en août), et le supermarché à côté. Accueil un peu grinçant et prix qui s'envolent dès le 1er rayon de soleil. Donc en été, pour le même prix, on lui préfère les hôtels de la catégorie supérieure.

🛏 *Casa de huéspedes Eusebio (plan B1, 10) : Amador de los Ríos ; en face de la puerta Jerez, dans une petite maison face aux feux rouges. Ni tél ni résa.* Doubles 30-40 € selon saison. Le moins qu'on puisse dire, c'est que ce n'est pas le grand luxe. De petites chambres bougonnes autour d'un patio central, tout est à l'économie et à l'humeur du jour... mais bon, la nonchalance vous conviendra peut-être par grosses chaleurs !

De prix moyens à plus chic (50-90 €)

🛏 *Hostal Alborada (plan A1, 13) : c/ San José, 40.* ☎ 956-68-11-40. 📱 647-61-47-55. ● info@hotelalborada. com ● hotelalborada.com ● ♿ *À portée de mollets du centre et derrière la rue principale, où se succèdent ts les surf shops.* Doubles avec sdb et AC 50-90 € selon saison. Petit déj 5 €. 📺 🛜 (gratuit). Dans un grand édifice jaune et ocre, cet hôtel offre de belles chambres avec TV câblée et bains bien équipés. Déco impersonnelle et tenue remarquable, les maniaques de la propreté vont adorer ! Grand patio avec galerie sur plusieurs étages, murs en azulejos. Une bonne adresse doublée d'un accueil pro.

🛏 *Hostal El Asturiano (plan B1, 15) : Amador de los Ríos, 8.* ☎ 956-68-06-19. 📱 618-38-53-01. ● info@hostale lasturiano.es ● hostalelasturiano.es ● ♿ Doubles 50-80 € selon saison, taille et vue. Petit déj 4 €. 📺 🛜 Sur présentation de ce guide, café offert ou réduc de 10 % sur les doubles en basse saison. Ce vieil hôtel pépère a été repris par la fille de la famille, très dynamique, et toutes les chambres sont rénovées et joliment décorées. Couvre-lits aux tons chauds, azulejos et tableaux confèrent à chacune une touche personnelle. Le confort est au rendez-vous (AC, chauffage, TV) et la plupart des chambres sont assez lumineuses (hormis celles donnant sur la rue). L'hôtel étant l'un des plus hauts bâtiments de Tarifa, les chambres des 2e et 3e étages offrent un beau panorama sur le Maroc et les toits de la ville. D'ailleurs, la déco s'en inspire, ainsi que d'autres Orients plus lointains.

🛏 *Hostal Alameda (plan B2, 14) : paseo Alameda, 4.* ☎ 956-68-11-81. ● reservas@hostalalameda.com ● hos talalameda.com ● ♿ *En lisière de la vieille ville, au bout de la promenade, à deux pas du château et du port.* Doubles 60-95 € selon saison. 🛜 Dans un édifice de caractère à la situation très agréable, une dizaine de chambres tout confort, de style contemporain, impeccables, avec TV et AC. On peut prendre le petit déj dans la véranda, qui fait aussi resto et donne sur l'Alameda. Bon accueil.

Très chic et bien plus cher (min 115 €)

🛏 *Posada La Sacristía (plan B2, 18) : San Donato, 8.* ☎ 956-68-17-59. ● tarifa@lasacristia.net ● lasa cristia.net ● Doubles 117-137 € selon taille, petit déj inclus. 🛜 Ce petit hôtel de charme, installé dans une vieille demeure de 1680, s'organise autour d'un petit patio où se dressent 2 colonnes romaines. Les chambres ont toutes une déco personnalisée mais la plupart se révèlent toutes petites. Les Sept Nains adoreraient, et Blanche-Neige aussi... Tout le monde sait qu'avec son Prince charmant elle ne descend que dans les meilleures adresses, et c'est ici le cas. À l'heure de la sieste ou après un sauna (payant), la salle de relaxation sur le toit est très appréciable. Pas de téléphone, ni AC, ni TV ! Une volonté affichée de sobriété et de simplicité qui arrange bien le tiroir-caisse... Cher comparé à la *Casa Amarilla* (voir ci-après). Fait aussi resto.

Appartements

🛏 *La Casa Amarilla (plan B2, 17) : Sancho IV El Bravo, 9.* ☎ 956-68-19-93. ● info@lacasaamarilla.net ●

lacasaamarilla.net ● *Résa conseillée. Selon saison, apparts 2-4 pers 50-132 €.* 🛜 *Apéritif maison offert sur présentation de ce guide.* En plein cœur de la vieille ville, cet immeuble de caractère, réhabilité, offre à la fois des chambres doubles et de très beaux appartements avec cuisine, salon, chambre et bains pour un prix honnête par rapport aux hôtels pseudo-design qui sont ses concurrents directs. Notre préféré est le n° 1, avec un beau carrelage marron à motifs floraux, une voûte centrale, sa chambre qui se cache derrière une rambarde-jalousie et son bow-window ouvrant sur l'une des rues les plus animées. Également intéressant, le n° 6 (triple) avec une double arche, style mosquée en plâtre (on aime ou pas !). Très beaux bains, équipés de mitigeurs à thermorégulation, faïences aux couleurs fortes. Au rez-de-chaussée, un excellent resto. Bref, notre coup de cœur charme de la ville. Ah ! on allait oublier : excellent accueil.

🏠 ***South Apartments Tarifa** (plan A1, 19) : c/ Trafalgar, 1 (entrée par la c/ Covadonga, 9).* 📱 *647-90-05-22.* ● *south@casa-tarifa.com* ● *casa-tarifa.com* ● *Selon saison, studios 2 pers 30-85 € et apparts 4 pers 50-110 €.* 🛜 Cette petite résidence simple mais confortable dispose de 6 appartements autour d'un minipatio verdoyant, certains avec vue et tous bien équipés et pouvant accueillir jusqu'à 6 personnes. Accueil très gentil.

Où dormir dans les environs ?

Campings

Sur la N 340 en direction de Cadix. Les adresses ci-dessous sont organisées selon l'ordre d'apparition en venant de Tarifa. Nombreux terrains de camping aux abords des longues plages qui s'étendent au nord de Tarifa, lieu de rencontre des véliplanchistes. Ce sont parmi les plus agréables de toute la côte andalouse.

➢ Accessibles depuis Tarifa par un bus de la compagnie *Horizonte Sur* qui fait une rotation ttes les 1h30 env 8h-23h, slt en hte saison. Départ depuis la gare routière Comes, c/ Batalla del Salado (voir « Arriver – Quitter ») ; il dessert également 3-4 fois/j. la plage de Bolonia et le site archéologique de Baelo Claudia.

⚜ ***Camping Tarifa** : ctra N 340, km 79.* ☎ *956-68-47-78.* ● *info@campingtarifa.es* ● *campingtarifa.es* ● *À 5 km au nord-ouest de Tarifa. Ouv mars-oct. En été, pour 2 pers avec tente et voiture, 16-20 € selon période et parcelle ; bungalows en bois 4 pers 110-130 €.* Cher pour des prestations moyennes. Bien ombragé par des pins vraiment parasol. Toutefois peu d'intimité. Sanitaires bien entretenus. Accès direct à la plage. Accueil très pro, piscine (ouverte à partir de juin) bordée de palmiers, supérette, jeux pour les enfants, bar et resto. Un bon point pour l'environnement : le camping possède sa propre station d'épuration. Chiens interdits.

⚜ ***Torre de la Peña I** : ctra N 340, km 78.* ☎ *956-68-49-03.* ● *info@campingtp.com* ● *campingtp. com* ● *À 5,3 km au nord-ouest de Tarifa. Le camping est coupé en 2 par la route, réception côté montagne. En été, pour 2 pers avec tente et voiture env 35 € sur parcelle privée, 25 € sur parcelle commune. Rabais selon saison et durée du séjour. Bungalows 100-130 € selon emplacement, et quelques doubles simples au-dessus de l'accueil 30-52 €.* 🖥 🛜 *(gratuit).* Côté plage, on est à côté... de la plage (bande de sable plutôt étroite), ce qui est plus sympathique, bien qu'on soit un peu entassé. Bien ombragé cependant. Petit bar à 5 m des flots écumeux. Côté colline, on est un peu plus proche de la route, mais on est plus à son aise. Tunnel pour traverser la route, heureusement ! Des emplacements avec belle vue, d'autres avec de l'ombre, et d'autres sans l'une ni l'autre. Piscine, supermarché et resto. Là aussi, les chiens sont interdits.

⚜ ***Torre de la Peña II** : ctra N 340, km 75,3.* ☎ *956-68-41-74.* ● *informacion@campingtp.com* ● *campingtp.com* ● *À 8 km au nord-ouest de Tarifa, côté opposé à la plage et même assez loin de celle-ci. Prix un poil plus* *élevés qu'au* Torre de la Peña l *puisqu'il s'agit du même proprio.* Le site est peu ombragé, et un peu loin de la plage, pas très pratique avec des enfants. Supérette, tennis et piscine.

⊠ *Paloma : ctra N 340 Cádiz-Málaga, km 74.* ☎ *956-68-42-03.* ● *campingpaloma@yahoo.es* ● *cam pingpaloma.com* ● ⚓ *À 9,2 km au nord-ouest de Tarifa, sur la route de Punta Paloma ; et à 800 m de la plage. Réception 9h-22h. Pour 2 pers avec tente et voiture 21 € en hte saison ; bungalows 2-3 pers 54-81 €, 4 pers 71-88 € en hte saison selon taille.* 🖥 📶 *10 % de réduc pour les campeurs sur présentation de ce guide.* Bien ombragé par des pins et des palmiers, pelouse verdoyante. Spacieux, calme et assez propre. Quelques haies de sapins permettent d'avoir un peu d'intimité. Le bon point : le tintement des cloches des vaches vient vous titiller les oreilles. Le bémol : une petite rigole attire pas mal de moustiques, et certains bungalows sont à peine plus grands qu'une caravane 2 places. Supérette, resto, piscine. On peut louer des chevaux en face du camping. Chiens non admis en août.

⊠ *El Jardín de las Dunas : juste en face de la plage de Valdevaqueros.* ☎ *956-68-91-01.* ● *recepcion@cam pingjdunas.com* ● *campingjdunas. com* ● *Même route que pour le Paloma, mais continuer et prendre la 1re bifur-cation à gauche. Congés : nov. Pour 2 pers avec tente et voiture 30 € en hte saison ; réduc 15-45 % selon saison et durée. Bungalows 4-7 pers 63-120 €.* Un peu moins ombragé, moins intime et dans l'ensemble moins agréable que le *Paloma* – surtout en été, où les lieux s'avèrent assez bruyants et ultra-fréquentés. En revanche, les sani-taires sont très propres et la situation est imbattable : il ne reste qu'à gravir les dunes pour dévaler jusqu'à la mer. Supermarché et resto pas donné.

De plus chic à très chic (80-160 €)

Toujours sur la N 340 en direction de Cadix. Les trois établissements sui-vants sont présentés dans l'ordre géographique, à partir de Tarifa. Point commun : accueil hautain ou archi-faux, au choix. Ce n'est pas un peu du vent, tout ça ?

🏠 *Arte Vida Hotel : ctra N 340, km 79,3.* ☎ *956-68-52-46.* ● *reservas@hotelartevidatarifa.com* ● *hotelartevidatarifa.com* ● *Sur la plage, à 4 km au nord-ouest de Tarifa. Dou-bles 85-140 € selon saison, petit déj inclus.* Planté face à la grande playa de los Lances, l'*Arte Vida* est l'un des favoris des amateurs de glisse un peu friqués. Les chambres, bien que très correctes, sont assez spartiates pour le prix, mais la situation en lisière de plage est imbattable et les espaces de détente communs sont bien agréables, avec leurs sièges suspendus en bam-bou. C'est l'*after-kite* tendance où se retrouve tout le gratin de la plage, donc bruyant. Qu'importe, l'ambiance est *chill-out*, relax et festive. Bar et resto. Location de matériel de glisse direc-tement sur place.

🏠 *Hurricane Hotel : ctra N 340, km 78,2.* ☎ *956-68-49-19.* ● *info@hotelhurricane.com* ● *hotel hurricane.com* ● *Sur la plage, à 5 km au nord-ouest de Tarifa. Selon sai-son, doubles 94-181 € côté jardin et 112-185 € avec vue sur mer, petit déj compris.* L'hôtel est idéalement situé dans un grand parc arboré à la végé-tation luxuriante, juste en retrait de la plage, accessible par un escalier. Belle architecture avec un luxe d'arcades blanches, et piscine. Les chambres sont claires et l'ameublement de style asiatique-colonial (meubles en rotin, draps de couleur grège...). Quitte à dépenser autant, choisissez celles donnant côté mer. Petit déj-buffet un peu chiche. C'est l'adresse VIP par excellence et, en haute saison, tout est réservé d'une année sur l'autre. Possi-bilité de louer de mignons petits che-vaux aussi espiègles que fougueux ; pour cavaliers confirmés, donc.

🏠 *Hotel 100 % Fun : ctra N 340, km 76.* ☎ *956-68-03-30.* ● *tarifa@100x100fun.com* ● *100x100 fun.com* ● *À 7,4 km au nord-ouest de Tarifa, à la hauteur de la plage de Valdevaqueros, mais assez loin de la plage, car du mauvais côté de la*

N 340. *Congés : nov-20 mars. Doubles 86-157 € selon saison, petit déj compris*. Chambres un peu étroites, un peu chères et un peu bruyantes (à cause de la route), mais, de toute façon, les proprios remplissent. Petit *resort* à la balinaise situé dans un havre de verdure : gazon fraîchement tondu, fontaine et bâtiments bas aux murs délavés couleur rouge brique coiffés de toits de palmes. Grande hutte joliment décorée, où le petit déj-buffet est servi. Les chambres les plus agréables donnent sur une mignonne piscine, avec pour chacune une petite terrasse et 2 chaises. La réception est carrément un magasin de fringues. Resto tex-mex.

Où manger ?

La vieille ville propose un itinéraire gourmand et pas cher entre tapas, *raciones* de poisson frit ou petits sandwichs à la viande et autres hamburgers. Outre *El Pasillo* (voir ci-après) et son voisin **Los Melli,** vous pouvez jeter votre dévolu sur **El Francés** *(plan B2,* **31**) : *c/ Sancho IV el Bravo, 21A.* ☎ *956-68-31-03.* ● *alexandratrujillo@ msn.com* ● *Fermé ts les jeu. Congés : nov-janv.* Le patron français vous fera goûter au thon *a la plancha* ou aux boulettes sauce tomate. Ou bien poussez jusqu'à la plaza San Martín *(plan B2)* où se trouvent **El Otro Melli** (l'autre jumeau !) et à côté le **Playa Blanca,** spécialiste de la friture d'éperlan. Ou, enfin, goûtez aux hamburgers de Juan Luis à **La Cueva** *(plan B2 ; c/ San Francisco, 10).*

De très bon marché à bon marché (max 15 €)

|●| **El Pasillo** *(plan B2,* **30**) : *c/ Guzmán el Bueno, 14.* ● *camperski@hotmail. com* ● *Pas évident à dénicher. Tlj sf lun : juil-août, ouv tte la journée, le reste de l'année, ouv slt le soir.* Montaditos *(foie, brochettes, escargots, coquillages) et autres* bocadillos *env 2-5 €.* Comme son nom l'indique, c'est tellement petit qu'il faudrait presque un chausse-pied pour y entrer. Les tapas

sont bonnes et chaque verre de bière est accompagné de sa *tapita* d'olives. La spécialité ici est la viande de porc. On se serre rapidement les coudes : idéal pour socialiser. Quelques barriques dans la rue pour profiter de la fraîcheur du soir. Accueil courtois.

|●| **Ecocenter** *(plan A-B1,* **33**) : *c/ San Sebastián, 6.* ☎ *956-68-53-62.* ● *info@ tarifaecocenter.com* ● *Tlj sf mer. Menus 8-15 €, carte env 20 €.* ☎ Resto tout blanc ponctué d'un vert printanier. Carte à dominante végétarienne, mais pas seulement. Tenu par des étrangers et, en règle générale, pour des étrangers de passage à Tarifa, l'endroit est agréable et les propositions suffisamment variées pour que chacun y trouve son compte. Les pizzas cuites au feu de bois occupent une large place, mais les salades ne sont pas en reste. La tarte du jour a beaucoup de succès, allez-y tôt si vous voulez la goûter. Bref, pas mal d'originalité dans le paysage local, une heureuse initiative ! Fait aussi location de vélos.

|●| **Cervecería Varadero** *(plan A3,* **39**) : *c/ Alcalde Juan Núñez, 7B.* ☎ *956-68-26-23. Raciones 4-5 €.* Amateurs de design et de restos à la mode, tournez la page ! Ce bar portuaire, avec ses photos de barques de pêche, sa clientèle carburant à la *caña* de bière et son service expéditif est idéal pour un plat de poissons frits, un calamar *a la plancha* ou un poisson du jour servi sans chichis.

|●| **Restaurante Villanueva** *(plan B2,* **16**) : *avda de Andalucía, 11.* ☎ *956-68-41-49. Voir « Où dormir ? ». Fermé lun. Congés : janv. Menú del día mar-sam (midi slt) 12 €, carte 15-20 €.* Un des rares restos ouverts le midi. Souvent bondé. Si le décor fait un peu cantine, la cuisine est correcte et l'ambiance familiale. Nombreux poissons achetés au marché et cuisinés selon votre humeur (*a la plancha, al ajillo* ou en sauce). Également très bon thon de Tarifa à la carte et *paella valenciana.* Fréquenté par des touristes, mais également par des Tariféens.

|●| **Pizzerias La Tabla** *(plan A2,* **32**) et **Italia N° 1** *(plan A2,* **34**) : *Barriada Huerta Del Rey, 22 ; dans le quartier Huerta del Rey, très proche de la vieille ville. La Tabla se trouve dans une rue piétonne entre quelques HLM ; l'*Italia N° 1

sur c/ Mariano Vinuesa, en bas de l'Edificio Playa Tarifa. Pizza env 10 €. La Tabla a une réputation qui dépasse les frontières de la ville et ne désemplit pas, car elle propose des pizzas énormes. Ses mauvais points : elles sont huileuses et le service est vraiment au lance-pierres. *Italia N° 1* est tenue par un vrai pizzaiolo italien avec un vrai four à bois, et les *margheritas* sont plus fines et croquantes. À vous de choisir !

Prix moyens (13-25 €)

I●I *Mesón El Picoteo (plan A2, 34) :* c/ Mariano Vinuesa, 6, Edificio Playa Tarifa. ☎ 956-68-11-28. Tlj sf lun soir et mar. Congés : nov. Tapas min 1,30 €, repas env 20-35 €. CB refusées. Adresse traditionnelle ? Valeur sûre ? Affaire familiale ? Tout à la fois. Dans cette salle rustique où père et fils s'affairent pour satisfaire tous les appétits, on vous proposera les plats du jour – viandes, poissons ou fruits de mer – et vous aurez du mal à les refuser. Car tout est excellent, frais et bien présenté, de vrais pros ! Pour finir en beauté, le rioja maison n'est pas mauvais du tout. Autrement, vous pouvez faire du *picoteo* (picorer) avec des tapas au comptoir. Le meilleur choix gastronomique de Tarifa.

Où prendre le petit déj ? Où manger une pâtisserie ?

🍴 *Pastelería La Tarifeña (plan B2, 43) :* c/ Ntra Sra de la Luz, 21. ☎ 956-68-40-15. 🖥 605-90-73-70. ● pasterialatarifena@hotmail.com ● Tlj en saison. La pâtisserie préférée des locaux avec un choix très varié allant des choux à la crème aux gâteaux aux fruits secs et autres pâtisseries arabes typiques de ce coin de Méditerranée. À emporter seulement.

🍴 *Café Azul (plan B1, 44) :* c/ Batalla del Salado, 8. Tlj 9h-15h. Café + toasts 2,70 €. Microcafé au carrefour de la puerta de Jerez, tenu par 2 Italiens qui font du vrai *espresso* et disposent d'un comptoir avec quelques viennoiseries

et gâteaux. Le bon plan petit déj avec un bon café et pour pas cher.

🍴 *Pastelería Bernal (plan B2, 36) :* c/ Sancho IV el Bravo, 5. ☎ 956-68-42-44. Tout le monde y converge en fin d'après-midi pour ses excellentes pâtisseries aux amandes et son *turrón*. Alors, attention, n'oubliez pas de prendre votre numéro pour faire la queue ! Libre à vous, ensuite, d'imiter les familles du coin et de vous installer à la terrasse du bar-resto *Morilla*, juste en face.

🍴 *Las Delicias (plan A1, 37) :* Batalla del Salado, s/n. ☎ 956-08-46-77. Tlj en saison. Voici l'endroit tout désigné pour commencer la journée si vous logez dans l'une des pensions situées à l'extérieur de la vieille ville. Habitués et visiteurs se croisent tous les matins dans cette bonne pâtisserie-cafétéria de quartier. Quelques tables alignées le long de la rue invitent à profiter du soleil en lisant le journal.

🍴 *Bamboo (plan B2, 35) :* paseo de la Alameda, 2. ☎ 956-62-73-04. ● isabelita@gmx.ch ● ♿ Situé au pied de l'Alameda, face au port et au château. Tlj 10h-3h. Petits déj 4-5 € (4 formules). 📶 Fauteuils et banquettes, poufs, tables basses et chaises en toile, musique douce et plantes vertes à profusion (pour le côté hippy-écolo) invitent à se relaxer dès le début de la journée face à un bon petit déj, un jus de fruits, ou dans l'après-midi, devant une part de gâteau à la carotte.

Où boire un verre ? Où sortir ?

Les adresses les plus sympas se situent dans la vieille ville. Difficile de dire que l'une est meilleure que l'autre, vu que les clients tournent sans cesse de bar en bar. Il y en a pour toutes les heures du crépuscule à l'aube, pour tous les âges, tous les goûts musicaux, tous les looks... À vous, donc, de composer votre circuit, sachant que le prix de la *caña* de bière reste à peu près stable. C'est une bonne nouvelle, non ? Voici notre sélection.

🍸 *La Tribu (plan B2, 40) :* c/ de La Luz. À côté du *Misiana*, plus petit et moins je-me-la-pète-à-mort-dans-les-before-fashion. Et puis, si entre 2 *cervezas* la faim vous tenaille, vous pourrez faire un saut pour manger une part de pizza dans la *calle*.

🍸 ♪ *Misiana (plan B2, 40) :* pl. San Francisco. ● misiana.com ● C'est l'endroit V-Aïe-P, de la chanteuse Ana Torroja (mais si, vous connaissez, celle du groupe Mecano). Design soft-tendance et clientèle à l'air dégagé. Dernière trouvaille : les cours de tango. Fini le temps de la *lounge* affalés comme des mollassons sur des poufs ; dorénavant, les étreintes se font langoureusement sur la piste de danse.

🍸 ♪ *La Sacristía (plan B2, 18) : au rdc de l'hôtel chic du même nom.* Plus cool, plus âgé, plus luxe – plus cher aussi –, avec des canapés moelleux pour le *chill-out* et les soirées musicales (jazz). Quelques expos temporaires de photo ou de peinture.

🍸 *La Ruina* et *Soul Café (plan B2, 14) :* c/ Santísima Trinidad, 2, derrière l'hostal Alameda. ● laruinatarifa@gmail.com ● *Tlj en été, slt le w-e le reste de l'année. CB refusées.* La Sainte Trinité des lieux, ce serait plutôt *sea, sex and sun*... deux classiques de Tarifa où tout le monde converge à la sortie des boîtes. Chaud, très, très chaud même aux heures les plus avancées. *La Ruina* est le plus touristique et le plus cher aussi.

♫ Pour les *boîtes,* on peut commencer la tournée en ville par des déhanchés sur les tubes espagnols au *Guateque (hors plan par A1, 42)* sur la calle Batalla del Salado en face de la station-service, puis aller faire un tour à la *playa de los Lances,* au nord-ouest de la ville. Les *chiringuitos* (bars de plage) vont et viennent d'une année sur l'autre en fonction des modes et des autorisations municipales, mais renseignez-vous pour voir si le *Cafe del Mar* et le *Serengueti* sont encore dans le coin. Sinon, tablez sur au moins une bonne fiesta par semaine en été. Ici aussi, le cycle *techno-afters* a le vent en poupe.

À voir. À faire

🔭 *Le vieux Tarifa :* déambuler dans ses ruelles blanches constitue un plaisir en soi et une occupation en tant que telle. À chaque heure du jour ou de la nuit, la lumière est différente et l'intérêt toujours renouvelé.

🔭🔭 *Castillo de Guzmán el Bueno (plan B2) : en bord de mer, entre la vieille ville et le port. En rénovation mais parfois ouv. Mar-dim 11h-14h, plus mar-sam 16h-18h. Billet : 2 €.* Balade sympa sur les ruines de cet ancien château bien restauré, où se déroula la tragédie décrite dans notre rubrique « Un peu d'histoire ». Remparts et chemin de ronde mènent à la tour de Guzmán. De là-haut, on peut voir distinctement les côtes africaines, le port et la casbah.

🔭 🕊 *Observation de baleines et dauphins :* les baleines sont visibles dans la région en été, et les dauphins toute l'année selon les espèces. Cinq compagnies proposent cette excursion à des prix semblables : compter 3h (dont 1h de présentation avant le départ) et 30 € (20 € pour les 4-14 ans, gratuit moins de 4 ans). Entre autres :

■ *Turmares :* ● turmares.com ● Avec un bateau à fond transparent.
■ *FIRMM (plan B2, 6) :* Pedro Cortés, 4. ☎ 956-62-70-08. 📱 678-41-83-50. ● firmm.org ● À côté de la Farmacia Central. *Tlj 9h-21h. Juil-août, résa 48h avt.* Excursions en mer par groupe de 24 à 60 personnes. Préférer le petit bateau.

Pour les fous de glisse

Tarifa et ses belles plages attirent tout le gotha de la planche à voile et du kitesurf, car le vent y est plus fort que partout ailleurs. Mieux, les vagues de l'Atlantique se brisant sur la côte sud, c'est idéal pour pratiquer la planche de vitesse et de saut en hiver ; en été, c'est *flat*.

Entre Tarifa et Conil de la Frontera, plusieurs baies se succèdent. Le spot principal se situe à 10 km au nord-ouest de la ville, à la *playa de Valdevaqueros.* Il y a d'ailleurs un grand parking pour les camping-cars, ce qui permet de faire la sieste en attendant que le vent se lève.

Pour trouver les meilleurs tubes, allez dans le creux ouest, au pied du phare de Trafalgar (prenez la route de Caños vers Conil, tournez à gauche au panneau « Faro de Trafalgar »). Et si vous n'êtes pas sportif, la vue à partir de cette pointe est magnifique.

De manière générale, quand le vent souffle *poniente* (de l'ouest), allez plutôt sur la *playa de Valdevaqueros* ; il y a toujours un beaufort de plus là-bas. À l'inverse, quand le vent souffle *levante* (de l'est), il y a toujours plus de vent au stade de Tarifa.

– Une quinzaine de clubs licenciés (attention, car vous trouverez pléthore de clubs sans licence, qui ne vous donnent aucune assurance en cas de pépin !), boutiques et ateliers de réparation se livrent une concurrence acharnée en ville ou aux abords des plages.

Les plages

Toutes sortes de plages à Tarifa, de la plus urbaine à la plus sauvage. Notre cœur penche (évidemment) pour les plages désertiques.

À quelques kilomètres au nord, l'immense *playa de los Lances,* accotée à plusieurs petits espaces naturels préservés, répond tout à fait à cette description hors saison. L'été, c'est une autre histoire.

Au-delà, un bel anneau de dunes ferme la *baie de Valdevaqueros,* port d'attache des windsurfers et kitesurfers les plus accros. Pour les amateurs de naturisme, prendre à droite de la plage et la parcourir jusqu'au bout de la baie. Passer entre deux rochers (facilement repérables) par un petit chemin qui débouche sur une série de petites criques solitaires. Compter bien 15 mn de marche depuis le petit parking en face du camping *El Jardín de las Dunas.* C'est aussi l'occasion d'une belle balade dans les dunes, en particulier au soleil couchant ou au printemps lorsqu'elles se couvrent de fleurs. Attention toutefois de ne rien laisser dans votre voiture, certains lecteurs se la sont fait vider alors qu'ils prenaient le soleil.

Plus loin encore (22 km de Tarifa), *Bolonia* est, pour beaucoup, la plus belle de toutes les plages (voir ci-après). Pas mal d'apparts à louer et trois épiceries pour ceux qui veulent y séjourner.

DANS LES ENVIRONS DE TARIFA

🎭🎭 *Le site archéologique de Baelo Claudia :* à *Bolonia,* à 22 km au nord-ouest de *Tarifa.* ☎ 956-10-67-97. ● *juntadeandalucia.es/cultura/baeloclaudia* ● *De la ctra N 340, prendre la bifurcation à hauteur du km 70,4, puis parcourir env 6 km sur la petite route. Une fois à Bolonia, le site s'atteint par la branche de droite. Accessible aussi en bus depuis Tarifa 3-4 fois/j. Fermé lun, 1er janv, 1er mai, 24, 25 et 31 déc. Avr-mai, mar-sam 9h-20h ; juin-15 sept, mar-sam 9h-15h30 ; 16 sept-mars, mar-sam 9h-18h30 ; dim tte l'année 10h-17h. Dernière entrée 45 mn avt fermeture. GRATUIT pour les ressortissants de l'UE ; sinon 1,50 €.*

Superbe découverte d'un site magique entouré de dunes et d'une mer azur, à fréquenter surtout en fin d'après-midi sous une lumière rasante. Localisée dans la partie nord de l'anse de Bolonia, cette cité hispano-romaine datant de la fin du IIe s av. J.-C. a fait l'objet de fouilles archéologiques dès mai 1917, sous l'égide d'abord de l'École des hautes études hispaniques de Bordeaux. L'endroit fut utilisé comme port d'embarquement pour la navigation et le commerce avec l'Afrique du Nord. Sa localisation, à la sortie de la Méditerranée et à une faible distance

(30 km) de *Tingis* (Tanger), capitale de la *Mauritania,* explique son rôle politique et administratif. Sous le règne de l'empereur Claude et au cours des premières décennies du Ier s apr. J.-C., Baelo Claudia se transforma en une ville de type impérial : elle fut dotée d'un théâtre, de thermes, d'un marché, d'un vaste forum entouré de boutiques, et des principaux édifices religieux et administratifs.

Dès l'arrivée, en abordant le forum, flanqué d'un côté par la basilique et, de l'autre, par un petit théâtre, les visiteurs sont plongés dans la cité. Les eaux du détroit de Gibraltar, qui constituent l'une des grandes routes migratoires des thonidés, ont converti Baelo en *emporium* de salaison du poisson et de production de *garum.* Dans la partie basse de la ville, face à la mer, on peut encore voir un quartier dévolu aux salaisons, où les

GARE AU *GARUM*

Extrait des intestins, des têtes et autres déchets de poissons, qui étaient macérés dans du sel. On obtient une sorte de « jus de poisson pourri » (rappelant le nuoc-mâm vietnamien). Ce condiment, cher et recherché, était très utilisé dans l'Antiquité pour lutter contre la putréfaction. On le mêlait, pour la préparation, à du vin, de l'huile, du miel et toutes sortes d'épices.

petites conserveries côtoyaient de plus vastes établissements. Mais cette activité périclita dans la seconde moitié du IIe s de notre ère, probablement à cause de phénomènes sismiques. D'ailleurs, lors de votre visite, vous foulerez les pierres fendillées du *Decumanus,* voie d'accès principale et lieu de la faille. Attention à la marche !

Où dormir ? Où manger ?

🛏 *Hostal La Hormiga Voladora :* El Lentiscal, 18, 11391 *Bolonia.* ☎ 956-68-85-62. ● *hostalhormigavoladora@yahoo.es* ● *En arrivant à Bolonia, prendre la route qui part sur la gauche en longeant à distance le rivage, et laisser le site archéologique sur la droite. Doubles 51-75 € hors saison, 60-95 € de mi-juin à mi-sept.* Fort bien placée au-dessus de la plage (mais sans accès direct), la « fourmi volante » dispose d'un ensemble de petites unités très propres bercées par le bruit des vagues. 2 des 14 chambres

(n°s 3 et 4) possèdent une cuisinette, une machine à laver et une chambre en mezzanine. Il y a aussi 3 appartements, mais sans AC, contrairement aux chambres, et pas vraiment plus grands.

|●| *Restaurant Las Rejas :* à *Bolonia.* ☎ 956-68-85-46. *Juste après La Hormiga Voladora. En principe tlj de la Semaine sainte à sept ; sll le w-e hors saison. Repas 20-30 €. CB refusées.* Dans un coquet chalet moderne. Les produits de la pêche arrivent directement dans votre assiette ! Le jeune patron négocie directement avec les pêcheurs, quand il ne pêche pas lui-même. Bonne soupe de poisson.

LA COSTA DEL SOL ET L'ARRIÈRE-PAYS

La Côte du Soleil... un nom qui en a fait rêver plus d'un(e), et qui n'est pas usurpé : ce n'est pas le soleil qui manque... On compte à peine 40 jours de mauvais temps par an, et beaucoup d'assoiffés en été ! Ajoutez environ 600 km de côtes (d'Algésiras à Almería), une toile de fond montagneuse, des villages de pêcheurs, des allées de palmiers, des fruits de mer à gogo... et vous comprendrez comment la Costa del Sol est devenue dans les années 1960-1970 le lieu de villégiature favori des congés payés français et allemands, avant d'attirer Anglais, Néerlandais et autres Nordiques. La station

balnéaire de Torremolinos date de cette époque. Planifiée et édifiée sur ordre de Franco, elle fut une cité pilote du tourisme de masse... et ses immeubles de béton narguent encore les embruns. Si nous avons fait le choix de ne plus l'indiquer, c'est qu'en Andalousie les stations balnéaires moins bétonnées et plus agréables ne manquent pas.

Seulement voilà, cette manne touristique a inévitablement incité les promoteurs espagnols à démultiplier leurs profits et à construire toujours plus, d'autant que les autorités locales y ont vu un moyen de résorber le chômage. Les petits ports de pêche sont devenus marinas, les promenades de bord de mer, avenues ou autoroutes, les patios, parkings et les petites plages, des alignements d'immeubles aux allures de HLM. Un véritable *a-front* de mer. Et ces changements ont surtout entraîné des bouleversements sociaux. Avec son ensoleillement record et ses hivers doux, l'Andalousie doit désormais compter avec une population de retraités d'Europe du Nord installés à demeure. Le boom des constructions pour ces éternels estivants s'est emballé avec l'arrivée de l'euro ; création d'« urbanisations » (quartier-lotissement) chaotiques sans véritable plan d'aménagement du territoire. Et ce non seulement le long du littoral, mais aussi sur les collines de l'arrière-pays comme plantés au milieu de nulle part et désespérément vides. Et certains de ces nouveaux venus, ne se contentant pas de soleil et d'eau fraîche, se sont lancés dans les services touristiques afin de rentabiliser leur achat. Ils prouvent qu'on peut vivre en Espagne sans pourtant parler un mot d'espagnol... Les locaux s'y adaptent, mais non sans une certaine animosité envers les « guiris » (tous ceux dont la langue maternelle n'est pas l'espagnol). Cela se traduit souvent dans le secteur touristique avec un accueil peu avenant, un service au lance-pierres et des présentations pas soignées. Un peu triste tout ça...

Les amoureux du grand air et les âmes en quête de tranquillité ou de fraîcheur pousseront jusqu'aux Alpujarras : dans ce petit paradis pour les marcheurs, le tourisme, bien que présent, reste encre assez discret (en tout cas, cela n'a rien à voir avec le littoral). Ou vers la sierra de las Nieves ou la sierra Bermeja. Et, si les plages sauvages et vierges de toute construction (ou presque) vous manquent, allez donc faire un tour à l'est d'Almería, du côté du cabo de Gata. Si vous le pouvez, tâchez donc d'éviter les grandes ruées d'été. Si, toutefois, pour vous, c'est juillet, août et rien d'autre, pensez à réserver le plus tôt possible. En fait, même effréné, le rythme de construction n'arrive pas à suivre l'accroissement du nombre de visiteurs, et tout est très vite complet !

ALGÉSIRAS (ALGECIRAS) (11200) 116 400 hab.

Algésiras est un des gros *hubs* de la Méditerranée, c'est-à-dire un port de transbordement où les super porte-conteneurs, en provenance ou à destination de l'Amérique, de l'Asie et de l'Europe, déchargent et répartissent leurs marchandises sur de plus petits bateaux. Le soir, la zone portuaire s'allume, les grues scintillent de mille feux. De loin, on ne peut s'empêcher de penser à un gros gâteau d'anniversaire.

Si la ville est très fréquentée l'été en raison de ses nombreuses liaisons maritimes vers le Maroc, elle n'offre rien de « monumental » à admirer. C'est essentiellement un lieu de passage et d'échange, comme le prouvent les nombreuses enseignes écrites en espagnol, anglais et arabe, ainsi que les agences de voyages alignées par dizaines sur la promenade maritime. Fini le temps où l'on restait ici en attendant la traversée vers l'autre rive ; désormais les ferries sont solides, rapides et nombreux, même par gros temps.

Souvent présentée comme une « ville laide », Algésiras bénéficie d'un vieux quartier central rénové et agréable, traversé par des voies piétonnes. Et impossible de déambuler en ville sans une pensée pour le guitariste flamenco Paco de Lucía, originaire d'Algésiras. Depuis l'album *Dos Guitarras Flamencas* en passant par *Friday Night in San Francisco* jusqu'à *Cositas Buenas...* nous, on est aficionados.

UN PEU D'HISTOIRE

D'abord romaine, puis musulmane durant six siècles (son nom est dérivé de l'arabe *Al-Yazirat-al-Jadra*, qui signifie « l'île Verte »), Algésiras connut bien des déboires. Au XIVe s, le sultan de Grenade Mohamed V tenta de la reconquérir en l'incendiant en la réduisant à néant. En 1906, la conférence d'Algésiras, qui accorda à la France des droits spéciaux sur le Maroc, se tint ici, à l'hôtel *Reina Cristina*.

Arriver – Quitter

En train

🚉 **Gare RENFE** (plan A2) : avda Gesto por la Paz, s/n. ☎ 902-24-02-02 (24h/24). À 5 mn du port. Cafétéria. La ligne Algésiras-Grenade dessert Ronda et Antequera. Vente de billets de bateau pour Tanger et Ceuta.

➤ **De/vers Grenade, via Antequera :** 3 trains/j. ; depuis Algésiras 7h-15h45, depuis Grenade 7h15-17h25. Trajet : 4h30 pour Grenade, 3h pour Antequera.

➤ **De/vers Grenade, via Ronda :** 4 A/R par j. 7h-20h30 (trajet : 1h50).

➤ **De/vers Cordoue :** 2 trains directs/j., 1 le mat et 1 l'ap-m, dans les 2 sens. Trajet : 3h15. C'est la ligne qui dessert aussi Madrid (trajet : env 5h30).

➤ *De/vers Séville et Málaga :* changement à Antequera ou à Cordoue pour Séville ; à Antequera pour Málaga. Mieux vaut le bus, plus rapide.

En bus

🚌 *Gare routière (plan A2) :* c/ San Bernardo. *En face de la gare RENFE et au pied de l'hôtel Octavio. Toute récente. Les transports Portillo, Comes et LineSur y ont chacun un guichet. Épicerie, cafétéria et resto pour calmer les petits creux.*

■ *Automóviles Portillo (plan A2) :* ☎ 902-14-31-44. ● ctsa-portillo.com ● *Guichet ouv tlj 7h15-14h15, 14h30-22h15.*

➤ *De/vers Marbella et Málaga :* env 10 bus directs ou semi-directs/j. 7h30-22h. Trajet : respectivement 1h et 2h. Il existe aussi 7-8 omnibus *(ruta)* qui desservent au passage les stations les plus moches de la côte : Estepona, Fuengirola et Torremolinos ; le temps de trajet jusqu'à Málaga atteint alors 3h. Également 2 bus directs/j. pour l'aéroport de Málaga, vers 6h30 et 13h45. Trajet : 2h.

➤ *De/vers Benalmádena :* 4 bus/j. ; depuis Algésiras 8h30-21h, depuis Benalmádena 5h25-17h05. Env 2h40 de trajet.

➤ *De/vers Grenade :* 3 bus directs/j. (3h45 de trajet) et 2 omnibus (5h30 de route !).

■ *Compañía Comes (plan A2) :* ☎ 902-19-92-08 et 956-65-34-56. ● tgcomes.es ●

➤ *De/vers La Línea* (ville espagnole limitrophe de Gibraltar) *:* tlj, ttes les 30 mn à partir de 7h ; dernier départ d'Algésiras à 22h30, dernier retour de La Línea à 23h15. Les billets s'achètent directement dans le bus. Trajet : env 30 mn.

➤ *De/vers Ronda :* en sem slt et en période scol slt, 1 bus vers Ronda à 6h15 et dans le sens Ronda-Algésiras vers 13h45. Trajet : 2h45.

➤ Départs *de/vers Jerez* (1 le mat et 1 l'ap-m ; trajet : 1h45), *Cadix* (10 bus/j. ; trajet env 2h) et *Tarifa* (9 bus/j. et slt 7 les j. fériés, ttes les 90 mn en moyenne ; trajet : 45 mn).

■ *Bus LineSur (plan A2) :* ☎ 956-66-76-49. ● linesur.com ● *Guichet ouv* lun-ven 7h15-21h ; w-e 8h30-14h30, 16h30-21h.

➤ *De/vers Séville (la plupart via Jerez) :* env 6-7 bus/j. Trajet : 2h45 pour les directs (départs à 11h, 17h30 et 19h) et 3h15 pour les omnibus.

■ *Compañía Daibus : rens auprès de l'agence Comes à la gare routière.* ☎ 956-65-34-56.

➤ *Pour Madrid :* 4 bus/j. Trajet : 8h.

En bateau

⛴ **🅑** *Gare maritime (plan B1, 3) :* bateaux à destination de Ceuta et Tanger. C'est au *terminal de pasajeros* (passagers) que se regroupe l'essentiel des informations, achats des billets auprès des compagnies, embarquements et consignes...

🅘 *Kiosque d'infos de la gare maritime : au milieu du hall.* ☎ 956-58-54-63. *Tlj 7h30-22h30. Rens sur place ou par tél. De bons conseils. Accueil francophone.*

■ *Consigne : à droite dans le terminal.* Tlj 7h-21h.

@ *Internet : à gauche dans le terminal.* Tlj 9h-21h.

Pour le Maroc

■ *Acciona Trasmediterránea :* ☎ 902-45-46-45 et 956-66-52-00. ● trasmediterranea.es ●

■ *Balearia :* ☎ 902-16-01-80. ● balearia.com ●

■ *Comarit :* ☎ 956-63-41-49 (dessert slt Tanger). ● comarit.es ●

■ *Euroferys :* ☎ 956-65-23-24.

Achetez vos billets directement auprès des compagnies, elles ont toutes leur guichet dans le terminal. Elles pratiquent toutes des tarifs sensiblement identiques : environ 30-50 €/pers pour Ceuta et Tanger selon confort choisi ; pour 1 voiture et 2 personnes, compter 140-200 € pour Ceuta et Tanger. Les compagnies pratiquent régulièrement des promos, faites la tournée des guichets au préalable. Éviter les agences locales qui, en plus de prendre une commission, peuvent rajouter des suppléments qui n'ont pas lieu d'être. N'oubliez pas votre passeport.

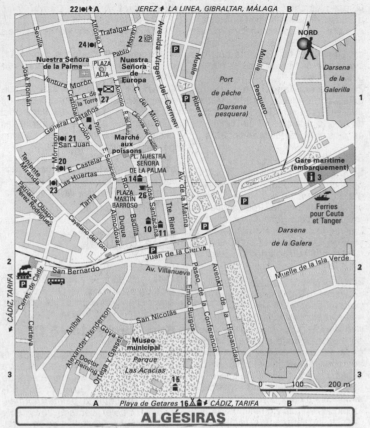

ALGÉSIRAS ET GIBRALTAR

ALGÉSIRAS

■	Adresses utiles	|◉|	Où manger ?

- @ **2** Internet Telecom Center
- 🚢 ℹ **3** Gare maritime, informations
- **4** Banque Servicaixa

⚠ 🏠 **Où dormir ?**

- **10** Hostal Nuestra Señora del Carmen
- **11** Hostal González
- **14** Hostal Nuestra Señora de la Palma
- **15** Hotel Reina Cristina
- **16** Albergue juvenil Sur de Europa

|◉| **Où manger ?**

- **20** Bar Montes
- **21** Restaurante Montes
- **22** El Querido
- **23** Restaurante Casa María
- **24** La Brujidera

☕ **Où prendre le petit déj ?**

- **26** Pastelería Alhambra

🍸 **Où boire un verre ?**

- **27** Ceibar

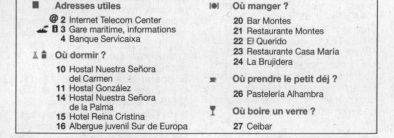

➢ *Algésiras-Ceuta :* ttes compagnies confondues, 20-25 bateaux/j. 6h30-22h. Trajet : 30-40 mn. La liaison vers le Maroc la moins chargée. L'embarque-ment y est plus facile que pour Tanger : Ceuta étant un *presidio,* une dépen-dance espagnole en terre marocaine, il n'y a pas de douane (en revanche, billet un poil plus cher). À Ceuta – ou plutôt à Fnideq, situé à 3 km de Ceuta (à faire en stop) –, bus pour Tanger via Tétouan (route superbe). Ne pas écouter les chauffeurs de taxi à Ceuta qui vous diront que cette ligne de bus n'existe pas (ou plus).

➤ *Algésiras-Tanger :* ttes compagnies confondues, 18-22 bateaux/j. 9h-22h. Trajet : 1h30-2h30 en fonction du bateau. Attention, en été, cette ligne est plus chargée que celle de Ceuta.

Réservation

Si vous êtes à pied, aucun problème pour embarquer sans réservation en été. En revanche, en voiture, l'attente est souvent longue. Pour gagner du temps, on peut acheter son billet en France sur sur Internet avant le départ et, si on va à Ceuta, réserver une place (c'est malheureusement impossible pour Tanger).

■ *Euro-Mer France :* 5, quai de Sauvages, CS 10024, 34078 Montpellier Cedex 3. ☎ 04-67-65-67-30. ● euromer.com ● Lun-ven 9h-19h, sam 9h-18h. Que vous alliez à Ceuta ou à Tanger, cette agence vous propose d'acheter à l'avance vos billets au départ d'Algésiras (et d'autres villes espagnoles ou françaises), quelle que soit la compagnie. Les prix sont à peine supérieurs à ceux pratiqués sur place (quelques euros). Nombreuses réductions, tarifs groupes, 4x4, camping-car.
■ *Iberrail France :* 57, rue de la Chaussée-d'Antin, 75009 Paris. ☎ 01-40-82-63-63 et 01-42-81-27-27 (résas). ● trasmediterranea@iberrail. fr ● Ⓜ Trinité-d'Estienne-d'Orves ou Chaussée-d'Antin-La Fayette. Lun-jeu 9h-12h30, 14h-18h ; ven jusqu'à 18h30. Permet d'acheter les billets sur la compagnie Acciona Trasmediterránea, vendus presque systématiquement en open (pas de résa de date précise ni d'heure, reste à faire la queue en arrivant).

Adresses utiles

✉ *Correos* (poste ; plan A1) : c/ José Antonio. Lun-ven 8h30-20h30, sam 9h-13h.

@ *Internet Telecom Center* (plan A1, 2) : avda Virgen del Carmen, 35. Tlj 10h30-23h. Fait aussi centre d'appels internationaux.
■ *Banque Servicaixa* (plan A1, 4) : General Castaños, 1. Lun-ven 8h30-14h15.
🅿 *Parking :* on peut se garer gratuitement en face de l'embarcadère de ferries, le long de l'avda Virgen del Carmen (plan A-B1). Évidemment, les places sont chères... Sinon, parking payant au port, compter 0,60 €/j.
🚕 *Taxis :* ☎ 956-65-55-12. On en trouve toujours devant la gare ferroviaire, devant la gare maritime, et près de cette dernière, sur l'avda Virgen del Carmen.

Où dormir ?

Les petits hôtels sélectionnés se trouvent tous dans le même quartier, en face du port. N'hésitez pas à voir plusieurs chambres avant de vous décider.

Bon marché (15-45 €)

🛏 *Hostal Nuestra Señora de la Palma* (plan A1, 14) : pl. Nuestra Señora de la Palma (mercado de Abastos), 12, 11201. ☎ 956-63-24-81. ● hostal_la_palma@hotmail. com ● Double avec sdb 35 €, triple 48 €. ▱ Sur présentation de ce guide, 10 % de réduc sur le prix des doubles oct-juin. Voici le meilleur rapport qualité-prix de la catégorie, un poil plus cher mais un cran supérieur. Les chambres ne sont pas particulièrement claires mais propres et confortables (TV, AC). Certaines donnent sur le sympathique marché, animé très tôt le matin (bruit en conséquence...).
🛏 *Hostal González* (plan A2, 11) : c/ José Santacana, 7, 11201. ☎ 956-65-28-43. Doubles 27 € sans sdb, 30 € avec. Construction récente, propre, et patrons plutôt accueillants. Style très lino et meubles en contreplaqué, quelques odeurs de renfermé, des chambres plus sombres que d'autres, mais, dans l'ensemble, très correct pour le prix... Salle TV à la réception avec du mobilier de style Henri II et V... font VII.

▲ *Hostal Nuestra Señora del Carmen* *(plan A2, 10) : c/ José Santacana, 14A, 11201.* ☎ *956-65-63-01. En face de l'Hostal González. Selon saison, doubles 20-30 € sans sdb, 25-35 € avec.* Chambres plutôt honnêtement tenues, avec des couvertures un peu kitsch. Préférer celles sur rue, plus grandes et plus aérées. Accueil familial et sympathique du patron marocain.

Très chic (min 90 €)

▲ *Hotel Reina Cristina (plan A3, 15) : paseo de la Conferencia, 11207.* ☎ *956-60-26-22.* ● *res.reinacristina@hotelesglobales.com* ● *reinacristina. es* ● *Doubles 85-123 € selon saison, petit déj inclus.* 🖵 🛜 De style mixte (mélange hispano-anglo-mauresque), avec un charmant salon-patio intérieur, et au milieu d'un parc ombragé formant une véritable oasis au cœur d'Algésiras, cet établissement a su conserver un certain charme après un bon siècle d'existence. Les chambres sont calmes et ouvrent sur le parc. Malgré les travaux de rénovation, leur déco n'est vraiment pas à la hauteur du hall et du grand salon. Mais tout le confort moderne y est : fenêtres insonorisées, chauffage et AC, coffre-fort, salle de bains nickel et surtout une bonne literie. Certaines ont même des terrasses. Très belle piscine entourée de palmiers et même des courts de tennis. Clientèle mêlant businessmen et touristes.

Où dormir dans les environs ?

Auberge de jeunesse

⚠ ▲ *Albergue juvenil Sur de Europa (hors plan par B3, 16) : El Pelayo,* ctra nacional 340, km 95.6, 11390. ☎ *902-51-00-00.* ● *algeciras.itj@juntadeandalucia.es* ● *inturjoven.com* ● ♿ *À la sortie ouest du village d'El Pelayo, à 300 m après le panneau de sortie du village en direction de Tarifa. À 8 km d'Algésiras et 10 km de Tarifa. Le bus (compagnie Comes ; 10 fois/j.) peut vous arrêter sur la N 340, au pied de l'AJ ; dernier* bus depuis Algésiras vers 21h (20h15 depuis Tarifa). Ouv 24h/24. Congés : fêtes de Noël. Selon saison, nuitée en dortoir moins de 25 ans 13-19 €, plus de 25 ans 20-25 €, petit déj 2 € ; doubles 17-49 € ; camping 9 €/pers. Menu buffet 8 € midi et soir. 🖵 🛜 Bel édifice moderne presque perdu dans les collines, avec une des plus belles vues qui soient sur le rocher de Gibraltar. Chambres de 2 à 4 personnes, avec de grandes fenêtres, voire une petite terrasse. Mobilier moderne de couleurs vives. La moitié des chambres partage une salle de bains sur le palier avec une autre. L'autre moitié a la sienne. Très bien équipé. Belle piscine *(ouv juil-août)* et stade de basket et foot.

Où manger ?

|●| *Restaurante Casa María (plan A1-2, 23) : c/ Emilio Castelar, 53.* ☎ *956-65-47-02. Tlj. Menus du jour 9,50 € midi, 15 € soir.* Sur 2 niveaux, la très classique (sinon un peu kitsch) salle d'un resto familial où on sert une cuisine plus que généreuse et pas mal tournée. Service et accueil fort aimables. Joli rapport qualité-prix au final.

|●| Parmi les nombreuses adresses de la *calle de Alfonso XI (plan A1),* on a bien aimé 2 bars à tapas : *El Querido (hors plan par A1, 22) : n° 2b.* 🕾 *687-81-65-04. Tlj sf dim et lun.* Petite adresse un peu branchée au décor néorétro qui accueille parfois expos et concerts. Tapas pleines de saveurs et jolie carte des vins. Et *La Brujidera (plan A1, 24) : n° 18.* 🕾 *627-45-79-86. Tlj sf dim.* Joli décor, jolie carte des vins là encore (la *Brujidera* est une variété de raisins), bons produits et jeune équipe.

|●| *Restaurante Montes (plan A1, 21) : c/ Juan Mórrison, 27.* ☎ *956-65-42-07. Tlj 12h-17h, et dès 19h le soir. Menu midi et soir env 10 €, carte min 18 €.* Maison fondée en 1958. Menus avec un choix plutôt restreint mais de bonne tenue. Salle à manger très sobre et clientèle un peu chic. On fréquente l'endroit surtout pour le poisson, très frais et bien préparé.

|●| *Bar Montes (plan A1, 20) : c/ Emilio Castelar, 36.* ☎ *956-65-69-05.* C'est,

une rue plus loin, le bar du restaurant *Montes*. On vient ici pour les tapas et l'ambiance un peu animée. Décor néorustique quelconque, mais des assiettes de qualité. Service aimable et souriant.

65-34-57. Les pâtisseries marocaines sont succulentes. Si vous n'enjambez pas la Méditerranée, c'est le moment de le faire avec les papilles... Bon voyage !

Où prendre le petit déj ?

– Pas mal de cafés et de pâtisseries (*Bar Pelayo, La Tertulia, Mesón Torroja...*) autour de la plaza Nuestra Señora de la Palma *(plan A1)*.

☛ *Pastelería Alhambra (plan A2, 26)* : c/ José Santacana, 2. ☎ 956-

Où boire un verre ?

🍸 *Ceibar (plan A1, 27)* : Teniente García de la Torre, 1. Jeu-sam dès 22h ; *ouv aussi les soirs de match de foot.* Petit bar de nuit tranquille au fond d'une impasse, avec quelques tables en extérieur. Musique selon l'humeur de la patronne.

À voir. À faire

🏛 *Le vieux quartier (plan A1)* : entre la ville et le port, il possède, non pas du charme, mais une atmosphère populaire. Le marché notamment, sur la plaza Nuestra Señora de la Palma, est vivant et coloré, tout comme le marché aux poissons tout proche.

🏛 *Plaza Alta (plan A1)* : avec ses azulejos, ses palmiers et sa fontaine centrale kitsch ornée de grenouilles, elle fut construite en 1807. S'y s'élèvent deux églises : la *capilla de Nuestra Señora de Europa* (XVIIIe s) et la *iglesia de Nuestra Señora de la Palma* (construite en 1723).

🏛 *Museo municipal (plan A2)* : c/ Ortega y Gasset, s/n. À l'angle de c/ Goya, à l'orée du parc des Acacias. Fin oct-mars : lun-ven 9h-14h, 17h-19h ; sam 10h-14h. Avr-fin oct : slt lun-ven 9h-14h. GRATUIT. Si vous avez 1h à passer en ville, vous y découvrirez l'histoire locale de la préhistoire à l'aube du XXe s. Peu de pièces intéressantes – ni même entières –, à part quelques amphores, une grande *tinaja* (jarre) médiévale et une belle lampe en bronze arabe du Xe s qu'on aimerait bien frotter pour voir si un génie va en sortir... À l'étage, vous découvrirez la version espagnole du siège de Gibraltar, intéressante à confronter à celle du musée du rocher si vous y allez ensuite.

🏖 Pour profiter de la plage, allez donc vous prélasser au soleil de la *playa de Getares*, à 4 ou 5 km au sud d'Algésiras : 3 km de sable blond et fin. Cet endroit, bien que subissant une sérieuse urbanisation, n'est pas encore trop dénaturé. Beaucoup de petits pavillons mais heureusement pas de buildings. Parking payant.

GIBRALTAR   (73220)   28 900 hab.

Pour Théophile Gautier, c'est un « monolithe monstrueux lancé du ciel... un morceau de planète écornée tombé là pendant une bataille d'astres... » Pour Colette, « une horreur sans nom ». Et pour l'écrivain américain Paul Théroux, « les Gibraltariens ressemblent à une tribu de minuscules idolâtres, accrochés à leur monumental sanctuaire de calcaire ». Néanmoins, Marguerite Duras y ancra son célèbre marin. Il faut dire qu'il y a, à Gibraltar, une curieuse atmosphère qui ne laisse personne indifférent, ni les artistes ni les voyageurs.

Dans cette enclave anglaise (6,5 km² seulement) en terre andalouse, tout rappelle le Royaume-Uni : les quelques *bobbies,* l'alignement des pubs, les cabines téléphoniques rouges, les portraits d'Elizabeth II dans leurs cadres officiels. Mais l'âme espagnole résiste aux muffins et au *teatime.* Elle affleure sans cesse, au détour d'un accent, d'un mot, d'une tournure de phrase. La population de Gibraltar, issue d'un vaste métissage espagnol, portugais, maltais, anglais, juif et génois, pratique un dialecte baptisé « llanito », un cocktail britannico-ibérique qui lui permet de passer d'une langue à l'autre quand un mot fait défaut.

La ville, étirée en longueur, n'est ni belle ni typique. Allons, soyons francs, elle est plutôt moche. Et pourtant y règne toujours cet étrange charme qui opère. Un mélange de curiosité et de légitime attirance nous pousse à aller voir sur ce bout de rocher comment résiste cet anachronisme historique.

UN PETIT TERRITOIRE DÉPENDANT

Physiquement, la vie à Gibraltar n'est pas facile. Seule la base du rocher est habitable, et c'est là que s'étirent les quelques rues qui composent la ville. Celle-ci est malmenée par les vents et la brume, car l'humidité, lorsqu'elle se fixe sur le rocher, tombe de plein fouet sur les habitations. Gibraltar coûte cher à l'Angleterre. Hormis le petit commerce ordinaire (et détaxé, les Espagnols y vont surtout pour chercher leurs cigarettes à bas prix !) concentré le long d'une *high street* piétonne, le territoire ne produit rien. Comme sur une île, toutes les marchandises sont importées. Les avions britanniques atterrissent sur une piste minuscule au ras des eaux, située sur une langue de terre plate (le Neck), entre la ville et le poste frontière. En temps normal, la route nationale traverse cette piste. Si un avion surgit, la route est fermée et les voitures attendent le temps de l'atterrissage ! L'eau que boivent les habitants est produite sur place dans des usines de désalinisation d'eau de mer, financées par Londres.

UN PEU D'HISTOIRE

Le rocher, à en croire certains préhistoriens, serait l'un des tout derniers refuges de l'homme de Neandertal en Europe. Dès l'Antiquité, Gibraltar est connue des Phéniciens, des Carthaginois, puis des Romains. Et pour cause ! C'est dans cette région à la confluence de deux mondes (l'africain et l'européen), à la rencontre de deux mers et au croisement de plusieurs vents que Jupiter et Alcmène ont placé leur fiston, Hercule, comme gardien des colonnes qui portent son nom. Mis à part quelques offrandes phéniciennes aux dieux du détroit, les premières vraies traces sont laissées par les Maures, qui s'y installent en 711 sous le commandement de Tarik ibn Zyad (d'où le nom de *Gibraltar,* qui dérive de l'arabe *djebel Tarik* : la « montagne de Tarik »). Jusqu'en 1309, le rocher vit son petit bonhomme de chemin sous ce régime arabo-berbère. À cette date, les Espagnols chrétiens tombent à bras raccourcis sur les musulmans au cours d'une attaque surprise. Mais en 1333, le sultan de Fez réinvestit la ville après un siège de 4 mois et demi. C'est à lui que l'on doit la plupart des monuments musulmans existants : le château, les bains, la mosquée... En 1462, San Bernardo de Claraval (à présent, le saint patron de Gibraltar) libère la presqu'île et la transforme en une base navale stratégique.

Et puis il fallait bien que ça arrive... Deux siècles et demi plus tard, Carlos II meurt sans laisser d'héritier. L'Espagne se déchire alors en une guerre de Succession. Et ce sont les Anglais qui, en 1704, emportent l'affaire grâce à l'amiral Rooke.

ALGÉSIRAS ET GIBRALTAR

Le rocher des Anglais

Le traité d'Utrecht est signé en 1713 et l'Espagne fait don « absolument et pour toujours » du rocher à Sa Gracieuse Majesté. L'article 10 du traité interdit « le séjour ou l'entrée dans Gibraltar des juifs et des Maures ». Cette clause ne sera jamais respectée, car juifs et

LLANITO

Cette langue parlée à Gibraltar est un subtil mélange d'espagnol, d'anglais, de maltais et même de ladino (la langue des juifs espagnols). La grammaire est simplifiée afin que tous les immigrants puissent comprendre.

Arabes ont toujours marqué le territoire de leur présence. De 1779 à 1783, les Espagnols, qui ne respectent décidément rien, mettent le siège devant Gibraltar : il durera quatre interminables années. Des tunnels avec meurtrières sont péniblement creusés dans le flanc nord du rocher, d'où les Anglais bombardent sans risque leurs ennemis.

Selon le traité d'Utrecht, l'enclave ne doit servir que de base militaire, et pas de colonie de peuplement. Au fil des ans, c'est pourtant ce qu'elle est devenue. En 1840, Théophile Gautier, lors de son voyage en Espagne, note que « la montagne est creusée, minée, fouillée dans tous les sens ; elle a le ventre plein de canons, d'obusiers et de mortiers ; elle regorge de munitions de guerre ». À la fin du siècle, face à la menace allemande, le territoire se renforce d'un port de guerre. Durant la Seconde Guerre mondiale, Gibraltar est l'une des bases anglaises les plus actives. Les Alliés y concentrent leur flotte pour débarquer en Afrique du Nord. La population civile, elle, est invitée à aller se faire voir sous d'autres latitudes.

En 1969, le chanteur John Lennon et Yoko Ono s'y marient. Pourquoi ici ? Rien à voir avec l'année érotique et les mœurs du pays... C'est simplement que, à Gibraltar, les formalités administratives pour le mariage étaient (et restent) très rapides. Il suffit d'y résider depuis 48h pour pouvoir se marier. Ça n'a rien à voir mais, la même année, la colonie élit son propre gouvernement représentatif.

1969-1985 : Gibraltar coupé du monde

En 1969 toujours (décidément !), le dictateur Franco ferme la frontière et interdit tout contact entre l'Espagne et Gibraltar. Son objectif : contraindre les « maudits Anglois » à déguerpir. C'est mal les connaître ! En fin de compte, après 16 ans de négociations, de résistance et d'isolation, le 4 février 1985, la frontière est rouverte à minuit.

L'Espagne et l'Angleterre reprennent les hostilités, mais déplacent le champ de bataille sur le terrain économique. Et en 1973, lors de l'adhésion du Royaume-Uni à la CEE, le traité devait s'appliquer *de facto* au rocher... sauf en ce qui concerne la législation fiscale totalement autonome. Aujourd'hui, les Anglais offrent une fiscalité quasi nulle au rocher et ne respectent pas les accords de Schengen... Ce qui énerve considérablement les autorités espagnoles qui prétendent que beaucoup de narcotrafiquants viennent y blanchir leur argent sale. Le ministère des Finances espagnol faisait même monter la pression en estimant que 2 % du PNB s'évadait à Gibraltar. Fin 2011, toutefois, sous la pression du G20, le gouvernement de Gibraltar a supprimé le statut fiscal très particulier des sociétés *offshore*. Mais fin 2011

■	Adresses utiles	|●| ☕	Où manger ? Où prendre le petit déj ? Où boire un thé ?
🛈	Gibraltar Information Centre		**21** Sacarello's
1	Turner & Co		**22** The Tunnel
			23 The Angry Friar
			30 The Amin Office
🛏	**Où dormir ?**		
	12 Emile Youth Hostel	Y	**Où boire une pinte ?**
	15 Cannon Hotel		**31** The Star Bar

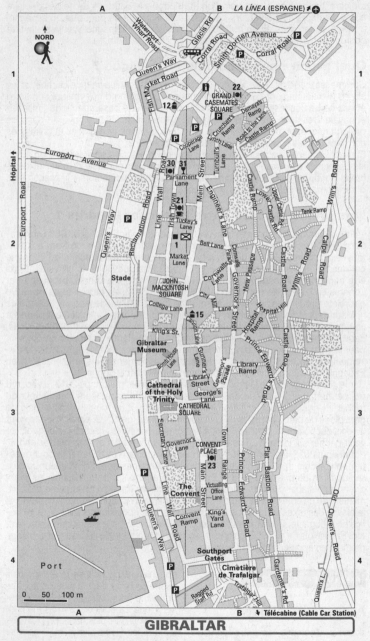

NORD

LA LÍNEA (ESPAGNE)

Hôpital

22
GRAND
CASEMATES
SQUARE

12

30 31
Parliament
Lane

21
Tuckey's
Lane

1

Stade

JOHN
MACKINTOSH
SQUARE

15

Gibraltar
Museum

Cathedral
of the Holy
Trinity

CATHEDRAL
SQUARE

CONVENT
PLACE
23

The
Convent

Southport
Gates

Cimetière
de Trafalgar

Port

0   50   100 m

Télécabine (Cable Car Station)

GIBRALTAR

toujours, l'accession au pouvoir d'un Parti populaire soucieux de ne pas déplaire à des électeurs conservateurs pour lesquels Gibraltar ne peut être qu'espagnol a ravivé les tensions. Et en mai 2012, la reine Sofia d'Espagne était la seule tête couronnée d'Europe à ne pas assister au jubilé d'Elizabeth II...

Quel avenir pour la colonie britannique ?

Comme les icebergs, le *peñón* (le « rocher » en espagnol) a sa face cachée, et les abcès de fixation sont nombreux. N'oublions pas d'abord que malgré son soleil et ses berges ourlées de bleu, Gibraltar demeure une base stratégique militaire et navale. Des sous-marins nucléaires seraient dissimulés quelque part dans les profondeurs, et on prétend même qu'un stock d'armes biologiques et chimiques dormirait dans le rocher (mais que font les Américains ?).

Et régulièrement, lorsque la situation s'envenime autour d'un sujet ou d'un autre, les Espagnols vont frapper à la porte de la Commission européenne qui... (évidemment) leur donne raison. Un sacré méli-mélo qui a de quoi renforcer les sentiments d'appartenance sur ce mouchoir de poche de 6,5 km² !

Vers un (dés)accord entre Madrid et Londres ?

L'autodétermination, prônée par une écrasante majorité des 28 000 Gibraltariens bien attachés à leur particularisme, se heurte désormais de front aux tentatives anglo-espagnoles de parvenir à un accord. Être rattachés à l'Espagne comme Hong Kong fut restituée à la Chine ? Pas question : ils ne veulent pas être espagnols. Accepter une cosouveraineté anglo-espagnole, proposée par Londres en 2002 ? Non et re-non. En novembre 2002, les habitants de l'enclave ont rejeté par référendum cette éventualité avec 98,97 % de « non ». Ni Londres ni Madrid n'ont considéré ce scrutin comme valide, mais il a finalement permis à un représentant du territoire de se faire inviter aux négociations – tripartites, donc, depuis 2004. Négociations qui ont débouché sur quelques avancées, notamment pour la vie quotidienne des nombreux travailleurs transfrontaliers. Mais le durcissement de ton entre les deux nouveaux gouvernements élus, à Gibraltar et en Espagne, devrait à nouveau sérieusement compliquer la donne...

Car le gouvernement de Gibraltar a remis en cause, au printemps 2012, un accord qui permettait aux bateaux de pêche espagnols de lancer leurs filets autour du rocher. Et pour s'exprimer plus clairement encore, a fait couler dans la baie de gros blocs de béton hérissés de piques métalliques (destinés, paraît-il, à favoriser la reproduction de la pouscaille locale), qui empêchent les bâteaux espagnols de venir pêcher sur la zone... La réponse des Espagnols ne s'est pas faite attendre : début août 2013, les contrôles à la frontière se sont accrus et l'attente pour pénétrer en véhicule dans l'enclave britannique a pu dépasser les 6h (beaucoup plus rapide alors de passer à pied !). Et chacun d'en profiter pour ressortir les vieux griefs jamais abandonnés, fruits en ligne directe du traité d'Utrecht (une drôle de manière de célébrer ses 300 ans !) : le gouvernement espagnol remet sur le tapis la faiblesse des taxes et impôts sur le rocher et son supposé laxisme vis-à-vis de trafics en tout genre, Gibraltar revendique la souveraineté sur les eaux qui l'entourent, etc. Et une fois de plus, l'Espagne en appelle à l'arbitrage de l'Europe, et envisage même d'en appeler à l'ONU ! À suivre...

Arriver – Quitter

Avant toute chose

Vous l'avez compris, la vie ici dépend du modus vivendi imposé par Londres et Madrid. Selon l'humeur du moment, les douaniers espagnols se font donc plus ou moins zélés. Il n'y a pas vraiment de problème pour entrer, c'est plutôt pour sortir que ça coince. Les raisons sont complexes (voir plus haut). En plein été, lorsque les files s'allongent, il peut se révéler judicieux de se garer à *La Línea,* la ville espagnole située près de la douane, et de passer la frontière à pied. Les automobiles peuvent être garées le long des rues, où l'on trouve des parc-mètres à env 1 €/h (prévoir des pièces, donc) ou env 5 € pour 6h (gratuit le dim). Sinon, parking souterrain payant (17 €/j.). Cela dit, passer la frontière en voiture a quelques avantages, surtout si la file d'attente n'est pas trop longue : la voiture permet de grimper sur le rocher à moindres frais que le téléphérique. Les files, bien qu'impressionnantes, se résorbent raisonnablement vite et, en rentrant tard, le poste de douane est souvent désert. On trouve même 7 parkings à Gibraltar et les parcmètres acceptent des euros ! En tout état de cause, il vous faudra présenter un passeport ou une carte d'identité ; le permis de conduire n'est pas considéré comme une pièce d'identité par les autorités anglaises. Frontière ouverte jour et nuit.

En bus

Pas de lignes directes Espagne-Gibraltar. On se rend d'abord à la gare routière de *La Línea de la Concepción* (☎ *956-17-00-93)*, puis à pied jusqu'à la frontière.

Liaisons avec La Línea

➢ *De/vers Algésiras :* 1 bus ttes les 30 mn lun-ven 7h-22h30, ttes les 45 mn le w-e, avec la compagnie *Comes* et les *Autocares CTM*. Trajet env 45 mn.
➢ *De/vers Tarifa :* 6 bus/j. avec la compagnie *Comes*. Trajet env 1h15.
➢ *De/vers Marbella et Málaga :* liaison assurée par les compagnies *Portillo* (☎ *902-450-550* ; ● *ctsa-portillo. es* ●), *Alsa* ou *Alsina Graells.* ● *alsa.es* ● 3 départs le mat, 2 l'ap-m et 1 supplémentaire le dim soir. Trajet : 3h pour Málaga, 1h30 pour Marbella. Le bus dessert au passage les principales stations balnéaires de la côte, dont Fuengirola et Torremolinos.
➢ *De/vers Grenade :* 1 départ le ven et le dim avec la compagnie *Portillo*. Trajet : 5h20.

En voiture

Si vous venez d'Algésiras ou de Marbella, suivez les indications pour La Línea/Gibraltar.

Dans Gibraltar-City même, la conduite se fait à droite, et non à gauche comme en Grande-Bretagne.
ATTENTION : d'après plusieurs lecteurs, il arrive que, juste avant la douane, on vous demande une dizaine d'euros en échange d'un ticket, une prétendue vignette. Arnaque pure et simple.

En bateau

■ *Ferry :* pour une destination Gibraltar-Tanger, contacter *Turner & Co* (plan A2, *1)*, 67 Irish Town. ☎ 200-725-57. ● *turner@gibnynex.gi* ● À priori, 1 rotation le ven avec *FRS* ; départ de Gibraltar à 19h. Parfois suspendu... En plus, c'est cher. Plus intéressant d'aller à Algésiras.

À pied

Gibraltar n'est pas si grand. Vous explorerez le rocher surtout à pied et grâce au téléphérique. Après la douane, des bus bleus (city bus ; 0,90 € l'aller, 1,30 € l'A/R) et parfois des bus rouges à deux étages (billet valable tte la journée 2 €) passent régulièrement et conduisent les touristes en ville. C'est une bonne solution. On vous laisse à l'orée du centre, devant Water Gate et Grand Casemates Square (plan A-B1). De là, Main Street, une très longue rue en grande partie piétonne, trace son chemin jusqu'au téléphérique.

Téléphone

– *Gibraltar* → *Espagne :* procéder comme pour un appel international. Composer donc le 00 + 34, puis le numéro de l'abonné.
– *Europe* → *Gibraltar :* composer le 00, puis le 350 (code de Gibraltar).

Adresses utiles

Infos touristiques

🄸 *Gibraltar Information Centre* (office de tourisme ; plan B1) : Grand Casemates Sq, la grande place à l'entrée nord de la ville. ☎ 200-749-82.

Lun-ven 9h-17h30, sam 10h-15h, dim 10h-13h. ● gibraltar.gi ● Bon accueil et bien documenté.

🛈 *Autre office de tourisme :* petit bureau dans le tunnel juste après l'Immigration. Lun-ven 9h-16h30.

Poste, banques

✉ *Poste (plan A-B2) :* Main St, à la hauteur de Bell St. Lun-ven 9h-14h15 (16h30 en hiver), sam 10h-13h.

■ *Change :* plusieurs bureaux sur Main St ; ferment vers 18h. Horaires des banques : lun-ven 9h-15h.

Attention !

La monnaie locale (la livre de Gibraltar) a la même valeur que la livre sterling anglaise, et n'est pas valable en Espagne. En revanche, les euros sont acceptés, notamment dans les musées et sur les sites touristiques, et très souvent dans les commerces (mais la monnaie est souvent rendue en livre de Gibraltar...). Prévoir donc de la monnaie (pièces de 1 et 2 €). Les paiements par carte, eux, font parfois l'objet d'une surtaxe de 5 %...

Santé, urgences

✚ *Europort Hospital :* ☎ 200-797-00.
■ *Police :* 120 Irish Town St. ☎ 200-725-00.

Transports

✈ *Aéroport (hors plan par B1) :* Winston Churchill Av. ☎ 200-730-26. Sur la langue de terre plate, surnommée le Neck, entre la ville et la douane. Vols pour les îles Britanniques seulement.

🚕 *Taxis :* ☎ 200-700-27 et 52. On en trouve sur le Waterport Wharf.

Shopping

Gibraltar est aux acheteurs compulsifs ce que Marbella est à la plage : une sorte de paradis, qui attire moult visiteurs. Outre les cigarettes moitié moins chères qu'en Espagne (attention, à la douane, vous avez droit à une cartouche par personne) vous y trouverez du parfum, des cosmétiques, de l'électronique discountée et toute une panoplie de choses mauvaises pour la santé notamment à l'*Anglo Hispano Company* – « Vins, spiritueux et tabacs depuis 1892 » aux 5-7 Main St.

🏵 *Luis Photos :* 329C Main St. ☎ 200-507-10. Lun-ven 10h-17h, sam 10h-13h. Magasin de photos tenu par un couple sympathique. On y vend de vieilles photos de Gibraltar (paysages, gens, événements historiques) dont évidemment celles du mariage de John Lennon et Yoko Ono en 1969.

Où dormir ?

Les hôtels sont chers, peu nombreux, rarement folichons et... souvent pleins. Un conseil : installez-vous dès votre arrivée. Beaucoup mieux, n'y dormez pas ! On trouve plusieurs petits hôtels *(hostales)* économiques à La Línea, la ville espagnole située à la frontière.

Auberge de jeunesse

🏠 *Emile Youth Hostel (plan A1, 12) :* Montagu Bastion, Line Wall Rd. ☎ et fax : 200-511-06. ● emilehostel@yahoo. co.uk ● En face (à 50 m) de la station-service Shell, juste au-dessus de Grand Casemates Sq. Nuitée 15-20 £/pers (env 21-25 €) en dortoir de 6 lits, petit déj compris ; doubles 34-44 £ (42-54 €) avec sdb commune. CB refusées. Petite maisonnette à l'andalouse, avec patio fleuri. L'ensemble mériterait un petit coup de frais, les équipements sont très basiques. Mais les lieux sont très propres et c'est le seul hébergement bon marché de Gibraltar.

Prix moyens

🏠 *Cannon Hotel (plan B2, 15) :* 9 Cannon Lane. ☎ 200-517-11. ● cannon@ gibnet.gi ● cannonhotel.gi ● Doubles 42-53 £ (50,40-63,60 €), avec ou sans douche, petit déj compris. « Le plus central des hôtels de Gibraltar », annonce la brochure. C'est vrai. Bâtiment et chambres à l'espagnole, mais gestion et accueil 100 % british. Chambres propres, donnant sur la ruelle ou sur l'arrière, mais tout de même très chères pour le confort offert. Accueil dynamique. Fait aussi resto. Agréable patio intérieur pour prendre le petit déj.

Où manger ? Où prendre le petit déj ? Où boire un thé ?

« Cher et médiocre. » Ainsi se résume en général le commentaire du vrai gastronome égaré sur le « *famous caillou of Gibraltar* ». Nombreux snacks et fastfoods qui servent tous le même genre de nourriture standardisée. Au moins les portions sont souvent copieuses...

I●I *The Angry Friar* (plan B3, **23**) : 287 Main St. ☎ 200-715-70. Fish & chips 7 £ *(8,40 €)*. Des parasols en terrasse pour les jours de soleil et une cuisine un peu grasse mais acceptable, genre « bar food » (*mixed grill, mince pie,* les classiques du Royaume !). L'intérieur a tout du pub anglais, avec moquette râpée, banquettes molles et jeu de fléchettes aux murs. Un bar dans son jus qui plaît tant aux locaux qu'aux touristes.

I●I ☛ *Sacarello's* (plan A2, **21**) : 57 Irish Town (angle de Tuckey's Lane). ☎ 200-706-25. ● info@sacarellosgibraltar.com ● Tlj sf dim 9h-19h30. Plats 7,50-9 £ *(env 9-11 €)*, high tea *avec* scones *et sandwich toasté jambon-fromage* 6,90 £ *(env 8,50 €)*, English breakfast *(9h-13h)* 6 £ *(7,20 €)*. ☎ Un peu le bar à tout faire ; plutôt snack que resto, plutôt café que salon de thé. Les *señoritas* au service virevoltent entre la salle et la mezzanine, chargées de plats et de théières en porcelaine. Car le thé (servi de 15h30 à 19h30) est toujours au rendez-vous avec scones itou. Pour être tout à fait francs, on a plus apprécié le café frappé que l'infusion préférée de Sa Majesté, et on a préféré les spaghettis bolognaise aux sandwichs au saumon. Service un peu pressé.

I●I *The Amin Office* (plan A2, **30**) : Parliament Lane, à l'angle d'Irish Town. ☎ 200-729-51. Tlj sf dim. Plats 3-7 £ *(3,60-8,40 €)*. Tables en terrasse pour les jours de canicule et salle intérieure tout à fait quelconque. Non, rien de particulier ici. Si on était en Espagne, ce serait un *bar cutre* (ringard) du coin. Pourtant, c'est le métissage de la clientèle qui fait la différence et qui représente bien le mélange de Gibraltar, mâtinée de Méditerranée et d'Orient. Dans les assiettes, des tapas pas mal fagotées et quelques spécialités marocaines, si vous ne pouvez pas attendre de passer la frontière ! Allez, petit cours de *spanglish* pour vous mettre au diapason : *mira, bring me una pint of beer, por favor !*

I●I *The Tunnel* (plan B1, **22**) : 8 Grand Casemates Sq. ☎ 200-749-46. Ouv en continu en journée, mais ferme assez tôt le soir. Plats 4-10 £ (4,80-12 €). Grande terrasse sous l'auvent (pratique quand les mouettes se prennent pour des B 52's !) ou salle de type pub avec télé, ce qui ne change pas beaucoup de l'Espagne... Le menu passe en revue la *food* désormais globalisée : poulet tikka massala, spaghettis carbonara, salade César. Nettement plus de surprises sur l'ardoise.

Où boire une pinte ?

Eh oui, on est en Angleterre ! Les pubs ont la cote, sans que l'animation y soit toujours le soir. Mis à part le *Angry Friar* signalé plus haut on peut aussi s'attarder sur l'adresse suivante :

♟ *The Star Bar* (plan A2, **31**) : 10 Parliament Lane. ☎ 200-759-24. Au niveau du 50 Main St. Prétend être le bar le plus ancien de Gibraltar. Atmosphère chaleureuse et intérieur cosy. Quelques plats pour ceux qui ont un creux à caler.

À voir. À faire

🔫 *Grand Casemates Square* (plan B1) : à l'entrée nord de la ville. Une grande place bordée de magasins, de restos et de cafés. Juste à gauche, après Water Gate, un atelier de fabrication de cristal de verre. Sous la même arcade, une galerie marchande abrite antiquaires et bijoutiers. Sur le côté nord de la place, un bureau de l'office de tourisme.

🐾 *Gibraltar Museum* (plan A3) : 18-20 Bomb House Lane. ☎ 200-742-89. ● gib museum.gi ● Lun-ven 10h-18h, sam 10h-14h. Entrée : 2 £ (2,40 €) ; réduc ; gratuit moins de 5 ans. Film de 15 mn (en anglais) sur l'histoire du rocher. Doc, gravures, photos en noir et blanc du début du XXe s, armes, costumes, fouilles préhistoriques, barda des militaires de la garnison et petits soldats de plomb... On trouve de tout dans ce musée, qui présente Gibraltar sous toutes ses coutures, et même une momie égyptienne originaire de Thèbes, provenant d'un bateau ayant fait naufrage dans le détroit ! Une partie a été aménagée dans d'anciens bains arabes superbement restaurés – en particulier le *tepidarium,* coiffé d'une coupole aux très vieilles colonnes de remploi.

🐾 *La cathédrale Holy Trinity* (plan A3) : église anglicane construite au XIXe s dans le style néomauresque. Intérieur sobre et clair, avec des plaques historiques gravées sur les murs. Drapeaux british et de Gibraltar bien en évidence. *God Save the Queen !*

🐾 *The Convent* (plan B3-4) : *Main St (extrémité sud).* Cet ancien couvent franciscain abrite la résidence officielle des gouverneurs de Gibraltar depuis 1728 (pas de visite). En semaine, on peut y assister plusieurs fois par jour à la relève de la garde du *Royal Gibraltar Regiment. Oh ! so British !*

🐾 *Le cimetière de Trafalgar* (plan B4) : *en contrebas de la route de Trafalgar Hill, juste après Southport Gates.* Petit, ombragé, reposant, ce cimetière abrite les tombes des soldats britanniques (marine incluse) morts entre 1708 et 1835. Toutes les grandes batailles contre les marines française et espagnole ont laissé leur trace : Algésiras 1801, Cadix 1810, Málaga 1812, etc. Pourtant, malgré le nom des lieux, seuls deux des hommes enterrés ici ont perdu la vie lors de la déculottée de Trafalgar (1805) !

🐾🐾 *Le rocher :* tte sa partie supérieure (Upper Rock) fait partie d'une réserve naturelle au prix d'entrée exorbitant (8 £/pers). On y grimpe soit en voiture (2,50 £ de plus), soit par le fameux téléphérique « Top of the Rock », qu'on prend à l'extrémité de Main St. Dans le 1er cas, on peut accéder à la réserve de 9h30 à 19h15 (dernière entrée à 18h45 ; 17h45 en hiver), mais attention, la route ne permet pas de monter jusqu'au sommet. On l'atteint à pied, en 20-25 mn, en se garant (souvent difficilement...) au niveau des Saint Michael's Caves. En choisissant l'option téléphérique, l'horaire est 9h30-19h45. Mais c'est devenu hors de prix ! Billet aller : 8 £ (9,60 €) ; 9,75 £ (12 €) A/R. Billet combiné 18-19,75 £ (22-24,50 €) incluant l'ensemble des sites (mais pas les tunnels de la Seconde Guerre mondiale). Si vous avez décidé de faire le tour des sites à pied (compter 3h avec les visites), il est franchement inutile de prendre un billet aller-retour. Et attention, si vous n'achetez pas le billet combiné dès le départ, vous devrez vous acquitter d'un gros supplément pour accéder ensuite aux sites de la réserve naturelle... On frôle l'arnaque ! Dernière option : les *tours en minibus,* très chers également (autour de 20 €/ pers pour un circuit de 1h30) pas difficiles à trouver vu le nombre de rabatteurs qui traînent autour de la gare de départ du téléphérique...

➤ Pour rejoindre le point de départ du *Top of the Rock,* bus n° 3 ou 9 depuis le centre-ville, ou le n° 10 (bus rouge) directement après la frontière. Si vous grimpez sur le rocher en voiture, prenez la direction du casino, puis la route « Nature Reserve ».

➤ Le téléphérique mène, d'avril à septembre (hors saison, arrêt à Apes Den) directement à la partie supérieure du rocher. Vue superbe. De là, on mesure bien l'importance stratégique du site.

🐾 De la gare d'arrivée du téléphérique, une route (fléchée) descend jusqu'aux *Saint Michael's Caves,* des grottes formant un bel ensemble de vastes salles dégoulinant de draperies, de stalactites et de stalagmites. L'une d'entre elles a été transformée en auditorium.

ALGÉSIRAS ET GIBRALTAR

🚶 Des *Saint-Michael's Caves,* une autre petite route (où l'on se fait malheureusement klaxonner toutes les 30 secondes par les minibus…) poursuit la descente jusqu'au célèbre *Apes Den.* C'est là que se trouve une *colonie de singes* de Barbarie. Aujourd'hui, on en compte environ 200, concentrés à Apes Den en grande partie. Mais on peut en rencontrer plus haut sur

GARDIENS DU ROCHER !

Amenés par les Arabes au IXe s, les singes du rocher de Gibraltar sont les seuls vivant à l'état sauvage en Europe. La légende dit : « Quand les singes partiront, les Anglais s'en iront aussi. » Voilà pourquoi Churchill ordonna que leur nombre soit toujours supérieur à 35…

le rocher, car aucune cage, aucun grillage ne les retient enfermés. Ils étaient autrefois nourris par l'armée. Ce sont actuellement les gardes de la « réserve naturelle » qui s'en chargent. En tout cas, attention : ces singes sont assez voleurs et n'hésitent pas à chiper dans les sacs entrouverts ou dans les voitures par les fenêtres ouvertes. Près du bassin du mirador, à 100 m de la passerelle de la télécabine d'Apes Den, vous verrez une plaque à demi effacée scellée dans le muret : « Ici, la reine Elizabeth II et le duc d'Edinburgh, ensemble avec la princesse Ann et le prince Charles, devinrent amis avec les singes, le 10 mai 1954. » Non, ce n'est pas un canular, mais encore la manifestation de l'humour british.

🚶🚶 Par la petite route redescendant vers la ville, on atteint l'entrée du *Great Siege Tunnel,* creusé dans le rocher lors du grand siège espagnol, en 1782-1783 – à raison de 33 m par mois en moyenne ! Des ouvertures régulières permettaient aux canons anglais de bombarder les Espagnols massés juste au pied du rocher. Un site plutôt étonnant. De la rambarde proche de l'entrée, la vue sur l'aéroport et La Línea est tout aussi spectaculaire que venteuse.

🚶 Juste en contrebas du *Great Siege Tunnel,* se trouve l'entrée des *World War II Tunnels* : ☎ 200-459-57. ● discovergibraltar.com ● Lun-ven 10h30-17h30. Billet : 6 £ (7,20 €) ; réduc. Slt sur visite guidée (durée : 1h15). Visite de l'immense réseau de tunnels aménagé durant la Seconde Guerre mondiale pour abriter le Q.G. militaire du rocher, une station électrique, un hôpital et jusqu'à 10 000 soldats et civils… Eisenhower y planifia la libération de l'Afrique du Nord.

🚶 En continuant à descendre doucement vers la ville, on visite un ancien magasin à poudres où une petite expo évoque (avec des mannequins façon Madame Tussauds, *of course*) les 14 sièges qu'a connus le rocher *(City Under Siege).* Justement, vu l'histoire mouvementée de Gibraltar, on se demande comment le puissant donjon du XIIe s du *Moorish Castle,* qu'on découvre ensuite, est encore debout et surtout aussi bien conservé. Vue superbe, une fois encore, depuis le sommet.

➤ Du *Moorish Castle,* on rejoint tranquillement Main Street à pied. Mais, si vous aviez gagné le rocher en voiture, il faut faire le chemin à l'envers. Et, du coup, ça grimpe !

🚶 Voir également le *phare (lighthouse)* d'Europa Point, le plus méridional du Royaume-Uni, datant de 1841, et l'*église The Shrine of Our Lady of Europe* *(lun-sam 10h-13h, plus lun, mer et ven 14h-18h).* En fait, l'ancienne mosquée, reconvertie par les chrétiens en 1462.

🏖 *Les plages :* il y en a trois, larges et artificielles, situées derrière le rocher et toutes proches les unes des autres. Bondées et pas toujours très propres. Pour ceux qui insistent, prendre le bus n° 4 qui part de Line Wall.

D'ALGÉSIRAS À RONDA PAR LES VILLAGES BLANCS

Cet itinéraire suit tranquillement l'A 405 jusqu'à Castellar de la Frontera, puis Jimena de la Frontera et les confins du *parc naturel de los Alcornocales*, avant d'emprunter l'A 369 pour rejoindre Ronda, via Gaucín ou Benadalid. Pour les amoureux d'aussi jolis que typiques villages, peu fréquentés même s'ils méritent franchement qu'on y flâne au gré de son humeur.

➤ Un tortillard traverse également les chaînes de moyennes montagnes et les vallons verdoyants de la région pour relier Algésiras à Ronda avec des arrêts à Castellar, Jimena et Benaoján dans la sierra de Grazalema (se renseigner dans les gares concernées).

CASTELLAR DE LA FRONTERA (11350)

Un site étonnant en nid d'aigle et une histoire intéressante. En 1971, ce petit joyau andalou, construit au XIIIᵉ s par les souverains nasrides de Grenade, tombait en ruine, et les habitants, trop à l'étroit dans leurs murailles et isolés par la mise sous eau de leurs terres cultivables, s'en furent à 9 km en aval pour créer le nouveau Castellar, une cité moderne bâtie au cordeau. Une poignée d'hurluberlus, surtout en provenance de Germanie, sont venus réinvestir ce village, perché sur un éperon, dominant le lac de retenue du río Guadarranque. Ils ont bouché les trous dans les toits, repavé les ruelles et chaulé les bâtisses. Bon, on ne va tout de même pas vous faire croire que c'était une armée de terrassiers ! Quelques *full moon parties* ont bien eu lieu à Castellar, et les hippies ont pris le temps pour réaliser leurs travaux d'Hercule. Qui leur jettera la pierre ?

Le fait est que les temps ont bien changé depuis. Le château médiéval a infléchi son funeste destin et a échappé à une mort lente pour devenir un hôtel plutôt classe. Quant aux habitants, ils ont vendu leurs demeures devenues depuis des maisons rurales à louer ou des ateliers d'artistes étrangers. Malgré son côté village-musée, à la limite de l'attraction à touristes, l'endroit est agréable pour une promenade ou pour une nuit en amoureux dans l'ancien château.

➤ Surtout, ne pas confondre, sur l'A 369 (direction Ronda), *Nuevo Castellar* (dans la plaine) et *Castellar de la Frontera* (dans la montagne), et suivre sur 7 km les panneaux qui portent le pictogramme d'un château.

Où dormir chic ?
Où manger ?

🏠 I●I ***Complejo turístico rural Castillo de Castellar :*** *c/ Rosario, 3.* ☎ *956-69-31-50.* ● *castillo-de-cas tellar@tugasa.com* ● *tugasa.com* ● *Doubles 100-115 €, petit déj compris ; apparts min 68 € pour 2 et 118 € pour 4, sans le petit déj. Menu 20 €, carte 25-30 €.* Dans l'ancien château, une dizaine de chambres amples et confortables. La nº 101, avec ses multiples fenêtres et un balcon dominant la vallée, vous fera sans doute rêver au Moyen Âge. Disséminées au cœur du village, les petites maisons *(casas)* sont dotées de tout le confort du monde moderne, avec beaucoup de charme et de rusticité en prime. La nº 5, la plus grande, a la plus belle vue sur la plaine. Le resto *(El Aljibe)* lui aussi installé dans une vieille maison du village propose une solide cuisine traditionnelle. Accueil très pro, en accord avec le décor.

JIMENA DE LA FRONTERA (11330)

Un gros village resté bien authentique parce que ignoré des touristes même s'il n'est qu'à quelques kilomètres seulement de l'étagement concentrationnaire des villes du littoral. Un château est planté au sommet de la colline (route très raide !) sur laquelle est construit le village, repris aux Arabes par les chrétiens au XVe s. Situé en bordure du parc naturel Los Alcornocales, c'est un excellent camp de base pour faire de bonnes balades et croiser aigles et autres bêtes à cornes. Ce parc n'est d'ailleurs pas des moindres, puisqu'il s'étend sur plusieurs centaines de kilomètres carrés. Il doit son nom aux chênes-lièges *(alcornocales)* qui y pullulent.

Adresse utile

🛈 *Office de tourisme :* en haut du village, dans l'église Misericordia. ☎ 956-64-05-69. Tlj en saison (horaires très variables !). Pas beaucoup d'infos, mais un petit imprimé en français sur les balades à faire dans le coin.

Où dormir ? Où manger ?

Camping

⚕ |●| *Camping Los Alcornocales :* ☎ 956-64-00-60. ● reservas@campinglosalcornocales.com ● campinglosalcornocales.com ● Du centre, suivre la direction « camping ». Depuis l'A 405, prendre la 2e sortie pour Jimena (direction Ubrique), le camping est sur la droite juste avt le village. Ouv tte l'année. Env 20 € pour 2 avec tente et voiture. 📶 Camping qui fait le pari de rester ouvert (dur, dur à côté du littoral surpeuplé) à l'orée du village, au milieu des champs flouris. Revers de la médaille : beaucoup de caravanes installées (et parfois occupées !) à l'année. Grand resto rustique, genre club-house de centre équestre. Piscine couverte et chauffée *(payante)* et « champ » de foot. Infos sur les randonnées à faire dans le coin.

De prix moyens à un peu plus chic

🏠 *Posada La Casa Grande :* c/ Fuente Nueva, 42. ☎ 956-64-11-20. 📱 622-16-79-44. ● info@posadalacasagrande.es ● posadalacasagrande.es ● À la sortie nord du village (suivre la direction « camping »). Nuitée en dortoir 10 €/pers. Doubles 43-54 € sans ou avec douche ; apparts 2-3 pers 75 €. 📶 📶 Petite maison patiemment restaurée sur le haut du village. Les chambres sont décorées simplement mais coquettement, ce qui contraste avec la pierre brute des extérieurs. La n° 6, la plus sympa, a même une petite terrasse sur le patio intérieur. En plus, bibliothèque, petit salon et bar. Accueil chaleureux. Bref, une bonne adresse. Épicerie juste en face et plusieurs bars à tapas dans la rue. Location de vélos.

🏠 |●| *Hostal El Anón :* c/ Consuelo, 34. ☎ 956-64-01-13. ● reservas@elanon.net ● hostalanon.com ● Dans une rue (fléchée) qui grimpe sec vers le château (mieux vaut garer sa voiture sur la place principale !). Resto fermé mer. Congés : 15 j. en juin et en nov. Double 62 €, petit déj inclus. Carte 25 €. 📶 📶 Une douzaine de petites chambres (avec AC) sobrement décorées avec de petites notes rustiques qui rappellent l'Andalousie rurale. Ce qui nous plaît le plus ici ? La succession de petites terrasses à la végétation luxuriante et le bar qui distille dans toute la maison une atmosphère de convivialité. Suzanne, une Américaine (francophone) qui après avoir bien bourlingué a posé sa valise ici, a su conserver le charme du lieu, y compris la collection ferroviaire datant du proprio précédent. Piscine. Dans ces mêmes murs chaulés, un resto aux saveurs du monde, qui n'ouvre que le soir.

GAUCÍN (29480)

Charmant village blanc qui s'accroche sur une ligne de crête à seulement 30 mn de la côte sur la route de Casares (16 km seulement). Sa blancheur immaculée en fait un adorable trésor. Belles rues escarpées aux façades de maisons arborant encore çà et là quelques blasons, et décorées de dizaines de salamandres en céramique, très colorées. En grimpant en haut du village, on découvre les ruines d'un château romano-musulman, *el castillo de Águila.* Lors du siège de ce château tenu par les Arabo-Andalous, le chef des armées chrétiennes, le fameux Guzmán el Bueno trouva la mort le 17 septembre 1309. Gaucín ne tomba aux mains des chrétiens qu'en 1457, près d'un siècle et demi après ce siège historique. L'histoire est longue et elle se répète, dit-on. C'est dans ce même *castillo* que se réfugièrent également bon nombre de guérilleros au temps des guerres carlistes et contre les... Français. D'ailleurs, chaque année, on fait une reconstitution historique de l'invasion française de 1810.

Le jour de Pâques, un taureau est lâché dans les rues du village. Gare à vos fesses !

Où dormir ? Où manger à Gaucín et dans les environs ?

Bon marché

I●I Casa Antonia : pl. del Santo Niño, 10, à **Gaucín.** ● jmarquez@hotmail.com ● Fermé lun. Congés : nov. Tapas et raciones 4-7 €, menu 10 €. CB refusées. Apéritif maison offert sur présentation de ce guide. Au centre du village, près de la fontaine de los 6 Caños, bar-resto villageois mais fréquenté aussi par les touristes, et prolongé par une terrasse ensoleillée et calme (vue sur les toits, les monts aux alentours). Cuisine familiale sans chichis, accueil à l'unisson.

De chic à plus chic

🛏 I●I La Fructuosa : c/ Luis de Armiñán, 67, à **Gaucín.** ☎ 952-15-10-72. 📱 617-69-27-84. ● lafructuosa@yahoo.es ● lafructuosa.com ● Résa conseillée. Doubles avec sdb 88 €, 98 € avec jacuzzi, petit déj-buffet compris. Au resto (slt ven-sam et fermé hors saison), carte env 30 €. 🖳 🛜 10 % de réduc sur les doubles sur présentation de ce guide. Une vieille maison pleine de charme et de caractère, restaurée et aménagée avec goût et tenue par les charmants et aimables Jesús et Luis. 5 chambres spacieuses et personnalisées, avec TV satellite, excellent petit déj servi sur l'une des 2 terrasses. Resto aménagé dans un pressoir

bicentenaire. Terrasse sur le toit pour embrasser du regard les montagnes du Maroc et le rocher de Gibraltar. Luis parle bien le français et pourra vous donner plein d'infos sur les activités dans le coin.

🛏 I●I Hacienda La Herriza : ctra Gaucín-El Colmenar, km 4,7. ☎ 951-06-82-00. ● info@laherriza.com ● laherriza.com ● À 7 km de Gaucín par l'A 405 direction Algésiras, puis à droite, la MA 9300 direction El Colmenar, c'est fléché ensuite sur la droite. Congés : 8 janv-10 fév et 24-25 déc. Maisonnettes de style andalou avec hébergement pour 2 pers (85-116 €) à 4 pers (159-214 €), petit déj inclus. Resto 20-35 €. Cette belle hacienda (cortijo) entourée d'amandiers est perdue en pleine nature, à 626 m d'altitude. Vue merveilleuse sur les montagnes, les vallées, la réserve naturelle d'Alcornocales, de magnifiques amandiers et des pins parasols. Chaque maison, peinte de différentes nuances de couleurs, se compose d'une salle de séjour et de 1 à 3 chambres doubles. Équipement complet : TV, AC et déco contemporaine très agréable. Superbe piscine, VTT, randonnées et promenades à cheval. Le resto (avec vue) sert une bonne cuisine locale et des grillades à prix raisonnable. Accueil très cordial.

I●I El Lateral : c/ Los Bancos, 8, à **Gaucín.** 📱 695-00-71-19. ● ellateralgaucin@hotmail.com ● 🍴 Tlj sf mar hors saison, le soir slt. Congés : 15 nov-15 mars. Menus 23-26 €. Apéritif maison ou digestif offert sur présentation de ce guide. Plaisant resto ouvert par des Madrilènes (un jeune chef en cuisine, son épouse en salle) venus se mettre au vert (et blanc) au cœur du village. Bons produits très locaux, cuisine de tradition mais avec quelques idées en plus et à des prix qui savent rester abordables. Adorable terrasse.

BENADALID

Petit village de montagne en terrasses ouvert sur la vallée, à quelque 25 km avant Ronda. Ses rues blanches et son cimetière planté d'imposantes tours amputées lui confèrent un charme singulier.

JÚZCAR

Petit détour depuis l'A 369 via la route de Fray Leopoldo, un saint local (une route qui, si elle est très confortable sur les premiers kilomètres, devient ensuite très, très étroite...) jusqu'à ce village, un peu planqué dans la montagne, non pas blanc mais... bleu ! Bleu Schtroumpf même. Puisque c'est pour fêter en 2011 la sortie du premier film consacré aux petits bonhommes de Peyo (*Pitufos* dans la version locale) que toutes les maisons, l'église, le cimetière même sont passés du blanc traditionnel à ce bleu plutôt électrique. On est en droit de trouver ce village bleu franchement étonnant ou au contraire d'un goût douteux... En tout cas, Júzcar attire aujourd'hui les touristes. Et l'expérience qui ne devait être que temporaire semble partie pour durer...

RONDA   (29400)   36 900 hab.

Fièrement dressée dans la sierra andalouse, telle une vigie sur une falaise tombant en à-pic dans le río Guadalevin, à 740 m au-dessus du niveau de la mer, la splendide ville de Ronda reflète véritablement l'âme de l'Andalousie. Coupée en deux par un vertigineux ravin, cette belle Andalouse faisait déjà chavirer le cœur des voyageurs. Rainer Maria Rilke écrivait en 1912 à son ami Rodin : « C'est un site incomparable, une gigantesque structure de roches qui porte sur son dos une petite ville blanchie et reblanchie à la chaux et qui fait un pas vers l'autre rive, avec elle sur ses flancs... »
Ronda est aussi l'une des plus anciennes villes d'Espagne. Et même si, de ses heures de gloire, il ne reste que quelques demeures, on ressent ici plus qu'ailleurs la marque de l'Histoire. *El puente Nuevo,* pont à trois arches qui permet de traverser *El Tajo,* la faille qui sépare la ville en deux, date du XVIIIe s. C'est à cette époque également, en 1785, que l'on édifia les arènes, les plus anciennes du pays. À deux pas des arènes, dans le quartier du Mercadillo, s'étire la piétonne calle Espinel, l'une des rues les plus animées que les locaux persistent à appeler « la Bola ». De l'autre côté du pont, la Ciudad cache les vieilles demeures. Curieusement, ce quartier ancien est presque mort le soir. On le visite donc plutôt dans la journée. Sauf que vous n'êtes pas les seuls ; des cars entiers de touristes s'y succèdent sans relâche !
La période idéale pour visiter Ronda est mai-juin, éventuellement septembre, mois de la grande feria, avec notamment les corridas goyesques célèbres dans toute l'Espagne. Pour avoir une place, s'y prendre au moins 3 mois à l'avance. Car Ronda vit naître la tauromachie moderne, dont les règles furent instituées au XVIIIe s. À l'origine, il s'agissait d'exercer l'agilité des chevaux de l'armée royale. On utilisait les taureaux pour entretenir la dextérité des cavaliers : c'est par la suite que c'est devenu un spectacle.

UN PEU D'HISTOIRE

Le nid d'aigle de Ronda fut convoité et conquis par de nombreuses armées. Tout d'abord les Romains, qui en firent un centre commercial important ; puis les Arabes, qui lui donnèrent le statut d'émirat, jusqu'en 1485 ; survint Ferdinand le Catholique, qui les délogea après 20 jours de combats épiques et chevaleresques ; enfin, les troupes napoléoniennes passèrent aussi par Ronda, en 1808. La cathédrale témoigne encore de cette succession d'occupants de cultures diverses. C'est à Ronda également que Pedro Romero inventa les règles de la corrida moderne. Plus de 5 000 bêtes à cornes sont tombées sous sa furie tauromachique.

Hemingway y a séjourné en 1925, l'année où il publie *De nos jours*. Il s'inspire même d'un incident qui survint ici même, à Ronda, pour écrire son roman *Pour qui sonne le glas*. **Orson Welles** a, dès 1933, lui aussi séjourné maintes fois à Ronda. Passionné de corrida, le géant aux mille talents s'y était lié d'amitié avec le torero **Antonio Ordóñez.**

SANG ET CENDRES

Orson Welles avait demandé que ses cendres soient dispersées dans le sable de l'arène de Ronda, pour se mêler au sang des taureaux et des toreros ! Beau symbole, mais cette faveur lui fut refusée. Elles furent donc répandues dans le domaine privé d'Antonio Ordóñez, près de Ronda, où Orson Welles passa quelques mois à la fin de sa vie.

Arriver – Quitter

En train

🚄 **Gare RENFE** (hors plan par A-B1) : au nord de la ville, avda de Andalucía. ☎ 902-320-320. ● renfe.com ● En gros, à 10-15 mn à pied de la pl. de España.

➤ **De/vers Algésiras et Grenade :** l'*Andalucía Express* parcourt tlj la ligne Algésiras-Grenade, faisant une halte à Ronda et passant par Benaoján et Antequera. Entre Ronda et Grenade, dans les 2 sens, 3 départs/j. (2h40) ; entre Ronda et Algésiras, 6 A/R par jour (1h50 ; 1h25 pour les 2 directs).

➤ **De/vers Málaga :** 3-4 trains/j. ; il faut (sf pour le 1er train du mat) changer à Bobadilla. Malheureusement, le train rate souvent la correspondance.

➤ **De/vers Séville :** pas pratique du tout, changement obligatoire à Bobadilla, et, vu les horaires, mieux vaut prendre le bus.

■	Adresses utiles
🛈	Offices de tourisme
1	Pharmacies
@ 2	Internet Mundi@l

🛏	Où dormir ?
10	Hostal Ronda Sol
11	Hotel Morales
13	Hostal Virgen del Rocio
14	Hotel El Tajo
15	Hotel Polo
16	Hotel Arunda II
17	Hotel Arunda I
18	Hotel San Gabriel
19	Hotel-restaurante Alavera de los Baños
20	Hotel Ronda
21	Hotel San Cayetano
22	Hotel En Frente Arte

🍴	Où manger ?
30	Bodega El Socorro
31	Maestro
32	Tapería La Leyenda
33	Casa María
34	Almocábar
35	Doña Pepa
36	Bar Benito
37	Pedro Romero
38	Mesón Carmen La de Ronda
39	Cafetería Maestranza
40	El Lechuguita
41	Bar Casa Clemente
42	Tragatapas

🍴	Spécial gourmands
50	Alimentación Francisco Becerra
51	Daver
53	Las Campanas

🍷	Où sortir ?
60	Dulcinea

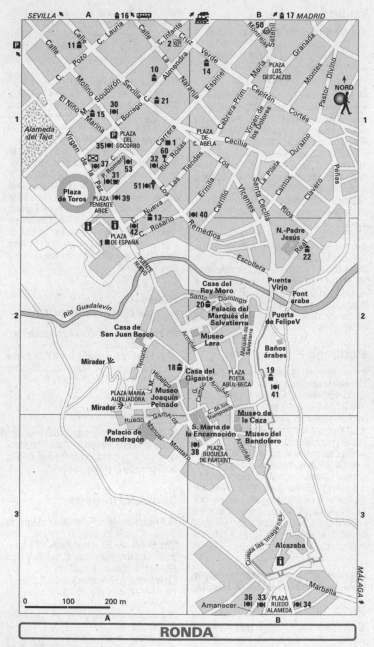

RONDA

LA COSTA DEL SOL ET L'ARRIÈRE-PAYS

En bus

Gare routière *(hors plan par A1) :* *pl. Concepción García Redondo, à 10 mn à pied de la pl. de España, et à 5 mn de la gare RENFE.* Plusieurs compagnies. Consignes.

■ **Bus Comes :** ☎ 952-87-19-92. ● *tgcomes.es* ● 2 liaisons/j. (1 slt w-e) avec **Cadix** (3h15) ; 2 liaisons/j. (1 slt w-e) avec **Jerez de la Frontera** (2h30). ■ **Los Amarillos :** ☎ 952-18-70-61. ● *losamarillos.es* ● De/vers **Málaga,** env 10 départs/j. en sem (7h-20h), 4 le sam et 6 le dim (2h de trajet). De/vers **Séville,** 7 départs tlj 8h-19h (2h de trajet). Pour **Grazalema,** tlj 2 départs à 12h30 et 18h15. ■ **Automoviles Portillo :** ☎ 952-87-22-62. ● *portillo.avanzabus.com* ● Min 5-6 bus/j. de/vers **Marbella,** 5-6 bus de/vers **Fuengirola** et 3 bus de/vers **Málaga.** ■ **Autocares Sierra de las Nieves :** ☎ 952-87-54-35. ● *pacopepe.com* ● À destination d'**Arriate** et **Setenil,** 4 bus/j. lun-sam, dans les 2 sens. Pas de liaison dim. Pour Arriate, 30 mn de trajet, et pour Setenil, 1h20.

Parkings

Il n'est pas très compliqué de se garer à Ronda : la ville dispose de plusieurs parkings souterrains. Les parkings gardés 24h/24 reviennent à env 1 €/h ou 12 €/j. Vérifiez toutefois bien les prix avant de vous y engager puisque certains ne pratiquent pas de tarifs dégressifs... Le plus central se trouve sous la pl. de Socorro *(plan A1).* Un autre, le parking *La Merced,* c/ Carlos Cobo *(hors plan par A1 ; à 5 mn à pied des sites et musées),* est facilement accessible en voiture par la c/ Sevilla. Sinon, se garer à la *gare RENFE* (5 €/j., le moins cher de la ville, et ce n'est jamais qu'à 10-15 mn à pied de la pl. de España).

Adresses et infos utiles

Infos touristiques

Oficina municipal de turismo *(office municipal de tourisme ; plan A2) :* paseo de Blas Infante. ☎ 952-18-71-19. ● *turismoderonda.* es ● *En face des arènes. Lun-ven 10h-19h (18h en hiver) ; sam 10h-14h, 15h-17h ; dim et j. fériés 10h-14h30.* Plan gratuit de la ville. Excellent accueil (en français) et professionnalisme au rendez-vous.

Junta de Andalucia *(office de tourisme ; plan A2) :* pl. de España. ☎ 952-87-12-72. ● *andalucia.org* ● *Petit local ouv lun-ven 9h-19h30, w-e et j. fériés 9h30-15h.* Plan de la ville gratuit et infos sur toute l'Andalousie.

Oficina comarcal de turismo *(région de Ronda, sierra et parcs naturels ; plan B3) :* c/ Espíritu Santo, 37. ☎ 952-87-07-39. ● *serraniaronda. org* ● *Petit local ouv lun-sam 10h-14h30, 15h30-19h.* Infos sur la sierra et les parcs naturels. Possibilité de réserver des hébergements ruraux et d'obtenir les permis pour les 4 sentiers de la Réserve de la biosphère du parc de Grazalema.

Poste et télécommunications

✉ **Poste** *(plan A1) :* c/ Virgen de la Paz. *Lun-ven 9h-14h30.*
@ **Internet Mundi@l** *(plan A1, 2) :* Cruz Verde, 21. *Lun-ven 11h-14h, 16h-22h ; sam 10h-14h, 16h-22h ; dim 16h-22h.*

Banques

■ **Banques :** en grande majorité, les banques et leurs distributeurs se trouvent sur la carrera Espinel *(plan A-B1),* ou à côté de la poste *(plan A1).*

Santé, urgences

■ **Pharmacies :** **Farmacia Gimena** *(plan A1,* **1**), carrera Espinel, 38. ☎ 952-87-13-98. Une autre très centrale, **Santos** *(plan A2,* **1**), sur la pl. de España, à côté du parador.
✚ **Hôpital général :** ctra El Burgo, 1. ☎ 951-06-50-00 ou 902-505-061 *(urgences).*
■ **Police nationale :** avda de Jaén. ☎ 952-87-10-01.
■ **Police municipale :** pl. de la Duquesa de Parcent. ☎ 952-87-13-69 et ☎ 092.

Où dormir ?

Si vous voulez vraiment sentir la ville, restez-y au moins une nuit. En effet, généralement, les touristes, de plus en plus nombreux, passent à Ronda mais n'y dorment pas. Dès le soir, ils retournent sur la côte.

Camping

⊠ *Camping El Sur* (hors plan par B3) : ctra A 369 (Ronda-Algésiras), km 2,8. ☎ 952-87-59-39. ● *info@campingelsur.com* ● *elsur.com* ● *À 2,5 km sur la route d'Algésiras. Ouv tte l'année. En hte saison, env 30 € pour 2 avec petite tente et voiture ; bungalows en bois 2-4 pers avec douche 55-107 €. CB refusées.* 🖥 📶 *(payant pour les campeurs).* Un beau camping, tenu par une famille qui propose même quelques balades dans les environs. Situé sur un flanc de colline (jolie vue), bien équipé, avec un peu d'ombre sous les oliviers (assez jeunes...). Sol plutôt dur. Piscine, minigolf, épicerie et bon resto abordable *(fermé nov-janv, menu env 11 €, carte 12-25 €).*

De bon marché à prix moyens (25-55 €)

🛏 *Hostal Ronda Sol* (plan A1, 10) : c/ Almendra, 11. ☎ 952-87-44-97. ● *hostalrondasol@gmail.com* ● *Fermé 2 j./sem. Double env 28 €. CB refusées.* 📶 Une modeste pension à l'ambiance familiale (mais à l'accueil pas plus concerné que ça). Chambres plutôt bien tenues, sans bains. Certaines sont petites, d'autres dépourvues de fenêtre. Monacal et pas très bien insonorisé, mais conviendra aux petits porte-monnaie.

🛏 *Hotel Arunda II* (hors plan par A1, 16) : c/ J. M. Castello Madrid, 10-12. ☎ 952-87-25-19. ● *hotelesarunda2@hotelesarunda.com* ● *hotelesarunda.com* ● ✗ *À 50 m de la gare routière, et proche de la gare ferroviaire. Fermé 24-25 déc. Doubles avec sdb et AC 42-47 €, petit déj inclus. Parking privé souterrain juste devant, très pratique (8 €/j.).* 🖥 *(payant).* 📶 Un petit hôtel

dans un immeuble moderne, en retrait de la rue et possédant une cour intérieure, donc à l'écart de l'agitation, avec des chambres nettes et bien tenues, et de bon rapport qualité-prix. Caféréria sur place.

🛏 *Hotel Arunda I* (hors plan par B1, 17) : c/ San Antonio de Tabares, 2 (angle c/ Espinel). ☎ 952-19-01-02. ● *hotelarunda1@hotelesarunda.com* ● *hotelesarunda.com* ● *Doubles avec sdb 35-50 € selon saison.* 🖥 📶 Mêmes propriétaires et même confort que l'hôtel *Arunda II,* avec des chambres un poil plus petites et mobilier plus lourd. Insonorisation un peu légère. À proximité de l'animation de la longue rue piétonne et bon accueil.

🛏 *Hostal Virgen del Rocio* (plan A1-2, 13) : c/ Nueva, 18. ☎ 952-87-74-25. ● *elrocio@ronda.net* ● *hostalvirgendelrocio.com* ● *Entre pl. de Toros et Tajo de Ronda. Doubles avec sdb 30-45 €, petit déj compris. Parking à proximité 14 €/j.* 📶 *Sur présentation de ce guide, apéro maison ou digestif offert, ou réduc de 10 % sur le prix des doubles si résa par Internet.* Dans une rue piétonne surtout connue pour ses restos et autres bars à tapas. Impeccable mais déco inexistante. Accueil plutôt souriant. *La Carreta,* le resto attenant (où se prend le petit déj), propose une généreuse cuisine d'un gentil rapport qualité-prix *(menus 10-15 €).*

🛏 *Hotel Morales* (plan A1, 11) : c/ Sevilla, 51. ☎ 952-87-15-38. ● *reservas@hotelmorales.es* ● *hotelmorales.es* ● *Double 45 € en hte saison et w-e, sinon 40 €.* 📶 Petit hôtel dans un quartier sans âme mais proche du centre. Un patio permet d'accéder à des chambres propres et sans prétention, mais avec un petit effort de déco et un vrai confort pour le prix. « Friendly hotel » annonce la carte de visite : vrai ! L'accueil est très amical.

De prix moyens à plus chic (55-90 €)

🛏 *Hotel San Cayetano* (plan A1, 21) : c/ Sevilla, 16. ☎ 952-16-12-12. ● *reservas@hotelsancayetano.com* ● *hotelsancayetano.com* ● ✗ *En plein centre. Doubles 40-55 €, petit déj en* sus dans un resto partenaire du coin. Accord avec un parking pour garer la voiture (8,50 €). 🖳 📶 Sur présentation de ce guide, 10 % de réduc sur les doubles hors fêtes et dates spéciales. Hôtel récent à la déco soignée jusque dans les détails. Malgré quelques chambres un peu petites et manquant de clarté, assez bon rapport qualité-prix d'autant que la rue est désormais piétonne. Bibliothèque. Accueil courtois.

🛏 **Hotel Ronda** (plan B2, **20**) : c/ Ruedo Doña Elvira, 12. ☎ 952-87-22-32. ● reservas@hotelronda.net ● hotelronda.net ● Juste au-dessus de la Casa del Rey moro. Congés : 1 sem en avr. Doubles 67-92 €. 🖳 📶 Apéritif maison offert sur présentation de ce guide. Petite maison à l'orée de la vieille ville : une façade généreusement fleurie, un accueil vraiment emballant et une poignée de chambres simplement confortables et plutôt plaisantes. Pas de petit déj mais l'adorable proprio offre volontiers café et gâteaux, le matin.

🛏 **Hotel El Tajo** (plan B1, **14**) : c/ Cruz Verde, 7. ☎ 952-87-40-40. ● reservas@hoteleltajo.com ● hoteleltajo.com ● En plein centre. Double env 65 €. Parking clos. Hall de style arabo-andalou un peu toc, qui donne accès à l'hôtel et au resto. Une soixantaine de chambres en tout (donc pas mal de groupe en saison...), sans charme particulier mais fonctionnelles et confortables. Bon accueil.

De plus chic à très chic (min 90 €)

🛏 **Hotel San Gabriel** (plan A2, **18**) : c/ Marqués de Moctezuma, 19. ☎ 952-19-03-92. ● info@hotelsangabriel. com ● hotelsangabriel.com ● Congés : 21 déc-10 janv et 19-31 juil. Doubles et suites avec sdb et AC 89-150 € selon confort et saison. Petit déj 5,50 €. Parking à 100 m. 🖳 📶 10 % de réduc sur les doubles sur présentation de ce guide. Petit hôtel de charme installé dans une très belle demeure de 1736, en plein centre historique. Accueil cordial. Les chambres, confortables, sont arrangées avec beaucoup de goût

(vieux meubles, tableaux anciens, boiseries). Patio intérieur très agréable, idéal pour se reposer après avoir marché à travers la ville.

🛏 **Hotel En Frente Arte** (plan B2, **22**) : c/ Real, 40. ☎ 952-87-90-88. ● reservations@enfrentearte.com ● enfrentearte.com ● Doubles 80-115 €, petit déj (et consos au bar !) compris. Parking possible dans la rue. 🖳 📶 Sur présentation de ce guide, café offert ou 10 % de réduc sur les doubles juin-août. Dans une ruelle pavée typique, à l'écart du flux touristique. Récemment ouvert par un avenant Anversois, un hôtel franchement à part, avec ce genre de déco qui nous fait regretter de ne pas avoir de photos dans le Routard : une Fiat 500 en guise de buffet à vaisselle, des ballons de basket qui servent d'appliques... Et si les chambres, de taille variable, sont kitsch comme elles le sont parfois en Espagne, c'est ici fait exprès ! Évitez toutefois celles côté rue (et en rez-de-chaussée). Des terrasses partout, une toute petite mais très jolie piscine et même des poissons-pédicures !

🛏 **Hotel Polo** (plan A1, **15**) : c/ Mariano Soubirón, 8. ☎ 952-87-24-47. ● reservas@hotelpolo.net ● hotelpolo.net ● ♿ En plein centre. Doubles 40-90 € selon saison. Petit déj 5 €. Souvent d'intéressantes promos sur leur site internet. 🖳 📶 5 % de réduc sur les prix web, sur présentation de ce guide. Un sympathique hôtel, offrant derrière une façade XIXe s, un cadre sobre et élégant. Chambres plutôt plaisantes et confortables, avec bains, TV et téléphone. Certaines sont sans vue, d'autres donnent sur la rue. Accueil professionnel. On y parle le français. Petit déj pas terrible (même si servi dans une annexe de l'institution locale, Daver).

🛏 **Hotel-restaurante Alavera de los Baños** (plan B2, **19**) : c/ San Miguel, s/n. ☎ 952-87-91-43. ● alavera@telefonica.net ● alaveradelosbanos.com ● Congés : janv. Doubles 87-107 € avec ou sans terrasse, petit déj inclus. Parking gratuit juste devant. 🖳 📶 Sur présentation de ce guide, réduc de 10 % sur les doubles en fév, nov et déc. Situé à côté des bains arabes, dans une ambiance typiquement andalouse et un décor mauresque aux parfums orientaux. Chambres dans le même esprit (sans en faire trop). Très agréable jardin et petite piscine.

Où dormir dans les proches environs ?

🏠 ◖◗ **Casa rural Finca Los Pastores** : ctra de Algésiras, km 4,5, 29400 **Ronda**. ☎ 952-11-44-64. 📠 687-84-17-59. ● reservas@fincalospastores.com ● fincalospastores.com ● À 5 km au sud de Ronda par l'A 369 (direction Algeciras, c'est fléché ensuite sur la droite). Double 75 € (plus 10 € si séjour 1 nuit slt) ; suite 145 € ; apparts 2-4 pers 89-109 €. ⛶ 🖵 ⌘ Un chemin de terre descend dans un vallon entre des champs où trottent quelques chevaux, jusqu'à cette finca (domaine de 50 ha) entourée de chênes espagnols, sur une petite colline isolée. Des lanternes arabes bleues et des voûtes mudéjares annoncent le genre de cette demeure et de ses 7 chambres confortables, délicieusement arrangées dans le style arabo-andalou. Nos préférées : la n° 2 (pour sa vue), la n° 8 avec son petit salon et la n° 10 avec ses 2 fenêtres. Très bon accueil. Piscine. Balades à cheval. Possibilité pour les résidents de s'y restaurer à la table d'hôtes (menus 20-40 €/pers).

🏠 **Cortijo de Las Piletas** : route Montejaque-Benaoján (apdo 559). ☎ 605-08-02-95. ● info@cortijolaspiletas.com ● cortijolaspiletas.com ● À 12 km de Ronda par la route de Séville (A 374) ; ne pas tourner vers Montejaque, continuer sur 12 km puis tourner à gauche en prenant la 2e route Montejaque-Benaoján ; c'est la 1re ferme sur votre gauche. Congés : nov-fév. Doubles avec sdb 88-99 € selon saison, petit déj inclus. 🖵 ⌘ Dans un beau paysage de collines ondulées vertes au printemps, jaunies en été, loin du bruit, loin de tout, une belle ferme restaurée transformée en hôtel à la campagne. 8 chambres, toutes décorées avec goût, entre le contemporain et le style hacienda, très confortables en tout cas. Piscine. Charmant accueil d'Elisenda Vidal qui parle le français et l'anglais couramment.

Où manger ?

Bon marché (7-12 €)

Le centre de Ronda étant devenu très (voire trop) touristique, ça racole dur sur la calle Nueva avec des menus autour de 8 €... où, la concurrence est rude !

◖◗ **Bar Benito** (plan B3, **36**) : c/ Amanecer, 12. ☎ 952-87-36-85. Tlj sf lun. Congés : fév et nov. Raciones 3-8 €. Sur présentation de ce guide, apéro maison, café ou digestif offert. Un peu éclipsé par son proche et voyant voisin, mais le Benito, c'est la valeur sûre en qualité, prix, accueil. Salle sombre et fraîche avec les habituels jambons suspendus au-dessus du bar et petite terrasse au soleil dans une ruelle partant du ruedo Alameda. Excellent assortiment de très bonnes tapas. Cuisine familiale savoureuse et attention courtoise.

◖◗ **Almocábar** (plan B3, **34**) : ruedo Alameda, 5. ☎ 952-87-59-77. Tlj sf mar. Tapas et petits sandwichs env 2 €, carte au resto env 25 €. Le tandem bar à tapas-resto marche bien aussi à Ronda. Le resto dans la toute petite salle du fond offre une très belle cuisine, mais pas à petits prix. Les petits budgets opteront donc pour le bar décoré à la marocaine. Nous avons aimé l'ambiance plus feutrée ici qu'autour des comptoirs bruyants de la ville, la gentillesse des serveurs et la bonne sangria !

◖◗ **Tapería La Leyenda** (plan A1, **32**) : c/ Virgen de Los Remedios, 7. 📠 615-35-24-49. ● faty568@gmail.com ● Autour de la pl. del Socorro. Fermé mer. Congés : 2de quinzaine de juin. Tapas (au bar ou en salle) 1-2 € ; menú del día 11 € (entrée, 2 plats, boisson), carte 15-20 €. Digestif offert sur présentation de ce guide. L'endroit s'inspire du modernisme : trencadís colorés et volutes de bois ivoire sont à l'honneur (en hommage à Gaudí), le tout nuancé de tons pastel. Résultat à la fois élégant et accueillant. Dans l'assiette, même harmonie : goûts et couleurs sont au rendez-vous. Petite

I●I *El Lechuguita* (plan B1-2, **40**) : c/ Virgen de Los Remedios, 25. ☎ 952-87-80-76. Tapas 2-4 €, raciones 5-7 €. Tout petit bar à tapas bien chaulé avec clientèle locale et comptoir patiné où il faut jouer des coudes pour se faire une place. Les bons points : l'ambiance jeune et l'énorme choix de tapas, dont la fameuse *lechuguita,* un cœur de laitue à la vinaigrette surprise. Le mauvais point : l'exiguïté du lieu où l'on peut vite être agacé par le brouhaha.

I●I ☞ *Maestro* (plan A1, **31**) : carrera Espinel, 7. ☎ 952-87-10-17. Tlj sf dim et lun. Tapas env 1 €, petit déj 3 €. Ouvert depuis 1946, un tout petit bistrot qui se limite presque à un comptoir et à une paire de tables à l'extérieur. Ambiance typiquement locale ! L'enseigne fait d'ailleurs référence au célèbre torero Antonio Ordóñez dont c'était le surnom. Petite carte de tapas d'une belle fraîcheur et bon petit déjeuner pour les amateurs de salé.

I●I *Bodega El Socorro* (plan A1, **30**) : c/ Molino, 4. À quelques pas de la place éponyme. Fermé mar. Congés : 1er-15 janv. Raciones copieuses 4,50-9 €. CB refusées. Voilà une *bodega* bon marché, qui propose aussi plein de *media raciones.* Au bar, sous les charcutailles suspendues, c'est tapas pour les jeunes couples de passage, et en salle, entre les boiseries, *jamón, porra* (sorte de gaspacho) ou délicieuses aubergines grillées *(berenjenas fritas)* au miel dont se délectent familles espagnoles en goguette et touristes en mal de chaise ! Accueil adorable et très attentionné de l'équipe.

I●I *Bar Casa Clemente* (plan B2, **41**) : c/ San Miguel, 12. ☎ 951-16-61-84. Fermé lun. Congés : 1er-15 sept. Tapas 1-2 € ; menus 7 et 12 €, carte env 13 €. ☞ Digestif offert sur présentation de ce guide. Au creux du très beau vallon où se nichent les anciens bains arabes, et à 200 m de ceux-ci, un petit resto-bar à tapas simple et bon, dans une maison au bord du chemin, pour grignoter un peu ou se poser le temps d'un roboratif menu.

I●I *Cafetería Maestranza* (plan A1, **39**) : c/ Virgen de la Paz, 10. ☎ 952-87-91-93. Tapas 1 € ; menu 6,50 €, carte 8 €. ☞ Sans prétention mais central (juste en face des arènes), dans un décor quelconque, pour un repas sur le pouce et pas cher : pizzas, baguettes, etc.

Prix moyens (12-20 €)

Rien de bien excitant dans cette catégorie. Passez à la vitesse supérieure si vous le pouvez ou bien retour à la case tapas.

I●I *Tragatapas* (plan A2, **42**) : c/ Nueva, 4. ☎ 952-87-86-40. 📱 687-63-57-42. Tlj sf dim soir et lun. Repas 10-15 €. Heureuse surprise dans une rue qui nous a pourtant souvent habitués au pire. C'est le bar à tapas du *Tragabuches,* le gastro voisin, une des plus grandes tables de Ronda. D'où cette salle façon atelier dans l'air du temps, ce service aussi cool que stylé, cette vaisselle choisie et ces tapas qui sortent agréablement de l'ordinaire.

I●I *Doña Pepa* (plan A1, **35**) : pl. del Socorro, 10. ☎ 952-87-47-77. ● info@dpepa.com ● Tlj 11h-23h. Assiette de tapas 10 €, menus 13-17 €. Resto avec plusieurs salles et une terrasse sur la place. Cuisine honnête mais sans plus : c'est surtout l'emplacement qui vaut le coup. De plus en plus touristique, mais la qualité reste honnête.

I●I *Mesón Carmen La de Ronda* (plan B3, **38**) : pl. Duquesa de Parcent, 10. ☎ 952-87-87-35. À gauche de l'église. Tlj sf dim. Menu tapas mixtes 10 €, carte 20 €. Quelques tables en terrasse pour profiter de la quiétude de la place, ou salle à l'étage, après le bar proprement dit. Petits plats courants (tortilla, poissons grillés), mais... rares sont les restos sur la place !

Chic (min 20 €)

I●I *Casa María* (plan B3, **33**) : ruedo Alameda, 27. ☎ 952-87-62-12. Fermé mer. Congés : janv. Menu midi en sem 11 €, repas 30-35 €. CB refusées. Des tapas bien élaborées, composées selon l'humeur du chef et les produits du marché. Tout est fait maison. Cela donne d'excellents toasts de mousse de poisson, de morue fumée, des *raciones* aux légumes ou au porc mariné, etc. Belle sélection de vins, ce qui ne gâche rien !

|●| *Pedro Romero* (plan A1, 37) : c/ Virgen de la Paz, 18. ☎ 952-87-11-10. ● info@rpedroromero. com ● ♿ *Juste en face de la pl. de Toros. Tlj. Menu midi 16 €, carte 20-25 €.* 🛜 *Digestif offert sur présentation de ce guide.* Sorte de petit musée photographique de la tauromachie et déco d'azulejos traditionnelle. Les patrons ont obtenu le Coq d'or de Washington en 1987... Spécialité de viandes et le célèbre *rabo de toro*.

Spécial gourmands

|●| 🍴 *Daver* (plan A1, 51) : c/ Virgen de Los Remedios, 6. ☎ 952-87-71-63. Le coin gourmand de Ronda avec petit salon de thé moderne mais classieux. Plein de tentations en vitrine, quelques en-cas salés, glaces et même des chocolats à emporter. Autre adresse c/ Espinel, 58.

⊛ *Alimentación Francisco Becerra* (plan B1, 50) : carrera Espinel, 90. Tlj sf dim. Épicerie populaire dans une rue qui ne l'est pas moins. Fromages, saucissons et jambons à la coupe. Parfait pour un copieux casse-croûte pas cher. Il paraît que même la mère d'Antonio Banderas vient s'y approvisionner en ingrédients pour le *cocido* quand le fiston rentre à la maison...

|●| *Las Campanas* (plan A1, 53) : pl. del Socorro, 3. 🛜 952-87-22-73. 🛜 La spécialité de cette pâtisserie, ce sont les *Yemas del Tajo*, un gouffre de gourmandise à base de jaune d'œuf et de sucre... Plein de biscuits et gâteaux également. On peut les emporter ou les déguster en terrasse, devant le local d'en face.

Où sortir ?

🍸 *Dulcinea* (plan A1, 60) : c/ Rios Rosas, 3. ☎ 952-87-10-03. *Tlj 12h-3h (4h le w-e).* Une institution locale ouverte depuis le début des années 1960 mais presque complètement ignorée des touristes (l'occasion donc de rencontrer les locaux). Un pub à l'andalouse avec meubles anciens et Guinness à la pression d'un côté, et patio de l'autre. Concerts et expos de temps à autre.

À voir

La ville est divisée en deux parties séparées par l'impressionnant puente Nuevo. Au sud s'étend la Ciudad, le vieux quartier d'origine maure, qu'il faut fréquenter le matin avant que ne débarque la foule. Un circuit à travers les rues aux pavés mal ajustés permet de découvrir de belles vues sur la vallée, ainsi que des maisons pleines de charme. Bon à savoir : le dimanche, tous les monuments municipaux sont gratuits. Au nord, pas grand-chose à voir dans le quartier du Mercadillo si ce n'est les arènes, les plus anciennes d'Espagne. Mais une balade s'impose en fin d'après-midi au long de la rue Espinel à l'ambiance toujours résolument populaire.

Le Mercadillo

🎭 *Plaza de Toros y Museo taurino* (arènes et Musée taurin ; plan A1) : c/ Virgen de la Paz, 15. ☎ 952-87-15-39. ● rmcr.org ● ♿ *Dans l'enceinte des arènes de Ronda. Tlj 10h-20h (18h nov-fév, 19h oct et mars). Fermé à la visite lors des corridas. Entrée : 6 €. Audioguide en français 2 €.* Construites en 1785, ces arènes comptent parmi les plus belles d'Espagne. Remarquez, avant d'entrer, le portail encadré de pilastres et le balcon en fer forgé évoquant la corrida. En entrant dans l'arène, sur la gauche, deux colonnes sculptées marquent l'emplacement de la loge royale. Pendant la guerre civile, les arènes furent transformées en camp de détention puis... en cinéma.
Sur les murs du musée, 300 ans d'histoire de la corrida, et notamment des photos de Hemingway en visite à Ronda et d'Orson Welles (dont les cendres ont été dispersées chez un éleveur de taureaux d'un village voisin). Voir aussi les photos du

dernier combat de Manolete. Faites un tour dans les arènes elles-mêmes, couvertes d'une double volée d'arcades élégantes. C'est ici que Francisco « Curro » Romero renouvela l'art de la tauromachie. Il inventa la muleta et donna naissance ainsi à une lignée de matadors célèbres. Collection d'armes anciennes également et pièces d'ornementation des carrosses du duc de Montpensier, fils de Louis-Philippe, fabriquées en Andalousie.

🚶 *Alameda del Tajo* (plan A1) : tout à côté des arènes, de jolis jardins dessinés au début du XIXᵉ s. Un belvédère offre une vue dans le genre superbe sur la Serranía de Ronda, le cirque de montagnes qui borde la ville. Jolie perspective également depuis les passages en surplomb (baptisés du nom de visiteurs célèbres : Hemingway, Orson Welles) qui permettent de gagner le puente Nuevo.

🚶🚶 *Puente Nuevo* (plan A2) : visite du centre d'interprétation, pl. de España. ☎ 649-96-53-38. Lun-ven 10h-19h (18h en hiver) ; w-e 10h-15h. Entrée : 2 € ; réduc ; gratuit moins de 14 ans. On découvre ainsi la partie inférieure du pont, où est installé un historique de sa construction. Ce fameux puente Nuevo est un pont qui enjambe, à 100 m de hauteur,

COUP DE CHAPEAU

L'architecte qui conçut le pont y périt de manière accidentelle et spectaculaire. Il descendit dans une nacelle pour inspecter son œuvre et, voulant rattraper son chapeau qui s'envolait, bascula et s'écrasa dans le ravin ! C'est malin.

une gorge très impressionnante, coupant la ville en deux. On aperçoit même dans la paroi quelques habitations troglodytiques abandonnées. Une promenade, sur la droite avant de traverser le pont, permet d'en admirer l'architecture, de même que la faille. Le puente Nuevo, symbole de la ville, fut construit dans la seconde partie du XVIIIᵉ s. Lieu tragique, la partie centrale du pont fut aussi utilisée comme prison. Durant la guerre civile, les opposants au régime franquiste étaient jetés vivants du haut du vieux pont... Ces tristes faits inspirèrent à Hemingway son roman *Pour qui sonne le glas*.

La Ciudad

🚶 *Casa del Rey moro* (jardin et mine ; plan B2) : cuesta de Santo Domingo, 9. Après le pont, prendre immédiatement à gauche la rue pavée ; en descendant sur la gauche apparaît cette grosse bâtisse. Tlj 10h-20h (19h en hiver). Entrée : 4 € ; réduc. Malgré son nom (la « maison du Roi maure »), cet édifice est tout à fait occidental et date du XVIIIᵉ s. Il est désormais laissé à l'abandon et, avec ses fenêtres aux carreaux cassés claquant au vent et sa façade délabrée, l'ensemble relève plutôt du château hanté face au ravin que de la demeure royale. La maison ne se visite donc pas, mais on peut voir les *petits jardins andalous* en terrasses qui furent dessinés par le Français Jean-Claude-Nicolas Forestier (également créateur de la roseraie de Bagatelle, à Paris, ou du parc María Luisa à Séville, entre autres) et, surtout, *visiter la mine fortifiée* (XIVᵉ s) que l'histoire attribue au roi musulman Abomelic. Elle se compose d'un étrange escalier, entrecoupé de salles voûtées, descendant de presque 200 hautes marches jusqu'à la rivière, au beau milieu de la gorge qui sépare la ville en deux. Autrefois, près de 400 esclaves l'empruntaient pour ravitailler la ville en eau. La descente vers le fleuve est une belle expérience ; cependant, sachez que les marches sont irrégulières, parfois glissantes (eh oui, l'eau ruisselle dans les grottes, c'est connu) et pas très bien éclairées par endroits (et qu'il faut, ensuite, les remonter !).

🚶 *Palacio del Marqués de Salvatierra* (palais du marquis de Salvatierra ; plan B2) : juste en contrebas de la casa del Rey Moro. Joli portail baroque du XVIIIᵉ s, agrémenté d'éléments coloniaux, comme ces quatre personnages d'inspiration précolombienne au-dessus de la porte. On y voit un homme et une femme de chaque côté, symbolisant la Pudeur.

※ En continuant à descendre la rue, on passe sous la *puerta de Felipe V,* édifiée au XVIIIe s, avant de découvrir en contrebas deux vieux *ponts (plan B2)* qui enjambent, au fond du ravin, le Guadalevín. Le *puente Viejo* – que la tradition populaire attribue aux Romains mais qui serait beaucoup plus récent (XVIe s) – et un autre petit pont, dit pont Arabe, donc lui d'origine musulmane. De l'autre côté, la pittoresque *fontaine de los Ochos Caños* devant l'église du Padre Jesús, marque l'entrée d'un quartier typique, un peu oublié des touristes.

※※ *Baños árabes (bains arabes ; plan B2) :* c/ San Miguel. ☏ 656-95-09-37. *Lun-ven 10h-19h (18h hors saison) ; w-e en saison slt 10h-15h. Entrée : 3 € ; réduc ; gratuit moins de 14 ans et pour ts le lun.* Anciens bains arabes, les mieux conservés d'Espagne. On retrouve les trois salles à température différente. Les Arabes ont repris exactement la même structure que celle des bains romains. Salle de projection au fond de l'édifice, où l'on peut assister à un petit documentaire (10 mn) sur le fonctionnement des bains et l'histoire d'Al-Andalus (en espagnol, mais d'autres explications en français).

※※ *Museo Lara (plan B2) :* c/ Armiñán, 29. ☎ 952-87-12-63. ● *museolara.org* ● ⅖ *Tlj 10h30-20h (19h nov-mars). Entrée : 4 € ; réduc. Audioguide 1 €.* Installé dans le palais des comtes de Vascos y Vargas (dont on ne voit, en fait, pas grand-chose), ce musée ressemble à l'immense cabinet de curiosités d'une famille d'amateurs éclairés et fortunés. Le propriétaire, un entrepreneur de Ronda, est en fait un passionné d'objets anciens. Depuis plusieurs décennies, il court les ventes aux enchères de Londres, Paris et Madrid pour enrichir ses collections. On passe d'un très beau portrait de la reine Isabelle à des pipes érotiques, des montres émaillées du XVIIIe s à des guitares classiques, et des pistolets de Napoléon aux costumes des toreros de Ronda, téléphones, machines à coudre, télescopes, éventails... Très belle collection d'objets scientifiques du XIXe s et de matériel photographique et cinématographique. Pour ceux qui cela intéresse, on y découvre vraiment des objets uniques. Deux salles au sous-sol, l'une portant sur l'Inquisition, l'autre sur la sorcellerie ; il s'agit plus d'objets – et de reconstitutions – évoquant les croyances populaires (un peu sanguinolent du côté de l'Inquisition, et tendance elfes et sirènes côté sorcellerie) que de fidélité à l'Histoire.

※ *Museo del Bandolero (musée des Bandits ; plan B3) :* c/ Armiñán, 65. ☎ 952-87-77-85. ● *museobandolero.com* ● *Tlj 10h45-20h30 (19h en hiver). Entrée : 3,50 € ; réduc ; gratuit moins de 8 ans.* Un musée consacré à un thème qui fit naguère couler beaucoup d'encre (et de sang) : les *bandoleros* andalous. Le musée raconte l'histoire du banditisme au travers de documents d'époque (photos, ordres d'arrestation, de capture, d'exécution). Également exposition de quelques armes et mannequins en costume. Pistolets, costumes chamarrés, regards ténébreux... Au XIXe s, ces bandits pullulaient dans la région, terrorisaient les *cocheros* (conducteurs de convoi) et les passagers et fascinaient les voyageurs romantiques. Théophile Gautier en rencontra lors de son voyage en Andalousie en 1840. Malheureusement, le musée est assez mal organisé, mais il y a des panneaux en français à l'entrée et dans les vitrines. La quantité de documents est là, mais une réorganisation dépoussiérerait considérablement l'ensemble et rendrait la visite bien plus intéressante.

※※ *Museo Joaquín Peinado (plan A2) :* pl. del Gigante, s/n. ☎ 952-87-15-85. ● *museojoaquinpeinado.com* ● *Lun-ven 10h-17h, sam et j. fériés 10h-15h. Entrée : 4 € ; réduc ; gratuit moins de 14 ans.* Installé dans le palais dit « de Moctezuma » (famille qui, pour l'anecdote, descendait du dernier empereur aztèque), un musée qui offre un joli panorama de l'œuvre (peu connue hors d'Espagne mais vraiment à découvrir) de Joaquín Peinado, peintre né à Ronda en 1898, décédé à Paris en 1975. Paris, où Peinado s'était installé dès le début des années 1920 et où il se lia d'amitié avec d'autres Espagnols installés dans la capitale française, dont Picasso et Luis Buñuel. Néocubiste à ses débuts, Joaquín Peinado est ensuite passé par la figuration lyrique et l'abstraction géométrique. Et sans vouloir faire preuve de pudibonderie, on évitera, avec des enfants, le cabinet de dessins érotiques...

🏛 *La Casa del Gigante* (plan A-B2) : pl. del Gigante, s/n. ☎ 678-63-14-45. Lun-ven 10h-19h (18h hors saison), w-e et j. fériés en saison 10h-15h. Entrée : 2 €. Discrètement posé face au musée Joaquín Peinado, un petit palais nazari des XIIIe-XIVe s qui a conservé une partie de son décor en plâtre et un joli plafond à caissons en bois.

➤ Continuer ensuite la visite en partant de la *plaza de la Duquesa de Parcent* (plan B3), notre place préférée dans le vieux quartier, ombragée et aérée à la fois.

🏛🏛 *Colegiata Santa María de la Encarnación la Mayor* (plan B2-3) : pl. de la Duquesa de Parcent. ● colegiata.com ● ♿ (demander l'ouverture de la porte). Tlj 10h-20h (18h nov-fév, et fermé 12h30-14h le dim). Entrée : 4 € (audioguide inclus) ; réduc. Soyons honnêtes, c'est bien cher pour une église et pour l'intérêt réel du lieu. Les élégantes galeries, construites au XVIIIe s le long de la façade (et occultant l'ancien porche principal), étaient utilisées par les nobles pour suivre les corridas données sur la place. Ancienne mosquée transformée en cathédrale sous les Rois Catholiques, on aperçoit encore, dans la salle de la billetterie, les sculptures en stuc du *mihrab* (bien mis en valeur grâce à un miroir !). Quant au clocher, il est bâti sur les restes du minaret. Pour ceux qui auront choisi de visiter l'intérieur, juste en pénétrant dans la nef, sur la gauche, l'*autel du tabernacle,* dégoulinant de dorures. Style baroque. Tout à côté, en plus petit, le *retable de la Vierge des Douleurs,* intéressant pour son style churrigueresque (du nom des artistes de la famille Churriguera), chargé comme un lendemain de fête. Le dais du maître-autel, tout en pin du Canada, est également notable pour son riche travail de sculpture. À noter la *Crucifixion,* sur le mur de gauche de la nef : cinq œuvres de l'artiste française Raymonde Pagégie, réalisées dans les années 1980.
– Dans les rues voisines, quelques beaux patios à découvrir.

🏛 *Palacio de Mondragón* (Museo municipal ; plan A3) : pl. de Mondragón. ☎ 952-87-08-18. Lun-ven 10h-19h (18h en automne et hiver) ; w-e 10h-15h. Entrée : 3 € ; réduc ; gratuit moins de 14 ans et pour ts le mer. Une remarquable demeure construite en 1314. À l'origine arabe, Abomelic, le dernier gouverneur musulman, y résida avant que Ferdinand n'y séjourne quelques jours après la reconquête. Remarquez le beau portail Renaissance encadré de deux tours de style mudéjar. À l'intérieur, le petit musée d'histoire locale se révèle moins passionnant que l'édifice lui-même. Plusieurs patios de styles différents, un adorable jardin aménagé, une terrasse dominant la vallée. Le patio mudéjar, avec ses arches en brique et ses portes marquetées, possède un charme certain, tout comme celui aux accents gothiques (colonnes octogonales et chapiteaux variés). À l'étage, modestes expositions thématiques sur la région (fouilles, nature...).

🏛 *Casa de San Juan Bosco* (plan A2) : c/ Tenorio, 20. ☎ 952-87-16-83. Tlj 9h-14h, 14h30-17h30. Entrée : 1,50 € (maison et jardin). Superbe demeure du début du XXe s, qui est plus intéressante pour son site et son délicieux jardin en balcon dominant la vallée de Ronda que pour sa décoration intérieure, pauvre, et consacrée uniquement à l'ordre des salésiens.

🏛🏛🏛 *Le chemin jusqu'au fond du ravin* (plan A2) commence plaza María Auxiliadora (nommée aussi plaza del Campillo), au bout de la calle Tenorio. Attendez-vous à avoir le souffle coupé, moins par la dénivelée que par la beauté des paysages. Une balade très courte, tout au plus 15 mn, et relativement aisée. Les escaliers longent le ravin et descendent jusqu'au premier mirador, d'où l'on bénéficie d'une vue imprenable sur la campagne au pied de Ronda. Continuant plus avant, par un sentier un peu plus caillouteux, apparaît la seconde plate-forme panoramique, avec pleine vue sur le fond du ravin et la chute, celle des cartes postales. Levant les yeux, voilà Ronda perchée tout en altitude, dominant fièrement les alentours, ses maisons installées au bord du ravin s'adaptant aux caprices de la roche accidentée. Le sentier continue encore plus bas, mais il n'est plus du tout entretenu : des branches basses encombrent le passage et les nombreuses pierres sur le sol incitent à être attentif à leur chute. En chemin, plusieurs possibilités de rejoindre ledit *Camino al fondo del Tajo,* en contrebas du sentier : praticable en voiture, lui, et démarrant tout au sud de Ronda, plaza Ruedo Alameda.

🏃 *Alcazaba* (plan B3) *:* forteresse arabe détruite par les Français en 1809, à la sortie est de la ville. Il ne reste plus que quelques pans de murailles. Mérite toutefois une petite visite, car la forteresse renferme quelques rues parmi les plus anciennes de la ville.
– Derrière l'Alcazaba, sur la gauche, l'**église gothique Espíritu Santo,** construite en 1505 sous le règne de Ferdinand le Catholique. À l'intérieur *(lun-sam 9h-13h, 16h-19h ; entrée : 2 €),* rien de franchement extravagant même si on peut grimper dans le clocher.

🏃 À proximité, les deux portes de la ville : la **porte de Almocabar** (XIIIe s) et la **porte de Carlos V** (style Renaissance du XVIe s).

DANS LES ENVIRONS DE RONDA

🏃🏃 *Setenil :* à 16 km au nord, un village un peu étrange dont le cœur est blotti dans un canyon creusé par le río Trejo. Habitations troglodytiques creusées dans le roc et dont la falaise en surplomb constitue le toit. Circulation très difficile en voiture, car la largeur des ruelles n'excède que de quelques centimètres celle des rétroviseurs. Il vaut mieux se garer hors du village sous peine de devoir se payer une nouvelle peinture.

ℹ️ Petit **office de tourisme :** *c/ Villa, 2.* ☎ *956-13-42-61.* Installé sous le joli plafond à caissons d'influence arabe d'une maison du XVIe s. Fait aussi boutique de souvenirs.

🍴🍷 Pour casser la croûte, le choix se limite à quelques **bars à tapas** sous la falaise, ou, plus haut, en face de l'*ayuntamiento,* avec quelques terrasses sous parasol.

LA SIERRA BERMEJA

Située à l'est de Casares et au nord de la station balnéaire d'Estepona, la sierra Bermeja est une bonne occasion de faire une escapade en montagne et de se dégourdir les jambes. On y profite d'un calme pastoral, où tintent les clochettes des chèvres quand passent les troupeaux. La montagne est belle et ses flancs ocre rouge absorbent magnifiquement la lumière.

Arriver – Quitter

➢ *En voiture :* du centre d'Estepona, suivre, si jamais vous le trouvez, le fléchage Genalguacil par la MA 8301. À défaut, demandez les *Altos de Estepona/Los Reales,* faciles à repérer car les Anglais ont construit leurs maisons au sommet de chaque colline pour bénéficier d'un point de vue sur la mer... Attention, pas d'accès à partir de l'A 7 (route côtière). Une excellente route conduit en 15 km (35-40 mn de route), à travers les terres rouges de la sierra parsemée de pins et de chênes verts, jusqu'au puerto de Peñas Blancas (col du Rocher Blanc).

Où bivouaquer ?

▲ **Refugio Agustín Lozano :** au col Las Reales. ☎ 667-65-84-69. Ouvtte l'année (sur résa de préférence). Gratuit. Prévoir duvet, tapis de sol et provisions. C'est un refuge rustique et sympa, avec une grande terrasse jouissant d'une très belle vue. On dort à même le sol dans la salle à manger. On peut utiliser la cheminée pour faire du feu (interdit à l'extérieur). Bois à disposition dehors ; utilisez de l'écorce pour le faire prendre, c'est plus efficace que du papier. Assurez-vous de son extinction en partant. Même s'il y a des poubelles, repartez avec vos déchets, car souvent le vent les éparpille, et ce n'est pas sympa pour les suivants.

À voir. À faire

🏃 **Pico de Las Reales :** au col, prendre la route fléchée à gauche, vers la zone protégée. On roule doucement (la route est très étroite et un peu fatiguée...). Au bout de 4,5 km, dépasser le refuge Agustín Lozano et l'aire de pique-nique (agréable, sous les pins), et laisser la voiture sur le terre-plein terminal. Le sentier de terre rouge est facile mais caillouteux. Espadrilles déconseillées, mais jumelles recommandées car, 500 m plus loin (compter 15 mn), du belvédère Salvador-Guerrero, vue grandiose sur toute la côte, de la punta Ladrones au rocher de Gibraltar (nulle part mieux qu'ici on ne saisit son intérêt stratégique) et à la baie de Huelva. Dans le lointain, les monts de Málaga à l'est et le Rif au sud-ouest : c'est bien l'Afrique, presque à portée de main. On reste d'autant plus volontiers qu'un petit vent frais fait oublier la fournaise de la plaine. Il fait bien 10 °C de moins qu'en bas ! Retour possible via Genalguacil (voir ci-dessous) et Algatocín, villages tout blancs dans leur écrin de chênes-lièges. Route facile mais sinueuse (compter 1h30 environ). Mais attention aux caprins domestiques ! D'Algatocín, on peut aussi rejoindre Ronda.

🏃 **Genalguacil :** typique village blanc, oublié des touristes, joliment rénové. Un peu trop peut-être même... Mais on prend réellement plaisir à sillonner ses ruelles jalonnées d'une foule de sculptures contemporaines.

CASARES (29690) 5 200 hab.

À une quinzaine de kilomètres de la côte, ce village blanc de montagne (420 m d'altitude) est accroché à son piton rocheux, dominé par les ruines d'un château arabe. Casares semble tourner le dos au monde balnéaire et à ses horribles constructions anarchiques. D'ici, par beau temps, on découvre les monts de l'arrière-pays, avec, au loin, la mer et le rocher de Gibraltar. On aperçoit même les côtes africaines entre deux éoliennes... Oh ! si don Quichotte voyait ces moulins du nouveau millénaire ! Le soir, lorsque les touristes repartent, une vraie vie de village reprend : tout le monde sort sur le pas de la porte, papote, commente les dernières nouvelles, se hèle par les fenêtres. Toute l'animation se concentre autour de la petite plaza de España.

Arriver – Quitter

➢ **En bus :** avec Portillo (● ctsa-portillo.com ●). Départ de la estación de autobuses de Estepona (☎ 952-80-02-49). 2 bus/j. lun-sam ; pas de service dim. Départ d'**Estepona** vers 13h et 19h. Départ de **Casares** vers 8h et 16h. Trajet : 45 mn.

➢ **En voiture :** de l'autoroute E 15, sortir au niveau de Manilva, puis suivre la l'A 377 (un peu fatiguée), qui monte à flanc de colline. En venant de Málaga par l'A P7 prendre, à hauteur de Casares Costa, la MA 8300 en direction de Casares.

– *Conseil* : en voiture, impossible de se garer dans le centre du village, en raison de l'étroitesse des rues – c'est même de plus en plus souvent interdit. Garez-vous au parking public fléché (8 étages, gratuit pour l'instant...), au bord de la route ou sur les parkings en contrebas de la calle Carrera, avant la maison de Blas Infante.

Adresses utiles

Office de tourisme : c/ Carrera, 51. ☎ 952-89-55-21. • casares.es • *Dans la maison de Blas Infante. En été, lun-sam 9h-14h. Sinon lun-ven 11h-14h30, 16h-18h30 ; sam 11h-18h.*

■ *Banques : Cajamar, c/ Carrera, juste en contrebas de la pl. de España. Et 100 m plus loin, Unicaja, avec un distributeur automatique.*

🚕 *Taxis : sur le parking après la maison de Blas Infante.* 🖥 617-97-53-58. • *taxicasares.com • Env 50-60 € depuis Marbella. Assure pas mal de liaisons avec les villes de la côte.*

Où dormir ?

🛏 *Hostal Plaza : pl. de España, 6.* ☎ *952-89-40-30 et 88. Si vous trouvez porte close, passez chez le boucher en face. Doubles 25-35 € selon saison.* Une adresse immergée dans la vie du village. Les chambres sont simples et propres. Préférer celles du dernier étage, bien sûr pour la vue, mais surtout pour le calme. Les salles de bains sont communes (une par étage) mais, s'il n'y a pas trop de monde, le patron s'arrangera pour que vous en profitiez seul. Une adresse tranquille qui nous plaît bien.

🛏 *Hotel Rural Casares : c/ Copera, 52.* ☎ *952-89-52-11. •* hotelruralcasa res@gmail.com • hotelcasares.com • 🍴 *À deux pas du cœur du village (c'est fléché depuis la pl. de España). Double 60 €, petit déj inclus.* Cet établissement

familial dispose de 11 chambres plutôt confortables (TV, baignoire ou douche) et fort bien tenues, décorées sur des tonalités de terre cuite et d'azulejos. La plupart disposent d'un petit balcon, d'où se révèle le matin l'une des plus jolies vues sur Casares. Les photographes professionnels y viennent même tout spécialement ! La patronne, aimable, est toujours prête à renseigner ses clients.

Où dormir dans les environs ?

🛏 |●| *Hotel Hermitage : Paraje de la Celima, s/n, ctra de Casares, km 10.* ☎ *952-89-56-39. •* hh@hotelhermi tage.es • hotelhermitage.es • 🍴 *À 5 km de Casares par la MA 8300 vers Málaga, puis montée env 2 km. Congés : nov. Doubles 50-100 € selon type et saison, petit déj inclus ; suites 2-4 pers 105-225 €. Menu midi lun-ven 11 €, carte 30 €.* 🛜 Que le chemin abrupt ne vous décourage pas, car l'endroit est superbe. Un vrai havre de paix dans une nature très préservée. Cette belle *finca* a été transformée en hôtel de charme à la déco discrètement baroque comme on sait en faire aujourd'hui. Les suites ont un sofa-lit et même une cheminée. Belle piscine. Salle de resto lumineuse et reposante pour déguster le midi un menu d'un excellent rapport qualité-prix. Très bonne cave et accueil et service des plus professionnel.

Où manger ? Où prendre le petit déj ?

|●| *Casa Curro : barriada Los Ponys.* ☎ *952-89-44-29. Sur la route qui contourne le village. Tlj sf sam, midi slt. Menu 10 €.* Bar-resto classique fréquenté par villageois et ouvriers à parts égales. Le *menú del día* ne laisse personne sur sa faim : soupe, salade, plat principal, dessert ou café. La salle domine la vallée mais à part cela, pas de surprise. Quant à la cuisine, c'est du familial avec de bonnes fritures.

|●| Bodeguita de En Medio : *pl. de España, 15.* ☎ *952-89-40-36. Tlj sf lun. Repas 12-18 €.* Idéalement situé, cet établissement propose une cuisine généreuse et plutôt bien tournée. Aux beaux jours, il est agréable de flemmarder sur le toit-terrasse pour profiter de la vue. Bien pour un apéro au coucher du soleil ou un dîner. Service souriant et prévenant.

|●| 🍴 Mesón Los Claveles : *c/ Arrabal.* ☎ *952-89-40-95. Tlj sf lun. Repas env 16 €.* C'est un peu la taverne du village qui propose, dans une salle sans chichis, une bonne cuisine locale comme la soupe de *tagarninas* (riz et haricots) et des viandes en sauce. Parfait aussi pour le petit déj avec *churros* ou *tortas fritas* (beignets). Accueil très nature.

À voir. À faire

🎥🎥 **La balade à travers les ruelles** blanches et fleuries, entrecoupées d'escaliers et de passages étroits, est bien agréable. Au fil de la pente, vos pas vous mèneront vers les ruines du château maure et des remparts, d'où se déploie un beau point de vue sur le village bas. L'église, juste au-dessus, est devenu un centre culturel. Le cimetière, rond, surplombant la vallée et avec son columbarium mérite une visite. Tout en haut, on trouve un belvédère naturel qui domine les deux vallées, la côte et la mer. En face, sur la crête d'une colline, une colonie d'éoliennes brassent inlassablement le bleu du ciel. Le soir, le site redouble de romantisme, quand les rares réverbères prennent le relais du soleil et diffusent leurs pâles lueurs.

🎥 **Casa natal de Blas Infante :** *c/ Carrera, 51. Dans le village bas. Mêmes horaires que l'office de tourisme, qui y est installé. Entrée : 2 € ; réduc.* Si vous vous êtes découvert une passion subite pour l'écrivain et politicien Blas Infante, le père de la *Patria andaluza*, sa maison natale peut se visiter. Modestes expositions temporaires également.

🎥 **Mirador del Puerto de Ronda :** *à la sortie de Casares, en direction de l'A 377 (qui ramène vers la côte).* Pour bien profiter du point de vue sur le village, haut perché sur son promontoire, grimpez jusqu'au faîte de la crête, entre lapiaz et fleurs sauvages – attention, ça glisse. Avec un peu de chance, vous verrez planer l'un des vautours qui habitent la gorge.

MARBELLA

(29600)   136 300 hab.

Enfin, nous y voici ! Marbella est aux people l'été ce que Séville est aux mystiques durant la Semaine sainte. Que dire de ce que fut avant guerre cet adorable petit port andalou endormi dans le creux d'une vague de la côte, et qui s'est réveillé dans les années 1980 cerné de centaines de blocs de béton hauts et tout vilains ? Les minuscules plages composées de cailloux ont été redessinées pour les besoins de la baignade aseptisée et remblayées avec du sable venu d'autres horizons. La station balnéaire fait souvent la une des journaux à scandales et les beaux jours de la *telecotilla* (Tele 5 et ses émissions de potins en tout genre). Le show-biz espagnol vient ici s'inventer la dernière romance de l'été ou se faire une retraite joyeuse après la dernière déception sentimentale. Lieu de rêve pour les nantis ou étalage de glamour toc ? Un peu des deux, sans doute.

Heureusement, au cœur de ce Béton-sur-Mer, il reste une perle : le vieux Marbella, qui demeure un petit bijou ! Un beau quartier aux maisons blanches et aux balcons fleuris, au milieu du Marbella nouveau. L'épicentre en est la plaza de los Naranjos, une oasis de fraîcheur, avec des orangers, bien sûr, une claire fontaine, des terrasses de café où l'on prend le soleil et où l'on se fait voir.

NORD

Museo del Bonsai

Ruines du château

Iglesia de N.S. de la Encarnación

Museo del Grabado

LA COSTA DEL SOL ET L'ARRIÈRE-PAYS

MARBELLA

0   25   50 m

Plage

A
B

■ **Adresses utiles**

🛈 Oficinas de turismo municipal
🅿 Parkings payants et gardés
@ 2 Cibercafé Internet
@ 4 Call Cabins Internet
5 Farmacía Berdaguer

🛏 **Où dormir ?**

10 Albergue juvenil Marbella
11 Hostal del Pilar
12 Hostal Aduar
13 Hostal Enriqueta
14 Hostal El Castillo
16 Hostal San Ramón
18 Hostal Juan
19 Hostal El Gallo
20 Hostal La Luna
21 La Villa Marbella
22 Hostal Berlín

🍴 **Où manger ?**

19 Restaurante El Gallo
30 El Estrecho
31 El Patio de los Perfumes
32 Bar Altamirano
33 Los Cañizos
34 El Balcón de la Virgen
35 Bar California
36 La Cuisine
37 Freiduría Miraflores

☕ **Où prendre le petit déj ?**
Où prendre le goûter ?

38 Panadería Cantero
43 Churrería Ramón
44 Churrería Parquesol

🍸🍴 **Où boire un verre ?**

41 Bodega La Venencia
42 Taberna Casa Curro
45 La Polaca

UN PEU D'HISTOIRE

Difficile à croire aujourd'hui, mais Marbella fut, au tout début du XIXe s, la première ville sidérurgique d'Espagne grâce à l'apport du minerai extrait dans les sierras voisines. Comment Marbella est-elle devenue ensuite une destination chic ? Grâce à un chancelier allemand tombé en panne et amoureux de Marbella dans les années 1940. Il entraîna dans son sillage toutes les grandes familles de l'époque. Le prince Fahd, lui,

LA MANNE DE LA PANNE

Marbella doit sa prestigieuse renommée au prince Alfonso de Hohenlohe, aristocrate de l'Empire allemand, qui, en 1947, tomba en panne avec sa Rolls dans ce village alors désert. Par la suite, il entraîna parents et amis fortunés, puis ouvrit en 1954 l'hôtel Marbella Club, convertissant ce relais côtier en un rendez-vous mondain international.

débarqua en 1974 avec serviteurs et bagages – beaucoup de bagages, beaucoup de serviteurs. La propreté et la sécurité sont le fait d'un personnage singulier, disparu en mai 2004 : Jesús Gil. Fondateur éponyme du GIL (Groupe indépendant libéral), ce personnage d'aspect bonhomme fut le maire de la ville, le principal actionnaire du club de football l'Atlético de Madrid et un des bétonneurs de la côte, tout en accumulant les casseroles et le nombre de juges à ses trousses. Symbole de la réussite rapide, il s'était entouré d'une fratrie d'hommes d'affaires pour suivre sa politique d'assainissement de la région. Le feuilleton politico-financier passionna l'Espagne comme l'affaire Tapie avait passionné la France. Ses successeurs ne se sont pas montrés plus vertueux, ni l'un comme l'autre étant accusés (et condamnés) pour détournements de fonds et corruption... Au printemps 2006, le gouvernement espagnol a été contraint d'en venir à suspendre le conseil municipal... Du jamais vu ! On le rappelle, Marbella est un petit bijou, mais trop bien serti pour être honnête. C'est une ville bien proprette et bien sage, quasiment une ville modèle. Avec un soupçon de fantasme sécuritaire, mais très discret. C'est aussi un mythe, et, quand on y séjourne, le mythe tombe vite. Aujourd'hui, les petits-bourgeois, les familles et les retraités en goguette de toute l'Europe ont remplacé, pour ce que l'on peut en voir, ceux qui ont fait la renommée des lieux. La jet-set n'a pas totalement disparu, mais elle se cache, vers Puerto Banús, derrière les hauts murs de villas bien plus chères qu'elles ne devraient. Les agents immobiliers, pour mieux faire grimper les prix, ont inventé l'expression Golden Mile...

Arriver – Quitter

En bus

🚌 **Gare routière** (hors plan par A1) : *avda Trapiche.* ☎ *902-45-05-50 ou 902-12-31-24. À 25 mn de marche de la pl. de los Naranjos, juste de l'autre côté de l'autoroute. Consignes automatiques. Pour se rendre au centre depuis la gare routière, bus n° 2, 6 ou 220 et descendre sur l'avenida Ramón y Cajal ou paseo de la Alameda (plan A2). Dans l'autre sens, les prendre devant la pharmacie Berdaguer (plan A1, 5). Env 1 € le trajet. Automóviles Portillo* (☎ *902-14-31-44* ; ● *ctsa-portillo.com* ●) *dessert de nombreuses destinations de la côte.*

➤ **De/vers l'aéroport de Málaga :** env 10 bus/j. 7h15-21h15 depuis Marbella, 8h15-22h30 depuis l'aéroport (45 mn).

➤ **De/vers Ojén :** dans les 2 sens, 9-11 bus/j. tlj sf dim (trajet : env 30 mn).

➤ **De/vers Puerto Banús et Fuengirola :** bus ttes les 30 mn en règle générale, 6h30-23h (trajet : 1h15).

➤ **De/vers Estepona :** bus ttes les 30 mn 6h30-23h (trajet : 1h15).

➤ **De/vers Málaga :** directs et express, 13 bus/j. 7h45-20h (trajet : 50 mn). Omnibus, 12 bus/j. 7h15-19h (trajet : 1h30).

➤ **De/vers Ronda :** en moyenne, 5-6 liaisons/j., 9h20-22h (trajet : 1h15).

➤ **De/vers La Línea** (ville frontalière avec Gibraltar) : 4-5 bus/j. dans chaque sens 8h30-20h45 (trajet : 1h30).

➢ *De/vers Algésiras :* directs, env 10 bus/j. 6h-20h45 (trajet : 1h15). Omnibus, env 10 bus/j. 6h-20h45 (trajet : 1h30).

➢ *De/vers Grenade :* directs, 3 bus/j. 8h30-17h30 (3 départs de Grenade 9h-21h). Trajet : 2h45. Omnibus, 1 bus/j. à 12h30 (trajet : 4h).

➢ *De/vers Cordoue :* 1 bus/j., vers 18h depuis Marbella, vers 8h30 de Grenade.

➢ *De/vers Séville :* 3 bus/j., vers 9h15, 11h30 et 16h30 depuis Marbella ; 10h, 15h30 et 18h depuis Séville. Trajet : 3h30.

➢ *De/vers Cadix :* directs, 3 bus/j. 14h15-20h45 (trajet : 3h30). Omnibus, 1 bus/j. 8h45 (trajet : 4h).

➢ *De/vers Almería :* 1 bus/j., à 16h depuis Marbella, à 7h45 depuis Almería (trajet : 6h).

➢ *De/vers Madrid :* min 7 départs/j. avec la compagnie *Daibus* (☎ 952-82-30-12 ; ● daibus.es ●), et 8 dans le sens Madrid-Marbella (trajet : 7h). Attention, guichet fermé 14h30-15h et 21h30-22h.

En train

Pas de ligne de train à Marbella. La gare la plus proche est à *Fuengirola,* à 27 km (où passe le *Tren de cercanías* nº C1), sur la ligne de Málaga.

Adresses et infos utiles

Infos touristiques

🛈 *Oficina de turismo municipal* (plan A1) *: pl.* de los Naranjos. ☎ 952-82-35-50. ● marbellaexclusive.com ● Lun-ven 9h-21h (8h-20h en hiver), sam 10h-14h. Le plus central et pratique des offices de tourisme. Bon accueil et infos parfois en français.

🛈 *Oficina de turismo municipal* (hors plan par A2) *: glorieta de la Fontanilla.* ☎ 952-77-14-42. Sur le front de mer, pas loin du jardin de sculptures. Lun-ven 9h-21h, sam 10h-14h. Plan de la ville gratuit. Autre plan plus élaboré et d'autres encore de la région et de ses stations balnéaires. Efficace, bon accueil.

🛈 Il existe un autre bureau à l'entrée de *Puerto Banús* (☎ 952-81-85-70 ; tlj 9h30-20h30).

Poste et télécommunications

✉ *Correos* (poste ; hors plan par A1) *: c/ Jacinto Benavente, 14. À 10 mn à pied du centre. Lun-ven 8h30-20h, sam 9h-13h.*

@ *Cibercafé Internet* (plan A2, **2**) *: travesia Carlos Mackintosh.* ☎ 952-86-42-62. Lun-ven 8h30-21h, sam 9h-19h, dim 10h-14h. Un vrai café avec connexion wifi gratuite en terrasse et jus d'orange. Accueil très cool en prime.

@ *Call Cabins Internet* (hors plan par A1, **4**) *: c/ Jacinto Benavente, 5. Tlj 10h (11h w-e)-23h.* Connexion fiable et rapide. Fait aussi centre d'appels internationaux.

Banques

■ *Banques :* nombreuses sur l'avda Ricardo Soriano, dans le prolongement de l'avda Ramón y Cajal (hors plan par A1). Lun-ven 9h-14h ; les horaires d'hiver sont généralement un peu plus étendus. Change et distributeurs automatiques.

Santé, urgences

✚ *Hôpital public Costa del Sol :* sur la CN 340, km 187. ☎ 951-97-66-69 et 02. À env 4 km à l'est de Marbella.

■ *Police nationale : c/ Arias de Velasco.* ☎ 091 et 952-76-26-00 ou 902-10-21-12 pour les déclarations en langues étrangères.

■ *Police locale : c/ Juan de la Cierva, 13.* ☎ 092 et 952-89-99-00.

■ *Urgences :* ☎ 112 (urgences générales).

■ *Farmacía Berdaguer* (plan A1, **5**) *: avda Ricardo Soriano, 4.* ☎ 952-77-31-87. Ouv 24h/24.

Parkings

Difficile de se garer ici. Si vous ne faites qu'une halte à Marbella et que vos bagages sont dans la voiture, mettez celle-ci dans un *parking payant et gardé.*

🅿 Le plus central est celui de la *pl. de la Victoria* (plan A1). Autres parkings gardés au début de l'*avda de la*

Puerta del Mar (plan A2) et un autre sur **Carlos Mackintosh** (plan A2).

Si vous séjournez assez longtemps, essayez d'éviter les parkings souterrains, très chers (15-20 € les 24h), mais garez-vous légalement. Laissez votre véhicule en lisière de la vieille ville, qui se parcourt à pied. Attention, les enlèvements rapides sont ici très au point et la police veille fièrement au grain. On peut théoriquement se garer partout où il n'y a pas de ligne jaune. Après 18h, ça devient très ardu. Les places se libèrent surtout le matin vers 10h-11h...

Où dormir ?

Vous avez de la chance, c'est dans le centre-ville que se trouvent les hôtels bon marché. Il n'y a aucun intérêt à dormir ailleurs : les établissements aux abords de la plage sont plus chers, moins calmes, et les murs ne sont guère plus épais qu'une tranche de jamón bellota.

Auberge de jeunesse

🏠 **Albergue juvenil Marbella** (hors plan par A1, **10**) : avda del Trapiche, 2, 29601. ☎ 951-27-03-01 ou 902-510-000 (central de résa). ● marbella.itj@juntadeandalucia.es ● inturjoven.com ● Au nord de la vieille ville, légèrement au-dessus du mercado, un peu à l'extérieur du vieux centre, et à 10 mn à pied de la station de bus en descendant l'avda del Trapiche. Réception 24h/24. Congés : vac de Noël. Selon saison, nuit avec petit déj (plus cher le w-e) 14-21 € moins de 25 ans, 19-27 € pour les autres. Repas 8 €. Carte FUAJ obligatoire, en vente sur place. 🖥 Voici une belle et grande AJ, bien tenue, qui conviendra aux groupes et aux solitaires. Ce fut jadis un monastère dédié à San Francisco, où séjourna Cervantès. Large vestibule rappelant celui d'un hôtel. Chambres avec ou sans sanitaires (sommaires), de 2 à 4 lits. Murs assez minces, pas toujours facile de trouver le sommeil. Des chambres, belle vue sur le parc qui entoure l'AJ. Consignes, laverie et piscine (ouv juin-

sept). On est à 2 km de la plage la plus proche.

Bon marché (20-48 €)

Dans la vieille ville

🏠 **Hostal del Pilar** (plan A1, **11**) : c/ Mesoncillo, 4, 29601. ☎ 952-82-99-36. ● hostel@hostel-marbella.com ● hostel-marbella.com ● À 20 m de la c/ Peral. Ouv tte l'année. Min 15 €/pers, ou doubles avec lavabo (sdb sur le palier) 25-40 € selon saison. Prix dégressifs et négociables. Dans une tranquille ruelle du vieux Marbella, un repaire de routards anglo-saxons. Demandez à voir plusieurs chambres, certaines étant plus lumineuses que d'autres. Quelques triples. Terrasse ensoleillée très pratique pour faire sécher le linge. Bar au rez-de-chaussée, avec billard et cheminée pour les soirées d'hiver. Accueil inégal en anglais only.

🏠 **Hostal Aduar** (plan A1, **12**) : c/ Aduar, 7, 29601. ☎ 952-77-35-78. 📱 659-07-74-87. ● info@pensionaduar.com ● pensionaduar.com ● Selon saison, doubles avec lavabo 20-40 €, avec douche 30-50 €. Adresse valable pour les chambres sans sdb. Pour une chambre avec sdb, allez dans la catégorie supérieure, où on trouve mieux au même prix. 📶 Petit hôtel de 4 étages, cachant un patio intérieur couvert d'azulejos. Préférez les chambres du 4e étage, plus calmes et plus claires, rénovées pour la plupart. Le tout un peu étroit et service minimum mais propre quand même.

Entre la vieille ville et la plage

🏠 **Hostal Juan** (plan B2, **18**) : c/ La Luna, 18, 29601. ☎ 952-77-94-75. 📱 665-41-52-84. ● hostaljuan@hotmail.com ● Doubles 32-49 € selon saison. CB refusées. 📶 Réduc de 10 % sur les doubles en moyenne et basse saisons sur présentation de ce guide. Modeste pension mais d'un assez bon rapport qualité-prix. Bien que petites et pas franchement lumineuses, les 5 chambres offrent un vrai confort : douche, w-c, TV, frigo, ventilo et chauffage ! Micro-ondes à disposition. Accueil aimable.

De prix moyens à plus chic (38-95 €)

Dans la vieille ville

🛏 **Hostal El Castillo** (plan A-B1, **14**) : pl. de San Bernabé, 2, 29601. ☎ 952-77-17-39. ● info@hotelelcastillo.com ● hotelelcastillo.com ● Doubles avec sdb, AC et TV 38-52 € selon saison. 🛜 Situé dans une vieille bâtisse superbe, avec un agréable patio et un salon commun sous véranda à l'étage. Confortable et calme. Les chambres donnant sur une charmante petite place sont mieux que les autres, évidemment, à cause de la vue dégagée. L'ensemble a beaucoup d'allure. Une excellente adresse, couronnée par un accueil souriant et chaleureux.

🛏 **Hostal El Gallo** (hors plan par A1, **19**) : c/ Lobatas, 44-46, 29601. ☎ 952-82-79-98. 📱 615-95-12-31. ● info@hostalelgallo.es ● hostalelgallo.es ● Doubles avec sdb 50-60 € selon saison. Petits déj au choix 2,50-5 €. 🖥 🛜 Digestif offert sur présentation de ce guide. Situé à deux pas du centre dans une ruelle fleurie et calme. Les chambres sont sans décoration particulière, mais toutes absolument nickel. Les meilleures ? Les nᵒˢ 6 et 7, prolongées d'une terrasse privée. Certaines salles de bains peuvent avoir une petite odeur d'humidité. Accueil très gentil.

🛏 **Hostal Enriqueta** (plan A1, **13**) : c/ de los Caballeros, 18, 29601. ☎ 952-82-75-52 et 952-82-76-14. ● h.enriqueta.marbella@gmail.com ● hostalenriqueta.com ● Dans une ruelle piétonne, idéalement située à moins de 100 m de la pl. de los Naranjos. Congés : 20 déc-1ᵉʳ mars. Résa l'été, ou venir tôt. Doubles 55-65 € selon saison. Chambres impeccables (douche, w-c, TV, AC et ventilo), sur 2 étages, pour 2 à 4 personnes, donnant sur 2 petits patios tranquilles ou sur la petite ruelle de los Caballeros. Déco simple mais fonctionnelle et, surtout, ensemble très propre. Une adresse centrale et plus que correcte.

Entre la vieille ville et la plage

Dans ce coin de la ville à 5 mn du vieux centre et à moins de 200 m de la plage (un quartier construit au cordeau au XIXᵉ s mais plutôt plaisant avec ses ruelles piétonnes aussi fleuries que tranquilles, bordées de maison blanches et basses), la plupart des hostales se touchent et se concurrencent ; du coup, on a plus de marge pour négocier.

🛏 **Hostal La Luna** (plan B2, **20**) : c/ La Luna, 7, 29601. ☎ 952-82-57-78. ● hostallaluna@hotmail.com ● hostallaluna.wordpress.com ● 🍴 Doubles 40-50 € selon saison et affluence. 🛜 Réduc de 10 % sur le prix des doubles en basse saison, sur présentation de ce guide. Une bonne adresse, qui abrite des chambres spacieuses, claires et bien équipées (douche ou petite baignoire, TV, frigo, AC, et même chauffage !) pour 2 à 4 personnes. Une adresse top sécurité... trop peut-être ! Dommage pour les barreaux aux fenêtres. Accueil adorable.

🛏 **Hostal Berlín** (plan B2, **22**) : c/ San Ramón, 21, 29601. ☎ 952-82-13-10. ● info@hostalberlin.com ● hostalberlin.com ● Doubles 35-65 € selon saison. 🖥 🛜 Ambiance franchement familiale, et très décontractée pour cette sympathique adresse dont l'enseigne fait un clin d'œil à l'ours symbole de Berlin. Chambres plutôt plaisantes et bien équipées.

🛏 **Hostal San Ramón** (plan B2, **16**) : c/ San Ramón, 25, 29601. ☎ 952-77-35-82. ● info@hostalsanramon.com ● hostalsanramon.com ● Doubles 45-66 € selon saison. 🛜 Réduc de 10 % sur les doubles sur présentation de ce guide. Ce petit immeuble blanc très bien tenu, avec des grilles bleues aux fenêtres, cache une petite adresse proprette. Seulement 9 chambres, toutes agréables, sobrement rénovées, calmes (courette à l'arrière) et très propres. Même si certaines sont un peu petites et sombres, le niveau de confort général est bon (AC, TV, frigo, baignoire). Petit patio.

Plus chic (min 100 €)

Dans la vieille ville

🛏 **La Villa Marbella** (plan A1, **21**) : c/ Príncipe, 10, 29601. ☎ 952-76-62-20.

▦ 696-80-60-35. ● info@lavillamarbella. com ● lavillamarbella.com ● *Doubles 90-270 € selon taille et saison, petit déj inclus.* ▯ 🛜 *Réduc de 10 % sur les doubles sur présentation de ce guide.* Le propriétaire des lieux, brésilien, a créé une vraie oasis au cœur de la vieille ville. Réparties dans une poignée de maisons très proches les unes des autres, les chambres, toutes différentes, bénéficient d'une décoration aussi soignée qu'harmonieuse, largement influencée par l'Asie. Certaines disposent d'une petite terrasse avec jacuzzi. Cerise sur le gâteau, il y a une adorable petite piscine et le petit déj se prend sur la terrasse, à l'étage, d'où l'on domine le centre historique et les montagnes. Une vraie adresse de charme.

Où camper dans les environs ?

Les campings sont tous situés à l'est de la ville, sur la route de Málaga.

⚊ **Camping Marbella Playa :** *sur la N 340, à hauteur du km 192,8.* ☎ 952-83-39-98. ● recepcion@campingmar bella.com ● campingmarbella.com ● *À 9,5 km, sur la route de Torremolinos, côté droit quand on vient de Marbella, donc côté plage (fléchage pas évident, sortie directe depuis la nationale, serrez donc à droite après le km 192). En été, bus pour le centre ttes les 20-30 mn 7h30-22h30. Ouv tte l'année. Selon saison, 22-28 € pour 2 avec tente et voiture ; bungalows 2 pers 67-96 €.* Plutôt bien aménagé et entretenu. Le camping est très partiellement ombragé. Fréquenté par de nombreuses caravanes à demeure, que leurs propriétaires ont fort joliment arrangées avec des plantations. À croire qu'un concours de la jardinière la plus coquette est organisé ! Supérette, bar-resto sympa, grande piscine *(ouv avr-oct).* Sanitaires un peu vieillissants mais corrects. En revanche, la plage voisine (à 150 m) est peu attrayante. Accueil distant.

⚊ **La Buganvilla :** *sur la route côtière (la N 340), à hauteur du km 188,8.* ☎ 952-83-19-73. ● info@camping buganvilla.com ● campingbuganvilla. com ● ♿ *À 5,5 km de la sortie est de Marbella, le long de la double voie côtière bien bruyante. Impossible de l'atteindre directement lorsqu'on vient de Marbella : il faut aller jusqu'à la sortie suivante (cambio de sentido, à Elviria, soit 2,5 km de là...) et faire demi-tour...* Sinon, bus pour Fuengirola et la passerelle piétonne qui enjambe la route. *Ouv tte l'année. Réception 8h-23h (parfois en français). Selon saison, 18-31 € pour 2 avec tente et voiture.* ▯ 🛜 Blocs sanitaires corrects mais sans plus, un peu limite l'été question entretien. Le site est moyennement ombragé par un gros bosquet de pins. La traversée vers la plage (à 600 m) se fait donc par la passerelle qui enjambe l'autoroute (puis 1ʳᵉ à droite jusqu'au bout). Assez bruyant. Tout confort : piscine *(ouv slt l'été),* resto pas cher, épicerie.

Où manger ?

De bon marché à prix moyens (8-20 €)

Dans la vieille ville

|●| **Restaurante El Gallo** *(hors plan par A1, 19) :* voir l'Hostal El Gallo dans « Où dormir ? ». *À 5 mn de la pl. de los Náranjos. Tlj sf jeu. Menús del día 10-16 € midi et soir, avec 1 verre de vin. Digestif offert sur présentation de ce guide.* Une adresse très honnête où l'on mange correctement. Une carte classique, mais préparée avec des ingrédients de qualité. Le cadre est moderne et le mobilier rustique, la déco est sobre, d'ailleurs on vient ici pour la fraîcheur des assiettes. Bravo au cuistot et au patron qui respectent autant l'estomac que le porte-monnaie de leurs clients. Un des meilleurs rapports qualité-prix de Marbella. Accueil très courtois.

|●| **Bar Altamirano** *(plan B1, 32) :* pl. Altamirano, 3. ☎ 952-82-49-32. ♿ *Tlj sf mer. Congés : 15 janv-15 fév. Menu 15 €, carte 20 €.* ▯ 🛜 Sur une placette charmante du vieux Marbella. Ce bar, connu tant des locaux que des

touristes, est réputé pour ses plats de poisson et de fruits de mer que l'on déguste à la fraîche ou dans la salle aux azulejos éclatants et aux écharpes de foot formant une frise. Tout en prenant son temps pour apprendre les noms des coquillages et crustacés en plusieurs langues. Faire attention à l'addition quand même (c'est facturé au poids, donc ça grimpe vite !).

IOI El Estrecho (plan A1, 30) : c/ San Lazaro, 12. ☎ 952-77-00-04. Tlj sf dim 12h-minuit. Congés : déc. Carte 10-15 €. ☎ (gratuit). Ouvert depuis 1954, ce bar-resto semble n'avoir pas beaucoup changé depuis, avec son comptoir de bois patiné et ses tables bistrot. La ruelle est étroite, cette adresse l'est tout autant pour ne pas faire mentir son enseigne. À la carte, des tapas, classiques mais qui ont le goût de l'authentique. Tout comme l'accueil et le service.

IOI La Cuisine (plan A1, 36) : pl. Puente Ronda, 2. ☎ 952-82-56-88. ● lacuisine2@gmail.com ● Tlj. Carte 8-15 €. ☎ Malgré l'enseigne à la française et lo chef exilé d'un pays nordique, dans l'assiette c'est du local, classique, simple et bien tourné. Même si la sympathique jeune équipe de cette vieille auberge lorgne parfois vers d'autres horizons : sushis, *mojitos*... Décor rustico-bohème et terrasse sur une sympathique placette.

IOI El Balcón de la Virgen (plan A1, 34) : c/ Remedios, 2. ☎ 952-77-60-92. ● info@elbalcondelavirgen.com ● Tlj slt le soir dès 18h. Congés : janv-fév. Menus midi en sem 10 €, le soir env 17 € ; carte 20-30 €. Apéro maison offert sur présentation de ce guide. La façade et les balcons fleuris de bougainvillées sont superbes et la salle semble construite dans un vieux rempart médiéval tout en longueur tandis que, dehors, une Vierge éclairée veille et refuse toujours de descendre de son balcon. Cadre mis à part, les assiettes n'ont rien d'exceptionnel.

À proximité de la vieille ville

IOI Los Cañizos (hors plan par B2, 33) : c/ Guadalete, 14, Puerto Pesquero. ☎ 952-86-55-50. Dans le quartier du port de plaisance, connu également comme le quartier des pêcheurs avec ses anciennes maisons basses qui contrastent avec les tours au fond. Tlj midi et soir. Raciones 10-12 € et poisson au poids. Un des – nombreux – restos de poisson du coin. Grande salle d'un classicisme bon teint et sympathique, et simple terrasse sous les canisses. Sans vue directe sur la mer mais quand, vers 13h ou 20h, le cuistot allume son feu pour griller les sardines, une odeur très tentante donne envie de prendre d'assaut les tables en plastique. Accueil agréable.

IOI Freiduría Miraflores (hors plan par A1, 37) : avda del Mercado, 22. ☎ 952-82-68-02. ● info@restaurante miraflores.info ● Du vieux centre, monter par la rue Castillejos, contourner le marché par la gauche et continuer jusqu'à l'angle de l'avda Mayorazgo (assez excentré). Tlj midi et soir. Congés : nov. En sem le midi, menú del día 9 €, carte env 17 €. 2 salles intérieures assez quelconques, mais avec tables bien dressées, puis une grande terrasse sous l'auvent. En entrant, se diriger vers la vitrine sous le comptoir pour jeter un œil aux poissons du jour : c'est la spécialité des lieux avec les fruits de mer. Quelques pizzas, également.

D'un peu plus chic à vraiment chic (min 20 €)

Dans la vieille ville

IOI Bar California (hors plan par B2, 35) : c/ Málaga, 44 ; à l'angle avec Severo Ochoa. En lisière de la ville ancienne, tt proche des hostales conseillés par votre guide favori. Tlj sf dim. Le prix du repas dépend du type de poisson choisi : min 20-25 € pour 1 entrée et 1 plat. Façade en faïences vantant les mérites du vin de Málaga (nous, on n'a plus de doutes). Salle bruyante avec tables un poil trop rapprochées et cuisine ouverte, mais aussi quelques places à l'extérieur sous un auvent, contre la rue. Pas un légume ou une viande en vue, ici le poisson est roi ! Simple et sans artifices, entre bonne franquette el cantine populo, fréquenté par quelques touristes et beaucoup de locaux. C'est bondé le week-end mais le service reste assez efficace.

I●I *El Patio de los Perfumes* (plan A1, **31**) : c/ Aduar, 1. ☎ 952-82-86-50. ● *elpatiodelosperfumes@yahoo.fr ● Ouv ts les soirs sf mar. Congés : janv. Carte 35-40 €.* Cette adresse, fondée par un couple du Sud de la France, avec son décor baroque'n'roll, sa cour romantique éclairée à la bougie et son ambiance décontractée chic, se prête idéalement à un dîner en amoureux. Les influences arabes y rencontrent celles de la Provence, créant une harmonie très méditerranéenne. Foie gras et tartares en entrée, puis viandes argentines et poissons ibériques relevés par des épices orientales... et c'est réussi. Restent les prix, mais bon, si vous avez les moyens, pourquoi ne pas vous offrir un dîner en tête à tête ?

Où prendre le petit déj ?
Où goûter ?

☛ *Panadería Cantero* (plan A1, **38**) : c/ Castillejos, s/n. ☎ 952-82-21-12. *Tlj 8h15-21h.* Une vitrine tout en longueur où se côtoient palmiers et biscuits, croissants et autres gâteaux chocolatés ou noyés sous la crème. Puis 4 tables hautes pour boire un thé ou un café. Service aimable et rapide.

☛ *Churrería Parquesol* (plan B2, **44**) : avda Nabeul, local 11, à l'angle de Severo Ochoa. *Tlj 8h-23h.* Bar-café moderne avec une poignée de tables en terrasse où les habitués viennent pour le *chocolate con churros* à toute heure. Bien croustillants et relativement légers (notez l'adverbe !), ils se laissent manger sans trop de chichis.

☛ *Churrería Ramón* (plan A1, **43**) : pl. de los Naranjos. ☎ 952-77-85-46. ● *info@churreriaramon.com ● Tlj dès 10h.* Vieille adresse de Marbella (fondée en 1941) et grand classique pour les jus de fruits frais, dont certains arrangés à l'alcool, ainsi que pour le *chocolate con churros.* En fin d'après-midi, pas une table n'est libre, mais la qualité du jus d'orange (ou de fraise !) est telle que ça vaut le coup d'attendre 10 mn. Bon, mais vraiment pas bon marché... De l'autre côté de l'esplanade, la *Cafetería Los Naranjos,* rehaussée de rouge Sénéquier

des chaises aux fenêtres, propose aussi des jus frais, mais pas avec des oranges de la place !

Où boire un verre ?

Pour les sorties nocturnes, pas mal de bars sur la calle San Lazaro et sous les arcades du marché *(plan A1).*

Y I●I *La Polaca* (plan A1, **45**) : Haza del Mesón, 6. ☎ 952-77-52-39. ● *ebe lapolaca@terra.es ● Tlj 12h-1h.* Fermé *15-30 nov.* 🛜 Jolie initiative que de décorer le bar à tapas classique avec de vieilles photos de *Marbellaises...* à moins que vous ne les trouviez carrément *marbelles !* Un look de brocante accentué par des bouteilles d'eau de Seltz, un vieux poste télé ou une mobylette Guzzi (et l'ambiance sonore qui va avec !). Sur l'ardoise, liste de *bocatas* (sandwichs), *montaditos* et tapas. Demander conseil pour les vins doux de Málaga : le *fino,* le *pajarete,* l'*Isabel II...* Le service est aimable et souriant. Excellent café et, en prime, petite terrasse à l'étage.

Y *Bodega La Venencia* (hors plan par A2, **41**) : avda Miguel Cano, 15. ☎ 952-85-79-13. *À l'extérieur du vieux centre, à deux pas de la plage. Tlj tte la journée. Tapas 1-3 €.* Une adresse traditionnelle de Marbella avec des tabourets qui débordent sur le trottoir, une pyramide de tonneaux (vermouth, torito, moscatel, etc.), un bar en brique qui ondule et des clients qui vacillent en buvant un verre et en gobant des tapas (poivrons marinés, sardines, anchois...). Bien pour un verre, donc, dans un joli cadre, car juste en face *La Cervesita* nous a plus convaincus par la fraîcheur des tapas.

Y I●I *Taberna Casa Curro* (plan A1, **42**) : c/ Pantaleón, 7. *Tlj sf dim 12h-16h, 20h-minuit.* Quand la vague des touristes s'endort, ici, les habitants du quartier se retrouvent ici, pour boire un verre entre amis et déguster une excellente charcuterie servie sur des morceaux de papier. Le bar est tout petit, et on est vite enveloppé par le brouhaha, qui, de temps à autre, est percé par des éclats de voix. Aux murs, de nombreux portraits de toreros jettent un œil complice aux aficionados du lieu.

À voir. À faire

La plaza de los Naranjos *(pl. des Orangers ; plan A1) :* Il faut – au moins ! – s'y arrêter pour prendre un verre. Bel exemple d'architecture andalouse : la vieille *capilla de Santiago* et sa *fontaine* (XVe s), l'*ayuntamiento* (XVIe s) et la *casa del Corregidor* (XVIIe s). Au printemps, les parfums entêtants des orangers en fleur et des *damas de noche* vous accompagneront jusqu'à la nuit.

Au cours de votre balade dans la *vieille ville,* vous passerez par de jolies placettes où les enfants jouent, où les fontaines coulent timidement, où les pots de fleurs colorés accrochés aux murs se dorent au soleil, où, derrière des balcons fleuris, de vieilles Andalouses veillent et surveillent. Ici, on est étonné par la propreté des ruelles ; c'est que la municipalité est riche, elle a pu les restaurer sans lésiner sur les factures, et avec goût. Charmant, même s'il y a énormément de touristes l'été.

Iglesia de Nuestra Señora de la Encarnación *(plan A1) : pl. de la Iglesia.* Cet édifice du début du XVIIe s rappelle la splendeur religieuse passée... Son portail ocre, enchâssé dans des murs d'un blanc éclatant, s'ouvre sur un grand maître-autel vert et doré typiquement baroque. Bel orgue à l'intérieur, pas sur le plan esthétique mais acoustique.

– Sur la même place, finalement bien sympathique avec sa fontaine, ses orangers et ses deux palmiers, vous pourrez également découvrir une *tour* ayant appartenu jadis à un château arabe du IXe s.

Tout près de l'église, la *capilla de San Juan de Dios (plan A1)* s'ouvre dans le prolongement de la rue éponyme. Dans cette minuscule chapelle datant du XVIe s se serre un petit autel joliment décoré. Une Vierge blanche à l'auréole d'or déployée veille pieusement sur les lieux. Voir aussi l'élégant petit portail de bois (XVIIIe s) où sont sculptées les armes de León et Castille.

Museo del Grabado español contemporáneo *(plan B1) : c/ Hospital Bazán, 5.* ☎ 952-76-57-41. ● mgec.es ● *Mar-ven 10h-21h, sam 10h-14h. Entrée : 3 € ; réduc ; gratuit moins de 18 ans.* L'ancien hôpital Bazán, du XVIe s, abrite un très beau musée de la Gravure espagnole contemporaine (le « contemporain » démarrant ici dès le XIXe s !). Les amateurs d'art moderne et de techniques séculaires seront aux anges : lithographie (surtout), sérigraphie, pointe sèche, eau-forte... tout y est. On pourra, entre autres, voir des œuvres de Picasso, Miró et Tàpies... Intéressantes expos temporaires.

Le jardin de sculptures *(plan A2) : avda del Mar.* Située en plein milieu de la ville, cette importante collection municipale, plantée au milieu d'une triomphale avenue à la gloire des constructions balnéaires de béton, est accessible 24h/24. La plupart des œuvres sont signées Salvador Dalí (mais ce sont des copies). On découvre chez le maître de Figueras une patte assez brutale, différente de l'esprit de sa peinture. C'est un travail avec une forte intensité d'expression et un contact très direct avec la matière. Il y a dans le modelé un petit quelque chose qui fait penser à la touche de Rodin (regarder certains dos). Mais il s'agit bien là de l'œuvre de Dalí avec ses thématiques propres. Il manque à cette collection une pièce du sculpteur espagnol Eduardo Chillida, qui serait une véritable leçon de proportion et d'élégance, voire un pied de nez aux « pas belles du tout » constructions de l'avenue.

Museo del Bonsai *(musée du Bonsaï ; plan A1) : parque Arroyo la Represa.* ☎ 952-86-29-26. *Dans le petit parc bordant la vieille ville, hors des murailles. Tlj 10h30-13h30, 16h-18h30 (17h-20h en été). Entrée : 4 € ; réduc.* Pour les fans des fameux petits arbres, quelques pièces, en plein air, plutôt exceptionnelles comme cet olivier qui affiche cinq siècles d'existence.

Les plages : il y en a plusieurs dans le centre même. Souvent artificielles et petites, elles n'ont rien d'exceptionnel (même si la plage de la Vénus est rigolote avec son éléphant-douche), et chaque coin est occupé par les marchands de soleil. Même s'il disparaît en été sous la couenne rougie des vacanciers, le sable est grossier, poussiéreux et sombre. En s'éloignant de Marbella vers l'est, on en trouve de plus belles, de plus tranquilles, comme celle de *Cabopino,* protégée par les dunes de sable fin d'Artola. Superbe coin, mais sur sa partie la plus sauvage (à droite), la plage est naturiste.

DANS LES ENVIRONS DE MARBELLA

⚲ *Mezquita del Rey Abd-el-Aziz* (mosquée de Marbella) : *à env 3,5 km à l'ouest du vieux centre. Suivre l'avda Ricardo Soriano jusqu'à l'hôtel NH Alanda, c'est juste derrière. Attention, on ne la voit qu'au dernier moment ! Si vous ratez la sortie, prenez la suivante, à 500 m de là, direction Istán, puis reprenez immédiatement à droite. En théorie, tlj sf jeu et ven 19h-21h (17h-19h hors saison). GRATUIT.* Petite mosquée pour grand souverain : cette gracieuse construction toute blanche, au minaret effilé, a été financée par le roi d'Arabie Saoudite, Abdulaziz al-Sa'ud, dont elle porte le nom. La résidence d'été du souverain est d'ailleurs toute proche, ce qui lui permet de ne pas rater la prière du vendredi. Construit sur une colline artificielle et protégé derrière des remparts surmontés de miradors (pour ne pas se retrouver de plain-pied avec ses voisins !), ce palais serait une copie de la Maison-Blanche... en plus grand. Lorsque le souverain débarque, c'est une aubaine pour la région : accompagné de moult serviteurs, bagages, etc., il loue de nombreuses chambres et suites, dépense moult pétro-dollars dans les grands magasins et embauche des centaines de chauffeurs, cuisiniers, jardiniers...

ISTÁN   (29611)   1 480 hab.

À 15 km au nord de Marbella, à l'entrée du parc naturel de la sierra de las Nieves (Réserve de la biosphère), Istán est un village blanc placé sous le signe de l'eau – un héritage arabe. En chemin se dégagent de superbes vues plongeantes sur le barrage de la Concepción et son lac de retenue qui alimentent les villes de la côte, notamment Marbella. Mais les eaux pures d'Istán, jaillissant des nombreuses sources alentour, alimentent toujours son lavoir, ses neuf fontaines, bien agréables en plein été, ainsi que quelques canaux irriguant les potagers, dont le seul bruissement éveille une délicieuse sensation de fraîcheur. L'eau est à ce point centrale dans la vie d'Istán que la municipalité lui a consacré un petit musée (tt en bas du village ; tlj sf mar 12h-14h, 16h-18h).

Arriver – Quitter

En voiture

➢ *De Marbella :* prendre l'autoroute A P7-E 15 (payante) direction Estepona, puis bifurquer sur l'A 7176 qui est une jolie route de montagne. Attention, en venant de Marbella par l'A P7, le fléchage n'est pas facilement repérable, ouvrez grand les yeux. Et si vous venez d'Algé-siras toujours par l'A P7, le panneau est tout bonnement inexistant. Prenez donc la sortie « Nagüeles », passez le pont et regagnez l'autre côté de l'autoroute.
– *Conseil :* aire de parking plaza del Calvario, suivre le fléchage *Parking Público.*

En bus

➢ *De/vers Marbella :* avec *Autocares Transandalucía.* ● *transanda lucia.com* ● 3-4 bus/j. lun-sam ; pas de service dim. De Marbella, départs vers 8h15, 14h30 et 19h ; d'Istán, vers 8h, 9h45, 16h et 19h45. Trajet : env 30 mn.

ℹ *Point infos:* c/ Marbella, à côté du mirador. ☎ 952-86-96-03 ou 97-53. ● istan.es ● Horaires variables. Un kiosque d'informations dont la responsable se partage entre le musée de l'Eau et les renseignements. Vous savez donc où la trouver si elle n'est pas au point d'infos !

Rien d'exultant côté papilles, voici juste quelques options si vous décidez de vous y arrêter.

🏠 |●| *Hotel rural Los Jarales :* ctra Marbella-Istán, km 13, 29611 Istán. ☎ 952-86-99-42. 📱 610-88-18-93. ● info@losjarales.com ● losjarales. com ● Situé au sommet d'une petite colline, juste avt d'atteindre le village, sur la droite. Doubles avec sdb 40-55 €. Petit déj 4 €. Menú del día 12 €, carte env 20 €. Parking gratuit. 🛜 Cet hôtel récent et tranquille propose une quinzaine de chambres doubles confortables (TV, AC, chauffage). Leur style

(poutres apparentes, murs bruts peints en couleurs pastel) est plaisant, voire chaleureux pour certaines, et toutes disposent d'une vue sur le lac de barrage et la mer au loin. Piscine de poche en été, jacuzzi, sauna et bar-resto à l'espagnole ouvert en continu. Notre meilleur choix pour se restaurer dans le coin. Très bon accueil en prime.

|●| *Restaurante Entre Sierras :* avda Juan Carlos I, 8. ☎ 952-86-98-48. ● s.donovan@myself.com ● À l'entrée du village en arrivant de Marbella, juste après l'ayuntamiento. Tlj sf lun. Menus min 12 €, carte env 15 €. Apéro maison offert sur présentation de ce guide. Grande salle aux tons saumon avec une petite terrasse et vue sur la vallée. Salades et quelques viandes au programme et un menu midi sans surprises. Présentation à revoir quand même. Peut faire l'affaire pour une pause thé british (comme les proprios) avec des gâteaux, ou mieux, une crêpe fourrée à la confiture de lait comme en Argentine !

|●| *Barón :* c/ Marbella, 8. ☎ 952-86-98-66. À 50 m de l'église. Tlj sf mar, slt le midi ; ouv très épisodiquement les soirs d'été. Repas 15-20 €. CB refusées. Côté bar, azulejos et tonneaux pour empiler les assiettes de tapas ; côté resto, tons ocre, rideaux et vue sur la vallée. Brève carte de viandes et de poissons. Accueil aimable.

À voir. À faire

🥾 *La fontaine et le lavoir d'El Chorro :* juste en contrebas du parking public. C'est l'emblème de la ville. Vaut le coup d'œil. Le torrent y passe, canalisé dans une sorte de grosse rigole. Au printemps, le débit est impressionnant ; en été, il est naturellement plus pépère.

🥾 À deux pas, jolie petite *iglesia San Miguel Arcángel* (XVIᵉ s). Clocher-pilier et une porte de style mudéjar, mais rien à voir à l'intérieur. À ne pas manquer, les derniers jours de septembre, la *fête patronale* de l'archange saint Michel, avec ses processions et ses festivités hautes en couleur.

🥾 *El Nacimiento :* sur les hauteurs. Du parking principal, suivre le panneau en dépassant le stade, puis l'ancien hôtel Altos de Istán. C'est d'ici que sourd le río Molinos, principale source d'alimentation en eau du bourg et affluent du río Verde (celui du barrage). Il tient son nom des nombreux moulins qui le bordaient jadis. Les habitants viennent encore s'y approvisionner librement en eau potable. Le lieu est tout indiqué pour un pique-nique ; on peut y aller à pied (800 m de grimpette) ou en voiture.

OJÉN (29610) 2 950 hab.

À 9 km de Marbella, sur la route de Coín, un des villages blancs au joli centre historique lové autour de son l'église. Autrefois prospère grâce aux mines de fer, Ojén (comme son voisin Istán) s'est tourné vers le tourisme. Mais le rival Mijas leur vole la vedette. Le village coule donc des jours plutôt paisibles, au point que l'on risque de le trouver un peu éteint.
Évitez de pénétrer en voiture dans les ruelles ; elles sont si étroites que vous risqueriez d'être bloqué. La découverte se fait à pied, de préférence le matin.

Arriver – Quitter

En voiture

➤ **De/vers Marbella :** par la route A 355 qui relie Coín à Marbella. Bien indiqué, pour une fois...
– Plusieurs *parkings ;* en bas, avant d'arriver au village, à mi-hauteur, le long de la route de Monda, et deux autres plus proches du centre proprement dit, mais souvent pleins à craquer, que l'on atteint par l'avenida Pablo Picasso en contournant entièrement le cœur du village – tournez à droite à la sortie d'Ojén vers Monda.

En bus

➤ **De/vers Marbella :** avec la compagnie *Portillo* (☎ 902-14-31-44 ; ● ctsa-portillo.com ●), dans les 2 sens, 11 bus/j. en sem (6h30-20h45), 9 le sam, rien le dim. Compter 30 mn.

Adresse utile

🄸 **Point info :** Casa Consistorial, c/ la Carrera, 5. ☎ 952-88-10-03 et 952-88-11-00. À 100 m en contrebas de l'église. Lun-ven 10h30-14h, 16h-18h ; sam au museo del Molino 10h30-14h, 15h-17h. Ils feront leur possible pour vous renseigner. Carte de la sierra de las Nieves à disposition.

Où dormir chic ?

🏠 **La Posada del Ángel :** c/ Mesones, 21. ☎ 952-88-18-08. ● info@laposa dadelangel.net ● laposadadelangel.net ● Dans une ruelle à droite avt d'arriver à la pl. de l'église Nuestra Señora de la Encarnación. Doubles 79-110 € selon type de chambre. 🖥 📶 Un petit hôtel récemment réhabilité mais qui a conservé, dans les chambres, ce mélange de style andalou-mauresque et de touches plus contemporaines qui faisait déjà tout son charme. Il y a tout le confort (AC) et les nuits sont paisibles. Des chambres, des balcons en bois ouvragé donnent sur un joli patio intérieur aux colonnes sculptées où poussent quelques arbustes. Toute nouvelle piscine. Ambiance familiale et accueil prévenant des nouveaux propriétaires, hollandais d'origine.

Où dormir chic ?
Où manger
dans les environs ?

🏠 🍴 **Refugio de Juanar :** Sierra Blanca, 29610 **Ojén.** ☎ 952-88-10-00. ● juanar@juanar.com ● juanar.com ● 🐾 De la route A 355 de Marbella à Coín, prendre à gauche au fléchage, à 4,3 km au nord d'Ojén. Selon saison et standing, double env 80 €, familiale 125 €, appart (6 pers) 175 €. Repas env 30 €. 🖥 📶 Sur présentation de ce guide, digestif offert ou 10 % de réduc sur les doubles. Sur l'ancien domaine de chasse du marquisat de Larios, où le roi Alfonso XIII venait faire quelques cartons, ce « refuge » perché à 780 m d'altitude n'a rien d'un abri de montagne. Par son style (mobilier castillan ancien) et son confort, il tient plus du parador. À l'origine, c'en était même un, repris par les employés.

Différents types de déco : de la pierre brute à la brique apparente en passant par les chambres dans le style rustique classique. Tout autour : forêt de pins, d'ormes et de chênes. La piscine est sous les arbres. Au resto, bonnes spécialités de gibier, mais chères. Un hôte de marque y a séjourné dans les années 1960 : le général de Gaulle, qui y termina la rédaction de ses *Mémoires.* Ici, on aime à se retrouver « entre soi »... L'adresse est, certes, classieuse, mais i'accueil guindé enlève un peu de charme à l'ensemble.

Où manger ?

Comme à Istán, rien d'exceptionnel à signaler, juste de quoi se sustenter rapido, sans émotions... ni frayeurs ! Pas mal de bars à tapas autour de l'église : la *Taberna del Portero* (le gardien de but !) que nous vous indiquons, mais aussi d'autres noms de proprios en guise de raison sociale comme *Le Diego, La Paula, El Chileno*...

|●| El Fogón de Flore : c/ Charcas, 32. ☎ 952-88-10-72. À env 300 m de l'église en la contournant par la droite. Fermé mar en oct. Carte 20-25 €. ☎ Café ou digestif offert sur présentation de ce guide. Un peu chic, mais pas trop, un peu familial, mais pas trop, le « fourneau de Flore » mitonne une cuisine habilement préparée. Quelques spécialités locales comme le *salmorejo* (gaspacho cordouan) ou la morue au pil-pil en sauce piquante. La salle à manger chaleureusement décorée resplendit de couleurs chatoyantes. Terrasse et jardin pour les beaux jours. Accueil aimable. Qualité pas toujours régulière, cependant.

|●| Restaurant Ojén : c/ Carrera, 44. ☎ 952-88-12-37. Tlj sf lun soir. Carte 18-22 €. Salle rustique, un peu sombre, et carte offrant un bon choix de viandes, poissons, plats de pâtes et pas mal de... pizzas. En somme, une sélection pour plaire au plus grand nombre.

|●| Taberna del Portero : pl. de Andalucía, 13. 📱 615-84-50-73. ● taber naelportero@hotmail.es ● La place principale de Ojén, presque en face de l'église. Tlj sf jeu. Congés : 2de quinzaine d'oct. Tapas 2-4 €, raciones 6-10 €. CB refusées. Glissez-vous jusqu'aux hauts tabourets du bar pour happer quelques tapas de jambon, fromage ou *ensaladilla.* Une mise en bouche rapide au rythme du flamenco, la musique préférée du jeune patron.

À voir. À faire

🎋 La partie basse d'Ojén : on y accède à pied au fil des ruelles. La partie la plus animée et la plus charmante est la petite place autour de l'église *Nuestra Señora de la Encarnación,* du XVIe s, flanquée d'une tour héritée de l'ancienne mosquée maure. L'eau de la montagne jaillit d'une fontaine glouglouttante. Les maisons offrent de belles façades blanches. Quelques petits bistrots tout autour de la place, très agréables aux heures chaudes.

Fêtes

– **Festival de Flamenco :** chaque année, le 1er w-e d'août. Les chants et les danses commencent vers 10h et finissent le lendemain vers 7h. Considéré comme l'un des meilleurs d'Andalousie, très apprécié des puristes.
– **Les fêtes de Saint-Denis l'Aréopagite** (9-12 oct) constituent une démonstration de ferveur religieuse. On peut assister aussi à la procession de la Virgen del Pilar ou participer à une nuit animée, rythmée par des danses populaires.

DANS LES ENVIRONS D'OJÉN

🎋 La sierra Blanca : même si cette chaîne côtière porte le nom de « montagne Blanche », ne comptez pas y trouver un seul flocon de neige ! La seule tache blanche est celle du gros bourg d'Ojén. Nombreuses balades.

➤ Plusieurs sentiers partent du *Refugio de Juanar* (voir plus haut « Où dormir ? Où manger dans les environs ? »). On peut tout d'abord rejoindre deux belvédères (bien fléchés), le *mirador del Corzo* (à 1,2 km) et le *mirador del Macho Montéz* (à 2,3 km). La marche d'approche se fait sur un chemin sans charme particulier, mais la récompense est au bout : dans un relief rocheux chaotique, vue panoramique sur les croupes de la sierra qui s'étagent jusqu'à Marbella. Autre possibilité, emprunter la **ruta de El Pozuelo** qui effectue une boucle d'environ 3h. Suivre le chemin partant le long du *Refugio* jusqu'à la crête, le laisser obliquer vers la gauche pour emprunter le sentier qui part tout droit à travers une alternance de landes couvertes de fougères et de forêts aux essences méditerranéennes. Très belles vues sur la sierra de las Nieves. Guettez le sanglier, l'aigle doré et la chèvre sauvage *(Capra pyrenaica hispanica)*. Point d'eau aux trois quarts du trajet, après quoi le sentier descend rejoindre la route d'accès que l'on suit sur environ 500 m pour regagner le *Refugio*. Compter 3h. Enfin, toujours du *Refugio,* on peut gagner Istán en 2h30 environ ou Ojén en 1h30.

LE PARC NATUREL DE LA SIERRA DE LAS NIEVES

Classé Réserve de la biosphère par l'Unesco, ce parc naturel s'étend entre Ronda, Coín et Marbella. Son point culminant est le *pic de la Torrecilla* (1 918 m). La sierra de las Nieves tire son nom de l'époque maure, où les neiges *(nieves)* étaient ramassées dans des tonneaux et expédiées dans toute l'Andalousie à des fins de réfrigération. Aujourd'hui, c'est une des zones sauvages les plus intéressantes d'Espagne.

On peut l'aborder de différentes manières, mais il faudra bien sûr quitter la voiture et partir sac au dos pour en apprécier tous les charmes et aller à la rencontre de sa faune (sanglier, renard, chèvre de montagne, loutre, très nombreux rapaces dont l'aigle royal et le vautour fauve, sans parler d'une foule de petits passereaux qui peuplent les différents biotopes) et de sa flore, caractérisée notamment par l'omniprésence du sapin d'Andalousie (*Abies pinsapo,* pour les connaisseurs).

Adresse et info utiles

De manière générale, il n'est pas toujours évident de se renseigner sur place sur le parc. Le mieux est de se procurer de la documentation dans les offices de tourisme de la région, à Ronda, Mijas ou Málaga. Demander notamment *Rural Walk, Sierra de las Nieves,* disponible en castillan et en anglais. Ce petit fascicule détaille bon nombre de balades à faire.
– Pour en savoir plus avant le départ :
● *sierranieves.com* ● *(en castillan, en anglais et en allemand).*

■ ***Monte Aventura :*** *pl. de Andalucía, 1, 29610* **Ojén.** ☎ *952-88-15-19.* ▤ *656-96-04-78.* ● *monteaventura.*

com ● Propose de découvrir la sierra au cours de balades accompagnées à VTT et à pied. Ses guides (parlant l'anglais ou l'allemand pour la plupart) ont fait profession de foi dans la protection de l'environnement.

Où dormir ? Où manger ?

Voici quelques bonnes adresses dans des villages proches du parc. Néanmoins, Istán et Ojén peuvent aussi s'avérer des bases arrière entre montagne et côte.

⚠ ***Camping El Pinsapo Azul :*** *Camino forestal sierra de las Nieves, 29410* **Yunquera.** ☎ *952-48-27-54.* ▤ *653-*

85-80-46. *À la sortie de Yunquera direction Ronda, vers le stade (suivre le fléchage). Compter 13-17 € pour 2 selon saison. Cabanes 2 pers 25-28 € selon saison ; bungalows 2 pers 43-48 €.* Les emplacements pour les tentes sont un peu confinés mais ombragés. En revanche, la location de cabanes (en dur, sanitaires extérieurs) s'avère un meilleur choix et la différence de prix n'est pas énorme. Les bungalows en bois disposent d'une salle de bains, de cheminée et même de chauffage. Piscine et location de vélos. Le village est à 5 grosses minutes à pied et on peut, du camping, partir sur les sentiers du parc qui mènent vers la forêt de *pinsapos* et jusqu'au sommet de la Torrecilla (1 919 m d'altitude).

⚕ *Camping Rural Loma Taivilla :* Paraje Loma Taivilla-Almaraje, 33, Sierra Prieta, 29566 *Casarabonela.* ▣ 616-62-39-10 et 670-56-76-07. ● *into@campingrural-lomataivilla. com* ● *campingrural-lomataivilla. com* ● ⚒ *Entre Alozaina et Casarabonela, accès fléché depuis l'A 354. Env 20 € pour 2 avec tente et voiture. Apéritif maison offert sur présentation de ce guide.* Ce petit camping à la ferme, donc posé en pleine campagne dans une oliveraie, est une bonne base arrière pour parcourir le parc naturel. Terrain vallonné et pas très ombragé, avec emplacements en terrasses. Sanitaires corrects. Piscine et pas mal d'activités de plein air proposées (sur résa). Bon accueil.

⌂ |●| *La Casa Grande del Burgo :* c/ Mesones, 1, 29420 *El Burgo.*

☎ 952-16-02-32 et 952-16-01-81. ● elburgo@hotel-lacasagrande.com ● *hotel-lacasagrande.com* ● ⚒ *Doubles 50-70 € selon saison. Repas 15-20 €. Apéritif maison offert sur présentation de ce guide.* Une belle façade blanche ornée de balcons en fer forgé protège des regards indiscrets une courette fleurie et son puits. Les chambres sont confortables et joliment arrangées dans un goût champêtre. Agréable salon dans les tons ocre, avec un petit quelque chose de très british dans la déco. On s'y retrouve le soir pour papoter au coin du feu. Salle de resto très cossue. Une bonne adresse avec un bon rapport qualité-prix. Accueil très cordial. Possibilité de monter à cheval aux alentours (▣ 649-49-75-28).

⌂ |●| *Hostal Riveros :* c/ de la Fonda, 23, 29109 *Tolox.* ☎ 952-48-72-15. ▣ 600-21-36-82. ● *hostalri veros@gmail.com* ● ⚒ *Sur la droite, 500 m avt l'établissement thermal (El Balneario). Resto ouv juil-sept. Doubles env 50-60 € selon saison. Menu 8,50 €. CB refusées.* 📶 *Sur présentation de ce guide, réduc de 10 % sur les doubles, et petit déj offert si séjour min 2 nuits.* Cet hôtel dispose sur 3 étages d'une vingtaine de chambres simples et correctes (douche, w-c), avec vue sur les montagnes. Salle TV. Nuits tranquilles et température jamais torride. Accueil relax. Bar et resto de type auberge rustique. Si vous voulez manger au village, hors saison, *La Alberca,* dans la rue principale, propose une généreuse cuisine familiale à prix très doux.

À voir. À faire

🚶🚶 *La route du puerto del Viento :* les 27 km de l'A 366, qui conduisent d'El Burgo à Ronda, sont un moyen confortable de découvrir les paysages du parc, même si la route ne fait que le longer sans y pénétrer. À un peu plus de 5 km d'El Burgo, le *mirador del Guarda forestal* offre une superbe vue sur la bourgade et ses environs, avant d'attaquer la montée au puerto del Viento. Ce tronçon n'est pas pour les distraits, car il tournicote sec par moments ! Passé le col, la route serpente sur un vaste plateau parsemé d'une végétation pelée en rase-mottes où affleure, ici et là, une terre rouge sang descendant des contreforts de la sierra Blanquilla et de la sierra de los Merinos. On le crie haut et fort, c'est une route époustouflante, qui nous a parfois fait penser aux Highlands écossaises.

🚶🚶 *La piste du puerto de la Mujer :* cette route en boucle d'une vingtaine de kilomètres (compter largement 2h !) s'amorce un peu au sud d'El Burgo, sur la route de Coín. Un panneau donne quelques indications sur le profil de la route, en castillan uniquement et en mélangeant le départ et l'arrivée ! Après, on se débrouille... La route longe l'arroyo de la Fuensanta jusqu'à un carrefour marqué par un calvaire sur votre droite. Prenez à droite pour accéder au col. Cette zone désertique abrita la dernière cavale de Juan José Mingolla, dit Pasos Largos (« Grands Pas »), le dernier bandit de grand chemin andalou. À plus de 70 ans, alors qu'il tentait d'échapper à la police, il dévissa à flanc de parois. La fin du trajet se fait dans la vallée de la rivière Turón. Route accessible aux voitures de tourisme, à condition que le conducteur soit vraiment expérimenté : chemins très rocailleux et chaussées totalement défoncées. Cela dit, c'est un sacré plaisir d'aborder des étendues aussi sauvages sur des routes aussi désertes, à 30 km à vol d'oiseau de la côte trépidante...

🥾 *La piste du mont Aranda :* cette *pista forestal* relie Tolox, au nord du parc, à Istán, au sud (voir plus haut), et à Monda, à l'est. Longue d'une vingtaine de kilomètres, d'une viabilité plutôt bonne pour son genre, elle traverse des étendues sauvages où l'on ne verra pas la moindre habitation. Carte détaillée nécessaire. Bien sûr, gare à la poussière !

🥾🥾 *El peñón de Ronda :* l'approche en voiture se fait comme pour la *piste du puerto de la Mujer* mais, au calvaire, on tourne à gauche vers Los Sauces. Le chemin est abominablement rocailleux jusqu'à un 2e calvaire, à un carrefour en patte-d'oie. On prend à droite pour atteindre la lisière du parc d'où l'on est face au *peñón*, tout en haut. Le reste se fait à pied, avec une dénivelée d'environ 300 m : à l'embranchement, ne pas traverser la vallée et continuer du même côté puis, au fond de la vallée, tourner à gauche (sinon, on retourne sur El Burgo). La fin du trajet se fait avec le *peñón* en ligne de mire. Grimpette sans problème jusqu'au sommet plat, et panorama étendu. Compter 3h aller et retour. On peut aussi accéder au *peñón* à pied depuis El Burgo ; dans ce cas, prévoir la journée et, s'il fait chaud, de sérieuses réserves d'eau.

🥾🥾 *L'ascension du pic de la Torrecilla :* accéder au parc à partir de la route A 376 de Ronda à San Pedro de Alcántara. À env 15 km de Ronda, une mauvaise piste permet d'accéder au refuge Felix Rodriguez de la Fuente, situé au lieu-dit Cortijo de los Quejigales. Inutile de songer à passer une nuit ici si vous n'avez pas réservé 2 mois à l'avance et si vous n'êtes pas membre d'une association espagnole de randonneurs ou de spéléo. En effet, le plus profond des gouffres d'Espagne (plus de 1 000 m !) se trouve tout près. Cependant, vous y trouverez une aire de camping sommairement aménagée, utile si vous voulez faire l'ascension du pic. Les « petits » marcheurs se contenteront de monter jusqu'au *puerto de los Pilones* par le *sentier de la cañada del Cuerno* (la gorge de la Corne), à travers une forêt de sapins d'Andalousie centenaires. Compter 3h pour l'aller-retour. Au col, paysage de haute montagne dominé par les 1 918 m du pic de la Torrecilla, au pied duquel s'étend la Quejigal de Tolox, une forêt clairsemée de chênes rouvres. Compter au minimum 8h pour la balade complète. La fin du sentier est en pente raide mais ne présente pas de difficulté. Attention toutefois, en été, à la déshydratation : ça cogne très dur !

MIJAS

(29650)   Mijas Pueblo : 8 000 hab.

Situé entre Marbella et Torremolinos, à 428 m d'altitude, sur le versant des montagnes de l'arrière-pays, Mijas est un très grand village (une petite ville, en fait) tout blanc et haut perché. Ruelles étroites, ferronneries ouvragées, balcons fleuris, jardinets odorants, bref, tous les ingrédients sont réunis, au centre, pour attirer les visiteurs, anglais en particulier.

Trop proches de la côte et de la folie immobilière qui y fait des ravages, les abords de Mijas se laissent grignoter petit à petit par les démons du Progrès. Grues et chantiers prolifèrent et la fièvre ne semble pas vouloir se tarir. Heureusement, le cœur du bourg a conservé son charme, même si, aux heures chaudes, une caravane incessante de bus envahit les lieux. Beaucoup de monde en été dans la journée, donc, mais nettement moins le soir, puisque tous les touristes retournent en bord de mer et que les boutiques de souvenirs ferment. Parfait, c'est l'occasion d'y séjourner et de profiter de la quiétude nocturne de la ville.

Arriver – Quitter

En train et bus

➤ **De Málaga :** trains C1 ttes les 30 mn jusqu'à **Fuengirola** (trajet : 50 mn). ● renfe.es ● Puis bus pour **Mijas** (trajet : 25 mn), ttes les 30 mn avec la compagnie Portillo (☎ 902-14-31-44 ; ctsa-portillo.com ●).

➤ Également une liaison en bus avec **Coín** 4 fois/j., avec Portillo (trajet : 30 mn).

En voiture

➤ Depuis Marbella, prendre l'AP 7 puis suivre le panneau « Mijas Pueblo ». Mijas est à 20 mn de la côte. De Málaga, par l'A 7 ou N 340, sortie « Fuengirola » puis embranchement « Mijas Pueblo » (ne pas prendre la 1re sortie « Mijas Pueblo » depuis la nationale, car route panoramique étroite fréquentée par bus et camions). Parking Virgen de la Peña (payant) de 550 places sous l'office de tourisme.

Adresses et infos utiles

🛈 **Oficina de turismo** (plan B1) : pl. Virgen de la Peña, s/n. ☎ 952-58-90-34. ● mijas.es ● Au centre du village. Lun-ven 9h-20h (19h en hiver) ; sam 10h-14h. Plein d'infos sur le village et la région. Demander la brochure Réseau d'itinéraires, sierra de Mijas, qui recense les randonnées autour de la ville. Maquette en 3D, pour bien comprendre la topographie de la région et les balades. Accueil (en français, parfois) disponible et efficace.

– **Spectacles de flamenco :** tte l'année, mer à midi (sf en cas de mauvais temps) devant le parvis de l'office de tourisme. Gratuit.

– **Día del turista :** mi-sept. Une journée dédiée au flamenco.

Où dormir ?

De prix moyens à plus chic (35-100 €)

🛏 **Hostal La Posada de Mijas** (plan A2, **10**) : c/ Coín, 47. ☎ 952-48-53-10. 🖳 696-39-35-39. ● hostalposadamijas@yahoo.es ● hostalposadamijas.es ● Doubles avec sdb 35-40 € selon saison ; apparts 2-4 pers 45-50 €. 📶 Réduc de 10 % sur les doubles en basse saison, sur présentation de ce guide. Une adresse familiale aussi bien tenue qu'agréable. Pour la plupart, les chambres donnent sur la vallée, parfaitement au calme. Prix bas vu le confort (sanitaires, TV, minifrigo et plaque chauffante). L'adresse qui donne envie de passer quelques jours dans le village (même si le stationnement est un peu compliqué dans le quartier). Les propriétaires proposent également des appartements équipés, très abordables. Patronne adorable.

🛏 **Hostal rural El Escudo de Mijas** (plan B2, **11**) : c/ Trocha de los Pescadores, 7. ☎ 952-59-11-00. ● reservas@el-escudo.com ● el-escudo.com ● Accès par la pl. de la Constitución ; l'entrée de la ruelle se trouve à hauteur du bar El Castillo. Doubles avec sdb 40-60 € selon saison. 📶 Réduc de 10 %

sur les doubles en hte saison, sur présentation de ce guide. Belle demeure andalouse aux balcons chargés de géraniums rouges. Les chambres sont coquettes et tenues irréprochablement. Celles du 1er étage ont des balcons, au 2e des terrasses, certaines avec vue sur la mer. Quant aux chambres du rez-de-chaussée, autant les éviter, car pour le même prix elles ne proposent pas ces agréments. Une bonne adresse doublée d'un accueil aimable.

🏠 **TRH Mijas** (plan B1, **12**) : c/ Tamisa, 2. ☎ 952-48-58-00. ● reservas.mijas@trhhoteles.com ● trhhoteles.com ● ♨ Selon saison, doubles avec sdb 66-105 €. Nombreuses promos sur leur site internet. Parking payant. 🖳 📶 Une structure hôtelière moderne dont le mérite principal est d'offrir un confort optimal. Les meilleures chambres, à défaut d'être spacieuses, ont un balcon et la vue sur la mer au loin. Mobilier en bois solide, très belle literie, AC, TV. Cours de tennis et énorme piscine digne d'un club de vacances. Petit déj-buffet bien fourni. Prisé par les groupes du Nord de l'Europe.

Où camper dans les environs ?

🏕 **Camping Los Jarales** (hors plan par B1) : sur la N 340, km 197, à **Mijas Costa** (à 15 km de Marbella et env 10 km de Mijas). ☎ 952-93-00-03. ● info@campinglosjarales.com ● campinglosjarales.com ● En bus depuis Mijas, changement à Fuengirola. Bus direct pour Málaga. En voiture, pas d'accès direct dans le sens Marbella-Málaga : il faut faire demi-tour à la sortie suivante (cambio de sentido) et revenir. Accueil 8h-22h. Selon saison, 15-22 € pour 2 avec tente et voiture. 🖳 Bien tenu, planté de pins et de platanes, pratique d'accès car en bordure de la nationale, ce qui constitue aussi son inconvénient majeur. Peu de places, beaucoup d'Anglais et de Finlandais y séjournant à l'année dans leurs caravanes. Bien sûr, ils squattent le secteur le plus calme. Douches et sanitaires propres. Cafétéria et snack-bar. Piscine l'été. Jeux à proximité.

Où manger ? Où prendre un petit déj ?

De bon marché à prix moyens (7-25 €)

🍴 **Café-bar Porras** (plan A2, **22**) : pl. de la Libertad, 5. ☎ 952-48-50-41. ● cafebarporras@hotmail.com ● En face de l'église San Sebastián, 50 m au-dessus de la pl. de la Constitución. Tapas 2 €, menú del día 10 €, carte env 15 €. Petit bar où se poser et regarder les déambulations de la foule. « Rien de spécial ! » nous direz-vous. Eh bien, non ! Des tapas pas chères et bien faites, quelques tables en terrasse et un brin de Mijas qui échappe au tourisme globalisé. Sans compter l'accueil, irréprochable. Bien aussi pour le petit déj.

🍴 **Restaurante Alarcón** (plan A2, **20**) : c/ Lasta, 1. ☎ 952-48-52-45. À 5 mn de marche du centre, dans un quartier qui échappe au tourisme de masse. Tlj sf dim. Menú del día 8 €, carte env 15 €. Bonne et généreuse cuisine « de pueblo ». La salle à manger du 1er étage est plutôt agréable avec ses murs couverts d'azulejos du plus beau vert ! Quelques tables sur un tout petit balcon couvert, et sur la terrasse panoramique juste au-dessus. Clientèle locale, accueil et service très typiques.

🍞 **Panadería de María Quero** (plan B1, **21**) : c/ Málaga, 18. ☎ 952-48-51-71. ● panmariaquero@yahoo.es ● Lun-sam 8h-20h ; dim 10h-13h, 16h-20h. La boulangerie du village offre tout un choix de cafés et de thés de toutes les couleurs pour accompagner ses pâtisseries et ses petits déj. Quelques chaises pour manger un petit déj, et même des magazines « pipoles » pour se tenir au courant de l'actualité. Fait aussi petite épicerie.

MIJAS

■	Adresse utile		◉	☕	Où manger ?
				Où prendre un petit déj ?
	🛈 Oficina de turismo		
				20 Restaurante Alarcón
				21 Panadería de María Quero
🛏	Où dormir ?			22 Café-bar Porras
				23 Restaurante El Mirlo Blanco
	10 Hostal La Posada de Mijas			
	11 Hostal rural El Escudo de Mijas		▼ ☕	Où boire un verre ?
	12 TRH Mijas			30 La Bóveda

Très chic (min 35 €)

|◉| *Restaurante El Mirlo Blanco* (plan A2, **23**) : c/ cuesta de la Villa, 2. ☎ 952-48-57-00. ● mirloblanco@mirlo-blanco.es ● De nov à mi-juin, fermé mar. Congés : 15 janv-15 fév. Résa conseillée. Carte 35-45 €. Spécialités basques espagnoles et d'autres bien andalouses. Les plats sont préparés avec soin et amour du travail bien fait. Le chef n'utilise que les meilleurs produits pour sa *porra antequerana* (gaspacho épais) ou la *txistorra*. La qualité de la cuisine, malgré les prix, en fait une étape incontournable. Service à l'image des mets, souriant et parfait.

Où boire un verre ?

▼ ☕ *La Bóveda* (plan A2, **30**) : pl. de la Constitución, au début de la c/ del Pilar. Tlj sf dim 8h30-22h. Installée dans un ancien cellier, cette cave voûtée aux murs noirs de fumée est agréable aux heures chaudes de la journée. Un bar à l'ancienne, sans télé ni machines à sous, avec un accueil d'une belle sincérité. En terrasse, quelques tables bleues se décrochent sur un mur blanc éclatant décoré de géraniums, un vrai tableau andalou ! L'endroit est d'ailleurs fréquenté par les artistes du cru. Servent aussi des petits déj.

À voir. À faire

🏃 La balade dans le cœur du *village* est un plaisir en soi. À faire plutôt le matin, avant que les cars de tourisme n'occupent le terrain, ou après leur départ, vers 16-17h. Un moyen de transport original ici est l'âne-taxi *(compter quand même 10 €/pers pour une balade et 2 € pour une photo !).*
Mijas possède aussi une *arène* ovale de type stade olympique assez singulière *(tlj 10h-19h ou 22h selon saison ; entrée : 1,50 € ou 3 € avec le petit Musée taurin).* Et à la mairie, un tout petit musée d'Arts et Traditions populaires largement consacré à l'huile d'olive *(pl. de la Libertad ; tlj 10h-14h, 16h-20h ; GRATUIT).*

🏃 *Capilla de la Virgen de la Peña (plan B1-2) :* au bas du village, sur un petit promontoire. Une petite grotte-chapelle qui embaume le lys et la rose. Elle fut creusée à la fin du XVIIe s, à même la roche, par un curé de l'ordre des Carmélites. L'antre laisse tout juste la place pour six bancs dorés bien kitsch. Modernité et forte fréquentation obligent, il est désormais interdit de déposer des photos et des petits mots à la Vierge dans les anfractuosités du mur. Restent quelques ex-voto et mèches de cheveux. De la terrasse devant, belle vue sur la gangrène immobilière gagnant la côte.

🏃 *Museo de Miniaturas (plan B2) :* dans le Carromato de Max ; c'est une copie de wagon de train couleur bouton d'or, garé sur le parking, à 300 m de l'office de tourisme. ☎ 952-58-90-34. Tlj horaires variables, normalement 10h-20h, mais parfois fermé à l'heure du déj. Entrée : 3 € ; réduc. Sorte de wagon désaffecté, jadis utilisé par les troupes de cirque et réaménagé en musée pour exposer la collection du « professeur » Max, un routard hors du commun : médecin autodidacte, journaliste, magicien et hypnotiseur ayant parcouru le monde avec sa valise pour seul bagage. Il ramassait toutes sortes d'objets, pourvu qu'ils soient minuscules. C'est en Amérique du Sud qu'il récupéra la tête réduite d'un missionnaire blanc auprès d'un sorcier en échange d'une séance d'hypnotisme. Parmi les autres objets insolites figurent une danseuse classique taillée dans un cure-dent ou encore des puces naturalisées et habillées...

MÁLAGA   (29000)   568 500 hab.

Ce nom sonne aussi sucré et rond à l'oreille que son vin est une caresse pour les papilles. Málaga offre bien d'autres saveurs, certaines piquantes et colorées, comme l'incontournable musée Picasso, mais toutes suaves et ensoleillées, car la ville profite de 320 belles journées par an. Málaga est une ville qui bouge économiquement, son port marchand est le deuxième plus grand d'Espagne et la pêche continue de représenter une part importante des ressources locales. Géographiquement, c'est le point central du littoral de la Costa del Sol, ce qui en fait, en plus d'une bonne étape, une bonne base de départ.
Pour l'écrivain Vicente Aleixandre, Prix Nobel de littérature, Málaga est donc « la ville du Paradis ». Ce n'est pas un hasard si Picasso y est né. Pas un hasard non plus si le vin de Málaga, produit de la région, est surnommé *el vino divino,* le vin divin ! La partie la plus intéressante est le centre-ville, à découvrir à pied, au fil des ruelles piétonnes. Il a gardé tout son charme et son élégance. Là se concentrent les plus beaux immeubles et monuments et se cachent les *bodegas* les plus authentiques, où l'on sirote encore son málaga entre habitués.

UN PEU D'HISTOIRE

Ce sont les Phéniciens qui, vers 800 av. J.-C., fondent Málaga et lui donnent son nom : *Malaka* signifie le « lieu des salaisons de poisson ». Carthaginois et Romains se succèdent à la tête de la cité avant que les Maures ne s'y installent au début du VIIIe s. Avec eux, le quartier de l'Alcazaba se développe. Málaga est alors à la tête d'un *taifa* dépendant du royaume de Grenade. Marchands génois et juifs possèdent leur propre quartier, hors les murs. En 1487, les Rois Catholiques s'emparent de la ville et, au siècle suivant, expulsent manu militari les derniers Maures convertis au christianisme qui y séjournent encore. Le commerce avec les Amériques permet peu à peu à Málaga de devenir une importante plaque tournante et de prospérer. Des marchands français, anglais et allemands s'y installent. Au XIXe s, Málaga est le seul port de la côte andalouse. Les écrivains voyageurs de l'époque y séjournent ; au retour de son périple à Jérusalem, Chateaubriand y accoste, puis se rend à Grenade où l'attend son égérie Nathalie de Laborde. Arrivé de Grenade via Vélez à dos de mule, Théophile Gautier y passe quelques jours en août 1840. Il dort au *parador des Trois Rois,* remarque la beauté des femmes, assiste à une course de taureaux dans l'arène. Puis il repart vers Cordoue, toujours à dos de mule, obsédé par les bandits andalous qui pullulent sur les chemins. L'essor de Málaga retombe à la fin du XIXe s et il faut attendre les années 1960 pour voir la ville sortir de sa sieste. Son développement économique est aujourd'hui soutenu par le trafic maritime international et l'activité portuaire (pétroliers et cargos), mais aussi et surtout par le tourisme régional. Málaga est aujourd'hui la cinquième ville d'Espagne en terme de population. Remodelée au centre – rendu aux piétons –, elle s'est refait une jeunesse et certains y voient aujourd'hui se profiler une Barcelone du Sud, concurrente directe de Valence.

PICASSO, ENFANT DE MÁLAGA

Picasso (Pablo Ruiz) est né à Málaga en 1881 (il a fini sa vie à Mougins en 1973). Même s'il a quitté sa ville natale à l'âge de 10 ans, il se raconte que Picasso est resté marqué toute sa vie par ses premières années dans la grande cité andalouse. Ce qui est certain, c'est qu'il n'est jamais revenu y vivre. Sa maison natale existe toujours (voir plus loin) et abrite une fondation. En 2003, le quatrième musée au monde consacré au célèbre artiste a été inauguré dans un palais de la vieille ville. Il présente plus de 100 œuvres (peintures, céramiques et sculptures) offertes à la ville par Christine Ruiz Picasso, la belle fille du peintre, ainsi que 22 donations et 50 prêts de son petit-fils Bernard Ruiz Picasso.

LE VIN DE MÁLAGA

Le vin de Málaga est presque plus connu en France et en Angleterre qu'en Espagne même. Et pourtant, ce vin que les Arabes de l'époque andalouse connaissaient sous le nom de *sharab al malaqui* a donné aujourd'hui le *jarabe malagueño* (le sirop de Málaga). Il avait d'ailleurs acquis

UN PLAISIR HORS TAXE

En 1791, l'ambassadeur d'Espagne à Moscou fit cadeau à Catherine II de quelques tonneaux de vin de Málaga. La tsarine l'apprécia tant, dit-on, qu'elle supprima les taxes sur son importation !

une telle notoriété qu'il réussit même à détrôner le jerez.
En fait, l'appellation « vin de Málaga » comprend deux types distincts : les liquoreux (cépages *moscatel* et *pedro ximénez*), titrant 15 à 22°, et les vins naturellement doux, obtenus sans adjonction d'alcool. Ils sont ensuite répartis en quatre catégories : les doux, les demi-doux, les demi-secs et les secs. La grande majorité sont élevés en fût au moins 6 mois et jusqu'à plus de 5 ans pour le *trasañejo,* le

MÁLAGA

Museo Automovilístico

MÁLAGA – le centre-ville et le port (PLAN GÉNÉRAL)

| 25 | Hotel California |
| 26 | Parador Málaga-Gibralfaro |

|●| ⚌ Où manger ? Où prendre le petit déj ? Où goûter ?

| 35 | Mesón Ibérico |
| 39 | El Tintero |

| 40 | La Pequeña Españita |
| 53 | Casa Aranda |

🎯 À voir

| 80 | Jardín botánico histórico |
| | La Finca de la Concepción |

plus dense et le plus complexe. Complétant le panorama, les vins d'appellation sierras de Málaga comprennent aussi des blancs plutôt fruités et des rouges. Un point commun chez ces derniers, leurs arômes denses avec quelques notes facilement repérables (même pour le néophyte) de bois, de caramel et de miel. La zone de production se trouve à une vingtaine de kilomètres à vol d'oiseau de la ville, dans la région de l'Axarquía, au sud de la petite ville de Riogordo. Si vous n'avez pas le temps de vous y déplacer, le plus simple est de faire un arrêt à l'*Antigua Casa de Guardia* (voir « Où boire un verre ? ») et de vous laisser guider par les serveurs.

Arriver – Quitter

En avion

✈ **Aéroport** *(hors plan général par A3) : à 9 km du centre. Infos :* ☎ *902-40-47-04.* • *aena.es* • On y trouve un *petit kiosque d'info* sur la province (☎ *951-29-40-03 ; tlj 8h30-19h30)* et un bureau *Iberia (dans le hall des départs ;* ☎ *952-13-61-66 ; central d'appels :* ☎ *902-40-05-00).* Certains loueurs de voitures ont un bureau à l'aéroport et d'autres à proximité (ils viennent alors vous chercher dans le hall des arrivées).

➢ *Vers le centre-ville et Marbella :* pour rejoindre le centre-ville, le train C1 est plus rapide que le bus. L'arrêt du train ainsi que celui du bus sont situés à la sortie de l'aéroport.

– *En train :* prendre le *tren de cercanías* ou C1 jusqu'à la station Centro-Alameda *(plan général C3)* ou la gare. Départs ttes les 30 mn, 7h-minuit dans le sens aéroport-ville, 5h30-22h30 dans le sens inverse. Un poil plus cher que le bus (1,40 € en sem, 1,55 € le w-e) mais bien plus rapide (15 mn). Pour rejoindre l'aéroport depuis le centre, le train C1 se prend soit à la station Centro-Alameda, soit à la gare.

– *En bus :* 2 lignes au choix : bus n° 75, *Express Aeropuerto* (linea A) ttes les 30 mn, 6h25-23h30 vers la ville et 7h-minuit dans le sens inverse. À l'aller comme au retour, passe par les gares ferroviaire et routière *(plan général A4)* puis poursuit via l'Alameda Principal et le paseo del Parque jusqu'à la plaza del General Torrijos. Trajet env 25 mn jusqu'à la gare pour 2 €. Ou le bus n° 19, ttes les heures 8h-22h vers le centre-ville et 7h35-21h30 vers l'aéroport ; passe par la *estación* RENFE (côté c/ Héroes de Sostoa) avant de finir

sa course à la gare routière de l'avda Manuel Agustín de Heredia *(plan général D3).* Trajet à peine plus long mais moins cher : 1,20 €.

– *Pour Marbella :* 10-17 bus/j. selon saison 5h30-22h15 (1h ; env 7 €). Compagnie *Portillo.* ☎ *902-14-31-44.* • *ctsa-portillo.com* •

– *En taxi :* min 16 € en journée, 19 € nuit.

En bus

2 gares routières, l'une située sur le port pour les trajets locaux, l'autre (la principale) à côté de la gare ferroviaire. *Rens :* • *estabus.emtsam.es* •

🚌 **Gare routière** *(plan général A4) : paseo de los Tilos.* ☎ *952-35-00-61. À côté de la gare ferroviaire.* On y trouve un café Internet, des consignes automatiques et un kiosque d'information *(tlj 7h-22h).* Liaisons vers ttes les grandes villes. Pratique : évite de consulter chaque compagnie séparément.

➢ *De/vers Mijas :* avec *Portillo,* 4 bus/j. 6h50-19h50 lun-sam ; dim 2 bus, à 15h et 19h50. Trajet : 1h45.

➢ *De/vers Marbella :* avec *Portillo.* Directs et express : 14 bus/j. 7h15-21h (trajet : 50 mn). Omnibus, 10 bus/j. 9h30-21h30 (trajet : 1h25). D'autres bus avec *Daibus* (8 bus/j., via Torremolinos et Fuengirola). Trajet : 45 mn-1h.

➢ *De/vers Ronda : Los Amarillos* (les plus rapides), env 9 bus tlj ; éviter celui de 13h30 (beaucoup plus long). Trajet : 1h30. Avec *Portillo,* 3 bus/j. Trajet : 2h45.

➢ *De/vers La Línea (pour Gibraltar) :* avec *Portillo,* 5 bus/j. 7h-16h30 ; dim bus supplémentaire à 19h15. Trajet : 3h.

➢ *De/vers Tolox :* avec *Portillo,* 2 bus/j. lun-sam, 9h-18h15 de Málaga et 7h-16h de Tolox ; dim slt 1 bus, à 9h de Málaga et 17h15 de Tolox. Trajet : 2h.

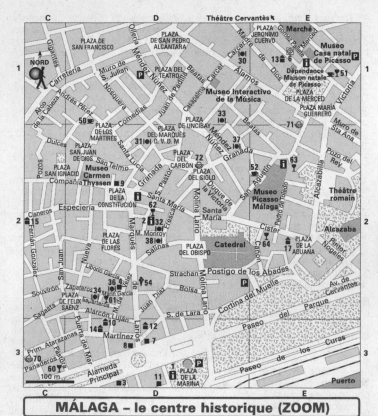

Théâtre Cervantès

NORD

MÁLAGA

MÁLAGA – le centre historique (ZOOM)

■ **Adresses utiles**

- **ℹ 1** Oficina municipal de turismo
- **ℹ 2** Oficina de turismo Andalucía
- **ℹ** Kiosques d'info
- **3** Bureau de transports urbains EMT
- **4** Alliance française
- **@ 6** Locutorio Telsat
- **7** Banques
- **8** Farmacia Caffarena
- **9** Farmacia Utrera
- **11** Malaga Bike

🏠 **Où dormir ?**

- **10** Hostal Juanita
- **12** Hostal Victoria
- **13** Picasso's Corner – X Hostel
- **14** Hostal La Palma
- **15** Hostal Vidamia
- **17** Hotel Carlos V

I●I Où manger ?

- **30** El Tapeo de Cervantes
- **31** Mesón Astur
- **32** Bar Orellana
- **33** Como Loco
- **34** Mesón La Aldea
- **36** Mesón Lo Güeno
- **37** Clandestino
- **38** La Moraga

☕🍴 **Où prendre le petit déj ?**
Où goûter ? Où déguster une glace ?

- **50** Tetería El Harén
- **51** Café con Libros
- **52** La Tetería
- **54** Heladería Casa Mira

🍸 **Où boire un verre ?**

- **60** Antigua Casa de Guardia
- **61 et 62** Quitapenas
- **63** Bodega El Pimpi
- **64** El Jardín

⊛ **Où acheter de bons produits ?**

- **70** Mercado de Atarazanas
- **71** Ultramarinos Zoilo
- **72** Covap

MÁLAGA

➤ *De/vers Cadix :* avec *Portillo,* tlj 3 bus directs 13h30-20h vers Cadix, et 3 bus depuis Cadix. Trajet : 4h. Omnibus, 1 bus tlj vers Cadix 7h30 et 1 bus depuis Cadix. Trajet : 5h30.

➤ *De/vers Algésiras :* avec *Portillo.* Direct, 11 bus/j. (trajet : 1h45-2h). Omnibus, 8-9 bus/j. (trajet : 3h).

➤ *De/vers Nerja :* avec *Alsa,* liaisons pour la gare routière, mais aussi la grotte ; 25 bus/j. (moins le dim). Trajet : 1-1h45.

➤ *De/vers Grenade :* avec *Alsa,* 1 bus ttes les heures 7h-21h30 (trajet : 1h30-2h).

➤ *De/vers Almería :* avec *Alsa,* 7 bus/j. (trajet : 5h).

➤ *De/vers Cordoue :* avec *Alsa,* 4 bus/j. (trajet : env 3h).

➤ *De/vers Séville :* avec *Alsa,* 6 bus/j. (trajet : 3-4h).

➤ *De/vers Madrid :* avec *Daibus,* 9 bus/j. Trajet : env 6h. Bus très confortables et climatisés.

■ *Daibus :* ☎ 952-34-17-38. ● *daibus. es* ● Pour Madrid ; env 9 bus/j. (plus en juil-août).

■ *Alsa :* ☎ 902-42-22-42. ● *alsa.es* ● Pour Alicante, Valence et Barcelone ; 6 bus/j. 8h30-0h30 en sem. Également vers le Maroc et vers tte l'Europe.

■ *Portillo :* ☎ 902-14-31-44. ● *ctsaportillo.com* ● Pour tte la partie sud de l'Andalousie, entre Cadix et Málaga.

■ *Los Amarillos* (☎ 952-36-30-24 ; ● *losamarillos.es* ●) et *Sierra de las Nieves* (☎ 952-35-54-90 ; ● *paco pepe.com* ●) : ces 2 compagnies desservent Ronda et des villages de la région comme Álora.

➠ *Estación Heredia* (gare routière du port ; *plan général D3*) : *avda Manuel Augustín Heredia, s/n.* Pour les destinations balnéaires proches uniquement et aussi bus n° 19 pour l'aéroport.

➤ *De/vers Torremolinos et Benalmádena :* avec *Portillo,* ttes les 12-20 mn 6h-21h45, puis de moins en moins fréquents jusqu'à 1h. Trajet : env 30 mn.

En train

🚆 *Gare RENFE – Estación María Zambrano* (*plan général A-B4*) : explanada de la Estación, au bout de la

c/ Cuarteles. ☎ 902-320-320. ● *renfe. com* ● Gare et centre commercial sont dans le même bâtiment. Consignes automatiques dans la gare (7h-23h). Liaisons avec la plupart des villes d'Andalousie.

➤ *De/vers Barcelone :* 2 trains/j. (trajet : 5h30).

➤ *De/vers Séville :* env 10 trains/j. (trajet : 2-2h30).

➤ *De/vers Cordoue et Madrid :* 18 trains/j. (trajet : 1-2h30).

➤ *De/vers Torremolinos :* il est préférable de prendre le *tren de cercanías* (*plan général C1*) qui s'arrête aussi à l'aéroport. Il dessert d'autres plages comme **Benalmádena** et **Fuengirola** (45 mn), mais s'arrête avant Marbella. Départ ttes les 30 mn 5h30-22h30 (25 mn). Sinon, pour Torremolinos et Benalmádena, bus depuis la *estación* Heredia (gare routière du port ; *plan général D3*).

En bateau

⚓ *Estación marítima* (*plan général D-E3*) : *près de la station de bus, mais accessible par une entrée séparée.* Un guichet de la compagnie **Transmediterránea** se trouve à l'intérieur : ☎ 952-22-80-88 ou 902-45-46-45. ● *transmediterranea.es* ●

➤ *Pour Melilla* (côte nord du Maroc) : 1 à 2 liaisons/j. en hte saison, en ferry (7h30 de trajet) ou en Alta Velocidad (env 4h de trajet) selon les jours.

Adresses et infos utiles

Infos touristiques

🛈 *Oficina municipal de turismo* (*zoom D3, 1*) : *sur le parvis de la pl. de la Marina.* ☎ 951-92-60-20. *Un n° général pour les rens :* ☎ 010. ● *malagaturismo.com* ● Tlj 9h-20h (18h en hiver). Plans de la ville et infos sur les hôtels ou les événements en cours. On peut vous prêter, gratuitement, un audioguide en français pendant 48h (prévoir pièce d'identité et CB en garantie). Accueil en français.

🛈 Autres *petits kiosques d'info* ouverts toute l'année :

– à côté de la poste (*plan général C3*), *tlj 10h-14h* ;

– à la gare ferroviaire *(plan général A4)*, tlj 10h-20h ;
– au début de la c/ Granada, à hauteur de la pl. de la Constitución *(zoom D2)*, tlj 9h-18h ;
– et sur la pl. de la Merced *(zoom E1)*, tlj 10h-14h.
– Également un point info à la gare routière principale *(plan général, A4)*, mais ne dépend pas de la mairie de Málaga.
🛈 **Oficina de turismo Andalucía** *(zoom D2, 2)* : *pasaje Chinitas, 4.* ☎ 951-30-89-11. ● *andalucia.org* ● *Lun-ven 8h30-19h30, sam 9h30-19h, dim et j. fériés 9h30-15h.* Infos générales sur la région. Distribue des cartes gratuites de la région et des villes et vend toute une sélection de guides spécialisés. Passage obligé avant de s'engouffrer dans les sierras avoisinantes.
– Et pour tout connaître de la riche vie culturelle de la ville, procurez-vous le guide mensuel gratuit, *Youthing*.

Poste, télécommunications et banques

✉ **Correos** *(poste principale ; plan général C3)* : *avda de Andalucía.* Lun-ven 8h30-20h30, sam 9h30-14h.
@ **Internet Sol Alameda** *(plan général C3, 5)* : *c/ Tomás Heredia, 2 ; à l'angle de Trinidad Grund.* Tlj 8h-23h. Une dizaine de PC à connexion rapide. Cabines téléphoniques.
@ **Locutorio Telsat** *(zoom E1, 6)* : *c/ Gómez Pallete, 7.* Tlj 10h-1h30. Vraiment pas cher. Fait aussi téléphone international.
▪ **Banques** *(zoom D3, 7)* : *très nombreuses aux abords de la c/ Marqués de Larios, près du croisement avec la Alameda.* Toutes font le change et disposent d'un distributeur.

Représentations diplomatiques

▪ **Alliance française** *(zoom D2, 4)* : *c/ Marín García, 7.* ☎ 952-22-08-60. ● *alianzafrancesamalaga.es* ● *Accueille aussi les permanences du consulat général de Séville.*
▪ **Antenne consulaire de Belgique** : *à Mijas-Costa (29649), ctra de Cádiz, km 202.* ☎ 952-59-91-59.

Santé, urgences

✚ **Hospital general** : *avda Carlos Haya, 82.* ☎ 951-29-00-00. Pour les urgences médicales : ☎ 061.
▪ **Pharmacies : Farmacia Utrera** *(zoom D2, 9)*, pl. de la Constitución, 8. Une des plus centrales. Une autre, ouv 24h/24 : **Farmacia Caffarena** *(zoom D3, 8)*, sur la Alameda Principal, 4, à l'angle de Marqués de Larios.
▪ **Croix-Rouge** : *c/ Juan de la Encina, 35.* ☎ 952-25-62-79 ou 902-22-22-92.
▪ **Urgences générales** : ☎ 112.
▪ **Guardia civil** : ☎ 062.
▪ **Police municipale** : ☎ 092.

Transports

▪ **Bus urbains EMT** : *rens sur les parcours, vente de billets et dépliant avec ttes les lignes au bureau de l'EMT (zoom D3, 3) sur la Alameda Principal, 15.* ☎ 902-57-72-00. ● *emtmalaga. es* ● *Lun-ven 9h-13h30, 17h-19h.* Aller simple 1,20 €, et des cartes rechargeables (7,85 €). Pas moins de 36 lignes de bus sillonnent Málaga, dont les n°s 1 et 2 (circulaires : C-1 et C-2, à ne pas confondre avec le train C1 !) ; la n° 35 vers Gibralfaro et la n° 61 pour le jardin botanique (slt le w-e). La plupart ont un arrêt sur le paseo del Parque et la Alameda *(plan général et zoom D-E2-3)*. Pour info, la ville est en pleins travaux, car en train de se doter d'un métro ! Mais pas d'ouverture prévue avant début 2014 (si tout va bien)... car ici on croit dur comme fer à la candidature de Málaga comme Capitale européenne de la culture de 2016.
▪ **Location de vélos : Malaga Bike** *(zoom D3, 11)*, c/ Trinidad Grund, 4 *(pasaje Talavera)*. 📱 606-97-85-13. ● *malagabiketours.eu* ● *Tlj 10h-14h, 16h-20h.* Loc de 4h à la sem. Un bon moyen notamment pour se balader au long des plages. Pistes cyclables en ville également (plan disponible à l'office de tourisme). *Malaga Bike* organise d'ailleurs aussi des visites guidées de la ville à vélo.
▪ **Taxis** : ☎ 952-33-33-33 et 952-32-00-00.
▪ **Location de voitures** *(plan général A-B4)* : *gare RENFE, estación María*

Zambrano, esplanada de la Estación, à gauche de l'accès aux quais. **Avis :** ☎ 952-33-68-81. ● avis.es ● **Hertz :** ☎ 952-35-68-12. ● hertz.es ● **Europcar :** ☎ 901-10-20-10. ● europcar.es ● Ouv tlj.

Où dormir ?

À Málaga, le logement est – étonnamment – généralement plus cher que sur le reste de la Costa del Sol. Et les prix augmentent de façon parfois un peu inconsidérée pendant la feria. La plupart des hôtels ne disposent pas de parkings, car la ville s'est dotée d'un très bon réseau de stationnements souterrains. Mais les hôteliers disposent de bons permettant de garer votre véhicule à des tarifs préférentiels dans ces parkings (environ 15 € pour 24h et un peu moins de 5 € de 20h à 10h). N'oubliez donc pas de leur demander ! Une alternative si vous êtes motorisés, c'est de séjourner à Antequera (toute proche par la nationale) où le logement est moins cher et de venir à Málaga pendant la journée.

Dans le centre historique

Bon marché (max 45 €)

🛏 **Picasso's Corner – X Hostel** (zoom E1, **13**) **:** c/ San Juan de Letrán, 9, 29012. ☎ 952-21-22-87. ● malaga@xhostel.com ● xhostel.com ● ♿ Lits en dortoir 8-20 €/pers, doubles 23-35 €/pers, petit déj compris. 🖥 🛜 Une bière ou sangria offerte sur présentation de ce guide. Et une AJ privée, une ! Super accueil : le staff, comme les clients, parle un peu toutes les langues du monde. Ambiance très décontractée, parfois à la fête certains soirs... Dortoirs de 4 à 8 lits simples et nets et quelques chambres doubles avec douche. Terrasse sur le toit où profiter du soleil. Cuisine à dispo et possibilité de dîner (5 €).

Prix moyens (45-60 €)

🛏 **Hostal Victoria** (zoom D3, **12**) **:** c/ Sancha de Lara, 3, 29015. ☎ 952-22-42-24. ● hostalvictoriamalaga.com ● Selon saison, doubles avec sdb 48-60 €. 🛜 Une bonne petite pension, proprement rénovée, qui disperse ses chambres sur 4 étages (avec ascenseur). 3 chambres par niveau : deux côté rue et une sur cour. Bien que situé à 20 m de la rue piétonne la plus fréquentée de la ville, on n'en subit pas les nuisances sonores. Sols carrelés, mobilier en pin, murs et couvre-lits dans les tons saumon, salle de bains avec baignoire... chambres pas immenses mais nickel et tout confort sans payer le prix fort. Accueil agréable.

🛏 **Hostal La Palma** (zoom D3, **14**) **:** c/ Martinez, 7, 29005. ☎ 952-22-67-72. 📱 607-24-75-45. ● info@hostallapalma.es ● hostallapalma.es ● Doubles 38-52 € selon confort et saison. 🛜 Dans les étages d'un vieil immeuble de ville récemment rénové (il y a un petit ascenseur). Accueil éminemment sympathique, vraiment aux petits soins (et on n'écrit pas ça parce que la proprio, Caroline, est française !). Pour les plus chères, les chambres sont plutôt grandes pour un hostal, bien tenues et avec tout ce qu'il faut : TV, bains, frigo, AC et de sympathiques (et forcément ensoleillés) balcons sur rue.

🛏 **Hostal Juanita** (zoom D2-3, **10**) **:** c/ Alarcón Luján, 8, 29005. ☎ 952-21-35-86. ● recepcion@pensionjuanita.es ● pensionjuanita.es ● Au 4e étage (ascenseur) d'un immeuble de bureaux. Selon saison, doubles avec lavabo 30-45 €, avec sdb 42-59 € (72 € en très hte saison). Souvent des promos, leur téléphoner. 🖥 🛜 Dans un immeuble rénové, une pension... rénovée, avec de petites chambres aérées et dotées d'un certain confort (même si l'insonorisation reste à revoir...). Bien pour les familles, car elle compte quelques chambres triples et quadruples à des prix intéressants. Les salles de bains communes sont correctes. Et pas de couvre-feu : on vous donne les clés pour entrer et sortir à votre guise !

🛏 **Hostal Vidamia** (zoom C2, **15**) **:** c/ Cisneros, 7, 29005. ☎ 951-25-48-70. 📱 666-55-72-28. ● reservas@hostalvidamia.es ● hostalvidamia.es ● Selon saison, nuitée en dortoir 3 lits 18-22 €/pers, doubles avec sdb

45-75 €. 🖥 🛜 *Sur présentation de ce guide, café offert ou 10 % de réduc sur les doubles.* Dans une rue piétonne, une adresse récemment ouverte par une bande de jeunes Espagnols. L'endroit fait d'ailleurs penser à l'appart d'un jeune couple urbain d'aujourd'hui : du parquet clair, des couleurs pastel, les meubles d'une grande enseigne scandinave. Un choix tous budgets, du minidortoir à la « suite ». Salon commun avec bouquins, télé... Accueil épatant. Seul hic : 3 raides étages à grimper...

Un peu plus chic (60-78 €)

🏠 *El Riad Andaluz (plan général E1, 16) :* c/ Hinestrosa, 24, 29012. ☎ 952-21-36-40. ● *elriadandaluz@hotmail. com* ● *elriadandaluz.com* ● *Selon saison, doubles 58-89 €. Parking payant.* 🖥 🛜 *Sur présentation de ce guide, thé de bienvenue offert.* Un riad de l'autre rive de la Méditerranée, fallait y penser ! Florence et Florent, un couple de Lillois, ont trouvé la demeure idéale pour cette métamorphose, sur une rue piétonne très calme. La maison dispose de 7 chambres aux couleurs dragée-confettis avec des salles de bains ouvertes, certaines donnant sur le patio, mais le ménage est parfois un peu léger. La déco, elle, s'affiche 100 % marocaine. Proprios très disponibles (presque trop !) pour vous donner toutes les infos locales. On peut même leur demander un transfert depuis l'aéroport.

🏠 *Hotel Carlos V (zoom E2, 17) :* c/ Cister, 10, 29015. ☎ 952-21-51-20. ● *info@hotel-carlosvmalaga. com* ● *hotel-carlosvmalaga.com* ● *Doubles 50-135 € selon type et saison.* 🖥 🛜 Très central, tout près d'une bonne moitié de notre rubrique « À voir » : cathédrale, musée Picasso, Alcazaba... Une cinquantaine de chambres rénovées il y a une poignée d'années, à la déco d'un classicisme de bon ton (un peu hôtel de chaîne en fait) mais d'un rapport qualité-prix plus qu'honnête.

Dans le quartier de la plaza de la Marina

Situé entre le port et le quartier historique, juste à 5 mn à pied au sud-ouest

de la cathédrale. Un quartier encore populaire (mais l'installation récente d'adresses branchées risque de changer la donne...) que certains à Málaga surnomment le petit Soho pour ses sex-shops et autres clubs. Si vous ne tenez pas spécialement à être en plein centre piéton, ce coin-là peut faire l'affaire (d'autant qu'il est beaucoup plus calme, la nuit).

De prix moyens à un peu plus chic (55-80 €)

🏠 *Hotel Sur (plan général D3, 18) :* c/ Trinidad Grund, 13, 29001. ☎ 952-22-48-03. ● *hotel@hotel-sur.com* ● *hotel-sur.com* ● *Doubles avec sdb 50-95 € selon saison.* 🛜 Dans une rue calme, un petit hôtel au service très professionnel qui propose des chambres modernes, propres et bien équipées (AC, chauffage, téléphone, TV). Côté déco, de la réception aux chambres, ambiance sobre en tons de blanc et gris que d'aucuns peuvent trouver un peu impersonnelle.

🏠 *Hotel Castilla y Guerrero (plan général D3, 19) :* c/ Córdoba, 7, 29001. ☎ 952-21-86-35. ● *hotelcastilla guerrero@gmail.com* ● *hotelcastilla guerrero.com* ● ♿ *À 5 mn du centre. Doubles avec sdb 45-58 € selon saison.* 🖥 🛜 Bien que donnant sur une artère plutôt bruyante, voici un hôtel de qualité à prix compétitifs. La majorité des chambres sont de petite taille, à noter que la n° 505 a la particularité d'avoir une petite terrasse. Toutes pourvues d'un bon confort, avec AC (ou chauffage) et TV, elles sentent bon le propre. En demander une au 5e étage. Cafétéria au rez-de-chaussée.

🏠 *Hotel Alameda (plan général D3, 20) :* Casas de Campos, 3, 29001. ☎ 952-22-20-99. ● *hotelalameda malaga@gmail.com* ● *hotelalameda malaga.com* ● Angle c/ Córdoba, 9 ; à deux pas de l'hôtel *Castilla* et *Guerrero (même proprio), dans un immeuble résidentiel ; sonnette « Hotel » ; au 8e étage (ascenseur). Doubles avec sdb 45-58 € selon saison.* 🖥 🛜 Chambres très récemment rénovées, d'un vrai confort (chauffage, AC, TV). Balcon pour celles côté rue. Bref, un rapport qualité-prix intéressant qui fait oublier qu'on est au 8e étage d'un immeuble des années 1970, sans âme.

Dans les autres quartiers

Auberge de jeunesse

🛏 **Albergue juvenil Málaga** (hors plan général par A3, **21**) : pl. Pío XII, 6, 29007 ; dans le barrio Carranque. ☎ 951-30-81-70. ● malaga.itj@ juntadeandalucia.es ● inturjoven. com ● ♿ Bus n° 14 ou 31. Congés : 22 déc-7 janv. Selon saison, nuitée 14-25 €/pers. Petit déj 2,50-3 €. Repas 8 €, à horaires fixes ; attention l'AJ ferme de temps à autre son réfectoire sans préavis. 🖥 🛜 Sur une jolie placette parfois bruyante et plutôt excentrée, à 2 km à l'ouest du cœur historique, une grande AJ très bien tenue, avec des chambres de 2 à 4 lits, propres.

Prix moyens (55-65 €)

🛏 **Hostal Capri** (hors plan général par F2, **22**) : avda Pries, 8, 29016. ☎ 952-22-30-03. Doubles avec sdb 35-60 € selon saison. 🛜 À peine une dizaine de chambres dans cette toute petite et mignonne maison ancienne d'un alignement typiquement XIXe s. Accueil gentil comme tout de la propriétaire (et du toutou, itou) même quand on l'arrache à sa télé. Les chambres sont toutes simples mais confortables (AC notamment). Et la plage est à 5 mn.

🛏 **Hotel Las Américas** (plan général B4, **23**) : c/ Cuarteles, 66, 29002. ☎ 952-31-93-74. ● info@hotel-lasamericas. es ● hotel-lasamericas.es ● En face de la gare. Doubles avec sdb 55-99 € selon saison. L'établissement, bien tenu, abrite des chambres modernes et propres, à la déco un peu tristouille, mais avec sol carrelé. TV, AC, et même un sèche-cheveux. Propre et calme, profitant du renouveau du quartier de la gare et des améliorations dans le coin.

Chic (min 75 €)

🛏 **Hotel Monte Victoria** (hors plan général par F1, **24**) : c/ Conde de Ureña, 58, 29012. ☎ 952-65-65-25. ● info@hotelmontevictoria.es ● hotelmontevictoria.es ● De la pl. de la Merced, aller jusqu'au rond-point de la Victoria, puis prendre à droite la c/ Ferrándiz et remonter par la 1re à gauche. Si vous êtes motorisé, n'y allez pas à pied, car ça grimpe ! Congés : autour de Noël. Selon saison, doubles 70-90 €. Petit déj 12 €. 🖥 🛜 Café offert sur présentation de ce guide. Une adresse familiale à l'esprit très maison d'hôtes. Belle demeure genre mas provençal aux sols carrelés de terre cuite, mais avec un petit air de manoir anglais pour la déco. Les chambres sont confortables et soignées. Tout confort : ascenseur, AC, TV et minibar ; certaines ont une baignoire et deux se prolongent d'une terrasse (la n° 105 est notre préférée). Petit déj copieux servi dans le jardin. Mignon tout plein et, de plus, un très bon accueil.

🛏 **Hotel California** (hors plan général par F2, **25**) : paseo de Sancha, 17, 29016. ☎ 952-21-51-65. ● hcalifornia@telefonica.net ● hotelcalifornianet. com ● À 15 mn à pied du centre et à 5 mn de la plage de la Malagueta. Doubles avec sdb 55-101 € selon saison. Nombreuses promos sur leur site internet. Parking (payant). 🖥 🛜 Réduc de 10 % sur les doubles sur présentation de ce guide. Vous avez déjà sûrement envie de fredonner l'immortel tube des Eagles : « Welcome to the Hotel California ». Bienvenue, effectivement parce que l'accueil est impeccable, plein d'attentions. Sinon, rien de californien dans cette vieille maison au petit charme désuet et d'une certaine élégance. Chambres dans le même esprit, réellement confortables. Quelques-unes ont même balcon ou terrasse avec vue sur mer (mais il faudra aussi faire avec la circulation de la rue).

🛏 **Parador Málaga-Gibralfaro** (plan général F2, **26**) : Castillo de Gibralfaro, à 3 km au nord de la ville, perché sur une colline, 29016. ☎ 952-22-19-02. ● gibralfaro@parador.es ● parador. es ● Suivre la c/ Victoria ; ensuite, c'est fléché. Doubles standard 110-185 € selon saison et formule. Petit déj 17 €. Entouré de pins et d'eucalyptus. De la terrasse, on surplombe l'Alcazaba, ainsi que toute la ville. Vue plongeante sur la plaza de Toros (prévoir des jumelles pour profiter du spectacle) et le port commercial. Décoré avec beaucoup de goût : belles chambres sous le toit dans les tons ocre jaune, avec petite terrasse intime. Petit déj-buffet excellent, mais à ce prix, il peut l'être ! Belle terrasse pour prendre le soleil. Piscine sur le toit. Le grand luxe, quoi ! Un petit bémol : un accueil effacé. Même si vous n'y séjournez pas, la balade à pied en redescendant la colline par la *puerta Oscura* au milieu des oliviers vaut le détour.

Où manger ?

Tapas variées et *pescaíto frito* (éperlans frits), ne passez pas à côté des spécialités de Málaga !

Dans le centre historique

Bon marché (5-15 €)

|●| *El Tapeo de Cervantes* (zoom D1, **30**) : c/ Cárcer, 8. ☎ 952-60-94-58. ● info@eltapeodecervantes.com ● Tlj sf dim midi et lun. Congés : 2de quinzaine d'août. Tapas env 3,50 €, menus 9-20 €, carte 15 €. Dans une déco mi-auberge, mi-taverne, une demi-douzaine de tables hautes et 4 places au comptoir. La carte existe aussi en français, mais il serait dommage de passer à côté des propositions de l'ardoise. Car le chef espagnol ne manque pas d'originalité pour ses tapas du jour. Tout comme Gabriel, le proprio argentin, qui s'y connaît en vins et propose régulièrement des nouveautés. Ceux qui ne redoutent pas le mot « calories » goûteront au hachis de boudin noir sur lit de calebasses gratinées, les autres à la daurade enrobée dans une feuille d'aubergine. En tout cas, sachez qu'il s'agit bien de tapas généreuses et de *raciones* recherchées qui s'avèrent en fait des petits plats soigneusement préparés avec des bons produits et bien présentés. Accueil gentil.

|●| *Mesón Astur* (zoom D2, **31**) : c/ Capitán, 3. Horaires aléatoires, mais ouvre généralement vers 14h et vers 20h. Repas env 10 €. À quelques mètres seulement du va-et-vient de la calle Granada, et caché juste ce qu'il faut pour en faire une adresse un peu confidentielle. Design ? Light ? des mots barbares que la langue asturienne ignore ! On est ici dans l'ambassade des Asturies en Andalousie et dans le bar espagnol pur jus : ça papote, ça grignote, ça boit. Le seul élément minimaliste est la carte, composée de plats qui collent bien à l'estomac : *revuelto de morcilla,* chorizos au cidre, poulpe à la galicienne ou *fabada.* Le cidre asturien est même proposé en version sangria pour les grosses chaleurs. Malgré la foule, patron et employés gardent le sourire et un calme à toute épreuve...

|●| *Bar Orellana* (zoom D2, **32**) : c/ Moreno Monroy, 5. ☎ 952-22-30-12. Tlj sf lun. Tapas 2 €, carte env 10 €. *Apéritif maison ou digestif offert sur présentation de ce guide.* Le plus ancien bar à tapas de Málaga avec ses habitués qui, pour certains, semblent fréquenter le lieu depuis son ouverture à la fin des années 1930. Un choix quotidien presque démesuré à déguster, dans la tradition, au comptoir (si vous arrivez à vous en approcher !). Une adresse qui a su rester aussi populaire qu'authentique.

|●| *Como Loco* (zoom D1, **33**) : c/ Denis Belgrano, 17. ☎ 952-21-65-71. Tlj sf lun. Pita env 6 €, salade env 9 €. Derrière la plaza Uncibay, ce resto joue sur l'harmonie des beiges, ocres et jaunes sur murs, tables et bancs. Lampes alu pour la touche industrielle. Énorme choix de salades aux noms évocateurs de personnalités hispaniques, du show-biz jusqu'à la tauromachie. Les *pitas* ont été baptisées du côté des lettres et du cinéma. Tout compte fait, cela tient du resto U amélioré, avec une meilleure note pour les sandwichs. Ambiance étudiante et bruyante, à moins que vous ne lui préfériez la rime avec vivante.

|●| *Mesón La Aldea* (zoom D2, **34**) : c/ Esparteros, 5. ☎ 952-22-76-84. Menú del día 7 € (slt le midi lun-ven), carte env 15 €. On vient ici surtout pour le *menú del día.* Autrement, tout est présenté en version tapa, demi-portion ou portion. Cuisine correcte, sans surprises, et service efficace. Préférer nettement la terrasse, la salle du 1er étage

MÁLAGA

présente peu d'intérêt. Plutôt un plan B pas cher pour le déjeuner si les adresses précédentes ne vous inspirent pas.

Prix moyens (15-25 €)

|●| *Mesón Ibérico* (plan général C4, 35) : c/ San Lorenzo, 27, angle Pinzón. ☎ 952-60-32-90. Tlj sf sam soir, dim et j. fériés. Raciones 7-15 €, repas 25-30 €. 🛜 Le bon resto espagnol de Málaga avec son comptoir d'habitués et sa petite salle au mobilier rustique en pin. La clientèle, plus âgée et avertie qu'ailleurs, donne le ton : plus de concentration dans l'assiette et moins de papotage et de volutes. Approchez-vous du bar pour regarder les propositions du jour (pas mal de crustacés), puis laissez-vous tenter. Idem pour les boissons, la maison possède une excellente cave pleine de trouvailles côté rioja. Carte divisée en *raza ibérica* (dans le cochon tout est bon !), fromages, sandwichs grillés et produits de la mer (le meilleur choix, avec les charcuteries). En bref, une très bonne adresse d'où on ne sort jamais déçu.

|●| *Mesón Lo Güeno* (zoom D2, 36) : c/ Marín García, 9. ☎ 952-22-30-48. ● reservas@loguweno.es ● Tlj jusqu'à 0h30. Tapas env 3 €, raciones 5-7 €. Les tables en terrasse sont prises d'assaut par les touristes bercés aux sons des accordéons et autres registres des artistes de rue. Nous, on continue de préférer la petite salle intérieure bien typique, où les places au comptoir se jouent au coude à coude. Vous ne parlez pas suffisamment bien l'espagnol ? Eh bien, vu l'amas de victuailles, vous n'aurez aucune difficulté à indiquer du doigt le petit plat qui vous tente. D'ailleurs, les serveurs ont l'habitude de comprendre toutes les langues de l'UE.

|●| *Clandestino* (zoom D2, 37) : c/ Niño de Guevara, 3. ☎ 952-21-93-90. Tlj 13h-1h. Carte env 25 €. Tonneaux côté rue, chaises et tables en bois entre de solides murs de pierre côté salle : ce pourrait être un resto de village. C'est pourtant une des adresses branchées de la ville : serveuses tatouées (qui prennent un peu leur temps...), DJ's parfois. Cuisine pas forcément locale (salade César, lasagnes, bœuf à l'argentine), généreuse et avec un petit truc en plus.

|●| *La Moraga* (zoom D2, 38) : c/ Fresca, 12. ☎ 952-22-68-51. Tlj sf dim soir. Carte env 20 €. Ce qu'on appelle en Espagne un « gastrobar », soit un bar à tapas mais annexe du resto d'un grand chef. À *La Moraga*, ça donne un long comptoir en L naturellement très design, des tapas largement revisitées du genre hamburger de *rabo de toro*, des présentations sur assiettes très étudiées et une ambiance qui sait rester décontractée. Plus cher qu'un bar à tapas classique, bien sûr, sans rien d'excessif. Plusieurs autres adresses sous la même enseigne sur la côte dont une à l'aéroport.

Sur la plage du Palo

Plusieurs restos de plage constituent le rendez-vous préféré des familles le dimanche. Ne pas y chercher du charme, d'autant que l'environnement est constitué de grands immeubles résidentiels. Tout le monde y va, on ne se l'explique pas, c'est comme ça. Parmi la foultitude de *marisquerías*, une valeur sûre :

|●| *El Tintero* (hors plan général par F2, 39) : playa del Palo, à 3 km à l'est du centre-ville. ☎ 952-20-68-26. À l'extrémité de la plage del Dedo, quasiment au pied du club nautique de Málaga. Possible de s'y rendre en bus (le n° 11 depuis le paseo de Reding). Tlj dès 13h. Plats 8-15 €. Véritable institution locale, avec sa salle gigantesque et bruyante où l'on va plus pour l'ambiance que pour bien manger. Car ce grand resto de poisson et de fruits de mer pratique les « enchères » ! Résumé de la formule : à l'entrée, une grande vitrine réfrigérée expose les produits de la pêche. Les moins aventuriers y choisissent leur poisson et sa cuisson, qui sera faite au feu de bois. Les autres mettent le cap sur la première table libre qu'ils trouvent. Si c'est le week-end, il faut prendre son élan pour battre de vitesse la concurrence. Puis les choses sérieuses commencent : le serveur apporte à chacun assiette et couverts. Et s'en

retourne en cuisine. Soudain, les *camareros* déferlent entre les tables, criant à la volée le nom de ce qu'ils transportent : d'abord les *pimientos* et *ensaladas*, puis les fruits de mer et le poisson grillé... et chacun de lever la main pour réclamer un plat ! Évidemment, les habitués ont le dessus. Les touristes un peu timides attendent que le coup de feu se calme... s'il se calme ! Parking, mais arrivez tôt : en plein été, dès 10h du matin, il n'y a plus une place !

Près du jardin botanique

|●| La Pequeña Españita (hors plan général par C1, **40**) : camino Casa Bermeja, 35. ☎ 952-25-45-93. ● info@lapequenaespanita.com ● De la sortie vers le jardin botanique, prendre à droite et non à gauche au 1ᵉʳ carrefour ; le resto est à 300 m, sur la droite, en face du Mercadona. Fermé ven et souvent le soir. Menu midi lun-jeu 8 €. Voici un endroit où vous restaurer avant ou après la visite du jardin botanique (la cafét du Botánico n'est pas terrible). Plats typiques de riz, entrecôtes, tapas, la cuisine est simple et familiale, comme les lieux, mais plutôt réussie. Également des soupes et des salades. Et, pour ne rien gâcher, l'accueil est vraiment excellent.

Où prendre le petit déj ?
Où goûter ?
Où déguster une glace ?

☞ Tetería El Harén (zoom D1-2, **50**) : c/ Andrés Pérez, 3. ▤ 647-18-23-65. ● info@teteriaelharen.com ● ♿ Tlj sf dim 17h-23h (1h ven). Congés : fêtes de Noël. 🛜 20 % de réduc sur l'addition, sur présentation de ce guide. Thés, cafés, milk-shakes, crêpes, gaufres et sorbets à déguster dans l'une des salles colorées de cette petite maison installée sur plusieurs étages. Les gens du coin fréquentent pas mal l'endroit animé par quelques soirées musicales, de la danse du ventre, des récitals de poésie ou de contes, interprétés par des artistes locaux. Un coin qu'on aime bien.

☞ 🍸 Café con Libros (zoom E1, **51**) : pl. de la Merced, 19. ☎ 952-21-51-89. ● cafeconlibrosmalaga@yahoo.es ● ♿ Tlj 10h-2h. 🛜 Un lieu à part sur ce côté de la place où se succèdent cafés et terrasses. Il y en a bien une, de terrasse, agréable et colorée, mais c'est surtout à l'intérieur que ça se passe. Bonne musique, déco de bric et de broc pour coller à l'ambiance bohémo-alternative de l'endroit. Et dans le fond, les bouquins à disposition qu'annonce l'enseigne. Originaux jus de fruits maison, crêpes et sandwichs à toute heure et petit déj.

☞ La Tetería (zoom E2, **52**) : c/ San Agustín, 9. ☎ 952-21-53-86. ▤ 676-83-90-97. ● lateteria@la-teteria.com ● ♿ Tlj sf lun mat 8h45-minuit. 🖵 🛜 Un thé offert sur présentation de ce guide. Admirablement situé, dans une ruelle piétonne, face au jardin foisonnant de l'église San Agustín et à l'ombre du musée Picasso. On dirait presque un coin d'Amérique latine. Les tables débordent sur la rue pavée, la déco, au charme discret et élégant, s'orne de photos sur le thème des infusions. Belle palette de thés et de pâtisseries, plus des petits déj. Le midi, on y trouve aussi un choix de sandwichs et de bonnes salades.

☞ Casa Aranda (plan général C3, **53**) : c/ Herrería del Rey, 3. Tlj sf dim 7h-21h. Cette institution du *churro malagueño* aligne ses tables le long du passage piéton et des salles en longueur qui ressemblent à des halls d'attente de gare. Inutile de demander autre chose que ces beignets légers et croustillants que l'on déguste à toute heure. Accompagnez-les d'un chocolat épais ou bien d'un *café con leche*. Ne laissez pas traîner vos papiers gras dans la rue, une poubelle plastique attend sous chaque table !

♟ Heladería Casa Mira (zoom D2, **54**) : c/ Marqués de Larios, 5. ☎ 952-21-24-22. ● casamirao@gmail.com ● Tlj 11h-23h. Une autre adresse c/ Nueva, 10. Maison fondée en 1890. La glace est un flambeau familial transmis de père en fils. Le cadre, en revanche, n'a plus rien de traditionnel. Sur un comptoir rectangulaire en zinc éclairé au néon presque clinique, venez vous rafraîchir le temps d'un cornet glacé ou d'un *granizado de limón.* Glaces à l'eau plutôt légères, rien à voir avec les *gelati* à l'italienne.

Où boire un verre ?

Les *bodegas*

Dotés d'un bouquet unique et d'une douceur légendaire, les vins de la région vous laisseront un bien agréable souvenir. Pour les tester, voici le circuit que nous vous avons concocté... à pied, évidemment. Nous ne fournissons pas l'aspirine, et les prix dépendent des consommations. Néanmoins, sachez que le petit verre de málaga tourne autour de 1 à 1,30 € ou la bière à peine plus. Demandez si les tapas que vous prenez sont facturées ou non avec le verre. Bonne route !

❦ *Antigua Casa de Guardia* (zoom C3, *60*) : *Alameda Principal, à l'angle de la c/ Pastora.* ☎ *952-21-46-80. Tlj sf dim 9h (10h j. fériés)-22h.* Notre préféré, c'est sûr. On a même hésité à l'inclure dans la section « À voir »... Fondé en 1840, ce vieux bar tout en longueur, genre saloon à l'espagnole, propose plusieurs dizaines de vins différents, tirés directement des tonneaux qui s'empilent derrière le comptoir *(moscatel, málaga quina, pajarete...).* La clientèle sirote sa boisson debout en mangeant crevettes et mollusques. Devant le choix plutôt impressionnant, n'hésitez pas à demander conseil aux serveurs qui notent votre ardoise à la craie sur le bar poisseux en bois. On peut même repartir avec une bouteille sous le bras. Nous, on a bien aimé le muscat et le *seco trasañejo* (doré et demi-sec), vieilli 5 ans. À la vôtre !

❦ *Quitapenas* : *c/ Marín García, 2* (zoom D2, *61*) *et pasaje Chinitas, 5* (zoom D2, *62*). ☎ *952-60-23-57 ou 952-22-20-64. Tlj 12h-16h, 20h-minuit. Pinchos et tapas 3-5 €.* Dans la même famille depuis 5 générations, l'autre *bodega* traditionnelle de la ville a, depuis sa fondation en 1880, fait pas mal de petits : parmi ses 6 enseignes, on a bien aimé ces deux-là, restées plutôt authentiques (notamment celle du pittoresque passage Chinitas), où goûter à toute heure aux vins produits pour la maison comme aux petits poissons frits ou à une tapa de chorizo.

❦ *Bodega El Pimpi* (zoom E2, *63*) : *c/ Granada, 62, ou c/ Alcazabilla (on peut entrer des 2 côtés).* ☎ *952-22-89-90.* ● *reservas@bodegabarelpimpi. com* ● *Menu midi (en sem) 10 €.* Cette grande *bodega* tout en longueur regroupe une enfilade de salles et un patio où circule sans cesse le monde. À l'entrée, un panneau en azulejos rend hommage à certains des musiciens et poètes qui se sont produits ici depuis les années 1950. À l'intérieur, on retrouve leurs autographes sur la pile de tonneaux. Sans doute, la plus jolie et classieuse des *bodegas* avec ses anciennes affiches de ferias peintes à la main.

❦ *La calle Beatas* (zoom D-E1-2), une ruelle un peu délabrée au nord de la plaza de Uncibay, et noire de monde vers 23h le week-end (mais en semaine, calme plat). Non, ce n'est pas une manif ni une sortie de concert, mais simplement la poignée de *bars* du quartier et ses quelques clubs qui attirent la jeunesse de Málaga et de ses environs... Il y en a pour tous les goûts – reggae, R'n'B, salsa, etc. Très spectaculaire et rien de comparable, de près ou de loin, dans nos contrées.

Café charmant

❦ *El Jardín* (zoom E2, *64*) : *c/ Cañón, 1.* ☎ *952-22-04-19. Lun-jeu 9h-22h, ven et sam 14h-1h.* Ce caféresto donne sur le jardin du chevet de la cathédrale. Au rez-de-chaussée d'un immeuble ancien aux murs roses. Quelques tables dehors dans une ruelle piétonne, des plafonds moulurés, des colonnettes, des tableaux et des vieux meubles, un piano, un beau bar en bois bien ciré, voilà un décor « littéraire et romantique » pour boire un verre en fin d'après-midi. Le tout est un peu désuet, contrastant avec le Málaga dynamique qu'on trouve partout ailleurs. Quant aux tapas, inutile de les goûter, elles ne vous rappelleront rien qui ne vaille une madeleine. Le resto, lui, est cher et sans intérêt.

Où acheter de bons produits ?

⚜ *Mercado de Atarazanas* (zoom C3, **70**) : c/ de las Atarazanas, 10. ☎ 952-21-34-45. Lun-sam 8h-14h. Le principal marché de la ville a pris place sous une structure métallique typique de la fin du XIXᵉ s qui a conservé la monumentale porte de marbre (XIVᵉ s) des anciens chantiers navals de l'époque musulmane. Un festival de couleurs et d'odeurs : des fruits, des légumes, des poissonniers en nombre, des olives en baril de 5 kg, des épices et même une boulangerie française.

⚜ *Ultramarinos Zoilo* (zoom E1-2, **71**) : c/ Granada, 65. ☎ 952-21-24-65. Tlj sf dim 9h-14h45, 17h (18h sam)-21h30. Ouverte depuis les années 1940, une petite épicerie qui déborde de tout ou presque ce qui est produit ici : du raisin de Málaga (donc du vin de... Málaga !), des fromages, des charcuteries, des pâtisseries...

⚜ *Covap* (zoom D2, **72**) : c/ Granada, 17. ☎ 952-60-60-31. ● tien damalaga@covap.com ● Tlj sf sam ap-m et dim, 10h-14h, 17h30-20h30. La boutique d'une coopérative fondée dans la vallée de los Pedroches (d'où Covap) tout au nord de l'Andalousie à la fin des années 1950 et qui regroupe aujourd'hui un bon millier d'adhérents. Fromages de la vallée et un imposant choix de jambons *ibéricos* d'appellation si vous voulez alourdir votre sac à dos... et vider votre portefeuille. Parce que cette qualité a un prix...

À voir. À faire

🏛🏛 *Alcazaba* (plan général et zoom E2) : ☎ 952-22-72-30. Tlj en été 9h-20h, hors saison 8h30-19h30 (18h lun). Entrée : 2,20 €, ou 3,55 € incluant le castillo de Gibralfaro ; réduc ; gratuit moins de 6 ans et pour ts le dim après 14h. Visites guidées (gratuites elles aussi) dim en fin d'ap-m. Cette imposante forteresse a été bâtie au XIᵉ s par les Arabes pour défendre la cité, à partir de remplois romains. C'est ici que résidaient les gouverneurs maures. On accède aux hauteurs de l'Alcazaba par un chemin piéton à partir de la plaza de la Aduana. La promenade est charmante et vous permet de déambuler à travers l'ancienne forteresse : terrasses et jardinets fleuris à l'andalouse, vasques et fontaines, porches, passages en arcades... Tout en haut, un petit palais, conçu autour de trois patios, a été reconstruit en 1930 ; il abrite une expo (sans grand intérêt) de céramiques arabes. Pour les moins robustes ou pour les périodes de grosse chaleur, un petit ascenseur permet de monter directement depuis les abords de l'hôtel de ville.

🏛 Au pied de l'Alcazaba, les *ruines d'un théâtre romain* (zoom E2) : mer-dim 10h-14h. GRATUIT. Visites guidées sur résa : ☎ 686-13-09-78. Vaste monument construit sous le règne d'Auguste (Iᵉʳ s apr. J.-C.) en partie démantelé pour construire l'Alcazaba.

🏛 *Castillo de Gibralfaro* (plan général F1-2) : de l'Alcazaba, un sentier prolongé par des escaliers monte (compter env 30 mn) jusqu'au castillo de Gibralfaro, perché au sommet de la colline ; pour les accros de la grimpette. On peut aussi y accéder en bus (nº 35 ; rotations ttes les 45 mn env 11h-14h10, 16h10-19h) ou en voiture en gravissant la route au départ de la c/ La Victoria. Tlj : en été 9h-20h, en hiver 9h-18h. Entrée : 2,20 € ou 3,55 € avec l'Alcazaba. La forteresse, très restaurée, permet de se faire une idée de l'architecture militaire de l'époque. Ce *castillo* d'origine phénicienne fut reconstruit par Yusuf Iᵉʳ au XIVᵉ s. On peut en faire le tour par le chemin de ronde et profiter ainsi du panorama sur l'Alcazaba et la ville au-delà. Au centre, un petit musée évoque l'histoire des lieux à travers les siècles (armes, costumes, instruments de marine...).

🏛🏛 *Catedral* (zoom D-E2) : pl. del Obispo. Entrée par le patio de los Naranjos, en fait l'ancienne cour de la mosquée maure. Lun-ven 10h-18h, sam 10h-17h, dim 14h-18h. Entrée : 5 € ; réduc ; gratuit le dim. Le prix comprend un audioguide, à demander à l'accueil ; sinon, on ne se précipite pas pour vous le donner.

Ce monument religieux a la particularité d'être inachevé. Sa construction débuta en 1528 et s'éternise encore aujourd'hui. D'abord dirigés par le fameux architecte de Burgos, Diego de Siloé, les travaux se poursuivirent jusqu'en 1782. À cette date, en effet, la taxe municipale sur les exportations de raisins secs et d'huile, créée spécialement pour financer la construction, fut supprimée... La seconde tour ne fut jamais réalisée ; c'est d'ailleurs pourquoi on surnomme la cathédrale *La Manquita* (« la petite manchote »). Au XXᵉ s des projets sont envisagés pour finaliser l'ouvrage, mais tous restent sans suite.

On peut donc dire que si cette cathédrale n'est pas achevée, sa construction est quand même bien finie. Elle est intéressante pour son mélange de styles. Un peu de gothique, de Renaissance, et une bonne dose de baroque. À l'intérieur, ses volumes impressionnent. Ses voûtes finement ouvragées s'envolent à plus de 42 m et développent une très bonne acoustique. À ne pas manquer non plus : la statue en bois de la *Virgen de los Reyes* (chapelle latérale nᵒ 18), offerte par la reine Isabelle la Catholique après la conquête de Málaga en 1487, et la chapelle nᵒ 20, où est exposé le splendide retable gothique de sainte Barbe (début XVIᵉ s). Et la magnifique clôture du chœur, sculptée par Pedro de Mena.

De retour à l'accueil, vous pourrez monter à l'étage, où se trouve un petit *museo de Arte sacro* (rien d'incontournable). En sortant, par le jardinet, on peut accéder au *Sagrario (mar-sam 9h30-12h30, 18h30-19h30),* reste de l'ancienne mosquée sur laquelle fut construite la cathédrale, aujourd'hui sanctuaire possédant un superbe retable sculpté de style platheresque (XVIᵉ s), provenant d'une église de Castille. Et pour finir bien instruit, plusieurs panneaux retracent 2 000 ans de chrétienté avec rois, empereurs, papes et faits... divers et variés. En repartant par la calle Santa María, on note une intéressante porte de style gothique isabellin (derrière laquelle se niche une chapelle), qui se caractérise par son décor très chargé.

🏃 **Museo Casa natal de Picasso** *(maison natale de Picasso ; plan général et zoom E1) :* pl. de la Merced, 15. ☎ 951-92-60-60. ● *fundacionpicasso.es* ● *À côté du marché municipal* (mercado). Tlj 9h30-20h. Fermé certains j. fériés. Entrée : 2 € ; réduc.

Il s'agit d'un immeuble bourgeois assez élégant, haut de quatre étages, avec des volets verts et des murs jaunes. Il abrite la Fondation Picasso. C'est là que le petit Pablo vit le jour, le 25 octobre 1881. Son père, peintre lui aussi, lui donna le goût du dessin. Très vite, l'enfant réalisa des por-

FUMER TUE (MAIS PAS TOUJOURS)

Pablo Picasso naît le 25 octobre 1881, à domicile, comme le veut l'époque. C'est le frère du papa Picasso, médecin, qui procède à l'accouchement. Heureusement : dans ses premiers instants, le bébé n'arrive pas du tout à respirer. L'oncle médecin va sauver la vie de Pablo Picasso en lui soufflant la fumée de son cigare au visage. Une méthode pas franchement orthodoxe pour un médecin, mais apparemment efficace !

traits que l'entourage de la famille et son père lui-même prirent très rapidement au sérieux. Toute sa vie, Picasso n'eut de cesse d'« apprendre à dessiner comme un enfant ».

Au 1ᵉʳ étage, une salle d'expo abrite des souvenirs personnels, de vieilles photos et un tableau de son père représentant des pigeons. Pas grand-chose à voir, à vrai dire. Au 3ᵉ étage, centre de documentation et bibliothèque. Petites expos temporaires au rez-de-chaussée, ainsi que dans une salle située à 30 m, au nᵒ 13 de la plaza de la Merced.

🏃🏃🏃 **Museo Picasso Málaga** *(plan général et zoom D-E2) :* c/ San Agustín, 8 ; dans le palais de Buenavista. ☎ 902-44-33-77. ● *museopicassomalaga.org* ● ♿ Mar-dim 10h-20h (21h ven-sam), et aussi lun mêmes horaires en juil-août. Fermé 1ᵉʳ janv et 25 déc. Résa à l'avance possible : ☎ 902-36-02-95, ou via leur *site internet ; compter 1 € de plus par place. Entrée : expo permanente 6 €, expo temporaire 4,50 €, billet combiné 9 € ; réduc ; gratuit moins de 18 ans et pour ts le dernier dim du mois (18h-20h slt).*

La collection permanente présentée dans 12 salles, entièrement composée de dons et de prêts de deux des héritiers du peintre, se trouve dans le palais Buenavista, belle demeure du début du XVIe s entièrement rénovée, avec plafonds en bois aux motifs arabo-andalous. La grande particularité de ce musée est de présenter la collection privée de Pablo Picasso. Nombre de ces œuvres n'avaient jamais été offertes au public auparavant, car le peintre les gardait pour lui et sa famille. Cette collection jusque-là méconnue est parfaitement mise en valeur par une architecture très sobre.

Bienvenue dans l'intimité de l'enfant du pays. Voici ce qu'il ne faut pas rater : les portraits des compagnes de Picasso, Olga Kokhlova, Françoise Gilot, Dora Maar et Jacqueline Roque. Les enfants, Paulo (le fils d'Olga) qu'il a croqué avec son bonnet blanc et Paloma (la fille de Françoise). Bien plus que le côté « pipole », on vient ici pour voir de la bonne peinture, de la sculpture et quelques gravures. À noter deux, trois œuvres très attendrissantes et pleines de sensibilité. Salle de lecture où l'on trouve en consultation des ouvrages de référence ainsi qu'une librairie très bien fournie... et un café dans un patio fleuri et très agréable, bien au calme.

🎭 Museo Carmen Thyssen *(zoom D2) :* c/ Compañía, 10. ☎ 902-30-31-31. ● carmenthyssenmalaga.org ● Mar-dim 10h-20h. Fermé 1er janv et 25 déc. *Entrée : 6 € collection permanente, 4 € expo temporaire, 8 € billet combiné ; réduc ; gratuit moins de 12 ans. Audioguide inclus en français.* Un musée tout neuf, émanation des célèbres collections Thyssen. Installé en partie dans un palais Renaissance entièrement rénové pour l'occasion, le *palacio de Villalón,* et dans une extension tout à fait contemporaine, il présente sur 3 niveaux plus de 200 œuvres d'excellente qualité. Les maîtres du XVIe s ouvrent la visite (Zurbarán est là avec une *Santa Marina* !). Dans les salles suivantes, la collection, particulièrement représentative de la peinture espagnole du XIXe s, est d'une grande cohérence, largement consacrée aux traditions andalouses : *venta,* processions... Une *Corrida de toros* de Mariá Fortuny y Marsal ouvre d'ailleurs la voie vers le naturalisme et, genre voisin, le préciosisme (*La Buenaventura* de Julio Romero de Torres). La fin du XIXe s, époque où la peinture espagnole commence à séduire le reste du monde, est illustrée par Joaquín Sorolla (*Garrochista)* ou les toiles grand format d'Ignacio Zuloaga. Le 2e étage aborde, enfin, le début du XXe s quand les peintres espagnols découvrent la bohème parisienne. Expos temporaires régulières et ambitieuses. Sympathique boutique : livres et objets d'art.

🎭 Museo del Vidrio y Cristal *(musée du Verre et du Cristal ; plan général D1) :* pl. Santísimo Cristo de la Sangre, 2. ☎ 952-22-02-71. ● museovidrioycristalmalaga. com ● Mar-dim 11h-19h. *Visite guidée slt (en français sur demande) : 5 € ; réduc ; gratuit moins de 12 ans.* Dans une maison du XVIIIe s qui mêle influences italienne (pays d'origine de celui qui l'a fait construire), andalouse puisqu'on est à Málaga, et anglaise, patrie des propriétaires actuels. On y découvre une collection privée de plusieurs centaines de pièces : de verres du Ve s av. J.-C. à des créations contemporaines finlandaises en passant par quelques œuvres du maître français de l'Art nouveau, René Lalique. Portraits des ancêtres, vitraux d'églises anglaises du XIXe s, porcelaine Wedgwood, meubles du XVIe s... en fait ce musée pourrait s'appeler « des Arts décoratifs ». C'est même, plus qu'un musée, la maison de famille d'un érudit collectionneur dont on vous ouvre les portes. La visite guidée, riche en détails et en anecdotes, est un vrai bonheur.

🎭 Museo de Artes y Costumbres populares *(musée des Arts et Traditions Populaires ; plan général C2) :* pasillo de Santa Isabel, 10. ☎ 952-21-71-37. ● museoar tespopulares.com ● Tlj sf sam ap-m et dim 10h-17h (19h hors saison). *Entrée : 4 € ; réduc ; gratuit moins de 14 ans.* Installé dans une ancienne auberge du XVIIe s.

Autour d'un adorable patio central, les salles évoquent au travers d'objets anciens les activités traditionnelles du coin : barque de pêche, impressionnant pressoir à vin... Reconstitutions d'intérieurs paysans et bourgeois d'antan. Et une étonnante collection de *barros malaguenos,* cousins locaux des santons napolitains ou provençaux.

🎨🎨 *Centro de Arte contemporáneo (Centre d'art contemporain – CAC ; plan général C4) :* c/ Alemania, s/n. ☎ 952-12-00-55. ● cacmalaga.org ● Tlj sf lun : en hiver 10h-20h ; en été, 10h-14h, 17h-21h. GRATUIT. Inauguré début 2003, avant le nouveau musée Picasso. Du coup, moins de battage médiatique, mais un site culturel de qualité consacré à l'art du XXᵉ s. Situé dans le bâtiment triangulaire, aux volumes amples, de l'ancien marché des grossistes – à l'origine hyperfonctionnel –, revisité par l'architecture moderne. Il abrite une collection de peintures, sculptures et photos internationales des années 1980 à nos jours. Collection permanente et expos temporaires se croisent et s'entremêlent.

🍸 Agréable petit *café* au style épuré (ça va de soi) pour une pause.

🎨🚶 *Museo interactivo de la Música (musée interactif de la Musique ; zoom D1) :* palacio Conde de la Navas, c/ Beatas, 15. ☎ 952-21-04-40. ● mimma. es ● Tlj sf lun ap-m 10h-14h, 16h-20h. Entrée : 4 € ; réduc ; gratuit moins de 10 ans. Passionnant pour les petits comme pour les grands. Parce que, comme son intitulé l'indique, on peut toucher certains instruments, en jouer, se livrer à plein d'expériences comme écouter... le silence. Sinon, les vitrines exposent une aussi belle que complète collection : des instruments les plus primitifs (les *sonajas* fabriquées à partir de crânes humains) à l'orgue électronique inventé en 1933 par Hammond.

🎨 *Museo del Patrimonio municipal (musée du Patrimoine municipal – MUPAM ; plan général F2) :* paseo de Reding, 1. ☎ 952-60-84-65. ● mupam.es ● Mar-dim 10h-14h, 17h-20h. GRATUIT. Un martyrologe tout en enluminures du IXᵉ s, une toile de 1527 attribuée à Il Parmigianino, un des premiers maniéristes italiens... Sur les trois étages d'un bâtiment contemporain, cet espace abrite une partie des collections de l'ancien musée des Beaux-Arts que dirigeait le père de Picasso. On verra d'ailleurs ici ce *Crépuscule dans la baie de Málaga* que copia le petit Pablo à l'âge de 8 ans. Picasso qu'on retrouve au 3ᵉ étage avec quelques-unes de ses céramiques. Au côté des œuvres érotico-surréalistes d'un autre peintre de Málaga, Luis Molledo Álvarez.

🎨 *Plaza de Toros de la Malagueta (arènes de Málaga ; plan général F2-3) :* paseo de Reding, 8. ☎ 952-22-62-92. ● la-malagueta.es ● Lun-ven 10h-13h, 17h-20h. Édifiées à la fin du XIXᵉ s, ces arènes taurines donnaient à l'origine sur la mer. Picasso y ébaucha ses premiers dessins et huiles alors qu'il était dans sa période tauromachique. On dit que c'est à Málaga qu'il s'inspira de José Moreno Carbonero, maître ès peintures de chevaux étripés par les taureaux. Les chevaux de *Guernica* remonteraient à cette période. Les arènes abritent un petit *Museo taurino Antonio Ordóñez (entrée : 1,80 €).*

🎨 *Le paseo de Reding et l'avenida de Pries (plan général F2) :* ces deux artères qui quittent la ville vers l'est peuvent constituer une balade pour les férus d'architecture fin XIXᵉ s. D'imposantes maisons bordent la promenade de Reding et quelques plus discrètes villas de la même (Belle) Époque, l'avenue de Pries. Un témoignage de l'essor économique de la ville pendant la révolution industrielle du XIXᵉ s et de ses premiers quartiers balnéaires. Beaux portails travaillés et façades à l'andalouse, couleur *albero,* et bow-windows. Du XIXᵉ s également, le pittoresque *cementerio inglés (avda de Pries, 1. Tlj 10h30-14h, dim 10h30-13h),* plus ancien cimetière protestant d'Espagne. Derrière la grille gardée par deux lions, dans ce qui ressemble presque à un petit jardin botanique, des tombes spectaculaires parfois, émouvantes souvent, comme celles d'enfants simplement recouvertes de coquillages.

🎥 **Museo Automovilístico** (musée de l'Automobile ; hors plan général par A5) : Edificio Tabacalera, avda de Sor Teresa Prat, 15. ☎ 951-13-70-01. ● museoauto movilmalaga.com ● Accès : bus nos 3, 15, 16 ou 19 depuis le paseo del Parque. Mar-dim 10h-19h. Entrée : 6,50 € ; réduc ; gratuit moins de 3 ans. Sur les 6 000 m² de l'élégant bâtiment d'une ancienne manufacture de tabac, un musée qui a choisi l'intéressant parti pris d'envisager l'automobile sous un angle historico-artistique plutôt que purement mécanique. On y découvrira, par exemple, une Unic de 1920 peinte par Sonia Delaunay, une Talbot inspirée par Marlène Dietrich, une Rolls-Royce psychédélique sortie du Swinging London. Superbe collection riche en grands noms : Hispano Suiza, Bugatti, Ferrari, Jaguar... Et quelques voitures de célébrités, d'une Jackson de 1907 construite pour le roi des Belges à une Ford Thunderbird de 1956 qui a appartenu à Arthur Miller.

△ **Les plages :** grandes et bien équipées. La plus proche, accessible à pied, est celle de la Malagueta (plan général F3-4), à l'est du port. Elle est bordée d'une série d'immeubles sans charme, mais la promenade reste agréable en soirée. On en trouve d'autres, plus à l'est de la ville (plages de Pedregalejo et El Palo... ; bus nº 11), alignées sur une vingtaine de kilomètres. Pour ceux qui veulent se rendre vers les plages de l'ouest (Torremolinos, Benalmádena, Fuengirola), prendre le bus nº M110 ou le tren de cercanías (ou C1) au centre. Départ des bus à la station Heredia (gare routière du port).

Spectacles et festivals

🎵 **Teatro Cervantes** (plan général E1) : c/ Ramos Marín, s/n (donne en fait sur la pl. de Jerónimo Cuervo). Rens : ☎ 952-22-41-00. Vente par tél : ☎ 902-36-02-95. ● teatrocervantes.com ● Guichets ouv 11h-14h, 18h-21h. Les plus grands concerts, de Bob Dylan à l'orchestre symphonique. Locations ouvertes 15 jours avant la première du spectacle.

– **Festival de cinéma :** en avr. ● festivaldemalaga.com ● Créé en 1998 pour promouvoir le cinéma espagnol. Présentation de films intéressants qui ne traversent pas toujours les Pyrénées et tapis rouge le long de Marqués de Larios où l'on peut croiser quelques « people ».
– **La Noche en Blanco :** mi-mai. ● lanocheenblancomalaga.com ● Des musées gratuitement ouverts jusque très tard dans la nuit et pléthore d'animations tout aussi gratuites : théâtre de rue, musiques... Un monde fou, évidemment.

La feria de Málaga

Si vous passez à Málaga aux alentours du 15 août, ne ratez pas la feria, exubérante et endiablée, qui dure une grosse semaine et envahit toute la ville – du vendredi au dimanche suivant. Déjà célèbre au XIXe s, la tradition des corridas se perpétue, plus que jamais, dans les arènes (plaza de Toros) dressées fièrement entre le port et la plage.

DANS LES ENVIRONS DE MÁLAGA

🏃 **El jardín botánico histórico La Finca de la Concepción** (hors plan général par C1, 80) : camino del Jardín Botánico. ☎ 952-25-21-48. ● laconcepcion. malaga.eu ● À 5 km du centre, direction Antequera-Madrid ; s'engager sur l'autoroute vers Antequera (Códoba-Sevilla) puis prendre la sortie « Pantano del Agujero » ; c'est fléché ensuite. Bus nº 61 depuis la Alameda Principal, mais slt les w-e et j. fériés (8 bus/j. 10h30-18h30). Sinon, nº 2 vers Ciudad Jardín, puis 10-15 mn *à pied (ça monte). Tlj sf lun : 9h30-17h30 en hiver (dernière entrée à 16h), 9h30-20h30 en été (dernière entrée à 19h). Visite libre ou guidée (1h15). Entrée : 5,20 € (+ 2,60 € pour la visite guidée) ; réduc. Téléphoner pour connaître les horaires des visites guidées en français, qui dépendent de la demande. Sinon, c'est en espagnol et en anglais.* Jardin tropical hors serre plaisant, fondé au milieu du XIXe s, avec bassins et cascatelles, grands arbres exotiques et tout plein d'oiseaux. Le site a malheureusement été éventré par la construction de l'autoroute dans les années 1980 (aujourd'hui, on ne le ferait plus, il paraît...), et le bruit de la circulation est envahissant dans les sections les plus proches de l'artère. Mais bon, cela reste un havre de fraîcheur tout de même sous l'ombre d'une centaine de palmiers venus des cinq continents. Nombreuses essences parfois spectaculaires : gigantesques ficus, cycas dont les ancêtres ont nourri les dinosaures, araucarias, oiseaux de paradis géants, dragonniers des Canaries. Les multiples nuances ont valu à l'endroit son surnom de « parc des Cent Verts ». En suivant le panneau des cactacées, on arrive aux miradors dominant le jardin et les nouveaux quartiers de Málaga.

🚠 *Le téléphérique de Benalmádena : à Arroyo de la Miel, à 15 km au sud-ouest en direction de Cadix.* ☎ 902-19-04-82. ● *telefericobenalmadena.com* ● *Circule tlj 11h-17h (19h avr-juin et sept ; minuit juil-août). Fermé en général fin janv-1re sem de mars. Aller simple 7,40 € ou A/R 13,25 € ; réduc.* Du mont Calamorro, à 769 m d'altitude, panorama plaisant sur la côte et la baie de Málaga, voire, par jour très clair, sur Gibraltar et la côte africaine. Les soirs d'été, un sentier de quelques centaines de mètres est éclairé ; du belvédère, dans la fraîcheur de la brise, vous aurez du mal à vous arracher au tableau dessiné par les lumières des villes et villages. Observatoire de rapaces diurnes et nocturnes, pompeusement appelé « La vallée des aigles », avec spectacles de fauconnerie (horaires variables). Départs de sentiers. Retour possible à pied (compter 2h), que nous ne conseillons pas, car le chemin (revêtu) est dépourvu de charme et la fin du trajet emprunte le réseau routier.

➤ Six *sentiers balisés* parcourent les versants et les crêtes de la sierra. Deux d'entre eux (n°s 2 et 3) permettent une boucle, avec liaison sur la crête via le n° 6. Les départs sont bien indiqués et faciles à repérer, à environ 2 km de Benalmádena sur la route d'Arroyo de la Miel.

DE MÁLAGA À GRENADE

ANTEQUERA (29200) 45 200 hab.

À une cinquantaine de kilomètres de Málaga, cette petite ville, très coquette et à l'allure seigneuriale, recèle un centre dont la richesse date pour beaucoup de la Renaissance et de la fameuse période baroque. En fait, les sierras de las Cabras à l'est et de Chimenea à l'ouest, fermées par le Torcal et le Camorro Alto (1 379 m), ont fait d'Antequera une base de repli dans la reconquête d'Al-Andalus. Il semble que tout le clergé séculier se soit donné le mot pour venir y construire une « chapelle ». Entre les carmélites chaussées et déchaussées, les minimes, les dominicaines, les augustines, on ne compte plus les monastères et les édifices religieux. Il y avait autrefois 36 églises et il en reste encore 27. Ça tombe plutôt bien pour les fanas, car l'architecture ne laisse pas indifférent. Côté nature, Antequera n'est pas moins bien lotie avec le sublime parc d'El Torcal, idéal pour des randonnées surprenantes dans un véritable jardin de pierres.

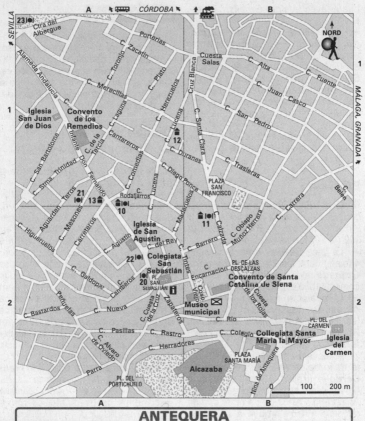

ANTEQUERA

■ **Adresse utile**

🏢 Oficina de turismo

🛏 **Où dormir ?**

10 Hotel-restaurante Castilla
11 Hostal-restaurante
   Coso San Francisco
12 Hostal El Número Uno
13 Hospedería Colón Antequera

|◉| **Où manger ?**

10 Hotel-restaurante Castilla
11 Restaurante Coso
   San Francisco
   et Coso de Tapas
20 Bar-cafetería Chicón
21 La Giralda
22 Reina Restaurantes
23 Plaza de Toros

Arriver – Quitter

En bus

🚌 **Gare routière** *(hors plan par A1) :* paseo García del Olmo, juste au-dessus de la pl. de Toros et à 500 m de la gare RENFE. 2 compagnies desservent les destinations alentour : *Alsina Graells* (une branche d'Alsa : ☎ 902-42-22-42 et 952-84-13-65 ; ● alsa.es ●) et *Casado* (☎ 952-84-19-57).

➢ **De/vers Málaga :** 13 départs/j. (9 w-e et j. fériés) avec *Casado.* 2 autres bus/j. avec *Alsina Graells.* Trajet : env 1h.

➤ Avec *Alsina Graells,* **vers Almería,** 1 bus/j., 1 de nuit et l'autre vers 10h. **Vers Cordoue,** 1 bus/j. à 9h50 ; trajet : 2h30. **Vers Grenade** et **Séville,** 4-5 bus/j. Les arrêts à Antequera sont souvent des escales sur des liaisons plus longues et se font parfois au milieu de la nuit. Vous voilà prévenu.

Nécessité de repasser par Málaga pour toutes les autres destinations, préférez le train !

En train

🚂 **Gare RENFE** *(hors plan par B1) :* au bout de l'avda de la Estación, à 1 km à pied du centre. ☎ 952-84-32-26 et 902-320-320. • renfe.com •

➤ La ligne **Séville-Almería** dessert 4 fois/j., dans les 2 sens, **Antequera, Grenade** et **Guadix.** Pour Séville compter 1h50 et pour Almería 3h30.

➤ L'*Andalucía Express* **Grenade-Algésiras** dessert 3 fois/j. (dans les 2 sens) **Antequera, Bobadilla, Ronda, Gaucín** et **Jimena de la Frontera,** entre autres.

➤ Antequera est aussi desservie par le train rapide AVE qui circule entre **Cordoue** (trajet : 40 mn) et **Madrid** (2h40). Mais attention, la gare Santa Ana (☎ 952-12-81-51 ; • renfe.com •) spéciale AVE se trouve à 18 km du centre d'Antequera. Un bus fait le trajet gare-centre 6 fois/j. (en sem slt) avec des horaires correspondant aux départs et arrivées des trains.

Adresses utiles

🛈 **Oficina de turismo** *(plan A2) :* pl. San Sebastián, 7. ☎ 952-70-25-05. • antequera.es • Lun-sam 10h-13h30, 17h-20h (16h-19h en hiver) ; dim 10h-14h. Plan de la ville gratuit et plein de doc. Bon accueil. Vend aussi les billets du bus touristique *(8 € ; réduc)* ; qui circule en centre-ville et va jusqu'aux dolmens, départs ttes les 1h10, audio en français. On y parle le français la plupart du temps.

✉ **Correos** *(plan B2) :* c/ Najera. Derrière le couvent Sainte-Catherine-de-Sienne.

Où dormir ?

D'abord, une bonne nouvelle : n'attirant pas autant de visiteurs que la côte, Antequera dispose d'un bon parc hôtelier rarement plein et aux prix modérés. Ce qui en fait une bonne alternative si vous voulez rayonner entre Grenade, Cordoue et Málaga.

De bon marché à prix moyens (30-60 €)

🏠 **Hospedería Colón Antequera** *(plan A1, 13) :* c/ Infante Don Fernando, 29-31. ☎ 952-84-00-10. • info@castelcolon.com • castelcolon.com • ⚒ Ouv tte l'année. Double env 35 € avec ou sans sdb. Parking 7 €. 🖵 📶 10 % de réduc sur les doubles sur présentation de ce guide. Le plus vieil hôtel de la ville avec des chambres réparties au fil des longs couloirs, spacieuses et mélangeant meubles anciens et confort moderne (AC, petit frigo, écran plasma et même DVD !). Celles sans salle de bains ont un petit charme désuet. Ne pas hésiter à en voir plusieurs avant de choisir. Accueil vraiment gentil.

🏠 **Hostal-restaurante Coso San Francisco** *(plan B2, 11) :* c/ Calzada, 27-29. ☎ 952-84-00-14. • info@cososanfrancisco.com • cososanfrancisco.com • Fermé Noël et Jour de l'an. Double 40 € tte l'année. 📶 Ce petit hôtel très central, donnant sur une rue commerçante, occupe une vieille maison du XVIIe s, dont il a conservé certains éléments : sols tricentenaires, vieilles portes en bois, et... chambres, un peu étroites quand même. Pour le prix, les 10 chambres sont impeccables (avec douche, w-c, TV et AC) et la décoration soignée. Vue sur la rue ou sur l'arrière (plus calme). Au rez-de-chaussée, une salle de resto vraiment agréable, dans un patio, où on allume la cheminée en hiver, et un très sympa bar à tapas (voir « Où manger ? »).

🏠 **Hostal El Número Uno** *(plan A1, 12) :* c/ Lucena, 40. ☎ 952-84-31-34. • info@hotelnumerouno.com • hostalnumerouno.com • ⚒ Accueil au bar du rdc. Ouv tte l'année. Doubles avec sdb 35-40 €. 📶 Toutes les chambres sont tout confort : AC, chauffage,

TV. Demander la n° 209, un peu plus grande que les autres, ou la n° 203, pour sa superbe vue. L'ensemble est propre et entretenu régulièrement. Ambiance résolument familiale et bonne cuisine côté resto.

🛏 **Hotel-restaurante Castilla** (plan A1-2, 10) : c/ Infante Don Fernando, 40. ☎ 952-84-30-90. ● informacion@castillahotel.com ● castillahotel.com ● ♿ Doubles avec sdb 40-55 €. Petit déj 4 €. Parking 8 €. 🛜 Sur présentation de ce guide, digestif offert ou réduc de 10 % sur les doubles. Un hôtel rénové sur 2 étages avec ascenseur, et des chambres un peu petites mais plutôt bien arrangées. On n'a pas négligé tout le confort moderne, ce qui, ajouté au bon accueil, en fait une adresse fiable. Bon resto (voir « Où manger ? »).

Où camper ?
Où dormir dans les environs ?

⛺ 🛏 **Parque Ardales** : 29550 **Ardales**. ☎ 951-26-49-24. ● info@parquearardales.com ● parqueardales.com ● À 7 km au nord-est d'Ardales par la MA 9006, au bord de l'Embalse del Conde de Guadalhorce – soit à env 40 km d'Antequera. Pour 2 pers avec tente et voiture env 20 € (tarifs dégressifs selon durée) ; apparts bien équipés 2-4 pers 55-100 €. Bien ombragé par une forêt de pins (le sol est, du coup, un peu sec), un grand camping dont les emplacements les plus proches du lac sont évidemment les plus prisés. Location de canoës-kayaks. Bar et épicerie. Accueil décontracté.

⛺ 🛏 🍽 **Camping del Chorro** : Paraje natural del Chorro, 29500 **Álora**. ☎ 952-49-52-44. ● info@albergue campingelchorro.com ● albergue campingelchorro.com ● À env 40 km d'Antequera, dans le hameau d'El Chorro, pas loin du Desfiladero de los Gaitanes. Pour 2 pers avec tente et voiture env 15 €. Petites maisons de bois 2-6 pers 55-85 €. Menu 12 €. Emplacements sous les eucalyptus (donc ombragé) à deux pas de la rivière. Sol un peu sec (donc un peu dur). Équipements

récents. Petite piscine et resto sur place (mais pas d'épicerie et ce ne sont pas les villages qui se bousculent dans les environs...). Propose pas mal d'animations sportives : canoë, escalade...

⛺ 🍽 **El Torcal de Antequera** : ctra C A70-75, km 6. ☎ 952-11-16-08. ● campingeltorcal.com ● À 6 km d'Antequera sur la route d'El Torcal et à 6 km d'El Torcal. Pour 2 pers avec tente et voiture env 24 € ; cabane 2 pers en préfabriqué 35 € ; bungalow 4 pers 75 €. Un petit camping plutôt plaisant posé au pied du Torcal, donc dans un environnement superbe. Peu ombragé et bruyant en saison. Piscine l'été. Fait aussi resto.

⛺ 🛏 **Finca la Campana** : El Chorro, 29500 **Álora**. 🖭 626-96-39-42. ● info@fincalacampana.com ● fincalacampana.com ● À env 40 km d'Antequera par la petite MA 226, c'est fléché sur la gauche en descendant vers El Chorro. Nuitée en refuge (14 lits) 12 €/pers (29 € en chambre double). Emplacement 2 pers avec tente 16 €. Maisons 2-8 pers 42-96 € (loc à la sem possible). 🛜 Presque perdu dans une nature superbe, comme un minivillage de vacances avec quelques emplacements de camping sous les arbres, un refuge d'esprit très montagne et une poignée de maisonnettes simplement mais joliment arrangées. Pour amateurs de vacances à la fois tranquilles et sportives : mur d'escalade (les proprios, des passionnés, connaissent toutes les nombreuses voies des environs), location de VTT, de kayak... Il y a même une rampe de skate ! Piscine. Épicerie de dépannage et cuisine à dispo. Et on y parle parfaitement le français !

Où manger ?

Goûter à la spécialité locale, la porra antequerana, sorte de gaspacho épais garni d'œufs, de jambon cru, de miettes de thon et de tomates.

Bon marché (max 15 €)

🍽 **Hotel-restaurante Castilla** (plan A1-2, 10) : voir « Où dormir ? ». Fermé sam soir et dim. Menu midi 8 € (en sem, boisson incluse), carte 15 €. D'abord le bar, regards croisés et nouvelles du jour. Puis une salle intermédiaire pour les bonnes tapas du coin en position assise. Enfin, la salle de resto où le saumon vire à l'orange et l'écran plasma passe presque inaperçu quand les conversations s'enflamment. Bien sûr, le menu est le meilleur plan, mais la carte, longue et fournie, annonce viandes, poissons ou omelettes servis généreusement. Service efficace.

I●I Coso de Tapas *(plan B2, 11) :* voir Hostal-restaurante Coso San Francisco *dans « Où dormir ? ». Carte 10-15 €.* Une adresse pleine de ressources puisqu'on y trouve, outre l'hôtel et son bon resto, ce bar où les tapas sortent sérieusement de l'ordinaire (très bon desserts également, servis, de même, façon tapas). Salle sobrement plaisante et quelques tables sur la rue piétonne.

I●I Bar-cafetería Chicón *(plan A2, 20) :* c/ Infante Don Fernando, 1. ☎ 952-70-05-65. Lun-sam 7h-23h. Raciones 7-8 €. Le bar de la place San Sebastián, où tous les petits pépères viennent commenter l'actualité locale devant leur petit noir matinal. Plus le temps passe, plus la pompe à bière transpire. Pour le petit déj, goûter au *mollete,* un petit pain rond et mou sur lequel on ajoute un filet d'huile d'olive. Cadre banalement moderne, quelques tables en terrasse mais côté rue. Bon accueil.

De prix moyens à plus chic (15-30 €)

I●I La Giralda *(plan A1, 21) :* c/ Mesones, 8-10. ☎ 952-84-58-60. ● lagiralda@conexanet.com ● Ouv 13h-16h, 20h30-23h30. Fermé dim soir en été, lun hors saison. Repas complet 17-20 €. Tout est bien fait et bien tenu dans la salle sobre, chaleureuse et élégante. Ce resto se spécialise en viandes (à Antequera, on utilise le jeune bouc pour des plats en sauce) et en vins, mais on peut toutefois préférer se poser au bar, his-

toire de happer quelques tapas. Accueil et service très aimables.

I●I Restaurante Coso San Francisco *(plan B2, 11) :* voir « Où dormir ? ». *Résa conseillée le w-e. Carte 20-30 €.* L'une des adresses chic d'Antequera servant une cuisine andalouse locale préparée avec de bons produits. C'est l'endroit idéal pour essayer la *porra,* le *pio antequerano* (salade froide avec de la morue) et un délicieux dessert connu comme *bienmesabe,* à base d'œufs et d'amandes. On se sent bien dans cette salle à manger où crépite un feu de bois. Service efficace et patrons très avenants. Une bonne adresse.

I●I Reina Restaurantes *(plan A2, 22) :* c/ San Agustín, 1 ou c/ Infante Fernando, 7. ☎ 952-70-30-31. & Tlj sf lun. Menu midi 14 €, carte env 25 €. Sur présentation de ce guide, apéritif maison offert ou dégustation de vin local. Le cadre est chic et un peu pincé, mais c'est normal : on mange ici dans la salle de resto d'une école de cuisine. Le menu du midi offre un excellent rapport qualité-prix et permet de goûter aux spécialités du coin. Le soir, il faut y mettre le prix, mais c'est sans regret, car les portions sont généreuses et le service très aimable.

I●I Plaza de Toros *(plan A1, 23) :* ☎ 952-84-46-62. L'été, tlj sf dim soir 13h30-16h, 20h15-23h30. Menú ejecutivo le midi 20 €, carte (en français) min 30 €. Comme son nom l'indique, le Plaza de Toros est situé dans les arènes, ce qui est pour le moins inhabituel... Ce qui vous étonnera moins, c'est que le culte de la corrida occupe une place de choix dans la déco, avec ses bronzes de taureaux ruminant leur sort, ses photos de passes de muletas et autres *rejoneadores* (toreros à cheval), sans oublier les murs et les nappes d'un beau rouge sang. Du côté de l'assiette, la queue de taureau à l'étouffée semble toute désignée. Belle cuisine, dans la tradition andalouse, mais avec un ton d'aujourd'hui. Bien sûr, tout cela a un prix...

À voir

La ville basse

🗡 Colegiata San Sebastián *(plan A2) :* sur la place du même nom, à côté de l'office de tourisme. Lun-sam 8h30-13h, 18h30-20h30. De style Renaissance

(XVIᵉ s), avec une tour baroque en brique et des colonnes au joli fût en pierre rose ocre. L'angelot qui campe sur la pointe de la tour en est le symbole. La place San Sebastián, dont les plans ont été dressés à la Renaissance, s'articule autour d'une belle fontaine datant de 1545.

🕯 **Iglesia de San Agustín** (plan A2) : *à proximité de la pl. San Sebastián, dans la c/ Infante Don Fernando. Ouv slt w-e 11h-13h30.* Édifice initialement commencé au XVIᵉ s sur des plans du célèbre Diego de Siloé, comme pour la cathédrale de Málaga, et dont la construction fut coordonnée par Diego de Vergara, qui poursuivit cette même cathédrale de Málaga. L'église ne fut achevée qu'au XVIIIᵉ s, après moult remaniements. Retable composé de cadres retraçant la vie de saint Augustin (logique !).

🕯 **Convento de los Remedios** (plan A1) : *c/ Infante Don Fernando, 72, en continuant de remonter la rue. Lun-sam 19h30-20h30 (21h sam) ; dim et j. fériés 12h-14h, 19h30-21h.* Dans l'église (XVIIᵉ s), décoration dans le genre fastueux. Le retable croule sous les dorures, superbe !

🕯 **Iglesia San Juan de Dios** (plan A1) : *toujours dans la c/ Infante Don Fernando, juste après le couvent, sur le côté opposé de la rue.* Belle coupole baroque en plâtre travaillé. Élevée au XVIIᵉ s, cette église est le pendant religieux de l'hôpital, qui ne se visite plus mais se situe à côté.

🕯 Au fil du parcours, on ne peut s'empêcher de jeter un œil aux nombreux *palacios* et *casas solariegas.* Ces palais et riches maisons sont quasi tous organisés autour d'un patio avec une fontaine en son centre. Selon la richesse du propriétaire, les arches et le marbre du Torcal viennent ajouter un peu de faste aux édifices. Entre autres, le *palacio Marqués de Villadarias* (c/ Lucena), le *palacio de las Escalonias* (c/ Pasillas), la *casa Conde de Pinofiel* (transformée en maison de retraite) ou la *casa de Seraller* (c/ Laguna), derrière la *casa del Conde de Colchado* (c/ Cantareros), néobaroque.

🕯 **Convento de Santa Catalina de Siena** (plan B2) : *sur la pl. Coso Viejo. Tlj à 8h pour la messe (8h30 le w-e) ; visites mer 8h-13h30, 15h30-20h30.* La chapelle à laquelle on a accès est assez surprenante, car elle ne comporte ni nef ni transept. On a l'impression de débouler tout droit dans son chœur. Peut-être verrez-vous une des dernières sœurs se recueillir derrière les barreaux.

🕯🕯 **Museo municipal** (plan B2) : *pl. Guerrero Muñoz, s/n.* ☎ 952-70-83-00. *Mar, mer et dim 10h-14h ; jeu-sam 10h-14h, 21h-23h. Entrée : 3 € ; réduc.* Installé dans les murs d'un ancien palais bien restauré du XVIIIᵉ s *(palacio de Nájera).* Au rez-de-chaussée, nombreuses pièces archéologiques de la région, depuis les premiers établissements humains aux confins du Torcal jusqu'aux reliques de la Semaine sainte. Pièce maîtresse : l'*éphèbe d'Antequera*, une statue romaine qui passe pour être l'un des plus beaux bronzes du Iᵉʳ s. Superbement conservé, il ne lui manque qu'un pouce ! Elle a été trouvée dans son champ en 1955 par un agriculteur près de la ville. L'absence totale d'autres vestiges à proximité fait pencher les archéologues pour une pièce volée et enterrée ou abandonnée au cours de leur fuite par les voleurs... À l'étage, certaines pièces d'art religieux valent vraiment le coup d'œil, comme cette Vierge en bois peint du XVIᵉ s, représentée enceinte *(Virgen de la Expectación),* un Enfant Jésus vêtu comme au XVIIIᵉ s et un superbe saint François d'Assise en bois polychrome, œuvre du sculpteur Pedro de Mena (celui de la clôture de la cathédrale de Málaga). Il a des dents en ivoire et le travail de pyrogravure sur ses vêtements est tout simplement époustouflant ! Riche (normal, vu le nombre d'églises de la ville) section d'art religieux. Le 2ᵉ étage, consacré aux peintres locaux, offre l'occasion de découvrir l'œuvre de José María Fernández (1887-1938) qui de portraits gentillets de sa fille passe à des dessins très sombres, presque dérangeants. D'autres œuvres surprennent au 3ᵉ étage : celles de Cristóbal Toral, né en 1940 à Antequera. Des toiles contemporaines mais sous influence de Velázquez et de Goya et qui racontent la solitude et l'exil...

🦌 *Iglesia de Santiago* (hors plan par B1) : *pl. Santiago.* Belle façade qui mèle influences musulmanes, espagnoles avec une drôle de tribune-chapelle. Autel rococo abritant une statue de la *Virgen de la Salud.*

La ville haute

Un peu perchée (logique !), c'est la ville des origines, déjà occupée par les Romains, par les Wisigoths ensuite puis dès le XIe s par une forteresse arabe, cernée de deux enceintes dont on remarque encore clairement les vestiges. On franchit l'Arco de los Gigantes, érigé en l'honneur du roi Philippe II en 1585, pour gagner la place Santa María, cœur de la ville haute. À droite démarrent les escaliers qui donnent accès à l'Alcazaba, ancienne forteresse arabe. Au fond de l'ancienne place, un belvédère domine, devant le portail de la collégiale Santa María la Mayor, les ruines d'anciens bains romains (Ier-IIIe s).

🦌 *Alcazaba* (plan A-B2) : ☎ 951-70-07-37. Tlj 10h30-14h30, 16h30-19h ou 20h30 en été (10h30-17h30 hors saison). Entrée (incluant la collégiale) : 6 € ; réduc ; gratuit jusqu'à 6 ans. Audioguide gratuit (en français) pour une visite scénarisée sur les pas de l'infant don Fernando, héros de la Reconquista. Si elle ressemble beaucoup à un jardin public, l'ancienne forteresse musulmane a conservé deux tours reliées par une solide muraille du XVe s. La *torre del Homenaje,* notamment, puissante construction carrée, coiffée d'un clocher Renaissance. La cloche servait autrefois à prévenir les paysans des environs des cycles d'arrosage. De ce clocher comme des remparts qui mènent vers l'autre tour dite Blanche, vue superbe sur cette plaine, ses oliveraies et au loin la Peña de los Enamoradores.

🦌 *Colegiata Santa María la Mayor* (plan B2) : *mêmes horaires que l'Alcazaba. Entrée : 3 € (billet groupé : 6 €).* Façade typique d'un style Renaissance pur et dur (début XVIe s) clairement copié sur certaines églises italiennes. C'est la première du genre en Andalousie. L'intérieur est largement plus composite avec, notamment, un plafond de bois de style mudéjar à en risquer un torticolis. On peut aussi lever les yeux vers la voûte de la chapelle du Sanctuaire au décor en pommes de pin. Pas grand-chose à voir sinon : œuvres d'art et mobilier sont depuis le XVIe s dans la collégiale San Sebastián.

🦌🦌 *Iglesia del Carmen* (plan B2) : *pl. del Carmen, s/n. Mar-dim 11h-14h (13h30 w-e et j. fériés). Entrée : 2 €.* Si la façade est presque austère, l'intérieur est foisonnant. Son retable *(Altar Mayor),* œuvre d'un artisan local, passe pour être le plus beau retable baroque de toute l'Andalousie. Luxe d'angelots et de chérubins blancs, typiquement churrigueresques, qui contrastent avec les alcôves, chapiteaux et volutes florales d'un bel ocre rouge. Belle *Virgen del Socorro* (« du Secours ») consacrée au XVIe s et offerte par les Rois Catholiques, et superbe plafond en bois d'inspiration mudéjare.

DANS LES ENVIRONS D'ANTEQUERA

🦌 *Los dólmenes :* à quelques kilomètres au nord-est d'Antequera, on trouve trois grands tumulus datés, selon les sources, de 3000 à 1700 av. J.-C. : d'un côté *Viera* et *Menga* et, un peu plus loin, *El Romeral* (mar-sam 9h-18h, dim 9h30-14h30 ; mêmes horaires pour les 3). Chacun arbore une forme différente : Menga, le plus ancien, étant le plus impressionnant avec ses 21 m de long. La plus grosse des six dalles couvrant la salle sépulcrale de Menga, soutenue par trois piliers centraux, est colossale : elle pèserait environ 180 t ! Le dolmen d'El Romeral, qui semble le plus récent (âge du cuivre), est formé pour sa part de deux salles contiguës en forme de ruche, auxquelles on accède par un long et étroit couloir couvert. Quelques kilomètres plus à l'est, vous n'aurez pas pu manquer, dressé sur le plateau qui cerne la ville, ce gros rocher, la *Peña de los Enamorados.* Et c'est bien vrai qu'il évoque un profil humain !

🐾🐾🐾 *El Torcal de Antequera :* à 12 km au sud d'Antequera par l'A 7075 en direction de Villanueva de la Concepción ; ensuite bifurcation pour monter jusqu'au centre de visiteurs (3,7 km).
Un haut plateau karstique ruiniforme où l'action de l'eau et du vent a lentement élimé et émoussé les pointes saillantes calcaires, sculptant des formes

LA PEÑA DE LOS ENAMORADOS

Tazgona, jeune musulmane d'Archidona, et Tello, jeune chrétien d'Antequera, tombent fous d'amour. Amour interdit dont ils profitent en cachette, jusqu'au jour où le papa de la demoiselle apprend la liaison. Aussitôt, il ordonne de condamner à mort Tello. Les jeunes gens s'enfuient loin du courroux paternel et trouvent refuge dans une grotte au creux d'un rocher. Mais, harcelés, ils préfèrent se jeter du sommet du rocher et rester unis pour l'éternité. Et c'est ainsi que Tello devient un grand visage rocheux tourné vers le ciel et Tazgona, le vent doux qui le caresse.

étonnantes qui raviront tant les amateurs de varappe que les photographes. Assez époustouflant ! De l'embranchement, la petite route grimpe doucement vers un grand parking, où se trouve le *centre d'interprétation du Torcal* (☎ 952-24-33-24 ; 📱 617-44-47-72 ; ● torcaldeantequera.com ● ; avr-sept, tlj 10h-19h ; le reste de l'année, tlj 10h-17h). Sur place, explications sur le site naturel, film en espagnol et en anglais sur la genèse géologique, télescope pour observer les étoiles, cafétéria et petite boutique de produits locaux. Mais aussi des randos guidées (sur résa). Demander le dépliant avec la carte où sont indiqués les deux sentiers.
Du parking, on accède aisément au *belvédère,* qui offre une vue grandiose (n'ayons pas peur des mots) portant jusqu'à Málaga et sa baie, à 30 km à vol d'oiseau. L'alternance d'oliveraies et de croupes calcaires parsemées de bosquets et de villages blancs est un concentré de l'Andalousie que l'on aime.
➤ Deux chemins en boucle (départs depuis le parking), plutôt faciles, parcourent le labyrinthe de roches : le vert (long de 1,5 km, env 45 mn de marche) et le jaune (3 km, 2h de marche). Chaque détour de rocher est une surprise pour les yeux. Ces formes surréalistes rappelant, pour ceux qui connaissent, celles du parc de Zion, dans l'Ouest américain ou encore la Cappadoce en Turquie, inspireront sûrement quelques interprétations à votre fantaisie débridée ! Vos yeux peuvent aussi s'attarder au ras du sol ou s'élever dans les airs : ce biotope singulier abrite une flore et une faune originales avec même des pivoines et des orchidées sauvages. ATTENTION, restez près du chemin : le reste du plateau est un parc naturel interdit d'accès. Laissez les bestioles se reproduire en paix ! Pensez à prendre de l'eau, de bonnes chaussures de marche et une petite laine ou mieux, un K-way, car les nuages font souvent du sur-place.

🐾🐾 🚶 *Lobo Park* (parc des loups !) : ctra Antequera-Álora, km 16. ☎ 952-03-11-07. ● lobopark.com ● À 9 km au sud-ouest d'Antequera par l'A 343 (bien fléché depuis le centre). Visites guidées slt (en espagnol et en anglais) de 45 mn à 1h ; à heure fixe : tlj à 11h, 13h, 15h et 16h30, w-e visite supplémentaire à 12h. Entrée : 11 € ; 7 € pour les 3-12 ans. Prévoir des chaussures adaptées à la marche. Des loups, des vrais, d'Europe (comme on peut en trouver en Espagne), d'autres, plus rares, comme ce loup blanc de Sibérie. Récupérés dans des zoos ou chez des... particuliers. Qui vivent dans de vaste enclos. Donc qu'on ne verra, parfois, que s'ils en ont envie ! Entrée un peu chère peut-être mais la visite guidée (compter 1h) est aussi pro qu'intéressante et met à mal quelques idées reçues sur cet étonnant animal. Quelques autres bestioles (du renard au cochon du Vietnam en passant par des chiens que les proprios dressent pour la *guardia civil*). Soirées pleine lune avec barbecue et hurlements garantis !

DE MÁLAGA À GRENADE

🔧 *El Desfiladero de los Gaitanes :* à env 40 km d'Antequera. La route la plus facile consiste à prendre la direction de Séville par l'A 92. Suivre ensuite la direction Campillos (A 384) puis, à l'entrée de Campillos, le panneau « Embalse de Guadalteba ». On longe plusieurs lacs de barrage en suivant la direction Álora ; l'accès par la MA 448 est ensuite fléché sur la gauche. Le chemin des écoliers suit d'Antequera la direction d'Álora par la A 343. À l'entrée de Valle de Abdalajís, prendre la direction « El Chorro » qu'on gagne par une tte petite mais jolie route qui offre très souvent de superbes panoramas. À El Chorro, se débrouiller pour trouver la route qui emprunte le barrage et, sur l'autre rive, tourner à droite. Poursuivre ensuite jusqu'au 1er parking sur la droite. Le *desfiladero* – connu aussi sous le nom de *garganta* (gorge) *del Chorro* – est une faille impressionnante fendant le rocher sur l'autre rive de l'étroit lac artificiel. Elle est garnie d'un réseau de passerelles suspendues au-dessus du vide, le *camino del Rey,* aménagé en 1920 sur l'ordre d'Alphonse XIII... et nullement entretenu depuis ! Soyons clairs : ON VOUS DÉCONSEILLE FERMEMENT DE VOUS Y AVENTURER. Vraiment dangereux !

Pour vous consoler, continuez votre route et, 600 m après la chapelle, tournez à gauche vers les *ruines de Bobastro.* Si vous vous posez la question, Bobastro fut, entre les IXe et Xe s, un bastion de résistance mozarabe à l'émirat de Cordoue. Un vieux panneau rouillé, 2,6 km après l'embranchement, indique l'accès à quelques vestiges – en l'occurrence ceux d'une église rupestre qui conserve quelques pilastres et deux arches taillées dans la pierre.

La route monte ensuite sur un plateau où se trouve un tout petit lac artificiel. Tout en haut, tout au bout (à 5 km), petit parking offrant une vue superbe sur la vallée et les collines environnantes, mais hélas pas sur le *desfiladero.* En redescendant, si vous n'avez pas pris la route la plus facile pour gagner le *desfiladero,* on vous conseille de continuer jusqu'à l'*embalse* (barrage) *del Conde del Guadalteba-Guadalhorce.* Le lac artificiel s'étend largement : bleu turquoise des eaux, vert des forêts de pins et blancheur éclatante des roches, des paysages franchement superbes. Baignade et tous sports nautiques. En rejoignant Antequera, en fin d'après-midi surtout, avec la lumière déclinante, paysage très doux aux couleurs merveilleusement apaisantes. Toute cette région tinte encore du son des clarines des moutons et des chèvres : une Andalousie vivante comme on la rêve, loin du béton et proche de ses racines terriennes.

➢ De l'*embalse,* on peut aussi rejoindre Ardales puis **Álora,** dominé par sa citadelle (la visite n'est pas indispensable, sauf pour les amateurs de... cimetières !).

LA COSTA DEL SOL ENTRE MÁLAGA ET ALMERÍA

CÓMPETA (29754) 3 830 hab.

Ce village blanc, à 25 km au nord-ouest de Nerja et perché à 630 m d'altitude, séduit depuis de nombreuses années déjà Anglais et Néerlandais en quête de tranquillité à proximité de la mer. À tel point qu'en 2011, 42 % de la population du village était étrangère et parmi cette population, 60 % venait du Royaume-Uni. La route qui y mène (A 7207), tortueuse à souhait, grimpe lentement, offrant de jolis panoramas sur la sierra de Tejeda. Un tableau plaisant de collines semées de maisons blanches, de pins, d'oliviers, de vignes. Le centre est un labyrinthe emberlificoté d'escaliers, de passages voûtés et de ruelles escarpées bordées de maisons aux balcons surchargés de fleurs.

Tôt ou tard, vous échouerez sur la bien nommée plaza de la Vendimia (place de la Vendange). Tous les 15 août, on y célèbre avec ferveur la _Noche del Vino_. L'occasion de lever le coude en chœur et d'assister à des spectacles de flamenco bien plus authentiques que sur le littoral.

Arriver – Quitter

🚌 **Arrêt de bus :** en face de l'office de tourisme.
➤ **De Málaga via Torre del Mar :** avec _Loymerbus_ (☎ 952-54-11-13). 2-3 bus/j. dans les 2 sens, mais aucun départ depuis Nerja.

🅿 **Parking** sur la plaza Axarquía, dans la partie basse du village. Si celui-ci est plein, vous en trouverez d'autres (gratuits) aux abords du bourg.

Adresse utile

🛈 **Oficina de turismo :** avda de la Constitución, s/n. ☎ 952-55-36-85. 📠 673-38-09-61. ● compta.es ● En contrebas du village, sur la route principale. Lun-sam 10h-15h, dim 10h-14h. Bonnes infos sur la région. Propose 6 circuits de randonnée au départ du village (2 à 4h de marche).
– À consulter également pour plus d'infos : ● turismocompeta.es ●

Où dormir ? Où manger ?

🛏 **Casa rural Las Tres Abejas :** c/ Panaderos, 43. ☎ 952-55-33-75. ● info@lastresabejas.com ● lastresabejas.com ● Sur les hauteurs du village. Prendre la direction plaza Vendimia – Campo de fútbol et se garer sur la place. Double 45 €, sans petit déj mais cuisine à dispo et boulangerie juste en face. 3 petites chambres extrêmement sobres, aux murs tout blancs, dans une agréable maisonnette-labyrinthe aux marches très hautes (pas forcément très pratique si vous vous déplacez avec difficulté). Outre la cuisine, un salon et, sur le toit, une adorable piscine de poche (ou une très grande baignoire, si vous préférez !). Un conseil : vu la pente des rues, évitez les grosses valises !

🛏 **Hotel Balcón de Cómpeta :** c/ San Antonio, 75. ☎ 952-55-35-35. ● info@hotel-competa.com ● hotel-competa.com ● Sur les hauteurs de la ville, accessible en voiture. Doubles 65-76 € selon saison et confort (avec ou sans balcon), petit déj inclus. Parking. 📶 (gratuit). Il s'agit d'une grosse structure plus toute récente mais bien tenue, et dont la situation ne manque pas d'attraits, tout comme les différentes terrasses, la grande piscine (pataugeoire pour les petits) et le jardinet sous les palmiers. La taille des chambres varie, mais même les plus petites restent plaisantes et confortables. Au pied de l'hôtel, 8 bungalows, chacun pouvant héberger jusqu'à 4 personnes. L'espace y est un peu restreint (des bungalows, quoi !), mais vous disposez d'une kitchenette et d'une terrasse privée.

🍽 **El Pilón :** c/ Laberinto. ☎ 952-55-85-12. Ts les soirs sf mar. Résa conseillée. Carte 15-20 €. Resto tenu par un chef anglais marié à une Espagnole. Le menu reflète leurs origines diverses : spécialités andalouses, excellentes viandes grillées au charbon de bois, des plats végétariens inspirés et extrêmement goûteux. Le tout cuisiné à base des meilleurs produits locaux, servi généreusement et présenté de façon originale et, pour ne rien gâcher, dans une belle ambiance et un cadre agréable, avec 2 petites terrasses romantiques. Un rapport qualité-prix étonnant.

🍽 **La Casona :** pl. Almijara, 6. ☎ 952-55-37-01. ● sergiolacasona@hotmail.com ● Tlj sf lun. Menu 8 €, carte 10-15 €. Quel plaisir de manger sur cette place animée, bordée de part et d'autre de l'église de style néomudéjar et d'une fontaine baroque. Le soir, le tout est éclairé par des lampadaires très british, qui créent un mélange des genres cocasse. Dans l'assiette, bonne cuisine andalouse avec un menu copieux défiant toute concurrence. Accueil souriant.

Où acheter de bons produits ?

🏵 **Bodega Sierra Almijara :** c/ Toledo, 1. ☎ 952-51-60-39. ● bode

gasalmijara.com ● Au-dessus de l'église et la pl. Almijara. Tlj 10h-14h, 17h-20h30 ; dim 11h30-14h. Pour goûter au fameux moscatel local. Préférez le *vino dulce* au *vino seco*... qui porte bien son nom. D'autres produits du coin : miel, huile, fruits secs, etc.

FRIGILIANA (29788) 3 270 hab.

À 8 km au nord de Nerja. Petit village blanc, joliment fleuri, élu plus beau village d'Andalousie en 1988. Du coup, les villas-résidences secondaires pullulent, et l'été les cars y débarquent leur flot de vacanciers pendant que boutiques de céramique et caves à vins dressent leurs plus beaux étals. L'endroit est également connu pour son huile d'olive et son muscat. On vous conseille de vous garer sur le parking dès l'entrée du village (ou le long de la route) et de gravir à pied ses jolies ruelles blanchies à la chaux et fleuries de géraniums. À voir, outre les ruelles typiques : une église d'époque Renaissance, *San Antonio de Padua*, les ruines d'un château arabe et la vieille fontaine. Processions hautes en couleur à Noël et pendant la Semaine sainte.

LA COSTA DEL SOL ENTRE MÁLAGA ET ALMERÍA

Arriver – Quitter

🚌 **Gare routière :** *pl. del Ingenio*, à l'entrée du village, juste au-dessus du parking principal. Les *Autocares Nerja* (☎ 952-52-09-84) assurent la courte liaison depuis la côte.
➤ 10 bus/j. en sem 7h20-20h30 depuis Nerja, retours 7h-21h. Le sam, 2 bus de moins à la mi-journée. Aucune liaison dim et j. fériés. Env 20 mn de trajet.

Adresse et info utiles

🛈 **Centro cultural Casa del Apero :** c/ Cuesta del Apero. ☎ 952-53-42-61. 🖷 667-54-14-65. Au-dessus du parking principal, sur la droite. De mi-sept à fin juin : lun-ven 10h-17h30 ; w-e 10h-14h, 16h-20h. En été : lun-ven 10h-15h30, 17h-21h ; w-e 10h-14h, 16h-20h. Fait à la fois office de tourisme, bibliothèque, salle d'expo et Musée archéologique (en fait, une pièce exposant des urnes funéraires). Et ils z'offrent même pas un petit coup à boire ? Avec un nom pareil... sauf qu'en castillan ça désigne le matériel agricole... Le bâtiment,

du XVIIᵉ s, abritait à l'origine étables et greniers. De la cour, des marches conduisent à un mirador pour un joli point de vue sur le village.
– Voir aussi ● *frigiliana.info* ●

Où dormir ?

🏠 **Hotel Las Chinas :** pl. Doña Amparo Guerrero, 14. ☎ 952-53-30-73. ● *hotel-laschinas@terra.com* ● Au bout de la c/ San Sebastián, située à l'extrémité du village, dans la partie la plus récente, à 500 m à droite au-dessus du parking principal. Congés : oct-fév. Doubles avec sdb 45-55 € (sans ou avec AC). CB refusées. 📶 (gratuit). Sur présentation de ce guide, chupito de vin maison offert, ou réduc sur les doubles à partir de 2 nuits consécutives. Chambres simples mais impeccables et de bon confort. Vue sur le village et les maisons du quartier. Pas de charme particulier, mais le patron, don Miguel, est accueillant.
🏠 **Hospedería El Caravansar :** callejón de la Ermita, 2. ☎ 952-53-35-86. ● *info@hospederia-el-caravansar-frigiliana.es* ● *hospederia-el-caravansar-frigiliana.es* ● Accès par la rue principale

en venant de Nerja (c/ Principe de Asturias ; fléché) ou la c/ Sebastián (pas très loin de l'hotel Las Chinas). Doubles avec sdb 45-65 € selon saison et confort, petit déj inclus. 📶 (gratuit). En retrait des grandes rues, une adresse soigneusement tenue offrant à peine 10 chambres, pas bien grandes ni toujours très lumineuses, mais à la déco fraîche et plutôt coquette. Petit balcon pour chaque chambre, comme ça, il n'y a pas de jaloux ! Accueil souriant.

🛏 *Hotel rural Los Caracoles :* ctra Frigiliana-Torrox, km 4,6. ☎ 952-03-06-80. ● info@hotelloscaracoles. com ● hotelloscaracoles.com ● *Congés : janv. Selon saison, doubles 65-85 €, bungalows 2 pers 85-115 €. Petit déj 6 €. 📶 (gratuit). Apéritif maison offert sur présentation de ce guide.* Sur les hauteurs de Frigiliana et au milieu des oliviers, une série de bungalows tout confort en forme d'escargot à la déco rustique plutôt originale. De loin, on dirait une fantaisie conçue par un Dalí ou un Gaudí : toitures arrondies, cheminées coniques, lampadaires en bois tordu. Salles de bains dans le même esprit. Superbe vue des vallées de l'Axarquía depuis... la toute petite piscine *(ouv juin-sept)* ! Juste à côté, des chaises longues sur une terrasse pour oublier le temps en écoutant les cigales chanter. Accueil pro mais pas distant pour autant. Dommage que le succès ait fait exploser les prix... ce qui n'empêche pas l'éta-blissement d'être plein des semaines à l'avance.

Où manger ?

🍴 *Restaurant Las Chinas :* pl. Doña Amparo Guerrero, 16. ▯ 636-40-16-64. *Juste à côté de l'hôtel du même nom (mais proprio différent). Menus 9-17 €, dont un végétarien.* On y sert une bonne cuisine andalouse à prix sages, à déguster sur les tables éparpillées de part et d'autre de la rue (ce qui n'est pas très agréable) ou dans une salle à la déco contemporaine. Sympathique petit menu *Las Chinas* avec soupe de poisson à volonté et une petite caille en plat principal.

🍴 *Restaurante Romantica :* c/ San Sebastián, 8. ☎ 952-53-43-67. *Fermé sam en été, et aussi le midi les lun, mar et dim le reste de l'année. Repas 20-25 €.* Une adresse relativement discrète, avec un petit bar au rez-de-chaussée. Pour le repas, c'est à l'étage que ça se passe, sur la terrasse couverte offrant une jolie vue sur la vallée. Au menu, ce n'est pas vraiment espagnol, mais plutôt d'inspiration anglo-saxonne, comme les patrons : ici un plat cajun, là un curry ou encore un hamburger. La petite carte s'adresse principalement aux carnivores mais les plats sont globalement bons et ça change un peu. Accueil détendu et agréable, à l'image du lieu.

NERJA   (29780)   22 300 hab.

Ville mignonne et très touristique, un peu trop peut-être. Mais c'est sans doute la seule de toute la côte à avoir réussi à échapper aux constructions anarchiques de blocs de béton hideux. Et puis il y a ici deux lieux de toute beauté : la grotte et le célèbre *balcón de Europa,* promontoire naturel qui donne sur la mer, baptisé ainsi par le roi Alfonso XII en 1885, lorsqu'il visita la ville.
Nerja possède un doux parfum de farniente qu'on ne retrouve guère sur le reste de la Costa del Sol. Bien sûr, il y a beaucoup de monde en été, mais les jolies ruelles, la bonne ambiance qui y règne et le respect général du site font vite oublier les inconvénients de cette petite ville côtière.
– Le 15 mai, Nerja fête la San Isidro, le saint patron des cultivateurs. Belle animation le midi avec la procession de tracteurs fort joliment décorés. Celle-ci rejoint ensuite *la cueva de Nerja,* et alors toute la ville, ou presque, ferme...

Arriver – Quitter

🚌 **Arrêt de bus** (plan A1) **:** jouxtant la pl. Cantarero. ☎ 952-52-15-04. À deux pas du centre, au nord de la ville. Ttes les destinations sont assurées par la compagnie Alsa (☎ 902-42-22-42 ; ● alsa.es ●). La gare ferroviaire la plus proche se trouve à Málaga.

➤ **De/vers Málaga :** env 25 bus/j. lun-sam 7h10-21h45. Trajet : 1h-1h30.

➤ **De/vers Grenade :** 6 bus/j. 9h-21h15. Trajet : env 2h.

➤ **De/vers Almería :** env 6 bus/j. Trajet : 3-4h.

➤ **De/vers Cordoue :** 2 bus/j. ; départ de Nerja vers 7h30 et 10h30, de Cordoue vers 15h et 17h. Trajet : 4h50.

➤ **De/vers Almuñécar :** 13-14 bus/j. 7h-21h45. Trajet : 30-45 mn.

➤ **Pour Séville :** 2 bus/j. dans les 2 sens.

➤ **Pour Algésiras :** 1 bus/j., en fin de mat.

➤ Bus **pour les grottes** ttes les heures env 8h30-20h. Trajet : 10 mn.

Le stationnement

🅿 On peut se garer gratuitement dans certaines rues du centre. En haute saison, il est néanmoins plus simple de profiter du grand parking gratuit (plan A1) à l'entrée de la ville, duquel on rejoint le centre en 5 mn. Si vous logez dans le centre, à proximité du balcón de Europa, le plus facile est, en arrivant, de vous diriger directement vers le grand parking souterrain du Paseo Nuevo, une grande place qui manque cruellement d'animation (plan A-B2). Le parking étant assez cher, déposez toutes vos affaires à l'hôtel et repartez fissa vous garer dans le grand parking gratuit.

Adresses utiles

ℹ **Oficina de turismo** (plan B3) **:** c/ Carmen, 1. ☎ 952-52-15-31. ● nerja.org ● De mi-sept à mi-juin, tlj 10h-14h. En été, lun-sam 10h-14h, 18h-22h ; dim 18h-22h. Infos succinctes.

✉ **Correos** (plan B3) **:** c/ Almirante Ferrándiz, 6. Lun-ven 8h30-14h30, sam 9h30-13h. Hors horaires d'ouverture, distributeur de timbres à l'extérieur (espèces seulement).

@ **Globalnet** (plan A2) **:** c/ Angustias, 44. Tlj sf dim 10h-22h.

■ **Banques** (plan A3, **1**) **:** très nombreuses dans le centre (dont une BBVA, pour l'Alhambra), notamment dans la c/ Diputación Provincial et sur la pl. Cavana. La plupart ont un distributeur et font le change.

■ **Police municipale :** c/ Virgen del Pilar, 1. ☎ 952-52-15-45.

🚕 **Station de taxis :** pl. de la Ermita ou, le soir, avda Castilla Pérez (au niveau c/ El Barrio). ☎ 952-52-05-37.

Où dormir ?

Le choix des hôtels dans le centre-ville est assez vaste, et dans l'ensemble d'une très bonne qualité. Voici notre palmarès.

De bon marché à prix moyens (30-60 €)

🛏 **Hostal Mena** (plan A3, **17**) **:** c/ El Barrio, 15. ☎ 952-52-05-41. ● info@ hostalmena.es ● hostalmena.es ● Accueil 9h-13h30, 17h-19h. Doubles 29-45 € selon saison ; 5 € en sus pour une terrasse. 📶 (gratuit). Un vrai coup de cœur pour cette adresse située dans une belle maison blanche avec patio et jardin. Rien de surfait ici. Déco chaleureuse, piano à l'entrée et toiles très personnelles des proprios un peu partout. Chambres nickel et confortables, celles avec terrasse sont bien sûr plus agréables. Beau jardin gazonné où poussent des citronniers et un néflier. Balançoire pour les moutards routards. Très bon rapport qualité-prix et accueil délicieux pour ne rien gâcher. Les proprios possèdent aussi l'**Hotel Mena Plaza** (pl. de España). Là encore, la qualité est au rendez-vous, mais c'est la gamme au-dessus. Plus confortable donc, mais 2 fois plus cher.

🛏 **Hostal Lorca** (plan A1, **16**) **:** c/ Méndez Núñez, 20. ☎ 952-52-34-26. ● info@ hostallorca.com ● hostallorca.com ● Résa conseillée. Doubles avec sdb 29-56 €

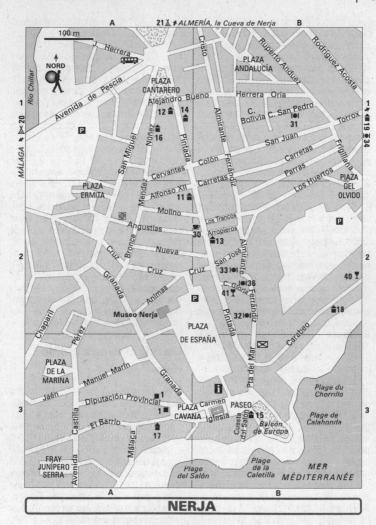

NERJA

■	**Adresses utiles**
ℹ	Oficina de turismo
@	Globalnet
1	Banques

⌂	**Où dormir ?**
11	Hostal Dianes
12	Hostal Plaza Cantarero
13	Hostal Nerjasol
14	Hostal Abril
15	Hostal Marissal
16	Hostal Lorca

17	Hostal Mena
18	Hostal Tres Soles
19	Parador de Nerja

⚒	**Où camper dans les environs ?**
20	Camping El Pino
21	Camping Nerja

⚓	**Où prendre un bon petit déj ?**
30	Café-bar Las 4 Esquinas

●|●	**Où manger ?**
31	Dolores El Chispa
32	Bar Los Mariscos
33	Esquina Paulina
34	Ayo
36	Sevillano

▼	**Où boire un verre ou un thé ?**
40	Tetería Jardín Al-Andalus
41	Bar Redondo

selon saison. 🛜 (gratuit). Café offert sur présentation de ce guide. Dans le haut d'une rue blanche et calme, des murs jaunes cachent une jolie pension d'une dizaine de chambres à peine, tenue par des Néerlandais. Les chambres d'une extrême sobriété sont très inégales, mais d'une netteté toute nordique, avec ventilo et chauffage en hiver. Gros plus : dans la cour, petite piscine et terrasse pour musarder au soleil, à l'ombre d'un unique palmier. Petite salle pour manger sur le pouce (micro-ondes et cafetière à disposition). Accueil jovial et attentif.

🛏 **Hostal Plaza Cantarero** (plan A1, **12**) : c/ Pintada, 117. ☎ 952-52-87-28. 🖥 649-75-87-24. ● info@hostalplazacan tarero.com ● hostalplazacantarero.com ● Doubles 27-49 € selon saison. 🛜 (gratuit). Une belle petite hostal proposant une dizaine de chambres joliment aménagées, avec meubles vernissés et salles de bains colorées. Pas de petit déjeuner, mais rien ne vous empêche d'aller chercher vos croissants dans une boulangerie voisine pour les déguster sur le superbe toit-terrasse ombragé.

🛏 **Hostal Tres Soles** (plan B2, **18**) : c/ Carabeo, 40. ☎ 952-52-51-57. ● info@hostal3soles.com ● hostal3soles.com ● Selon saison, doubles 35-60 €, apparts 2-4 pers 60-80 €. 🛜 (gratuit). Dans une jolie rue, un peu à l'écart de l'agitation, cette belle façade blanche couverte de plantes grimpantes abrite des chambres sobres, mais impeccables et bien équipées, quoiqu'un peu petites pour certaines. Propose aussi quelques appartements plus clinquants à proximité de l'hostal, avec terrasse, jacuzzi et même une piscine commune. Bon accueil.

🛏 **Hostal Abril** (plan A1, **14**) : c/ Pintada, 124. ☎ 952-52-61-67. ● info@hostalabril.com ● hostalabril. com ● Doubles 33-50 € selon saison. 🖥 🛜 (gratuit). Une grande maison moderne un rien tape-à-l'œil au premier abord et tenue par une famille qui prend sa petite entreprise très au sérieux. Les chambres sont nickel, très épurées et décorées de tableaux de paysage. Quelques chambres familiales au sous-sol, à la fraîche, mais beaucoup trop sombres. Jardinet à l'arrière.

🛏 **Hostal Dianes** (plan A-B2, **11**) : c/ Pintada, 67. ☎ 952-52-81-16.

🖥 607-62-51-88. ● info@hostaldianes. com ● hostaldianes.com ● Réception à l'agence Dianes Holidays, tlj 9h30-14h, 17h-21h. Doubles 35-60 € selon saison. 🛜 (gratuit). Sur présentation de ce guide, réduc de 10 % sur le prix des doubles en basse et moyenne saisons (oct-mai) pour les séjours de min 3 nuits. Chambres confortables et bien tenues donnant, pour la plupart, sur un patio. Terrasse à l'étage.

🛏 **Hostal Nerjasol** (plan B2, **13**) : c/ Pintada, 54. ☎ 952-52-21-21. ● info@hostalnerjasol.com ● hostalner jasol.com ● ♿ Doubles 32-55 € selon saison. 🖥 (payant). 🛜 (gratuit). On aime ou pas la déco un peu datée, mais force est de reconnaître que les lieux sont absolument impeccables et plutôt spacieux. 2 niveaux avec petits salons, TV, journaux... et grande terrasse donnant sur les toits, meublée de quelques vieilles chaises longues (et même de quoi pédaler ou/et ramer pour les plus courageux !). Chacune des chambres donnant sur la rue (parfois un peu bruyante) dispose d'un microbalcon.

De prix moyens à chic (40-80 €)

🛏 **Hostal Marissal** (plan B3, **15**) : paseo Balcón de Europa, 3. ☎ 952-52-01-99. ● reserva@hostalmarissal.com ● hos talmarissal.com ● Congés : 15 j. en janv. Selon saison, doubles avec sdb 47-80 € et apparts 2-4 pers 90-170 €. 🛜 (gratuit). Il s'agit en fait d'un vrai hôtel, qui ne doit sa classification en hostal qu'à l'étroitesse de ses couloirs. L'adresse, qui jouit d'une jolie situation sur le balcón de Europa, offre pour la moitié du prix de son luxueux voisin, de belles chambres tout confort. Demander de préférence celles disposant d'une petite vue sur la mer (même prix que les autres). Sinon, la n° 113, qui est sur une rue calme, est très grande. Du côté de la place, elles sont assez bruyantes.

Beaucoup plus chic (min 160 €)

🛏 **Parador de Nerja** (hors plan par B1, **19**) : c/ Almuñécar, 8. ☎ 952-52-00-50. ● nerja@parador.es ● parador.es ●

🏨 *Selon saison, doubles 160-185 € sans vue, 210-240 € avec vue.* 📶 *(gratuit).* Un parador qui parade un peu. C'est un bâtiment moderne dont la seule histoire est d'avoir été construit pour accueillir les premières migrations touristiques dans les années 1960. Le confort est évidemment au rendez-vous et les chambres disposent toutes d'un balcon, mais la déco reste très conventionnelle. En revanche, le jardin mérite bien l'appellation de parador pour sa situation, en surplomb de la mer avec en toile de fond le dessin irrégulier des montagnes plongeant dans la Méditerranée. Belle piscine et accès direct à la longue plage de *Burriana* par ascenseur. Si ça, c'est pas chic !

Où camper dans les environs ?

⛺ *Camping El Pino* (hors plan par A1, *20*) : ctra N 340 Málaga-Almería, km 285,4, urb. Torrox Park, 29793 **Torrox Costa.** ☎ 952-53-00-06. ● info@campingelpino.com ● campingelpino.com ● 🏨 *Sur les hauteurs de Torrox, à env 7 km de Nerja et à 1 km en retrait de la mer ; bien indiqué sur la route de la plage. Ouv tte l'année. 13-18 € pour 2 avec tente et voiture ; bungalows 2-6 pers 44-96 € selon taille, confort, saison et durée du séjour. CB refusées. Douches chaudes gratuites.* 📶 *(gratuit).* Situé dans un quartier où les *urbanizaciones* poussent comme des champignons, ce très grand terrain partiellement ombragé par des avocatiers et échelonné sur plusieurs terrasses. Sol bien dur, comme souvent, et entretien parfois un peu léger lorsque l'affluence est à son comble. Piscine (en été seulement), petite épicerie, bar-resto, distributeur automatique. Assez bondé (donc bruyant) le week-end. À 1 km, petite plage de sable noir un peu caillouteuse.

⛺ *Camping Nerja* (hors plan par A1, *21*) : ctra N 340 Maro-Nerja, km 296, 29787 **Maro.** ☎ 952-52-97-14. ● info@nerjacamping.com ● nerjacamping.com ● *Sur la route d'Almuñécar, à env 5 km de Nerja (juste après la sortie Maro) et à 1 km des grottes.*

Congés : en oct. En hte saison env 24 € pour 2 avec tente et voiture ; bungalows tt équipés 4 pers 115-170 € pour 2 nuits min. CB refusées. 📶 *(gratuit).* Avouons, ce camping est loin d'avoir tout pour lui : il est éloigné du centre-ville, adossé à l'autoroute et les emplacements s'entassent un peu. En revanche, le terrain partiellement ombragé par des oliviers et des eucalyptus est plutôt agréable et le bloc sanitaire central propre. Piscine, bar, resto. Village de Maro et ses quelques commerces à 500 m. Plage et crique à 2 km.

Où prendre un bon petit déj ?

🍵 *Café-bar Las 4 Esquinas* (plan A-B2, *30*) : c/ Pintada, 55. ☎ 952-52-85-67. Env 4 € pour des churros *frais, du café et un jus d'orange.* Parfait pour la collation du matin si vous trouvez de la place. Profitez-en pour jeter un œil aux photos du Nerja des années 1950 accrochées aux murs.

Où manger ?

Beaucoup d'endroits où manger sur le pouce pour les touristes de passage. Pour ceux qui y séjournent au moins une nuit, voici une petite sélection de bars à tapas qui font aussi restos à prix honnêtes, et quelques adresses un peu plus chic.

Bon marché (env 15 €)

🍴 *Esquina Paulina* (plan B2, *33*) : c/ Almirante Ferrándiz, 45. ☎ 952-52-21-81. ● esquinapaulina2006@hotmail.com ● Tlj sf dim, slt le soir dès 19h30. Congés : 15 nov-15 fév. Repas 10-15 €. CB refusées. Petit bar à tapas et sandwichs de nuit, tenu par Paulina et Loeke, un couple néerlandais sympathique. Jambon de Trevélez, plateau de fromages espagnols et plus « nordiques », bonnes petites salades toutes simples, le tout à déguster avec un bon verre de Rioja. Ambiance jeune et cosmopolite – ou plus âgée, selon l'heure.

Mais ne soyez pas trop pressé, c'est Paulina qui fait tout, derrière son bar.

|●| Ayo *(hors plan par B1, 34)* : *playa Burriana ; tt au bout du front de mer, face à la playa.* ☎ 952-52-22-89. ● ayo@ayonerja.com ● *Tlj 11h-17h. Paella env 7 €.* Bon, autant vous le dire tout de suite, Ayo n'a rien à voir avec la sublime chanteuse nigéro-germanique. C'est le nom du monsieur en tablier qui tient cet immense *chiringuito*. Immense, mais toujours bondé. Et ce pour une simple et unique raison : on y concocte inlassablement depuis des années une paella, servie à volonté pour un prix tout doux (certes, à ce prix-là, beaucoup de riz et peu de garniture !). Comme un homme averti en vaut deux, prenez le temps de digérer tout ça sous les canisses.

|●| Dolores El Chispa *(plan B1, 31)* : *c/ San Pedro, 12.* ☎ 952-52-36-97. *Tlj sf lun. Tapas env 3 €, plats min 6 €.* Tapas plébiscitées par les locaux, qui viennent également pour des repas « assis » dans la salle ouverte à côté ou sur la terrasse couverte surélevée. Le soir, même si vous ne prenez qu'une bière, le patron offre une tournée de *pinchitos morunos* (brochettes marinées dans une sauce oignon, ail, piment de Cayenne, cumin, sel et poivre) qui donne envie de s'attabler pour déguster sardines, calamars, palourdes, espadon... la liste est longue et, surtout, saisonnière.

|●| Bar Los Mariscos *(plan B2, 32)* : *c/ Almirante Ferrándiz, 17.* ☎ 952-52-27-14. *Fermé mar. Congés : de mi-nov à mi-déc. Tapas env 2 €, menú del día max 9 € servi le midi et parfois le soir ; carte env 15 €.* Petit bar populaire et familial, relativement touristique. On l'aime surtout pour ses petits patios sous les canisses, façon *chiringuito*. Cuisine pas reluisante, mais sert pourtant quelques tapas bien fraîches, du poisson grillé et autres calamars

corrects. Les gambas *a la plancha*, toutes simples, sont excellentes. Bonne paella, qu'il est plus sûr de venir commander le matin.

Un poil plus chic (20-25 €)

|●| Sevillano *(plan B2, 36)* : *c/ de la Gloria, 15.* ☎ 952-52-51-18. *Tlj sf jeu en hiver. Congés : nov. Carte 20-25 €.* Un des favoris des habitants de Nerja pour les sorties du week-end, le *Sevillano* propose une bonne cuisine andalouse assez typique, ainsi que des plats plus septentrionaux, comme le bœuf Strogonov. Tables dans la rue, dans une des salles sur 2 étages et même, bien sympa, sur le toit-terrasse (en été seulement). La maison possède aussi le resto juste en face (même carte).

Où boire un verre ou un thé ?

Y Tetería Jardín Al-Andalus *(plan B2, 40)* : *c/ Carabeo, 87.* ☎ 952-52-83-13. *Tlj sf lun 16h-2h.* 4 petits salons marocains avec banquettes et coussins, et un grand patio où l'on sirote son thé ou son cocktail, à l'ombre des fleurs pendantes d'un datura. Musique andalouse et excellent accueil pour ne rien gâcher. Idéal en remontant de la crique en contrebas.

Y Bar Redondo *(plan B2, 41)* : *c/ de la Gloria, 10.* ☎ 952-52-49-74. *Tlj sf mar 12h-16h, 19h-1h.* Contemporain dans le décor, classique dans l'assiette. Le magnifique bar rond, la jolie déco d'azulejos et de lampes Tiffany donnent inévitablement envie de se poser sur un haut tabouret ou l'une des tables. Une chose en entraînant une autre, on se retrouve bientôt en train de picorer une tapa, puis deux, puis trois...

À voir

🥾🥾 El balcón de Europa *(plan B3)* : un point de vue unique sur la Méditerranée qui résume à lui seul la beauté du site de Nerja. De 1502 à 1811, c'était une forteresse destinée à défendre la côte des pirates qui occupait cette esplanade dominant la grande bleue de quelques dizaines de mètres et toisant deux petites criques nichées sur ses flancs. Aujourd'hui, sur sa promenade, de beaux jardins aux plantes exotiques ont été aménagés. Quelle animation le soir, entre les marchands de glaces, les musiciens et les vendeurs ambulants ! Tout le monde s'y retrouve pour le coucher du soleil ou, en juin et juillet à la tombée de la nuit, le ballet des nombreux martinets qui zèbrent le littoral de leurs acrobaties et autres piqués.

🦅 En quittant le balcón de Europa, prenez sur votre gauche. Passez devant la *iglesia del Salvador* (1697) : en été, quelques petits artisans y égaient la nuit.

🦅🚶 *Museo Nerja* (plan A2) : pl. de España, 4. ☎ 952-52-72-24. Tlj 10h-14h, 16h-18h (juil-août 18h-22h). Fermé 1er janv et 15 mai. Entrée : 4 € ; gratuit dim ap-m pour les citoyens de l'Union européenne. Traduction de l'expo disponible en français à l'accueil. Un très bon musée, assez interactif. Peu d'objets exposés et des sections plutôt restreintes, mais les textes ou films donnent une bonne vision d'ensemble de l'histoire et de la culture de cette région de l'Axarquía. La visite commence au sous-sol, par un film instructif (il existe en français, alors n'hésitez pas à le demander !).

🦅🚶 *La cueva de Nerja* (hors plan par A1) : grotte située à 4 km au nord de la ville, sur la route d'Almuñécar. ☎ 952-52-95-20. ● cuevadenerja.es ● En bus, départs réguliers de Nerja (env ttes les heures) ; horaires précis à l'office de tourisme. Juil-août, tlj 10h-19h30 ; le reste de l'année, tlj 10h-14h, 16h-18h30. Fermé 1er janv et 15 mai. Entrée : 8,50 € ; 4,50 € pour les 6-12 ans ; gratuit moins de 6 ans. Visite env 45 mn. Parking 1 € (en espèces pour l'automate). Le parcours dans la grotte se fait à pied. C'est facile, même pour les enfants (mais sol glissant).
La grotte de Nerja est jumelée avec celle de Clamouse, dans l'Hérault. Peu profonde, elle affleure sous la croûte terrestre (d'où la facilité de la promenade). On n'utilise qu'un simple escalier (pas d'ascenseur), et on pénètre dans un intérieur où règne une température un peu plus fraîche qu'au-dehors (il ne fait pas froid pour autant).
En 1959, des jeunes gens à la recherche de chauves-souris découvrent la grotte, qui se révèle bientôt être l'une des plus importantes d'Europe. Le réseau s'étire en effet sur 7 219,28 m (pour être précis) ! Ce serait un incommensurable mouvement de l'écorce terrestre qui aurait créé ces cavités au pliocène, il y a cinq millions d'années (votre grand-mère n'était même pas née !). Puis l'intérieur se façonna : agglomérations de dépôts calcaires ici, usure du passage de l'eau là... ainsi se créa ce chef-d'œuvre de la nature. Ce sanctuaire naturel fut ensuite occupé par l'homme préhistorique. Des peintures rupestres datant du Paléolithique supérieur (20 000 ans) témoignent d'ailleurs de cette antique présence. Des fouilles sont toujours en cours. La partie des grottes comportant des peintures n'est pas visitable pour des raisons de conservation évidentes.
Y aller tôt (ou très tard) pour éviter la foule. Le parcours (libre et bien balisé) permet de découvrir d'immenses cavités, d'étroits passages, d'incroyables stalactites et stalagmites effilées et bosselées comme des vertèbres de cétacé, des concrétions en forme de tartes à la crème, de choux baveux, de champignons désagrégés ou de fanons de baleine pétrifiés ! Un univers étrange et insolite. La plus grande salle semble être une véritable cathédrale. Sa colonne centrale, haute de 32 m, est la plus grande du monde – inscription au *Guinness Book* à l'appui !
Pour peaufiner la visite, un petit *centre d'interprétation* (mêmes horaires que la grotte ; GRATUIT), situé face au parking, fournit de plus amples informations géologiques. Les responsables proposent même des visites guidées dans les salles fermées au public, par petits groupes de 10-12 personnes (sam oct-avr ; durée 5-6h ; résa obligatoire ; niveau sportif).
– Chaque année, la 2e ou 3e semaine de juillet, la cueva de Nerja vibre aux accords très classiques d'un *Festival de musique et de danse*. Rostropovitch et Yehudi Menuhin ont déjà bercé de leur virtuosité le silence séculaire de cette nef souterraine.

Les plages

⊿ Il y a bien sûr les deux adorables plagettes (sable gris), rapidement bondées en été, en contrebas du balcon de l'Europe : la *playa de Calahonda,* avec ses croquignolettes cabanes de pêcheurs encastrées dans la roche, et celle *del Salón,* de l'autre côté. *Burriana,* la plus grande, s'étire sur près de 1 km à l'opposé, en direction de l'est. Peut-être la plus sympa, enclavée entre deux avancées rocheuses, elle se couvre encore de barques colorées sur le sable. Plus tellement de pêcheurs, plutôt des retraités qui ne veulent pas laisser mourir leur barcasse préférée. Toutes ces plages sont plutôt très fréquentées.

⊿ Une bonne solution pour éviter ce problème est de se rendre à l'est de Nerja. Par exemple, à la *playa de las Alberquillas.* Prendre la direction de Salobreña et Almería, passer le *Camping Nerja,* puis un premier mirador. Au niveau du second (km 299,3) et un peu après, plusieurs sentiers escarpés permettent de descendre en quelques minutes jusqu'à de jolies plages – quasi désertes en dehors des week-ends d'été. Vous êtes ici dans le parc naturel Acantilados de Maro Cerro Gordo. De vieilles tours de guet jalonnent les falaises de part et d'autre.

SALOBREÑA   (18680)   12 790 hab.

> « Les maisons montent au ciel. »
>
> Miguel Ruiz del Castillo

Il y a deux Salobreña : le vieux village accroché à son promontoire rocheux et la station balnéaire (Salobreña-Mar), barrière bétonnée moche et sans âme (comme d'habitude) le long de la mer. D'un côté 2 000 ans d'histoire, de l'autre 40 ans de... déboires. C'est, bien sûr, le vieux village qui retiendra votre attention. Un entrelacs de maisons cubiques, qui ne sont pas vraiment blanches, comme ailleurs, mais d'un très léger bleu qui fonce avec la pluie et s'éclaircit ensuite (quelle poésie !). Le cœur ancien de Salobreña, typique des vieux villages musulmans de l'antique royaume de Grenade, se découvre à pied au fil des ruelles escarpées : une délicieuse promenade à faire en fin d'après-midi. Tout autour, une vaste plaine où s'étendent à perte de vue des champs de canne à sucre et d'arbres fruitiers. Sous ce climat méditerranéen à tendance subtropicale, tout peut pousser. Ceux qui recherchent le calme seront comblés ici ; pour l'animation, il faudra diriger vos pas du côté de La Herradura ou d'Almuñécar.

Arriver – Quitter

🚌 **Arrêt de bus** *(plan B1) :* pas de gare proprement dite mais une guitoune (tlj 7h45-12h, 15h-20h) à côté des taxis et de l'office de tourisme. Ttes les destinations sont desservies par *Alsa* (☎ 902-42-22-42 ; ● *alsa.es* ●).

➤ *De/vers Almuñécar :* 1 à 2 bus/h, 6h30-22h15. Rien les j. fériés. Trajet : 15-20 mn.

➤ *De/vers Nerja :* env 10 rotations 6h40-21h ; retours 9h45-21h45. Trajet : 1h.

➤ Autres destinations possibles : *Almería* (2 bus/j. ; env 3h de trajet), *Grenade* (15 bus/j. ; env 1h de trajet), *Málaga* (6 bus/j. ; 1h45-2h de trajet), *Cordoue* (1 bus/j. ; env 5h30 de trajet), *Séville* (1 bus/j. ; 6h de trajet). Également une liaison dans l'ap-m sf le dim vers *Lanjarón* et *Órgiva* dans les Alpujarras, via Motril.

– Également une **navette entre la vieille ville et la plage** (et donc les campings) : de la vieille ville, départ de la plaza de Goya *(plan B1)* à côté de l'office de tourisme, ttes les heures env

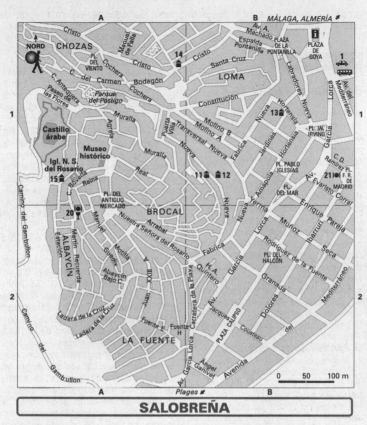

SALOBREÑA

■	**Adresses utiles**		13 Hostal San Juan
	🛈 Oficina de turismo		14 Hostal Jayma
	🚗 1 Taxis		15 Faldas del Castillo
🏠	**Où dormir ?**	|◉| 🍸	**Où manger ?**
			Où boire un verre ?
	11 Pensión Mari Carmen		20 Restaurante Pesetas
	12 Pensión Castellmar		21 Mesón de la Villa

LA COSTA DEL SOL ENTRE MÁLAGA ET ALMERÍA

9h-20h (19h en hiver). Attention cependant à la sacro-sainte sieste : aucun bus entre 13h et 16h.

Adresses et infos utiles

🛈 **Oficina de turismo** (plan B1) : pl. Goya. ☎ 958-61-03-14. ● ayto-salobrena.org/turismo ● Sur un rond-point à l'entrée du village en venant de Gre-nade, à côté des bus. Lun-ven 9h-15h ; horaires rallongés en été. Accueil en français. Vente de guides sur les sentiers de balade des environs.

– **Minibus urbain :** ttes les 30 mn, liaison entre l'arrêt de bus (voir plus haut) et la pl. del Antiguo Mercado (plan A1-2) dans le haut du village.

🚗 **Taxis** (plan B1, 1) : pl. Goya. ☎ 958-61-15-31. Très utile lorsqu'on arrive en bus, chargé de bagages, et qu'on doit gravir les rues tortueuses pour trouver son hôtel.

Où dormir ?

Bon marché (max 40 €)

⌂ **Pensión Mari Carmen** (plan B1, **11**) : c/ Nueva, 32. ☎ 958-61-09-06. ● maricarmenpension@hotmail.com ● pensionmaricarmen.com ● Doubles sans ou avec sdb 30-38 €, certaines avec terrasse ; également 1 appart 8 pers. 🖥 🛜 (gratuit). Sur présentation de ce guide, apéro maison offert en basse saison. Une adresse excellente, c'est un grand prix toutes catégories. Les chambres sont confortables et agréables, la propreté, remarquable et l'accueil, familial et souriant. Demandez une chambre de préférence avec terrasse : certaines sont presque plus grandes que les chambres ! Petit déj (copieux et excellent), repas à la demande et possibilité de laver son linge. Le meilleur rapport qualité-prix de la ville.

⌂ **Pensión Castellmar** (plan B1, **12**) : c/ Nueva, 21. ☎ 958-61-02-27. ● p.castellmar@hotmail.es ● Doubles 30-40 €. CB refusées. Ensemble un peu vieillot à la déco d'un temps que les moins de 20 ans ne peuvent pas connaître... Petites chambres, mais très propres et avec miniterrasse (parasol, table et chaises...) qui donne sur la sierra. Patronne gentille comme tout. Petit déj sur demande.

Prix moyens (40-65 €)

⌂ **Hostal San Juan** (plan B1, **13**) : c/ Jardines, 1. ☎ 958-61-17-29. ● costatropical@hostalsanjuan.com ● hostalsanjuan.com ● 🛎 Dans une rue tranquille. Doubles 42-58 € selon saison ; 2 apparts 250-430 €/sem. 🖥 🛜 (gratuit). 10 % de réduc sur les doubles sur présentation de ce guide. Belle maison jaune et blanc de style sévillan. À l'intérieur, une succession de patios fleuris à la déco chaleureuse : sols carrelés, lits en fer forgé, murs colorés... tout est très bien entre-tenu. Belle terrasse avec vue sur la sierra Nevada. Le patron est français et saura vous conseiller sur les environs. Une bonne et belle adresse, confortable et accueillante.

⌂ **Hostal Jayma** (plan A1, **14**) : c/ Cristo, 24. ☎ 958-61-02-31. ● info@hostaljayma.com ● hostaljayma.com ● 🛎 Congés : vac de Noël. Doubles avec sdb 48-65 €. Petit déj 3,50 €/pers. 🖥 🛜 (gratuit). Réduc de 10 % sur les doubles en basse saison sur présentation de ce guide. Un petit établissement pimpant au nord de la vieille ville aux chambres sobres et confortables ; celles donnant à l'arrière se prolongent même d'une petite terrasse. AC, chauffage, grande terrasse commune... rien ne manque. Accueil pro.

⌂ **Faldas del Castillo** (plan A1, **15**) : c/ Faldas del Castillo, 15. 🖂 630-07-37-94. ● faldasdelcastillo@hotmail.com ● faldasdelcastillo.com ● Apparts 2 pers 60-70 €, 6 pers max 100-110 € ; min 1 sem juil.-août. CB refusées. 🛜 (gratuit). 5 % de réduc sur les apparts sur présentation de ce guide. Voilà 2 beaux appartements idéalement situés tout en haut du village (mais vos bagages n'y grimperont pas tout seuls !). Installés dans une bâtisse ancienne, ils sont agencés sur 3 niveaux : la chambre bien au frais au rez-de-chaussée, le salon-cuisine au 1er étage et, sur le toit, la terrasse aménagée avec vue sur la mer. Le tout relié par des escaliers tortueux et décoré sobrement de quelques meubles anciens. Et le soir, lorsque le village se vide de ses badauds, on n'y entend plus que le scintillement des étoiles...

Où camper ?
Où dormir
dans les environs ?

Les deux campings suivants se trouvent sur la playa de Poniente, plage de sable gris un peu caillouteuse, située à 7 km en direction d'Almería. De la nationale N 340, sortir avant Motril (direction *Puerto Industrial*), puis suivre le fléchage. En arrivant sur les plages, partir à l'opposé du port industriel. Les campings, côte à côte, sont heureusement retirés dans leur coin, face à la plage (et au grand parking entre les deux) et à l'écart du port industriel de Motril et des buildings de la station balnéaire.

⚊ **Camping Playa Granada :** playa de Poniente, 18613 **Motril**. ☎ 958-82-27-16. ● campingplayagranada@hotmail. com ● Ouv tte l'année. Env 25 € pour 2 avec tente et voiture. Ce petit camping résiste encore et toujours à la pression de l'envahisseur. Peu de services, juste un resto qui fonctionne en été, mais (alléluia !) quelle tranquillité, quel silence ! Les parcelles sont assez bien ombragées, mais on n'est tout de même pas en forêt de Fontainebleau. Accueil un peu... pas très... bref, on a connu plus affable !

⚊ **Camping Playa Poniente :** playa de Poniente, 18600 **Motril**. ☎ 958-82-03-03. ● info@campingplayadeponiente. com ● campingplayadeponiente.com ● Env 25 € pour 2 avec tente et voiture ; réduc selon saison et durée du séjour. Bungalows 45-83 € pour 2 et 76-103 € pour 4-6 pers selon saison. Beau terrain avec un bloc sanitaire très correct, mais pour trouver de l'ombre autant se réfugier sous un parasol sur la plage ! Beaucoup de caravanes et la sensation en été d'être empilé les uns sur les autres. Attention aux chats squatteurs de gamelles qui redoublent de ruse pour trouver à boulotter. Piscine l'été et tout plein de services.

Où manger ?
Où boire un verre ?

|●| ▼ **Restaurante Pesetas** (plan A2, **20**) : c/ Bóveda, 11. ☎ 958-61-01-82. ● mail@restaurante-pesetas.es ● En haut du village, juste en dessous de l'église ; accès par un passage voûté. Mar-dim 12h-15h30, 19h30-23h30 et lun juil-août. Congés : nov. Carte env 20 €. Apéritif maison offert sur présentation de ce guide. Depuis la terrasse, vue magnifique sur la plaine et la mer, avec en premier plan les toits de tuiles rouges de Salobreña. Spécialités de poisson et fruits de mer, ainsi que de bien belles salades. On peut boire un verre et manger des tapas à des prix raisonnables au bar. Lieu de retrouvailles des villageois les soirs de Liga.

|●| **Mesón de la Villa** (plan B1, **21**) : c/ Diego Ramírez, s/n. ☎ 958-61-24-14. Menú del día lun-ven (midi slt) env 9 €, carte env 20 €. Salle rustique aux couleurs chaudes avec chaises en paille et nappes à carreaux. Tables en plastique à l'extérieur, dans un square calme de la nouvelle urbanización. Excellente cave, avec pas mal de riojas de différentes cuvées. Cuisine andalouse connue jusqu'à Cordoue pour son rabo de toro (queue de taureau). Service souriant.

À voir. À faire

🏃🏃 **Les ruelles du vieux village** (plan A1-2) : étroites, pentues, sans voitures, elles sont le royaume des piétons, loin de l'agitation estivale des plages. Quelques vestiges de la présence arabe sont encore disséminés ici et là, comme son quartier de l'Albaicín ou son église Nuestra Señora del Rosario dans le style mudéjar, construite au XVIe s à l'emplacement de l'antique mosquée.

🏃 **Castillo árabe** (château arabe ; plan A1) : à priori tlj (sf lun en hiver) 10h-13h30, 17h30-20h ; horaires fluctuants un peu selon les saisons. Billet combiné « musée + château » env 3 €. Le village est dominé par ce château « phénicien-arabe », résidence d'été des monarques de Grenade et prison des sultans détrônés... Construit en brique, renforcé par des défenses crénelées, ce castillo bien restauré est puissamment éclairé dès la tombée de la nuit. Son intérêt ? Au sommet du donjon, petite terrasse avec un superbe panorama sur la plaine côtière, avec ses champs et vergers avalés lentement par l'expansion immobilière (même si cela reste encore raisonnable comparé au reste de la Costa del Sol).

⚹ **Museo histórico** (plan A1) : pl. del Ayuntamiento (en haut du village, ne pas confondre avec la nouvelle mairie), juste en contrebas du château. Mêmes horaires et mêmes tarifs. Au 1er étage de l'ancienne mairie, ce très modeste musée présente l'histoire de Salobreña à travers les siècles : céramiques, débris de jarres et d'amphores, fragments d'époques phénicienne, romaine et arabe. Au 2e étage, vente d'artisanat.

↗ **Les plages de Salobreña-Mar :** la station balnéaire de Salobreña-Mar est située au bord d'une très grande plage de sable noir (au grain assez épais) qui se prolonge jusqu'à Velilla (playa del Tesorillo). La plage la plus proche est la playa del Peñón, identifiable grâce à son gros rocher, d'où les gamins organisent des concours de plongeons. D'autres plages à découvrir, comme la playa de la Charca (sable plus fin mais gris), ou les playas de Punta del Rio et de la Guardia, entourées de plantations de canne à sucre. Quelques chiringuitos sur ces plages.

DANS LES ENVIRONS DE SALOBREÑA

⚹ **La « vallée tropicale » d'Almuñécar :** à 15 km à l'ouest de Salobreña. Du centre d'Almuñécar (km 314,2), il faut quitter la N 340 et trouver la direction de Jete, un village situé à 12 km dans la vallée. Attention, l'embranchement en question passe sous la N 340... Très vite, le paysage devient verdoyant. La ville d'Almuñécar se trouve aux portes d'une vallée où prospèrent les plantations d'arbres fruitiers exotiques : avocats, chirimoyas (anones) et nísperos (néfliers du Japon) y sont récoltés et conditionnés par plusieurs entreprises. La présence de figuiers de Barbarie, de quelques bananiers et de figuiers ne trompe pas : il s'agit bel et bien d'un climat méditerranéen subtropical. Grâce à la barrière montagneuse et à l'effet thermostatique dû à la proximité de la mer, la température annuelle moyenne oscille autour de 18 °C. Le fond de la vallée, arrosé en hiver par le río Verde (à sec en été), est couvert par les plantations.

↗ **La plage de La Herradura :** elle s'étire sur 2 km entre Almuñécar et Nerja. Sable gris-noir, un peu gros et mêlé de galets, mais bonne tenue générale avec une flopée de chiringuitos pour casser la croûte. La station se développe, mais l'espace n'est pas encore trop compté. En direction de Nerja, d'autres plages s'insèrent entre les falaises, certaines dévolues au naturisme.

LES ALPUJARRAS (SIERRA NEVADA)

À une cinquantaine de kilomètres au sud de Grenade, entre mer et montagne, voici une région majestueuse, appuyée contre le flanc sud de la sierra Nevada, qui mérite vraiment le détour. On peut y passer simplement une journée à la fraîche (Grenade n'est qu'à 1h15 de voiture du trio de premiers villages perchés Pampaneira-Bubión-Capileira), mais mieux vaut y séjourner quelques jours

L'ALPUJARREÑO, ÇA CALE !

L'alpujarreño, spécialité culinaire des Alpujarras (comme son nom l'indique), est un plat reconstituant qui tient au corps à défaut d'être raffiné. Il contient du jambon cru local, du salchichón (petite saucisse épicée), du boudin noir, quelques patates frites et un œuf sur le plat, le tout dans la même assiette. Et hardi petit pour la rando !

pour profiter des lieux et des nombreuses possibilités de rando.
Imaginez un chapelet de villages coquets, accueillants, étagés entre 1 000 et 1 500 m d'altitude, reliés entre eux par des routes de montagne et des

sentiers de randonnée de toute beauté. Chaque village possède son propre caractère. Curieusement, la proximité de la côte n'a pas trop d'influence négative sur ces montagnes, reculées et sans âge, vivant à l'écart du bruit, de l'agitation et de la foule.

L'entrée des Alpujarras change du tout au tout selon que vous y arriviez par l'est, depuis Almería (par l'A 348), ou par l'ouest, en provenance de Grenade. Dans les deux cas, les paysages traversés sont superbes, mais alors qu'en venant d'Almería la route part à l'assaut des montagnes dans un paysage désertique presque lunaire, de l'autre, elle commence par traverser une jolie région connue pour ses vignes et ses orangers. Pour les randonneurs, c'est évidemment le rêve (bonne carte indispensable). Plusieurs petites entreprises locales se sont spécialisées dans les randonnées pédestres, équestres et à VTT (voir un peu plus loin « Adresses utiles »). Le meilleur moment pour observer les fleurs de montagne s'étend de mi-juin à mi-juillet car, à plus de 2 500 m d'altitude, c'est l'époque du printemps de la haute montagne.

On trouve pas mal d'hôtels et d'*hostales* dans les villages, sans oublier quelques campings. Hormis pendant la Semaine sainte et grosso modo du 15 juillet au 15 août, vous ne serez pas trop bousculé par la foule. Bonne nouvelle : pour l'heure, les prix se tiennent bien. Et puis chaque village possède ses propres fêtes, souvent assez hautes en couleur. Ouvrez l'œil et tendez l'oreille !

Dernier conseil : soyez vigilant sur la route, en particulier le week-end, car de nombreux cyclistes s'entraînent sur les lacets escarpés des Alpujarras.

UN PEU D'HISTOIRE

Après la prise de Grenade par les Rois Catholiques en 1492, de nombreux Maures se réfugièrent dans ces montagnes pour se cacher et éviter de devoir se convertir au catholicisme. Les Alpujarras furent un lieu de refuge et d'asile pour une population en fuite, une population résistante. On compta jusqu'à 50 000 morisques (nom des musulmans qui restèrent après la reconquête) dans cette région, s'accrochant bec et ongles à leurs traditions, à leur foi. Philippe II dut mettre les bouchées doubles pour écraser les révoltes en 1571. Le problème ne fut définitivement réglé qu'au début du XVIIe s, avec leur expulsion définitive. Les populations espagnoles qui s'y installèrent par la suite conservèrent toujours un certain esprit d'indépendance et de fierté.

Les villages, eux, sont restés à l'image de leurs fondateurs berbères. C'est ainsi que beaucoup ont encore un air de famille avec ceux que l'on trouve au Maroc : des maisons cubiques aux toits plats, blotties les unes contre les autres, et surtout un système unique d'irrigation appelé *acequias,* réseau de canaux de récupération des eaux de fonte des neiges. On peut d'ailleurs se balader le long de ces *acequias.*

UNE SOURCE D'INSPIRATION
POUR LES SCIENTIFIQUES ET LES ARTISTES

En 1754, le naturaliste **Antonio Ponz** découvrit la région et contribua à la faire connaître. **Simón de Rojas** mesura le mont Mulhacén en 1804. Le botaniste **Edmond Boissier** y séjourna en 1837. Au milieu du XIXe s, écrivains et artistes vinrent y chercher la sauvagerie « romantique » du sud de l'Europe. **Alexandre Dumas** et **Théophile Gautier** y passèrent sur la route de Grenade. Ce dernier fit même l'ascension du mont Mulhacén à cheval ! **Gustave Doré** réalisa des gravures de la région. L'écrivain espagnol **Antonio de Alarcón** contribua aussi à faire connaître les Alpujarras et l'Anglais **Gerald Brenan** fréquenta la région dans les années 1920. Ce n'est pourtant que dans les années 1960-1970 que les artistes, sympathiques marginaux, hippies et certaines communautés religieuses se lancèrent à la découverte de ce havre de tranquillité, à 1h de l'Alhambra et autant de la Méditerranée. Au début des années 2000, la parution des romans autobiographiques de Chris Stewart, le premier batteur du groupe *Genesis,* qui s'est installé dans une ferme aux alentours d'Órgiva, a contribué à attirer de nombreux touristes anglo-saxons dans le coin.

Arriver - Quitter

En bus

Il est assez difficile (bien que réalisable) de visiter les Alpujarras en bus. En général, plusieurs bus de la compagnie *Alsa* (☎ 902-42-22-42 ; ● alsa.es ●) relient quotidiennement Grenade et les villages. Pour obtenir les horaires de passage dans les villages, demander dans les *ayuntamientos (mairies ; ouv en pratique lun-ven 9h-14h).* Possibilité de descendre entre 2 arrêts. Dans les villages, demandez autour de vous : on vous indiquera aisément l'arrêt du bus *(parada).* On prend son billet auprès du conducteur.

2 itinéraires principaux :
➢ La *ligne Grenade-Ugijar,* via *Órgiva, Cadiar* et *Yegen.* Les bus partent de Grenade à 8h30 et 17h. Retour de Ugijar à 5h45 et 15h. Trajet : 3h30 entre Grenade et Yegen.
➢ La *ligne Grenade-Berchules,* via *Órgiva, Pampaneira, Bubión, Capileira, Pitres, Busquístar* et *Trevélez.* Départ de Grenade à 10h, 12h et 16h30. Retour de Trevélez à 6h15, 16h et 17h30. Trajet : 3h15 entre Grenade et Trevélez.

En voiture

C'est évidemment bien plus pratique qu'en bus. Il existe de multiples façons de rejoindre les Alpujarras. De Grenade, emprunter la A 44 vers le sud, en direction de Motril. À une quarantaine de km, prendre vers Lanjarón (par l'A 348). Vous entrez dans les Alpujarras. En venant de Motril, possibilité aussi d'accéder aux Alpujarras en empruntant la vallée de Lecrín (par l'A 346). D'Almería, de nombreuses possibilités s'offrent à vous. Pour les pressés (tant pis pour eux), le plus rapide (env 2h jusqu'à Bubión) est de rejoindre par autoroute Motril, puis

de prendre les sorties pour Lanjarón et Órgiva. Les autres peuvent choisir de s'enfoncer dans les Alpujarras par l'est, en empruntant l'A 348, qui traverse de beaux paysages désertiques au fil des routes en lacets... évidemment, à distance quasi équivalente, on ajoute une bonne heure au trajet (voire plus si on s'offre un très joli détour par le village de Ohanes – camping-cars s'abstenir).

Il existe normalement dans chaque village, en tout cas dans les plus courus, un parking public facilement accessible, souvent gratuit. On trouve également quelques stations-service (notamment à Órgiva et sur la route Pampaneira-Pitres, au niveau de l'embranchement vers Bubión et Capileira), mais il est plus sage de ne pas attendre le dernier moment pour réhydrater son véhicule !

Adresses utiles

ℹ *Punto de información del parque de sierra Nevada – Nevadensis :* à *Pampaneira,* pl. de la Libertad, s/n. ☎ 958-76-31-27. ● nevadensis.com ● À côté de l'église. Nov-Pâques, merdim 10h-15h. Le reste de l'année, dim et lun 10h-15h ; mar-sam 10h-14h, 16h-18h (parfois 17h-19h en été). C'est en fait l'agence de guides de haute et moyenne montagne *Nevadensis* qui assure le relais en termes d'infos touristiques. Très compétents, ils connaissent parfaitement les Alpujarras et certains parlent le français. Ils organisent des randonnées dans toute la sierra Nevada. À la journée ou sur plusieurs jours, avec nuits en refuge, de préférence en petits groupes (min 5 personnes) déjà constitués. Par exemple : l'ascension du Mulhacén (50 € par personne). Dans leurs locaux : librairie vendant cartes et ouvrages sur les Alpujarras,

LES ALPUJARRAS

maquettes en 3D pour bien comprendre la topographie des randos, infos météo. Et aussi des chaussures, des polaires et du petit matériel de montagne pour les têtes en l'air ! Espace exposition : roches et minéraux, flore, apiculture, habitat.

■ *Servicio de interpretación de Altas Cumbres :* à *Capileira,* ctra de la Sierra, s/n. ☎ 958-76-30-90. 📠 671-56-44-06. *En arrivant à Capileira, à gauche avt l'hostal Mesón Poqueira. Pâques-nov, tlj 10h-14h, 17h-20h.* Très bonnes infos sur les randonnées et les Alpujarras. Nous recommandons vivement d'y passer avant d'entreprendre une balade ou une rando, car leurs conseils sont avisés. Bus pour *Alto de Chorillo* (voir plus loin « Balades dans les Alpujarras »).

■ *Cabalgar Rutas Alternativas* (balades à cheval) : barrio Ermita, 18412 **Bubión.** ☎ 958-76-31-35. 📠 679-44-33-98. ● *ridingandalucia.com* ● *En arrivant à Bubión, sur la droite, 100 m env après Rustic Blue, puis suivre le chemin de pierre jusqu'aux écuries. Résas 2-3 j. à l'avance. Env 100 €/j. (5h de monte, déj inclus), mais tarifs négo-ciables selon nombre de pers, saison, etc.* Débutants s'abstenir. Randonnées dans les Alpujarras, mais aussi dans le reste de la région. On peut notamment descendre de Bubión vers le désert de Tabernas et finir par un bon bain au cabo de Gata. Logement en hôtel ou en bivouac, avec un petit coup de gnôle derrière les oreilles, histoire de bien dormir. L'écurie est composée de petits andalous et barbes (vu la grimpette, ce sont ceux qui ont le pied le plus sûr). Le sympathique propriétaire francophone, Rafael Belmonte, organise même des stages d'équinothérapie. Loue aussi un super appart pour 2 personnes, tout équipé, de 50 m² avec terrasse *(env 65 €/nuit).*

■ *Rustic Blue* (location de villas) : barrio La Ermita, 18412 **Bubión.** ☎ 958-76-33-81. ● *rusticblue.com* ● *C'est le 1er bâtiment à droite en arrivant dans le village, en grosses pierres grises. Lun-ven 10h-19h, sam 11h-14h.* Location d'appartements, de maisons dans les Alpujarras. Choix pléthorique allant de la maison de village basique au *cortijo* de luxe en pleine nature. Résa essentiellement en ligne ; si vous vous pointez comme une fleur, vous risquez de ne plus trouver grand-chose.

■ *Numéros de téléphone utiles :*
– *Urgences :* ☎ *112 et 062.*
– *Météo :* ☎ *906-36-53-84.*

Balades dans les Alpujarras

Quelques idées d'itinéraires

Plein de balades grandeur nature à réaliser. On peut en effectuer un certain nombre sans guide de montagne. Voir la librairie du *Punto de información del parque de sierra Nevada* à Pampaneira, où l'on trouve d'excellents topoguides et des cartes, ainsi que de bons conseils. Autrement, pour les randonnées en haute et moyenne altitude, des professionnels de la montagne sont là pour vous aiguiller ou vous accompagner.

➤ ***Les crêtes à plus de 3 000 m :*** une rando de toute beauté (3-5 jours). Voir *Nevadensis* à Pampaneira.

➤ ***Le bus du Servicio de interpretación de Altas Cumbres,*** de Capileira, est une aubaine pour les randonneurs, car il permet de rejoindre Alto de Chorillo à partir de Capileira. Résa indispensable *(☎ 958-76-30-90 ;* 📱 *671-56-44-06).* Juin-sept, 4 bus/j. 8h30-17h30. Pour le retour, faites-vous spécifier clairement l'heure du dernier bus. Trajet : 1h (A/R 10 €).
De là, plusieurs randos possibles :
– *Le lac glacé de la Caldera :* 2h30 de montée, 2h30 de descente à partir d'Alto de Chorillo, mais attention vous êtes là en haute montagne. Prévoir des vêtements chauds.

🛖 ***Refugio de Poqueira*** *(plan Les Alpujarras, 1) :* à 2 500 m d'altitude et env 1h de marche d'Alto de Chorillo. ☎ *958-34-33-49.* 📱 *659-55-42-24.* ● *refugiopoqueira@hotmail.com* ● refugiopoqueira.com ● *Résa indispensable. Nuitée 17 €/pers, douche 2,50 € et repas env 17 €.* Refuge moderne bien équipé de 85 lits. Eau chaude. Restauration.

– *L'ascension du Mulhacén (3 482 m) :* c'est le plus haut des sommets de l'Espagne continentale, dans la sierra Nevada toute proche. Son ascension est réservée aux marcheurs avertis et des crampons sont souvent nécessaires. Location possible au refuge de Poqueira (voir ci-dessus). À partir d'Alto de Chorillo (accessible en bus, donc !), 3h30 pour monter, 2h30 pour descendre. À noter que cette ascension par le sud reste toutefois bien plus aisée que celle par le nord, et surtout faisable dans la journée !

➤ ***Les GR :*** le GR 7, qui part de la Grèce, parcourt la vallée d'ouest en est. Ce chemin de grande randonnée relativement facile traverse un bon nombre de villages de la vallée, ce qui permet de faire des étapes à la journée (max 8h de marche entre 2 villages, et souvent beaucoup moins). Le GR 142, en parallèle du GR 7, est pour les marcheurs avertis, car on y trouve peu ou pas d'hébergements (bivouac toléré mais, surtout, ne laissez aucune trace de votre passage). Le GR 240, *el Sendero Sulayr,* est circulaire autour des sommets. Réservé aux montagnards expérimentés.

Conseils aux marcheurs

La haute comme la moyenne montagne implique des règles de sécurité. Mieux vaux prévenir que guérir et ça, les marcheurs chevronnés le savent bien.
– Le premier des conseils : ne partez jamais seul et ne quittez pas les sentiers balisés.
– Vérifiez les conditions météo avant de partir ; à la belle saison, les orages sont fréquents en haute montagne.

– Emportez des vêtements chauds et adaptés, les changements de température peuvent être radicaux. Risque d'hypothermie même en mai et juin.

– En altitude le soleil cogne, et là-haut il boxe en catégorie poids lourd. Prévoyez lunettes de soleil, crème et chapeaux, ainsi que des victuailles et suffisamment d'eau pour la montée et la descente. N'oubliez pas que les animaux boivent aussi dans les ruisseaux (risque de maladie, donc).

– Partez tôt, dès le lever du soleil, pour éviter les bastonnades solaires du midi. Calculez vos temps d'aller-retour et demandez l'avis de professionnels avant d'entreprendre une rando.

– Emportez un ou plusieurs téléphones portables. Pensez à en conserver un éteint, afin de vous garantir une batterie pleine en cas de nécessité. Voir plus haut les numéros d'urgence.

– N'allez pas au-delà de vos capacités. Il faut savoir renoncer pour mieux recommencer.

– Emportez une pompe à venin. Présence de vipères et de scorpions.

– Ceux qui souhaitent se balader par eux-mêmes se procureront le topo *Holiday Walks in the Alpujarra,* de Jeremy Rabjohns, chez Sigma Leisure. C'est le plus détaillé de tous, mais c'est en anglais uniquement. À défaut, *Walking in Andalucia* comporte de bonnes sections sur les balades dans les Alpujarras. Autrement, des guides détaillant les étapes des différents GR de la sierra Nevada existent. Tous ces ouvrages, ainsi que des cartes de haute et moyenne montagne, sont disponibles au *Punto de información del parque de sierra Nevada* à Pampaneira.

ÓRGIVA   (18400)   5 760 hab.

Quelques kilomètres après Lanjarón, Órgiva est un gros bourg qui ne dégage pas un charme évident de prime abord, mais c'est là que vous trouverez tous les services et que passent tous les bus. Une atmosphère de camp de base de haute montagne règne dans ses rues lorsque les communautés de jeunes et autres hippies viennent y troquer leurs produits.

– Petit marché le jeudi matin.

Où dormir ? Où manger ?

⚠ **Camping Órgiva :** *cortijo del Cura, s/n.* ☎ 958-78-43-07. 🖬 649-66-91-82. ● info@campingorgiva.com ● campingorgiva.com ● À l'entrée d'Órgiva en arrivant par le sud (par l'A 346) ; à env 1,5 km du centre. Env 20 € pour 2 avec tente et voiture ; réduc hors saison et pour les séjours prolongés. *Cabane dans les arbres* (2 pers) 33-41 € selon saison, *bungalows* 2 pers 52-70 €. 🖥 🛜 (gratuit). Un tout petit camping, sur une pelouse (plus ou moins verte et tendre selon les saisons) et sous les arbres (eux aussi plus ou moins fournis), avec même une cabane perchée dans l'un d'entre eux et une piscine *(ouv juin-sept).* C'est basique, avec des sanitaires en nombre suffisant et propres. Resto sur place où, à

l'heure du déjeuner, toute la petite ville semble se donner rendez-vous.

🛏 **Casa rural Jazmín :** *c/ Ladera de la Ermita, s/n.* ☎ 958-78-47-95. ● info@casaruraljazmin.com ● casaruraljazmin.com ● En haut du village, à proximité de l'Ermita San Sebastián. Ouv tte l'année. Doubles avec sdb 53-69 €, petit déj inclus. CB refusées. 🛜 (gratuit). Au fond d'une impasse, derrière le portail vert se cache un joli jardinet peuplé d'orangers et de citronniers, avec une piscine sagement retirée dans son coin. La déco des chambres est déclinée selon différents thèmes : l'asiatique, l'africaine, la provençale, *la alpujadeña.* C'est simple, plaisant et paisible. Accueil francophone, puisque les propriétaires sont françaises.

🍽 **Restaurante, Tetería y Heladería Baraka :** *c/ Estación, 12.*

☎ 958-78-58-94. ● info@teteria-baraka.com ● ✹ Tlj sf jeu soir et ven tte la journée 11h30-23h. Menú del día env 11 €, menu bio 17 €, carte 15-20 €. ▱ Ambiance très relax, un pied en Afrique du Nord et l'autre en terre hippie. Influences qui se reflètent dans le menu : du frais, fait maison et bio dans la mesure du possible. Couscous aux légumes, tofu, plats à base de quinoa, délicieux houmous mais aussi un gaspacho bien du cru, des gâteaux maison, du thé à la menthe et, de mai à octobre, des glaces, milkshakes et citronnade. Si l'ambiance des lieux vous sied, vous risquez bien d'avoir du mal à décoller... si les chevelus et les enfants culs nus vous hérissent le poil, vous risquez de ne pas passer le pas de la porte (surtout le jeudi midi, jour du marché) !

Où dormir dans les environs ?

🛏 **La Rueda** : ctra de Tijolo, à **Los Agustines** (18418), un hameau à 5 km d'Órgiva. ☎ 958-78-52-79. 🖳 697-88-47-02. ● laruedatold@yahoo.es ● andaluciarural.eu ● Il faut traverser le village d'Órgiva ; accès par la GR 4202 (et par la c/ Santa Barbara, à gauche sur l'A 348 en venant de Lanjarón). Une des dernières maisons du hameau sur la droite ; attention, panonceau très discret. Téléphoner avt de débarquer. Doubles 48-63 €. Petit déj 7,50 €. CB refusées. 📶 (gratuit). Sur présentation de ce guide, réduc de 10 % sur les doubles, si résa moins de 15 j. avt et pour min 5 nuits. Vous rêvez d'un coin retiré ? Voilà votre vœu exaucé : un havre de paix, avec un jardin planté d'arbres fruitiers et d'un olivier centenaire où chantent les oiseaux. Les propriétaires louent un cottage indépendant pour 2 personnes, avec une chambre à 2 lits, une salle de bains, une cuisine (prévoir ses provisions, quand même !) et un petit salon avec son poêle. Déco simple mais sympa dans des tons de bleu, de blanc et d'ocre rouge. Accès à la piscine et vue splendide sur les montagnes alentour. Chauffage en plus du poêle en hiver. Pour ne rien gâcher, vos hôtes sont des routards dans l'âme.

PAMPANEIRA   (18411)   363 hab.

Adorable village tout blanc, niché à flanc de colline, à 1 050 m d'altitude, dans la gorge de Poqueira. Beaucoup de cars touristiques s'y arrêtent, c'est donc parfois la cohue. Malgré tout, avec ses ruelles chaulées pavées de galets, ses passages, culs-de-sac, promontoires, terrasses... il s'en dégage un certain charme. Croquignolet serait le mot juste. Belle église du XVIIIᵉ s d'un gothique gentil, mais elle n'est ouverte que le dimanche pour la messe. Juste devant, une jolie placette où prendre un verre à l'ombre des tilleuls.

Au terme de la fête des Croix, début mai, on fabrique la *quema de la zorra*, un renard en papier mâché, truffé de pétards, qui est mené en procession par les enfants du village. Les adultes eux, terrorisés, se cachent à la vue de maître Goupil, car on lui attribue nombre de méfaits. Et pour se débarrasser de tous les mauvais présages, on fait sa fête au rouquin. La population se réjouit, une fois les entrailles propulsées et déchiquetées par les pétards. Mais l'histoire ne dit pas si le corbeau a pour autant récupéré son coulant baraqué ni si les poules sont rassurées.

– *Rappel :* un centre d'information des Alpujarras se trouve à Pampaneira (voir plus haut).

– Parking gratuit *(aparcamiento público)* dès l'entrée du village, sur la gauche.

Où dormir ? Où manger ?

🛏 **Barranco de Poqueira :** *pl. de la Libertad, 8.* ☎ *958-76-30-04.* ● *herbas_arminda@hotmail.com* ● *Réception au bar Narciso, à côté de l'église, mais l'hôtel est au calme sur les hauteurs du village. Doubles 36-48 €* *selon saison.* Les chambres sont très correctes, nickel et meublées avec du mobilier rustique en bois clair. Salon commun et petite terrasse pour profiter du paysage. Préférer celles avec vue, les autres sont un peu sombres et de moindre intérêt.

🍴 **Casa Julio :** *avda de la Alpujarra.* ☎ *958-76-33-22.* ● *informacion@ casa-julio.com* ● *À l'entrée du village (en venant de Campaneira), en surplomb de la route.* Resto proposant une petite sélection de plats locaux à prix extrêmement doux et aux portions bien généreuses. Terrasse fleurie sympathique (malgré la route qui passe juste au-dessous) et salle qui fait aussi bar avec, pour toute déco,

les traditionnels jambons qui pendent du plafond.

🍴 **Casa Diego :** *pl. de la Libertad, 3.* ☎ *958-76-30-15. Sur la place à côté de l'église. Tlj sf mer. Menú del día 9 €* *(midi en sem), carte env 15 €.* Quelques tables dans la rue pour profiter de l'activité de la place ou une agréable terrasse ombragée sous les bambous au 1er étage. Cuisine correcte et service aimable.

Achats gourmands

⊛ 🍴 **Abuela Ili Fabrica de Chocolate :** *dans la rue principale ; magasin en sous-sol.* ☎ *958-76-01-96.* ● *mau ricioriera@yahoo.com* ● *Tlj, fermé 14h-15h.* Les âmes chocolat auront de quoi saliver dans cet atelier-magasin et même de quoi goûter (chic !). Aux beaux jours, si le chocolat ne vous falt pas fondre, vous pourrez toujours vous rafraîchir avec les bonnes glaces maison.

Où méditer dans le coin ?

🧘 **Le centre bouddhique O.Sel.Ling :** *apartado 99, 18400 Órgiva.* ☎ *958-34-31-34.* ● *ose ling.com* ● *Sur la route Pampaneira-Órgiva, dans le creux d'un virage, à 2,7 km de Carataunas. En laissant les 2 ermitages à gauche, prendre le chemin à droite, direction Caballo Park ; continuer toujours tt droit sur 2,4 km ; puis chemin carrossable sur la droite, indiquant le centre (à 3 km – et non 5 km comme indiqué).* L'itinéraire, qui serpente sur l'un des contreforts du Mul-

ET LE LAMA CHANGEA DE LATITUDE

En février 1985, naît Osel dans les Apul-jarras, un enfant dans lequel les autorités religieuses bouddhistes voient la réincarnation d'un lama tibétain (dont les parents sont les disciples). Ordonné moine novice par le dalaï-lama dès l'âge de 3 ans, le jeune lama élu suit une formation en Inde. Puis il revient en Espagne et quitte la vie monastique.

hacén, est poussiéreux, parfois un peu rude si vous n'êtes pas un tant soit peu habitué aux pistes de montagne, mais splendide. Visites tlj, 15h30-18h slt.

Précisons bien qu'il s'agit d'un centre et non d'un monastère. On vient ici pour la méditation. Ce n'est donc en rien un lieu touristique et ne vous attendez pas à voir une ribambelle de bonzes.

Le temple est installé dans une ancienne bergerie. *O.Sel.Ling* signifie « lieu de la lumière pure », et c'est vrai qu'à 1 600 m elle est sacrément belle. Le centre a été consacré par le dalaï-lama.

🛏 Pour ceux qui seraient tentés par une retraite, de petits logements indépendants sont disponibles *(min 1 sem ; env 35 €/j. par pers ; dortoirs non mixtes).*

BUBIÓN   (18412)   343 hab.

À 1 296 m d'altitude, ce village haut perché avec ses toits tout plats et tout gris, revêtus d'une poudre d'ardoise, est fortement dépaysant. C'est là qu'on retrouve le plus le style architectural des villages de l'Atlas marocain, notamment les maisons cubiques serrées les unes contre les autres. Avis aux amateurs, un sentier facile permet de rejoindre Pampaneira en seulement 20 mn.
– Parking gratuit, supérette et distributeur automatique (ATM) au centre du village.

Où dormir ? Où manger ?

De bon marché à prix moyens (40-60 €)

🛏 *Hostal y apartamentos Las Terrazas de la Alpujarra :* pl. del Sol, 12. ☎ 958-76-30-34. ● info@terrazasalpujarra.com ● terrazasalpujarra.com ● ⚒ À 100 m en contrebas de la route principale ; prendre le chemin de l'église ; c'est indiqué. Congés : 8 janv-15 fév. Double avec sdb 36 € avec vue sur la vallée. Apparts 2 pers env 49 €, 4 pers 60 €, 6 pers 78 €. 🖥 📶 (gratuit). Apéritif maison offert sur présentation de ce guide. *Hostal* offrant de petites chambres parfaitement tenues et agréables (salles de bains un brin étroites) avec leur carrelage et tissus de fabrication artisanale. Également des appartements avec cheminée (bois payant) et terrasse.

🛏 *Alojamiento turístico rural Los Tinaos :* c/ Parras, 1. ☎ 958-76-32-17. 📱 660-51-53-33. ● info@lostinaos.com ● lostinaos.com ● Dans le centre du village, quand on descend du parking sur la gauche. Double min 50 €. 📶 Bouteille de vin local offerte à l'arrivée sur présentation de ce guide. Appartements avec cuisine, salle de bains (toute petite pour certains), terrasse panoramique et cheminée pour les nuits frisquettes (bois payant) – sauf si vous préférez l'autre chauffage... Bien rustique et tout confort. Choisissez plutôt les appartements de l'étage, moins sombres. Lorsqu'il fait très beau, on voit parfois l'Afrique pointer son nez. Accueil familial et très gentil.

🛏 *Casa rural La Sevillana :* ctra de la Sierra, 3. ☎ 958-76-31-53. 📱 628-13-23-57. ● casalasevillana@hotmail.com ● casalasevillana.es ● ⚒ Si vous trouvez porte close, allez frapper au nº 9 un peu plus haut. Doubles avec sdb 50-60 € selon confort, petit déj inclus. Le prix des chambres, confortables et globalement très correctes, varient selon leur taille : la nº 1, la plus chère, est particulièrement agréable avec sa grande terrasse et sa vue sur la montagne. Grand salon convivial où l'on peut se retrouver le soir et profiter de la cheminée. Cour plaisante et petit barbecue à disposition à l'extérieur.

🍴 *Restaurante Teide :* c/ Carretera de la Sierra, 1. ☎ 958-76-30-37. 📱 629-34-35-33. Dans le centre, dans la rue principale. Tlj sf mar. Congés : 2 sem fin janv-début fév, 2 sem fin juin. Menu env 9,50 €, repas 15-20 €. Le petit bar à l'entrée cache une grande salle style auberge un peu chic à l'arrière, avec tables nappées de blanc et de jaune. Au menu, les plats traditionnels de la région ainsi qu'un ou deux bons poissons. Le tout bien servi et à des prix étonnamment doux. Si vous souhaitez profiter de l'air de la montagne aux beaux jours, 2 jolies terrasses vous attendent sous les arbres.

Où acheter de l'artisanat local ?

🏺 *Taller del Telar :* en plein cœur du village (indiqué). ☎ 958-76-31-71. ● tallerdeltelar.com ● Nade Favreau, expatriée dans les Alpujarras depuis une trentaine d'années, œuvre à maintenir la tradition textile locale. Dans son atelier-boutique, elle se fera un plaisir de vous expliquer son travail. Membre de l'Association des artisans de la Alpujarra, elle participe notamment à de nombreux stages et expositions partout en Europe pour transmettre son savoir. Chaque modèle de couvre-lit, châles, *ruanas,* est unique, donc forcément un peu plus cher qu'une importation made in China.

À voir

🔫 *Museo Casa Alpujarreña :* *pl. de la Iglesia.* ☎ *958-76-30-32. Tlj sf mar 11h-14h (et 17h-19h ven-dim). Entrée : env 2 €.* Cette maison typique de la région fut construite au XVe s, à l'époque de la reconquête des chrétiens. Elle hébergeait à l'origine les bêtes au rez-de-chaussée (où l'on stockait aussi les céréales) et la famille à l'étage. Elle est aujourd'hui telle que l'a laissée sa dernière propriétaire, d'où l'impression d'entrer vraiment chez quelqu'un et non dans un musée. De petits panneaux en espagnol et en anglais expliquent à quoi servait chacune des pièces, leur évolution (la salle de bains, par exemple, n'a été ajoutée que dans les années 1970, quand la maison a eu l'eau courante).

CAPILEIRA   (18413)   541 hab.

À un petit kilomètre en surplomb de Bubión, Capileira (1 436 m d'altitude) domine toute la vallée et marque la fin de la zone habitée. C'est en quelque sorte la porte d'entrée de la haute montagne, le dernier refuge des Maures d'autrefois et des citadins d'aujourd'hui. On y trouve de tout, supérette, distributeur de billets, pharmacie et une animation plaisante.

– Voir plus haut, dans les « Adresses utiles », le *Servicio de interpretación de Altas Cumbres.*

Où dormir ? Où manger ?

De bon marché
à prix moyens (30-60 €)

🛏 *Hostal Atalaya :* *c/ Perchel, 3.* ☎ *958-76-30-25.* ● *hostalatalaya@ gmail.com* ● *hostalatalaya@ gmail.com* ● *À l'entrée du village, en face du grand parking. Doubles avec sdb 30-35 € selon confort.* 🛜 *(gratuit).* Pour les chambres, rien à redire : c'est sobre, propre, frais. Attention, cependant, les moins chères donnent sur l'intérieur et non l'extérieur. La seule chose qui manque à cette petite adresse, ce sont les espaces communs.

🛏 *Pensión y Hotel El Cascapeñas :* ctra de la Sierra, 5. ☎ *958-76-30-11.* ● *reservas@elcascapenas.com* ● *elcascapenas.com* ● Côté *pensión, double 45 € ;* côté hotel, 55 € ; petit déj toujours inclus. Tenus par un jeune couple dynamique, 2 hébergements très différents dans 2 maisons du centre ; la réception se trouve dans la rue principale, à la *pensión,* avec le bar au rez-de-chaussée. Les chambres y sont joliment aménagées, colorées et décorées de tissus locaux. Belles salles de bains composées de petits carreaux. Côté hôtel : plus récent et plus d'espace avec, depuis certaines chambres, une vue imprenable sur les cimes. Il manque cependant à cette maison le charme que confère le passage de générations de routards et, paradoxalement, les lieux ne vieillissent pas forcément très bien.

🛏 🍽 *Mesón Poqueira :* *Doctor Castilla, 11.* ☎ *958-76-30-48.* ● *reservas@ hotelpoqueira.com* ● *hotelpoqueira. com* ● 🍴 *Donne sur la route principale, côté gauche, derrière le* Servicio de interpretación de las Altas de sierra Nevada. *Là encore, de chaque côté de la rue, un hébergement différent : à l'hostal, double avec sdb 40 €, à* l'hôtel 60 €. Également des apparts 60-120 €/j. pour 2-6 pers. Menú del día env 10 € (servi midi et soir), carte env 15 €. 📶 (gratuit). Côté *hostal*, les chambres sont très propres et agréables, malgré une literie un peu fatiguée. La plupart d'entre elles ouvrent sur la vallée, mais les arbres dissimulent en grande partie la vue. À l'hôtel, chambres un peu plus élégantes. Les apparts se louent à la semaine et sont situés plus haut dans le village. Un jardin et une piscine sont accessibles à tous les résidents de ces établis-sements. Le resto, fréquenté des habitués comme des touristes, propose des spécialités locales honnêtement cuisinées. Un accueil un poil plus chaleureux ne serait pas malvenu...

I●I *La Casa de Paco y Pilar :* ctra de la Sierra, 16. ☎ 958-76-31-42. À 600 m du centre du village sur la route du parc naturel. Carte 20-25 €. Un lieu étonnant. À l'écart de la ville, dans une belle maison isolée. On prend son repas dans une salle élégante face aux montagnes ou, à l'écoute de la nature, dans le jardin parfaitement tondu.

MECINA-FONDALES (18414) 50 hab.

Ensemble de hameaux dominant la vallée du río Trevélez, en contrebas de la route principale qui va de Pampaneira à Pitres. L'ambiance ici est un peu différente des villages haut perchés de Trevélez, Bubión ou Capileira. Le climat y est plus doux ; les vergers et potagers abondent sur ce versant moins escarpé et orienté plein sud. Les maisons blanches, imbriquées les unes dans les autres, obéissent toujours au style architectural des Alpujarras. On sent bien ici la trace des derniers Maures qui s'étaient réfugiés dans la région. Quelques vestiges de leur passage, disséminés dans la campagne, luttent contre la végétation et perpétuent leurs souvenirs.

Où dormir ? Où manger ? Où boire un verre ?

🛏 I●I *Chambres et restaurant L'Atelier :* c/ Alberca, 21. ☎ 958-85-75-01. 📱 644-028-638. ● atelier.mecina@live. com ● ivu.org/atelier ● Situé à l'orée de la route de Ferreirola. Resto ouv tlj sf mar. Congés : de mi-déc à mi-fév. Résa conseillée. Double avec sdb 50 €, petit déj inclus. Repas 15-20 € 📺 📶 (gratuit). Apéritif maison offert sur présentation de ce guide. Dans une vieille maison qui tient vaillamment debout depuis plus de 400 ans. Seulement 3 chambres, sympathiques et décorées de manière orientaliste et hautes en couleur. Le resto est minuscule par sa taille mais bien agréable. Excellente cuisine végétarienne : une pincée d'Orient, une pointe d'Asie et un soupçon d'Afrique, un régal. Le tout à base de légumes locaux pour la plupart. Une bonne adresse. Plein d'infos sur la région.

🛏 I●I *Hotel rural de Mecina Fondales :* c/ de la Fuente, 2. ☎ 958-76-62-41 ou 54. ● victor@hoteldeme cina.com ● hoteldemecina.com.es ● ♿ Double env 88 €, familiales 3-4 pers 107-123 €. Petit déj 10 €. Repas env 22 €, menu min 12 €. 📶 (gratuit). Cet hôtel offre des chambres plutôt spacieuses, confortables et bien équipées avec, pour certaines d'entre elles, une terrasse. La déco colorée est à la limite du kitsch, mais la profusion de plantes vertes et l'entretien très soigné rendent l'endroit chaleureux et très agréable à vivre, sans parler du beau petit jardin et de la non moins belle piscine. Seul bémol : le petit déjeuner, cher au vu de la qualité. Aussi un resto, correct, avec quelques spécialités locales et... beaucoup de pizzas...

I●I 🍷 *La Cueva de Mora Lena :* ctra a Ferreirola, 1. ☎ 958-76-52-02. ● montebaires@yahoo.es ● ♿ Sur le bord de la petite route de Ferreirola, au pied des marches grimpant vers L'Atelier. Tlj sf lun. Menu 10 €. 📶 (gratuit). Pour boire un coup ou manger un morceau loin de toute agitation. Un peu plus d'ambiance le week-end avec plein de jeunes et de randonneurs.

FERREIROLA (18414) 40 hab.

De Mecina-Fondales, suivre la route qui passe devant le bar *La Cueva de Mora Lena* ; le hameau n'est qu'à 1,2 km de là. On aime bien Ferreirola, avec son enchevêtrement rustique de maisons anciennes, ses ruelles endormies, son lavoir et sa petite fontaine où les paysans du coin s'arrêtent pour faire boire leur âne ou pour papoter entre voisins. Une impression générale de calme, de sérénité et d'harmonie règne sur les lieux. Mis à part une grosse construction moderne à l'entrée du village (scregneugneu !), on a le sentiment que Ferreirola s'est figé dans le temps.

Où dormir ?

🏠 **Sierra y Mar :** c/ Albaycin, 3. ☎ 958-76-61-71. ● sierraymar@hot mail.com ● sierraymar.com ● Passer l'église et la fontaine, puis prendre le chemin à gauche (c'est indiqué) ; après, on se perd un peu avt de trouver, mais c'est tt près. Congés : déc-janv. Résa conseillée mai-juin et sept-oct. Double avec sdb 65 €, délicieux petit déj compris. Belle *casa rural* composée de plusieurs petits bâtiments éparpillés dans un dédale de jardins en terrasses. Les chambres sont décorées sobrement mais avec un souci d'authenticité. Accueil sympathique des hôtes italo-danois. Ils reçoivent pas mal de randonneurs et connaissent le sujet sur le bout des doigts. Salon chaleureux avec cheminée pour profiter des fins de soirée. Aux beaux jours, le copieux petit déj se prend sur une terrasse, à l'ombre du grand mûrier blanc ou du cerisier. Possibilité d'utiliser la cuisine. Une bonne adresse 100 % nature, 100 % sans voitures...

PITRES (18414)

Chef-lieu de la commune de La Taha qui regroupe notamment Ferreirola et Mecina-Fondales, Pitres s'ordonne autour de la grande place qui fait face à son église du XVIe s. Ses quelques commerces et bars lui donnent même en fin de journée un semblant d'animation. C'est aussi un excellent point de départ pour rejoindre Bubión ou Trevélez par le GR 7. Si vous séjournez ici, ne manquez pas la promenade qui mène au vieux village de Capilerilla par un chemin entre châtaigniers centenaires et ruisseaux dévalant à travers champs.

DE VRAIS PITRES !

Les habitants de Pitres ont une réputation un peu singulière dans les Alpujarras. Est-ce l'influence des nombreux artistes qui possèdent une maison secondaire dans le coin ou un penchant particulier pour le surréalisme ? Il y a quelques années, ils ont demandé aux autorités un accès direct à la mer... ou le droit d'avoir deux récoltes par an. La réponse fut positive concernant leur seconde doléance... à condition d'instaurer une année de 24 mois.

– Distributeur automatique sur la grande place centrale.

Où dormir ? Où manger ?

⛺ ***Camping El Balcón de Pitres :*** *ctra Órgiva-Ugíjar, km 51 ; juste avt l'entrée du village en venant d'Órgiva.* ☎ *958-76-61-11 ou 12.* • *info@balcondepitres.com* • *balcondepitres.com* • ♿ *Env 20 € pour 2 avec tente et voiture ; bungalow 4 pers 60 €. Chiens acceptés.* 💻 📶 *(gratuit). Réduc de 10 % sur présentation de ce guide.* Un camping bien équipé et scrupuleusement entretenu, aux emplacements étagés en terrasses. Air pur et du beau gazon (enfin !) pour planter sa tente à l'ombre des tilleuls, des peupliers, des cerisiers... Douche chaude gratuite, bar-resto, piscine *(payante ; ouv fin juin-fin sept).* Bref, un bel endroit malheureusement desservi par un accueil à faire fuir un ours, même si on lui promet un pot de miel.

🏠 🍽 ***La Oveja Verde :*** *c/ de Paseo Marítimo, 14.* ☎ *958-06-41-09.* • *info@laovejaverde.es* • *laovejaverde.es* • ♿ *Au bord de la route principale, dans le village (plutôt à l'entrée en venant d'Órgiva). Resto ouv slt w-e (tlj en juil-août). Apparts 2 pers 66-76 €. Repas env 15 €. Parking (gratuit).* 📶 *(gratuit).* Une adresse très pratique pour passer quelques jours dans la région. Les appartements spacieux et avenants possèdent tout le confort : kitchenette, cheminée (bois payant) et bonne isolation thermique en été grâce à l'épaisseur des murs. Également une mine d'infos à la réception sur les randos à faire dans les Alpujarras. Resto tout aussi agréable, avec terrasse donnant sur la vallée, connu surtout pour ses pizzas.

🍽 ***San Roque Restaurante :*** *c/ de Paseo Marítimo, 57-59.* ☎ *958-85-75-28.* 📱 *722-28-30-06. Au bord de la grande route, presque à la sortie de Pitres, en direction de Busquístar. Menu 10 €, repas 20-25 €. Parking.* 💻 📶 Une salle plutôt élégante, avec son grand bar de bois sombre (dominé par le grand écran de télé...), sa cheminée et ses tables égayées de quelques fleurs champêtres (qui ont l'air très vraies pour des fausses !). Carte offrant les plats traditionnels des Alpujarras, mais aussi d'autres un peu plus recherchés et inspirés que ceux servis dans tous les restos des environs. Une maison sérieuse, jusque dans l'accueil. Fait aussi hôtel *(env 60 € la chambre double).*

Où dormir dans les environs ?

🏠 ***Cortijo la Viñuela :*** *à côté de Pórtugos.* 📱 *635-85-67-10.* • *vinuelasale@gmail.com* • *cortijolavinuela.com* • *Prendre le chemin vicinal avt d'entrer dans Pórtugos, au niveau de la station-service, direction Atalbeitar, puis suivre cette route enchantée (mais un rien crispante quand même – disons qu'elle est pentue, tortueuse et vraiment pas large) jusqu'à l'apparition du panneau sur la droite (env 900 m ; il faut passer le croisement pour Ferreirola). Congés : de mi-nov à mi-mars. Résa conseillée. Loc studio ou maisonnette 2-4 pers 50-80 €/j., 350-550 €/ sem.* 📶 *Apéritif maison ou échantillon d'huile d'olive locale offert sur présentation de ce guide.* Une adresse coup de cœur, nous sommes tombés sous le charme du lieu et de l'accueil ; bucolique à souhait ! Si vous avez un roman à écrire, c'est l'endroit idéal pour se retirer du monde. Ici, même le vent chante la douceur de vivre. Les 3 logements indépendants sont adorables et parfaitement équipés, notamment d'un coin cuisine. Piscine sans chlore mais propre quand même (c'est le sel marin qui fait tout le boulot) ! Accueil en français.

🏠 ***Cortijo Prado Toro :*** *camino del Helipuerto, s/n, 18414* ***Pitres.*** ☎ *958-34-32-40.* • *info@prado-toro.com* • *pradotoro.es* • *En direction de Pampaneira, accès par une route forestière, sur la droite, peu avt l'intersection pour Mecina (attention, rien n'est indiqué de la route principale... on est bien au milieu de nulle part). La route est d'abord goudronnée, puis elle se transforme en piste, mais elle reste large et très praticable. Adresse à env 2,5 km de la route principale, sur les hauteurs. Selon saison et confort, apparts 2 pers 80-100 € ; et des apparts 4-6 pers. Séjour de 2 nuits min et loc à la sem* en hte saison. 📶 (gratuit). Réduc de 10 % en hte saison sur présentation de ce guide. Haut perchée sur sa montagne, seule au milieu d'une chênaie de 7 ha, une adresse de charme proposant 7 superbes appartements à la déco et à l'ameublement vraiment soignés dans une belle et imposante bâtisse de pierre fort joliment restaurée. Tous disposent d'une cheminée et d'un espace extérieur privé, et se partagent la piscine dans les superbes jardins.

BUSQUÍSTAR (18416) 306 hab.

Encore un joli bourg blanc et perché, où vous ne serez pas gêné par la foule. Une aubaine, nous avons une adresse pour en profiter. L'ensemble est un peu moins harmonieux que Ferreirola, avec des constructions modernes autour du vieux centre, mais reste agréable. Une légende circule au sujet de ce village : lors d'une rude et sanglante bataille entre chrétiens et musulmans, on dit que même le sang des victimes de chaque camp ne se mêla pas dans un désespoir commun ; le sang des uns coula vers la vallée, tandis que celui des autres remonta vers les collines. Ben voyons...

Où dormir ?

🏠 **Casa rural Sonia :** c/ San Francisco, 5. ☎ 958-85-75-03. 📱 647-84-75-95. ● info@casasonia.eu ● En contrebas du village, suivre le fléchage à partir de l'église. Congés : janv-fév. Double avec sdb 65 €, petit déj inclus. Dans une grande maison de village à la déco néorustique, 6 chambres colorées et spacieuses avec balcon donnant audessus des toits. Agréable salon avec cheminée. Bon accueil en français.

DANS LES ENVIRONS DE BUSQUÍSTAR

🍴 **Pórtugos :** à l'entrée de Pórtugos (soit à env 2 km de Busquístar), en venant de Busquístar, vous apercevrez au bord de la route **l'ermitage de la Virgen de las Angustias.** À ses pieds coule l'eau ferrugineuse (et donc un poil pétillante) de la **fuente Agria.** De l'autre côté de la route, un escalier descend au **Chorrerón,** qui n'est rien d'autre qu'une jolie petite cascade dans un environnement orange et verdoyant. Étonnant comme quelques marches peuvent suffire à vous transporter ailleurs, dans un monde qui n'a plus rien de montagnard.

TREVÉLEZ (18417) 823 hab.

Accroché à la sierra Nevada, échelonné entre 1 500 et 1 700 m d'altitude, Trevélez est le plus haut village habité d'Andalousie. Ça grimpe sec et, là-haut, la végétation n'a définitivement plus le droit de cité. Célèbre dans toute la région pour ses jambons de montagne, la ville pourrait s'appeler « Jambon City », ou plutôt « Ciudad Jamón ». Précisons, cependant, qu'il n'y a aucun élevage à cette altitude, uniquement des salaisons.
Le village, bâti à flanc de montagne, se compose de trois parties : la *baja* (basse), où se concentre toute l'activité touristique, la *media* (moyenne) et la *alta* (haute), plus typiques, plus populaires... plus sympathiques, tout simplement.

LES ALPUJARRAS

Après Trevélez, vers l'est des Alpujarras, la route se fait assez vertigineuse, flirtant par moments avec l'abîme ou les crêtes ennuagées, dans un cadre austère.

Où dormir ?

Camping

⋏ |●| **Camping Trevélez :** ctra Trevélez-Órgiva, km 32,5. ☎ 958-85-87-35. ● info@campingtrevelez.net ● campingtrevelez.net ● ⚹ En venant de Bubión, à 1 km de Trevélez, sur la gauche de la route principale. Le bus Grenade-Alpujarras s'arrête devant. Ouv tte l'année. Env 18 € pour 2 avec tente et voiture ; cabanes en bois ou en pierre 2-6 pers 28-95 €. Menú del día env 10 €, midi et soir. 🖵 🛜 (gratuit). Bon camping situé à flanc de montagne à 1 500 m d'altitude, considéré comme le plus haut d'Espagne. Étagé sur 3 étroites terrasses plus ou moins herbeuses, orientées plein est, il ne fait pas toujours très chaud ici : en demi-saison, le froid tombe rapidement. Plus ombragé en bas mais plus calme en haut. Côté cabanes, il y en a pour tous les goûts : en pierre – façon *casa* traditionnelle où l'on s'entasse joyeusement comme dans un refuge de haute montagne –, en bois – en forme de tipi où il fait très chaud l'été – ou encore sous forme de bungalows récents. Vue superbe, resto avec un menu intéressant, pain cuit sur place (passer commande le matin), petite épicerie, piscine *(en été)*, douche chaude gratuite, location de vélos. Accueil très aimable en français d'Alex et de Ricardo. Raccourci pour rejoindre le village à pied.

De bon marché à prix moyens (40-60 €)

🛏 **Hostal Mulhacén :** ctra de Berchules. ☎ 958-85-85-87. 🖥 686-27-43-47. Au bord de la route principale, à 300 m du centre, sur la droite en sortant de Trevélez en direction de Berchules ; dans un virage, au-dessus du río Trevélez, un torrent de montagne venu des sommets enneigés. Doubles 30-50 € selon confort. Ici, le prix des chambres varie selon l'étage, la taille et l'état de « fraîcheur » de la déco. Pour les moins chères, au 1er étage, avec les couloirs blancs et les sols gris, on se croirait dans une vieille pension de famille à l'aspect sévère. Au 2e étage, la déco change du tout au tout : l'atmosphère se réchauffe grâce aux couleurs déployées sur les murs et les chambres deviennent coquettes. Quoi qu'il en soit, même si l'environnement n'est pas très bucolique (le bord de route), un bon rapport qualité-prix et un accueil gentil.

🛏 **Hotel La Fragua I et II :** c/ San Antonio, 4. ☎ 958-85-86-26. 🖥 660-33-04-27. ● reservas@hotellafragua. com ● hotellafragua.com ● Idéalement situé dans le barrio medio, *dans une ruelle tranquille accessible slt à pied. Se garer sur la pl. Las Pulgas, 150 m en contrebas. Fermé 10 janv-10 fév. La Fragua I : double 48 €, plus petites et un peu plus anciennes. La Fragua II : double 58 €, grandes et certaines avec terrasse et vue.* 🛜 Sur présentation de ce guide, digestif offert ou réduc de 10 % sur les doubles juin-juil. Du classique, rien que du classique. Les 2 établissements sont parfaitement tenus et ont tout le confort pour satisfaire les randonneurs de retour de marche. L'avantage de *La Fragua II* sur sa petite sœur est, bien évidemment, la vue. Piscine.

Où dormir dans les environs ?

🛏 **La Alcazaba de Busquístar** (plan Les Alpujarras, **2**) : ctra Órgiva-Láujar, km 37, 18416 **Busquístar.** ☎ 958-85-86-87. ● hotelalcazaba@ descansoyocio.es ● hotelalcazaba. com ● Attention, malgré son nom et son adresse, cet établissement se trouve après Trevélez, en direction de Yegen. Doubles 95-140 € selon taille et saison. Petit déj env 10 €. Nombreuses offres au-delà de 1 nuit. 🛜 (gratuit). Voici le palace montagnard de la vallée. Il est construit à la façon des maisons locales et les parties communes sont décorées d'outils et d'objets traditionnels. Le complexe se fond habilement dans le paysage. Les chambres sont agréables et offrent tout le confort pour se remettre d'une virée en montagne. La vue sur la vallée est sublime. Piscines intérieure et extérieure ! Spa. Accueil à l'écoute du client.

Où manger ?

|●| Restaurante Casa Julio : Haza de la Iglesia. ☎ 958-85-87-08. ● casaju liotrevelez@gmail.com ● À 100 m de l'église San Benito, en allant vers le haut du village. Fermé lun. Congés : 15 j. début sept. Menú del día 10 € (midi slt), carte 15-20 €. Tapa de jambon offert sur présentation de ce guide. À l'écart de l'agitation de la place principale, cette taverne traditionnelle sert des plats des Alpujarras, copieux et savoureux. La salle à manger fait penser à un vestiaire de mineurs, avec toutes ces pattes de cochon suspendues au plafond. Petite terrasse quand il fait beau. La patronne parle le français.

|●| Mesón del Jamón : c/ Carcel, 11 (barrio medio). ☎ 958-85-86-79. Env 12-15 €. Encore un endroit où déguster une bonne cuisine locale. Accueil réservé mais aimable, et vue panoramique sur la ville basse depuis la terrasse. Incontestablement l'atout numéro un du resto.

CÁDIAR

(18440)   1 630 hab.

Un peu en retrait des Alpujarras. Pas un charme fou, mais une petite étape douillette à proximité. À noter, juste après l'embranchement qui descend sur Cádiar, un joli point de vue sur la vallée.

Où dormir ? Où manger ?

🏠 |●| Centro turístico La Alquería de Morayma : ctra A 348 Cádiar-Torvizcón, km 50. ☎ 958-34-32-21. ● alqueriamorayma1@gmail.com ● alqueriamorayma.com ● ♿ À 2 km de Cádiar, en allant vers Torvizcón et Órgiva. Doubles avec sdb 66-72 €, apparts 2-4 pers 75-106 €, petit déj en sus. Menus 13-35 €. 🛜 Apéritif maison ou petit déj offert sur présentation de ce guide. C'est une ferme-hameau construite de toutes pièces avec les matériaux d'un ancien cortijo. Et c'est réussi ! Cette alquería (hameau) rassemble dans divers petits bâtiments des chambres et des appartements bien équipés avec cuisine, miniterrasse... Quitte à choisir, on préfère les appartements avec leurs lauzes en ardoise, de très belles mosaïques au sol, des photos des années 1900 chinées avec leurs cadres, des fermoirs de porte dénichés dans les ventes de fermes des alentours. La chambre la plus originale a été aménagée dans une chapelle, la Ermita (aussi fausse que le reste). Piscine, resto avec un menu succulent. Les proprios proposent un vin issu de leur vignoble. Également, des cours de yoga, tai-chi et des excursions dans les vergers alentour. Un lieu zen par excellence...

LES ALPUJARRAS

YEGEN

(18460)   400 hab.

À une bonne dizaine de kilomètres au nord-est de Cádiar en passant par Mecina Bombarón. Petit village de montagne (1 020 m d'altitude) avec une vue ravissante sur un cirque de monts de la chaîne des Alpujarras. Les adeptes de la randonnée trouveront deux sentiers aux abords mêmes du village (*Gerald Brenan,* du nom de l'écrivain britannique ayant vécu ici, et *La Salud*), et deux autres en direction de Mecina Bombarón (*Las Acequias* et *Las Encinas*).

Où dormir ? Où manger ?

🛏️ 🍴 *El Rincón de Yegen :* camino de las Eras, 47. ☎ 958-85-12-70. ● alberto@elrincondeyegen.com ● elrincondeyegen.com ● *À la sortie de Yegen, sur la gauche en venant de Cádiar. Resto fermé mar. Congés : fév et 15-30 juin. Doubles 45-55 € selon saison ; apparts 4 pers 100-110 €. Menu 10 €, repas 20-25 €.* Maison cossue qui, en léger surplomb de la route principale, domine la vallée. Les chambres et apparts se trouvent dans les bâtiments à l'arrière. Les premières, à la déco traditionnelle, ne sont pas très grandes, mais bien tenues. Les seconds, plutôt agréables et confortables, gardent une déco dans le même esprit : sobre et rustique. Le proprio et cuisinier a fait son credo des vieilles recettes de famille. Si vous creusez un peu le sujet, il vous parlera du bon vieux temps où l'on faisait encore des pâtes de blé noir à la main, avant de les faire sécher au soleil... Piscine en été. Étape calme et reposante.

🛏️ 🍴 *Café-bar-pension La Fuente :* c/ Real, 38. ☎ 958-85-10-67. 📱 639-30-62-58. ● pensionlafuente.com ● *Au centre du village, face à la fontaine aux lions. Resto fermé mer. Congés : nov. Double avec sdb 40 €, appart 4 pers 70 €. Menu 9 € midi et soir, à commander à l'avance ; pour les retardataires, ce sera boulettes surgelées et soupe en sachet. 📶 (gratuit).* Une petite pension toute simple, comme on les aime, tenue par un couple d'une grande gentillesse. Les chambres sont sobres, mais agréables. 2 d'entre elles partagent la même salle de bains, mais ne sont louées qu'à des familles ou des gens qui se connaissent. La plus belle (demandez *la grande* ou la n° 0), est plus spacieuse et joliment aménagée, avec des lits en fer forgé. Également de petites terrasses communes pour se poser.

ALMERÍA

(04000)   190 300 hab.

« Jusqu'en haut des cuisses elle est bottée
Et c'est comme un calice à sa beauté
Elle ne porte rien d'autre qu'un peu
D'essence de Guerlain dans les cheveux
À chaque mouvement on entendait
Les clochettes d'argent de ses poignets
Agitant ses grelots elle avança
Et prononça ce mot : ALMERÍA ! »

Serge Gainsbourg, Initials B.B.
Sidonie/Melodie
Nelson Publishing.

Almería, ville portuaire peu touristique et agréable à vivre, constitue une étape plaisante. Elle possède quelques petites rues très animées les soirs de week-end et une Alcazaba aux créneaux restaurés plutôt sympathique. Derrière, un vieux quartier de pêcheurs, la Chanca, aux maisons colorées, rappelle que tout le monde ne bénéficie pas du juteux commerce des fraises sous plastique. Ceux qui ne viennent pas uniquement prendre le ferry pour le Maroc ou l'Algérie pourront s'en servir comme camp de base. Précisons cependant que si l'hébergement n'y est pas trop cher, le stationnement, lui, est plus compliqué et onéreux. Pas de plage agréable à proximité immédiate d'Almería, mais, toute proche, la région du cabo de Gata offre les plus belles étendues de sable de la côte.

UN PEU D'HISTOIRE

Dès l'âge du cuivre, la région compte plusieurs centres de peuplement importants. Phéniciens, Carthaginois, Romains, Vandales, Wisigoths, et même Byzantins se succèdent sur ces côtes, mais ce sont surtout les Arabes qui vont marquer Almería de leur empreinte. Au VIIIe s, Berbères et Yéménites créent des colonies agricoles aux abords de Pechina, un bourg situé à une dizaine de kilomètres à l'intérieur des terres. Puis, en 955, Abd al-Rahman III ordonne la construction d'une forteresse (l'Alcazaba) et de murailles pour protéger le quartier portuaire et s'opposer à la menace fatimide. « Al-Mariya », la tour du guet, est née. Très vite, elle devient le principal port du califat de Cordoue.

Indépendante dès le démantèlement de celui-ci, elle prend l'ascendant sur Séville tout au long du XIe s, attirant la fine fleur des artistes et des savants. À la fin du long règne du roi-poète Almotacín, qui avait conduit Almariya à son apogée grâce aux exportations de soie, ses successeurs abandonnent la ville à la cupidité des Almoravides. Elle devient vite un tel repaire de pirates que les puissances navales catholiques en oublient leurs querelles. Unis dans un même intérêt, Espagnols, Catalans, Pisans, Génois et Francs la conquièrent en 1147. Mais, 10 ans plus tard, les Almohades la reprennent pour plus de trois siècles, sans jamais lui redonner son éclat de jadis. Coup de grâce le 26 décembre 1489 : les Rois Catholiques reçoivent les clés de la cité des mains du roi el-Zagal, qui avait fait assassiner son neveu Boabdil 5 ans plus tôt, sans savoir que bien mal acquis ne profite jamais.

Rentrant dans le rang, Almería amorce un lent déclin... jusqu'à ce qu'apparaissent les premières cultures sous serres dans les années 1960. La production, d'abord destinée au marché national, va être exportée dès les années 1980... C'est l'exceptionnel développement des cultures qui, avec l'amélioration de l'irrigation, la surveillance informatique des serres et les surdosages de dopants, a fait de l'Almería moderne une zone de production intense de fruits et légumes, au point que la ville a le plus fort taux de croissance de toute l'Andalousie. Ce développement ne va pas sans problème : Almería et sa région manquent cruellement d'eau, vivent sous la menace des pesticides et dans une marée de plastique, tandis qu'en ville même les bureaux et les boutiques s'arrachent à prix d'or.

Arriver – Quitter

En bus

▄▄▄ **La estación Intermodal** (gare routière ; hors plan par B1 ou B3) : pl. de la Estación (original !), à 10 mn à pied à l'est du paseo de Almería. ☎ 950-26-20-98. Kiosque d'info tlj 6h45-22h45.
– Plusieurs compagnies : Alsa (● alsa. es ●) et Bernardo (☎ 950-25-04-22 ; ● autocaresbernardo.com ● ; guichet ouv lun-ven 7h-12h30, 17h-19h30).

Destinations dans la province d'Almería

➢ **De/vers Tabernas :** avec Alsa, 7 bus/j. 5h30h-19h d'Almería, 7h30-22h de Tabernas. Slt 2 bus le w-e. Trajet : env 40 mn.

Destinations du cabo de Gata et alentour

➢ **De/vers Cabo de Gata** (le village) : avec Alsa, 6 bus/j. 8h-21h d'Almería, 7h-23h de Cabo de Gata. Trajet : env 1h.
➢ **De/vers San José :** avec Bernardo, lun-sam 3 bus/j. au départ d'Almería

10h-18h30 ; au départ de San José, 4 bus/j. 7h-20h. Dim : 2 bus/j. ; départ d'Almería à 10h et 18h30, de San José à 11h et 20h.

➢ *De/vers Isleta del Moro :* avec *Bernardo,* 2 bus/sem. Départ lun à 18h30 d'Almería et à 6h30 de la Isleta del Moro ; départ sam à 14h15 d'Almería et à 7h30 de la Isleta del Moro.

➢ *De/vers Mojácar :* avec *Alsa,* 5 bus/j., 5h30-18h30 d'Almería, 8h-21h de Mojácar. Trajet : 1-1h45.

Destinations hors de la province d'Almería

➢ *De/vers Murcie :* avec *Alsa,* 7 bus/j. Trajet : env 3h.

➢ *De/vers Alicante, Valence et Barcelone :* avec *Alsa,* 9 bus/j. d'Almería, 5 bus/j. de Barcelone. Tous desservent la plupart des grandes villes sur la route. Trajet : 12-14h pour Barcelone.

➢ *De/vers Grenade :* avec *Alsa,* 8-9 bus/j. Trajet : 2h30-3h30.

➢ *De/vers Málaga :* avec *Alsa,* 7 bus/j. Trajet : 3-5h selon les bus.

➢ *De/vers Séville :* avec *Alsa,* 2-3 bus/j. Trajet : 6-8h.

➢ *De/vers Cadix :* avec *Alsa,* 1 bus/j. ; départ d'Almería à 7h30, de Cadix à 15h. Trajet : 7h30.

➢ *De/vers Cordoue :* avec *Alsa,* 1 bus/j. ; départ d'Almería à 16h30, de Cordoue à 8h30. Trajet : 5h-5h30.

➢ *De/vers Jaén :* avec *Alsa,* 2 bus/j. Trajet : 3h30-4h.

➢ *De/vers Guadix :* avec *Alsa,* 3 bus/j., 2 le dim. Trajet : env 2h.

En train

🚆 *La gare ferroviaire (estación Intermodal ; hors plan par B3) :* pl. de la Estación, comme la gare routière. ☎ 902-320-320. ● renfe.com ● Ne pas la confondre avec l'ancienne gare, juste à côté – qui est, au passage, un très beau bâtiment de la fin du XIXe s en brique, fer et acier.

➢ *De/vers Grenade et Séville :* 4 trains/j. via *Guadix* et *Antequera.* Trajet : 2h30 env pour Grenade, 5h30 pour Séville.

➢ *De/vers Barcelone, via Valence et Tarragone :* d'Almería, mer, ven,

dim, 1 train vers 8h ; de Barcelone, lun, jeu, sam, 1 train vers 8h30. Trajet : 11h30-12h.

➢ *De/vers Madrid :* 2 trains rapides/j. *(Talgo),* départ d'Almería à 7h et env 16h, de Madrid à 8h et env 15h. Trajet : env 6h30.

En avion

✈ *Aéroport (hors plan par B3) :* à 10 km au sud-est du centre-ville, sur la N 340 en direction de Murcie. ☎ 950-21-37-00. ● aena.es ● Petit office de tourisme et comptoir *Iberia* (☎ 902-40-05-00).

➢ Le bus n° 20 rejoint la ville ttes les 40 mn env 7h35-22h30 pour 1 €. Départ 7h-22h40 c/ Gregorio Marañón *(hors plan par B1, 1* ; la rue est située dans le prolongement de la rambla del Obispo Orbera, juste après l'avenida Federico García Lorca). Env 30 mn de trajet, parfois un peu plus. Attention, dim et j. fériés, rotations moitié moins nombreuses. Possibilité d'acheter le billet dans le bus. *Rens : Surbus, kiosque sur l'avda Federico García Lorca, à l'angle avec la Gregorio Marañón.* ☎ 950-17-00-50. ● surbus.com ● Fermé le w-e.

Ferries pour l'Afrique du Nord

⛴ *Estación marítima (plan A3) :* sur le port, entrée au niveau de l'avda Federico García Lorca. Les ferries qui partent d'Almería desservent **Melilla** (enclave espagnole au Maroc), **Ghazaouet** et **Oran** (Algérie) et, au Maroc, **Nador.** En été, on vous conseille de réserver la veille ou tôt le matin pour avoir une chance d'embarquer. Le personnel des compagnies parle le français. Attention, ne pas oublier passeport et carte grise. Attention bis, les voitures de location ne peuvent pas quitter le territoire espagnol. Dans le terminal, un supermarché, une cafétéria et même un local climatisé pour les enfants.

– *Vente des billets :* dans la Estación marítima. *Guichets en général ouv 7h-minuit sans interruption. Petit resto au terminal et kiosque d'info.*

■ *Acciona Trasmediterránea :* ☎ 902-45-46-45 (résas). ● *trasme diterranea.es* ● *Ils sont représentés en France par* Iberrail : *57, rue de la Chaussée-d'Antin, 75009 Paris.* ☎ 01-40-82-63-63 *et* 01-42-81-27-27 (résas). ● *trasmediterranea@iber rail.fr* ● Ⓜ *Trinité-d'Estienne-d'Orves ou Chaussée-d'Antin-La Fayette. Lun-ven 9h-12h30, 14h-18h (17h30 ven). CB acceptées. Pour* **Melilla,** 1-2 bateaux/j. selon saison ; traversée : env 8h30. Pour **Nador,** 2-6 bateaux/j. selon saison. Pour **Ghazaouet,** quelques liaisons entre juin et début sept, mais très irrégulières. L'été, assure aussi quelques liaisons avec **Oran.**

Adresses utiles

🛈 *Oficina municipal de turismo (plan A1) :* pl. de la Constitución. ☎ 950-21-05-38. ● *turismodealmeria.org* ● De juil à mi-sept, tlj 9h-14h, 17h30-20h30 ; reste de l'année tlj 9h-15h.

🛈 *Oficina de turismo de Andalucía (plan B3) :* parque Nicolás Salmerón. ☎ 950-17-52-20. ● *andalucia.org* ● Lun-ven 9h-19h30, w-e 9h30-15h. Bien documenté et service efficace. Infos sur la ville, mais surtout sur toute l'Andalousie. Accueil en français.

@ *Ciber El Puerto (plan B3) :* c/ Álvarez de Castro, à l'angle du parque Nicolás Salmerón. Tlj 9h-22h.

✉ *Correos (hors plan par B1) :* avda San Juan Bosco, 35 ; dans le prolongement de Alcade Muñoz. Lun-ven 8h30-20h30, sam 9h30-14h.

🚕 *Taxis :* pl. de la Marina (plan A3) ou paseo de Almería (plan B1-2). ☎ 950-25-11-11.

➕ *Hospital SAS-Torrecárdenas :* pasaje de Torrecárdenas. ☎ 950-21-21-00.
■ *Urgences :* ☎ 061.

Où dormir ?

Camping

⛺ *Camping Roquetas :* ctra Los Parrales, 90, 04740 **Roquetas de Mar.** ☎ 950-34-38-09. ● *info@campin groquetas.com* ● *campingroquetas. com* ● À 12 km à l'ouest d'Almería. Par l'A 7, sortie 429. Par la route côtière, direction Aguadulce puis Roquetas de Mar (bien fléché à partir de là). Env 27 € pour 2 avec tente et voiture ; réduc hors saison pour les séjours supérieurs à 2 nuits. Bungalows 4 pers 57-85 € selon saison. 🛜 (payant). Si vous tenez vraiment à camper autour d'Almería, c'est la solution la plus tranquille et la plus confortable. Le paysage entre Almería et le camping ne fait pas vraiment rêver : des tours, des serres et des serres. Cela dit, le site, isolé, est tranquille et bien équipé : piscine, supermarché, terrain de tennis, bar, sanitaires propres et en quantité suffisante pour les très nombreux emplacements. Disons que la personne qui a conçu ce site aurait certainement plus l'esprit carré et pragmatique que l'âme d'un poète : les emplacement sont alignés côte à côte dans des allées tirées au cordeau, sans un brin d'herbe, avec un sol bien dur et quelques arbres peu généreux en ombre.

Bon marché (15-30 €)

🛏 *Casa de huéspedes La Francesa (plan A2, 10) :* c/ Narváez, 18, 04002. ☎ et fax : 950-23-75-54. Doubles avec sdb commune 26-30 € selon saison, ou 15-18 €/pers. 🛜 (gratuit). Dans un quartier populaire de la vieille ville, quelques chambres au rez-de-chaussée, sombres, sans charme, assez petites mais propres et pas glauques. Certaines donnent sur rue, d'autres sur... pas grand-chose. Accueil ni très chaleureux ni très enthousiaste. Quoi qu'il en soit, cela reste une bonne solution pour les budgets très serrés.
■ *Albergue juvenil (hors plan par B3, 11) :* isla de Fuerteventura, s/n, 04007 **Ciudad Jardín.** ☎ 950-17-51-36. ● *almeria.itj@juntadeandalucia.es* ● *inturjoven.com* ● ♿ Pas facile à trouver (fléchage défaillant, voire inexistant !). L'AJ se trouve à l'intérieur du complexe sportif Estadio de la Juventud Emilio Campra. Peu pratique, car à 1,5 km du centre, près de la plage de Zapillo, et pas de bus direct. Les n°s 11, 12 ou 18, longeant l'avda del Cabo de

Gata, vous déposeront à env 600 m (demandez au chauffeur de vous arrêter à la hauteur de la c/ del Tajar, puis la remonter jusqu'au bout). Selon saison, compter 15-21 € pour les moins de 26 ans, 21-27 € pour les autres, petit déj inclus. Repas 8 €. Carte FUAJ obligatoire. Loc vélos (7 €/j.). Parking gratuit. 🖥 *(payant).* 🛜 *(gratuit dans le hall).* Grande structure nickel aux couleurs pimpantes. L'environnement est cependant assez sonore et on a davantage l'impression de se trouver dans une grosse école que dans une maison sympa où se retrouvent les routards. Chambres de 2 à 4 lits avec salle de bains privée. Consignes, machines à laver, salle de jeux, mais aucune cuisine à disposition.

De prix moyens à chic (40-80 €)

🏠 **Hotel Costa Sol** *(plan B2-3, 12) : paseo de Almería, 58, 04001.* ☎ *950-23-40-11.* ● *recepcion@hotelcostasol. com* ● *hotelcostasol.com* ● *Doubles avec sdb 50-70 € selon saison.* 🛜 *(gratuit).* Point de chute d'hommes d'affaires en quête de services standardisés (TV, AC, minibar, coffre, etc.), cet hôtel moderne abrite une cinquantaine de chambres à la déco contemporaine. Le tout est agréable, frais, soigneusement tenu et bien placé entre le centre ancien et moderne. Accueil pro

et agréable pour couronner le tout. Un bon rapport qualité-prix.

🏠 **Hotel Torreluz et Hotel Nuevo Torreluz** *(plan B1, 15) : pl. Flores, 8 et 10, 04001.* ☎ *950-23-43-99.* ● *torreluz@ torreluz.es* ● *torreluz.es* ● ♿ *Doubles env 40 € pour l'*Hotel Torreluz *et 51-70 € pour l'*Hotel Nuevo Torreluz. 🛜 *(gratuit).* D'un côté de la place, très discret, le *Torreluz*, un 2-étoiles, et en face, au centre de la place, le *Nuevo Torreluz*, un 4-étoiles qui « se la joue » un peu. C'est dans ce dernier que se trouve la réception pour les 2 établissements. Le *Nuevo* offre des prix étonnamment accessibles pour des chambres confortables plutôt colorées et jouant la carte du chic. Le 2-étoiles est beaucoup plus simple et standard, mais le confort reste bon et le rapport qualité-prix aussi.

🏠 **Hotel La Perla** *(plan B1, 13) : pl. del Carne, 7, 04003.* ☎ *950-23-88-77.* ● *laperla@githoteles.com* ● *githoteles. com* ● *Doubles avec sdb 40-75 € selon saison et fréquentation.* 🛜 *(gratuit).* Cet hôtel moderne qui accuse un peu le coup des années propose des chambres pas très grandes mais néanmoins correctes. Rapport qualité-prix convenable en cas de basse fréquentation mais plus du tout quand il faut payer le tarif plein.

De chic à très chic (min 70 €)

🏠 **Hotel Catedral** *(plan B2, 14) : pl. de la Catedral, 8, 04002.* ☎ *950-27-81-78.*

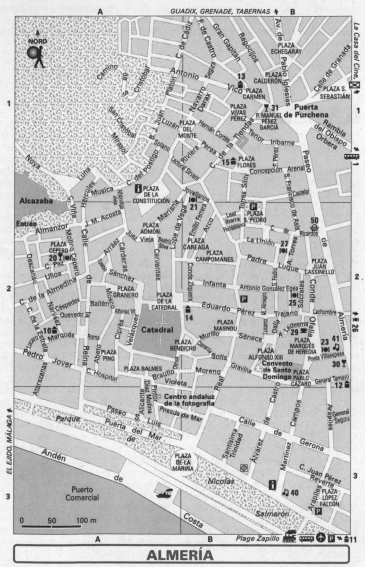

GUADIX, GRENADE, TABERNAS

ALMERÍA

ALMERÍA ET SES ENVIRONS

● reservas@hotelcatedral.net ● hotel catedral.net ● Doubles 70-100 € selon taille et saison ; suites 110-150 €. 🖥 🛜 (gratuit). Cet hôtel est installé dans un ancien palais du XIXᵉ s,

entièrement rénové au goût du jour. La déco est design avec des choix de couleurs bien tranchées, du noir, du blanc et (ouf !) un peu de grège pour réchauffer tout ça. Les chambres sont agréables et toutes différentes. Les salles de bains sont magnifiques. Chaque chambre possède son ordinateur connecté au Net. Sur le toit, piscine pas plus grande qu'une assiette de tapas, avec vue plongeante sur la cathédrale. Accueil classe.

Où manger ?

Bon marché (max 15 €)

|●| *Casa Puga* (plan B1-2, **21**) : c/ Jovellanos, 7. ☎ 950-23-15-30. ● leonardo@barcasapuga.es ● Tlj sf dim et j. fériés 12h-16h, 20h30-minuit. Congés : sept. Raciones 8-10 €. Le bar à tapas le plus typique de la ville, créé en 1870 et qui revendique le statut de plus vieux bar d'Andalousie. Beau cadre ancien avec quelques tables à l'arrière et une autre, très prisée, près de la fenêtre. Profusion de bouteilles de whisky, même si c'est la *caña* qui tient la vedette. Au plafond, les jambons sont suspendus en grappes, il suffirait de planter 10 ampoules dedans pour en faire des lustres ultra-tendance (non non, on n'a rien bu !). Super ambiance en fin de semaine. Une adresse pour le soir.

|●| *La Bodeguilla* (plan B2, **23**) : pl. Marqués de Heredia, 8. ☎ 950-24-56-83. ▤ 629-86-25-33. ● jfmc@ono.com ● Menu min 9 €, carte 15-20 €. ☏ (gratuit). Digestif offert sur présentation de ce guide. Petit bar chaleureux fréquenté par les quadras-quinquas chic et décontractés. Du classique dans la déco comme dans l'assiette, mais pas de mauvaises surprises si ce n'est la parcimonie des portions de tapas. Terrasse bien sympa dans la rue piétonne face à l'école d'art et à l'ombre d'un grand platane.

|●| *Taberna El Postigo* (plan B2, **25**) : au croisement des c/ Gonzales Egea et Socrates. Ouv mer-dim. Raciones min 8 €. Décor traditionnel de toute *bodega* qui se respecte : poutrelles et contre-volets en bois, jambons qui sèchent et papiers gras par terre. Au cœur du vieux centre et en plein milieu du quartier des *bars de copas*. Bon-

nes tapas et spécialités de grillades copieusement servies. Agréable terrasse ombragée dans une ruelle sans voitures.

Prix moyens (15-25 €)

|●| *Taberna Entrevinos Centro* (plan B2, **27**) : c/ Padre Alfonso Torres, 11. ☎ 950-25-56-25. Tlj sf Noël et Jour de l'an. Menu midi 12,50 €, carte 25-30 €. ☏ (gratuit). Digestif offert sur présentation de ce guide. Ce resto plutôt moderne se situe dans une rue piétonne bien animée. La vieille bâtisse abrite 2 petites salles cosy idéales pour un tête-à-tête en amoureux. Au menu, de très copieuses salades à partager, des petits plats ou tapas fins, inspirés et à base de bons ingrédients frais. Bon choix de vins et excellents desserts.

|●| *Restaurante Tetería Almedína* (plan A2, **20**) : c/ Paz, 2. ▤ 697-93-29-11. ● almedinateteria@yahoo.es ● Tlj sf lun 13h-23h. Menus 16-19 €. Pichet de citronnade à la menthe 6 €. Pour une pause rafraîchissante dans l'après-midi ou un repas de l'autre côté de la Méditerranée. On commence dans le salon au haut plafond et si vous préférez manger à table (et non plié en deux devant la table basse), vous passez ensuite dans la petite salle à manger étroite, à l'éclairage beaucoup moins chaleureux que dans le salon. Menus simples : salades marocaines ou mixtes, des couscous de légumes ou au poulet, des brochettes. Avec, en dessert, le thé à la menthe et les délicieux petits gâteaux maison. C'est simple, les proportions de couscous en laisseront peut-être certains sur leur faim, mais ça change, c'est bon et l'accueil, familial, est très gentil... sans parler des pichets de la délicieuse citronnade à la menthe maison.

|●| *La Tahona* (hors plan par B2, **26**) : c/ Reyes Católicos, 30. ☎ 950-25-70-88. Tlj. Plats 10-18 €. Cafetería, bocadillería, restaurante, cervecería : tout un programme ! Bar au rez-de-chaussée, salle en mezzanine. Les employés du quartier viennent y déjeuner. C'est souvent plein, et l'ambiance est agréable. Cuisine d'une grande fraîcheur ; grand

choix de viandes, poissons. Idéal pour un déjeuner ; le soir, en revanche, l'ambiance est un peu morose même en fin de semaine.

Où prendre le petit déj ?
Où se désaltérer ?

☛ **Cafe Colón** *(plan B2, 29)* : *c/ Conde Ofalia, face à la pl. Marqués de Heredia.* Au centre de la place, une volée de chaises invitent à s'asseoir et commander *churros*, jus d'orange frais et *café con leche*. C'est ce que font tous les habitués et il n'y a pas de raison que ça change. Le week-end, certains y passent des heures à papoter.

🍸 **Horchatería y granizados Amalia** *(plan B1, 31)* : *simple kiosque en bordure de la pl. Carmen et de la puerta de Purchena.* Un jus, un café, un *granizado de limón...* mais surtout, en saison, d'excellentes *horchatas* maison pour se désaltérer au passage. Quelques tables pour prendre son temps.

🍸 **Restaurante Tetería Almedína** *(plan A2, 20)* : *voir « Où manger ? ».*

Où boire un verre ?

Dans le cœur historique, les rues Antonio González Egea et Real forment ce que tout le monde appelle les *cuatro calles* (quatre rues). C'est ici que tous les jeunes sortent dans les divers *bars de copas* qui rivalisent de décibels avec leurs voisins. Éviter de s'y pointer avant minuit.

🍸 **Burana** *(plan B2, 30)* : *paseo de Almería, 56.* ☎ *950-24-62-83. Tlj 7h30-3h en sem, sam 11h-3h.* Après avoir été un théâtre, un cinéma et un pub irlandais, le rez-de-chaussée de cette vieille bâtisse résonne désormais au son des décibels d'un bar branché à la musique plutôt commerciale. Les azulejos et les boiseries d'origine ont heureusement été conservés, ce qui confère un vrai cachet au lieu. Dehors, la terrasse ouvre ses larges parasols à des débuts de soirée plus jus de fruits et crème glacée.

Où danser ?

Pour une petite guinche, inutile de se hâter, le coup de feu est à partir de 2h du mat.

🎵 **Mae West** *(plan B3, 40)* : *parque Nicolás Salmerón. Payant.* Dans un ancien entrepôt de marchandises, lieu de fête des 18-25 ans. Ambiance *western-groove*, c'est le rancard de la jeunesse dans le vent, et donc bondé le week-end.

🎵 **La Clásica** *(plan B2, 41)* : *c/ Poeta Villaespesa, 4. Tlj sf dim et lun à partir de minuit.* On est accueilli par une collection de carafes astucieusement mise en lumière. Déco genre grotte revue et corrigée par Dalí. Ambiance smart-relax, qui rapidement tourne pop-salsa-house.

Achats

🏪 **Lamarca Gourmet** *(plan B2, 50)* : *paseo de Almería, 26.* ☎ *950-26-38-59. Tlj sf dim ap-m 10h-15h, 17h-22h.* Épicerie où les habitants d'Almería viennent s'approvisionner en produits fins, notamment les charcuteries et les huiles d'olive. On vous explique, on vous conseille et, en plus, on vous emballe tout pour le voyage.

À voir

🏰🏰 **Alcazaba** *(hors plan par A1-2)* : *à 10 mn à pied du centre-ville. Bus nº 1 qui passe par l'avda de Federico García Lorca et le paseo de Almería ; ttes les 20 mn 7h20-22h (moins dim).* ☎ *950-17-55-00. Tlj sf lun : avr-sept, 9h-20h30 ; oct-mars, 9h-18h30. GRATUIT.* Belle forteresse arabe dominant la ville. Il n'y a pas grand-chose à voir à proprement parler, mais elle dégage un charme indicible. Les murailles crénelées ont été superbement restaurées par l'utilisation d'un pisé identique à celui d'origine. De beaux jardins où coulent de petits ruisseaux ont été aménagés dans la première enceinte, mais n'ont rien d'authentique puisque les fouilles ont révélé à cet endroit l'existence de maisons et de rues. En vis-à-vis, le rempart court sur la colline ocre. Dans la deuxième enceinte quelques édifices, reconstruits ou restaurés, servent de lieux d'exposition. Tout au bout, l'Alcázar chrétien, rebâti après la prise de la ville en 1489, est dominé par deux tours crénelées. De leur sommet, on peut observer de curieuses habitations troglodytiques et le quartier dit « de la Chanca », accroché à la roche et dont les maisons rappellent l'Afrique du Nord, avec leurs tons pastel et leurs terrasses. Également un minizoo où s'ennuient des antilopes... Voir aussi, en contrebas, la *torre de la Vela*, dont la cloche annonçait les grands événements et rythmait les travaux agricoles. Ce lieu donne au visiteur une agréable impression d'harmonie, de douceur, d'équilibre.

🍴 *Catedral (plan A2) :* dans le vieux centre. Accès par la c/ Velázquez. Lun-ven 10h-14h, 16h-18h. Entrée : 3 € ; réduc. Elle fut érigée sur le site d'une mosquée, de styles gothique et Renaissance. La partie arrière rappelle un château fortifié. Hormis le chœur qui déborde ostensiblement de dorures, cette cathédrale possède de beaux volumes où la pierre, nue, dégage une atmosphère de sérénité. Élégants panneaux de bois sculpté et singulier retable de marbre à colonnes.

🚶🍴 *Centro andaluz de la Fotografia (plan A3) :* c/ Pintor Diaz Molina, 9. ☎ 950-18-63-60. Tlj 11h-14h, 17h30-21h30. GRATUIT. Slt des expos temporaires. Le propos de ce très beau musée est de promouvoir la photographie sans restriction de nationalité. Les expositions sont souvent d'excellente qualité.

🍴 *Convento de Santo Domingo (plan B2) :* pl. Pablo Cazard, 1. Jetez un œil au patio à colonnades de cet ancien couvent érigé en 1728. Il abrite aujourd'hui la *Escuela de Artes d'Almería* (école d'art) et si vous êtes discret, vous pourrez y pénétrer aux heures de cours. Les cinéphiles se souviendront que certaines scènes d'*Indiana Jones et la dernière croisade* y furent tournées.

🚶🍴 *La Casa del Cine (hors plan par B1) :* c/ Camino Romero, 2. ☎ 950-21-00-30. À env 4 km du vieux centre. Accès par l'avda del Mediterráneo et la c/ Francia. Mar-jeu 9h-15h ; ven 9h-15h, 17h-19h ; sam 10h-14h, 17h-19h ; dim 10h-14h. Résa indispensable. Entrée : 3 €. Cet intéressant musée consacré au cinéma et aux films tournés dans la région d'Almería est installé dans une belle demeure de 1866. Elle hébergea dans les années 1960 et 1970 nombre de stars (notamment John Lennon qui y passa quelques mois en 1966 pendant le tournage de *Comment j'ai gagné la guerre*).

🍴 Si vous avez une heure devant vous, vous pourrez toujours prendre le frais sous les arcades à plafond de bois de la *plaza de la Constitución (plan A1-2),* siège de l'*ayuntamiento* (mairie) et ancien emplacement du souk arabe.

🏖 Les plages aux alentours d'Almería ne sont pas extraordinaires. Celle de *Zapillo,* à 2,5 km vers l'est (direction Cabo de Gata), est l'une des mieux. Large et bien équipée mais pas franchement naturelle, bordée par une digue avec de nombreux kiosques et restos pour grignoter.

D'ALMERÍA À SALOBREÑA PAR LA CÔTE

Si vous n'empruntez pas la route des Alpujarras (ce qui serait dommage, voir ce chapitre plus haut), vous longerez la côte. Vous serez alors submergé, pendant des dizaines de kilomètres, par des *invernaderos,* ces serres recouvrant d'une mer de plastique les plaines littorales, d'Almeria jusqu'à Motril. Elles sont même visibles depuis le Mulhacén, où leur vue laisse perplexe aussi bien les randonneurs étrangers que les autochtones : c'est quoi cette immense tache blanche près de la mer ? Des salines, de la neige ? Non, ce sont les bâches de plastique qui ont transformé cette côte, autrefois délaissée, en un eldorado qui produit plus de 3 millions de tonnes de légumes par an dans la plus grande concentration de serres au monde (40 000 ha).

LE SCANDALE DES *INVERNADEROS*

Le phénomène est relativement récent : jusque dans les années 1960, cette région, une des plus sèches d'Espagne et d'Europe (il y pleut aussi peu qu'au Sahel), était quasi inhabitée et à peine parcourue par quelques troupeaux de moutons qui se contentaient d'une maigre végétation steppique. C'est l'introduction de la culture de légumes sous serres qui a tout changé, produisant, jusqu'à trois fois par an, tomates, aubergines, poivrons ou asperges à profusion et... à contre-saison. La seule qualité de ces légumes est d'être gorgés de flotte ; quant au goût, ils n'en ont souvent aucun. Depuis, les maraîchers andalous submergent le marché européen de leur production (25 % des légumes verts consommés en Europe viennent d'Andalousie !) et prennent part à un enrichissement sans précédent de la région, à tel point qu'aujourd'hui celle-ci abrite les communes les plus riches de la province. Le prix de la terre, lui, a été multiplié par 1 500 !

Dans ce Far West espagnol, sujet à de véritables opérations de colonisation, les villes naissent et se développent à toute allure. Toute cette verdure pas très biologique exige de la main-d'œuvre et, comme la France des Trente Glorieuses, ces *invernaderos* font massivement appel à des travailleurs agricoles étrangers (plus ou moins exploités), en provenance d'Afrique et, plus récemment, des pays de l'Est devenus maintenant citoyens de l'UE. Logés parfois dans des habitations dignes de vrais bidonvilles, ils seraient entre 40 000 et 50 000, dont près de la moitié clandestins. La montée du racisme est un des dérapages du développement économique de cette *Costa del Plastico*.

Le type de paysage créé par cet essor est à l'agriculture ce que Torremolinos ou Benidorm sont au tourisme. Car il s'agit bien d'agriculture industrielle, vidant les plages de leur sable et polluant les nappes phréatiques et le sol par l'usage d'engrais et de pesticides – 5 200 t de produits chimiques sont ainsi déversées chaque année dans la région ! De plus, ce type d'exploitation épuise les ressources en eau. Un hectare d'*invernadero* consomme ainsi 5 500 m³ d'eau à l'année. Les écologistes tirent depuis longtemps la sonnette d'alarme : les nappes phréatiques sont déjà presque à sec. Leur concentration en nitrates est, par endroits, jusqu'à cinq fois supérieure à la norme européenne. La région a interdit les nouveaux forages, mais les industriels de l'agriculture, dont le poids est ici énorme, passent outre et creusent de plus en plus profondément (jusqu'à 2 000 m !). Les terres appauvries, elles, sont abandonnées et les bâches en plastique, laissées sur place, continuent à se déchiqueter au vent. Les écologistes avancent le chiffre de 30 000 t de résidus plastique par an. Face à cette catastrophe écologique annoncée, certaines municipalités commencent tout juste à interdire les *invernaderos*. Certains s'adaptent : on cultive désormais sur laine de roche, à l'aide de substrats organiques déversés au goutte à goutte par des systèmes entièrement gérés par ordinateur. Pour plus d'information, voir aussi la rubrique « Environnement » dans le chapitre « Hommes, culture, environnement ».

Malgré tout, il y a quelques endroits... où faire halte. Belle *plage de Rijana* proche du village de *Castell de Ferro.* Quelques barques de pêcheurs se reposent sur les galets. Camping à la sortie du village. À 2 km en direction de Motril, en contrebas, belle petite crique aux eaux très pures.

■ *Visites guidées des fermes horticoles et des serres* (invernaderos ; Clisol) : *Paraje la Cumbre, s/n, à El Ejido.* Prendre contact par tél (☎ 620-84-33-85). ● clisol.com ● Pour visiter l'intérieur des serres agricoles avec un guide spécialisé.

À L'EST D'ALMERÍA

La région d'Almería, ce sont certes des milliers d'hectares de serres, mais aussi de magnifiques coins de nature quasi sauvages. Ce n'est pas un hasard si la région a servi de décor naturel à nombre de films, que ce soit les paysages désertiques de la sierra Alhamilla et de Tabernas dans l'arrière-pays, ou le parc naturel du cabo de Gata et ses superbes plages ou criques non défigurées par les constructions. En poussant un peu plus loin vers l'est, on trouve Mojácar, la porte de sortie du parc. Si le bord de mer est une succession continue d'hôtels et de nouveaux lotissements (qui ont au moins le mérite de ne pas culminer trop haut), le village tout blanc et labyrinthique perché sur sa colline mérite bien qu'on arpente ses ruelles pentues.

Et pour les âmes baroques, ou pour ceux en route vers Valence, à la recherche d'une ville espagnole dans son jus, pourquoi ne pas tenter une petite incursion ou une étape en Murcie, dans la ville de Lorca ?

LE DÉSERT DE TABERNAS

À une vingtaine de kilomètres d'Almería, le désert de Tabernas est non seulement un des plus grands d'Europe, mais aussi un des plus grands studios de cinéma grandeur nature, qui connut son heure de gloire dans les années 1960-1970. C'est un paysage de pierres hirsutes où le soleil absorbe les moindres gouttes d'eau et la roche, comme ridée, crie sa soif débordante. Il subsiste toutefois une végétation jaunie et cassante qui s'accroche à un sol fissuré. La température monte très souvent au-dessus des 40 °C.

Le western spaghetti doit son nom à une raillerie du cinéma américain. Alors que le western classique est en plein déclin,

DE LA POUSSIÈRE ET DES HOMMES

Des films comme Le Bon, la Brute et le Truand *ou* Il était une fois dans l'Ouest *ont été tournés ici. Pourquoi ? L'aridité du paysage rappelle étrangement le Far West américain, et les figurants espagnols coûtaient moins cher que les Américains. Sergio Leone, Sydney Lumet ou même Steven Spielberg ont largement utilisé ces décors naturels pour leurs films :* Lawrence d'Arabie, *ou encore* Indiana Jones et la dernière croisade. *Quelques anciens décors, devenus parcs d'attractions, servent encore parfois, mais les tournages se font désormais dans les barrancos, les ravins.*

Sergio Leone invente ce nouveau genre à la sauce italienne. Le héros n'est plus le gentil cow-boy chevaleresque en lutte contre de vilains Indiens mais un anti-héros, mal rasé de surcroît, qui règle ses comptes personnels à coups de pétard. Quant à Sergio Leone, voici ce qu'il pensait de cette appellation : « Ce mot de western spaghetti est un des plus cons que j'aie jamais entendus de ma vie ! »

Comment y aller ?

Voir la rubrique « Arriver – Quitter » à Almería.

➢ Pour les randonneurs, possibilité de rejoindre la sierra d'Alhamilla à partir du désert de Tabernas par la route du Colativi. Environ 4h de marche, ascendante jusqu'au Cerro del Oro, puis descendante vers le barranco del Rey. D'autre part, les 40 000 chemins muletiers du désert de Tabernas qui s'effaçaient petit à petit sont désormais parcourus par des fanas du VTT (parcours fléché depuis Pechlna en direction de Viator).

Où manger dans les proches environs ?

|●| *Las Eras :* ctra de Murcia, s/n, 04200 *Tabernas.* ☎ 950-36-52-69. À la sortie de la ville en venant des parcs d'attractions, à gauche, à côté de la station-service ; voiture nécessaire. Tlj sf sam (et dim soir si grands groupes le midi). Menú del día lun-ven (midi slt) 10 €, dim 15 €. Rendez-vous des travailleurs et des familles qui se retrouvent ici pour manger une cuisine simple et roborative. Une adresse pour faire des économies sur le prix de certains restos des parcs.

Les parcs d'attractions

Ils se trouvent tous à environ 3 km au nord d'Almería, près de la sortie 376 de l'autoroute de Grenade A 92 (direction Tabernas). Nous vous les présentons par ordre d'arrivée à l'écran. Soyons très honnêtes, c'est le caractère très particulier des paysages qui nous pousse à vous inciter à traîner vos guêtres dans ce coin et non les parcs d'attractions... franchement vieillissants. On n'en voit pas trop l'intérêt, surtout hors saison quand les spectacles sont réduits, d'une qualité peu convaincante et que les lieux sont sans vie. En plus, cela représente un sacré budget (prévoir pour deux adultes et deux enfants de 34 à 120 €, en fonction du parc choisi, des parkings, photos déguisées et suppléments divers)... À ce prix-là, autant offrir à junior (et à ses parents !) une sélection des DVD de Sergio Leone tournés dans le coin. Au moins vous pourrez les regarder à l'ombre, sans avaler plein de poussière, et les acteurs sont excellents !

🚶 🏃 *Western Leone :* C 3326, km 378. ☎ 950-16-54-05. La route d'accès débute au niveau même de la sortie de l'A 92 ; le parc est juste à 1 km. Tlj 10h-19h. Entrée : adulte 11 € ; enfant 6 €. Le moins cher des trois, et aussi le plus cheap (c'est dire... !). Des scènes du film Le Bon, la Brute et le Truand furent tournées ici. Le décor est à peu près d'origine. Mais la chose la plus authentique, c'est encore la poussière sur les bottes ! En règle générale, quatre spectacles quotidiens entre 12h et 19h.

🚶 🏃 *Oasys :* c'est le 1er qu'on rencontre en prenant la route de Tabernas au niveau du rond-point de sortie de l'autoroute (à 1 km). ☎ 902-53-35-32. ● oasys parquetematico.com ● Pâques-oct, tlj 10h-19h (21h juin-sept) ; nov-Pâques, w-e et j. fériés slt. Entrée : adulte env 22 € ; 4-12 ans env 12,50 €. Parking 3 €. Le décor est assez crédible mais totalement neuf. Trois spectacles différents sont programmés plusieurs fois par jour, entre 11h et 19h : french cancan au saloon, western dans la rue, dans la bonne tradition des films de cow-boys, et... show de perroquets. Le parc propose aussi un zoo. Comme toujours, les animaux s'y ennuient, mais reconnaissons que les cages sont spacieuses et bien entretenues. Également une piscine en été.

🎬 🧍🏃 **_Cinemas Studios Fort Bravo (Texas-Hollywood) :_** _4 km après_ Oasys, _sur la gauche, puis 2 km sur une piste en terre pour se mettre dans l'ambiance (bien fléché)._ ☎ _950-06-60-14._ ● fortbravo.es ● _Tlj 9h-20h (18h hors saison). 4 spectacles 12h30-19h30. Entrée : adulte env 17 € ; 4-14 ans 10 €. Parking gratuit._ Le plus dans son jus des trois avec des décors de ville du Far West et de village mexicain plutôt réussis. On y a tourné des séquences d'_Il était une fois dans l'Ouest_ de Sergio Leone, d'_El Condor_ avec Lee Van Cleef (qui habita dans la région), des _Sept Mercenaires_ et quelques scènes de _Lawrence d'Arabie._ On y tourne encore, de temps en temps, des films et des clips (_Blueberry_, 2004).

LA SIERRA D'ALHAMILLA

À une vingtaine de kilomètres d'Almería, vraiment très surprenant de voir cette véritable oasis en plein milieu du désert s'accrocher coûte que coûte à sa montagne.

➢ L'accès en bus à la sierra d'Alhamilla et à Pechina n'est pas possible. En voiture, sortie 387 sur l'A 92, puis 7 km en direction de Balneario de Sierra de Alhamilla.

Où dormir ? Où manger ? Où faire une cure thermale ?

🏛 **_Établissement thermal – Balneario de Sierra de Alhamilla :_** _c/ Balneario, s/n, 04259_ **Pechina.** ☎ _950-31-74-13._ 📠 _655-20-66-62_ ● sierraalhamilla@gmail.es ● balneariosierraalhamilla.es ● 🛁 _Doubles avec sdb 53-86 € selon saison et orientation (avec ou sans vue). Petit déj env 6 €. Possibilité de manger sur place._ 📶 _(gratuit). Sur présentation de ce guide, digestif offert ou réduc de 10 % sur les doubles._ La présence de bains naturellement chauds (environ 38 °C) daterait du XIIIᵉ s ; leurs vertus thérapeutiques étaient déjà connues dans l'Antiquité. Mais ce sont les Arabes qui firent leur gloire avant qu'ils ne soient redécouverts et reconstruits par l'évêque d'Almería à la fin du XVIIIᵉ s. Aujourd'hui, on se baigne dans une pièce voûtée, sous des arcades éclairées par des faisceaux de lumière du jour. Au rez-de-chaussée, d'autres bains individuels dans de très belles baignoires en marbre. Ne vous attendez toutefois pas à du grand luxe, l'ensemble est un peu désuet... et les chambres sont du même acabit. Quel dommage ! Elles sont réparties autour d'un patio où poussent bien tranquillement de petits orangers.

🍴 **_Mesón-Bar Sierra Alhamilla :_** _mitoyen avec le_ Balneario. ☎ _950-16-02-75._ ● mariasierraalhamilla@gmail.com ● _Fermé mar (sf j. fériés). Congés : 2ᵈᵉ quinzaine d'août. Repas env 10 €._ Ce bar, dont la décoration est aussi passionnante qu'une compétition de curling, offre des petits plats bien ficelés (friture de foie de porc, _tabernero_, sorte de friture relevée de piments et de tomates) et des spécialités régionales, comme le lapin à l'ail. Bon accueil et petite terrasse sous les arcades, près des palmiers.

LE PARC NATUREL DU CABO DE GATA

L'Andalousie sans béton, avec un minimum de touristes, la vieille Andalousie aux maisons de terre blanchies à la chaux et aux plages vierges existe encore. Transformée en parc naturel et soumise à une protection sévère, la région du cabo de Gata a été gelée par la _junta_ d'Andalousie sous la pression des écolos. Fabuleux ? Oui et non. Ce qui est rare est cher. Et puis dès que le béton s'arrête commence le plastique... à croire que l'âme andalouse, contrairement à sa nature, a horreur du vide. L'avancée des *invernaderos* (ces serres d'agriculture hors sol) est telle qu'elles ceinturent désormais le parc, voire poussent illégalement dans les zones protégées charriant son lot de plaintes qui finissent inlassablement devant les tribunaux. Mais les dividendes du patrimoine naturel se partagent aussi avec qui veut en profiter et se comptent : air pur, beauté du paysage, plaisir au contact de la nature. Voilà qui n'est pas évident à faire comprendre à un cerveau de promoteur, dont la seule volonté est l'exploitation et la rentabilité. Assurément, des intérêts privés tenteront toujours de profiter de terrains qui leur semblent en friche, pour essayer de les transformer en euros. Mais aujourd'hui il est primordial de permettre à des parcs naturels d'exister et de laisser croître la nature, sans que l'activité humaine ne stoppe son expansion naturelle. Heureusement, des associations veillent au respect des limites du parc naturel et à l'observation des règles écologiques. À noter, la victoire emblématique en 2012 par décision de justice de l'arrêt et de la destruction future d'un énorme complexe hôtelier illégal sur la plage d'Algarrobico. Un grand pas pour le parc, et un exemple pour la gestion du littoral.

Nous avons sélectionné, dans la mesure du possible, des adresses où vous ne tomberez pas nez à nez sur des labyrinthes en plastique en ouvrant vos fenêtres le matin. Malheureusement, ce n'est plus le cas de certains campings noyés dans un océan de bâches.

Enfin, les amateurs de cinéma ne seront pas surpris de retrouver les décors naturels de quantité de films. Pour permettre à ses visiteurs de jouer aux cowboys comme dans *Le Bon, la Brute et le Truand* ou *Pour une poignée de dollars,* la Comarca de Níjar a même balisé une route cinématographique (le seul problème, c'est qu'il est très difficile de trouver la brochure indiquant cet itinéraire...).

UN PEU D'HISTOIRE

La région n'a jamais connu de fortes densités démographiques, la rareté de l'eau et la côte sauvage, déchiquetée, où les plages de sable se nichent entre les falaises abruptes, étant peu propices à l'installation humaine.

Le parc est une succession de dépressions volcaniques, de montagnes en forme de *mesetas* (tables) où les stries rougeâtres du grès voisinent avec les affleurements de roches volcaniques. L'histoire du cabo de Gata est intimement liée à l'exploitation de ses ressources minières. Tour à tour, Ibères, Romains et Arabes ont tiré parti de ces richesses naturelles, et son nom est une déformation de *cabo de Agatas,* cap des Agates, car les Phéniciens venaient ici troquer leurs pierres précieuses contre le fer de Tartessos (actuelle Huelva). Après le XVIe s, des plantes mexicaines ont été introduites : on voit encore, au flanc des *mesas,* les terrasses où étaient cultivés les figuiers de Barbarie, cactus de la famille des opuntias qui servirent de base, au XIXe s, à l'élevage des cochenilles. Ces petits insectes, broyés, permettaient de produire une teinture rouge très recherchée. Partout se dressent les hampes florales des *pitas,* les agaves mexicains. L'ensemble évoque très fortement les déserts de Sonora et de Basse-Californie, surtout quand surgissent, tapis au creux d'un vallonnement, les petits villages blancs groupés autour d'une antique noria. Mais l'activité agricole qui a longtemps dominé la région fut l'élevage de moutons et de chèvres. Elle a même contribué à la désertification des paysages au XVIIe s, en raison de la transhumance d'immenses troupeaux entre l'intérieur de l'Andalousie et le littoral.

La presque totalité du parc appartint longtemps à la famille González Montoya, qui y élevait des *toros* de combat et cultivait le blé et l'orge sans se soucier le moins du monde de tourisme. Pourtant, il y aurait eu à faire dans une zone dont

À L'EST D'ALMERÍA

la température moyenne sur l'année avoisine les 20 °C, avec plus de 3 000 h de soleil par an, et des précipitations moyennes annuelles de 200 mm, soit à peine plus qu'à Bagdad ! Mais c'est comme ça, et le désert est resté désert. En 1987, toute la région était déclarée parc naturel et en 1997, c'était au tour de l'Unesco de la classer Réserve de la biosphère.

Ce petit paradis a tapé dans l'œil des artistes et créateurs de Madrid. Aujourd'hui, il est à la mode de se retirer au cabo de Gata pour préparer une exposition ou écrire un scénario. On retape des maisons isolées, sachant que nul voisin ne viendra gêner. Bref, c'est le scénario d'Ibiza dans les années 1960 qui recommence, avec la certitude qu'aucun hôtel de 1 000 chambres ne viendra cacher le soleil. Quant aux habitants, ils sont partagés entre le plaisir de vivre dans un endroit de rêve et l'envie de spéculer sur la manne touristique, qui leur échappe en partie.

Bon à savoir

Le cabo de Gata est un cap (eh oui !) qui sépare le parc en deux parties bien distinctes. En effet, la route côtière est interrompue au niveau du *faro* (le phare) de Gata.

À l'ouest du *faro* se trouvent les villages de Cabo de Gata, La Almadraba de Monteleva et La Fabriquilla, qui forment une zone assez plate, écrasée par le soleil et ourlée par une plage fréquentée.

À l'est du *faro*, la côte est plus découpée et offre des recoins insoupçonnés ainsi que de belles plages. Le village principal est San José. En août, tout est plein et il est hors de question d'improviser. Juillet reste accessible. En mai, juin ou septembre, les prix baissent sensiblement et il y a de la place partout.

Pour profiter du parc, il est préférable de disposer d'un véhicule : le stop marche une fois sur deux et aucune ligne d'autobus ne relie les villages. Or, les plus belles plages sont isolées.

Arriver – Quitter

En bus, d'Almería

À l'ouest du faro de Gata

➤ *De/vers Cabo de Gata :* avec *Alsa*, 6 bus/j. 8h-21h d'Almería, 7h-23h de Cabo de Gata. Trajet : env 1h.

À l'est du faro de Gata

➤ *De/vers San José :* avec *Bernardo* (☎ 950-25-04-22 ; ● *autoca* *resbernardo.com* ●), lun-sam 3 bus/j. au départ d'Almería 10h-18h30 ; au départ de San José, 4 bus/j. 7h-20h. Dim : 2 bus/j. ; départ d'Almería à 10h et 18h30, de San José à 11h et 20h.

➤ *De/vers Isleta del Moro :* avec *Bernardo*, 2 bus/sem. Départ lun à 18h30 d'Almería et à 6h30 de La Isleta del Moro ; départ sam à 14h15 d'Almería et à 7h30 de La Isleta del Moro.

➤ *De/vers Agua Amarga ou Carboneras, via Níjar :* avec *Frahermar* (☎ 950-26-64-11 ; ● *frahermar.com* ●), 4 bus/j. dans les 2 sens en sem entre Almería-Carboneras, 1 seul le w-e ; sur la ligne Almería-Aguamarga, 3 bus en sem et 1 bus le w-e dans les 2 sens. Horaires variables selon la saison.

Adresses et info utiles

🄸 *Puntos de información del parque natural Cabo de Gata* (carte Le cabo de Gata), 4 points d'info sont répartis sur le cabo de Gata : *La Sirena* (au faro de Gata), *La Isleta del Moro, Mirador la Amatista* (au nord de La Isleta del Moro), *Playa de los Muertos* (au nord du parc et de La Isleta del Moro). Ts ont les mêmes horaires : de juin à mi-oct, mar-dim 10h-14h, 16h-20h (21h en août) ; avr-mai, w-e slt 10h-14h, 16h-18h. Fermé le reste de l'année. Tous offrent les mêmes documentations.

◼ *Centro de Visitantes Las Amoladeras :* ☎ 950-16-04-35. En venant d'Almería, sur la droite avt d'arriver sur le rond-point qui mène à Ruescas. Mars-mai et oct-nov, tlj 10h-15h ; juil-sept, 10h-14h, 17h-20h ; déc-fév tlj 10h-14h. Vente de livres, de guides de randos et de cartes. Panneaux

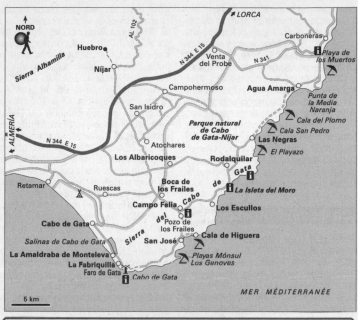

LE CABO DE GATA

explicatifs avec informations surtout écologiques (traduits en français dans un livret).

■ **Amigos del parque natural de Cabo de Gata-Níjar :** ☎ 646-79-27-63 (le soir). ● cabodegata.net ● Une association qui se bat contre l'urbanisation illégale. Elle a participé à stopper définitivement le projet de complexe touristique de la plage d'Algarrobico. Son action est essentiellement écologique, elle veille aussi au respect du parc naturel et édite une revue trimestrielle gratuite, disponible dans les *puntos de información.*

– Voir aussi ● degata.com ●, le site officiel.

À L'OUEST DU CAP DU CABO DE GATA

CABO DE GATA (04150)

Gros village résidentiel sans charme, surtout connu pour ses salines et son immense plage : plus de 6 km de sable volcanique épais et grisâtre entre le village et le cap. Même quand il y a du monde, il est possible de s'isoler. En revanche, côté baignade, ce n'est pas toujours idéal : beaucoup de rochers dans l'eau. Hors saison, les lieux ont un peu une allure de village fantôme.

Où camper ?

⚊ **Camping Cabo de Gata :** ctra Cabo de Gata, s/n, **Cabo de Gata.** ☎ 950-16-04-43. ● info@campingcabodegata.com ● campingcabodegata.com ● ♨ C'est le seul camping au sud du parc, situé bien avt Cabo de Gata en venant d'Almería, et même avt Pujaire ;

bifurcation sur la route de Cabo de Gata 2,5 km après le centre de visiteurs de Las Amoladeras. Env 24 € pour 2 avec tente et voiture ; réduc selon saison et durée. Bungalows 4 pers 60-99 €. 🛜 (gratuit). On peut y trouver de la place même en août. Et pour cause : loin de tout et au milieu des serres (bonjour les fertilisants !). Ne cherchez pas de gazon pour planter votre tente et prévoyez le marteau-pilon. Peu d'intimité, peu d'ombre et assez concentrationnaire, mais il n'est pas loin de la plage et constituera un bon plan de secours en pleine saison, d'autant qu'il est très bien tenu (et équipé : piscine, tennis, bar-resto, supérette, etc.).

Où dormir ? Où manger ?

🏠 **Hostal Las Dunas :** c/ Barrio Nuevo, 58. ☎ 950-37-00-72. ● info@ lasdunas.net ● lasdunas.net ● À 300 m de la plage dans un quartier résidentiel ; fléché à partir du rond-point principal. Doubles 51-60 € selon saison et confort. Dans un bâtiment moderne assez imposant avec ses colonnades néobaroques, une dizaine de chambres simples et propres qui donnent soit côté cour, soit sur une place fleurie. Rien d'exceptionnel mais correct.

🏠 I●I **Blanca Brisa :** c/ Las Joricas, 49. ☎ 950-37-00-01. ● contacto@blan cabrisa.com ● blancabrisa.com ● À l'entrée du village, sur la droite en venant d'Almería. Doubles 50-80 € selon saison, petit déj inclus. Au resto, menú del día 12 €. 🛜 (gratuit). La grosse bâtisse cubique est assez peu attirante de l'extérieur, mais les chambres se révèlent confortables, bien tenues et avenantes, et les plus chères disposent même d'une grande terrasse. Mention particulière pour le resto, et sa bonne cuisine familiale, ainsi que l'accueil, pro et vraiment agréable.

I●I 🥬 **La Macarena :** dans le centre, dans une petite rue perpendiculaire à la rue qui, du rond-point à l'entrée de la ville, remonte jusqu'à la plage. Tlj sf ven soir et w-e 8h30-13h30, 20h-22h. Churros le matin, poulet rôti le midi et pizza le soir. Idéal pour pique-niquer. Quelques tables en plastique pour manger sur place.

I●I On trouve, sur la plage au sud du centre-ville, quelques **restos de bord de mer.** Tous proposent sensiblement les mêmes produits de la mer, à des prix équivalents (repas env 20 €).

À voir

🐦 **Salinas de cabo de Gata :** au nord de Cabo de Gata, avt La Almadraba. Un paradis pour ornithologues : des chemins mènent à des observatoires (indiqué). Les salines sont en exploitation et donc grillagées, mais le grillage est bas et permet l'observation aux jumelles sans difficulté. Bien sûr, les flamants roses sont blancs, mais ils ne sont pas seuls : avocettes, canards de surface et beaucoup de limicoles, y compris en été. En automne et au printemps, halte de très nombreux migrateurs. Si vous n'avez pas la passion des piafs, il vous reste le plaisir de voir les montagnes de sel gris-blanc, dont les cristaux étincellent au soleil.

LA ALMADRABA DE MONTELEVA (04150)

Dans le prolongement des salinas, vrai village de pêcheurs, avec barques et étals pour préparer le poisson. À l'entrée du village, difficile de ne pas remarquer l'étrange église de Las Salinas. Élevée au début du XXᵉ s, elle a servi de décor à de nombreux films.

Où dormir ?

🏠 **Hotel Las Salinas :** Almadraba de Monteleva, s/n. ☎ 950-37-01-03. ● info@lasalinascabodegata.com ● lasalinascabodegata.com ● 🥬 Congés : oct. Selon saison, doubles 45-80 € sans vue, 60-120 € avec vue sur mer. 🛜 (gratuit). Établissement soigné, séparé de la plage par une route. Les chambres sont agréables et les parties communes cossues, dans le style colonial, avec boiseries et mobilier élégant. Prix un peu surévalués, le matraquage tarifaire s'expliquant par la proximité de la plage. Accueil très indifférent, mais l'emplacement est un des meilleurs de ce côté du cabo (wouaf ! wouaf !). Fait aussi resto (cher et pas forcément extra).

LA FABRIQUILLA (04150)

Hameau de pêcheurs à l'extrémité de la grande plage, juste avant d'entamer l'ascension qui mène au faro de Gata.

Où manger ?

|●| *Taberna La Estrella :* en bord de mer, dans le fond du hameau. ☎ 950-37-12-42. Tlj, midi slt. Repas, sur résa slt, 15-20 €, déj de tapas env 8 €. Si vous n'avez pas commandé les magnifiques paellas, rassurez-vous, on mange avec les doigts d'excellentes sardines et maquereaux grillés au comptoir. En prime, on conserve en souvenir leur bonne odeur tout l'après-midi sur les mains ! La salle est très simple, mais chaleureuse comme le service. Voilà un petit resto comme on les aime, simple et délicieux. Digestion sur la plage.

À voir

🕉 *Le cabo et le faro de Gata :* la route qui mène au cap et au phare est vertigineuse, avec un court passage étroit où il s'avère un peu compliqué de se croiser (camping-cars déconseillés). Elle offre de superbes points de vue sur la Méditerranée et le golfe d'Almería. Le panorama, tout au bout, vaut lui aussi la peine. Un mirador près du phare permet de voir se dérouler un paysage sec et enlevé de falaises tombant dru dans la mer. Des parois entières de roches extraites de la montagne il y a des millions d'années sculptent un littoral qui rappellera à certains la côte atlantique. Et au milieu de tout ce chaos se découpe une crique où se serre la petite *plage de Corralete* ; l'eau y est délicieuse.

À L'EST DU CAP DU CABO DE GATA

SAN JOSÉ (04118)

Le plus gros village, celui où l'on trouve tout, même une pharmacie. Il a grandi un peu vite, source d'une bagarre continuelle entre les autorités municipales et le parc. San José demeure néanmoins un bon camp de base pour une visite de la région, d'autant qu'il abrite l'unique AJ et la plus forte concentration d'hôtels et d'appartements en location du parc. Attention : en août, tout est retenu des semaines à l'avance.

Possibilité de randonnées plus ou moins longues entre San José et Las Negras au nord, en contournant le pic del Enmedio et en passant par des criques désertes, la sierra de Gata, les plages de Los Escudos, le village de La Isleta et punta de la Polacra.

AGUA CALIENTE, ENCORE ET TOUJOURS

C'est à Los Albaricoques que Sergio Leone planta le décor d'Agua Caliente, dans son film Et pour quelques dollars de plus *(1965). La calle de Rodalquilar fut témoin des nombreux dégainages de flingues de Clint Eastwood. On trouve encore un pâté de maisons qui n'a pas bougé, une sorte de relique cinématographique. De nos jours, ce sont les studios UGC qui se servent des villages alentour pour tourner des films. Comme quoi, ces paysages sont toujours aussi séduisants et au goût du jour.*

À L'EST D'ALMERÍA

Adresses utiles

ℹ @ Oficina de turismo *(plan A1) :* avda de San José, 27. ☎ 950-38-02-99. ● cabodegata-nijar.com ● Tlj 10h-14h, et aussi 17h-20h (ou 18h-22h) en été. De bons conseils sur le village, mais un peu moins prolixe dès qu'il s'agit du reste du parc. Coin boutique avec quelques produits régionaux (l'improbable confiture de cactus !).

@ Café Bla Bla Bla *(plan A1) : c/ del Curry, 6. Dans une ruelle piétonne, derrière le resto Casa Miguel et la Cajamar. Au fond du bar.*

■ **Distributeurs automatiques :** *avda San José.*

■ **Presse** *(plan A1, 4) : sur la pl. Genova. Tlj 8h30-20h30.* Pas mal de magazines en français et parfois, aussi, des quotidiens.

■ **Location de vélos : Deportes Medialuna** *(plan A2, 1), c/ del Puerto.* ☎ 950-38-04-62. ● infodeportes medialuna.com ● *Dans un magasin de vêtements. Lun-sam 10h-14h, 17h-20h30 ; dim 10h-14h.* En gros, 8 € la ½ journée et 13 €/j. Tarifs dégressifs selon durée. Ne vous attendez pas à un accueil formidable, c'est juste un commerce comme un autre.

■ **Clubs de plongée sous-marine : Alpha** *(plan B1, 2), tt au bout du port.* ☎ 950-38-03-21. ● alphabuceo.com ● *Ouv slt en saison.* Plongée env 45 €, baptême possible. Forfait 10 plongées 260 €. Aussi **Isub San José** *(plan A1, 3), c/ Babor, 3.* ☎ 950-38-00-04. ● isubsanjose.com ● *Ouv tte l'année.* Pour explorer les eaux de la réserve marine : cette zone de confluence entre un courant chaud et très salé et un autre, plus froid, venant de l'Atlantique, est très riche.

Où dormir ?

Camping

⨉ **Camping Tau** *(plan B1, 10) : camino Cala Higuera ; à l'entrée du village, fléché.* ☎ 950-38-01-66. ● info@cam pingtau.com ● campingtau.com ● *Pâques-sept.* En été, env 30 € pour 2 avec petite tente et voiture ; cabanes 2 pers 35-45 € selon taille. Loc vélos. 🛜 (payant). Petit, idéalement situé dans un bosquet d'eucalyptus, familial et à quelques minutes à peine du centre-ville et des plages, avec douche chaude gratuite, salle de jeux (billard, ping-pong), bar-resto, supérette et machines à laver. Ce camping aurait tout pour plaire, si ce n'étaient les prix, un peu élevés quand même. Évidemment beaucoup (le mot est faible !) de monde l'été et risque de collé-serré.

Auberge de jeunesse

🛏 |●| **Albergue juvenil de San José** *(plan B1, 11) : Montemar, 7.* ☎ 950-38-03-53. ● info@alberguesanjose. com ● alberguesanjose.com ● *Prendre à gauche, à l'entrée du village et contourner le Camping Tau ; c'est un peu au-dessus, face à l'entrée du cimetière. Réception 9h-13h, 18h-21h. Congés : fév et nov.* Nuitée 12-14 €/ pers en chambres 2-6 lits selon saison. Petit déj 3,50 €. Dîner env 12 €, ouv aux non-résidents (mais résa conseillée). 🛜 (gratuit). Une très jolie auberge, parfaitement tenue. Toute pimpante, blanc et bleu, avec une jolie petite terrasse donnant sur le village et la sierra et des lits superposés pour tout le monde. Frigos et micro-ondes à disposition, mais pour cuisiner il faut avoir sa propre gamelle et son réchaud à gaz, en revanche plusieurs espaces sympas pour préparer sa tambouille. L'eau chaude est obtenue grâce à l'électricité solaire. Possibilité de dîner 100 % bio.

De prix moyens à un peu plus chic (40-80 €)

🛏 **Hostal Puerto Genovés** *(plan A1, 12) : c/ Balandro, 15.* ☎ 950-38-03-20. ● puertogenoves@hotmail.com ● hos talpuertogenoves.com ● ♿ *Doubles avec sdb 60-90 € selon saison.* 🛜 (gratuit). Dans une belle maison cubique à l'écart de l'animation du centre. Les chambres sont pimpantes et accueillantes, toutes avec AC (chauffage en hiver). On aime bien la déco sur le

SAN JOSÉ

■ **Adresses utiles**

🛈 @ Oficina de turismo
@ Café Bla Bla Bla
1 Deportes Medialuna
(location de vélos)
2 Club de plongée sous-marine
Alpha
3 Club de plongée sous-marine
Isub San José
4 Presse

⚠ 🏠 **Où dormir ?**
10 Camping Tau

11 Albergue juvenil de San José
12 Hostal Puerto Genovés
13 Hostal Costa Rica
14 Cortijo El Sotillo
15 Hotel Doña Pakyta

|●| **Où manger ?**
14 Cortijo El Sotillo
21 Restaurante El Emigrante
22 Casa Miguel

🍸 **Où boire un apéro tranquille ?**
30 L'Iruñazarra

thème de la mer avec une dominante de tons blanc et bleu que l'on retrouve jusque dans le carrelage. Accueil très gentil.

🛏 **Hostal Costa Rica** (plan A2, 13) : avda San José, 38. ☎ 950-38-01-03. ● hostalcostarica.es ● Doubles avec sdb 40-70 € selon saison. 🛜 (gratuit). Dans une grosse bâtisse blanche sur la rue principale, des chambres sans charme mais dotées de tout le confort (AC, frigo), avec carrelage et lit en fer forgé ou en bois. Accueil un peu bourru.

Très chic (min 80 €)

🛏 **Hotel Doña Pakyta** (plan A2, 15) : c/ del Correo, 51. ☎ 950-61-11-75. ● reservas@hotelpakyta.es ● hotelpa kyta.es ● Selon saison et confort (terrasse ou non), doubles 65-170 €. Ce qui est appelé terrasse est en fait une terrasse commune, divisée en parcelles à l'aide de cordages. Pour des terrasses réellement privées, compter 100-200 € selon saison. 🛜 (gratuit). Dans une maison ancienne de style basque, bel hôtel clair et lumineux, installé en bord de mer. Les chambres sont agréables, sans chichis, et la plupart tournées face aux embruns. On pourrait presque plonger dans l'eau depuis leur terrasse ! Déco estivale, alliant sobriété, pureté et élégance. Accès direct à la plage. Accueil pro et gentil.

🛏 **Cortijo El Sotillo** (hors plan par A1, 14) : ☎ 950-61-11-00. ● reservas@cor tijoelsotillo.com ● cortijoelsotillo.com ● À l'entrée du village. Doubles 80-160 € selon saison (mais nombreuses promos sur Internet) ; suite 30 € de plus. Voir aussi le resto plus bas. 🛜 (gratuit). L'hôtel a été aménagé dans l'ancienne ganadería de la famille González Montoya, fondée au début du XVIIIᵉ s, et refait dans le style des grandes propriétés andalouses. Certaines scènes de westerns spaghettis y ont même été tournées. L'ensemble, qui ne vieillit pas nécessairement très bien, garde quelque chose d'assez brut, pas très habité. Autour du bâtiment principal où sont regroupés réception, salons, salle à manger et bar ont été édifiées, de plain-pied, de vastes chambres des-

servies par des terrasses. Bien sûr, il y a une grande piscine, un terrain d'équitation (possibilité de randonnée pour les clients) et le service qui va avec.

Où dormir dans les environs ?

Pour s'isoler de l'agitation de San José sans trop s'en éloigner, direction la crique de galets de cala Higuera. Elle abrite une petite grotte dite « du Tabac », où les contrebandiers cachaient leurs marchandises et passaient la nuit en attente du bon moment pour prendre la mer.

🛏 **Refugio Mediterráneo de Gata** : cala Higuera, s/n, 04118 **San José.** ☎ 950-52-56-25. ● calahiguera@par quenatural.com ● parquenatural.com/ calahiguera ● À 2 km de San José. Selon saison, doubles 40-45 € ; studios 45-50 € ; apparts 2 pers 50-70 €. Min 2-3 nuits. Ce refuge, les pieds dans l'eau dans une crique isolée, est un havre de paix, une adresse pour goûter au temps qui passe : les speedés iront voir ailleurs. Baignade possible entre les pierres volcaniques, mais gare aux oursins ! Tous les logements ne sont pas semblables, si vous réservez par téléphone, faites-vous bien expliquer les différences (interlocuteur francophone). Certaines ont, par exemple, une kitchenette. Bien plus qu'ailleurs, l'eau est ici une denrée rare, pensez à l'économiser et à ne pas utiliser trop de shampooing ou de lessive, car elle est ensuite utilisée pour l'arrosage du jardin. Une adresse coup de cœur où l'on retrouve l'esprit routard de la première heure. C'est simple, accueillant et quel cadre, vraiment !

Où manger ?

Une belle brochette de restos s'aligne sur le port, mais on les oublie aussi vite qu'on ingurgite una tapa.
Rappelons aussi que l'auberge de jeunesse sert de bons petits dîners bio ouverts à tous (voir « Où dormir ? ») mais, si vous n'avez pas réservé, évitez

d'arriver trop tard hors saison, sous peine de trouver porte close.

|●| Restaurante El Emigrante *(plan A1, 21)* : *avda de San José.* ☎ 950-38-03-07. ● info@solbahiasanjose.es ● *Repas 20-25 €.* Rien de spécial, que ce soit dans la déco (une salle intérieur genre cantine, entourée d'une véranda) ou sur le menu : des poissons, surtout des poissons, mais aussi des fruits de mer, de la viande, des charcuteries, des tortillas et des paellas (à commander). Le tout simplement mais bien préparé et servi généreusement. Une adresse où se mêlent touristes et habitués. À noter, enfin, les tapas très généreuses pour accompagner les consommations prises au bar (dans une salle adjacente).

|●| Casa Miguel *(plan A1, 22)* : *avda de San José, 43-45.* ☎ 950-38-03-29 ou 00-27. ● info@casamiguel.com.es ● ﾖ *À côté de la Pizzeria-bar Paolino.* Tlj sf lun hors saison. Congés : janv. Menú del día 12 € (midi slt), repas 15-25 €. Déco rustique hétéroclite, de type cave médiévale avec plafond voûté, une armure et une TV (ça alors'!). Rassurez-vous, dans l'assiette, on a le droit à une bonne cuisine andalouse. Également des tables en terrasse dans la rue. La même maison possède une autre adresse sur le port *(puerto Deporti, 6 et 7 ; plan B1, 22)* qui propose à peu près la même tambouille et les mêmes prix, mais avec une vue plus marine.

|●| Cortijo El Sotillo *(hors plan par A1, 14)* : *voir « Où dormir ? ».* Menu 18 €, carte 25-35 €. Cuisine andalouse et internationale. C'est l'adresse chic. Ici pas de bermuda ni de chemise à fleurs, ambiance smart. Cadre bien chargé comme dans les films d'époque : grosse roue en guise de chandelier, rideaux épais, éperons aux murs, etc. Excellents vins de La Rioja.

Où boire un apéro tranquille ?

♈ L'Iruñazarra *(plan B1, 30)* : *c/ Las Olas, 46.* Le troquet du coin, autant par sa situation (en coin de rue) que pour l'ambiance. L'endroit n'a rien d'exceptionnel, et c'est justement ça qui fait son charme, avec un accueil très cool et gentil comme tout. On vient ici se rafraîchir d'une petite *cerveza*, à l'écart de l'agitation du port et des serveurs qui vous hèlent, dans un endroit qui semble figé dans le temps. Dehors, les tables sont tassées comme elles peuvent sur la terrasse qui empiète sur la rue.

Où prendre un bain de soleil ?

⌆ Playas de Los Genoveses et Mónsul : *au sud de San José.* Des plages comme on n'osait plus en rêver. Longues (surtout la première) et pas trop bondées. Attention, en été, accès limité en voiture, histoire d'encourager les visiteurs à venir à pied de San José ou en bus (env 3/j.). Belle piste bien fléchée sur 1,5 km, au milieu des champs de figuiers de Barbarie et d'agaves. La longue plage de Los Genoveses se voit sur la gauche. Ventée, elle attire les passionnés de windsurf et de kitesurf. Pour se garer, c'est un peu la galère : le stationnement est interdit le long de la route (beaucoup passent outre) et le seul parking ne compte qu'une centaine de places à tout casser. En poursuivant la côte par un petit sentier, qui tantôt monte et descend, tantôt court le long du ruban de sable, on accède à quelques jolies plages fréquentées par les naturistes. La *playá de Mónsul,* à 2,5 km de celle de Los Genoveses par la piste, est plus fréquentée car il est un peu plus simple de s'y garer. La piste continue après la playá de Mónsul, mais au bout de 1 km, son accès est interdit aux voitures (et il est interdit de se garer sur ce qui ressemble à un grand parking juste à côté...). Les piétons et les VTT peuvent cependant l'emprunter pour aller jusqu'au phare, à environ 1 km plus loin. De celui-ci, très belle vue plongeante sur la côte et le phare du cabo de Gata, juste en dessous (on serait même tenté de dire que la vue est plus belle, car plus étendue, de celui-ci que du cabo de Gata). Précisons cependant que cette portion de route n'est pas vraiment en ligne droite, qu'elle monte et descend pas mal, le tout sans un coin à l'ombre ou presque, comme toute la piste depuis San José d'ailleurs. La balade (6 km aller en tout) est donc très sympa mais, surtout, emportez de l'eau, évitez de partir quand le soleil est au zénith et... les week-ends fériés, lorsque le ballet des voitures soulève des nuages de poussière sur la piste.

BOCA DE LOS FRAILES (04117)

Minuscule bourgade au bord de la route reliant San José à Los Albaricoques. Sans intérêt, si ce n'est que l'on trouve une petite adresse bien sympa.

Où dormir ?

🏠 **Campo Feliz :** à 7 km avt San José et 3 km au nord d'El Pozo de los Frailes. Juste avt le hameau sur la droite. ☎ 950-52-54-19. 📱 635-79-74-32. ● campofeliz@live.com ● casarural campofeliz.es ● Congés : de mi-janv à mi-fév et nov. Doubles 65-75 € selon saison. En été, séjour de 4 nuits min. CB refusées. Une sorte de casa rural composée de 4 bungalows mitoyens à l'écart de la route, décorés dans un style arabo-andalou, chacun avec une petite terrasse et un hamac. Chambres dans les tons bleus délavés, avec cheminée et jolie baignoire dans la salle de bains. Pas d'AC, mais des ventilos. Pour les enfants, jeux et balançoires ; pour les parents, salle de détente pour lire ou faire du yoga. Possibilité d'utiliser la cuisine, le barbecue à l'extérieur et frigo commun à disposition (chaque chambre y a son quartier !).

LOS ALBARICOQUES (04116)

Village en lisière du parc national (d'où la présence de serres) possédant quelque chose de fantomatique.

Où dormir ? Où manger ?

Pour ceux qui n'auraient pas trouvé de quoi se loger sur la côte, voici une adresse sympathique et tranquille, de bonne tenue.

🏠 ◀◉▶ **Hostal-restaurante Alba :** c/ Los Martinez, 4. ☎ 902-99-59-54 ou 950-52-52-72. 📱 689-67-43-03. ● hos talalba@hostal-alba.com ● hostal-alba. com ● Pour les casas rurales : ● info@ minilla.es ● minilla.es ● Dans le centre, mais on peut facilement passer devant sans le voir. Impératif de passer un coup de fil avt de débarquer, le patron ferme à sa guise en sem, surtout hors saison. Doubles 42-60 € selon saison, petit déj inclus. Casa rural 2 pers 55-80 € selon saison. Menú del día (midi en sem) env 10 €, carte 15-20 €. L'hostal au-dessus du resto reste assez classique mais agréable. Si vous en avez les moyens, optez pour l'une des nouvelles casas rurales construites dans les collines par le patron (pour 2 à 4 personnes). L'esprit des maisons de la région a été respecté sans mégoter sur le confort : kitchenette, déco contemporaine, couleurs chaleureuses. Le tout dans une ambiance qui fleure bon le western sauce tomate. Bon resto, genre cantoche améliorée, éclairée aux néons pour tout le monde.

NÍJAR ET HUEBRO

Là, on sort carrément du parc et on dépasse même l'autovía. Vous nous excuserez de ce petit écart, mais c'est juste pour vous indiquer une adresse typique que certains apprécieront. Tracez le plus vite possible (attention aux excès de vitesse quand même) à travers la marée des *invernaderos,* mais faites une halte à Níjar, ne serait-ce que pour vous balader dans les jolies ruelles autour de l'église du XVIᵉ s (pour les amateurs, nombreuses boutiques de poterie dans la ville). Au bout de la ville, les rues se resserrent et grimpent sévèrement en direction de Huebro. Les randonneurs du coin connaissent bien le GR 140, ou *ruta del Agua* (route de l'Eau ; 3,5 km entre Níjar et Huebro), une route de montagne avec des vues spectaculaires sur la vallée envahie... par les serres. Si vous êtes en voiture, l'extrême prudence s'impose et la conduite de nuit est déconseillée, vu la proximité des ravins pendant 5 km. Là-haut, il ne reste que 10 habitants au dernier recensement – plus quelques Néerlandais qui commencent à racheter les vieilles maisons éparpillées dans la garrigue, en contrebas. Vous y êtes ? Un joli petit village dont la blancheur n'a d'égal que la tranquillité. Bon, maintenant, une halte reconstituante.

Où manger ?

I●I Casa Enriqueta : pl. de la Iglesia, 1. ☎ 950-16-50-71. *Résa impérative, sinon vous risquez de trouver porte close. Repas 10-15 €.* En d'autres mots, la señora Enriqueta fait une excellente cuisine *almeriense,* sur commande uniquement. Comment ça, vous ne causez pas le castillan ? Mais faites-vous aider, bon sang ! Allez, exercez-vous avant, dites *conejo al ajillo* (lapin à l'ail). Bravo ! Maintenant *gurullos con conejo* ; décidément, on vous malmène entre le « j » et le « g », mais ces pâtes en forme de losange avec du lapin sont un vrai délice. Bon appétit, et couvrez-vous le soir ; à 800 m d'altitude, ça pique parfois, même en plein été.

LOS ESCULLOS (04118)

Site superbe, côte désolée surveillée par un fort du XVIIIᵉ s et une caserne de la *guardia civil* en ruine. Un gros hôtel qui empiète sur le sympathique bar-hôtel-resto voisin, une boîte de nuit en plein air (mais où sont les clients ?), une crique tapissée d'un joli sable gris et de galets, et le sentiment d'être arrivé au fond de nulle part. De la Cala del Embarcadero, située au bout de la route, une piste longeant la côte rejoint San José. Idéal à VTT. À l'opposé, on peut gagner La Isleta del Moro (1,5 km).

Où dormir ? Où manger ?

⚊ I●I **Camping Los Escullos :** *Los Escullos, 04118 Níjar.* ☎ 950-38-98-11. ● info@loscullossanjose. com ● loscullossanjose.com ● *Sur la droite avt d'arriver au village en venant de San José ou d'Almería. Ouv tte l'année. Pour 2 pers avec tente et voiture, 22-26 € selon taille de l'emplacement.* Bengalis *(tentes plastifiées avec lits) 40-85 € selon saison.* Bungalows *ou mobile homes 55-140 € selon confort et saison.* Menú del día *(midi en sem) env 11 €.* 🛜 *(gratuit).* Plutôt un complexe touristique qu'un camping, mais propre et bien entretenu. Emplacements ombragés moitié par les arbres, moitié par un système de toiles plastiques. Beaucoup de caravanes sont stationnées là à l'année, mais elles sont parquées bien à l'écart. Les bungalows, quant à eux, sont un brin tassés. Grande piscine, resto, supérette, blanchisserie, jeux pour les enfants, etc.

🏠 I●I **Hostal-restaurante Casa Emilio :** ☎ 950-38-97-61. ● info@hostal casaemilio.es ● hostalcasaemilio.es ● *Doubles avec sdb 50-60 € selon saison. Carte 12-25 €.* Dans le hameau, un hôtel très propre, avec des chambres doubles tout confort. Certaines disposent même d'une terrasse et de la vue sur la mer à 100 m de là. Excellente adresse pour séjourner et rayonner dans le parc, d'autant qu'elle fait aussi resto (bonne cuisine familiale). Petite terrasse au soleil. Accueil franc et direct.

🛏 *Cortijo del Aire :* ctra de Los Escullos, s/n. ☎ 950-38-94-01. 📠 626-08-23-37. ● cortijodelaire@terra.es ● cortijodelaire.com ● À l'entrée du village, peu après le camping. Pâques-oct. Doubles 55-60 € ; 2 studios avec cuisine 65-70 € (2-3 pers). Petit déj 5 €. CB refusées. Une adresse comme on les aime. Une sorte de ferme revue et corrigée par des routards d'outre-Rhin de la première heure, abritant des chambres à la déco monacale agréables et bien tenues. Évitez cependant celles qui donnent sur la route. À tout moment de la journée, le salon est un espace de convivialité propice à l'échange. Une maison qui respire la plénitude. Le grand luxe, ici, c'est la nature environnante.

LA ISLETA DEL MORO (04118)

Un mignon village de pêcheurs avec des barques tirées sur la plage ou flottant au gré du ressac, filets en vrac, toits-terrasses, falaises en toile de fond et ce drôle de petit îlot arraché du continent pour quelques dizaines de mètres, une vraie carte postale... Les jours fériés, des bars impromptus surgissent dans les garages. Le démon du tourisme pointe un peu son gros nez (constructions illégales), mais il n'a pas encore fait de gros ravages.

À l'entrée, sur la gauche, petite *playa del Peñón Blanco,* au sable bordé de... camping-cars de toutes les nationalités de l'Europe. « Mais on croyait que le camping était interdit ? » Ben oui, nous aussi...

RODALQUILAR (04115)

Le village a vécu longtemps de l'énorme mine d'or qui le domine. Aujourd'hui la mine est désaffectée et le village offre deux visages bien distincts. D'un côté, un quartier résidentiel pimpant et très coquet. Ses petites maisons sont très prisées par les bobos madrilènes et catalans. De l'autre côté, un village un peu fantôme, où les saxifrages s'emparent des ruines et, à coups de racines, brisent petit à petit la pierre. La *junta* d'Andalousie a réhabilité une partie du village pour y installer ses bureaux ainsi qu'un parc botanique et un musée géologique.

Rodalquilar et ses environs furent eux aussi des lieux prisés par les réalisateurs pour le tournage de leurs films. Les mines ont servi de décor à *Indiana Jones et la dernière croisade* (1989) de Steven Spielberg et le village, sa vallée et le château de Los Alumbres près de la plage d'El Playazo à Sergio Leone pour *Et pour quelques dollars de plus.*

Où dormir chic ?

🛏 *El Jardin de los Sueños :* c/ Riscos de Aquilas, 6. ☎ 950-52-52-14. 📠 669-18-41-18. ● jardinecko@gmail.com ● eljardindelossuenos.es ● Au niveau du village, sur le côté droit de la route en venant de San José, juste après le pont (identifiable à sa vieille éolienne). Doubles 74-116 € selon taille et saison, petit déj compris, apparts 2-4 pers 115-138 €. CB refusées. Une adresse d'exception dans un lieu d'exception. Retapé par un Allemand, ce *cortijo* séculaire noyé dans la végétation joue la carte de l'élégance et du design. Et comme l'homme a l'âme d'un artiste, c'est vraiment réussi. On adore les chambres installées dans un ancien *aljibe* (citerne), au plafond arrondi et à la déco épurée. Également, dans la partie plus récente de la demeure, 3 suites avec terrasse, digne d'un magazine de mode. Gros coup de cœur aussi pour le jardin exotique planté de sculptures et qui invite à la flânerie. Et, summum du plaisir, la piscine, pour se rafraîchir.

À voir. À faire

🚶 **Jardín Botánico El Albardinal :** *pas loin de l'église.* 📞 671-56-12-26. *Tlj sf lun ; de juin à mi-sept, 10h-13h, 17h-20h ; reste de l'année 10h-14h, 16h-18h. Entrée libre.* Pour connaître et comprendre la végétation locale (et si vous ne parlez pas l'espagnol, vous comprendrez encore mieux grâce à la petite brochure en français disponible à l'entrée, qui explique l'organisation du jardin). Dans les salles à l'entrée du jardin, le **Centro Fitoturístico « El Cornical »** présente le désert, sa faune, sa flore, son économie et les différents dangers qui le menacent (petit livret avec traduction en anglais là encore dispo à l'entrée).

🚶 **Casa de los Volcanes :** *avt d'arriver aux mines. Ouv ven-dim slt, 10h-14h.* Musée géologique sur la formation du cabo de Gata. Explications en espagnol.

🚶 **Les vestiges de l'ancienne mine :** *en haut du village. Accès libre et gratuit.* **On vous recommande la plus grande vigilance,** la structure du béton est totalement rouillée et l'apesanteur aura bientôt raison de certains blocs qui ne demandent qu'à tomber. L'association des *Amigos del parque natural de Cabo de Gata-Níjar* a bien déposé une demande de réhabilitation, mais pour l'heure on regarde tout ça de l'entrée du site. L'installation industrielle (fermée en 1966), avec les trémies et les tamis où le précieux métal était pris au piège des chercheurs d'or, donne la chair de poule.

🏊 **El Playazo :** *à quelques km du village.* Très fréquentée par les babas qui sont venus avec le combi de papa, repeint à neuf. Également, de plus en plus d'adeptes du kitesurf. Derrière le fort (habité), la côte est très belle et très découpée. Sur le chemin de la plage, on peut voir un château en ruine, la **Torre Fuerte de los Alumbres,** construit en 1510 pour protéger la région des attaques des pirates barbaresques. Il ne fut pas d'une grande utilité puisqu'en 1520 Rodalquilar fut détruit et sa population vendue en esclavage... Aux alentours, on tombe en se promenant sur d'anciens puits, dont l'eau était extraite il y a encore peu par des *norias.* Toute la vallée de Rodalquilar est magnifique et empreinte d'une certaine sérénité.

LAS NEGRAS (04116)

Encore un petit village au bord de l'eau, mais en pleine expansion immobilière. On laisse la voiture et on se balade au gré des quelques rues étroites qui confluent vers le front de mer. Les hommes ravaudent les filets ou nettoient les bateaux, les chiens font la sieste au soleil. Des falaises, des vagues qui prennent des airs de grand large, des barques tirées sur le sable. C'est le bout de la route.

Où dormir ? Où manger ?

Camping

🏕 **Camping Nautico La Caleta :** *c/ del Cuervo.* 📞 950-52-52-37. ● *info@ campinglacaleta.com* ● *campinglaca leta.com* ● *Fléché à l'entrée du village. Env 27 € pour 2 avec tente et voiture ; bungalows 4 pers 66-99 €. CB refusées.* 📶 *(payant).* Une situation rare sur la côte andalouse. Le camping occupe tout l'espace plan de cette petite crique, à 500 m au sud de Las Negras. Autour ?

Rien, la nature à l'état pur. Blocs sanitaires nickel (eau chaude gratuite), toiles tendues pour faire de l'ombre et accès direct à la plage, avec un petit *chiringuito.* Piscine, machines à laver ; supermarché et resto en haute saison.

Hôtels et appartements

🏨 **Hostal Arrecife :** *c/ Bahía, 14.* 📞 950-38-81-40. 📱 676-23-93-07. ● *hostalarrecife@gmail.com* ● *hosta lelarrecife.es* ● *Sur la rue principale, à 200 m de la plage. Si vous trouvez porte close, insistez sur la sonnette.*

Doubles 38-50 € selon saison. Petit hôtel tout blanc d'une dizaine de chambres dont 2 au rez-de-chaussée avec terrasse et celles à l'entresol et à l'étage avec balcon. Sinon, c'est sol carrelé et AC pour tout le monde. Aucun charme particulier, mais c'est propre, bien tenu et d'un bon rapport qualité-prix pour le coin.

🏠 |●| *El Manteca : c/ Mediterráneo, 1, au bout de la minuscule promenade le long de la plage (vers le sud).* ☎ 950-38-80-77 *ou* 950-38-81-20 *(chez le patron).* 📠 *686-21-13-40.* ● *apman teca@yahoo.es* ● *Resto tlj sf lun. Congés : nov. Apparts 2-4 pers 300-500 €/sem selon saison, villas 9 pers 500-1 200 € selon saison ; juil-août min 15 j. Poissons 12-20 €. Digestif offert sur présentation de ce guide pour tt séjour longue durée en appartement ou villa en basse saison.* Le patron, francophone, loue des appartements dans le village et même quelques villas. Appelez directement chez lui, s'il n'a pas de place, il vous orientera vers quelqu'un d'autre. Côté resto, un peu cher au vu des portions. Repas à prendre impérativement sur la terrasse face à la plage, sauf si le vent souffle trop. C'est un peu l'usine en été ; du coup, l'accueil s'en ressent, dommage.

Où prendre un bain de soleil ?

⌑ *Cala San Pedro : au nord de Las Negras.* On y accède par le chemin littoral (ou en bateau-taxi, demander dans le village). C'est une plage de sable, bercée par le ressac d'une eau limpide. Si vous êtes bon marcheur, le sentier continue jusqu'à Agua Amarga. Compter environ 4h30 pour relier les deux villages, par le chemin littoral. À mi-chemin entre la cala San Pedro et Agua Amarga, on trouve la *cala del Plomo,* encore une belle plage aux eaux translucides et au rochers noirs volcaniques.

AGUA AMARGA (04149)

Le plus septentrional des villages du parc s'étire nonchalamment dans un vallon qui termine sa course dans une mer bleu azur. Sa grande plage de sable fin est un pur délice. Voilà peut-être pourquoi les hébergements y sont plus chers qu'ailleurs et que l'on n'y retrouve pas la même ambiance bohème que dans d'autres endroits du parc.

Où dormir ? Où manger ?

🏠 |●| *Hotel-restaurante La Palmera : c/ Aguada, 4.* ☎ 950-13-82-08. ● *lapal mera2005@hotmail.com* ● *hostalres taurantelapalmera.com* ● *Au nord du village. Doubles 80-110 € selon saison et situation (les plus chères avec balcon et face à la mer). Carte env 25 €.* Au bord de la plage : la terrasse du resto donne sur le sable. Petite structure offrant des chambres pas très grandes, mais impeccables, coquettes et agréables, même si les salles de bains très années 1980 sont un peu justes vu les prix demandés... d'ailleurs, globalement, tous les prix souffrent d'une certaine surévaluation. Au resto, même si les poissons issus de la pêche du jour sont bien bons, les portions gagneraient à être augmentées et les prix diminués... Propose également des paellas à commander. Accueil très agréable.

🏠 *Mikasa : c/ Carboneras, 20.* ☎ 950-13-80-73. ● *info@mikasasuites.com* ● *mikasasuites.com* ● *Selon taille et saison, doubles 85-200 €, petit déj inclus (promos régulières sur leur site internet).* 📶 *(gratuit).* Une adresse de charme dans une belle maison cubique d'une blancheur éclatante. Chaque chambre a sa touche de déco différente, moderne et épurée. Comble du luxe, un spa (dans un bâtiment annexe), 2 piscines, chacune avec une température différente, sans compter le jacuzzi du jardin. Les routards les plus exigeants trouveront ici la satisfaction de transformer leurs euros en un agréable moment de luxe, tranquillité et délectation du temps qui passe. Accueil très avenant.

Où prendre un bain de soleil ?

⌂ *Playa de los Muertos :* *à 3 km au nord d'Agua Amarga.* Ce serait sans nul doute l'une des plus belles plages d'Espagne s'il n'y avait, au nord, le port industriel de Carboneras, avec sa jetée, ses grues, ses cargos... La vue depuis le mirador (orienté vers le sud, bien sûr), à 5 mn à pied, est tout de même superbe. Kiosque d'information en saison.

MOJÁCAR   (04638)   8 090 hab.

Le petit village de Mojácar est à 1 km en retrait de la mer, et c'est lui avant tout qui nous intéresse, pour son caractère pittoresque. À ses pieds, la bande littorale jouit, elle aussi, de l'appellation Mojácar. Mais l'ambiance n'y est pas la même, c'est un large ruban d'asphalte où s'alignent hôtels et restaurants comme de bons petits soldats.

Revenons à ce petit village d'origine arabe accroché à son piton rocheux. De loin, il évoque un gros chou à la crème débordant de quelques bâtiments récents qui dénaturent complètement le site. Mais une fois engouffré dedans, c'est une autre histoire : un labyrinthe de ruelles escarpées, des maisons blanches et fleuries qui jouent avec les lois de l'apesanteur, des placettes grandes comme des mouchoirs de poche. Dès le soir, Mojácar retrouve une partie de son authenticité, quand les touristes regagnent les hôtels en front de mer.

– Si vous arrivez en voiture, garez de préférence votre véhicule au parking gratuit en contrebas du village *(plan A1)* ou le long de l'avenida del Encamp, à la hauteur de l'arrêt de bus. La petite plaza Nueva est juste au-dessus, avec son large balcon ouvert sur la plaine et la côte.

– Si l'envie vous prend de parcourir à pied le trajet entre la plage et le village, sachez qu'il y a quand même 2,5 km de la plaza Nueva jusqu'au bord de mer, et que c'est pentu...

Arriver – Quitter

En bus

🚌 *L'arrêt* se trouve sur la côte, devant le *parque comercial,* au croisement de la route qui mène au village et de celle qui longe la côte. Ttes les destinations sont desservies par *Alsa* (☎ 902-42-22-42 ; ● alsa.es ●). Un bus municipal relie ensuite le village et la plage. Il s'arrête juste en contrebas de la pl. Nueva. Ttes les 30 mn 9h15-minuit, sf pdt l'ap-m (ttes les heures). Service réduit de mi-oct à mi-avr, et certains j. fériés.

➤ *De/vers Grenade :* 2 départs/j. via Guadix, 1 le mat et 1 en début de soirée. Trajet : env 4h.

➤ *De/vers Almería :* 3-4 bus/j. dans les 2 sens. Trajet : 1h-1h40.

➤ *De/vers Murcie :* 3-4 bus/j. dans les 2 sens. Trajet : 2h30-3h.

➤ *De/vers Madrid :* 1 à 2 départs/j. dans les 2 sens avec l'*Estación Sur* à Madrid et 1 liaison/j. directement avec l'aéroport de Barajas. Trajet : 7h30-8h30.

Adresses utiles

🛈 *Oficina de turismo (plan A1) :* pl. del Frontón, s/n. ☎ 950-61-50-25. ● moja car.es ● *Près de la iglesia Santa María. Lun-ven 10h-14h, 17h30-19h30 ; sam 10h30-13h30 ; dim 10h30-13h.* Accueil en français.

🛈 Et un *point d'infos* sur la plage, face au *Parque comercial.*

✉ *Correos :* petit bureau c/ Glorieta (plan A1). Lun-ven 12h30-14h30, sam 10h-12h. Poste centrale (hors plan par B1-2) au bord de la route, en remontant de la plage vers le vieux village, juste après le Parque comercial. Lun-ven 8h30-14h30, sam 9h30-13h.

@ Internet (hors plan par B1-2) : paseo de Mediterráneo, 293. Sur la côte, 100 m après le camping en venant du village. Dans une agence immobilière (Indal-Futur) au 1er étage en face des chiringuitos. Lun-ven 10h-14h, 17h-20h ; sam 11h-14h. Très bonne connexion, mais chère.

■ **Banques** (plan A1, 1) : pl. Nueva. Une banque avec distributeur qui fait aussi le change. Également autour du rond-point de la plage.

■ **Police** : c/ Glorieta, à côté du petit bureau de poste. ☎ 950-47-20-00. ▤ 600-47-20-00 (24h/24).

Où dormir ?

Peu d'hébergements bon marché par ici ! Nous vous avons tout de même déniché quelques bonnes adresses dans le village ainsi que dans les environs.

Dans le village

🛏 **Hostal Arco Plaza** (plan A1, 11) : pl. Nueva. ☎ 950-47-27-77. ● arco plazam@yahoo.es ● Congés : nov-fév. Doubles 35-45 € selon saison. ⊚ (gratuit). Une très bonne adresse à l'excellent rapport qualité-prix. Parfaitement située dans le vieux village, à proximité immédiate de son centre de gravité et pas trop loin des parkings publics. Les chambres sont simples mais soignées, claires et de couleurs douces. Celles du dernier étage possèdent même une terrasse avec vue sur la place. L'accueil souriant de la sémillante hôtesse ne donne que plus d'attrait aux lieux.

🛏 **El Mirador del Castillo** (plan A-B1, 12) : Casco Antiguo, pl. El Mirador del Castillo, s/n. ☎ 950-47-30-22. ● infor@ elcastillomojacar.com ● elcastillomo jacar.com ● Pour trouver, c'est simple, tant que ça monte, vous êtes sur le bon chemin, cette adresse étant le point culminant du village. Bar et resto fermés jeu hors saison. Congés : nov-mars. Doubles 70 € sans sdb et jusqu'à 135 € avec sdb. ⊚ (gratuit). Une poignée de chambres, toutes mitoyennes. Elles sont pleines de charme et joliment meublées. C'est la patine du temps qui les rend belles et agréables, cette petite usure qui fait la différence. Le confort est simple, et toutes n'ont pas de salle de bains, mais c'est la plus belle vue du village.

Sur la côte
(hors plan par B1-2)

En dehors des campings, uniquement des structures modernes, sans charme, assez chères, et qui s'étalent sur plusieurs kilomètres sur le bord de la route qui mène au village. Alors prêt à sortir le porte-monnaie en pleine saison ?

Camping

⛺ **Camping El Cantal** : au bord de la mer, prendre à droite la route côtière en venant du village ; c'est à env 1 km. ☎ 950-47-82-04. Fax : 950-47-23-93. Réception 10h-14h, 16h-21h. Env 21 € pour 2 avec tente et voiture. Bien tenu et ombragé (eucalyptus), mais gare aux étourneaux qui laissent des souvenirs sur la toile de tente... Le chant des oiseaux est une honnête compensation. L'intimité est ici un mot inconnu : on s'installe sur de vastes terrasses semées de gravier, à partager avec les voisins... Toujours bondé en haute saison. Supérette, douche chaude gratuite, machines à laver.

De prix moyens à carrément plus chic (50-140 €)

La plupart de ces hôtels sont de véritables usines à nuitée...

🛏 **Hotel El Puntazo** : paseo del Mediterráneo, 257. ☎ 950-47-82-65 ou 29. ● info@hotelelpuntazo.com ● hote lelpuntazo.com ● ♿ Congés : nov. Hostal : doubles 50-90 € selon saison. Hôtel : 72-140 € selon saison. ⊚ (gratuit). Un autre hôtel pour groupes, sans charme particulier mais très fonctionnel et soigneusement tenu. En fait, un hôtel 3 étoiles d'un côté, avec de grandes

À L'EST D'ALMERÍA

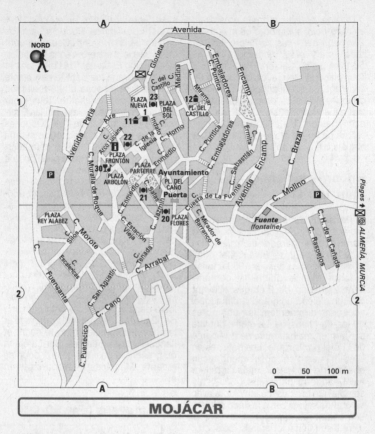

MOJÁCAR

■	**Adresses utiles**	21	Casa Minguito
	ℹ Oficina de turismo	22	El Viento
	1 Banque		del Desierto
		23	Jamón Jamón
🏠	**Où dormir ?**		
	11 Hostal Arco Plaza	🍷♪	**Où boire un verre ?**
	12 El Mirador del Castillo		**Où écouter**
			de la musique ?
|●|	**Où manger ?**		
	20 Arlequino	30	El Loro Azul

chambres disposant d'un balcon, d'une vue sur la mer et de tout le tintouin des structures standardisées, et un *hostal* de l'autre, tout aussi propret mais beaucoup moins cher. Les chambres y sont certes nettement plus petites, mais 5 d'entre elles jouissent aussi d'un balcon et d'un bout de vue sur la mer. En passant, jetez un œil aux

photos aériennes derrière la réception afin de constater la rapidité du bétonnage... édifiant, non ? Ah oui, sinon, piscine pour tout le monde ! Accueil pro.

🏠 *Hotel Virgen del Mar :* paseo del Mediterráneo, 245. ☎ 902-47-22-22. ● info@virgendelmarhoteles.com ● hotelvirgendelmar.com ● En venant du village, prendre à droite en arrivant au rond-point sur le bord de mer, à env 2 km et à deux pas de l'Hotel El Puntazo *(mais plus discret). Doubles 50-95 € selon saison. Parking 7 €/j.* Tout blanc et bleu, avec beaucoup de carrelage, ce qui lui donne un petit côté clinique. Mais c'est propre ! Chambres claires et lumineuses, tout confort, avec balcon. L'établissement étant réputé parmi les groupes allemands et anglais, il est vite pris d'assaut.

Encore plus cher (min 120 €)

🏠 *Parador de Mojácar : playa de Mojácar.* ☎ 950-47-82-50. ● *mojacar@ parador.es ● parador.es ● Doubles 120-174 €, petit déj inclus.* Cet hôtel construit dans les années 1960 épouse la forme d'un amphithéâtre comprenant 2 gradins de 2 étages. Devant chacun s'étend un grand jardin auquel accèdent directement les chambres du rez-de-chaussée. La moitié vue sur la mer, malheureusement séparée de l'hôtel par la route. Les bâtisses en elles-mêmes n'ont absolument aucun charme de l'extérieur, mais l'intérieur est beaucoup plus réussi : tout n'y semble que luxe, calme et volupté avec de grands salons zen à la déco épurée. Les chambres, quant à elles, privilégient les matériaux naturels, bois, cuir, laine, et disposent de bains spacieux. Ajoutez à cela une grande piscine, des courts de tennis. Quant à la clientèle, on s'attend à rencontrer Scarlett Johansson ou Robert Pattinson... et on tombe sur leurs grands-parents !

Où dormir dans les environs ?

Campings

⛺ *Camping El Quinto : ctra Mojácar-Turre, à la sortie de Mojácar, sur la route de Turre.* ☎ 950-47-87-04. ● *campingelquinto@hotmail.com ●* ♿ *Réception lun-sam 10h-14h, 17h-21h ; dim 11h-21h. Env 23 € pour 2*

avec tente et voiture en été, env 18 € le reste de l'année. Réduc à partir de 3 nuits. 🛏 📶 *(payant).* Ceux qui sont motorisés le préféreront sans hésitation au camping *El Cantal.* Très bien tenu et plutôt ombragé, ce petit terrain planté d'amandiers dispose d'une foultitude d'équipements : piscine, jeux pour enfants, machines à laver, billard, terrain de pétanque, cafét, etc. Douches chaudes gratuites. Réception sympa avec prêt de livres, où l'on peut aussi prendre le petit déj. Reste que l'on doit planter sa tente sur les graviers.

⛺ *Camping Sopalmo : ctra Mojácar-Carboneras, 04638 Mojácar.* ☎ 950-47-30-02. ● *campingsopalmo@gmail. com ● campingsopalmo.com ● Situé peu après Sopalmo en allant vers le cabo de Gata, à env 5 km à partir de la sortie de l'agglomération touristique. Selon saison, 16-22 € pour 2 avec petite tente et voiture, et 60-100 € pour un appart 2-5 pers. Importantes remises pour les longs séjours.* 📶 *(gratuit).* Isolé dans son coin, ce petit camping de 32 places n'est pas très ombragé et le sol est en gravier, mais le cadre et l'accueil sont agréables. Bar-cafétéria où prendre le petit déj et jeux pour les enfants. Machines à laver. Pizzas en été.

Prix moyens (env 50 €)

🏠 ▮●▮ *El Nacimiento del Rincón : sierra Cabrera, 04639 Turre.* ☎ 950-52-80-90. ● *mariaelnacimiento@hot mail.com ● page.to/elnacimiento ●* ♿ *Pour s'y rendre : sortir de Mojácar vers Turre, traverser le village et continuer en direction de l'E 15 (que rien n'indique...). Après 2 km, s'engager sur la gauche (route identifiable grâce à son « porche de pierre »), puis rouler en direction du golf. Continuer sur la route principale pdt 8 km en suivant les panneaux fléchés verts d'El Nacimiento. Double 46 €, petit déj compris. Dîner végétarien sur résa 15 €. CB refusées. Une bouteille de vin offerte sur présentation de ce guide.* Une adresse de routard pour des routards. Perdue dans les collines, cette *casa rural* mériterait un prix pour son exemplarité en terme de tourisme responsable, et ce bien avant la mode actuelle. Les maîtres des lieux cultivent leurs propres produits bio, font leur pain maison ; l'électricité provient uniquement de panneaux solaires et l'eau, issue d'une fontaine naturelle, est consommée avec modération. Colorées et décorées à la mode arabo-baba-méditerranéenne, les chambres rappellent subtilement la présence arabe dans la région. La plus grande possède même de jolis meubles anciens et une terrasse. Quant à l'accueil, il continue de nous combler année après année.

Où manger dans le village ?

|●| Casa Minguito (plan A1, **21**) : pl. del Ayuntamiento, s/n. ☎ 950-47-86-14. Tlj sf mar. Menú del día 15 €, carte 20-25 €. Un établissement propret qui concocte une cuisine bien tournée et soignée. Accueil aimable. Terrasse ombragée sur l'une des plus agréables placettes du village où veille un arbre tentaculaire.

|●| Arlequino (plan A2, **20**) : pl. Flores. ☎ 950-46-80-37. Tlj sf lun. Repas env 20 €. Un lieu assez atypique et tendance qui tranche avec la blancheur monochrome du village. Le resto se partage 3 étages à la déco épurée et colorée dans une maison en contrebas du centre. Les soirs d'été, quel plaisir de grimper jusqu'au toit-terrasse planté de cactus ! Dans l'assiette, cuisine internationalo-andalouse avec – chose rare – de bonnes salades variées.

|●| El Viento del Desierto (plan A1, **22**) : ☃ pl. Frontón, 4. ☎ 950-47-86-26. ♿ Derrière l'église. Ts les soirs, sf dim hors saison. Congés : nov-mars. Carte 15-20 €. CB refusées. Un charmant monsieur marocain propose tous les soirs du lapin à la moutarde, du poulet en sauce, des entrecôtes au poivre, des kebabs... Couscous sur commande.

|●| Jamón Jamón (plan A1, **23**) : pl. Nueva, s/n. ☎ 950-39-91-09. Raciones 9-12 €. Grand choix de raciones et plats de qualité, avec beaucoup de viandes et des poissons plutôt moins chers.

Où boire un verre ? Où écouter de la musique ?

♟ ♪ El Loro Azul (plan A1, **30**) : Frontón, 1 (donnant sur la pl. Arbolón). ☎ 950-61-51-11. ● loroazulbar.es ● Tlj 19h-4h. Un endroit incroyable et l'un des bars les plus sympas de la côte. Une vieille maison entièrement transformée en éden des nuits andalouses. Autour de la grande salle, où se produisent en fin de semaine groupes de jazz et rock, de confortables alcôves propices aux rencontres. À l'étage, recoins intérieurs et balcons extérieurs encore plus intimes. Les heures filent à vous aspirer jusqu'au bout de la nuit, voire plus si affinités.

Les plages

Bien sûr, il y a celle de Mojácar, pratique quand on n'a pas de véhicule. Pour les chanceux motorisés, il y a un peu plus tranquille quand même.

⌂ **La cala de Granatilla :** en venant de Mojácar, à la sortie de Sopalmo, sur la gauche après le petit bar (et quasiment en face du Restaurante Cristóbal), prendre le chemin très pentu au début, qui débouche dans le ravin. Il est curieux, en voiture, de rouler tranquillement dans le lit d'une rivière, entouré de roches aux couleurs chatoyantes. Arrivé à la mer (à 2,7 km), on peut longer la falaise à pied, sur la gauche, par un petit chemin escarpé par endroits. Plusieurs criques tranquilles se succèdent (pas génial cependant avec des enfants en bas âge). Y aller le matin car, aux dernières nouvelles, le soleil se lève à l'est et se couche à l'ouest. Et évitez le tout par temps d'orage, ça peut être dangereux.

À L'EST D'ALMERÍA

LORCA (30800) 92 870 hab.

Ça y est vous avez quitté l'Andalousie ! Bienvenue en Murcie. Peuplée depuis des siècles (et, bien sûr, cité romaine), Lorca s'est constitué un patrimoine historique qui vaut le coup d'œil, même si, aujourd'hui, il côtoie nombre de bâtiments modernes disgracieux. Le tremblement de terre qui a durement meurtri la ville en mai 2011 a malheureusement, d'un point de vue esthétique, fait beaucoup plus de mal aux belles bâtisses baroques qu'au béton sans âme. Lorca n'en conserve pas moins un vieux centre peu touristique où il fait bon flâner au gré des ruelles, en pleine rénovation suite aux outrages sismiques. La plupart des sites sont d'ailleurs ouverts. En bref, elle mérite qu'on s'y attarde une journée.

UN PEU D'HISTOIRE

La situation géographique de Lorca, entre l'Andalousie et le Levant, a longtemps suscité bien des convoitises, même si aujourd'hui les vestiges les plus significatifs datent des époques médiévale et baroque.

Lorca fut *villa romana,* et l'on peut encore admirer la borne miliaire datant de cette époque. Plus tard, suite à l'invasion barbare, elle devint zone limitrophe entre le royaume de Grenade et la Castille. Le château fort avec sa *tour alphonsine* en est un vestige, ou bien le *château de Xiquena* et celui *de Tiriezar,* ainsi que des demeures et couvents appartenant à des familles nobles ou à des ordres religieux.

À son tour, la Renaissance s'est imposée, dont le principal exemple est la *plaza de España.* Tout près, on peut contempler le *palais du Corregidor* ainsi que le temple de l'*ex-collégiale de Saint-Patrice,* exemple de l'architecture prébaroque. Des XVIIe et XVIIIe s subsistent les imposantes demeures des *hidalgos* et des nobles, le long des rues de la ville.

Arriver – Quitter

En train

Gare RENFE (Lorca-Sutullena) : *avda Estación, s/n.* ☎ 902-24-02-02. ● renfe.com ● *À 10 mn à pied du vieux centre et de l'office de tourisme.*

➤ *De/vers Murcie :* env 1 train/h 6h40-22h dans les 2 sens. Moins de 1h de trajet.

En bus

Gare routière : *à côté la gare ferroviaire.* ☎ 968-46-92-70.

➤ *De/vers Murcie :* en sem, 5 bus directs/j., bien répartis dans la journée, avec *Trapemusa* (☎ 968-29-89-27). Trajet : 1h. Également env 1 omnibus/h 7h-21h dans les 2 sens. Trajet : 1h30. Quel que soit le type de bus, fréquence légèrement réduite en été et le w-e.

➤ *De/vers Grenade :* avec *Alsa* (☎ 902-42-22-42 ; ● alsa.es ●), 3-4 bus/j. dans les 2 sens répartis dans la journée. Trajet : 2h30-4h.

➤ *De/vers Mojácar :* avec *Alsa,* env 3 bus/j. dans les 2 sens. Trajet : 1h30-2h.

➤ *De/vers Almería :* avec *Alsa,* 4-5 bus/j. dans les 2 sens. Trajet : 2-3h.

➤ *De/vers Valence :* avec *Alsa,* 4 bus/j. dans les 2 sens. Trajet : 5h30-6h30.

➤ *De/vers Séville :* avec *Alsa,* 1 bus/j., départ vers 23h dans les 2 sens. Trajet : 7h30.

Adresses utiles

Oficina de turismo – Centro de Visitantes « Lorca, Taller del tiempo » : *dans l'Antiguo Convento de la Merced.* ☎ 968-47-90-03. ● lorca.

es • lorcatallerdeltiempo.com • Au bord du río Guadalentín, sur la route qui conduit au château. Tlj sf lun ap-m 10h-14h, 16h-18h30. Accueil efficace et, avec un peu de chance, en français. Abrite aussi une expo multimédia (voir plus loin).

✉ **Poste :** c/ Musso Valiente, 1.

■ **Police locale :** avda de las Fuerzas Armadas. ☎ 968-47-73-23.

■ **Radio Taxis :** ☎ 968-47-11-10.

Où dormir ?

Bon marché (36-40 €)

🛏 **Pensión del Carmen :** c/ Rincón de los Valientes, 13. ☎ 968-46-64-59. Dans le vieux centre, au fond d'une impasse qui part de la c/ Nogalte, presque en face de la iglesia del Carmen. Doubles avec sdb et AC 36-40 € selon saison. Pension proposant des chambres toutes simples. Ce n'est pas bien grand, mais impeccable. Accueil chaleureux du couple de proprios.

De prix moyens à plus chic (50-90 €)

🛏 **Hotel Spa Jardines de Lorca :** Alameda Rafael Méndez, s/n. ☎ 968-47-05-99. • reservas@hotelesdemurcia. com • hotelesdemurcia.com • Facile de se garer dans ce quartier résidentiel à 5 mn à pied du centre (fléché). Doubles 50-90 € selon saison et confort ; petit déj inclus ou non selon les offres internet. 📶 (gratuit). Difficile de croire que, pour ce prix-là, il s'agit d'un 4-étoiles. Celui-ci a le mérite, en outre, d'être très bien situé pour profiter de la ville à pied. La déco très blanche, jeune et branchée ne plaira peut-être pas à tous, mais le confort est au rendez-vous, avec des chambres bien équipées et assez spacieuses. Chapeau bas aussi pour le petit déj de qualité. Également une piscine extérieure, un espace spa et un resto sur place... attention en revanche aux week-ends, ce type d'endroits étant très prisés pour les mariages ou les rassemblements familiaux (cela dit,

une fois dans les étages, on n'entend plus rien).

Où dormir dans les environs ?

🛏 **Hotel Riscal :** Autovía A 7, salida 580, 30890 **Puerto Lumbreras.** ☎ 968-40-20-50. • info@ hotelriscal.com • hotelriscal.com • ♿ À env 14 km au sud-ouest de Lorca, au bord de l'autoroute A 7 (sortie 580, donc). Double 60 €. Parking gratuit. 📶 📶 (gratuits). Sur présentation de ce guide, apéritif maison ou petit déj offert. Bienvenue à Legoland ou même, plutôt, Rubik's Cuboland ! La façade de l'hôtel surprend, certes, et n'attirera probablement pas les plus de 10 ans, mais l'intérieur se révèle étonnamment agréable, avec des chambres standard de bon confort. Évidemment, ce n'est pas le genre d'endroit où l'on passerait ses vacances (en tout cas pas nous, mais libre à vous, après tout, de passer 15 jours au bord de l'A 7 !), mais cette adresse constitue une bonne étape pratique.

Où manger ?

🍴 **Rincón de los Valientes :** Rincón de los Valientes, 3. ☎ 968-44-12-63. ♿ Tlj 13h30-16h, plus mer-sam 20h30-minuit. Menú del día 10 €, plats 5-9 €. À côté de la pensión del Carmen, un resto en activité depuis 1949. On s'y bouscule le midi, pour les bonnes et copieuses assiettes de dorada a la sal, sepia a la plancha, merluza a la romana, solomillo de cerdo, chuletón de ternera, rabo de toro (la spécialité) et on en passe. Le tout à prix vraiment doux... On recommande !

🍴 **Mesón El Camino :** c/ Alfonso X El Sabio. ☎ 968-44-11-02. Au cœur du vieux centre. Tlj sf dim 8h30-16h, 20h-minuit. Tapas et raciones 2,50-12 €. Si vous cherchez un bar à tapas, en voilà un bon. Intérieur très soigné, décoré de photos montrant El Rocío

À L'EST D'ALMERÍA

de *Córdoba* (une fête religieuse de Cordoue), car le patron est *rociero* (il participe chaque année à la fête). Au comptoir, moules géantes marinées, artichauts, poulpe, anchois, croquettes de jambon... mais aussi des *raciones* plus copieuses, à choisir à la carte et à se partager.

À voir

Certains musées ou sites, en restauration pour cause de tremblement de terre, seront peut-être à nouveau ouverts lorsque vous aurez ce guide entre les mains. De même, horaires et tarifs sont plus encore que d'habitude susceptibles d'évoluer : renseignez-vous vraiment à l'office de tourisme avant de vous lancer à l'assaut de la ville !

🦐🦐 **Plaza de España :** elle est connue comme la « place de Dehors » *(plaza de Afuera),* car située à l'extérieur de la muraille qui entourait la ville. Tout au long de son histoire, cette place accueillit des manifestations, des fêtes ou des représentations théâtrales religieuses destinées à moraliser le peuple. Aujourd'hui, elle est le point de départ de défilés lors de la Semaine sainte, comme celui de la *Curia* dans la soirée du samedi de la Passion. Autour de la place d'Espagne, noter trois admirables bâtiments de style prébaroque, parmi les plus importants de la ville, l'*ex-collégiale de Saint-Patrice (fermée pour restauration),* l'*hôtel de ville (ayuntamiento ; ouv lun-ven 8h-15h)* et la **Casa del Corregidor,** qui représentent les trois pouvoirs : ecclésiastique, civil et judiciaire.

🦐 **Fortaleza del Sol :** *sur le rocher qui domine la ville.* ☎ *902-40-00-47.* ● *lorca tallerdeltiempo.com* ● *Y aller en voiture, par la route qui longe le río Guadalentín. Tlj 10h-18h30 (dernière entrée). Fermé janv-fév. Entrée : 5 €, audioguide inclus ; 3 € supplémentaires pour une visite guidée (en espagnol slt).* Il remonte au XIIIe s mais, comme tous les châteaux du coin, fut maintes fois remanié. Certaines parties valent le coup d'œil, notamment le cachot reconstitué et l'exposition mettant en parallèle le christianisme et l'islam. De là-haut, panorama sur toute la région, Lorca, ses cimenteries...

🦐 **Centro de visitante « Lorca, Taller del tiempo » :** *dans l'Antiguo Convento de la Merced.* ☎ *968-47-74-37.* ● *lorcatallerdeltiempo.com* ● *Au bord du río Guadalentín, sur la route qui conduit au château. Tlj sf lun ap-m 10h-14h, 16h-18h30. Entrée : 1 €.* Pour ceux qui ont du temps, une petite introduction à Lorca, son histoire, sa culture, à travers une expo multimédia qui, malheureusement, vieillit assez mal (livret avec traduction en français prêté à l'accueil, mais pour certains chapitres, il est aussi simple d'essayer de déchiffrer l'espagnol...).

🦐 **Museo arqueológico municipal :** *pl. Juan Moreno.* ☎ *968-40-62-67.* ● *museoarqueologicodelorca.com* ● *Mis à mal par le tremblement de terre de 2011, il devrait rouvrir prochainement : il ne vous reste plus qu'à croiser les doigts...* Installé dans un beau bâtiment du XVIe s. Présente sur plusieurs niveaux une riche collection d'objets allant du Paléolithique jusqu'aux dernières années de l'ère musulmane. Section numismatique aussi, et, dans la dernière salle, une belle maquette du château.

🦐 **Museo de Bordados del Paso Blanco :** *pl. de Santo Domingo.* ☎ *968-47-74-37.* ● *lorcatallerdeltiempo.com* ● *À côté du* Museo arqueológico. *Tlj sf dim ap-m 10h30-14h, 16h-19h30. Entrée : 3 € ; réduc.* On y voit les ouvrages de broderies (étendards, manteaux, parures des chevaliers, etc.) confectionnés par la confrérie du *Paso Blanco* pour la Semaine sainte qui, à Lorca, atteint un pic de frénésie ! On aime ou on n'aime pas ce type de vêtements, mais leur finesse, elle, est incontestable.

🏃 *Museo de Bordados del Paso Azul :* c/ Nogalte, entre le colegio San Francisco et la iglesiá del Carmen. Lun-ven 10h-14h, 17h-20h ; sam 10h-14h. Entrée : 3 € ; réduc. Peut-être l'avez-vous deviné, c'est le musée des Broderies de la confrérie *Paso Azul.* Il faut savoir que les deux, la blanche et la bleue, rivalisent pendant la Semaine sainte pour les plus belles pièces de tissu et le plus beau défilé !

SACRÉE SEMAINE !

S'il y a un moment où Lorca change de visage, c'est bien pendant la Semaine sainte... Pendant 10 jours, deux confréries, les Blancs et les Bleus, s'affrontent (gentiment) en proposant chacune des scènes bibliques. Dans une ferveur généralisée défilent alors des personnages vêtus d'éclatantes parures, des chars, des carrosses et, bien sûr, le trône sur lequel chaque confrérie transporte sa Vierge.

À L'EST D'ALMERÍA

les ROUTARDS sur la FRANCE 2014-2015

(dates de parution sur • *routard.com* •)

DÉCOUPAGE de la FRANCE par le ROUTARD

Autres guides nationaux

- Les grands chefs du Routard
- Nos meilleures chambres d'hôtes en France
- Nos meilleurs campings en France
- Nos meilleurs hôtels et restos en France
- Nos meilleurs sites pour observer les oiseaux en France
- Tourisme responsable

Autres guides sur Paris

- Paris
- Paris à vélo
- Paris balades
- Restos et bistrots de Paris
- Le Routard des amoureux à Paris
- Week-ends autour de Paris

les ROUTARDS sur l'ÉTRANGER 2014-2015

(dates de parution sur • *routard.com* •)

Europe

DÉCOUPAGE
de l'ESPAGNE
par le ROUTARD

DÉCOUPAGE
de l'ITALIE
par le ROUTARD

Autres pays européens

- Allemagne
- Angleterre, Pays de Galles
- Autriche
- Belgique
- Budapest, Hongrie

- Crète
- Croatie
- Danemark, Suède
- Écosse
- Finlande
- Grèce continentale
- Îles grecques et Athènes
- Irlande

- Islande
- Malte
- Norvège
- Pologne
- Portugal
- République tchèque, Slovaquie
- Roumanie, Bulgarie
- Suisse

Villes européennes

- Amsterdam et ses environs
- Berlin

- Bruxelles
- Copenhague
- Dublin
- Lisbonne
- Londres

- Moscou
- Prague
- Saint-Pétersbourg
- Stockholm
- Vienne

les ROUTARDS sur l'ÉTRANGER 2014-2015

(dates de parution sur • routard.com •)

Amériques

DÉCOUPAGE des ÉTATS-UNIS par le ROUTARD

Autres pays d'Amérique

- Argentine
- Brésil
- Chili et île de Pâques
- Équateur et les îles Galápagos

- Guatemala, Yucatán et Chiapas
- Mexique
- Montréal
- Pérou, Bolivie

- Québec, Ontario et Provinces maritimes

Asie

- Bali, Lombok
- Bangkok
- Birmanie (Myanmar)
- Cambodge, Laos
- Chine
- Hong-Kong, Macao, Canton (avril 2014)

- Inde du Nord
- Inde du Sud
- Israël, Palestine
- Istanbul
- Jordanie
- Malaisie, Singapour
- Népal, Tibet

- Shanghai
- Sri Lanka (Ceylan)
- Thaïlande
- Tokyo, Kyoto et environs
- Turquie
- Vietnam

Afrique

- Afrique de l'Ouest
- Afrique du Sud
- Égypte

- Kenya, Tanzanie et Zanzibar
- Maroc
- Marrakech

- Sénégal, Gambie
- Tunisie

Îles Caraïbes et océan Indien

- Cuba
- Guadeloupe, Saint-Martin, Saint-Barth

- Île Maurice, Rodrigues
- Madagascar
- Martinique

- République dominicaine (Saint-Domingue)
- Réunion

Guides de conversation

- Allemand
- Anglais
- Arabe du Maghreb
- Arabe du Proche-Orient
- Chinois

- Croate
- Espagnol
- Grec
- Italien
- Japonais

- Portugais
- Russe
- G'palémo (conversation par l'image)

Cour pénale internationale :
face aux dictateurs et aux tortionnaires,
la meilleure force de frappe,
c'est le droit.

L'impunité, espèce en voie d'arrestation.

Fédération Internationale des ligues des droits de l'homme.

www.fidh.org

RÉPARER LES VIES

HANDICAP
INTERNATIONAL

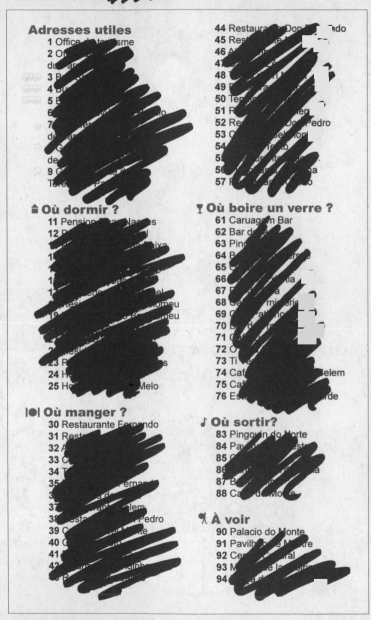

Adresses utiles

1 Office de tourisme
2 Of...
du...
3 B...
4 B...
5 E...
6...
7...
de...
9 C...
Tere...

44 Restaura... Don ... ndo
45 Res...
46 A...
47...
48 T...
49...
50 Ter...
51 R... len
52 Res... Don Pedro
53 C...
54...
55...
56...
57 R...

⌂ Où dormir ?

11 Pension ... Nac...es
12 P...
1...
1...
1...
...es... el
16... ...omeu
1... ...meu
2...
23 R...
24 H...
25 Ho... Melo

▼ Où boire un verre ?

61 Caruagem Bar
62 Bar de...
63 Ping...
64 B...
65...
66...
67...
68 Ca... min...ri
69 C...
70 B...
71 C...
72 O...
73 Ti...
74 Caf... elem
75 Caf...
76 Es... de

◖◗ Où manger ?

30 Restaurante Fernando
31 Rest...
32 A...
33 C...
34 T...
35...
3...
37...
38... Pedro
39 C...
40 C...
41...
42...

♪ Où sortir?

83 Pingouin do Morte
84 Pav...
85 C...
86...
87 B...
88 Ca... Morte

⚒ À voir

90 Palacio do Monte
91 Pavilh... M...re
92 Cer...ral
93 M...
94...

FAITES-VOUS COMPRENDRE PARTOUT DANS LE MONDE !

g'palémo

Le Guide du routard

200 dessins pour se faire comprendre...
dans toutes les langues

5.⁰⁰ €

routard.com

hachette

- **L'indispensable**
compagnon de voyage pour **se faire comprendre partout dans le monde**, rien qu'en montrant l'objet ou le lieu recherché à votre interlocuteur

- **Utilisable aussi**
par l'enfant ! Dans n'importe quelle langue, dans n'importe quel pays...
- **200 illustrations** universelles
- **un index détaillé** pour s'y retrouver facilement

L'application LOok! Le Guide du routard pour iPhone est disponible sur l'AppStore!

hachette
TOURISME

NOS NOUVEAUTÉS

MONTPELLIER AGGLOMÉRATION (novembre 2013)

Le dynamisme culturel et urbanistique de Montpellier et son agglomération n'est plus à prouver ! Un centre-ville de toute beauté, remarquablement rénové et entièrement dédié aux piétons, le musée Fabre (exceptionnel musée d'art, parmi les plus riches de France), deux opéras, des festivals de haute volée, des tables généreuses et pour tous les budgets, un réseau de transport de qualité, des nouveaux quartiers étonnants sur le plan architectural (comme celui de Port Marianne), une population jeune… et un taux d'ensoleillement attractif. Il fait décidément bon vivre à Montpellier. Il faut aussi compter avec les 30 autres communes de l'agglo, qui forment un tissu urbain aussi varié qu'accueillant, dévoilant quelques merveilles méconnues. Il faut aller baguenauder vers le port antique de Lattes, visiter les vestiges de l'oppidum romain de Murviel-lès-Montpellier, flâner dans les ruelles pentues au pied du château de Castries, admirer la cathédrale Saint-Pierre à Villeneuve-lès-Maguelone, arpenter le petit centre médiéval de Montferrier-sur-Lez ou celui de Pignan. Et puis, pour reprendre des forces, rien de tel que de faire halte chez l'un des cinquante viticulteurs que compte l'agglo, en quête de quelques jolies découvertes.

SAN FRANCISCO (février 2014)

Très différente du reste des États-Unis, Frisco a, depuis la conquête de l'Ouest, fait figure de pionnière. Creuset de la Beat Generation puis de la révolution hippie, capitale gay, elle reste aujourd'hui encore un symbole de tolérance et un modèle de diversité culturelle. San Francisco est l'une des plus belles villes du monde. Elle enchante avec ses fameuses rues en pente bordées de petites maisons victoriennes et parcourues par d'antiques *cable cars*. Ici, des dimensions à taille humaine et une mosaïque de quartiers très divers : Russian Hill et ses célèbres collines surplombant l'Alcatraz, North Beach la bohème, Haight-Ashbury l'*hippyland* devenu branché, Castro la Mecque des homos et Mission la latino… Sans oublier les grands parcs où se nichent la plupart des musées, le mythique Golden Gate Bridge dominant la baie et un peu plus au sud, la Silicon Valley, berceau des nouvelles technologies, de Google à Facebook en passant par Apple. À une heure de route, on entre dans le pays du vin (Wine Country). L'occasion de faire la tournée des domaines et de goûter au vin de Francis Ford Coppola !

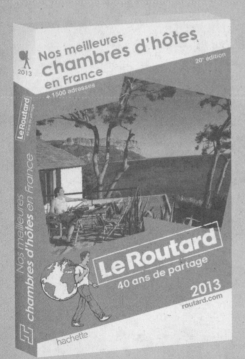

Pour plus d'informations : Tél. : 01 44 63 51 00*
Fax : 01 42 80 41 57- www.avi-international.com

routard assurance
Voyage de moins de 8 semaines
Monde entier - Union européenne

INTERNATIONAL
L'Assurance Voyage

RÉSUMÉ DES GARANTIES*	MONTANT MAXIMUM DES GARANTIES
FRAIS MÉDICAUX MONDE SAUF EUROPE (pharmacie, médecin, hôpital)	100 000 € U.E. / 300 000 € Monde entier
RÉÉDUCATION / KINÉSITHÉRAPIE / CHIROPRACTIE	Prescrite par un médecin suite à un accident
FRAIS DENTAIRES D'URGENCE	75 €
FRAIS DE PROTHÈSE DENTAIRE	500 € par dent en cas d'accident caractérisé
FRAIS D'OPTIQUE	400 € en cas d'accident caractérisé
FRAIS DE TRANSPORT	
Rapatriement médical et transport du corps	Frais illimités
Visite d'un parent si l'assuré est hospitalisé plus de 5 jours	2 000 €
CAPITAL DÉCÈS	15 000 €
CAPITAL INVALIDITÉ À LA SUITE D'UN ACCIDENT**	
Permanente totale	75 000 €
Permanente partielle (application directe du %)	De 1 % à 99 %
BILLET DE RETOUR	
En cas de décès accidentel ou risque de décès d'un parent proche (conjoint, enfant, père, mère, frère, sœur)	Frais nécessaires et raisonnables
ASSURANCE RESPONSABILITÉ CIVILE VIE PRIVÉE	
Dommages corporels garantis à 100 % y compris honoraires d'avocats et assistance juridique accidents	750 000 €
Dommages matériels garantis à 100 % y compris honoraires d'avocats et assistance juridique accidents	450 000 €
Dommages aux biens confiés	1 500 €
AGRESSION (déposer une plainte à la police dans les 24 h)	Inclus dans les frais médicaux
PRÉJUDICE MORAL ESTHÉTIQUE (inclus dans le capital invalidité)	15 000 €
FRAIS DE RECHERCHE ET DE SAUVETAGE	2 000 €
TRANSMISSION DE MESSAGES URGENTS	Mise à disposition
AVANCE D'ARGENT (en cas de vol de vos moyens de paiement)	1 000 €
CAUTION PÉNALE	7 500 €
ASSURANCE BAGAGES	2 000 € (limite par article de 300 €)***

* Nous vous invitons préalablement à souscription à prendre connaissance de l'ensemble des Conditions générales sur www.avi-international.com ou par téléphone au 01 44 63 51 00 (coût d'un appel local).
** 15 000 euros pour les plus de 60 ans.
*** Les objets de valeur, bijoux, appareils électroniques, photo, ciné, radio, cassettes, instruments de musique, jeux et matériel de sport, embarcations sont assurés ensemble jusqu'à 300 €.

PRINCIPALES EXCLUSIONS* (communes à tous les contrats d'assurance voyage)
- Les conséquences d'événements catastrophiques et d'actes de guerre,
- Les conséquences de faits volontaires d'une personne assurée,
- Les conséquences d'événements antérieurs à l'assurance,
- Les dommages matériels causés par une activité professionnelle,
- Les dommages causés ou subis par les véhicules que vous utilisez,
- Les accidents de travail manuel et de stages en entreprise (sauf avec les Options Sports et Loisirs, Sports et Loisirs Plus),
- L'usage d'un véhicule à moteur à deux roues et les sports dangereux : surf, rafting, escalade, plongée sous-marine (sauf avec les Options Sports et Loisirs, Sports et Loisirs Plus).

Devoir de conseil : AVI International - S.A.S. de courtage d'assurances au capital de 100 000 euros - Siège social : 106-108, rue La Boétie, 75008 Paris - RCS Paris 323 234 575 - N° ORIAS 07 000 002 (www.orias.fr) - Le nom des entreprises avec lesquelles AVI International travaille peut vous être communiqué à votre demande. AVI International est soumise à l'Autorité de Contrôle Prudentiel (ACP) 61 rue Taitbout 75436 Paris Cedex 09. En vue du traitement d'éventuels différends, vous pouvez formuler une réclamation par courrier simple à AVI International et si le conflit persiste auprès de l'ACP.
Vos besoins sont de bénéficier d'une assurance voyage. Nous vous conseillons l'adhésion aux contrats d'assurances collectifs à adhésion facultative.
AVI sélectionne la ou les compagnies d'assurance et d'assistance les mieux qualifiées pour garantir les risques prévus. Si besoin, elles peuvent être changées par AVI International. Si un tel événement devait se produire, les personnes garanties par la police en seraient informées.

Souscrivez en ligne sur www.avi-international.com

INDEX GÉNÉRAL

L'abréviation « c/ », que vous retrouverez tout au long de ce guide, signifie tout simplement calle, c'est-à-dire « rue ».

A

C-D

E

F-G

H-I-J

L

M

N-O

P

T

U-V

W-Y-Z

OÙ TROUVER LES CARTES ET LES PLANS ?

NOUVEAU ET IMPORTANT : DERNIÈRE MINUTE

Sauf rare exception, le *Routard* bénéficie d'une parution annuelle à date fixe. Entre deux dates, des événements fortuits (formalités, taux de change, catastrophes naturelles, conditions d'accès aux sites, fermetures inopinées, etc.) peuvent modifier vos projets de voyage. Pour éviter les déconvenues, nous vous recommandons de consulter la rubrique « Guide » par pays de notre site ● *routard.com* ● et plus particulièrement les dernières *Actus voyageurs.*

Recommandation à ceux qui souhaitent profiter des réductions et avantages proposés dans le *Routard* par les hôteliers et les restaurateurs : à l'hôtel, pensez à les demander au moment de la réservation ou, si vous n'avez pas réservé, **à l'arrivée.** Ils ne sont valables que pour les réservations en direct et non cumulables avec d'autres offres promotionnelles (notamment sur Internet). Au restaurant, parlez-en **au moment** de la commande et surtout **avant** que l'addition ne soit établie. Poser votre *Routard* sur la table ne suffit pas : le personnel de salle n'est pas toujours au courant et une fois le ticket de caisse imprimé, il est difficile de modifier le total. En cas de doute, montrez la notice relative à l'établissement dans le *Routard* de l'année, bien sûr, et ne manquez pas de nous faire part de toute difficulté rencontrée.

Édité par Hachette Livre (43, quai de Grenelle, 75905 Paris Cedex 15, France)
Photocomposé par Jouve (45770 Saran, France)
Imprimé par Rotolito Lombarda (via Sondrio, 3, 20096 Seggiano di Pioltello (MI), Italie)
Achevé d'imprimer le 9 décembre 2013
Collection n° 13 - Édition n° 01
24/5804/0
I.S.B.N. 978-2-01-245804-8
Dépôt légal : décembre 2013